# 컴퓨터활용능력 1급 실기

시험에 나오는 것만 공부한다!

## 총정리

2026 시나공

길벗알앤디 지음  길벗

**지은이 길벗알앤디**

**강윤석, 김용갑, 김우경, 김종일**

IT 서적을 기획하고 집필하는 출판 기획 전문 집단으로, 2003년부터 길벗출판사의 IT 수험서인 〈시험에 나오는 것만 공부한다!〉 시리즈를 기획부터 집필 및 편집까지 총괄하고 있다.

30여 년간 자격증 취득에 관한 교육, 연구, 집필에 몰두해 온 강윤석 실장을 중심으로 IT 자격증 시험의 분야별 전문가들이 모여 국내 IT 수험서의 수준을 한 단계 높이기 위한 다양한 연구와 집필 활동에 전념하고 있다.

## 컴퓨터활용능력 1급 실기 – 시나공 시리즈 ⑨
The Practical Examination for Advanced Computer Proficiency Certificate – Comprehensive Overview

**초판 발행** · 2025년 9월 29일

**지은이** · 길벗알앤디(강윤석, 김용갑, 김우경, 김종일)
**발행인** · 이종원
**발행처** · (주)도서출판 길벗
**출판사 등록일** · 1990년 12월 24일
**주소** · 서울시 마포구 월드컵로 10길 56(서교동)
**주문 전화** · 02)332-0931  **팩스** · 02)323-0586
**홈페이지** · www.gilbut.co.kr  **이메일** · gilbut@gilbut.co.kr

**기획 및 책임 편집** · 강윤석(kys@gilbut.co.kr), 김미정(kongkong@gilbut.co.kr), 임은정(eunjeong@gilbut.co.kr)
**표지 디자인** · 강은경, 윤석남  **제작** · 이준호, 손일순, 이진혁  **마케팅** · 조승모, 유영은
**영업관리** · 김명자  **독자지원** · 윤정아  **유통혁신** · 한준희

**편집진행 및 교정** · 길벗알앤디(강윤석 · 김용갑 · 김우경 · 김종일)  **디자인** · 도설아  **일러스트** · 윤석남
**전산편집** · 예다움  **CTP 출력 및 인쇄** · 정민  **제본** · 정민

- 이 책은 저작권법의 보호를 받는 저작물로 이 책에 실린 모든 내용, 디자인, 이미지, 편집 구성은 허락 없이 복제하거나 다른 매체에 옮겨 실을 수 없습니다.
- 인공지능(AI) 기술 또는 시스템을 훈련하기 위해 이 책의 전체 내용은 물론 일부 문장도 사용하는 것을 금지합니다.
- 잘못 만든 책은 구입한 서점에서 바꿔 드립니다.

ⓒ 길벗알앤디, 2025

ISBN  979-11-407-1550-3 13000
(길벗 도서번호 030969)

가격 26,000원

**독자의 1초를 아껴주는 정성 길벗출판사**

(주)도서출판 길벗  IT단행본, 성인어학, 교과서, 수험서, 경제경영, 교양, 자녀교육, 취미실용  www.gilbut.co.kr
길벗스쿨  국어학습, 수학학습, 주니어어학, 어린이단행본, 학습단행본  www.gilbutschool.co.kr

시나공 홈페이지  www.sinagong.co.kr

시험 날짜는 다가오는데 공부할 시간이 없다면?

# 시나공 총정리 시리즈

시나공 총정리 시리즈는 공부할 시간이 부족한 학생, 최대한 빨리 공부해서 빨리 합격하고 싶은 수험생을 위해 핵심요약과 기출문제, 실전 모의고사로 구성한 초단기 합격 전략집입니다.

### 기능별 합격전략

기능별로 맞춤 학습 전략을 세워 실제 시험 문제 순서대로 배치하고, 합격에 꼭 필요한 필수 문제들을 반복해서 공부할 수 있도록 구성했습니다. 어렵다고 포기하지 말고 딱 2주만 집중해서 공부하세요. 내 손에 잡혀있는 컴활 자격증을 확인할 수 있습니다.

### 최신기출문제 & 최종모의고사

실제 시험장에서 만날 수 있는 문제와 똑같은 수준의 기출문제 10회, 그리고 기출문제를 철저히 분석하여 나올 수 있는 예상문제 5회를 수록했습니다. 문제들을 풀어 보면서 합격할 수 있는 수준인지를 점검하고 부족한 부분을 보완하세요.

## 시나공 총정리  최대한 단시간에 취득할 수 있도록 노력했습니다.

**첫째**

엑셀이나 액세스 같은 업무용 프로그램의 기능을 공부할 때는 다양한 프로그램의 기능을 최대한 응용하여 원하는 작업을 빨리 끝낼 수 있도록 여러 가지 기능을 폭넓게 익히는 것이 중요합니다. 하지만 이 책은 자격증 취득을 목적으로 구성된 만큼 중요한 기능일지라도 시험 문제와 거리가 있는 기능은 배제했습니다. 또한 출제 비중이 낮은 내용은 과감히 빼고 중요한 기능으로만 구성하였습니다.

**둘째**

합격 점수는 100점이 아닌 70점입니다. 어떻게 하면 최단 시간 내에 70점 이상을 얻을 수 있는지 기능별로 전략을 세웠습니다. 이 책에서 제시한 합격 전략대로 공부하세요. 반드시 합격할 것입니다.

# 목차

**0  준비운동**
- 수험생을 위한 아주 특별한 서비스 … 5
- 이 책의 구성 미리 보기 … 6
- 채점 프로그램을 사용하려면? … 9
- 실습용 데이터 파일을 사용하려면? … 10
- 컴퓨터활용능력 시험, 접수부터 자격증 받기까지 … 11
- 컴퓨터활용능력 시험, 입실부터 퇴실까지 … 12
- 컴퓨터활용능력 시험, 이것이 궁금하다! … 14

**1  스프레드시트 실무 – 엑셀 기능**

[문제 1] 기본작업(15점)
- 1. 고급 필터 … 18
- 2. 조건부 서식 … 25
- 3. 페이지 레이아웃 … 32
- 4. 시트 보호 … 38

[문제 2] 계산작업(30점)
- 1. 배열 수식 … 43
- 2. 찾기/참조 함수 … 58
- 3. 논리 함수 … 71
- 4. 기타 함수 … 77
- 5. 사용자 정의 함수 … 83

[문제 3] 분석작업(20점)
- 1. 피벗 테이블 … 88
- 2. 데이터 유효성 검사 … 102
- 3. 통합 … 107
- 4. 정렬 … 109
- 5. 부분합 … 112
- 6. 데이터 표 … 116
- 7. 시나리오 … 118
- 8. 목표값 찾기 … 121
- 9. 자동 필터 … 123
- 10. 중복된 항목 제거 … 126

[문제 4] 기타작업(35점)
- 1. 차트 … 128
- 2. 매크로 … 135
- 3. 프로시저 … 142

**2  엑셀 최신기출문제**
- 01회 • 2025년 상시01 컴퓨터활용능력 1급 실기 … 155
- 02회 • 2025년 상시02 컴퓨터활용능력 1급 실기 … 165
- 03회 • 2025년 상시03 컴퓨터활용능력 1급 실기 … 175
- 04회 • 2025년 상시04 컴퓨터활용능력 1급 실기 … 185
- 05회 • 2024년 상시01 컴퓨터활용능력 1급 실기 … 194
- 06회 • 2024년 상시02 컴퓨터활용능력 1급 실기 … 203
- 07회 • 2024년 상시03 컴퓨터활용능력 1급 실기 … 213
- 08회 • 2024년 상시04 컴퓨터활용능력 1급 실기 … 223
- 09회 • 2023년 상시01 컴퓨터활용능력 1급 실기 … 233
- 10회 • 2023년 상시02 컴퓨터활용능력 1급 실기 … 241

**3  엑셀 최종모의고사**
- 01회 • 최종모의고사 … 253
- 02회 • 최종모의고사 … 263
- 03회 • 최종모의고사 … 271
- 04회 • 최종모의고사 … 280
- 05회 • 최종모의고사 … 290

**4  데이터베이스 실무 – 액세스 기능**

[문제 1] DB 구축(30점)
- 1. 테이블 완성 … 300
- 2. 관계 설정 … 309
- 3. 테이블 생성 … 311

[문제 2] 입력 및 수정 기능 구현(25점)
- 1. 폼 완성 … 314
- 2. 매크로 작성 … 329

[문제 3] 조회 및 출력 구현(20점)
- 1. 보고서 완성 … 335
- 2. 이벤트 프로시저 … 344

[문제 4] 처리 기능 구현(25점)
- 1. 쿼리 작성 … 351

**5  액세스 최신기출문제**
- 01회 • 2025년 상시01 컴퓨터활용능력 1급 실기 … 369
- 02회 • 2025년 상시02 컴퓨터활용능력 1급 실기 … 378
- 03회 • 2025년 상시03 컴퓨터활용능력 1급 실기 … 388
- 04회 • 2025년 상시04 컴퓨터활용능력 1급 실기 … 398
- 05회 • 2024년 상시01 컴퓨터활용능력 1급 실기 … 408
- 06회 • 2024년 상시02 컴퓨터활용능력 1급 실기 … 417
- 07회 • 2024년 상시03 컴퓨터활용능력 1급 실기 … 427
- 08회 • 2024년 상시04 컴퓨터활용능력 1급 실기 … 437
- 09회 • 2023년 상시01 컴퓨터활용능력 1급 실기 … 447
- 10회 • 2023년 상시02 컴퓨터활용능력 1급 실기 … 456

**6  액세스 최종모의고사**
- 01회 • 최종모의고사 … 467
- 02회 • 최종모의고사 … 477
- 03회 • 최종모의고사 … 486
- 04회 • 최종모의고사 … 496
- 05회 • 최종모의고사 … 505

# 1등만이 드릴 수 있는 1등 혜택!
## 수험생을 위한 아주 특별한 서비스

**서비스 하나** — 시나공 홈페이지
### 시험 정보 제공!

IT 자격증 시험, 혼자 공부하기 막막하다고요? 시나공 홈페이지에서 대한민국 최대, 50만 회원들과 함께 공부하세요.

### 지금 sinagong.co.kr에 접속하세요!

시나공 홈페이지에서는 최신기출문제와 해설, 선배들의 합격 수기와 합격 전략, 책 내용에 대한 문의 및 관련 자료 등 IT 자격증 시험을 위한 모든 정보를 제공합니다.

**서비스 둘** — 수험생 지원센터
### 무엇이든 물어보세요!

공부하다 답답하거나 궁금한 내용이 있으면, 시나공 홈페이지 도서별 '책 내용 질문하기' 게시판에 질문을 올리세요. 길벗알앤디의 전문가들이 빠짐없이 답변해 드립니다.

**서비스 셋** — 합격을 위한
### 학습 자료

시나공 홈페이지 회원으로 가입하면 시험 준비에 필요한 학습 자료를 내려받을 수 있습니다.
- **기출문제** : 최근에 출제된 기출문제를 제공합니다. 최신기출문제로 현장 감각을 키우세요.

**서비스 넷** — 실기 시험 대비
### 온라인 실기 특강 서비스

(주)도서출판 길벗에서는 실기 시험 준비를 위한 온라인 특강을 제공하고 있습니다. 다음과 같은 방법으로 이용하세요.

### 실기 특강 온라인 강좌는 이렇게 이용하세요!

1. 시나공 홈페이지(sinagong.co.kr)에 접속하여 로그인하세요.
2. 상단 메뉴 중 [컴퓨터활용능력] → [1급 실기] → [동영상 강좌] → [실기특강]을 클릭하세요.
3. 실기 특강 목록에서 원하는 강좌를 클릭하여 시청하세요.

**서비스 다섯** — 시나공 만의
### 동영상 강좌

**독학이 가능한 친절한 교재가 있어도 준비할 시간이 부족하다면?**

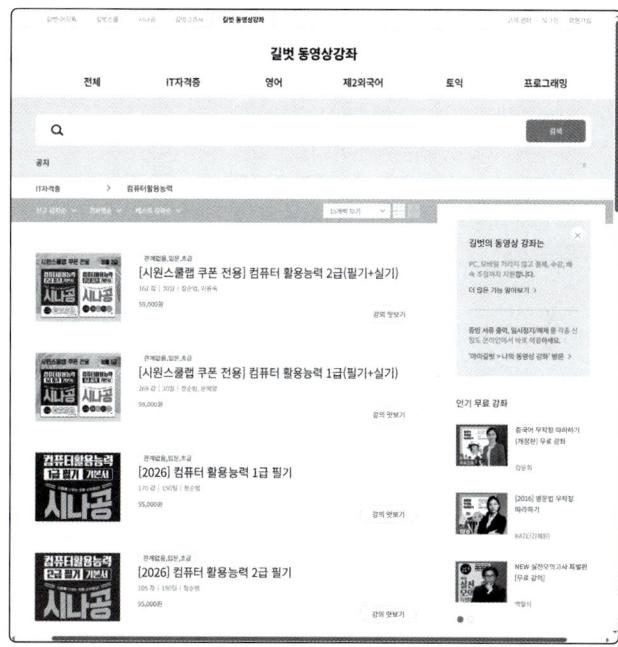

### 길벗출판사의 '동영상 강좌(유료)' 이용 안내

1. 시나공 홈페이지(sinagong.co.kr)에 접속하여 로그인하세요.
2. 상단 메뉴 중 [컴퓨터활용능력] → [1급 실기] → [동영상 강좌] → [유료강의]를 클릭하세요.
3. 원하는 강좌를 선택하고 [수강 신청하기]를 클릭하세요.
4. 우측 상단의 [마이길벗] → [나의 동영상 강좌]로 이동하여 강좌를 수강하세요.

※ 기타 동영상 이용 문의 : 독자지원(02-332-0931)

### 시나공 홈페이지 회원 가입 방법

1. 시나공 홈페이지(sinagong.co.kr)에 접속하여 우측 상단의 〈회원가입〉을 클릭하고 〈이메일 주소로 회원가입〉을 클릭합니다.
   ※ 회원가입은 소셜 계정으로도 가입할 수 있습니다.
2. 가입 약관 동의를 선택한 후 〈동의〉를 클릭합니다.
3. 회원 정보를 입력한 후 〈이메일 인증〉을 클릭합니다.
4. 회원 가입 시 입력한 이메일 계정으로 인증 메일이 발송됩니다. 수신한 인증 메일을 열어 이메일 계정을 인증하면 회원가입이 완료됩니다.

# 이 책의 구성 미리 보기

## 단 한 번에 합격할 수 있는 비법!
### 기능별 합격전략

**토막강의**
모르는 부분만 신속히 학습할 수 있도록 기능 단위로 짧게 구성한 동영상 강의입니다. 공부하다가 어려운 부분이 나오면 고민하지 말고 QR 코드를 스캔하세요. 언제든지 저자 직강의 속 시원한 설명을 들을 수 있습니다.

**합격전략**
시험에 출제되는 기능과 배점입니다. 출제 비율이 높고 배점이 큰 문제는 먼저, 그리고 확실히 공부해야겠죠?

**출제기능**
시험에 출제되는 단위 기능입니다. 답안 작성 전후의 이미지를 통해 수행해야 할 작업을 확실하게 파악할 수 있습니다.

**작업 순서**
답안 작성을 위한 작업 순서입니다. 기억해 두면 시험장에서 당황하지 않고 작업시간을 대폭 줄일 수 있겠죠.

**합격포인트**
컴퓨터활용능력 시험은 문제별로 기능별로 집중해서 학습할 내용이 다르다는 것은 다 아시죠? 합격을 위해 반드시 숙달하고 넘어가야 할 내용과 확실한 합격포인트를 제공합니다.

---

### 문제 1   기본작업(15점)

기본작업은 고급 필터, 조건부 서식, 페이지 레이아웃, 시트 보호 중 3가지 기능이 문제로 출제되며 문제당 5점입니다. 고급 필터와 조건부 서식은 매회 고정적으로 출제되고, 페이지 레이아웃과 시트 보호 중 1문제가 선택적으로 출제되고 있습니다.

| No | 출제 항목 | 배점 | 목표 점수 | 출제 비율 |
|----|-----------|------|-----------|-----------|
| 1 | 고급 필터 | 5점 | 5점 | 100% |
| 2 | 조건부 서식 | 5점 | 5점 | 100% |
| 3 | 페이지 레이아웃 | 5점 | 5점 | 80% |
| 3 | 시트 보호 | | | 20% |
| 합계 | | 15점 | 15점 | |

### 1   고급 필터     출제 비율 100% / 배점 5점

고급 필터 문제는 주어진 자료에 조건에 맞는 필터를 설정하여 조건에 맞는 자료만 추출하는 작업입니다. 1급에서는 대부분 함수를 사용하여 조건에 맞는 필터를 설정해야 합니다. 5점짜리 한 문제가 출제되며, 부분 점수는 없습니다.

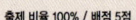 

※ '호봉'이 "연구원"으로 끝나고, 연봉이 상위 3등 안에 드는 데이터만 [A21] 셀부터 표시되도록 고급 필터를 실행한 화면입니다.

**작업 순서**

답안 작업 순서에 익숙하면 시험장에서 당황하지 않고 조금 더 빠르게 답안을 작성할 수 있습니다. 다음의 순서를 보면서 차례대로 엑셀 화면을 떠올려 보세요. 컴퓨터 없이 이미지 트레이닝을 반복하다 보면 엑셀 화면이 조금 더 친숙하게 느껴질 겁니다.

1. 조건을 입력한다.
   ※ 특정 필드만 추출할 경우에는 조건과 함께 추출할 필드명을 입력합니다.
2. [데이터] → 정렬 및 필터 → 고급을 클릭한다.

**합격포인트**

- 고급 필터에서는 제시된 조건에 맞는 자료만 표시되도록 **정확한 조건식을 만드는 것**이 합격포인트입니다.
- 문제에 제시된 함수만을 이용해야 하고, 하나의 수식으로 모든 조건을 만족하도록 작성해야 하므로 작업이 쉽지 않습니다.
- 조건식 작성에 어려움이 느껴지면 작업 방법만 숙지한 후 일단 패스하고, [문제2] 계산작업을 먼저 공부한 후 다시 학습하세요. 조건식이 껌처럼 쉽게 느껴질 수도 있습니다.

구성 미리보기

단 한 번에 합격할 수 있는 비법!
# 기능별 합격전략

### 체크체크
수험생들이 조금 어렵게 느끼는 부분들에 대한 집중학습 코너입니다. 못 풀겠다고요? 출제 유형을 다시 한번 공부해 보세요. 그래도 풀리지 않으면 QR 코드를 스캔하러 GO~ GO~!

### 전문가의 조언
혼자 공부할 때 막힘 없이 술술~ 풀어나갈 수 있도록 자세한 학습 방법과 반드시 알아둬야 할 사항을 제시합니다.

### 출제유형
실제 시험에 출제되는 다양한 유형의 문제들입니다. 합격에 꼭 필요한 부분으로, 정말 집중해서 공부해야 할 부분입니다. 어렵다고 느낄 땐 QR 코드를 스캔하세요.

### 대표기출문제
앞에서 공부한 기능의 대표적인 기출문제입니다. 제대로 공부했다면 이 문제들을 손쉽게 술술~ 풀어낼 수 있습니다. 학습한 기능이 어떻게 문제로 출제되는지 확인하고 모자란 부분을 보충하세요.

# 이 책의 구성 미리 보기

## 수험서의 핵심은 다양한 문제 풀이
### 최신기출문제 & 최종모의고사

### 최신기출문제 10회

실제 시험을 보는 기분으로 혼자 풀어 보고 정답을 확인하세요. 역시 틀린 문제나 어려운 문제가 있다면 동영상 강의를 통해 꼭! 확인하고 넘어가세요.

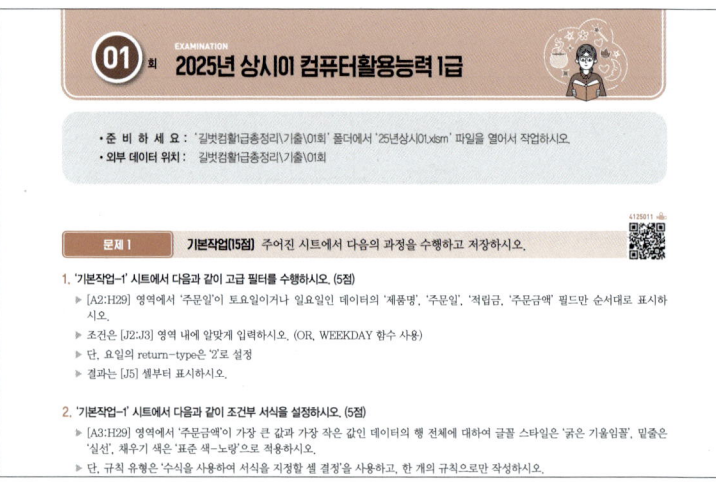

### 최종모의고사 5회

실제 나올 만한 문제들을 추려 실제 시험과 똑같은 난이도로 엮었습니다. 틀린 문제나 풀기 힘든 문제가 있다면 동영상 강의를 통해 꼭! 확인하고 넘어가세요.

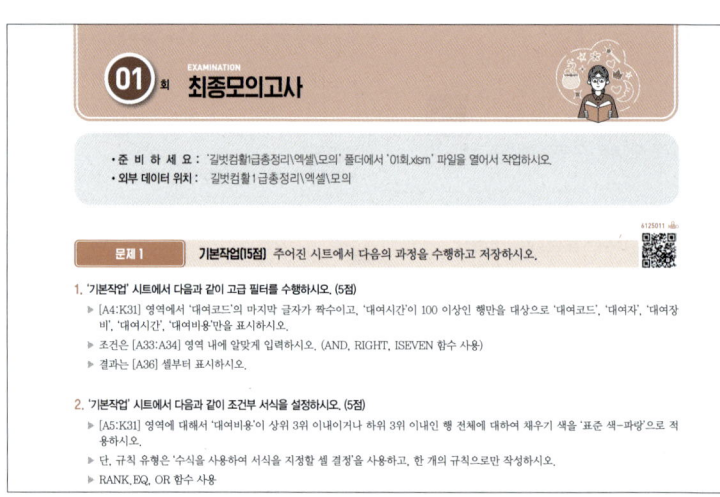

### 정답 및 해설

작업한 내용을 신속하게 확인할 수 있도록, 불필요한 내용을 제외하고 핵심만 간단명료하게 수록했습니다. 혹시 해설이 짧아 어려움을 느낄 때는 해설 옆에 적혀 있는 페이지로 넘어가 해당 기능을 다시 한번 확실하게 공부하고 돌아오세요.

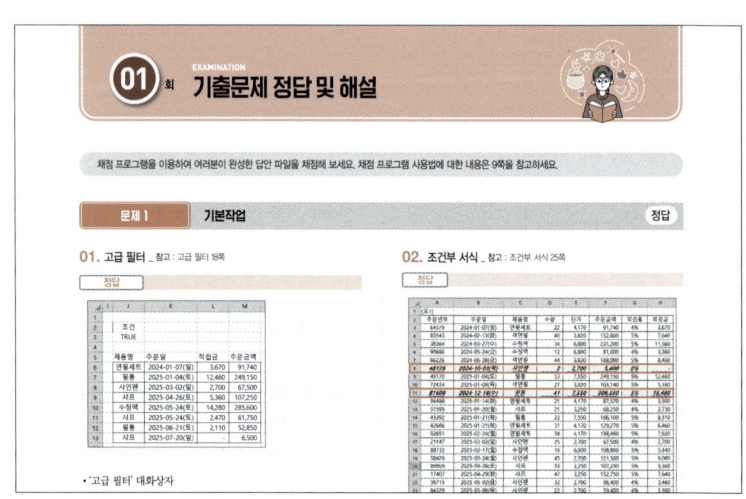

# 채점 프로그램을 사용하려면?

## 1 채점하기

1. 시나공 홈페이지(sinagong.co.kr)에 접속하여 오른쪽 상단의 〈로그인〉을 클릭한 후 아이디와 패스워드를 넣고 로그인하세요.

   ※ '이메일 주소(아이디)'가 없는 경우에는 〈회원가입〉을 클릭하여 회원으로 가입한 후 구입한 도서를 등록하세요. '회원가입'에 대한 내용은 5쪽을 참고하세요.

2. 위쪽의 메인 메뉴에서 [컴퓨터활용능력] → [1급 실기] → [온라인채점] → [채점하기]를 클릭하세요.

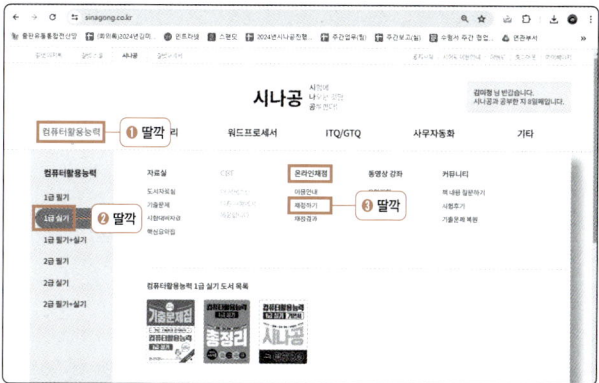

3. '채점하기'에서 채점할 도서로 '2026 시나공 컴퓨터활용능력 1급 실기 총정리'를 클릭하세요.

   ※ 간혹 '2026 시나공 컴퓨터활용능력 1급 실기'를 선택하는 경우가 있습니다. 교재명을 잘 확인한 후 꼭 '2026 시나공 컴퓨터활용능력 1급 실기 총정리'를 선택하세요.

4. '시험 유형 선택'에서 채점할 파일의 '과목', '시험 유형', '시험 회차'를 차례로 선택하세요. 아래쪽에 '채점할 파일 등록' 창이 나타납니다.

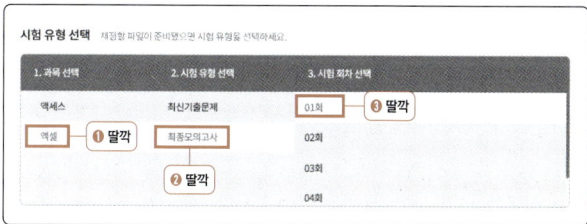

5. 채점할 파일을 '채점할 파일 등록' 창으로 드래그하거나 〈파일 업로드〉를 클릭한 후 '열기' 대화상자에서 채점할 파일을 선택하고 〈열기〉를 클릭하세요.

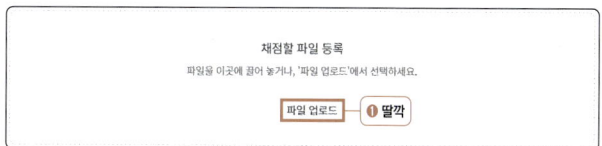

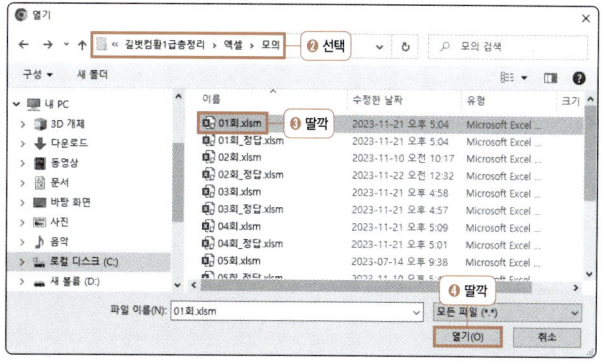

6. 파일이 업로드 된 후 〈채점하기〉를 클릭하면 채점이 수행됩니다.

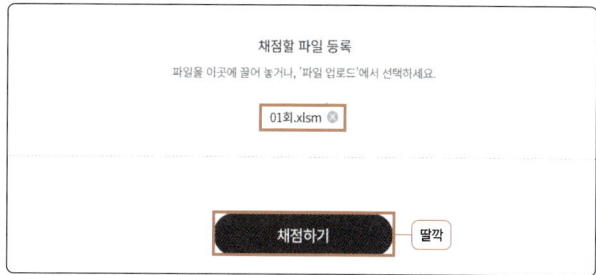

7. 채점이 완료되면 '채점결과'가 표시됩니다.

## 2 틀린 부분 확인하기

'채점결과'에는 시험 유형, 점수, 합격 여부 그리고 감점 내역이 표시되며, 왼쪽의 문제 번호를 클릭하면 해당 문제의 감점 내역을 확인할 수 있습니다. 올바르게 작성했는데도 틀리다고 표시된 경우에는 시나공 홈페이지 위쪽의 메뉴에서 [커뮤니티]를 클릭하여 해당 문제에 대해 궁금한 점을 문의할 수 있습니다.

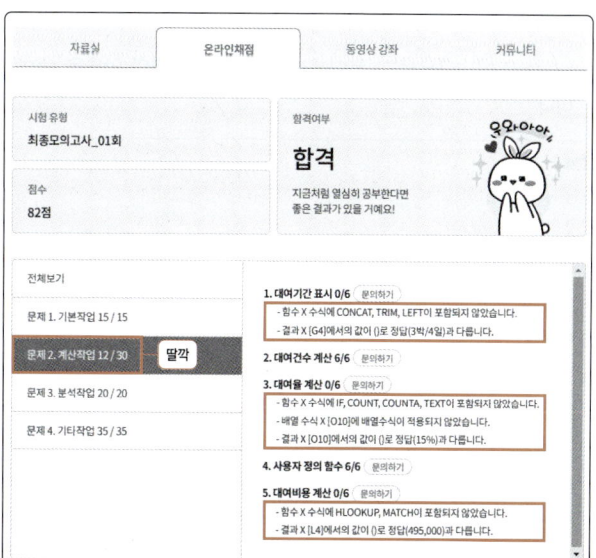

# 실습용 데이터 파일을 사용하려면?

1. 시나공 홈페이지에 접속하여 오른쪽 상단의 〈로그인〉을 클릭한 후 아이디와 패스워드를 넣고 로그인하세요.

2. 위쪽의 메뉴에서 [컴퓨터활용능력] → [1급 실기] → [도서자료실]을 클릭하세요.

3. 자료실 도서목록에서 [2026 시나공 컴퓨터활용능력 1급 실기 총정리]를 클릭한 후 [실습예제]를 클릭합니다.

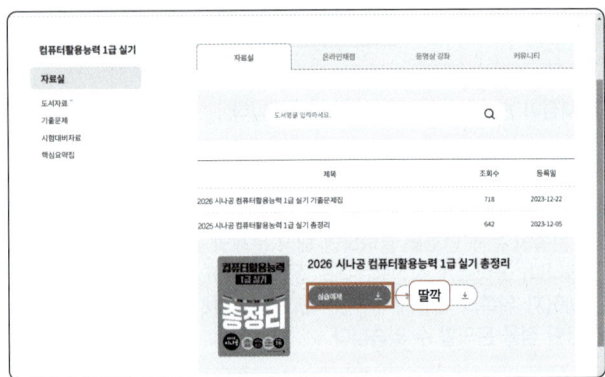

4. 내 컴퓨터의 '다운로드' 폴더에서 실습 예제 파일의 압축을 해제합니다.

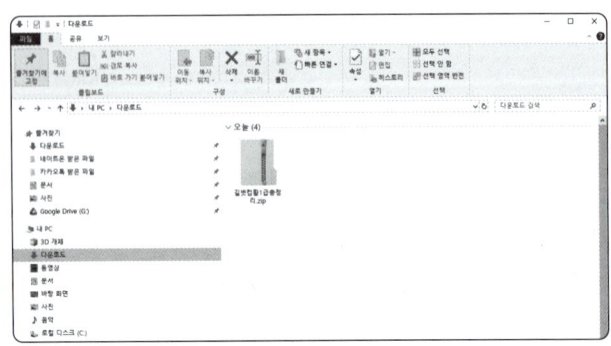

5. '길벗컴활1급총정리' 폴더에 다음 그림과 같이 실습용 폴더가 있는지 확인하세요. 이 폴더에 저장된 파일은 책에 수록된 문제를 풀 때 사용됩니다.

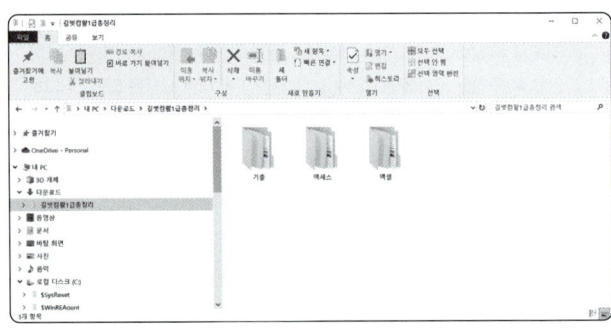

### 폴더의 용도

**'길벗컴활1급총정리\기출' 폴더**
최신기출문제에서 사용할 엑셀과 액세스의 문제 및 정답 파일이 수록되어 있습니다.

**'길벗컴활1급총정리\액세스' 폴더**
여기에 있는 파일은 2과목 데이터베이스 실무를 공부할 때 사용합니다.
- 모의 : 최종모의고사에서 사용되는 문제 및 정답 파일
- 기능 : 기능별 합격전략에서 사용되는 문제 및 정답 파일

**'길벗컴활1급총정리\엑셀' 폴더**
여기에 있는 파일은 1과목 스프레드시트 실무를 공부할 때 사용합니다.
- 모의 : 최종모의고사에서 사용되는 문제 및 정답 파일
- 기능 : 기능별 합격전략에서 사용되는 문제 및 정답 파일

# 컴퓨터활용능력 시험, 접수부터 자격증 받기까지

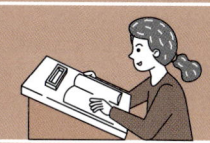

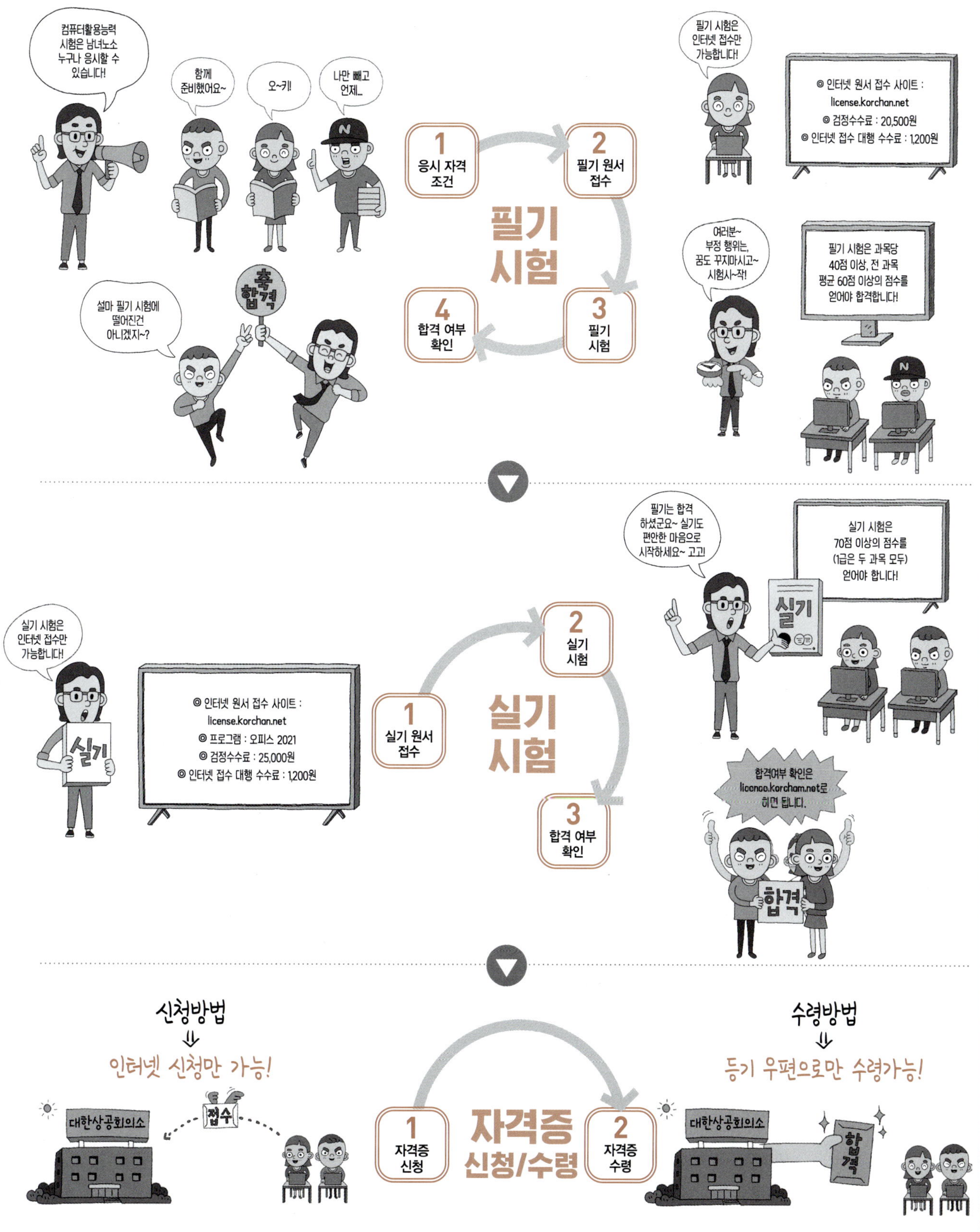


※ 신청할 때 준비할 것은 접수 수수료 3,100원, 등기 우편 수수료 3,300원

# 컴퓨터활용능력 시험, 입실부터 퇴실까지

## 1 입실(시험 시작 10분전)

컴퓨터활용능력 1급 실기 시험은 90분 동안 치뤄지는데 보통 시험장에 도착하여 대기하다 10분 전에 입실합니다. 수험표에 지정된 시간까지 도착하지 않으면 입실을 거부당해 시험에 응시하실 수 없습니다. 또한 시험장 입실 시 수험표와 자신을 증명할 수 있는 신분증을 반드시 지참해야 합니다. 시험장에 입실하여 자신의 인적사항과 자리 번호가 표시된 컴퓨터에 앉아서 기다리면 시험 감독위원이 여러분의 인적사항을 확인합니다.

## 2 신분증 및 수험표 확인

본인 확인을 위해 수험생이 소지한 신분증과 수험표를 확인하는 과정을 거칩니다. 신분증은 주민등록증, 운전면허증을 포함하여 '대한상공회의소'가 공지한 신분증 인정 범위에 속한 증명서만이 신분증으로 인정됩니다.

## 3 유의사항 및 컴퓨터 확인

컴퓨터 화면 상단에는 시험 관련 유의사항이, 하단에는 〈연습하기〉 버튼이 표시됩니다. 유의사항을 꼼꼼하게 읽어본 후 〈연습하기〉 버튼을 눌러 엑셀과 액세스가 정상적으로 작동하는지 확인합니다. 문제가 있는 경우 손을 들고 감독관을 불러 조치를 받아야 합니다.

## 4 스프레드시트 시험 문제 확인

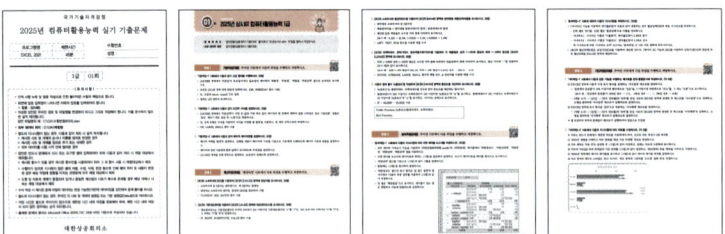

지시사항 1쪽, 문제 3쪽 분량의 문제가 모니터 화면에 표시됩니다. 평소 연습하던 내용과 다른 부분이 있는지 지시사항을 자세히 읽어보세요.

**실제 시험장에서 엑셀 문제를 풀 때는 몇 가지 요령이 필요합니다.**
첫째, 아는 문제는 바로 풀지만 모르거나 바로 생각나지 않는 문제는 일단 표시해 두고 다음 문제를 풉니다.
둘째, [문제 2] 계산작업은 다른 모든 문제를 푼 다음 가장 나중에 풉니다.
셋째, [문제 2] 계산작업을 풀 때, 머릿속에 대략의 수식이 바로 세워지는 문제는 바로 풀어야 하지만, 수식이 바로 세워지지 않는 문제는 일단 표시해 두고 다음 문제를 풀어야 합니다.
이런 순서로 문제를 푸는 이유는 풀릴 듯 말 듯한 문제를 고민하다 시간을 다 허비하는 실수를 방지하기 위해서입니다.
공부할 때는 [문제2] 계산작업을 가장 먼저 공부해야 하지만, 실제 시험장에서는 가장 나중에 푸는 것이 좋습니다.

| 5 | 스프레드시트 시험 시작 |

시험이 시작되면 엑셀 파일이 자동으로 실행됩니다. 문제와 지시사항들을 꼼꼼히 확인하며 답안을 작성하세요. 컴퓨터에 문제가 발생했을 때 저장하지 않은 답안 파일을 감독관이 책임져주지는 않습니다. 반드시 중간중간 Ctrl + S를 눌러 저장해주세요.

| 6 | 스프레드시트 시험 종료 |

감독관이 시험 종료를 알리면 작업한 내용을 마지막으로 한 번 더 저장합니다.

| 7 | 데이터베이스 시험 문제 확인 |

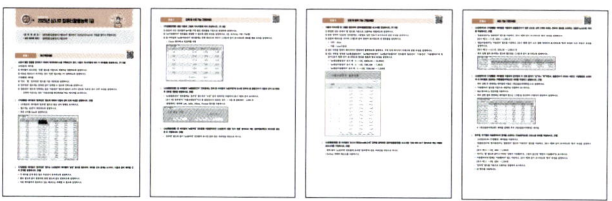

액세스는 풀이 순서가 좀 다릅니다. 액세스 문제들은 서로 연관이 있기 때문에 1번, 2번, 3번, 4번을 차례대로 풀어야 합니다. 그렇다고 모르는 문제를 끝까지 잡고 있을 필요는 없습니다. 엑셀과 마찬가지로 모르는 문제는 과감하게 스킵하고 아는 문제부터 풀어보세요.

| 8 | 데이터베이스 시험 시작 |

시험이 시작되면 액세스 파일이 자동으로 실행됩니다. 문제와 지시사항들을 꼼꼼히 확인하며 답안을 작성하세요. 컴퓨터에 문제가 발생했을 때 저장하지 않은 답안 파일을 감독관이 책임져주지는 않습니다. 반드시 중간중간 Ctrl + S를 눌러 저장해주세요.

| 9 | 데이터베이스 시험 종료 |

감독관이 시험 종료를 알리면 작업한 내용을 마지막으로 한 번 더 저장합니다.

| 10 | 퇴실 |

놓고 가는 소지품은 없는지 확인한 후 퇴실하면 됩니다. 시험 결과는 시험일을 포함한 주를 제외하고 2주 뒤 금요일, https://license.korcham.net/에서 확인할 수 있습니다.

# 컴퓨터활용능력 시험, 이것이 궁금하다!

**Q** 시험 접수를 취소하고 환불받을 수 있나요? 받을 수 있다면 환불 방법을 알려주세요.

**A** 네, 가능합니다. 대한상공회의소 자격평가사업단 홈페이지의 상단 메뉴에서 [개별접수] → [환불신청]을 클릭하여 신청하면 됩니다. 하지만 환불 신청 기간 및 사유에 따라 환불 비율에 차이가 있습니다.

| 환불 기준일 | 환불 비율 |
| --- | --- |
| 접수일 ~ 시험일 4일 전 | 100% 반환 |
| 시험일 3일 전 ~ 시험일 | 반환 불가 |

※ 100% 반환 시 인터넷 접수 수수료는 제외하고 반환됩니다.

**Q** 필기 시험에 합격하면 2년 동안 필기 시험이 면제된다고 하던데, 필기 시험에 언제 합격했는지 기억이 나지 않을 경우 실기 시험 유효 기간이 지났는지 어떻게 확인해야 하나요?

**A** 대한상공회의소 자격평가사업단 홈페이지에 로그인한 후 [마이페이지] 코너에서 확인할 수 있습니다.

**Q** 컴퓨터활용능력 필기 응시 수수료와 실기 응시 수수료는 얼마인가요?

**A** 급수에 관계없이 필기는 20,500원이고, 실기는 25,000원입니다.

**Q** 시험 날짜를 변경할 수 있나요?

**A** 네, 가능합니다. 시험일 4일전까지 홈페이지에서 총 3번까지 변경할 수 있습니다.

**Q** 실기 시험 볼 때 가져갈 준비물로는 어떤 것들이 있나요?

**A** 수검표, 신분증(주민등록증, 운전면허증 등)을 지참해야 합니다.

※ 신분증을 지참하지 않으면 시험에 응시할 수 없으니 반드시 신분증을 지참하세요.

**Q** 신분증을 분실하였을 경우에는 어떻게 해야 하나요?

**A** 신분증을 분실했을 경우 주민센터에서 주민등록증 발급 신청 확인서를 발부해 오면 됩니다. 그 외에 운전면허증, 학생증 및 청소년증(중·고등학생 한정), 유효기간 내의 여권, 국가기술 자격증이 있어도 됩니다.

**Q** 자격증 분실 시 재발급 받으려면 어떻게 해야 하나요?

**A** 처음 자격증 신청할 때와 동일하게 인터넷으로 신청하면 됩니다.

**Q** 컴퓨터활용능력 1급 필기 시험에 합격하면 2급은 필기 시험 없이 실기 시험에 바로 응시할 수 있나요?

**A** 네, 그렇습니다. 1급 필기 시험에 합격하면 1, 2급 실기 시험에 모두 응시할 수 있습니다.

**Q** 필기 시험에 합격한 후 바로 실기 시험에 접수할 수 있나요?

**A** 네, 가능합니다. license.korcham.net에서 접수하면 됩니다.

# 컴퓨터활용능력 Q&A

**Q** 실기 시험 합격 여부를 확인하기 전에 다시 실기 시험에 접수하여 응시할 수 있나요?

**A** 네, 실기 시험은 같은 날 같은 급수만 아니면, 합격 발표 전까지 계속 접수 및 응시가 가능합니다. 그러나 합격한 이후에 접수한 시험은 모두 무효가 되며 접수한 시험에 대해서는 취소 및 환불이 되지 않으니 주의하기 바랍니다.

---

**Q** 조건부 서식에서는 셀 주소의 열 문자 앞에 $를 붙이는데, 고급 필터에서 조건을 작성할 때는 $를 안붙입니다. 이유가 있나요?

**A** 조건부 서식은 셀 단위로 서식이 적용되기 때문에 행 전체에 서식을 적용하려면 셀 주소의 열 문자 앞에 $를 붙여 열을 고정해야 하지만, 고급 필터는 행 단위로 작업이 이뤄지므로 $를 붙이지 않아도 됩니다.

---

**Q** 계산작업 문제는 책에 있는 수식과 똑같을 때만 정답으로 인정되나요?

**A** 아닙니다. 수식은 작성하는 사람에 따라 다를 수 있으므로, 문제에 제시된 함수를 사용하였고, 수식의 결과가 일치하면 정답으로 인정됩니다.

---

**Q** 수식을 작성할 때 $를 붙여 절대 참조로 지정하는 것이 헷갈립니다. 어떤 경우에 절대 참조를 지정하나요?

**A** 절대 참조를 지정하는 이유는 참조하는 셀의 위치가 변경되어도 수식에 사용된 주소가 변하지 않게 하려는 것입니다. 즉 채우기 핸들을 드래그하여 수식을 복사할 때, 변경되면 안 되는 수식의 주소들은 절대 참조로 지정해야 합니다.

예를 들어, [D3] 셀에 [C3] 셀의 순위를 계산하고 나머지 사람들의 순위는 [D3] 셀의 채우기 핸들을 드래그하여 계산하려면 각각의 평균인 [C4], [C5], [C6], [C7] 셀은 수식이 입력된 위치에 따라 변해야 하지만 전체 평균의 범위인 [C3:C7]은 절대 변하면 안 되므로 절대 주소로 지정해야 합니다.

| | A | B | C | D | E |
|---|---|---|---|---|---|
| 1 | 성적표 | | | | |
| 2 | 이름 | 반 | 평균 | 순위 | 순위 |
| 3 | 김예소 | 1 | 84 | 4 | =RANK.EQ(C3,$C$3:$C$7) |
| 4 | 이동준 | 1 | 92 | 2 | =RANK.EQ(C4,$C$3:$C$7) |
| 5 | 임영우 | 2 | 96 | 1 | =RANK.EQ(C5,$C$3:$C$7) |
| 6 | 서현진 | 2 | 76 | 5 | =RANK.EQ(C6,$C$3:$C$7) |
| 7 | 최진성 | 2 | 88 | 3 | =RANK.EQ(C7,$C$3:$C$7) |

[절대 참조 지정]

| | A | B | C | D | E |
|---|---|---|---|---|---|
| 1 | 성적표 | | | | |
| 2 | 이름 | 반 | 평균 | 순위 | 순위 |
| 3 | 김예소 | 1 | 84 | 4 | =RANK.EQ(C3,C3:C7) |
| 4 | 이동준 | 1 | 92 | 2 | =RANK.EQ(C4,C4:C8) |
| 5 | 임영우 | 2 | 96 | 1 | =RANK.EQ(C5,C5:C9) |
| 6 | 서현진 | 2 | 76 | 2 | =RANK.EQ(C6,C6:C10) |
| 7 | 최진성 | 2 | 88 | 1 | =RANK.EQ(C7,C7:C11) |

[상대 참조 지정(오류)]

---

**Q** 매크로를 잘못 만들었어요. 어떻게 해야 하나요?

**A** 매크로를 잘못 만들었을 때는 다음과 같이 작성한 매크로를 삭제한 후 다시 작성하면 됩니다.
1. [개발 도구] → 코드 → 매크로를 클릭한다.
2. '매크로' 대화상자에서 삭제할 매크로를 선택한 후 〈삭제〉를 클릭한다.
3. 매크로를 새로 작성한다.

---

**Q** 문제의 지시사항을 모두 수행했는데 결과 화면이 문제와 다릅니다. 어떻게 해야 하나요?

**A** 모든 지시사항을 올바르게 수행했다면 문제지의 그림과 엑셀의 결과 화면이 같아야 합니다. 수행하지 않은 지시사항은 없는지, 잘못된 순서로 작업하지는 않았는지 다시 한번 확인해 보세요.

---

**Q** 고급 필터의 조건을 작성할 때 '…MID(A2,4,1)*1)=5..'처럼 MID 함수의 결과에 1을 곱하는 이유가 뭐죠?

**A** 숫자 모양의 텍스트 데이터를 숫자 데이터로 변환하기 위해서입니다. MID, LEFT, RIGHT 함수는 결과를 텍스트로 반환하는 텍스트 함수인데, 이 텍스트를 숫자와 비교하려면 텍스트를 숫자로 변환해야 합니다. 즉 'MID(A2,4,1)*1'와 같이 1을 곱하면 숫자 모양의 텍스트가 숫자로 변환됩니다. 참고로 VALUE 함수를 사용할 경우에는 'VALUE( MID(A2,4,1) )'와 같이 입력하면 됩니다.

## 컴퓨터활용능력 시험, 이것이 궁금하다!

컴퓨터활용능력 Q&A

**Q** 수식을 입력하면 표시 형식이 정답과 다른 경우가 있습니다. 이럴 때는 정답과 동일하게 만들어야 하나요?

**A** 아닙니다. 문제에 표시 형식을 지정하라는 지시사항이 없으면 표시된 결과 그대로 두면 됩니다.

---

**Q** '관계 편집' 대화상자에서 작업을 수행하는데, 다음 그림과 같이 〈상품〉 테이블을 잠글 수 없다는 메시지가 표시됩니다. 왜 그렇죠?

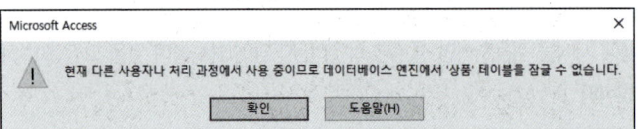

**A** 현재 관계 설정에 사용하고 있는 테이블을 열어 놓은 상태에서 작업을 수행했기 때문입니다. 메시지 창에서 〈확인〉을 클릭한 후 '관계 편집' 대화상자를 닫고 〈상품〉 테이블을 선택한 다음 닫기 단추(☒)를 클릭하세요. 그런 다음 관계 설정 작업을 다시 수행하면 됩니다.

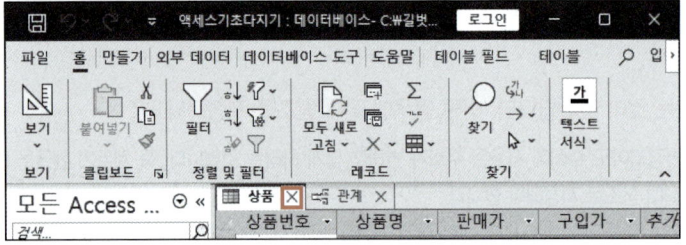

---

**Q** 폼이나 보고서의 디자인 보기에서 컨트롤을 더블클릭해도 속성 시트 창이 안 나타나요. 왜 그렇죠?

**A** 컨트롤이 편집 상태이기 때문입니다. 다른 곳을 클릭하여 편집 상태를 해제하거나 컨트롤의 경계선에 마우스를 놓아 마우스 포인터가 로 변경될 때 더블클릭하면 됩니다.

---

**Q** '컨트롤 원본'에 수식을 적을 때, 어떤 경우는 [매출수량]으로 적고 어떤 경우는 "매출수량"으로 적는데, 차이점을 모르겠어요.

**A** 일반적으로 필드명을 입력할 때는 대괄호([ ])로 묶고, 단순 텍스트를 입력할 때는 큰따옴표(" ")로 묶는다고 생각하면 됩니다. 예외가 있다면, DSum, DAvg 같은 도메인 함수에서 필드명을 입력할 때는 큰따옴표(" ")로 묶는다는 것입니다.

---

**Q** '컨트롤 원본'에 현재 날짜를 지정할 때, Date와 Now 중 어떤 것을 사용해야 하나요?

**A** 문제에 제시된 함수를 사용하면 됩니다. 문제에 사용할 함수가 제시되어 있지 않을 때는 아무거나 사용해도 됩니다. 제시된 함수는 없지만 '시간을 포함하지 않는 시스템의 오늘 날짜'를 표시하라는 조건이 있을 때는 반드시 Date 함수를 사용해야 합니다.

---

**Q** 보고서에서 그룹이나 정렬을 설정할 때 '그룹 추가'와 '정렬 추가'의 차이점은 무엇인가요? 똑같이 정렬 설정도 되고 그룹 머리글/바닥글 설정도 되는 것 같은데 …

**A** 큰 차이점은 없으므로 둘 중 어떤 것을 사용하든 그룹 및 정렬 기준을 지정할 수 있습니다. 차이가 있다면 '그룹 추가'를 클릭하면 그룹 지정이 편리하도록 바로 그룹 기준 필드를 선택할 수 있는 필드 목록이 표시되고, '정렬 추가'를 클릭하면 정렬 지정이 편리하도록 바로 정렬 기준 필드를 선택할 수 있는 필드 목록이 표시됩니다.

---

**Q** 컨트롤을 못 찾겠어요. 어떻게 찾죠?

**A** 속성 시트 창에서 컨트롤의 이름을 확인하면 됩니다. 문제에 제시된 컨트롤이 정확하게 어떤 것인지 모를 경우에는 예상되는 컨트롤을 더블클릭하여 속성 시트 창을 연 다음 속성 시트 창의 '기타' 탭에서 '이름' 속성을 확인하세요. 찾는 컨트롤이 아니면 다른 컨트롤을 클릭해 보면 되겠죠.

## 스프레드시트 실무  엑셀 기능

문제 1  기본작업

문제 2  계산작업

문제 3  분석작업

문제 4  기타작업

# 문제 1    기본작업(15점)

기본작업은 **고급 필터, 조건부 서식, 페이지 레이아웃, 시트 보호** 중 3가지 기능이 문제로 출제되며 문제당 5점입니다. **고급 필터와 조건부 서식**은 매회 고정적으로 출제되고, 페이지 레이아웃과 시트 보호 중 1문제가 선택적으로 출제되고 있습니다.

| No | 출제 항목 | 배점 | 목표 점수 | 출제 비율 |
|---|---|---|---|---|
| 1 | 고급 필터 | 5점 | 5점 | 100% |
| 2 | 조건부 서식 | 5점 | 5점 | 100% |
| 3 | 페이지 레이아웃 | 5점 | 5점 | 80% |
| 3 | 시트 보호 | | | 20% |
| | 합계 | 15점 | 15점 | |

## 1    고급 필터

출제 비율 100% / 배점 5점

고급 필터 문제는 주어진 자료에 조건에 맞는 **필터를 설정하여 조건에 맞는 자료만 추출하는 작업**입니다. 1급에서는 대부분 함수를 사용하여 조건에 맞는 필터를 설정해야 합니다. 5점짜리 한 문제가 출제되며, 부분 점수는 없습니다.

| | A | B | C | D | E | F |
|---|---|---|---|---|---|---|
| 1 | [표1] | | | | | |
| 2 | 사원코드 | 호봉 | 직무 | 연봉 | 연월차 | 특근비 |
| 3 | SG0111 | 수석연구원 | 연구직 | 38,500,000 | 23 | 120,000 |
| 4 | SG0710 | 선임연구원 | 연구직 | 37,500,000 | 17 | 45,200 |
| 5 | SG0204 | 책임연구원 | 연구직 | 37,500,000 | 22 | 41,000 |
| 6 | SG0712 | 책임연구원 | 연구직 | 35,000,000 | 23 | 64,600 |
| 7 | SG0812 | 연구원 | 연구직 | 28,500,000 | 17 | 32,100 |
| 8 | SG0810 | 연구원 | 연구직 | 27,000,000 | 16 | 37,100 |
| 9 | SG0411 | 과장4호 | 일반직 | 35,500,000 | 23 | 51,500 |
| 10 | SG0813 | 부장1호 | 일반직 | 34,500,000 | 22 | 92,600 |
| 11 | SG0205 | 사원3호 | 일반직 | 30,000,000 | 17 | 46,400 |
| 12 | SG0203 | 대리2호 | 일반직 | 29,250,000 | 18 | 18,800 |
| 13 | SG0413 | 대리3호 | 일반직 | 28,500,000 | 19 | 33,800 |
| 14 | SG0206 | 부장2호 | 일반직 | 27,000,000 | 18 | 38,700 |
| 15 | SG0811 | 과장2호 | 일반직 | 26,000,000 | 21 | 2,600 |
| 16 | SG0809 | 과장1호 | 일반직 | 25,000,000 | 20 | 67,700 |

→

| | A | B | C | D | E | F |
|---|---|---|---|---|---|---|
| 1 | [표1] | | | | | |
| 2 | 사원코드 | 호봉 | 직무 | 연봉 | 연월차 | 특근비 |
| 3 | SG0111 | 수석연구원 | 연구직 | 38,500,000 | 23 | 120,000 |
| 4 | SG0710 | 선임연구원 | 연구직 | 37,500,000 | 17 | 45,200 |
| 5 | SG0204 | 책임연구원 | 연구직 | 37,500,000 | 22 | 41,000 |
| 6 | SG0712 | 책임연구원 | 연구직 | 35,000,000 | 23 | 64,600 |
| 7 | SG0812 | 연구원 | 연구직 | 28,500,000 | 17 | 32,100 |
| 8 | SG0810 | 연구원 | 연구직 | 27,000,000 | 16 | 37,100 |
| 9 | SG0411 | 과장4호 | 일반직 | 35,500,000 | 23 | 51,500 |
| 10 | SG0813 | 부장1호 | 일반직 | 34,500,000 | 22 | 92,600 |
| 11 | SG0205 | 사원3호 | 일반직 | 30,000,000 | 17 | 46,400 |
| 12 | SG0203 | 대리2호 | 일반직 | 29,250,000 | 18 | 18,800 |
| 13 | SG0413 | 대리3호 | 일반직 | 28,500,000 | 19 | 33,800 |
| 14 | SG0206 | 부장2호 | 일반직 | 27,000,000 | 18 | 38,700 |
| 15 | SG0811 | 과장2호 | 일반직 | 26,000,000 | 21 | 2,600 |
| 16 | SG0809 | 과장1호 | 일반직 | 25,000,000 | 20 | 67,700 |
| 17 | | | | | | |
| 18 | 조건 | | | | | |
| 19 | TRUE | | | | | |
| 20 | | | | | | |
| 21 | 사원코드 | 호봉 | 직무 | 연봉 | 연월차 | 특근비 |
| 22 | SG0111 | 수석연구원 | 연구직 | 38,500,000 | 23 | 120,000 |
| 23 | SG0710 | 선임연구원 | 연구직 | 37,500,000 | 17 | 45,200 |
| 24 | SG0204 | 책임연구원 | 연구직 | 37,500,000 | 22 | 41,000 |

※ '호봉'이 "연구원"으로 끝나고, 연봉이 상위 3등 안에 드는 데이터만 [A21] 셀부터 표시되도록 고급 필터를 실행한 화면입니다.

## 작업 순서

답안 작업 순서에 익숙하면 시험장에서 당황하지 않고 조금 더 빠르게 답안을 작성할 수 있습니다. 다음의 순서를 보면서 차례대로 엑셀 화면을 떠올려 보세요. 컴퓨터 없이 이미지 트레이닝을 반복하다 보면 엑셀 화면이 조금 더 친숙하게 느껴질 겁니다.

1. 조건을 입력한다.
   ※ 특정 필드만 추출할 경우에는 조건과 함께 추출할 필드명을 입력합니다.
2. [데이터] → 정렬 및 필터 → **고급**을 클릭한다.
3. '고급 필터' 대화상자에 결과, 목록 범위, 조건 범위, 복사 위치를 지정하고 〈확인〉을 클릭한다.

## 합격포인트

- 고급 필터에서는 제시된 조건에 맞는 자료만 표시되도록 **정확한 조건식을 만드는 것이 합격포인트**입니다.
- 문제에 **제시된 함수만을 이용**해야 하고, **하나의 수식으로 모든 조건을 만족하도록 작성**해야 하므로 작업이 쉽지 않습니다.
- 조건식 작성에 **어려움이 느껴지면 작업 방법만 숙지한 후 일단 패스**하고, [문제2] **계산작업을 먼저 공부한 후 다시 학습**하세요. 조건식이 껌처럼 쉽게 느껴질 수도 있습니다.
- ☞ 직접 실습하려면 '길벗컴활1급총정리\엑셀\기능\01고급필터.xlsm' 파일을 열어서 작업하세요.

### 전문가의 조언

- AND(조건1, 조건2, …) 모양의 수식으로, AND 함수를 맨 바깥쪽에 놓고 제시된 조건에 맞게 조건들을 만들어 AND 함수의 인수로 지정하면 됩니다.
- AVERAGE( ), RANK( ) 함수를 사용할 때는 데이터의 범위를 **절대참조**로 지정한다는 것을 명심하세요.
- 하나 더, 처음엔 수식이 헷갈립니다. **헷갈리는 수식은 일단 암기**합시다.

### 01 AND 조건

25.상시, 24.상시, 23.상시, 22.상시, 21.상시, 20.상시, 20.1, 19.상시, 19.2, 18.상시, …

※ 아래 그림을 참고하여 고급 필터의 조건을 이해하고 암기하세요.

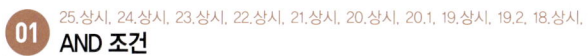

**[유형 1]** 25.상시, 23.상시, 22.상시, 21.상시, 20.상시, 13.상시, 13.1, 12.3
'주문코드'가 "SN"으로 시작하고, '주문가격'이 전체 주문가격의
　　　　　조건1　　　　　　　　　　　조건2
평균보다 크거나 같은 데이터

▶ LEFT, AVERAGE, AND 함수 사용

[ =AND( LEFT(A2, 2)="SN", C2>=AVERAGE($C$2:$C$15) ) ]
　　　　　　조건1　　　　　　　　조건2

- 복잡한 수식을 입력하면 좌우의 괄호가 맞지 않아 수식에 오류가 발생하는 경우가 많습니다. 이런 경우에는 같은 레벨의 괄호 또는 인수 단위로 충분한 거리를 두고 수식을 입력하면 구분하기가 훨씬 쉽습니다.
  =AND(　LEFT(A2, 2)="SN"　,　C2>=AVERAGE($C$2:$C$15)　)
  이렇게 수식 중간에 공백을 주고 입력해도 결과는 바르게 나옵니다.
- 직접 실습하려면 '01고급필터.xlsm' 파일을 열어 '01-유형1' 시트의 [A17:A18] 셀에 조건을 입력한 후 [데이터] → 정렬 및 필터 → **고급**을 선택하여 실행하세요.

**[유형 2]** 24.상시, 23.상시, 22.상시, 21.상시, 18.상시, 18.1, 14.2, 13.2, 12.2, …
'주문일'의 년도가 2017 보다 크고 2020 보다 작고, '구분'이 "현
　　　조건1　　　　　　　조건2　　　　　조건3
금"이 아닌 데이터

▶ AND, YEAR 함수 사용

[ =AND( YEAR(B2)>2017, YEAR(B2)<2020, J2<>"현금" ) ]
　　　　　조건1　　　　　　조건2　　　　　조건3

**[유형 3]** 20.상시, 19.2, 18.2, 15.상시, 13.상시
'주문가격'이 상위 10위 이내이고, 4월, 5월, 6월의 값이 모두 60
　　　조건1　　　　　　　　　　　　　　조건2
이상인 데이터

▶ AND, RANK.EQ, COUNTIF 함수 사용

[ =AND( RANK.EQ(C2, $C$2:$C$15)<=10, COUNTIF(D2:F2, ">=60")=3 ) ]
　　　　　　조건1　　　　　　　　　　　　조건2

**[유형 4]** 22.상시, 21.상시, 20.상시, 17.상시
'4월반품'이 공백이 아니면서 '결제일'이 '주문일'의 5개월 후 날짜
　　　조건1　　　　　　　　　　　　　　조건2
보다 크거나 같은 데이터

▶ ISBLANK, EDATE, NOT, AND 함수 사용

[ =AND( NOT( ISBLANK(G2) ), K2>=EDATE(B2, 5) ) ]
　　　　　　조건1　　　　　　　　조건2

23.상시, 22.상시, 21.상시, 19.상시, 15.상시

**[유형 5]** '주문코드'의 마지막 글자가 짝수이고 '4월반품', '5월반품', '6월반품'이 모두 "○"인 데이터
    조건1          조건2

▶ ISEVEN, RIGHT, AND, COUNTA 함수 사용

[ =AND( ISEVEN( RIGHT(A2, 1) ), COUNTA(G2:I2)=3 ) ]
     조건1      조건2

> **전문가의 조언**
> • OR(조건1, 조건2, …) 모양의 수식으로, OR 함수를 맨 바깥쪽에 놓고 제시된 조건에 맞게 조건들을 만들어 OR 함수의 인수로 지정하면 됩니다.
> • LARGE( ), SMALL( ), MIN( ), MAX( ) 함수를 사용할 때는 데이터의 범위를 절대참조로 지정한다는 것을 명심하세요.
> • 마찬가지로, 헷갈리는 수식은 일단 암기합시다.

### 02 OR 조건
25.상시, 23.상시, 22.상시, 21.상시, 20.상시, 19.상시, 19.1, 18.상시, 17.상시, 14.2, 14.1

20.상시, 17.상시, 14.1

**[유형 1]** '주문일'이 20일 이후이거나 '5월'이 '6월'보다 큰 데이터
    조건1      조건2

▶ OR, DAY 함수 사용

[ =OR( DAY(B2)>=20, E2>F2 ) ]
   조건1   조건2

22.상시, 18.상시, 14.상시, 13.상시

**[유형 6]** '주문코드'가 "A" 자를 포함하고, '주문코드'의 네 번째 글자가 5 이상인 데이터
    조건1        조건2

▶ AND, FIND, MID 함수 사용

[ =AND( FIND("A", A2)>=1, MID(A2, 4, 1)*1>=5 ) ]
    조건1    조건2

> **\*1을 하는 이유**
> MID, LEFT, RIGHT 등은 결과를 텍스트 형식으로 반환하는 텍스트 함수입니다. 텍스트 함수의 결과와 수치 데이터 5를 비교하기 위해서는 텍스트 함수의 결과를 수치 데이터로 변경해야 하므로 'MID(A2, 4, 1)*1'과 같이 '\*1'을 해줘야 합니다. VALUE 함수를 사용할 경우에는 'VALUE(MID(A2, 4, 1))'로 해주면 됩니다.

23.상시, 22.상시, 21.상시, 19.1, 18.상시, 17.상시, 14.2

**[유형 2]** '주문가격'이 상위 3위 이내이거나 하위 3위 이내인 데이터
    조건1      조건2

▶ LARGE, SMALL, OR 함수 사용

[ =OR( C2>=LARGE($C$2:$C$15, 3), C2<=SMALL($C$2:$C$15, 3) ) ]
     조건1        조건2

24.상시

**[유형 7]** 결제시간이 오전 9시부터 11시 50분까지인 데이터
   조건1      조건2

▶ AND 함수 사용

[ =AND(L2>=9/24, L2<=(11/24+50/(24*60))) ]
   조건1     조건2

> 함수를 사용하지 않고 시간을 조건으로 지정할 때는 시간은 하루 24시간제를 사용하므로 **시간/24**이고, 1시간은 60분이므로 분은 **분/(24\*60)**, 시간과 분을 같이 지정할 때는 **시간/24+분/(24\*60)**으로 지정하면 됩니다. 12시는 12/24로 0.5를 입력해도 됩니다.
> 예 오후 1시 30분 : 13/24+30/(24\*60)

22.상시, 21.상시, 20.상시, 19.상시, 18.상시

**[유형 3]** '주문가격'이 가장 크거나 '6월' 중 가장 작은 데이터
    조건1      조건2

▶ MAX, MIN, OR 함수 사용

[ =OR( C2=MAX($C$2:$C$15), F2=MIN($F$2:$F$15) ) ]
    조건1      조건2

> **OR 함수가 없는 경우!**
> 제시된 함수에 MAX와 MIN 함수만 있고 OR 함수가 없는 경우에는 OR 함수 대신 '+'를 이용하여 =(C2=MAX($C$2:$C$15))+(F2=MIN($F$2:$F$15))로 작성하면 됩니다.

> **전문가의 조언**
> - AND(조건1, OR(조건2, 조건3)) 모양의 수식으로, AND 함수를 맨 바깥쪽에 놓고 AND 함수의 인수를 넣을 자리 중 하나에 OR 함수를 넣으면 됩니다.
> - 제시된 조건들이 '~이고', '~이면서'로 연결되면 AND 함수를 사용하고, '~이거나', '또는'으로 연결되면 OR 함수를 사용하세요.
> - 마찬가지로, 헷갈리는 수식은 일단 암기합시다.

## 03 AND, OR 조건

24.상시, 23.상시, 22.상시, 21.상시, 20.상시, 19.상시, 18.상시, 17.상시, 15.1, 14.3, …

24.상시, 23.상시, 22.상시, 21.상시, 20.상시, 14.3, 13.1

[유형 1] '주문코드'가 "4"로 끝나고 '구분'이 "현금" 또는 "할부"인
　　　　　　조건1　　　　　　　　조건2　　　　　조건3
데이터

▶ AND, OR, RIGHT 함수 사용

[ =AND( RIGHT(A2, 1)="4", OR(J2="현금", J2="할부") ) ]
　　　　　　조건1　　　　　　　　　조건2　　　　　　조건3

20.상시, 19.상시, 18.상시, 17.상시, 12.2

[유형 2] '주문코드'의 다섯 번째 글자가 "1"이고, '결제일'의 월이 9 또는 10인
　　　　　　조건1　　　　　　　　　　조건2　　　　　　조건3
데이터

▶ AND, OR, MID, MONTH 함수 사용

[ =AND( MID(A2, 5, 1)="1", OR( MONTH(K2)=9, MONTH(K2)=10 ) ) ]
　　　　　조건1　　　　　　　　조건2　　　　　　조건3

> **잠깐만요**
> 처음부터 여러 개의 조건을 한 번에 연결하려 애쓰지 말고 하나씩 분리해서 생각하면 좀 더 쉽게 수식을 작성할 수 있습니다. 다음은 함수별로 자주 사용되는 수식들입니다.
> - '주문코드'가 "5"로 시작하는 : LEFT(A2,1)="5"
> - '주문코드'가 "5"로 끝나는 : RIGHT(A2,1)="5"
> - '주문코드'의 세 번째 글자가 5 이하인 : MID(A2,3,1)*1<=5
> - '구분'이 '할부'가 아닌 : J2<>"할부"
> - '주문가격'이 전체 주문가격의 평균보다 크거나 같은 : C2>=AVERAGE($C$2:$C$15)
> - '주문가격'이 상위 3위 이내 : RANK.EQ(C2,$C$2:$C$15)<=3 또는 C2>=LARGE($C$2:$C$15,3)
> - '4월', '5월', '6월'의 값이 모두 80 이상 : COUNTIF(D2:F2,">=80")=3
> - '주문일'의 월이 1 : MONTH(B2)=1
> - '주문일'의 연도가 2015년 이상 : YEAR(B2)>=2015

**체크체크** ☑☐☐

아래 그림을 참고하여 고급 필터의 조건을 수식으로 적으시오. [①~⑧].

| | A | B | C | D | E | F | G | H |
|---|---|---|---|---|---|---|---|---|
| 1 | 학생코드 | 이름 | 등록일 | 구분 | 국어 | 영어 | 수학 | 총점 |
| 2 | RA4918 | 최혜주 | 2021-02-20 | 여고 | 82 | 85 | 64 | 77 |
| 3 | WO144 | 송종환 | 2018-02-20 | 남고 | 79 | 73 | 97 | 83 |
| 4 | WO7184 | 윤영주 | 2021-01-11 | 남고 | 76 | 84 | 91 | 84 |
| 5 | RR2196 | 장슬지 | 2019-03-17 | 여고 | 81 | 77 | 89 | 82 |
| 6 | RA7401 | 주재훈 | 2020-03-21 | 남중 | 90 | 78 | 73 | 80 |
| 7 | WO1180 | 이종한 | 2019-01-25 | 남중 | 69 | 99 | 85 | 85 |
| 8 | RR6279 | 오진주 | 2021-02-01 | 여고 | 60 | 76 | 67 | 68 |
| 9 | RA6094 | 배신영 | 2021-02-12 | 여중 | 67 | 93 | 83 | 81 |
| 10 | RA6926 | 남태현 | 2021-01-16 | 남고 | 69 | 98 | 78 | 82 |
| 11 | WO8100 | 황윤형 | 2021-02-09 | 남중 | 99 | 63 | 70 | 77 |
| 12 | RA5239 | 노우희 | 2020-03-15 | 여중 | 78 | 66 | 99 | 81 |
| 13 | WO4863 | 오지완 | 2018-02-17 | 남고 | 96 | 68 | 65 | 76 |
| 14 | RR5241 | 주현주 | 2019-01-15 | 여중 | 98 | 76 | 66 | 80 |
| 15 | RA6684 | 손예슬 | 2017-03-06 | 여고 | 88 | 95 | 65 | 83 |

① '학생코드'가 "R"로 시작하고, '총점'이 전체 총점의 평균보다 큰 데이터
　　▶ LEFT, AVERAGE, AND 함수 사용
　　[　　　　　　　　　　　　　　　　　　　]

② '학생코드'의 세 번째 글자가 "4" 또는 "6"이고, '등록일'의 월이 2인 데이터
　　▶ AND, OR, MID, MONTH 함수 사용
　　[　　　　　　　　　　　　　　　　　　　]

③ '학생코드'의 네 번째 글자가 5 이하이고, '구분'이 "중"으로 끝나는 데이터
　　▶ AND, RIGHT, MID 함수 사용
　　[　　　　　　　　　　　　　　　　　　　]

④ '이름'에 "주" 자를 포함하고, '구분'이 "여고" 또는 "남고"인 데이터
　　▶ AND, OR, FIND 함수 사용
　　[　　　　　　　　　　　　　　　　　　　]

⑤ '총점'이 상위 2위 이내이거나 하위 2위 이내인 데이터
　　▶ LARGE, SMALL, OR 함수 사용
　　[　　　　　　　　　　　　　　　　　　　]

⑥ '총점'이 가장 크거나 가장 작은 데이터
　　▶ MAX, MIN, OR 함수 사용
　　[　　　　　　　　　　　　　　　　　　　]

⑦ '국어', '영어', '수학'이 모두 70점 이상이고, '총점'이 상위 5위 이내인 데이터
　　▶ AND, RANK.EQ, COUNTIF 함수 사용
　　[　　　　　　　　　　　　　　　　　　　]

⑧ '등록일'이 10일 이전이거나 '국어' 점수가 '영어' 점수보다 작은 데이터
　　▶ OR, DAY 함수 사용
　　[　　　　　　　　　　　　　　　　　　　]

아래 그림을 참고하여 고급 필터의 조건을 수식으로 적으시오 [⑨~⑫].

| | A | B | C | D | E | F | G | H |
|---|---|---|---|---|---|---|---|---|
| 1 | 제품코드 | 구분 | 판매시작일 | 판매종료일 | 1차 | 2차 | 3차 | 판매종료시간 |
| 2 | A497 | 의류 | 2019-01-25 | 2021-07-16 | 완판 | 완판 | 완판 | 13:09 |
| 3 | A820 | 식품 | 2021-02-01 | 2018-08-12 | | 완판 | 완판 | 13:35 |
| 4 | A678 | 식품 | 2021-02-09 | 2021-06-05 | 완판 | 완판 | 완판 | 14:07 |
| 5 | A762 | 의류 | 2020-03-15 | 2019-07-22 | 완판 | 완판 | 완판 | 13:55 |
| 6 | A710 | 가전 | 2020-03-21 | 2020-09-02 | 완판 | 완판 | | 19:47 |
| 7 | A468 | 식품 | 2018-02-17 | 2019-06-15 | 완판 | | 완판 | 20:45 |
| 8 | A377 | 의류 | 2021-02-20 | 2021-08-10 | 완판 | 완판 | 완판 | 17:24 |
| 9 | A430 | 의류 | 2018-02-20 | 2021-04-20 | 완판 | 완판 | 완판 | 21:54 |
| 10 | A989 | 가전 | 2021-01-11 | 2021-06-21 | 완판 | 완판 | | 20:55 |
| 11 | A300 | 가전 | 2019-03-17 | 2021-07-02 | 완판 | | 완판 | 17:36 |
| 12 | A153 | 가전 | 2021-02-12 | 2020-05-09 | 완판 | | | 18:21 |
| 13 | A834 | 식품 | 2021-01-16 | 2018-05-25 | 완판 | 완판 | 완판 | 13:11 |
| 14 | A420 | 가전 | 2019-01-15 | 2019-06-19 | | 완판 | 완판 | 16:54 |
| 15 | A399 | 식품 | 2017-03-06 | 2017-04-22 | 완판 | 완판 | | 19:20 |

⑨ '제품코드'의 마지막 글자가 짝수이고, '판매시작일'의 년도가 2019 또는 2020인 데이터
  ▶ AND, OR, ISEVEN, RIGHT, YEAR 함수 사용
  [                                                                 ]

⑩ '구분'이 "식품"이 아니고, '1차', '2차', '3차'가 모두 "완판"인 데이터
  ▶ AND, COUNTA 함수 사용
  [                                                                 ]

⑪ '3차'가 공백이 아니면서 '판매종료일'이 '판매시작일'의 3개월 후 날짜보다 작은 데이터
  ▶ ISBLANK, EDATE, NOT, AND 함수 사용
  [                                                                 ]

⑫ 판매종료시간이 오후 1시부터 5시 50분까지인 데이터
  ▶ AND 함수 사용
  [                                                                 ]

**정답**

① =AND( LEFT(A2, 1)="R", H2>AVERAGE($H$2:$H$15) )
② =AND( OR( MID(A2, 3, 1)="4", MID(A2, 3, 1)="6" ), MONTH(C2)=2 )
③ =AND( MID(A2, 4, 1)*1<=5, RIGHT(D2, 1)="중" )
④ =AND( FIND("주", B2)>=1, OR(D2="여고", D2="남고") )
⑤ =OR( H2>=LARGE($H$2:$H$15, 2), H2<=SMALL($H$2:$H$15, 2) )
⑥ =OR( H2=MAX($H$2:$H$15), H2=MIN($H$2:$H$15) )
⑦ =AND( COUNTIF(E2:G2, ">=70")=3, RANK.EQ(H2, $H$2:$H$15)<=5 )
⑧ =OR( DAY(C2)<=10, E2<F2 )
⑨ =AND( ISEVEN( RIGHT(A2, 1) ) , OR( YEAR(C2)=2019, YEAR(C2)=2020 ) )
⑩ =AND( B2<>"식품", COUNTA(E2:G2)=3 )
⑪ =AND( NOT( ISBLANK(G2) ), D2<EDATE(C2, 3) )
⑫ =AND(H2>=13/24, H2<=(17/24+50/(24*60)))

## 대표기출문제

'길벗컴활1급총정리\엑셀\기능\01고급필터.xlsm' 파일을 열어서 작업하세요.

[기출 1] 25.상시, 24.상시, 23.상시, 22.상시, 21.상시, 20.상시, 13.상시, 13.1, …

'기출1' 시트에서 다음과 같이 고급 필터를 수행하시오.
▶ '상품코드'가 "PB"로 시작하여 "RL"로 끝나고, '거래금액'이 전체 거래금액 평균보다 작은 행인 데이터를 표시하되, '구매자', '상품코드', '종류', '수량', '거래금액' 필드만 표시하시오.
▶ 조건은 [A31:A32] 영역 내에 알맞게 입력하시오.
  (AND, RIGHT, LEFT, AVERAGE 함수 사용)
▶ 결과는 [A34] 셀부터 표시하시오.

[기출 2] 24.상시, 20.상시, 19.상시, 18.상시, 17.상시

'기출2' 시트에서 다음과 같이 고급 필터를 수행하시오.
▶ '차량번호'의 네 번째 글자가 "하" 또는 "호"이고, '주문코드'의 뒤에 두 글자가 20 이상인 데이터를 표시하시오.
▶ 조건은 [A32:A33] 영역 내에 알맞게 입력하시오.
  (RIGHT, MID, AND, OR 함수 사용)
▶ 결과는 [A35] 셀부터 표시하시오.

[기출 3] 23.상시, 22.상시, 21.상시, 19.1, 18.상시, 17.상시, 14.2

'기출3' 시트에서 다음과 같이 고급 필터를 수행하시오.
▶ '판매부수'가 상위 10위 이내이거나 하위 10위 이내이면서 'E-Book'이 공백이 아닌 데이터를 표시하시오.
▶ 조건은 [H1:H2] 영역 내에 알맞게 입력하시오.
  (LARGE, SMALL, OR, AND, NOT, ISBLANK 함수 사용)
▶ 결과는 [H4] 셀부터 표시하시오.

[기출 4] 22.상시, 21.상시, 20.상시, 17.상시

'기출4' 시트에서 다음과 같이 고급 필터를 수행하시오.
▶ '대출일'의 년도가 2020년이고 월이 6월 이전이면서 '대출일'의 10년 후 날짜가 '상환일' 보다 크거나 같은 데이터를 표시하되, '대표자', '주민번호', '대출일', '상환일', '대출금액', '연이율' 필드만 표시하시오.
▶ 조건은 [A32:A33] 영역 내에 알맞게 입력하시오.
  (YEAR, MONTH, EDATE, AND 함수 사용)
▶ 결과는 [A35] 셀부터 표시하시오.

## [기출 5] 20.상시, 19.2, 18.2, 15.상시, 13.상시

'기출5' 시트에서 다음과 같이 고급 필터를 수행하시오.

▶ '내부평가', '외부평가', '연구점수'가 모두 30점 이상이고 '총점'이 150 이상이면서 '연구분야'가 "인공지능"이 아닌 데이터를 표시하시오.
▶ 조건은 [A31:A32] 영역 내에 알맞게 입력하시오.
  (COUNTIF, AND 함수 사용)
▶ 결과는 [A34] 셀부터 표시하시오.

## [기출 2]

〈정답〉

| | A | B | C | D | E | F |
|---|---|---|---|---|---|---|
| 31 | | | | | | |
| 32 | 조건 | | | | | |
| 33 | FALSE | | | | | |
| 34 | | | | | | |
| 35 | 출고일 | 입고일 | 주문코드 | 차량번호 | 차량종류 | 대여시간 |
| 36 | 2020-01-06 | 2020-01-12 | VO-20 | 123호4448 | 미니밴 | 134 |
| 37 | 2020-01-26 | 2020-01-30 | VO-21 | 109하4010 | 소형 | 95 |
| 38 | 2020-02-26 | 2020-02-29 | VO-22 | 157하4339 | 미니밴 | 65 |
| 39 | 2020-03-02 | 2020-03-03 | VO-23 | 132하4199 | 소형 | 3 |
| 40 | 2020-03-18 | 2020-03-28 | EI-24 | 122하4036 | 미니밴 | 237 |
| 41 | 2020-03-18 | 2020-03-21 | EI-25 | 102하4030 | 소형 | 65 |
| 42 | 2020-01-21 | 2020-01-26 | EI-27 | 116하4321 | 세단 | 114 |

〈해설〉

• '고급 필터' 대화상자

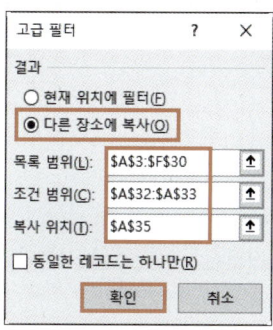

[A33] : =AND( OR( MID(D4, 4, 1)="하", MID(D4, 4, 1)="호" ), RIGHT(C4, 2)*1)=20 )

## [기출 3]

〈정답〉

| | H | I | J | K | L | M |
|---|---|---|---|---|---|---|
| 1 | 조건 | | | | | |
| 2 | TRUE | | | | | |
| 3 | | | | | | |
| 4 | 도서코드 | 분류 | 페이지 | E-Book | 판매부수 | 도서가격 |
| 5 | RC-H06 | 과학 | 352 | | 65,600 | 30,000 |
| 6 | HM-G09 | 인문 | 512 | ○ | 12,500 | 16,000 |
| 7 | RC-G03 | 사회 | 288 | ○ | 2,300 | 42,000 |
| 8 | RC-E05 | 과학 | 360 | | 66,000 | 10,000 |
| 9 | RC-Q02 | 사회 | 424 | ○ | 69,400 | 26,000 |
| 10 | RC-K02 | 과학 | 576 | ○ | 71,300 | 10,000 |
| 11 | HM-I02 | 인문 | 392 | ○ | 13,200 | 31,000 |
| 12 | RC-J00 | 과학 | 408 | ○ | 12,600 | 50,000 |
| 13 | HM-T07 | 인문 | 256 | ○ | 10,100 | 38,000 |

〈해설〉

• '고급 필터' 대화상자

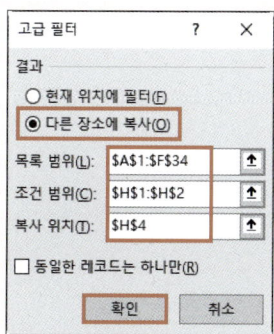

[H2] : =AND( OR( E2>=LARGE($E$2:$E$34, 10), E2<=SMALL($E$2:$E$34, 10) ), NOT( ISBLANK(D2) ) )

## 정답 및 해설

### [기출 1]

〈정답〉

| | A | B | C | D | E |
|---|---|---|---|---|---|
| 30 | | | | | |
| 31 | 조건 | | | | |
| 32 | FALSE | | | | |
| 33 | | | | | |
| 34 | 구매자 | 상품코드 | 종류 | 수량 | 거래금액 |
| 35 | 양영솔 | PB-16-RL | PB | 370 | 1,443,000 |
| 36 | 오이설 | PB-36-RL | PB | 320 | 8,736,000 |
| 37 | 허하영 | PB-12-RL | PB | 500 | 5,850,000 |

〈해설〉

1. 조건과 추출할 필드명을 다음과 같이 입력한다.

| | A | B | C | D | E |
|---|---|---|---|---|---|
| 31 | 조건 | | | | |
| 32 | FALSE | | | | |
| 33 | | | | | |
| 34 | 구매자 | 상품코드 | 종류 | 수량 | 거래금액 |

[A32] : =AND( LEFT(B3, 2)="PB", RIGHT(B3, 2)="RL", H3<AVERAGE( $H$3:$H$29) )

2. 데이터 범위 안에 셀 포인터를 놓고 [데이터] → 정렬 및 필터 → **고급**을 클릭한다.
3. '고급 필터' 대화상자에서 다음과 같이 지정하고 〈확인〉을 클릭한다.

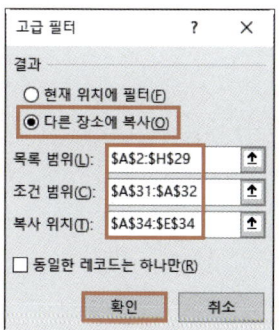

## [기출 4]

〈정답〉

| | A | B | C | D | E | F |
|---|---|---|---|---|---|---|
| 31 | | | | | | |
| 32 | 조건 | | | | | |
| 33 | FALSE | | | | | |
| 34 | | | | | | |
| 35 | 대표자 | 주민번호 | 대출일 | 상환일 | 대출금액 | 연이율 |
| 36 | 주이준 | 770506-2****** | 2020-02-21 | 2028-02-21 | 7,128,000 | 2.1% |
| 37 | 서명세 | 630521-1****** | 2020-03-16 | 2029-03-16 | 36,624,000 | 1.3% |
| 38 | 최혜은 | 800727-2****** | 2020-03-14 | 2027-03-14 | 49,770,000 | 4.3% |

〈해설〉

• '고급 필터' 대화상자

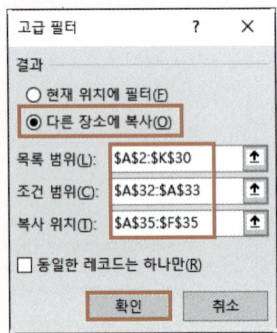

[A33] : =AND( YEAR(E3)=2020, MONTH(E3)<=6, EDATE(E3, 120)>=F3 )

## [기출 5]

〈정답〉

| | A | B | C | D | E | F | G |
|---|---|---|---|---|---|---|---|
| 30 | | | | | | | |
| 31 | 조건 | | | | | | |
| 32 | FALSE | | | | | | |
| 33 | | | | | | | |
| 34 | 연구원ID | 이름 | 연구분야 | 내부평가 | 외부평가 | 연구점수 | 총점 |
| 35 | CIE-83 | 임송빈 | 광자통신 | 35 | 32 | 94 | 161 |
| 36 | CIE-14 | 조정민 | 재생에너지 | 48 | 35 | 81 | 164 |
| 37 | ANS-74 | 문채이 | 재생에너지 | 32 | 49 | 78 | 159 |

〈해설〉

• '고급 필터' 대화상자

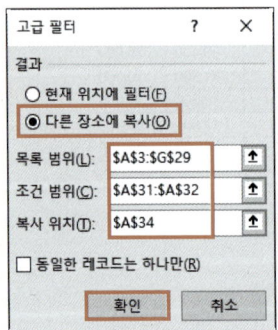

[A32] : =AND( COUNTIF(D4:F4, ">=30")=3, G4>=150, C4<>"인공지능" )

## 2 조건부 서식

출제 비율 100% / 배점 5점

조건부 서식 문제는 지시사항대로 조건식을 설정하여 **조건에 맞는 자료에만 서식이 적용되게 하는 작업**입니다. 1급 시험에서는 대부분 함수를 사용하여 조건식을 세워야 합니다. **5점짜리 한 문제가 출제되며, 부분 점수는 없습니다.**

| | A | B | C | D | E | F | G |
|---|---|---|---|---|---|---|---|
| 1 | [표1] | | | | | | |
| 2 | 수험번호 | 이름 | 응시횟수 | 데이터베이스 | 데이터통신 | 운영체제 | 소프트웨어 |
| 3 | 가052 | 홍길동 | 1 | 54 | 55 | 69 | 90 |
| 4 | 나124 | 이신영 | 2 | 95 | 98 | 86 | 100 |
| 5 | 가051 | 강석호 | 1 | 95 | 85 | 50 | 70 |
| 6 | 다952 | 임수경 | 3 | 38 | 75 | 54 | 94 |
| 7 | 나052 | 양세진 | 2 | 24 | 90 | 48 | 69 |
| 8 | 라512 | 김용민 | 1 | 80 | 83 | 95 | 24 |
| 9 | 가215 | 최준경 | 3 | 75 | 89 | 98 | 63 |
| 10 | 다095 | 유구희 | 1 | 86 | 75 | 70 | 75 |
| 11 | 나065 | 이아현 | 2 | 98 | 86 | 89 | 89 |
| 12 | 라658 | 명세진 | 1 | 63 | 89 | 90 | 54 |
| 13 | 라982 | 김우희 | 1 | 55 | 88 | 55 | 95 |
| 14 | 다357 | 김천명 | 3 | 98 | 95 | 96 | 100 |
| 15 | 가094 | 이상정 | 2 | 54 | 50 | 53 | 90 |
| 16 | 나094 | 최정운 | 1 | 95 | 95 | 92 | 66 |

→

| | A | B | C | D | E | F | G |
|---|---|---|---|---|---|---|---|
| 1 | [표1] | | | | | | |
| 2 | 수험번호 | 이름 | 응시횟수 | 데이터베이스 | 데이터통신 | 운영체제 | 소프트웨어 |
| 3 | 가052 | 홍길동 | 1 | 54 | 55 | 69 | 90 |
| 4 | 나124 | 이신영 | 2 | 95 | 98 | 86 | 100 |
| 5 | 가051 | 강석호 | 1 | 95 | 85 | 50 | 70 |
| 6 | *다952* | *임수경* | *3* | *38* | *75* | *54* | *94* |
| 7 | 나052 | 양세진 | 2 | 24 | 90 | 48 | 69 |
| 8 | 라512 | 김용민 | 1 | 80 | 83 | 95 | 24 |
| 9 | 가215 | 최준경 | 3 | 75 | 89 | 98 | 63 |
| 10 | 다095 | 유구희 | 1 | 86 | 75 | 70 | 75 |
| 11 | 나065 | 이아현 | 2 | 98 | 86 | 89 | 89 |
| 12 | 라658 | 명세진 | 1 | 63 | 89 | 90 | 54 |
| 13 | 라982 | 김우희 | 1 | 55 | 88 | 55 | 95 |
| 14 | *다357* | *김천명* | *3* | *98* | *95* | *96* | *100* |
| 15 | 가094 | 이상정 | 2 | 54 | 50 | 53 | 90 |
| 16 | 나094 | 최정운 | 1 | 95 | 95 | 92 | 66 |

※ '응시횟수'가 3 이상이고, '소프트웨어'가 '소프트웨어'의 전체 평균 이상인 행에만 서식이 적용되도록 조건부 서식을 적용한 화면입니다.

## 작업 순서

답안 작업 순서를 기억해 두면 시험장에 작업 시간을 확 줄일 수 있습니다. 엑셀 화면을 떠올리면서 기억해 두세요.

1. 조건부 서식이 적용될 범위를 블록으로 지정한다.
2. [홈] → 스타일 → 조건부 서식 → **새 규칙**을 선택한다.
3. '새 서식 규칙' 대화상자에서 '수식을 사용하여 서식을 지정할 셀 결정'을 선택하고 조건을 입력한다.
4. 〈서식〉 단추를 클릭한 후 '셀 서식' 대화상자에서 서식을 지정한다.

## 합격포인트

- 조건부 서식은 **제시된 조건에 맞는 자료에만 서식이 적용되도록 정확한 조건식을 만드는 것**이 합격포인트입니다.
- 수식 작성에 익숙하지 않으면 고급 필터와 마찬가지로 작업 방법만 숙지하고 [문제2] 계산작업을 먼저 공부하세요.
- 하나 더, 행에 서식을 적용할 때는 $A1처럼 열 문자 앞에 $를, 열에 서식을 적용할 때는 A$1처럼 행 번호 앞에 $를 붙인다는 것! 잊지마세요.
- ☞ 직접 실습하려면 '길벗컴활1급총정리\엑셀\기능\02조건부서식.xlsm' 파일을 열어서 작업하세요.

※ 아래 그림을 참고하여 조건부 서식의 조건을 이해하고 암기하세요.

| | A | B | C | D | E | F | G | H | I |
|---|---|---|---|---|---|---|---|---|---|
| 1 | 학생코드 | 이름 | 등록일 | 구분 | 국어 | 영어 | 수학 | 과학 | 총점 |
| 2 | RA4918 | 최예스더 | 2021-02-20 | 여고 | 82 | 85 | 64 | 74 | 76 |
| 3 | WO144 | 송종환 | 2018-02-20 | 남고 | 79 | 73 | 97 | 77 | 82 |
| 4 | WO7184 | 윤영주 | 2021-01-11 | 남고 | 76 | 84 | 91 | 85 | 84 |
| 5 | RR2196 | 장민 | 2019-03-17 | 여고 | 81 | 89 | 89 | 93 | 88 |
| 6 | RA7401 | 주재훈 | 2020-03-21 | 남중 | 90 | 78 | 73 | 79 | 80 |
| 7 | WO1180 | 이종한 | 2019-01-25 | 남중 | 69 | 99 | 85 | 67 | 80 |
| 8 | RR6279 | 오진주 | 2021-02-01 | 여고 | 60 | 76 | 67 | 89 | 73 |
| 9 | RA6094 | 배신영 | 2021-02-12 | 여중 | 67 | 93 | 83 | 71 | 79 |
| 10 | RA6926 | 남진 | 2021-01-16 | 남고 | 69 | 98 | 78 | 62 | 77 |
| 11 | WO8100 | 황윤형 | 2021-02-09 | 남중 | 69 | 63 | 70 | 73 | 69 |
| 12 | RA5239 | 노마리아 | 2020-03-15 | 여중 | 78 | 85 | 99 | 80 | 86 |
| 13 | RA6684 | 손예슬 | 2017-03-06 | 여고 | 88 | 95 | 65 | 92 | 85 |
| 14 | WO4863 | 오지완 | 2018-02-17 | 남고 | 96 | 68 | 65 | 60 | 72 |
| 15 | RR5241 | 주현 | 2019-01-15 | 여중 | 98 | 76 | 66 | 65 | 76 |

**전문가의 조언**

- 셀 주소의 열 문자 앞에 $를 표시할 때는 셀 주소가 선택된 상태에서 F4를 두 번 누르면 됩니다.
- 문제의 조건이 어떻게 수식으로 표현되었는지 살펴보고, 잘 이해되지 않는 부분은 일단 암기해 두세요.

## 01 행 전체
25.상시, 24.상시, 23.상시, 22.상시, 21.상시, 20.상시, 19.상시, 19.2, 18.상시, 18.2, …

23.상시, 22.상시, 21.상시, 19.2, 18.2, 17.상시, 16.2, 15.상시, 14.2, …

**[유형 1]** '학생코드'가 "R"로 시작하면서(조건1) '총점'이 '총점'의 전체 평균을 초과하는(조건2) 행 전체

▶ LEFT, AVERAGE, AND 함수 사용

[ =AND( LEFT($A2, 1)="R", $I2>AVERAGE($I$2:$I$15) ) ]
　　　　　조건1　　　　　　　조건2

조건부 서식을 직접 실행하려면 [A2:I15] 영역을 블록으로 지정한 상태에서 [홈] → 스타일 → 조건부 서식 → 새 규칙을 선택하여 '새 서식 규칙' 대화상자에서 지정하면 됩니다.

20.상시, 18.상시, 15.상시, 10.2

**[유형 2]** '이름'의 전체 글자수가 3보다 크거나 같고(조건1), '국어', '영어', '수학', '과학'이 모두 70점 이상인(조건2) 행 전체

▶ COUNTIF, LEN, AND 함수 사용

[ =AND( LEN($B2)>=3, COUNTIF($E2:$H2, ">=70")=4 ) ]
　　　　　조건1　　　　　　　　조건2

17.상시, 16.상시, 14.1, 13.2, 10.3

**[유형 3]** '학생코드'의 오른쪽 세 글자가 200 이상이고(조건1), '구분'이 "여고"가 아닌(조건2) 행 전체

▶ RIGHT, AND, VALUE 함수 사용

[ =AND( VALUE(RIGHT($A2, 3))>=200, $D2<>"여고" ) ]
　　　　　　조건1　　　　　　　　조건2

23.상시, 22.상시, 21.상시, 20.상시, 18.상시, 17.상시, 07.4

**[유형 4]** '등록일'이 홀수 달이고(조건1) 2020년 1월 1일 이후인(조건2) 행 전체

▶ MONTH, MOD, AND, DATE 함수 사용

[ =AND( MOD(MONTH($C2), 2)=1, $C2>=DATE(2020, 1, 1) ) ]
　　　　　조건1　　　　　　　　조건2

19.상시, 18.상시, 16.상시, 09.4

**[유형 5]** 행 번호가 짝수이고(조건1) '과학' 점수가 '총점'보다 높은(조건2) 행 전체

▶ ISEVEN, ROW, AND 함수 사용

[ =AND( ISEVEN(ROW( )), $H2>$I2 ) ]
　　　　조건1　　　　　조건2

- ROW(인수)는 행 번호를 반환하는 함수로, 인수를 생략하면 ROW( )가 입력된 셀의 행 번호를 반환합니다.
- [유형 5]의 ROW( )는 조건부 서식이 적용되는 범위의 행, 즉 2부터 15까지가 차례대로 반환되며, ISEVEN( ) 함수를 통해 짝수인 행만 참(TRUE)이 반환됩니다.

22.상시, 21.상시, 20.상시, 19.1, 14.2, 13.1, 12.3

**[유형 6]** '학생코드'의 오른쪽 세 글자를 100으로 나눈 몫이 홀수이고(조건1) '총점'이 전체 총점의 80% 이상인(조건2) 행 전체

▶ AND, ISODD, QUOTIENT, RIGHT, PERCENTILE.INC 함수 사용

[ =AND( ISODD( QUOTIENT(RIGHT($A2, 3), 100) ), $I2>=PERCENTILE.INC($I$2:$I$15, 0.8) ) ]
　　　　　　　　조건1　　　　　　　　　　　　　　　조건2

=AND( ISODD( QUOTIENT(RIGHT($A2, 3), 100) ), $I2>=PERCENTILE.INC($I$2:$I$15, 0.8) )
　　　　　　　　　①
　　　　　　②　　　　　　　　　　　　　　③
　　　　　　　　　　　　④

❶ QUOTIENT(RIGHT($A2, 3), 100) : [A2] 셀의 값 "RA4918"의 오른쪽 3글자 918을 100으로 나눈 몫인 9를 반환합니다.

❷ ISODD(❶) → ISODD(9) : 9는 홀수이므로 TRUE를 반환합니다.

❸ $I2>=PERCENTILE.INC($I$2:$I$15, 0.8) : [I2] 셀의 값 76은 [I2:I15]의 80번째 백분위수 값인 84.4보다 작으므로 FALSE를 반환합니다.

❹ =AND(❷, ❸) → =AND(TRUE, FALSE) : 두 조건이 모두 TRUE가 아니므로 조건부 서식이 적용되지 않습니다.

25.상시, 22.상시, 21.상시, 20.상시, 18.상시, 15.1, 12.2

**[유형 7]** '총점'이 상위 세 번째 값보다 크거나 하위 세 번째 값보다 작은
　　　　　　　　　　　　　　조건1　　　　　　　　　　조건2
행 전체

▶ LARGE, SMALL, OR 함수 사용

[ =OR( $I2>LARGE($I$2:$I$15, 3), $I2<SMALL($I$2:$I$15, 3) ) ]
　　　　　　조건1　　　　　　　　　　　조건2

23.상시, 22.상시, 21.상시, 20.상시, 19.상시, 18.상시, 15.상시, 11.3

**[유형 8]** '총점'이 상위 3위 이내이거나 하위 3위 이내인 행 전체
　　　　　　　　조건1　　　　　　　　조건2

▶ RANK.EQ, OR 함수 사용

[ =OR( RANK.EQ($I2, $I$2:$I$15)<=3, RANK.EQ($I2, $I$2:$I$15, 1)<=3 ) ]
　　　　　　　조건1　　　　　　　　　　　　　조건2

RANK.EQ(인수, 범위, '옵션') 함수는 '옵션'을 0 또는 생략하면 내림차순을 기준으로 순위를 구하고, 0 이외의 값이면 오름차순을 기준으로 순위를 구합니다.

22.상시, 21.상시, 20.상시, 19.상시, 16.상시, 15.상시

**[유형 9]** '등록일'이 가장 빠른 날짜와 가장 늦은 날짜의 행 전체
　　　　　　　　조건1　　　　　　　　조건2

▶ OR, MAX, MIN 함수 사용

[ =OR( $C2=MIN($C$2:$C$15), $C2=MAX($C$2:$C$15) ) ]
　　　　　　조건1　　　　　　　　　조건2

25.상시, 24.상시, 22.상시

**[유형 10]** '구분'이 "남고"이고 '등록일'의 요일이 '화요일'이나 '토요일'인
　　　　　　　　조건1　　　　　　　　　　　　조건2
행 전체

▶ OR, WEEKDAY, AND 함수 사용
▶ WEEKDAY 함수는 '월요일'이 1이 되도록 작성

[ =AND( $D2="남고", OR( WEEKDAY($C2, 2)=2, WEEKDAY($C2, 2)=6 ) ]
　　　　조건1　　　　　　　　　　조건2

WEEKDAY(날짜, 옵션) 함수의 옵션을 2로 지정하면 1(월요일) ~ 7(일요일)로 요일번호를 반환합니다.

23.상시

**[유형 11]** '학생코드'에 180이 포함되거나 '국어'가 95 이상인 행 전체
　　　　　　　　조건1　　　　　　　　조건2

▶ OR, IFERROR, SEARCH 함수 사용

[ =OR( IFERROR( SEARCH(18, $A2), FALSE ), $E2>=95 ) ]

> **전문가의 조언**
> · 셀 주소의 행 번호 앞에 $를 표시할 때는 셀 주소가 선택된 상태에서 F4 를 한 번 누르면 됩니다.
> · 문제의 조건이 어떻게 수식으로 표현되었는지 살펴보고, 잘 이해되지 않는 부분은 일단 암기해 두세요.

## 02 열 전체

22.상시, 21.상시, 20.1, 19.상시, 18.상시, 17.1

20.상시, 19.상시, 17.1

**[유형 1]** 열 번호가 짝수인 열 전체
　　　　　　　　조건

▶ COLUMN, ISEVEN 함수 사용

[ =ISEVEN( COLUMN( ) ) ]
　　　　　조건

· COLUMN(인수)은 열 번호를 반환하는 함수로, 인수를 생략하면 COLUMN( )이 입력된 셀의 열 번호를 반환합니다.
· [유형 1]의 COLUMN( )은 조건부 서식이 적용되는 범위의 모든 열이, A는 1, B는 2, C는 3과 같이 숫자로 차례대로 반환되며, ISEVEN( ) 함수를 통해 짝수인 열만 참(TRUE)이 반환됩니다.
※ 열 머리글까지 포함하여 조건부 서식을 적용해야 합니다. 1행을 포함한 [A1:I15] 영역을 블록으로 지정한 상태에서 [홈] → 스타일 → 조건부 서식 → **새 규칙**을 선택하세요.

22.상시, 21.상시, 20.1, 18.상시

**[유형 2]** 열 번호를 3으로 나눈 나머지가 홀수이면서 [A1:I1] 영역의 끝나는
　　　　　　　　　　　　조건1　　　　　　　　　　　　　　　조건2
글자가 "학"인 열 전체

▶ COLUMN, MOD, ISODD, AND, RIGHT 함수 사용

[ =AND( ISODD( MOD(COLUMN( ), 3) ), RIGHT(A$1, 1)="학" ) ]
　　　　　　　　조건1　　　　　　　　　　조건2

```
=AND( ISODD( MOD(COLUMN( ), 3) ), RIGHT(A$1, 1)="학" )
            ─────────①─────────
      ─────────②─────────
─③───                          ─④───────────
──────────────⑤──────────────
```

① COLUMN( ) : 현재 셀이 [A1] 셀에 있다면 열 번호 1을 반환합니다.
② MOD(①, 3) → MOD(1, 3) : 1을 3으로 나눈 나머지인 1을 반환합니다.
③ ISODD(②) → ISODD(1) : 1은 홀수이므로 TRUE를 반환합니다.
④ RIGHT(A$1, 1)="학" : [A1] 셀 값 "학생코드"의 오른쪽 한 글자인 "드"는 "학"과 다르므로 FALSE를 반환합니다.
⑤ =AND(③, ④) → =AND(TRUE, FALSE) : 조건이 모두 TRUE가 아니므로 조건부 서식이 적용되지 않습니다.

아래 그림을 참고하여 조건부 서식의 조건을 수식으로 적으시오[①~⑬].

| | A | B | C | D | E | F | G | H |
|---|---|---|---|---|---|---|---|---|
| 1 | 제품코드 | 판매구분 | 제조일 | 1월 | 2월 | 3월 | 4월 | 총판매량 |
| 2 | B7184 | 홈쇼핑 | 2021-05-11 | 410 | 423 | 51 | 461 | 1345 |
| 3 | A5241 | 인터넷 | 2021-03-15 | 77 | 470 | 490 | 247 | 1284 |
| 4 | C6926 | 매장 | 2021-06-16 | 252 | 257 | 422 | 480 | 1411 |
| 5 | A1180 | 매장 | 2021-02-25 | 396 | 403 | 318 | 481 | 1598 |
| 6 | B6279 | 홈쇼핑 | 2021-01-01 | 299 | 270 | 453 | 355 | 1377 |
| 7 | B8100 | 매장 | 2021-04-09 | 191 | 119 | 226 | 176 | 712 |
| 8 | A6094 | 인터넷 | 2021-03-12 | 327 | 428 | 219 | 378 | 1352 |
| 9 | A4863 | 홈쇼핑 | 2021-01-17 | 261 | 296 | 345 | 58 | 960 |
| 10 | A144 | 매장 | 2021-02-20 | 495 | 466 | 131 | 155 | 1247 |
| 11 | A4918 | 홈쇼핑 | 2021-05-20 | 182 | 268 | 258 | 345 | 1053 |
| 12 | C6684 | 홈쇼핑 | 2021-06-06 | 123 | 349 | 436 | 443 | 1351 |
| 13 | B5239 | 매장 | 2021-03-15 | 420 | 125 | 237 | 200 | 982 |
| 14 | A2196 | 인터넷 | 2021-02-17 | 148 | 355 | 202 | 472 | 1177 |
| 15 | C7401 | 인터넷 | 2021-05-21 | 121 | 71 | 301 | 233 | 726 |

① '제품코드'가 "B"로 시작하면서 '총판매량'이 총판매량의 전체 평균 초과인 행 전체
  ▶ LEFT, AVERAGE, AND 함수 사용
  [                                                            ]

② '제품코드'의 오른쪽 두 글자가 50 이상이고, '판매구분'이 "매장"이 아닌 행 전체
  ▶ RIGHT, AND, VALUE 함수 사용
  [                                                            ]

③ '제품코드'의 2~4번째 글자를 100으로 나눈 몫이 짝수이고, '총판매량'이 전체 '총판매량'의 70% 이상인 행 전체
  ▶ ISEVEN, QUOTIENT, MID, PERCENTILE.INC, AND 함수 사용
  [                                                            ]

④ '판매구분'의 전체 글자수가 3이고, '1월', '2월', '3월', '4월' 판매량이 모두 200 이상인 행 전체
  ▶ COUNTIF, LEN, AND 함수 사용
  [                                                            ]

⑤ '제조일'이 짝수 달이고 2021년 3월 1일 이후인 행 전체
  ▶ MONTH, MOD, AND, DATE 함수 사용
  [                                                            ]

⑥ '제조일'이 가장 빠른 날짜와 가장 늦은 날짜의 행 전체
  ▶ OR, MAX, MIN 함수 사용
  [                                                            ]

⑦ '총판매량'이 가장 크거나 가장 작은 행 전체
  ▶ LARGE, SMALL, OR 함수 사용
  [                                                            ]

⑧ '총판매량'이 가장 크거나 가장 작은 행 전체
  ▶ RANK.EQ, OR 함수 사용
  [                                                            ]

⑨ 행 번호가 짝수이고 '1월' 판매량이 '2월' 판매량 보다 많은 행 전체
  ▶ ISEVEN, ROW, AND 함수 사용
  [                                                            ]

⑩ '판매구분'이 "매장"이고 '제조일'의 요일이 '월요일'이나 '수요일'인 행 전체
  ▶ OR, WEEKDAY, AND 함수 사용
  ▶ WEEKDAY 함수는 '월요일'이 1이 되도록 작성
  [                                                            ]

⑪ '제품코드'에 7이 포함되거나 '총판매량'이 1500 이상인 행 전체
  ▶ OR, IFERROR, SEARCH 함수 사용
  [                                                            ]

⑫ 열 번호를 3으로 나눈 나머지가 짝수인 열 전체
  ▶ COLUMN, MOD, ISEVEN 함수 사용
  [                                                            ]

⑬ 열 번호가 홀수이고, [A1:H1] 영역의 끝나는 글자가 "월"인 열 전체
  ▶ AND, COLUMN, ISODD, RIGHT 함수 사용
  [                                                            ]

### 정답

① =AND( LEFT($A2, 1)="B", $H2>AVERAGE($H$2:$H$15) )

② =AND( VALUE(RIGHT($A2, 2))>=50, $B2<>"매장" )

③ =AND( ISEVEN( QUOTIENT(MID($A2, 2, 3),100) ), $H2>=PERCENTILE.INC( $H$2:$H$15, 0.7) )

④ =AND( LEN($B2)=3, COUNTIF($D2:$G2, ">=200")=4 )

⑤ =AND( MOD(MONTH($C2), 2)=0, $C2>=DATE(2021, 3, 1) )

⑥ =OR( $C2=MAX($C$2:$C$15), $C2=MIN($C$2:$C$15) )

⑦ =OR( $H2=LARGE($H$2:$H$15, 1), $H2=SMALL($H$2:$H$15, 1) )

⑧ =OR( RANK.EQ($H2, $H$2:$H$15)=1, RANK.EQ($H2, $H$2:$H$15, 1)=1 )

⑨ =AND( ISEVEN(ROW( )), $D2>$E2 )

⑩ =AND( $B2="매장", OR( WEEKDAY($C2, 2)=1, WEEKDAY($C2, 2)=3 ) )

⑪ =OR( IFERROR( SEARCH(7, $A2), FALSE ), $H2>=1500 )

⑫ =ISEVEN( MOD(COLUMN( ), 3) )

⑬ =AND( ISODD(COLUMN( )), RIGHT(A$1,1)="월" )

※ 1행을 포함한 [A1:H15] 영역을 블록으로 지정한 상태에서 [홈] → 스타일 → 조건부 서식 → 새 규칙을 선택하세요.

## 대표기출문제

'길벗컴활1급총정리\엑셀\기능\02조건부서식.xlsm' 파일을 열어서 작업하세요.

### [기출 1] 24.상시, 22.상시, 21.상시, 19.2, 18.2, 17.상시, 16.2, 15.상시, 14.2

'기출1' 시트에서 다음과 같이 조건부 서식을 설정하시오.
- [A3:I17] 영역에 대해서 '재배시기'의 글자 수가 2이고, '거래액'이 전체 '거래액'의 평균보다 크고, '사용비료'가 "복합" 또는 "자급"인 전체 행에 대하여 글꼴 스타일 '굵게', 글꼴 색 '표준 색-파랑'으로 적용하시오.
- 단, 규칙 유형은 '수식을 사용하여 서식을 지정할 셀 결정'을 사용하고, 한 개의 규칙으로만 작성하시오.
- AVERAGE, LEN, AND, OR 함수 사용

### [기출 2] 25.상시, 22.상시, 21.상시, 19.1, 18.상시, 17.상시, 14.2

'기출2' 시트에서 다음과 같이 조건부 서식을 설정하시오.
- [A4:G17] 영역에 대해서 '회원코드'의 시작 글자가 "PE"이고 4번째 글자가 4이거나, '월사용액'이 상위 5위 이내인 전체 행에 대하여 글꼴 스타일 '굵은 기울임꼴', 글꼴 색 '표준 색-빨강'으로 적용하시오.
- 단, 규칙 유형은 '수식을 사용하여 서식을 지정할 셀 결정'을 사용하고, 한 개의 규칙으로만 작성하시오.
- LEFT, MID, LARGE, AND, OR 함수 사용

### [기출 3] 23.상시, 22.상시, 21.상시, 20.상시, 19.1, 14.2, 13.1, 09.4

'기출3' 시트에서 다음과 같이 조건부 서식을 설정하시오.
- [A4:H17] 영역에 대해서 행 번호가 홀수이고 '수령일'의 월이 짝수이고 '수령시간'이 오후 12시 이후인 전체 행에 대하여 글꼴 스타일 '기울임꼴', 글꼴 색 '표준 색-파랑'으로 적용하시오.
- 단, 규칙 유형은 '수식을 사용하여 서식을 지정할 셀 결정'을 사용하고, 한 개의 규칙으로만 작성하시오.
- ROW, ISODD, MOD, MONTH, AND 함수 사용

### [기출 4] 24.상시, 23.상시, 19.상시, 18.상시, 16.상시

'기출4' 시트에서 다음과 같이 조건부 서식을 설정하시오.
- [A3:G15] 영역에 대해서 행 번호가 짝수이고, '입사일'이 2000년 1월 1일 이후이고, '지급액'이 전체 '지급액'의 70% 이하인 전체 행에 대하여 글꼴 스타일 '굵게', 글꼴 색 '표준 색-파랑'으로 적용하시오.
- 단, 규칙 유형은 '수식을 사용하여 서식을 지정할 셀 결정'을 사용하고, 한 개의 규칙으로만 작성하시오.
- ISEVEN, ROW, DATE, PERCENTILE.INC, AND 함수 사용

### [기출 5] 22.상시, 21.상시, 20.상시, 19.상시, 18.상시, 15.상시

'기출5' 시트에서 다음과 같이 조건부 서식을 설정하시오.
- [A3:F16] 영역에 대해서 '사원코드'의 끝나는 글자가 5 이상이고, '평가점수'가 상위 5위 이내인 전체 행에 대하여 글꼴 스타일 '굵게', 글꼴 색 '표준 색-빨강'으로 적용하시오.
- 단, 규칙 유형은 '수식을 사용하여 서식을 지정할 셀 결정'을 사용하고, 한 개의 규칙으로만 작성하시오.
- RIGHT, RANK.EQ, AND 함수 사용

### [기출 6] 22.상시, 21.상시, 20.1, 18.상시

'기출6' 시트에서 다음과 같이 조건부 서식을 설정하시오.
- [A2:F8] 영역에서 해당 열 번호가 홀수이면서 [A2:F2] 영역의 끝나는 글자가 "메달"인 열 전체에 대하여 채우기 색 '표준 색-주황'으로 적용하시오.
- 단, 규칙 유형은 '수식을 사용하여 서식을 지정할 셀 결정'을 사용하고, 한 개의 규칙으로만 작성하시오.
- AND, COLUMN, ISODD, RIGHT 함수 사용

# 정답 및 해설

## [기출 1]

〈정답〉

| | A | B | C | D | E | F | G | H | I |
|---|---|---|---|---|---|---|---|---|---|
| 1 | | | | | | | | | |
| 2 | 농작물 | 생산지 | 계약종류 | 거래액 | 재배시기 | 등급 | 사용비료 | 거래수수료 | 규모 |
| 3 | 고추 | 전남 | 계약재배 | 53,000,000 | 봄 | C | 복합 | 100,000 | 대형 |
| 4 | 참깨 | 제주 | 계약재배 | 32,000,000 | 봄 | B | 자급 | 90,000 | 중형 |
| 5 | 양파 | 제주 | 계약재배 | 22,000,000 | 가을 | A | 자급 | 66,000 | 중형 |
| 6 | 양파 | 전남 | 포전매매 | 34,000,000 | 가을 | A | 유기질 | 120,000 | 중형 |
| 7 | 마늘 | 경남 | 포전매매 | 28,000,000 | 여름 | A | 유기질 | 112,000 | 중형 |
| 8 | 감자 | 전남 | 포전매매 | 46,000,000 | 여름 | B | 자급 | 92,000 | 중형 |
| 9 | 감자 | 제주 | 포전매매 | 54,000,000 | 월동 | A | 자급 | 108,000 | 중형 |
| 10 | 마늘 | 전북 | 계약재배 | 32,000,000 | 가을 | A | 유기질 | 90,000 | 대형 |
| 11 | 고추 | 전북 | 포전매매 | 44,000,000 | 월동 | A | 자급 | 120,000 | 대형 |
| 12 | 참깨 | 전남 | 계약재배 | 24,000,000 | 월동 | B | 자급 | 70,000 | 중형 |
| 13 | 양파 | 전남 | 포전매매 | 45,000,000 | 여름 | C | 자급 | 90,000 | 대형 |
| 14 | 마늘 | 제주 | 포전매매 | 38,000,000 | 봄 | A | 자급 | 114,000 | 중형 |
| 15 | 마늘 | 전북 | 포전매매 | 57,000,000 | 여름 | B | 복합 | 114,000 | 대형 |
| 16 | 양파 | 제주 | 계약재배 | 58,000,000 | 월동 | C | 복합 | 100,000 | 대형 |
| 17 | 고추 | 전북 | 포전매매 | 53,000,000 | 가을 | A | 복합 | 106,000 | 중형 |

〈해설〉

1. 조건부 서식을 적용할 [A3:I17] 영역을 블록으로 지정한다.
2. [홈] → 스타일 → 조건부 서식 → **새 규칙**을 선택한다.
3. '새 서식 규칙' 대화상자에서 '수식을 사용하여 서식을 지정할 셀 결정'을 선택하고 다음과 같이 조건을 입력한다.

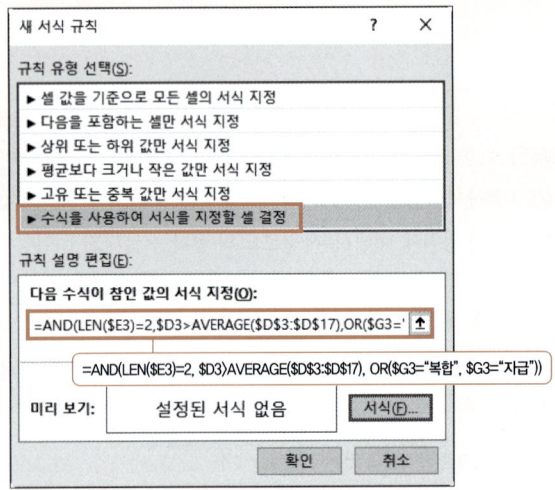

=AND(LEN($E3)=2, $D3)AVERAGE($D$3:$D$17), OR($G3="복합", $G3="자급"))

4. '새 서식 규칙' 대화상자에서 〈서식〉을 클릭한 후 '셀 서식' 대화상자에서 글꼴 스타일 '굵게', 글꼴 색 '표준 색-파랑'을 지정하고 〈확인〉을 클릭한다.
5. '새 서식 규칙' 대화상자에서도 〈확인〉을 클릭한다.

## [기출 2]

〈정답〉

| | A | B | C | D | E | F | G |
|---|---|---|---|---|---|---|---|
| 1 | | | | | | | |
| 2 | [표1] | | | | | | |
| 3 | 회원코드 | 카드종류 | 월사용액 | 발급지사 | 포인트비율 | 사용기간(월) | 포인트 |
| 4 | GP-32 | SHA02 | 719,000 | 지사A | 1% | 38 | 7,190 |
| 5 | CE-05 | SHA05 | 2,103,000 | 지사B | 1% | 36 | 63,090 |
| 6 | GP-28 | SHA01 | 605,000 | 지사B | 4% | 30 | 24,200 |
| 7 | PE-01 | SHA03 | 9,143,000 | 지사C | 3% | 12 | 457,150 |
| 8 | GP-09 | SHA04 | 230,000 | 지사C | 5% | 25 | 11,500 |
| 9 | PE-10 | SHA01 | 8,775,000 | 지사B | 3% | 30 | 438,750 |
| 10 | PE-40 | SHA04 | 8,909,000 | 지사C | 3% | 28 | 445,450 |
| 11 | CE-35 | SHA04 | 9,096,000 | 지사A | 1% | 8 | 272,880 |
| 12 | CE-34 | SHA02 | 3,441,000 | 지사C | 1% | 39 | 103,230 |
| 13 | GP-12 | SHA04 | 952,000 | 지사B | 3% | 20 | 28,560 |
| 14 | PE-13 | SHA05 | 9,379,000 | 지사C | 4% | 7 | 562,740 |
| 15 | GP-02 | SHA05 | 2,805,000 | 지사C | 3% | 14 | 140,250 |
| 16 | PE-32 | SHA05 | 2,928,000 | 지사B | 1% | 31 | 87,840 |
| 17 | CE-06 | SHA04 | 4,124,000 | 지사B | 4% | 14 | 247,440 |

〈해설〉
- '새 서식 규칙' 대화상자

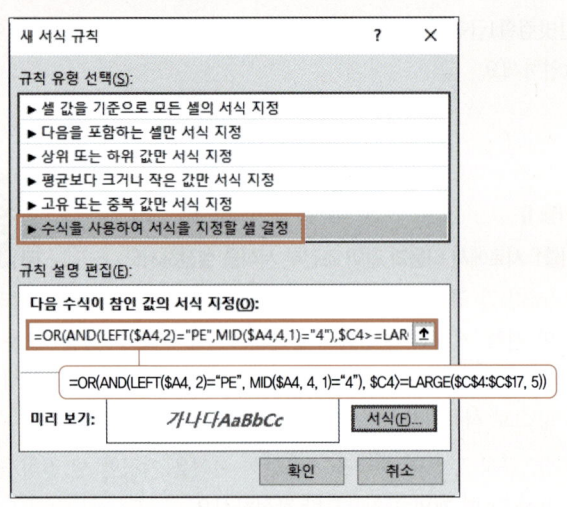

=OR(AND(LEFT($A4, 2)="PE", MID($A4, 4, 1)="4"), $C4)=LARGE($C$4:$C$17, 5))

## [기출 3]

〈정답〉

| | A | B | C | D | E | F | G | H |
|---|---|---|---|---|---|---|---|---|
| 1 | | | | | | | | |
| 2 | [표1] | | | | | | | |
| 3 | 대여코드 | 대여자 | 수령일 | 수령시간 | 대여시간 | 대여장비 | 건설사 | 대여비용 |
| 4 | RE-7-208 | 우정호 | 2020-01-25 | 09:10 | 221 | 크레인 | 재경그룹 | 495,000 |
| 5 | RE-7-209 | 백은영 | 2020-03-26 | 13:00 | 192 | 불도저 | 재경그룹 | 540,000 |
| 6 | IA-5-406 | 정희원 | 2019-12-09 | 10:50 | 72 | 지게차 | 인형건설 | 150,000 |
| 7 | IA-5-401 | 임재율 | 2020-02-08 | 15:30 | 24 | 굴착기 | 재경그룹 | 180,000 |
| 8 | IA-5-402 | 임여설 | 2019-09-14 | 06:20 | 24 | 굴착기 | 인형건설 | 180,000 |
| 9 | ZQ-3-302 | 손윤혁 | 2020-06-16 | 07:00 | 72 | 굴착기 | 재경그룹 | 180,000 |
| 10 | IA-5-403 | 배세윤 | 2020-02-20 | 13:20 | 192 | 굴착기 | 미래건축 | 810,000 |
| 11 | IA-5-404 | 백은희 | 2019-11-09 | 08:00 | 48 | 지게차 | 미래건축 | 150,000 |
| 12 | IA-5-405 | 고윤혜 | 2020-04-23 | 15:30 | 72 | 크레인 | 미래건축 | 110,000 |
| 13 | ZQ-3-301 | 우유현 | 2020-01-22 | 07:30 | 146 | 불도저 | 미래건축 | 342,000 |
| 14 | ZQ-3-303 | 최채민 | 2020-05-18 | 14:30 | 216 | 지게차 | 재경그룹 | 675,000 |
| 15 | ZQ-3-304 | 백도연 | 2020-04-18 | 06:00 | 192 | 불도저 | 미래건축 | 540,000 |
| 16 | ZQ-3-305 | 허민진 | 2020-03-01 | 12:20 | 203 | 지게차 | 미래건축 | 675,000 |
| 17 | ZQ-3-306 | 윤정연 | 2019-06-10 | 10:30 | 230 | 굴착기 | 재경그룹 | 810,000 |

〈해설〉
- '새 서식 규칙' 대화상자

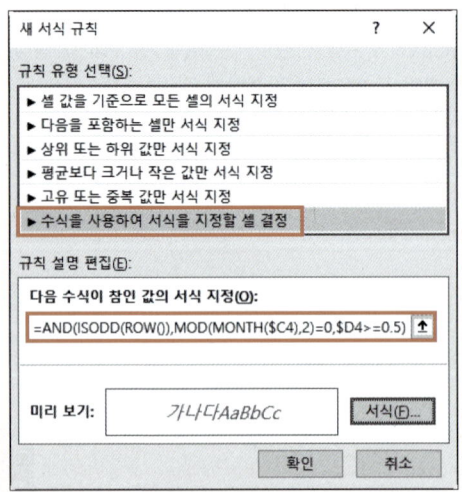

※ 시간 데이터는 밤 12시(자정)를 0.0으로 시작하여 6시는 0.25, 낮 12시(정오)는 0.5, 18시는 0.75로 저장됩니다.

## [기출 4]

〈정답〉

| | A | B | C | D | E | F | G |
|---|---|---|---|---|---|---|---|
| 1 | [표1] | | | | | | |
| 2 | 사원코드 | 사원명 | 입사일 | 성과급 | 지급액 | 성과등급 | 매출기여도 |
| 3 | C6G03 | 박다해 | 1997-04-23 | 127% | 8,040,567 | C | 3,015.21 |
| 4 | **G1T01** | **곽은경** | **2015-08-22** | **182%** | **12,869,352** | **A** | **4,826.01** |
| 5 | A3D07 | 손동현 | 2007-04-21 | 110% | 5,489,820 | D | 2,058.68 |
| 6 | **G1C06** | **오헌** | **2003-07-11** | **136%** | **12,310,232** | **C** | **4,616.34** |
| 7 | G1Q00 | 문윤채 | 1992-05-11 | 167% | 15,133,827 | B | 5,675.19 |
| 8 | **G1S07** | **조동율** | **2005-09-13** | **127%** | **11,840,774** | **C** | **4,440.29** |
| 9 | E9A08 | 안연지 | 2018-11-11 | 152% | 7,714,728 | B | 2,893.02 |
| 10 | **A3W04** | **안찬헌** | **2006-11-25** | **125%** | **5,881,950** | **C** | **2,205.73** |
| 11 | E9G10 | 허태윤 | 1998-05-24 | 120% | 9,955,660 | D | 3,733.37 |
| 12 | A3I08 | 오서애 | 1991-06-29 | 143% | 7,018,083 | C | 2,631.78 |
| 13 | G1U00 | 최송아 | 2004-12-12 | 151% | 13,092,662 | B | 4,909.75 |
| 14 | G1N06 | 정영연 | 1993-03-28 | 145% | 13,886,845 | C | 5,207.57 |
| 15 | G1O09 | 윤선영 | 2002-12-19 | 166% | 13,875,092 | B | 5,203.16 |

〈해설〉
- '새 서식 규칙' 대화상자

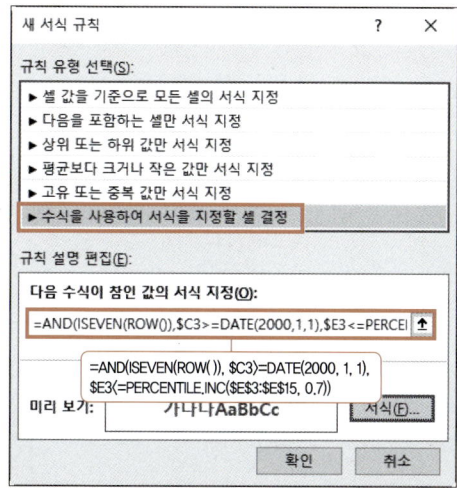

## [기출 5]

〈정답〉

| | A | B | C | D | E | F |
|---|---|---|---|---|---|---|
| 1 | [표1] | | | | | |
| 2 | 사원코드 | 이름 | 직책 | 평가점수 | 자격증 | 자격수당 |
| 3 | kr8113 | 고여원 | 팀원 | 3.9 | 1 | 95,000 |
| 4 | de9738 | 노차빈 | 팀장 | 3.3 | 4 | - |
| 5 | us7420 | 조슬영 | 파트장 | 4.8 | 2 | 190,000 |
| 6 | **kr8406** | **오효연** | **본부장** | **4.7** | **7** | **525,000** |
| 7 | au8718 | 임희솔 | 팀원 | 3.9 | 4 | 380,000 |
| 8 | kr7833 | 장성혁 | 실장 | 4.6 | 1 | 95,000 |
| 9 | au8824 | 남지원 | 파트장 | 4.1 | 0 | - |
| 10 | us9203 | 주송희 | 팀장 | 4.7 | 2 | 190,000 |
| 11 | kr8119 | 이윤주 | 실장 | 3.5 | 4 | 380,000 |
| 12 | au9503 | 유연지 | 파트장 | 3.9 | 2 | 190,000 |
| 13 | kr9523 | 전하연 | 팀원 | 5.2 | 6 | 450,000 |
| 14 | **kr7238** | **황화영** | **팀원** | **4.8** | **6** | **450,000** |
| 15 | us9227 | 백시빈 | 파트장 | 3.3 | 6 | - |
| 16 | us8814 | 조현진 | 팀원 | 4 | 7 | 525,000 |

〈해설〉
- '새 서식 규칙' 대화상자

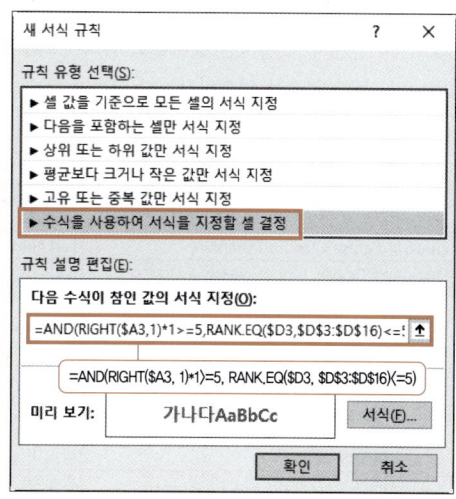

## [기출 6]

〈정답〉

| | A | B | C | D | E | F |
|---|---|---|---|---|---|---|
| 1 | [표1] | | | | | |
| 2 | 순위 | 국가명 | 금메달 | 은메달 | 동메달 | 합계 |
| 3 | 1 | 중국 | 39 | 25 | 33 | 97 |
| 4 | 2 | 한국 | 32 | 28 | 28 | 88 |
| 5 | 3 | 일본 | 28 | 16 | 15 | 59 |
| 6 | 4 | 싱가포르 | 16 | 25 | 17 | 58 |
| 7 | 5 | 북한 | 14 | 17 | 26 | 57 |
| 8 | 12 | 인도네시아 | 8 | 9 | 11 | 28 |

〈해설〉
- '새 서식 규칙' 대화상자

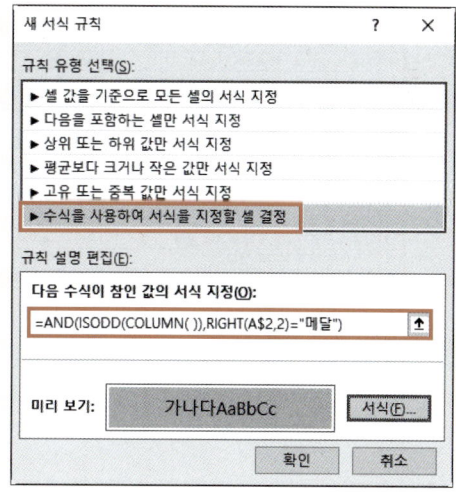

# 3 페이지 레이아웃

출제 비율 80% / 배점 5점

페이지 레이아웃 문제는 문제에 제시된 형태대로 워크시트가 출력되도록 머리글, 바닥글, 인쇄 영역 등을 지정하는 작업입니다. 1문제가 출제되고 배점은 5점입니다. 부분 점수는 없습니다.

| | A | B | C | D |
|---|---|---|---|---|
| 1 | | [표1 | | |
| 2 | | 서명 | 저자 | 출판년 |
| 3 | | 2030년에는 투명망토가 나올까 | 얀 파울 스취턴 | 2015 |
| 4 | | Duck & Goose : Find a Pumpkin | Tad Hills | 2009 |
| 5 | | Duck and Goose, Goose Needs a Hug | Tad Hills | 2012 |
| 6 | | ENJOY 홋카이도(2015-2016) | 정태관,박용준,민보영 | 2015 |
| 7 | | Extra Yarn | Mac Barnett | 2014 |
| 8 | | The Unfinished Angel | Creech, Sharon | 2011 |
| 9 | | Why? 소프트웨어와 코딩 | 조영선 | 2015 |
| 10 | | 값싼 음식의 실제 가격 | 마이클 캐롤런 | 2016 |
| 11 | | 겉은 노란 | 파트릭 종대 룬드베리 | 2014 |
| 12 | | 글쓰는 여자의 공간 | 타니아 슐리 | 2016 |
| 13 | | 나는 누구인가 - 인문학 최고의 공부 | 강신주, 고미숙 외5 | 2014 |
| 14 | | 나는 단순하게 살기로 했다 | 사사키 후미오 | 2015 |
| 15 | | 나이트 워치 상 | 세르게이 루키야넨코 | 2015 |
| 16 | | 내 몸의 바운스를 깨워라 | 옥주현 | 2013 |
| 17 | | 당나귀와 다이아몬드 | D&B | 2011 |
| 18 | | 돼지 루퍼스, 학교에 가다 | 킴 그리스웰 | 2014 |
| 19 | | 라플라스의 마녀 | 히가시노게이고 | 2016 |
| 20 | | 뭐? 나랑 너랑 닮았다고!? | 고미 타로 | 2015 |
| 21 | | 벤저민 그레이엄의 정량분석 Quant | 스티븐 P. 그라이너 | 2012 |
| 22 | | 부동산의 보이지 않는 진실 | 이재범 외1 | 2016 |
| 23 | | 부시파일럿, 나는 길이 없는 곳으로 간다 | 오현호 | 2016 |
| 24 | | 빼꼼 아저씨네 동물원 | 케빈 월드론 | 2015 |

↓

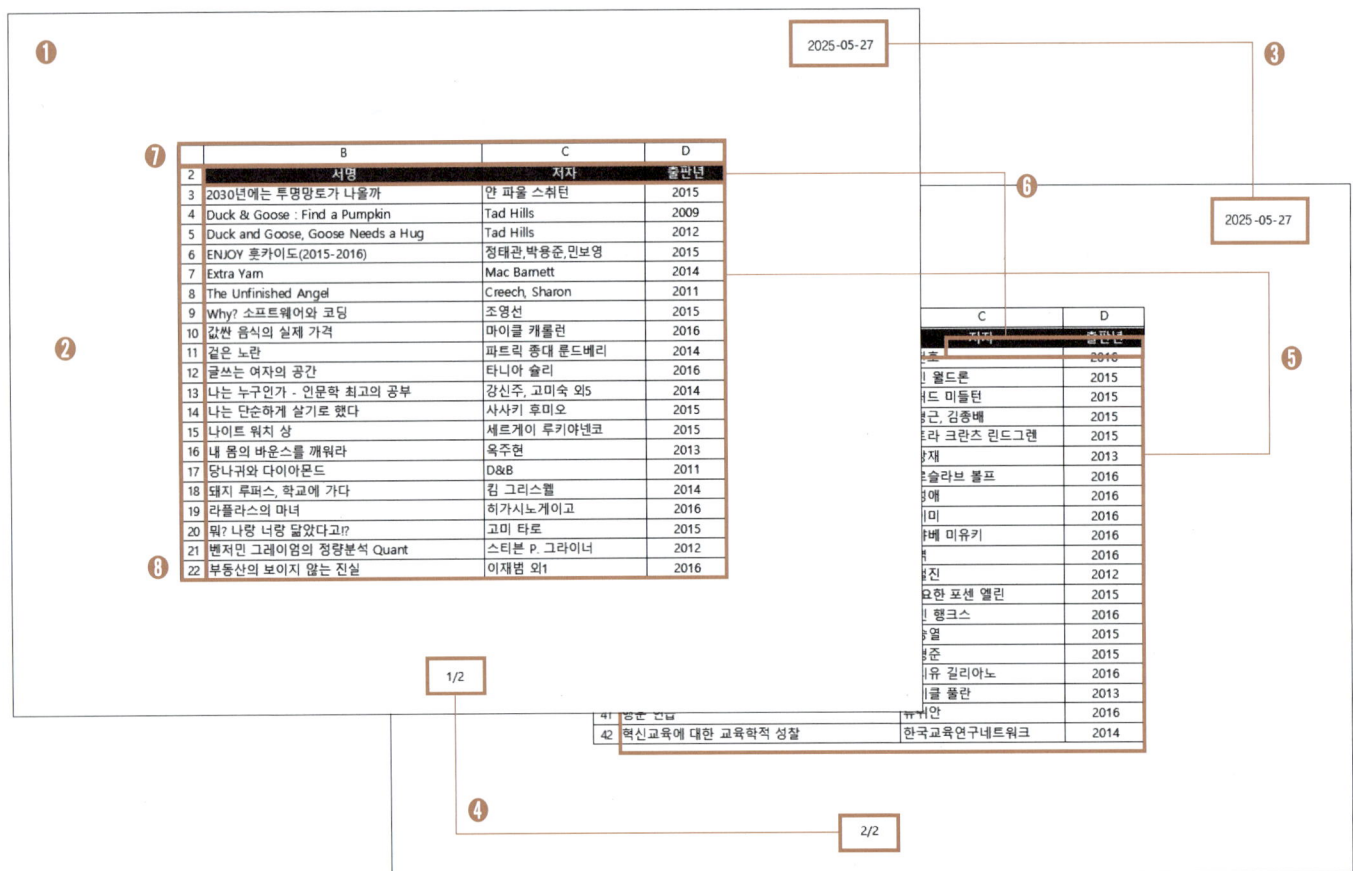

※ 워크시트에 머리글, 바닥글 등을 지정하고, 두 페이지로 인쇄되도록 설정하여 화면으로 출력한 모양입니다.

❶ **용지 방향** : 내용이 용지의 가로 방향으로 출력되도록 지정함

❷ **페이지 가운데 맞춤** : 내용이 인쇄 용지의 가운데에 출력되도록 지정함

❸ **머리글** : 매 페이지 상단의 오른쪽 영역에 시스템의 현재 날짜를 표시함

❹ **바닥글** : 매 페이지 하단의 가운데 영역에 페이지 번호를 표시함
❺ **인쇄 영역** : [B2:D42] 영역만 인쇄되도록 지정함
❻ **인쇄 제목** : 2행이 페이지마다 반복하여 인쇄되도록 지정함
❼ **행/열 머리글** : 행과 열의 머리글이 인쇄되도록 지정함
❽ **페이지 나누기** : [B2:D22] 영역은 1페이지, [B23:D42] 영역은 2페이지에 인쇄되도록 지정함

## 작업 순서

### 페이지 레이아웃

[페이지 레이아웃] → **페이지 설정**의 을 클릭한다.

### 페이지 나누기

새로운 페이지의 맨 처음에 표시할 셀을 클릭한 후 [페이지 레이아웃] → 페이지 설정 → 나누기 → **페이지 나누기 삽입**을 클릭한다.

## 합격포인트

- 페이지 레이아웃 문제는 **제시된 조건들을 설정하는 '페이지 설정' 창의 요소들을 기억하는 것이 합격포인트**입니다.
- 문제의 지시사항과 '페이지 설정' 창의 요소들의 명칭이 비슷해서 한 두 번만 제대로 연습하면 누구나 쉽게 5점을 얻을 수 있습니다.
- ☞ 직접 실습하려면 '길벗컴활1급총정리\엑셀\기능\03페이지레이아웃.xlsm' 파일을 열어서 작업하세요.

### 01 용지 방향 / 자동 맞춤
25.상시, 24.상시, 23.상시, 22.상시, 21.상시, 20.상시, 20.1, 19.상시, …

❶ 인쇄용지가 가로로 인쇄되도록 용지 방향을 설정하시오.
❷ 한 페이지에 맞게 배율이 자동으로 조정되도록 설정하시오.
❸ 첫 페이지 번호가 10부터 시작하도록 설정하시오.

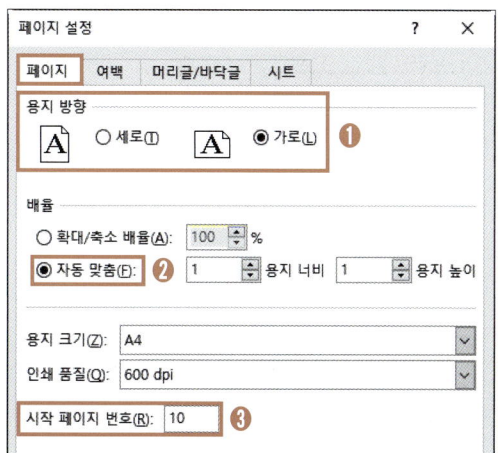

[페이지 레이아웃] → **페이지 설정**의 을 클릭한 후 '페이지 설정' 대화상자의 '페이지' 탭에서 설정합니다.

### 02 페이지 가운데 맞춤
25.상시, 24.상시, 23.상시, 22.상시, 21.상시, 20.상시, 20.1, 18.2

인쇄될 내용이 페이지의 정 가운데에 인쇄되도록 페이지 가운데 맞춤을 설정하시오.

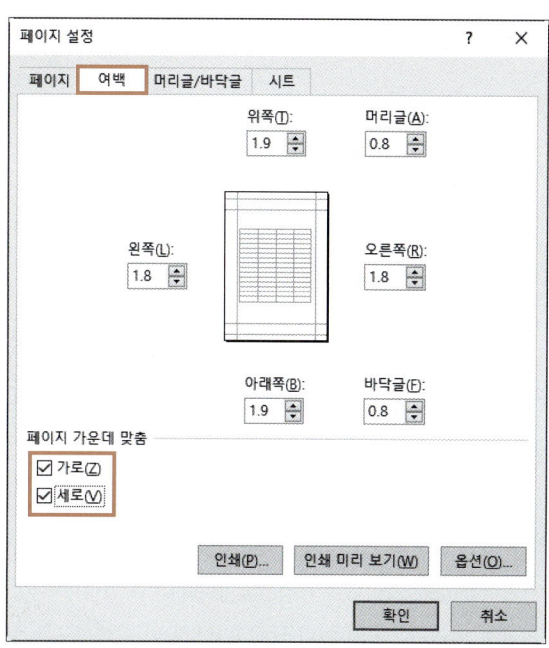

### 03 머리글
25.상시, 24.상시, 23.상시, 22.상시, 21.상시, 20.상시, 20.1, 19.2, 19.1, …

매 페이지 상단의 오른쪽 구역에는 시스템의 현재 날짜가 표시되도록 머리글을 설정하시오.

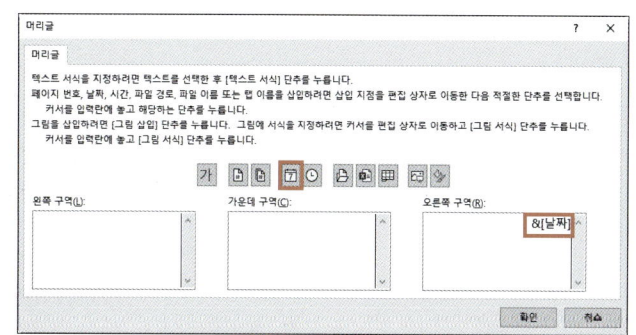

## 04 바닥글

25.상시, 24.상시, 23.상시, 22.상시, 21.상시, 20.상시, 20.1, 19.2, 19.1, …

매 페이지 하단의 가운데 구역에는 페이지 번호가 [표시 예]와 같이 표시되도록 바닥글을 설정하시오.

[표시 예 : 현재 페이지 번호가 1이고 전체 페이지 번호가 2인 경우 → 1/2]

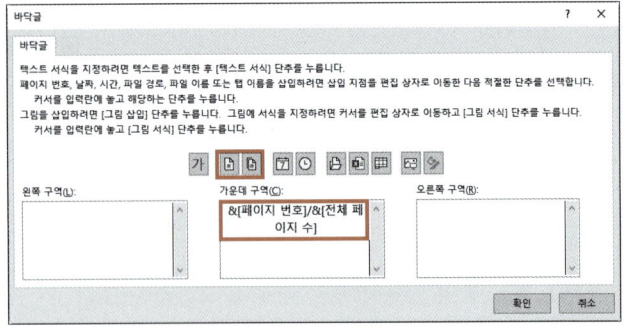

## 05 인쇄 영역 / 인쇄 제목 / 행·열 머리글

25.상시, 24.상시, 23.상시, 22.상시, 21.상시, 20.상시, 20.1, 19.상시, …

❶ [B2:D22] 영역을 인쇄 영역으로 설정하시오.

❷ [2:2] 행이 반복하여 표시되도록 설정하시오.

❸ 시트에 표시된 눈금선이 인쇄되도록 설정하시오.

❹ 컬러 서식이 지정된 데이터를 흑백으로 인쇄되도록 설정하시오.

❺ 행 머리글(1, 2, 3 등)과 열 머리글(A, B, C 등)이 인쇄되도록 설정 하시오.

❻ 메모를 시트에 표시된대로 인쇄되도록 설정하시오.

❼ 시트에 표시된 오류가 공백으로 인쇄되도록 설정하시오.

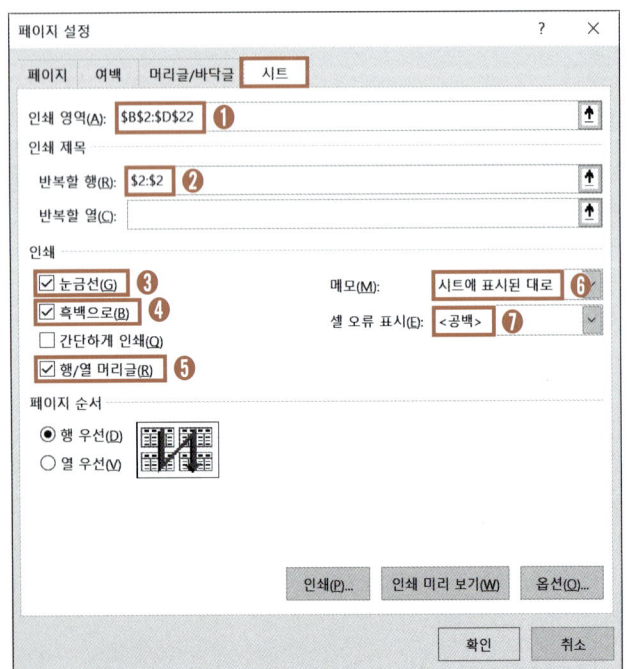

## 06 인쇄 영역 추가

22.상시, 21.상시, 20.상시, 18.1, 17.상시

[B23:D42] 영역을 기존 인쇄 영역에 추가하시오.

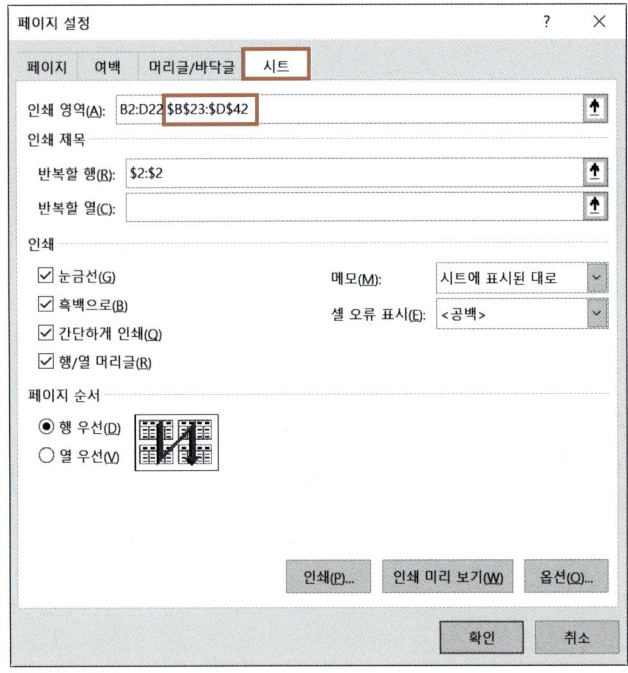

## 07 페이지 나누기

22.상시, 21.상시, 20.상시, 20.1, 19.상시

[B2:D22] 영역은 1페이지에, [B23:D42] 영역은 2페이지에 표시되도록 페이지 나누기를 수행하시오.

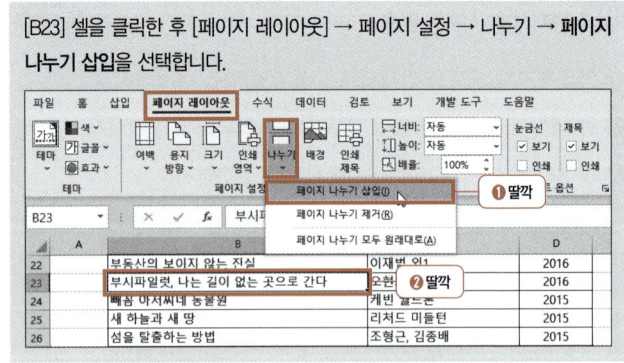

## 대표기출문제

'길벗컴활1급총정리\엑셀\기능\03페이지레이아웃.xlsm' 파일을 열어서 작업하세요.

**[기출 1]** 25.상시, 24.상시, 23.상시, 22.상시, 21.상시, 20.상시, 20.1, 19.상시, …

'기출1' 시트에서 다음과 같이 페이지 레이아웃을 설정하시오.

▶ 인쇄 용지가 가로로 인쇄되도록 용지 방향을 '가로'로 설정하고, 인쇄될 내용이 페이지의 정 가운데에 인쇄되도록 페이지 가운데 맞춤을 설정하시오.

▶ 홀수 페이지 하단의 왼쪽 구역과 짝수 페이지 하단의 오른쪽 구역에 현재 페이지 번호가 [표시 예]와 같이 표시되도록 바닥글을 설정하시오.

[표시 예 : 현재 페이지 번호 1 → 1페이지]

▶ 기존 인쇄 영역에 [A20:I30] 영역을 인쇄 영역으로 추가하고, [1:4] 행이 반복하여 표시되도록 설정하시오.

**[기출 2]** 25.상시, 24.상시, 23.상시, 22.상시, 21.상시, 20.상시, 20.1, 19.상시, …

'기출2' 시트에서 다음과 같이 페이지 레이아웃을 설정하시오.

▶ [A1:J37] 영역을 인쇄 영역으로 설정하고, [1:2] 행이 매 페이지 마다 반복하여 인쇄되도록 인쇄 제목을 설정하시오.

▶ 매 페이지 상단의 오른쪽 구역에는 회사로고가 표시되도록 머리글을 설정하시오.

- 파일명 : 길벗.JPG

▶ [A1:J22] 영역은 1페이지에, [A23:J37] 영역은 2페이지에 표시되도록 페이지 나누기를 수행하시오.

### 정답 및 해설

**[기출 1]**

〈정답〉

- 1페이지

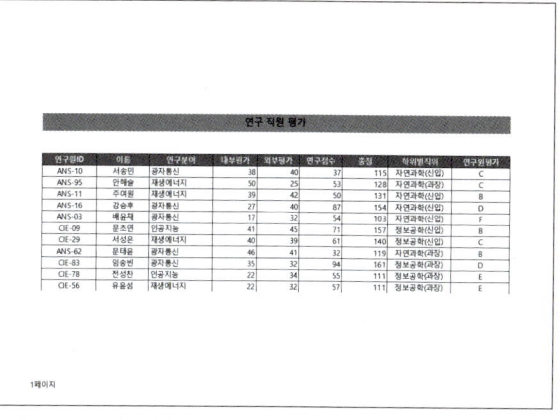

- 2페이지

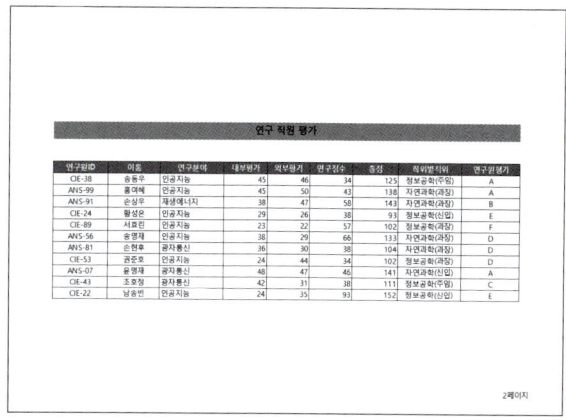

〈해설〉

1. [페이지 레이아웃] → 페이지 설정의 을 클릭한다.
2. '페이지 설정' 대화상자의 '페이지' 탭에서 다음과 같이 지정한다.

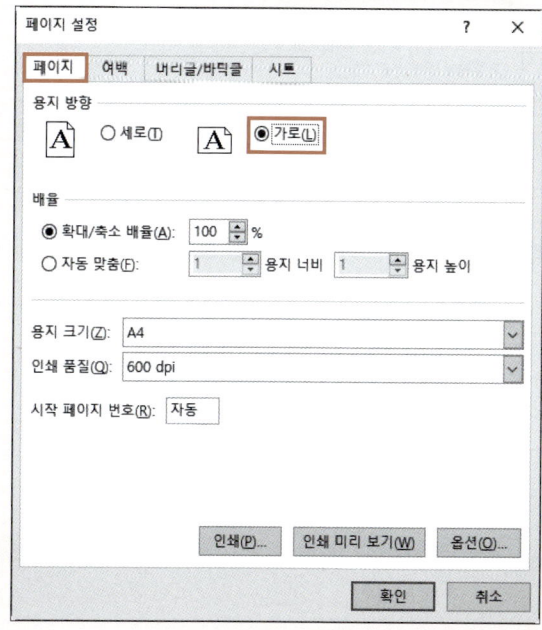

3. '페이지 설정' 대화상자의 '여백' 탭에서 다음과 같이 지정한다.

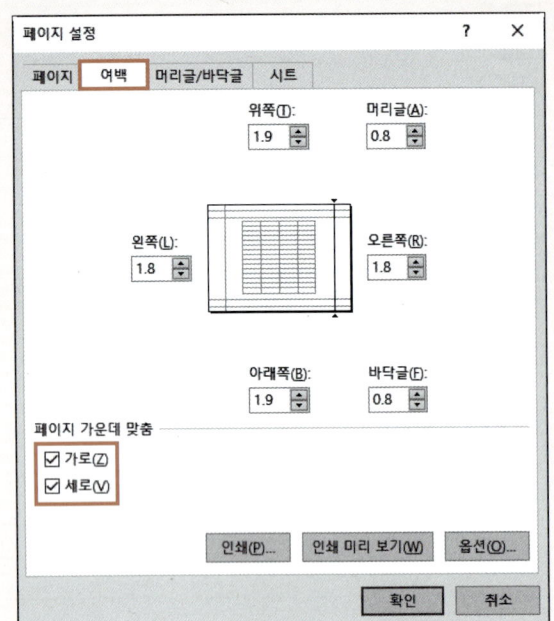

4. '페이지 설정' 대화상자의 '머리글/바닥글' 탭에서 '짝수와 홀수 페이지를 다르게 지정'을 선택한 후 〈바닥글 편집〉을 클릭한다.

5. '바닥글' 대화상자의 '홀수 페이지 바닥글' 탭에서 다음과 같이 지정한다.

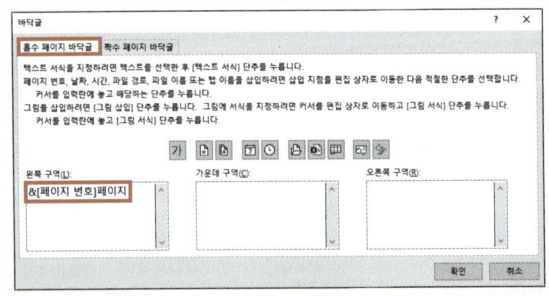

6. '바닥글' 대화상자의 '짝수 페이지 바닥글' 탭에서 다음과 같이 지정한 후 〈확인〉을 클릭한다.

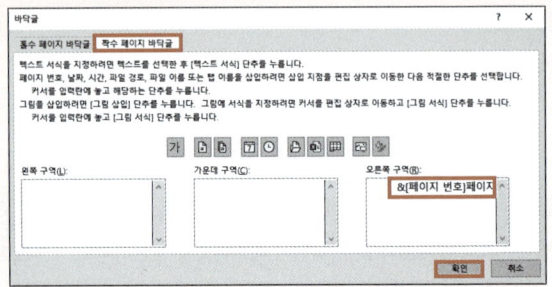

7. '페이지 설정' 대화상자의 '시트' 탭에서 다음과 같이 지정한 후 〈확인〉을 클릭한다.

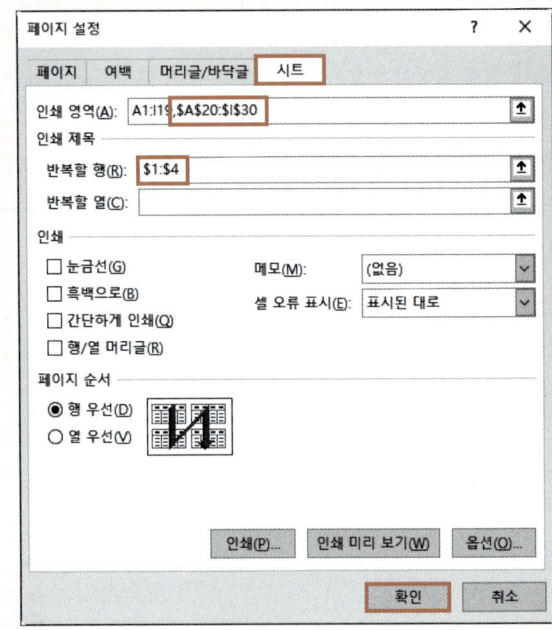

[기출 2]

〈정답〉
– 1페이지

- 2페이지

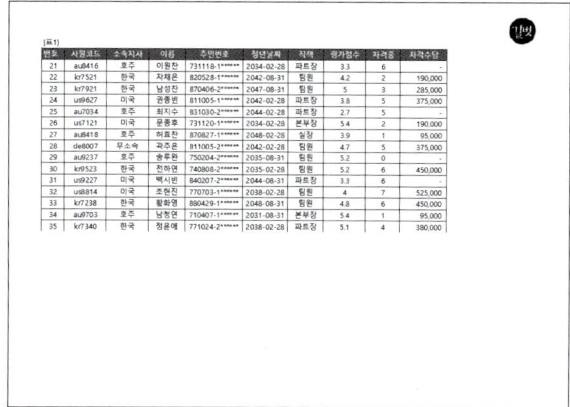

〈해설〉
• '머리글' 대화상자

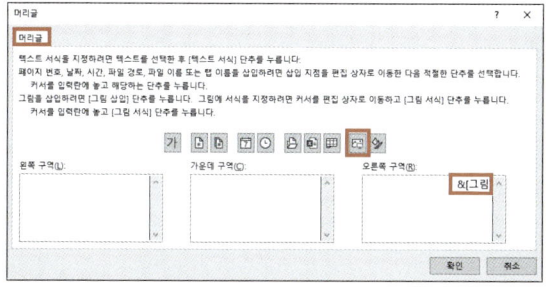

• '페이지 설정' 대화상자의 '시트' 탭

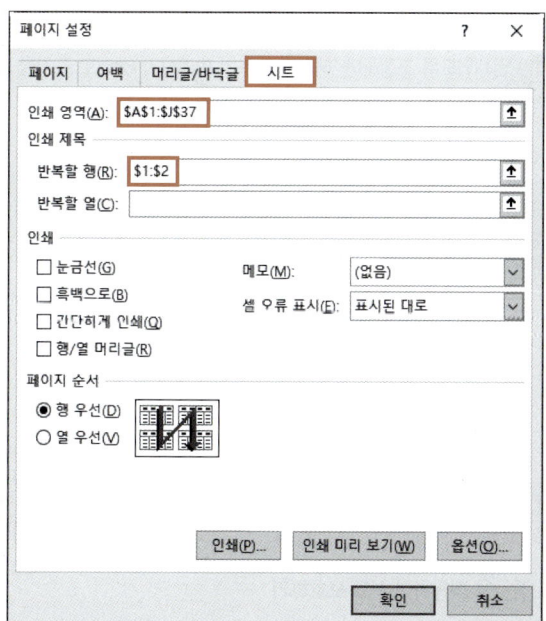

• 페이지 나누기

  [A23] 셀을 클릭한 후 [페이지 레이아웃] → 페이지 설정 → 나누기 → **페이지 나누기 삽입** 선택

# 4 시트 보호

출제 비율 20% / 배점 5점

시트 보호 문제는 워크시트의 데이터를 변경하지 못하도록 설정하는 작업입니다. 1문제가 출제되고 배점은 5점입니다. 부분 점수는 없습니다.

| | A | B | C | D | E | F | G |
|---|---|---|---|---|---|---|---|
| 1 | | | | | | | |
| 2 | | 자동차 판매 현황 | | | | | |
| 3 | | | | | | | |
| 4 | | | | | | | |
| 5 | | 차량명 | 차량총액 | 인도금 | 할부원금 | 상환기간(월) | 월납입금 |
| 6 | | 싼타매 | 35,000,000 | 15,000,000 | 20,000,000 | 36 | 555,555.56 |
| 7 | | 코란다 | 24,000,000 | 5,000,000 | 19,000,000 | 24 | 791,666.67 |
| 8 | | SN5 | 28,000,000 | 7,500,000 | 20,500,000 | 24 | 854,166.67 |
| 9 | | 크루지 | 30,000,000 | 8,000,000 | 22,000,000 | 44 | 500,000.00 |
| 10 | | 윈스타 | 32,000,000 | 8,000,000 | 24,000,000 | 18 | 1,333,333.33 |
| 11 | | KS7 | 36,000,000 | 15,000,000 | 21,000,000 | 36 | 583,333.33 |
| 12 | | 그랜지 | 40,000,000 | 20,000,000 | 20,000,000 | 18 | 1,111,111.11 |

↓

| | A | B | C | D | E | F | G |
|---|---|---|---|---|---|---|---|
| 1 | | | | | | | |
| 2 | | 자동차 판매 현황 | | | | | |
| 3 | | | | | | | |
| 4 | | | | | | | |
| 5 | | 차량명 | 차량총액 | 인도금 | 할부원금 | 상환기간(월) | 월납입금 |
| 6 | | 싼타매 | 35,000,000 | 15,000,000 | 20,000,000 | 36 | 555,555.56 |
| 7 | | 코란다 | 24,000,000 | 5,000,000 | 19,000,000 | 24 | 791,666.67 |
| 8 | | SN5 | 28,000,000 | 7,500,000 | 20,500,000 | 24 | 854,166.67 |
| 9 | | 크루지 | 30,000,000 | 8,000,000 | 22,000,000 | 44 | 500,000.00 |
| 10 | | 윈스타 | 32,000,000 | 8,000,000 | 24,000,000 | 18 | 1,333,333.33 |
| 11 | | KS7 | 36,000,000 | 15,000,000 | 21,000,000 | 36 | 583,333.33 |
| 12 | | 그랜지 | 40,000,000 | 20,000,000 | 20,000,000 | 18 | 1,111,111.11 |

※ 데이터를 수정하지 못하도록 셀 잠금, 수식 숨기기, 텍스트 잠금을 적용하고, [B2:G12] 영역만 인쇄되도록 조정하여 '페이지 나누기 미리보기' 상태로 표시한 화면입니다.

 **전문가의 조언**

셀 잠금 및 텍스트 잠금을 수행해도 화면상에는 변화가 없지만, 보호된 셀이나 도형에 수정을 시도하면 시트 보호를 해제하라는 경고문이 나타나거나 도형이 선택되지 않는 것을 확인할 수 있습니다.

## 작업 순서

답안 작업 순서에 익숙하면 시험장에서 당황하지 않고 조금 더 빠르게 답안을 작성할 수 있습니다. 다음의 순서를 보면서 차례대로 엑셀 화면을 떠올려 보세요. 컴퓨터 없이 이미지 트레이닝을 반복하다 보면 엑셀 화면이 조금 더 친숙하게 느껴질 겁니다.

**셀 잠금과 수식 숨기기를 적용하여 시트 보호하기**

1. 셀 잠금과 수식 숨기기를 적용할 영역을 선택한 후 Ctrl + 1 을 누른다.
2. '셀 서식' 대화상자의 '보호' 탭에서 '잠금'과 '숨김' 속성을 선택한다.
3. [검토] → 변경 내용 → 시트 보호를 클릭한다.
4. 보호 시 허용할 내용을 선택한다.

**차트 잠금을 적용하여 시트 보호하기**

1. 차트 영역의 바로 가기 메뉴에서 [차트 영역 서식]을 선택한다.
2. '차트 영역 서식' 창에서 '잠금' 속성을 선택한다.
3. [검토] → 변경 내용 → 시트 보호를 클릭한다.
4. 보호 시 허용할 내용을 선택한다.

**도형의 텍스트 잠금을 적용하여 시트 보호하기**

1. 도형의 바로 가기 메뉴에서 [도형 서식]을 선택한다.
2. '도형 서식' 창에서 '텍스트 잠금' 속성을 선택한다.
3. [검토] → 변경 내용 → 시트 보호를 클릭한다.
4. 보호 시 허용할 내용을 선택한다.

통합 문서 보기

[보기] → 통합 문서 보기 → 기본/페이지 나누기 미리 보기/페이지 레이아웃 중 선택한다.

## 합격포인트

시트 보호 작업은 **제시된 조건들을 설정하는 메뉴를 정확히 알고 있는 것**이 합격포인트입니다. 즉 메뉴만 알면 바로 작업할 수 있는 쉬운 문제라는 거죠. 실수하지 않도록 다음 기능들을 여러 번 읽어보세요.

☞ 직접 실습하려면 '길벗컴활1급총정리\엑셀\기능\04시트보호.xlsm' 파일을 열어서 작업하세요.

### 01 셀 잠금 / 수식 숨기기

22.상시, 21.상시, 20.상시, 19.1, 18.상시, 17.상시

[G6:G12] 영역에 셀 잠금과 수식 숨기기를 적용하시오.

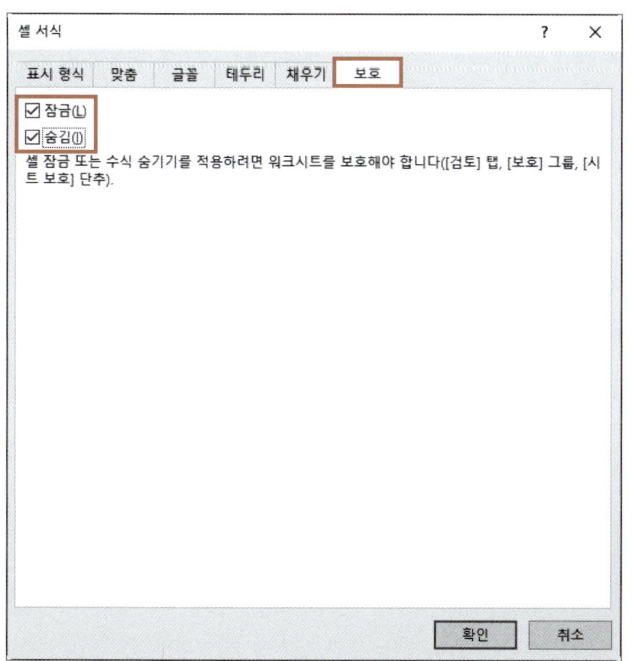

'잠금'을 설정한 셀만 시트 보호가 수행되며, '숨김'을 설정한 셀은 수식 입력줄에 수식이 표시되지 않습니다.

### 02 잠금

22.상시, 21.상시, 20.상시, 19.1, 18.상시, 17.상시

차트는 편집할 수 없도록 보호하시오.

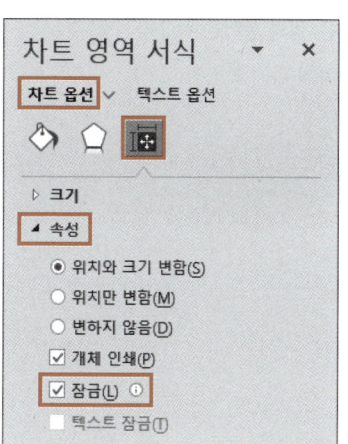

차트 영역의 바로 가기 메뉴에서 [차트 영역 서식]을 선택한 후 '차트 영역 서식' 창에서 설정합니다.

### 03 텍스트 잠금

22.상시, 21.상시, 20.상시, 18.상시, 17.상시

도형의 텍스트를 수정할 수 있도록 잠금을 해제하시오.

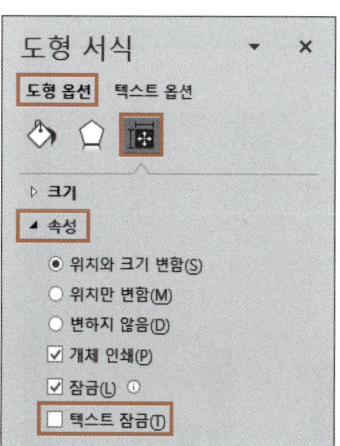

도형의 바로 가기 메뉴에서 [도형 서식]을 선택한 후 '도형 서식' 창에서 설정합니다.

## 04 시트 보호

22.상시, 21.상시, 20.상시, 19.1, 18.상시, 17.상시

❶ 잠긴 셀의 내용과 워크시트를 보호하시오.

❷ 잠긴 셀의 선택과 잠기지 않은 셀의 선택은 허용하시오.

❸ 시트 보호 해제 암호는 지정하지 마시오.

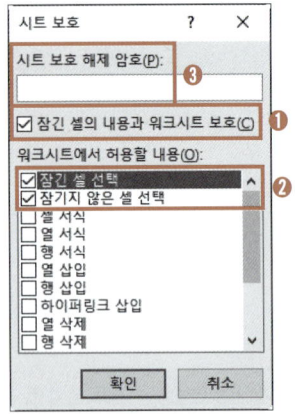

[검토] → 보호 → **시트 보호**를 클릭한 후 '시트 보호' 대화상자에서 설정합니다.

## 05 통합 문서 보기

22.상시, 21.상시, 20.상시

페이지 나누기 미리 보기로 표시하고 [B2:G24] 영역만 1페이지로 인쇄되도록 페이지 나누기 구분선을 조정하시오.

1. [보기] → 통합 문서 보기 → **페이지 나누기 미리 보기**를 클릭합니다.

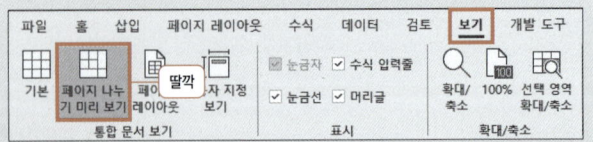

2. 파란색 페이지 나누기 구분선 위로 마우스 포인터를 이동해 포인터의 모양이 ↔, ↕ 등으로 변경됐을 때 드래그하여 [B2:G24] 영역만 표시되도록 조정합니다.

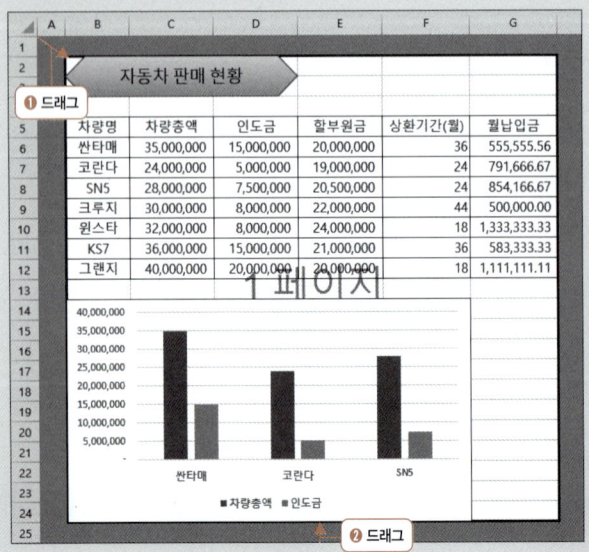

## 대표기출문제

'길벗컴활1급총정리\엑셀\기능\04시트보호.xlsm' 파일을 열어서 작업하세요.

**[기출 1]** 22.상시, 21.상시, 20.상시, 19.1, 18.상시, 17.상시

'기출1' 시트에서 다음과 같이 시트 보호와 통합 문서 보기를 설정하시오.

[A5:G13] 영역에 셀 잠금과 수식 숨기기를 적용한 후 잠긴 셀의 내용과 워크시트를 보호하시오.

▶ 도형의 텍스트 잠금은 해제하시오.

▶ 잠긴 셀의 선택과 잠기지 않은 셀의 선택, 셀 서식은 허용하고, 시트 보호 해제 암호는 지정하지 마시오.

▶ '기출1' 시트를 페이지 나누기 미리 보기로 표시하고, [A2:G13] 영역만 1페이지로 인쇄되도록 페이지 나누기 구분선을 조정하시오.

**[기출 2]** 22.상시, 21.상시, 20.상시, 19.1, 18.상시, 17.상시

'기출2' 시트에서 다음과 같이 시트 보호를 설정하시오.

▶ 워크시트 전체 셀의 셀 잠금을 해제한 후 [F3:G10] 영역에만 셀 잠금과 수식 숨기기를 적용하여 이 영역의 내용만을 보호하시오.

▶ 차트는 편집할 수 없도록 보호하시오.

▶ 잠긴 셀 선택과 잠기지 않은 셀의 선택, 정렬은 허용하고, 시트 보호 해제 암호는 지정하지 마시오.

정답 및 해설

[기출 1]

〈정답〉

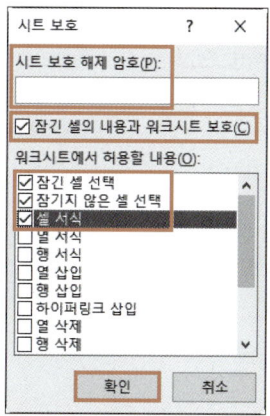

〈해설〉

1. [A5:G13] 영역을 블록으로 지정한 후 Ctrl + 1 을 누른다.
2. '셀 서식' 대화상자의 '보호' 탭에서 '잠금'과 '숨김'을 선택한 후 〈확인〉을 클릭한다.

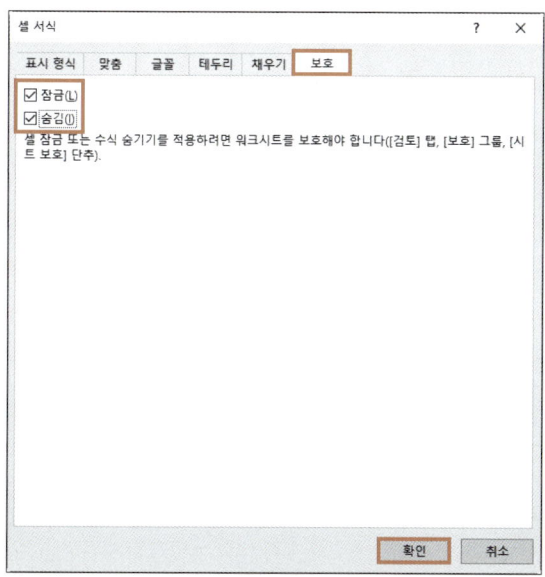

3. 도형의 바로 가기 메뉴에서 [도형 서식]을 선택한다.
4. '도형 서식' 창의 [도형 옵션] → (크기 및 속성) → **속성**에서 '텍스트 잠금'의 체크 표시를 해제한다.

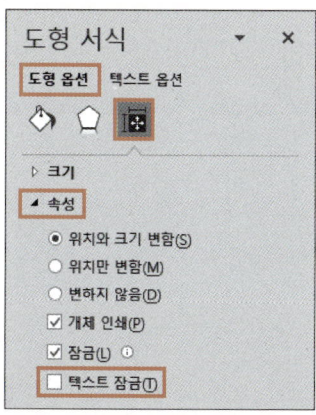

5. [검토] → 보호 → **시트 보호**를 클릭한다.

6. '시트 보호' 대화상자에서 다음과 같이 지정하고 〈확인〉을 클릭한다.

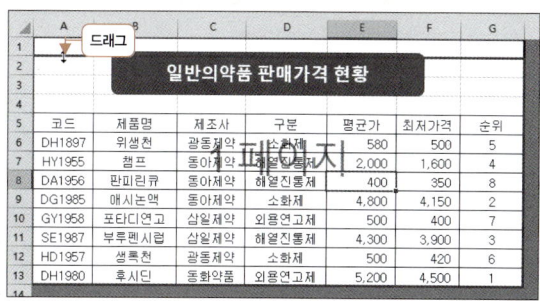

7. [보기] → 통합 문서 보기 → 페이지 나누기 미리 보기를 클릭한다.
8. [A2:G13] 영역만 인쇄되도록 페이지 나누기 구분선을 마우스로 드래그하여 조정한다.

[기출 2]

〈해설〉

• 워크시트 전체의 '셀 서식' 대화상자

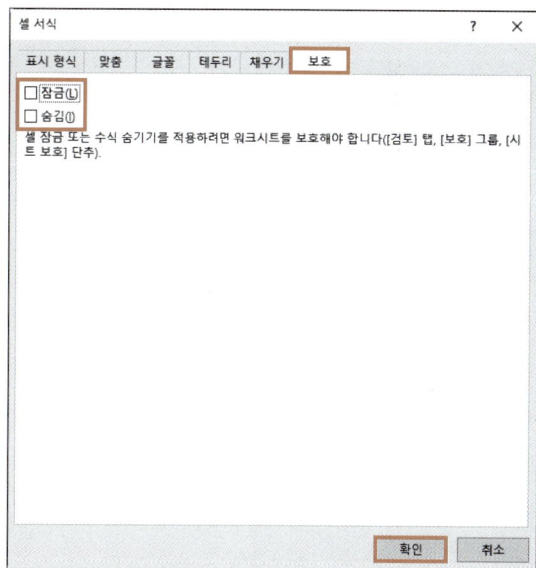

- [F3:G10] 영역의 '셀 서식' 대화상자

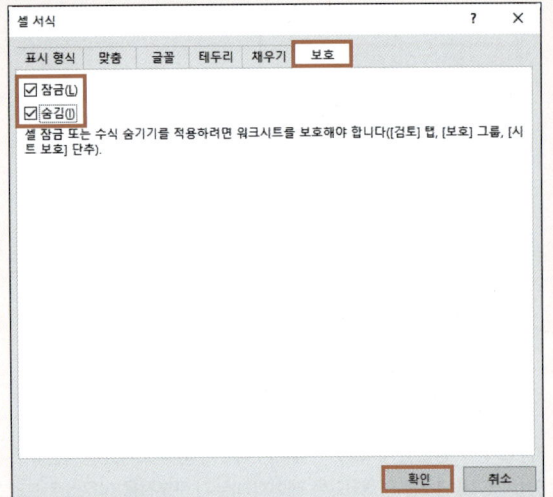

- '차트 영역 서식' 창

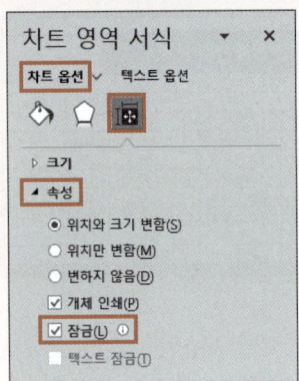

- '시트 보호' 대화상자

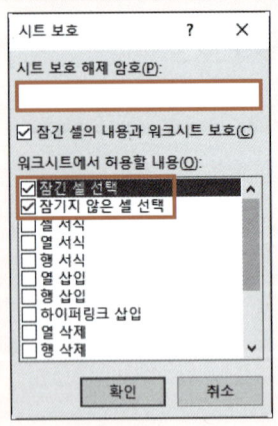

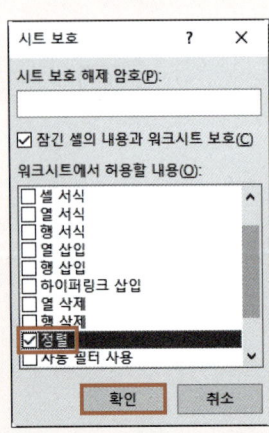

# 문제 2  계산작업(30점)

계산작업은 **배열 수식 2문제, 사용자 정의 함수 1문제**, 그리고 찾기/참조 함수, 논리 함수, 기타 함수 등을 사용하는 **일반 수식 2문제**로, 총 5문제가 출제됩니다. 배점은 문제당 6점입니다.

| No | 출제 수식 | | 배점 | 목표 점수 | 출제 비율 |
|---|---|---|---|---|---|
| 1 | 배열 수식 | | 12점 | 12점 | 100% |
| 2 | 일반 수식 | 찾기/참조 함수 | 12점 | 6점 | 100% |
| | | 논리 함수 | | | 100% |
| | | 기타 함수 | | | 50% |
| 3 | 사용자 정의 함수 | | 6점 | 6점 | 100% |
| | 합계 | | 30점 | 24점 | |

## 1  배열 수식

출제 비율 100% / 배점 12점

배열 수식 문제는 피연산자나 함수의 인수로 **배열을 사용하여 자료의 합계, 평균, 개수 등을 계산하는 수식**을 작성하는 작업입니다. 6점짜리 두 문제가 출제되며, 부분 점수는 없습니다.

• 배열 수식에서 지금까지 출제된 함수들은 다음과 같습니다.

| 함수 | 기능 |
|---|---|
| IF(조건, 인수1, 인수2) | 조건을 비교하여 '참'이면 인수1, '거짓'이면 인수2 반환<br>예 =IF(D4>90, "우수", "미달") : [D4] 셀의 값이 90을 초과하면 "우수", 그렇지 않으면 "미달"을 반환함 |
| SUM(인수1, 인수2, …) | 인수들의 합계 반환<br>예 =SUM(A1:A10) : [A1:A10] 영역의 합계를 반환함 |
| AVERAGE(인수1, 인수2, …) | 인수들의 평균 반환<br>예 =AVERAGE(A1:A10) : [A1:A10] 영역의 평균을 반환함 |
| MATCH(찾을값, 범위, 옵션) | • 범위에서 찾을값과 같은 데이터를 찾아 그 위치에 대한 일련번호를 반환함, 옵션에 따라 찾는 방식이 다름<br>• 옵션<br>　– -1 : 찾을값보다 크거나 같은 값 중 가장 작은(내림차순 정렬)<br>　– 0 : 찾을값과 첫 번째로 정확하게 일치하는 값<br>　– 1 : 찾을값보다 작거나 같은 값 중에서 가장 큰 값(오름차순 정렬)<br>예 =MATCH(90, A1:A10, 1) : [A1:A10] 영역에서 90보다 작거나 같은 값 중에서 가장 큰 값을 찾아 그 위치에 대한 일련번호를 반환함 |
| INDEX(범위, 행 번호, 열 번호) | 지정된 범위에서 행 번호와 열 번호의 위치에 있는 데이터 반환<br>예 =INDEX(A1:C30, 2, 2) : [A1:C30] 영역에서 2행 2열에 있는 데이터를 반환함 |
| MAX(인수1, 인수2, …) | 인수들 중에서 가장 큰 수 반환<br>예 =MAX(A1:A10) : [A1:A10] 영역에서 가장 큰 수를 반환함 |
| MIN(인수1, 인수2, …) | 인수들 중에서 가장 작은 수 반환<br>예 =MIN(A1:A10) : [A1:A10] 영역에서 가장 작은 수를 반환함 |
| COUNT(인수1, 인수2, …) | 인수들 중에서 숫자가 있는 셀의 개수 반환<br>예 =COUNT(A1:A10) : [A1:A10] 영역에서 숫자가 있는 셀의 개수를 반환함 |
| RIGHT(텍스트, 개수) | 텍스트의 오른쪽부터 지정한 개수만큼 반환<br>예 =RIGHT("컴퓨터활용능력", 2) : "능력"을 반환함 |
| LEFT(텍스트, 개수) | 텍스트의 왼쪽부터 지정한 개수만큼 반환<br>예 =LEFT("컴퓨터활용능력", 3) : "컴퓨터"를 반환함 |

| 함수 | 설명 |
|---|---|
| TEXT(인수, 형식) | 인수를 지정한 형식의 텍스트로 변환하여 반환<br>예 =TEXT(1000, "0원") : "1000원"을 반환함 |
| REPT(텍스트, 개수) | 텍스트를 개수만큼 반복하여 반환<br>예 =REPT("■", 4) : "■■■■"를 반환함 |
| IFERROR(인수, 오류 시 표시할 값) | 인수로 지정한 수식이나 셀에서 오류가 발생하면 오류 시 표시할 값을 반환하고, 그렇지 않으면 결과값 반환<br>예 =IFERROR((A1+B1)/C1, "오류") : (A1+B1)/C1의 결과가 오류이면 "오류"를 반환하고, 그렇지 않으면 결과값을 반환함 |
| MONTH(날짜) | 날짜에서 월 반환<br>예 =MONTH("2021-07-05") : 7을 반환함 |
| ROUND(인수, 반올림 자릿수) | 인수를 지정한 자릿수로 반올림한 값 반환<br>예 =ROUND(28.685, 1) : 28.7을 반환함 |
| LARGE(범위, N번째) | 범위 중 N번째로 큰 값 반환<br>예 =LARGE(A4:C7, 2) : [A4:C7] 영역에서 두 번째로 큰 값을 반환함 |
| SMALL(범위, N번째) | 범위 중 N번째로 작은 값 반환<br>예 =SMALL(A4:C7, 2) : [A4:C7] 영역에서 두 번째로 작은 값을 반환함 |
| QUOTIENT(인수1, 인수2) | 인수1을 인수2로 나누어 몫에 해당하는 정수 부분만 반환<br>예 =QUOTIENT(11, 2) : 5를 반환함 |
| LEN(텍스트) | 텍스트의 길이(개수) 반환<br>예 =LEN("컴퓨터활용능력") : 7을 반환함 |
| COUNTIFS(조건1 범위, 조건1, 조건2 범위, 조건2, …) | 여러 개의 조건을 지정하여 조건에 맞는 셀의 개수 반환<br>예 =COUNTIFS(C4:C11, "판매부", D4:D11, "1급") : [C4:C11] 영역에서 "판매부"가 입력된 셀들을 찾아 [D4:D11] 영역의 같은 행들에서 "1급"이 입력된 셀들의 개수를 반환함 |
| COUNTA(인수1, 인수2, …) | 인수들 중에서 자료가 입력되어 있는 셀의 개수 반환<br>예 =COUNTA(A1:A10) : [A1:A10] 영역에서 자료가 입력된 셀의 개수를 반환함 |
| RANK.EQ(인수, 범위, 옵션) | • 지정된 범위에서 인수의 순위를 반환함, 옵션에 따라 순위 부여 방식이 다름<br>• 옵션<br> – 0 또는 생략 : 내림차순을 기준으로 순위 부여<br> – 0 이외의 값 : 오름차순을 기준으로 순위 부여<br>예 =RANK.EQ(E3, E3:E7) : [E3:E7] 영역에서 내림차순을 기준으로 [E3] 셀의 순위를 반환함 |
| MAXA(인수1, 인수2, …) | • 인수 중에서 가장 큰 값 반환<br>• MAX와 다른 점은 숫자는 물론 빈 셀, 논리값, 숫자로 표시된 텍스트 등도 인수로 사용함<br>예 =MAXA(D4:D9) : [D4:D9] 영역에서 가장 큰 값을 반환함 |
| FIND(찾을 텍스트, 문자열, 시작 위치) | 문자열의 시작 위치에서부터 찾을 텍스트를 찾아 그 위치값을 반환함<br>예 =FIND("친", "친구친구", 2) : 3을 반환함 |
| FIXED(인수, 자릿수, 논리값) | 인수를 반올림하여 지정된 자릿수까지 텍스트로 반환<br>예 =FIXED(1234.8, 0, FALSE) : 1234.8을 일의 자리로 반올림한 1235에 쉼표가 표시된 1,235를 반환함 |

## 작업 순서

수식을 입력한 후 Ctrl + Shift + Enter 를 누른다.

## 합격포인트

• 배열 수식은 통계 계산에 사용하는 수식으로, 출제 패턴이 정해져 있어 **주요 패턴 몇 가지를 확실하게 암기하는 것이 합격포인트입니다.**
• 수식이 잘 세워지지 않으면 [잠깐만요]의 작성 방법을 문제에 그대로 대입해 보세요.
☞ 직접 실습하려면 '길벗컴활1급총정리\엑셀\기능\05배열수식.xlsm' 파일을 열어서 작업하세요.

**전문가의 조언**

먼저 [잠깐만요]의 수식 작성 방법을 확실히 암기하세요. 그러고 나서 적용하는 연습을 몇 번만 반복하면 배열 수식 문제가 매우 쉽다는 걸 알게 될 겁니다.

## 01 개수

25.상시, 24.상시, 23.상시, 22.상시, 21.상시, 20.상시, 20.1, 19.상시, 19.2, 19.1, …

※ 아래 그림을 참고하여 배열 수식을 이해하고 형식을 암기하세요[유형 1~8].

| | A | B | C | D | E | F | G | H | I |
|---|---|---|---|---|---|---|---|---|---|
| 1 | 카드종류 | 적립률 | 결제여부 | 숙박 | 인원 | 판매처 | 판매일 | 결제금액 | 판매방법별순위 |
| 2 | 국민카드 | 3% | 완료 | 리조트 | 5 | 인터넷A팀 | 2021-04-21 | 350,000 | 인터넷4 |
| 3 | 농협카드 | 3% | 예정 | 호텔 | 8 | 홈쇼핑C팀 | 2021-02-01 | 550,000 | 홈쇼핑2 |
| 4 | 국민카드 | 2% | 완료 | 펜션 | 15 | 인터넷B팀 | 2021-03-18 | 153,000 | 인터넷5 |
| 5 | 농협카드 | 1% | 완료 | 리조트 | 4 | 홈쇼핑A팀 | 2021-05-05 | 100,000 | 홈쇼핑3 |
| 6 | 국민카드 | 3% | 예정 | 호텔 | 20 | 인터넷C팀 | 2021-03-15 | 490,000 | 인터넷3 |
| 7 | 국민카드 | 1% | 완료 | 펜션 | 35 | 인터넷A팀 | 2021-04-05 | 1,540,000 | 인터넷1 |
| 8 | 농협카드 | 3% | 완료 | 리조트 | 25 | 홈쇼핑A팀 | 2021-02-09 | 580,000 | 홈쇼핑1 |
| 9 | 농협카드 | 3% | 완료 | 호텔 | 50 | 인터넷B팀 | 2021-02-08 | 1,050,000 | 인터넷2 |
| 10 | | | | | | | | | |
| 11 | 개수 | 1 | 3 | 3건 | 2 | 2 | ★★ | 38% | |

**잠깐만요**

배열 수식을 입력한 후 Ctrl+Shift+Enter를 눌러도 중괄호({ })가 입력되지 않는 경우

입력기가 '한컴 입력기'로 설정되었기 때문입니다. 다음과 같이 Windows 작업 표시줄 알림 영역의 '입력기' 아이콘을 클릭하고 [한국어 Microsoft 입력기]를 선택한 후 Ctrl+Shift+Enter를 누르면 수식에 중괄호({ })가 입력됩니다.

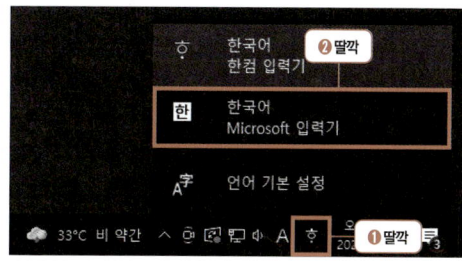

 24.상시, 22.상시, 20.상시, 19.2, 18.상시, 18.2, 14.2, 13.2, 12.2, …

**[유형 1]** SUM 함수 사용

카드종류가 "국민카드"이고 적립률이 3%인 개수를 [B11] 셀에 계산하시오.
　　　　　조건1　　　　　　조건2

[ =SUM( (A2:A9="국민카드") * (B2:B9=3%) ) ]
　　　　　조건1　　　　　　조건2

복잡한 수식을 입력하면 좌우의 괄호가 맞지 않아 수식에 오류가 발생하는 경우가 많습니다. 이런 경우에는 같은 레벨의 괄호 또는 인수 단위로 충분한 거리를 두고 수식을 입력하면 구분하기가 훨씬 쉽습니다.
=SUM(　(A2:A9="국민카드") * (B2:B9=3%)　)
이렇게 수식 중간에 공백을 주고 입력해도 결과는 바르게 나옵니다.

**잠깐만요** 　**개수 구하기 배열 수식**

조건이 2개일 때 배열 수식을 이용하여 개수를 구하는 방법 3가지는 다음과 같습니다. 문제에 주어진 조건을 수식으로 만들어 '조건' 부분에 대입하면 됩니다. 조건의 개수에 따라 조건을 지정하는 부분이 늘어납니다.

**방법1 :** =SUM( (조건1) * (조건2) )
**방법2 :** =SUM( IF((조건1) * (조건2), 1) )
**방법3 :** =COUNT( IF((조건1) * (조건2), 1) )

1. **조건1 :** 카드종류가 "국민카드" → A2:A9="국민카드"
2. **조건2 :** 적립률이 3% → B2:B9=3%
3. 위의 조건을 개수 구하기 배열 수식의 '조건' 부분에 대입하면 다음과 같습니다.
　방법1 : =SUM( (A2:A9="국민카드") * (B2:B9=3%) )
　방법2 : =SUM( IF((A2:A9="국민카드") * (B2:B9=3%),1) )
　방법3 : =COUNT( IF((A2:A9="국민카드") * (B2:B9=3%),1) )
　※ 수식을 입력하고 Ctrl+Shift+Enter를 누르면 수식 입력줄에
　{=SUM((A2:A9="국민카드")*(B2:B9=3%))}와 같이 표시됩니다.

 25.상시, 24.상시, 22.상시, 21.상시, 20.상시, 20.1, 19.상시, 19.2, …

**[유형 2]** SUM, IF 함수 사용

카드종류가 "국민카드"이고 결제여부가 "완료"인 개수를 [C11] 셀에 계산하시오.
　　　　조건1　　　　　　　　　　조건2

[ =SUM( IF( (A2:A9="국민카드") * (C2:C9="완료"), 1 ) ) ]
　　　　　　조건1　　　　　　　조건2　　　개수_구할_값

 23.상시, 22.상시, 21.상시, 20.상시, 19.상시, 19.1, 14.1, 05.1, 03.1, …

**[유형 3]** COUNT, IF 함수와 & 연산자 사용

결제여부가 "완료"이고, 숙박이 "리조트"인 개수를 [D11] 셀에 계산하시오.
　　　조건1　　　　　　조건2

▶ 개수 뒤에 "건" 표시

[ =COUNT( IF( (C2:C9="완료") * (D2:D9="리조트"), 1 ) )&"건" ]
　　　　　　　조건1　　　　　　　조건2　　　개수_구할_값

 22.상시, 21.상시, 20.상시, 19.2, 19.1, 14.1, 11.3

**[유형 4]** COUNT, IF, RIGHT 함수 사용

카드종류가 "국민카드"이고 판매처가 "A팀"인 개수를 [E11] 셀에 계산하시오.
　　　　조건1　　　　　　　　조건2

[ =COUNT( IF( (A2:A9="국민카드") * (RIGHT(F2:F9,2)="A팀"), 1 ) ) ]
　　　　　　　조건1　　　　　　　　조건2　　　개수_구할_값

**전문가의 조언**

COUNTIFS 함수를 이용해서도 개수를 구하는 배열 수식을 작성할 수 있습니다. 자주 출제되지는 않지만 어렵지 않으니 같이 기억해 두세요.

25.상시, 24.상시, 23.상시, 20.상시, 19.상시, 17.상시, 13.3

**[유형 5]** COUNTIFS 함수 사용

카드종류가 "국민카드"이고 판매처가 "인터넷A팀"인 개수를 [F11] 셀에 계산하시오.
　　　　　조건1　　　　　　　　조건2

[ =COUNTIFS( A2:A9, "국민카드", F2:F9, "인터넷A팀" ) ]
　　　　　　조건1　　　　　　　조건2

20.상시, 19.상시, 18.1, 16.상시

**[유형 6]** SUM, IF, REPT 함수 사용

결제여부가 "완료"이고 판매처가 "인터넷A팀"인 개수만큼 "★"를 반복해서 [G11] 셀에 표시하시오.
　조건1　　　　　조건2

▶ [표시 예 : 4 → ★★★★, 2 → ★★]

[ =REPT( "★", SUM( IF( (C2:C9="완료")*(F2:F9="인터넷A팀"), 1 ) ) ) ]
　　　　　　　　　　조건1　　　　　조건2　　　개수_구할_값

**잠깐만요**

- 배열 수식에서는 조건에 만족하는 개수, 합계, 평균 등을 구한 후 표시 형식을 지정하거나 특정 텍스트를 반복해서 표시하는 등의 문제가 출제되고 있습니다.
- 복잡해 보이지만 수식을 조금 자세히 들여다보면 하나도 어렵지 않습니다. 위에서 암기한 방법대로 개수나 합계를 구하는 수식을 작성한 후 수식의 가장 바깥쪽에 해당 함수 하나만 추가하면 됩니다.
- {=REPT("★", SUM(IF((C2:C9="완료")*(F2:F9="인터넷A팀"), 1)))}
  　반복_표시할_텍스트　　　　　　개수
- {=TEXT(SUM(IF((C2:C9="완료")*(F2:F9="인터넷A팀"),1)), "0개")}
  　　　　　　　　개수　　　　　　　　　　표시형식
- {=ROUND(SUM(IF((C2:C9="완료")*(F2:F9="인터넷A팀"), 1)), −1)}
  　　　　　　개수　　　　　　　　　　반올림_자릿수
- {=IFERROR(SUM(IF((C2:C9="완료")*(F2:F9="인터넷A팀"), 1)), "")}
  　　　　　　　개수　　　　　　　　오류시_표시할_값

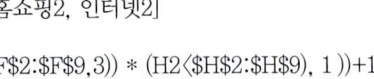

24.상시

**[유형 8]** LEFT, SUM, IF 함수 사용

판매방법별 순위를 [I2:I9] 영역에 계산하시오.
　조건1　조건2

▶ 판매방법은 판매처의 앞 세 글자임
▶ [표시 예 : 인터넷1, 홈쇼핑2, 인터넷2]

[ =LEFT(F2,3) & SUM(IF( (LEFT(F2,3)=LEFT($F$2:$F$9,3)) * (H2<$H$2:$H$9), 1 ))+1 ]
　　　　　　　　　　　　　　조건1　　　　　　　　　　조건2　　　개수_구할_값

**체크체크**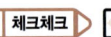

아래 그림을 참고하여 배열 수식을 작성하시오[①~⑧].

| | A | B | C | D | E | F | G | H |
|---|---|---|---|---|---|---|---|---|
| 1 | 가공일 | 가공품명 | 가공팀 | 제조원가 | 수량 | 매출액 | 지역별순위 | |
| 2 | 2021-04-08 | 참치 | 서울A팀 | 1,200 | 20,000 | 24,000,000 | 서울1 | |
| 3 | 2021-04-10 | 꽁치 | 서울B팀 | 1,400 | 15,000 | 21,000,000 | 서울4 | |
| 4 | 2021-04-15 | 닭가슴살 | 인천A팀 | 1,300 | 18,000 | 23,400,000 | 인천5 | |
| 5 | 2021-05-01 | 참치 | 서울A팀 | 500 | 25,000 | 12,500,000 | 서울6 | |
| 6 | 2021-05-04 | 참치 | 인천B팀 | 1,200 | 22,000 | 26,400,000 | 인천3 | |
| 7 | 2021-06-03 | 꽁치 | 인천B팀 | 1,400 | 18,000 | 25,200,000 | 인천4 | |
| 8 | 2021-06-09 | 닭가슴살 | 인천A팀 | 1,500 | 21,000 | 31,500,000 | 인천1 | |
| 9 | 2021-06-20 | 번데기 | 서울B팀 | 500 | 30,000 | 15,000,000 | 서울5 | |
| 10 | 2021-07-05 | 참치 | 서울A팀 | 1,200 | 18,000 | 21,600,000 | 서울3 | |
| 11 | 2021-07-10 | 꽁치 | 인천B팀 | 1,400 | 20,000 | 28,000,000 | 인천2 | |
| 12 | 2021-07-19 | 닭가슴살 | 서울A팀 | 1,500 | 15,000 | 22,500,000 | 서울2 | |
| 13 | 2021-07-20 | 번데기 | 서울B팀 | 500 | 22,000 | 11,000,000 | 서울7 | |
| 14 | | | | | | | | |
| 15 | 개수 | 3 | 2 | 3건 | 3 | 3 | ●●● | 33% |

22.상시, 21.상시, 18.상시, 17.상시, 15.상시, 15.1

**[유형 7]** COUNT, COUNTA, IF, TEXT 함수 사용

결제여부가 "완료"이고 숙박이 "리조트"인 데이터의 예약률을 [H11] 셀에
　조건1　　　　　　조건2

계산하시오.

▶ 예약률은 '결제여부와 숙박별 예약 건수 / 전체 예약 건수'로 계산하여 백분율(%)로 표시

[ =TEXT( COUNT( IF( (C2:C9="완료") * (D2:D9="리조트"), 1 ) ) / COUNTA(C2:C9), "0%" ) ]
　　　　　　　　　　　조건1　　　　　조건2　　　개수_구할_값
　　　　　　　　결제여부와 숙박별 예약건수　　　　　전체 예약 건수

① 가공품명이 "참치"이고 수량이 20,000 이상인 개수를 [B15] 셀에 계산
  ▶ SUM 함수를 이용한 배열 수식
  [                                    ]

② 가공품명이 "꽁치"이고 가공팀이 "인천B팀"인 개수를 [C15] 셀에 계산
  ▶ SUM, IF 함수를 이용한 배열 수식
  [                                    ]

③ 가공팀이 "서울A팀"이고, 제조원가가 1,000원 이상인 개수를 [D15] 셀에 계산
  ▶ 개수 뒤에 "건" 표시
  ▶ COUNT, IF 함수와 & 연산자를 이용한 배열 수식
  [                                    ]

④ 가공품명이 "참치"이고 가공팀이 "A팀"인 개수를 [E15] 셀에 계산
  ▶ COUNT, IF, RIGHT 함수를 이용한 배열 수식
  [                                    ]

⑤ 가공품명이 "참치"이고 매출액이 20,000,000 이상인 개수를 [F15] 셀에 계산
  ▶ COUNTIFS 함수를 이용한 배열 수식
  [                                    ]

⑥ 가공품명이 "참치"이고 가공팀이 "서울A팀"인 개수만큼 "●"를 반복해서 [G15] 셀에 표시
  ▶ [표시 예 : 3 → ●●●]
  ▶ SUM, IF, REPT 함수를 이용한 배열 수식
  [                                    ]

⑦ 가공팀이 "B팀"이고, 제조원가가 1,000 이상인 데이터의 제조율을 [H15] 셀에 계산
  ▶ 제조율은 '가공팀과 제조원가별 제조 건수 / 전체 제조 건수'로 계산하여 백분율(%)로 표시
  ▶ COUNT, COUNTA, IF, TEXT, RIGHT 함수를 이용한 배열 수식
  [                                    ]

⑧ 지역별 순위를 [G2:G13] 영역에 계산
  ▶ 지역은 가공팀의 앞 두 글자임
  ▶ [표시 예 : 서울1, 인천1, 서울2]
  [                                    ]

**정답**

① [B15] : {=SUM( (B2:B13="참치") * (E2:E13>=20000) )}
② [C15] : {=SUM( IF( (B2:B13="꽁치") * (C2:C13="인천B팀"), 1 ) )}
③ [D15] : {=COUNT( IF( (C2:C13="서울A팀") * (D2:D13>=1000), 1 ) ) & "건"}
④ [E15] : {=COUNT( IF( (B2:B13="참치") * (RIGHT(C2:C13, 2)="A팀"), 1 ) )}
⑤ [F15] : {=COUNTIFS( B2:B13, "참치", F2:F13,">=20000000" )}
⑥ [G15] : {=REPT( "●", SUM( IF( (B2:B13="참치") * (C2:C13="서울A팀"), 1 ) ) )}
⑦ [H15] : {=TEXT( COUNT( IF( (RIGHT(C2:C13, 2)="B팀") * (D2:D13>=1000), 1 ) ) / COUNTA(C2:C13), "0%" )}
⑧ [G2] : { LEFT(C2, 2) & SUM( IF( (LEFT(C2, 2)=LEFT($C$2:$C$13, 2)) * (F2>$F$2:$F$13), 1 ) )+1}

---

 **전문가의 조언**

- 먼저 SUM만 사용하는 방법과 SUM과 IF를 사용하는 방법 2가지를 확실하게 암기하세요.
- 문제를 보자마자 대략적인 수식이 세워질 때까지 문제들을 반복해서 풀어보세요.

## 02 합계

25.상시, 22.상시, 21.상시, 20.상시, 19.2, 19.1, 18.상시, 18.2, 18.1, 17.상시, 16.3, …

※ 아래 그림을 참고하여 배열 수식을 이해하고 형식을 암기하세요[유형 1~6].

| | A | B | C | D | E | F | G | H |
|---|---|---|---|---|---|---|---|---|
| 1 | 카드종류 | 적립률 | 결제여부 | 숙박 | 인원 | 판매처 | 판매일 | 결제금액 |
| 2 | 국민카드 | 3% | 완료 | 리조트 | 5 | 인터넷A팀 | 2021-04-21 | 350,000 |
| 3 | 농협카드 | 3% | 예정 | 호텔 | 8 | 홈쇼핑C팀 | 2021-02-01 | 550,000 |
| 4 | 국민카드 | 2% | 완료 | 펜션 | 15 | 인터넷B팀 | 2021-03-18 | 153,000 |
| 5 | 농협카드 | 1% | 완료 | 리조트 | 4 | 홈쇼핑A팀 | 2021-05-09 | 100,000 |
| 6 | 농협카드 | 3% | 예정 | 호텔 | 8 | 인터넷C팀 | 2021-03-15 | 490,000 |
| 7 | 국민카드 | 1% | 완료 | 펜션 | 35 | 인터넷A팀 | 2021-04-05 | 1,540,000 |
| 8 | 농협카드 | 3% | 완료 | 리조트 | 25 | 홈쇼핑A팀 | 2021-02-09 | 580,000 |
| 9 | 농협카드 | 3% | 완료 | 호텔 | 50 | 인터넷B팀 | 2021-02-08 | 1,050,000 |
| 10 | | | | | | | | |
| 11 | 합계 | 2,043,000 | 153,000 | ●●●● | ☆☆☆☆☆ | 1,890 | 2,043,000 | |

25.상시, 22.상시, 21.상시, 19.2, 18.2, 14.2, 13.2

**[유형 1]** SUM 함수 사용

카드종류가 "국민카드"인 결제금액의 합계를 [B11] 셀에 계산하시오.
         조건              합계_구할_값

[ =SUM( (A2:A9="국민카드") * H2:H9 ) ]
         조건              합계_구할_범위

**잠깐만요** 합계 구하기 배열 수식

조건이 1개일 때, 합계를 구하는 배열 수식은 다음과 같습니다. 소선의 수에 따라 조건을 지정하는 부분이 늘어납니다.

방법1 : =SUM( 조건 * 합계_구할_값 )
방법2 : =SUM( IF( 조건, 합계_구할_값 ) )

22.상시, 21.상시, 20.상시, 19.2, 19.1, 16.3, 16.1, 15.상시, 14.1, 13.3, …

**[유형 2]** SUM, IF, MONTH 함수 사용

카드종류가 "국민카드"이고 판매월이 3월 이전인 결제금액의 합계를
      조건1                조건2            합계_구할_값
[C11] 셀에 계산하시오.

[ =SUM( IF( (A2:A9="국민카드") * (MONTH(G2:G9)<=3), H2:H9 ) ) ]
          조건1                    조건2          합계_구할_범위

22.상시, 21.상시, 20.상시, 15.상시, 19.1, 18.1, 15.3, 15.1, 12.2

**[유형 3]** SUM, IF, REPT 함수 사용

결제여부가 "완료"이고 판매처가 "인터넷A팀"인 인원의 합계를 10으로 나눈 값만큼 "♥"를 반복해서 [D11] 셀에 표
　　조건1　　　　　조건2　　　　　　합계_구할_값
시하시오.

▶ [표시 예 : 40 → ♥♥♥♥, 20 → ♥♥]

[ =REPT("♥", SUM( IF( (C2:C9="완료") * (F2:F9="인터넷A팀"), E2:E9 ) ) / 10 ) ]
　　　　　　　　　　조건1　　　　　　조건2　　　　　합계_구할_범위

20.상시, 18.상시, 17.상시

**[유형 4]** SUM, REPT, QUOTIENT함수 사용

결제여부가 "예정"이고 판매처가 "홈쇼핑C팀"인 결제금액의 합계를 100,000으로 나눈 값만큼 "☆"를 반복해서
　　조건1　　　　　조건2　　　　　　합계_구할_값
[E11] 셀에 표시하시오.

▶ [표시 예 : 300,000 → ☆☆☆, 100,000 → ☆]

[ =REPT("☆", QUOTIENT( SUM( (C2:C9="예정") * (F2:F9="홈쇼핑C팀") * H2:H9 ), 100000 ) ) ]
　　　　　　　　　　　　　　조건1　　　　　　조건2　　　　합계_구할_범위

25.상시, 22.상시, 21.상시, 20.상시, 15.상시, 19.1, 18.1, 16.3, 16.1, 15.3, 15.1, 14.3, 12.2

**[유형 5]** SUM, IF, TEXT 함수 사용

결제여부가 "완료"이고 판매처가 "인터넷A팀"인 결제금액의 합계를 [F11] 셀에 계산하시오.
　　조건1　　　　　조건2　　　　　　합계_구할_값

▶ 합계는 천원 단위로 표시 [표시 예 : 0 → 0, 1,321,420 → 1,321]

[ =TEXT( SUM( IF( (C2:C9="완료") * (F2:F9="인터넷A팀"), H2:H9 ) ), "#,##0," ) ]
　　　　　　　　　조건1　　　　　　조건2　　　　합계_구할_범위

18.상시, 13상시

**[유형 6]** SUM, IF, IFERROR, FIND 함수 사용

카드종류가 "국민카드"이고 판매처에 "인터넷"이 포함된 결제금액의 합계를 [G11] 셀에 계산하시오.
　　조건1　　　　　　　조건2　　　　　　　합계_구할_값

[ =SUM( IF( (A2:A9="국민카드") * IFERROR( FIND("인터넷", F2:F9)>=1, FALSE ), H2:H9 ) ) ]
　　　　　　조건1　　　　　　　　　　조건2　　　　　　　　合계_구할_범위

> **수식의 이해**
>
> =SUM( IF( (A2:A9="국민카드") * IFERROR( FIND("인터넷", F2:F9))=1, FALSE ), H2:H9 ) )
> 　　　　　　　　　　　　　　　　　❶
> 　　　　　　　　　　　　　　　❷
>
> ❶ FIND("인터넷",F2:F9) : 판매처에서 "인터넷"을 찾아 그 위치를 반환합니다.
> ❷ IFERROR(❶)=1, FALSE) : '❶)=1'의 결과로 오류가 발생하면 "FALSE"를 반환하고, 그렇지 않으면, '❶)=1'의 결과
> 　인 "TRUE"를 반환합니다. 예를 들어 ❶의 반환값이 1이라면 '1)=1'이 참이 되어 "TRUE"를 반환하고, 찾는 문자열이
> 　없어 오류가 발생하면 "FALSE"를 반환합니다.
> ※ IFERROR( ) 함수를 사용한 이유는 문제에 사용하라고 제시되었기 때문입니다.

### 체크체크

아래 그림을 참고하여 배열 수식을 작성하시오[①~⑥].

| | A | B | C | D | E | F | G |
|---|---|---|---|---|---|---|---|
| 1 | 가공일 | 가공품명 | 가공팀 | 제조원가 | 수량 | 매출액 | |
| 2 | 2021-04-08 | 참치 | 서울A팀 | 1,200 | 20,000 | 24,000,000 | |
| 3 | 2021-04-10 | 꽁치 | 서울B팀 | 1,400 | 15,000 | 21,000,000 | |
| 4 | 2021-04-15 | 닭가슴살 | 인천A팀 | 1,300 | 18,000 | 23,400,000 | |
| 5 | 2021-05-01 | 참치 | 서울A팀 | 500 | 25,000 | 12,500,000 | |
| 6 | 2021-05-04 | 참치 | 인천B팀 | 1,200 | 22,000 | 26,400,000 | |
| 7 | 2021-06-03 | 꽁치 | 인천B팀 | 1,400 | 18,000 | 25,200,000 | |
| 8 | 2021-06-09 | 닭가슴살 | 인천A팀 | 1,500 | 21,000 | 31,500,000 | |
| 9 | 2021-06-20 | 번데기 | 서울B팀 | 500 | 30,000 | 15,000,000 | |
| 10 | 2021-07-05 | 참치 | 서울A팀 | 1,200 | 18,000 | 21,600,000 | |
| 11 | 2021-07-10 | 꽁치 | 인천B팀 | 1,400 | 20,000 | 28,000,000 | |
| 12 | 2021-07-19 | 닭가슴살 | 서울A팀 | 1,500 | 15,000 | 22,500,000 | |
| 13 | 2021-07-20 | 번데기 | 서울B팀 | 500 | 22,000 | 11,000,000 | |
| 14 | | | | | | | |
| 15 | 합계 | 85,000 | 62,900,000 | ◆◆◆◆◆ | ◆◆◆◆◆ | 53,200 | 15,000 |

① 가공품명이 "참치"인 수량의 합계를 [B15] 셀에 계산
▶ SUM 함수를 이용한 배열 수식
[                                                    ]

② 가공일이 5월 이전이고 가공품명이 "참치"인 매출액의 합계를 [C15] 셀에 계산
▶ SUM, IF, MONTH 함수를 이용한 배열 수식
[                                                    ]

③ 가공품명이 "참치"이고 가공팀이 "서울A팀"인 수량의 합계를 10,000으로 나눈 값만큼 "◆"를 반복해서 [D15] 셀에 표시
▶ [표시 예 : 40,000 → ◆◆◆◆, 20,000 → ◆◆]
▶ SUM, IF, REPT 함수를 이용한 배열 수식
[                                                    ]

④ 가공품명이 "닭가슴살"이고 가공팀이 "인천A팀"인 매출액의 합계를 10,000,000으로 나눈 값만큼 "◆"를 반복해서 [E15] 셀에 표시
▶ [표시 예 : 30,000,000 → ◆◆◆, 10,000,000 → ◆]
▶ SUM, REPT, QUOTIENT 함수를 이용한 배열 수식
[                                                    ]

⑤ 가공품명이 "꽁치"이고 가공팀이 "인천B팀"인 매출액의 합계를 [F15] 셀에 계산
▶ 합계는 천원 단위로 표시 [표시 예 : 0 → 0, 1,321,420 → 1,321]
▶ SUM, IF, TEXT 함수를 이용한 배열 수식
[                                                    ]

⑥ 가공품명이 "꽁치"이고 가공팀에 "서울"이 포함된 수량의 합계를 [G15] 셀에 계산
▶ SUM, IF, IFERROR, FIND 함수를 이용한 배열 수식
[                                                    ]

### 정답

① [B15] : {=SUM( (B2:B13="참치") * E2:E13 )}

② [C15] : {=SUM( IF( (MONTH(A2:A13)<=5) * (B2:B13="참치"), F2:F13 ) )}

③ [D15] : {=REPT( "◆", SUM( IF( (B2:B13="참치") * (C2:C13="서울A팀"), E2:E13 ) ) / 10000 )}

④ [E15] : {=REPT( "◆", QUOTIENT( SUM( (B2:B13="닭가슴살") * (C2:C13="인천A팀") * F2:F13 ), 10000000 ) )}

⑤ [F15] : {=TEXT( SUM( IF( (B2:B13="꽁치") * (C2:C13="인천B팀"), F2:F13 ) ), "#,##0," )}

⑥ [G15] : {=SUM( IF( (B2:B13="꽁치") * IFERROR( FIND("서울", C2:C13)>=1, FALSE ), E2:E13 ) )}

### 전문가의 조언

- 평균을 구하는 문제에서 주의할 점은 개수나 합계와 달리 **반드시 IF문이 포함되어야 한다**는 것입니다.
- 예를 들어, { 10, 20, 30, 40 }의 자료 중에서 2번째와 4번째만 조건에 맞는 자료일 경우, IF를 사용하면 { 20, 40 }처럼 2개의 평균을 구하므로 30이 되지만, IF를 사용하지 않으면 { 0, 20, 0, 40 }처럼 0이 포함되는 4개의 평균을 구하므로 15가 됩니다.

## 03 평균

25.상시, 24.상시, 23.상시, 22.상시, 21.상시, 20.상시, 19.상시, 18.상시, 17.상시, 17.1, …

※ 아래 그림을 참고하여 배열 수식을 이해하고 형식을 암기하세요[유형 1~7].

| | A | B | C | D | E | F | G | H |
|---|---|---|---|---|---|---|---|---|
| 1 | 카드종류 | 적립률 | 결제여부 | 숙박 | 인원 | 판매처 | 판매일 | 결제금액 |
| 2 | 국민카드 | 3% | 완료 | 리조트 | 5 | 인터넷A팀 | 2021-04-21 | 350,000 |
| 3 | 농협카드 | 3% | 예정 | 호텔 | 8 | 홈쇼핑C팀 | 2021-02-01 | 550,000 |
| 4 | 국민카드 | 2% | 완료 | 펜션 | 15 | 인터넷B팀 | 2021-03-18 | 153,000 |
| 5 | 농협카드 | 1% | 완료 | 리조트 | 4 | 인터넷A팀 | 2021-05-09 | 100,000 |
| 6 | 국민카드 | 3% | 예정 | 호텔 | 8 | 인터넷C팀 | 2021-03-15 | 490,000 |
| 7 | 국민카드 | 1% | 완료 | 펜션 | 35 | 인터넷A팀 | 2021-04-05 | 1,540,000 |
| 8 | 농협카드 | 3% | 완료 | 리조트 | 25 | 홈쇼핑A팀 | 2021-02-09 | 580,000 |
| 9 | 농협카드 | 3% | 완료 | 호텔 | 50 | 인터넷B팀 | 2021-02-08 | 1,050,000 |
| 10 | | | | | | | | |
| 11 | 평균 | 716,600 | 642,500 | 930,000 | 20명 | | 18.3 | 없음 | 36.7-5.7 |

23.상시, 22.상시, 21.상시, 20.상시, 19.상시, 18.상시, 17.상시, 16.2, …

### [유형 1] AVERAGE, IF, LEFT 함수 사용

판매처가 "인터넷"으로 시작하는 결제금액의 평균을 [B11] 셀에 계산하시오.
　조건　　　　　　평균_구할_값

[ =AVERAGE( IF( LEFT(F2:F9, 3)="인터넷", H2:H9 ) ) ]
　　　　　　조건　　　　평균_구할_범위

#### 잠깐만요 | 평균 구하기 배열 수식

조건이 1개일 때의 평균을 구하는 배열 수식은 다음과 같습니다. 조건의 수에 따라 조건을 지정하는 부분이 늘어납니다.

=AVERAGE( IF(조건, 평균_구할_범위) )

23.상시, 22.상시, 21.상시, 20.상시, 19.상시, 18.상시, 17.상시, 16.1, …

### [유형 2] AVERAGE, IF, RIGHT 함수 사용

판매처가 "A팀"인 결제금액의 평균을 [C11] 셀에 계산하시오.
　조건　　　　평균_구할_값

[ =AVERAGE( IF( RIGHT(F2:F9, 2)="A팀", H2:H9 ) ) ]
　　　　　　조건　　　평균_구할_범위

23.상시, 22.상시, 21.상시, 20.상시, 19.상시, 18.상시, 17.상시, 13.1, …

### [유형 3] AVERAGE, IF, LARGE 함수 사용

결제금액이 상위 4위 이내인 결제금액의 평균을 [D11] 셀에 계산하시오.
　　조건　　　　　　평균_구할_값

[ =AVERAGE( IF( H2:H9>=LARGE(H2:H9, 4), H2:H9 ) ) ]
　　　　　　　조건　　　　　평균_구할_범위

22.상시, 21.상시, 20.상시, 19.상시, 18.상시, 17.상시, 16.상시, 14.1, …

### [유형 4] AVERAGE, IF, LEN, TEXT 함수 사용

적립률이 1%가 아니고, 숙박이 두 글자인 인원의 평균을 [E11] 셀에 계산하시오.
　조건1　　　　　　조건2　　　　평균_구할_값

▶ 평균 뒤에 "명" 표시 [표시 예 : 0 → 0명, 15 → 15명]

[ =TEXT( AVERAGE( IF( (B2:B9<>1%) * (LEN(D2:D9)=2), E2:E9 ) ), "0명" ) ]
　　　　　　　　조건1　　　　　조건2　　　평균_구할_범위

25.상시, 24.상시, 22.상시, 21.상시, 20.상시, 19.상시, 18.상시, …

### [유형 5] AVERAGE, IF, ROUND 함수 사용

카드종류가 "국민카드"이고 결제여부가 "완료"인 인원의 평균을 [F11] 셀에 계산하시오.
　조건1　　　　　　조건2　　　　평균_구할_값

▶ 평균은 반올림하여 소수점 첫째 자리까지 표시

[ =ROUND( AVERAGE( IF( (A2:A9="국민카드") * (C2:C9="완료"), E2:E9 ) ), 1 ) ]
　　　　　　　　　조건1　　　　　조건2　　　평균_구할_범위

23.상시, 21.상시, 20.상시, 19.상시, 18.상시, 17.상시, 16.상시, 16.1, …

### [유형 6] AVERAGE, IF, IFERROR, MONTH 함수 사용

카드종류가 "국민카드"이고 판매월이 2월인 인원의 평균을 [G11] 셀에 계산하시오.
　조건1　　　　　　조건2　　　　평균_구할_값

▶ 해당 데이터가 없는 경우 "없음"으로 표시

[ =IFERROR( AVERAGE( IF( (A2:A9="국민카드") * (MONTH(G2:G9)=2), E2:E9 ) ), "없음" ) ]
　　　　　　　　　　조건1　　　　　조건2　　　평균_구할_범위

25.상시

### [유형 7] AVERAGE, LARGE, SMALL, ROUND 함수와 배열 상수 사용

인원의 상위 1~3위의 평균과 하위 1~3위의 평균을 [H11] 셀에 계산하시오.
평균_구할_값　조건1　　　조건2

▶ 상위 1~3위와 하위 1~3위의 평균은 반올림하여 소수점 첫째 자리까지 표시하고, 평균 사이에 "-"를 연결하여 표시
[표시 예 : 상위 1~3위 평균이 234.56, 하위 1~3위 평균이 3.24인 경우 → 234.6-3.2]

[ =ROUND( AVERAGE( LARGE(E2:E9, {1,2,3}) ), 1 ) & "-" & ROUND( AVERAGE( SMALL(E2:E9, {1,2,3}) ),1) ]
　　　　　　　　　　　조건1　　　　　　　　　　　　　　　　　　　　조건2
　　　　　　평균_구할_값　　　　　　　　　　　　　　　　　평균_구할_값

## 체크체크

아래 그림을 참고하여 배열 수식을 작성하시오[①~⑦].

| | A | B | C | D | E | F | G | H |
|---|---|---|---|---|---|---|---|---|
| 1 | 가공일 | 가공품명 | 가공팀 | 제조원가 | 수량 | 매출액 | | |
| 2 | 2021-04-08 | 참치 | 서울A팀 | 1,200 | 20,000 | 24,000,000 | | |
| 3 | 2021-04-10 | 꽁치 | 서울B팀 | 1,400 | 15,000 | 21,000,000 | | |
| 4 | 2021-04-15 | 닭가슴살 | 인천A팀 | 1,300 | 18,000 | 23,400,000 | | |
| 5 | 2021-05-01 | 참치 | 서울A팀 | 500 | 25,000 | 12,500,000 | | |
| 6 | 2021-05-04 | 참치 | 인천B팀 | 1,200 | 22,000 | 26,400,000 | | |
| 7 | 2021-06-03 | 꽁치 | 인천B팀 | 1,400 | 18,000 | 25,200,000 | | |
| 8 | 2021-06-09 | 닭가슴살 | 인천A팀 | 1,500 | 21,000 | 31,500,000 | | |
| 9 | 2021-06-20 | 번데기 | 서울B팀 | 500 | 30,000 | 15,000,000 | | |
| 10 | 2021-07-05 | 참치 | 서울A팀 | 1,200 | 18,000 | 21,600,000 | | |
| 11 | 2021-07-10 | 꽁치 | 인천B팀 | 1,400 | 20,000 | 28,000,000 | | |
| 12 | 2021-07-19 | 닭가슴살 | 서울A팀 | 1,500 | 15,000 | 22,500,000 | | |
| 13 | 2021-07-20 | 번데기 | 서울B팀 | 500 | 22,000 | 11,000,000 | | |
| 14 | | | | | | | | |
| 15 | 평균 | 20,714 | 21,100,000 | 28,633,000 | 20,000개 | 21,000 | 없음 | 25666.7-16000 |

① 가공팀이 "서울"로 시작하는 수량의 평균을 [B15] 셀에 계산
  ▶ AVERAGE, IF, LEFT 함수를 이용한 배열 수식
  [                                                    ]

② 가공팀이 "B팀"인 매출액의 평균을 [C15] 셀에 계산
  ▶ AVERAGE, IF, RIGHT 함수를 이용한 배열 수식
  [                                                    ]

③ 매출액이 상위 3위 이내인 매출액의 평균을 [D15] 셀에 계산
  ▶ 평균은 반올림하여 천의 자리까지 표시
  ▶ AVERAGE, IF, LARGE, ROUND 함수를 이용한 배열 수식
  [                                                    ]

④ 가공일이 6월이 아니고, 가공품명이 두 글자인 수량의 평균을 [E15] 셀에 계산
  ▶ 평균에 1000 단위 구분 기호와 "개" 표시 [표시 예 : 0 → 0개, 15000 → 15,000개]
  ▶ AVERAGE, IF, LEN, MONTH, TEXT 함수를 이용한 배열 수식
  [                                                    ]

⑤ 가공품명이 "참치"이고 가공팀이 "서울A팀"인 수량의 평균을 [F15] 셀에 계산
  ▶ AVERAGE, IF 함수를 이용한 배열 수식
  [                                                    ]

⑥ 가공월이 6월이고 가공품명이 "참치"인 수량의 평균을 [G15] 셀에 계산
  ▶ 해당 데이터가 없는 경우 "없음"으로 표시
  ▶ AVERAGE, IF, IFERROR, MONTH 함수를 이용한 배열 수식
  [                                                    ]

⑦ 수량의 상위 1~3위의 평균과 하위 1~3위의 평균을 [H15] 셀에 계산하시오.
  ▶ 상위 1~3위와 하위 1~3위의 평균은 반올림하여 소수점 첫째 자리까지 표시하고, 평균 사이에 "-"를 연결하여 표시
    [표시 예 : 상위 1~3위 평균이 25666.66, 하위 1~3위 평균이 16000인 경우 → 25666.7 - 16000]

### 정답

① [B15] : {=AVERAGE( IF( LEFT(C2:C13,2)="서울", E2:E13 ) )}

② [C15] : {=AVERAGE( IF( RIGHT(C2:C13,2)="B팀", F2:F13 ) )}

③ [D15] : {=ROUND( AVERAGE( IF( F2:F13)=LARGE(F2:F13,3), F2:F13 ) ), -3)}

④ [E15] : {=TEXT( AVERAGE( IF( (MONTH(A2:A13)<>6)*(LEN(B2:B13)=2), E2:E13 )), "#,##0개" )}

⑤ [F15] : {=AVERAGE( IF( (B2:B13="참치") * (C2:C13="서울A팀"), E2:E13 ) )}

⑥ [G15] : {=IFERROR( AVERAGE( IF( (MONTH(A2:A13)=6)*(B2:B13="참치"), E2:E13 )), "없음" )}

⑦ [H15] : {= ROUND( AVERAGE( LARGE(E2:E13, {1,2,3}) ), 1 ) & "-" & ROUND( AVERAGE( SMALL(E2:E13, {1,2,3}) ), 1 )}

## 04 최대값

25.상시, 23.상시, 22.상시, 21.상시, 20.상시, 19.상시, 18.상시, 17.상시, 16.상시, …

※ 아래 그림을 참고하여 배열 수식을 이해하고 형식을 암기하세요[유형 1~5].

| | A | B | C | D | E | F | G | H |
|---|---|---|---|---|---|---|---|---|
| 1 | 카드종류 | 적립률 | 결제여부 | 숙박 | 인원 | 판매처 | 판매일 | 결제금액 |
| 2 | 국민카드 | 3% | 완료 | 리조트 | 5 | 인터넷A팀 | 2021-04-21 | 350,000 |
| 3 | 농협카드 | 3% | 예정 | 호텔 | 8 | 홈쇼핑C팀 | 2021-02-01 | 550,000 |
| 4 | 국민카드 | 2% | 완료 | 펜션 | 15 | 인터넷B팀 | 2021-03-18 | 153,000 |
| 5 | 농협카드 | 1% | 완료 | 리조트 | 4 | 홈쇼핑A팀 | 2021-05-09 | 100,000 |
| 6 | 농협카드 | 3% | 예정 | 호텔 | 8 | 인터넷C팀 | 2021-03-15 | 490,000 |
| 7 | 국민카드 | 1% | 완료 | 펜션 | 35 | 인터넷A팀 | 2021-04-05 | 1,540,000 |
| 8 | 농협카드 | 3% | 완료 | 리조트 | 25 | 홈쇼핑A팀 | 2021-02-09 | 580,000 |
| 9 | 농협카드 | 3% | 완료 | 호텔 | 50 | 인터넷B팀 | 2021-02-08 | 1,050,000 |
| 10 | | | | | | | | |
| 11 | 최대값 | 1,540,000 | 153,000원 | 1,540,000원 | 580,000 | 3 | | |

---

23.상시, 22.상시, 21.상시, 20.상시, 18.상시, 17.상시

**[유형 1]** MAX, IF 함수 사용

카드종류가 "국민카드"인 결제금액의 최대값을 [B11] 셀에 계산하시오.
　　　조건　　　　　최대값_구할_값

[ =MAX( IF( A2:A9="국민카드", H2:H9 ) ) ]
　　　　　　조건　　　최대값_구할_범위

**잠깐만요** 　최대값 구하기 배열 수식

조건이 1개일 때 최대값을 구하는 배열 수식은 다음과 같습니다. 조건의 수에 따라 조건을 지정하는 부분이 늘어납니다.

방법1 : =MAX( (조건) * 최대값_구할_범위 )
방법2 : =MAX( IF( 조건, 최대값_구할_범위 ) )
방법3 : =LARGE( IF( 조건, 최대값_구할_범위 ), 1 )

---

19.상시, 17.상시, 05.4, 05.2, 04.1

**[유형 2]** MAX, MONTH, FIXED 함수와 & 연산자 사용

카드종류가 "국민카드"이고 판매월이 3월 이하인 결제금액의 최대값을
　　　조건1　　　　　　조건2　　　　　최대값_구할_값

[C11] 셀에 계산하시오.

▶ 최대값에 1000 단위 구분 기호와 "원" 표시[표시 예 : 153,000원]

[ =FIXED( MAX( (A2:A9="국민카드") * (MONTH(G2:G9)<=3) * H2:H9 ) ,0 ) & "원" ]
　　　　　　　　조건1　　　　　　　조건2　　　　최대값_구할_범위

---

20.상시, 16.상시, 15.상시

**[유형 3]** MAXA, IF, LEFT, TEXT 함수 사용

판매처가 "인터넷"으로 시작하는 결제금액의 최대값을 [D11] 셀에 계산하
　　　　조건　　　　　　　　　　　최대값_구할_값

시오.

▶ 최대값에 1000 단위 구분 기호와 "원" 표시
　[표시 예 : 0 → 0원, 1,321 → 1,321원]

[ =TEXT( MAXA( IF( LEFT(F2:F9,3)="인터넷", H2:H9 ) ), "#,##0원" ) ]
　　　　　　　　조건　　　　　최대값_구할_범위

> MAXA가 MAX와 다른 점은 숫자는 물론 빈 셀, 논리값, 숫자로 표시된 텍스트 등도 인수로 사용하여 최대값을 구한다는 것입니다.

---

25.상시, 23.상시, 16.3, 12.1, 11.1, 04.3

**[유형 4]** LARGE, IF 함수 사용

적립률이 3%이고 숙박이 "리조트"인 결제금액의 최대값을 [E11] 셀에 계산
　조건1　　　　　조건2　　　　　최대값_구할_값

하시오.

[ =LARGE( IF( (B2:B9=3%) * (D2:D9="리조트"), H2:H9 ), 1 ) ]
　　　　　　조건1　　　　조건2　　　최대값_구할_범위

---

22.상시, 21.상시, 20.상시, 13.3

**[유형 5]** MAX, IF, RANK.EQ 함수 사용

적립률이 3%이고 숙박이 "리조트"인 결제금액 중 가장 큰 값의 전체 순위
　조건1　　　　　조건2　　　　　최대값_구할_값

를 [F11] 셀에 계산하시오.

[ =RANK.EQ( MAX( IF( (B2:B9=3%) * (D2:D9="리조트"), H2:H9 ) ), H2:H9 ) ]
　　　　　　　　　조건1　　　　조건2　　　최대값_구할_범위
　　　　　　　　　　　　　인수　　　　　　　　　　범위

아래 그림을 참고하여 배열 수식을 작성하시오[①~⑤].

| | A | B | C | D | E | F |
|---|---|---|---|---|---|---|
| 1 | 가공일 | 가공품명 | 가공팀 | 제조원가 | 수량 | 매출액 |
| 2 | 2021-04-08 | 참치 | 서울A팀 | 1,200 | 20,000 | 24,000,000 |
| 3 | 2021-04-10 | 꽁치 | 서울B팀 | 1,400 | 15,000 | 21,000,000 |
| 4 | 2021-04-15 | 닭가슴살 | 인천A팀 | 1,300 | 18,000 | 23,400,000 |
| 5 | 2021-05-01 | 참치 | 서울A팀 | 500 | 25,000 | 12,500,000 |
| 6 | 2021-05-04 | 참치 | 인천B팀 | 1,200 | 22,000 | 26,400,000 |
| 7 | 2021-06-03 | 꽁치 | 인천B팀 | 1,400 | 18,000 | 25,200,000 |
| 8 | 2021-06-09 | 닭가슴살 | 인천A팀 | 1,500 | 21,000 | 31,500,000 |
| 9 | 2021-06-20 | 번데기 | 서울B팀 | 500 | 30,000 | 15,000,000 |
| 10 | 2021-07-05 | 참치 | 서울A팀 | 1,200 | 18,000 | 21,600,000 |
| 11 | 2021-07-10 | 꽁치 | 인천B팀 | 1,400 | 20,000 | 28,000,000 |
| 12 | 2021-07-19 | 닭가슴살 | 서울A팀 | 1,500 | 15,000 | 22,500,000 |
| 13 | 2021-07-20 | 번데기 | 서울B팀 | 500 | 22,000 | 11,000,000 |
| 14 | | | | | | |
| 15 | 최대값 | 26,400,000 | 20,000개 | 24,000,000원 | 30,000 | 1 |

① 가공품명이 "참치"인 매출액의 최대값을 [B15] 셀에 계산
  ▶ MAX, IF 함수를 이용한 배열 수식
  [                                   ]

② 가공월이 6월 이상이고 가공품명이 "꽁치"인 수량의 최대값을 [C15] 셀에 계산
  ▶ 최대값에 1000 단위 구분 기호와 "개" 표시
    [표시 예 : 200,000개]
  ▶ MAX, MONTH, FIXED 함수와 & 연산자를 이용한 배열 수식
  [                                   ]

③ 가공팀이 "서울"로 시작하는 매출액의 최대값을 [D15] 셀에 계산
  ▶ 최대값에 1000 단위 구분 기호와 "원" 표시
    [표시 예 : 0 → 0원, 1,321 → 1,321원]
  ▶ MAXA, IF, LEFT, TEXT 함수를 이용한 배열 수식
  [                                   ]

④ 가공품명이 "번데기"이고, 가공팀이 "서울B팀"인 수량의 최대값을 [E15] 셀에 계산
  ▶ LARGE, IF 함수를 이용한 배열 수식
  [                                   ]

⑤ 가공품명이 "번데기"이고, 가공팀이 "서울B팀"인 수량 중 가장 큰 값의 전체 순위를 [F15] 셀에 계산
  ▶ MAX, IF, RANK.EQ 함수를 이용한 배열 수식
  [                                   ]

**정답**

① [B15] : {=MAX( IF(B2:B13="참치", F2:F13) )}
② [C15] : {=FIXED( MAX( (MONTH(A2:A13)>=6) * (B2:B13="꽁치") * E2:E13 ), 0 ) & "개"}
③ [D15] : {=TEXT( MAXA( IF( LEFT(C2:C13,2)="서울", F2:F13 ) ), "#,##0원" )}
④ [E15] : {=LARGE( IF( (B2:B13="번데기") * (C2:C13="서울B팀"), E2:E13 ), 1 )}
⑤ [F15] : {=RANK.EQ( MAX( IF( (B2:B13="번데기") * (C2:C13="서울B팀"), E2:E13 ) ), E2:E13 )}

---

**05 최소값**   18.상시, 17.상시, 16.3, 13.상시

※ 아래 그림을 참고하여 배열 수식을 이해하고 형식을 암기하세요[유형 1~2].

| | A | B | C | D | E | F | G | H |
|---|---|---|---|---|---|---|---|---|
| 1 | 카드종류 | 적립률 | 결제여부 | 숙박 | 인원 | 판매처 | 판매일 | 결제금액 |
| 2 | 국민카드 | 3% | 완료 | 리조트 | 5 | 인터넷A팀 | 2021-04-21 | 350,000 |
| 3 | 농협카드 | 3% | 예정 | 호텔 | 8 | 홈쇼핑C팀 | 2021-02-01 | 550,000 |
| 4 | 국민카드 | 2% | 완료 | 펜션 | 15 | 인터넷B팀 | 2021-03-18 | 153,000 |
| 5 | 국민카드 | 1% | 완료 | 리조트 | 4 | 홈쇼핑A팀 | 2021-05-09 | 100,000 |
| 6 | 농협카드 | 3% | 예정 | 호텔 | 8 | 인터넷C팀 | 2021-03-15 | 490,000 |
| 7 | 국민카드 | 1% | 완료 | 펜션 | 35 | 인터넷A팀 | 2021-04-05 | 1,540,000 |
| 8 | 농협카드 | 3% | 완료 | 리조트 | 25 | 홈쇼핑A팀 | 2021-02-09 | 580,000 |
| 9 | 농협카드 | 3% | 완료 | 호텔 | 50 | 인터넷B팀 | 2021-02-08 | 1,050,000 |
| 10 | | | | | | | | |
| 11 | 최소값 | 2021-03-18 | 350,000 | | | | | |

17.상시, 13.상시

**[유형 1]** MIN, IF 함수 사용

카드종류가 "국민카드"인 데이터 중 가장 빠른 판매일을 [B11] 셀에 계산하시오.
   조건                                     최소값_구할_값

[ =MIN( IF( A2:A9="국민카드", G2:G9 ) ) ]
         조건            최소값_구할_범위

**잠깐만요  최소값 구하기 배열 수식**

조건이 1개일 때의 최소값을 구하는 배열 수식은 다음과 같습니다. 조건의 수에 따라 조건을 지정하는 부분이 늘어납니다.

방법1 : =MIN( IF( 조건, 최소값_구할_범위 ) )
방법2 : =SMALL( IF( 조건, 최소값_구할_범위 ), 1 )

18.상시, 16.3

**[유형 2]** SMALL, IF 함수 사용

적립률이 3%이고 숙박이 "리조트"인 결제금액의 최소값을 [C11] 셀에 계산하시오.
  조건1          조건2                  최소값_구할_값

[ =SMALL( IF( (B2:B9=3%) * (D2:D9="리조트"), H2:H9 ), 1 ) ]
              조건1            조건2        최소값_구할_범위

**전문가의 조언**

- 배열 수식 문제에서 제일 어려운 문제입니다.
- 지금까지 나온 문제는 모두 INDEX(찾을범위, 행위치, 열위치) 함수가 가장 바깥쪽에 놓이는 수식이 출제됐다는 것을 염두에 두고 수식 작성법을 정확하게 암기하세요.

22.상시, 21.상시, 20.상시, 15.상시, 13.상시, 12.2, 11.3, 07.3, 07.1, …

**[유형 2]** INDEX, MATCH, MIN, IF 함수 사용

결제여부가 "완료"인 최소 인원의 판매일을 [C11] 셀에 계산하시오.

[ =INDEX( G2:G9, MATCH( MIN(IF(C2:C9="완료", E2:E9)), (C2:C9="완료")*E2:E9, 0 ) ) ]

　　　　　　　찾을범위(판매일)　　　찾을값(완료_최소_인원)　　　찾을범위(완료_인원)　　옵션
　　　　　　　　　　　　　　　　　　　　　　　　　　행위치

19.상시, 18.2, 15.상시, 13.상시, 06.1, 05.2

**[유형 3]** INDEX, MATCH, LARGE, IF 함수 사용

결제여부가 "완료"인 두 번째로 많은 인원의 숙박을 [D11] 셀에 계산하시오.

[ =INDEX( D2:D9, MATCH( LARGE(IF(C2:C9="완료", E2:E9), 2), (C2:C9="완료")*E2:E9, 0 ) ) ]

　　　　　　찾을범위(숙박)　　찾을값(완료_두번째_많은 인원)　　찾을범위(완료_인원)　　옵션
　　　　　　　　　　　　　　　　　　　　　　　行위치

25.상시, 24.상시, 23.상시, 22.상시, 21.상시, 20.상시, 20.1, 19.상시, 19.1, 18.2, …

## 06 찾기

※ 아래 그림을 참고하여 수식을 이해하고 형식을 암기하세요[유형 1~3].

| | A | B | C | D | E | F | G | H |
|---|---|---|---|---|---|---|---|---|
| 1 | 카드종류 | 적립률 | 결제여부 | 숙박 | 인원 | 판매처 | 판매일 | 결제금액 |
| 2 | 국민카드 | 3% | 완료 | 리조트 | 5 | 인터넷A팀 | 2021-04-21 | 350,000 |
| 3 | 농협카드 | 3% | 예정 | 호텔 | 8 | 홈쇼핑C팀 | 2021-02-01 | 550,000 |
| 4 | 국민카드 | 2% | 완료 | 펜션 | 15 | 인터넷B팀 | 2021-03-18 | 153,000 |
| 5 | 농협카드 | 1% | 완료 | 리조트 | 4 | 홈쇼핑A팀 | 2021-05-09 | 100,000 |
| 6 | 농협카드 | 3% | 예정 | 호텔 | 8 | 인터넷C팀 | 2021-03-15 | 490,000 |
| 7 | 국민카드 | 1% | 완료 | 펜션 | 35 | 인터넷A팀 | 2021-04-05 | 1,540,000 |
| 8 | 농협카드 | 3% | 완료 | 리조트 | 25 | 홈쇼핑A팀 | 2021-02-09 | 580,000 |
| 9 | 농협카드 | 3% | 완료 | 호텔 | 50 | 인터넷B팀 | 2021-02-08 | 1,050,000 |
| 10 | | | | | | | | |
| 11 | 찾기 | 펜션 | 2021-05-09 | 펜션 | | | | |

25.상시, 24.상시, 23.상시, 22.상시, 21.상시, 20.상시, 20.1, …

**[유형 1]** INDEX, MATCH, MAX 함수 사용

카드종류가 "국민카드"인 최대 결제금액의 숙박을 [B11] 셀에 계산하시오.

[ =INDEX( D2:D9, MATCH( MAX((A2:A9="국민카드")*H2:H9), (A2:A9="국민카드")*H2:H9, 0 ) ) ]

　　　　　　　　　　　　찾을값(국민카드_최대_결제금액)　　찾을범위(국민카드_결제금액)　　옵션
　　찾을범위(숙박)　　　　　　　　　　행 위치

### 수식의 이해

=INDEX(D2:D9,MATCH(MAX((A2:A9="국민카드")*H2:H9),(A2:A9="국민카드")*H2:H9,0))
　　　　　　　　　　　❶
　　　　　　　　　　　　　❷
　　　　　　　　　　　　　　❸

❶ MAX((A2:A9="국민카드")*H2:H9) : '카드종류'가 "국민카드"인 내역의 '결제금액' 중 최대값인 1,540,000을 반환합니다.

❷ MATCH(❶,(A2:A9="국민카드")*H2:H9,0) → MATCH(1540000, (A2:A9="국민카드")*H2:H9,0) : 1,540,000을 '카드종류'가 "국민카드"인 '결제금액'에서 찾아 그 위치인 6을 반환합니다.

❸ =INDEX(D2:D9, ❷) → =INDEX(D2:D9, 6) : [D2:D9] 영역에서 6행에 해당하는 "펜션"을 반환합니다.

※ INDEX(찾을범위, 행위치, 열위치) 함수에서 범위를 한 개의 열로 지정할 때는 열 위치를 생략할 수 있습니다.

## 체크체크

아래 그림을 참고하여 배열 수식을 작성하시오[①~⑤].

| | A | B | C | D | E | F |
|---|---|---|---|---|---|---|
| 1 | 가공일 | 가공품명 | 가공팀 | 제조원가 | 수량 | 매출액 |
| 2 | 2021-04-08 | 참치 | 서울A팀 | 1,200 | 20,000 | 24,000,000 |
| 3 | 2021-04-10 | 꽁치 | 서울B팀 | 1,400 | 15,000 | 21,000,000 |
| 4 | 2021-04-15 | 닭가슴살 | 인천A팀 | 1,300 | 18,000 | 23,400,000 |
| 5 | 2021-05-01 | 참치 | 서울A팀 | 500 | 25,000 | 12,500,000 |
| 6 | 2021-05-04 | 참치 | 인천B팀 | 1,200 | 22,000 | 26,400,000 |
| 7 | 2021-06-03 | 꽁치 | 인천B팀 | 1,400 | 18,000 | 25,200,000 |
| 8 | 2021-06-09 | 닭가슴살 | 인천A팀 | 1,500 | 21,000 | 31,500,000 |
| 9 | 2021-06-20 | 번데기 | 서울A팀 | 500 | 30,000 | 15,000,000 |
| 10 | 2021-07-05 | 참치 | 서울A팀 | 1,200 | 18,000 | 21,600,000 |
| 11 | 2021-07-10 | 꽁치 | 인천B팀 | 1,400 | 20,000 | 28,000,000 |
| 12 | 2021-07-19 | 닭가슴살 | 서울A팀 | 1,500 | 15,000 | 22,500,000 |
| 13 | 2021-07-20 | 번데기 | 서울B팀 | 500 | 22,000 | 11,000,000 |
| 14 | | | | | | |
| 15 | 최소값 | 2021-04-08 | | 22,000 | | |
| 16 | 찾기 | 인천B팀 | 2021-06-03 | 꽁치 | | |

① 가공품명이 "참치"인 데이터 중 가장 빠른 가공일을 [B15] 셀에 계산
▶ MIN, IF 함수를 이용한 배열 수식
[                                      ]

② 가공품명이 "번데기"이고, 가공팀이 "서울B팀"인 수량의 최소값을 [C15] 셀에 계산
▶ SMALL, IF 함수를 이용한 배열 수식
[                                      ]

③ 가공품명이 "참치"인 최대 매출액의 가공팀을 [B16] 셀에 계산
▶ INDEX, MATCH, MAX 함수를 이용한 배열 수식
[                                      ]

④ 가공팀이 "인천B팀"인 최소 수량의 가공일을 [C16] 셀에 계산
▶ INDEX, MATCH, MIN, IF 함수를 이용한 배열 수식
[                                      ]

⑤ 가공팀이 "인천B팀"인 두 번째로 많은 수량의 가공품명을 [D16] 셀에 계산
▶ INDEX, MATCH, LARGE, IF 함수를 이용한 배열 수식
[                                      ]

### 정답

① [B15] : {=MIN( IF(B2:B13="참치", A2:A13) )}
② [C15] : {=SMALL( IF( (B2:B13="번데기") * (C2:C13="서울B팀"), E2:E13 ), 1 )}
③ [B16] : {=INDEX( C2:C13, MATCH( MAX( (B2:B13="참치") * F2:F13 ), (B2:B13="참치") * F2:F13, 0) )}
④ [C16] : {=INDEX( A2:A13, MATCH( MIN( IF(C2:C13="인천B팀", E2:E13) ), (C2:C13="인천B팀") * E2:E13, 0 ) )}
⑤ [D16] : {=INDEX( B2:B13, MATCH( LARGE( IF(C2:C13="인천B팀", E2:E13), 2 ), (C2:C13="인천B팀") * E2:E13, 0 ) )}

## 대표기출문제

'길벗컴활1급총정리\엑셀\기능\05배열수식.xlsm' 파일을 열어서 작업하세요.

※ 아래 그림을 참고하여 배열 수식을 작성하시오.

| | A | B | C | D | E | F | G | H |
|---|---|---|---|---|---|---|---|---|
| 1 | [표1] | | | | | | | |
| 2 | 성명 | 직업 | 신청일 | 성별 | 구매건수 | 구매금액 | 구입코드 | 대출금액 |
| 3 | 고광섭 | 자영업 | 2021-03-02 | 남 | 21 | 9,870,000 | J21K | 5,000,000 |
| 4 | 권창영 | 회사원 | 2021-04-02 | 남 | 25 | 11,750,000 | H33K | 7,000,000 |
| 5 | 김동진 | 공무원 | 2021-03-09 | 남 | 12 | 5,640,000 | K95L | 5,500,000 |
| 6 | 김병준 | 자영업 | 2021-02-20 | 남 | 12 | 5,640,000 | J32K | 2,000,000 |
| 7 | 김영희 | 자영업 | 2021-02-12 | 여 | 15 | 7,050,000 | J35L | 5,000,000 |
| 8 | 김은조 | 공무원 | 2021-03-09 | 여 | 57 | 26,790,000 | Y46L | 10,000,000 |
| 9 | 마동탁 | 자영업 | 2021-01-22 | 남 | 25 | 5,350,000 | J71K | 2,000,000 |
| 10 | 서현명 | 공무원 | 2021-02-15 | 여 | 25 | 11,750,000 | K54L | 5,000,000 |
| 11 | 정수만 | 회사원 | 2021-01-01 | 여 | 35 | 9,970,000 | H69L | 15,000,000 |
| 12 | 정종수 | 자영업 | 2021-03-01 | 남 | 5 | 2,350,000 | J45L | 2,000,000 |
| 13 | 채경찬 | 회사원 | 2021-02-14 | 남 | 20 | 9,400,000 | H12L | 5,000,000 |
| 14 | 하민지 | 자영업 | 2021-03-12 | 여 | 35 | 16,450,000 | J78L | 10,000,000 |
| 15 | [표2] | | | | | | | |
| 16 | 개수 | 3건 | ☆☆☆☆ | 1 | 2 | | 최대값 | 최소값 |
| 17 | 합계 | 5,500,000 | ★ | 2,000,000 | | 성명 | 권창영 | 정종수 |
| 18 | 평균 | 12 | 없음 | 19 | | 합계/인원수 | 177(5명) | |
| 19 | 최대값 | 5,000,000 | | 35 | 5,000,000 | | | |

### [기출 1] 25.상시, 24.상시, 22.상시, 21.상시, 20.상시, 19.2, 19.1, 16.3, 16.1, …

[표1]의 직업과 성별을 이용하여 직업이 "자영업"이고 성별이 "여"인 데이터의 개수를 [표2]의 [B16] 셀에 계산하시오.
▶ 개수 뒤에 "건" 표시 [표시 예 : 2 → 2건]
▶ SUM, IF 함수와 & 연산자를 사용한 배열 수식

### [기출 2] 25.상시, 23.상시, 22.상시, 21.상시, 20.상시, 19.2, 19.1, 14.1

[표1]의 성별과 신청일을 이용하여 성별이 "여"이고 신청월이 2월 이전인 데이터의 개수를 [표2]의 [C16] 셀에 표시하시오.
▶ 개수만큼 "☆"를 반복하여 표시
[표시 예 : 4 → ☆☆☆☆, 2 → ☆☆]
▶ COUNT, IF, MONTH, REPT 함수를 사용한 배열 수식

### [기출 3] 24.상시, 22.상시, 21.상시, 20.상시, 20.1, 19.상시, 19.2, 19.1, 18.1, 15.1, …

[표1]의 성별과 구입코드를 이용하여 성별이 "여"이고 구입코드의 마지막 글자가 "K"인 데이터의 개수를 [표2]의 [D16] 셀에 계산하시오.
▶ SUM, IF, RIGHT 함수를 사용한 배열 수식

### [기출 4] 24.상시, 23.상시, 22.상시, 21.상시, 20.상시, 19.2, 19.1, 14.1, 11.3

[표1]의 구입코드를 이용하여 구입코드에 "K"와 3을 포함하는 코드의 개수를 [표2]의 [E16] 셀에 계산하시오.
▶ IF, COUNT, FIND 함수를 사용한 배열 수식

### [기출 5] 25.상시, 22.상시, 21.상시, 20.상시, 20.1, 19.상시, 19.2, 19.1, 18.1, 15.1, …

[표1]의 직업, 성별, 대출금액을 이용하여 직업이 "공무원"이고 성별이 "남"인 대출금액의 합계를 [표2]의 [B17] 셀에 계산하시오.

▶ SUM, IF 함수를 사용한 배열 수식

### [기출 6] 20.상시, 18.상시, 17.상시

[표1]의 성별, 신청일, 구매건수를 이용하여 성별이 "남"이고 신청월이 3월 이후인 구매건수의 합계를 50으로 나눈 값만큼 "★"를 반복하여 [표2]의 [C17] 셀에 표시하시오.

▶ [표시 예 : 200 → ★★★★, 100 → ★★]

▶ SUM, MONTH, QUOTIENT, REPT 함수를 사용한 배열 수식

### [기출 7] 22.상시, 21.상시, 20.상시, 20.1, 19.상시, 19.2, 19.1, 18.1, 15.1, 14.3, 13.1, …

[표1]의 구매건수, 구입코드, 대출금액을 이용하여 구매건수가 10 이하이고 구입코드의 마지막 글자가 "L"인 대출금액의 합계를 [표2]의 [D17] 셀에 계산하시오.

▶ SUM, IF, RIGHT 함수를 사용한 배열 수식

### [기출 8] 25.상시, 23.상시, 22.상시, 21.상시, 20.상시, 19.상시, 18.상시, 17.상시, …

[표1]의 구매건수, 구매금액, 대출금액을 이용하여 구매건수가 30 이상이고 구매금액이 5,000,000 이상인 대출금액의 평균을 [표2]의 [B18] 셀에 계산하시오.

▶ 평균은 백만 단위로 표시

▶ [표시 예 : 1,000,000 → 1]

▶ AVERAGE, IF, TEXT 함수를 사용한 배열 수식

### [기출 9] 23.상시, 21.상시, 20.상시, 19.상시, 18.상시, 17.상시, 16.상시, 16.1, 14.3, …

[표1]의 신청일, 구매금액, 구매건수를 이용하여 신청월이 1월이고 구매금액이 5,000,000 이하인 구매건수의 평균을 [표2]의 [C18] 셀에 계산하시오.

▶ 해당 데이터가 없는 경우에는 "없음"으로 표시

▶ AVERAGE, IF, MONTH, IFERROR 함수를 사용한 배열 수식

### [기출 10] 25.상시, 24.상시, 23.상시, 22.상시, 21.상시, 20.상시, 19.상시, 18.상시, …

[표1]의 구매금액, 구입코드, 구매건수를 이용하여 구매금액이 3,000,000을 초과하고 구입코드의 첫 글자가 "K"인 구매건수의 평균을 [표2]의 [D18] 셀에 계산하시오.

▶ 평균은 반올림하여 정수로 표시

▶ AVERAGE, IF, LEFT, ROUND 함수 사용

### [기출 11] 23.상시, 22.상시, 21.상시, 20.상시, 18.상시, 17.상시

[표1]의 성별, 구매건수, 대출금액을 이용하여 성별이 "여"이고 구매건수가 30 미만인 대출금액의 최대값을 [표2]의 [B19] 셀에 계산하시오.

▶ MAX, IF 함수를 사용한 배열 수식

### [기출 12] 20.상시, 16.상시, 15.상시

[표1]의 성별, 신청일, 구매건수를 이용하여 성별이 "여"이고 신청월이 1월인 구매건수의 최대값을 [표2]의 [C19] 셀에 계산하시오.

▶ MAXA, MONTH 함수를 사용한 배열 수식

### [기출 13] 22.상시, 21.상시, 20.상시, 18.상시, 17.상시

[표1]의 성별, 구입코드, 대출금액을 이용하여 성별이 "여"이고 구입코드의 첫 글자가 "K"인 대출금액의 최대값을 [표2]의 [D19] 셀에 계산하시오.

▶ MAX, IF, LEFT 함수를 사용한 배열 수식

### [기출 14] 25.상시, 24.상시, 22.상시, 21.상시, 20.상시, 20.1, 19.상시, 19.1, 18.2, …

[표1]의 성명, 구매건수, 구매금액을 이용하여 구매건수가 30 이하인 사람 중 구매금액이 가장 많은 사람의 성명을 [표2]의 [G17] 셀에 표시하시오.

▶ INDEX, MATCH, MAX 함수를 사용한 배열 수식

### [기출 15] 23.상시, 22.상시, 21.상시, 20.상시, 20.1, 19.상시, 19.2, 19.1, 17.1, 16.3, …

[표1]의 성명, 성별, 구매금액을 이용하여 성별이 "남"인 사람 중 구매금액이 가장 작은 사람의 성명을 [표2]의 [H17] 셀에 표시하시오.

▶ INDEX, MATCH, MIN, IF 함수를 사용한 배열 수식

### [기출 16] 22.상시, 21.상시, 20.상시, 19.2, 18.상시, 18.2, 14.2, 13.2, 12.2, 10.2, …

[표1]의 성별과 구매건수를 이용하여 성별이 "여"이고 구매건수가 전체 구매건수의 평균보다 큰 회원의 구매건수 합계와 인원수를 [표2]의 [G18] 셀에 계산하시오.

▶ [표시 예 : 170(3명)]

▶ CONCAT, SUM, AVERAGE 함수를 사용한 배열 수식

## 정답

**[기출 1]**
[B16] : {=SUM( IF( (B3:B14="자영업") * (D3:D14="여"), 1 ) ) &"건"}
　　　　　　　　　조건1　　　　　　　조건2　　　개수_구할 값

**[기출 2]**
[C16] : {=REPT( "☆", COUNT( IF( (D3:D14="여") * (MONTH(C3:C14)<=2), 1 ) ) )}
　　　　　　　　　　　　　　　조건1　　　　　　조건2　　　　　개수_구할 값

**[기출 3]**
[D16] : {=SUM( IF( (D3:D14="여") * (RIGHT(G3:G14, 1)="K"), 1 ) ) }
　　　　　　　　　조건1　　　　　　조건2　　　　개수_구할 값

**[기출 4]**
[E16] : {=COUNT( IF( (FIND("K", G3:G14, 1))=1) * (FIND(3, G3:G14, 1))=1), 1 ) )}
　　　　　　　　　　조건1　　　　　　　조건2　　　　개수_구할 값

**[기출 5]**
[B17] : {=SUM( IF( (B3:B14="공무원") * (D3:D14="남"), H3:H14 ) )}
　　　　　　　　　조건1　　　　　　조건2　　　합계_구할 범위

**[기출 6]**
[C17] : {=REPT( "★",QUOTIENT( SUM( (D3:D14="남") * (MONTH(C3:C14)=3) * E3:E14 ), 50 ) )}
　　　　　　　　　　　　　　　　조건1　　　　　　조건2　　　　합계_구할 범위

**[기출 7]**
[D17] : {=SUM( IF( (E3:E14<=10) * (RIGHT(G3:G14, 1)="L"), H3:H14 ) )}
　　　　　　　　　조건1　　　　　　조건2　　　합계_구할 범위

**[기출 8]**
[B18] : {=TEXT( AVERAGE( IF( (E3:E14>=30) * (F3:F14)=5000000), H3:H14 ) ), "0,," )}
　　　　　　　　　　　　　　조건1　　　　　조건2　　　평균_구할 범위

**[기출 9]**
[C18] : {=IFERROR( AVERAGE( IF( (MONTH(C3:C14)=1) * (F3:F14<=5000000), E3:E14 ) ), "없음" )}
　　　　　　　　　　　　　　　조건1　　　　　　　조건2　　　　평균_구할 범위

**[기출 10]**
[D18] : {=ROUND( AVERAGE( IF( (F3:F14>3000000) * (LEFT(G3:G14, 1)="K"), E3:E14 ) ), 0 )}
　　　　　　　　　　　　　　조건1　　　　　　　조건2　　　평균_구할 범위

**[기출 11]**
[B19] : {=MAX( IF( (D3:D14="여") * (E3:E14<30), H3:H14 ) )}
　　　　　　　　조건1　　　　조건2　　최대값_구할 범위

**[기출 12]**
[C19] : {=MAXA( (D3:D14="여") * (MONTH(C3:C14)=1) * E3:E14 )}
　　　　　　　　조건1　　　　　　조건2　　　　최대값_구할 범위

**[기출 13]**
[D19] : {=MAX( IF( (D3:D14="여") * (LEFT(G3:G14, 1)="K"), H3:H14 ) )}
　　　　　　　　조건1　　　　　　조건2　　　최대값_구할 범위

**[기출 14]**
[G17] : {=INDEX( A3:A14, MATCH( MAX((E3:E14<=30)*F3:F14), (E3:E14<=30)*F3:F14, 0 ) )}
　　　　　　　　　　　　　　　30이하_최대_구매금액　　　30이하_구매금액　옵션

**[기출 15]**
[H17] : {=INDEX( A3:A14, MATCH( MIN( IF(D3:D14="남", F3:F14) ), (D3:D14="남")*F3:F14, 0 ) )}
　　　　　　　　　　　　　　남_최소_구매금액　　　　　남_구매금액　　옵션

**[기출 16]**
[G18] : {=CONCAT( SUM( (D3:D14="여") * (E3:E14>AVERAGE(E3:E14) ) * E3:E14), "(", SUM( (D3:D14="여") * (E3:E14>AVERAGE(E3:E14)) ), "명 )" )}
　　　　　　　　　　　　　구매건수_합계　　　　　　　　　　　　　　인원수

## 2 찾기/참조 함수

출제 비율 100% / 배점 6점

찾기/참조 함수 문제는 **다른 셀의 값을 참조해서 원하는 값을 찾는 작업**입니다. 6점짜리 한 문제가 출제되며, 부분 점수는 없습니다.

- 찾기/참조 함수 문제에서 지금까지 출제된 함수들은 다음과 같습니다.

| 함수 | 기능 |
|---|---|
| VLOOKUP(찾을값, 범위, 열 번호, 옵션) | 범위의 첫 번째 열에서 찾을값과 같은 데이터를 찾은 후 찾을값이 있는 행에서 지정된 열 번호에 있는 데이터 반환, 옵션에 따라 찾는 방법이 다름<br>• 옵션<br>  − TRUE 또는 생략 : 근사값을 찾음<br>  − FALSE : 정확하게 일치하는 값을 찾음<br>예 =VLOOKUP(A1, B2:C3, 2, FALSE) : [B2:C3] 영역의 첫 번째 열에서 [A1] 셀의 값과 정확히 일치하는 값을 찾고, 찾은 값이 있는 행에서 두 번째 열의 값을 반환함 |
| HLOOKUP(찾을값, 범위, 행 번호, 옵션) | 범위의 첫 번째 행에서 찾을값과 같은 데이터를 찾은 후 찾을값이 있는 열에서 지정된 행 번호에 있는 데이터 반환, 옵션에 따라 찾는 방법이 다름<br>• 옵션<br>  − TRUE 또는 생략 : 근사값을 찾음<br>  − FALSE : 정확하게 일치하는 값을 찾음<br>예 =HLOOKUP(A1, B2:C3, 2, FALSE) : [B2:C3] 영역의 첫 번째 행에서 [A1] 셀의 값과 정확히 일치하는 값을 찾고, 찾은 값이 있는 열에서 두 번째 행의 값을 반환함 |
| CONCAT(텍스트1, 텍스트2, …) | 인수로 주어진 텍스트들을 연결하여 1개의 문자열로 반환<br>예 =CONCAT("컴퓨터", "활용") : "컴퓨터활용"을 반환함 |
| YEAR(날짜) | 날짜에서 연도만 반환<br>예 =YEAR("2021−05−07") : 2021을 반환함 |
| CHOOSE(인수, 첫 번째, 두 번째, …) | 인수가 1이면 1번째, 인수가 2이면 2번째, … 인수가 n이면 n번째를 반환함<br>예 =CHOOSE(1, "A", "B", "C") : 첫 번째 "A"를 반환함 |
| ROUNDUP(인수, 올림 자릿수) | 인수를 지정한 자릿수로 올림하여 반환<br>예 =ROUNDUP(25.63, 1) : 25.7을 반환함 |
| LOOKUP(찾을값, 범위1, 범위2) | 범위1에서 찾을값과 같은 데이터를 찾은 후 같은 행의 범위2에 있는 데이터 반환<br>예 =LOOKUP(A1, B1:B10, C1:C10) : [B1:B10] 영역에서 [A1] 셀의 값과 같은 데이터를 찾은 후 [C1:C10]에서 같은 행에 있는 데이터를 반환함 |
| REPLACE(텍스트1, 시작 위치, 개수, 텍스트2) | 텍스트1의 시작 위치에서 개수만큼 텍스트2로 변환하여 반환<br>예 =REPLACE("홍길동", 2, 1, "*") : "홍*동"을 반환함 |
| VALUE(텍스트) | 텍스트를 숫자로 변환하여 반환<br>예 =VALUE(A1) : [A1] 셀의 텍스트를 숫자로 변환하여 반환함 |
| WEEKDAY(날짜, 옵션) | • 날짜에 해당하는 요일번호 반환<br>• 옵션<br>  − 1 또는 생략 : 1(일요일) ~ 7(토요일)<br>  − 2 : 1(월요일) ~ 7(일요일)<br>  − 3 : 0(월요일) ~ 6(일요일)<br>예 =WEEKDAY("2021−05−05", 1) : 4(수요일)를 반환함 |
| EDATE(시작 날짜, 개월 수) | '시작 날짜'에서 '개월 수'를 더한 날짜 반환<br>예 =EDATE("2021−7−1", 3) : 2021−10−01을 반환함 |
| OFFSET(범위, 행, 열, 높이, 너비) | 선택한 범위에서 지정한 행과 열만큼 떨어진 위치에 있는 데이터 영역의 데이터 반환<br>예 =OFFSET(A1, 1, 1, 2, 2) : [A1] 셀에서 아래쪽으로 1행, 오른쪽으로 1열 떨어진 [B2] 셀을 기준으로 2행 2열 데이터 영역의 데이터를 반환함 |
| MOD(인수1, 인수2) | 인수1을 인수2로 나눈 나머지 반환<br>예 =MOD(10, 3) : 1을 반환함 |
| ROW(범위) | 지정된 범위의 행 번호 반환<br>예 =ROW(A1) : [A1] 셀의 행 번호인 1을 반환함 |
| ISERROR(인수) | 인수가 오류 값이면 'TRUE', 그렇지 않으면 'FALSE' 반환<br>예 =ISERROR(A1) : [A1] 셀에 오류가 발생했으면 'TRUE'를, 그렇지 않으면 'FALSE'를 반환함 |
| PMT(이자, 기간, 현재가치, 미래가치, 납입시점) | 정기적으로 지급(상환)할 금액 반환, 일정 금액을 대출받았을 경우 이자를 포함하여 매월 상환해야 하는 금액 반환<br>예 =PMT(6%/12, 12, −10000000) : 10,000,000원을 대출받았을 경우 이자(월이율 6%/12)를 포함하여 매월 상환해야 하는 금액을 반환함 |
| DAY(날짜) | 날짜에서 일만 반환<br>예 =DAY("2021−06−05") : 5를 반환함 |

## 합격포인트

- 찾기/참조 함수는 **수식을 정확하게 세우는 것이 합격포인트**인데, 너무 당연한 말이죠. 문제가 조금 어려워 수식 세우는 연습을 많이 해야 합니다.
- 조금 어렵다 싶은 문제는 [수식 만들기]와 [수식의 이해]에서 순서를 두어 설명했습니다. **완전하게 이해하지 않으면 실제 시험장에서는 손도 못 댄다는 것**을 명심하고 열심히 공부하시기 바랍니다.
- ☞ '길벗컴활1급총정리\엑셀\기능\06찾기참조함수.xlsm' 파일을 열어서 작업하세요.

 전문가의 조언

- 다른 함수들과 어떤 형태로 중첩되어 출제되는지 살펴보세요.
- 헷갈리는 수식은 일단 암기해 두는 것도 좋은 방법입니다.

### 01 VLOOKUP 함수

25.상시, 24.상시, 23.상시, 22.상시, 21.상시, 20.상시, 20.1, 19.상시, 19.2, 19.1, 17.1, …

※ 아래 그림을 참고하여 수식을 이해하고 작성해 보세요[유형 1~5].

|   | A | B | C | D | E | F | G |
|---|---|---|---|---|---|---|---|
| 1 | [표1] | | | | | | |
| 2 | 직원코드 | 판매수량 | 지역 | 지역담당자 | 접수번호 | 할인여부 | 판매금액 |
| 3 | AA177 | 150 | 서울 | 서울/김영식 | 1-서울 | | 4,350,000원 |
| 4 | AE386 | 274 | 경상도 | 경상도/임숙경 | 2-경상도 | 추가할인 | 7,672,000원 |
| 5 | AA463 | 207 | 서울 | 서울/김영식 | 3-서울 | | 5,796,000원 |
| 6 | AE165 | 103 | 경상도 | 경상도/임숙경 | 4-경상도 | | 2,987,000원 |
| 7 | AB398 | 211 | 경기도 | 경기도/하석민 | 5-경기도 | | 5,908,000원 |
| 8 | AA441 | 349 | 서울 | 서울/김영식 | 6-서울 | 추가할인 | 9,074,000원 |
| 9 | AC619 | 201 | 강원도 | 강원도/구지훈 | 7-강원도 | | 5,628,000원 |
| 10 | AC543 | 450 | 강원도 | 강원도/구지훈 | 8-강원도 | 추가할인 | 11,700,000원 |
| 11 | [표2] | | | [표3] | | | |
| 12 | 코드 | 지역 | 담당자 | 판매수량 | 판매단가 | | |
| 13 | AA | 서울 | 김영식 | 100 | 30,000 | | |
| 14 | AB | 경기도 | 하석민 | 200 | 29,000 | | |
| 15 | AC | 강원도 | 구지훈 | 300 | 28,000 | | |
| 16 | AE | 경상도 | 임숙경 | 400 | 26,000 | | |

### 수식 만들기

1. 최종적으로 구할 값은? 지역
2. 지역은 직원코드의 앞 두 글자와 [표2]를 이용하여 표시

|   | A | B | C |
|---|---|---|---|
| 11 | [표2] | | |
| 12 | 코드 | 지역 | 담당자 |
| 13 | AA | 서울 | 김영식 |
| 14 | AB | 경기도 | 하석민 |
| 15 | AC | 강원도 | 구지훈 |
| 16 | AE | 경상도 | 임숙경 |

3. [표2]에서 지역을 찾아와 표시하려면 VLOOKUP 함수 사용

=VLOOKUP(찾을값, 찾을범위, 열위치, 옵션)
        ❶     ❷     ❸     ❹

❶ 찾을값 : [표2]의 첫 번째 열은 직원코드의 앞 두 글자로 되어 있으므로 LEFT(A3,2)
❷ 찾을범위 : [A13:C16]
❸ 열위치 : '찾을범위'에서 지역이 2열에 있으므로 2
❹ 옵션 : '찾을값'과 정확히 일치하는 값을 찾아야 하므로 FALSE
=VLOOKUP(LEFT(A3,2),$A$13:$C$16,2,FALSE)

19.2, 19.1, 16.2

**[유형 2]** VLOOKUP, LEFT, CONCAT 함수 사용

직원코드의 앞 두 글자와 [표2]를 이용하여 [D3:D10] 영역에 지역/담당자를 표시하시오.

▶ 지역과 담당자는 [표2]를 참조
▶ 지역과 담당자 사이에 "/" 기호를 추가하여 표시
  [표시 예 : 서울/김영식]

[ =CONCAT( VLOOKUP( LEFT(A3, 2), $A$13:$C$16, 2, FALSE ), "/", VLOOKUP( LEFT(A3, 2), $A$13:$C$16, 3, FALSE ) ) ]
                 찾을값     찾을범위  열위치  옵션              찾을값     찾을범위  열위치  옵션
                         인수1                            인수2                        인수3

### 수식 만들기

1. 최종적으로 구할 값은? 지역과 담당자를 "/"로 연결한 값
   =CONCAT(지역, "/", 담당자)
2. 지역은 [표2]의 두 번째 열, 담당자는 세 번째 열에 있음
   – 지역 : VLOOKUP(LEFT(A3, 2), A13:C16, 2, FALSE)
   – 담당자 : VLOOKUP(LEFT(A3, 2), A13:C16, 3, FALSE)
                   ↓
=CONCAT( VLOOKUP(LEFT(A3, 2), A13:C16, 2, FALSE), "/", VLOOKUP(LEFT(A3, 2), A13:C16, 3, FALSE) )

23.상시, 15.상시

**[유형 1]** VLOOKUP, LEFT 함수 사용

직원코드의 앞 두 글자와 [표2]를 이용하여 [C3:C10] 영역에 지역을 표시하시오.

[ =VLOOKUP( LEFT(A3, 2), $A$13:$C$16, 2, FALSE ) ]
              찾을값       범위     열위치  옵션

19.2, 19.1, 16.2

**[유형 3]** VLOOKUP, CONCAT, ROW, LEFT 함수 사용

직원코드의 앞 두 글자와 [표2]를 이용하여 [E3:E10] 영역에 접수번호를 표시하시오.

▶ 접수번호는 행 번호에서 2를 뺀 값과 직원코드의 앞 두 글자에 따른 지역을 연결하여 표시

▶ [표시 예 : 행 번호가 3이고, 직원코드의 앞 두 글자가 "AA"인 경우 → 1-서울]

[ =CONCAT( ROW( )-2, "-", VLOOKUP( LEFT(A3, 2), $A$13:$C$16, 2, FALSE ) ) ]
　　　　　　인수1　　인수2　　　　　찾을값　　　찾을범위　　열위치　옵션
　　　　　　　　　　　　　　　　　　　　　　　인수3

22.상시, 21.상시, 20.상시, 19.상시, 18.상시, 17.상시, 17.1, 16.상시, ...

**[유형 4]** VLOOKUP, IF 함수 사용

판매수량과 [표3]을 이용하여 [F3:F10] 영역에 할인여부를 표시하시오.

▶ 판매금액 = 판매수량 × 판매단가

▶ 판매단가는 [표3]을 참조하여 계산

▶ 할인여부는 판매금액이 7,000,000 이상이면 "추가할인", 그 외는 빈 칸으로 표시

[ =IF(B3*VLOOKUP(B3, $D$13:$E$16, 2)>=7000000, "추가할인", " ") ]
　　　　　조건　　　　　　　　　　　　　　참　　　　거짓

20.상시, 19.상시

**[유형 5]** VLOOKUP, ROUNDUP, TEXT 함수 사용

판매수량과 [표3]을 이용하여 [G3:G10] 영역에 판매금액을 표시하시오.

▶ 판매금액 = 판매수량 × 판매단가

▶ 판매단가는 [표3]을 참조하되, 이때 사용되는 판매수량은 십의 자리에서 올림하여 백의 자리까지 산출하여 적용

▶ [표시 예 : 0 → 0원, 4300000 → 4,300,000원]

[ =TEXT( B3*VLOOKUP( ROUNDUP(B3, -2), $D$13:$E$16, 2 ), "#,##0원" ) ]
　　　　　　　찾을값　　　　찾을범위　　열위치
　　　　　　　　　　　인수　　　　　　　　　　　　표시형식

※ 아래 그림을 참고하여 수식을 이해하고 작성해 보세요[유형 6~9].

| | A | B | C | D | E | F | G | H |
|---|---|---|---|---|---|---|---|---|
| 1 | [표1] | | | | | | 작성일 : | 2021-05-01 |
| 2 | 직원코드 | 대출금액 | 대출일 | 대출기간(년) | 지역 | 지점번호 | 비고1 | 비고2 |
| 3 | AE165 | 43,000,000 | 2017-01-11 | 5 | 경상도 | 123-○○-7895 | 매우부담 | 1년미만 |
| 4 | AB398 | 25,600,000 | 2020-05-24 | 3 | 경기도 | 123-○○-5837 | 보통 | 2년이상 |
| 5 | AK441 | 13,700,000 | 2019-02-11 | 7 | 없음 | 없음 | 여유 | 3년이상 |
| 6 | AC619 | 37,100,000 | 2014-04-07 | 10 | 강원도 | 123-○○-9510 | 보통 | 2년이상 |
| 7 | AE463 | 24,000,000 | 2016-05-23 | 10 | 경상도 | 123-○○-7895 | 보통 | 3년이상 |
| 8 | AK543 | 49,200,000 | 2012-04-07 | 10 | 없음 | 없음 | 부담 | 1년미만 |
| 9 | AE177 | 48,500,000 | 2018-03-12 | 5 | 경상도 | 123-○○-7895 | 매우부담 | 1년이상 |
| 10 | AE386 | 6,700,000 | 2019-02-23 | 5 | 경상도 | 123-○○-7895 | 여유 | 1년미만 |
| 11 | [표2] | | | [표3] | | [표4] | | |
| 12 | 코드 | 지역 | 지점번호 | 월불상환액 | 비고1 | 남은월 | 비고2 | |
| 13 | AA | 서울 | 123-58-5920 | | 여유 | 0 | 1년미만 | |
| 14 | AB | 경기도 | 123-91-5837 | 200,000 | 보통 | 12 | 1년이상 | |
| 15 | AC | 강원도 | 123-58-9510 | 400,000 | 부담 | 24 | 2년이상 | |
| 16 | AE | 경상도 | 123-58-7895 | 600,000 | 매우부담 | 36 | 3년이상 | |

22.상시, 21.상시, 20.상시, 17.상시, 16.3, 14.1, 12.3, 12.2, 11.1, 10.2, ...

**[유형 6]** VLOOKUP, IFERROR, LEFT 함수 사용

직원코드의 앞 두 글자와 [표2]를 이용하여 [E3:E10] 영역에 지역을 표시하시오.

▶ 해당 데이터가 없는 경우 "없음"으로 표시

[ =IFERROR( VLOOKUP( LEFT(A3, 2), $A$13:$C$16, 2, FALSE ), "없음" ) ]
　　　　　　　　　찾을값　　　찾을범위　　열위치　옵션
　　　　　　　　　　　　인수　　　　　　　　　　　　오류시_표시할_값

> **수식 만들기**
>
> 1. 최종적으로 구할 값은? 해당 데이터가 없으면 "없음", 그렇지 않으면 지역
>    =IFERROR(지역, "없음")
> 2. 지역 : VLOOKUP(LEFT(A3, 2), A13:C16, 2, FALSE)
>    ↓
>    =IFERROR( VLOOKUP(LEFT(A3, 2), A13:C16, 2, FALSE), "없음" )

18.상시, 16.3, 15.3, 14.1, 09.1, 08.1

**[유형 7]** VLOOKUP, IFERROR, LEFT, REPLACE 함수 사용

직원코드의 앞 두 글자와 [표2]를 이용하여 [F3:F10] 영역에 지점번호를 표시하되, 지점번호의 5번째부터 두 글자를 "○○" 기호로 바꾸어 표시하시오.

▶ [표시 예 : 123-58-5920 → 123-○○-5920]

▶ 단, 오류 발생 시 빈 칸으로 표시하시오.

[ =IFERROR( REPLACE( VLOOKUP(LEFT(A3, 2), $A$13:$C$16, 3, FALSE ), 5, 2, "○○" ), " " ) ]
　　　　　　　　　　　　찾을값　　　찾을범위　　열위치　옵션
　　　　　　　　　　텍스트1　　　　　　　　　　　　시작위치 개수 텍스트2

> **수식 만들기**
>
> 1. 최종적으로 구할 값은? 오류가 발생하면 빈 칸, 그렇지 않으면 지점번호 표시
>    =IFERROR( 지점번호 , " ")
> 2. 지점번호의 5번째부터 두 글자를 "○○" 기호로 바꾸어 표시하되, 오류 발생 시 빈 칸
>    REPLACE(지점번호, 5, 2, "○○")
>    ↓
>    =IFERROR( REPLACE(지점번호, 5, 2, "○○") , " " )
> 3. 지점번호 : VLOOKUP(LEFT(A3, 2), A13:C16, 3, FALSE)
>    ↓
>    =IFERROR( REPLACE( VLOOKUP(LEFT(A3, 2), A13:C16, 3, FALSE), 5, 2, "○○" ) , " " )

22.상시, 21.상시, 20.상시, 15.상시, 10.1

### [유형 8] VLOOKUP, PMT 함수 사용

대출금액과 대출기간(년)을 이용하여 월상환액을 구한 후 [표3]에서 월상환액에 대한 비고1을 찾아 [G3:G10] 영역에 표시하시오.

▶ 연이율은 3%임

[ =VLOOKUP( PMT(3%/12, D3*12, −B3), $D$13:$E$16, 2 ) ]
      찾을값     찾을범위  열위치

※ 아래 그림을 참고하여 수식을 이해하고 작성해 보세요[유형 10~14].

| | A | B | C | D | E | F | G | H |
|---|---|---|---|---|---|---|---|---|
| 1 | [표1] | | | | | | | |
| 2 | 직원코드 | 판매수량 | 판매일 | 배송비 | 판매금액1 | 판매금액2 | 지역/직위 | 결제날짜 |
| 3 | AC167 | 207 | 2021-01-23 | 무료 | 5,382,000 | 4,843,800 | 강원도(부장) | 3월 1일 |
| 4 | AB398 | 24 | 2021-07-11 | 8,000 | 696,000 | 696,000 | 경기도(과장) | 7월 25일 |
| 5 | AA441 | 99 | 2021-02-01 | 5,000 | 2,970,000 | 2,970,000 | 서울(대리) | 2월 10일 |
| 6 | AC542 | 349 | 2021-05-05 | 무료 | 8,027,000 | 7,224,300 | 강원도(과장) | 5월 10일 |
| 7 | AA177 | 30 | 2021-09-12 | 8,000 | 900,000 | 900,000 | 서울(대리) | 9월 25일 |
| 8 | AB386 | 450 | 2021-05-09 | 무료 | 10,800,000 | 9,720,000 | 경기도(과장) | 5월 10일 |
| 9 | [표2] | | 판매월 | | [표3] | | 판매수량 | |
| 10 | 판매수량 | 1 | 7 | 코드 | 지역 | 0 | 100 | 300 |
| 11 | 0 | 5,000 | 8,000 | AA | 서울 | 0 | 30,000 | 28,000 | 25,000 |
| 12 | 100 | 3,000 | 5,000 | AB | 경기도 | | 29,000 | 27,000 | 24,000 |
| 13 | 200 | 무료 | 3,000 | AC | 강원도 | | 28,000 | 26,000 | 23,000 |
| 14 | [표4] 판매일에 따른 월코드와 결제일 | | | | | | | |
| 15 | 날짜(일) | 월코드 | 월 | 결제일 | | | | |
| 16 | 1 | 0 | 이번달 | 10 | | | | |
| 17 | 10 | 0 | 이번달 | 25 | | | | |
| 18 | 15 | 1 | 다음달 | 5 | | | | |
| 19 | 20 | 2 | 다다음달 | 1 | | | | |

25.상시, 24.상시, 23.상시, 20.상시, 20.1, 19.상시, 17.상시, 11.1

### [유형 10] VLOOKUP, MATCH, MONTH 함수 사용

판매수량, 판매일과 [표2]를 이용하여 [D3:D8] 영역에 배송비를 표시하시오.

[ =VLOOKUP( B3, $A$11:$C$13, MATCH( MONTH(C3),$B$10:$C$10,1 )+1 ) ]
    찾을값           찾을값    범위   옵션
      찾을범위             열위치

20.1, 15.1, 12.2

### [유형 9] VLOOKUP, EDATE, QUOTIENT 함수 사용

대출일, 대출기간(년), 작성일과 [표4]를 이용하여 [H3:H10] 영역에 남은월에 대한 비고2를 표시하시오.

▶ 비고2는 남은월을 기준으로 [표4]에서 찾아 표시
▶ 남은월은 대출남은기간/30으로 계산
▶ 대출남은기간은 대출일에서 대출기간(년)이 지난날에서 작성일(H1)을 뺀 값임

[ =VLOOKUP( QUOTIENT( EDATE(C3, D3*12)−$H$1,30 ),
          인수1     인수2
        찾을값

$F$13:$G$16, 2 ) ]
―――――――――
찾을범위  열위치

#### 수식 만들기

1. 최종적으로 구할 값은? 비고2
2. 비고2는 남은월을 기준으로 [표4]에서 찾아 표시해야 하므로 VLOOKUP 함수 사용
   =VLOOKUP(남은월, F13:G16, 2)
3. 남은월은 대출남은기간/30
   QUOTIENT(대출남은기간, 30)
   ↓
   =VLOOKUP( QUOTIENT(대출남은기간, 30), F13:G16, 2 )
5. 대출남은기간은 대출일(C3)에서 대출기간(년)(D3)이 지난날에서 작성일(H1)을 뺀 값
   EDATE(C3, D3*12)−H1
   ↓
   =VLOOKUP( QUOTIENT( EDATE(C3, D3*12)−H1, 30 ), F13:G16, 2 )

#### 수식 만들기

1. 최종적으로 구할 값은? 배송비
2. 배송비는 [표2]에서 찾아와 표시

| | A | B | C |
|---|---|---|---|
| 9 | [표2] | | 판매월 |
| 10 | 판매수량 | 1 | 7 |
| 11 | 0 | 5,000 | 8,000 |
| 12 | 100 | 3,000 | 5,000 |
| 13 | 200 | 무료 | 3,000 |

=VLOOKUP(B3, A11:C13, 열 위치)

3. 열 위치는 판매일의 월에 따라 달라지므로 MATCH 함수를 이용해 해당 월이 포함되는 상대적인 위치 계산

MATCH(찾을값, 찾을범위, 옵션)
    ❶    ❷   ❸

❶ 찾을값 : MONTH(C3)
❷ 찾을범위 : [B10:C10]
❸ 옵션 : '찾을값' 보다 크지 않은 값 중에서 가장 근접한 값을 찾아야 하므로 1 또는 생략

MATCH(B3, C10:E10, 1)

VLOOKUP 함수의 찾을범위는 A열부터 시작하고, MATCH 함수의 찾을범위는 B열부터 시작합니다. 즉 MATCH 함수의 결과값이 1일 경우 VLOOKUP 함수의 2번째 열의 값을 넣어야 하므로 +1을 해줘야 합니다.

| | A | B | C |
|---|---|---|---|
| 9 | [표2] | | 판매월 |
| 10 | 판매수량 | 1 | 7 |
| 11 | 0 | 5,000 | 8,000 |
| 12 | 100 | 3,000 | 5,000 |
| 13 | 200 | 무료 | 3,000 |

MATCH(B3, C10:E10, 1)+1
↓
=VLOOKUP( B3, A11:C13, MATCH(B3, C10:E10, 1)+1 )

25.상시, 20.상시, 20.1, 18.상시, 16.상시, 16.1, 13.3, 11.2

**[유형 11]** VLOOKUP, MATCH, LEFT 함수 사용

직원코드, 판매수량과 [표3]을 이용하여 [E3:E8] 영역에 판매금액1을 표시하시오.

▶ 판매금액1 = 판매수량 × 판매단가

▶ 판매단가는 직원코드의 앞 두 글자와 판매수량을 이용하여 [표3]에서 찾아 계산

[ =B3*VLOOKUP( LEFT(A3, 2), $D$11:$H$13, MATCH(B3, $F$10:$H$10, 1)+2, FALSE ) ]
　　　　　　　　찾을값　　　찾을범위　　　　　열위치　　　　　　　옵션

20.상시, 20.1, 17.상시, 13.2, 10.3

**[유형 12]** VLOOKUP, MATCH, LEFT, IF 함수 사용

직원코드, 판매수량과 [표3]을 이용하여 [F3:F8] 영역에 판매금액2를 표시하시오.

▶ 판매금액2 = 판매수량 × 판매단가 × (1-할인율)

▶ 판매단가는 직원코드의 앞 두 글자와 판매수량을 이용하여 [표3]에서 찾아 계산

▶ 할인율은 판매수량이 200 이상이면 10%, 그렇지 않으면 0으로 계산

[ =B3*VLOOKUP( LEFT(A3, 2), $D$11:$H$13, MATCH(B3, $F$10:$H$10, 1)+2, FALSE )*(1-IF( B3>=200, 10%, 0 )) ]
　　　　　　　　찾을값　　　찾을범위　　　　　열위치　　　　　　　옵션　　　　　　조건　　참　거짓

22.상시, 21.상시, 15.상시

**[유형 13]** VLOOKUP, CHOOSE, MOD, RIGHT, LEFT 함수와 & 연산자 사용

직원코드와 [표3]을 이용하여 [G3:G8] 영역에 지역과 직위를 연결하여 표시하시오.

▶ 지역은 직원코드의 앞 두 글자와 [표3]을 이용하여 계산

▶ 직위는 직원코드의 뒤 세 글자를 4로 나눈 나머지가 0이면 "사원", 1이면 "대리", 2이면 "과장", 3이면 "부장"으로 표시

▶ [표시 예 : 강원도(부장)]

[ =VLOOKUP( LEFT(A3, 2), $D$11:$H$13, 2, FALSE) & "(" & CHOOSE( MOD(RIGHT(A3, 3), 4)+1, "사원","대리","과장","부장" ) & ")" ]
　　　　　　찾을값　　　찾을범위　열위치 옵션　　　　　　　　　　　인수　　　　　첫번째 두번째 세번째 네번째

> **'MOD(RIGHT(A3, 3), 4)+1'에서 +1을 하는 이유**
> MOD 함수의 결과값이 0일 경우 CHOOSE(인수, 첫 번째, 두 번째, …) 함수에서 첫 번째 항목을 넣기 위해 MOD 함수의 결과값에 +1을 해줘야 합니다.

20.상시, 19.2, 16.상시

**[유형 14]** VLOOKUP, CONCAT, MONTH, DAY 함수 사용

판매일과 [표4]를 이용하여 [H3:H8] 영역에 결제날짜를 표시하시오.

▶ 결제날짜는 결제월과 결제일을 이용하여 표시 [표시 예 : 3월 1일]

▶ 결제월은 판매일의 월 + 월코드로 계산

▶ 월코드와 결제일은 판매일과 [표4]를 이용하여 계산

[ =CONCAT( MONTH(C3)+VLOOKUP( DAY(C3), $A$16:$D$19, 2 ), "월 ", VLOOKUP( DAY(C3), $A$16:$D$19, 4 ), "일" ) ]
　　　　　　　　　　　　　　찾을값　　찾을범위　열위치　　　　　　찾을값　　찾을범위　열위치
　　　　　　　　　　　　　　　　　인수1　　　　　　　　　　인수2　　　　　　인수3　　　　　　　　　　인수4

### 수식 만들기

1. 최종적으로 구할 값은? 결제날짜
2. 결제날짜는 결제월과 결제일을 이용하여 '3월 1일'과 같이 표시
   =CONCAT(결제월, "월 ", 결제일, "일")
3. 결제월은 판매일의 월 + 월코드
   - 월 : MONTH(C3)
   - 월코드 : 판매일(C3)과 [표4]를 이용하여 계산

| | A | B | C | D |
|---|---|---|---|---|
| 14 | [표4] 판매일에 따른 월코드와 결제일 | | | |
| 15 | 날짜(일) | 월코드 | 월 | 결제일 |
| 16 | 1 | 0 | 이번달 | 10 |
| 17 | 10 | 0 | 이번달 | 25 |
| 18 | 15 | 1 | 다음달 | 5 |
| 19 | 20 | 2 | 다다음달 | 1 |

VLOOKUP(DAY(C3), A16:D19, 2)
↓
=CONCAT( MONTH(C3)+VLOOKUP(DAY(C3), A16:D19, 2), "월 ", 결제일, "일" )

4. 결제일은 판매일(C3)과 [표4]를 이용하여 계산
   VLOOKUP(DAY(C3), A16:D19, 4)
   ↓
   =CONCAT(MONTH(C3)+VLOOKUP(DAY(C3), A16:D19, 2), "월 ", VLOOKUP(DAY(C3), A16:D19, 4), "일" )

② 제품코드의 첫 글자와 [표2]를 이용하여 [E3:E10] 영역에 분류-배달업체 표시
- 분류와 배달업체는 [표2]를 참조
- [표시 예 : 과일-서울유통]
- VLOOKUP, CONCAT, LEFT 함수 사용

[                                                                    ]

③ 주문량, 단가와 [표3]을 이용하여 [F3:F10] 영역에 비고 표시
- 결제금액 = 주문량 × 단가 × (1-할인율)
- 할인율은 [표3]을 참조하되, 이때 사용되는 판매금액은 '주문량 × 단가'임
- 결제금액이 800,000 이상이면 "고액판매", 그 외는 빈 칸으로 표시
- VLOOKUP, IF 함수 사용

[                                                                    ]

④ 주문량, 단가와 [표3]을 이용하여 [G3:G10] 영역에 결제금액 표시
- 결제금액 = 주문량 × 단가 × (1-할인율)
- 할인율은 [표3]을 참조하되, 이때 사용되는 판매금액은 '주문량 × 단가'를 천의 자리에서 올림하여 만의 자리까지 산출하여 적용
- [표시 예 : 0 → 0원, 607,500 → 607,500원]
- VLOOKUP, ROUNDUP, TEXT 함수 사용

[                                                                    ]

아래 그림을 참고하여 수식을 작성하시오[①~④].

| | A | B | C | D | E | F | G |
|---|---|---|---|---|---|---|---|
| 1 | [표1] | | | | | | |
| 2 | 제품코드 | 주문번호 | 주문량 | 단가 | 분류-배달업체 | 비고 | 결제금액 |
| 3 | 가-854 | 1-과일 | 45 | 15,000 | 과일-서울유통 | | 607,500원 |
| 4 | 라-125 | 2-정육 | 10 | 23,500 | 정육-삼진물산 | | 225,600원 |
| 5 | 나-548 | 3-채소 | 15 | 12,700 | 채소-길벗상사 | | 182,880원 |
| 6 | 가-325 | 4-과일 | 20 | 54,900 | 과일-서울유통 | 고액판매 | 988,200원 |
| 7 | 다-215 | 5-잡곡 | 5 | 65,200 | 잡곡-경기유통 | | 306,440원 |
| 8 | 나-285 | 6-채소 | 15 | 32,100 | 채소-길벗상사 | | 452,610원 |
| 9 | 가-351 | 7-과일 | 23 | 43,600 | 과일-서울유통 | 고액판매 | 902,520원 |
| 10 | 다-652 | 8-잡곡 | 20 | 75,300 | 잡곡-경기유통 | 고액판매 | 1,355,400원 |
| 11 | [표2] | | | [표3] | | | |
| 12 | 코드 | 분류 | 배달업체 | 판매금액 | 할인율 | | |
| 13 | 가 | 과일 | 서울유통 | 100,000 | 3% | | |
| 14 | 나 | 채소 | 길벗상사 | 200,000 | 4% | | |
| 15 | 다 | 잡곡 | 경기유통 | 300,000 | 6% | | |
| 16 | 라 | 정육 | 삼진물산 | 500,000 | 10% | | |

① 제품코드의 첫 글자와 [표2]를 이용하여 [B3:B10] 영역에 주문번호 표시
- 주문번호는 행 번호에서 2를 뺀 값과 제품코드의 첫 글자에 따른 분류를 연결하여 표시
- [표시 예 : 행 번호가 3이고, 제품코드의 첫 글자가 "가"인 경우 → 1-과일]
- VLOOKUP, CONCAT, ROW, LEFT 함수 사용

[                                                                    ]

아래 그림을 참고하여 수식을 작성하세요[⑤~⑧].

| | A | B | C | D | E | F | G | H |
|---|---|---|---|---|---|---|---|---|
| 1 | [표1] | | | | | | 작성일 : | 2021-04-20 |
| 2 | 장비코드 | 장비매입금 | 계약일 | 렌탈기간(년) | 장비명 | 담당자 | 비고 | 비고2 |
| 3 | 3U8992 | 43,000,000 | 2017-01-11 | 6 | 현미경 | 배*한 | 보통 | 1년이상 |
| 4 | 2Z8522 | 25,600,000 | 2020-05-24 | 10 | 질량분석기 | 조*숙 | 없음 | 3년이상 |
| 5 | 4S4476 | 13,700,000 | 2019-02-11 | 3 | 이온빔 | 서*세 | 낮음 | 1년미만 |
| 6 | 2Z8908 | 37,100,000 | 2021-04-07 | 5 | 질량분석기 | 조*숙 | 보통 | 3년이상 |
| 7 | 5R2630 | 24,000,000 | 2016-05-23 | 10 | 없음 | | 없음 | 3년이상 |
| 8 | 3U1487 | 49,200,000 | 2012-04-07 | 9 | 현미경 | 배*한 | 낮음 | 1년미만 |
| 9 | 4S1188 | 48,500,000 | 2021-03-12 | 1 | 이온빔 | 서*세 | 높음 | 1년미만 |
| 10 | 1T2422 | 86,700,000 | 2017-02-23 | 7 | 분광기 | 안*후 | 높음 | 2년이상 |
| 11 | [표2] | | | | [표3] | | [표4] | |
| 12 | 코드 | 장비명 | 담당자 | 월렌탈비 | 비고 | | 남은월 | 비고2 |
| 13 | 1T | 분광기 | 안동후 | 0 | 없음 | | 0 | 1년미만 |
| 14 | 2Z | 질량분석기 | 조인숙 | 300,000 | 낮음 | | 12 | 1년이상 |
| 15 | 3U | 현미경 | 배유한 | 600,000 | 보통 | | 24 | 2년이상 |
| 16 | 4S | 이온빔 | 서명세 | 900,000 | 높음 | | 36 | 3년이상 |

⑤ 장비코드의 앞 두 글자와 [표2]를 이용하여 [E3:E10] 영역에 장비명 표시
- 해당 데이터가 없는 경우 "없음"으로 표시
- VLOOKUP, IFERROR, LEFT 함수 사용

[                                                                    ]

⑥ 장비코드의 앞 두 글자와 [표2]를 이용하여 [F3:F10] 영역에 담당자를 표시하되, 담당자의 두 번째 글자를 "*" 기호로 바꾸어 표시
- [표시 예 : 홍길동 → 홍*동]
- 단, 오류 발생 시 빈 칸으로 표시하시오.
- VLOOKUP, IFERROR, LEFT, REPLACE 함수 사용

[                                                                    ]

1과목 스프레드시트 실무 63

⑦ 장비매입금과 렌탈기간(년)을 이용하여 월렌탈비를 구한 후 [표3]에서 월렌탈비에 대한 비고를 찾아 [G3:G10] 영역에 표시
- 연이율은 3%임
- VLOOKUP, PMT 함수 사용

[                                                                                                              ]

⑧ 계약일, 렌탈기간(년), 작성일과 [표4]를 이용하여 [H3:H10] 영역에 남은월에 대한 비고2 표시
- 비고2는 남은월을 기준으로 [표4]에서 찾아 표시
- 남은월은 렌탈남은기간/30으로 계산
- 렌탈남은기간은 계약일에서 렌탈기간(년)이 지난날에서 작성일(H1)을 뺀 값임
- VLOOKUP, EDATE, QUOTIENT 함수 사용

[                                                                                                              ]

아래 그림을 참고하여 수식을 작성하시오[⑨~⑬].

| | A | B | C | D | E | F | G | H |
|---|---|---|---|---|---|---|---|---|
| 1 | [표1] | | | | | | | |
| 2 | 보험코드 | 가입기간 | 보험가입일 | 가입장려금 | 월납입금 | 총납입금 | 지점(직업) | 월납입일 |
| 3 | SH05-016 | 180 | 2021-01-06 | 180,000 | 43,000 | 7,353,000 | 은평(일반) | 1월 10일 |
| 4 | EX01-158 | 84 | 2021-03-05 | 150,000 | 28,000 | 2,352,000 | 서초(공무원) | 3월 10일 |
| 5 | EA03-061 | 156 | 2021-04-20 | 180,000 | 27,000 | 4,001,400 | 서초(전문직) | 6월 1일 |
| 6 | RZ04-112 | 24 | 2021-05-25 | | 38,500 | 924,000 | 마포(일반) | 7월 1일 |
| 7 | SU10-059 | 96 | 2021-09-02 | 165,000 | 52,100 | 5,001,600 | 은평(기타) | 9월 10일 |
| 8 | RD04-108 | 168 | 2021-09-23 | 200,000 | 31,000 | 4,947,600 | 마포(일반) | 11월 1일 |
| 9 | [표2] | | | 가입월 | | [표3] | | 가입기간 |
| 10 | 가입기간 | 1 | 7 | | 지점코드 | 가입지점 | 0 | 50 | 100 |
| 11 | 0 | 120,000 | 145,000 | | E | 서초 | 32,000 | 28,000 | 27,000 |
| 12 | 60 | 150,000 | 165,000 | | R | 마포 | 38,500 | 34,000 | 31,000 |
| 13 | 120 | 180,000 | 200,000 | | S | 은평 | 67,000 | 52,100 | 43,000 |
| 14 | [표4] 보험가입일에 따른 월코드와 납입일 | | | | | | | |
| 15 | 날짜(일) | 월코드 | 월 | 납입일 | | | | |
| 16 | 1 | 0 | 이번달 | 10 | | | | |
| 17 | 10 | 0 | 이번달 | 25 | | | | |
| 18 | 15 | 1 | 다음달 | 5 | | | | |
| 19 | 20 | 2 | 다다음달 | 1 | | | | |

⑨ 가입기간, 보험가입일과 [표2]를 이용하여 [D3:D8] 영역에 가입장려금 표시
- VLOOKUP, MATCH, MONTH 함수 사용

[                                                                                                              ]

⑩ 보험코드, 가입기간과 [표3]을 이용하여 [E3:E8] 영역에 월납입금 표시
- 월납입금은 보험코드의 첫 글자와 가입기간을 이용하여 [표3]에서 찾아 계산
- VLOOKUP, MATCH, LEFT 함수 사용

[                                                                                                              ]

⑪ 보험코드, 가입기간과 [표3]을 이용하여 [F3:F8] 영역에 총납입금 표시
- 총납입금 = 월납입금 × 가입기간 × (1 − 할인율)
- 월납입금은 보험코드의 첫 글자와 가입기간을 이용하여 [표3]에서 찾아 계산
- 할인율은 가입기간이 100 이상이면 5%, 그렇지 않으면 0으로 계산
- VLOOKUP, MATCH, LEFT, IF 함수 사용

[                                                                                                              ]

⑫ 보험코드와 [표3]을 이용하여 [G3:G8] 영역에 지점과 직업을 연결하여 표시
- 지점은 보험코드의 첫 글자와 [표3]을 이용하여 계산
- 직업은 보험코드의 뒤 세 글자를 4로 나눈 나머지가 0이면 "일반", 1이면 "전문직", 2이면 "공무원", 3이면 "기타"로 표시
- [표시 예 : 은평(일반)]
- VLOOKUP, CHOOSE, MOD, RIGHT, LEFT 함수와 & 연산자 사용

[                                                                                                              ]

⑬ 보험가입일과 [표4]를 이용하여 [H3:H8] 영역에 월납입일 표시
- 월납입일은 납입월과 납입일을 이용하여 표시 [표시 예 : 3월 1일]
- 납입월은 보험가입일의 월 + 월코드로 계산
- 월코드와 납입일은 보험가입일과 [표4]를 이용하여 계산
- VLOOKUP, CONCAT, MONTH, DAY 함수 사용

[                                                                                                              ]

**정답**

① [B3] : =CONCAT( ROW( )−2, "−", VLOOKUP( LEFT(A3, 1), $A$13:$C$16, 2, FALSE ) )

② [E3] : =CONCAT( VLOOKUP( LEFT(A3, 1), $A$13:$C$16, 2, FALSE ), "−", VLOOKUP( LEFT(A3, 1), $A$13:$C$16, 3, FALSE ) )

③ [F3] : =IF( C3*D3*(1−VLOOKUP(C3*D3, $D$13:$E$16, 2))>=800000, "고액판매", "" )

④ [G3] : =TEXT( C3*D3*(1−VLOOKUP( ROUNDUP(C3*D3, −4), $D$13:$E$16, 2 )), "#,##0원" )

⑤ [E3] : =IFERROR( VLOOKUP( LEFT(A3,2), $A$13:$C$16, 2, FALSE ), "없음" )

⑥ [F3] : =IFERROR( REPLACE( VLOOKUP( LEFT(A3, 2), $A$13:$C$16, 3, FALSE ), 2, 1, "*" ), "" )

⑦ [G3] : =VLOOKUP( PMT(3%/12,D3*12,−B3), $D$13:$E$16, 2 )

⑧ [H3] : =VLOOKUP( QUOTIENT( EDATE(C3, D3*12)−$H$1, 30 ), $F$13:$G$16, 2 )

⑨ [D3] : =VLOOKUP( B3, $A$11:$C$13, MATCH( MONTH(C3), $B$10:$C$10, 1 )+1 )

⑩ [E3] : =VLOOKUP( LEFT(A3,1), $D$11:$H$13, MATCH(B3, $F$10:$H$10, 1)+2, FALSE )

⑪ [F3] : =VLOOKUP( LEFT(A3, 1), $D$11:$H$13, MATCH(B3, $F$10:$H$10, 1)+2, FALSE )*B3*(1−IF(B3>=100, 5%, 0))

⑫ [G3] : =VLOOKUP( LEFT(A3, 1), $D$11:$H$13, 2, FALSE ) & "(" & CHOOSE( MOD( RIGHT(A3, 3), 4 )+1, "일반", "전문직", "공무원", "기타" ) & ")"

⑬ [H3] : =CONCAT( MONTH(C3)+VLOOKUP( DAY(C3), $A$16:$D$19, 2 ), "월 ", VLOOKUP( DAY(C3), $A$16:$D$19, 4 ), "일" )

**전문가의 조언**
- VLOOKUP과 마찬가지로 다른 함수들과 어떤 형태로 중첩되어 출제되는지 살펴보세요.
- 헷갈리는 수식은 일단 암기해 두는 것도 좋은 방법입니다.

## 02 HLOOKUP 함수

22.상시, 21.상시, 20.상시, 19.상시, 17.상시, 16.상시

※ 아래 그림을 참고하여 수식을 이해하고 작성해 보세요[유형 1~3]

| | A | B | C | D | E | F | G | H |
|---|---|---|---|---|---|---|---|---|
| 1 | [표1] | | | | | | | |
| 2 | 직원코드 | 이름 | 판매수량 | 결제방법 | 지역/직위 | 순이익률 | 할인율 | |
| 3 | AA171 | 권창영 | 99 | 신용카드 | 서울(사원) | 3.0% | 1% | |
| 4 | AE386 | 김영민 | 274 | 체크카드 | 경상(과장) | 6.0% | 3% | |
| 5 | AA463 | 명노찬 | 207 | 현금 | 서울(주임) | 4.0% | 5% | |
| 6 | AE165 | 윤선중 | 24 | 현금 | 경상(과장) | 4.0% | 3% | |
| 7 | AB398 | 이민준 | 211 | 체크카드 | 경기(과장) | 4.5% | 3% | |
| 8 | AA441 | 오수진 | 349 | 현금 | 서울(사원) | 6.0% | 10% | |
| 9 | AC619 | 강진구 | 30 | 신용카드 | 강원(과장) | 3.5% | 1% | |
| 10 | AC543 | 배종숙 | 450 | 신용카드 | 강원(주임) | 8.0% | 5% | |
| 11 | [표2] | | | | | | | |
| 12 | 코드 | AA | AB | AC | AE | 1 | 3 | 5 |
| 13 | 지역 | 서울 | 경기 | 강원 | 경상 | 사원 | 주임 | 과장 |
| 14 | [표3] 순이익률표 | | | | [표4] 할인율 | | | |
| 15 | 판매수량 | 0 | 100 | 300 | 판매수량 | 0 | 100 | 300 |
| 16 | AA | 3.0% | 4.0% | 6.0% | 현금 | 3.0% | 5.0% | 10.0% |
| 17 | AB | 3.2% | 4.5% | 6.5% | 기타 | 1.0% | 3.0% | 5.0% |
| 18 | AC | 3.5% | 5.5% | 8.0% | | | | |
| 19 | AE | 4.0% | 6.0% | 10.0% | | | | |

22.상시, 21.상시, 20.상시, 16.상시

**[유형 1]** HLOOKUP, LEFT, RIGHT, VALUE 함수와 & 연산자 사용

직원코드와 [표2]를 이용하여 [E3:E10] 영역에 지역과 직위를 표시하시오.

▶ 지역 : 직원코드의 앞 두 글자를 이용하여 [표2]에서 추출
▶ 직위 : 직원코드의 뒤 한 글자를 이용하여 [표2]에서 추출
▶ [표시 예 : 직원코드가 AA171인 경우 → 서울(사원)]

[ =HLOOKUP( LEFT(A3, 2), $B$12:$E$13, 2, FALSE) & "(" & HLOOKUP( VALUE(RIGHT(A3, 1)), $F$12:$H$13, 2 ) & ")" ]
　　　　　찾을값　　　　찾을범위　행위치　옵션　　　　　　　　　찾을값　　　　　찾을범위　　행위치

**VALUE 함수를 사용하는 이유**

HLOOKUP(VALUE(RIGHT(A3, 1)), $F$12:$H$13, 2)

- HLOOKUP 함수의 '찾을범위'인 [F12:H13]의 첫 번째 행이 수치 데이터로 입력되어 있으므로 '찾을값'도 반드시 수치 데이터로 지정해야 합니다.
- RIGHT 함수는 결과로 텍스트를 반환하므로 VALUE 함수를 이용하여 수치 데이터로 변경한 것입니다. VALUE 함수 대신 'RIGHT(A3,1)*1'로 지정해도 텍스트를 수치 데이터로 변경할 수 있습니다.

20.상시, 19.상시

**[유형 2]** HLOOKUP, MATCH, LEFT 함수 사용

판매수량과 직원코드의 앞 두 글자에 따른 순이익률을 [표3]을 이용하여 [F3:F10] 영역에 표시

[ =HLOOKUP( C3, $B$15:$D$19, MATCH( LEFT(A3, 2), $A$16:$A$19, 0 )+1 ) ]
　　　　　　　찾을값　찾을범위　　　　　　찾을값　　　찾을범위　옵션
　　　　　　　　　　　　　　　　　　　　　　　　　행위치

22.상시, 21.상시, 20.상시, 17.상시

**[유형 3]** HLOOKUP, MATCH 함수 사용

판매수량과 결제방법과 [표4]를 이용하여 [G3:G10] 영역에 할인율을 표시하시오.

▶ 결제방법에서 "현금"을 제외한 나머지 카드는 "기타"로 처리

[ =HLOOKUP( C3, $F$15:$H$17, MATCH( D3, {"현금","체크카드"}, -1 )+1 ) ]
　　　　　찾을값　찾을범위　　　　찾을값　　　찾을범위　　옵션
　　　　　　　　　　　　　　　　　　　　　행위치

> **수식의 이해** MATCH(D3,{"현금","체크카드"},-1)

- MATCH(찾을값, 찾을범위, 옵션)는 '범위'에서 '옵션'을 적용하여 '찾을값'과 같은 데이터를 찾아 그 위치에 대한 일련번호를 반환하는 함수입니다.
- {"현금","체크카드"} : '결제방법'은 "현금", "신용카드", "체크카드" 중 하나인데, [표4] 할인율에는 "현금"과 "기타"가 있습니다. 즉 '결제방법'의 "현금"과 "현금" 외의 코드로 구분하여 할인율을 적용하라는 의미입니다. 이런 경우 "현금"만 정확히 찾고 나머지는 모두 "기타"로 처리해야 하는데, "현금", "신용카드", "체크카드", "기타"를 내림차순으로 정렬하면 "현금", "체크카드", "신용카드", "기타"로 되므로 "현금"과 "기타"가 있는 [E16:E17]을 범위로 사용할 수 없습니다. 왜냐하면, 내림차순이어서 '옵션'으로 -1을 사용해야 하는데, 이 경우 "체크카드"와 "신용카드"가 "기타"보다 크므로 "현금"으로 처리됩니다. 이건 { 10, 5 }로 구성된 데이터에서 6을 검색하면 6과 같거나 큰 값 중 가장 작은 값인 10을 찾는 것과 같은 이치입니다. 이런 경우 별도로 찾을 데이터가 있는 '범위'를 만들어 주면 됩니다. 가장 큰 "현금"과 두 번째 큰 항목인 "체크카드"를 두 번째로 하여 '범위'를 만들면 "현금"을 제외한 모든 결제방법은 "체크카드"로 처리됩니다. "체크카드"가 "기타" 역할을 하는 거죠.
- -1 : '옵션'을 -1로 지정하면 '찾을값'과 같은 값이 없을 경우 '찾을값'보다 큰 값 중에서 가장 작은 값을 찾습니다. 이때 '범위'는 반드시 내림차순으로 정렬되어 있어야 합니다.

**전문가의 조언**

INDEX 함수는 행위치 또는 열위치를 지정하기 위해 MATCH 함수와 중첩하여 사용하는 문제가 주로 출제됩니다.

25.상시, 24.상시, 23.상시, 22.상시, 21.상시, 20.상시, 19.상시, 19.1, 16.2, 15.상시, …

## 03 INDEX 함수

※ 아래 그림을 참고하여 수식을 이해하고 작성해 보세요[유형 1~2].

| | A | B | C | D | E | F |
|---|---|---|---|---|---|---|
| 1 | [표1] | | | | | |
| 2 | 직원코드 | 판매수량 | 판매일 | 배송비 | | |
| 3 | AC167 | 207 | 2019-12-23 | 무료 | | |
| 4 | AB398 | 24 | 2020-12-11 | 5,000 | | |
| 5 | AE165 | 99 | 2021-02-01 | 8,000 | | |
| 6 | AC542 | 349 | 2020-05-05 | 무료 | | |
| 7 | AA177 | 30 | 2021-09-12 | 8,000 | | |
| 8 | AB386 | 350 | 2021-01-09 | 3,000 | | |
| 9 | [표2] | | | [표3] | | 판매연도 |
| 10 | 직원코드 | 판매수량 | 판매일 | 판매수량 | 2019 | 2021 |
| 11 | AC542 | 349 | 2020-05-05 | 0 | 5,000 | 8,000 |
| 12 | AA177 | 30 | 2021-09-12 | 100 | 3,000 | 5,000 |
| 13 | AB386 | 350 | 2021-01-09 | 200 | 무료 | 3,000 |

25.상시, 24.상시, 23.상시, 22.상시, 21.상시, 20.상시, 19.상시, …

**[유형 1] INDEX, MATCH 함수 사용**

[표1]을 이용하여 [표2]의 [B11:C13] 영역에 직원코드에 해당하는 판매수량과 판매일을 표시하시오.

[ =INDEX( $A$3:$D$8, MATCH($A11, $A$3:$A$8, 0),
　　　　찾을범위　　　　　　행위치

MATCH(B$10, $A$2:$D$2, 0) ) ]
　　　　열위치

**수식 만들기**

1. 최종적으로 구할 값은? 판매수량
2. 직원코드에 해당하는 판매수량을 [표1]에서 찾아 표시하려면 INDEX 함수 사용

=INDEX(찾을범위, 행위치, 열위치)
　　　　　❶　　　❷　　❸

❶ **찾을범위** : [A3:D8]
❷ **행위치** : [A3:A8] 영역에서 [A11] 셀의 값과 동일한 값이 있는 상대 위치를 MATCH 함수로 찾음
　MATCH(A11, A3:A8, 0)
❸ **열위치** : [A2:D2]에서 [B10] 셀의 값과 동일한 값이 있는 상대 위치를 MATCH 함수로 찾음
　MATCH(B10, A2:D2, 0)
　↓
=INDEX( A3:D8, MATCH(A11, A3:A8, 0), MATCH(B$10, A2:D2, 0) )
※ 판매수량을 계산한 후 채우기 핸들을 드래그하여 판매일을 계산하면 판매일이 숫자 형식으로 표시됩니다. 판매일의 표시 형식을 '날짜' 형식으로 변경하여 결과를 확인하세요.

22.상시, 21.상시, 20.상시, 19.상시, 15.상시, 15.3, 12.2

**[유형 2] INDEX, MATCH, YEAR 함수 사용**

판매수량, 판매일과 [표3]을 이용하여 판매수량과 판매연도에 따른 배송비를 [D3:D8] 영역에 표시하시오.

[ =INDEX( $E$11:$F$13, MATCH(B3, $D$11:$D$13, 1), MATCH(YEAR(C3), $E$10:$F$10, 1) ) ]
　　　　찾을범위　　　　　　　행위치　　　　　　　　　　　열위치

아래 그림을 참고하여 수식을 작성하시오[①~⑤].

| | A | B | C | D | E | F | G | H |
|---|---|---|---|---|---|---|---|---|
| 1 | [표1] | | | | | | | |
| 2 | 연구소코드 | 소장 | 규모 | 자금원 | 연구/정보 | 유보금1 | 세제혜택 | 유보금2 |
| 3 | 13-CVG | 송영후 | 11 | 후원 | 생화학(정부) | 0.2% | 면제 | 0.2% |
| 4 | 11-CQV | 남재연 | 20 | 세금 | 무기화학(공인) | 3.5% | 통상 | 3.5% |
| 5 | 11-EXF | 박대경 | 9 | 모회사 | 무기화학(민간) | 0.5% | 면제 | 0.5% |
| 6 | 12-URG | 박윤이 | 13 | 세금 | 유기화학(정부) | 0.8% | 감면 | 0.8% |
| 7 | 13-BWF | 주유주 | 15 | 후원 | 생화학(민간) | 0.2% | 면제 | 0.2% |
| 8 | 11-CTF | 손지아 | 13 | 모회사 | 무기화학(민간) | 1.2% | 감면 | 1.2% |
| 9 | 13-ATV | 우수인 | 6 | 세금 | 생화학(공인) | 0.1% | 면제 | 0.1% |
| 10 | 11-DJF | 주태환 | 7 | 모회사 | 무기화학(민간) | 0.5% | 면제 | 0.5% |
| 11 | [표2] | | | | | | | |
| 12 | 코드 | 11 | 12 | 13 | G | V | F | |
| 13 | 연구범주 | 무기화학 | 유기화학 | 생화학 | 정부 | 공인 | 민간 | |
| 14 | [표3] 유보금 비율 | | | | [표4] 세제혜택 | | | |
| 15 | 규모 | 0 | 10 | 20 | 규모 | 0 | 10 | 20 |
| 16 | 11 | 0.5% | 1.2% | 3.5% | 후원 | 면제 | 면제 | 면제 |
| 17 | 12 | 0.4% | 0.8% | 1.0% | 기타 | 면제 | 감면 | 통상 |
| 18 | 13 | 0.1% | 0.2% | 0.4% | | | | |
| 19 | [표5] | | | | | | | |
| 20 | 연구소코드 | 규모 | 자금원 | | | | | |
| 21 | 13-CVG | 11 | 후원 | | | | | |
| 22 | 11-EXF | 9 | 모회사 | | | | | |
| 23 | 13-BWF | 15 | 후원 | | | | | |

① 연구소코드와 [표2]를 이용하여 [E3:E10] 영역에 연구/정보 표시
　▶ 연구 : 연구소코드의 앞 두 글자를 이용하여 [표2]에서 추출
　▶ 정보 : 연구소코드의 뒤 한 글자를 이용하여 [표2]에서 추출
　▶ [표시 예 : 연구소코드가 "13-CVG"인 경우 → 생화학(정부)]
　▶ HLOOKUP, LEFT, RIGHT, VALUE 함수와 & 연산자 사용
　[ 　　　　　　　　　　　　　　　　　　　　　　　　　]

② 규모와 연구소코드의 앞 두 글자에 따른 유보금을 [표3]에서 찾아 [F3:F10] 영역에 표시
　▶ HLOOKUP, MATCH, LEFT, VALUE 함수 사용
　[ 　　　　　　　　　　　　　　　　　　　　　　　　　]

③ 규모와 자금원에 따른 세제혜택을 [표4]를 이용하여 [G3:G10] 영역에 표시
　▶ 자금원에서 "후원"을 제외한 나머지는 "기타"로 처리
　▶ HLOOKUP, MATCH 함수 사용
　[ 　　　　　　　　　　　　　　　　　　　　　　　　　]

④ 규모와 연구소코드의 앞 두 글자에 따른 유보금을 [표3]에서 찾아 [H3:H10] 영역에 표시
　▶ INDEX, MATCH, LEFT, VALUE 함수 사용
　[ 　　　　　　　　　　　　　　　　　　　　　　　　　]

⑤ [표1]을 이용하여 [표5]의 [B21:C23] 영역에 연구소코드에 해당하는 규모와 자금원 표시
▶ INDEX, MATCH 함수 사용
[                                                                      ]

---

**정답**

① [E3] : =HLOOKUP( VALUE(LEFT(A3, 2)), $B$12:$D$13, 2, FALSE ) & "(" & HLOOKUP( RIGHT(A3, 1), $E$12:$G$13, 2, FALSE ) & ")"

② [F3] : =HLOOKUP( C3, $B$15:$D$18, MATCH( VALUE(LEFT(A3, 2)), $A$16:$A$18, 0 )+1 )

③ [G3] : =HLOOKUP( C3, $F$15:$H$17, MATCH(D3, {"후원", "세금"}, −1)+1 )

④ [H3] : =INDEX( $B$16:$D$18, MATCH( VALUE(LEFT(A3, 2)), $A$16:$A$18, 1 ), MATCH(C3, $B$15:$D$15, 1) )

⑤ [B21] : =INDEX( $A$3:$H$10, MATCH($A21, $A$3:$A$10, 0), MATCH( B$20, $A$2:$H$2, 0) )

---

 **전문가의 조언**

MATCH 함수의 옵션은 범위가 내림차순으로 정렬되어 있을 때는 −1, 오름차순으로 정렬되어 있을 때는 1, 정렬되어 있지 않을 때는 0으로 지정해야 한다는 것을 기억해 두세요.

## 04 MATCH 함수

25.상시, 22.상시, 21.상시, 20.상시, 19.상시, 19.2, 16.3, 17.상시, 15.상시, 12.1, 11.1

※ 아래 그림을 참고하여 수식을 이해하고 작성해 보세요[유형 1~2].

| | A | B | C | D | E | F |
|---|---|---|---|---|---|---|
| 1 | [표1] | | | | | |
| 2 | 직원코드 | 대출금액 | 대출일 | 대출기간(년) | 판매여부 | 월상환액 |
| 3 | AE165 | 3,000,000 | 2017-01-11 | 2 | 판매가능 | ₩128,678 |
| 4 | AB398 | 5,600,000 | 2020-05-24 | 3 | 판매가능 | ₩161,133 |
| 5 | AK441 | 3,700,000 | 2019-02-11 | 3 | 판매불가능 | 없음 |
| 6 | AC619 | 7,100,000 | 2014-04-07 | 3 | 판매가능 | ₩204,916 |
| 7 | AE463 | 4,000,000 | 2016-05-23 | 1 | 판매가능 | ₩338,775 |
| 8 | AK543 | 9,200,000 | 2012-04-07 | 1 | 판매불가능 | 없음 |
| 9 | AE177 | 8,500,000 | 2018-03-12 | 3 | 판매가능 | ₩245,695 |
| 10 | AE386 | 1,700,000 | 2019-02-23 | 1 | 판매가능 | ₩143,979 |
| 11 | [표2] | | | | | |
| 12 | 코드 | 1 | 2 | 3 | | |
| 13 | AA | 3.0% | 2.8% | 2.5% | | |
| 14 | AB | 3.0% | 2.5% | 2.3% | | |
| 15 | AC | 3.2% | 3.0% | 2.5% | | |
| 16 | AE | 3.0% | 2.8% | 2.6% | | |

16.3, 15.상시, 11.1

**[유형 1]** MATCH, IF, ISERROR, LEFT 함수 사용

직원코드의 앞 두 글자가 [표2]에 있으면 "판매가능", 없으면 "판매불가능"을 [E3:E10] 영역에 표시하시오.

[ =IF( ISERROR( MATCH( LEFT(A3, 2), $A$13:$A$16, 0 ) ), "판매불가능", "판매가능" ) ]
          찾을값         찾을범위   옵션

19.상시, 15.상시

**[유형 2]** MATCH, PMT, OFFSET, IFERROR, LEFT 함수 사용

대출금액, 대출기간(년)과 [표2]를 이용하여 [F3:F10] 영역에 월상환액을 계산하여 표시하시오.

▶ 이율은 직원코드의 앞 두 글자와 대출기간(년)을 이용하여 [표2]에서 찾아 계산

▶ 이율은 연 단위이고, 월상환액은 양수로 표시

▶ 오류 발생 시 "없음"을 표시

[ =IFERROR( PMT( OFFSET( $A$12, MATCH(LEFT(A3, 2),$A$13:$A$16, 0), D3 )/12, D3*12, −B3 ), "없음" ) ]
              기준셀       행                               열
                        이자                                    기간   현재가치

### 수식 만들기

1. 최종적으로 구할 값은? 오류 발생시 "없음" 그렇지 않으면 월상환액 표시
   =IFERROR(월상환액, "없음")
2. 월상환액은 대출금액(B3), 대출기간(년)(D3)과 [표2]를 이용하여 계산
   PMT(이율/12, D3*12, -B3)
   ↓
   =IFERROR( PMT(이율/12, D3*12, -B3), "없음" )
3. 이율은 직원코드의 앞 두 글자와 대출기간(년)을 이용하여 [표2]에서 찾아 계산

|  | A | B | C | D |
|---|---|---|---|---|
| 11 | [표2] | | | |
| 12 | 코드 | 1 | 2 | 3 |
| 13 | AA | 3.0% | 2.8% | 2.5% |
| 14 | AB | 3.0% | 2.5% | 2.3% |
| 15 | AC | 3.2% | 3.0% | 2.5% |
| 16 | AE | 3.0% | 2.8% | 2.6% |

- 남은 함수 MATCH, OFFSET, LEFT 중 특정 값을 찾아와 표시할 수 있는 함수는 OFFSET 함수임
  **OFFSET(기준셀, 행, 열)**
  ▶ **기준셀** : OFFSET 함수에서 행과 열이 1일 경우 [표2]의 가장 첫 번째에 있는 [B13] 셀을 찾아 표시하도록 [B13] 셀에서 위로 1행, 왼쪽으로 1열 이동한 [A12] 셀 지정
  ▶ **행** : [표2]의 행은 직원코드의 앞 두 글자에 따라 표시되어 있고, 직원코드의 앞 두 글자가 [표2]에서 몇 번째 행에 있는지 찾아 표시해야 하므로 MATCH(LEFT(A3,2),A13:A16,0)
  ▶ **열** : [표2]의 열은 대출기간(년)에 따라 표시되어 있으므로 [D3]
  OFFSET(A12, MATCH(LEFT(A3, 2), A13:A16, 0), D3)
  ↓
  =IFERROR( PMT( OFFSET(A12, MATCH(LEFT(A3, 2), A13:A16, 0), D3)/12, D3*12, -B3), "없음" )

### 수식의 이해

=IFERROR(PMT(OFFSET(A12,MATCH(LEFT(A3, 2), A13:A16, 0), D3)/12, D3*12, -B3),
　　　　　　　　　　　　　❶
　　　　　　　　　❷
　　　　❸
"없음")

❶ MATCH(LEFT(A3, 2), A13:A16, 0) : 옵션이 0이므로 [A13:A16] 영역에서 [A3] 셀의 왼쪽 2글자인 "AE"와 정확히 일치하는 값을 찾습니다. "AE"를 찾은 후 [A13:A16]에서 "AE"의 상대적 위치 4가 반환됩니다.
❷ OFFSET(A12, ❶, D3) → OFFSET(A12, 4, D3) : [A12] 셀에서 아래쪽으로 4행, 오른쪽으로 2열([D3] 셀의 값) 떨어진 셀인 [C16] 셀의 값 2.8%가 반환됩니다.
❸ PMT(❷/12, D3*12, -B3) → PMT(2.8%/12, D3*12, -B3)
  - 2.8%/12 : 이율이 연이율이므로 12로 나눠 월이율로 맞춥니다.
  - D3*12 : 대출기간이 년 단위이므로 12를 곱해 월로 맞춥니다.
  - -B3 : 대출금액은 현재 받은 돈이므로 현재 가치이고, 결과값이 양수로 나오도록 음수로 입력하면 '-B3'입니다.
  - 월상환액 128,678이 반환됩니다.
- =IFERROR(❸, "없음") → =IFERROR(128678, "없음") : 128678은 오류가 아니므로 128678이 그대로 표시됩니다.

※ 아래 그림을 참고하여 수식을 이해하고 작성해 보세요[05~06].

|  | A | B | C | D | E | F | G |
|---|---|---|---|---|---|---|---|
| 1 | [표1] | | | | | [표2] | |
| 2 | 주문코드 | 주문일자 | 요일 | 상품명 | | 코드 | 상품명 |
| 3 | 1KA225 | 04월 30일 | 목요일 | 화장지 | | 1 | 화장지 |
| 4 | 3YA542 | 05월 03일 | 일요일 | 물티슈 | | 2 | 각티슈 |
| 5 | 2KB859 | 05월 19일 | 화요일 | 각티슈 | | 3 | 물티슈 |
| 6 | 3HA548 | 04월 22일 | 수요일 | 물티슈 | | 4 | 키친타올 |
| 7 | 4DC587 | 06월 12일 | 금요일 | 키친타올 | | | |
| 8 | 2KA541 | 03월 31일 | 화요일 | 각티슈 | | | |
| 9 | 1AA921 | 05월 27일 | 수요일 | 화장지 | | | |
| 10 | 4HC758 | 06월 02일 | 화요일 | 키친타올 | | | |

### 05 CHOOSE 함수
22.상시, 21.상시, 19.2, 12.1

**[유형 1]** CHOOSE, WEEKDAY 함수 사용

주문일자를 이용하여 [C3:C10] 영역에 주문일자의 요일을 표시하시오.

▶ 단, 요일의 return-type은 '2'로 설정
▶ 표시 예 : 월요일

[ =CHOOSE( WEEKDAY(B3, 2), "월요일", "화요일", "수요일",
　　　　　　　인수　　　　첫 번째　　두 번째　　세 번째
"목요일", "금요일", "토요일", "일요일" ) ]
네 번째　다섯 번째　여섯 번째　일곱 번째

> WEEKDAY(날짜, 옵션) 함수의 옵션을 2로 지정하면 1(월요일) ~ 7(일요일)로 요일번호를 반환합니다.

### 06 LOOKUP 함수
25.상시, 20.상시, 17.상시

**[유형 1]** LOOKUP, LEFT 함수 사용

주문코드의 첫 글자와 [표2]를 이용하여 [D3:D10] 영역에 상품명을 표시하시오.

[ =LOOKUP( LEFT(A3, 1)*1, $F$3:$F$6, $G$3:$G$6 ) ]
　　　　　　찾을값　　　　범위1　　　　범위2

## 체크체크

아래 그림을 참고하여 수식을 작성하시오[①~④].

| | A | B | C | D | E | F | G | H |
|---|---|---|---|---|---|---|---|---|
| 1 | [표1] | | | | | | | |
| 2 | 거래처코드 | 외상매출금 | 거래일 | 상환기간(년) | 거래여부 | 월납입액 | 거래요일 | 지원부서 |
| 3 | RN07-054 | 5,500,000 | 2020-10-14 | 2 | 거래 | ₩236,397 | 수요일 | 인사부 |
| 4 | RN03-151 | 4,500,000 | 2019-04-16 | 2 | 거래 | ₩193,415 | 화요일 | 마케팅부 |
| 5 | SA09-123 | 9,000,000 | 2019-10-07 | 3 | 거래 | ₩259,752 | 월요일 | 영업부 |
| 6 | FA09-044 | 12,000,000 | 2018-09-16 | 2 | 거래취소 | 없음 | 일요일 | 인사부 |
| 7 | RX07-011 | 2,500,000 | 2018-03-29 | 1 | 거래 | ₩211,734 | 목요일 | 마케팅부 |
| 8 | RQ04-061 | 5,000,000 | 2018-10-01 | 1 | 거래취소 | 없음 | 월요일 | 마케팅부 |
| 9 | SL06-193 | 8,500,000 | 2019-07-26 | 3 | 거래 | ₩242,350 | 금요일 | 영업부 |
| 10 | SA01-132 | 6,500,000 | 2020-03-05 | 3 | 거래 | ₩187,599 | 목요일 | 생산부 |
| 11 | [표2] | | | | [표3] | | | |
| 12 | 코드 | 1 | 2 | 3 | 번호 | | 부서 | |
| 13 | RN | 4.0% | 3.0% | 2.5% | 1 | | 마케팅부 | |
| 14 | RX | 3.0% | 2.5% | 2.0% | 2 | | 생산부 | |
| 15 | SA | 3.5% | 3.0% | 2.5% | 3 | | 영업부 | |
| 16 | SL | 2.0% | 1.8% | 1.7% | 4 | | 인사부 | |

① 거래처코드의 앞 두 글자가 [표2]에 있으면 "거래", 없으면 "거래취소"를 [E3:E10] 영역에 표시

▶ MATCH, IF, ISERROR, LEFT 함수 사용

[                                                    ]

② 거래처코드, 외상매출금, 상환기간(년)과 [표2]를 이용하여 [F3:F10] 영역에 월납입액 표시

▶ 이율은 거래처코드의 앞 두 글자와 상환기간(년)을 이용하여 [표2]에서 찾아 계산

▶ 이율은 연 단위이고, 월납입액은 양수로 표시

▶ 오류 발생 시 "없음"을 표시

▶ IFERROR, PMT, OFFSET, MATCH, LEFT 함수 사용

[                                                    ]

③ 거래일을 이용하여 [G3:G10] 영역에 거래일의 요일 표시

▶ 단, 요일의 return-type은 '2'로 설정

▶ 표시 예 : 월요일

▶ CHOOSE, WEEKDAY 함수 사용

[                                                    ]

④ 거래처코드의 마지막 글자와 [표3]을 이용하여 [H3:H10] 영역에 지원부서 표시

▶ LOOKUP, RIGHT 함수 사용

[                                                    ]

## 정답

① [E3] : =IF( ISERROR( MATCH( LEFT(A3, 2), $A$13:$A$16, 0 ) ), "거래취소", "거래" )

② [F3] : =IFERROR( PMT( OFFSET($A$12, MATCH(LEFT(A3, 2), $A$13:$A$16, 0), D3)/12, D3*12, -B3 ), "없음" )

③ [G3] : =CHOOSE( WEEKDAY(C3, 2), "월요일", "화요일", "수요일", "목요일", "금요일", "토요일", "일요일" )

④ [H3] : =LOOKUP( RIGHT(A3, 1)*1, $F$13:$F$16, $G$13:$G$16 )

---

## 대표기출문제

'길벗컴활1급총정리\엑셀\기능\06찾기참조함수.xlsm' 파일을 열어서 작업하세요.

※ 아래 그림을 이용하여 수식을 작성하시오[기출 1~4].

| | A | B | C | D | E | F | G | H | I |
|---|---|---|---|---|---|---|---|---|---|
| 1 | [표1] | | | | | | | | |
| 2 | 대여코드 | 대여일자 | 차량번호 | 차량종류 | 대여시간 | 대여금액 | 할인율 | 대여요일 | 대여방식/지역 |
| 3 | TO-07 | 2021-04-02 | 101하4176 | 소형 | 174 | 5,220,000원 | 9% | 금 | 전화(경기) |
| 4 | EI-25 | 2021-02-20 | 102하4030 | 소형 | 6 | 180,000원 | 할인없음 | 월 | 인터넷(경기) |
| 5 | VO-02 | 2021-02-05 | 143하4331 | 미니밴 | 93 | 1,395,000원 | 5% | 금 | 방문(충청) |
| 6 | EI-03 | 2021-08-11 | 104호4978 | 수입차 | 213 | 6,390,000원 | 15% | 수 | 인터넷(서울) |
| 7 | VO-04 | 2021-09-12 | 158호4606 | 수입차 | 107 | 3,210,000원 | 7% | 월 | 방문(경기) |
| 8 | VO-05 | 2021-09-03 | 105하4367 | 소형 | 12 | 360,000원 | 할인없음 | 금 | 방문(충청) |
| 9 | EI-06 | 2021-10-16 | 131하4442 | 미니밴 | 57 | 855,000원 | 10% | 월 | 인터넷(서울) |
| 10 | EI-26 | 2021-02-27 | 124하4409 | 소형 | 153 | 4,590,000원 | 12% | 월 | 인터넷(충청) |
| 11 | EI-27 | 2021-05-15 | 116하4321 | 세단 | 95 | 1,900,000원 | 10% | 월 | 인터넷(서울) |
| 12 | [표2] | | | | [표3] 할인율 | | | | |
| 13 | 차량종류 | 시간당요금 | 차량구분 | 대여방식 | 50 | 100 | 200 | | |
| 14 | 미니밴 | 15,000 | EI | 인터넷 | 10% | 12% | 15% | | |
| 15 | 세단 | 20,000 | VO | 방문 | 5% | 7% | 9% | | |
| 16 | 소형 | 30,000 | TO | 전화 | 7% | 9% | 11% | | |
| 17 | 수입차 | 30,000 | | | | | | | |

### [기출 1] 25.상시, 20.상시, 17.상시

**차량종류, 대여시간과 [표2]를 이용하여 대여금액을 [F3:F11] 영역에 표시하시오.**

▶ 대여금액 = 대여시간 × 시간당요금

▶ [표시 예 : 12000000 → 12,000,000원, 0 → 0원]

▶ LOOKUP, TEXT 함수 사용

### [기출 2] 25.상시, 20.상시, 20.1, 19.상시, 17.상시

**대여코드, 대여시간과 [표3]을 이용하여 대여코드의 앞 두 글자와 대여시간에 따른 할인율을 [G3:G11] 영역에 표시하시오.**

▶ 해당 데이터가 없는 경우 "할인없음"으로 표시

▶ IFERROR, VLOOKUP, MATCH, LEFT 함수 사용

### [기출 3] 22.상시, 21.상시, 19.2, 12.1

**대여일자를 이용하여 [H3:H11] 영역에 대여요일을 표시하시오.**

▶ 단, 요일의 return-type은 '2'로 설정

▶ 토요일과 일요일인 경우 "월"로 표시

▶ [표시 예 : 월]

▶ CHOOSE, WEEKDAY 함수 사용

## [기출 4] 22.상시, 21.상시, 15.상시

대여코드와 [표3]을 이용하여 [I3:I11] 영역에 대여방식과 지역을 연결하여 표시하시오.

▶ 대여방식은 대여코드의 앞 두 글자와 [표3]을 이용하여 계산
▶ 지역은 대여코드의 뒤 두 글자를 3으로 나눈 나머지가 0이면 "서울", 1이면 "경기", 2이면 "충청"으로 표시
▶ [표시 예 : 전화(경기)]
▶ VLOOKUP, CHOOSE, MOD, RIGHT, LEFT 함수와 & 연산자 사용

※ 아래 그림을 이용하여 수식을 작성하시오[기출 5~7].

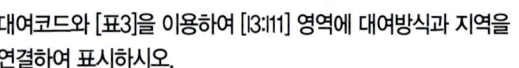

## [기출 5] 22.상시, 21.상시, 19.2, 12.1

가격, 렌탈기간과 [표2]를 이용하여 [F3:F9] 영역에 번호와 할인율을 표시하시오.

▶ 번호는 행 번호에서 2를 뺀 값으로 표시
▶ [표시 예 : 행 번호가 3이고, 할인율이 2인 경우 → 1-2%]
▶ VLOOKUP, CONCAT, ROW, TEXT, MATCH 함수 사용

## [기출 6] 25.상시, 24.상시, 23.상시, 22.상시, 21.상시, 20.상시, 19.상시, 19.1, ...

가격, 렌탈기간과 [표2]를 이용하여 가격과 렌탈기간에 따른 할인율을 [G3:G9] 영역에 표시하시오.

▶ INDEX, MATCH 함수 사용

## [기출 7] 20.상시, 19.상시

종류, 가격, 렌탈기간과 [표2]를 이용하여 종류와 가격에 따른 할인율을 [H3:H9] 영역에 표시하시오.

▶ [표시 예 : 종류가 정수기, 할인율이 2%인 경우 → 정수기-2%]
▶ TEXT, CONCAT, HLOOKUP, MATCH 함수 사용

---

## 정답

### [기출 1]
[F3] : =TEXT( E3*LOOKUP(D3, $A$14:$A$17, $B$14:$B$17), "#,##0원" )

### [기출 2]
[G3] : =IFERROR( VLOOKUP( LEFT(A3, 2), $C$14:$G$16, MATCH(E3, $E$13:$G$13, 1)+2, FALSE ), "할인없음" )

### [기출 3]
[H3] : =CHOOSE( WEEKDAY(B3, 2), "월", "화", "수", "목", "금", "월", "월" )

### [기출 4]
[I3] : =VLOOKUP( LEFT(A3, 2), $C$14:$G$16, 2, FALSE ) & "(" & CHOOSE( MOD( RIGHT(A3, 2), 3)+1, "서울", "경기", "충청" ) & ")"

### [기출 5]
[F3] : =CONCAT( ROW( )−2, "−", TEXT( VLOOKUP(D3, $A$13:$E$17, MATCH(E3, $B$11:$E$11, 1)+1 ), "0%" ) )

### [기출 6]
[G3] : =INDEX( $B$13:$E$17, MATCH(D3, $A$13:$A$17, 1), MATCH(E3, $B$11:$E$11, 1) )

### [기출 7]
[H3] : =CONCAT( C3, "−", TEXT( HLOOKUP( E3, $B$11:$E$17, MATCH(D3, $A$13:$A$17, 1)+2), "0%" ) )

# 3. 논리 함수

출제 비율 100% / 배점 6점

논리 함수 문제는 제시된 조건을 수식으로 작성하여 **조건의 참과 거짓 여부에 따라 다른 결과를 추출하는 작업**입니다. 보통 6점짜리 한 문제가 출제되며, 부분 점수는 없습니다.

- 논리 함수 문제에서 지금까지 출제된 함수들은 다음과 같습니다. 앞에서 공부한 함수는 제외하였습니다.

| 함수 | 기능 |
|---|---|
| AND(인수1, 인수2, …) | 주어진 인수가 모두 참이면 참 반환<br>예 =AND(A1, A2) : [A1]과 [A2] 셀의 값이 모두 참인 경우에만 참을 반환함 |
| FREQUENCY(배열1, 배열2) | 배열2의 범위에 대한 배열1 요소들의 빈도수 반환<br>예 =FREQUENCY(A1:A10, B1:B10) : [B1:B10] 영역에 대한 [A1:A10] 영역의 값들의 빈도수를 반환함 |
| COUNTIF(범위, 조건) | 지정된 범위에서 조건에 맞는 셀의 개수 반환<br>예 =COUNTIF(A1:A10, "컴퓨터") : [A1:A10] 영역에서 "컴퓨터"가 입력된 셀들의 개수를 반환함 |
| SUBSTITUTE(텍스트, 인수1, 인수2) | 텍스트에서 인수1을 인수2로 변환하여 반환<br>예 =SUBSTITUTE("컴활2급", "2", "1") : "컴활1급"을 반환함 |
| OR(인수1, 인수2, …) | 인수 중 하나라도 참이면 참 반환<br>예 =OR(A1, A2) : [A1]과 [A2] 셀의 값 중 하나라도 참이면 참을 반환함 |
| TRUNC(인수, 자릿수) | 인수에 대해 자릿수 미만의 수치를 버린 값 반환<br>예 =TRUNC(5.278, 2) : 5.27을 반환함 |
| ABS(인수) | 인수로 주어진 숫자의 절대값 반환<br>예 =ABS(-5) : 5를 반환함 |
| ISBLANK(인수) | 인수가 빈 셀이면 'TRUE', 그렇지 않으면 'FALSE' 반환<br>예 =ISBLANK(A1) : [A1] 셀이 빈 셀이면 'TRUE'를, 그렇지 않으면 'FALSE'를 반환함 |
| ISNUMBER(인수) | 인수가 숫자이면 TRUE 반환<br>예 =ISNUMBER(5) : 'TRUE'를 반환함, 숫자가 아니었으면 'FALSE'를 반환함 |
| NETWORKDAYS(날짜1, 날짜2, 휴일날짜) | 주말(토, 일)과 지정한 휴일날짜를 제외한 날짜1과 날짜2 사이의 작업 일수 반환<br>예 =NETWORKDAYS("2021-5-3", "2021-5-10", "2021-5-5") : 5를 반환함 |

## 합격포인트

- 논리 함수에서는 문제에서 제시한 조건들을 IF, AND, OR, IFERROR 등의 함수를 이용하여 정확한 조건식으로 만드는 것이 합격포인트입니다.
- 중첩함수를 사용하여 복잡한 수식을 작성하는 문제는 한 번에 완벽하게 입력하려고 애쓰지 말고, 논리 순서에 맞추어 차례대로 수식을 완성해 보세요.
- ☞ '길벗컴활1급총정리\엑셀\기능\07논리함수.xlsm' 파일을 열어서 작업하세요.

 **전문가의 조언**

- IF 함수 문제는 IF 함수의 논리 규칙에 맞게 우리말로 수식을 세워보면 좀 더 쉽게 이해할 수 있습니다.
- 어렵게 느껴지면 [수식 만들기]를 반복해서 읽어보세요.

## 01 IF 함수

25.상시, 24.상시, 23.상시, 22.상시, 21.상시, 20.상시, 20.1, 19.상시, 19.2, 18.1, …

※ 아래 그림을 참고하여 수식을 이해하고 직접해 보세요[유형 1~3].

| ▲ | A | B | C | D | E | F | G |
|---|---|---|---|---|---|---|---|
| 1 | [표1] | | | | | 기준일 : | 2021-04-20 |
| 2 | 생년월일 | 성별 | 초과시간 | 알바시작일 | 초과수당 | 알바일수 | 주민번호 |
| 3 | 2001-04-04 | 남 | 3 | 2021-03-19 | 29,000 | 23일 | 010404-3****** |
| 4 | 2000-06-03 | 남 | | 2021-04-02 | - | 13일 | 000603-3****** |
| 5 | 2002-06-20 | 여 | 2 | 2021-02-25 | 19,000 | 39일 | 020620-4****** |
| 6 | 1998-05-27 | 남 | | 2021-05-01 | - | | 980527-1****** |
| 7 | 2000-02-01 | 여 | | 2021-02-10 | - | 50일 | 000201-4****** |
| 8 | 1997-11-03 | 남 | 1 | 2021-03-27 | 10,000 | 17일 | 971103-2****** |
| 9 | 2001-04-02 | 여 | 5 | 2021-04-25 | 48,000 | | 010402-4****** |
| 10 | 2003-09-11 | 남 | 2 | 2021-03-15 | 19,000 | 27일 | 030911-3****** |

25.상시, 23.상시, 20.상시, 19.2

**[유형 1]** IF, ISNUMBER, ROUND 함수 사용

초과시간을 이용하여 [E3:E10] 영역에 초과수당을 계산하여 표시하시오.

▶ 초과수당 = 초과시간 × 9,500
▶ 초과수당은 초과시간이 숫자가 아니면 0으로 표시
▶ 초과수당은 반올림하여 천의 자리까지 표시

[ =IF( ISNUMBER(C3), ROUND(C3*9500, -3), 0 ) ]
      조건                참         거짓

※ 아래 그림을 참고하여 수식을 이해하고 작성해 보세요[유형 4~8].

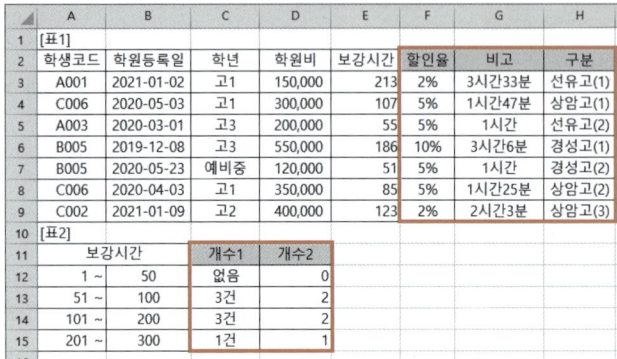

### 18.1, 17.상시
**[유형 2]** IF, NETWORKDAYS, TEXT 함수 사용

알바시작일과 기준일을 이용하여 [F3:F10] 영역에 알바일수를 표시하시오.

▶ 알바일수는 2자리로 표시
  [표시 예 : 알바일수가 3일인 경우 → 03일]

▶ 알바일수가 0 이하이면 빈 칸으로 표시

[ =IF( NETWORKDAYS(D3, $G$1)<=0, " ", TEXT(NETWORKDAYS(D3, $G$1), "00일") ) ]
   조건                            참                  거짓

### 22.상시, 21.상시, 20.상시
**[유형 4]** IF, AND, YEAR 함수 사용

학원등록일을 이용하여 학원등록일의 연도가 2019년이고 학원비가 200,000 이상이면 10%, 학원등록일의 연도가 2020년이고 학원비가 100,000 이상이면 5%, 그 외는 2%를 [F3:F9] 영역에 표시하시오.

[ =IF(AND( YEAR(B3)=2019, D3>=200000), 10%, IF( AND(YEAR(B3)=2020, D3>=100000), 5%, 2% ) ) ]
       조건                              참              거짓

### 19.상시, 15.상시, 14.1, 13.상시
**[유형 3]** IF, YEAR, TEXT 함수와 & 연산자 사용

생년월일과 성별을 이용하여 [G3:G10] 영역에 주민번호를 표시하시오.

▶ 생년월일을 이용하여 주민번호의 앞에 6자리를 계산하고, 8번째 자리는 성별이 "남"이면 1, "여"이면 2로 표시한 다음 뒤의 6자리는 "******"로 표시

▶ 출생년도가 2000년 이상일 때는 주민번호의 8번째 자리를 성별이 "남"이면 3, "여"이면 4로 표시

▶ [표시 예 : 생년월일이 2001-04-04, 성별이 "남"일 경우 → 010404-3******]

[ =TEXT(A3, "YYMMDD-") & IF( B3="남", IF(YEAR(A3)>=2000, 3, 1), IF(YEAR(A3)>=2000, 4, 2) ) & "******" ]
    인수   표시형식         조건              참                       거짓

#### 수식 만들기

IF 함수를 사용하는 논리 수식은 먼저 IF 함수의 논리 규칙에 맞게 우리말로 수식을 세웁니다. IF 함수 부분만 살펴보면 다음과 같습니다.

주민번호의 8번째 자리는 ❶ 성별이 "남"인 사람 중 ❷ 출생년도가 2000년 이상이면 ❸ 3, 그렇지 않으면 ❹ 1, 성별이 "남"이 아닌 사람 중 ❺ 출생년도가 2000년 이상이면 ❻ 4, 그렇지 않으면 ❼ 2

IF(성별이 "남", IF(출생년도가 2000 이상, 3, 1), IF(출생년도가 2000 이상, 4, 2))
    ❶            ❷              ❸❹         ❺              ❻❼

### 20.상시, 19.상시
**[유형 5]** IF, MOD, ROUNDUP, TEXT 함수와 & 연산자 사용

보강시간을 이용하여 [G3:G9] 영역에 비고를 계산하여 표시하시오.

▶ 비고는 보강시간을 시간과 분으로 환산하여 계산

▶ 보강시간이 60 미만이면 시간으로만 표시하고, 보강시간이 60 이상이면 시간과 분을 나누어 표시

▶ [표시 예 : 55 → 1시간, 65 → 1시간5분]

[ =IF( E3<60, TEXT(ROUNDUP(E3/60, 0), "0시간"), TEXT((E3-MOD(E3, 60))/60, "0시간")&TEXT(MOD(E3, 60), "0분") ) ]
    조건              참                                       거짓

22.상시, 21.상시, 20.상시, 16.상시

**[유형 6]** IF, COUNTIF, LEFT 함수와 & 연산자 사용

학생코드를 이용하여 구분별 누적개수를 [H3:H9] 영역에 표시하시오.

▶ 구분은 학생코드의 첫 글자가 "A"이면 "선유고", "B"이면 "경성고", "C"이면 "상암고"임

▶ [표시 예 : 선유고(1), 경성고(1), 선유고(2)]

[ =IF( LEFT(A3, 1)="A", "선유고("&COUNTIF($A$3:A3, "A*")&")", IF( LEFT(A3, 1)="B", "경성고("&COUNTIF($A$3:A3, "B*")&")", "상암고("&COUNTIF($A$3:A3, "C*")&")" ) ) ]

**수식의 이해**   COUNTIF($A$3:A3, "A*")의 의미

[A3:A3] 영역에서 "A"로 시작하는 학생코드의 개수를 구해 반환합니다. [A3] 셀에 입력한 수식의 채우기 핸들을 드래그하여 나머지 셀에 수식을 입력하면 아래와 같이 변경되면서 누적 개수를 계산합니다.

- [A3] 셀 : COUNTIF($A$3:A3, "A*") → [A3:A3] 영역에서 "A"로 시작하는 학생코드의 개수 구함
- [A4] 셀 : COUNTIF($A$3:A4, "A*") → [A3:A4] 영역에서 "A"로 시작하는 학생코드의 개수 구함
  :
- [A9] 셀 : COUNTIF($A$3:A9, "A*") → [A3:A9] 영역에서 "A"로 시작하는 학생코드의 개수 구함

※ 'A*'는 "A"로 시작하는 모든 문자를 의미합니다.

22.상시, 21.상시, 20.1, 18.1, 17.상시, 17.1, 16.2

**[유형 7]** IF, FREQUENCY, TEXT 함수를 사용한 배열 수식

보강시간과 [표2]를 이용하여 보강시간별 개수를 [C12:C15] 영역에 표시하시오.

▶ 개수가 0보다 큰 경우 계산된 값 뒤에 "건"을 추가하여 표시하고, 그 외는 "없음"으로 표시

▶ [표시 예 : 0 → 없음, 3 → 3건]

[ {=IF( FREQUENCY(E3:E9, B12:B15)>0, TEXT(FREQUENCY(E3:E9, B12:B15), "0건"), "없음" )} ]
　　　　　조건　　　　　　　　　　　　　　　참　　　　　　　　　　　　거짓

※ 결과값이 들어갈 [C12:C15] 영역을 블록으로 지정한 후 수식을 입력하고 Ctrl + Shift + Enter를 누르세요.

24.상시

**[유형 8]** IF, FREQUENCY, RIGHT 함수를 사용한 배열 수식

학년, 보강시간과 [표2]를 이용하여 학년의 마지막 글자가 1이거나 3인 학생의 보강시간별 개수를 [D12:D15] 영역에 표시하시오.

[ {=FREQUENCY( IF( (RIGHT(C3:C9,1)="1")+(RIGHT(C3:C9,1)="3"), E3:E9 ), B12:B15 )} ]
　　　　　　　　　　조건1　　　　　　　　조건2　　　　참

※ 결과값이 들어갈 [D12:D15] 영역을 블록으로 지정한 후 수식을 입력하고 Ctrl + Shift + Enter를 누르세요.

**체크체크**

아래 그림을 참고하여 수식을 작성하시오[①~⑧].

| | A | B | C | D | E | F | G | H | I | J | K |
|---|---|---|---|---|---|---|---|---|---|---|---|
| 1 | [표1] | | | | | | | | | 기준일 : | 2021-06-10 |
| 2 | 생년월일 | 성별 | 회원코드 | 가입일 | 가입기간 | 기부금 | 봉사시간 | 봉사점수 | 봉사시간2 | 등급 | 구분 |
| 3 | 1992-08-08 | 남 | 1920808** | 2009-01-12 | 108개월 | 900,000 | 350 | 70 | 5시간50분 | 열심 | 1900남(1) |
| 4 | 1999-05-15 | 남 | 1990515** | 2015-08-20 | 051개월 | 100,000 | 897 | 180 | 14시간57분 | 새싹 | 1900남(2) |
| 5 | 1997-04-13 | 여 | 2970413** | 2021-06-01 | | 500,000 | | 0 | 0시간 | 새싹 | 1900여(1) |
| 6 | 1998-05-27 | 남 | 1980527** | 2006-12-22 | 126개월 | 900,000 | 222 | 40 | 3시간42분 | 열심 | 1900남(3) |
| 7 | 2000-05-27 | 여 | 4000527** | 2004-11-26 | 144개월 | 200,000 | 809 | 160 | 13시간29분 | 일반 | 2000여(1) |
| 8 | 2002-01-24 | 남 | 3020124** | 2016-10-04 | 041개월 | 300,000 | 481 | 100 | 8시간1분 | 일반 | 2000남(1) |
| 9 | 1996-07-17 | 남 | 1960717** | 2020-01-09 | 012개월 | 500,000 | | 0 | 0시간 | 새싹 | 1900남(4) |
| 10 | [표2] | | | | | | | | | | |
| 11 | 봉사시간 | | 인원1 | 인원2 | | | | | | | |
| 12 | 0~ | 300 | 1명 | | | | | | | | |
| 13 | 301~ | 500 | 2명 | 1 | | | | | | | |
| 14 | 501~ | 700 | 없음 | 0 | | | | | | | |
| 15 | 701~ | 900 | 2명 | 1 | | | | | | | |

① 생년월일과 성별을 이용하여 [C3:C9] 영역에 회원코드 표시

▶ 생년월일을 이용하여 회원코드의 첫 글자는 출생년도가 2000년 미만인 사람 중 성별이 "남"이면 1, "여"이면 2로 표시하고, 출생년도가 2000년 이상인 사람 중 성별이 "남"이면 3, "여"이면 4로 표시하고, 회원코드의 2~7자리는 연월일로 표시

▶ [표시 예 : 생년월일이 1992-08-08, 성별이 "남"인 경우 → 1920808**]

▶ IF, YEAR, TEXT 함수와 & 연산자 사용

[　　　　　　　　　　　　　　　　　　　　　　　　　　　]

② 가입일과 기준일을 이용하여 [E3:E9] 영역에 가입기간 표시

▶ 가입기간은 한 달을 30일로 계산하여 월 단위로 표시

▶ 가입기간은 3자리로 표시 [표시 예 : 가입기간이 3일인 경우 → 003개월]

▶ 가입기간이 1 미만이면 빈 칸으로 표시

▶ IF, NETWORKDAYS, TEXT 함수 사용

[　　　　　　　　　　　　　　　　　　　　　　　　　　　]

③ 봉사시간을 이용하여 [H3:H9] 영역에 봉사점수 계산

▶ 봉사점수 = 봉사시간 × 20%

▶ 봉사시간은 봉사시간이 숫자가 아니면 0으로 표시

▶ 봉사점수를 반올림하여 십의 자리까지 표시

▶ IF, ISNUMBER, ROUND 함수 사용

[　　　　　　　　　　　　　　　　　　　　　　　　　　　]

④ 봉사시간을 이용하여 [I3:I9] 영역에 봉사시간2 표시
- 봉사시간2는 봉사시간을 시간과 분으로 환산하여 계산
- 봉사시간이 60 미만이면 시간으로만 표시하고, 봉사시간이 60 이상이면 시간과 분을 나누어 표시
- [표시 예 : 55 → 1시간, 65 → 1시간5분]
- IF, MOD, ROUNDUP, TEXT 함수와 & 연산자 사용

[                                                          ]

⑤ 가입일과 기부금을 이용하여 가입일의 연도가 2010년 미만이고 기부금이 500,000 이상이면 "열심", 가입일의 연도가 2020년 미만이고 기부금이 200,000 이상이면 "일반", 그 외는 "새싹"을 [J3:J9] 영역에 표시
- IF, AND, YEAR 함수 사용

[                                                          ]

⑥ 회원코드를 이용하여 구분별 누적개수를 [K3:K9] 영역에 표시
- 구분은 회원코드의 첫 글자가 "1"이면 "1900남", "2"이면 "1900여", "3"이면 "2000남", "4"이면 "2000여"임
- [표시 예 : 1900남(1), 2000여(1), 1900남(2)]
- IF, COUNTIF, LEFT 함수 & 연산자 사용

[                                                          ]

⑦ 봉사시간을 이용하여 봉사시간별 인원수를 [C12:C15] 영역에 표시
- 인원수가 0보다 큰 경우 계산된 값 뒤에 "명"을 추가하여 표시하고, 그 외는 "없음"으로 표시
- [표시 예 : 0 → 없음, 2 → 2명]
- IF, FREQUENCY, TEXT 함수를 사용한 배열 수식

[                                                          ]

⑧ 회원코드와 봉사시간을 이용하여 회원코드의 오른쪽 세 글자가 "7**"이거나 "8**"인 회원의 봉사시간별 인원수를 [D12:D15] 영역에 표시
- IF, FREQUENCY, RIGHT 함수를 사용한 배열 수식

[                                                          ]

### 정답

① [C3] : =IF( YEAR(A3)<2000, IF(B3="남", 1, 2), IF(B3="남", 3, 4) ) & TEXT(A3, "YYMMDD") & "**"

② [E3] : =IF( NETWORKDAYS(D3, $K$1)/30<1, " ", TEXT( NETWORKDAYS(D3, $K$1)/30, "000개월" ) )

③ [H3] : =IF( ISNUMBER(G3), ROUND(G3*20%, -1), 0 )

④ [I3] : =IF( G3<60, TEXT(ROUNDUP(G3/60, 0), "0시간"), TEXT((G3-MOD(G3, 60))/60, "0시간")&TEXT(MOD(G3, 60), "0분") )

⑤ [J3] : =IF( AND( YEAR(D3)<2010, F3>=500000 ), "열심", IF( AND( YEAR(D3)<2020, F3>=200000 ), "일반", "새싹" ) )

⑥ [K3] : =IF( LEFT(C3, 1)="1", "1900남("&COUNTIF($C$3:C3, "1*")&")", IF( LEFT(C3, 1)="2", "1900여("&COUNTIF($C$3:C3, "2*")&")", IF( LEFT(C3, 1)="3", "2000남("&COUNTIF($C$3:C3, "3*")&")", "2000여("&COUNTIF($C$3:C3, "4*")&")" ) ) )

⑦ [C12:C15] : {=IF( FREQUENCY(G3:G9, B12:B15)>0, TEXT( FREQUENCY(G3:G9, B12:B15), "0명" ), "없음" )}
- ※ 결과값이 들어갈 [C12:C15] 영역을 블록으로 지정한 후 수식을 입력하고 Ctrl + Shift + Enter를 누르세요.

⑧ [D12:D15] : {=FREQUENCY( IF( (RIGHT(C3:C9, 3)="7**") + (RIGHT(C3:C9, 3)="8**"), G3:G9 ), B12:B15 )}
- ※ 결과값이 들어갈 [D12:D15] 영역을 블록으로 지정한 후 수식을 입력하고 Ctrl + Shift + Enter를 누르세요.

## 02 IFERROR

24.상시, 23.상시, 22.상시, 21.상시, 20.상시, 15.3

※ 아래 그림을 참고하여 수식을 이해하고 작성해 보세요[유형 1~2].

| | A | B | C | D | E | F | G |
|---|---|---|---|---|---|---|---|
| 1 | 이름 | 학년 | 필기 | 실기 | 면접 | 그래프1 | 그래프2 |
| 2 | 홍가람 | 1 | 70 | 92 | 57 | ■■22점 | 2(▲▲) |
| 3 | 이성훈 | 3 | 90 | 70 | 95 | 실기보강 | -2(▽▽) |
| 4 | 구인하 | 2 | 61 | 97 | 75 | ■■■36점 | 3(▲▲▲) |
| 5 | 이숙민 | 2 | 80 | 93 | 87 | ■13점 | 1(▲) |
| 6 | 김형호 | 1 | 85 | 60 | 85 | 실기보강 | -2(▽▽) |
| 7 | 양성진 | 3 | 85 | 95 | 85 | ■10점 | 1(▲) |
| 8 | 임호성 | 2 | 75 | 99 | 98 | ■■24점 | 2(▲▲) |
| 9 | 김용화 | 1 | 88 | 77 | 60 | 실기보강 | -1(▽) |

**[유형 1]** IFERROR, REPT, TEXT 함수와 & 연산자 사용

22.상시, 21.상시, 20.상시, 15.3

실기와 필기 점수의 차이만큼 [F2:F9] 영역에 그래프1을 표시하시오.
- '(실기-필기)/10'의 값만큼 "■" 표시
- [표시 예 : '실기-필기'의 값이 25일 경우 → ■■25점]
- [표시 예 : '실기-필기'의 값이 -25일 경우 → 실기보강]

[ =IFERROR( REPT("■", (D2-C2)/10)&TEXT(D2-C2, "0점"), "실기보강" ) ]
　　　　　　　　인수　　　　　　　　　　　　　　　오류시_표시할_값

**수식의 이해**  REPT("■", (D2-C2)/10)

"■"를 '(D2-C2)/10'의 값만큼 반복하여 표시합니다. '(D2-C2)/10'의 값이 음수이면 #VALUE 오류가 나타납니다.
※ REPT(텍스트, 개수) 함수에서 '개수'가 실수일 경우 소수점 이하의 값은 버리고 정수값 만큼만 '텍스트'를 반복하여 표시합니다. 예를 들어 '(D2-C2)/10'의 값이 3.19인 경우 지정된 '텍스트'를 3번 반복하여 표시합니다.

**[유형 2]** IFERROR, REPT, TRUNC, ABS 함수와 & 연산자 사용

23.상시, 20.상시

실기와 필기 점수의 차이만큼 [G2:G9] 영역에 그래프2를 표시하시오.
- '(실기-필기)/10'의 값만큼 "▲" 또는 "▽" 표시
- [표시 예 : '(실기-필기)/10'의 정수 값이 3일 경우 → "3(▲▲▲)", -3일 경우 → "-3(▽▽▽)", 0일 경우 → "0( )"]

[ =TRUNC((D2-C2)/10) & "( " & IFERROR( REPT("▲", (D2-C2)/10), REPT("▽", ABS((D2-C2)/10)) ) & ")" ]
　　　　　　　　　　　　　　　인수　　　　　　　　　　　　　　오류시_표시할_값

## 대표기출문제

'길벗컴활1급총정리\엑셀\기능\07논리함수.xlsm' 파일을 열어서 작업하세요.

※ 아래 그림을 이용하여 수식을 작성하시오[기출 1~3].

| | A | B | C | D | E | F | G | H |
|---|---|---|---|---|---|---|---|---|
| 1 | [표1] | | | | | | | |
| 2 | 성명 | 상품코드 | 수량 | 단가 | 판매금액 | 총판매시간 | 비고 | 분류 |
| 3 | 김새롬 | 4D055 | 56 | 5,300 | 296,800 | 50 | 1시간 | 생필품(1) |
| 4 | 권충수 | 3A835 | 90 | 2,500 | 225,000 | 90 | 1시간30분 | 의류(1) |
| 5 | 임원이 | 5A430 | 19 | 6,200 | 117,800 | 55 | 1시간 | 가전(1) |
| 6 | 이구름 | 4C317 | 79 | 2,000 | 158,000 | 35 | 1시간 | 생필품(2) |
| 7 | 김중건 | 5A794 | 15 | 5,300 | 79,500 | 85 | 1시간25분 | 가전(2) |
| 8 | 배사공 | 3B666 | 100 | 2,000 | 200,000 | 45 | 1시간 | 의류(2) |
| 9 | 김진상 | 4B383 | 69 | 5,300 | 365,700 | 97 | 1시간37분 | 생필품(3) |
| 10 | 고진웅 | 5C766 | 55 | 3,000 | 165,000 | 68 | 1시간8분 | 가전(3) |
| 11 | [표2] | | | | | | | |
| 12 | | 수량 | 개수 | | | | | |
| 13 | 1 ~ | 20 | 2건 | | | | | |
| 14 | 21 ~ | 50 | | | | | | |
| 15 | 51 ~ | 70 | 3건 | | | | | |
| 16 | 71 ~ | 100 | 3건 | | | | | |

### [기출 1] 20.상시, 19.상시

총판매시간을 이용하여 비고를 [G3:G10] 영역에 표시하시오.

▶ 비고는 총판매시간을 시간과 분으로 환산하여 계산
▶ 총판매시간이 60 미만이면 시간으로만 표시하고, 60 이상이면 시간과 분을 나누어 표시
▶ [표시 예 : 55 → 1시간, 65 → 1시간5분]
▶ IF, MOD, ROUNDUP, TEXT 함수와 & 연산자 사용

### [기출 2] 22.상시, 21.상시, 20.상시, 16.상시

상품코드를 이용하여 분류별 누적개수를 [H3:H10] 영역에 표시하시오.

▶ 분류는 상품코드의 첫 글자가 "3"이면 "의류", "4"이면 "생필품", "5"이면 "가전"임
▶ [표시 예 : 의류(1), 생필품(1), 가전(2)]
▶ IF, COUNTIF, LEFT 함수와 & 연산자 사용

### [기출 3] 22.상시, 21.상시, 20.1, 18.1, 17.상시, 17.1, 16.2

수량과 [표2]를 이용하여 수량별 개수를 [C13:C16] 영역에 표시하시오.

▶ 개수가 0보다 큰 경우 계산된 값 뒤에 "건"을 추가하여 표시하고, 그 외는 빈 칸으로 표시
▶ [표시 예 : 5 → 5건]
▶ IF, FREQUENCY, TEXT 함수를 사용한 배열 수식

---

### 체크체크

아래 그림을 참고하여 수식을 작성하시오[①~②].

| | A | B | C | D | E | F | G |
|---|---|---|---|---|---|---|---|
| 1 | 지점 | 담당자 | 냉장보관 | 유통기한 | 매장청결 | 위생1 | 위생2 |
| 2 | 가로수길점 | 문송윤 | 76 | 90 | 71 | ☆14점 | -1(■) |
| 3 | 압구정점 | 정서영 | 85 | 61 | 90 | 폐기 | 2(□□) |
| 4 | 혜화점 | 유채율 | 52 | 96 | 75 | ☆☆☆☆44점 | -2(■■) |
| 5 | 신촌점 | 송초하 | 56 | 95 | 69 | ☆☆☆39점 | -2(■■) |
| 6 | 홍대점 | 주주안 | 76 | 100 | 60 | ☆☆24점 | -4(■■■■) |
| 7 | 해운대점 | 조은진 | 80 | 95 | 53 | ☆15점 | -4(■■■■) |
| 8 | 동성로점 | 정경호 | 94 | 80 | 80 | 폐기 | 00 |
| 9 | 제주점 | 고영하 | 100 | 88 | 77 | 폐기 | -1(■) |

① 냉장보관과 유통기한이 차이만큼 [F2:F9] 영역에 위생1 표시
▶ '(유통기한-냉장보관)/10'의 값만큼 "☆" 표시
▶ [표시 예 : '유통기한-냉장보관'의 값이 14일 경우 → ☆14점]
▶ [표시 예 : '유통기한-냉장보관'의 값이 -14일 경우 → 폐기]
▶ IFERROR, REPT, TEXT 함수와 & 연산자 사용
[                                                                ]

② 유통기한과 매장청결의 차이만큼 [G2:G9] 영역에 위생2 표시
▶ '(매장청결-유통기한)/10'의 값만큼 "□" 또는 "■" 표시
▶ [표시 예 : '(매장청결-유통기한)/10'의 정수 값이 2일 경우 → "2(□□)", -2일 경우 → "-2(■■)", 0일 경우 → "0( )"]
▶ IFERROR, REPT, TRUNC, ABS 함수와 & 연산자 사용
[                                                                ]

---

### 정답

① [F2] : =IFERROR( REPT("☆", (D2-C2)/10)&TEXT(D2-C2, "0점"), "폐기" )
② [G2] : =TRUNC((E2-D2)/10) & "(" & IFERROR( REPT("□", (E2-D2)/10), REPT("■", ABS((E2-D2)/10)) ) & ")"

※ 아래 그림을 이용하여 수식을 작성하시오[기출 4~5].

| | A | B | C | D | E | F | G |
|---|---|---|---|---|---|---|---|
| 1 | | | | | | 기준일 | 2021-03-20 |
| 2 | 이름 | 판매시작일 | 1월 | 2월 | 3월 | 판매일수 | 그래프 |
| 3 | 김한웅 | 2021-03-22 | 64 | 84 | 89 | | 2(☆☆) |
| 4 | 김태정 | 2021-03-07 | 56 | 90 | 90 | 10일 | 3(☆☆☆) |
| 5 | 황선철 | 2021-01-12 | 11 | 13 | 72 | 49일 | 0() |
| 6 | 이만수 | 2021-02-22 | 85 | 95 | 37 | 20일 | 1(☆) |
| 7 | 이봉삼 | 2021-03-12 | 79 | 66 | 47 | 06일 | -1(★) |
| 8 | 이원섭 | 2021-03-21 | 85 | 99 | 85 | | 1(☆) |
| 9 | 김주희 | 2021-03-15 | 61 | 85 | 58 | 05일 | 2(☆☆) |
| 10 | 김환식 | 2021-02-12 | 93 | 51 | 70 | 26일 | -4(★★★★) |

**[기출 4]** 20.상시, 17.상시, 13.3

판매시작일과 기준일을 이용하여 [F3:F10] 영역에 판매일수를 표시하시오.

▶ 판매일수는 2자리로 표시 [표시 예 : 판매일수가 2일인 경우 → 02일]

▶ 판매일수가 0 이하면 빈 칸으로 표시

▶ IF, NETWORKDAYS, TEXT 함수 사용

**[기출 5]** 23.상시, 22.상시, 21.상시, 18.2, 14.3

1월과 2월 판매량의 차이만큼 [G3:G10] 영역에 그래프를 표시하시오.

▶ '(2월-1월)/10'의 값만큼 "☆" 또는 "★" 표시

▶ [표시 예 : '(2월-1월)/10'의 정수 값이 3일 경우 → 3(☆☆☆), -3일 경우 → -3(★★★), 0일 경우 → 0( ) ]

▶ IFERROR, REPT, TRUNC, ABS 함수와 & 연산자 사용

---

### 정답

**[기출 1]**

[G3] : =IF( F3<60, TEXT( ROUNDUP(F3/60, 0), "0시간" ), TEXT( (F3-MOD(F3, 60))/60, "0시간" ) & TEXT( MOD(F3, 60), "0분" ) )

**[기출 2]**

[H3] : =IF( LEFT(B3, 1)="3", "의류("&COUNTIF($B$3:B3, "3*")&")", IF( LEFT(B3, 1)="4", "생필품("&COUNTIF($B$3:B3, "4*")&")", "가전("&COUNTIF($B$3:B3, "5*")&")" ) )

**[기출 3]**

[C13:C16] : {=IF( FREQUENCY(C3:C10, B13:B16)>0, TEXT( FREQUENCY(C3:C10, B13:B16), 0건 ), " " )}

※ 결과값이 들어갈 [C13:C16] 영역을 블록으로 지정하고 수식을 입력한 후 Ctrl + Shift + Enter를 누르세요.

**[기출 4]**

[F3] : =IF( NETWORKDAYS(B3, $G$1)<=0, " ", TEXT( NETWORKDAYS(B3, $G$1), "00일" ) )

**[기출 5]**

[G3] : =TRUNC((D3-C3)/10) & "(" & IFERROR( REPT("☆", (D3-C3)/10), REPT("★", ABS((D3-C3)/10) ) ) & ")"

## 4 기타 함수

출제 비율 50% / 배점 6점

기타 함수 문제는 배열 수식, 찾기/참조 함수, 논리 함수 등 앞에서 배웠던 함수를 제외한 나머지 함수들을 이용하여 수식을 작성하는 문제입니다. 보통 한 회에 1문제가 출제되고 **배점은 6점**입니다. **부분 점수는 없습니다.**

• 기타 함수 문제에서 지금까지 출제된 함수들은 다음과 같습니다.

| 함수 | 기능 |
|---|---|
| SUMPRODUCT(배열1, 배열2, …) | 배열1과 배열2의 개별 요소들끼리 곱한 결과를 모두 더한 값 반환<br>예 =SUMPRODUCT(A1:A2, B1:B2) : [A1:A2] 영역의 값과 [B1:B2] 영역의 값을 대응([A1]×[B1], [A2]×[B2])되게 곱한 값의 합계값을 반환함 |
| DAYS(마지막 날짜, 시작 날짜) | 마지막 날짜에서 시작 날짜를 뺀 일 수를 계산하여 반환<br>예 =DAYS("2021-7-10", "2021-7-7") : 3을 반환함 |
| SUMIF(조건 범위, 조건, 합계 범위) | 조건에 맞는 셀을 찾아 합계 반환<br>예 =SUMIF(A1:A10, "컴퓨터", B1:B10) : [A1:A10] 영역에서 "컴퓨터"가 입력된 셀들을 찾은 후 [B1:B10] 영역의 같은 행에 있는 값들의 합계를 반환함 |
| SUMIFS(합계 범위, 조건1 범위, 조건1, 조건2 범위, 조건2, …) | 여러 개의 조건을 지정하여 조건에 맞는 셀들의 합계 반환<br>예 =SUMIFS(C1:C10, A1:A10, "컴퓨터", B1:B10, "1급") : [A1:A10] 영역에서 "컴퓨터"가 입력된 셀들을 찾고, [B1:B10] 영역에서 같은 행들에 있는 "1급"이 입력된 셀들을 찾은 후 [C1:C10] 영역에서 같은 행에 있는 값들의 합계를 반환함 |
| MID(텍스트, 시작위치, 개수) | 텍스트의 시작위치부터 지정한 개수만큼 반환<br>예 =MID("ABCDE", 3, 2) : "CD"를 반환함 |
| WORKDAY(시작날짜, 일수, 휴일날짜) | 시작날짜에 주말과 휴일날짜를 제외하고 일수만큼 지난 날짜 반환<br>예 =WORKDAY("2021-5-3", 5, "2021-5-5") : 2021-5-11을 반환함(토요일, 일요일, 5월 5일 제외) |
| DAVERAGE(범위, 열번호, 조건) | 범위에서 조건에 맞는 자료 중 지정된 열번호 열의 평균 반환<br>예 =DAVERAGE(B2:F8, 5, C11:C12) : [B2:F8] 영역에서 [C11:C12]에 입력된 조건을 만족하는 자료를 찾아 5열의 평균을 반환함 |

### 합격포인트

- 함수 문제는 모두 **수식을 정확하게 세우는 것이 합격포인트**입니다.
- 찾기/참조 함수를 열심히 공부했으면 기타 함수 문제가 상대적으로 쉽게 느껴질 겁니다.
- 기타 함수 문제는 상시 시험에서 종종 동일한 문제를 만나곤 하는 함수입니다. **너무 어려운 문제라면 문제와 정답을 기억해 두는 것도 한 가지 방법**입니다.

☞ '길벗컴활1급총정리\엑셀\기능\08기타함수.xlsm' 파일을 열어서 작업하세요.

 전문가의 조언

배열 상수를 직접 입력할 때 열은 쉼표(,), 행은 세미콜론(;), 그리고 중괄호({ })로 묶어줍니다. 예를 들어, 

| 1 | 2 | 3 |
|---|---|---|
| 4 | 5 | 6 |

라면, {1,2,3;4,5,6}와 같이 입력합니다.

### 01 SUMPRODUCT 함수

24.상시, 23.상시, 22.상시, 21.상시, 16.상시, 13.2

※ 아래 그림을 참고하여 수식을 이해하고 작성해 보세요[유형 1~2].

| | A | B | C | D | E | F | G |
|---|---|---|---|---|---|---|---|
| 1 | [표1] | | | | | | |
| 2 | 이름 | 학년 | 필기 | 실기 | 면접 | 총점1 | 총점2 |
| 3 | 홍가람 | 1 | 70 | 92 | 57 | 78.4 | 76.2 |
| 4 | 이성훈 | 3 | 90 | 70 | 95 | 81 | 81.5 |
| 5 | 구인하 | 2 | 61 | 97 | 75 | 81.8 | 79.6 |
| 6 | 이숙민 | 2 | 80 | 93 | 87 | 87.9 | 87.3 |
| 7 | 김형호 | 1 | 85 | 60 | 85 | 72.5 | 75 |
| 8 | 양성진 | 3 | 85 | 95 | 85 | 90 | 90 |
| 9 | 임호성 | 2 | 95 | 95 | 98 | 95.6 | 95.9 |
| 10 | 김용화 | 1 | 88 | 77 | 60 | 76.9 | 78 |
| 11 | [표2] 가중치표 | | | | | | |
| 12 | 학년 | 필기 | 실기 | 면접 | | | |
| 13 | 1 | 40% | 40% | 20% | | | |
| 14 | 2 | 30% | 40% | 30% | | | |
| 15 | 3 | 20% | 50% | 30% | | | |

24.상시, 23.상시, 22.상시, 21.상시, 13.2

**[유형 1]** SUMPRODUCT 함수와 배열 상수 사용

필기, 실기, 면접을 이용하여 필기, 실기, 면접에 가중치를 적용한 총점1을 [F3:F10] 영역에 표시하시오.

▶ '총점1'은 과목별 점수와 가중치를 곱한 값들의 합으로 계산

▶ 가중치는 필기는 30%, 실기는 50%, 면접은 20%임

[ =SUMPRODUCT( C3:E3, {0.3,0.5,0.2} ) ]
                범위1      범위2

**수식의 이해**  =SUMPRODUCT(C3:E3, {0.3,0.5,0.2})

SUMPRODUCT(배열1, 배열2)는 배열1과 배열2를 곱한 후 결과를 모두 더하는 함수입니다. 인수로 배열을 지정할 때는 사용할 영역을 범위로 지정하거나 배열 상수를 직접 입력합니다. 배열 상수를 직접 입력할 때는 열의 구분은 쉼표(,)로, 행의 구분은 세미콜론(;)으로, 그리고 인수의 구분은 중괄호({ })로 합니다. '=SUMPRODUCT(C3:E3, {0.3,0.5,0.2})'에서 첫 번째 인수로 입력된 [C3:E3]이 열로 구분되어 있는 3개의 셀이므로 상수로 입력된 두 번째 인수는 첫 번째 인수의 개수와 같은 3개의 숫자를 쉼표(,)로 구분하고, 세 개가 한 개의 인수임을 나타내기 위해 앞뒤에 중괄호({ })를 입력해야 합니다. 만약에 첫 번째 인수가 [E3:E5]처럼 행으로 구분되어 있는 3개의 셀이라면 두 번째 인수도 3개의 숫자를 세미콜론(;)으로 구분하여 {0.3;0.5;0.2}과 같이 입력해야 합니다.

16.상시

**[유형 2]** SUMPRODUCT, OFFSET, MATCH 함수 사용

학년, 필기, 실기, 면접을 이용하여 학년과 과목에 따라 다른 가중치를 적용한 총점2를 [G3:G10] 영역에 계산하시오.

▶ '총점2'는 과목별 점수와 가중치를 곱한 값들의 합으로 계산

▶ 가중치는 학년과 과목을 이용하여 [표2]에서 찾아 계산

[ =SUMPRODUCT( C3:E3, OFFSET($A$12, MATCH(B3, $A$13:$A$15, 0), 1, 1, 3 ) ) ]
                                    기준셀         행               열 높이 너비
                범위1                     범위2

**수식의 이해**

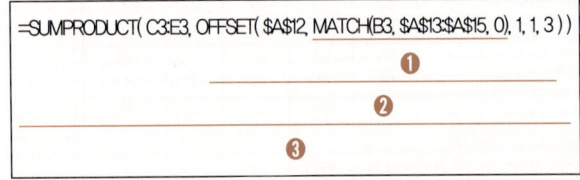

❶ MATCH(B3, $A$13:$A$15, 0) : [B3] 셀의 값을 [A13:A15] 영역에서 찾아 그 위치를 일련번호로 반환(1)

❷ OFFSET($A$12, ❶, 1, 1, 3) → OFFSET( $A$12, 1, 1, 1, 3) : [A12] 셀을 기준으로 1행 1열 떨어진 셀 주소(B13)를 찾고, 이 주소를 기준으로 1행 3열의 범위(B13:D13)를 지정

❸ =SUMPRODUCT(C3:E3, ❷) → =SUMPRODUCT(C3:E3, B13:D13) : [C3:E3]과 [B13:D13]의 각 셀에 입력된 숫자를 같은 열에 있는 숫자끼리 곱한 다음 결과를 모두 더하는 것이므로 수식을 'C3*B13+D3*C13+E3*D13'와 같이 입력해도 됨

---

※ 아래 그림을 참고하여 수식을 이해하고 작성해 보세요[02~06].

| | A | B | C | D | E | F |
|---|---|---|---|---|---|---|
| 1 | [표1] | | | | | |
| 2 | 판매코드 | 판매일 | 판매상품 | 단가 | 판매수량 | 변경코드 |
| 3 | 가041 | 2021-03-01 | 녹차 | 35,000 | 12 | 가C41 |
| 4 | 나026 | 2020-05-23 | 커피 | 72,300 | 18 | 나C26 |
| 5 | 다073 | 2020-04-03 | 쌍화차 | 63,900 | 24 | 다C73 |
| 6 | 가025 | 2021-01-09 | 커피 | 45,000 | 24 | 가C25 |
| 7 | 다056 | 2019-12-08 | 녹차 | 54,500 | 30 | 다C56 |
| 8 | 나092 | 2021-01-02 | 녹차 | 25,500 | 27 | 나C92 |
| 9 | 가025 | 2020-05-03 | 쌍화차 | 32,000 | 48 | 가C25 |
| 10 | [표2] | | | | | |
| 11 | 판매수량 | | 개수 | 수량합계 | 판매상품 | 비율 |
| 12 | 0 | 12 | ◆ | 12개 | 커피 | 23.0% |
| 13 | 13 | 24 | ◆◆◆ | 66개 | 녹차 | 37.7% |
| 14 | 25 | 36 | ◆◆ | 57개 | 쌍화차 | 39.3% |
| 15 | 37 | 100 | ◆ | 48개 | | |
| 16 | [표3] | | | | | |
| 17 | 커피/녹차 평균 | | 42,000 | | 판매상품 | 최빈수 |
| 18 | | | | | 커피 | FALSE |
| 19 | | | | | 녹차 | FALSE |

25.상시, 15.상시, 14.2, 13.상시

**02 SUBSTITUTE, MID 함수 사용**

판매코드를 이용하여 판매코드의 두 번째 글자가 "C"로 변경된 변경코드를 [F3:F9] 영역에 표시하시오.

▶ [표시 예 : 가041 → 가C41]

[ =SUBSTITUTE( A3, MID(A3, 2, 1), "C" ) ]
                  텍스트      인수1      인수2

24.상시, 23.상시, 19.상시, 17.상시

**03 COUNTIFS, REPT 함수와 & 연산자 사용**

판매수량을 이용하여 판매수량별 판매 건수를 구한 후 그 개수만큼 "◆"를 반복하여 [C12:C15] 영역에 표시하시오.

▶ [표시 예 : 3 → ◆◆◆]

[ =REPT("◆", COUNTIFS( $E$3:$E$9, ">="&A12, $E$3:$E$9,
                            조건1_적용_범위    조건1    조건2_적용_범위
"<="&B12 ) ) ]
조건2

## 04 SUMIFS, TEXT 함수와 & 연산자 사용

25.상시, 20.상시, 15.1, 13.상시

판매수량을 이용하여 판매수량별 판매수량의 합계를 [D12:D15] 영역에 표시하시오.

▶ [표시 예 : 0 → 0개, 20 → 20개]

[ =TEXT( SUMIFS( $E$3:$E$9, $E$3:$E$9, ">="&A12, $E$3:$E$9, "<="&B12 ), "0개" ) ]
　　　　　　　합계_구할_범위  조건1_적용_범위　조건1　　조건2_적용_범위　조건2

## 05 SUMIF, SUM, TEXT 함수 사용

18.2, 12.3

판매상품과 판매수량을 이용하여 판매상품별 판매수량의 비율을 [F12:F14] 영역에 표시하시오.

▶ 비율 = 판매상품별 판매수량의 합계 / 전체 판매수량의 합계
▶ [표시 예 : 0인 경우 → 0.0%, 0.152인 경우 → 15.2%]

[ =TEXT( SUMIF( $C$3:$C$9, E12, $E$3:$E$9 ) / SUM($E$3:$E$9), "0.0%" ) ]
　　　　　　　조건_적용_범위　조건　합계_구할_범위

## 06 DAVERAGE, MODE.SNGL, ROUNDUP 함수 사용

22.상시, 21.상시, 19.상시, 17.상시

판매상품이 "커피" 또는 "녹차"이면서, 판매수량이 판매수량의 최빈수 이상인 단가의 평균을 [표3]의 [C17] 셀에 계산하여 표시하시오.

▶ 조건은 [E17:G20] 영역에 입력
▶ 백의 자리에서 올림하여 천의 자리까지 표시

[조건]

| | E | F |
|---|---|---|
| 17 | 판매상품 | 조건 |
| 18 | 커피 | FALSE |
| 19 | 녹차 | FALSE |

[F18], [F19] : =E3>=MODE.SNGL($E$3:$E$9)

[ =ROUNDUP( DAVERAGE( A2:F9, 4, E17:F19 ), −3 ) ]
　　　　　　　　　　범위　열　조건

### 잠깐만요

DSUM, DAVERAGE 등의 데이터베이스 함수는 조건 지정 방법이 고급 필터와 동일합니다. 조건을 지정할 범위의 첫 행에는 원본 데이터 목록의 필드명을 입력하고, 그 아래 행에 조건을 입력합니다. 조건을 같은 행에 입력하면 AND, 다른 행에 입력하면 OR 조건입니다. 단, 수식을 조건으로 사용하는 경우에는 조건지정 영역에 필드명을 생략하거나 원본 데이터와 다른 필드명을 사용해야 합니다.

※ 아래 그림을 참고하여 수식을 이해하고 작성해 보세요[07~08].

| | A | B | C | D |
|---|---|---|---|---|
| 1 | [표1] | | 기준일 : | 2021-04-10 |
| 2 | 가입일 | 가입기간 | 알바종료일 | 급여입금일 |
| 3 | 2020-04-04 | 12개월 | 2021-05-07 | 05월12일수요일 |
| 4 | 2020-06-03 | 10개월 | 2021-05-21 | 05월26일수요일 |
| 5 | 2020-06-20 | 09개월 | 2021-06-05 | 06월09일수요일 |
| 6 | 2020-05-27 | 10개월 | 2021-06-08 | 06월11일금요일 |
| 7 | 2020-02-01 | 14개월 | 2021-06-16 | 06월21일월요일 |
| 8 | 2020-11-03 | 05개월 | 2021-06-22 | 06월25일금요일 |
| 9 | 2020-04-02 | 12개월 | 2021-07-01 | 07월06일화요일 |
| 10 | 2020-09-11 | 07개월 | 2021-07-20 | 07월23일금요일 |
| 11 | 2020-07-24 | 08개월 | 2021-08-10 | 08월13일금요일 |
| 12 | [표2] | | | |
| 13 | | 휴일 | | |
| 14 | 2021-05-05 | 어린이날 | | |
| 15 | 2021-05-19 | 부처님오신날 | | |

## 07 DAYS, TEXT, QUOTIENT 함수 사용

22.상시, 21.상시, 18.상시, 15.상시

가입일과 기준일을 이용하여 [B3:B11] 영역에 가입기간을 표시하시오.

▶ 가입기간은 월단위로 표시하되, 한 달은 30일로 계산하고, 일 수가 부족한 달은 개월 수에 포함하지 않음
▶ [표시 예 : 02개월]

[ =TEXT( QUOTIENT( DAYS($D$1, A3), 30 ), "00개월" ) ]
　　　　　　　　　　　인수1　　　인수2

## 08 WORKDAY, TEXT 함수 사용

19.상시, 13.2

알바종료일과 [표2]의 휴일을 이용하여 [D3:D11] 영역에 급여입금일을 표시하시오.

▶ 급여입금일은 알바종료일에서 주말과 휴일을 제외한 3일 후의 날로 계산

▶ [표시 예 : 알바종료일이 2021-05-07 → 급여입금일 : 05월12일 수요일]

[ =TEXT( WORKDAY( C3, 3, $A$14:$A$15 ), "MM월DD일AAAA" ) ]
　　　　시작날짜 일수　 휴일날짜

※ 요일 서식 코드
- AAA : 월~일로 표시
- AAAA : 월요일~일요일로 표시
- DDD : Sun~Sat로 표시
- DDDD : Sunday~Saturday로 표시

### 체크체크

아래 그림을 참고하여 수식을 작성하시오[①~⑥].

| | A | B | C | D | E | F | G | H | I |
|---|---|---|---|---|---|---|---|---|---|
| 1 | [표1] | | | | | | | | |
| 2 | 회원ID | 주민번호 | 등급 | 6월 | 7월 | 8월 | 할인액 | 적립금 | 변경주민번호 |
| 3 | vrkrjb | 040118-4025213 | VIP | 280,000 | 200,000 | 250,000 | | 50,800 | 41,500 | 040118-4****** |
| 4 | sywee83 | 030701-3582943 | 골드 | 110,000 | 120,000 | 100,000 | | 23,000 | 13,100 | 030701-3****** |
| 5 | vwkwek3 | 040116-3029382 | 골드 | 150,000 | 145,000 | 130,000 | | 29,550 | 16,800 | 040116-3****** |
| 6 | gddyny | 050125-3301922 | 일반 | 50,000 | 75,000 | 90,000 | | 15,450 | 4,700 | 050125-3****** |
| 7 | jbxdku234 | 041117-4238192 | VIP | 300,000 | 250,000 | 350,000 | | 63,500 | 52,000 | 041117-4****** |
| 8 | qduxy90 | 051109-4191037 | 일반 | 95,000 | 100,000 | 75,000 | | 18,700 | 5,200 | 051109-4****** |
| 9 | bgduv15 | 030131-3112039 | 골드 | 190,000 | 140,000 | 165,000 | | 34,400 | 19,550 | 030131-3****** |
| 10 | jnnmgr | 010512-3245219 | 일반 | 35,000 | 50,000 | 17,000 | | 6,960 | 1,860 | 010512-3****** |
| 11 | [표2] 적립율표 | | | | | | | | |
| 12 | 등급 | 6월 | 7월 | 8월 | 할인비율 | 할인액 | | 그래프 | 할인액합계 |
| 13 | VIP | 5% | 5% | 7% | 47% | 0 | 10,000 | ★ | 6,960원 |
| 14 | 골드 | 3% | 4% | 5% | 36% | 10,001 | 30,000 | ★★★★ | 86,700원 |
| 15 | 일반 | 1% | 2% | 3% | 17% | 30,002 | 40,000 | ★★ | 34,400원 |
| 16 | | | | | | 40,001 | 100,000 | ★★ | 114,300원 |

① 6월, 7월, 8월을 이용하여 할인율을 적용한 할인액을 [G3:G10] 영역에 계산
- '할인액'은 월별 금액과 할인율을 곱한 값들의 합으로 계산
- 할인율은 6월은 6%, 7월은 7%, 8월은 8%임
- SUMPRODUCT 함수와 배열 상수 사용

[　　　　　　　　　　　　　　　　　　　　　]

② 등급, 6월, 7월, 8월을 이용하여 등급과 월에 따라 다른 적립율을 적용한 적립금을 [H3:H10] 영역에 계산
- '적립금'은 월별 금액과 적립율을 곱한 값들의 합으로 계산
- 적립율은 등급과 월을 이용하여 [표2]에서 찾아 계산
- SUMPRODUCT, OFFSET, MATCH 함수 사용

[　　　　　　　　　　　　　　　　　　　　　]

③ 주민번호를 이용하여 주민번호의 뒤에 6글자가 "******"로 변경된 변경주민번호를 [I3:I10] 영역에 표시
- [표시 예 : 040118-4025213 → 040118-4******]
- SUBSTITUTE, MID 함수 사용

[　　　　　　　　　　　　　　　　　　　　　]

④ 등급과 할인액을 이용하여 등급별 할인액의 할인비율을 [E13:E15] 영역에 표시
- 할인비율 = 등급별 할인액의 합계 / 전체 할인액의 합계
- [표시 예 : 0인 경우 → 0%, 0.6 → 60%]
- SUMIF, SUM, TEXT 함수 사용

[　　　　　　　　　　　　　　　　　　　　　]

⑤ 할인액을 이용하여 할인액별 주문건수를 구한 후 그 개수만큼 "★"를 반복하여 [H13:H16] 영역에 표시
- [표시 예 : 3 → ★★★]
- COUNTIFS, REPT 함수와 & 연산자 사용

[　　　　　　　　　　　　　　　　　　　　　]

⑥ 할인액을 이용하여 할인액별 할인액의 합계를 [I13:I16] 영역에 표시
- [표시 예 : 0 → 0원, 9000 → 9,000원]
- SUMIFS, TEXT 함수와 & 연산자 사용

[　　　　　　　　　　　　　　　　　　　　　]

※ 아래 그림을 참고하여 수식을 작성하시오[⑦~⑨].

| | A | B | C | D | E | F |
|---|---|---|---|---|---|---|
| 1 | [표1] | | | | 기준일 | 2021-05-26 |
| 2 | 입사일 | 부서 | 인사고과 | 근속년수 | 교육시작일 | 교육종료일 |
| 3 | 2011-03-06 | 인사부 | 93 | 10년 | 2021-07-05 | 07월13일(화) |
| 4 | 2015-06-28 | 인사부 | 79 | 05년 | 2021-07-02 | 07월12일(월) |
| 5 | 2019-08-27 | 영업부 | 87 | 01년 | 2021-07-29 | 08월05일(목) |
| 6 | 2018-05-19 | 인사부 | 87 | 03년 | 2021-07-14 | 07월21일(수) |
| 7 | 2011-03-13 | 기획부 | 94 | 10년 | 2021-07-22 | 07월29일(목) |
| 8 | 2014-01-12 | 영업부 | 92 | 07년 | 2021-07-21 | 07월28일(수) |
| 9 | 2006-09-08 | 영업부 | 95 | 14년 | 2021-07-02 | 07월12일(월) |
| 10 | 2019-11-03 | 기획부 | 92 | 01년 | 2021-07-10 | 07월16일(금) |
| 11 | [표2] | | | [표3] | | |
| 12 | 휴일 | | | 인사부/기획부 평균 | | 93 |
| 13 | 2021-07-07 | 창사기념일 | | | | |
| 14 | | | | 부서 | 조건 | |
| 15 | | | | 인사부 | TRUE | |
| 16 | | | | 기획부 | TRUE | |

⑦ 입사일과 기준일을 이용하여 [D3:D10] 영역에 근속기간 표시
- 근속기간은 년단위로 표시하되, 일년은 360일로 계산하고 부족한 날짜는 년에 포함하지 않음
- [표시 예 : 02년]
- DAYS, TEXT, QUOTIENT 함수 사용

[　　　　　　　　　　　　　　　　　　　　　]

⑧ 교육시작일과 [표2]의 휴일을 이용하여 [F3:F10] 영역에 교육종료일 표시
- 교육종료일은 교육시작일에서 주말과 휴일을 제외한 5일 후의 날로 계산
- [표시 예 : 교육시작일이 2021-07-05 → 교육종료일 : 07월13일(화)]
- WORKDAY, TEXT 함수 사용

[　　　　　　　　　　　　　　　　　　　　　]

⑨ 부서가 "인사부" 또는 "기획부"이면서, 인사고과가 인사고과의 최빈수 초과인 인사고과의 평균을 [표3]의 [F12] 셀에 계산하여 표시
▶ 조건은 [D14:F20] 영역에 입력
▶ 소수점 첫째 자리에서 올림하여 정수로 표시
▶ DAVERAGE, MODE.SNGL, ROUNDUP 함수 이용
[                                    ]

### 정답

① [G3] : =SUMPRODUCT( D3:F3, {0.06,0.07,0.08} )

② [H3] : =SUMPRODUCT( D3:F3, OFFSET( $A$12, MATCH(C3, $A$13:$A$15, 0), 1, 1, 3 ) )

③ [I3] : =SUBSTITUTE( B3, MID(B3, 9, 6), "******" )

④ [E13] : =TEXT( SUMIF($C$3:$C$10, A13, $G$3:$G$10)/SUM($G$3:$G$10), "0%" )

⑤ [H13] : =REPT( "★", COUNTIFS($G$3:$G$10, ")="&F13, $G$3:$G$10, "<="&G13) )

⑥ [I13] : =TEXT( SUMIFS($G$3:$G$10, $G$3:$G$10, ")="&F13, $G$3:$G$10, "<="&G13), "#,##0원" )

⑦ [D3] : =TEXT( QUOTIENT( DAYS($F$1, A3), 360 ), "00년" )

⑧ [F3] : =TEXT( WORKDAY(E3, 5, $A$13), "MM월DD일(AAA)" )

⑨ [F12] : =ROUNDUP( DAVERAGE(A2:F10, 3, D14:E16), 0 )

[조건]

| | D | E |
|---|---|---|
| 14 | 부서 | 조건 |
| 15 | 인사부 | TRUE |
| 16 | 기획부 | TRUE |

[E15], [E16] : =C3>MODE.SNGL($C$3:$C$10)

## 대표기출문제

'길벗컴활1급총정리\엑셀\기능\08기타함수.xlsm' 파일을 열어서 작업하세요.

※ 아래 그림을 이용하여 수식을 작성하시오[기출 1~3].

| | A | B | C | D | E | F | G |
|---|---|---|---|---|---|---|---|
| 1 | [표1] | | | | | | |
| 2 | 이름 | 사원코드 | 직위 | 평일 | 주말 | 수당합계 | 변경코드 |
| 3 | 홍가람 | 4D055 | 과장 | 8 | | 120,000 | ZD055 |
| 4 | 이성훈 | 4A835 | 대리 | 10 | 2 | 166,000 | ZA835 |
| 5 | 구인하 | 5A430 | 과장 | 4 | 5 | 160,000 | KA430 |
| 6 | 이숙민 | 4C317 | 대리 | 2 | | 26,000 | ZC317 |
| 7 | 김형호 | 5A794 | 부장 | 8 | 1 | 185,000 | KA794 |
| 8 | 양성진 | 4B666 | 차장 | 15 | 5 | 385,000 | ZB666 |
| 9 | 임호성 | 4B383 | 사원 | 3 | | 33,000 | ZB383 |
| 10 | 김용화 | 5C766 | 과장 | 9 | 3 | 195,000 | KC766 |
| 11 | [표2] 수당표 | | | | [표2] | | |
| 12 | 직위 | 평일 | 주말 | | 코드 | 개수 | |
| 13 | 부장 | 20,000 | 25,000 | | A | 2건 | |
| 14 | 차장 | 18,000 | 23,000 | | B | 1건 | |
| 15 | 과장 | 15,000 | 20,000 | | C | 1건 | |
| 16 | 대리 | 13,000 | 18,000 | | D | 1건 | |
| 17 | 사원 | 11,000 | 15,000 | | | | |
| 18 | | | | | | | |

**[기출 1]** 23.상시, 16.상시

직위, 평일, 주말과 [표2]를 이용하여 수당합계를 계산하여 [F3:F10] 영역에 표시하시오.

▶ 시간당 수당금액은 [표2]에서 찾아 계산
▶ SUMPRODUCT, OFFSET, MATCH 함수 사용

**[기출 2]** 25.상시, 15.상시, 14.2, 13.상시

사원코드를 이용하여 사원코드의 첫 번째 글자가 5이면 사원코드의 첫 번째 글자가 "K"로 변경되고, 그 외는 "Z"로 변경된 변경코드를 [G3:G10] 영역에 표시하시오.

▶ [표시 예 : 4D055 → ZD055]
▶ IF, SUBSTITUTE, LEFT 함수 사용

**[기출 3]** 24.상시, 17.상시, 13.상시, 13.3

사원코드를 이용하여 평일이 5 이상인 코드별 개수를 계산하여 [F13:F16] 영역에 표시하시오.

▶ [표3]의 코드는 사원코드의 두 번째 글자에 따라 다름
▶ [표시 예 : 2 → 2건]
▶ COUNTIFS 함수와 & 연산자 사용

※ 아래 그림을 이용하여 수식을 작성하시오[기출 4~5].

| | A | B | C | D | E |
|---|---|---|---|---|---|
| 1 | 대여코드 | 대여일자 | 대여시간 | 반납일 | 미납기간 |
| 2 | TO-07 | 2021-03-02 | 174 | 2021-03-11 | 약 02개월 |
| 3 | EI-25 | 2021-02-20 | 6 | 2021-02-20 | 약 02개월 |
| 4 | VO-02 | 2021-02-05 | 93 | 2021-02-10 | 약 02개월 |
| 5 | EI-03 | 2021-01-11 | 213 | 2021-01-21 | 약 03개월 |
| 6 | VO-04 | 2021-02-12 | 107 | 2021-02-18 | 약 02개월 |
| 7 | VO-05 | 2021-03-03 | 12 | 2021-03-03 | 약 01개월 |
| 8 | EI-06 | 2021-01-16 | 57 | 2021-01-19 | 약 03개월 |
| 9 | EI-26 | 2021-04-01 | 153 | 2021-04-09 | 약 01개월 |
| 10 | EI-27 | 2021-01-15 | 95 | 2021-01-20 | 약 03개월 |

**[기출 5]** 22.상시, 21.상시, 18.상시, 15.상시

대여일자와 기준일자(2021-05-01)를 이용하여 [E2:E10] 영역에 미납기간을 표시하시오.

▶ 미납기간은 월단위로 표시하되, 한 달은 30일로 계산하고, 일 수가 부족한 달은 개월수에 포함하지 않음

▶ [표시 예 : 약 02개월]

▶ DAYS, TEXT, QUOTIENT 함수 사용

**[기출 4]** 19.상시, 13.2

대여일자와 대여시간을 이용하여 [D2:D10] 영역에 반납일을 표시하시오.

▶ 반납일은 대여시간이 24시간 미만인 경우는 일 수로 포함하지 않음

▶ [표시 예 : 2020-04-01]

▶ WORKDAY, QUOTIENT, TEXT 함수 사용

---

**정답**

**[기출 1]**
[F3] : =SUMPRODUCT( D3:E3, OFFSET( $A$12, MATCH(C3, $A$13:$A$17,0), 1, 1, 2 ) )
　　　　　　　　　　　　　　기준셀　　　　　　　　　행　　　　　열높이너비

**[기출 2]**
[G3] : =IF( LEFT(B3, 1)="5", SUBSTITUTE(B3, LEFT(B3, 1), "K"), SUBSTITUTE(B3, LEFT(B3,1), "Z") )
　　　　　조건　　　　　　　　　참　　　　　　　　　　거짓

**[기출 3]**
[F13] : =COUNTIFS($D$3:$D$10, ")=5", $B$3:$B$10, "?"&E13&"*") & "건"
　　　　　조건1_적용 범위　조건1　조건2_적용 범위　조건2

**[기출 4]**
[D2] : =TEXT( WORKDAY(B2, QUOTIENT(C2, 24) ), "YYYY-MM-DD" )
　　　　　　　　시작날짜　　일수

**[기출 5]**
[E2] : =TEXT( QUOTIENT( DAYS("2021-05-01", B2), 30 ), "약 00개월" )
　　　　　　　　　　　　인수1　　　　　　인수2

# 5. 사용자 정의 함수

출제 비율 100% / 배점 6점

사용자 정의 함수 문제는 SUM, AVERAGE 같은 함수를 사용자가 직접 만들어 계산하는 작업입니다. 깊이 들어가면 매우 어려운 내용인데 문제는 생각보다 훨씬 쉽게 나옵니다. **무조건 6점을 줍줍한다** 생각하고 행복하게 공부하세요.

• 사용자 정의 함수 작성에 사용되는 제어문은 다음과 같습니다.

| 문법 | 사용 예 |
|---|---|
| If 조건식1 Then<br>   실행문1<br>Elself 조건식2 Then<br>   실행문2<br>Else<br>   실행문3<br>End If | 조건을 판별하여 조건에 맞는 실행문을 실행함<br>예 If 총점>=80 Then<br>   평가="우수"<br>Elself 총점>=60 Then<br>   평가="보통"<br>Else<br>   평가="노력요함"<br>End If<br>※ 총점이 80 이상이면 평가에 "우수", 60 이상이면 "보통", 그 외는 "노력요함"을 입력 |
| Select Case 수식 (또는 변수)<br>   Case is 조건1<br>      실행문1<br>   Case is 조건2<br>      실행문2<br>   Case Else<br>      실행문3<br>End Select | 조건을 판별하여 조건에 맞는 실행문을 실행함<br>예 Select Case 총점<br>   Case is >=80<br>      평가="우수"<br>   Case is >=60<br>      평가="보통"<br>   Case Else<br>      평가="노력요함"<br>End Select<br>※ 총점이 80 이상이면 평가에 "우수", 60 이상이면 "보통", 그 외는 "노력요함"을 입력 |
| For 반복변수=시작값 To 최종값<br>   실행문<br>Next 반복변수 | 반복변수가 시작값부터 최종값까지 1씩 증가하면서 실행문을 반복 실행함<br>예 For A = 1 To 5 Step 1<br>   MsgBox A<br>   Next A<br>※ 반복변수 A가 1부터 1씩 증가하면서 5가 될 때까지 매회 메시지 박스를 실행함 |

## 작업 순서

답안 작업 순서에 익숙하면 시험장에서 당황하지 않고 조금 더 빠르게 답안을 작성할 수 있습니다. 다음의 순서를 보면서 차례대로 엑셀 화면을 떠올려 보세요. 컴퓨터 없이 이미지 트레이닝을 반복하다 보면 엑셀 화면이 조금 더 친숙하게 느껴질 겁니다.

1. Alt + F11 을 누른다.
2. 'Microsoft Visual Basic for Applications'에서 [삽입] → **모듈**을 선택한다.
3. 코드를 입력하고 Microsoft 'Visual Basic for Applications'를 종료한다.
4. 수식을 입력할 셀에서 '함수 삽입(fx)' 아이콘을 클릭한다.
5. '함수 마법사' 대화상자에서 사용자가 만든 함수를 선택하고 〈확인〉을 클릭한다.
6. '함수 인수' 대화상자에서 인수를 선택하고 〈확인〉을 클릭한다.

## 합격포인트

• 사용자 정의 함수는 IF문과 SELECT문의 문법을 정확하게 기억하는 것이 합격포인트입니다.
• IF문과 SELECT의 문법만 정확하게 알고 있으면 지금까지 출제된 모든 코드를 입력할 수 있습니다.
☞ '길벗컴활1급총정리\엑셀\기능\09사용자정의함수.xlsm' 파일을 열어서 작업하세요.

### 전문가의 조언

• IF문은 거의 매회 출제됩니다. 중요하겠죠.
• 게다가 IF문은 [기타작업]의 프로시저 작성에서도 자주 출제되니 여기서 확실히 숙지하고 넘어가는 것이 좋습니다.

## 01 IF문

25.상시, 24.상시, 23.상시, 22.상시, 21.상시, 20.상시, 20.1, 19.2, 18.1, 17.상시, …

※ 아래 그림을 참고하여 사용자 정의 함수를 이해하고 작성해 보세요[유형 1~3].

| | A | B | C | D | E | F | G |
|---|---|---|---|---|---|---|---|
| 1 | | | | | | 기준 날짜 | 2021-03-30 |
| 2 | 지점 | 주문량 | 주문일 | 전월주문량 | 할인율1 | 할인율2 | 비고 |
| 3 | 오산점 | 300 | 2021-03-11 | 440 | 0.15 | 0.3 | 우수지점 |
| 4 | 안산점 | 150 | 2021-03-02 | 420 | 0.05 | 0.3 | 우수지점 |
| 5 | 수원점 | 550 | 2021-03-23 | 330 | 0.2 | 0.6 | |
| 6 | 서울점 | 410 | 2021-03-01 | 300 | 0.2 | 0.6 | 우수지점 |
| 7 | 안양점 | 90 | 2021-03-10 | 440 | 0 | 0.3 | 우수지점 |
| 8 | 성남점 | 150 | 2021-03-26 | 80 | 0.05 | 0.4 | |
| 9 | 인천점 | 310 | 2021-03-11 | 230 | 0.15 | 0.5 | |
| 10 | 일산점 | 460 | 2021-03-10 | 310 | 0.2 | 0.6 | 우수지점 |
| 11 | 파주점 | 550 | 2021-03-20 | 380 | 0.2 | 0.6 | |

25.상시, 24.상시, 23.상시, 22.상시, 21.상시, 20.상시, 19.2, 18.1, …

### [유형 1] IF문 사용

사용자 정의 함수 'fn할인율1'을 작성하여 할인율1[E3:E11]을 표시하시오.

▶ 'fn할인율1'은 주문량을 인수로 받아 값을 되돌려줌

▶ 할인율1은 주문량이 400 이상이면 0.2, 300 이상이면 0.15, 200 이상이면 0.1, 100 이상이면 0.05, 그 외는 0으로 표시

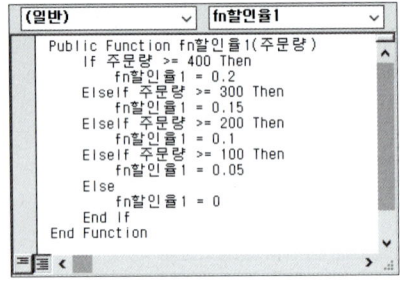

[ =fn할인율1(B3) ]

24.상시, 23.상시, 22.상시, 16.3, 14.1, 10.3

### [유형 2] 다중 IF문 사용

사용자 정의 함수 'fn할인율2'를 작성하여 할인율2[F3:F11]를 표시하시오.

▶ 'fn할인율2'는 주문량과 전월주문량을 인수로 받아 값을 되돌려줌

▶ 할인율2는 주문량이 전월주문량 이상이면서 주문량이 400 이상이면 0.6, 200 이상이면 0.5, 200 미만은 0.4이고, 주문량이 전월주문량 미만이면 0.3으로 표시

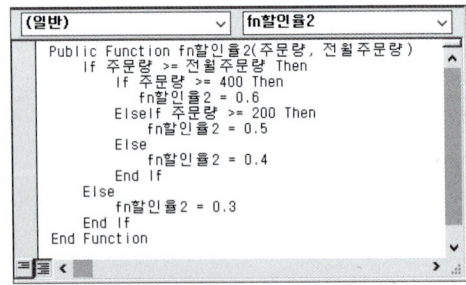

[ =fn할인율2(B3,D3) ]

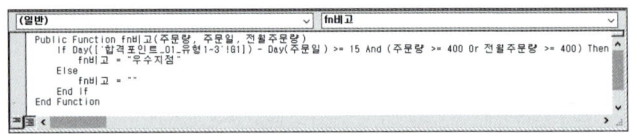

25.상시, 22.상시, 21.상시, 20.상시, 20.1, 15.상시, 15.1, 14.3, 14.2, …

### [유형 3] IF문, AND문, OR문, DAY 함수 사용

사용자 정의 함수 'fn비고'를 작성하여 비고[G3:G11]를 표시하시오.

▶ 'fn비고'는 주문량, 주문일, 전월주문량을 인수로 받아 값을 되돌려줌

▶ 비고는 기준날짜(G1)의 일에서 주문일의 일을 뺀 값이 15 이상이고, 주문량이 400 이상이거나 전월주문량이 400 이상이면 "우수지점", 그 외는 빈 칸으로 표시

```
(일반)                                    fn비고
Public Function fn비고(주문량, 주문일, 전월주문량)
    If Day([ '합격포인트_01_유형1~3'!G1]) - Day(주문일) >= 15 And (주문량 >= 400 Or 전월주문량 >= 400) Then
        fn비고 = "우수지점"
    Else
        fn비고 = ""
    End If
End Function
```

[ =fn비고(B3,C3,D3) ]

워크시트의 셀을 참조할 때는 ''합격포인트_01_유형1~3'!G1과 같이 느낌표(!)로 워크시트 이름(합격포인트_01_유형1~3)과 셀 주소(G1)를 구분하되, 시트 이름에 특수 문자가 있으므로 시트 이름을 작은 따옴표로 묶어서 입력해야 합니다.
''합격포인트_01_유형1~3'!G1
　　워크시트　　　셀주소

### 전문가의 조언

• SELECT문은 **조건이 여러 개일 때 유용**하게 사용하는 제어문입니다.
• IF문과 마찬가지로 [기타작업]에서 프로시저를 작성할 때도 자주 사용되니 여기서 확실히 숙지해야 합니다.

24.상시, 22.상시, 21.상시, 19.1, 18.2, 15.3, 13.2, 11.2, 10.2

## 02 SELECT문 사용

※ 아래 그림을 참고하여 사용자 정의 함수를 이해하고 작성해 보세요[유형 1~2].

| | A | B | C | D | E | F |
|---|---|---|---|---|---|---|
| 1 | 사원코드 | 입사일 | 성과급 | 매출기여도 | 휴가일수 | 소속지사 |
| 2 | G1101 | 2017-08-22 | 1.82 | 4,225 | 12 | 강서구182% |
| 3 | A3207 | 2009-04-21 | 1.1 | 2,175 | 18 | 강서구110% |
| 4 | C6309 | 2009-06-13 | 1.06 | 4,921 | 18 | 강서구106% |
| 5 | A3500 | 2001-09-22 | 1.97 | 2,902 | 20 | 관악구197% |
| 6 | G1700 | 2015-05-18 | 1.78 | 3,902 | 15 | 송파구178% |
| 7 | C6800 | 2021-05-30 | 1.06 | 2,723 | 10 | 송파구106% |
| 8 | C6405 | 2008-03-01 | 1.35 | 2,523 | 18 | 관악구135% |
| 9 | E9605 | 2016-09-26 | 1.08 | 3,178 | 12 | 관악구108% |
| 10 | C6203 | 2002-04-23 | 1.27 | 3,863 | 20 | 강서구127% |

24.상시, 22.상시, 21.상시, 18.2, 15.3, 13.2, 11.2
**[유형 1]** SELECT문 사용

사용자 정의 함수 'fn휴가일수'를 작성하여 휴가일수[E2:E10]를 표시하시오.

▶ 'fn휴가일수'는 입사일을 인수로 받아 값을 되돌려줌

▶ 휴가일수는 입사일이 2005년 12월 31일 이전이면 20, 2010년 12월 31일 이전이면 18, 2015년 12월 31일 이전이면 15, 2020년 12월 31일 이전이면 12, 그 외는 10으로 표시

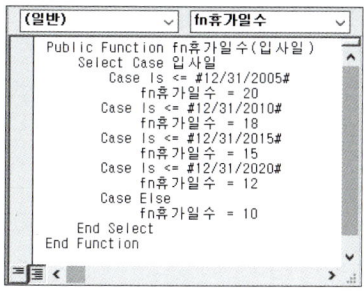

[ =fn휴가일수(B2) ]

> 날짜를 비교할 때는 날짜를 샵(#)으로 묶어야 하며, #년-월-일#로 입력하면 자동으로 '#월/일/년#'으로 변경됩니다.

### 전문가의 조언

FOR문이 자주 출제되지는 않지만 [기타작업]에서 프로시저 작성을 할 때 필요하니 미리 공부한다 생각하고 공부하세요.

## 03 FOR문
25.상시, 16.1, 13.상시

※ 아래 그림을 참고하여 사용자 정의 함수를 이해하고 작성해 보세요.

| | A | B | C | D | E |
|---|---|---|---|---|---|
| 1 | 사원코드 | 입사일 | 성과급 | 매출기여도 | 평가지수 |
| 2 | G1101 | 2017-08-22 | 1.82 | 4,225 | ◆◆◆◆ |
| 3 | A3207 | 2009-04-21 | 1.1 | 2,175 | 노력 |
| 4 | C6309 | 2009-06-13 | 1.06 | 4,921 | ◆◆◆◆ |
| 5 | A3500 | 2001-09-22 | 1.97 | 2,902 | 노력 |
| 6 | G1700 | 2015-05-18 | 1.78 | 3,902 | ◆◆◆ |
| 7 | C6800 | 2021-05-30 | 1.06 | 2,723 | 노력 |
| 8 | C6405 | 2008-03-01 | 1.35 | 2,523 | 노력 |
| 9 | E9605 | 2016-09-26 | 1.08 | 3,178 | ◆◆◆ |
| 10 | C6203 | 2002-04-23 | 1.27 | 3,863 | ◆◆◆ |

16.1, 13.상시
**[유형 1]** FOR문, IF문, & 연산자 사용

사용자 정의 함수 'fn평가지수'를 작성하여 평가지수[E2:E10]를 표시하시오.

▶ 'fn평가지수'는 매출기여도를 인수로 받아 값을 되돌려줌

▶ 평가지수는 매출기여도가 3000 이상이면 '매출기여도/1000'의 값만큼 "◆"를 반복하여 표시하고, 그 외에는 "노력"으로 표시하시오.

▶ [표시 예 : 매출기여도가 3500인 경우 → ◆◆◆, 2100인 경우 → 노력]

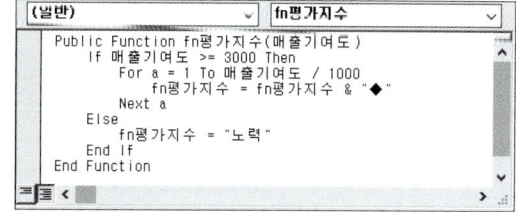

[ =fn평가지수(D2) ]

24.상시, 22.상시, 19.1
**[유형 2]** SELECT문, MID 함수, FORMAT 함수, & 연산자 사용

사용자 정의 함수 'fn소속지사'를 작성하여 소속지사[F2:F10]를 표시하시오.

▶ 'fn소속지사'는 사원코드와 성과급을 인수로 받아 값을 되돌려줌

▶ 소속지사는 사원코드의 3번째 글자가 1~3이면 "강서구"와 성과급, 4~6이면 "관악구"와 성과급, 그 외는 "송파구"와 성과급을 표시

▶ 성과급은 백분율로 표시

▶ [표시 예 : 강서구182%]

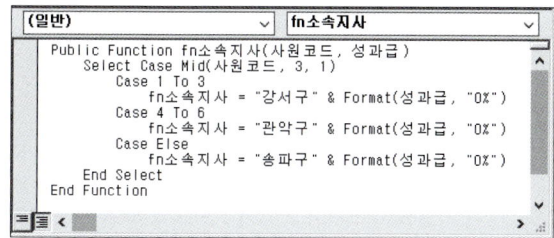

[ =fn소속지사(A2,C2) ]

## 대표기출문제

'길벗컴활1급총정리\엑셀\기능\09사용자정의함수.xlsm' 파일을 열어서 작업하세요.

※ 아래 그림을 이용하여 사용자 정의 함수를 작성하시오[기출 1~4].

| | A | B | C | D | E | F | G |
|---|---|---|---|---|---|---|---|
| 1 | 주문코드 | 주문일자 | 판매수량 | 상품명 | 배달날짜 | 5월할인 | 사은품 |
| 2 | 1KA221 | 04월 30일 | 250 | 화장지-1 | 다음달2일 | | |
| 3 | 3YA542 | 05월 03일 | 352 | 물티슈-2 | 12일 | 5% | |
| 4 | 3KB853 | 05월 19일 | 658 | 물티슈-3 | 22일 | 15% | 300원쿠폰 |
| 5 | 3HA542 | 04월 07일 | 540 | 물티슈-2 | 12일 | | 300원쿠폰 |
| 6 | 4DC581 | 05월 12일 | 95 | 키친타올-1 | 22일 | 3% | |
| 7 | 2KA541 | 03월 31일 | 647 | 각티슈-1 | 다음달2일 | | 1000원쿠폰 |
| 8 | 1AA923 | 05월 02일 | 254 | 화장지-3 | 12일 | 5% | |
| 9 | 3HC752 | 06월 02일 | 842 | 물티슈-2 | 12일 | | 300원쿠폰 |
| 10 | 2KA292 | 04월 29일 | 571 | 각티슈-2 | 다음달2일 | | 1000원쿠폰 |

### [기출 1] 24.상시, 22.상시, 21.상시, 19.1, 18.2, 15.3, 13.2

사용자 정의 함수 'fn상품명'을 작성하여 상품명[D2:D10]을 표시하시오.

▶ 'fn상품명'은 주문코드를 인수로 받아 값을 되돌려줌
▶ 상품명은 주문코드의 첫 번째 글자가 1이면 "화장지", 2이면 "각티슈", 3이면 "물티슈", 그 외는 "키친타올"을 표시한 후 그 뒤에 주문코드의 마지막 글자를 연결하여 표시
▶ [표시 예 : 상품명이 "1KA221"일 경우 → 화장지-1]
▶ SELECT문, LEFT 함수, RIGHT 함수, & 연산자 사용

```
Public Function fn상품명(주문코드)
End Function
```

### [기출 2] 24.상시, 22.상시, 21.상시, 19.1, 18.2, 15.3, 13.2

사용자 정의 함수 'fn배달날짜'를 작성하여 배달날짜[E2:E10]를 표시하시오.

▶ 'fn배달날짜'는 주문일자를 인수로 받아 값을 되돌려줌
▶ 배달날짜는 주문일자의 일이 10일 이전이면 "12일", 20일 이전이면 "22일", 그 외는 "다음달2일"로 표시
▶ SELECT문, DAY 함수 사용

```
Public Function fn배달날짜(주문일자)
End Function
```

### [기출 3] 25.상시, 24.상시, 23.상시, 22.상시, 21.상시, 20.상시, 20.1, 19.2, 18.1, ...

사용자 정의 함수 'fn5월할인'을 작성하여 5월할인[F2:F10]을 표시하시오.

▶ 'fn5월할인'은 주문일자와 판매수량을 인수로 받아 값을 되돌려줌
▶ 5월할인은 주문일자가 5월이면서 판매수량이 600 이상이면 15%, 400 이상이면 10%, 200 이상이면 5%, 200 미만은 3%로 표시하고 주문일자가 5월이 아니면 빈 칸으로 표시
▶ 5월할인은 백분율로 표시
▶ IF문, MONTH 함수, FORMAT 함수 사용

```
Public Function fn5월할인(주문일자, 판매수량)
End Function
```

### [기출 4] 25.상시, 24.상시, 23.상시, 22.상시, 21.상시

사용자 정의 함수 'fn사은품'을 작성하여 사은품[G2:G10]을 표시하시오.

▶ 'fn사은품'은 주문코드와 판매수량을 인수로 받아 값을 되돌려줌
▶ 사은품은 판매수량이 400 이상이고 주문코드의 첫 글자가 1 또는 2이면 "1000원쿠폰", 판매수량이 400 이상이고 주문코드의 첫 글자가 3 또는 4이면 "300원쿠폰", 그 외는 빈칸을 표시
▶ IF문, LEFT 함수 사용

```
Public Function fn사은품(주문코드, 판매수량)
End Function
```

## 정답

### [기출 1]

```
Public Function fn상품명(주문코드)
    Select Case Left(주문코드, 1)
        Case "1"
            fn상품명 = "화장지" & "-" & Right(주문코드, 1)
        Case "2"
            fn상품명 = "각티슈" & "-" & Right(주문코드, 1)
        Case "3"
            fn상품명 = "물티슈" & "-" & Right(주문코드, 1)
        Case Else
            fn상품명 = "키친타올" & "-" & Right(주문코드, 1)
    End Select
End Function
```

[D2] : =fn상품명(A2)

### [기출 2]

```
Public Function fn배달날짜(주문일자)
    Select Case Day(주문일자)
        Case Is <= 10
            fn배달날짜 = "12일"
        Case Is <= 20
            fn배달날짜 = "22일"
        Case Else
            fn배달날짜 = "다음달2일"
    End Select
End Function
```

[E2] : =fn배달날짜(B2)

### [기출 3]

```
Public Function fn5월할인(주문일자, 판매수량)
    If Month(주문일자) = 5 Then
        If 판매수량 >= 600 Then
            fn5월할인 = Format(0.15, "0%")
        ElseIf 판매수량 >= 400 Then
            fn5월할인 = Format(0.1, "0%")
        ElseIf 판매수량 >= 200 Then
            fn5월할인 = Format(0.05, "0%")
        Else
            fn5월할인 = Format(0.03, "0%")
        End If
    Else
        fn5월할인 = ""
    End If
End Function
```

[F2] : =fn5월할인(B2,C2)

### [기출 4]

```
Public Function fn사은품(주문코드, 판매수량)
    If 판매수량 >= 400 And (Left(주문코드, 1) = "1" Or Left(주문코드, 1) = "2") Then
        fn사은품 = "1000원쿠폰"
    ElseIf 판매수량 >= 400 And (Left(주문코드, 1) = "3" Or Left(주문코드, 1) = "4") Then
        fn사은품 = "300원쿠폰"
    Else
        fn사은품 = ""
    End If
End Function
```

[G2] : =fn사은품(A2,C2)

# 문제 3    분석작업(20점)

분석작업은 **피벗 테이블, 데이터 유효성 검사, 통합, 정렬, 부분합, 데이터 표, 시나리오, 목표값 찾기, 자동 필터, 중복된 항목 제거, 텍스트 나누기** 중에서 **2문제가 출제**됩니다. **피벗 테이블이 매회 고정적으로 출제**되고, 나머지 한 문제는 중복된 항목을 제거하고 부분합을 실행하는 등 **2가지의 기능이 혼합된 문제가 출제**됩니다. 문제당 10점으로 출제됩니다.

| No | 출제 항목 | 배점 | 목표 점수 | 출제 비율 |
|---|---|---|---|---|
| 1 | 피벗 테이블 | 10점 | 10점 | 100% |
| 2 | 데이터 유효성 검사 | 10점 | 10점 | 50% |
| 3 | 통합 | | | 30% |
| 4 | 정렬 | | | 30% |
| 5 | 부분합 | | | 30% |
| 6 | 데이터 표 | | | 30% |
| 7 | 시나리오 | | | 10% |
| 8 | 목표값 찾기 | | | 10% |
| 9 | 자동 필터 | | | 10% |
| 10 | 중복된 항목 제거 | | | 10% |
| 11 | 텍스트 나누기 | | | 10% |
| | 합계 | 20점 | 20점 | |

## 1    피벗 테이블

출제 비율 100% / 배점 10점

피벗 테이블 문제는 ACCDB, XLSX, CSV, TXT 등의 파일을 이용하여 피벗 테이블을 작성하고 지시사항에 따라 피벗 테이블을 수정하는 작업입니다. 1문제가 출제되고 배점은 10점입니다. 부분 점수는 없습니다.

※ 농장물 재배 관련 데이터를 년도별, 분기별, 계약 종류별로 재배면적을 계산해 표시한 피벗 테이블입니다.

① **피벗 테이블 작성** : ACCDB 파일을 이용하여 피벗 테이블을 작성함
② **레이아웃** : 필터에 '생산지', 행 영역에 '계약일', 열 영역에 '계약종류', 값 영역에 '재배면적' 필드를 지정함
③ **값 영역 계산 함수** : '평균'으로 지정함
④ **보고서 레이아웃** : 개요 형식으로 지정함
⑤ **그룹** : '계약일' 필드를 '연'과 '분기'로 그룹을 지정함
⑥ **정렬** : '연' 필드를 기준으로 내림차순 정렬함
⑦ **표시 형식** : '숫자' 범주를 이용하여 1000 단위 구분 기호(,)를 표시함
⑧ **피벗 테이블 스타일** : '연한 주황, 피벗 스타일 밝게 17'로 지정한 후 '행 머리글', '열 머리글', '줄무늬 열' 옵션을 지정함
⑨ **부분합** : 그룹 하단에 표시되도록 설정함
⑩ **행의 총합계** : 행의 총합계만 표시되도록 설정함

## 작업 순서

답안 작업 순서에 익숙하면 시험장에서 당황하지 않고 조금 더 빠르게 답안을 작성할 수 있습니다. 다음의 순서를 보면서 차례대로 엑셀 화면을 떠올려 보세요. 컴퓨터 화면없이 이미지 트레이닝을 반복하다 보면 엑셀 화면이 조금 더 친숙하게 느껴질 겁니다.

### ACCDB 파일로 피벗 테이블 작성하기

1. [데이터] → 데이터 가져오기 및 변환 → 데이터 가져오기 → 기타 원본에서 → **Microsoft Query에서**를 선택한다.
2. '데이터 원본 선택' 대화상자에서 'MS Access Database*'를 선택한 후 〈확인〉을 클릭
3. '데이터베이스 선택' 대화상자 : 불러올 파일 선택
4. '쿼리 마법사 – 열 선택' 대화상자 : 불러올 열 선택
5. '쿼리 마법사 – 데이터 필터' 대화상자 : 조건 지정
6. '쿼리 마법사 – 정렬 순서' 대화상자 : 정렬 지정
7. '쿼리 마법사 – 마침' 대화상자 : 'Microsoft Excel(으)로 데이터 되돌리기'를 선택
8. '데이터 가져오기' 대화상자 : '피벗 테이블 보고서'와 작성 위치 선택
9. '피벗 테이블 필드' 창에서 레이아웃을 지정한다.
10. 피벗 테이블의 속성을 지정한다.

### ACCDB/XLSX 파일로 피벗 테이블 작성하기

1. [삽입] → 표 → **피벗 테이블**을 클릭한다.
2. '피벗 테이블 만들기' 대화상자 : '외부 데이터 원본 사용'을 선택한 후 〈연결 선택〉을 클릭
3. '기존 연결' 대화상자 : 〈더 찾아보기〉 클릭
4. '데이터 원본 선택' 대화상자 : 불러올 파일 선택
5. '테이블 선택' 대화상자 : 불러올 테이블 선택
6. '피벗 테이블 만들기' 대화상자 : 피벗 테이블의 삽입 위치 지정
7. '피벗 테이블 필드' 창에서 레이아웃을 지정한다.
8. 피벗 테이블의 속성을 지정한다.

### CSV/TXT 파일로 피벗 테이블 작성하기

1. [삽입] → 표 → **피벗 테이블**을 클릭한다.
2. '피벗 테이블 만들기' 대화상자 : '외부 데이터 원본 사용'을 선택한 후 〈연결 선택〉을 클릭
3. '기존 연결' 대화상자 : 〈더 찾아보기〉 클릭
4. '데이터 원본 선택' 대화상자 : 불러올 파일 선택
5. '텍스트 마법사 – 3단계 중 1단계' 대화상자 : '구분 기호로 분리됨'과 '내 데이터에 머리글 표시' 선택
6. '텍스트 마법사 – 3단계 중 2단계' 대화상자 : 구분 기호 선택
7. '텍스트 마법사 – 3단계 중 3단계' 대화상자 : 불러올 때 제외할 열 지정
8. '피벗 테이블 만들기' 대화상자 : 피벗 테이블의 삽입 위치를 지정하고, '데이터 모델에 이 데이터 추가'라는 지시사항이 있을 경우 선택
9. '피벗 테이블 필드' 창에서 레이아웃을 지정한다.
10. 피벗 테이블의 속성을 지정한다.

> **잠깐만요**
>
> 사용하는 엑셀 프로그램의 버전이 달라 [삽입] → 표 → **피벗 테이블**을 클릭했을 때, 하위 메뉴가 표시되면 [외부 데이터 원본에서]를 선택한 후 〈연결 선택〉을 클릭하면 됩니다.
>
>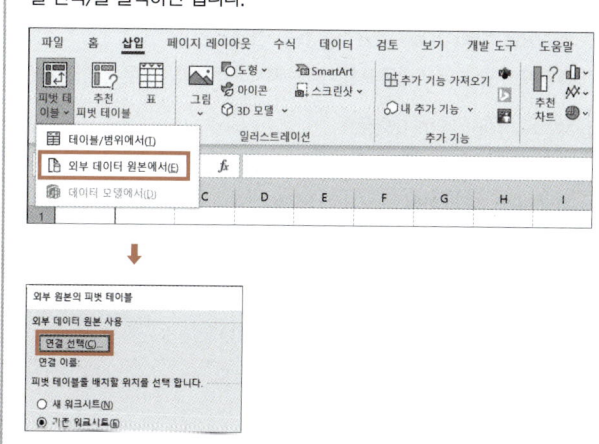

## 합격포인트

- 피벗 테이블은 문제지에 제시된 피벗 테이블을 보자마자 레이아웃, 정렬, 그룹 지정 등의 작업 순서가 머릿속에 한 번에 그려질 수 있도록 **피벗 테이블 작업 각 단계에서 설정할 값들과 메뉴를 정확하게 기억하는 것**이 합격포인트입니다.
- 시험장에서 어버버~~ 하다가는 시간만 소비하게 만들어 불합격의 주범이 된다는 걸 명시하세요.
- ☞ 직접 실습하려면 '길벗컴활1급총정리\엑셀\기능\10피벗테이블.XLSX' 파일을 열어서 작업하세요.

### 전문가의 조언

쉽습니다. 몇 번만 정확하게 따라 해보면 매우 쉽다는 걸 느낄겁니다.

### 01 원본 데이터 지정 작업

25.상시, 24.상시, 23.상시, 22.상시, 21.상시, 20.상시, 20.1, 19.상시, …

22.상시, 21.상시
**[유형 1]** CSV 파일

▶ 외부 데이터 원본으로 〈재배현황01.csv〉의 데이터를 사용하시오.
 - 원본 데이터는 쉼표(,)로 분리되어 있으며, 첫 행에 머리글이 포함되어 있음
 - '농작물', '생산지', '계약종류', '계약일', '재배면적', '재배시기', '거래수수료' 열만 가져와 데이터 모델에 이 데이터를 추가하시오.

1. [삽입] → 표 → **피벗 테이블** 이용
2. '텍스트 마법사' 1단계 대화상자

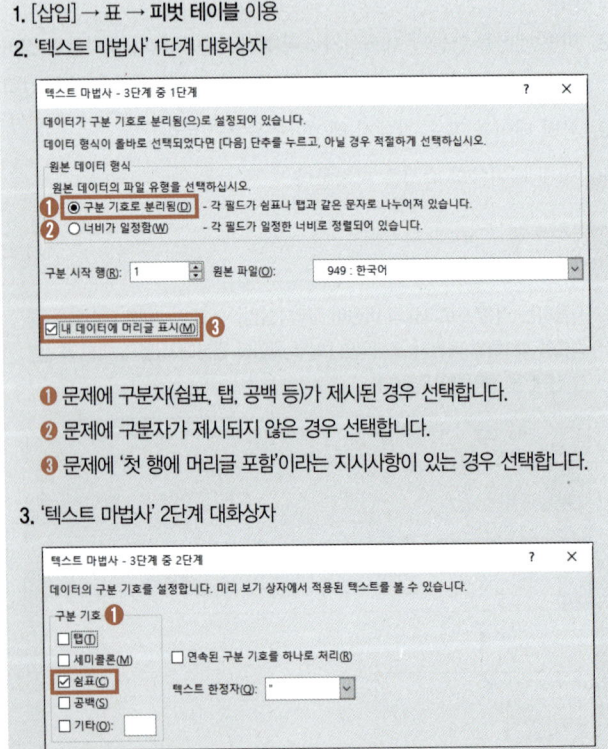

 문제에 구분자(쉼표, 탭, 공백 등)가 제시된 경우 선택합니다.
 문제에 구분자가 제시되지 않은 경우 선택합니다.
❸ 문제에 '첫 행에 머리글 포함'이라는 지시사항이 있는 경우 선택합니다.

3. '텍스트 마법사' 2단계 대화상자

❶ 문제에 제시된 구분자(쉼표, 탭, 공백 등)를 선택합니다.

4. '텍스트 마법사' 3단계 대화상자

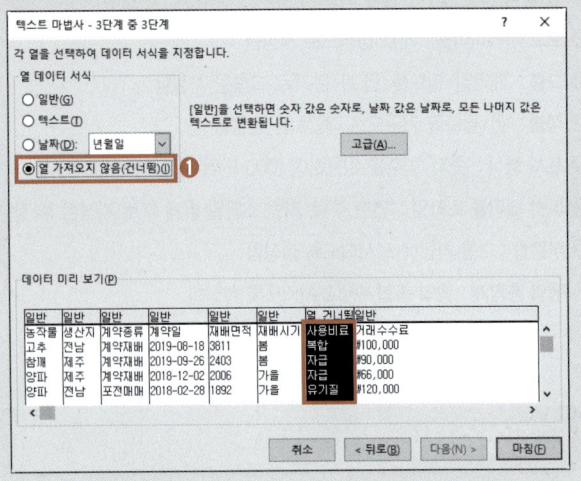

❶ 제외하고 불러올 필드를 선택한 후 '열 가져오지 않음'을 선택합니다.

5. '피벗 테이블 만들기' 대화상자

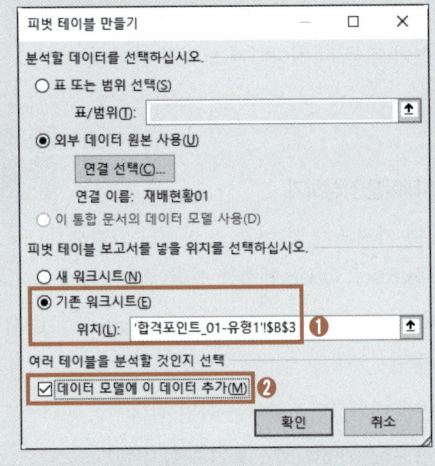

❶ 문제에 제시된 그림과 동일한 위치에 피벗 테이블이 삽입될 수 있도록 삽입 위치를 지정합니다.
❷ 문제에 '데이터 모델에 이 데이터를 추가'라는 지시사항이 있는 경우 선택합니다.

### 전문가의 조언

csv 파일은 '데이터 모델에 이 데이터 추가' 옵션을 선택하지 않으면 파일을 가져올 수 없다는 오류 메시지가 표시됩니다.

25.상시, 24.상시, 23.상시, 22.상시, 21.상시, 20.상시, 20.1, 19.상시, 19.2, 19.1, …
**[유형 2]** ACCDB 파일

외부 데이터 가져오기 기능을 이용하여 〈재배현황02.accdb〉의 〈농산물〉 테이블에서 '농작물', '생산지', '계약종류', '계약일', '재배면적', '재배시기', '거래수수료' 열을 이용하시오.

1. [데이터] → 데이터 가져오기 및 변환 → 데이터 가져오기 → 기타 원본에서 → Microsoft Query에서 이용
2. '쿼리 마법사 - 열 선택' 대화상자

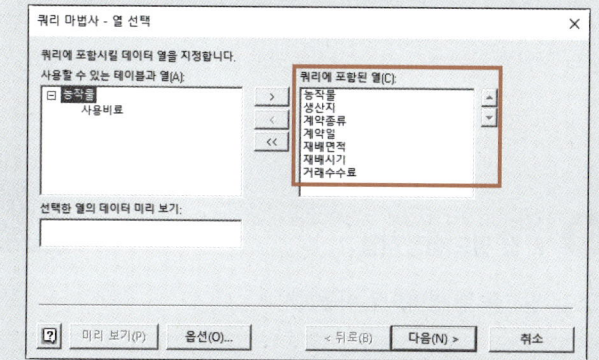

3. '피벗 테이블 만들기' 대화상자

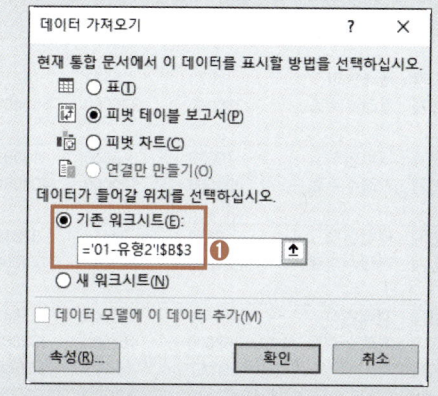

 문제에 제시된 그림과 동일한 위치에 피벗 테이블이 삽입될 수 있도록 삽입 위치를 지정합니다.

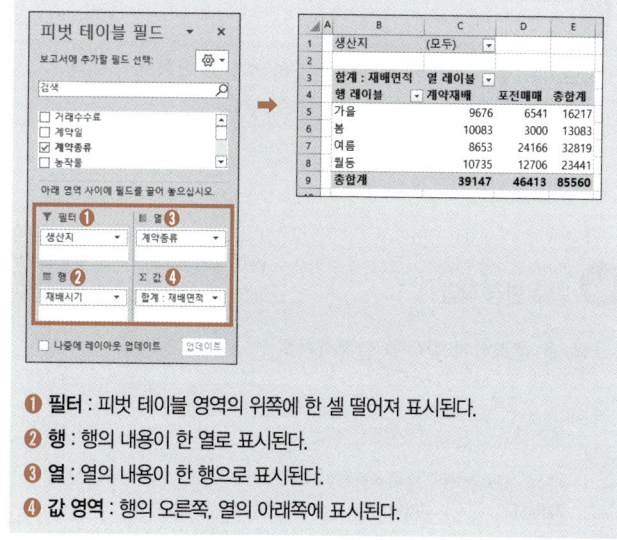

① **필터** : 피벗 테이블 영역의 위쪽에 한 셀 떨어져 표시된다.
② **행** : 행의 내용이 한 열로 표시된다.
③ **열** : 열의 내용이 한 행으로 표시된다.
④ **값 영역** : 행의 오른쪽, 열의 아래쪽에 표시된다.

### 전문가의 조언

- 처음에는 여기가 조금 어렵게 느껴집니다. 문제에 제시된 그림만 보고 레이아웃을 판단해서 설정해야 하기 때문이죠.
- 겁먹지 말고 집중해서 몇 번만 해보세요. 생각보다 쉽습니다. **행 영역에 지정한 내용은 하나의 열에 모두 표시되고, 열 영역에 지정한 내용은 하나의 행에 모두 표시된다**는 것을 기억하면 좋아요.

## 02 레이아웃 작업

피벗 테이블 보고서의 레이아웃을 〈그림〉을 참조하여 설정하시오.

| | A | B | C | D | E |
|---|---|---|---|---|---|
| 1 | 생산지 | (모두) | | | |
| 2 | | | | | |
| 3 | 합계 : 재배면적 | 계약종류 | | | |
| 4 | 재배시기 | 계약재배 | 포전매매 | 총합계 | |
| 5 | 가을 | 9676 | 6541 | 16217 | |
| 6 | 봄 | 10083 | 3000 | 13083 | |
| 7 | 여름 | 8653 | 24166 | 32819 | |
| 8 | 월동 | 10735 | 12706 | 23441 | |
| 9 | 총합계 | 39147 | 46413 | 85560 | |

## 03 보고서 레이아웃 설정 작업

보고서 레이아웃은 '개요 형식'으로 설정하시오.

값 영역에서 임의의 셀을 클릭한 후 [디자인] → 레이아웃 → 보고서 레이아웃 → 개요 형식으로 표시를 선택합니다.

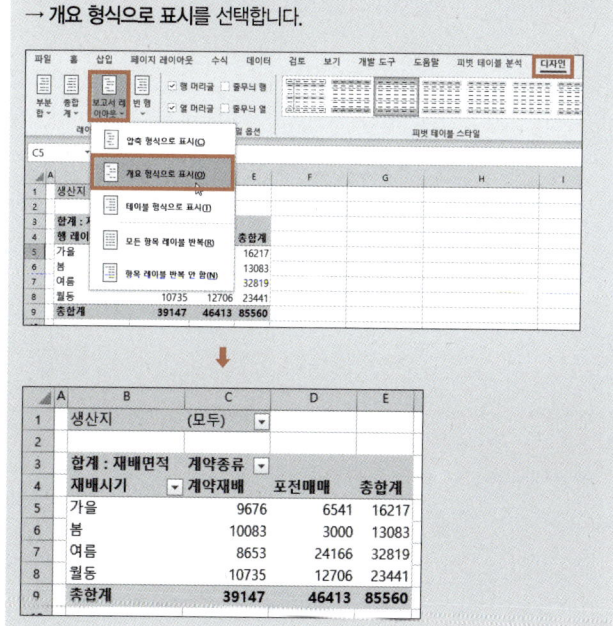

**전문가의 조언**

- 어디서 어떻게 필요한 메뉴를 호출하는지 잘 기억해 두세요.
- 나머지는 직관적이라 쉽게 설정할 수 있습니다.

**전문가의 조언**

- 값 영역에 두 개 이상의 필드를 지정하면 열 영역에 'Σ 값' 필드가 자동으로 생성됩니다.
- 문제에 따라서 제시된 그림을 보고 수험자가 직접 'Σ 값' 필드의 위치를 판단해서 지정하는 문제도 출제되니 눈여겨 보세요.

### 04 함수 변경 작업

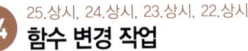 25.상시, 24.상시, 23.상시, 22.상시, 21.상시, 20.상시, 20.1, 19.상시, …

 2141014

〈그림〉을 참조하여 함수를 설정하시오.

|   | A | B | C | D | E |
|---|---|---|---|---|---|
| 1 | 생산지 | (모두) | | | |
| 2 | | | | | |
| 3 | 평균 : 재배면적 | 계약종류 | | | |
| 4 | 재배시기 | | 계약재배 | 포전매매 | 총합계 |
| 5 | 가을 | | 3225.333333 | 2180.333333 | 2702.833333 |
| 6 | 봄 | | 3361 | 3000 | 3270.75 |
| 7 | 여름 | | 2884.333333 | 3020.75 | 2983.545455 |
| 8 | 월동 | | 3578.333333 | 3176.5 | 3348.714286 |
| 9 | 총합계 | | 3262.25 | 2900.8125 | 3055.714286 |

값 영역에서 임의의 셀을 클릭한 후 바로 가기 메뉴의 [값 요약 기준]에서 사용할 함수를 선택하면 됩니다.

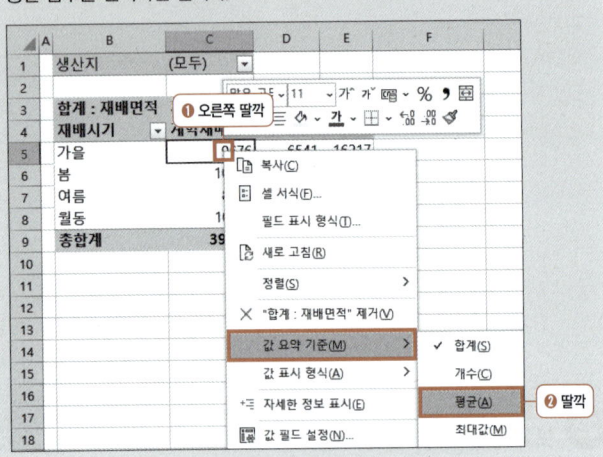

### 05 'Σ 값' 필드 설정 작업

24.상시, 23.상시, 22.상시, 21.상시, 20.상시, 20.1, 19.상시, 16.3, …

 2141015

'Σ 값' 필드를 행 영역으로 이동하시오.

|   | A | B | C | D | E | F |
|---|---|---|---|---|---|---|
| 1 | 생산지 | (모두) | | | | |
| 2 | | | | | | |
| 3 | | | | 계약종류 | | |
| 4 | 재배시기 | | 값 | 계약재배 | 포전매매 | 총합계 |
| 5 | 가을 | | | | | |
| 6 | | | 합계 : 재배면적 | 9676 | 6541 | 16217 |
| 7 | | | 합계 : 거래수수료 | 230000 | 326000 | 556000 |
| 8 | 봄 | | | | | |
| 9 | | | 합계 : 재배면적 | 10083 | 3000 | 13083 |
| 10 | | | 합계 : 거래수수료 | 288000 | 120000 | 408000 |
| 11 | 여름 | | | | | |
| 12 | | | 합계 : 재배면적 | 8653 | 24166 | 32819 |
| 13 | | | 합계 : 거래수수료 | 261000 | 879000 | 1140000 |
| 14 | 월동 | | | | | |
| 15 | | | 합계 : 재배면적 | 10735 | 12706 | 23441 |
| 16 | | | 합계 : 거래수수료 | 268000 | 464000 | 732000 |
| 17 | 전체 합계 : 재배면적 | | | 39147 | 46413 | 85560 |
| 18 | 전체 합계 : 거래수수료 | | | 1047000 | 1789000 | 2836000 |

열 영역에 표시된 'Σ 값' 필드를 행 영역으로 드래그합니다.

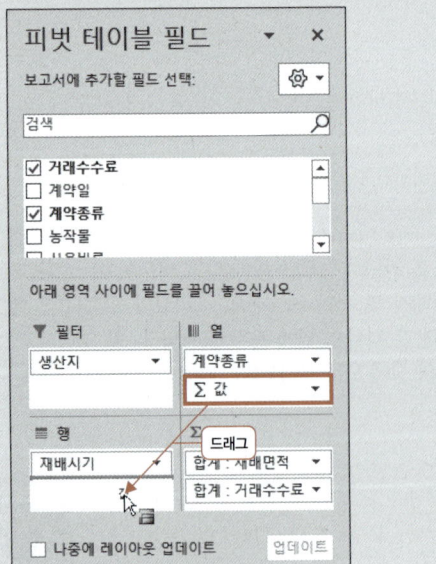

### 잠깐만요

- **'Σ 값' 필드가 열 영역에 있을 경우** : '값 영역'에 지정한 필드명이 하나의 행에 모두 표시됨

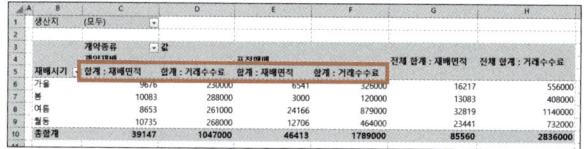

- **'Σ 값' 필드가 행 영역에 있는 경우** : '값 영역'에 지정한 필드명이 하나의 열에 모두 표시됨

---

**체크체크**

다음 완성된 피벗 테이블을 만들기 위해 '피벗 테이블 필드' 창의 각 영역에 지정할 필드를 적으시오.

① 필터 – (    ), 행 – (    ), 열 – (    ), 값 – (    )

② 필터 – (    ), 행 – (    ), 열 – (    ), 값 – (    )

③ 필터 – (    ), 행 – (    ), 열 – (    ), 값 – (    )

④ 필터 – (    ), 행 – (    ), 열 – (    ), 값 – (    )

⑤ 필터 – (    ), 행 – (    ), 열 – (    ), 값 – (    )

### 정답

① 행 – 직위, 열 – 근무팀, 값 – 기본급

② 필터 – 순번, 행 – 호봉, 값 – 식대, 기본급

③ 행 – 직위, 열 – 호봉, 값 – 급여 총액, 기본급

④ 필터 – 성명, 행 – 근무팀, 값 – 기본급, 식대

⑤ 행 – 근무팀, 호봉, 값 – 급여 총액

## 06 그룹 지정 작업

25.상시, 24.상시, 23.상시, 22.상시, 21.상시, 20.상시, 20.1, 19.상시, …

**전문가의 조언**

- 행이나 열 영역에 날짜 형식이나 시간 형식의 필드를 지정하면 자동으로 '연', '분기', '월' 또는 '시', '분', '초' 등의 필드가 생성되고 그룹이 자동으로 지정됩니다.
- 주의할 점은, 자동으로 그룹이 지정된 피벗 테이블은 모양이 문제지와 약간 다르기 때문에 반드시 **사용자가 직접 그룹을 지정해야 한다는 것**입니다.

25.상시, 24.상시, 23.상시, 22.상시, 21.상시, 20.상시, 20.1, 19.상시, 19.2, …

**[유형 1]** 〈그림〉과 같이 '분기'와 '연도'별로 그룹을 지정하시오.

| ▲ | A | B | C | D | E |
|---|---|---|---|---|---|
| 1 | | 생산지 | (모두) | | |
| 2 | | | | | |
| 3 | | 평균 : 재배면적 | 계약종류 | | |
| 4 | | 계약일 | 계약재배 | 포전매매 | 총합계 |
| 5 | | ⊟2018년 | 3236.166667 | 2909.727273 | 3024.941176 |
| 6 | | 1사분기 | 2818.5 | 2924.5 | 2898 |
| 7 | | 2사분기 | 4204 | 2357.5 | 2973 |
| 8 | | 3사분기 | 3785 | 3248.333333 | 3463 |
| 9 | | 4사분기 | | 2006 | 2006 |
| 10 | | ⊟2019년 | 3288.333333 | 2881.2 | 3103.272727 |
| 11 | | 1사분기 | 3492.5 | | 3492.5 |
| 12 | | 2사분기 | 4480 | 4007 | 4243.5 |
| 13 | | 3사분기 | 2755 | 2193 | 2614.5 |
| 14 | | 4사분기 | | 2735.333333 | 2735.333333 |
| 15 | | 총합계 | 3262.25 | 2900.8125 | 3055.714286 |

'계약일' 필드의 바로 가기 메뉴에서 **[그룹]**을 선택한 후 '그룹화' 대화상자에서 '분기'와 '연'을 선택합니다.

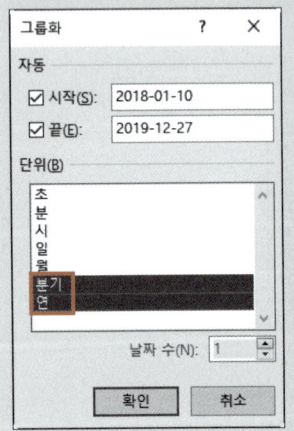

※ 사용하는 엑셀 프로그램의 버전이 교재와 다른 경우 '년(계약일)', '분기(계약일)', '개월(계약일)' 등으로 표시될 수 있습니다. 시험장에서는 교재처럼 표시된다는 것을 알아두세요.

22.상시, 21.상시, 20.상시, 19.상시, 18.상시, 16.2, 15.3, 15.1, 14.2, 13.3, 13.상시

**[유형 2]** '재배시기'를 〈그림〉과 같이 그룹을 지정하시오.

| ▲ | A | B | C | D | E | F |
|---|---|---|---|---|---|---|
| 1 | | 생산지 | (모두) | | | |
| 2 | | | | | | |
| 3 | | 평균 : 재배면적 | | 계약종류 | | |
| 4 | | 재배시기2 | 재배시기 | 계약재배 | 포전매매 | 총합계 |
| 5 | | ⊟10월~2월 | | 3402 | 2750 | 3051 |
| 6 | | | 가을 | 3225 | 2180 | 2703 |
| 7 | | | 월동 | 3578 | 3177 | 3349 |
| 8 | | ⊟3월~9월 | | 3123 | 3018 | 3060 |
| 9 | | | 봄 | 3361 | 3000 | 3271 |
| 10 | | | 여름 | 2884 | 3021 | 2984 |
| 11 | | 총합계 | | 3262 | 2901 | 3056 |

1. 텍스트를 그룹으로 지정하려면 하나의 그룹으로 지정할 부분을 블록으로 지정한 후 바로 가기 메뉴에서 **[그룹]**을 선택합니다.

2. 자동으로 입력된 "그룹1"을 10월~2월로 변경합니다. 나머지도 동일한 방법으로 그룹을 지정하면 됩니다.

| ▲ | A | B | C | D | E | F |
|---|---|---|---|---|---|---|
| 1 | | 생산지 | (모두) | | | |
| 2 | | | | | | |
| 3 | | 평균 : 재배면적 | | 계약종류 | | |
| 4 | | 재배시기2 | 재배시기 | 계약재배 | 포전매매 | 총합계 |
| 5 | | ⊟10월~2월 | | 3402 | 2750 | 3051 |
| 6 | | | 가을 | 3225 | 2180 | 2703 |
| 7 | | | 월동 | 3578 | 3177 | 3349 |
| 8 | | ⊟봄 | | 3361 | 3000 | 3271 |
| 9 | | | 봄 | 3361 | 3000 | 3271 |
| 10 | | ⊟여름 | | 2884 | 3021 | 2984 |
| 11 | | | 여름 | 2884 | 3021 | 2984 |
| 12 | | 총합계 | | 3262 | 2901 | 3056 |

## 07 표시 형식 지정 작업

25.상시, 24.상시, 23.상시, 22.상시, 21.상시, 20.상시, 20.1, 19.상시, …

'재배면적' 필드의 표시 형식을 '값 필드 설정'의 셀 서식에서 '숫자' 범주를 이용하여 '1000 단위 구분 기호(,)'를 표시하시오.

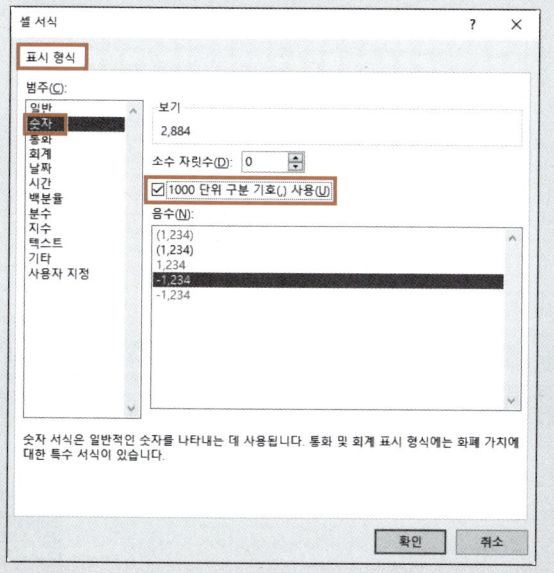

값 영역의 바로 가기 메뉴에서 [값 필드 설정]을 선택한 후 '값 필드 설정' 대화상자에서 〈표시 형식〉을 클릭하여 지정합니다.

### 잠깐만요

'셀 서식' 대화상자의 '사용자 지정' 범주를 이용하여 형식을 지정하는 문제가 가끔 출제됩니다.

| 문제 | 형식 |
|---|---|
| 천 단위 콤마를 표시하고 뒤에 "원"자 표시 | #,##0"원" |
| 값 영역에 표시된 값이 양수나 음수면 천 단위마다 콤마(,)를 표시하고 0이면 "*"로 표시 | #,###;-#,###;"*" |

## 08 정렬 작업

25.상시, 24.상시, 22.상시, 21.상시, 20.상시, 18.1, 16.2, 15.1, 12.1, …

22.상시, 21.상시, 20.상시, 18.1, 16.2
**[유형 1]** '재배시기' 필드를 기준으로 내림차순 정렬하시오.

| A | B | C | D | E |
|---|---|---|---|---|
| 1 | 생산지 | (모두) | | |
| 2 | | | | |
| 3 | 평균 : 재배면적 | 계약종류 | | |
| 4 | 재배시기 ↓ | 계약재배 | 포전매매 | 총합계 |
| 5 | 월동 | 3,578 | 3,177 | 3,349 |
| 6 | 여름 | 2,884 | 3,021 | 2,984 |
| 7 | 봄 | 3,361 | 3,000 | 3,271 |
| 8 | 가을 | 3,225 | 2,180 | 2,703 |
| 9 | 총합계 | 3,262 | 2,901 | 3,056 |

'재배시기' 필드를 클릭한 후 [데이터] → 정렬 및 필터 → 텍스트 내림차순 정렬(힉↓) 아이콘을 클릭합니다.

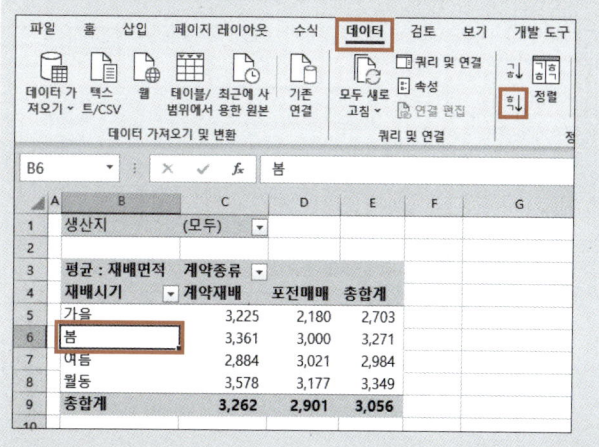

※ '재배시기' 필드의 목록 단추(▼)를 클릭한 후 [텍스트 내림차순 정렬]을 선택해도 됩니다.

25.상시, 22.상시, 21.상시, 20.상시, 15.1, 12.1, 11.2, 10.3
**[유형 2]** '재배시기' 필드를 〈그림〉과 같이 정렬하시오.

| A | B | C | D | E |
|---|---|---|---|---|
| 1 | 생산지 | (모두) | | |
| 2 | | | | |
| 3 | 평균 : 재배면적 | 계약종류 | | |
| 4 | 재배시기 ▼ | 계약재배 | 포전매매 | 총합계 |
| 5 | 봄 | 3361 | 3000 | 3271 |
| 6 | 여름 | 2884 | 3021 | 2984 |
| 7 | 가을 | 3225 | 2180 | 2703 |
| 8 | 월동 | 3578 | 3177 | 3349 |
| 9 | 총합계 | 3262 | 2901 | 3056 |

'봄'과 '여름'이 입력된 [B6:B7] 영역을 블록으로 지정한 후 테두리 부분을 드래그하여 [B4] 셀로 이동하면 됩니다.

| A | B | C | D | E |
|---|---|---|---|---|
| 1 | 생산지 | (모두) | | |
| 2 | | | | |
| 3 | 평균 : 재배면적 | 계약종류 | | |
| 4 | 재배시기 ▼ | 계약재배 | 포전매매 | 총합계 |
| 5 | 가을 드래그 | 3225 | 2180 | 2703 |
| 6 | 봄 B4:B5 | 3361 | 3000 | 3271 |
| 7 | 여름 | 2884 | 3021 | 2984 |
| 8 | 월동 | 3578 | 3177 | 3349 |
| 9 | 총합계 | 3262 | 2901 | 3056 |

## 09 피벗 테이블 스타일 / 피벗 테이블 스타일 옵션 지정 작업

25.상시, 24.상시, 23.상시, 22.상시, 21.상시, 20.상시, 20.1, 19.상시, …

피벗 테이블 스타일은 '연한 주황, 피벗 스타일 밝게 17', 피벗 테이블 스타일 옵션은 '행 머리글', '열 머리글', '줄무늬 열'을 설정하시오.

[디자인] → 피벗 테이블 스타일의 ▼(자세히) 단추를 클릭하여 스타일의 종류를 선택한 후 피벗 테이블 스타일 옵션을 지정합니다.

### 전문가의 조언

어디서 어떻게 메뉴를 호출하여 어떤 작업을 하는지 잘 기억해 두세요.

## 10 계산 필드 작업

25.상시, 22.상시, 21.상시, 20.상시, 17.상시, 16.3, 14.1, 12.3, 12.2, …

STDEV 함수를 이용하여 '1월', '2월', '3월' 필드의 표준 편차를 구하는 '표준편차' 계산 필드를 추가하시오.

[피벗 테이블 분석] → 계산 → 필드, 항목 및 집합 → **계산 필드**를 선택한 후 '계산 필드 삽입' 대화상자에서 지정합니다.

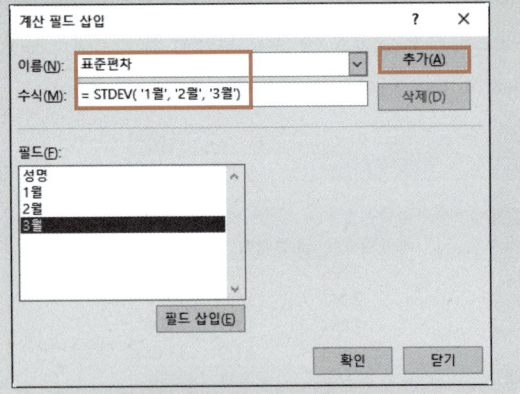

※ '1월', '2월', '3월'은 직접 입력하지 않고 '필드' 영역에서 해당 필드를 더블클릭하면 자동으로 작은따옴표(')로 묶인 상태로 입력됩니다.

### 전문가의 조언

한 번이라도 출제된 나머지 기능들입니다. **합격하고 싶다면 잘 정리해 두세요.**

## 11 기타

25.상시, 24.상시, 23.상시, 22.상시, 21.상시, 20.상시, 20.1, 19.상시, …

| 25.상시, 23.상시, 22.상시, …<br>행의 총합계만 표시 /<br>열의 총합계만 표시 | [디자인] → 레이아웃 → 총합계 → **열의 총합계만 설정/행의 총합계만 설정** 선택 |
|---|---|
| 25.상시, 22.상시, 21.상시, …<br>빈 셀 "*" 표시 | [피벗 테이블 분석] → 피벗 테이블 → **옵션**을 클릭한 후 '피벗 테이블 옵션' 대화상자의 '레이아웃 및 서식' 탭에서 '빈 셀 표시'의 입력란에 *를 입력함 |
| 24.상시<br>오류 셀 "해당없음" 표시 | [피벗 테이블 분석] → 피벗 테이블 → **옵션**을 클릭한 후 '피벗 테이블 옵션' 대화상자의 '레이아웃 및 서식' 탭에서 '오류 값 표시'의 입력란에 해당없음을 입력함 |
| 25.상시, 23.상시, 22.상시, …<br>레이블이 있는 셀 병합 및 가운데 맞춤 | [피벗 테이블 분석] → 피벗 테이블 → **옵션**을 클릭한 후 '피벗 테이블 옵션' 대화상자의 '레이아웃 및 서식' 탭에서 '레이블이 있는 셀 병합 및 가운데 맞춤'을 선택함 |
| 25.상시, 22.상시, 21.상시, …<br>그룹 아래에 요약 표시 | [디자인] → 레이아웃 → 부분합 → **그룹 하단에 모든 부분합 표시** 선택 |
| 24.상시<br>각 항목 다음에 빈줄 삽입 | [디자인] → 레이아웃 → 빈 행 → **각 항목 다음에 빈줄 삽입** 선택 |
| 25.상시, 22.상시, 21.상시, …<br>행 합계 비율/열 합계 비율/총합계 비율 | 값 영역의 바로 가기 메뉴에서 [값 표시 형식] → **행 합계 비율/열 합계 비율/총합계 비율** 중 하나를 선택함 |

96  기능별 합격전략

| 22.상시, 21.상시, 20.상시, 19.1 '확장(+)/축소(-)' 단추 표시 | [피벗 테이블 분석] → 표시 → +/- 단추 클릭 |
| --- | --- |
| 24.상시, 23.상시, 22.상시, … 특정 데이터만 표시 | 특정 데이터만 표시할 필드의 목록 단추(▼)를 클릭하여 표시할 필드만 선택함 |
| 24.상시, 22.상시, 21.상시, … 특정 데이터만 별도 시트에 표시 | 작성된 피벗 테이블에서 별도 시트에 표시할 데이터가 있는 부분을 더블클릭함. '가을의 계약재배'만을 다른 시트에 표시하려면 [C5] 셀을 더블클릭하면 됨 |

▶ '대여시간'과 '대여비용' 필드의 표시 형식은 '값 필드 설정'의 셀 서식에서 '숫자' 범주를 이용하여 1000 단위 구분 기호(,)를 표시하시오.

▶ 행의 총합계는 표시되지 않도록 설정하시오.

| | A | B | C | D | E |
| --- | --- | --- | --- | --- | --- |
| 1 | | | | | |
| 2 | | | | 결제상태 | |
| 3 | | 대여장비 | 값 | 예정 | 완료 |
| 4 | | 굴착기 | 평균: 대여시간 | 96 | 126 |
| 5 | | | 평균: 대여비용 | 495,000 | 495,000 |
| 6 | | 불도저 | 평균: 대여시간 | 183 | 174 |
| 7 | | | 평균: 대여비용 | 500,400 | 441,000 |
| 8 | | 지게차 | 평균: 대여시간 | 89 | 133 |
| 9 | | | 평균: 대여비용 | 289,000 | 415,600 |
| 10 | | 크레인 | 평균: 대여시간 | 122 | 194 |
| 11 | | | 평균: 대여비용 | 238,333 | 495,000 |
| 12 | | 전체 평균: 대여시간 | | 138 | 144 |
| 13 | | 전체 평균: 대여비용 | | 398,750 | 461,333 |

## 대표기출문제

'길벗김철1급총정리\엑셀\기능\10피벗테이블.xlsm' 파일을 열어서 작업하세요.

### [기출 1] 25.상시, 24.상시, 23.상시, 22.상시, 21.상시, 20.상시, 20.1, 19.상시

'기출1' 시트에서 다음의 지시사항에 따라 피벗 테이블 보고서를 작성하시오.

▶ 외부 데이터 원본으로 〈대여현황.txt〉의 데이터를 사용하시오.
  - 원본 데이터의 구분 기호는 쉼표(,)와 "/"로 구분되어 있으며, 첫 행에 머리글이 포함되어 있음
  - '결제상태', '대여장비', '대여시간', '대여비용' 열만 가져와 데이터 모델에 이 데이터를 추가하시오.

▶ 피벗 테이블 보고서의 레이아웃과 위치는 〈그림〉을 참조하여 설정하고, 보고서 레이아웃을 테이블 형식으로 표시하시오.

▶ 피벗 테이블 스타일은 '연한 녹색, 피벗 스타일 밝게 21', 피벗 테이블 스타일 옵션은 '행 머리글', '열 머리글', '줄무늬 열'을 설정하시오.

### [기출 2] 25.상시, 24.상시, 23.상시, 22.상시, 21.상시, 20.상시, 20.1, 19.상시, …

'기출2' 시트에서 다음의 지시사항에 따라 피벗 테이블 보고서를 작성하시오.

▶ 외부 데이터 원본으로 〈자재판매현황.xlsx〉의 〈5월〉 테이블을 이용하시오.

▶ 피벗 테이블 보고서의 레이아웃과 위치는 〈그림〉을 참조하여 설정하고, 보고서 레이아웃을 개요 형식으로 표시하시오.

▶ '단가(원/㎡)' 필드를 〈그림〉과 같이 그룹을 지정하고, 빈 셀에 "***"를 표시하시오.

▶ '회원등급' 필드가 〈그림〉과 같이 표시되도록 정렬하고 열의 총합계만 표시하시오.

▶ '판매금액'의 표시 형식은 '값 필드 설정'의 셀 서식을 이용하여 '회계' 범주에서 지정하시오.

| | A | B | C | D |
| --- | --- | --- | --- | --- |
| 1 | | | | |
| 2 | 합계 : 판매금액 | 회원등급 | | |
| 3 | 단가(원/㎡) | Platinum | Gold | Silver |
| 4 | 2001-3000 | *** | 2,328,000 | 13,050,500 |
| 5 | 3001-4000 | 58,500,450 | 87,454,900 | 46,031,310 |
| 6 | 4001-5000 | 54,316,800 | 19,708,700 | 3,214,400 |
| 7 | 5001-6000 | 209,935,440 | 17,324,320 | 2,017,600 |
| 8 | 총합계 | 322,752,690 | 126,815,920 | 64,313,810 |

## [기출 3] 25.상시, 24.상시, 23.상시, 22.상시, 21.상시, 20.상시, 20.1, 19.상시, …

'기출3' 시트에서 다음의 지시사항에 따라 피벗 테이블 보고서를 작성하시오.

▶ 외부 데이터 가져오기 기능을 이용하여 〈원자재통관.accdb〉의 〈원자재〉 테이블에서 '물류코드', '원자재종류', '수입규모(t)', '입고시간', '통관수수료' 열을 이용하시오.

▶ '물류코드' 필드가 "A" 또는 "B"로 시작하는 데이터만을 가져오시오.

▶ 피벗 테이블 보고서의 레이아웃과 위치는 〈그림〉을 참조하여 설정하고, 보고서 레이아웃을 개요 형식으로 표시하시오.

▶ '원자재종류' 필드가 '농산물'이거나 '육류'인 데이터만 표시하시오.

▶ '입고시간' 필드를 기준으로 '오전/오후'로 그룹을 설정하고, 각 그룹의 하단에 최대값과 최소값 부분합이 표시되도록 설정하시오.

▶ 확장(+)/축소(−) 단추가 표시되지 않도록 설정하고 각 항목 다음에 빈 줄을 삽입하시오.

▶ '합계 : 통관수수료' 필드를 기준으로 내림차순 정렬하고, '통관수수료' 필드의 표시 형식은 '값 필드 설정'의 셀 서식에서 '사용자 지정' 범주를 이용하여 지정하시오.

| | A | B | C | D |
|---|---|---|---|---|
| 1 | | | | |
| 2 | 원자재종류 | (다중 항목) | | |
| 3 | | | | |
| 4 | 입고시간2 | 입고시간 | 합계 : 수입규모(t) | 합계 : 통관수수료 |
| 5 | 오전 | | | |
| 6 | | 10:54:25 AM | 100 | 710,000원 |
| 7 | | 10:53:47 AM | 111 | 642,000원 |
| 8 | | 11:14:17 AM | 25 | 560,000원 |
| 9 | | 9:15:14 AM | 12 | 444,000원 |
| 10 | 오전 최대 | | 111 | 710,000원 |
| 11 | 오전 최소 | | 12 | 444,000원 |
| 12 | | | | |
| 13 | 오후 | | | |
| 14 | | 1:56:03 PM | 150 | 720,000원 |
| 15 | | 3:49:54 PM | 132 | 684,000원 |
| 16 | | 5:12:18 PM | 10 | 530,000원 |
| 17 | 오후 최대 | | 150 | 720,000원 |
| 18 | 오후 최소 | | 10 | 530,000원 |
| 19 | | | | |
| 20 | 총합계 | | 540 | 4,290,000원 |

시간 데이터를 '오전/오후'로 그룹을 지정하려면 텍스트를 그룹으로 지정하는 것과 같이 그룹으로 지정할 부분을 모두 선택한 후 바로 가기 메뉴에서 [그룹]을 선택하면 됩니다.

## [기출 4] 25.상시, 24.상시, 23.상시, 21.상시, 20.상시, 20.1, 19.상시, 19.2, 19.1, …

'기출4' 시트에서 다음의 지시사항에 따라 피벗 테이블 보고서를 작성하시오.

▶ 외부 데이터 원본으로 〈자격수당.csv〉의 데이터를 사용하시오.
  – 원본 데이터는 쉼표(,)로 분리되어 있으며, 첫 행에 머리글이 포함되어 있음
  – '소속지사', '정년날짜', '직책', '평가점수' 열만 가져와 데이터 모델에 이 데이터를 추가하시오.

▶ 피벗 테이블 보고서의 레이아웃과 위치는 〈그림〉을 참조하여 설정하고, 보고서 레이아웃을 테이블 형식으로 표시하시오.

▶ '정년날짜(월)' 필드를 월 단위로 그룹을 지정하고, '평가점수' 필드의 표시 형식은 '값 필드 설정'의 셀 서식에서 '숫자' 범주를 이용하여 소수점 첫째 자리까지만 표시하시오.

▶ '피벗 테이블 옵션'에서 '레이블이 있는 셀 병합 및 가운데 맞춤'을 지정하시오.

▶ 피벗 테이블 스타일은 '연한 노랑, 피벗 스타일 보통 19'로 지정하시오.

| | A | B | C | D | E | F | G |
|---|---|---|---|---|---|---|---|
| 1 | 직책 | All | | | | | |
| 2 | | | | | | | |
| 3 | 합계 : 평가점수 | | 소속지사 | | | | |
| 4 | 정년날짜(월) | 정년날짜 | 무소속 | 미국 | 한국 | 호주 | 총합계 |
| 5 | 02월 | | 4.7 | 22.7 | 25.6 | 17.7 | 70.7 |
| 6 | 08월 | | 8.8 | 3.3 | 23.2 | 18.6 | 53.9 |
| 7 | 총합계 | | 13.5 | 26.0 | 48.8 | 36.3 | 124.6 |

## [기출 5] 25.상시, 24.상시, 23.상시, 22.상시, 21.상시, 20.상시, 20.1, 19.상시, …

'기출5' 시트에서 다음의 지시사항에 따라 피벗 테이블 보고서를 작성하시오.

▶ 외부 데이터 가져오기 기능을 이용하여 〈연구직평가표.accdb〉의 〈평가내역〉 테이블에서 '연구원ID', '연구분야', '내부평가', '외부평가', '연구점수', '연구원평가' 열을 이용하시오.

▶ 피벗 테이블 보고서의 레이아웃과 위치는 〈그림〉을 참조하여 설정하고, 보고서 레이아웃을 개요 형식으로 표시하시오.

▶ '내부평가', '외부평가', '연구점수'를 SUM 함수로 합계를 계산하는 '총점' 계산 필드를 추가하시오.

▶ '연구원평가' 필드가 'A'인 데이터만 표시하시오.

▶ '연구원ID' 필드가 'ANS'로 시작하면 '자연과학', 'CIE'로 시작하면 '정보공학'으로 그룹을 설정하시오.

▶ '총점' 필드를 총합계 비율로 표시하시오.

▶ '연구원ID'가 'ANS-07'인 연구원의 '광자통신' 데이터만 별도 시트에 작성하시오(시트명을 '광자통신연구원'으로 지정하고, '기출 5' 시트 앞에 위치시킴).

| | A | B | C | D | E | F |
|---|---|---|---|---|---|---|
| 1 | | | | | | |
| 2 | 연구원평가 | A | | | | |
| 3 | | | | | | |
| 4 | 합계 : 총점 | | | 연구분야 | | |
| 5 | 연구원ID2 | 연구원ID | | 광자통신 | 인공지능 | 총합계 |
| 6 | 자연과학 | | | 34.90% | 34.16% | 69.06% |
| 7 | | ANS-07 | | 34.90% | 0.00% | 34.90% |
| 8 | | ANS-99 | | 0.00% | 34.16% | 34.16% |
| 9 | 정보공학 | | | 0.00% | 30.94% | 30.94% |
| 10 | | CIE-38 | | 0.00% | 30.94% | 30.94% |
| 11 | 총합계 | | | 34.90% | 65.10% | 100.00% |

### 정답 및 해설

#### [기출 1]

1. [삽입] → 표 → **피벗 테이블**을 클릭한다.
2. '피벗 테이블 만들기' 대화상자에서 '외부 데이터 원본 사용'을 선택한 후 〈연결 선택〉을 클릭한다.
3. '기존 연결' 대화상자에서 〈더 찾아보기〉를 클릭한다.
4. '데이터 원본 선택' 대화상자에서 '대여현황.txt' 파일을 선택하고 〈열기〉를 클릭한다.
5. '텍스트 마법사 – 3단계 중 1단계' 대화상자에서 '구분 기호로 분리됨'과 '내 데이터에 머리글 표시'를 선택한 후 〈다음〉을 클릭한다.
6. '텍스트 마법사 – 3단계 중 2단계' 대화상자에서 그림과 같이 지정한 후 〈다음〉을 클릭한다.

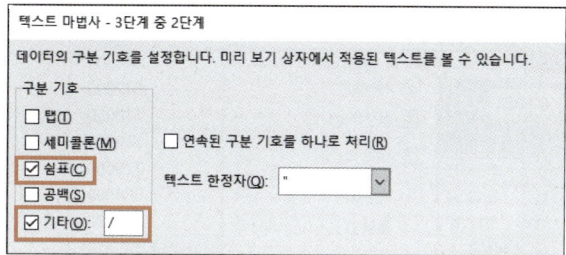

7. '텍스트 마법사 – 3단계 중 3단계' 대화상자에서 '대여코드'를 선택하고 '열 가져오지 않음(건너뜀)'을 선택한다. 이어서 '수령일'도 동일하게 지정한 후 〈마침〉을 클릭한다.
8. '피벗 테이블 만들기' 대화상자에서 피벗 테이블의 삽입 위치로 [B2] 셀을 지정하고 '데이터 모델에 이 데이터 추가'를 선택한 후 〈확인〉을 클릭한다.
9. '피벗 테이블 필드' 창에서 그림과 같이 레이아웃을 지정한 후 'Σ 값' 필드를 행 영역으로 드래그한다.

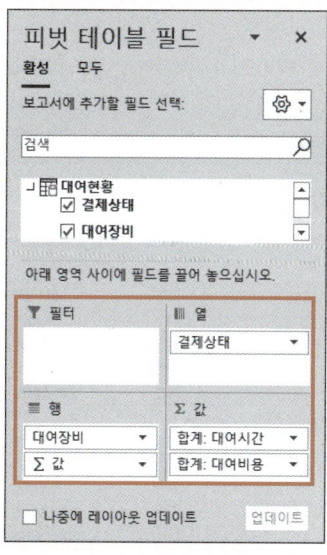

10. '대여시간' 필드의 바로 가기 메뉴에서 [값 요약 기준] → **평균**을 선택한다. '대여비용' 필드도 동일하게 변경한다.
11. [디자인] → 레이아웃 → 보고서 레이아웃 → **테이블 형식으로 표시**를 선택한다.
12. [디자인] → **피벗 테이블 스타일**의 ▽(자세히)를 클릭한 후 '연한 녹색, 피벗 스타일 밝게 21'을 선택한다.
13. [디자인] → **피벗 테이블 스타일 옵션**의 '행 머리글', '열 머리글', '줄무늬 열'을 선택한다.
14. '대여시간' 필드의 바로 가기 메뉴에서 [**값 필드 설정**]을 선택한다.
15. '값 필드 설정' 대화상자에서 〈표시 형식〉을 클릭한다.
16. '셀 서식' 대화상자의 '범주'에서 '숫자'의 '1000 단위 구분 기호(,) 사용'을 선택한 후 〈확인〉을 클릭한다.
17. '값 필드 설정' 대화상자에서도 〈확인〉을 클릭한다.
18. '대여비용'도 동일한 방법으로 지정한다.
19. [디자인] → 레이아웃 → 총합계 → **열의 총합계만 설정**을 선택한다.

#### [기출 2]

• '피벗 테이블 필드' 창

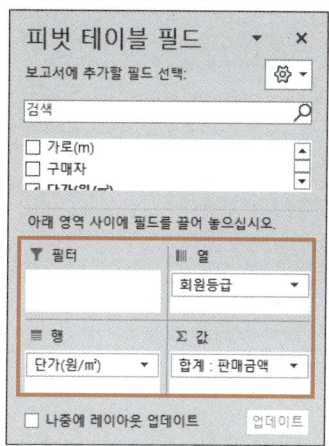

• '그룹화' 대화상자

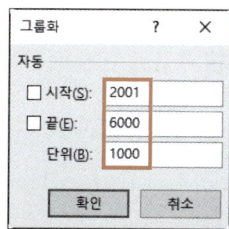

• '회원필드' 정렬

[C3] 셀의 테두리 부분을 드래그하여 [A3] 셀로 이동한다.

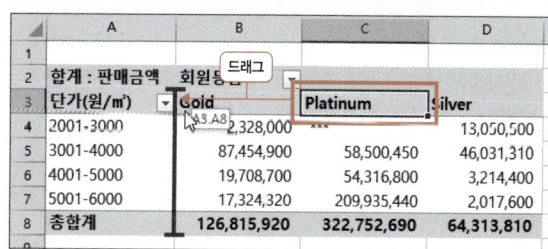

#### [기출 3]

• '쿼리 마법사 – 열 선택' 대화상자

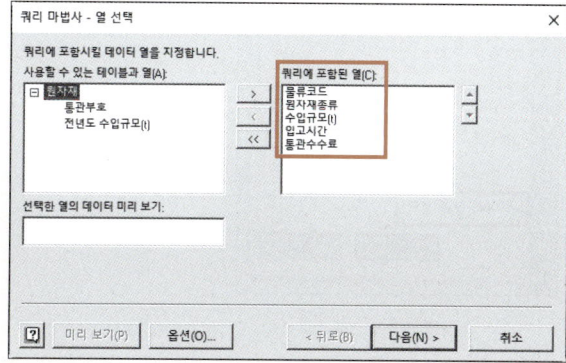

- '쿼리 마법사 – 데이터 필터' 대화상자

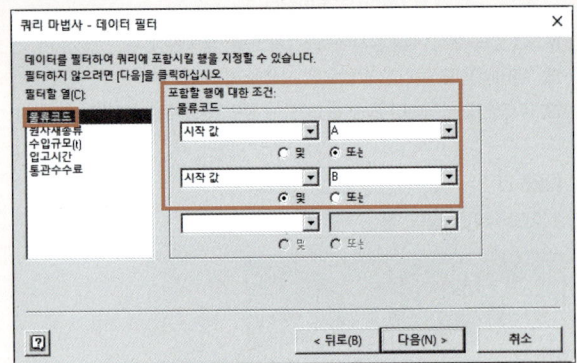

- '피벗 테이블 필드' 창

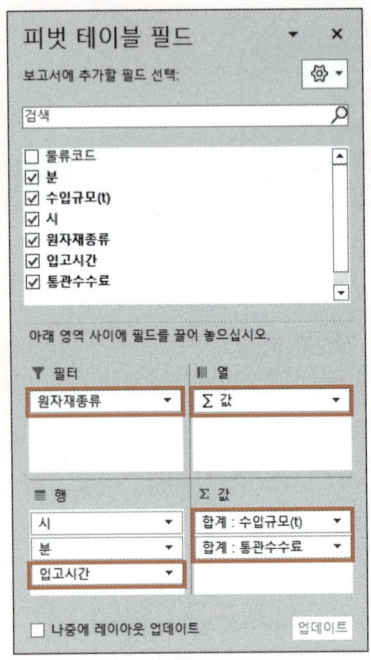

- '농산물'과 '육류'만 표시

  '원자재종류' 필드의 목록 단추(▼)를 클릭하여 '여러 항목 선택'을 선택한 후 그림과 같이 지정한다.

- 그룹 지정
1. '입고시간'이 표시된 임의의 셀을 클릭한 후 바로 가기 메뉴에서 **[그룹 해제]**를 선택한다.
   ※ 행이나 열 영역에 시간 형식의 필드를 지정하면 해당 필드의 데이터에 따라 자동으로 '시', '분' 등의 필드가 생성되고 그룹이 자동으로 지정됩니다. 자동으로 지정된 그룹을 해제하고 오전/오후로 그룹을 지정해야 합니다.
2. "오전"으로 그룹을 지정할 부분을 범위로 지정한 후 바로 가기 메뉴에서 **[그룹]**을 선택한다.

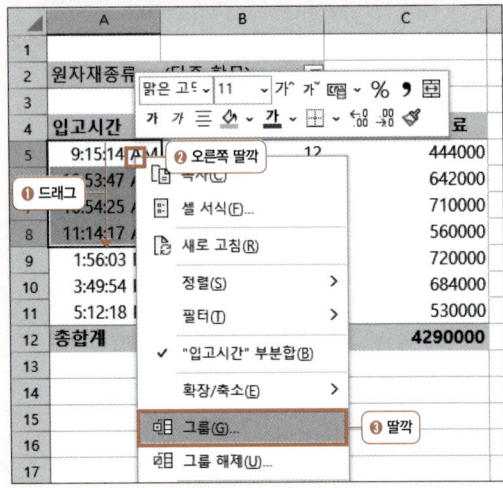

3. "그룹1"을 **오전**으로 변경한다. 같은 방법으로 나머지를 **오후**로 그룹을 지정한다.

- 각 그룹 하단에 최대값/최소값 부분합 표시
1. **[디자인] → 레이아웃 → 부분합 → 그룹 하단에 모든 부분합 표시**를 선택한다.
2. 요약이 표시된 셀을 선택한 후 바로 가기 메뉴에서 **[필드 설정]**을 선택한다.

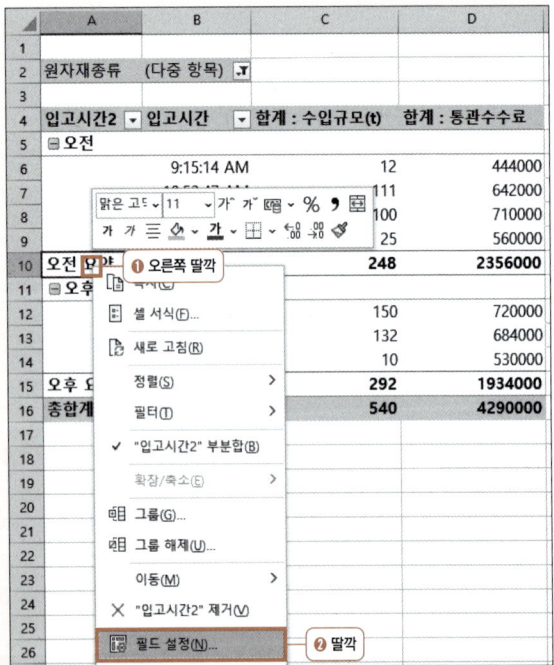

3. '필드 설정' 대화상자에서 그림과 같이 지정한 후 〈확인〉을 클릭한다.

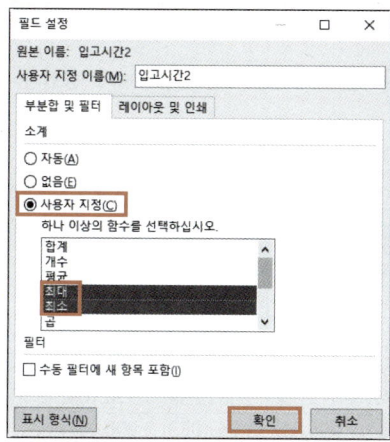

- '셀 서식' 대화상자

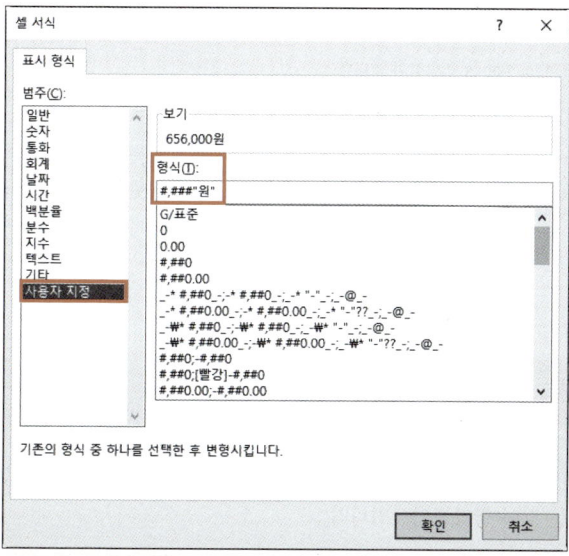

[기출 4]
- '피벗 테이블 필드' 창

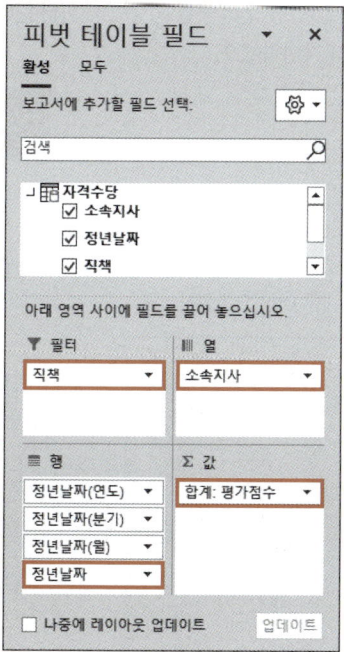

- '그룹화' 대화상자

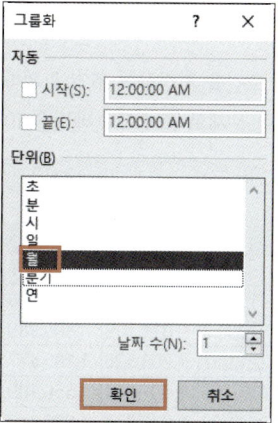

[기출 5]
〈정답〉

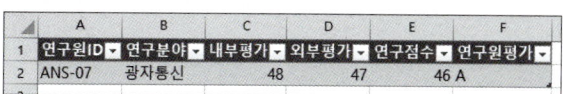

〈해설〉
- '피벗 테이블 필드' 창

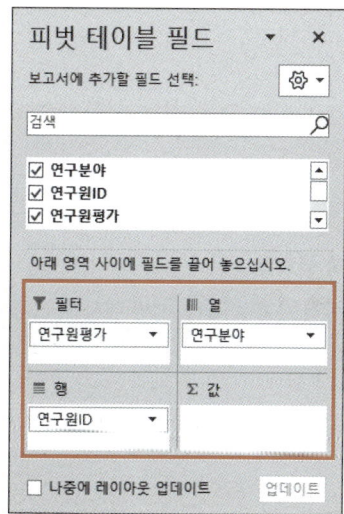

- '계산 필드 삽입' 대화상자

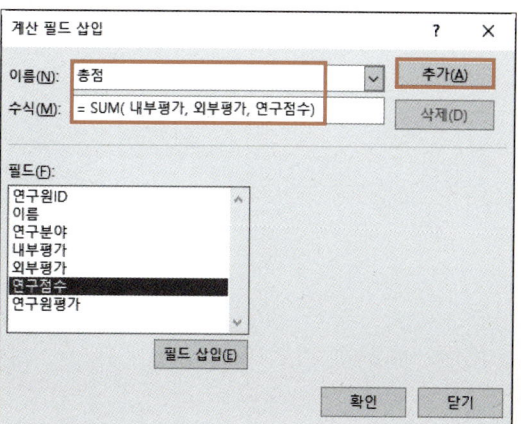

- 별도 시트에 표시
  [D7] 셀을 더블클릭한다.

## 2 데이터 유효성 검사

출제 비율 50% / 배점 10점

데이터 유효성 검사 문제는 유효성 조건을 지정하여 조건에 위배되는 데이터를 입력하면 오류 메시지를 표시하게 하는 작업입니다. 통합 등의 다른 기능과 혼합되어 2가지 기능이 한 문제로 출제되고 배점은 10점입니다. 부분 점수는 없습니다.

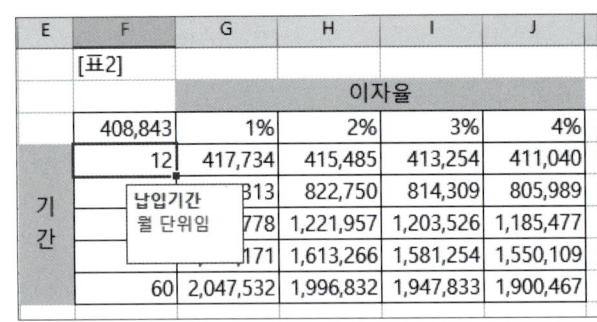

※ [F4:F8] 영역에 12의 배수만 입력되도록 설정하고 설명 메시지를 입력하였기 때문에 [F4:F8] 영역을 클릭하면 입력에 대한 설명이 표시되고, 잘못된 데이터를 입력하면 오류 메시지가 표시됩니다.

### 작업 순서

1. 데이터 범위를 블록으로 지정한 후 [데이터] → 데이터 도구 → 데이터 유효성 검사(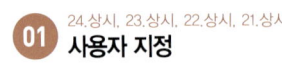)를 클릭한다.
2. '데이터 유효성' 대화상자에서 유효성 조건, 설명 메시지, 오류 메시지 등을 지정한다.

### 합격포인트

- 데이터 유효성 검사에서는 **조건에 맞는 수식을 정확하게 작성하는 것이 합격포인트**입니다.
- [2번 계산작업]을 공부하고 왔기 때문에 어렵지 않을 겁니다. **여기가 어렵게 느껴지면 합격 예상이 어려운 상황**입니다. 2번 문제로 돌아가 수식 작성 연습을 더 하고 오세요.
- ☞ 직접 실습하려면 '길벗컴활1급총정리\엑셀\기능\11데이터유효성검사.xlsm' 파일을 열어서 작업하세요.

**01** 24.상시, 23.상시, 22.상시, 21.상시
**사용자 지정**

22.상시, 21.상시
**[유형 1]** [데이터 유효성 검사] 기능과 MOD 함수를 이용하여 [F4:F8] 영역에는 12의 배수만 입력되도록 제한 대상을 설정하시오.

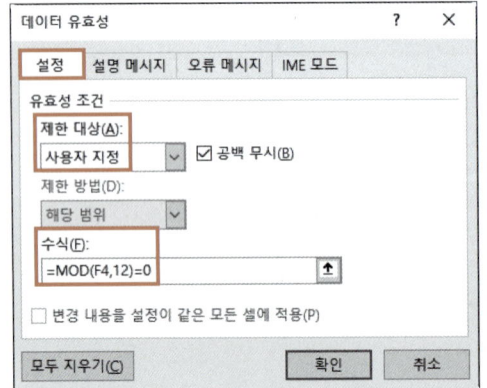

23.상시, 22.상시, 21.상시

**[유형 2]** [데이터 유효성 검사] 기능과 SEARCH 함수를 이용하여 [A2:A7] 영역에는 반드시 "A"가 포함된 직원코드가 입력되도록 제한 대상을 설정하시오.

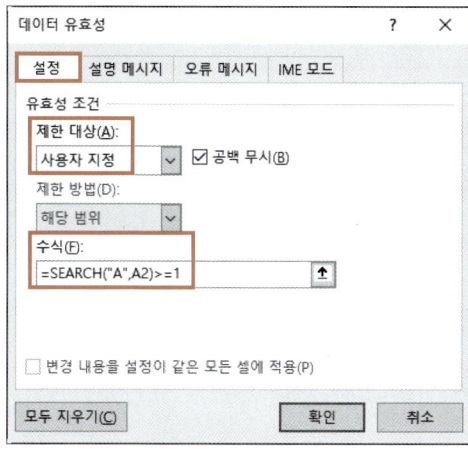

23.상시, 22.상시, 21.상시

**[유형 3]** [데이터 유효성 검사] 기능과 QUOTIENT 함수를 이용하여 [C2:C10] 영역에는 3.3으로 나눈 몫이 34 이하인 값만 입력되도록 제한 대상을 설정하시오.

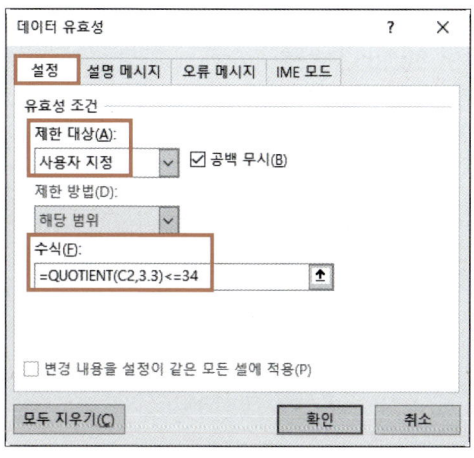

**체크체크**

**다음 조건을 지정할 수 있는 유효성 조건의 수식을 적으시오.**

① MOD 함수를 이용하여 [B2:B10] 영역에는 30의 배수만 입력되도록 제한 대상 설정

[                    ]

② SEARCH 함수를 이용하여 [B2:B10] 영역에는 반드시 "*"가 포함된 ID가 입력되도록 제한 대상 설정

[                    ]

③ QUOTIENT 함수를 이용하여 [B2:B10] 영역에는 50으로 나눈 몫이 4 이상인 값만 입력되도록 제한 대상 설정

[                    ]

**정답**

① =MOD(B2, 30)=0

② =SEARCH("*", B2)>=1

② =QUOTIENT(B2, 50)>=4

## 02 정수

25.상시, 24.상시, 22.상시, 21.상시

[데이터 유효성 검사] 기능을 이용하여 [D2:D9] 영역에는 1~10의 정수만 입력되도록 제한 대상을 설정하시오.

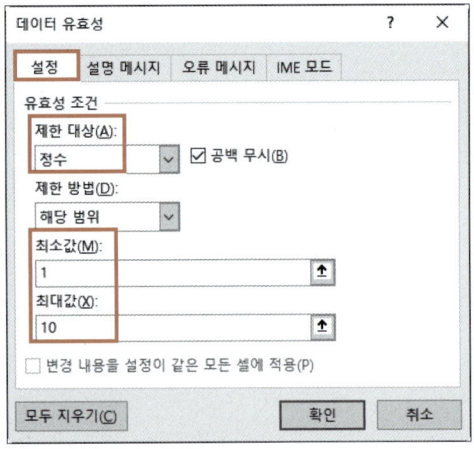

## 03 목록

22.상시, 21.상시

[데이터 유효성 검사] 기능을 이용하여 [B2:B9] 영역에는 '과일', '채소', '잡곡', '정육' 목록이 표시되도록 지정하시오.

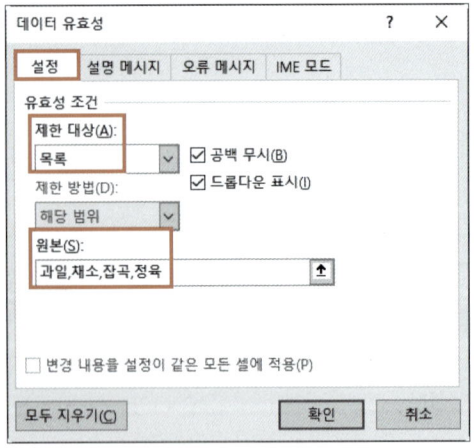

## 04 설명 메시지

25.상시, 24.상시, 23.상시, 22.상시, 21.상시

〈그림〉과 같은 설명 메시지를 표시하시오.

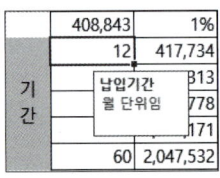

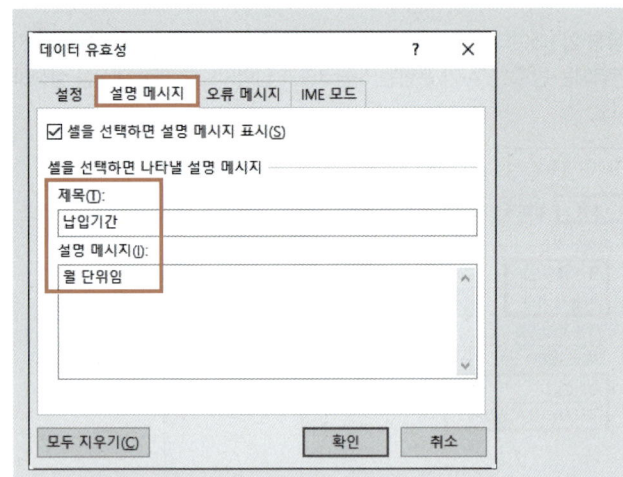

## 05 오류 메시지

25.상시, 24.상시, 23.상시, 22.상시, 21.상시

유효하지 않은 데이터를 입력한 경우 〈그림〉과 같은 오류 메시지가 표시되도록 설정하시오.

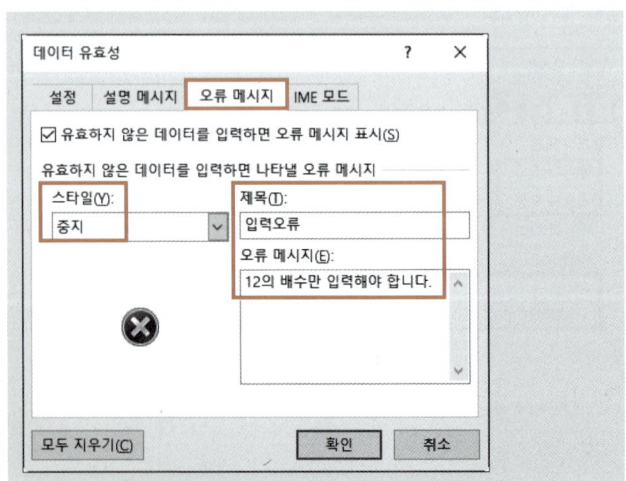

## 대표기출문제

'길벗컴활1급총정리\엑셀\기능\11데이터유효성검사.xlsm' 파일을 열어서 작업하세요.

### [기출 1] 25.상시, 24.상시, 23.상시, 22.상시, 21.상시

'기출1' 시트에 대하여 다음의 지시사항을 처리하시오.

▶ [데이터 유효성 검사] 기능을 이용하여 [D3:D7] 영역에는 두 번째 글자 이후에 반드시 "@"가 포함된 이메일주소가 입력되도록 제한 대상을 설정하시오.

- [D3:D7] 영역의 셀을 클릭한 경우 〈그림〉과 같은 설명 메시지를 표시하고, 유효하지 않은 데이터를 입력한 경우 〈그림〉과 같은 오류 메시지가 표시되도록 설정하시오.

- SEARCH 함수 이용
- 기본 입력 모드가 '영문'이 되도록 설정하시오.

### [기출 2] 25.상시, 24.상시, 23.상시, 22.상시, 21.상시

'기출2' 시트에 대하여 다음의 지시사항을 처리하시오.

▶ [데이터 유효성 검사] 기능을 이용하여 [C3:C9], [C12:C18], [C21:C25] 영역에 'PB', '합판', '무늬목', '집성목', '중섬유판' 목록이 표시되도록 지정하시오.

- [C3:C9], [C12:C18], [C21:C25]영역의 셀을 클릭한 경우 〈그림〉과 같은 설명 메시지를 표시하고, 유효하지 않은 데이터를 입력한 경우 오류 메시지가 표시되지 않도록 설정하시오.

- IME 모드가 '한글'이 되도록 설정하시오.

## 정답 및 해설

### [기출 1]

1. [D3:D7] 영역을 블록으로 지정한 후 [데이터] → 데이터 도구 → 데이터 유효성 검사(📋)를 클릭한다.
2. '데이터 유효성' 대화상자의 '설정' 탭에서 다음과 같이 지정한다.

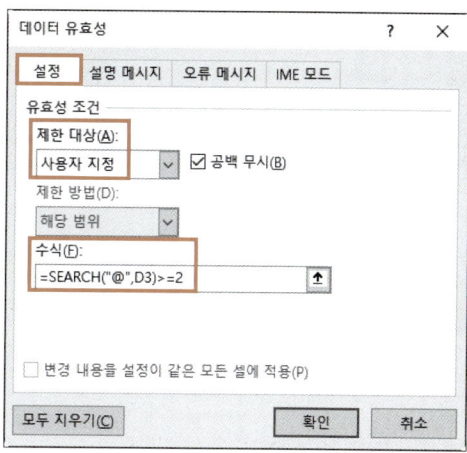

3. '데이터 유효성' 대화상자의 '설명 메시지' 탭에서 다음과 같이 지정한다.

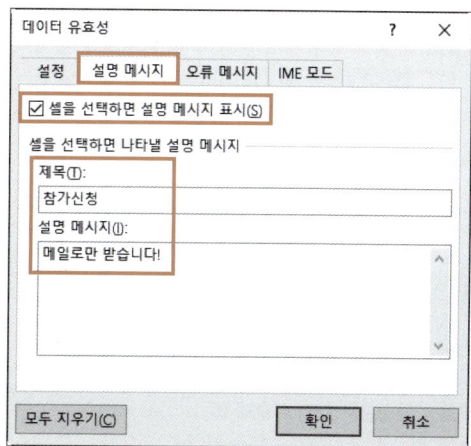

4. '데이터 유효성' 대화상자의 '오류 메시지' 탭에서 다음과 같이 지정한다.

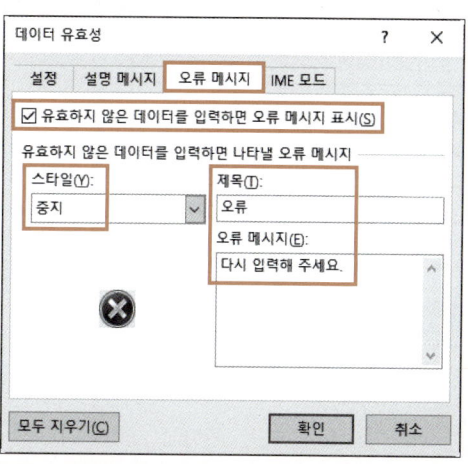

1과목 스프레드시트 실무　105

5. '데이터 유효성' 대화상자의 'IME 모드' 탭에서 다음과 같이 지정한 후 〈확인〉을 클릭한다.

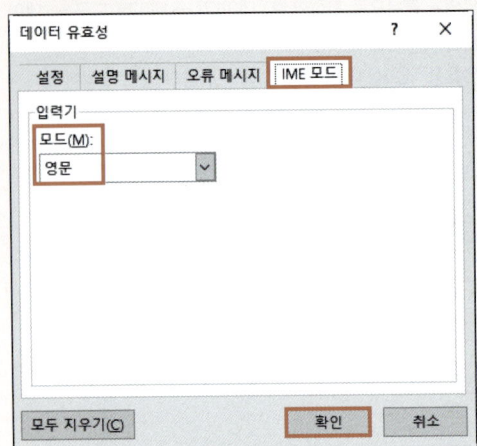

## [기출 2]

1. '데이터 유효성' 대화상자 '설정' 탭

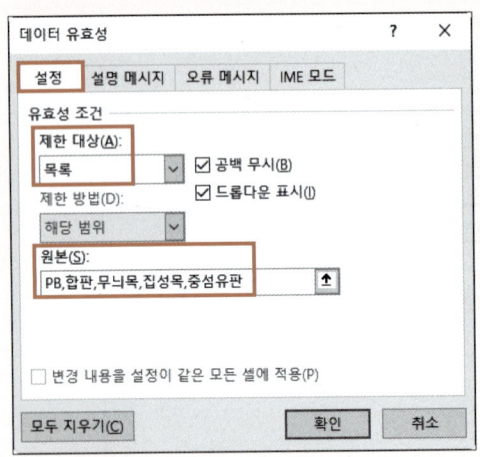

2. '데이터 유효성' 대화상자 '설명 메시지' 탭

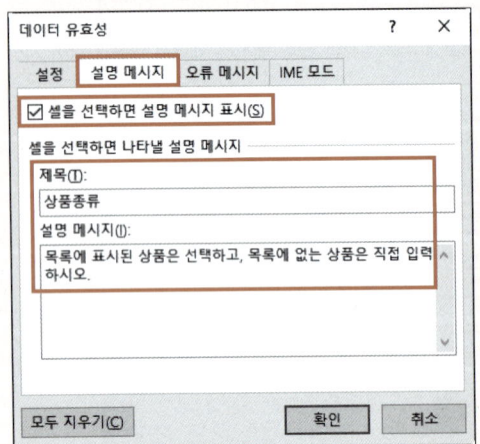

3. '데이터 유효성' 대화상자 '오류 메시지' 탭

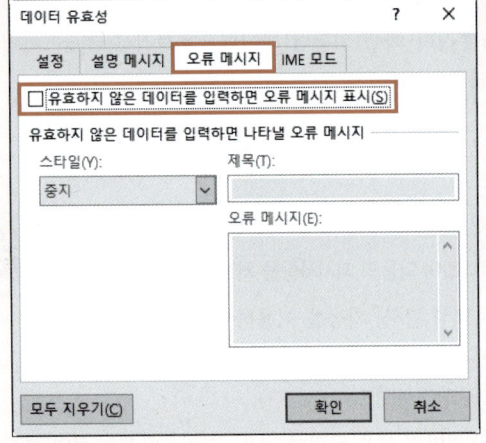

4. '데이터 유효성' 대화상자 'IME 모드' 탭

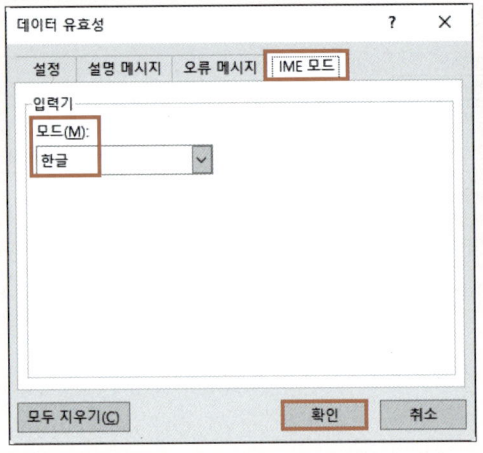

# 3 통합

출제 비율 30% / 배점 10점

통합 문제는 **여러 개의 표에 입력된 데이터를 합계나 평균으로 요약하여 하나의 표에 표시하는 작업**입니다. 데이터 유효성 검사 등의 다른 기능과 혼합되어 한 문제로 출제되고 **배점은 10점**입니다. 부분 점수는 없습니다.

|   | A | B | C | D | E | F | G |
|---|---|---|---|---|---|---|---|
| 1 | [표1] 1학년 1학기 | | | | [표2] 1학년 2학기 | | |
| 2 | 과목 | 시험 | 점수 | | 과목 | 시험 | 점수 |
| 3 | 국어 | 기말고사 | 38 | | 국어 | 기말고사 | 39 |
| 4 | 영어 | 기말고사 | 20 | | 영어 | 기말고사 | 37 |
| 5 | 수학 | 기말고사 | 18 | | 수학 | 기말고사 | 37 |
| 6 | 국어 | 수행평가 | 14 | | 국어 | 수행평가 | 10 |
| 7 | 영어 | 수행평가 | 13 | | 영어 | 수행평가 | 7 |
| 8 | 수학 | 수행평가 | 6 | | 수학 | 수행평가 | 20 |

→

|   | I | J |
|---|---|---|
| 1 | [표3] 과목별 평균 | |
| 2 | 과목 | 점수 |
| 3 | 국어 | 25 |
| 4 | 영어 | 19 |
| 5 | 수학 | 20 |

※ [표1]과 [표2]의 '과목'별 '점수'의 평균을 [표3]에 통합하여 표시한 화면입니다.

## 작업 순서

1. 통합된 내용이 표시될 범위를 블록으로 지정한 후 [데이터] → 데이터 도구 → **통합**을 클릭한다.
2. '통합' 대화상자에서 '함수', '참조 영역', '사용할 레이블'을 지정한 후 〈확인〉을 클릭한다.

## 합격포인트

- 통합 작업에서는 **'참조' 영역을 정확하게 지정하는 것이 합격포인트**인데, 동합할 때 기준이 되는 필드기 '참조' 범위의 첫 번째 열에 오도록 지정하면 되는 쉬운 작업입니다.
- 실수없이 10점을 확보할 수 있도록 신경 써 학습하세요.
- ☞ 직접 실습하려면 '길벗컴활1급총정리\엑셀\기능\12통합.xlsm' 파일을 열어서 작업하세요.

**01** 25.상시, 24.상시, 23.상시, 22.상시, 21.상시, 20.상시, 20.1, 19.상시, …
**통합 작성**

데이터 도구 [통합] 기능을 이용하여 [A2:C9], [E2:G9] 영역에서 시험별 점수의 합계를 [J3:J5] 영역에 계산하시오.

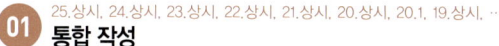

결과가 표시될 부분인 [I2:J5] 영역을 블록으로 지정하고 [데이터] → 데이터 도구 → **통합**을 클릭한 후 '통합' 대화상자에서 지정합니다. 이때 '참조' 범위는 '시험' 필드가 첫 번째 열에 오도록 지정해야 합니다.

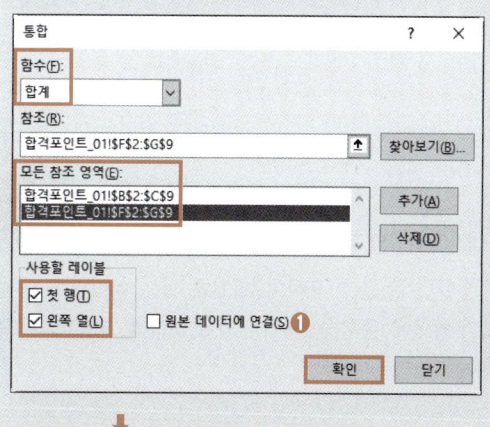

↓

|   | I | J |
|---|---|---|
| 1 | [표3] 시험별 합계 | |
| 2 | 과목 | 점수 |
| 3 | 기말고사 | 189 |
| 4 | 수행평가 | 70 |
| 5 | 중간고사 | 62 |

❶ '참조 영역'의 데이터가 변경되면 통합 표의 결과도 자동 업데이트 되도록 설정'하라는 지시사항이 있을 때는 '원본 데이터에 연결' 옵션을 선택하면 됩니다.

## 대표기출문제

'길벗컴활1급총정리\엑셀\기능\12통합.xlsm' 파일을 열어서 작업하세요.

## [기출 1] 24.상시, 23.상시, 22.상시, 21.상시, 20.상시, 20.1, 19.상시, 19.2, 19.1, …

'기출 1' 시트에 대하여 다음의 지시사항을 처리하시오.

데이터 도구 [통합] 기능을 이용하여 '1사분기', '2사분기', '3사분기' 시트의 [A2:F9] 영역에 있는 데이터에 대해 공항명별 여객과 화물의 평균을 '기출1' 시트의 [A2] 셀부터 표시하시오.

※ 참조 영역의 데이터가 변경되면 통합 표의 결과도 자동 업데이트 되도록 설정하시오.

| | | A | B | C | D |
|---|---|---|---|---|---|
| | 1 | | | | |
| | 2 | 공항명 | | 여객 | 화물 |
| + | 8 | 김포 | | 3,093 | 1,056 |
| + | 15 | 인천 | | 2,454 | 1,165 |
| + | 20 | 부산 | | 4,290 | 1,139 |
| + | 27 | 제주 | | 2,579 | 666 |

## [기출 2] 25.상시, 24.상시, 23.상시, 22.상시, 21.상시, 20.상시, 20.1, 19.상시, …

'기출 2' 시트에 대하여 다음의 지시사항을 처리하시오.

데이터 도구 [통합] 기능을 이용하여 [표1], [표2], [표3]에서 상품코드가 "MP", "PB", "MDF"로 시작하는 상품별 수량의 합계를 [I3:J5] 영역에 계산하시오.

## [기출 3] 24.상시

'기출 3' 시트에 대하여 다음의 지시사항을 처리하시오.

데이터 도구 [통합] 기능을 이용하여 [표1]에 있는 데이터에 대해 [표2]의 [H2:J7] 영역에 '종류'별 '숙박비'의 최대값과 '교통비'의 '최소값'을 계산하시오.

---

### 정답 및 해설

#### [기출 1]

1. [A2:C2] 영역을 블록으로 지정한 후 [데이터] → 데이터 도구 → **통합**을 클릭한다.
2. '통합' 대화상자에서 그림과 같이 지정한 후 〈확인〉을 클릭한다.

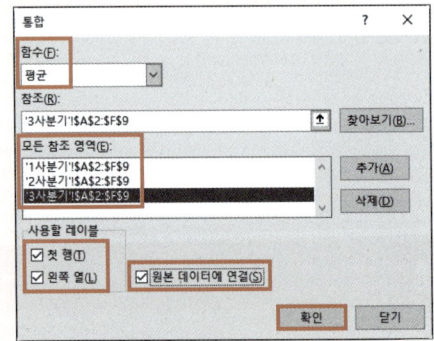

3. A열의 열 너비를 넓혀준다.

---

#### [기출 2]
〈정답〉

| | H | I | J |
|---|---|---|---|
| 1 | [표4] | | |
| 2 | | 상품코드 | 수량 |
| 3 | | MP* | 1,180 |
| 4 | | PB* | 3,150 |
| 5 | | MDF* | 1,040 |

〈해설〉

1. [I3:I5] 영역에 다음과 같이 입력

| | H | I | J |
|---|---|---|---|
| 1 | [표4] | | |
| 2 | | 상품코드 | 수량 |
| 3 | | MP* | |
| 4 | | PB* | |
| 5 | | MDF* | |

2. '통합' 대화상자

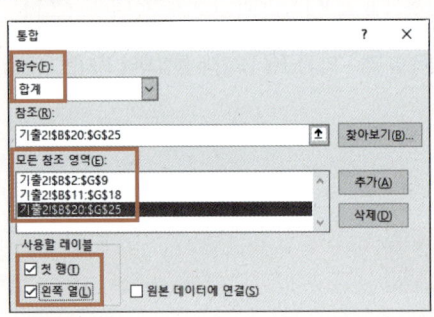

#### [기출 3]
〈정답〉

| | H | I | J |
|---|---|---|---|
| 1 | [표2] | | |
| 2 | 종류 | 숙박비 | 교통비 |
| 3 | 효도관광 | 744,000 | 22,600 |
| 4 | 자유여행 | 876,000 | 18,500 |
| 5 | 모임여행 | 663,000 | 27,300 |
| 6 | 패키지관광 | 632,000 | 14,200 |
| 7 | 가족여행 | 502,000 | 18,800 |

〈해설〉

1. [H2:J2] 영역에 다음과 같이 입력한 후 [H2:J2] 영역을 블록으로 지정

| | H | I | J |
|---|---|---|---|
| 1 | [표2] | | |
| 2 | 종류 | 숙박비 | 교통비 |
| 3 | | | |

2. '교통비' 최소값의 '통합' 대화상자 실행

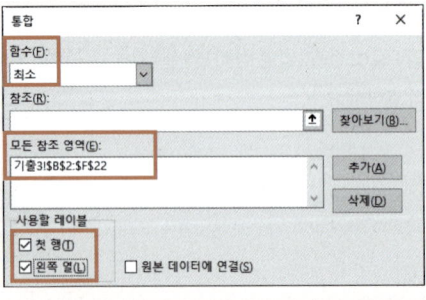

3. [H2:I2] 영역을 블록으로 지정한 후 '숙박비' 최대값의 '통합' 대화상자 실행

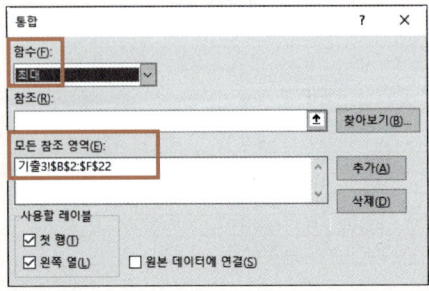

# 4 정렬

출제 비율 30% / 배점 10점

정렬 문제는 셀 값, 셀 색, 사용자 지정 목록 등을 기준으로 데이터를 순서대로 나열되도록 하는 작업입니다. 정렬 문제도 자동 필터를 적용하는 등의 다른 기능과 혼합되어 한 문제로 출제되고 **배점은 10점**입니다. 부분 점수는 없습니다.

| | A | B | C | D | E |
|---|---|---|---|---|---|
| 1 | [표1] | | | | |
| 2 | 사원번호 | 이름 | 직책 | 부서 | 본봉 |
| 3 | 1003 | 이유림 | 과장 | 기획실 | 56,800 |
| 4 | 2105 | 김구완 | 대리 | 총무과 | 55,850 |
| 5 | 2106 | 송혜영 | 부장 | 총무과 | 102,500 |
| 6 | 2107 | 전주욱 | 대리 | 기획실 | 62,500 |
| 7 | 2208 | 윤인수 | 대리 | 기획실 | 56,520 |
| 8 | 2210 | 서정화 | 사원 | 총무과 | 64,250 |
| 9 | 3112 | 제갈량 | 부장 | 영업1부 | 95,620 |
| 10 | 3115 | 노지심 | 사원 | 영업1부 | 35,200 |
| 11 | 3321 | 이관우 | 사원 | 영업3부 | 58,000 |
| 12 | 3322 | 곽장비 | 사원 | 영업3부 | 45,600 |
| 13 | 3424 | 이충렬 | 과장 | 영업4부 | 85,110 |
| 14 | 4029 | 조자룡 | 과장 | 기획실 | 72,533 |

➡

| | A | B | C | D | E |
|---|---|---|---|---|---|
| 1 | [표1] | | | | |
| 2 | 사원번호 | 이름 | 직책 | 부서 | 본봉 |
| 3 | 3112 | 제갈량 | 부장 | 영업1부 | 95,620 |
| 4 | 2106 | 송혜영 | 부장 | 총무과 | 102,500 |
| 5 | 4029 | 조자룡 | 과장 | 기획실 | 72,533 |
| 6 | 1003 | 이유림 | 과장 | 기획실 | 56,800 |
| 7 | 3424 | 이충렬 | 과장 | 영업4부 | 85,110 |
| 8 | 2105 | 김구완 | 대리 | 총무과 | 55,850 |
| 9 | 2107 | 전주욱 | 대리 | 기획실 | 62,500 |
| 10 | 2208 | 윤인수 | 대리 | 기획실 | 56,520 |
| 11 | 3321 | 이관우 | 사원 | 영업3부 | 58,000 |
| 12 | 2210 | 서정화 | 사원 | 총무과 | 64,250 |
| 13 | 3115 | 노지심 | 사원 | 영업1부 | 35,200 |
| 14 | 3322 | 곽장비 | 사원 | 영업3부 | 45,600 |

※ 자료를 '부장', '과장', '대리', '사원' 순으로 정렬하고, '직책'이 동일할 경우 '이름'을 기준으로 녹색이 위쪽에 표시되도록 정렬한 화면입니다.

## 작업 순서

1. 정렬할 영역을 블록으로 지정한 후 [데이터] → 정렬 및 필터 → **정렬**을 클릭한다.
2. '정렬' 대화상자에서 '열', '정렬 기준', '정렬'을 지정한다.

## 합격포인트

- '정렬' 대화상자에서 **설정값을 정확하게 지정하는 것**이 합격포인트인데, 어렵지 않습니다. 무조건 10점을 얻어야 합니다.
- 오름차순이나 내림차순으로 정렬할 수 없을 때는 '사용자 지정 목록'을 이용한다는 것! 꼭 기억해 둬야 할 사항입니다.
- ☞ 직접 실습하려면 '길벗컴활1급총정리\엑셀\기능\13정렬.xlsm' 파일을 열어서 작업하세요.

### 01 사용자 지정 목록

25.상시, 24.상시, 23.상시, 22.상시, 21.상시

'직책'을 '부장 – 과장 – 대리 – 사원' 순으로 정렬하시오.

| | A | B | C | D | E |
|---|---|---|---|---|---|
| 1 | [표1] | | | | |
| 2 | 사원번호 | 이름 | 직책 | 부서 | 본봉 |
| 3 | 1003 | 이유림 | 과장 | 기획실 | 56,800 |
| 4 | 2105 | 김구완 | 대리 | 총무과 | 55,850 |
| 5 | 2106 | 송혜영 | 부장 | 총무과 | 102,500 |
| 6 | 2107 | 전주욱 | 대리 | 기획실 | 62,500 |
| 7 | 2208 | 윤인수 | 대리 | 기획실 | 56,520 |
| 8 | 2210 | 서정화 | 사원 | 총무과 | 64,250 |
| 9 | 3112 | 제갈량 | 부장 | 영업1부 | 95,620 |
| 10 | 3115 | 노지심 | 사원 | 영업1부 | 35,200 |
| 11 | 3321 | 이관우 | 사원 | 영업3부 | 58,000 |
| 12 | 3322 | 곽장비 | 사원 | 영업3부 | 45,600 |
| 13 | 3424 | 이충렬 | 과장 | 영업4부 | 85,110 |
| 14 | 4029 | 조자룡 | 과장 | 기획실 | 72,533 |

[데이터] → 정렬 및 필터 → **정렬**을 클릭한 후 '정렬' 대화상자에서 지정합니다.

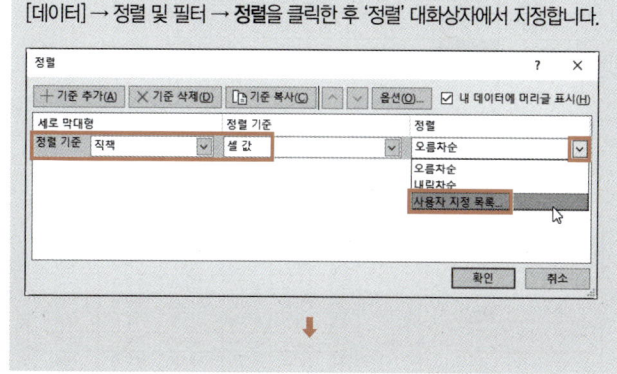

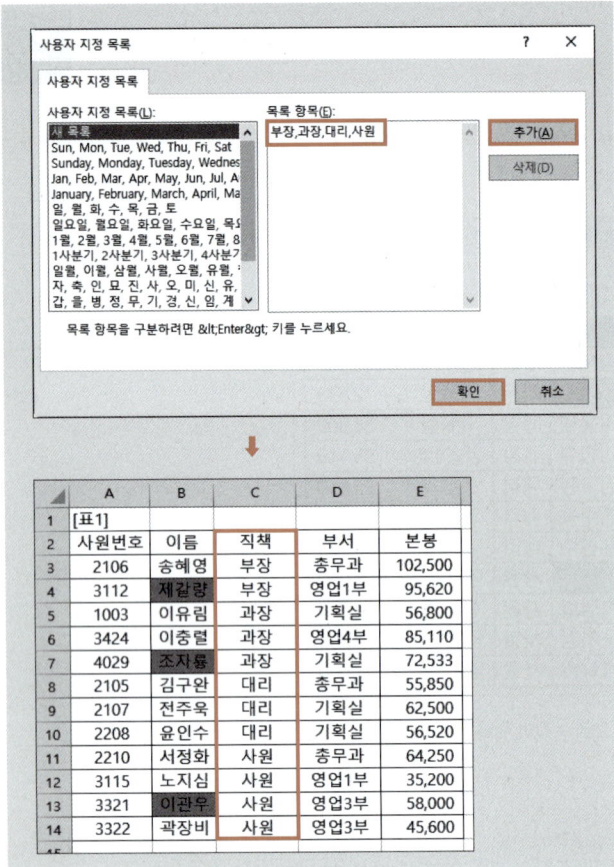

## 02 '왼쪽에서 오른쪽'으로 정렬

24.상시, 22.상시, 21.상시

[C2:E14] 영역을 '행 2'를 기준으로 '왼쪽에서 오른쪽'으로 정렬하시오.

| | A | B | C | D | E |
|---|---|---|---|---|---|
| 1 | [표1] | | | | |
| 2 | 사원번호 | 이름 | 직책 | 부서 | 본봉 |
| 3 | 1003 | 이유림 | 과장 | 기획실 | 56,800 |
| 4 | 2105 | 김구완 | 대리 | 총무과 | 55,850 |
| 5 | 2106 | 송혜영 | 부장 | 총무과 | 102,500 |
| 6 | 2107 | 전주욱 | 대리 | 기획실 | 62,500 |
| 7 | 2208 | 윤인수 | 대리 | 기획실 | 56,520 |
| 8 | 2210 | 서정화 | 사원 | 총무과 | 64,250 |
| 9 | 3112 | 제갈량 | 부장 | 영업1부 | 95,620 |
| 10 | 3115 | 노지심 | 사원 | 영업1부 | 35,200 |
| 11 | 3321 | 이관우 | 사원 | 영업3부 | 58,000 |
| 12 | 3322 | 곽장비 | 사원 | 영업3부 | 45,600 |
| 13 | 3424 | 이충렬 | 과장 | 영업4부 | 85,110 |
| 14 | 4029 | 조자룡 | 과장 | 기획실 | 72,533 |

'정렬' 대화상자에서 〈옵션〉 단추를 클릭하여 '방향'을 '왼쪽에서 오른쪽'으로 지정하면 됩니다.

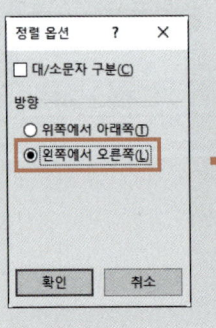

## 대표기출문제

'길벗컴활1급총정리\엑셀\기능\13정렬.xlsm' 파일을 열어서 작업하세요.

### [기출 1]  25.상시, 24.상시, 23.상시, 22.상시, 21.상시

'기출1' 시트에 대하여 다음의 지시사항을 처리하시오.

[정렬] 기능을 이용하여 [표1]에서 '연구분야'를 '인공지능 – 광자통신 – 재생에너지' 순으로 정렬하고, 동일한 '연구분야'인 경우 '총점'의 셀 색이 'RGB(255, 0, 0)'과 'RGB(0, 112, 192)'인 셀이 위에서부터 순서대로 표시되도록 정렬하시오.

### [기출 2]  24.상시, 22.상시, 21.상시

'기출2' 시트에 대하여 다음의 지시사항을 처리하시오.

[정렬] 기능을 이용하여 [표1]의 [B2:E12] 영역을 '행 2'를 기준으로 '왼쪽에서 오른쪽'으로 정렬하여 '영어듣기 – 영어독해 – 전산이론 – 전산실기' 순으로 표시하시오.

### 정답 및 해설

#### [기출 1]
〈정답〉

| | A | B | C | D | E | F | G |
|---|---|---|---|---|---|---|---|
| 1 | [표1] | | | | | | |
| 2 | 연구원ID | 이름 | 연구분야 | 내부평가 | 외부평가 | 연구점수 | 총점 |
| 3 | CIE-09 | 문초연 | 인공지능 | 41 | 45 | 71 | 157 |
| 4 | ANS-99 | 홍여혜 | 인공지능 | 45 | 50 | 43 | 138 |
| 5 | CIE-38 | 송동우 | 인공지능 | 45 | 46 | 34 | 125 |
| 6 | CIE-61 | 장종던 | 인공지능 | 41 | 38 | 41 | 120 |
| 7 | CIE-78 | 전성찬 | 인공지능 | 22 | 34 | 55 | 111 |
| 8 | ANS-16 | 강승후 | 광자통신 | 27 | 40 | 87 | 154 |
| 9 | CIE-83 | 임송빈 | 광자통신 | 35 | 32 | 94 | 161 |
| 10 | CIE-93 | 임혜은 | 광자통신 | 47 | 17 | 99 | 163 |
| 11 | ANS-03 | 배윤채 | 광자통신 | 17 | 32 | 54 | 103 |
| 12 | ANS-10 | 서송민 | 광자통신 | 38 | 40 | 37 | 115 |
| 13 | ANS-62 | 문태윤 | 광자통신 | 46 | 41 | 32 | 119 |
| 14 | ANS-74 | 문채이 | 재생에너지 | 32 | 49 | 78 | 159 |
| 15 | CIE-14 | 조정민 | 재생에너지 | 48 | 35 | 81 | 164 |
| 16 | ANS-11 | 주여원 | 재생에너지 | 39 | 42 | 50 | 131 |
| 17 | ANS-91 | 손상우 | 재생에너지 | 38 | 47 | 58 | 143 |
| 18 | ANS-95 | 안해슬 | 재생에너지 | 50 | 25 | 53 | 128 |
| 19 | CIE-29 | 서성은 | 재생에너지 | 40 | 39 | 61 | 140 |
| 20 | CIE-56 | 유윤섬 | 재생에너지 | 22 | 32 | 57 | 111 |

〈해설〉

1. [A2:G20] 영역을 블록으로 지정한 후 [데이터] → 정렬 및 필터 → 정렬을 클릭한다.

2. '정렬' 대화상자에서 '정렬 기준'을 '연구분야'로 선택한 후 '정렬'에서 '사용자 지정 목록'을 선택한다.

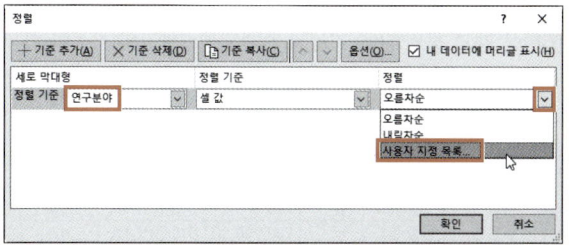

3. '사용자 지정 목록' 대화상자에서 **인공지능,광자통신,재생에너지**를 입력한 후 〈추가〉와 〈확인〉을 차례대로 클릭한다.

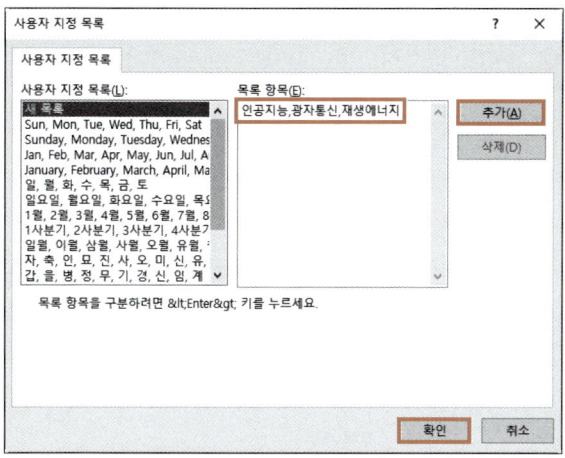

4. '정렬' 대화상자에서 〈기준 추가〉를 클릭하고 '다음 기준'에서 '총점', '정렬 기준'에서 '셀 색', '정렬'에서 '빨강'을 선택한다.

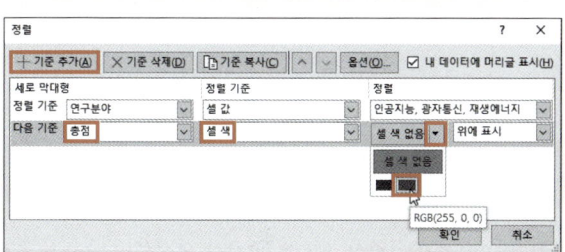

5. '정렬' 대화상자에서 '기준 추가'를 다시 클릭하고 '다음 기준'에서 '총점', '정렬 기준'에서 '셀 색', '정렬'에서 '파랑'을 선택한 후 〈확인〉을 클릭한다.

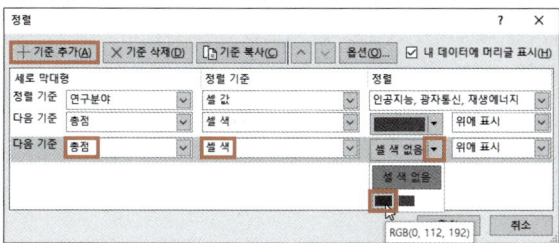

## [기출 2]

〈정답〉

| | A | B | C | D | E |
|---|---|---|---|---|---|
| 1 | [표1] | | | | |
| 2 | 이름 | 영어듣기 | 영어독해 | 전산이론 | 전산실기 |
| 3 | 강타 | 0 | 0 | 93 | 58 |
| 4 | 김민호 | 48 | 52 | 83 | 65 |
| 5 | 박미리 | 60 | 68 | 75 | 34 |
| 6 | 방정환 | 76 | 64 | 62 | 97 |
| 7 | 소식가 | 48 | 36 | 82 | 98 |
| 8 | 우희진 | 56 | 56 | 89 | 27 |
| 9 | 유강현 | 80 | 72 | 83 | 85 |
| 10 | 이기자 | 44 | 48 | 19 | 24 |
| 11 | 이나라 | 64 | 48 | 54 | 75 |
| 12 | 이순신 | 72 | 68 | 69 | 36 |

〈해설〉

1. '정렬 옵션' 대화상자

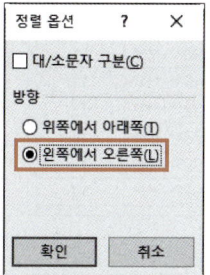

2. '사용자 지정 목록' 대화상자

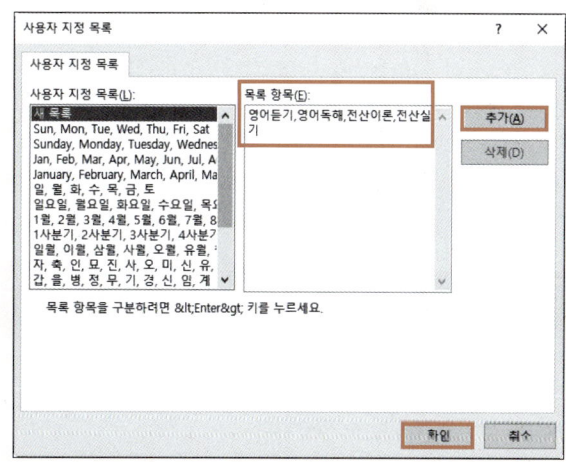

3. '정렬' 대화상자

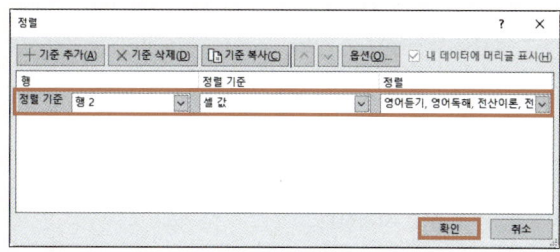

# 5 부분합

출제 비율 30% / 배점 10점

부분합 문제는 **정해진 항목을 기준으로 그룹별로 통계를 내는 작업**입니다. 중복된 항목 제거 등의 다른 기능과 혼합되어 2가지의 기능이 한 문제로 출제되고 **배점**은 10점입니다. 부분 점수는 없습니다.

|   | A | B | C | D | E | F |
|---|---|---|---|---|---|---|
| 1 | [표1] | | | | | |
| 2 | 반 | 성명 | 성별 | 생년월일 | 연락처 | 출석일수 |
| 3 | 온유반 | 권지인 | 여 | 2007-01-02 | 010-84**-**** | 14 |
| 4 | 믿음반 | 김서영 | 여 | 2007-02-08 | 010-88**-**** | 15 |
| 5 | 온유반 | 김시연 | 여 | 2007-09-06 | 010-36**-**** | 12 |
| 6 | 믿음반 | 김종현 | 남 | 2007-05-21 | 010-73**-**** | 13 |
| 7 | 믿음반 | 김종현 | 남 | 2007-08-10 | 010-73**-**** | 12 |
| 8 | 온유반 | 김주한 | 남 | 2007-12-24 | 010-93**-**** | 9 |
| 9 | 믿음반 | 김주형 | 남 | 2007-06-29 | 010-42**-**** | 15 |
| 10 | 온유반 | 박준영 | 남 | 2007-10-10 | 010-71**-**** | 15 |
| 11 | 소망반 | 박진우 | 남 | 2007-02-03 | 010-71**-**** | 10 |
| 12 | 믿음반 | 송예린 | 여 | 2007-03-02 | 010-90**-**** | 15 |
| 13 | 소망반 | 오정은 | 여 | 2007-04-17 | 010-40**-**** | 15 |
| 14 | 소망반 | 유연서 | 여 | 2007-12-10 | 010-52**-**** | 13 |
| 15 | 소망반 | 윤서연 | 여 | 2007-02-08 | 010-73**-**** | 15 |
| 16 | 소망반 | 임형빈 | 남 | 2007-01-03 | 010-99**-**** | 12 |
| 17 | 온유반 | 차숙원 | 남 | 2007-08-27 | 010-62**-**** | 14 |

→

|   | A | B | C | D | E | F |
|---|---|---|---|---|---|---|
| 1 | [표1] | | | | | |
| 2 | 반 | 성명 | 성별 | 생년월일 | 연락처 | 출석일수 |
| 3 | 믿음반 | 김종현 | 남 | 2007-05-21 | 010-73**-**** | 13 |
| 4 | 믿음반 | 김종현 | 남 | 2007-08-10 | 010-73**-**** | 12 |
| 5 | 믿음반 | 김주형 | 남 | 2007-06-29 | 010-42**-**** | 15 |
| 6 | | | 3 | 남 개수 | | |
| 7 | 믿음반 | 김서영 | 여 | 2007-02-08 | 010-88**-**** | 15 |
| 8 | 믿음반 | 송예린 | 여 | 2007-03-02 | 010-90**-**** | 15 |
| 9 | | | 2 | 여 개수 | | |
| 10 | 믿음반 평균 | | | | | 14 |
| 11 | 소망반 | 박진우 | 남 | 2007-02-03 | 010-71**-**** | 10 |
| 12 | 소망반 | 임형빈 | 남 | 2007-01-03 | 010-99**-**** | 12 |
| 13 | | | 2 | 남 개수 | | |
| 14 | 소망반 | 오정은 | 여 | 2007-04-17 | 010-40**-**** | 15 |
| 15 | 소망반 | 유연서 | 여 | 2007-12-10 | 010-52**-**** | 13 |
| 16 | 소망반 | 윤서연 | 여 | 2007-02-08 | 010-73**-**** | 15 |
| 17 | | | 3 | 여 개수 | | |
| 18 | 소망반 평균 | | | | | 13 |
| 19 | 온유반 | 김주한 | 남 | 2007-12-24 | 010-93**-**** | 9 |
| 20 | 온유반 | 박준영 | 남 | 2007-10-10 | 010-71**-**** | 15 |
| 21 | 온유반 | 차숙원 | 남 | 2007-08-27 | 010-62**-**** | 14 |
| 22 | | | 3 | 남 개수 | | |
| 23 | 온유반 | 권지인 | 여 | 2007-01-02 | 010-84**-**** | 14 |
| 24 | 온유반 | 김시연 | 여 | 2007-09-06 | 010-36**-**** | 12 |
| 25 | | | 2 | 여 개수 | | |
| 26 | 온유반 평균 | | | | | 12.8 |
| 27 | | | 15 | 전체 개수 | | |
| 28 | 전체 평균 | | | | | 13.26667 |

※ '반'별로 '출석일수'의 평균을 계산한 후 같은 반 내에서 남녀 성별로 인원수를 계산하여 표시한 화면입니다.

## 작업 순서

답안 작업 순서를 기억해 두세요. 시험장에서 당황하지 않고 조금 더 빠르게 답안을 작성할 수 있습니다.

1. 부분합을 작성할 영역을 블록으로 지정한 후 [데이터] → 정렬 및 필터 → **정렬**을 클릭한다.
2. '정렬' 대화상자에서 정렬 기준을 지정한다.
3. [데이터] → 개요 → **부분합**을 클릭한다.
4. 첫 번째 '부분합' 대화상자에서 '그룹화할 항목', '사용할 함수', '부분합 계산 항목'을 지정한다.
5. [데이터] → 개요 → **부분합**을 클릭한다.
6. 두 번째 '부분합' 대화상자에서 '그룹화할 항목', '사용할 함수', '부분합 계산 항목'을 지정하고 '새로운 값으로 대치'를 해제한다.

## 합격포인트

- 부분합 작업에서는 **작업 순서를 정확히 기억**하는 것이 합격포인트입니다.
- 제일 먼저 **그룹을 지정할 항목을 기준으로 정렬을 수행**해야 한다는 것, 그리고 **중첩 부분합을 작성할 때는 반드시 '새로운 값으로 대치'를 해제**해야 한다는 것! 잊으면 안됩니다.
- ☞ 직접 실습하려면 '길벗컴활1급총정리\엑셀\기능\14부분합.xlsm' 파일을 열어서 작업하세요.

## 01 정렬 지정

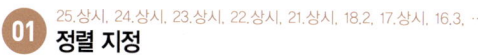

'반'을 기준으로 오름차순으로 정렬하고, '반'이 동일한 경우 '성별'을 기준으로 오름차순 정렬하시오.

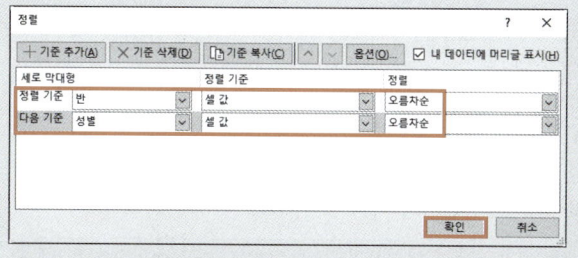

[데이터] → 정렬 및 필터 → **정렬**을 클릭한 후 '정렬' 대화상자에서 지정합니다.

## 02 부분합 작성

[부분합] 기능을 이용하여 [표1]에서 '반'별 '출석일수'의 평균을 계산한 후 '성별'별 '성명'의 개수를 계산하시오.

– 평균과 개수는 위에 명시된 순서대로 처리하시오.

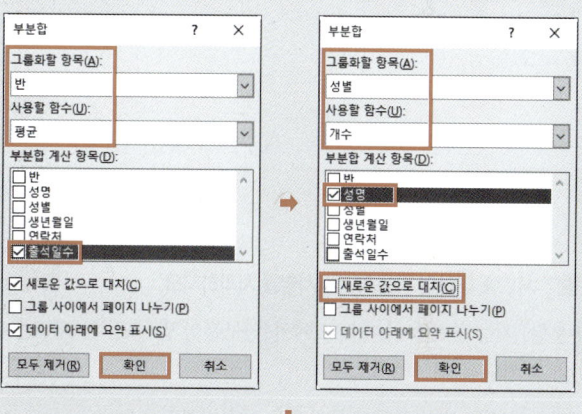

- 부분합은 정렬을 수행한 다음 [데이터] → 개요 → **부분합**을 클릭한 후 '부분합' 대화상자에서 지정합니다.
- 두 번째 '부분합' 대화상자에서는 반드시 '새로운 값으로 대치'를 해제해야 합니다.

## 대표기출문제

'길벗컴활1급총정리\엑셀\기능\14부분합.xlsm' 파일을 열어서 작업하세요.

**[기출 1]** 25.상시, 24.상시, 23.상시, 22.상시, 21.상시, 18.2, 17.상시, 16.3, 13.3, …

'기출1' 시트에 대하여 다음의 지시사항을 처리하시오.

[부분합] 기능을 이용하여 [표1]에서 '단과대학'별 '졸업자'의 평균을 계산한 후 '성별'별 '취업률'의 최대값을 계산하시오.

- '단과대학'을 기준으로 오름차순으로 정렬하고, '단과대학'이 동일한 경우 '성별'을 기준으로 오름차순 정렬하시오.
- 평균과 최대값은 위에 명시된 순서대로 처리하시오.

**[기출 2]** 25.상시, 24.상시, 23.상시, 22.상시, 21.상시, 18.2, 17.상시, 16.3, 13.3, …

'기출2' 시트에 대하여 다음의 지시사항을 처리하시오.

[부분합] 기능을 이용하여 [표1]에서 '연구분야'별 '총점'의 개수를 계산한 후 평균을 계산하시오.

- '연구분야'를 기준으로 오름차순으로 정렬하시오.
- 개수와 평균을 위에 명시된 순서대로 처리하시오.

---

### 정답 및 해설

**[기출 1]**

〈정답〉

| | | A | B | C | D | E |
|---|---|---|---|---|---|---|
| | 1 | [표1] | | | | |
| | 2 | 단과대학 | 학과 | 성별 | 졸업자 | 취업률 |
| | 3 | 사범대학 | 교육학과 | 남 | 40 | 58% |
| | 4 | 사범대학 | 국어교육과 | 남 | 45 | 58% |
| | 5 | | | 남 최대 | | 58% |
| | 6 | 사범대학 | 수학교육과 | 여 | 35 | 60% |
| | 7 | 사범대학 | 국어교육과 | 여 | 50 | 64% |
| | 8 | 사범대학 | 영어 교육과 | 여 | 60 | 78% |
| | 9 | | | 여 최대 | | 78% |
| | 10 | 사범대학 평균 | | | 46 | |
| | 11 | 사회과학대학 | 심리학과 | 남 | 45 | 42% |
| | 12 | 사회과학대학 | 사회학과 | 남 | 50 | 72% |
| | 13 | 사회과학대학 | 사회복지학과 | 남 | 70 | 49% |
| | 14 | | | 남 최대 | | 72% |
| | 15 | 사회과학대학 | 행정학과 | 여 | 49 | 73% |
| | 16 | 사회과학대학 | 심리학과 | 여 | 50 | 66% |
| | 17 | 사회과학대학 | 사회학과 | 여 | 51 | 51% |
| | 18 | 사회과학대학 | 정치외교학과 | 여 | 52 | 75% |
| | 19 | | | 여 최대 | | 75% |
| | 20 | 사회과학대학 평균 | | | 52.42857 | |
| | 21 | 인문대학 | 문헌정보학과 | 남 | 40 | 68% |
| | 22 | 인문대학 | 역사학과 | 남 | 55 | 42% |
| | 23 | 인문대학 | 국어국문학과 | 남 | 60 | 57% |
| | 24 | | | 남 최대 | | 68% |
| | 25 | 인문대학 | 철학과 | 여 | 25 | 60% |
| | 26 | 인문대학 | 중어중문학과 | 여 | 40 | 85% |
| | 27 | 인문대학 | 역사학과 | 여 | 42 | 55% |
| | 28 | 인문대학 | 영어영문학과 | 여 | 50 | 46% |
| | 29 | | | 여 최대 | | 85% |
| | 30 | 인문대학 평균 | | | 44.57143 | |
| | 31 | | | 전체 최대값 | | 85% |
| | 32 | 전체 평균 | | | 47.84211 | |

〈해설〉

1. [A2:E21] 영역을 블록으로 지정한 후 [데이터] → 정렬 및 필터 → **정렬**을 클릭한다.
2. '정렬' 대화상자에서 그림과 같이 지정한 후 〈확인〉을 클릭한다.

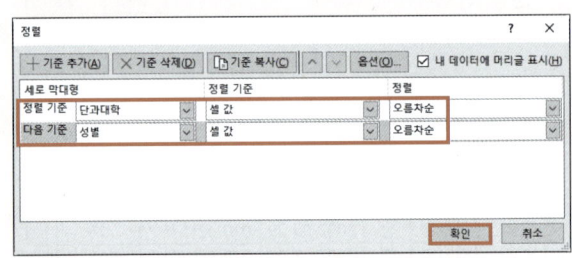

3. 블록이 지정된 상태에서 [데이터] → 개요 → **부분합**을 클릭한다.
4. '부분합' 대화상자에서 그림과 같이 지정한 후 〈확인〉을 클릭한다.

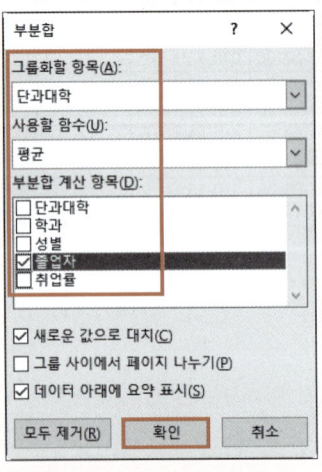

5. 블록이 지정된 상태에서 [데이터] → 개요 → **부분합**을 클릭한다.

6. '부분합' 대화상자에서 그림과 같이 지정하고, '새로운 값으로 대치'를 해제한 후 〈확인〉을 클릭한다.

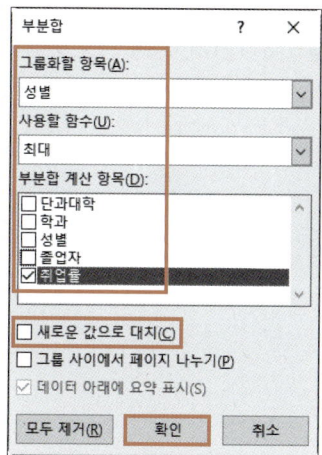

【기출 2】
〈정답〉

| | A | B | C | D | E | F | G |
|---|---|---|---|---|---|---|---|
| 1 | [표1] | | | | | | |
| 2 | 연구원ID | 이름 | 연구분야 | 내부평가 | 외부평가 | 연구점수 | 총점 |
| 3 | ANS-03 | 배윤채 | 광자통신 | 17 | 32 | 54 | 103 |
| 4 | ANS-10 | 서송민 | 광자통신 | 38 | 40 | 37 | 115 |
| 5 | ANS-16 | 강승후 | 광자통신 | 27 | 40 | 87 | 154 |
| 6 | ANS-62 | 문태윤 | 광자통신 | 46 | 41 | 32 | 119 |
| 7 | CIE-83 | 임송빈 | 광자통신 | 35 | 32 | 94 | 161 |
| 8 | CIE-93 | 임혜은 | 광자통신 | 47 | 17 | 99 | 163 |
| 9 | | | 광자통신 평균 | | | | 135.8333 |
| 10 | | | 광자통신 개수 | | | | 6 |
| 11 | ANS-99 | 홍여혜 | 인공지능 | 45 | 50 | 43 | 138 |
| 12 | CIE-09 | 문조연 | 인공지능 | 41 | 45 | 71 | 157 |
| 13 | CIE-38 | 송동우 | 인공지능 | 45 | 46 | 34 | 125 |
| 14 | CIE-61 | 장종연 | 인공지능 | 41 | 38 | 41 | 120 |
| 15 | CIE-78 | 전성찬 | 인공지능 | 22 | 34 | 55 | 111 |
| 16 | | | 인공지능 평균 | | | | 130.2 |
| 17 | | | 인공지능 개수 | | | | 5 |
| 18 | ANS-11 | 주여원 | 재생에너지 | 39 | 42 | 50 | 131 |
| 19 | ANS-74 | 문채이 | 재생에너지 | 32 | 49 | 78 | 159 |
| 20 | ANS-91 | 손상우 | 재생에너지 | 38 | 47 | 58 | 143 |
| 21 | ANS-95 | 안해슬 | 재생에너지 | 50 | 25 | 53 | 128 |
| 22 | CIE-14 | 조정민 | 재생에너지 | 48 | 35 | 81 | 164 |
| 23 | CIE-29 | 서성은 | 재생에너지 | 40 | 39 | 61 | 140 |
| 24 | CIE-56 | 유윤섬 | 재생에너지 | 22 | 32 | 57 | 111 |
| 25 | | | 재생에너지 평균 | | | | 139.4286 |
| 26 | | | 재생에너지 개수 | | | | 7 |
| 27 | | | 전체 평균 | | | | 135.6667 |
| 28 | | | 전체 개수 | | | | 18 |

〈해설〉
• '정렬' 대화상자

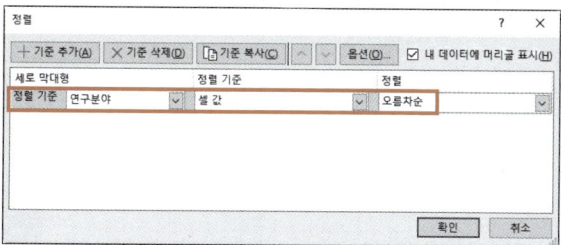

• 1차 '부분합' 대화상자

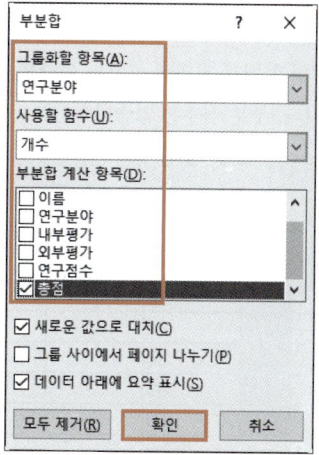

• 2차 '부분합' 대화상자

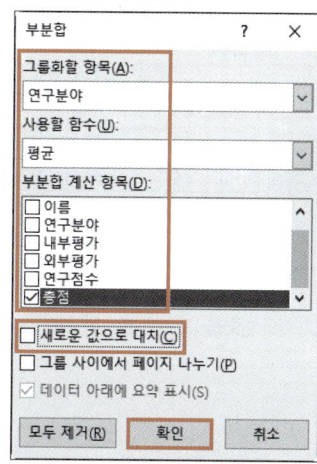

# 6 데이터 표

출제 비율 30% / 배점 10점

데이터 표 문제는 **특정 값의 변화가 계산 결과에 미치는 영향을 표의 형태로 표시하는 작업**입니다. 유효성 검사 등의 다른 기능과 혼합되어 한 문제로 출제되고 **배점은 10점**입니다. 부분 점수는 없습니다.

|  | A | B | C | D | E | F | G | H | I | J |
|---|---|---|---|---|---|---|---|---|---|---|
| 1 |  | [표1] |  |  |  | [표2] |  |  |  |  |
| 2 |  | 이자율 | 5% |  |  |  |  | 이자율 | | |
| 3 |  | 금액 | 35000 |  |  |  | 1% | 2% | 3% | 4% |
| 4 |  | 기간 | 12 |  |  | 12 |  |  |  |  |
| 5 |  | 미래가치 | 408,843 |  | 기간 | 24 |  |  |  |  |
| 6 |  |  |  |  |  | 36 |  |  |  |  |
| 7 |  |  |  |  |  | 48 |  |  |  |  |
| 8 |  |  |  |  |  | 60 |  |  |  |  |

↓

|  | B | C | D | E | F | G | H | I | J |
|---|---|---|---|---|---|---|---|---|---|
| 1 | [표1] |  |  |  | [표2] |  |  |  |  |
| 2 | 이자율 | 5% |  |  |  |  | 이자율 | | |
| 3 | 금액 | 35000 |  |  | 408,843 | 1% | 2% | 3% | 4% |
| 4 | 기간 | 12 |  |  | 12 | 417,734 | 415,485 | 413,254 | 411,040 |
| 5 | 미래가치 | 408,843 |  | 기간 | 24 | 831,313 | 822,750 | 814,309 | 805,989 |
| 6 |  |  |  |  | 36 | 1,240,778 | 1,221,957 | 1,203,526 | 1,185,477 |
| 7 |  |  |  |  | 48 | 1,646,171 | 1,613,266 | 1,581,254 | 1,550,109 |
| 8 |  |  |  |  | 60 | 2,047,532 | 1,996,832 | 1,947,833 | 1,900,467 |

※ 이자율과 기간 변동에 따른 미래가치의 변화를 [표2]에 표시한 화면입니다.

## 작업 순서

1. 결과를 계산하는 수식을 표의 왼쪽 상단에 복사─붙여넣기 한다.
2. 데이터 표가 적용될 영역을 블록으로 지정한 후 [데이터] → 예측 → 가상 분석 → **데이터 표**를 선택한다.
3. '데이터 표' 대화상자에서 '행 입력 셀'과 '열 입력 셀'을 지정한다.

## 합격포인트

'데이터 표'는 '**데이터 표**' 대화상자에서 '**행 입력 셀**'과 '**열 입력 셀**'을 **정확하게 지정하는 것이 합격포인트**인데, 마찬가지로 어렵지 않습니다. 한 두 번만 정확하게 따라하면 됩니다.

☞ 직접 실습하려면 '길벗컴활1급총정리\엑셀\기능\15데이터 표.xlsm' 파일을 열어서 작업하세요.

### 01 데이터 표 작성

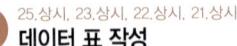

[표1]은 이자율(C2)과 기간(C4)의 값에 따른 미래가치(C5)를 계산한 것이다. [데이터 표] 기능을 이용하여 [G4:J8] 영역에 이자율과 기간의 변동에 따른 미래가치를 계산하시오.

|  | A | B | C | D | E | F | G | H | I | J |
|---|---|---|---|---|---|---|---|---|---|---|
| 1 |  | [표1] |  |  |  | [표2] |  |  |  |  |
| 2 |  | 이자율 | 5% |  |  |  |  | 이자율 | | |
| 3 |  | 금액 | 35000 |  |  |  | 1% | 2% | 3% | 4% |
| 4 |  | 기간 | 12 |  |  | 12 |  |  |  |  |
| 5 |  | 미래가치 | 408,843 |  | 기간 | 24 |  |  |  |  |
| 6 |  |  |  |  |  | 36 |  |  |  |  |
| 7 |  |  |  |  |  | 48 |  |  |  |  |
| 8 |  |  |  |  |  | 60 |  |  |  |  |

데이터 표는 [데이터] → 예측 → 가상 분석 → **데이터 표**에서 지정합니다.

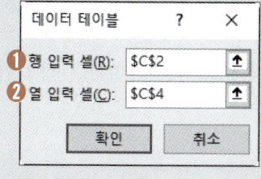

↓

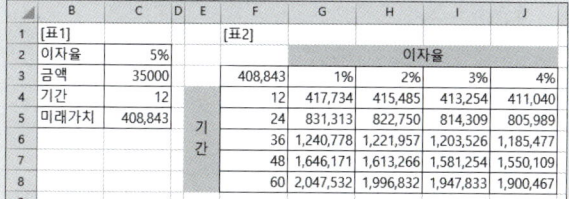

❶ **행 입력 셀** : 변화되는 값이 행에 있을 때 변화되는 셀의 주소를 지정합니다. 변화되는 '이자율'이 3행에 있으므로 미래가치 계산에 사용된 셀 주소 [C2] 셀을 '행 입력 셀'에 지정합니다.

❷ **열 입력 셀** : 변화되는 값이 열에 있을 때 변화되는 셀의 주소를 지정합니다. 변화되는 '기간'이 F열에 있으므로 미래가치 계산에 사용된 셀 주소 [C4] 셀을 '열 입력 셀'에 지정합니다.

## 대표기출문제

'길벗컴활1급총정리\엑셀\기능\15데이터표.xlsm' 파일을 열어서 작업하세요.

### [기출 1] 25.상시, 23.상시, 22.상시, 21.상시, 20.상시, 19.상시, 18.1, 16.2, 16.1, …

'기출1' 시트에 대하여 다음의 지시사항을 처리하시오.

[표1]은 대출기간(D4)과 이율(F4)의 값에 따른 월상환액(G4)을 계산한 것이다. [데이터 표] 기능을 이용하여 [D9:G12] 영역에 대출기간과 이율의 변동에 따른 월상환액을 계산하시오.

### [기출 2] 25.상시, 23.상시, 22.상시, 21.상시, 20.상시, 19.상시, 18.1, 16.2, 16.1, …

'기출2' 시트에 대하여 다음의 지시사항을 처리하시오.

'상반기 판매현황' 표의 실적율[B6]은 계획수량[B4]과 판매수량[B5]을 이용하여 계산한 것이다. [데이터 표] 기능을 이용하여 [E5:E8] 영역에 판매수량의 변동에 따른 실적율을 계산하시오.

---

### 정답 및 해설

#### [기출 1]
⟨정답⟩

| | A | B | C | D | E | F | G |
|---|---|---|---|---|---|---|---|
| 6 | | [표2] | | | | | |
| 7 | | | | | 대출기간 | | |
| 8 | | | ₩288,614 | 1 | 2 | 3 | 4 |
| 9 | | 이율 | 2.0% | 842,389 | 425,403 | 286,426 | 216,951 |
| 10 | | | 2.5% | 844,661 | 427,604 | 288,614 | 219,140 |
| 11 | | | 3.0% | 846,937 | 429,812 | 290,812 | 221,343 |
| 12 | | | 3.5% | 849,216 | 432,027 | 293,021 | 223,560 |

⟨해설⟩

1. [G4] 셀을 선택하고 수식 입력줄의 수식을 복사(Ctrl+C)한 후 Esc를 누른다.
   ※ 셀에 입력된 수식을 변화 없이 그대로 복사하기 위해서는 수식 입력줄에 표시된 수식을 복사해야 합니다.
2. [C8] 셀을 클릭한 후 복사한 수식을 붙여넣기(Ctrl+V) 한다.
3. [C8:G12] 영역을 블록으로 지정한 후 [데이터] → 예측 → 가상 분석 → 데이터 테이블을 선택한다.
4. '데이터 테이블' 대화상자에서 그림과 같이 지정한 후 ⟨확인⟩을 클릭한다.

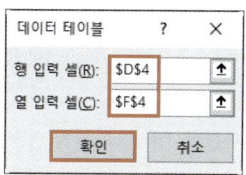

#### [기출 2]
⟨정답⟩

| | D | E |
|---|---|---|
| 3 | 판매수량 | 실적율 |
| 4 | | 48.98% |
| 5 | 1,000 | 40.82% |
| 6 | 1,500 | 61.22% |
| 7 | 2,000 | 81.63% |
| 8 | 2,500 | 102.04% |

⟨해설⟩

- [E4] : =B5/B4
- '데이터 테이블' 대화상자

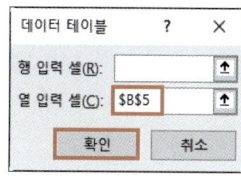

## 7 시나리오

출제 비율 10% / 배점 10점

시나리오 문제는 "제품 단가가 1,100으로 오르면 판매액이 얼마나 늘까?" 같은 **시나리오를 만들어 시나리오 요약 보고서를 작성하는 작업**입니다. 데이터 정렬 등의 다른 기능과 혼합되어 한 문제로 출제되고 **배점은 10점**입니다. 부분 점수는 없습니다.

※ 냉장고의 판매단가가 950에서 1,100으로 증가할 때의 판매액 합계를 '시나리오 요약 보고서'로 표시한 화면입니다.

### 작업 순서

답안 작업 순서를 잘 기억해 두세요. 시험장에서 당황하지 않고 조금 더 빠르게 답안을 작성할 수 있습니다.

1. 변경 셀과 결과 셀에 이름을 정의한다.
2. [데이터] → 예측 → 가상 분석 → **시나리오 관리자**를 선택한다.
3. '시나리오 관리자' 대화상자에서 〈추가〉를 클릭한다.
4. '시나리오 추가' 대화상자에서 시나리오의 이름과 변경 셀을 지정한다.
5. '시나리오 값' 대화상자에서 변경 값을 지정한다.
6. '시나리오 관리자' 대화상자에서 〈요약〉을 클릭한다.
7. '시나리오 요약' 대화상자에서 '보고서 종류'와 '결과 셀'을 지정한다.

### 합격포인트

- 시나리오 작업은 **순서대로 작업을 정확하게 수행하는 것이 합격 포인트**인데, 이것 또한 어렵지 않습니다.
- 먼저 이름 상자에 이름을 정의하고 '시나리오 추가', '시나리오 값' 대화상자에서 변경 셀과 변경 값을 정확하게 지정하면 됩니다.
- 출제율은 낮지만 혹시라도 출제되면 준비된 10점을 반드시 확보해야 합니다.
- ☞ 직접 실습해 보려면 '길벗컴활1급총정리\엑셀\기능\16시나리오.xlsm' 파일을 열어서 작업하세요.

**01 이름 정의**
25.상시, 22.상시, 21.상시, 20.상시

[D3] 셀의 이름은 '냉장고단가'로 정의하시오.

[D3] 셀을 클릭하고 이름 상자에 **냉장고단가**를 입력한 후 Enter 를 누릅니다.

## 02 시나리오 작성

25.상시, 22.상시, 21.상시, 20.상시

냉장고의 판매단가[D3]가 다음과 같이 변동하는 경우 판매액 합계 [E7]의 변동 시나리오를 작성하시오.

▶ 시나리오 이름은 "단가인상", 냉장고의 판매단가는 1100으로 설정함

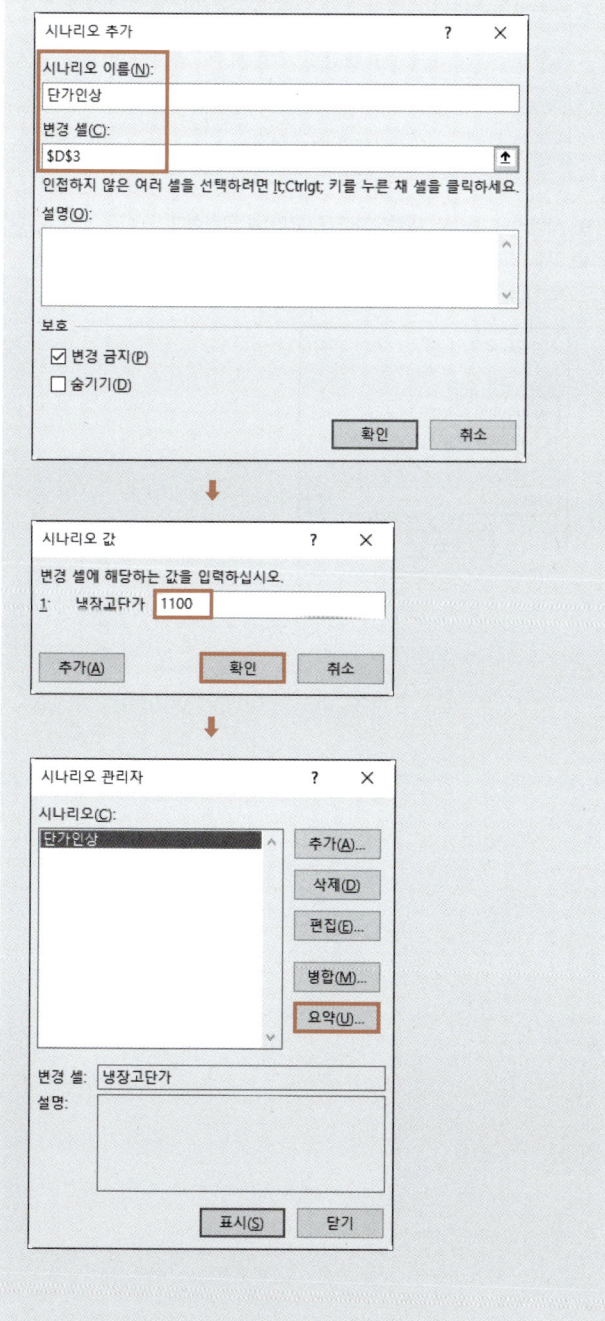

시나리오는 [데이터] → 예측 → 가상 분석 → **시나리오 관리자**를 선택한 후 '시나리오 관리자' 대화상자에서 〈추가〉를 클릭하여 지정합니다.

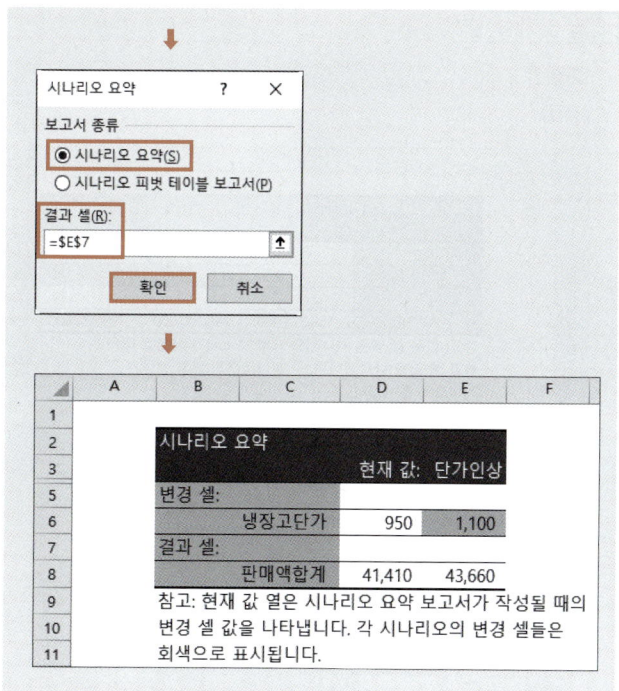

### 잠깐만요

'시나리오 추가' 대화상자에서 범위 지정 단추(↑)를 이용하여 '변경 셀'을 지정하면 '시나리오 추가' 대화상자가 '시나리오 편집'으로 변경됩니다.

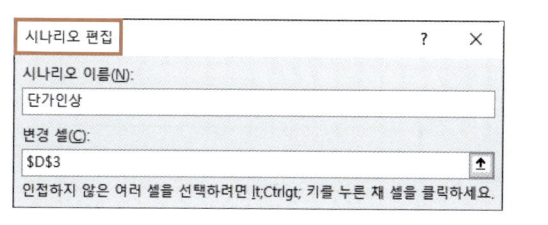

### 대표기출문제

'길벗컴활1급총정리\엑셀\기능\16시나리오.xlsm' 파일을 열어서 작업하세요.

### [기출 1] 25.상시, 22.상시, 21.상시, 20.상시

'기출1' 시트에 대하여 다음의 지시사항을 처리하시오.

[시나리오 관리자] 기능을 이용하여 [표1]에서 수량[B4]이 다음과 같이 변동하는 경우 순이익[B9]의 변동 시나리오를 작성하시오.

▶ [B4] 셀의 이름은 "수량", [B9] 셀의 이름은 "순이익"으로 정의하시오.

▶ 시나리오1 : 시나리오 이름은 '판매증가', 수량을 400으로 설정하시오.

▶ 시나리오2 : 시나리오 이름은 '판매감소', 수량을 150으로 설정하시오.

▶ 시나리오 요약 시트는 '기출1' 시트의 바로 왼쪽에 위치해야 함

정답 및 해설

[기출 1]

〈정답〉

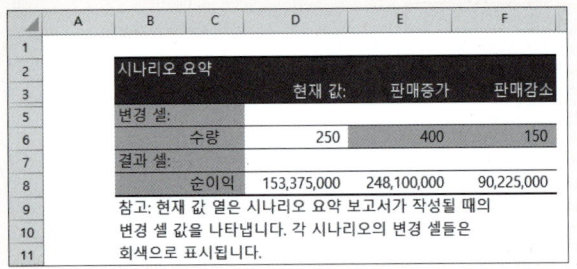

〈해설〉

1. [B4] 셀을 선택하고 이름 상자에 **수량**을 입력한 후 Enter를 누른다.

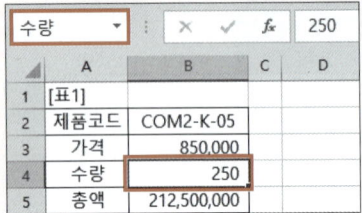

2. 동일한 방법으로 [B9] 셀의 이름을 **순이익**으로 정의한다.
3. [데이터] → 예측 → 가상 분석 → **시나리오 관리자**를 선택한다.
4. '시나리오 관리자' 대화상자에서 〈추가〉를 클릭한다.
5. '시나리오 추가' 대화상자에서 그림과 같이 지정한 후 〈확인〉을 클릭한다.

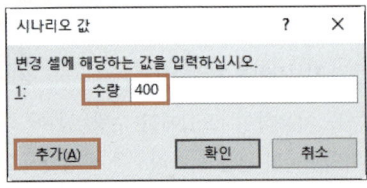

6. '시나리오 값' 대화상자의 수량에 **400**을 입력한 후 〈추가〉를 클릭한다.

7. '시나리오 추가' 대화상자에서 그림과 같이 지정한 후 〈확인〉을 클릭한다.

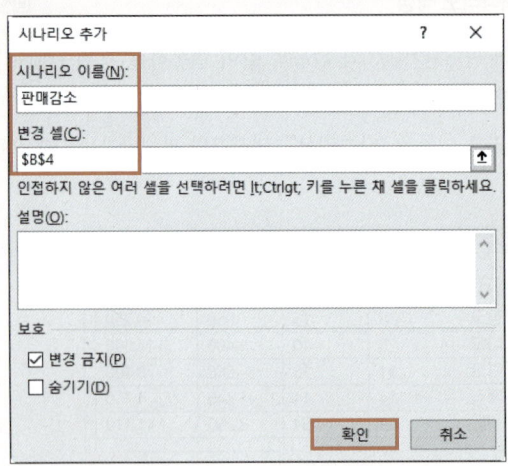

8. '시나리오 값' 대화상자의 수량에 **150**을 입력한 후 〈확인〉을 클릭한다.

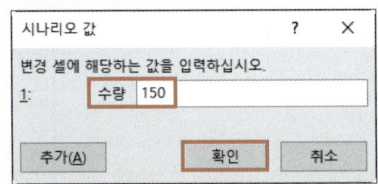

9. '시나리오 관리자' 대화상자에서 〈요약〉을 클릭한다.
10. '시나리오 요약' 대화상자에서 그림과 같이 지정한 후 〈확인〉을 클릭한다.

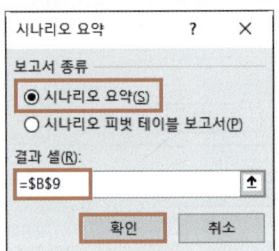

# 8. 목표값 찾기

출제 비율 10% / 배점 10점

목표값 찾기 문제는 "평균이 90이 되려면 3월 판매량이 얼마가 되어야 할까?"처럼 **목표로 하는 값을 찾기 위해 필요한 입력값을 구하는 작업**입니다. 이 문제도 데이터 유효성 검사 등의 다른 기능과 혼합되어 한 문제로 출제되고 **배점은 10점**입니다. 부분 점수는 없습니다.

| | A | B | C |
|---|---|---|---|
| 1 | [표1] 홍길동의 상판기 판매량 | | |
| 2 | 이름 | 홍길동 | |
| 3 | 1월 | 83 | |
| 4 | 2월 | 90 | |
| 5 | 3월 | 82 | |
| 6 | 평균 | 85 | |

➡

| | A | B | C |
|---|---|---|---|
| 1 | [표1] 홍길동의 상판기 판매량 | | |
| 2 | 이름 | 홍길동 | |
| 3 | 1월 | 83 | |
| 4 | 2월 | 90 | |
| 5 | 3월 | 97 | |
| 6 | 평균 | 90 | |

※ 홍길동의 평균[B6]이 90이 되기 위해 3월의 판매량[B5]이 82에서 97로 바뀐 화면입니다.

## 작업 순서

1. [데이터] → 예측 → 가상 분석 → **목표값 찾기**를 선택한다.
2. '목표값 찾기' 대화상자에서 '수식 셀', '찾는 값', '값을 바꿀 셀'을 지정한다.

## 합격포인트

목표값 찾기는 **'목표값 찾기' 대화상자를 정확하게 지정하는 것이 합격포인트**인데, 어렵지 않아 한 두 번만 해보면 금방 익힐 수 있습니다.

☞ 직접 실습하려면 '길벗컴활1급총정리\엑셀\기능\17목표값찾기.xlsm' 파일을 열어서 작업하세요.

**01** 목표값 찾기 작성

23.상시, 22.상시, 21.상시, 19.상시, 17.1, 15.상시, 10.1, 07.3, 05.4, …

[목표값 찾기] 기능을 이용하여 평균[B6]이 90점이 되려면 3월[B5] 판매량이 얼마가 되는지 계산하시오.

| | A | B | C |
|---|---|---|---|
| 1 | [표1] 홍길동의 상판기 판매량 | | |
| 2 | 이름 | 홍길동 | |
| 3 | 1월 | 83 | |
| 4 | 2월 | 90 | |
| 5 | 3월 | 82 | |
| 6 | 평균 | 85 | |

목표값 찾기는 [데이터] → 예측 → 가상 분석 → **목표값 찾기**를 선택한 후 '목표값 찾기' 대화상자에서 지정합니다.

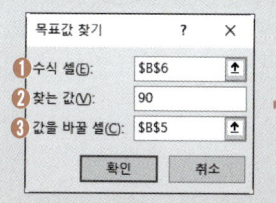 ➡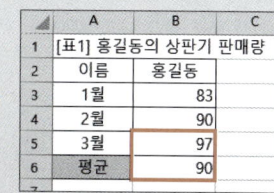

❶ **수식 셀** : 결과값이 출력되는 셀 주소 지정 → 평균(B6)
❷ **찾는 값** : 목표로 하는 값 입력 → 90
❸ **값을 바꿀 셀** : 목표값을 만들기 위해 사용되는 셀 주소 지정 → 3월 판매량(B5)

## 대표기출문제

'길벗컴활1급총정리\엑셀\기능\17목표값찾기.xlsm' 파일을 열어서 작업하세요.

**[기출 1]** 23.상시, 22.상시, 21.상시, 19.상시, 17.1, 15.상시, 10.1, 07.3, 05.4, 03.4, ···

'기출1' 시트에 대하여 다음의 지시사항을 처리하시오.

[목표값 찾기] 기능을 이용하여 [표1]에서 '매출액'의 합계[D9]가 5,000,000이 되려면 '엑셀2016' 판매량[C3]이 얼마가 되어야 하는지 계산하시오.

### 정답 및 해설

**[기출 1]**

⟨정답⟩

| | A | B | C | D |
|---|---|---|---|---|
| 1 | [표1] | | | |
| 2 | 도서명 | 판매단가 | 판매량 | 매출액 |
| 3 | 엑셀2016 | 18,100 | 44 | 804,200 |
| 4 | 전산개론 | 11,050 | 30 | 331,500 |
| 5 | 한글2010 | 13,200 | 49 | 646,800 |
| 6 | 인터넷 | 16,300 | 76 | 1,238,800 |
| 7 | 자바 | 14,500 | 32 | 464,000 |
| 8 | 정보처리 | 15,300 | 99 | 1,514,700 |
| 9 | 합계 | | | 5,000,000 |

⟨해설⟩

1. [데이터] → 예측 → 가상 분석 → **목표값 찾기**를 선택한다.
2. '목표값 찾기' 대화상자에서 그림과 같이 지정한 후 ⟨확인⟩을 클릭한다.

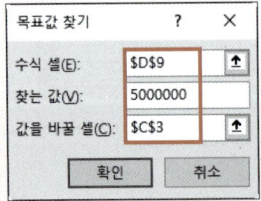

3. '목표값 찾기 상태' 대화상자에서도 ⟨확인⟩을 클릭한다.

# 9 자동 필터

출제 비율 10% / 배점 10점

자동 필터 문제는 **특정 조건에 만족하는 데이터만을 표시하는 작업**입니다. 데이터 유효성 검사 등의 다른 기능과 혼합되어 한 문제로 출제되고 **배점은 10점**입니다. 부분 점수는 없습니다.

| | A | B | C | D | E |
|---|---|---|---|---|---|
| 1 | [표1] | | | | |
| 2 | 사원번호 | 이름 | 직책 | 부서 | 본봉 |
| 3 | 3112 | 제갈량 | 부장 | 영업1부 | 95,620 |
| 4 | 2106 | 송혜영 | 부장 | 총무과 | 102,500 |
| 5 | 4029 | 조자룡 | 과장 | 기획실 | 72,533 |
| 6 | 1003 | 이유림 | 과장 | 기획실 | 56,800 |
| 7 | 3424 | 이충렬 | 과장 | 영업4부 | 85,110 |
| 8 | 2105 | 김구완 | 대리 | 총무과 | 55,850 |
| 9 | 2107 | 전주욱 | 대리 | 기획실 | 62,500 |
| 10 | 2208 | 윤인수 | 대리 | 기획실 | 56,520 |
| 11 | 3321 | 이관우 | 사원 | 영업3부 | 58,000 |
| 12 | 2210 | 서정화 | 사원 | 총무과 | 64,250 |
| 13 | 3115 | 노지심 | 사원 | 영업1부 | 35,200 |
| 14 | 3322 | 곽장비 | 사원 | 영업3부 | 45,600 |

→

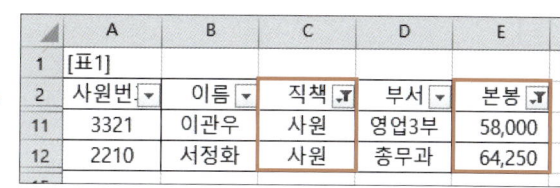

※ 사원 데이터 중에서 '직책'이 "사원"이고 '본봉'이 50,000 이상인 데이터만 표시한 화면입니다.

## 작업 순서

1. [데이터] → 정렬 및 필터 → **필터(▼)**를 클릭한다.
2. 조건을 지정할 필드에서 자동 필터 목록 단추(▼)를 클릭하여 조건을 지정한다.

## 합격포인트

- 자동 필터는 '**사용자 지정 필터**'와 '**상위 10 자동 필터**' 대화상자에서 조건을 정확하게 지정하는 것이 합격포인트입니다.
- 지금까지 순조롭게 학습을 잘 진행해왔다면 이제 이 정도는 눈 감고도 지정할 수 있을 정도로 쉬울 겁니다. 쉬워서 실수하지 않도록 잘 살펴보세요.
- ☞ 직접 실습해 보려면 '길벗컴활1급총정리\엑셀\기능\18자동필터.xlsm' 파일을 열어서 작업하세요.

※ 아래 그림을 참고하여 자동 필터를 실행해 보세요.

| | A | B | C | D | E |
|---|---|---|---|---|---|
| 1 | [표1] | | | | |
| 2 | 사원번호 | 이름 | 직책 | 부서 | 본봉 |
| 3 | 3112 | 제갈량 | 부장 | 영업1부 | 95,620 |
| 4 | 2106 | 송혜영 | 부장 | 총무과 | 102,500 |
| 5 | 4029 | 조자룡 | 과장 | 기획실 | 72,533 |
| 6 | 1003 | 이유림 | 과장 | 기획실 | 56,800 |
| 7 | 3424 | 이충렬 | 과장 | 영업4부 | 85,110 |
| 8 | 2105 | 김구완 | 대리 | 총무과 | 55,850 |
| 9 | 2107 | 전주욱 | 대리 | 기획실 | 62,500 |
| 10 | 2208 | 윤인수 | 대리 | 기획실 | 56,520 |
| 11 | 3321 | 이관우 | 사원 | 영업3부 | 58,000 |
| 12 | 2210 | 서정화 | 사원 | 총무과 | 64,250 |
| 13 | 3115 | 노지심 | 사원 | 영업1부 | 35,200 |
| 14 | 3322 | 곽장비 | 사원 | 영업3부 | 45,600 |

## 01 숫자 필터

24.상시, 22.상시, 21.상시, 20.상시, 19.상시, 18.상시, 17.상시, 16.상시, …

24.상시, 22.상시, 21.상시, 20.상시, 19.상시, 16.상시, 14.1, 12.1, 11.1, 10.1, …

**[유형 1]** [필터] 기능을 이용하여 '사원번호'가 2000~3000 사이이고, '본봉'이 60,000 이상인 데이터 행만 표시되도록 숫자 필터를 설정하시오.

1. [데이터] → 정렬 및 필터 → 필터( )를 클릭합니다.
2. 조건을 지정할 필드의 목록 단추( )를 클릭하여 [숫자 필터] → **사용자 지정 필터**를 선택한 다음 '사용자 지정 자동 필터' 대화상자에서 지정합니다.

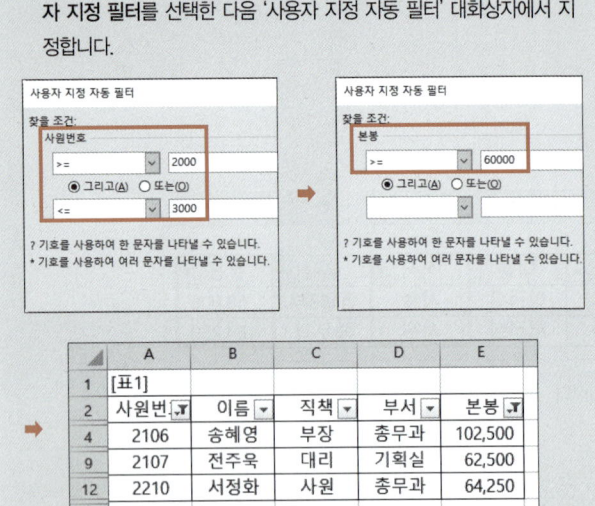

22.상시, 21.상시, 20.상시, 19.상시, 18.상시, 17.상시

**[유형 2]** [필터] 기능을 이용하여 '본봉'이 상위 25%에 해당하는 데이터 행만 표시되도록 숫자 필터를 설정하시오.

1. [데이터] → 정렬 및 필터 → 필터( )를 클릭합니다.
2. 조건을 지정할 필드의 목록 단추( )를 클릭하여 [숫자 필터] → **상위 10**을 선택한 다음 '상위 10 자동 필터' 대화상자에서 지정합니다.

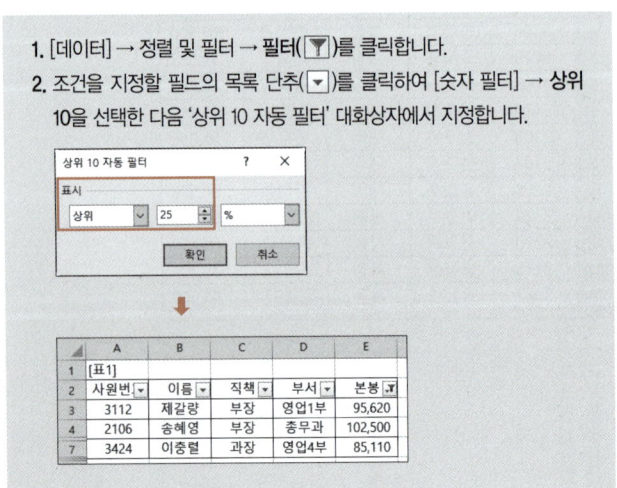

## 02 텍스트 필터

24.상시, 22.상시, 21.상시, 20.상시, 19.상시, 15.1, 13.2, 08.2, 07.2, …

[필터] 기능을 이용하여 '부서'가 "영업"으로 시작하는 데이터 행만 표시되도록 텍스트 필터를 설정하시오.

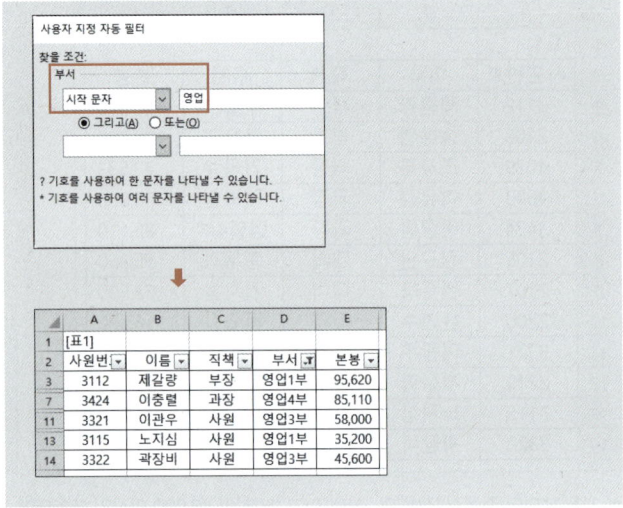

### 대표기출문제

'길벗컴활1급총정리\엑셀\기능\18자동필터.xlsm' 파일을 열어서 작업하세요.

**[기출 1]** 24.상시, 22.상시, 21.상시, 20.상시, 19.상시, 14.1, 12.1, 11.1, 10.1, 07.2, …

'기출1' 시트에 대하여 다음의 지시사항을 처리하시오.

[필터] 기능을 이용하여 [표1]에서 '이름'을 기준으로 오름차순 정렬한 후 '운영체제'와 '소프트웨어공학'이 70점 이하인 데이터 행만 표시되도록 숫자 필터를 설정하시오.

**[기출 2]** 24.상시, 22.상시, 21.상시, 20.상시, 19.상시, 14.1, 12.1, 11.1, 10.1, 07.2, …

'기출2' 시트에 대하여 다음의 지시사항을 처리하시오.

[필터] 기능을 이용하여 [표1]에서 '환자코드'가 "1"로 끝나고, '생년월일'이 1990년 이후인 데이터 행만을 표시하시오.

**[기출 3]** 24.상시, 22.상시, 21.상시, 20.상시, 19.상시, 14.1, 12.1, 11.1, 10.1, 07.2, …

'기출3' 시트에 대하여 다음의 지시사항을 처리하시오.

[필터] 기능을 이용하여 [표1]에서 '퇴직금'이 상위 5개 항목에 해당하는 데이터 행만 표시되도록 숫자 필터를 설정하시오.

## 정답 및 해설

### [기출 1]
⟨정답⟩

| | A | B | C | D | E |
|---|---|---|---|---|---|
| 1 | [표1] | | | | |
| 2 | 이름 | 데이터베이스 | 데이터통신 | 운영체제 | 소프트웨어공학 |
| 3 | 강석호 | 95 | 85 | 50 | 70 |
| 8 | 양세진 | 24 | 90 | 48 | 69 |

⟨해설⟩

1. [A2:E2] 영역을 블록으로 지정한 후 [데이터] → 정렬 및 필터 → 필터를 클릭한다.
2. '이름'의 자동 필터 목록 단추(▼)를 클릭한 후 [**텍스트 오름차순 정렬**]을 선택한다.

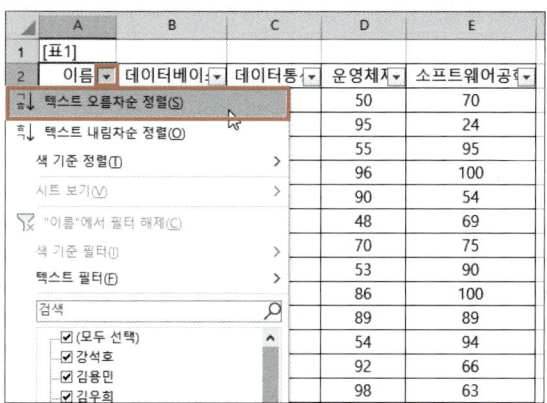

3. '운영체제' 필드의 자동 필터 목록 단추(▼)를 클릭한 후 [숫자 필터] → **사용자 지정 필터**를 선택한다.
4. '사용자 지정 자동 필터' 대화상자를 다음과 같이 지정한 후 ⟨확인⟩을 클릭한다.

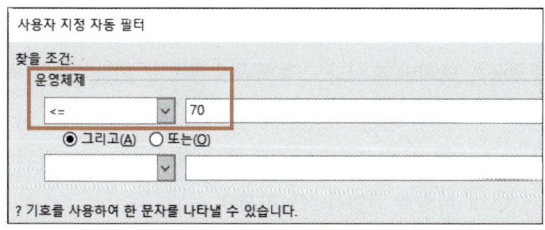

5. 동일하게 '소프트웨어공학'에도 지정한다.

### [기출 2]
⟨정답⟩

| | A | B | C | D | E | F |
|---|---|---|---|---|---|---|
| 1 | | | | | | |
| 2 | 환자코드 | 성명 | 생년월일 | 성별 | 진료과목 | 담당의사 |
| 11 | A011 | 이수만 | 2000-11-03 | 남 | 흉부외과 | 박종식 |
| 12 | D371 | 이종호 | 1995-05-14 | 남 | 정형외과 | 하석태 |
| 14 | F301 | 오현정 | 1994-09-30 | 여 | 호흡기내과 | 김지수 |

⟨해설⟩

1. '환자코드'의 '사용자 지정 자동 필터' 대화상자

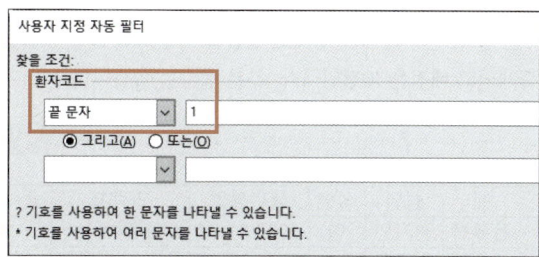

2. '생년월일'의 '사용자 지정 자동 필터' 대화상자

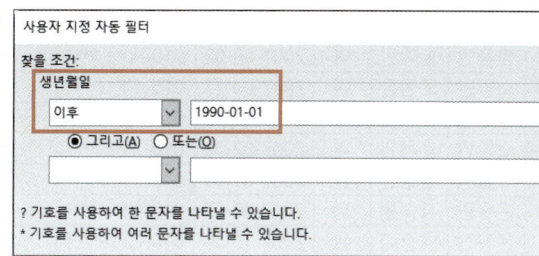

### [기출 3]
⟨정답⟩

| | A | B | C | D | E | F | G | H |
|---|---|---|---|---|---|---|---|---|
| 1 | [표1] | | | | | | | |
| 2 | 성명 | 부서명 | 직책 | 근속기간 | 기본급 | 상여금 | 수당 | 퇴직금 |
| 3 | 강감찬 | 회계부 | 부장 | 25 | 2,800 | 11,200 | 1,400 | 82,600 |
| 5 | 최각석 | 기획인사부 | 부장 | 21 | 2,800 | 11,200 | 1,400 | 71,400 |
| 6 | 조민준 | 영업부 | 차장 | 25 | 2,500 | 10,000 | 1,250 | 73,750 |
| 8 | 김재욱 | 회계부 | 과장 | 18 | 2,000 | 8,000 | 400 | 44,400 |
| 9 | 서정화 | 회계부 | 차장 | 22 | 2,500 | 10,000 | 1,250 | 66,250 |

⟨해설⟩

• '상위 10 자동 필터' 대화상자

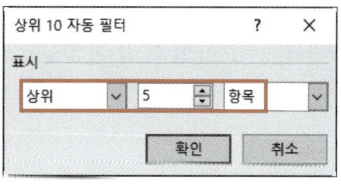

# 10 중복된 항목 제거

출제 비율 10% / 배점 10점

중복된 항목 제거 문제는 **정해진 열들을 기준으로 같은 값들을 찾아 제거하는 작업**입니다. 이 문제도 부분합 등의 다른 기능과 혼합되어 한 문제로 출제되고 **배점은 10점**입니다. 부분 점수는 없습니다.

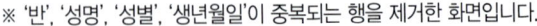

※ '반', '성명', '성별', '생년월일'이 중복되는 행을 제거한 화면입니다.

## 작업 순서

1. 중복된 항목을 제거할 영역을 블록으로 지정한 후 [데이터] → 데이터 도구 → **중복된 항목 제거**를 클릭한다.
2. '중복된 항목 제거' 대화상자에서 기준이 될 '열'을 지정한다.

## 합격포인트

- 기능이 어렵지 않아 **실행할 메뉴를 기억하는 것이 합격포인트**라고 할 수 있습니다.
- 출제율은 낮지만 혹시라도 출제되면 무조건 10점을 확보해야 합니다.
- ☞ 직접 실습하려면 '길벗컴활1급총정리\엑셀\기능\19중복된항목제거.xlsm' 파일을 열어서 작업하세요.

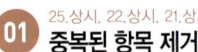 25.상시, 22.상시, 21.상시
**01 중복된 항목 제거**

데이터 도구를 이용하여 [표1]에서 '반', '성명', '성별', '생년월일' 열을 기준으로 중복된 값이 입력된 셀을 포함하는 행을 삭제하시오.

| | A | B | C | D | E | F |
|---|---|---|---|---|---|---|
| 1 | [표1] | | | | | |
| 2 | 반 | 성명 | 성별 | 생년월일 | 연락처 | 출석일수 |
| 3 | 온유반 | 권지인 | 여 | 2007-01-02 | 010-84**-**** | 14 |
| 4 | 온유반 | 김주한 | 남 | 2007-12-24 | 010-93**-**** | 9 |
| 5 | 믿음반 | 김주형 | 남 | 2007-06-29 | 010-42**-**** | 15 |
| 6 | 온유반 | 박준영 | 남 | 2007-10-10 | 010-71**-**** | 15 |
| 7 | 소망반 | 박진우 | 남 | 2007-02-03 | 010-71**-**** | 10 |
| 8 | 믿음반 | 송예린 | 여 | 2007-03-02 | 010-90**-**** | 15 |
| 9 | 소망반 | 오정은 | 여 | 2007-04-17 | 010-40**-**** | 15 |
| 10 | 소망반 | 유연서 | 여 | 2007-12-10 | 010-52**-**** | 13 |
| 11 | 소망반 | 윤서연 | 여 | 2007-02-08 | 010-73**-**** | 15 |
| 12 | 소망반 | 임형빈 | 남 | 2007-01-03 | 010-99**-**** | 12 |
| 13 | 온유반 | 차숙원 | 남 | 2007-08-27 | 010-62**-**** | 14 |
| 14 | 온유반 | 박준영 | 남 | 2007-10-10 | 010-22**-**** | 14 |
| 15 | 믿음반 | 송예린 | 여 | 2007-03-02 | 010-87**-**** | 12 |
| 16 | 믿음반 | 김주형 | 남 | 2007-06-29 | 010-42**-**** | 15 |

[데이터] → 데이터 도구 → **중복된 항목 제거**를 클릭한 후 '중복된 항목 제거' 대화상자에서 지정합니다.

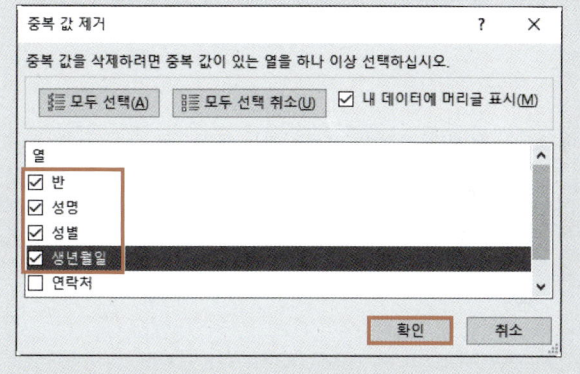

## 대표기출문제

'길벗컴활1급총정리\엑셀\기능\19중복된항목제거.xlsm' 파일을 열어서 작업하세요.

**[기출 1]** 25.상시, 22.상시, 21.상시

'기출1' 시트에 대하여 다음의 지시사항을 처리하시오.

데이터 도구를 이용하여 [표1]에서 '단과대학', '학과', '성별' 열을 기준으로 중복된 값이 입력된 셀을 포함하는 행을 삭제하시오.

### 정답 및 해설

**[기출 1]**

⟨정답⟩

| | A | B | C | D | E |
|---|---|---|---|---|---|
| 1 | [표1] | | | | |
| 2 | 단과대학 | 학과 | 성별 | 졸업자 | 취업률 |
| 3 | 인문대학 | 철학과 | 여 | 25 | 60% |
| 4 | 사범대학 | 수학교육과 | 여 | 35 | 60% |
| 5 | 사범대학 | 국어교육과 | 여 | 50 | 64% |
| 6 | 사범대학 | 교육학과 | 남 | 40 | 58% |
| 7 | 인문대학 | 문헌정보학과 | 남 | 40 | 68% |
| 8 | 인문대학 | 중어중문학과 | 여 | 40 | 85% |
| 9 | 인문대학 | 역사학과 | 여 | 42 | 55% |
| 10 | 사범대학 | 국어교육과 | 남 | 45 | 58% |
| 11 | 사회과학대학 | 심리학과 | 남 | 45 | 42% |
| 12 | 사회과학대학 | 행정학과 | 여 | 49 | 73% |
| 13 | 사회과학대학 | 사회학과 | 남 | 50 | 72% |
| 14 | 사회과학대학 | 심리학과 | 여 | 50 | 66% |
| 15 | 인문대학 | 영어영문학과 | 여 | 50 | 16% |

⟨해설⟩

1. 중복된 항목을 제거할 [A2:E11] 영역을 블록으로 지정한 후 [데이터] → 데이터 도구 → **중복된 항목 제거**를 클릭한다.
2. '중복된 항목 제거' 대화상자에서 그림과 같이 지정한 후 ⟨확인⟩을 클릭한다.

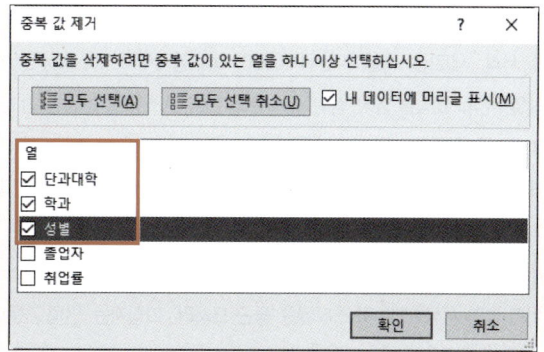

3. 'Microsoft Excel' 대화상자에서 제거된 항목 수를 확인한 후 ⟨확인⟩을 클릭한다.

# 문제 4     기타작업(35점)

기타작업은 차트, 매크로, 프로시저 총 3문제가 고정적으로 출제됩니다. 차트와 매크로는 문제당 10점씩, 프로시저는 15점으로 출제됩니다.

| No | 출제 항목 | 배점 | 목표 점수 | 출제 비율 |
|---|---|---|---|---|
| 1 | 차트 | 10점 | 20점 | 100% |
| 2 | 매크로 | 10점 | | |
| 3 | 프로시저 | 15점 | 10점 | |
| | 합계 | 35점 | 30점 | |

## 1   차트

출제 비율 100% / 배점 10점

차트 문제는 **제공된 차트를 문제의 지시사항대로 수정하여 완성하는 작업**입니다. 5개의 문항이 출제되고, 한 문항에 2점입니다. 한 문항에 보통 두 가지 세부 기능을 지정하도록 출제되며, 부분 점수는 없습니다.

- 다음은 자주 출제되는 지시사항을 모두 적용하여 완성한 차트입니다.

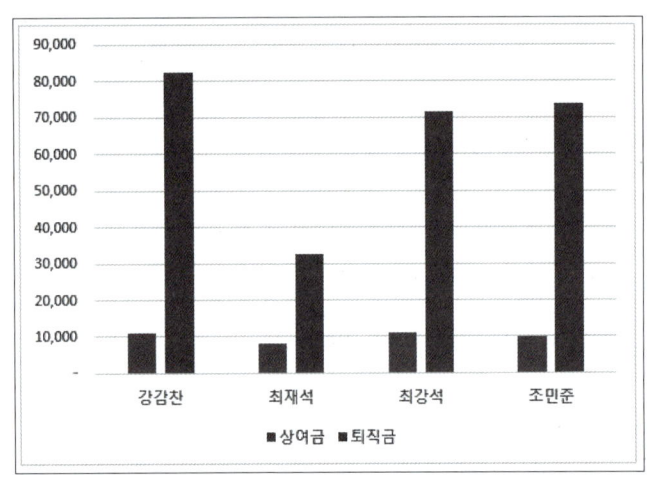 →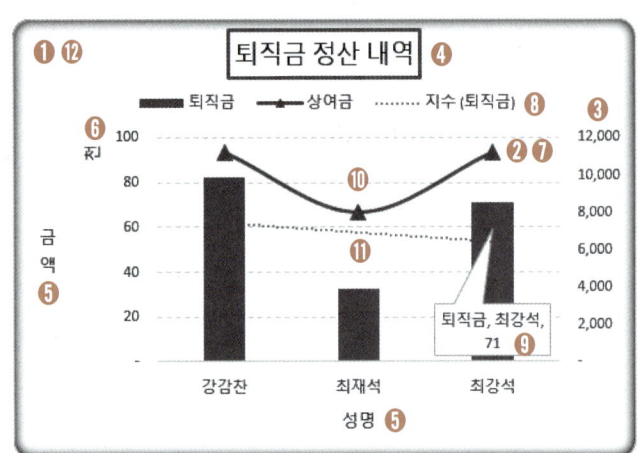

❶ **데이터 범위** : '조민준'의 데이터 삭제함

❷ **차트 종류** : '상여금' 계열의 차트 종류를 '표식이 있는 꺾은선형'으로 변경함

❸ **보조 축** : '상여금' 계열을 보조 축으로 지정함

❹ **차트 제목** : '차트 위'에 표시한 후 도형 스타일을 '색 윤곽선 – 파랑, 강조 1'로 지정함

❺ **축 제목** : 세로(값) 축 제목과 가로(항목) 축 제목을 표시한 후 세로(값) 축 제목의 '텍스트 방향'을 '스택형'으로 지정함

❻ **축 서식** : 세로(값) 축을 주 단위 20000, 최대 경계 100000, 표시 단위 '천'으로 지정하고, 차트에 단위 레이블을 표시함

❼ **계열 서식** : 표식을 형식 '삼각형(▲)', 크기 10, 선 스타일 '완만한 선'을 지정함

❽ **범례** : '위쪽'에 표시함

❾ **데이터 레이블** : '퇴직금' 계열의 '최강석' 요소에 설명선으로 데이터 레이블 '계열 이름', '항목 이름', '값'을 '축에 가깝게'로 표시함

❿ **가로 눈금선** : '파선'으로 표시함

⓫ **추세선** : '퇴직금' 계열에 '지수' 추세선을 지정함

⓬ **차트 영역 서식** : 테두리 스타일은 '둥근 모서리', 그림자는 '안쪽 가운데'로 지정함

## 작업 순서

차트 작업에 작업 순서는 큰 의미가 없지만 순서대로 수행하지 않을 경우 문제지에 제시된 모양과 다르게 표시될 수 있으므로 문제에 제시된 순서대로 작업하는 것이 좋습니다.

## 합격포인트

- 차트 작업에 사용되는 기능 중 직관적이어서 너무 쉬운 기능은 제외하고 상대적으로 어렵게 느껴지거나 혼동될 가능성이 있는 기능들만 정리하였습니다.
- 다음에 나열된 내용들을 정확하게 숙지하는 것이 합격포인트입니다.

☞ 직접 실습하려면 '길벗컴활1급총정리\엑셀\기능\20차트.xlsm' 파일을 열어서 작업하세요.

### 01 차트 제목을 셀에 연동

25.상시, 24.상시, 23.상시, 22.상시, 21.상시, 21.1, 19.1, 18.2, 18.1

차트 제목을 추가하여 [A1] 셀과 연동하시오.

1. 치트에 '차트 제목'을 추가합니다.
2. 차트에 삽입된 '차트 제목'이 선택된 상태에서 수식 입력줄을 클릭하고 =을 입력한 후 [A1] 셀을 클릭하고 Enter를 누릅니다.

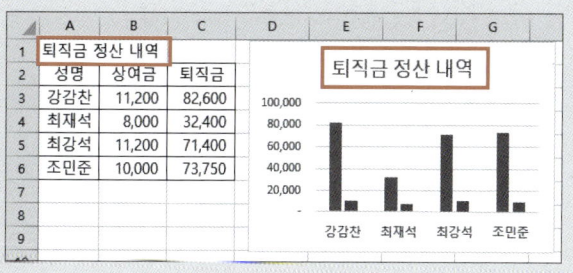

### 02 설명선으로 표시된 데이터 레이블 표시

22.상시, 21.상시, 20.상시, 20.1, 19.상시, 19.2, 18.상시, 18.2, 18.1, 17.1, …

'퇴직금' 계열의 '조민준' 요소에만 설명선으로 표시된 데이터 레이블을 〈그림〉과 같이 표시하시오.

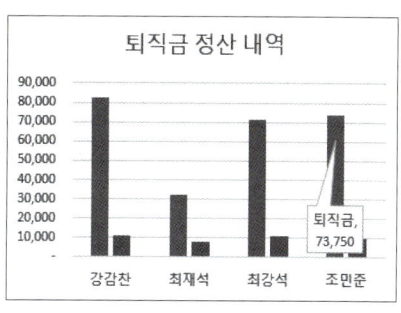

1. '퇴직금' 계열의 '조민준' 요소만을 선택한 상태에서 [차트 디자인] → 차트 레이아웃 → 차트 요소 추가 → 데이터 레이블 → **데이터 설명선**을 선택합니다.
2. 차트에 삽입된 '데이터 레이블'을 클릭한 후 다시 한번 클릭합니다.

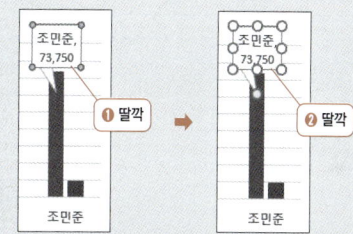

3. '데이터 레이블 서식' 창에서 레이블 내용과 위치를 지정합니다.

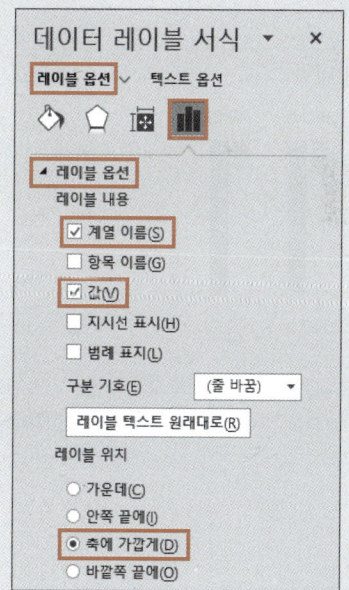

**잠깐만요**

- 데이터 계열을 클릭하면 전체 데이터 계열이 선택되고, 그 상태에서 특정 요소를 한 번 더 클릭하면 해당 요소만 선택됩니다. 데이터 레이블도 마찬가지입니다. 이 문제의 경우 데이터 레이블이 하나만 표시된 상태라 화면상으로는 구분되지 않지만, 데이터 레이블을 한 번 클릭하면 전체 데이터 레이블이 선택되고, 한 번 더 클릭하면 해당 데이터 레이블만 선택됩니다.
- 데이터 레이블을 한 번만 클릭한 상태에서 데이터 레이블 옵션을 지정하면 데이터 계열 전체에 데이터 레이블이 표시됩니다.
  – 데이터 레이블을 한 번만 클릭한 상태에서 데이터 레이블 옵션을 지정한 경우

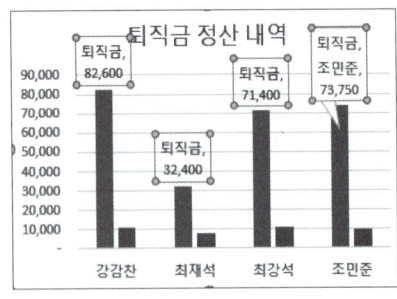

### 04 주 눈금 지정
22.상시, 21.상시, 16.2

세로(값) 축의 주 눈금이 교차되도록 지정하시오.

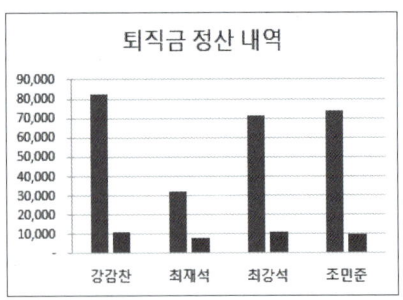

세로(값) 축을 선택한 후 '축 서식' 창에서 지정합니다.

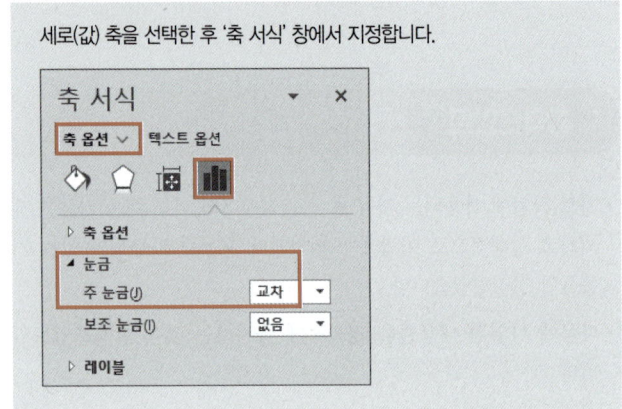

### 03 축의 최대값 지정
25.상시, 22.상시, 21.상시, 16.2

가로 축 교차를 '축의 최대값'으로 지정하시오.

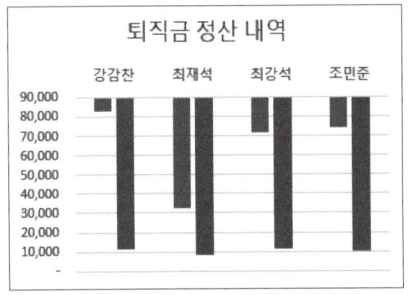

'가로 축 교차' 옵션은 '기본 세로 축'에서, '세로 축 교차' 옵션은 '기본 가로 축'에서 설정합니다. 세로(값) 축을 선택한 후 '축 서식' 창에서 지정하세요.

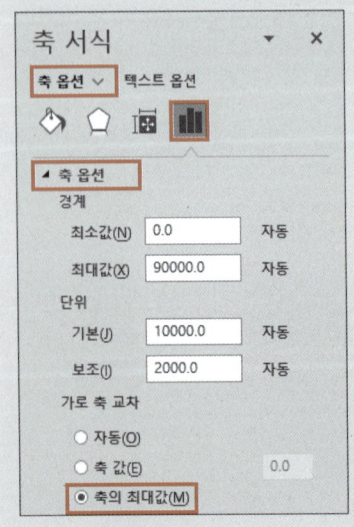

130  기능별 합격전략

## 대표기출문제

'길벗컴활1급총정리\엑셀\기능\20차트.xlsm' 파일을 열어서 작업하세요.

[기출 1] 25.상시, 24.상시, 23.상시, 22.상시, 21.상시, 20.상시, 20.1, 19.상시, …

'기출1' 시트의 차트를 지시사항에 따라 아래 〈그림〉과 같이 수정하시오.

※ 차트는 반드시 문제에서 제공한 차트를 사용하여야 하며, 신규로 작성 시 0점 처리됨

① 차트의 색상형을 '다양한 색상표 3'으로 지정하고, 차트 제목을 삽입한 후 [A1] 셀과 연동하시오.

② '할인요금T' 계열을 추가하고, '행/열 전환'을 지정하시오.

③ 세로(값) 축의 최소값 경계와 기본 단위를 〈그림〉과 같이 지정하고, 계열 겹치기를 30%, 간격 너비를 100%로 지정하시오.

④ '독일' 계열에 '지수 추세선'을 추가하고, 너비를 2pt, 화살표 꼬리 유형을 '열린 화살표'로 지정하시오.

⑤ 차트 영역의 테두리 스타일은 '둥근 모서리', 그림자는 '안쪽 가운데'로 설정하시오.

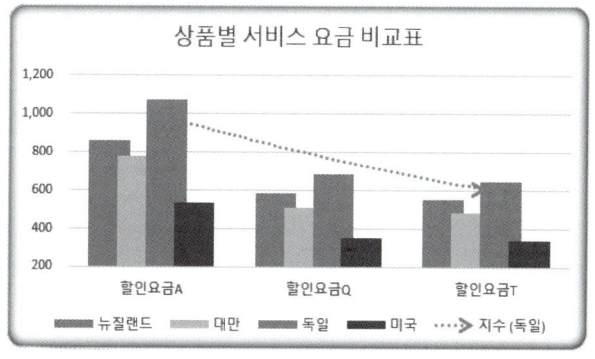

[기출 2] 25.상시, 24.상시, 23.상시, 22.상시, 21.상시, 20.상시, 20.1, 19.상시, …

'기출2' 시트의 차트를 지시사항에 따라 아래 〈그림〉과 같이 수정하시오.

※ 차트는 반드시 문제에서 제공한 차트를 사용하여야 하며, 신규로 작성 시 0점 처리됨

① 차트 레이아웃을 '레이아웃 3', 차트 스타일을 '스타일 6'으로 지정하고, 가로(항목) 축의 레이블을 〈그림〉과 같이 지정하시오.

② '실적율'의 차트 종류를 '표식이 있는 꺾은선형'으로 변경하고 '보조 축'으로 지정하시오.

③ '실적율' 계열의 선을 '완만한 선'으로 설정하고, 표식 옵션의 형식을 '▲'으로 변경하시오.

④ 세로(값) 축과 가로(항목) 축의 선을 '검정, 텍스트 1'로 지정하고, '세로(값) 축'의 주 눈금이 교차되도록 설정하시오.

⑤ 기본 주 가로 눈금선을 삭제하고, 그림 영역에 도형 스타일 '반투명 - 황금색, 강조 4, 윤곽선 없음'을 지정하시오.

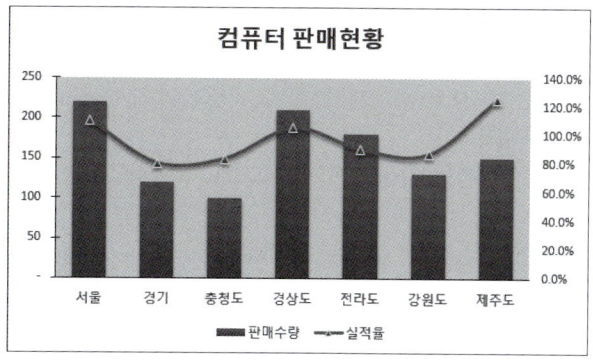

[기출 3] 25.상시, 24.상시, 23.상시, 22.상시, 21.상시, 20.상시, 20.1, 19.상시, …

'기출3' 시트의 차트를 지시사항에 따라 아래 〈그림〉과 같이 수정하시오.

※ 차트는 반드시 문제에서 제공한 차트를 사용하여야 하며, 신규로 작성 시 0점 처리됨

① 차트가 〈그림〉과 같이 표시되도록 원본 데이터와 계열 순서를 변경하시오.

② 세로(값) 축의 표시 단위를 '천'으로 지정하고 차트에 단위 레이블을 〈그림〉과 같이 표시하시오.

③ 세로(값) 축의 '가로 축 교차'를 '축의 최대값'으로 지정하고, 가로 주 눈금선을 '파선'으로 지정하시오.

④ '성과급' 계열의 '조찬진'과 '신동희' 요소에 데이터 설명선으로 표시된 데이터 레이블을 〈그림〉과 같이 표시하시오.

⑤ 차트 영역의 글꼴을 'HY중고딕', 도형 효과의 네온을 '네온: 5pt, 주황, 강조색 2'로 지정하시오.

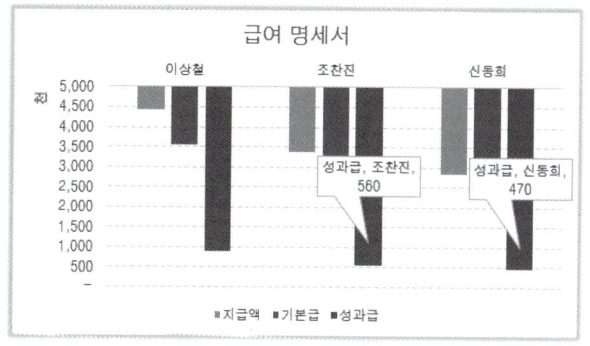

[기출 4] 25.상시, 24.상시, 23.상시, 22.상시, 21.상시, 20.상시, 20.1, 19.상시, …

'기출4' 시트의 차트를 지시사항에 따라 아래 〈그림〉과 같이 수정하시오.

※ 차트는 반드시 문제에서 제공한 차트를 사용하여야 하며, 신규로 작성 시 0점 처리됨

① 세로(값) 축을 '값을 거꾸로'로 표시하고, '출석' 계열을 삭제하시오.

② 세로(축) 제목을 〈그림〉과 같이 표시하고, 텍스트 방향을 '스택형'으로 표시하시오.

③ '과제' 계열의 이름을 '수행평가'로 수정하고, 범례 위치를 〈그림〉과 같이 변경하시오.

④ 3차원 회전의 X를 20°, '직각으로 축 고정'을 지정하고 '기말' 계열의 간격 너비를 100%, 세로 막대 모양을 '원통형'으로 지정하시오.

⑤ 세로 주 눈금선을 표시하고 그림 영역의 패턴 채우기를 '점선: 5%'로 지정하시오.

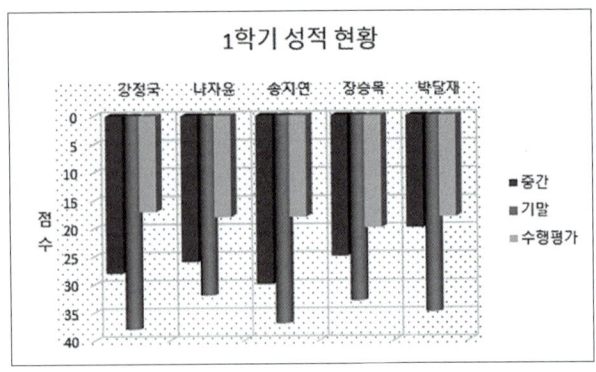

## ② 계열 추가 및 '행/열 전환' 지정

1. [F3:F7] 영역을 복사하여 차트 영역에 붙여넣기한다.

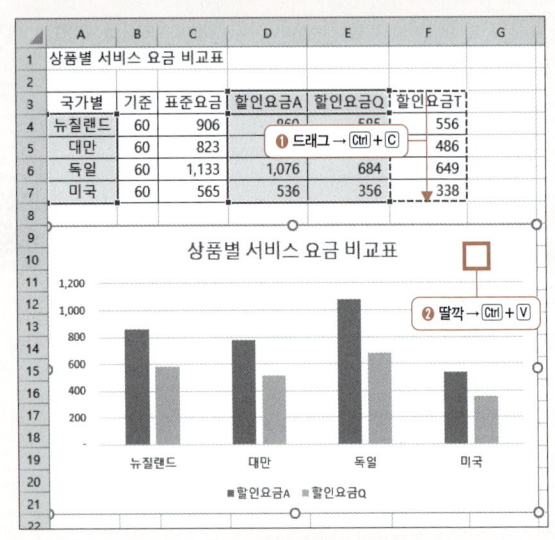

2. [차트 디자인] → 데이터 → **행/열 전환**을 클릭한다.

### ③ 최소값 경계/기본 단위 및 계열 겹치기/간격 너비 변경

1. 세로(값) 축을 더블클릭한 후 '축 서식' 창에서 다음과 같이 지정한다.

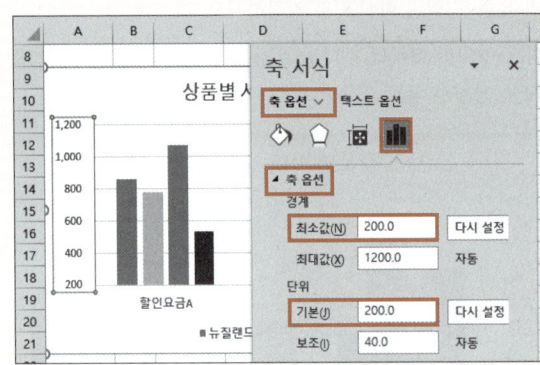

2. 임의의 데이터 계열을 클릭한 후 '데이터 계열 서식' 창에서 다음과 같이 지정한다.

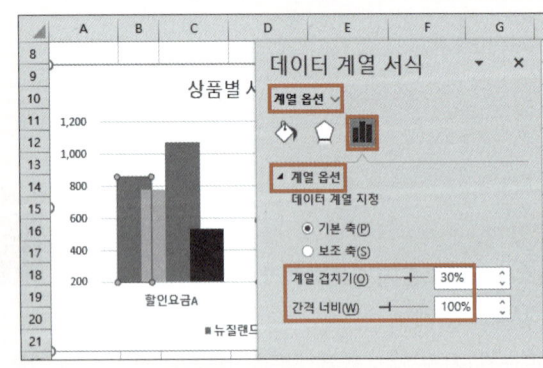

### ④ 추세선 표시 및 서식 변경

1. '독일' 계열을 선택한 후 [차트 디자인] → 차트 레이아웃 → 차트 요소 추가 → 추세선 → **지수**를 선택한다.

[정답 및 해설]

[기출 1]

① 색상형 변경 및 차트 제목 표시

1. 차트를 선택한 후 [차트 디자인] → 차트 스타일 → 색 변경 → **다양한 색상표 3**을 선택한다.
2. [차트 디자인] → 차트 레이아웃 → 차트 요소 추가 → 차트 제목 → **차트 위**를 선택한다.
3. 차트에 삽입된 '차트 제목'이 선택된 상태에서 수식 입력줄을 클릭하고 =을 입력한 후 [A1] 셀을 클릭하고 Enter를 누른다.

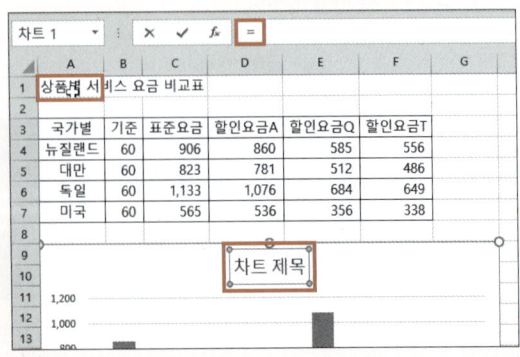

2. 차트에 표시된 추세선을 더블클릭한 후 '추세선 서식' 창에서 다음과 같이 지정한다.

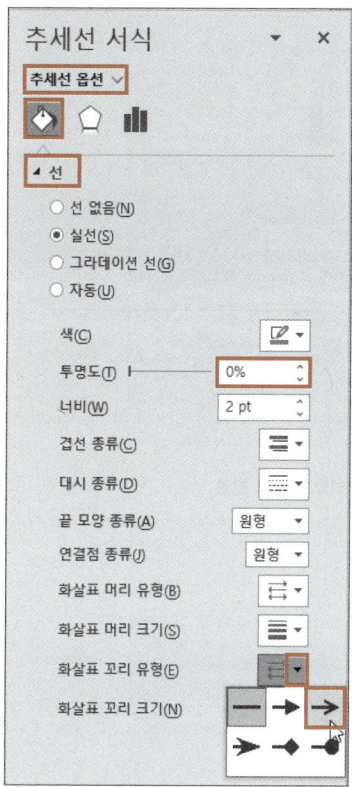

⑤ 테두리 스타일과 그림자 설정

차트 영역을 더블클릭한 후 '차트 영역 서식' 창에서 다음과 같이 지정한다.

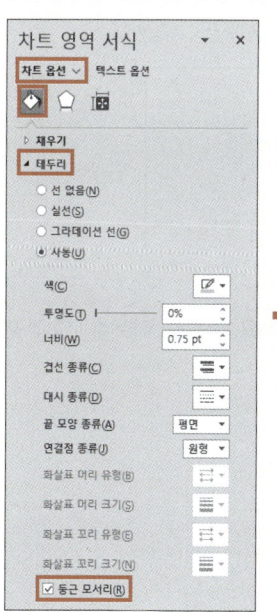 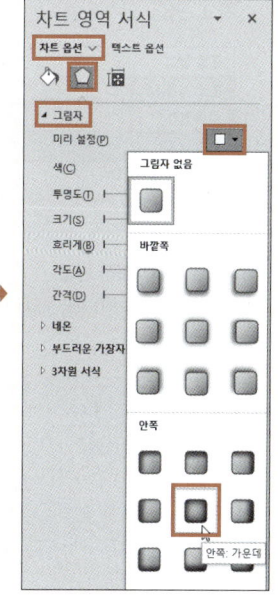

**[기출 2]**

① 가로(항목) 축의 레이블 표시

1. 차트 영역의 바로 가기 메뉴에서 [데이터 선택]을 선택한다.

2. '데이터 원본 선택' 대화상자에서 '가로(항목) 축 레이블'의 〈편집〉 단추를 클릭한 후 다음과 같이 지정한다.

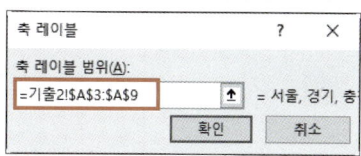

④ '세로(값) 축'의 주 눈금 지정

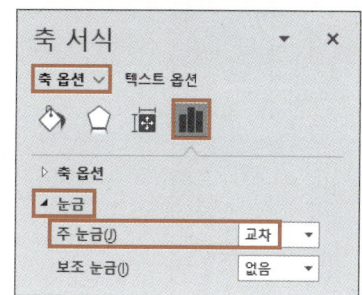

**[기출 3]**

① 원본 데이터 및 계열 순서 변경

차트 영역의 바로 가기 메뉴에서 [데이터 선택]을 선택한 후 다음과 같이 지정한다.

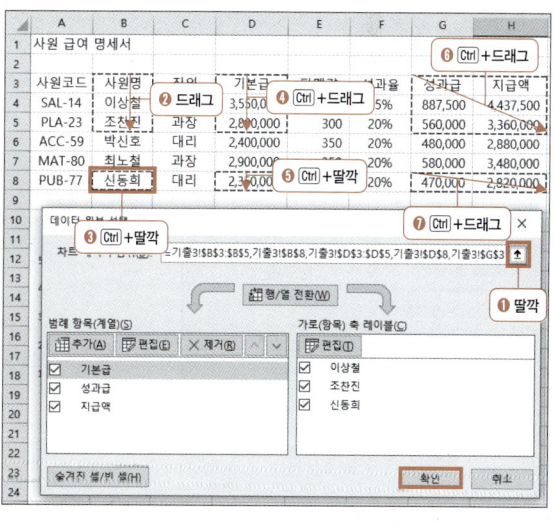

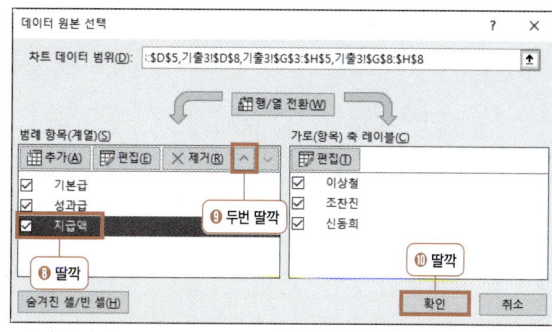

② 세로(값) 축의 표시 단위 지정

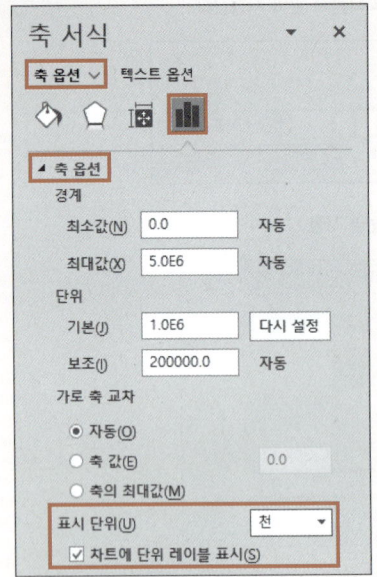

③ 세로(값) 축의 '가로 축 교차' 지정

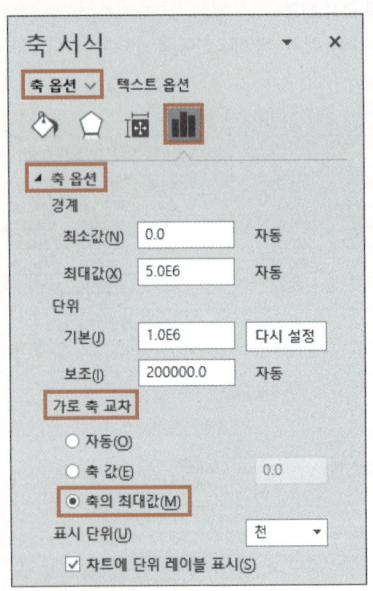

④ 데이터 레이블 서식 지정

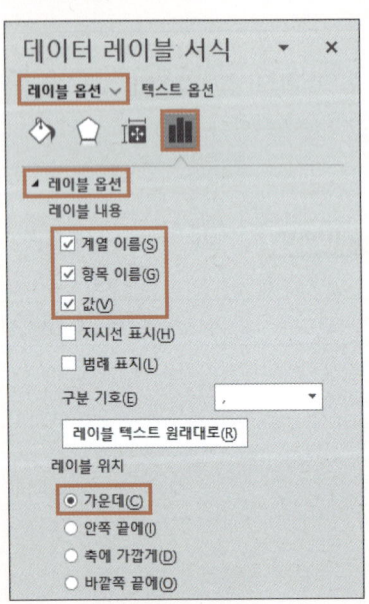

[기출 4]

① 세로(값) 축의 '값을 거꾸로' 지정

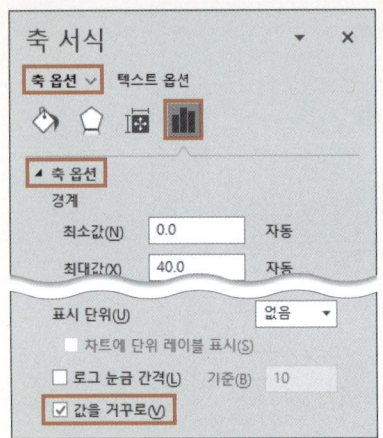

② 세로(값) 축 제목의 텍스트 방향 변경

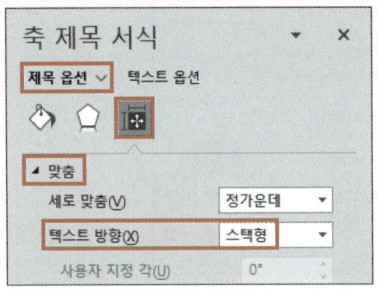

③ 계열 이름 변경

1. 차트 영역의 바로 가기 메뉴에서 [데이터 선택]을 선택한다.
2. '데이터 원본 선택' 대화상자의 '범례 항목(계열)'에서 '과제'를 선택하고 〈편집〉 단추를 클릭한 후 다음과 같이 지정한다.

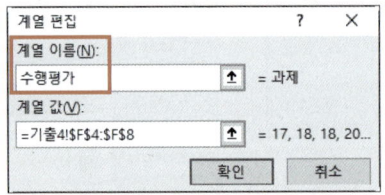

④ 3차원 회전의 X회전 변경

차트 영역의 바로 가기 메뉴에서 [3차원 회전]을 선택한 후 다음과 같이 지정한다.

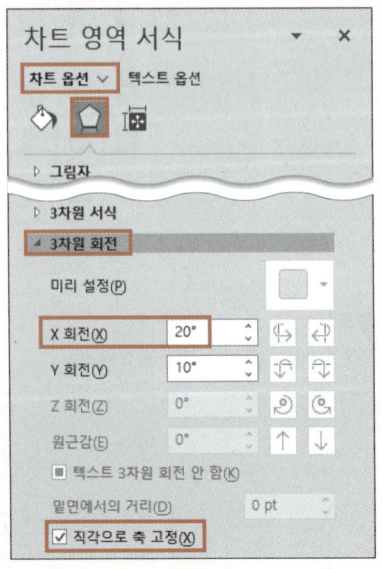

# 2 매크로

출제 비율 100% / 배점 10점

매크로 문제는 **사용자 지정 표시 형식이나 조건부 서식을 지정하는 매크로를 작성한 후 도형이나 단추에 연결하여 실행하는 작업**입니다. 2개의 문항이 출제되며, 한 문항에 5점입니다.

❶ 〈서식적용〉 단추를 클릭하면 [D6:H17] 영역의 값들 중 1은 "O"으로, 0은 "X"로 표시합니다.

❷ 〈그래프보기〉 단추를 클릭하면 [I6:I17] 영역에 출석 일수에 따른 데이터 막대를 표시합니다.

## 작업 순서

매크로 작업은 작업 순서를 정확하게 지키는 것이 매우 중요합니다. 다음 순서를 꼭 기억해 두세요.

1. 도형을 삽입한 후 바로 가기 메뉴에서 [**매크로 지정**]을 선택한다.
2. '매크로 지정' 대화상자에서 매크로 이름을 지정한 후 〈기록〉을 클릭한다.
3. '매크로 기록' 대화상자에서 〈확인〉을 클릭한다.
4. 순서대로 매크로 기록 작업을 수행한다.
5. [개발 도구] → 코드 → **기록 중지**를 클릭한다.
6. 도형의 바로 가기 메뉴에서 [**텍스트 편집**]을 선택한 후 텍스트를 입력한다.

## 합격포인트

- 매크로 작업은 **사용자 지정 표시 형식을 정확하게 지정**하는 것이 **합격포인트**입니다.
- 사용자 지정 표시 형식에서 조건이나 글꼴 색을 지정할 때는 대괄호([ ])를 사용합니다.
- 조건이 없을 때는 양수, 음수, 0, 텍스트 순으로 표시 형식이 지정됩니다.
- 하나 더, **매크로 기록 중 뭔가 잘못됐으면 당황하지 말고 [개발 도구] → 코드 → 매크로에서 삭제한 후 새로 작성**하세요.
- ☞ 직접 실습하려면 '길벗컴활1급총정리\엑셀\기능\21매크로.xlsm' 파일을 열어서 작업하세요.

## 01 사용자 지정 표시 형식 지정

25.상시, 23.상시, 22.상시, 21.상시

**[유형 1]** [C2:C10] 영역에 사용자 지정 표시 형식을 설정하시오.

▶ 셀 값이 0보다 크면 1000 단위 구분 기호를 표시, 0이면 0을 표시, 0보다 작으면 빨강색으로 "■" 뒤에 한 칸 띄우고 숫자를 음수 기호 없이 1000 단위 구분 기호를 표시, 텍스트이면 "※" 기호를 표시하시오.

[표시 예 : 1500인 경우 → 1,500, 0인 경우 → 0, -2000인 경우 → ■ 2,000]

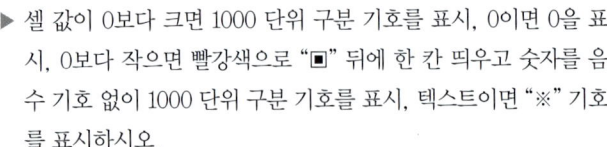

25.상시, 24.상시, 23.상시, 22.상시, 21.상시

**[유형 2]** [D2:D11] 영역에 사용자 지정 표시 형식을 설정하시오.

▶ 셀 값이 100,000 이상이면 빨강색으로 1000 단위 구분 기호와 숫자 앞에 "★"를 표시하고, 50,000 미만이면 파랑색으로 1000 단위 구분 기호와 숫자 앞에 "☆"를 표시하고, 그 외에는 1000 단위 구분 기호만 표시하시오.

[표시 예 : 200000인 경우 → ★200,000, 0인 경우 → ☆0]

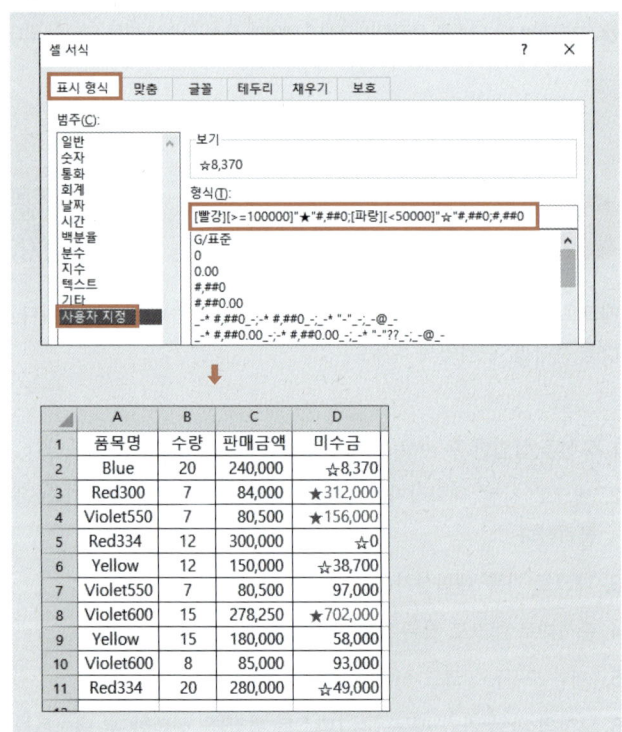

25.상시, 24.상시, 23.상시, 22.상시, 21.상시

**[유형 3]** [D2:D7] 영역에 사용자 지정 표시 형식을 설정하시오.

▶ 셀 값이 5,000,000 이상인 경우 빨강색으로 천 단위로 절삭하고 1000 단위 구분 기호를 표시한 후 앞에는 "★ "를, 뒤에는 "천원"을 표시하고, 0인 경우 "※"를 표시하고, 그 외는 천 단위로 절삭하고 1000 단위 구분 기호를 표시한 후 뒤에 "천원"을 표시하시오.

[표시 예 : 6540000인 경우 → ★ 6,540천원, 1230000인 경우 → 1,230천원, 100인 경우 → 0천원]

| | A | B | C | D |
|---|---|---|---|---|
| 1 | 대리점 | 계획수량 | 판매수량 | 총판매금액 |
| 2 | 서울 | 200 | 220 | 2640000 |
| 3 | 인천 | 300 | 220 | 6600000 |
| 4 | 부산 | 150 | 120 | 1440000 |
| 5 | 광주 | 120 | 폐업 | 0 |
| 6 | 제주 | 200 | 210 | 6300000 |
| 7 | 대전 | 150 | 150 | 4500000 |

표시 형식의 마지막에 1000 단위 구분 기호(,)를 표시하면 할 때마다 3자리씩 생략합니다.

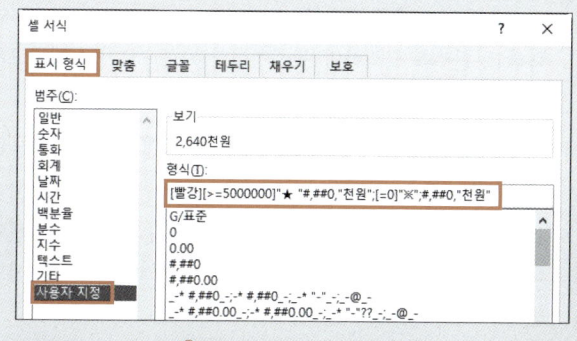

↓

| | A | B | C | D |
|---|---|---|---|---|
| 1 | 대리점 | 계획수량 | 판매수량 | 총판매금액 |
| 2 | 서울 | 200 | 220 | 2,640천원 |
| 3 | 인천 | 300 | 220 | ★ 6,600천원 |
| 4 | 부산 | 150 | 120 | 1,440천원 |
| 5 | 광주 | 120 | 폐업 | ※ |
| 6 | 제주 | 200 | 210 | ★ 6,300천원 |
| 7 | 대전 | 150 | 150 | 4,500천원 |

---

25.상시, 24.상시, 23.상시, 22.상시, 21.상시

**[유형 4]** [D2:D8] 영역에 사용자 지정 표시 형식을 설정하시오.

▶ 셀 값이 90 이상이면 빨강색으로 "★"를, 80 이상이면 파랑색으로 "☆"를 표시한 후 뒤에 숫자를 표시하고, 그 외는 숫자만을 [표시 예]와 같이 표시하시오.

[표시 예 : 90인 경우 → ★ 90 , 81인 경우 → ☆ 81 , 79인 경우 → 79 ]

| | A | B | C | D |
|---|---|---|---|---|
| 1 | 성명 | 시험 | 과제 | 총점 |
| 2 | 이덕환 | 48 | 42 | 90 |
| 3 | 안치연 | 39 | 40 | 79 |
| 4 | 강청기 | 43 | 38 | 81 |
| 5 | 연구현 | 39 | 49 | 88 |
| 6 | 오지락 | 45 | 49 | 94 |
| 7 | 사은숙 | 29 | 23 | 52 |
| 8 | 봉하영 | 41 | 20 | 61 |

서식 코드 중 * 기호는 * 기호 다음에 있는 특정 문자를 셀의 너비만큼 반복하여 채웁니다. * 다음에 빈 칸을 삽입하였으므로 빈 칸이 셀의 너비만큼 반복하여 채워 줍니다.

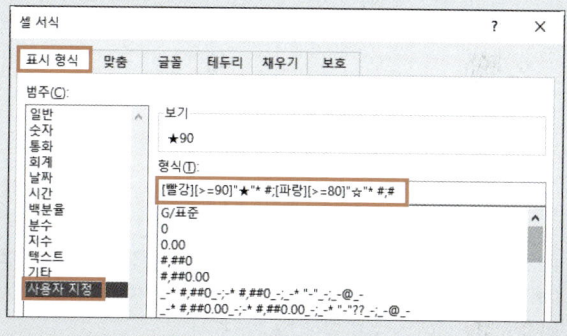

↓

| | A | B | C | D |
|---|---|---|---|---|
| 1 | 성명 | 시험 | 과제 | 총점 |
| 2 | 이덕환 | 48 | 42 | ★ 90 |
| 3 | 안치연 | 39 | 40 | 79 |
| 4 | 강청기 | 43 | 38 | ☆ 81 |
| 5 | 연구현 | 39 | 49 | ☆ 88 |
| 6 | 오지락 | 45 | 49 | ★ 94 |
| 7 | 사은숙 | 29 | 23 | 52 |
| 8 | 봉하영 | 41 | 20 | 61 |

1과목 스프레드시트 실무

체크체크

다음 조건에 맞는 사용자 지정 표시 형식을 적으시오[①~④].

| | A | B | C | D | E |
|---|---|---|---|---|---|
| 1 | 상품코드 | 이익금 | 가격변동 | 판매금액 | 전달대비판매량 |
| 2 | A-001 | 1500000 | 100 | 3560000 | 250 |
| 3 | A-002 | -250000 | 49 | 500000 | 5 |
| 4 | A-003 | 0 | 39 | 940000 | 50 |
| 5 | A-004 | 225000 | 89 | 7300000 | 120 |
| 6 | A-005 | -25402 | 99 | 950000 | 9 |
| 7 | A-006 | 오류 | 109 | 0 | 102 |
| 8 | A-007 | 550000 | 201 | 1000000 | 78 |

① [B2:B8] 영역의 셀 값이 양수면 파랑색으로 1000 단위 구분 기호와 숫자 뒤에 "원" 표시, 음수면 빨강색으로 음수 기호 없이 1000 단위 구분 기호와 "원" 표시, 0이면 "0원" 표시, 텍스트이면 "확인" 표시

[표시 예 : 65000인 경우 → 65,000원, -35000인 경우 → 35,000원]

[                                                      ]

② [C2:C8] 영역의 셀 값이 100 이상이면 빨강색으로 숫자 앞에 "▼"를 표시하고, 50 이상이면 파랑색으로 숫자 앞에 "◆"를 표시하고, 그 외에는 숫자 앞에 "▲"를 표시

[표시 예 : 100인 경우 → ▼100, 70인 경우 → ◆70, 0인 경우 → ▲0]

[                                                      ]

③ [D2:D8] 영역의 셀 값이 1,000,000 이상인 경우 빨강색으로 백만 단위로 절삭하고 숫자 앞에는 "◎ "를, 뒤에는 "백만원"을 표시하고, 0인 경우 "※"를 표시하고, 그 외는 천 단위로 절삭하고 숫자 뒤에 "천원"을 표시

[표시 예 : 6000000인 경우 → ◎ 6백만, 500000인 경우 → 500천원, 100인 경우 → 0천원]

[                                                      ]

④ [E2:E8] 영역의 셀 값이 10 이하이면 파랑색으로 "▲"를, 100 이상이면 빨강색으로 "▼"를 표시한 후 뒤에 숫자를 표시하고, 그 외는 숫자만을 [표시 예]와 같이 표시

[표시 예 : 0인 경우 → ▲    0, 50인 경우 → 50, 150인 경우 → ▼   150]

[                                                      ]

**정답**

① [파랑]#,###"원";[빨강]#,###"원";0"원";"확인"
② [빨강][>=100]"▼"0;[파랑][>=50]"◆"0;"▲"0
③ [빨강][>=1000000]"◎ "0,,"백만원";[=0]"※";0,"천원"
④ [파랑][<=10]"▲"* 0;[빨강][>=100]"▼"* 0;0

---

### 대표기출문제

'길벗컴활1급총정리\엑셀\기능\21매크로.xlsm' 파일을 열어서 작업하세요.

**[기출 1]** 25.상시, 24.상시, 23.상시, 22.상시, 21.상시

'기출 1' 시트에서 다음과 같은 기능을 수행하는 매크로를 현재 통합문서에 작성하시오.

① [D4:E11] 영역에 사용자 지정 표시 형식을 설정하는 '표시형식적용' 매크로를 생성하시오.

▶ 셀 값이 90 이상이면 빨강색으로 "우수"를, 60 미만이면 파랑색으로 "노력"을 표시한 후 문자와 숫자 사이에 공백을 셀의 너비만큼 표시하고, 그 외는 숫자만을 표시하시오.

[표시 예 : 90인 경우 → 우수   90, 50인 경우 → 노력   50, 0인 경우 → 노력 0]

▶ [개발 도구] → [삽입] → [양식 컨트롤]의 '단추'를 동일 시트의 [H3:H4] 영역에 생성한 후 텍스트를 "표시형식적용"으로 입력하고, 단추를 클릭하면 '표시형식적용' 매크로가 실행되도록 설정하시오.

② [F4:F11] 영역에 조건부 서식을 적용하는 '그래프보기' 매크로를 생성하시오.

▶ 규칙 유형은 '셀 값을 기준으로 모든 셀의 서식 지정'으로 선택하고, 서식 스타일을 '아이콘 집합', 아이콘 스타일을 '4색 신호등'으로 설정하시오.

▶ 숫자 값이 90 이상이면 ●(녹색), 80 이상이면 ●(노랑), 70 이상이면 ●(빨강), 그 외에는 ●(검정)으로 표시하시오.

▶ [개발 도구] → [삽입] → [양식 컨트롤]의 '단추'를 동일 시트의 [H6:H7] 영역에 생성한 후 텍스트를 "그래프보기"로 입력하고, 단추를 클릭하면 '그래프보기' 매크로가 실행되도록 설정하시오.

※ 셀 포인터의 위치에 관계없이 매크로가 실행되어야 정답으로 인정됨

**전문가의 조언**

조건부 서식 기능을 이용하여 막대 그래프, 아이콘 집합 등을 표시하는 문제가 간혹 출제되는데 어렵지 않습니다. 〈해설〉를 참고하여 정확히 한번만 따라해보면 알 수 있습니다.

[기출 2] 25.상시, 24.상시, 23.상시, 22.상시, 21.상시

'기출 2' 시트에서 다음과 같은 기능을 수행하는 매크로를 현재 통합문서에 작성하시오.

① [D4:D12] 영역에 사용자 지정 표시 형식을 설정하는 '서식적용' 매크로를 생성하시오.

- ▶ 셀 값이 0.2 이상이면 빨강색으로 "★" 뒤에 백분율로 표시하고, 0.1 이상이면 파랑색으로 "☆" 뒤에 백분율로 표시하고, 그 외는 백분율로만 표시하시오.

    [표시 예 : 0.2인 경우 → ★20%, 0.1인 경우 → ☆10%, 0.08인 경우 → 8%]

- ▶ [도형] → [기본 도형]의 '사각형: 빗면(▱)'을 동일 시트의 [G3:G4] 영역에 생성한 후 텍스트를 "서식적용"으로 입력하고, 단추를 클릭하면 '서식적용' 매크로가 실행되도록 설정하시오.

② [D4:D12] 영역에 표시 형식을 '일반'으로 적용하는 '서식해제' 매크로를 생성하시오.

- ▶ [도형] → [기본 도형]의 '사각형: 빗면(▱)'을 동일 시트의 [G6:G7] 영역에 생성한 후 텍스트를 "서식해제"로 입력하고, 단추를 클릭하면 '서식해제' 매크로가 실행되도록 설정하시오.

※ 셀 포인터의 위치에 관계없이 매크로가 실행되어야 정답으로 인정됨

② [C3:C15] 영역에 조건부 서식을 적용하는 '색조보기' 매크로를 생성하시오.

- ▶ 규칙 유형은 '셀 값을 기준으로 모든 셀의 서식 지정'으로 선택하고, 서식 스타일을 '3가지 색조'로 설정하시오.
- ▶ 중간값의 종류를 숫자, 값을 50,000,000, 색을 '테마 색 - 흰색, 배경 1', 최대값의 색을 '표준 색 - 파랑'으로 표시하시오.
- ▶ [개발 도구] → [삽입] → [양식 컨트롤]의 '단추'를 동일 시트의 [G5:G6] 영역에 생성한 후 텍스트를 "색조보기"로 입력하고, 단추를 클릭하면 '색조보기' 매크로가 실행되도록 설정하시오.

※ 셀 포인터의 위치에 관계없이 매크로가 실행되어야 정답으로 인정됨

[기출 3] 25.상시, 24.상시, 23.상시, 22.상시, 21.상시

'기출3' 시트에서 다음과 같은 기능을 수행하는 매크로를 현재 통합문서에 작성하시오.

① [E3:E15] 영역에 사용자 지정 표시 형식을 설정하는 '표시단위적용' 매크로를 생성하시오.

- ▶ 셀 값이 50,000,000 이상인 경우 빨강색으로 백만 단위로 절삭하고 숫자 앞에는 "▼"를, 뒤에는 "백만원"을 표시하고, 10,000,000 미만인 경우 파랑색으로 백만 단위로 절삭하고 숫자 앞에는 "▲"를, 뒤에는 "백만원"을 표시하고, 그 외는 백만 단위로 절삭하고 뒤에 "백만원"만을 표시하시오.

    [표시 예 : 89000000 → ▼89백만원, 9000000 → ▲9백만원, 100 → ▲0백만원]

- ▶ [개발 도구] → [삽입] → [양식 컨트롤]의 '단추'를 동일 시트의 [G2:G3] 영역에 생성한 후 텍스트를 "표시단위적용"으로 입력하고, 단추를 클릭하면 '표시단위적용' 매크로가 실행되도록 설정하시오.

[기출 4] 25.상시, 24.상시, 23.상시, 22.상시, 21.상시

'기출4' 시트에서 다음과 같은 기능을 수행하는 매크로를 현재 통합문서에 작성하시오.

① [D3:D11] 영역에 사용자 지정 표시 형식을 설정하는 '서식적용2' 매크로를 생성하시오.

- ▶ 값이 양수면 숫자를 소수점 첫째 자리까지 표시하고, 음수면 빨강색으로 "▼"를 셀의 왼쪽에 붙여서 표시하고, 숫자는 오른쪽에 붙여서 소수점 첫째 자리까지 표시하고, 0이나 텍스트면 아무것도 표시하지 마시오.

    [표시 예 : 2.05인 경우 →   2.1, -8.87인 경우 → ]

- ▶ [개발 도구] → [삽입] → [양식 컨트롤]의 '단추'를 동일 시트의 [F2:F3] 영역에 생성한 후 텍스트를 "서식적용"으로 입력하고, 단추를 클릭하면 '서식적용2' 매크로가 실행되도록 설정하시오.

② [D3:D11] 영역에 표시 형식을 '일반'으로 적용하는 '서식해제2' 매크로를 생성하시오.

- ▶ [개발 도구] → [삽입] → [양식 컨트롤]의 '단추'를 동일 시트의 [F5:F6] 영역에 생성한 후 텍스트를 "서식해제"로 입력하고, 단추를 클릭하면 '서식해제2' 매크로가 실행되도록 설정하시오.

정답 및 해설

[기출 1]

〈정답〉

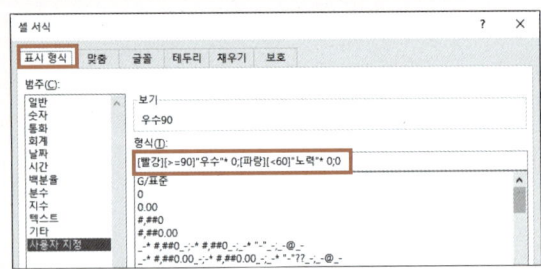

〈해설〉

① '표시형식적용' 매크로

1. [개발 도구] → 컨트롤 → 삽입 → 양식 컨트롤에서 '단추(□)'를 선택한 후 [H3:H4] 영역에 맞게 드래그한다.
2. '매크로 지정' 대화상자의 매크로 이름에 **표시형식적용**을 입력하고 〈기록〉을 클릭한다.
3. '매크로 기록' 대화상자에서 〈확인〉을 클릭한다.
4. 서식을 적용할 [D4:E11] 영역을 블록으로 지정한 후 Ctrl + 1 을 누른다.
5. '셀 서식' 대화상자에서 그림과 같이 지정한 후 〈확인〉을 클릭한다.

6. 임의의 셀을 클릭한 후 '기록 중지(□)' 아이콘을 클릭한다.
7. '단추'의 바로 가기 메뉴에서 [텍스트 편집]을 선택한 후 텍스트를 **표시형식적용**으로 수정한다.

② '그래프보기' 매크로

1. [개발 도구] → 컨트롤 → 삽입 → 양식 컨트롤에서 '단추(□)'를 선택한 후 [H6:H7] 영역에 맞게 드래그한다.
2. '매크로 지정' 대화상자의 매크로 이름에 **그래프보기**를 입력하고 〈기록〉을 클릭한다.
3. '매크로 기록' 대화상자에서 〈확인〉을 클릭한다.
4. [F4:F11] 영역을 블록으로 지정한 후 [홈] → 스타일 → 조건부 서식 → 새 규칙을 선택한다.

5. '새 서식 규칙' 대화상자에서 그림과 같이 지정하고 〈확인〉을 클릭한다.

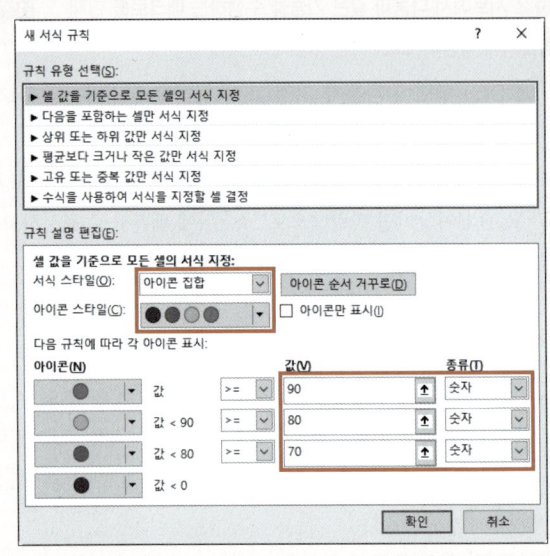

6. 임의의 셀을 클릭한 후 '기록 중지(□)' 아이콘을 클릭한다.
7. '단추'의 바로 가기 메뉴에서 [텍스트 편집]을 선택한 후 텍스트를 **그래프보기**로 수정한다.

[기출 2]

① '서식적용' 매크로

• '셀 서식' 대화상자

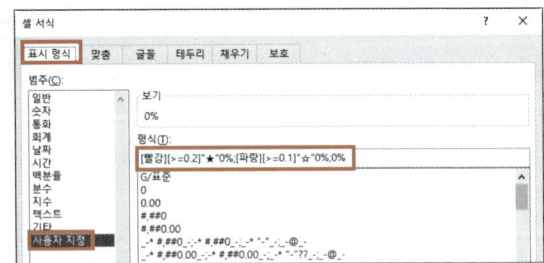

② '서식해제' 매크로

• '셀 서식' 대화상자

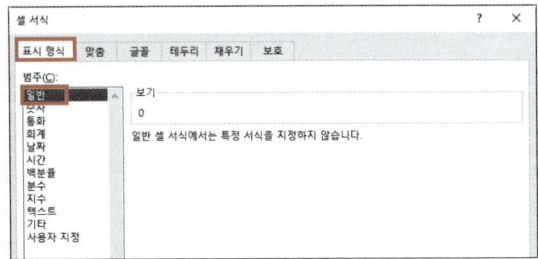

140  기능별 합격전략

## [기출 3]

〈정답〉

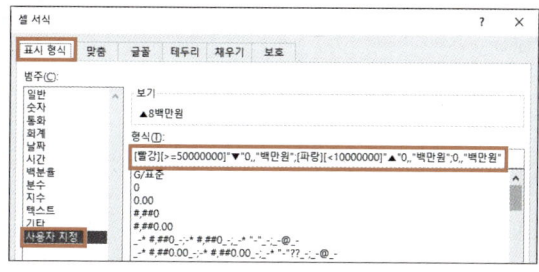

〈해설〉

① '표시단위적용' 매크로
- '셀 서식' 대화상자

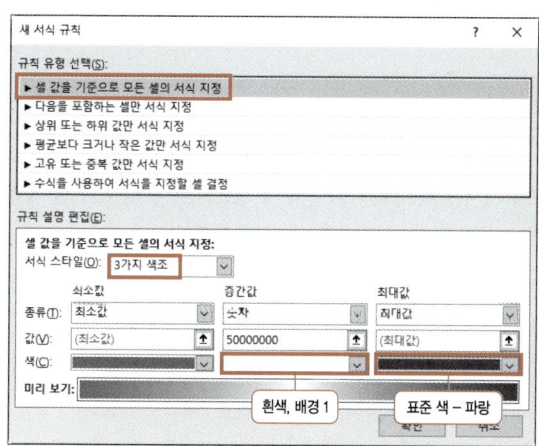

② '색조보기' 매크로
- '새 서식 규칙' 대화상자

## [기출 4]

〈정답〉

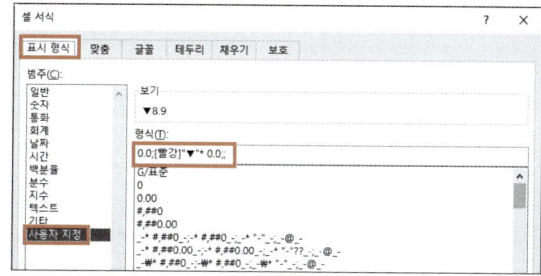

〈해설〉

① '서식적용2' 매크로
- '셀 서식' 대화상자

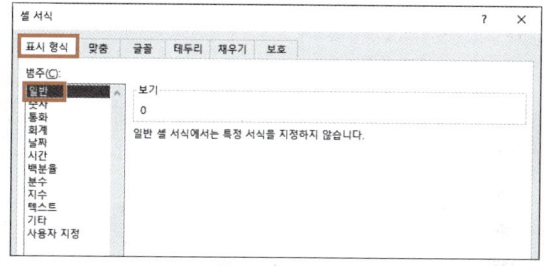

② '서식해제2' 매크로
- '셀 서식' 대화상자

# 3 프로시저

출제 비율 100% / 배점 15점

프로시저 문제는 폼에서 데이터를 처리하기 위해 폼의 실행, 폼의 자료 처리, 폼의 종료 등을 수행하는 프로시저를 만드는 작업입니다. 3개의 문항이 출제되며, 한 문항당 5점이고 부분 점수는 없습니다.

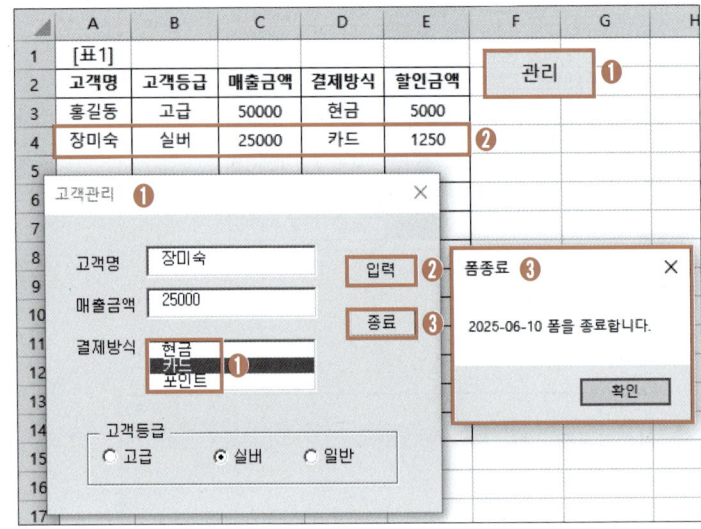

❶ '관리' 단추를 클릭하면 '결제방식' 목록이 표시된 〈고객관리〉 폼이 표시됩니다.
❷ 〈고객관리〉 폼에서 '입력' 단추를 클릭하면 폼에 입력된 데이터가 워크시트의 [표1]에 추가됩니다.
❸ '종료' 단추를 클릭하면 시스템의 현재 날짜가 표시된 메시지 박스를 표시한 후 폼을 종료합니다.

## 작업 순서

1. [개발 도구] → 컨트롤 → 디자인 모드()를 클릭한다.
2. 워크시트에 만들어져 있는 단추를 더블클릭한다.
3. 'Click( )', 'UserForm_Initialize( )', 'Worksheet_Change( )' 등의 프로시저를 찾아 코드를 입력한다.

## 합격포인트

- 프로시저는 출제 패턴이 정해져 있으므로 **주요 코드 몇 개를 확실하게 암기해 두는 것이 합격포인트**입니다.
- 어려워 보인다고 미리 겁먹지 말고 자주 출제되는 코드 몇 개만 암기하세요. 최소한 2문항 10점은 쉽게 확보할 수 있습니다.
- ☞ 직접 실습하려면 '길벗컴활1급총정리\엑셀\기능\22프로시저.xlsm' 파일을 열어서 작업하세요.

 전문가의 조언

거의 매회 출제되며 코드가 짧아 점수 획득이 매우 쉬운 프로시저입니다. **무조건 외워야 합니다.**

### 01 폼 초기화 프로시저

25.상시, 24.상시, 23.상시, 22.상시, 21.상시, 20.상시, 20.1, 19.상시, 19.2, 19.1, …

25.상시, 24.상시, 23.상시, 22.상시, 21.상시, 20.상시, 20.1, …

[유형 1] 〈고객조회〉 폼의 '고객코드(cmb구분)' 목록에는 [B4:B9] 영역의 값이 표시되도록 프로시저를 작성하시오.

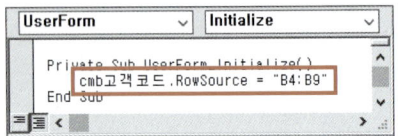

Alt + F11 을 눌러 VBA를 실행한 후 〈고객조회〉 폼의 'UserForm_Initialize( )' 프로시저에 코드를 입력합니다.

**[유형 2]** 〈상품주문〉 폼의 '상품(lst상품)' 목록에는 '기타작업-1' 시트의 [A3:B7] 영역의 값이 표시되도록 프로시저를 작성하시오.

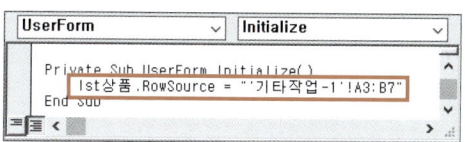

다른 워크시트에 있는 셀의 데이터를 참조할 경우 시트 이름과 셀 주소를 느낌표(!)로 구분하고, 시트 이름에 한글, 영어 외에 다른 문자가 포함되어 있을 경우에는 작은따옴표(' ')로 묶어서 입력해야 합니다.
예) '기타작업-1'!A3:B7

**[유형 3]** 〈식당예약〉 폼의 '음식명(cmb음식명)' 목록에는 "닭백숙", "오리백숙", "닭도리탕"이 표시되도록 프로시저를 작성하시오.

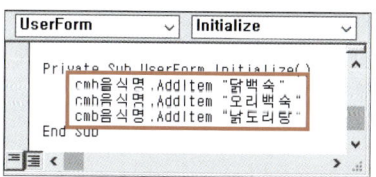

AddItem 메서드는 데이터를 직접 콤보 상자나 목록 상자에 추가할 때 이용합니다.

**[유형 4]** 〈고객관리〉 폼의 '고객등급'은 '실버(opt실버)'가 초기값으로 선택되도록 프로시저를 작성하시오

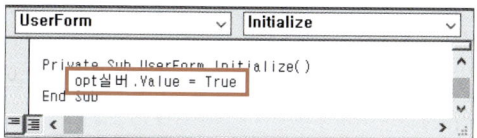

**[유형 5]** 〈식당예약〉 폼의 '예약날짜(txt예약날짜)'에는 기본적으로 현재 시스템의 날짜가, '예약시간(txt예약시간)'에는 현재 시스템의 시간이 표시되도록 프로시저를 작성하시오.

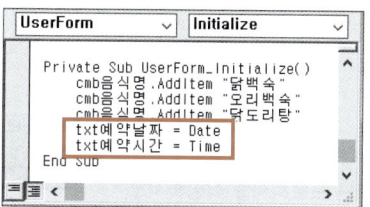

현재 시스템의 날짜는 Date, 시간은 Time, 날짜와 시간은 Now 함수를 이용하여 표시합니다.

**[유형 6]** 〈볼링장예약〉 폼의 '예약날짜(cmb예약날짜)' 목록에는 현재 날짜부터 5일전까지의 날짜가 표시되도록 프로시저를 작성하시오.

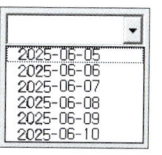

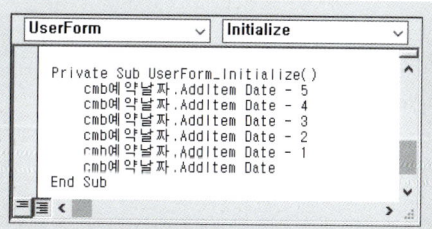

**cmb예약날짜.AddItem Date - 5** : 'cmb예약날짜' 콤보 상자에 현재 날짜에서 5를 뺀 값을 목록으로 추가합니다.
- AddItem : 데이터를 직접 콤보 상자나 목록 상자에 추가할 때 사용하는 메서드
- Date : 시스템의 현재 날짜를 나타내는 명령어

체크체크

**다음에 제시된 기능을 수행하는 프로시저를 작성하시오.**

① '제품명(cmb제품명)' 목록에는 [D3:D10] 영역의 값 표시

```
Private Sub UserForm_Initialize( )
    (                        )
End Sub
```

② '제품명(cmb제품명)' 목록에는 '기타작업-1' 시트의 [D3:F10] 영역의 값 표시

```
Private Sub UserForm_Initialize( )
    (                        )
End Sub
```

③ '구분(cmb구분)'에는 "유아", "초등생", "중등생", "고등생" 목록 표시

```
Private Sub UserForm_Initialize( )
    (                        )
    (                        )
    (                        )
    (                        )
End Sub
```

④ '성별'은 '남(opt남)'이 초기값으로 선택

```
Private Sub UserForm_Initialize( )
    (                        )
End Sub
```

⑤ '접수날짜(txt접수날짜)'에는 기본적으로 현재 시스템의 날짜가, '접수시간(txt접수시간)'에는 현재 시스템의 시간 표시

```
Private Sub UserForm_Initialize( )
    (                        )
    (                        )
End Sub
```

⑥ '시험일(cmb시험일)' 목록에는 현재 날짜부터 2일전까지의 날짜 표시

```
Private Sub UserForm_Initialize( )
    (                        )
    (                        )
    (                        )
End Sub
```

**정답**

① cmb제품명.RowSource = "D3:D10"
② cmb제품명.RowSource = "'기타작업-1'!D3:F10"
③ cmb구분.AddItem "유아"
   cmb구분.AddItem "초등생"
   cmb구분.AddItem "중등생"
   cmb구분.AddItem "고등생"
④ opt남.Value = True
⑤ txt접수날짜.Value = Date
   txt접수시간.Value = Time
⑥ cmb시험일.AddItem Date - 2
   cmb시험일.AddItem Date - 1
   cmb시험일.AddItem Date

**전문가의 조언**

- 프로시저 3문제 중 가장 어려운 문제입니다.
- 여기 수록된 문제 수준으로 출제되면 맞히고 **이보다 더 어렵게 출제되면 틀린다는 생각으로 공부하세요.**
- 이 문제에서 List, Listindex 속성과 IsNull, UCase 함수를 확실하게 이해하고 넘어가세요.

**02 폼의 자료를 워크시트에 입력 / 워크시트의 자료를 폼에 표시**

**[유형 1]** 〈상품주문2〉 폼의 '주문(cmd주문)' 단추를 클릭하면 폼에 입력된 데이터가 [표1]에 입력되어 있는 마지막 행 다음에 연속하여 추가되도록 프로시저를 작성하시오.

▶ 목록 상자(lst상품)에서 상품을 선택했을 때에만 폼의 데이터를 워크시트에 입력되도록 설정하시오.

▶ 목록 상자(lst상품)에서 상품을 선택하지 않았으면 〈그림〉과 같은 메시지 박스를 표시하고 목록 상자(lst상품)의 첫 번째 항목을 선택하시오.

▶ 'ID(txtID)'는 소문자로 입력해도 워크시트에는 대문자로 입력되도록 설정하시오

▶ '금액'은 '수량×단가'이고, 1000 단위 구분 기호(,)를 표시하여 입력하시오.

▶ List와 Listindex, UCase와 Format 함수 사용

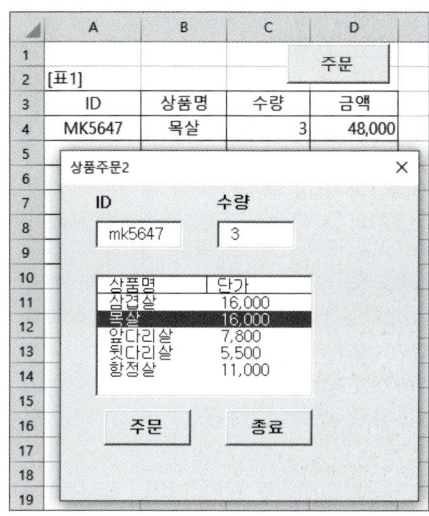

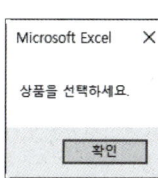

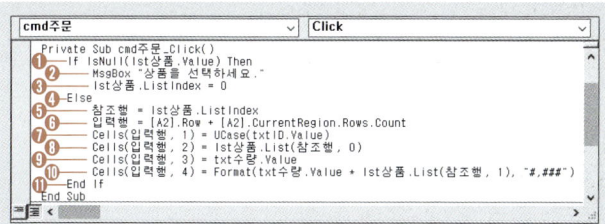

① 'lst상품' 목록 상자의 값이 널(Is Null)이면 ②~③번을 수행하고 끝냅니다.
- IsNull( ) : 유효한 데이터를 전혀 포함하지 않으면 참(True)을, 포함하면 거짓(False)을 반환하는 함수

② "상품을 선택하세요."라는 메시지를 표시합니다.

③ 'lst상품' 목록 상자의 인덱스 번호를 0으로 치환합니다. 목록 상자의 행 번호는 0에서 시작하므로 인덱스 번호를 0으로 지정하면 첫 번째 항목이 선택됩니다.
- Listindex : 목록 상자 컨트롤의 목록 부분에서 선택한 항목의 인덱스 번호를 반환하거나 설정하는 속성

④ ①의 조건을 만족하지 않을 경우, 즉 'lst상품' 목록 상자의 값이 널이 아니면 ⑤~⑩번을 수행하고 끝냅니다.

⑤ '참조행' 변수에 'lst상품' 목록 상자에서 선택한 목록의 인덱스 번호를 치환합니다. 목록 상자의 행 번호는 0에서 시작하므로 목록 상자에서 3행을 클릭했다면 '참조행'에는 2가 치환됩니다.

⑥ '입력행' 변수에 [a2] 셀의 행 번호인 2와 [a2] 셀과 연결된 범위에 있는 데이터의 행수를 더하여 치환합니다(2+3=5).

⑦ 지정된 셀 위치, 즉 5행 1열에 'txtID'를 표시하되, 대문자로 변환하여 표시합니다.
- UCase( ) : 문자열을 모두 대문자로 변환하는 함수

⑧ 5행 2열에 'lst상품' 목록 상자의 참조행, 0열에 있는 데이터를 입력합니다.
- List( ) : 목록 상자나 콤보 상자 목록의 항목 위치를 지정하는 속성
- 행 번호와 열 번호는 0부터 시작하므로 'lst상품.List(0, 0)'은 'lst상품' 상자의 1행, 1열에 있는 데이터를 의미합니다.
- 'lst상품' 목록 상자에서 세 번째 행에 있는 '앞다리살'을 선택하면 인덱스 번호(ListIndex)는 0부터 시작하므로 2가 참조행 변수에 치환됩니다. 'lst상품.List(참조행, 0)'은 'lst상품.List(2, 0)'으로 'lst상품' 목록 상자의 세 번째 행, 첫 번째 열에 있는 데이터 '앞다리살'을 의미하고 lst상품.List(2, 1)은 세 번째 행, 두 번째 열에 있는 '7,800'을 의미합니다.

⑨ 5행 3열에 'txt수량'을 입력합니다.

⑩ 5행 4열에 (txt수량) * 'lst상품' 목록 상자의 (참조행, 2열의 데이터)의 결과를 천 단위 구분 기호를 적용하여 입력합니다.

⑪ If문의 끝입니다.

> **전문가의 조언**
>
> 이 문제에서 다음 내용을 확실히 기억해 두세요.
> - Format 함수를 이용하여 영문자를 대문자로 변환하는 방법
> - 시간을 오전/오후로 구분해서 입력하는 방법
> - 콤보 상자가 선택되지 않도록 하는 방법

25.상시, 24.상시, 23.상시, 22.상시, 21.상시, 20.상시, 20.1, …

**[유형 2]** 〈식당예약2〉 폼의 '예약(cmd예약)' 단추를 클릭하면 폼에 입력된 데이터가 [표1]에 입력되어 있는 마지막 행 다음에 연속하여 추가되도록 프로시저를 작성하시오.

▶ '예약번호'는 데이터가 입력되는 순서를 나타내는 번호를 입력하시오.

▶ 'ID(txtID)'는 5자를 소문자로 입력해도 워크시트에는 대문자로 입력되도록 설정하시오.

▶ '구분'은 '예약시간(txt예약시간)'을 "오전"과 "오후"로 구분하여 표시하시오.

▶ 입력 후에는 '음식명(cmb음식명)'이 선택되지 않도록 설정하시오.

▶ Format, Hour 함수 이용

▶ 입력되는 데이터는 워크시트에 입력된 기존 데이터와 같은 형식의 데이터로 입력하시오.

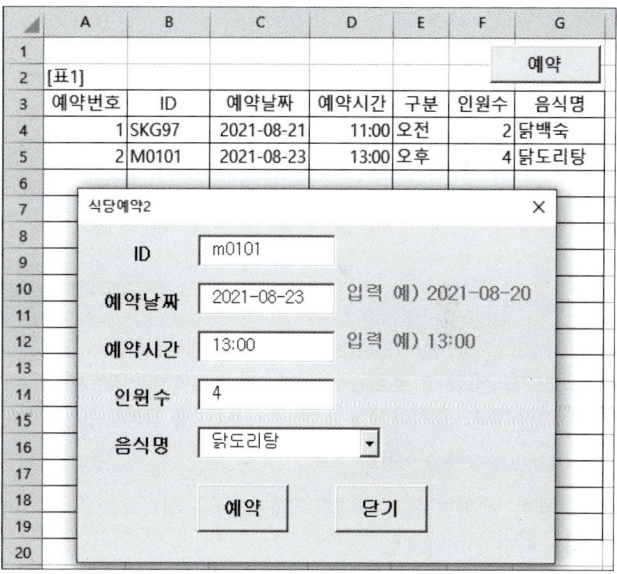

[코드 설명]

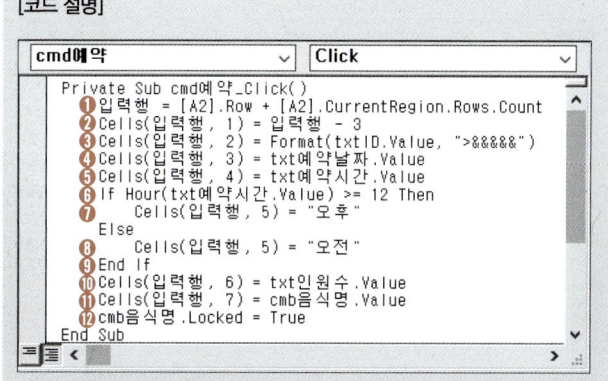

① '입력행' 변수에 [a2] 셀의 행 번호인 2와 [a2] 셀과 연결된 범위에 있는 데이터의 행수를 더하여 치환합니다(2+4 = 6).

❷ 지정된 셀 위치, 즉 6행 1열에 '입력행-3'의 결과를 입력합니다.
- '입력행'의 값 6에서 3을 빼면 3이고, '입력행'의 값은 데이터를 입력할 때마다 1씩 증가하므로, '입력행-3'의 값은 데이터를 입력할 때마다 1, 2, 3, … 으로 변경됩니다.

• 'txt예약날짜'의 값을 날짜 데이터로, 'txt예약시간'의 값을 시간 데이터로, 'txt수량'의 값을 숫자로 워크시트에 입력하려면 반드시 'txt예약날짜.Value', 'txt예약시간.Value', 'txt수량.Value'와 같이 'Value' 속성을 붙여야 합니다. 'Value' 속성을 생략하면 데이터가 텍스트로 입력됩니다.

❸ 6행 2열에 'txtID'를 대문자로 변환하여 입력합니다.
❹ 6행 3열에 '예약날짜(txt예약날짜)'를 입력합니다.
❺ 6행 4열에 '예약시간(txt예약시간)'을 입력합니다.
❻ '예약시간(txt예약시간)'의 '시'가 12보다 크거나 같으면 ❼을 수행하고 그렇지 않으면 ❽을 수행합니다.
❼ 6행 5열에 "오후"를 입력합니다.
❽ 6행 5열에 "오전"을 입력합니다.
❾ If문의 끝입니다.
❿ 6행 6열에 '인원수(txt인원수)'를 입력합니다.
⓫ 6행 7열에 '음식명(cmb음식명)'을 입력합니다.
⓬ 'cmb음식명'의 값을 편집할 수 없도록 잠금을 설정합니다.
• Locked : 편집 가능 여부를 지정하는 속성

```
cmd조회                    Click
Private Sub cmd조회_Click()
❶  참조행 = cmb고객코드.ListIndex + 4
❷  txt성명.Value = Cells(참조행, 3)
❸  If Cells(참조행, 4) = "남" Then
❹      opt남 = True
    Else
❺      opt여 = True
❻  End If
❼  txt거래시작일.Value = Cells(참조행, 5)
   txt주문금액.Value = Format(Cells(참조행, 6), "#,###")
   txt누적점수.Value = Cells(참조행, 7)
End Sub
```

❶ • cmb고객코드.ListIndex는 콤보 상자에서 선택한 고객코드의 상대 위치를 반환합니다. 콤보 상자에서 상대적인 위치는 0에서 시작하므로 'H102'를 선택하면 'cmb고객코드.ListIndex'는 1을 반환합니다.
• 워크시트에서 'H102'에 대한 정보는 5행에 입력되어 있으므로 'H102'가 있는 행을 지정하기 위해 'cmb고객코드.ListIndex'에 반환된 값 1에 4를 더한 것입니다.
• 결론적으로 4를 더한 이유는 [표1]의 실제 데이터의 위치가 워크시트의 4행부터 시작하기 때문입니다.
❷ '참조행', 3열에 있는 데이터를 'txt성명' 컨트롤에 표시합니다.
❸ '참조행', 4열에 있는 데이터가 "남"이면 ❹를 수행하고 그렇지 않으면 ❺를 수행합니다.
❹ 'opt남'을 선택합니다.
❺ 'opt여'를 선택합니다.
❻ If문의 끝입니다.
❼ '참조행', 5열에 있는 데이터를 'txt거래시작일' 컨트롤에 표시합니다. 나머지도 동일한 방법으로 수행합니다.

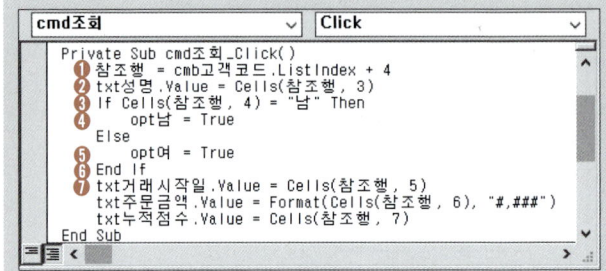

23.상시, 22.상시, 21.상시, 12.3, 12.1, 11.3, 11.2, 08.3, 07.1, 05.1,

[유형 3] 〈고객조회2〉 폼의 '고객코드(cmb고객코드)'에서 조회할 '고객코드'를 선택하고 '조회(cmd조회)' 단추를 클릭하면 워크시트의 [표1]에서 해당 데이터를 찾아 폼에 표시하는 프로시저를 작성하시오.

▶ ListIndex 속성을 이용하시오.

▶ '성별'이 '남'이면 옵션 단추의 '남(opt남)'을 선택하고, '여'면 '여(opt여)'를 선택하시오.

▶ '주문금액'은 천 단위마다 콤마를 표시하시오.

| | A | B | C | D | E | F | G |
|---|---|---|---|---|---|---|---|
| 1 | | 고객 관리 현황 | | | | | 조회 |
| 2 | | | | | | | |
| 3 | | 고객코드 | 성명 | 성별 | 거래시작일 | 주문금액 | 누적점수 |
| 4 | | H101 | 허지혜 | 여 | 2019-03-02 | 430,000 | 570 |
| 5 | | H102 | 김상두 | 남 | 2020-04-06 | 230,000 | 450 |
| 6 | | H103 | | | | | 450 |
| 7 | | S101 | | | | | 380 |
| 8 | | S102 | | | | | 120 |
| 9 | | B101 | | | | | 215 |

### 전문가의 조언

자주 출제되며 쉽게 점수를 얻을 수 있는 코드입니다. 꼭 암기하세요.

**03 폼 종료 및 메시지 박스 표시**

25.상시, 24.상시, 23.상시, 22.상시, 21.상시, 20.상시, 20.1, 19.상시, 19.2, 19.1, 18.2, …

24.상시, 23.상시, 22.상시, 21.상시, 19.상시, 17.상시, 13.2

[유형 1] 〈볼링장예약〉 폼의 '닫기(cmd닫기)' 단추를 클릭하면 〈그림〉과 같은 메시지 박스를 표시한 후 폼을 종료하는 프로시저를 작성하시오.

▶ 전체 예약건수 표시

| | A | B | C | D | E | F | G |
|---|---|---|---|---|---|---|---|
| 1 | | | | | | | 볼링예약 |
| 2 | [표1] 볼링장 예약 현황 | | | | | | |
| 3 | 예약번호 | 날짜 | 고객명 | 회원구분 | 요금 | 게임수 | 결제금액 |
| 4 | A425 | 2019-08-16 | 홍길동 | 학생 | 2500 | 2 | 5000 |
| 5 | | | | | | | |
| 6 | | | 폼 닫기 | × | | | |
| 7 | | | 예약인원은 총 1명입니다. | | | | |
| 8 | | | | | | | |
| 9 | | | 확인 | | | | |
| 10 | | | | | | | |
| 11 | | | | | | | |

[코드 설명]

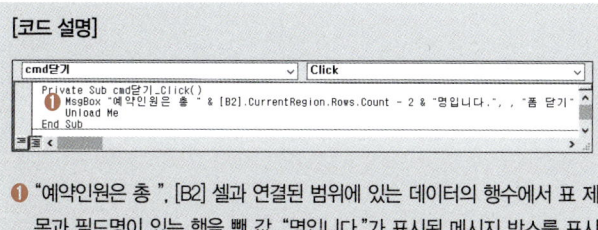

❶ "예약인원은 총 ", [B2] 셀과 연결된 범위에 있는 데이터의 행수에서 표 제목과 필드명이 있는 행을 뺀 값, "명입니다."가 표시된 메시지 박스를 표시합니다.
- 'MsgBox'는 대화상자에 메시지를 표시하는 명령입니다.

25.상시, 24.상시, 23.상시, 22.상시, 21.상시, 19.2, 18.1, 16.2, 15.1

**[유형 2]** 〈고객관리〉 폼의 '종료(cmd종료)' 단추를 클릭하면 〈그림〉과 같은 메시지 박스를 표시한 후 폼을 종료하는 프로시저를 작성하시오.

- 시스템의 현재 시간 표시

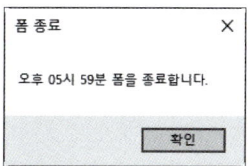

〈정답〉

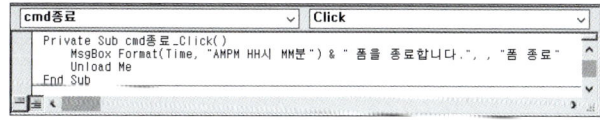

23.상시, 22.상시, 21.상시, 20.상시, 20.1, 14.2

**[유형 3]** 〈상품주문〉 폼의 '종료(cmd종료)' 단추를 클릭하면 '기타작업-2' 시트의 [A1] 셀에 "컴활합격"을 입력한 후 폼을 종료하는 프로시저를 작성하시오.

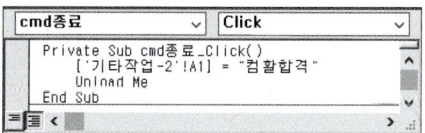

## 전문가의 조언

자주 출제되는 내용은 아니지만 코드가 간단하여 쉽게 작성할 수 있습니다. **이런 문제 놓치면 마음 상합니다.**

### 04 Change/Activate

25.상시, 24.상시, 22.상시, 21.상시, 14.1, 10.2, 05.4, 05.2, 05.1, 04.3, 04.2

22.상시, 21.상시, 10.2, 05.4, 04.3

**[유형 1]** 셀의 데이터가 변경(Change)되면 해당 셀로 셀 포인터가 이동되고 글꼴 스타일을 '굵게', 글꼴 크기를 13으로 표시하는 이벤트 프로시저를 작성하시오.

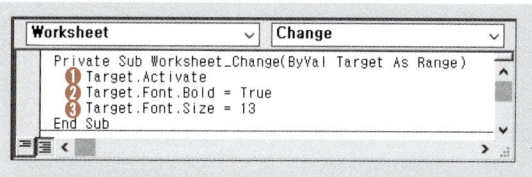

❶ 현재 작업하고 있는 워크시트에서 변화가 있는 셀을 활성화합니다. 즉, 해당 셀로 셀 포인터를 이동합니다.
❷ 현재 작업하고 있는 워크시트에서 변화가 있는 셀의 글꼴 스타일을 '굵게'로 변경합니다.
❸ 현재 작업하고 있는 워크시트에서 변화가 있는 셀의 글꼴 크기를 13 포인트로 변경합니다.

25.상시, 24.상시, 22.상시, 21.상시, 14.1, 05.2, 05.1, 04.2

**[유형 2]** 시트를 활성화(Activate)하면 해당 시트의 [F1] 셀에 "컴활합격"을 입력한 후 글꼴 스타일을 '기울임꼴', 글꼴을 '궁서체'로 표시하는 이벤드 프로시저를 작성하시오.

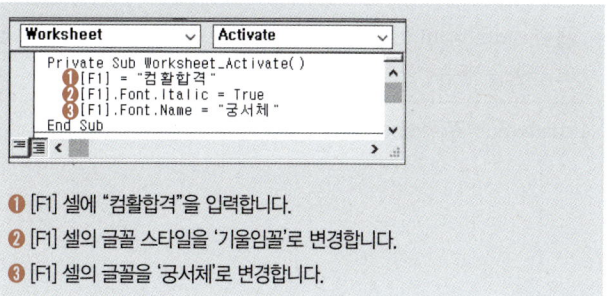

❶ [F1] 셀에 "컴활합격"을 입력합니다.
❷ [F1] 셀의 글꼴 스타일을 '기울임꼴'로 변경합니다.
❸ [F1] 셀의 글꼴을 '궁서체'로 변경합니다.

다음에 제시된 기능을 수행하는 프로시저를 작성하시오.

① '종료(cmd종료)' 단추를 클릭하면 입력된 데이터의 전체 건수가 〈그림〉과 같이 표시된 메시지 박스 표시

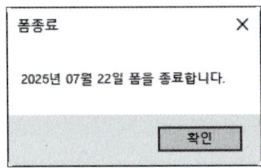

```
Private Sub cmd종료_Click( )
    (                                    )
End Sub
```

② '종료(cmd종료)' 단추를 클릭하면 현재 시스템의 날짜가 〈그림〉과 같이 표시된 메시지 박스 표시

```
Private Sub cmd종료_Click( )
    (                                    )
End Sub
```

③ '종료(cmd종료)' 단추를 클릭하면 '기타작업-1' 시트의 [A1] 셀에 시스템의 현재 시간을 입력

```
Private Sub cmd종료_Click( )
    (                                    )
End Sub
```

④ 셀의 데이터가 변경(Change)되면 해당 셀로 셀 포인터가 이동되고 글꼴을 '돋움', 글꼴 스타일을 '굵게'로 설정

```
Private Sub Worksheet_Change(ByVal Target As Range)
    (                                    )
    (                                    )
    (                                    )
End Sub
```

⑤ 시트가 활성화(Activate)하면 해당 시트의 [A1] 셀에 현재 시스템의 날짜를 입력한 후 글꼴 스타일을 '기울임꼴', 글꼴 크기를 10으로 설정

```
Private Sub Worksheet_Activate( )
    (                                    )
    (                                    )
    (                                    )
End Sub
```

### 정답

① MsgBox "입력된 데이터는 총 " & [A1].CurrentRegion.Rows.Count - 2 & "건입니다.", , "폼종료"

② MsgBox Format(Date, "yyyy년 mm월 dd일") & " 폼을 종료합니다.", , "폼종료"

③ ['기타작업-1'!A1] = Time

④ Target.Activate
   Target.Font.Name = "돋움"
   Target.Font.Bold = True

⑤ [A1] = Date
   [A1].Font.Italic = True
   [A1].Font.Size = 10

## 대표기출문제

'길벗컴활1급총정리\엑셀\기능\22프로시저.xlsm' 파일을 열어서 작업하세요.

### [기출 1] 25.상시, 24.상시, 23.상시, 22.상시, 21.상시, 20.상시, 20.1, 19.상시, …

'기출1' 시트에서 다음과 같은 작업을 수행하도록 프로시저를 작성하시오.

① '신청' 단추를 클릭하면 〈수강신청〉 폼이 나타나도록 설정하고, 폼이 초기화되면 '프로그램(lst프로그램)' 목록에는 [G5:I11] 영역의 값이 표시되고, '구분'은 '기존회원(opt기존회원)'이 초기값으로 선택되도록 프로시저를 작성하시오.

② 〈수강신청〉 폼의 '등록(cmd등록)' 단추를 클릭하면 클릭하면 폼에 입력된 데이터가 [표1]에 입력되어 있는 마지막 행 다음에 연속하여 추가되도록 프로시저를 작성하시오.

▶ 목록 상자(lst프로그램)에서 프로그램을 선택했을 때에만 폼의 데이터를 워크시트에 입력되도록 설정하시오.

▶ 목록 상자(lst프로그램)에서 과목을 선택하지 않았으면 '신청자(txt신청자)' 컨트롤에 '선택안함'을 표시한 후, 목록 상자(lst프로그램)의 첫 번째 항목을 선택하시오.

▶ ListIndex와 List를 이용하시오.

▶ 선택한 옵션 단추의 Caption 속성을 이용하여 '구분'을 입력하시오.

▶ '레슨비'는 천 단위마다 콤마를 표시하여 입력하시오.

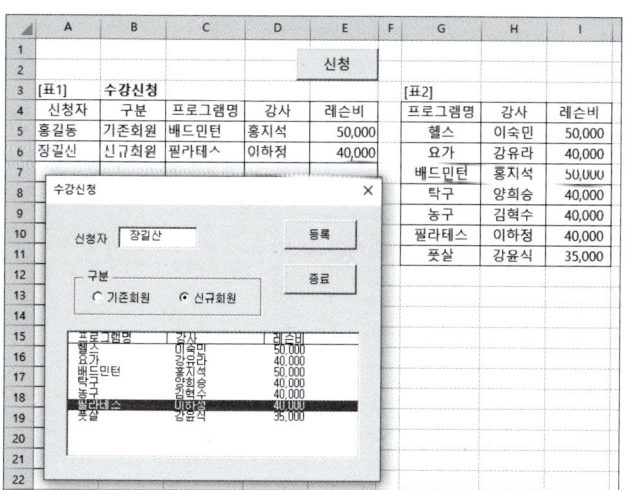

③ 〈수강신청〉 폼의 '종료(cmd종료)' 단추를 클릭하면 [B3] 셀에 "수강신청"을 입력하고 글꼴 스타일을 '굵게'로 지정한 후 폼이 종료되도록 구현하시오.

### [기출 2] 25.상시, 24.상시, 23.상시, 22.상시, 21.상시, 20.상시, 20.1, 19.상시, …

'기출2' 시트에서 다음과 같은 작업을 수행하도록 프로시저를 작성하시오.

① '등록' 단추를 클릭하면 〈주문등록〉 폼이 나타나도록 설정하고, 폼이 초기화 되면 '주문날짜(txt주문날짜)'에 현재 날짜가 표시되고, '상품종류(cmb상품종류)' 목록에는 [J5:J10] 영역이 표시되도록 프로시저를 작성하시오.

② 〈주문등록〉 폼의 '입력(cmd입력)' 단추를 클릭하면 폼에 입력된 데이터가 [표1]에 입력되어 있는 마지막 행 다음에 연속하여 추가되도록 프로시저를 작성하시오.

▶ '주문번호'는 데이터가 입력되는 순서를 나타내는 번호를 입력하시오.

▶ '구분'은 현재 시간이 12:00:00보다 크거나 같으면 "오후", 그 외는 "오전"으로 입력하시오.

▶ '단가'는 [표2]를 참조하여 입력하시오.

▶ '금액'은 '단가 × 수량'으로 계산하시오.

▶ 입력되는 데이터는 워크시트에 입력된 기존 데이터와 같은 형식의 데이터로 입력하시오.

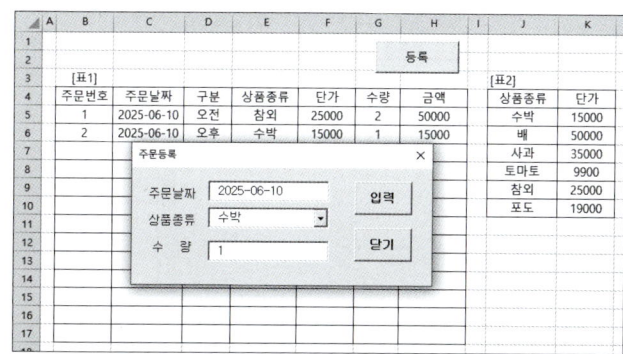

③ 〈주문등록〉 폼의 '닫기(cmd닫기)' 단추를 클릭하면 〈그림〉과 같이 전체 주문건수가 표시된 메시지를 표시한 후 폼이 종료되도록 구현하시오.

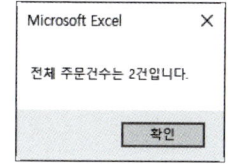

## [기출 3] 25.상시, 24.상시, 23.상시, 22.상시, 21.상시, 20.상시, 20.1, 19.상시, …

'기출3' 시트에서 다음과 같은 작업을 수행하도록 프로시저를 작성하시오.

① '건물관리' 단추를 클릭하면 〈건물관리〉 폼이 나타나도록 설정하고, 폼이 초기화(Initialize)되면 '지역명(cmb지역명)' 목록에는 "마포구", "용산구", "서대문구", "종로구"가 표시되도록 프로시저를 작성하시오.

② 〈건물관리〉 폼의 '입력(cmd입력)' 단추를 클릭하면 폼에 입력된 데이터가 [표1]에 입력되어 있는 마지막 행 다음에 연속하여 추가되고, 폼의 모든 컨트롤의 값이 초기화 되도록 프로시저를 작성하시오.

▶ '할인액'은 '건물명'의 끝에 두 글자가 "1호"이면 관리비의 10%, 그 외는 5%로 계산하시오.

▶ '보증금', '임차료', '관리비'는 숫자로 입력하시오.

▶ If, Right, Val 함수를 사용하시오.

▶ 입력되는 데이터는 워크시트에 입력된 기존 데이터와 같은 형식의 데이터로 입력하시오.

③ '기출3' 시트의 데이터가 변경(Change)되면 해당 셀로 셀 포인터가 이동되고 글꼴이 '굴림체'로, 글꼴 크기가 12로 설정되도록 이벤트 프로시저를 작성하시오.

## [기출 4] 25.상시, 24.상시, 23.상시, 22.상시, 21.상시, 20.상시, 20.1, 19.상시, …

'기출4' 시트에서 다음과 같은 작업을 수행하도록 프로시저를 작성하시오.

① '수강생정보' 단추를 클릭하면 〈수강생정보〉 폼이 나타나도록 설정하고, 폼이 초기화(Initialize)되면 '이름(cmb이름)' 목록에는 [A3:A10] 영역의 값이 표시되도록 프로시저를 작성하시오.

② 〈수강생정보〉 폼에서 '이름(cmb이름)'을 선택한 후 '검색(cmd검색)' 단추를 클릭하면 선택한 성명에 해당하는 데이터가 폼에 표시되는 프로시저를 작성하시오.

▶ '수강생코드'는 소문자로 입력되어 있어도 폼에는 대문자로 표시되도록 설정하시오.

▶ '회비'에는 1000 단위 구분 기호(,)를 표시하시오.

▶ 검색한 후에는 '이름(cmb이름)'이 선택되지 않도록 설정하시오.

▶ UCase, Format 함수를 이용하시오.

③ 〈수강생정보〉 폼의 '닫기(cmd닫기)' 단추를 클릭하면 〈그림〉과 같은 메시지 박스를 표시한 후 폼을 종료하는 프로시저를 작성하시오.

▶ 시스템의 현재 날짜와 시간 표시

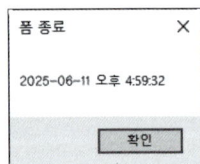

### 정답 및 해설

#### [기출 1]

① '신청' 단추 및 폼 초기화 프로시저

• '신청' 단추 클릭 프로시저

1. [개발 도구] → 컨트롤 → 디자인 모드를 클릭한다.
2. '신청' 단추를 더블클릭한다.
3. 'cmd수강신청_Click( )' 프로시저에 다음과 같이 코드를 입력한다.

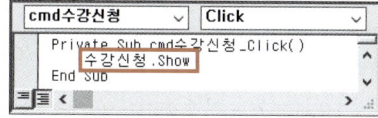

• 폼 초기화 프로시저

1. 프로젝트 탐색기에서 〈수강신청〉 폼을 선택하고 '코드 보기(🖼)' 아이콘을 클릭한다.
2. 개체 선택 콤보 상자에서 'UserForm'을 선택하고, 프로시저 선택 콤보 상자에서 'Initialize'를 선택한다.
3. 'UserForm_Initialize( )' 프로시저에 다음과 같이 코드를 입력한다.

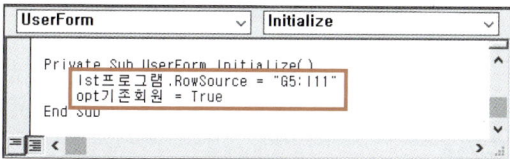

② '등록(cmd등록)' 단추 클릭 프로시저

1. 프로젝트 탐색기에서 〈수강신청〉 폼을 더블클릭하여 〈수강신청〉 폼이 화면에 나오게 한다.
2. '등록' 단추를 더블클릭하여 'cmd등록_Click( )' 프로시저가 나오게 한다.
3. 'cmd등록_Click( )' 프로시저에 다음과 같이 코드를 입력한다.

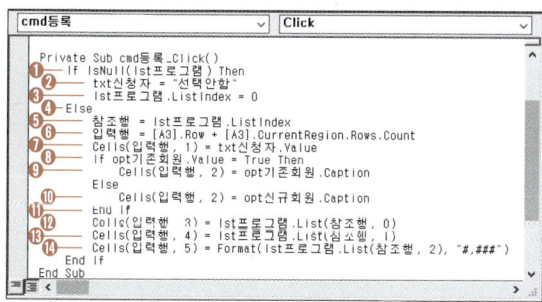

❶ 'lst프로그램' 목록 상자의 값이 널(Is Null)이면 ❷~❸을 수행하고 끝냅니다.
- IsNull( ) : 유효한 데이터를 전혀 포함하지 않으면 참(True)을, 포함하면 거짓(False)을 반환하는 함수

❷ 'txt신청자'에 '선택안함'을 표시합니다.

❸ 'lst프로그램' 목록 상자의 인덱스 번호를 0으로 치환합니다. 목록 상자의 행 번호는 0에서 시작하므로 인덱스 번호를 0으로 지정하면 첫 번째 항목이 선택됩니다.

❹ ❶의 조건을 만족하지 않을 경우, 즉 'lst프로그램' 목록 상자의 값이 널이 아니면 ❺~⓮를 수행하고 끝냅니다.

❺ '참조행' 변수에 'lst프로그램' 목록 상자에서 선택한 목록의 인덱스 번호를 치환합니다. 목록 상자의 행 번호는 0에서 시작하므로 목록 상자에서 3행을 클릭했다면 '참조행'에는 2가 치환됩니다.

❻ '입력행' 변수에 [A3] 셀의 행 번호인 3과 [A3] 셀과 연결된 범위에 있는 데이터의 행수를 더하여 치환합니다(3+4=7).

❼ 입력행 1열에 'txt신청자' 컨트롤의 값을 입력합니다.

❽ 'opt기존회원'을 선택하면 ❾를 수행하고, 아니면 ❿을 수행합니다.

❾ 입력행 2열에 'opt기존회원' 컨트롤의 캡션, 즉 "기존회원"을 입력합니다.

❿ 입력행 2열에 'opt신규회원' 컨트롤의 캡션, 즉 "신규회원"을 입력합니다.

⓫ If문의 끝입니다.

⓬ 입력행 3열에 'lst프로그램' 목록 상자의 참조행, 0열에 있는 데이터를 입력합니다.

⓭ 입력행 4열에 'lst프로그램' 목록 상자의 참조행, 1열에 있는 데이터를 입력합니다.

⓮ 입력행 5열에 'lst프로그램' 목록 상자의 참조행, 2열에 있는 데이터를 천 단위 구분 기호를 적용하여 입력합니다.

③ '종료(cmd종료)' 단추 클릭 프로시저

1. 프로젝트 탐색기에서 〈수강신청〉 폼을 더블클릭하여 〈수강신청〉 폼이 화면에 나오게 한다.
2. '종료' 단추를 더블클릭하여 'cmd종료_Click( )' 프로시저가 나오게 한다.
3. 'cmd종료_Click( )' 프로시저에 다음과 같이 코드를 입력한다.

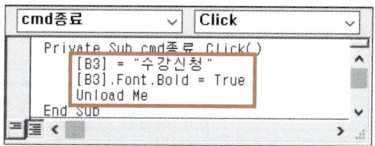

#### [기출 2]

① '등록' 단추 및 폼 초기화 프로시저

• '등록' 단추 클릭 프로시저

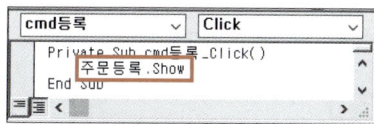

• 폼 초기화 프로시저

② '입력(cmd입력)' 단추 클릭 프로시저

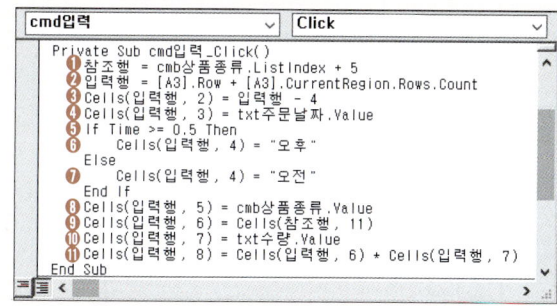

❶ • cmb상품종류.ListIndex는 콤보 상자에서 선택한 상품종류의 상대 위치를 반환합니다. 콤보 상자에서 상대적인 위치는 0에서 시작하므로 "수박"을 선택했다면 cmb상품종류.ListIndex는 0을 반환합니다.
- 워크시트에서 '수박'에 대한 정보는 5행에 입력되어 있으므로 '수박'이 있는 행을 지정하기 위해 cmb코드.ListIndex에서 반환한 값 0에 5를 더한 것입니다.
- 결론적으로 5를 더한 이유는 [표2]에서 실제 데이터의 위치가 워크시트의 5행에서 시작하기 때문입니다.

❷ '입력행' 변수에 [A3] 셀의 행 번호인 3과 [A3] 셀과 연결된 범위에 있는 데이터의 행수를 더하여 치환합니다.

❸ 지정된 셀 위치, 즉 5행 2열에 '입력행-4'를 표시합니다.
- '입력행'의 값 5에서 4를 빼면 1이고, '입력행'의 값은 데이터를 입력할 때마다 1씩 증가하므로, '입력행-4'의 값은 데이터를 입력할 때마다 1, 2, 3, …으로 변경됩니다.

❹ 입력행 3열에 'txt주문날짜'를 표시합니다.

❺ 시스템의 현재 시간이 0.5 이상이면 ❻번을 수행하고 아니면 ❼번을 수행합니다.
- 시간 데이터는 밤 12시(자정)를 0.0으로 시작하여 6시는 0.25, 낮 12시(정오)는 0.5, 18시는 0.75로 저장됩니다.

❻ 입력행 4열에 "오후"를 표시합니다.

❼ 입력행 4열에 "오전"을 표시합니다.

❽ 입력행 5열에 'cmb상품종류'를 표시합니다.

❾ 입력행 6열에 참조행 11열의 값을 표시합니다.

❿ 입력행 7열에 'txt수량'을 표시합니다.

⓫ 입력행 8열에 '입력행 6열'의 값에 '입력행 7열'의 값을 곱한 값을 표시합니다.

③ '닫기' 단추 클릭 프로시저

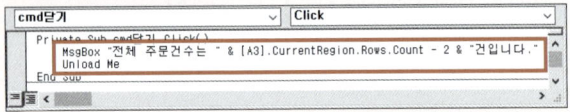

[기출 3]

① '건물관리' 단추 및 폼 초기화 프로시저

• '건물관리' 단추 클릭 프로시저

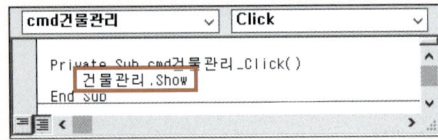

• 폼 초기화 프로시저

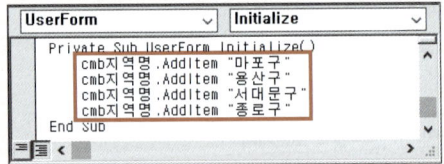

② '입력(cmd입력)' 단추 클릭 프로시저

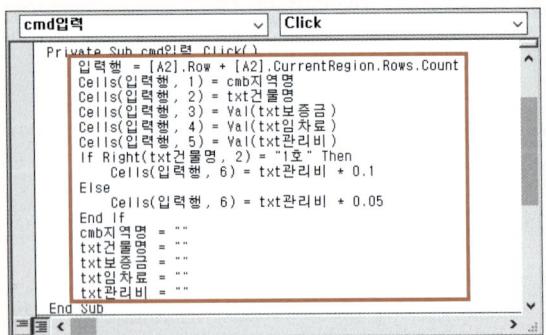

※ Val 함수를 이용하라는 지시사항이 있을 때는 Val 함수를 이용하여 숫자로 입력해야 합니다.

③ 워크시트의 Change 이벤트에 기능 설정

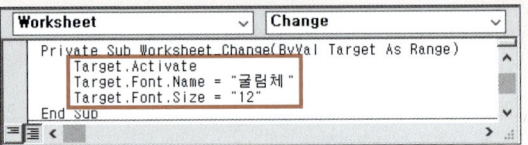

[기출 4]

① '수강생정보' 단추 및 폼 초기화 프로시저

• '수강생정보' 단추 클릭 프로시저

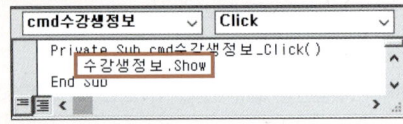

• 폼 초기화 프로시저

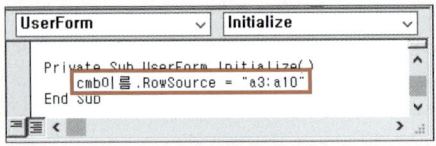

② '검색(cmd검색)' 단추 클릭 프로시저

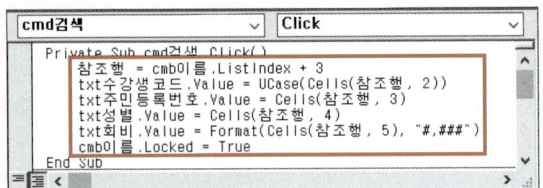

③ '닫기(cmd닫기)' 단추 클릭 프로시저

## 최신기출문제 — 엑셀

- **01회** 2025년 상시01 컴퓨터활용능력 1급 실기
- **02회** 2025년 상시02 컴퓨터활용능력 1급 실기
- **03회** 2025년 상시03 컴퓨터활용능력 1급 실기
- **04회** 2025년 상시04 컴퓨터활용능력 1급 실기
- **05회** 2024년 상시01 컴퓨터활용능력 1급 실기
- **06회** 2024년 상시02 컴퓨터활용능력 1급 실기
- **07회** 2024년 상시03 컴퓨터활용능력 1급 실기
- **08회** 2024년 상시04 컴퓨터활용능력 1급 실기
- **09회** 2023년 상시01 컴퓨터활용능력 1급 실기
- **10회** 2023년 상시02 컴퓨터활용능력 1급 실기

# 최신기출문제

**시험지는 문제의 표지 및 전체 지시사항 1면, 문제 3면 이렇게 총 4면으로 구성되어 있습니다.** 문제 1면에는 작업할 파일의 암호, 외부 데이터 위치, 시험 전반에 관한 지시사항이 들어 있습니다. 각각의 기출문제에서는 시험 전반에 관한 지시사항은 생략하였습니다. 아래는 실제 시험지와 동일한 문제 1면입니다. 시험 전반에 관한 지시사항을 한 번 읽어보세요.

---

국 가 기 술 자 격 검 정

## 2026년 컴퓨터활용능력 실기 기출문제

| 프로그램명 | 제한시간 |
|---|---|
| EXCEL 2021 | 45분 |

수험번호 :

성명 :

---

| 1급 | 01회 |
|---|---|

〈 유 의 사 항 〉

- 인적 사항 누락 및 잘못 작성으로 인한 불이익은 수험자 책임으로 합니다.
- 화면에 암호 입력창이 나타나면 아래의 암호를 입력하여야 합니다.
  ○ 암호 : 7%2153
- 작성된 답안은 주어진 경로 및 파일명을 변경하지 마시고 그대로 저장해야 합니다. 이를 준수하지 않으면 실격 처리됩니다.
  답안 파일명의 예 : C:\OA\수험번호8자리.xlsm
- **외부 데이터 위치 : C:\OA\파일명**
- 별도의 지시사항이 없는 경우, 다음과 같이 처리 시 실격 처리됩니다.
  ○ 제시된 시트 및 개체의 순서나 이름을 임의로 변경한 경우
  ○ 제시된 시트 및 개체를 임의로 추가 또는 삭제한 경우
  ○ 외부 데이터를 시험 시작 전에 열어본 경우
- 답안은 반드시 문제에서 지시 또는 요구한 셀에 입력하여야 하며 다음과 같이 처리 시 채점 대상에서 제외됩니다.
  ○ 제시된 함수가 있을 경우 제시된 함수만을 사용하여야 하며 그 외 함수 사용 시 채점대상에서 제외
  ○ 수험자가 임의로 지시하지 않은 셀의 이동, 수정, 삭제, 변경 등으로 인해 셀의 위치 및 내용이 변경된 경우 해당 작업에 영향을 미치는 관련문제 모두 채점 대상에서 제외
  ○ 도형 및 차트의 개체가 중첩되어 있거나 동일한 계산결과 시트가 복수로 존재할 경우 해당 개체나 시트는 채점 대상에서 제외
- 수식 작성 시 제시된 문제 파일의 데이터는 변경 가능한(가변적) 데이터임을 감안하여 문제 풀이를 하시오.
- 별도의 지시사항이 없는 경우, 주어진 각 시트 및 개체의 설정값 또는 기본 설정값(Default)으로 처리하시오.
- 저장 시간은 별도로 주어지지 않으므로 제한된 시간 내에 저장을 완료해야 하며, 제한 시간 내에 저장이 되지 않은 경우에는 실격 처리됩니다.
- 출제된 문제의 용어는 MS Office LTSC Professional Plus 2021 기준으로 작성되어 있습니다.

대한상공회의소

# 01회 2025년 상시01 컴퓨터활용능력 1급

- **준 비 하 세 요 :** '길벗컴활1급총정리\기출\01회' 폴더에서 '25년상시01.xlsm' 파일을 열어서 작업하시오.
- **외부 데이터 위치 :** 길벗컴활1급총정리\기출\01회

## 문제 1

**기본작업(15점)** 주어진 시트에서 다음의 과정을 수행하고 저장하시오.

### 1. '기본작업-1' 시트에서 다음과 같이 고급 필터를 수행하시오. (5점)
- [A2:H29] 영역에서 '주문일'이 토요일이거나 일요일인 데이터의 '제품명', '주문일', '적립금', '주문금액' 필드만 순서대로 표시하시오.
- 조건은 [J2:J3] 영역 내에 알맞게 입력하시오. (OR, WEEKDAY 함수 사용)
- 단, 요일의 return-type은 '2'로 설정
- 결과는 [J5] 셀부터 표시하시오.

### 2. '기본작업-1' 시트에서 다음과 같이 조건부 서식을 설정하시오. (5점)
- [A3:H29] 영역에서 '주문금액'이 가장 큰 값과 가장 작은 값인 데이터의 행 전체에 대하여 글꼴 스타일은 '굵은 기울임꼴', 밑줄은 '실선', 채우기 색은 '표준 색-노랑'으로 적용하시오.
- 단, 규칙 유형은 '수식을 사용하여 서식을 지정할 셀 결정'을 사용하고, 한 개의 규칙으로만 작성하시오.
- OR, LARGE, SMALL 함수 사용

### 3. '기본작업-2' 시트에서 다음과 같이 페이지 레이아웃을 설정하시오. (5점)
- 페이지 여백을 '좁게'로 설정하고, 인쇄될 내용이 페이지의 가로를 기준으로 가운데에 인쇄되도록 페이지 가운데 맞춤을 설정하시오.
- 페이지의 상단 가운데에 현재 날짜가 표시되도록 머리글을 설정하시오.
- [A1:I100] 영역을 인쇄 영역으로 설정하고, 눈금선이 인쇄되도록 설정하시오.

## 문제 2

**계산작업(30점)** '계산작업' 시트에서 다음 과정을 수행하고 저장하시오.

### 1. [표1]의 소속부서와 [표3]을 이용하여 [표1]의 [C4:C23] 영역에 담당자를 표시하시오. (6점)
- 소속부서의 앞 2글자는 센터명이고, 뒤 2글자는 팀명임
- 담당자는 소속부서의 센터명, 팀명과 [표3]을 참조하여 구함
- VLOOKUP, MID, MATCH 함수 사용

### 2. [표1]의 기존대표센터를 이용하여 [표1]의 [J4:J23] 영역에 대표센터코드를 표시하시오. (6점)
- 대표센터코드는 기존대표센터의 마지막 3자리가 100 이하이면 기존대표센터의 "A"를 "J"로, 100 초과 200 이하이면 "G"를 "D"로, 그 외에는 "C"를 "E"로 변경하시오.
- IF, RIGHT, SUBSTITUTE, VALUE 함수 사용

3. [표1]의 소속부서와 총관리대수를 이용하여 [표2]의 [M4:M9] 영역에 센터명별 제품관리비율을 표시하시오. (6점)
   - 센터명은 소속부서의 앞 2글자임
   - 제품관리비율 = 센터명별 총관리대수의 합계 / 총관리대수의 합계
   - 계산된 값은 백분율로 소수점 이하 첫째 자리까지 표시하시오.
     [표시 예 : 0.123 → 12.3%, 0.00123 → 0.1%, 0.010203 → 1.0%]
   - LEFT, TEXT, SUM 함수를 이용한 배열 수식

4. [표1]의 트랙터대수, 관리기대수, 땅속작물수확기대수를 이용하여 각 제품별로 상위 1~3위의 평균과 하위 1~3위의 평균을 [표4]의 [L22:N22] 영역에 표시하시오. (6점)
   - 하위 1~3위와 상위 1~3위의 평균은 소수점 이하 둘째 자리에서 반올림하여 첫째 자리까지 표시하고, 평균 사이에 "-"를 연결하여 [표시 예]와 같이 표시하시오.
     [표시 예 : 상위 1~3위 평균이 234.56, 하위 1~3위 평균이 3.24인 경우 → 234.6 - 3.2]
   - ROUND, AVERAGE, LARGE, SMALL 함수와 배열 상수, & 연산자를 이용한 배열 수식

5. 사용자 정의 함수 'fn중요도'를 작성하여 [표1]의 [H4:H23] 영역에 중요도를 계산하여 표시하시오. (6점)
   - 'fn중요도'는 총관리대수, 트랙터대수를 인수로 받아 중요도를 계산하는 함수이다.
   - 총관리대수가 200 이상이고 트랙터대수가 100 이상이면 'fn중요도'에 "★"를 표시하고, 총관리대수가 100 이상이고 트랙터대수가 50 이상이면 'fn중요도'에 "☆"를 표시하고, 나머지는 공백으로 표시하시오.
   - IF ~ ELSEIF ~ ELSE문 사용

   ```
   Public Function fn중요도(총관리대수, 트랙터대수)

   End Function
   ```

## 문제 3 분석작업(20점) 주어진 시트에서 다음 작업을 수행하고 저장하시오.

1. '분석작업-1' 시트에서 다음의 지시사항에 따라 피벗 테이블 보고서를 작성하시오. (10점)
   - 외부 데이터 가져오기 기능을 이용하여 〈위판장별판매현황.accdb〉의 〈위탁판매〉 테이블에서 '위판장코드', '어종상태명', '위판장명', '위판날짜', '위판금액' 열을 이용하시오.
   - 피벗 테이블 보고서의 레이아웃과 위치는 〈그림〉을 참조하여 설정하고, 보고서 레이아웃을 테이블 형식으로 표시하시오.
   - '위판금액' 필드를 기준으로 〈그림〉과 같이 그룹을 설정하시오.
   - 총합계는 〈그림〉을 참고하여 설정하시오.
   - '위판장코드' 필드의 표시 형식은 '값 필드 설정'의 셀 서식에서 '사용자 지정' 범주를 이용하여 〈그림〉과 같이 지정하시오.
   - 빈 셀은 "해당없음"으로 표시하고, 레이블이 있는 셀은 병합하고 가운데 맞춤되도록 설정하시오.

| A | B | C | D | E | F |
|---|---|---|---|---|---|
| 2 | 어종상태명 | (모두) | | | |
| 3 | | | | | |
| 4 | 개수 : 위판장코드 | | 위판장명 | | |
| 5 | 위판금액 | 위판날짜 | 서귀포위판장 | 성산위판장 | 흑산도위판장 |
| 6 | 1-1000000 | 2025-04-01 | 11개 | 12개 | 6개 |
| 7 | | 2025-04-02 | 3개 | 3개 | 1개 |
| 8 | | 2025-04-03 | 해당없음 | 5개 | 1개 |
| 9 | | 2025-04-15 | 해당없음 | 2개 | 해당없음 |
| 10 | 1-1000000 요약 | | 14개 | 22개 | 8개 |
| 11 | 1000001-2000000 | 2025-04-01 | 3개 | 1개 | 1개 |
| 12 | | 2025-04-02 | 해당없음 | 1개 | 1개 |
| 13 | | 2025-04-03 | 해당없음 | 해당없음 | 1개 |
| 14 | 1000001-2000000 요약 | | 3개 | 2개 | 3개 |
| 15 | 2000001-3000000 | 2025-04-01 | 2개 | 해당없음 | 1개 |
| 16 | 2000001-3000000 요약 | | 2개 | 해당없음 | 1개 |
| 17 | 3000001-4000000 | 2025-04-01 | 해당없음 | 1개 | 해당없음 |
| 18 | | 2025-04-03 | 해당없음 | 1개 | 해당없음 |
| 19 | 3000001-4000000 요약 | | 1개 | 1개 | 해당없음 |
| 20 | 총합계 | | 20개 | 25개 | 12개 |

2. '분석작업-2' 시트에 대하여 다음의 지시사항을 처리하시오. (10점)

▶ [시나리오] 기능을 이용하여 연이율(C3)이 다음과 같이 변동하는 경우 월납입액(C6)의 변동 시나리오를 작성하시오.
- [C3] 셀은 '연이율', [C6] 셀은 '월납입액'으로 이름을 정의하시오.
- 시나리오1 : 시나리오 이름은 '이율증가', 연이율(C3)이 5.8%로 증가
- 시나리오2 : 시나리오 이름은 '이율감소', 연이율(C3)이 5.2%로 감소
- 위 시나리오에 의한 '시나리오 요약' 보고서는 '분석작업-2' 시트 바로 왼쪽에 위치시키시오.

▶ [표1]의 월납입액[C6]은 납입기간(C4)을 이용하여 계산한 것이다. [데이터 표] 기능과 [표1]을 이용하여 납입기간[C4]의 변동에 따른 월납입액을 [G4:G8] 영역에 계산하시오.

## 문제 4    기타작업(35점)   주어진 시트에서 다음 작업을 수행하고 저장하시오.

1. '기타작업-1' 시트에서 다음과 같은 기능을 수행하는 매크로를 현재 통합문서에 작성하시오. (각 5점)

① [C3:C21] 영역에 사용자 지정 표시 형식을 설정하는 '서식설정' 매크로를 생성하시오.
▶ '전년대비 증감률'이 10% 이상이면 빨강색으로 "상승"을, 0 미만이면 파랑색으로 "감소"를, 그 외는 "보통"으로 표시하시오.
 [표시 예 : '전년대비 증감률'이 15%일 경우 → 상승, -5%일 경우 → 감소, 3%일 경우 → 보통]
▶ [개발 도구] → [삽입] → [양식 컨트롤]의 '단추'를 동일 시트의 [E2:E3] 영역에 생성한 후 텍스트를 "서식설정"으로 입력하고, 도형을 클릭하면 '서식설정' 매크로가 실행되도록 설정하시오.

② [C3:C21] 영역에 표시 형식을 '일반'으로 적용하는 '서식해제' 매크로를 생성하시오.
▶ [개발 도구] → [삽입] → [양식 컨트롤]의 '단추'를 동일 시트의 [E5:E6] 영역에 생성한 후 텍스트를 "서식해제"로 입력하고, 도형을 클릭하면 '서식해제' 매크로가 실행되도록 설정하시오.

※ 셀 포인터의 위치에 관계없이 매크로가 실행되어야 정답으로 인정됨

2. '기타작업-2' 시트에서 다음의 지시사항에 따라 차트를 수정하시오. (각 2점)
※ 차트는 반드시 문제에서 제공한 차트를 사용하여야 하며, 신규로 차트 작성시 0점 처리됨

① '2021년' 계열을 삭제하고 차트 종류를 '묶은 가로 막대형' 차트로 변경하시오.
② 차트 제목은 '차트 위'로 설정한 후 〈그림〉과 같이 지정하고, 범례는 차트의 오른쪽에 표시하시오.
③ 차트의 가로(값) 축의 최대값과 기본 단위를 〈그림〉과 같이 설정하고, 세로(항목) 축을 '항목을 거꾸로'로 지정하시오.
④ '2024년' 항목에만 데이터 레이블을 표시하고 〈그림〉과 같이 데이터 레이블 위치를 설정하시오.
⑤ 차트 영역의 테두리 스타일은 '둥근 모서리', 차트 영역의 그림자를 '오프셋: 왼쪽 위'로 지정하시오.

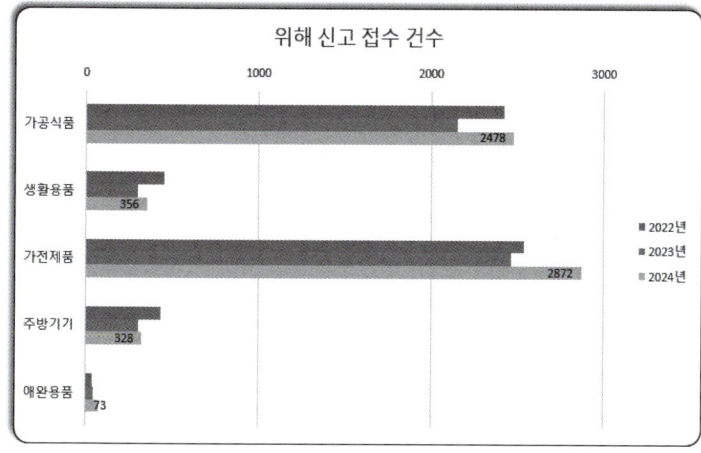

3. '기타작업-3' 시트에서 다음과 같은 작업을 수행하고 저장하시오. (각 5점)

① '숙박비 계산' 단추를 클릭하면 〈숙박비계산화면〉 폼이 나타나고, 폼이 초기화(Initialize)되면 '숙박예정일(cmb숙박예정일)' 목록에는 현재 날짜부터 5일전까지의 날짜가 표시되고, [J5:J10] 영역의 값이 '방이름'(cmb방이름) 콤보 상자의 목록에 설정되도록 프로시저를 작성하시오.

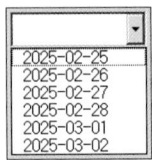

② 〈숙박비계산화면〉 폼의 '계산(cmd계산)' 단추를 클릭하면 폼에 입력된 데이터가 시트의 표에 입력되어 있는 마지막 행 다음에 연속하여 추가되도록 프로시저를 작성하시오.

▶ '이용금액'은 '일일요금 × 숙박일수 × (1 – 할인율)'로 계산하되, '할인율'은 '숙박일수'가 2 이하면 0%, 4 이하면 5%, 6 이하면 7%, 그 외는 10%가 할인됨

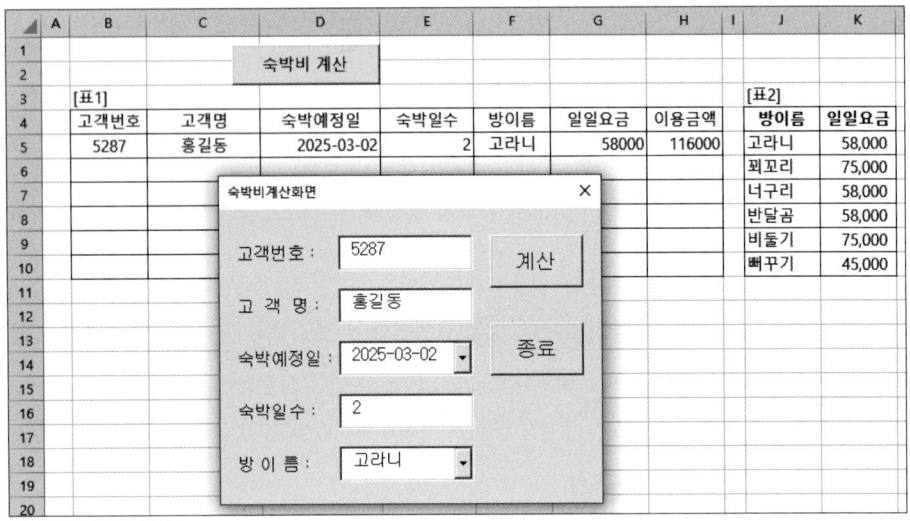

③ 〈숙박비계산화면〉 폼의 '종료(cmd종료)' 단추를 클릭하면 〈그림〉과 같이 현재 날짜와 시간이 표시된 메시지 박스를 나타낸 후 폼이 종료되도록 프로시저를 작성하시오.

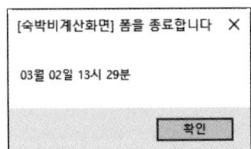

# 01회 EXAMINATION 기출문제 정답 및 해설

채점 프로그램을 이용하여 여러분이 완성한 답안 파일을 채점해 보세요. 채점 프로그램 사용법에 대한 내용은 9쪽을 참고하세요.

## 문제 1  기본작업

### 01. 고급 필터 _ 참고 : 고급 필터 18쪽

**정답**

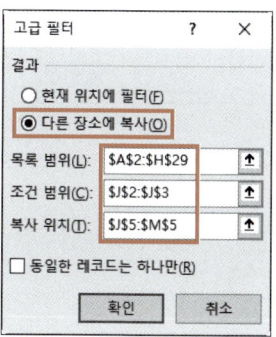

- '고급 필터' 대화상자

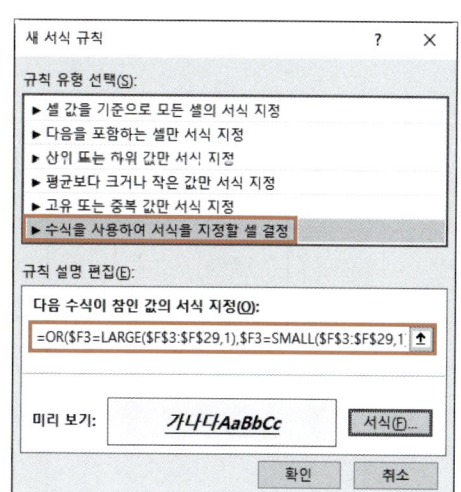

[J3] : =OR(WEEKDAY(B3,2)=6,WEEKDAY(B3,2)=7)

### 02. 조건부 서식 _ 참고 : 조건부 서식 25쪽

**정답**

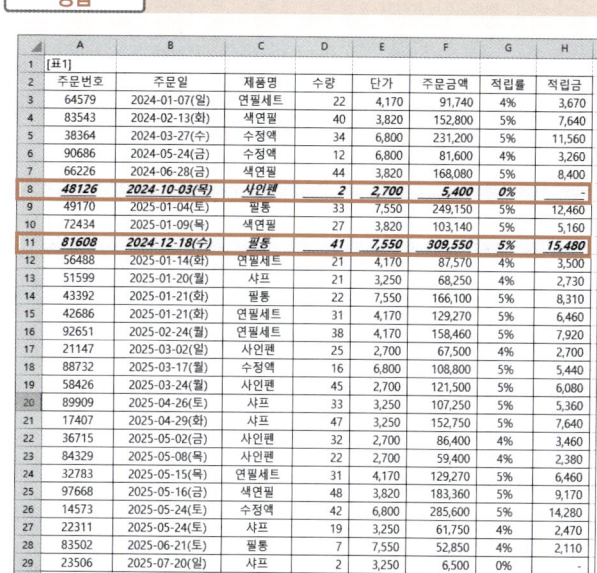

'새 서식 규칙' 대화상자

=OR($F3=LARGE($F$3:$F$29,1),$F3=SMALL($F$3:$F$29,1))

## 03. 페이지 레이아웃 _ 참고 : 페이지 레이아웃 32쪽

**정답**

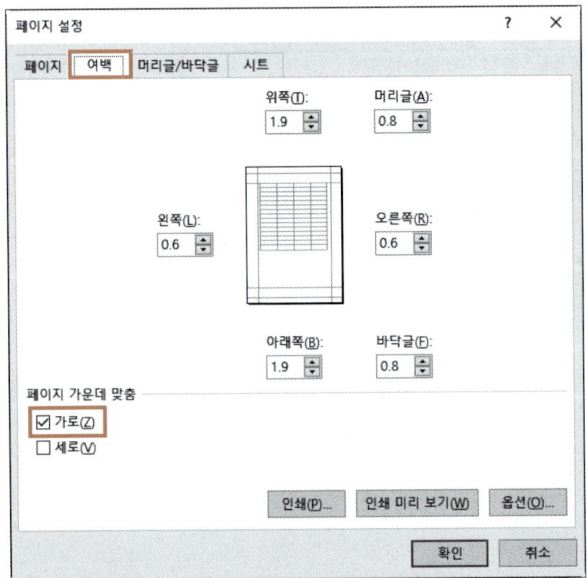

- [페이지 레이아웃] → 페이지 설정 → 여백 → **좁게** 선택
  ※ '여백'을 '좁게'로 설정한 후 파일을 다시 열면 설정이 '사용자 지정 여백'으로 자동 변경됩니다.

- '페이지 설정' 대화상자의 '여백' 탭

- '머리글' 대화상자

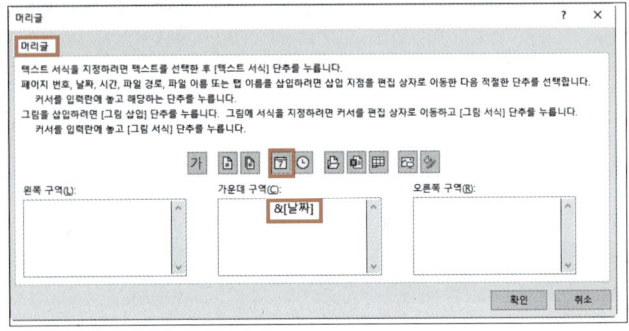

- '페이지 설정' 대화상자의 '시트' 탭

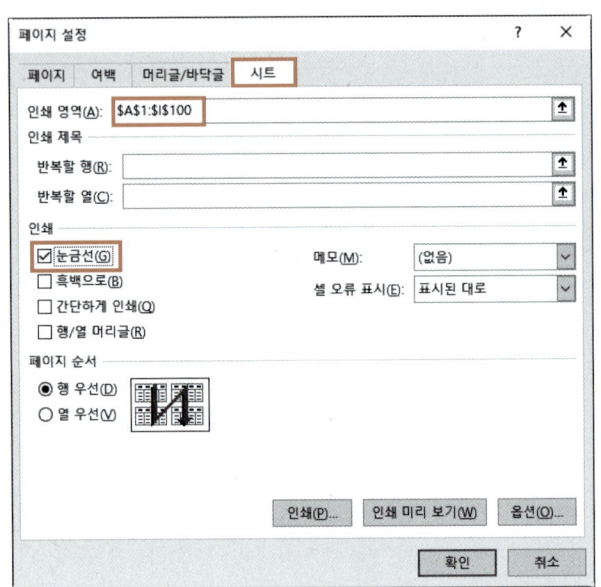

## 문제 2 계산작업

### 정답

| | A | B | C | D | E | F | G | H | I | J | K | L | M | N | O |
|---|---|---|---|---|---|---|---|---|---|---|---|---|---|---|---|
| 1 | | | | | | | | | | | | | | | |
| 2 | | [표1] | | | | | | | | | | [표2] | | | |
| 3 | | 소속부서 | 담당자 | 트랙터대수 | 관리기대수 | 땅속작물수확기대수 | 총관리대수 | 중요도 | 기존대표센터 | 대표센터코드 | | 센터명 | 제품관리비율 | | |
| 4 | | 경기1팀 | 홍길동 | 145 | 28 | 32 | 205 | ★ | 123C456 | 123E456 | | 경기 | 22.4% | | |
| 5 | | 강원2팀 | 김길동 | 80 | 25 | 39 | 144 | ☆ | 234A095 | 234J095 | | 강원 | 15.6% | | |
| 6 | | 경상1팀 | 박길동 | 125 | 20 | 40 | 185 | ☆ | 613B571 | 613B571 | | 경상 | 18.7% | | |
| 7 | | 전라1팀 | 이길동 | 135 | 39 | 45 | 219 | ★ | 973B652 | 973B652 | | 인천 | 18.0% | | |
| 8 | | 충청2팀 | 정길동 | 25 | 18 | 25 | 68 | | 936G104 | 936D104 | | 전라 | 14.2% | | |
| 9 | | 인천1팀 | 송길동 | 80 | 25 | 39 | 144 | ☆ | 123G182 | 123D182 | | 충청 | 11.0% | | |
| 10 | | 경기3팀 | 홍길동 | 125 | 20 | 40 | 185 | ☆ | 862A071 | 862J071 | | | | | |
| 11 | | 강원1팀 | 김길동 | 135 | 39 | 45 | 219 | ★ | 154C865 | 154E865 | | [표3] 센터별 팀별 담당자 | | | |
| 12 | | 경상1팀 | 박길동 | 75 | 18 | 25 | 118 | ☆ | 321G155 | 321D155 | | 센터명 | 1팀 | 2팀 | 3팀 |
| 13 | | 전라2팀 | 이길동 | 34 | 25 | 39 | 98 | | 532A012 | 532J012 | | 경기 | 홍길동 | 홍길동 | 홍길동 |
| 14 | | 충청1팀 | 정길동 | 125 | 20 | 40 | 185 | ☆ | 345G115 | 345D115 | | 강원 | 김길동 | 김길동 | |
| 15 | | 인천2팀 | 송길동 | 135 | 39 | 45 | 219 | ★ | 652B364 | 652B364 | | 경상 | 박길동 | | |
| 16 | | 경상1팀 | 박길동 | 75 | 18 | 25 | 118 | ☆ | 845A042 | 845J042 | | 인천 | 송길동 | 송길동 | |
| 17 | | 전라3팀 | 이길동 | 80 | 25 | 39 | 144 | ☆ | 951G124 | 951D124 | | 전라 | 이길동 | 이길동 | 이길동 |
| 18 | | 충청2팀 | 정길동 | 45 | 20 | 40 | 105 | | 325G154 | 325D154 | | 충청 | 정길동 | 정길동 | |
| 19 | | 인천1팀 | 송길동 | 135 | 39 | 45 | 219 | ★ | 547C846 | 547E846 | | | | | |
| 20 | | 경기2팀 | 홍길동 | 75 | 18 | 25 | 118 | ☆ | 412B685 | 412B685 | | [표4] 상위 1~3위의 평균과 하위 1~3위 평균 | | | |
| 21 | | 강원1팀 | 김길동 | 80 | 25 | 39 | 144 | ☆ | 872G193 | 872D193 | | 트랙터대수 | 관리기대수 | 땅속작물수확기대수 | |
| 22 | | 경상1팀 | 박길동 | 125 | 20 | 40 | 185 | ☆ | 542B566 | 542B566 | | 138.3 - 34.7 | 39 - 18 | 45 - 25 | |
| 23 | | 경기2팀 | 홍길동 | 135 | 39 | 45 | 219 | ★ | 586G129 | 586D129 | | | | | |

❶ 담당자(C4) _ 참고 : 찾기/참조 함수 58쪽
=VLOOKUP( MID(B4,1,2), $L$13:$O$18, MATCH( MID(B4,3,2), $M$12:$O$12, 0 )+1, FALSE )

❷ 대표센터코드(J4) _ 참고 : 논리 함수 71쪽
=IF( VALUE( RIGHT(I4,3) )<=100, SUBSTITUTE( I4,"A","J"), IF( VALUE( RIGHT(I4,3) )<=200, SUBSTITUTE(I4,"G","D"), SUBSTITUTE(I4,"C","E") ) )

❸ 센터명별 제품관리비율(M4) _ 참고 : 배열 수식 43쪽
{=TEXT( SUM( (LEFT($B$4:$B$23,2)=L4) * ($G$4: $G$23) ) / SUM($G$4:$G$23), "0.0%" )}

❹ 제품별 상위 1~3위의 평균과 하위 1~3위 평균(L22) _ 참고 : 배열 수식 43쪽
{=ROUND( AVERAGE( LARGE(D4:D23,{1,2,3}) ), 1 ) & " - " & ROUND( AVERAGE( SMALL(D4:D23, {1,2,3}) ), 1 )}

❺ 중요도(H4) _ 참고 : 사용자 정의 함수 83쪽
=fn중요도(G4,D4)

```
Public Function fn중요도(총관리대수, 트랙터대수)
    If 총관리대수 >= 200 And 트랙터대수 >= 100 Then
        fn중요도 = "★"
    ElseIf 총관리대수 >= 100 And 트랙터대수 >= 50 Then
        fn중요도 = "☆"
    Else
        fn중요도 = ""
    End If
End Function
```

| 문제 3 | 분석작업 | 정답 |

## 01. 피벗 테이블 _ 참고 : 피벗 테이블 88쪽

• '피벗 테이블 필드' 창

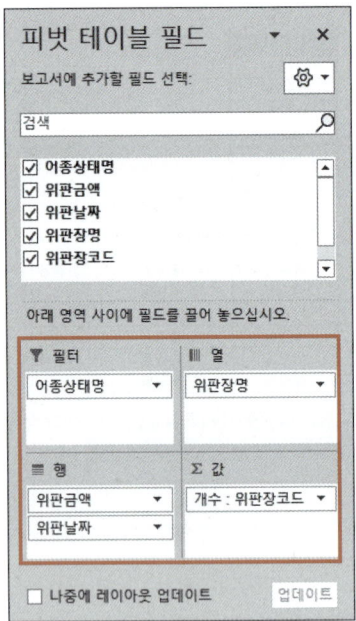

• '그룹화' 대화상자

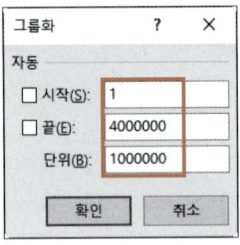

## 02. 시나리오 / 데이터 표 _ 참고 : 시나리오 118쪽 / 데이터 표 116쪽
시나리오

정답

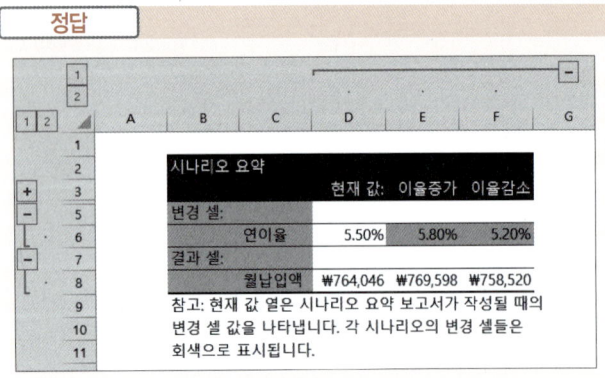

• '시나리오 추가' 대화상자

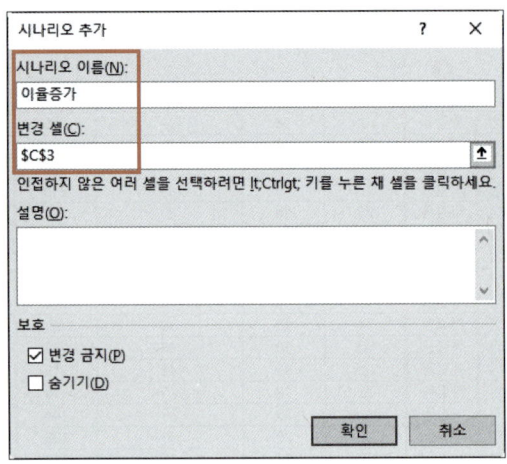

• '시나리오 값' 대화상자

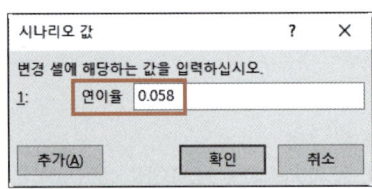

• '시나리오 추가' 대화상자

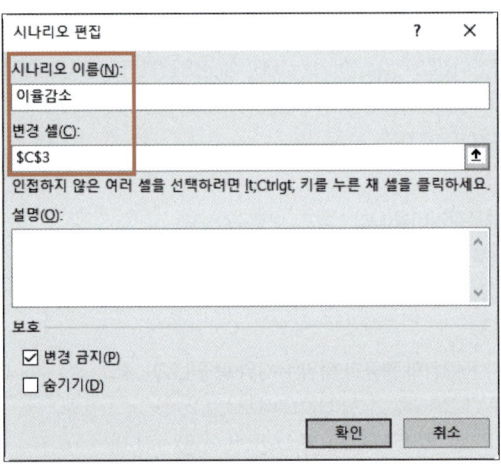

• '시나리오 값' 대화상자

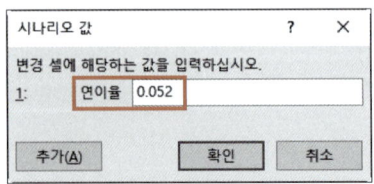

• '시나리오 요약' 대화상자

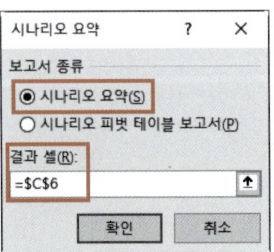

데이터 표

> 정답

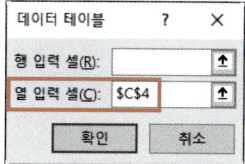

- '데이터 테이블' 대화상자

# 문제 4    기타작업

> 정답

## 01. 매크로 작성 _ 참고 : 매크로 135쪽

### ❶ '서식설정' 매크로 실행

> 정답

- '셀 서식' 대화상자

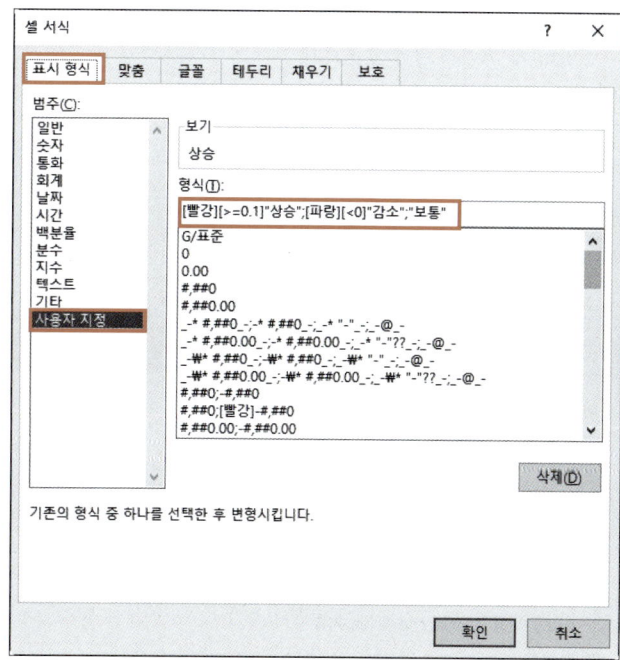

형식: [빨강][>=0.1]"상승";[파랑][<0]"감소";"보통"

## 02. 차트 수정 _ 참고 : 차트 128쪽

❸ 항목을 거꾸로 표시하기

세로(항목) 축을 더블클릭한 후 다음과 같이 설정한다.

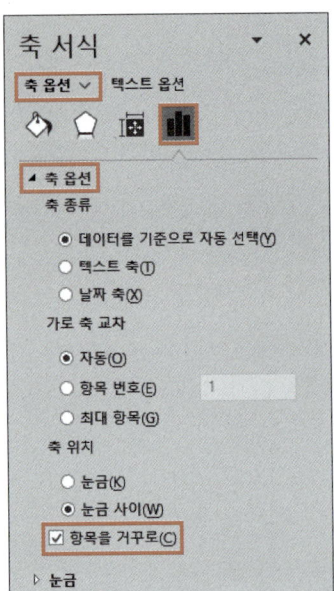

## 03. 프로시저 작성 _ 참고 : 프로시저 142쪽

❶ '숙박비 계산' 단추 및 폼 초기화 프로시저

- '숙박비 계산' 단추 클릭 프로시저

> 정답

```
Private Sub cmd숙박비계산_Click( )
    숙박비계산화면.Show
End Sub
```

- 폼 초기화 프로시저

> 정답

```
Private Sub UserForm_Initialize( )
    cmb숙박예정일.AddItem Date - 5
    cmb숙박예정일.AddItem Date - 4
    cmb숙박예정일.AddItem Date - 3
    cmb숙박예정일.AddItem Date - 2
    cmb숙박예정일.AddItem Date - 1
    cmb숙박예정일.AddItem Date
    cmb방이름.RowSource = "J5:J10"
End Sub
```

❷ '계산' 단추에 기능 구현하기

> 정답

```
Private Sub cmd계산_Click( )
    참조행 = cmb방이름.ListIndex + 5
    입력행 = [B3].Row + [B3].CurrentRegion.Rows.Count
    Cells(입력행, 2) = txt고객번호.Value
    Cells(입력행, 3) = txt고객명.Value
    Cells(입력행, 4) = cmb숙박예정일.Value
    Cells(입력행, 5) = txt숙박일수.Value
    Cells(입력행, 6) = cmb방이름.Value
    Cells(입력행, 7) = Cells(참조행, 11)
    If txt숙박일수.Value <= 2 Then
        Cells(입력행, 8) = Cells(입력행, 5) * Cells(입력행, 7) * (1 - 0)
    ElseIf txt숙박일수.Value <= 4 Then
        Cells(입력행, 8) = Cells(입력행, 5) * Cells(입력행, 7) * (1 - 0.05)
    ElseIf txt숙박일수.Value <= 6 Then
        Cells(입력행, 8) = Cells(입력행, 5) * Cells(입력행, 7) * (1 - 0.07)
    Else
        Cells(입력행, 8) = Cells(입력행, 5) * Cells(입력행, 7) * (1 - 0.1)
    End If
End Sub
```

❸ '종료' 단추에 기능 구현하기

> 정답

```
Private Sub cmd종료_Click( )
    MsgBox Format(Now, "mm월 dd일 hh시 nn분"), vbOKOnly, "[숙박비계산화면] 폼을 종료합니다"
    Unload Me
End Sub
```

# 02회 2025년 상시02 컴퓨터활용능력 1급

- **준 비 하 세 요 :** '길벗컴활1급총정리\기출\02회' 폴더에서 '25년상시02.xlsm' 파일을 열어서 작업하시오.
- **외부 데이터 위치 :** 길벗컴활1급총정리\기출\02회

## 문제 1

**기본작업(15점)** 주어진 시트에서 다음의 과정을 수행하고 저장하시오.

### 1. '기본작업-1' 시트에서 다음과 같이 고급 필터를 수행하시오. (5점)
- [B2:G23] 영역에서 '구분'의 끝나는 글자가 "장애"가 아니고 '합계'가 '합계'의 중간값 이상인 데이터의 '구분', '특수학교', '일반학교 특수학급', '합계' 필드만 순서대로 표시하시오.
- 조건은 [B25:B26] 영역 내에 알맞게 입력하시오. (RIGHT, MEDIAN, AND 함수 사용)
- 결과는 [B28] 셀부터 표시하시오.

### 2. '기본작업-1' 시트에서 다음과 같이 조건부 서식을 설정하시오. (5점)
- [B3:G23] 영역에서 '구분'의 첫 글자가 "특"으로 시작하고 '특수학교'가 5000 이상이거나, '합계'가 상위 두 번째 값보다 크거나 같은 데이터의 행 전체에 대하여 글꼴 스타일은 '굵은 기울임꼴', 글꼴 색은 '표준 색-빨강'으로 적용하시오.
- 단, 규칙 유형은 '수식을 사용하여 서식을 지정할 셀 결정'을 사용하고, 한 개의 규칙으로만 작성하시오.
- AND, OR, LEFT, LARGE 함수 사용

### 3. '기본작업-2' 시트에서 다음과 같이 페이지 레이아웃을 설정하시오. (5점)
- [A2:J24] 영역을 인쇄 영역으로 설정하고, 페이지의 내용이 80%로 축소되어 인쇄되도록 설정하시오.
- 인쇄될 내용이 페이지의 가로 가운데에 인쇄되도록 페이지 가운데 맞춤을 설정하시오.
- 매 페이지 하단의 가운데 구역에는 페이지 번호가 [표시 예]와 같이 표시되도록 설정하시오.
  [표시 예 : 현재 페이지 번호가 1인 경우 → 1페이지]
- 페이지의 내용을 흑백으로 인쇄하고, 행/열 머리글이 인쇄되도록 설정하시오.

## 문제 2

**계산작업(30점)** '계산작업' 시트에서 다음 과정을 수행하고 저장하시오.

### 1. [표1]의 A팀과 B팀의 각 회차별 점수를 비교하여 [I5:I12] 영역에 승률을 계산하시오. (6점)
- [표시 예 : A팀이 2번, B팀이 3번 이긴 경우 → 2:3]
- CONCAT, SUM, IF 함수를 이용한 배열 수식

### 2. [표1]의 A팀 선수명과 평균을 이용하여 [표2]의 [S5:S8] 영역에 선수명별 총평균을 계산하시오. (6점)
- 총평균은 소수점 이하 둘째 자리에서 내림하여 소수점 이하 첫째 자리까지 표시
- [표시 예 : '이상철' 선수가 두 번 경기하고 두 경기의 평균이 24.4와 21.8인 경우 → 2회의 평균 : 23.1]
- COUNTIF, AVERAGE, IF, ROUNDDOWN 함수와 & 연산자를 이용한 배열 수식

### 3. [표3]의 1회전 순위와 [표4]를 이용하여 [F16:H23] 영역에 1회전 순위에 따른 1회전 포인트[F16:F23], 1회전 배점[G16:G23], 1회전 상금 [H16:H23]을 계산하시오. (6점)
- RIGHT, LEN, MATCH, VLOOKUP 함수 사용

4. [표3]의 선수명과 배점합계를 이용하여 [J16:J23] 영역에 진출 여부를 표시하시오. (6점)

▶ 배점합계를 기준으로 한 순위가 4등 이내인 경우에는 선수명의 두 번째 글자를 "★"로 대치한 후 순위를 결합하여 [표시 예]와 같이 표시하고, 그렇지 않는 경우에는 공백을 표시하시오.
[표시 예 : '선수명'이 "이상철"이고, 순위가 1등인 경우 → 이★철1등]

▶ IF, RANK, REPLACE 함수와 & 연산자를 사용

5. 사용자 정의 함수 'fn그래프'를 작성하여 [표1]의 [H4:H23] 영역에 그래프를 계산하여 표시하시오. (6점)

▶ 'fn그래프'는 순위와 인원수를 인수로 받아 그래프를 계산하는 함수이다.
▶ 순위는 1회전 순위이고, 인원수는 선수명을 기준으로 계산한 전체 인원수이다.
▶ 그래프는 인원수에서 순위를 뺀 값만큼 "●"를 반복하여 표시하시오.
[표시 예 : 인원수가 8이고, 순위가 1인 경우 → ●●●●●●●]
▶ COUNTA 함수와 FOR문 사용

```
Public Function fn그래프(순위, 인원수)

End Function
```

## 문제 3  분석작업(20점)  주어진 시트에서 다음 작업을 수행하고 저장하시오.

1. '분석작업-1' 시트에서 다음의 지시사항에 따라 피벗 테이블 보고서를 작성하시오. (10점)

▶ 외부 데이터 원본으로 〈판매현황.xlsx〉의 〈홍삼〉 테이블을 이용하시오.
▶ 피벗 테이블 보고서의 레이아웃과 위치는 〈그림〉을 참조하여 설정하고, 보고서 레이아웃을 개요 형식으로 표시하시오.
▶ '판매량 × 판매가'를 계산하는 '판매금액' 계산 필드를 추가하시오.
▶ '브랜드명' 필드를 〈그림〉과 같이 정렬하시오.
▶ '판매량', '판매가', '판매금액' 필드의 표시 형식은 '값 필드 설정'의 셀 서식에서 '숫자' 범주를 이용하여 〈그림〉과 같이 지정하시오.
▶ 피벗 테이블 스타일은 '연한 주황, 피벗 스타일 보통 10'으로 설정한 후 빈 셀은 0으로 표시하시오.

| | A | B | C | D | E | F |
|---|---|---|---|---|---|---|
| 1 | | | | | | |
| 2 | | 브랜드명 | 구분 | 평균 : 판매량 | 평균 : 판매가 | 합계 : 판매금액 |
| 3 | | ⊟ 홍삼나라 | | 17 | 113,286 | 53,131,000 |
| 4 | | | 기능성 | 9 | 126,000 | 1,134,000 |
| 5 | | | 기호식품 | 26 | 43,000 | 4,386,000 |
| 6 | | | 농축액 | 0 | 170,500 | 0 |
| 7 | | | 키즈/청소년 | 7 | 120,000 | 1,680,000 |
| 8 | | ⊟ 홍삼세계 | | 10 | 81,400 | 21,164,000 |
| 9 | | | 기호식품 | 15 | 35,000 | 525,000 |
| 10 | | | 농축액 | 5 | 106,333 | 5,104,000 |
| 11 | | | 키즈/청소년 | 21 | 53,000 | 1,113,000 |
| 12 | | ⊟ 고려홍삼 | | 9 | 100,750 | 13,702,000 |
| 13 | | | 기능성 | 8 | 42,500 | 1,360,000 |
| 14 | | | 농축액 | 9 | 159,000 | 5,724,000 |
| 15 | | ⊟ 전라홍삼 | | 16 | 70,667 | 40,704,000 |
| 16 | | | 기능성 | 16 | 110,000 | 7,040,000 |
| 17 | | | 기호식품 | 4 | 40,000 | 160,000 |
| 18 | | | 농축액 | 28 | 32,500 | 3,575,000 |
| 19 | | | 키즈/청소년 | 5 | 99,000 | 495,000 |
| 20 | | 총합계 | | 13 | 92,136 | 504,723,000 |

## 2. '분석작업-2' 시트에 대하여 다음의 지시사항을 처리하시오. (10점)

▶ [데이터 유효성 검사] 기능을 이용하여 [E4:E23] 영역에는 1~200까지의 정수만 입력되도록 제한 대상을 설정하시오.
- [E4:E23] 영역을 클릭한 경우 〈그림〉과 같은 설명 메시지를 표시하고, 유효하지 않은 데이터를 입력한 경우 〈그림〉과 같은 오류 메시지가 표시되도록 설정하시오.

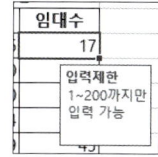 

▶ [정렬] 기능을 이용하여 '층구분'을 '지하2층 - 지하1층 - 지상1층 - 지상2층' 순으로 정렬하고, 동일한 '층구분'인 경우 '임대료'의 조건부 서식 아이콘 '✔'가 위에 표시되도록 정렬하시오.

---

## 문제 4  기타작업(35점) 주어진 시트에서 다음 작업을 수행하고 저장하시오.

### 1. '기타작업-1' 시트에서 다음의 지시사항에 따라 차트를 수정하시오. (각 2점)

※ 차트는 반드시 문제에서 제공한 차트를 사용하여야 하며, 신규로 차트 작성시 0점 처리됨

① 차트 제목은 시트의 [B2] 셀과 연결하여 표시하고, 도형 스타일을 '미세 효과 - 황금색, 강조 4'로 지정하시오.
② '미개통' 계열의 차트 종류를 '표식이 있는 꺾은선형'으로 변경한 후 보조 축을 표시하고 기본 주 가로 눈금선을 삭제하시오.
③ 세로(값) 축의 최소값을 0, 보조 세로(값) 축의 최소값을 100으로 지정하시오.
④ '미개통' 계열의 표식을 '삼각형(▲)', 크기를 20으로 변경한 후 표식 안에 데이터 레이블이 〈그림〉과 같이 표시되도록 설정하시오.
⑤ 차트 영역의 테두리를 '둥근 모서리'로 지정하고, 그림 영역의 테두리 너비를 1pt, 대시 종류를 파선으로 지정하시오.

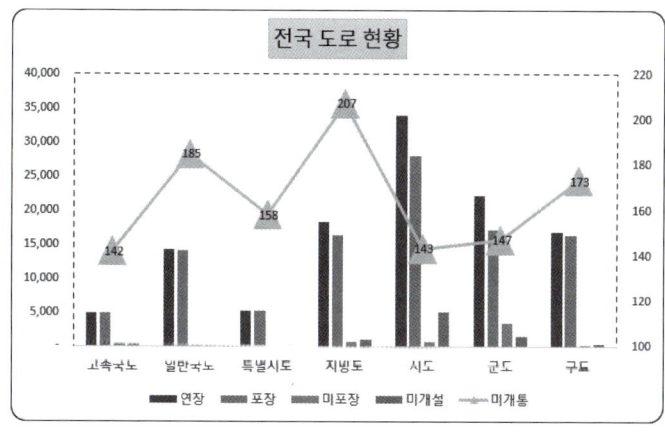

### 2. '기타작업-2' 시트에서 다음과 같은 기능을 수행하는 매크로를 현재 통합문서에 작성하시오. (각 5점)

① [C4:H12] 영역에 사용자 지정 표시 형식을 설정하는 '서식설정' 매크로를 생성하시오.
▶ 셀 값이 양수면 빨강색으로 "▲"와 숫자 표시, 음수면 파랑색으로 "▼"와 숫자 표시, 0이면 0.0으로 표시, 텍스트면 녹색으로 "없음"을 표시하시오.

[표시 예 : 7.4인 경우 → ▲7.4, -39.0인 경우 → ▼39.0, "비공개"인 경우 → 없음]

▶ [개발 도구] → [삽입] → [양식 컨트롤]의 '단추'를 동일 시트의 [C14:D15] 영역에 생성한 후 텍스트를 "서식설정"으로 입력하고, 도형을 클릭하면 '서식설정' 매크로가 실행되도록 설정하시오.

② [C4:H12] 영역에 표시 형식을 '일반'으로 적용하는 '서식해제' 매크로를 생성하시오.
▶ [개발 도구] → [삽입] → [양식 컨트롤]의 '단추'를 동일 시트의 [F14:G15] 영역에 생성한 후 텍스트를 "서식해제"로 입력하고, 단추를 클릭하면 '서식해제' 매크로가 실행되도록 설정하시오.

※ 셀 포인터의 위치에 관계없이 매크로가 실행되어야 정답으로 인정됨

# 3. '기타작업-3' 시트에서 다음과 같은 작업을 수행하고 저장하시오. (각 5점)

① '환불신청' 단추를 클릭하면 〈환불신청〉 폼이 나타나고, 폼이 초기화(Initialize)되면 [I4:K11] 영역의 값이 '프로그램명'(cmb프로그램명) 콤보 상자의 목록에 설정되도록 프로시저를 작성하시오.

② 〈환불신청〉 폼의 '신청(cmd신청)' 단추를 클릭하면 폼에 입력된 데이터가 시트의 표에 입력되어 있는 마지막 행 다음에 연속하여 추가되도록 프로시저를 작성하시오.

▶ 개강 전(opt전)을 선택하면 '개강'에 "전"을 입력하고 '환불금액'은 수강료 전액, 개강 후(opt후)를 선택하면 개강에 "후"를 입력하고 '환불금액'은 '수강료-수강료×(강습받은횟수/총강습횟수)'로 입력하시오.

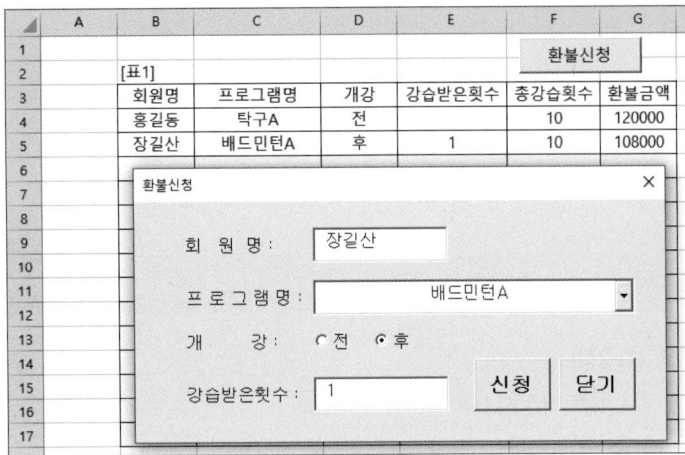

③ 〈환불신청〉 폼의 '닫기(cmd닫기)' 단추를 클릭하면 〈그림〉과 같은 현재 시간이 표시된 메시지를 표시한 후 폼이 종료되도록 프로시저를 작성하시오.

# 02회 기출문제 정답 및 해설

## 문제 1 기본작업

정답

### 01. 고급 필터 _ 참고 : 고급 필터 18쪽

정답

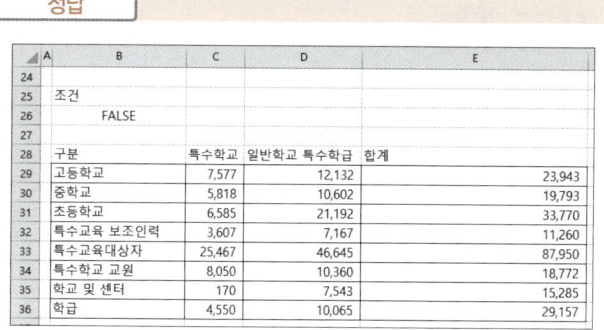

• '고급 필터' 대화상자

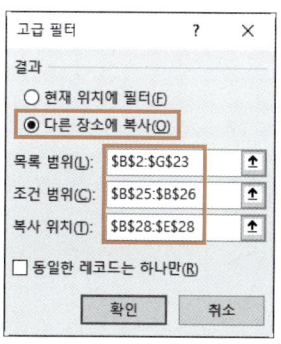

[B26] : =AND(RIGHT(B3,2)<>"장애",G3)=MEDIAN($G$3:$G$23))

### 02. 조건부 서식 _ 참고 : 조건부 서식 25쪽

정답

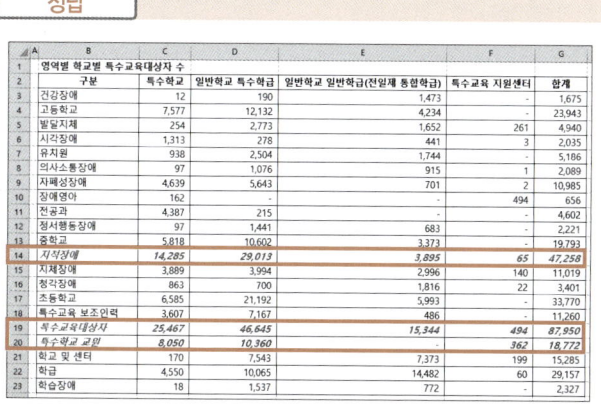

'새 서식 규칙' 대화상자

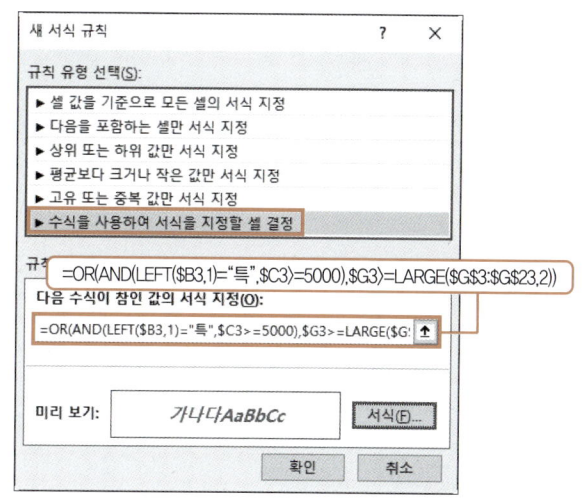

=OR(AND(LEFT($B3,1)="특",$C3>=5000),$G3>=LARGE($G$3:$G$23,2))

### 03. 페이지 레이아웃 _ 참고 : 페이지 레이아웃 32쪽

정답

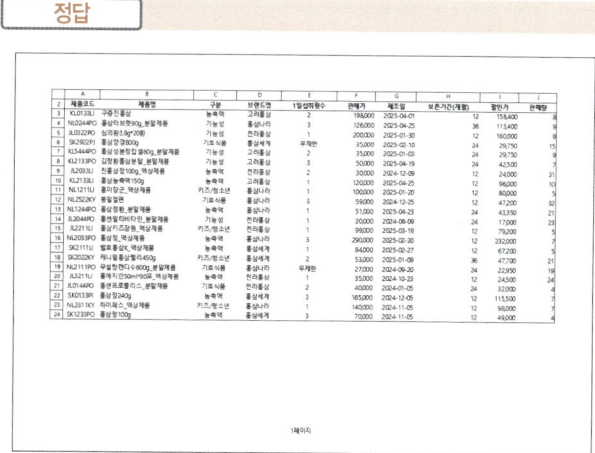

• '페이지 설정' 대화상자의 '페이지' 탭

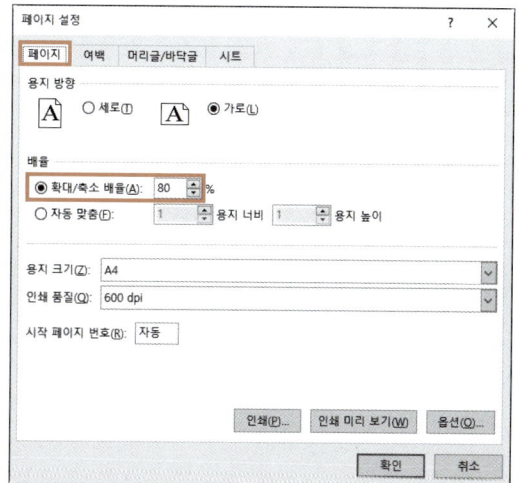

• '페이지 설정' 대화상자의 '여백' 탭

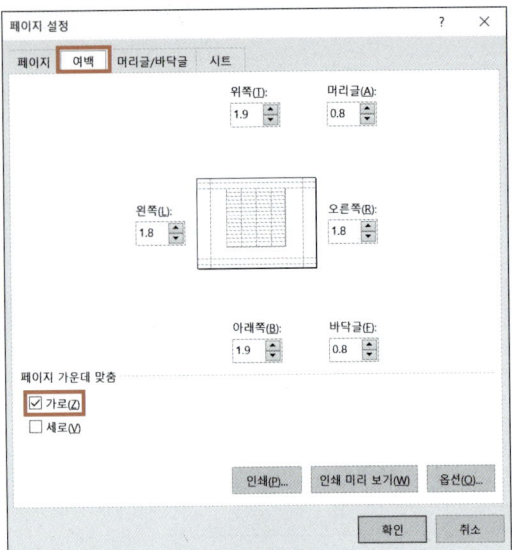

• '바닥글' 대화상자

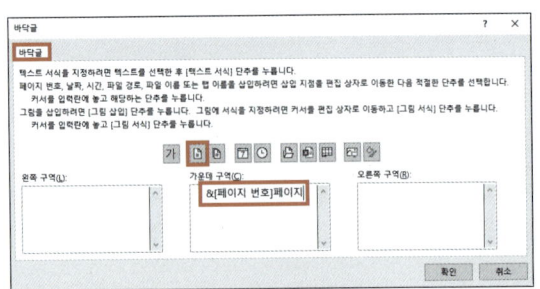

• '페이지 설정' 대화상자의 '시트' 탭

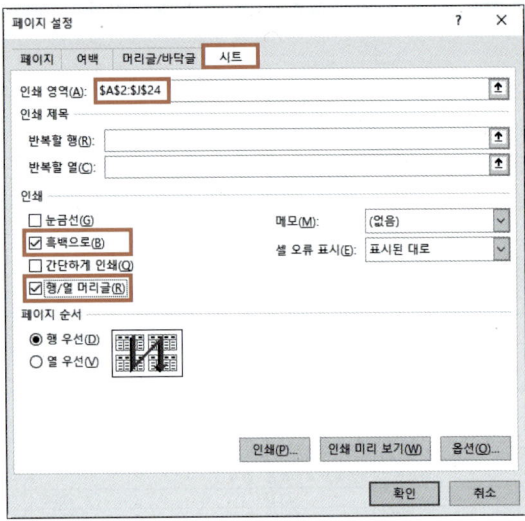

## 문제 2 계산작업

### [표1]

| | A | B | C | D | E | F | G | H | I | J | K | L | M | N | O | P | Q | R | S |
|---|---|---|---|---|---|---|---|---|---|---|---|---|---|---|---|---|---|---|---|
| 1 | | | | | | | | | | | | | | | | | | | |
| 2 | [표1] | | | | | | | | | | | | | | | | | [표2] A팀 선수들 총평균 | |
| 3 | | | | | A팀 | | | | | | | B팀 | | | | | | | |
| 4 | 대진 | 선수명 | 1회 | 2회 | 3회 | 4회 | 5회 | 평균 | 승률 | 선수명 | 1회 | 2회 | 3회 | 4회 | 5회 | 평균 | | 선수명 | 총평균 |
| 5 | 1 | 이상철 | 27 | 29 | 27 | 21 | 18 | 24.4 | 2:3 | 신동희 | 29 | 16 | 18 | 24 | 24 | 22.2 | | 이상철 | 2회의 평균 : 23.1 |
| 6 | 2 | 조찬진 | 19 | 27 | 21 | 27 | 29 | 24.6 | 3:1 | 노진호 | 15 | 27 | 26 | 22 | 24 | 22.8 | | 조찬진 | 2회의 평균 : 22.5 |
| 7 | 3 | 박신호 | 24 | 29 | 24 | 26 | 23 | 25.2 | 4:1 | 안정환 | 15 | 17 | 18 | 28 | 19 | 19.4 | | 박신호 | 2회의 평균 : 24.3 |
| 8 | 4 | 이상철 | 21 | 17 | 21 | 27 | 23 | 21.8 | 3:2 | 안정환 | 19 | 23 | 28 | 16 | 15 | 20.2 | | 최노철 | 2회의 평균 : 22.6 |
| 9 | 5 | 최노철 | 16 | 24 | 25 | 24 | 25 | 22.8 | 3:2 | 하연수 | 22 | 27 | 15 | 19 | 22 | 21 | | | |
| 10 | 6 | 박신호 | 15 | 28 | 24 | 29 | 21 | 23.4 | 2:2 | 하연수 | 26 | 26 | 20 | 29 | 25 | 25.2 | | | |
| 11 | 7 | 최노철 | 20 | 22 | 16 | 25 | 29 | 22.4 | 3:2 | 신동희 | 15 | 28 | 27 | 15 | 16 | 20.2 | | | |
| 12 | 8 | 조찬진 | 22 | 20 | 15 | 29 | 16 | 20.4 | 2:2 | 노진호 | 27 | 17 | 17 | 25 | 16 | 20.4 | | | |

### [표3], [표4]

| | A | B | C | D | E | F | G | H | I | J | K | L | M | N | O | P |
|---|---|---|---|---|---|---|---|---|---|---|---|---|---|---|---|---|
| 14 | [표3] | | | | | | | | | | | [표4] | | | | |
| 15 | 선수명 | 1회전 순위 | 2회전 순위 | 3회전 순위 | 4회전 순위 | 1회전 포인트 | 1회전 배점 | 1회전 상금 | 배점합계 | 진출 | 그래프 | 순위 | 포인트 | 배점 | 상금 | |
| 16 | 이상철 | 1 | 1 | 1 | 8 | 10 | 9 | 2,000,000 | 33 | 이★철1등 | ●●●●●●●● | 1 | 10 | 9 | 2,000,000 | |
| 17 | 조찬진 | 6 | 4 | 8 | 3 | 5 | 7 | 1,000,000 | 30 | 조★진4등 | ●● | 2 | 9 | 9 | 1,800,000 | |
| 18 | 박신호 | 2 | 1 | 3 | 5 | 9 | 9 | 1,800,000 | 33 | 박★호1등 | ●●●●●●●● | 3 | 8 | 8 | 1,600,000 | |
| 19 | 최노철 | 4 | 8 | 5 | 3 | 7 | 8 | 1,400,000 | 29 | | ●●●● | 4 | 7 | 8 | 1,400,000 | |
| 20 | 신동희 | 7 | 5 | 2 | 7 | 4 | 6 | 800,000 | 28 | | ● | 5 | 6 | 7 | 1,200,000 | |
| 21 | 노진호 | 8 | 3 | 3 | 1 | 3 | 6 | 600,000 | 31 | 노★호3등 | ●●● | 6 | 5 | 7 | 1,000,000 | |
| 22 | 안정환 | 5 | 6 | 7 | 6 | 6 | 7 | 1,200,000 | 27 | | ●●● | 7 | 4 | 6 | 800,000 | |
| 23 | 하연수 | 3 | 7 | 8 | 1 | 8 | 8 | 1,600,000 | 29 | | ●●●●● | 8 | 3 | 6 | 600,000 | |

❶ 승률(I5) _ 참고 : 배열 수식 43쪽

{=CONCAT( SUM( IF(C5:G5〉K5:O5,1,0) ), ":", SUM( IF(C5:G5〈K5:O5,1,0) ) )}

❷ A팀 선수들의 총평균(S5) _ 참고 : 배열 수식 43쪽

{=COUNTIF($B$5:$B$12,R5) & "회의 평균 : " & ROUNDDOWN( AVERAGE( IF($B$5:$B$12 =R5,$H$5:$H$12 ) ), 1 )}

❸ 1회전 포인트(F16) _ 참고 : 찾기/참조 함수 58쪽

=VLOOKUP( $B16, $M$16:$P$23, MATCH( RIGHT(F$15,LEN(F$15)-4 ), $M$15:$P$15,0 ) )

❹ 진출(J15) _ 참고 : 논리 함수 71쪽

=IF( RANK(I16,$I$16:$I$23)〈=4, REPLACE(A16,2, 1,"★") & RANK(I16,$I$16:$I$23) & "등", " ")

❺ 그래프(K16) _ 참고 : 사용자 정의 함수 83쪽

=fn그래프(B16,COUNTA($A$16:$A$23))

```
Public Function fn그래프(순위, 인원수)
    fn그래프 = ""
    For i = 1 To 인원수 - 순위
        fn그래프 = fn그래프 & "●"
    Next i
End Function
```

## 문제 3 분석작업 정답

**01. 피벗 테이블** _ 참고 : 피벗 테이블 88쪽

- '피벗 테이블 필드' 창

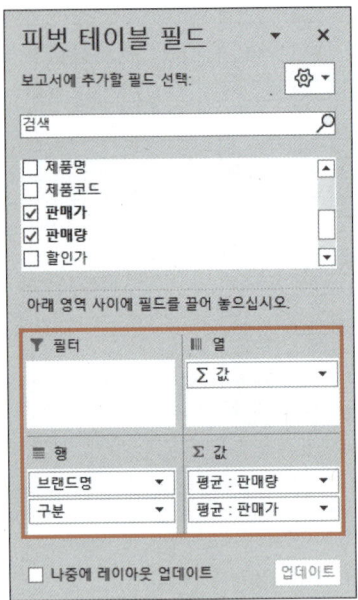

- '계산 필드 삽입' 대화상자

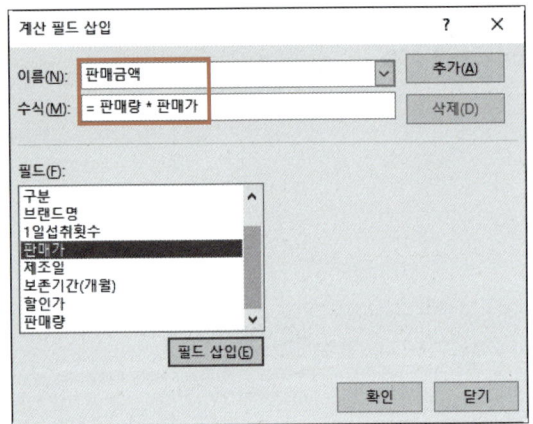

**02. 데이터 유효성 검사 / 정렬** _ 참고 : 데이터 유효성 검사 102쪽 / 정렬 109쪽

정답

- '데이터 유효성' 대화상자의 '설정' 탭

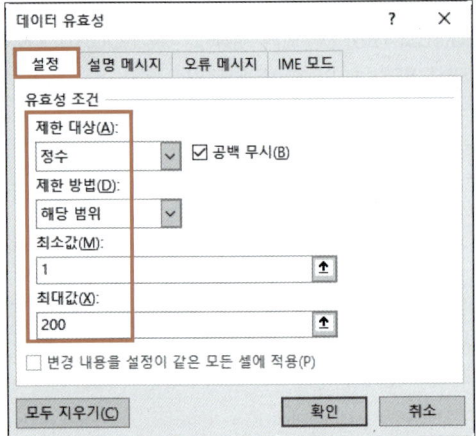

- '데이터 유효성' 대화상자의 '설명 메시지' 탭

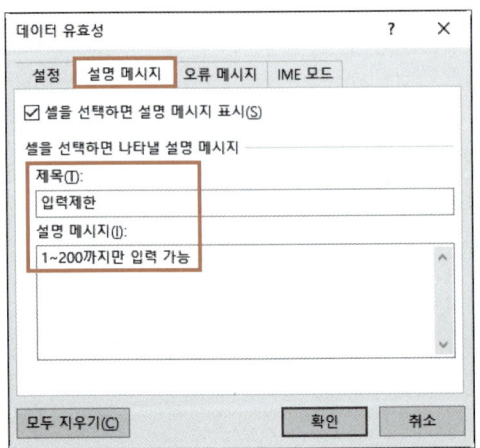

- '데이터 유효성' 대화상자의 '오류 메시지' 탭

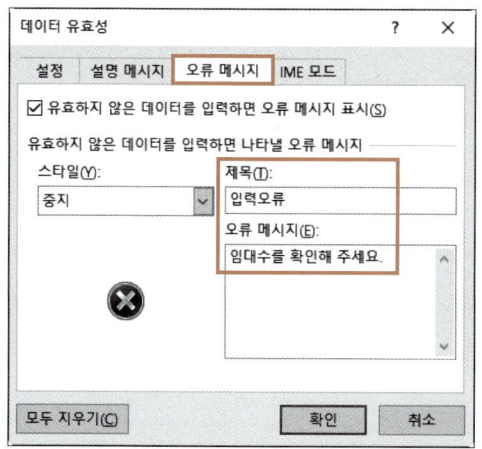

- '정렬' 대화상자

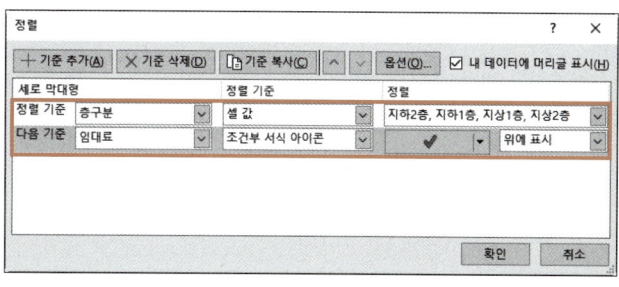

- '사용자 지정 목록' 대화상자

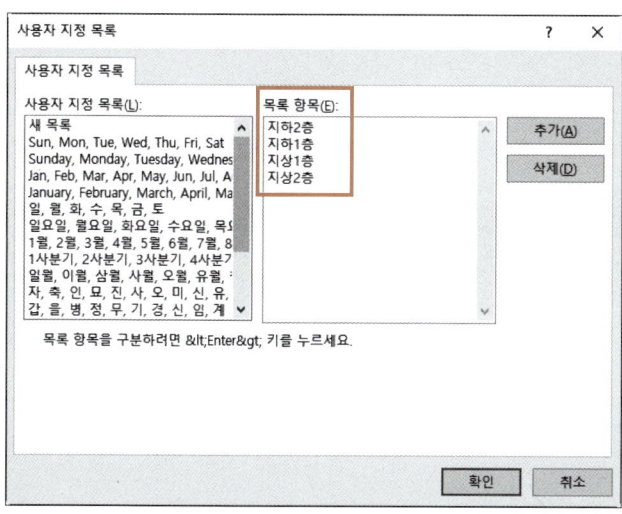

---

## 문제 4    기타작업

### 01. 매크로 작성 _ 참고: 매크로 135쪽

**1** '서식설정' 매크로 실행

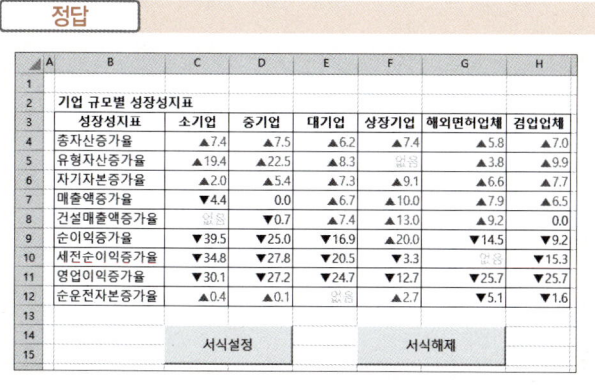

- '셀 서식' 대화상자

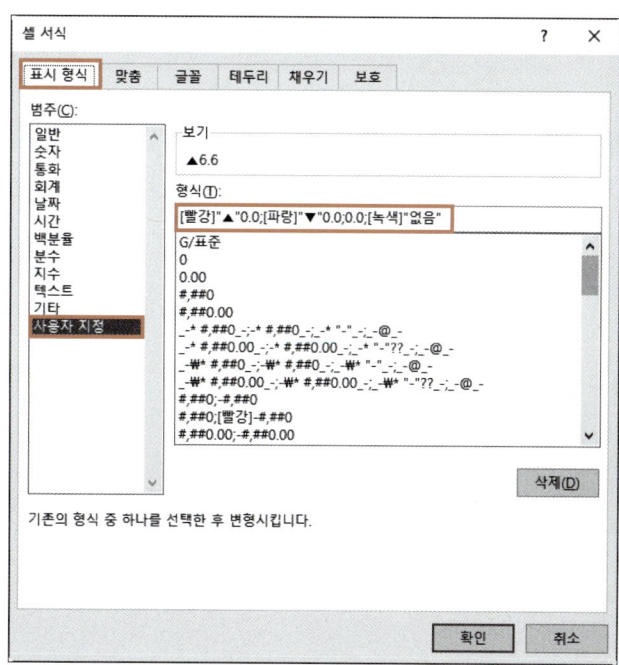

## 03. 프로시저 작성 _참고 : 프로시저 142쪽

### ❶ '환불신청' 단추 및 폼 초기화 프로시저

• '환불신청' 단추 클릭 프로시저

**정답**

```
Private Sub cmd환불신청_Click( )
    환불신청.Show
End Sub
```

• 폼 초기화 프로시저

**정답**

```
Private Sub UserForm_Initialize( )
    cmb프로그램명.RowSource = "I4:K11"
End Sub
```

### ❷ '신청' 단추에 기능 구현하기

**정답**

```
Private Sub cmd신청 _Click( )
    참조행 = cmb프로그램명.ListIndex + 4
    입력행 = [B2].Row + [B2].CurrentRegion.Rows.Count
    Cells(입력행, 2) = txt회원명.Value
    Cells(입력행, 3) = cmb프로그램명.Value
    If opt전.Value = True Then
        Cells(입력행, 4) = "전"
        Cells(입력행, 5) = 0
        Cells(입력행, 6) = Cells(참조행, 10)
        Cells(입력행, 7) = Cells(참조행, 11)
    Else
        Cells(입력행, 4) = "후"
        Cells(입력행, 5) = txt강습받은횟수.Value
        Cells(입력행, 6) = Cells(참조행, 10)
        Cells(입력행, 7) = Cells(참조행, 11) - Cells(참조행, 11) *
            (Cells(입력행, 5) / Cells(참조행, 10))
    End If
End Sub
```

### ❸ '닫기' 단추에 기능 구현하기

**정답**

```
Private Sub cmd닫기_Click( )
    MsgBox Format(Time, "hh시 nn분 폼을 종료합니다."), , "종료"
    Unload Me
End Sub
```

# 03회 2025년 상시03 컴퓨터활용능력 1급

- **준 비 하 세 요 :** '길벗컴활1급총정리\기출\03회' 폴더에서 '25년상시03.xlsm' 파일을 열어서 작업하시오.
- **외부 데이터 위치 :** 길벗컴활1급총정리\기출\03회

## 문제 1    기본작업(15점) 주어진 시트에서 다음의 과정을 수행하고 저장하시오.

### 1. '기본작업' 시트에서 다음과 같이 고급 필터를 수행하시오. (5점)
- ▶ [A2:G40] 영역에서 '2025년'의 값이 '2021년' ~ '2024년'의 평균 이상이고, '대륙'이 "유럽"이 아닌 데이터를 표시하시오.
- ▶ 조건은 [I2:I3] 영역 내에 알맞게 입력하시오. (AVERAGE, AND 함수 사용)
- ▶ 결과는 [I5] 셀부터 표시하시오.

### 2. '기본작업' 시트에서 다음과 같이 조건부 서식을 설정하시오. (5점)
- ▶ [A3:G40] 영역에서 '2025년'의 값을 기준으로 상위 5위 이내이거나 빈 셀인 행 전체에 대하여 글꼴 스타일은 '굵게', 글꼴 색은 '표준 색 − 빨강'으로 적용하시오.
- ▶ 단, 규칙 유형은 '수식을 사용하여 서식을 지정할 셀 결정'을 사용하고, 한 개의 규칙으로만 작성하시오.
- ▶ LARGE, ISBLANK, OR 함수 사용

### 3. '기본작업' 시트에서 다음과 같이 페이지 레이아웃을 설정하시오. (5점)
- ▶ 인쇄 용지가 가로로 인쇄되도록 용지 방향을 설정하시오.
- ▶ 인쇄될 내용이 페이지의 가로 가운데에 인쇄되도록 페이지 가운데 맞춤을 설정하시오.
- ▶ 매 페이지 하단의 가운데 구역에는 페이지 번호가 [표시 예]와 같이 표시되도록 바닥글을 설정하시오.
 [표시 예 : 현재 페이지 번호가 1인 경우 → 5페이지 중 1쪽]
- ▶ [A1:G40] 영역을 인쇄 영역으로 설정하고, 1~2행이 매 페이지마다 반복하여 인쇄되도록 인쇄 제목을 설정하시오.

## 문제 2    계산작업(30점) '계산작업' 시트에서 다음 과정을 수행하고 저장하시오.

### 1. [표1]의 법정동명과 총주차수를 이용하여 [표2]의 [P4:P7] 영역에 법정동명별 총주차수가 1~3위인 총주차수의 평균을 반올림하여 정수로 표시하시오. (6점)
- ▶ [표시 예 : 평균이 155.385 → 약 155대]
- ▶ IF, AVERAGE, LARGE, ROUND 함수와 & 연산자를 이용한 배열 수식

### 2. [표1]의 매매가를 이용하여 [표1]의 [I4:I43] 영역에 10년 대출 시 월 불입액을 계산하시오. (6점)
- ▶ 월불입액은 매매가(G4:G43)를 10년 동안 연 3%로 대출받아 균등 상환하는 것으로 계산하되, 반올림하여 천 단위로 표시하시오.
- ▶ [표시 예 : 704,893일 경우 → 매월 705000원]
- ▶ CONCAT, PMT, ROUND 함수 사용

3. [표1]의 월세를 이용하여 [표1]의 [J4:J43] 영역에 10년 후 월세 가치를 계산하시오. (6점)
   ▶ 10년 후 월세 가치가 1억 5천 이상이면 10년 후 월세 가치를 표시하고, 그 외는 "비추천"으로 표시하시오.
   ▶ 10년 후 월세 가치는 연 3%로 계산한 후 반올림하여 천 단위로 표시하되, 천 단위 콤마를 표시하시오.
   ▶ [표시 예 : 380935108일 경우 → 380,935,000]
   ▶ FV, IF, FIXED 함수 사용

4. [표1]의 법정동명, 건물명, 총주차수를 이용하여 [표2]의 [Q4:Q7] 영역에 법정동명별 총주차수가 가장 큰 건물명을 표시하시오. (6점)
   ▶ INDEX, MATCH, MAX 함수를 이용한 배열 수식

5. 구분을 표시하는 사용자 정의 함수 'fn구분'을 작성하여 [표1]의 [B4:B43] 영역에 구분을 표시하시오. (6점)
   ▶ 'fn구분'은 법정동명, 본번, 부번을 인수로 받아 구분을 표시하는 함수이다.
   ▶ 구분은 '본번'이 0~999이고, '부번'이 0~99이면 법정동명의 첫 글자와 본번, 부번을 표시하고, 그렇지 않으면 "확인필요"를 표시하시오.
   ▶ [표시 예 : 법정동명이 "효자동", 본번이 123, 부번이 12인 경우 → 효_123-12]
   ▶ IF ~ ELSE문 사용

   ```
   Public Function fn구분(법정동명, 본번, 부번)

   End Function
   ```

## 문제 3  분석작업(20점) 주어진 시트에서 다음 작업을 수행하고 저장하시오.

1. '분석작업-1' 시트에서 다음의 지시사항에 따라 피벗 테이블 보고서를 작성하시오. (10점)
   ▶ 외부 데이터 원본으로 〈혈액보유현황.csv〉의 데이터를 사용하시오.
      – 원본 데이터는 쉼표(,)로 분리되어 있으며, 첫 행에 머리글이 포함되어 있음
      – '날짜', '서울/경기도', '충청도', '강원도' 열만 가져와 데이터 모델에 이 데이터를 추가하시오.
   ▶ 피벗 테이블 보고서의 레이아웃과 위치는 〈그림〉을 참조하여 설정하고, 보고서 레이아웃을 개요 형식으로 표시하시오.
   ▶ '날짜' 필드는 〈그림〉과 같이 그룹을 설정하고, '서울/경기도' 필드는 '상위 행 합계 비율'로 표시하시오.
   ▶ 피벗 테이블 스타일은 '연한 파랑, 피벗 스타일 밝게 9'로 지정하고, '레이블이 있는 셀 병합 및 가운데 맞춤'으로 지정하시오.
   ▶ '충청도'와 '강원도' 필드의 표시 형식은 '값 필드 설정'의 셀 서식에서 '숫자' 범주를 이용하여 〈그림〉과 같이 지정하시오.

| | A | B | C | D | E | F | G |
|---|---|---|---|---|---|---|---|
| 1 | | | | | | | |
| 2 | | 날짜(분기) | 날짜(월) | 날짜 | 평균: 서울/경기도 | 평균: 충청도 | 평균: 강원도 |
| 3 | | ⊟분기1 | | | | | |
| 4 | | | ⊞01월 | | 96.05% | 1,614 | 1,964 |
| 5 | | | ⊞02월 | | 97.24% | 1,574 | 1,431 |
| 6 | | | ⊞03월 | | 106.24% | 1,431 | 1,486 |
| 7 | | ⊟분기2 | | | | | |
| 8 | | | ⊞04월 | | 92.93% | 1,364 | 1,628 |
| 9 | | | ⊞05월 | | 96.81% | 1,633 | 3,196 |
| 10 | | | ⊞06월 | | 110.36% | 1,651 | 4,063 |
| 11 | | ⊟분기3 | | | | | |
| 12 | | | ⊞07월 | | 94.90% | 1,391 | 3,355 |
| 13 | | | ⊞08월 | | 114.87% | 1,327 | 2,283 |
| 14 | | | ⊞09월 | | 89.90% | 1,452 | 2,658 |
| 15 | | ⊟분기4 | | | | | |
| 16 | | | ⊞10월 | | 106.38% | 1,419 | 2,156 |
| 17 | | | ⊞11월 | | 101.26% | 1,643 | 2,255 |
| 18 | | | ⊞12월 | | 92.40% | 2,447 | 2,385 |
| 19 | | 총합계 | | | 100.00% | 1,579 | 2,408 |

2. '분석작업-2' 시트에 대하여 다음의 지시사항을 처리하시오. (10점)

▶ [데이터 유효성 검사] 기능을 이용하여 [B4:B26] 영역에는 2~4 글자만 입력되도록 제한 대상을 설정하시오.
- [B4:B26] 영역을 클릭한 경우 〈그림〉과 같은 설명 메시지를 표시하고, 유효하지 않은 데이터를 입력한 경우 〈그림〉과 같은 오류 메시지가 표시되도록 설정하시오.

▶ [부분합] 기능을 이용하여 [표]에서 '에너지원'별 '2025'의 평균을 계산한 후 '2025'의 개수를 계산하시오.
- '에너지원'을 기준으로 오름차순으로 정렬하고, '에너지원'이 동일한 경우 '업종'을 기준으로 내림차순 정렬하시오.
- 평균과 개수는 위에 명시된 순서대로 처리하시오.

### 문제 4    기타작업(35점) 주어진 시트에서 다음 작업을 수행하고 저장하시오.

1. '기타작업-1' 시트에서 다음과 같은 기능을 수행하는 매크로를 현재 통합문서에 작성하시오. (각 5점)

① [D4:I13] 영역에 사용자 지정 표시 형식을 설정하는 '서식적용' 매크로를 생성하시오.
▶ 셀 값이 80 이상이면 "A"를 빨강색으로, 60 이상이면 "B"를 파랑색으로, 나머지는 "C"를 표시하시오.
[표시 예 : 셀 값이 80인 경우 → A, 60인 경우 → B, 59인 경우 → C]
▶ [도형] → [설명선]의 '말풍선: 사각형(◯)'을 동일 시트의 [D15:E16] 영역에 생성한 후 텍스트를 "서식적용"으로 입력하고, 도형을 클릭하면 '서식적용' 매크로가 실행되도록 설정하시오.

② [D4:I13] 영역에 표시 형식을 '일반'으로 적용하는 '서식해제' 매크로를 생성하시오.
▶ [도형] → [설명선]의 '말풍선 : 사각형(◯)'을 동일 시트의 [G15:H16] 영역에 생성한 후 텍스트를 "서식해제"로 입력하고, 도형을 클릭하면 '서식해제' 매크로가 실행되도록 설정하시오.

※ 셀 포인터의 위치에 관계없이 매크로가 실행되어야 정답으로 인정됨

2. '기타작업-2' 시트에서 다음의 지시사항에 따라 차트를 수정하시오. (각 2점)

※ 차트는 반드시 문제에서 제공한 차트를 사용하여야 하며, 신규로 차트 작성시 0점 처리됨

① '평균저수량' 계열과 '2019' 요소가 표시되지 않도록 차트 데이터 범위를 변경하시오.
② '평균저수율' 계열은 '영역형' 차트로 변경한 후 보조 축으로 설정하고, '강수량' 계열은 '표식이 있는 꺾은선형'으로 변경하시오.
③ 기본 세로(값) 축의 제목을 추가한 후 [B4] 셀에 연결하고, 보조 세로(값) 축의 제목을 추가한 후 [B8] 셀에 연결하시오.
④ '표식이 있는 꺾은선형' 차트로 표시된 '강수량' 계열의 선을 완만한 선으로 표시하고, 표식의 크기를 7로 지정하시오.
⑤ 범례를 삭제한 후 범례 표지를 포함한 데이터 테이블을 표시하시오.

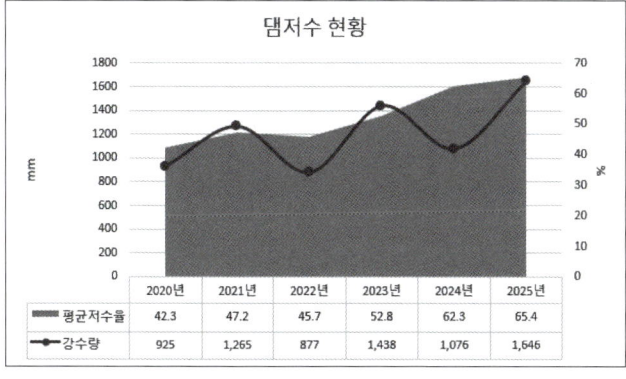

3. '기타작업-3' 시트에서 다음과 같은 작업을 수행하고 저장하시오. (각 5점)

① '포지션등록' 단추를 클릭하면 〈포지션등록〉 폼이 나타나고, 폼이 초기화(Initialize)되면 [H4:H21] 영역의 값이 '선수명(cmb선수명)' 콤보 상자의 목록에, [I4:I7] 영역의 값이 '포지션(cmb포지션)' 콤보 상자의 목록에 설정되도록 프로시저를 작성하시오.

② 〈포지션등록〉 폼의 '등록(cmd등록)' 단추를 클릭하면 폼에 입력된 데이터가 시트의 표에 입력되어 있는 마지막 행 다음에 연속하여 추가되도록 프로시저를 작성하시오.

▶ '타석'은 '좌타'(chk좌타)와 '우타'(chk우타)를 모두 선택하면 "양타", '좌타'(chk좌타)만 선택하면 "좌타", '우타'(chk우타)만 선택하면 "우타"를 입력하시오.

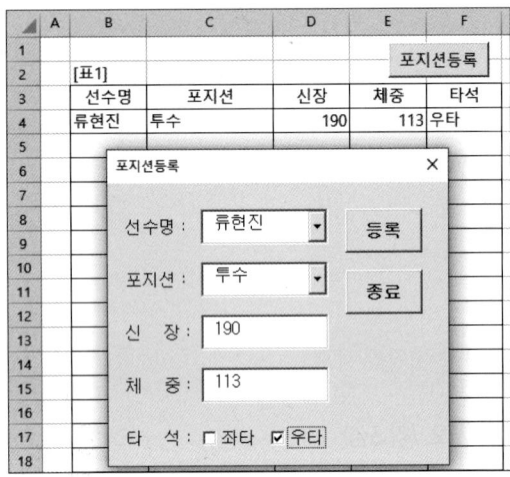

③ 〈포지션등록〉 폼의 '종료(cmd종료)' 단추를 클릭하면 〈그림〉과 같이 현재 날짜와 시간이 표시된 메시지 박스를 나타낸 후 폼이 종료되도록 프로시저를 작성하시오.

# 03회 EXAMINATION 기출문제 정답 및 해설

## 문제 1 — 기본작업

### 01. 고급 필터 _ 참고 : 고급 필터 18쪽

**정답**

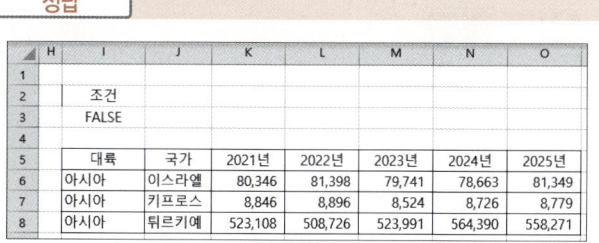

• '고급 필터' 대화상자

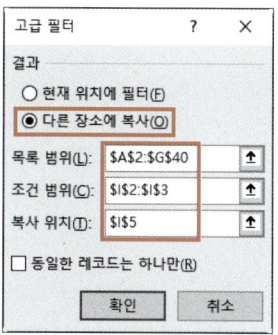

[I3] : =AND(G3>=AVERAGE(C3:F3),A3<>"유럽")

### 02. 조건부 서식 _ 참고 : 조건부 서식 25쪽

**정답**

### '새 서식 규칙' 대화상자

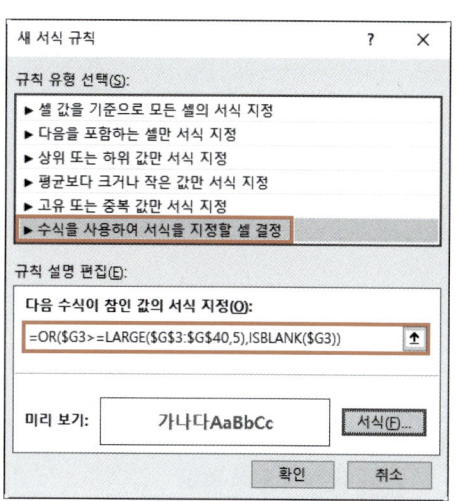

### 03. 페이지 레이아웃 _ 참고 : 페이지 레이아웃 32쪽

**정답**

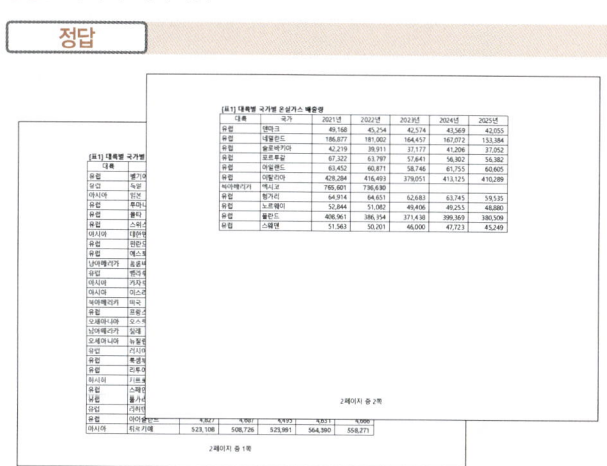

• '페이지 설정' 대화상자의 '페이지' 탭

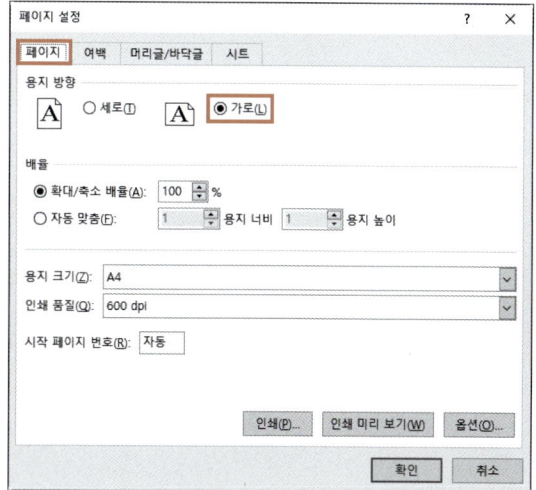

• '페이지 설정' 대화상자의 '여백' 탭

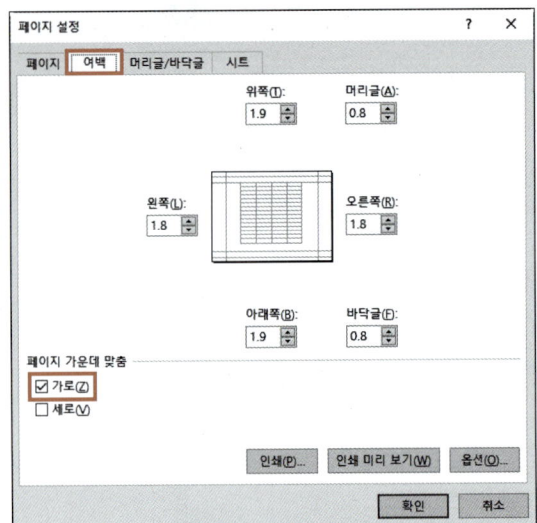

• '페이지 설정' 대화상자의 '시트' 탭

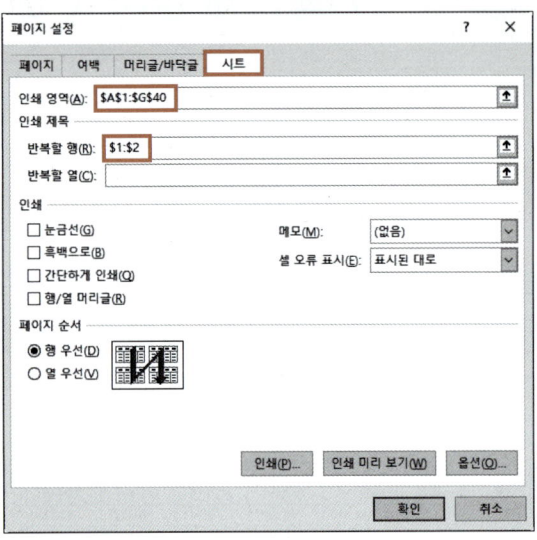

• '바닥글' 대화상자

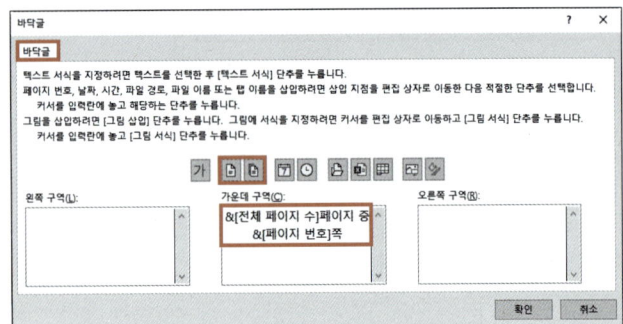

## 문제 2 계산작업

### ❶ 법정동명별 순위 1~3위의 평균 총주차수(P4) _ 참고 : 배열 수식 43쪽
`{="약 " & ROUND( AVERAGE( IF( ($C$4:$C$43=O4) * ($M$4:$M$43)>=LARGE(($C$4:$C$43=O4)*$M$4:$M$43,3)), $M$4:$M$43 ) ), 0 ) & "대"}`

### ❷ 10년대출시월불입액(I4) _ 참고 : 찾기/참조 함수 58쪽
`=CONCAT( "매월 ", ROUND( PMT(3%/12,10*12,-G4), -3 ), "원" )`

### ❸ 10년후월세가치(J4) _ 참고 : 논리 함수 71쪽
`=IF( FV(3%/12,10*12,-F4)>=150000000, FIXED( FV(3%/12,10*12,-F4), -3, FALSE ), "비추천" )`

### ❹ 법정동명별 최대 총주차수 건물명(Q4) _ 참고 : 배열 수식 43쪽
`{=INDEX( $H$4:$H$43, MATCH( MAX( ($C$4:$C$43=O4)*$M$4:$M$43 ) ,($C$4:$C$43=O4)*$M$4:$M$43, 0 ) )}`

### ❺ 구분(B4) _ 참고 : 사용자 정의 함수 83쪽
`=fn구분(C4,D4,E4)`

```
Public Function fn구분(법정동명, 본번, 부번)
    If 본번 >= 0 And 본번 <= 999 And 부번 >= 0 And 부번 <= 99 Then
        fn구분 = Left(법정동명, 1) & "_" & 본번 & "-" & 부번
    Else
        fn구분 = "확인필요"
    End If
End Function
```

# 문제 3  분석작업  정답

## 01. 피벗 테이블 _ 참고: 피벗 테이블 88쪽

• '피벗 테이블 필드' 창

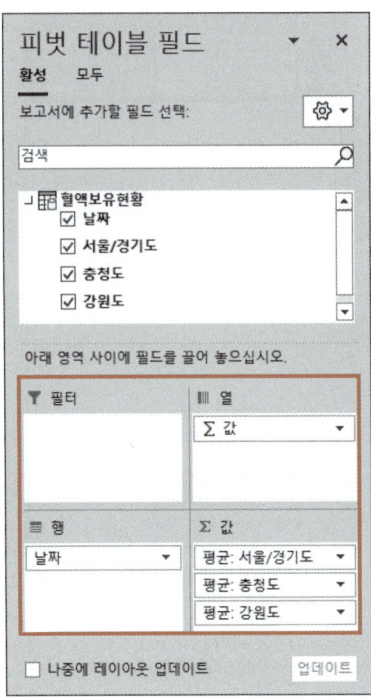

• '그룹화' 대화상자

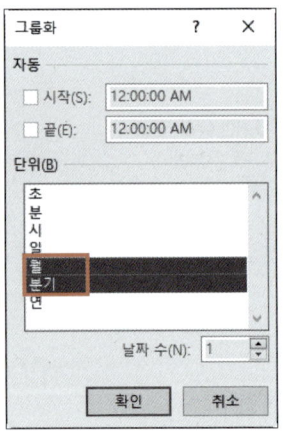

## 02. 데이터 유효성 검사 / 부분합 _ 참고: 데이터 유효성 검사 102쪽 / 부분합 112쪽

정답

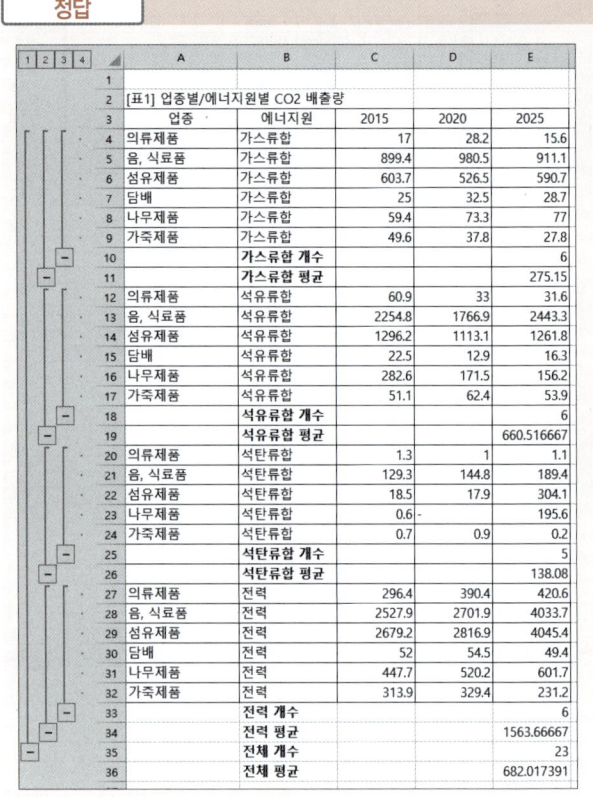

• '데이터 유효성' 대화상자의 '설정' 탭

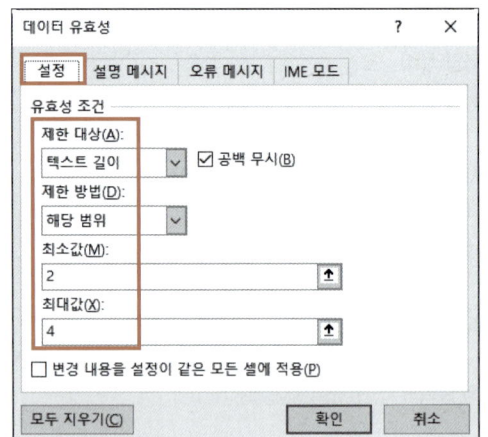

• '데이터 유효성' 대화상자의 '설명 메시지' 탭

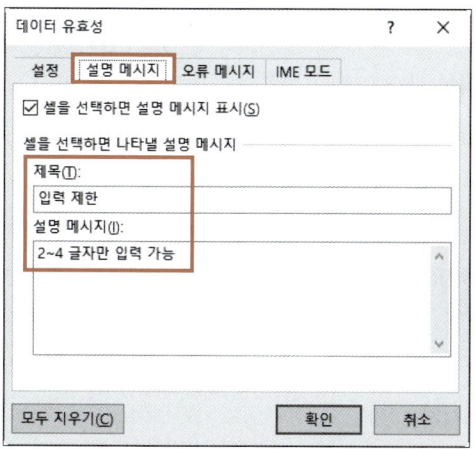

• '데이터 유효성' 대화상자의 '오류 메시지' 탭

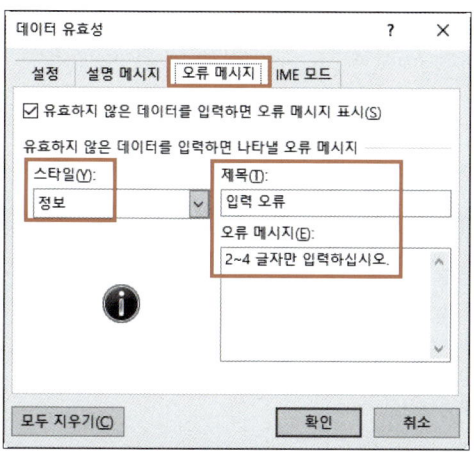

• '정렬' 대화상자

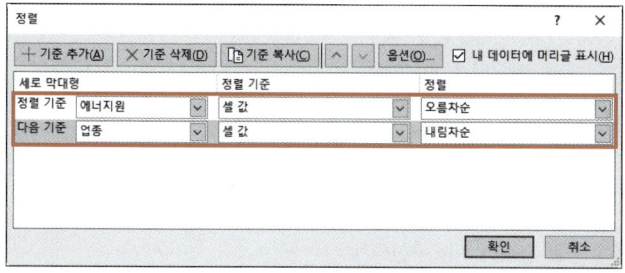

• '2025 평균 부분합' 대화상자

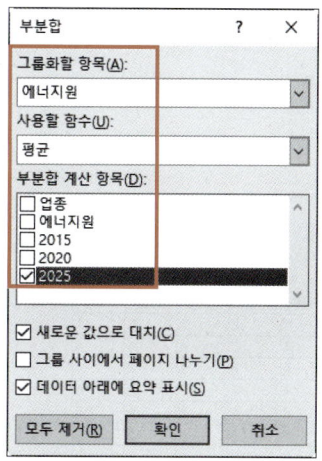

• '2025 개수 부분합' 대화상자

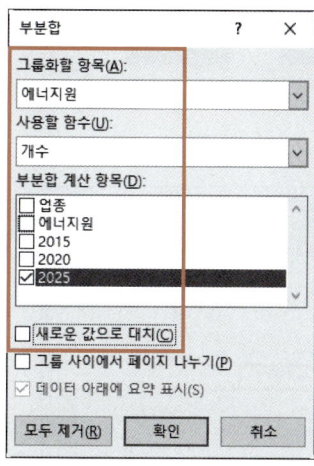

# 문제 4  기타작업

## 01. 매크로 작성 _ 참고 : 매크로 135쪽

❶ '서식적용' 매크로 실행

**정답**

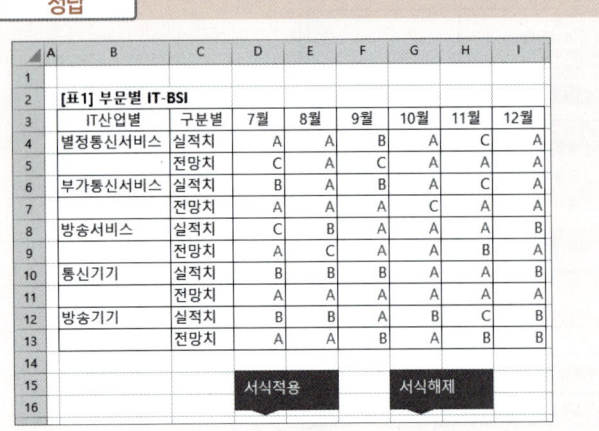

• '셀 서식' 대화상자

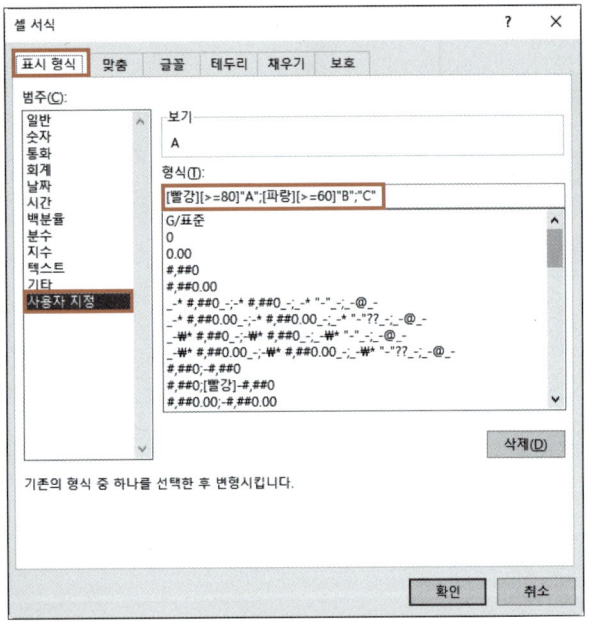

## 03. 프로시저 작성 _ 참고 : 프로시저 142쪽

❶ '포지션등록' 단추 및 폼 초기화 프로시저

• '포지션등록' 단추 클릭 프로시저

**정답**

```
Private Sub cmd포지션등록_Click( )
    포지션등록.Show
End Sub
```

• 폼 초기화 프로시저

**정답**

```
Private Sub UserForm_Initialize( )
    cmb선수명.RowSource = "H4:H21"
    cmb포지션.RowSource = "I4:I7"
End Sub
```

❷ '등록' 단추에 기능 구현하기

**정답**

```
Private Sub cmd등록_Click( )
    입력행 = [B2].Row + [B2].CurrentRegion.Rows.Count
    Cells(입력행, 2) = cmb선수명.Value
    Cells(입력행, 3) = cmb포지션.Value
    Cells(입력행, 4) = txt신장.Value
    Cells(입력행, 5) = txt체중.Value
    If chk좌타 = True And chk우타 = True Then
        Cells(입력행, 6) = "양타"
    ElseIf chk좌타 = True Then
        Cells(입력행, 6) = "좌타"
    ElseIf chk우타 = True Then
        Cells(입력행, 6) = "우타"
    End If
End Sub
```

❸ '종료' 단추에 기능 구현하기

**정답**

```
Private Sub cmd종료_Click( )
    MsgBox Now & " 폼을 종료합니다.", vbOKOnly, "종료"
    Unload Me
End Sub
```

# 04회 2025년 상시04 컴퓨터활용능력 1급

- **준 비 하 세 요** : '길벗컴활1급총정리\기출\04회' 폴더에서 '25년상시04.xlsm' 파일을 열어서 작업하시오.
- **외부 데이터 위치** : 길벗컴활1급총정리\기출\04회

## 문제 1    기본작업(15점) 주어진 시트에서 다음의 과정을 수행하고 저장하시오.

### 1. '기본작업-1' 시트에서 다음과 같이 고급 필터를 수행하시오. (5점)
- [A2:F32] 영역에서 '공항만'에 "공항"을 포함하고, '국민외국인'이 "국민"인 데이터를 표시하시오.
- 단, '공항만'에 "공항"이 없는 경우 오류 메시지가 표시되지 않도록 설정하시오.
- 조건은 [H2:H3] 영역 내에 알맞게 입력하시오. (AND, IFERROR, SEARCH 함수 사용)
- 결과는 [H5] 셀부터 표시하시오.

### 2. '기본작업-1' 시트에서 다음과 같이 조건부 서식을 설정하시오. (5점)
- [A3:F32] 영역에서 '공항만'의 글자 수가 3이고, '국민외국인'이 "외국인"인 데이터의 행 전체에 대하여 글꼴 스타일은 '굵은 기울임꼴', 글꼴 색은 '표준 색 – 파랑'을 적용하시오.
- 단, 규칙 유형은 '수식을 사용하여 서식을 지정할 셀 결정'을 사용하고, 한 개의 규칙으로만 작성하시오.
- AND, LEN 함수 사용

### 3. '기본작업-2' 시트에서 다음과 같이 페이지 레이아웃을 설정하시오. (5점)
- 인쇄 용지가 가로로 인쇄되도록 용지 방향을 설정하고, 용지 높이를 1로 설정하시오.
- A열이 매 페이지마다 반복하여 인쇄되도록 인쇄 제목을 설정하고, 오류 셀은 공백으로 표시되도록 설정하시오.
- 홀수 페이지 상단의 왼쪽 구역에는 시트 이름이, 짝수 페이지 상단의 오른쪽 구역에는 페이지 번호가 [표시 예]와 같이 표시되도록 머리글을 설정하시오.
  [표시 예] 현재 페이지 번호가 2인 경우 → 2페이지 인쇄 완료

## 문제 2    계산작업(30점) '계산작업' 시트에서 다음 과정을 수행하고 저장하시오.

### 1. [표1]의 구분과 납부일자를 이용하여 [표1]의 [A3:A25] 영역에 납부코드를 표시하시오. (6점)
- 납부코드는 구분코드, 납부일자, 행 번호를 '-'으로 연결하여 표시하시오.
- 구분코드는 구분이 "세외수입"이면 22로, "지방세"면 11로 표시하고, 납부일자의 "."를 삭제하시오.
  [표시 예] 구분이 "세외수입"이고, 납부일자가 2022.03.01, 행 번호가 5인 경우 → 22-20220301-5
- LOOKUP, ROW, SUBSTITUTE 함수와 배열 상수, & 연산자 사용

### 2. [표1]의 세목을 이용하여 [표1]의 [H3:H25] 영역에 과세대상을 표시하시오. (6점)
- 세목에 "주택"이 포함되어 있으면 "주택"을 표시하고, 그 외에는 공백을 표시하시오.
- IF, ISNUMBER, SEARCH 함수 사용

3. [표1]의 구분, 납부금액, 납부일자를 이용하여 [표2]의 [K3:M4] 영역에 구분별 연도별 납부금액의 비율을 계산하여 표시하시오. (6점)
   ▶ 구분별 연도별 납부금액의 비율 = 구분별 연도별 납부금액의 합계 / 연도별 납부금액의 합계
   ▶ 계산된 결과값은 백분율로 소수점 이하 첫째 자리까지 표시하시오.
      [표시 예 : 0.78865 → 78.9%]
   ▶ SUMIFS, TEXT 함수와 & 연산자 사용

4. [표1]의 세목, 납부금액, 납부일자를 이용하여 [표3]의 [K9:K17] 영역에 세목별 최고 납부금액의 납부일자를 계산하여 표시하시오. (6점)
   ▶ 세목별 납부금액의 납부일자는 [표1]을 참고하여 구하시오.
   ▶ LARGE, VLOOKUP 함수를 이용한 배열 수식

5. 사용자 정의 함수 'fn납부방법'을 작성하여 [표1]의 [G3:G25] 영역에 납부방법을 계산하여 표시하시오. (6점)
   ▶ 'fn납부방법'은 납부일자와 납부기관을 인수로 받아 납부방법을 계산하는 함수이다.
   ▶ 납부방법은 납부일자의 연도와 납부방법을 연결하여 표시하며, 납부방법은 납부기관이 "CARD"이면 "인터넷수납"을, 그 외에는 "전용계좌수납"으로 표시하시오.
      [표시 예 : 납부일자가 2025.03.01이고, 납부기관이 "K-PAY"인 경우 → 2025전용계좌수납]
   ▶ IF ~ ELSE문, LEFT 함수 사용

   ```
   Public Function fn납부방법(납부일자, 납부기관)

   End Function
   ```

## 문제 3   분석작업(20점) 주어진 시트에서 다음 작업을 수행하고 저장하시오.

1. '분석작업-1' 시트에서 다음의 지시사항에 따라 피벗 테이블 보고서를 작성하시오. (10점)
   ▶ 외부 데이터 가져오기 기능을 이용하여 〈국가별수출입현황.accdb〉의 〈수출입현황〉 테이블에서 '구분', '날짜', '금액' 열을 이용하시오.
   ▶ 피벗 테이블 보고서의 레이아웃과 위치는 〈그림〉을 참조하여 설정하고, 보고서 레이아웃을 테이블 형식으로 표시하시오.
   ▶ '날짜' 필드를 기준으로 〈그림〉과 같이 그룹을 작성하고, 각 그룹 하단에 합계와 평균 부분합을 표시하시오.
   ▶ 피벗 테이블 스타일은 '흰색, 피벗 스타일 밝게 11'로 적용하시오.
   ▶ '금액' 필드의 표시 형식은 '값 필드 설정'의 셀 서식에서 '회계' 범주를 이용하여 〈그림〉과 같이 지정하시오.

|   | A | B | C | D | E |
|---|---|---|---|---|---|
| 1 |   |   |   |   |   |
| 2 |   | 날짜2 ▼ | 날짜 ▼ | 구분 ▼ | 평균 : 금액 |
| 3 |   | ⊟2024년 하반기 | ⊟2024.10 | 무역수지 | 90,604 |
| 4 |   |   |   | 수입금액 | 3,268,500 |
| 5 |   |   |   | 수출금액 | 3,359,104 |
| 6 |   |   | 2024.10 요약 |   | 2,239,402 |
| 7 |   |   | ⊟2024.11 | 무역수지 | 280,167 |
| 8 |   |   |   | 수입금액 | 2,992,106 |
| 9 |   |   |   | 수출금액 | 3,272,273 |
| 10 |   |   | 2024.11 요약 |   | 2,181,516 |
| 11 |   |   | ⊟2024.12 | 무역수지 | 343,306 |
| 12 |   |   |   | 수입금액 | 3,259,925 |
| 13 |   |   |   | 수출금액 | 3,603,231 |
| 14 |   |   | 2024.12 요약 |   | 2,402,154 |
| 15 |   | 2024년 하반기 합계 |   |   | 204,692,165 |
| 16 |   | 2024년 하반기 평균 |   |   | 2,274,357 |
| 17 |   | ⊟2025년 상반기 | ⊟2025.01 | 무역수지 | - 155,757 |
| 18 |   |   |   | 수입금액 | 2,947,479 |
| 19 |   |   |   | 수출금액 | 2,791,722 |
| 20 |   |   | 2025.01 요약 |   | 1,861,148 |
| 21 |   |   | ⊟2025.02 | 무역수지 | 122,160 |
| 22 |   |   |   | 수입금액 | 2,827,071 |
| 23 |   |   |   | 수출금액 | 2,949,230 |
| 24 |   |   | 2025.02 요약 |   | 1,966,153 |
| 25 |   |   | ⊟2025.03 | 무역수지 | 165,752 |
| 26 |   |   |   | 수입금액 | 3,112,506 |
| 27 |   |   |   | 수출금액 | 3,278,258 |
| 28 |   |   | 2025.03 요약 |   | 2,185,505 |
| 29 |   | 2025년 상반기 합계 |   |   | 180,384,216 |
| 30 |   | 2025년 상반기 평균 |   |   | 2,004,269 |
| 31 |   | 총합계 |   |   | 2,139,313 |

2. '분석작업-2' 시트에 대하여 다음의 지시사항을 처리하시오. (10점)

► 데이터 도구를 이용하여 [표1]의 [B3:I13] 영역에서 '국가'와 '구분'을 기준으로 중복된 값이 포함된 행을 삭제하시오.

► 데이터 도구의 [통합] 기능을 이용하여 [표1], [표2], [표3]에 있는 데이터에 대해 [표4]의 [K4:Q6] 영역에 '구분'별 '날짜'별 수출입액의 합계를 계산하시오.
   - '구분'은 "수입금액", "수출금액", "무역수지" 순으로 표시되도록 하시오.

## 문제 4  기타작업(35점) 주어진 시트에서 다음 작업을 수행하고 저장하시오.

1. '기타작업-1' 시트에서 다음과 같은 기능을 수행하는 매크로를 현재 통합문서에 작성하시오. (각 5점)

① [C5:G12] 영역에 사용자 지정 표시 형식을 설정하는 '서식적용' 매크로를 생성하시오.
   ► 셀의 값이 9 이상이면 빨강색으로 "★"와 숫자를, 1 미만이면 파랑색으로 "●"와 숫자를, 그 외에는 숫자만 표시하되, 기호는 셀의 왼쪽에 붙여서 표시하고, 숫자는 셀의 오른쪽에 붙여서 표시하시오.
   [표시 예 : 9.6일 경우 → ★   9.6, 0.6일 경우 → ●   0.6, 3.0일 경우 → 3.0]
   ► [도형] → [사각형]의 '사각형: 둥근 모서리(□)'를 동일 시트의 [I4:I5] 영역에 생성한 후 텍스트를 "서식적용"으로 입력하고, 도형을 클릭하면 '서식적용' 매크로가 실행되도록 설정하시오.

② [C5:G12] 영역에 표시 형식을 '일반'으로 적용하는 '서식해제' 매크로를 생성하시오.
   ► [도형] → [사각형]의 '사각형: 둥근 모서리(□)'를 동일 시트의 [I7:I8] 영역에 생성한 후 텍스트를 "서식해제"로 입력하고, 단추를 클릭하면 '서식해제' 매크로가 실행되도록 설정하시오.

※ 셀 포인터의 위치에 관계없이 매크로가 실행되어야 정답으로 인정됨

2. '기타작업-2' 시트에서 다음의 지시사항에 따라 차트를 수정하시오. (각 2점)

※ 차트는 반드시 문제에서 제공한 차트를 사용하여야 하며, 신규로 차트 작성시 0점 처리됨

① '성별'이 "여자"인 데이터만 표시되도록 차트 데이터 범위를 수정하고, 가로(항목) 축 레이블이 〈그림〉과 같이 표시되도록 지정하시오.
② 차트 제목은 '차트 위'로 설정한 후 [B2] 셀과 연동시키고 범례 위치는 위쪽으로 표시하시오.
③ 세로(값) 축의 최대값을 21000, 기본 단위를 7000으로 지정하시오.
④ 기본 주 가로 눈금선을 표시한 후 선 종류를 '실선', 선 색을 '표준 색 - 진한 파랑'으로 지정하시오.
⑤ 차트 영역의 테두리 스타일은 '둥근 모서리', 그림자는 '안쪽: 가운데'로 표시하시오.

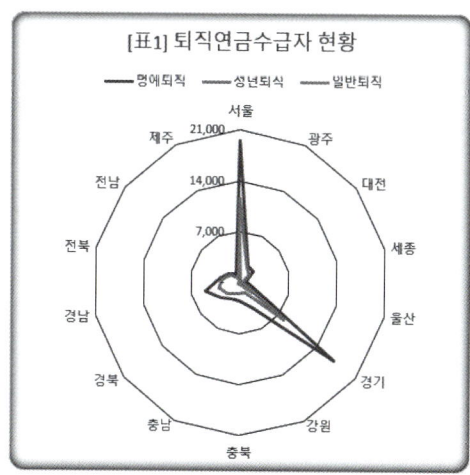

3. '기타작업-3' 시트에서 다음과 같은 작업을 수행하고 저장하시오. (각 5점)

① '강좌관리' 단추를 클릭하면 〈강좌현황〉 폼이 나타나고, 폼이 초기화(Initialize)되면 [H5:H10] 영역의 값이 '강좌명(cmb강좌명)' 콤보 상자의 목록에 설정되도록 프로시저를 작성하시오.

② 〈강좌현황〉 폼의 '입력(cmd입력)' 단추를 클릭하면 폼에 입력된 데이터가 시트의 표에 입력되어 있는 마지막 행 다음에 연속하여 추가되도록 프로시저를 작성하시오.

▶ "성별"로 '남'(opt남)을 선택하면 '성별'에 "남", '여'(opt여)를 선택하면 "여"를 입력하시오.
▶ '워크샵'으로 '참석'(opt참석)을 선택하면 '워크샵'에 "○", '입금액'에 '수강료 + 15000', '불참'(opt불참)을 선택하면 '입금액'에 '수강료'를 입력하시오.

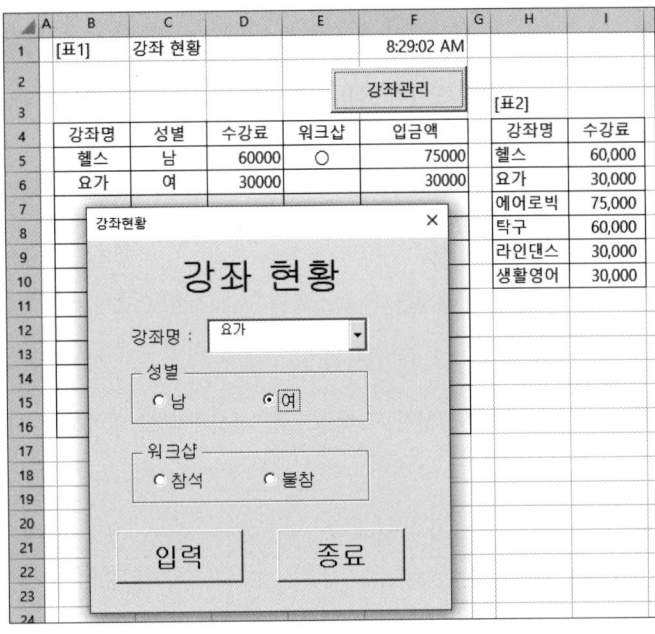

③ 〈강좌현황〉 폼의 '종료(cmd종료)' 단추를 클릭하면 [F1] 셀에 현재 시간을 표시하고 글꼴 색을 'RGB(0, 0, 255)'로 설정한 후 폼이 종료되도록 프로시저를 작성하시오.

# 04회 EXAMINATION 기출문제 정답 및 해설

## 문제 1     기본작업

### 01. 고급 필터 _ 참고 : 고급 필터 18쪽

**정답**

| | G | H | I | J | K | L | M |
|---|---|---|---|---|---|---|---|
| 1 | | | | | | | |
| 2 | | 조건 | | | | | |
| 3 | | FALSE | | | | | |
| 4 | | | | | | | |
| 5 | | 년 | 월 | 공항만 | 입국출국 | 국민외국인 | 출입국자수 |
| 6 | | 2025 | 3 | 대구공항 | 출국 | 국민 | 54,217 |
| 7 | | 2025 | 3 | 오산공항 | 출국 | 국민 | 6 |
| 8 | | 2025 | 3 | 청주공항 | 출국 | 국민 | 55,658 |
| 9 | | 2025 | 3 | 인천공항 | 입국 | 국민 | 1,825,864 |
| 10 | | 2025 | 3 | 대구공항 | 입국 | 국민 | 58,348 |
| 11 | | 2025 | 3 | 제주공항 | 출국 | 국민 | 10,962 |

• '고급 필터' 대화상자

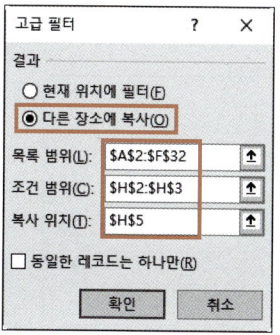

[H3] : =AND(IFERROR(SEARCH("공항",C3),FALSE),E3="국민")

### 02. 조건부 서식 _ 참고 : 조건부 서식 25쪽

**정답**

| | A | B | C | D | E | F |
|---|---|---|---|---|---|---|
| 1 | [표] | | | | | |
| 2 | 년 | 월 | 공항만 | 입국출국 | 국민외국인 | 출입국자수 |
| 3 | 2025 | 3 | 기타 | 입국 | 외국인 | 1,387 |
| 4 | 2025 | 3 | 대구공항 | 입국 | 외국인 | 10,178 |
| 5 | 2025 | 3 | 인천공항 | 출국 | 외국인 | 996,663 |
| 6 | 2025 | 3 | 김포공항 | 입국 | 외국인 | 102,256 |
| 7 | 2025 | 3 | 대구공항 | 출국 | 국민 | 54,217 |
| 8 | 2025 | 3 | 인천공항 | 입국 | 외국인 | 1,148,113 |
| 9 | 2025 | 3 | 감천항 | 출국 | 국민 | 238 |
| 10 | 2025 | 3 | 창원항 | 출국 | 국민 | 456 |
| 11 | 2025 | 3 | 오산공항 | 출국 | 국민 | 6 |
| 12 | *2025* | *3* | *인천항* | *출국* | *외국인* | *33,525* |
| 13 | 2025 | 3 | 광양항 | 출국 | 국민 | 1,066 |
| 14 | *2025* | *3* | *부산항* | *입국* | *외국인* | *47,504* |
| 15 | *2025* | *3* | *동해항* | *출국* | *외국인* | *1,250* |
| 16 | *2025* | *3* | *서산항* | *출국* | *외국인* | *591* |
| 17 | 2025 | 3 | 청주공항 | 출국 | 국민 | 55,658 |
| 18 | *2025* | *3* | *서산항* | *입국* | *외국인* | *645* |
| 19 | *2025* | *3* | *포항항* | *출국* | *외국인* | *2,256* |
| 20 | *2025* | *3* | *군산항* | *출국* | *외국인* | *3,200* |
| 21 | 2025 | 3 | 김해공항 | 출국 | 외국인 | 118,506 |
| 22 | 2025 | 3 | 제주항 | 출국 | 국민 | 47 |
| 23 | *2025* | *3* | *인천항* | *입국* | *외국인* | *30,581* |
| 24 | *2025* | *3* | *부산항* | *입국* | *외국인* | *45,756* |
| 25 | 2025 | 3 | 감천항 | 입국 | 국민 | 272 |
| 26 | 2025 | 3 | 김해공항 | 입국 | 외국인 | 133,077 |
| 27 | 2025 | 3 | 광양항 | 입국 | 국민 | 555 |
| 28 | 2025 | 3 | 인천항 | 입국 | 국민 | 2,976 |
| 29 | 2025 | 3 | 평택항 | 입국 | 국민 | 1,130 |
| 30 | 2025 | 3 | 인천공항 | 입국 | 국민 | 1,825,864 |
| 31 | 2025 | 3 | 대구공항 | 입국 | 국민 | 58,348 |
| 32 | 2025 | 3 | 제주공항 | 출국 | 국민 | 10,962 |

'새 서식 규칙' 대화상자

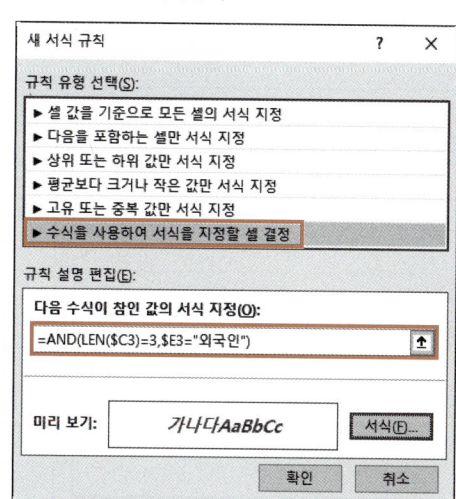

## 03. 페이지 레이아웃 _ 참고 : 페이지 레이아웃 32쪽

정답

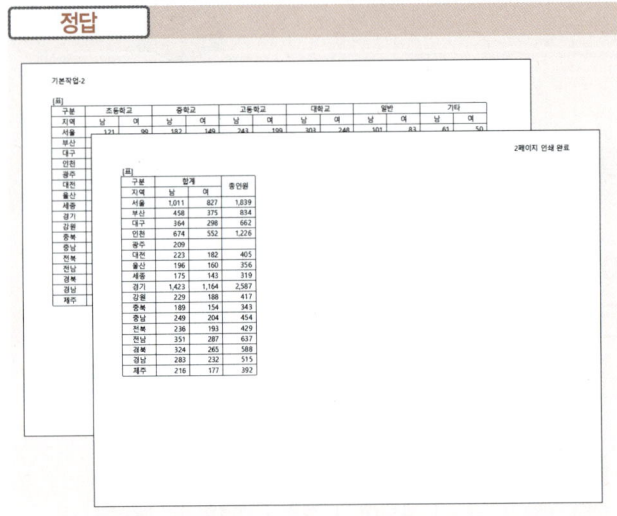

- '페이지 설정' 대화상자의 '페이지' 탭

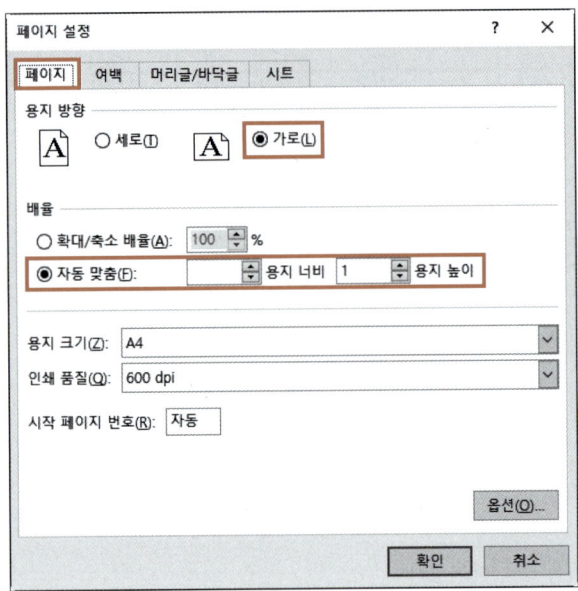

- '페이지 설정' 대화상자의 '머리글/바닥글' 탭

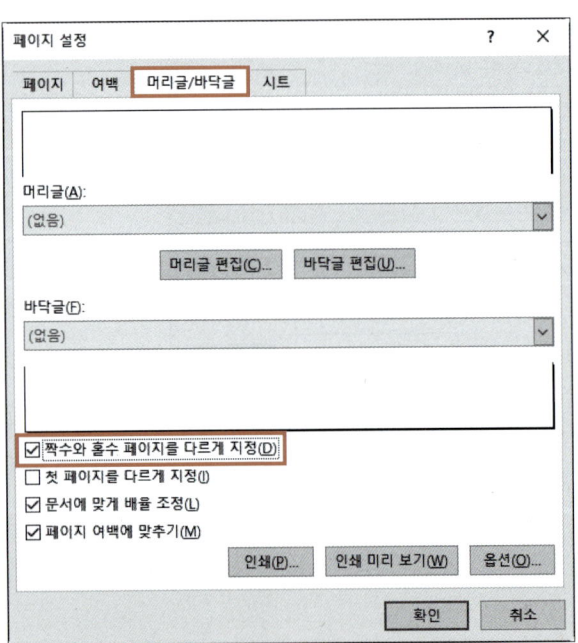

- '머리글' 대화상자
  - 홀수 페이지 머리글

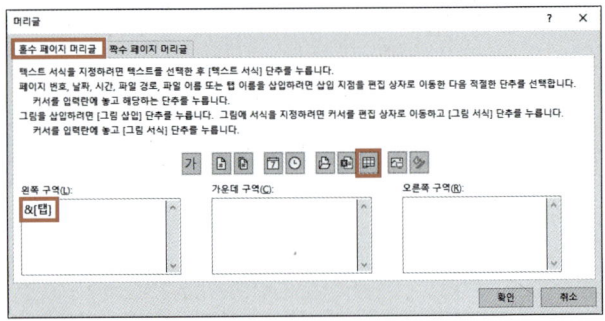

  - 짝수 페이지 머리글

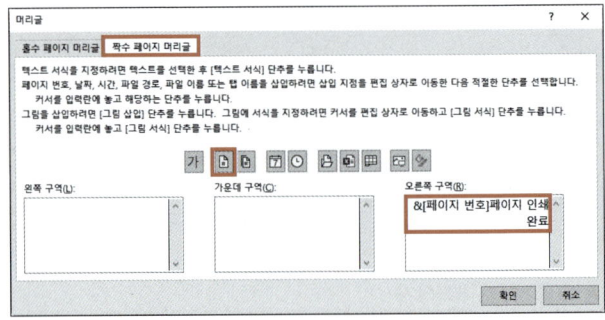

- '페이지 설정' 대화상자의 '시트' 탭

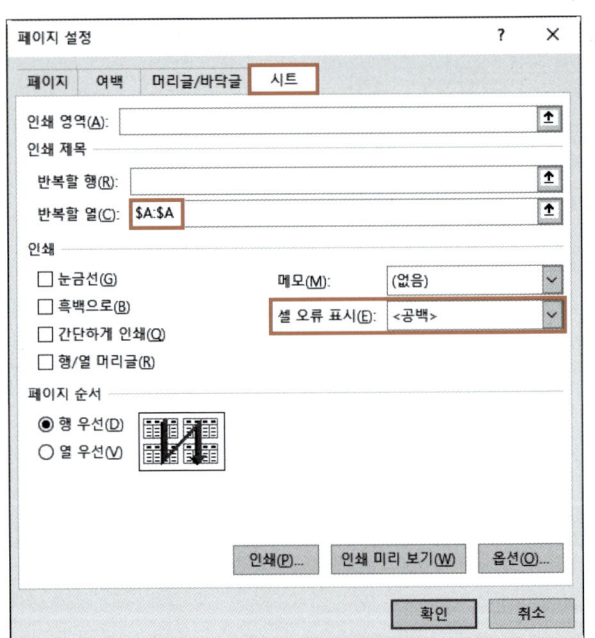

## 문제 2 계산작업

| | A | B | C | D | E | F | G | H | I | J | K | L | M |
|---|---|---|---|---|---|---|---|---|---|---|---|---|---|
| 1 | [표1] | | | | | | | | | [표2] 구분별 연도별 납부금액 비율 | | | |
| 2 | 납부코드 | 세목 | 구분 | 납부금액 | 납부일자 | 납부기관 | 납부방법 | 과세대상 | | 구분 | 2023 | 2024 | 2025 |
| 3 | 11-20250512-3 | 취득세 주택 | 지방세 | 2,545,400 | 2025.05.12 | CARD | 2025인터넷수납 | 주택 | | 지방세 | 97.8% | 98.6% | 99.3% |
| 4 | 11-20250618-4 | 지방소득세 | 지방세 | 2,339,080 | 2025.06.18 | K-PAY | 2025전용계좌수납 | | | 세외수입 | 2.2% | 1.4% | 0.7% |
| 5 | 11-20250129-5 | 자동차세 | 지방세 | 3,858,620 | 2025.01.29 | BANK | 2025전용계좌수납 | | | | | | |
| 6 | 11-20251224-6 | 재산세 주택 | 지방세 | 4,904,570 | 2025.12.24 | K-PAY | 2025전용계좌수납 | 주택 | | [표3] 세목별 최고 납부금액의 납부일자 | | | |
| 7 | 22-20250224-7 | 주정차 과태료 | 세외수입 | 42,000 | 2025.02.24 | CARD | 2025인터넷수납 | | | 세목 | 납부일자 | | |
| 8 | 22-20250722-8 | 무단투기 과태료 | 세외수입 | 58,500 | 2025.07.22 | BANK | 2025전용계좌수납 | | | 등록세 | 2024.05.05 | | |
| 9 | 11-20250415-9 | 주민세 개인균등분 | 지방세 | 18,900 | 2025.04.15 | K-PAY | 2025전용계좌수납 | | | 면허세 | 2025.06.05 | | |
| 10 | 11-20230814-10 | 등록세 | 지방세 | 180,110 | 2023.08.14 | BANK | 2023전용계좌수납 | | | 무단투기 과태료 | 2025.07.22 | | |
| 11 | 11-20250605-11 | 면허세 | 지방세 | 57,500 | 2025.06.05 | CARD | 2025인터넷수납 | | | 자동차세 | 2025.01.29 | | |
| 12 | 11-20240525-12 | 지방소득세 | 지방세 | 992,700 | 2024.05.25 | K-PAY | 2024전용계좌수납 | | | 재산세 주택 | 2025.12.24 | | |
| 13 | 11-20240115-13 | 자동차세 | 지방세 | 1,138,000 | 2024.01.15 | BANK | 2024전용계좌수납 | | | 주민세 개인균등분 | 2023.04.04 | | |
| 14 | 11-20241222-14 | 재산세 주택 | 지방세 | 2,686,210 | 2024.12.22 | CARD | 2024인터넷수납 | 주택 | | 주정차 과태료 | 2023.08.09 | | |
| 15 | 11-20240411-15 | 주민세 개인균등분 | 지방세 | 20,120 | 2024.04.11 | BANK | 2024전용계좌수납 | | | 지방소득세 | 2025.06.18 | | |
| 16 | 11-20230512-16 | 지방소득세 | 지방세 | 564,830 | 2023.05.12 | K-PAY | 2023전용계좌수납 | | | 취득세 주택 | 2025.05.12 | | |
| 17 | 11-20230123-17 | 자동차세 | 지방세 | 436,240 | 2023.01.23 | BANK | 2023전용계좌수납 | | | | | | |
| 18 | 11-20231211-18 | 재산세 주택 | 지방세 | 4,020,320 | 2023.12.11 | CARD | 2023인터넷수납 | 주택 | | | | | |
| 19 | 11-20230404-19 | 주민세 개인균등분 | 지방세 | 28,160 | 2023.04.04 | K-PAY | 2023전용계좌수납 | | | | | | |
| 20 | 22-20240202-20 | 주정차 과태료 | 세외수입 | 45,000 | 2024.02.02 | BANK | 2024전용계좌수납 | | | | | | |
| 21 | 22-20241110-21 | 무단투기 과태료 | 세외수입 | 28,800 | 2024.11.10 | CARD | 2024인터넷수납 | | | | | | |
| 22 | 22-20230809-22 | 주정차 과태료 | 세외수입 | 75,000 | 2023.08.09 | K-PAY | 2023전용계좌수납 | | | | | | |
| 23 | 22-20230722-23 | 무단투기 과태료 | 세외수입 | 42,000 | 2023.07.22 | CARD | 2023인터넷수납 | | | | | | |
| 24 | 11-20240505-24 | 등록세 | 지방세 | 281,610 | 2024.05.05 | K-PAY | 2024전용계좌수납 | | | | | | |
| 25 | 11-20230811-25 | 면허세 | 지방세 | 41,920 | 2023.08.11 | CARD | 2023인터넷수납 | | | | | | |

❶ **납부코드(A3)** _ 참고 : 찾기/참조 함수 58쪽
=LOOKUP(C3,{"세외수입","지방세"},{22,11}) & "-" & SUBSTITUTE(E3,".","") & "-" & ROW( )

❷ **과세대상(H3)** _ 참고 : 논리 함수 71쪽
=IF( ISNUMBER( SEARCH("주택",B3) ),"주택"," " )

❸ **구분별 연도별 납부금액 비율(K3)** _ 참고 : 배열 수식 43쪽
{=TEXT( SUMIFS($D$3:$D$25,$C$3:$C$25,$J3,$E$3:$E$25,K$2&"*") / SUMIFS($D$3:$D$25,$E$3:$E$25,K$2&"*"), "0.0%" )}

❹ **세목별 최고 납부금액의 납부일자(K9)** _ 참고 : 배열 수식 43쪽
{=VLOOKUP( LARGE( ($B$3:$B$25=J9)*$D$3:$D$25, 1), $D$3:$E$25, 2, FALSE )}

❺ **납부방법(G3)** _ 참고 : 사용자 정의 함수 83쪽
=fn납부방법(G4,D4)

```
Public Function fn납부방법(납부일자, 납부기관)
    If 납부기관 = "CARD" Then
        fn납부방법 = Left(납부일자, 4) & "인터넷수납"
    Else
        fn납부방법 = Left(납부일자, 4) & "전용계좌수납"
    End If
End Function
```

| 문제 3 | 분석작업 | | 정답 |

## 01. 피벗 테이블 _ 참고 : 피벗 테이블 88쪽

- '피벗 테이블 필드' 창

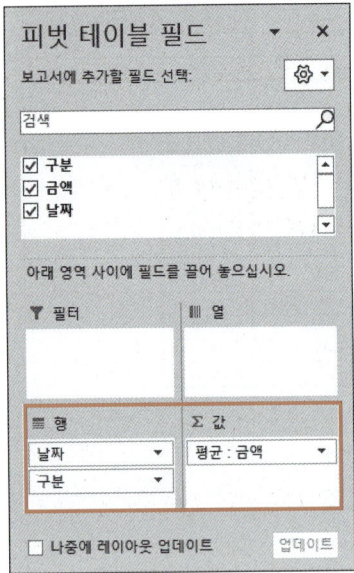

- '필드 설정' 대화상자

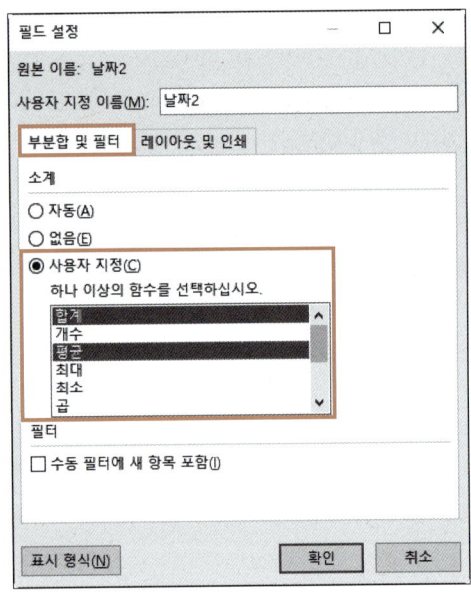

## 02. 중복된 항목 제거 / 통합 _ 참고 : 중복된 항목 제거 126쪽 / 통합 107쪽

중복된 항목 제거

정답

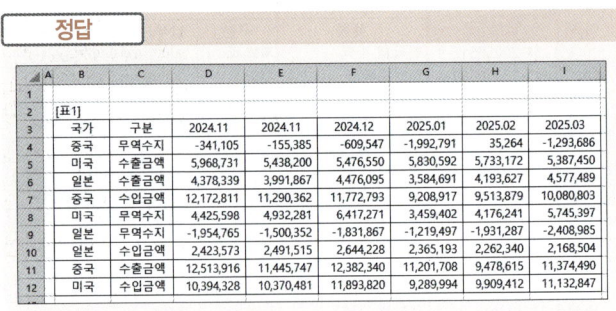

- '중복된 값 제거' 대화상자

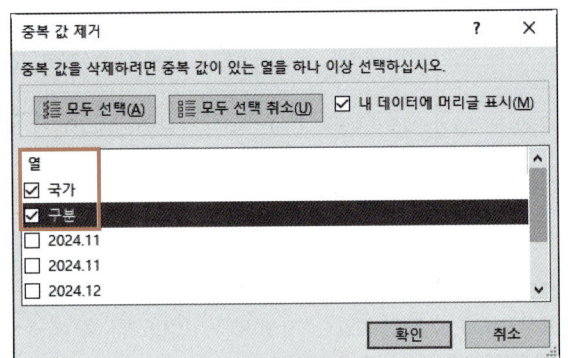

통합

정답

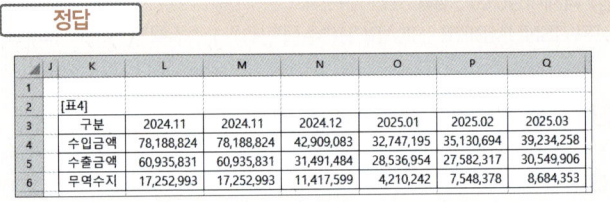

- '통합' 대화상자

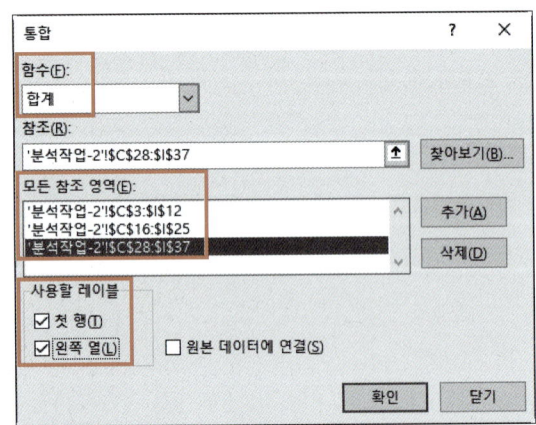

## 문제 4  기타작업

### 01. 매크로 작성 _ 참고: 매크로 135쪽

**❶ '서식적용' 매크로 실행**

정답

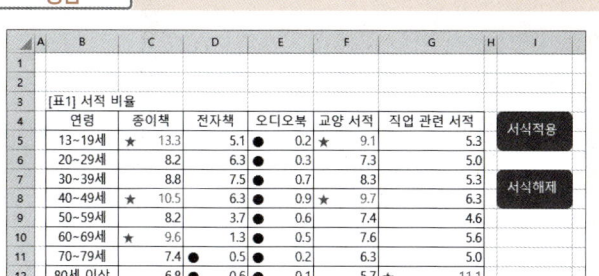

• '셀 서식' 대화상자

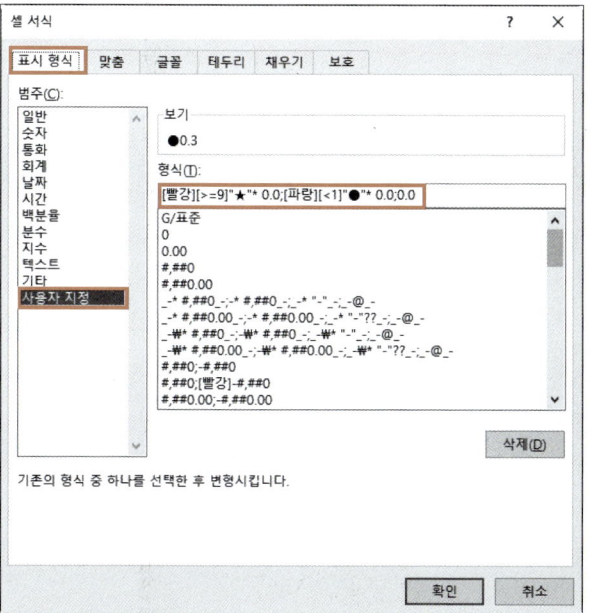

### 03. 프로시저 작성 _ 참고: 프로시저 142쪽

**❶ '강좌관리' 단추 및 폼 초기화 프로시저**

• '강좌관리' 단추 클릭 프로시저

정답

```
Private Sub cmd강좌관리_Click( )
    강좌현황.Show
End Sub
```

• 폼 초기화 프로시저

정답

```
Private Sub UserForm_Initialize( )
    cmb강좌명.RowSource = "H5:H10"
End Sub
```

**❷ '입력' 단추에 기능 구현하기**

정답

```
Private Sub cmd입력_Click( )
    참조행 = cmb강좌명.ListIndex + 5
    입력행 = [B4].Row + [B4].CurrentRegion.Rows.Count
    Cells(입력행, 2) = cmb강좌명.Value
    If opt남 = True Then
        Cells(입력행, 3) = "남"
    Else
        Cells(입력행, 3) = "여"
    End If
    Cells(입력행, 4) = Cells(참조행, 9)
    If opt참석 = True Then
        Cells(입력행, 5) = "○"
        Cells(입력행, 6) = Cells(참조행, 9) + 15000
    Else
        Cells(입력행, 6) = Cells(참조행, 9)
    End If
End Sub
```

**❸ '종료' 단추에 기능 구현하기**

정답

```
Private Sub cmd종료_Click( )
    [F1] = Time
    [F1].Font.Color = RGB(0, 0, 255)
    Unload Me
End Sub
```

# 05회 2024년 상시01 컴퓨터활용능력 1급

- **준 비 하 세 요 :** '길벗컴활1급총정리\기출\05회' 폴더에서 '24년상시01.xlsm' 파일을 열어서 작업하시오.
- **외부 데이터 위치 :** 길벗컴활1급총정리\기출\05회

## 문제 1   기본작업(15점) 주어진 시트에서 다음의 과정을 수행하고 저장하시오.

**1. '기본작업' 시트에서 다음과 같이 고급 필터를 수행하시오. (5점)**
- ▶ [A3:H28] 영역에서 '개설일'의 연도가 2018년 이후이고, '휴무일정보'가 "일요일"이거나 "공휴일"로 끝나는 데이터의 '센터코드', '지역', '개설일', '면적', '휴무일정보' 필드만 순서대로 표시하시오.
- ▶ 조건은 [A30:A31] 영역 내에 알맞게 입력하시오. (AND, YEAR, RIGHT 함수 사용)
- ▶ 결과는 [A33] 셀부터 표시하시오.

**2. '기본작업' 시트에서 다음과 같이 조건부 서식을 설정하시오. (5점)**
- ▶ [A4:H28] 영역에서 '운영구분'이 "직영"이고 '개설일'의 일이 짝수인 데이터의 행 전체에 대하여 글꼴 스타일은 '굵은 기울임꼴', 글꼴 색은 '표준 색-파랑'으로 적용하시오.
- ▶ 단, 규칙 유형은 '수식을 사용하여 서식을 지정할 셀 결정'을 사용하고, 한 개의 규칙으로만 작성하시오.
- ▶ AND, DAY, ISEVEN 함수 사용

**3. '기본작업' 시트에서 다음과 같이 페이지 레이아웃을 설정하시오. (5점)**
- ▶ 인쇄 용지가 가로로 인쇄되도록 용지 방향을 설정하고, [A1:H28] 영역을 인쇄 영역으로 설정하시오.
- ▶ 페이지의 내용이 95%로 축소되어 인쇄되도록 설정하시오.
- ▶ 매 페이지 하단의 가운데 구역에는 페이지 번호가 표시되도록 바닥글을 설정하시오.
  - 페이지 번호의 글꼴은 'HY견고딕'으로 지정하시오.

## 문제 2   계산작업(30점) '계산작업' 시트에서 다음 과정을 수행하고 저장하시오.

**1. [표1]의 운영구분, 개설연월, 면적과 기준날짜(I2)를 이용하여 [표2]의 [L4:L5] 영역에 운영구분별 운영기간이 20년 이상인 면적의 평균을 계산하여 표시하시오. (6점)**
- ▶ 운영기간 : 기준날짜의 연도 - 개설연월의 연도
- ▶ 면적의 평균은 자리 내림하여 정수로 표시
- ▶ AVERAGE, IF, ROUNDDOWN, YEAR 함수를 사용한 배열 수식

**2. [표1]의 지역과 운영구분을 이용하여 [표3]의 [L9:L16] 영역에 지역별 운영구분의 개수를 [표시 예]와 같이 표시하시오. (6점)**
- ▶ [표시 예 : 직영 4곳 - 위탁 1곳]
- ▶ SUM, CONCAT 함수를 사용한 배열 수식

**3. [표1]의 지역과 취급품목정보를 이용하여 [표3]의 [M9:O16] 영역에 지역별 취급품목정보별 비율을 계산하여 표시하시오. (6점)**
- ▶ 비율 : 지역별 취급품목정보별 개수 / 지역별 개수
- ▶ [표시 예 : 75%]
- ▶ COUNTIF, COUNTIFS, TEXT 함수 사용

4. [표1]의 센터코드, 운영구분, 면적을 이용하여 [표4]의 [L20:L21] 영역에 운영구분별 면적이 가장 넓은 센터코드를 표시하시오. (6점)
    ▶ INDEX, MATCH, MAX 함수를 사용한 배열 수식

5. 사용자 정의 함수 'fn비고'를 작성하여 [표1]의 [I4:I28] 영역에 비고를 계산하여 표시하시오. (6점)
    ▶ 'fn비고'는 취급품목정보, 보유차량, 휴무일정보를 인수로 받아 비고를 계산하는 함수이다.
    ▶ 비고는 취급품목정보가 "종이류"로 시작하면 보유차량과 휴무정보를 [표시 예]와 같이 표시하고, 그 외는 공백으로 표시하시오. 보유차량은 보유차량이 없으면 "보유차량 없음"을 표시하고 보유차량이 있으면 보유차량 숫자 뒤에 "대"를 표시하시오.
    [표시 예 : 일요일(1대), 일요일(보유차량 없음), 일요일(2대)]
    ▶ IF ~ End If문 사용

    ```
    Public Function fn비고(취급품목정보, 보유차량, 휴무일정보)

    End Function
    ```

## 문제 3    분석작업(20점) 주어진 시트에서 다음 작업을 수행하고 저장하시오.

1. '분석작업-1' 시트에서 다음의 지시사항에 따라 피벗 테이블 보고서를 작성하시오. (10점)
    ▶ 외부 데이터 가져오기 기능을 이용하여 〈재활용센터.accdb〉의 〈센터관리〉 테이블에서 '지역', '운영구분', '면적', '보유차량' 열을 이용하시오.
    ▶ 피벗 테이블 보고서의 레이아웃과 위치는 〈그림〉을 참조하여 설정하고, 보고서 레이아웃을 개요 형식으로 표시하시오.
    ▶ '지역' 필드는 "산" 자로 끝나는 데이터만 표시되도록 설정하시오.
    ▶ '면적'과 '보유차량' 필드의 표시 형식은 '값 필드 설정'의 셀 서식에서 '숫자' 범주를 이용하여 〈그림〉과 같이 지정하시오.
    ▶ 각 항목 다음에 빈줄이 삽입되도록 설정하시오.

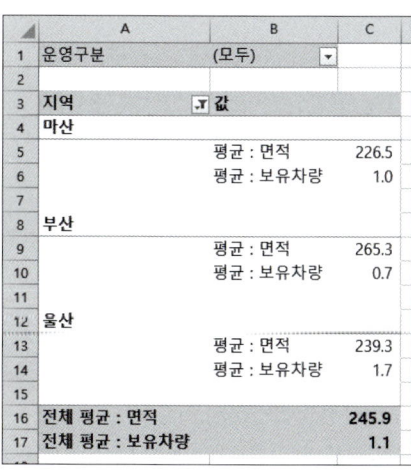

2. '분석작업-2' 시트에 대하여 다음의 지시사항을 처리하시오. (10점)
    ▶ [정렬] 기능을 이용하여 '2행'을 기준으로 '접수번호 – 종류 – 기간 – 숙박비 – 교통비 – 식비' 순으로 정렬하시오.
    ▶ [통합] 기능을 이용하여 [표2]의 [H2:J7] 영역에 '종류'별 '숙박비'의 '최대값'과 '교통비'의 '최소값'을 계산하시오.

## 문제 4    기타작업(35점) 주어진 시트에서 다음 작업을 수행하고 저장하시오.

**1.** '기타작업-1' 시트에서 다음과 같은 기능을 수행하는 매크로를 현재 통합문서에 작성하시오. (각 5점)

① [E3:E27] 영역에 사용자 지정 표시 형식을 설정하는 '서식적용' 매크로를 생성하시오.
- ▶ '전년대비매출'이 양수이면 파랑색으로 "▲"와 숫자를, 음수이면 자홍색으로 "▼"와 음수 기호, 숫자를, 0이면 숫자만을, 텍스트이면 빨강색으로 "※"만을 표시하시오.
  [표시 예 : '전년대비매출'이 0.34일 경우 ▲34% → , -0.21일 경우 → ▼-21%, 0일 경우 → 0%, "폐업"일 경우 → ※]
- ▶ [도형] → [기본 도형]의 '빗면(☐)'을 동일 시트의 [G2:G3] 영역에 생성한 후 텍스트를 "서식적용"으로 입력하고, 도형을 클릭하면 '서식적용' 매크로가 실행되도록 설정하시오.

② [E3:E27] 영역에 표시 형식을 '일반'으로 적용하는 '서식해제' 매크로를 생성하시오.
- ▶ [도형] → [기본 도형]의 '빗면(☐)'을 동일 시트의 [G5:G6] 영역에 생성한 후 텍스트를 "서식해제"로 입력하고, 도형을 클릭하면 '서식해제' 매크로가 실행되도록 설정하시오.

※ 셀 포인터의 위치에 관계없이 매크로가 실행되어야 정답으로 인정됨

**2.** '기타작업-2' 시트에서 다음의 지시사항에 따라 차트를 수정하시오. (각 2점)

※ 차트는 반드시 문제에서 제공한 차트를 사용하여야 하며, 신규로 차트 작성시 0점 처리됨

① 차트 종류를 '표식이 있는 꺾은선형'으로 변경하고 '효도관광' 요소를 차트에 추가하여 표시하시오.
② 차트 제목은 '차트 위'로 설정한 후 [A1] 셀과 연동시키고, 범례 위치는 오른쪽으로 지정하시오.
③ '식비' 계열에 '하강선'을 표시하고, '자유여행' 요소의 각 계열에 〈그림〉과 같이 설명선으로 표시된 데이터 레이블을 표시하시오.
④ 기본 세로(값) 축과 가로(항목) 축이 〈그림〉과 같이 표시되도록 설정하시오.
⑤ 차트 영역의 테두리 스타일은 '둥근 모서리', 차트의 색상형은 '다양한 색상표 3'으로 설정하시오.

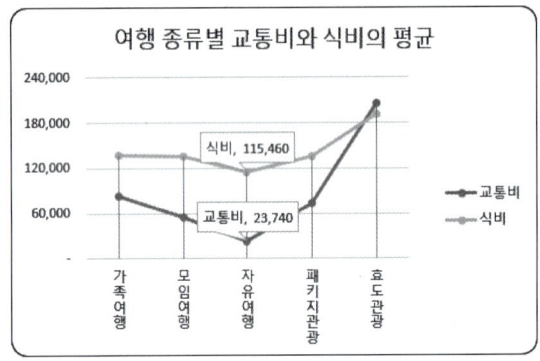

**3.** '기타작업-3' 시트에서 다음과 같은 작업을 수행하고 저장하시오. (각 5점)

① '숙소예약' 단추를 클릭하면 〈숙소예약〉 폼이 나타나고, 폼이 초기화(Initialize)되면 '예약날짜'(txt예약날짜) 컨트롤에 현재 날짜가 표시되고, [G4:G7] 영역의 값이 '방이름'(cmb방이름) 콤보 상자의 목록에 설정되도록 프로시저를 작성하시오.

② 〈숙소예약〉 폼의 '예약(cmd예약)' 단추를 클릭하면 폼에 입력된 데이터가 시트의 표에 입력되어 있는 마지막 행 다음에 연속하여 추가되도록 프로시저를 작성하시오.
- ▶ '이용금액'은 '숙박일수 × 방값'으로 계산하되, '이용금액'은 '숙박일수'가 2 이하이면 0%, 4 이하이면 5%, 6 이하이면 8%, 그 외는 10%가 할인됨
- ▶ 입력되는 데이터는 워크시트에 입력된 기존 데이터와 같은 형식의 데이터로 입력하시오.

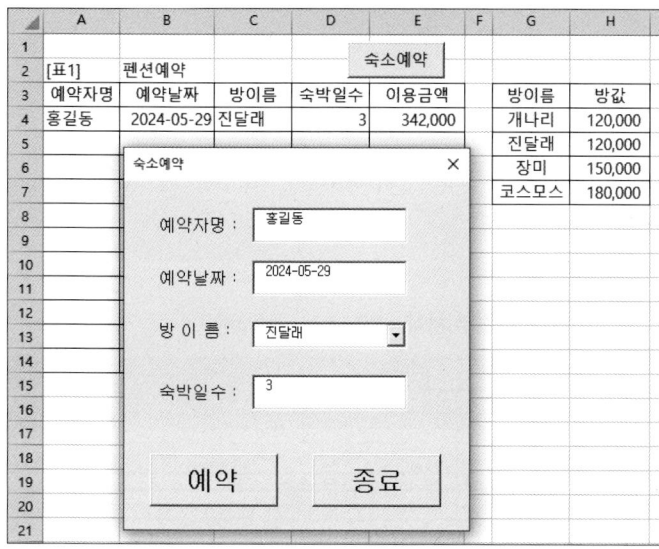

③ 〈숙소예약〉 폼의 '종료(cmd종료)' 단추를 클릭하면 〈그림〉과 같이 예약인원이 표시된 메시지 박스를 나타낸 후 폼을 종료하고 [B2] 셀의 글꼴색을 'RGB(100, 100, 200)'으로 설정하시오.

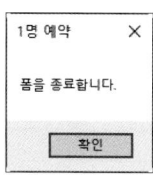

# 05회 기출문제 정답 및 해설

## 문제 1    기본작업

### 01. 고급 필터 _ 참고 : 고급 필터 18쪽

**정답**

|   | A | B | C | D | E |
|---|---|---|---|---|---|
| 29 |   |   |   |   |   |
| 30 | 조건 |   |   |   |   |
| 31 | TRUE |   |   |   |   |
| 32 |   |   |   |   |   |
| 33 | 센터코드 | 지역 | 개설일 | 면적 | 휴무일정보 |
| 34 | c01 | 서울 | 2021-12-20 | 836 | 일요일 |
| 35 | c02 | 부산 | 2019-08-04 | 173 | 일요일, 공휴일 |
| 36 | d01 | 수원 | 2020-05-27 | 246 | 토요일, 일요일, 공휴일 |
| 37 | d02 | 대전 | 2018-06-09 | 278 | 일요일 |
| 38 | d12 | 울산 | 2024-05-12 | 187 | 공휴일 |

• '고급 필터' 대화상자

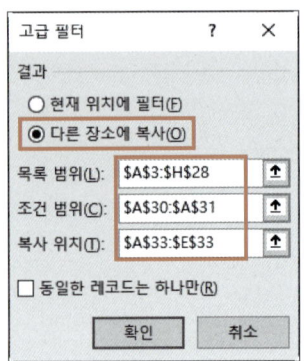

[A31] : =AND(YEAR(D4)>=2018,(RIGHT(H4,3)="일요일")+(RIGHT(H4,3)="공휴일"))

### 02. 조건부 서식 _ 참고 : 조건부 서식 25쪽

**정답**

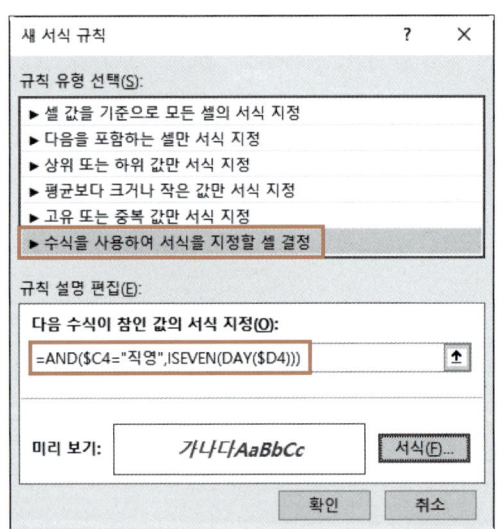

• '새 서식 규칙' 대화상자

=AND($C4="직영",ISEVEN(DAY($D4)))

## 03. 페이지 레이아웃 _ 참고 : 페이지 레이아웃 32쪽

**정답**

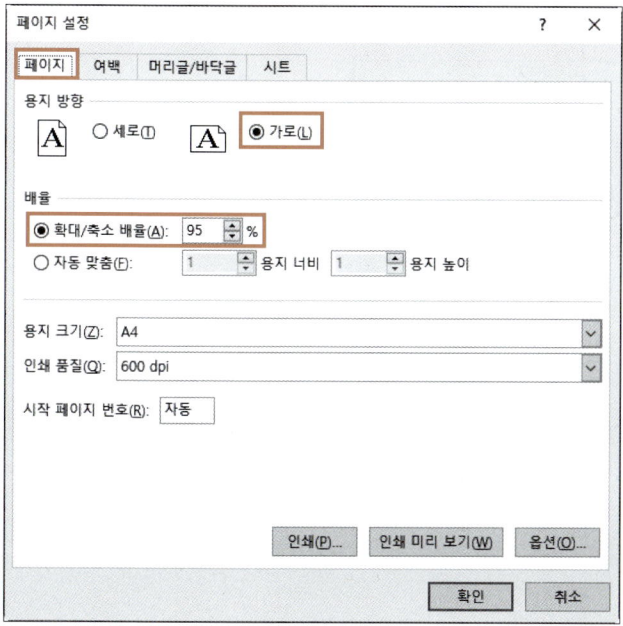

- '페이지 설정' 대화상자의 '페이지' 탭

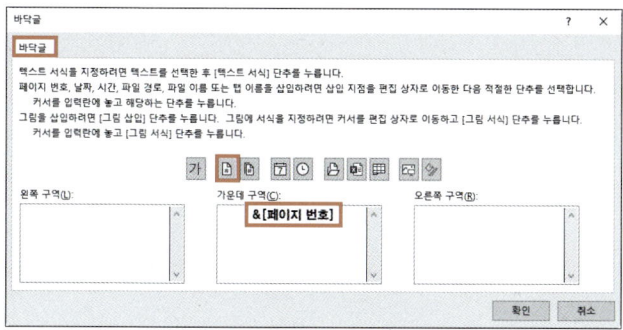

- '페이지 설정' 대화상자의 '시트' 탭

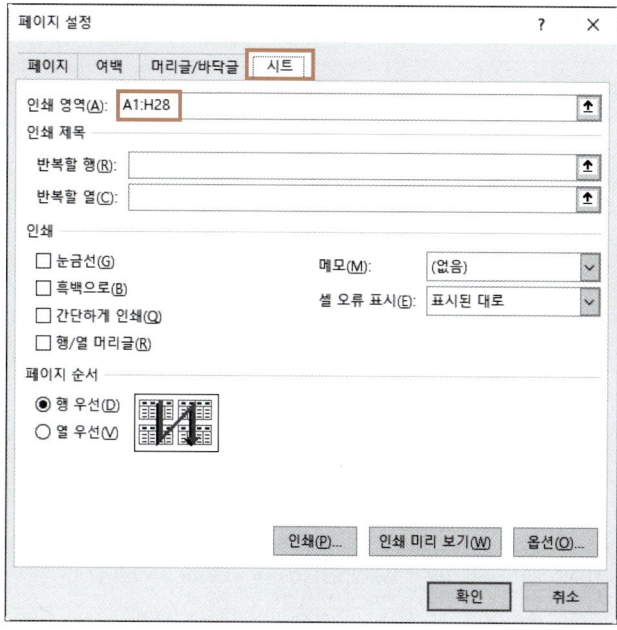

- '바닥글' 대화상자

## 문제 2  계산작업

### 정답

| | A | B | C | D | E | F | G | H | I | J | K | L | M | N | O |
|---|---|---|---|---|---|---|---|---|---|---|---|---|---|---|---|
| 1 | | | | | | | | | | | | | | | |
| 2 | [표1] | | | | | | | 기준날짜 : | | 2024-02-10 | [표2] | | | | |
| 3 | 센터코드 | 지역 | 운영구분 | 개설연월 | 면적 | 취급품목정보 | 보유차량 | 휴무일정보 | 비고 | | 운영구분 | 평균면적 | | | |
| 4 | c02 | 부산 | 위탁 | 2019-08 | 173 | 가전가구 | 2 | 일요일, 공휴일 | | | 직영 | 239 | | | |
| 5 | c11 | 울산 | 위탁 | 2010-03 | 331 | 종이류, 의류, 플라스틱류, 스티로폼류 등 | 1 | 일요일 | 일요일(1대) | | 위탁 | 365 | | | |
| 6 | c04 | 대전 | 직영 | 2011-07 | 113 | 가구, 플라스틱류, 캔류, 고철류 등 | 0 | 토요일, 일요일 | | | | | | | |
| 7 | c06 | 성남 | 직영 | 1999-11 | 351 | 가구가전 | 2 | 토요일, 일요일 | | | [표3] | | | | |
| 8 | c08 | 마산 | 직영 | 2017-03 | 157 | 종이류, 고철류, 의류, 플라스틱류 등 | 0 | 토요일, 일요일, 공휴일 | 토요일, 일요일, 공휴일(보유차량 없음) | | 지역 | 운영구분개수 | 가구 | 가전 | 의류 |
| 9 | d13 | 대전 | 위탁 | 2014-04 | 332 | 폐지, 알루미늄 등 | 0 | | | | 서울 | 직영 3곳 - 위탁 1곳 | 75% | 75% | 50% |
| 10 | d01 | 수원 | 위탁 | 2020-05 | 246 | 종이류, 합성수지, 가구, 고철류 등 | 2 | 토요일, 일요일, 공휴일 | 토요일, 일요일, 공휴일(2대) | | 부산 | 직영 1곳 - 위탁 2곳 | 67% | 33% | 33% |
| 11 | d12 | 울산 | 직영 | 2024-05 | 187 | 스티로폼류, 플라스틱류, 가구, 가전 등 | 1 | 공휴일 | | | 울산 | 직영 1곳 - 위탁 2곳 | 67% | 67% | 33% |
| 12 | d02 | 대전 | 직영 | 2018-06 | 278 | 옷, 가전, 신발, 가방, 가구 등 | 1 | 일요일 | | | 대전 | 직영 2곳 - 위탁 2곳 | 50% | 25% | 25% |
| 13 | c09 | 서울 | 위탁 | 2014-10 | 112 | 종이류, 의류, 가전 등 | 1 | 일요일 | 일요일(1대) | | 수원 | 직영 2곳 - 위탁 2곳 | 75% | 50% | 25% |
| 14 | c07 | 강릉 | 위탁 | 2010-10 | 163 | 종이류, 플라스틱류, 가전, 의류 등 | 0 | 공휴일 | 공휴일(보유차량 없음) | | 성남 | 직영 2곳 - 위탁 1곳 | 67% | 33% | 67% |
| 15 | d10 | 서울 | 직영 | 2011-06 | 524 | 가전가구 | 1 | 토요일, 일요일, 공휴일 | | | 강릉 | 직영 0곳 - 위탁 2곳 | 0% | 100% | 50% |
| 16 | d03 | 서울 | 직영 | 2004-04 | 238 | 가구, 의류, 플라스틱류, 스티로폼류 등 | 0 | 토요일, 일요일, 공휴일 | | | 마산 | 직영 2곳 - 위탁 0곳 | 50% | 50% | 100% |
| 17 | c12 | 대전 | 위탁 | 2017-11 | 136 | 종이류, 플라스틱류, 의류, 고철류 등 | 0 | 토요일, 일요일, 공휴일 | 토요일, 일요일, 공휴일(보유차량 없음) | | | | | | |
| 18 | d07 | 수원 | 직영 | 2013-08 | 347 | 가구가전 | 1 | 공휴일 | | | [표4] | | | | |
| 19 | c01 | 서울 | 직영 | 2021-12 | 836 | 종이류, 가구, 가전, 가전 등 | 1 | 일요일 | 일요일(1대) | | 운영구분 | 센터코드 | | | |
| 20 | d11 | 부산 | 직영 | 2014-11 | 474 | 종이류, 고철류, 공병, 의류 등 | 0 | 일요일 | 일요일(보유차량 없음) | | 직영 | c01 | | | |
| 21 | d08 | 강릉 | 위탁 | 2001-05 | 531 | 종이류, 가전, 알루미늄 등 | 3 | 공휴일 | 공휴일(3대) | | 위탁 | d08 | | | |
| 22 | d05 | 성남 | 직영 | 2014-12 | 443 | 종이류, 합성수지, 가구, 의류 등 | 3 | 토요일 | 토요일(3대) | | | | | | |
| 23 | c03 | 울산 | 직영 | 2001-03 | 200 | 스티로폼류, 플라스틱류, 가구, 의류 등 | 3 | 토요일, 일요일 | | | | | | | |
| 24 | c10 | 부산 | 위탁 | 2009-11 | 149 | 옷, 신발, 가방, 가구 등 | 0 | 토요일, 일요일 | | | | | | | |
| 25 | d04 | 성남 | 위탁 | 2010-11 | 168 | 의류, 플라스틱류, 공병, 고철 등 | 0 | 토요일, 일요일 | | | | | | | |
| 26 | c05 | 수원 | 직영 | 2003-01 | 129 | 가구가전 | 1 | 월요일 | | | | | | | |
| 27 | d09 | 마산 | 직영 | 2005-09 | 296 | 종이류, 의류, 캔류, 가구, 가전 등 | 2 | 일요일 | 일요일(2대) | | | | | | |
| 28 | d06 | 수원 | 위탁 | 2012-02 | 152 | 슬라스틱류, 고철, 의류 등 | 3 | 월요일 | | | | | | | |

❶ 운영구분별 평균면적(L4) _ 참고 : 배열 수식 43쪽

{=ROUNDDOWN( AVERAGE( IF( ( YEAR($I$2)-YEAR($D$4:$D$28))>=20 ) * ( $C$4:$C$28=K4), $E$4:$E$28) ), 0 )}

❷ 지역별 운영구분개수(L9) _ 참고 : 배열 수식 43쪽

{=CONCAT( "직영 ", SUM( ($B$4:$B$28=K9) * ($C$4:$C$28="직영") ), "곳 - 위탁 ", SUM( ($B$4:$B$28=K9) * ($C$4:$C$28="위탁") ), "곳 ")}

❸ 지역별 취급품목정보별 비율(M9) _ 참고 : 기타 함수 77쪽

=TEXT( COUNTIFS($B$4:$B$28, $K9, $F$4:$F$28, "*"&M$8&"*") / COUNTIF($B$4:$B$28, $K9), "0%" )

❹ 운영구분별 면적이 가장 넓은 센터코드(L20) _ 참고 : 찾기/참조 함수 58쪽

{=INDEX( $A$4:$A$28, MATCH( MAX( ($C$4:$C$28=K20) * $E$4:$E$28 ), ($C$4:$C$28=K20) * $E$4:$E$28, 0 ) )}

❺ 비고(I4) _ 참고 : 사용자 정의 함수 83쪽

=fn비고(F4,G4,H4)

```
Public Function fn비고(취급품목정보, 보유차량, 휴무일정보)
    If Left(취급품목정보, 3) = "종이류" Then
        If 보유차량 = 0 Then
            fn비고 = 휴무일정보 & "(보유차량 없음)"
        Else
            fn비고 = 휴무일정보 & "(" & 보유차량 & "대)"
        End If
    Else
        fn비고 = ""
    End If
End Function
```

# 문제 3    분석작업    정답

## 01. 피벗 테이블 _ 참고 : 피벗 테이블 88쪽

• '피벗 테이블 필드' 창

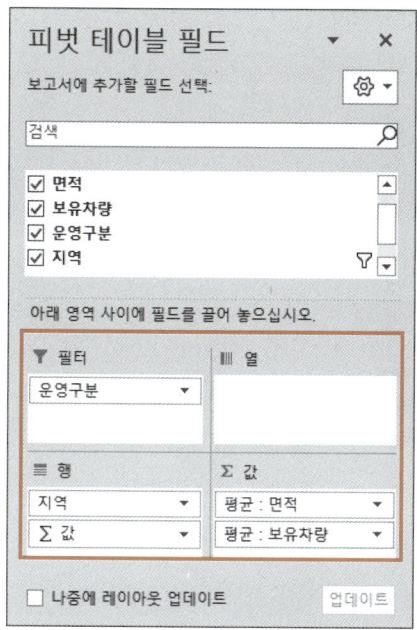

• '지역' 필드의 '레이블 필터' 대화상자

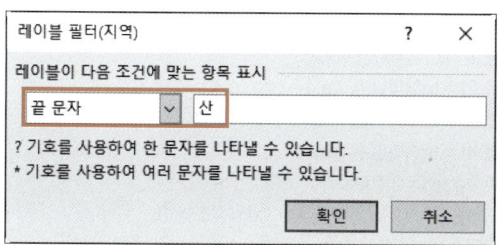

## 02. 정렬 / 통합 _ 참고 : 정렬 109쪽 / 통합 107쪽

**정답**

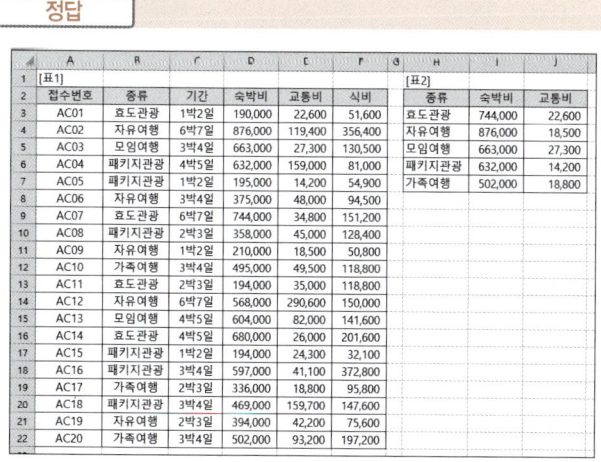

• '사용자 지정 목록' 대화상자

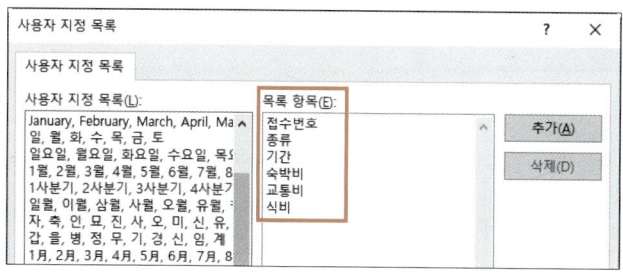

• '정렬' 대화상자

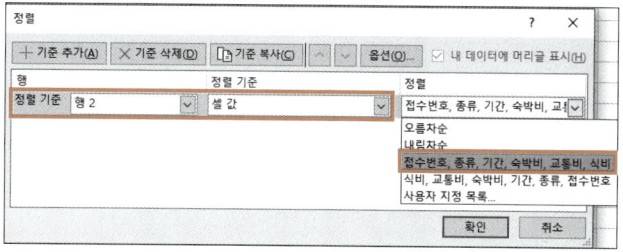

• 데이터 통합

1. 다음과 같이 입력하고 [H2:J2] 영역을 블록으로 지정한 후 [데이터] → 데이터 도구 → **통합**을 클릭한다.

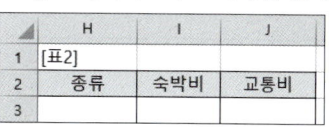

2. '통합' 대화상자에서 다음과 같이 지정한다.

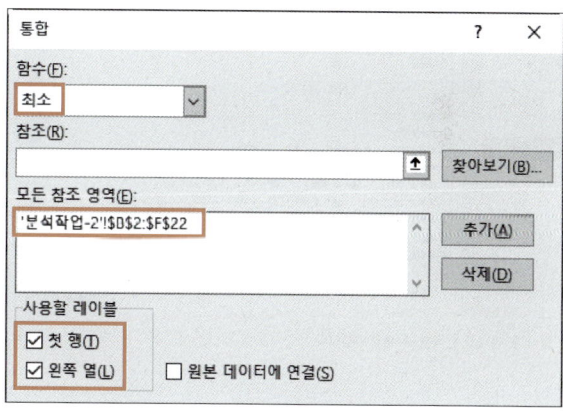

3. [H2:I2] 영역을 블록으로 지정하고 [데이터] → 데이터 도구 → **통합**을 클릭한 후 다음과 같이 지정한다.

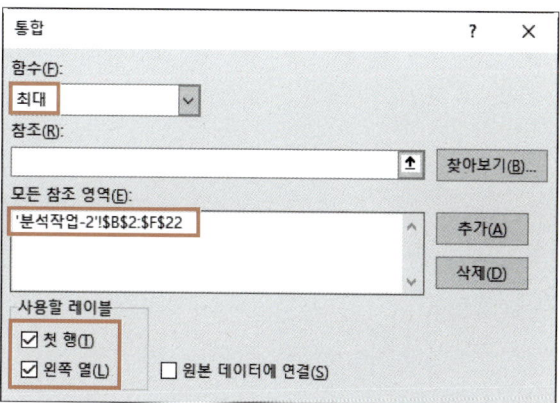

## 문제 4  기타작업

### 01. 매크로 작성 _ 참고 : 매크로 135쪽

❶ '서식적용' 매크로 실행

**정답**

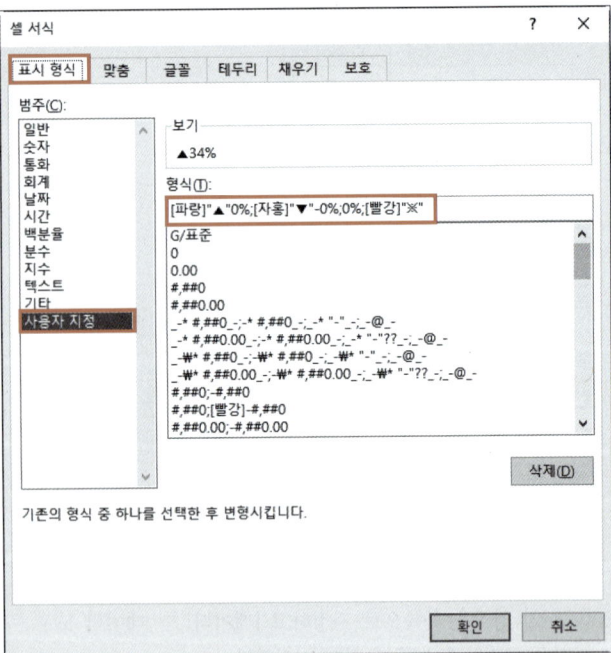

• '셀 서식' 대화상자

### 03. 프로시저 작성 _ 참고 : 프로시저 142쪽

❶ '숙소예약' 단추 및 폼 초기화 프로시저

• '숙소예약' 단추 클릭 프로시저

**정답**

Private Sub cmd숙소예약_Click( )
　　숙소예약.Show
End Sub

• 폼 초기화 프로시저

**정답**

Private Sub UserForm_Initialize( )
　　txt예약날짜.Value = Date
　　cmb방이름.RowSource = "G4:G7"
End Sub

❷ '예약' 단추에 기능 구현하기

**정답**

Private Sub cmd예약_Click( )
　　참조행 = cmb방이름.ListIndex + 4
　　입력행 = [A2].Row + [A2].CurrentRegion.Rows.Count
　　Cells(입력행, 1) = txt예약자명.Value
　　Cells(입력행, 2) = txt예약날짜.Value
　　Cells(입력행, 3) = cmb방이름.Value
　　Cells(입력행, 4) = txt숙박일수.Value
　　If txt숙박일수.Value <= 2 Then
　　　　Cells(입력행, 5) = Cells(입력행, 4) * Cells(참조행, 8)
　　ElseIf txt숙박일수.Value <= 4 Then
　　　　Cells(입력행, 5) = Cells(입력행, 4) * Cells(참조행, 8) * 0.95
　　ElseIf txt숙박일수.Value <= 6 Then
　　　　Cells(입력행, 5) = Cells(입력행, 4) * Cells(참조행, 8) * 0.92
　　Else
　　　　Cells(입력행, 5) = Cells(입력행, 4) * Cells(참조행, 8) * 0.9
　　End If
End Sub

❸ '종료' 단추에 기능 구현하기

**정답**

Private Sub cmd종료_Click( )
　　MsgBox "폼을 종료합니다.", , [A2].CurrentRegion.Rows.Count − 2 & "명 예약"
　　[B2].Font.Color = RGB(100, 100, 200)
　　Unload Me
End Sub

# 06회 2024년 상시02 컴퓨터활용능력 1급

- **준 비 하 세 요 :** '길벗컴활1급총정리\기출\06회' 폴더에서 '24년상시02.xlsm' 파일을 열어서 작업하시오.
- **외부 데이터 위치 :** 길벗컴활1급총정리\기출\06회

## 문제 1   기본작업(15점) 주어진 시트에서 다음의 과정을 수행하고 저장하시오.

### 1. '기본작업-1' 시트에서 다음과 같이 고급 필터를 수행하시오. (5점)

- ▶ [A2:H30] 영역에서 '진료일'이 2023년이고, '진료과목'이 "외과"로 끝나고, '환자코드'가 "A" 또는 "B"로 시작하는 데이터의 '환자코드', '성명', '생년월일', '진료과목', '진료일' 필드만 순서대로 표시하시오.
- ▶ 조건은 [A32:D36] 영역 내에 알맞게 입력하시오. (YEAR, RIGHT 함수 사용)
- ▶ 결과는 [A37] 셀부터 표시하시오.

### 2. '기본작업-1' 시트에서 다음과 같이 조건부 서식을 설정하시오. (5점)

- ▶ [A3:H30] 영역에서 '생년월일'이 2000~2003년이거나 '진료시간'이 오전 9부터 12시 59분까지인 데이터의 행 전체에 대하여 글꼴 스타일은 '굵은 기울임꼴', 글꼴 색은 '표준 색-빨강'으로 적용하시오.
- ▶ 단, 규칙 유형은 '수식을 사용하여 서식을 지정할 셀 결정'을 사용하고, 한 개의 규칙으로만 작성하시오.
- ▶ OR, AND, YEAR, HOUR 함수 사용

### 3. '기본작업-2' 시트에서 다음과 같이 페이지 레이아웃을 설정하시오. (5점)

- ▶ 행이 추가돼도 높이는 한 페이지에 인쇄되고 너비는 최대 두 페이지까지 인쇄되도록 설정하시오.
- ▶ 매 페이지 하단의 오른쪽 구역에는 페이지 번호가 [표시 예]와 같이 표시되도록 설정하시오.
  - 첫 페이지의 번호가 10이 되도록 설정하시오.
  [표시 예 : 현재 페이지 번호가 1인 경우 → 10페이지]
- ▶ 메모가 워크시트에 표시된 대로 인쇄되도록 설정하고, 페이지 여백을 '좁게'로 설정하시오.

## 문제 2   계산작업(30점) '계산작업' 시트에서 다음 과정을 수행하고 저장하시오.

### 1. [표1]의 가입자일련번호와 요양개시일자를 이용하여 [A3:A35] 영역에 처방번호를 표시하시오. (6점)

- ▶ 처방번호는 가입자일련번호가 동일한 경우 요양개시일자가 가장 빠른 항목에 1을 부여하고, 나머지 항목은 요양개시일자 순으로 1씩 추가하여 표시
- ▶ 표시 예 : 가입자일련번호가 123456이고 요양개시일자가 2번째로 빠른 경우 → 123456-2
- ▶ IF, SUM 함수를 이용한 배열 수식과 & 연산자 사용

### 2. [표1]의 성분코드와 [표2]를 이용하여 [H3:H35] 영역에 성분정보를 표시하시오. (6점)

- ▶ 성분정보는 성분코드의 7~9번째 문자를 이용
- ▶ 성분코드의 7번째 문자가 A이고, 8~9번째 문자가 TB이면 '내복정제'로 표시
- ▶ 성분정보가 오류인 경우 '기타'로 표시
- ▶ IFERROR, INDEX, MATCH, MID 함수 사용

3. [표1]의 성별과 요양개시일자를 이용하여 첫 요양개시일자의 해당 월에서 '여성'의 처방 건수를 [P2] 셀에 계산하시오. (6점)
   ▶ 첫 요양개시일자의 해당 월은 요양개시일자 중에서 가장 빠른 날짜의 월로 계산
   ▶ 가장 빠른 요양개시일자가 2023-02-25이면 2월 한달 동안의 여성들의 처방 건수를 계산함
   ▶ COUNTIFS, EOMONTH, MIN 함수 사용

4. [표1]의 연령대코드와 총투여일수를 이용하여 [표3]의 [P14:P20] 영역에 연령대별 이용도를 표시하시오. (6점)
   ▶ 연령대는 연령대코드의 일의 자리에서 내림하여 십의 자리까지 표시
   ▶ 이용도는 '■' 기호를 연령대별 총투여일수의 평균값만큼 반복하여 표시
   ▶ [표시 예 : 평균값이 2.8인 경우 → ■■, 3.1인 경우 → ■■■]
   ▶ AVERAGE, IF, REPT, ROUNDDOWN 함수를 이용한 배열 수식

5. 사용자 정의 함수 'fn금액'을 작성하여 [표1]의 [M3:M35] 영역에 금액을 계산하여 표시하시오. (6점)
   ▶ 'fn금액'은 시도, 일회투약량, 일일투약량, 총투여일수, 단가를 인수로 받아 금액을 계산하는 함수이다.
   ▶ 금액은 일회투약량 × 일일투약량 × 총투여일수 × 단가 × 가중치로 계산하시오.
   ▶ 가중치는 시도가 '서울'이면 1.1, '제주'이면 1.3, 그 외에는 1.2로 계산하시오.
   ▶ SELECT CASE문 사용

   ```
   Public Function fn금액(시도, 일회투약량, 일일투약량, 총투여일수, 단가)

   End Function
   ```

## 문제 3  분석작업(20점)  주어진 시트에서 다음 작업을 수행하고 저장하시오.

1. '분석작업-1' 시트에서 다음의 지시사항에 따라 피벗 테이블 보고서를 작성하시오. (10점)
   ▶ 외부 데이터 가져오기 기능을 이용하여 〈요양보호.accdb〉에서 〈요양보호관리대상〉 테이블의 '성별', '연령대코드', '시도', '일회투약량', '일일투약량' 열을 이용하시오.
   ▶ '시도' 필드가 '서울'이거나 '경기'인 데이터만을 가져오시오.
   ▶ 피벗 테이블 보고서의 레이아웃과 위치는 〈그림〉을 참조하여 설정하고, 보고서 레이아웃을 개요 형식으로 표시하시오.
   ▶ '연령대코드' 필드는 〈그림〉과 같이 그룹화를 설정하시오.
   ▶ '일일투약량'과 '일회투약량' 필드의 표시 형식은 '값 필드 설정'의 셀 서식에서 '숫자' 범주를 이용하여 〈그림〉과 같이 지정하시오.
   ▶ 각 필드의 최대값과 최소값 부분합을 그룹 하단에 표시하시오.

| | A | B | C | D |
|---|---|---|---|---|
| 1 | | | | |
| 2 | 성별 | (모두) | | |
| 3 | | | | |
| 4 | 시도 | 연령대코드 | 평균 : 일일투약량 | 평균 : 일회투약량 |
| 5 | ⊟ 경기 | | | |
| 6 | | 30-39 | 1.3 | 0.5 |
| 7 | | 40-49 | 1.8 | 0.6 |
| 8 | | 50-59 | 0.2 | 0.2 |
| 9 | | 60-69 | 1.0 | 0.7 |
| 10 | | 80-89 | 1.8 | 0.9 |
| 11 | | 90-100 | 1.2 | 0.4 |
| 12 | 경기 최대 | | 2.1 | 0.9 |
| 13 | 경기 최소 | | 0.2 | 0.2 |
| 14 | ⊟ 서울 | | | |
| 15 | | 40-49 | 1.0 | 0.5 |
| 16 | | 50-59 | 0.4 | 0.3 |
| 17 | | 60-69 | 1.1 | 0.7 |
| 18 | | 70-79 | 0.6 | 0.3 |
| 19 | | 80-89 | 1.4 | 0.6 |
| 20 | | 90-100 | 1.8 | 0.9 |
| 21 | 서울 최대 | | 2.4 | 0.9 |
| 22 | 서울 최소 | | 0.2 | 0.2 |
| 23 | 총합계 | | 1.0 | 0.5 |
| 24 | | | | |

## 2. '분석작업-2' 시트에 대하여 다음의 지시사항을 처리하시오. (10점)

▶ [데이터 유효성 검사] 기능을 이용하여 [B3:B30] 영역에는 '성명' 중간에 빈 칸이 삽입되지 않도록 제한 대상을 설정하시오.
- [B3:B30] 영역을 클릭한 경우 〈그림〉과 같은 설명 메시지를 표시하고, 유효하지 않은 데이터를 입력한 경우 〈그림〉과 같은 오류 메시지가 표시되도록 설정하시오.

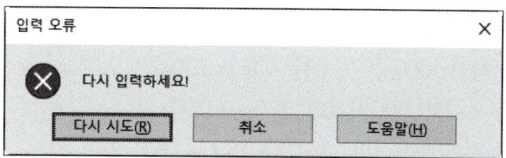

- FIND, ISERROR 함수 사용

▶ [필터] 기능을 이용하여 '환자코드'를 기준으로 오름차순 정렬하고, '생년월일'이 1980년 이후이고 '진료과목'이 "내과" 또는 "외과"로 끝나는 데이터 행만 표시되도록 필터를 설정하시오.

## 문제 4    기타작업(35점)   주어진 시트에서 다음 작업을 수행하고 저장하시오.

### 1. '기타작업-1' 시트에서 다음과 같은 기능을 수행하는 매크로를 현재 통합문서에 작성하시오. (각 5점)

① [E4:E13] 영역에 사용자 지정 표시 형식을 설정하는 '서식적용' 매크로를 생성하시오.
- ▶ '목표달성률'이 1 이상이면 "좋음", 0.5 미만이면 "나쁨", 그 외는 "보통"을 숫자 앞에 표시하되, 숫자는 백분율로 표시하시오.
  [표시 예 : '목표달성률'이 1.1일 경우 → 좋음 110%, 0일 경우 → 나쁨 0%]
- ▶ [개발 도구] → [삽입] → [양식 컨트롤]의 '단추'를 동일 시트의 [G3:G4] 영역에 생성한 후 텍스트를 "서식적용"으로 입력하고, 단추를 클릭하면 '서식적용' 매크로가 실행되도록 설정하시오.

② [E4:E13] 영역에 표시 형식을 '일반'으로 적용하는 '서식해제' 매크로를 생성하시오.
- ▶ [개발 도구] → [삽입] → [양식 컨트롤]의 '단추'를 동일 시트의 [G6:G7] 영역에 생성한 후 텍스트를 "서식해제"로 입력하고, 단추를 클릭하면 '서식해제' 매크로가 실행되도록 설정하시오.

※ 셀 포인터의 위치에 관계없이 매크로가 실행되어야 정답으로 인정됨

### 2. '기타작업-2' 시트에서 다음의 지시사항에 따라 차트를 수정하시오. (각 2점)

※ 차트는 반드시 문제에서 제공한 차트를 사용하여야 하며, 신규로 차트 작성시 0점 처리됨

① '일회투약량' 계열을 삭제하고, 차트 종류를 '묶은 세로 막대형' 차트로 변경하시오.
② 기본 세로(값) 축의 최대값과 기본 단위를 〈그림〉과 같이 지정하고, 범례를 위쪽에 표시하시오.
③ '일일투약량' 계열의 '80대' 요소에 〈그림〉과 같이 데이터 레이블을 표시하고, 범례 표지가 없는 데이터 테이블을 표시하시오.
④ '총투여일수' 계열은 채우기를 '알약.png'로 지정하고, '그림 또는 질감 채우기' – '다음 배율에 맞게 쌓기'의 '단위/사진'을 3으로 지정하시오.
⑤ 그림 영역은 채우기를 패턴의 '점선: 20%'로 지정하고, 패턴 채우기의 전경색은 '테마 색 – 회색, 강조 3'으로 지정하시오.

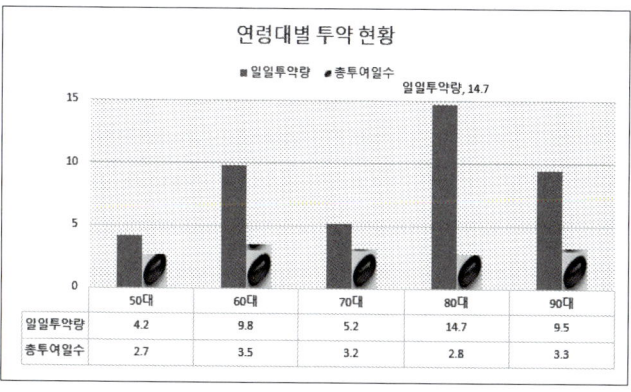

## 3. '기타작업-3' 시트에서 다음과 같은 작업을 수행하고 저장하시오. (각 5점)

① '지점매출' 단추를 클릭하면 〈매출현황〉 폼이 나타나고, 폼이 초기화(Initialize)되면 '지점'을 표시하는 옵션 단추 중 '강남(opt강남)'이 기본적으로 선택되고, '제품명(cmb제품명)' 목록에는 [G4:G8] 영역이 표시되도록 프로시저를 작성하시오.

② 〈매출현황〉 폼의 '입력(cmd입력)' 단추를 클릭하면 폼에 입력된 데이터가 시트의 표에 입력되어 있는 마지막 행 다음에 연속하여 추가되도록 프로시저를 작성하시오.

▶ '지점'에는 '강남(op일반)'을 선택하면 "강남", '용산(opt용산)'을 선택하면 "용산", '종로(opt종로)'를 선택하면 "종로"를 입력하시오.

▶ '총판매액'은 '판매량 × 판매가'로 계산하여 1000 단위 구분 기호를 표시하시오(Format 함수 사용).

　[표시 예 : '총판매액'이 130000일 경우 → 130,000원, 0일 경우 → 0원]

▶ 입력되는 데이터는 워크시트에 입력된 기존 데이터와 같은 형식의 데이터로 입력하시오.

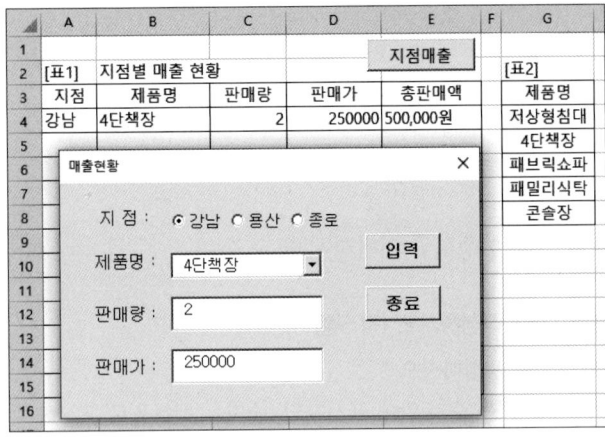

③ '기타작업-3' 시트가 활성화되면 [B2] 셀의 글꼴이 '궁서체', 글꼴 크기가 12로 지정되도록 구현하시오.

# 06회 EXAMINATION 기출문제 정답 및 해설

## 문제 1  기본작업

### 01. 고급 필터 _ 참고 : 고급 필터 18쪽

**정답**

| | A | B | C | D | E |
|---|---|---|---|---|---|
| 31 | | | | | |
| 32 | 조건 | 환자코드 | | | |
| 33 | 0 | A* | | | |
| 34 | 0 | B* | | | |
| 35 | | | | | |
| 36 | | | | | |
| 37 | 환자코드 | 성명 | 생년월일 | 진료과목 | 진료일 |
| 38 | A013 | 이영덕 | 1973-06-04 | 흉부외과 | 2023-02-03 |
| 39 | A015 | 유경수 | 2005-11-23 | 정형외과 | 2023-03-20 |
| 40 | A018 | 강말순 | 1985-12-05 | 흉부외과 | 2023-03-20 |
| 41 | A051 | 전만호 | 1975-05-08 | 신경외과 | 2023-04-12 |
| 42 | B219 | 김창무 | 1999-08-16 | 신경외과 | 2023-03-06 |

• '고급 필터' 대화상자

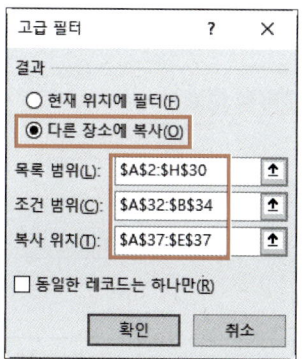

[A33], [A34] : =(YEAR(G3)=2023)*(RIGHT(E3,2)="외과")

### 02. 조건부 서식 _ 참고 : 조건부 서식 25쪽

**정답**

| | A | B | C | D | E | F | G | H |
|---|---|---|---|---|---|---|---|---|
| 1 | [표1] | | | | | | | |
| 2 | 환자코드 | 성명 | 생년월일 | 성별 | 진료과목 | 담당의사 | 진료일 | 진료시간 |
| 3 | *A011* | *이수만* | *2000-11-03* | *남* | *흉부외과* | *박종식* | *2022-12-22* | *15:20* |
| 4 | *A013* | *이영덕* | *1973-06-04* | *남* | *흉부외과* | *박종식* | *2023-02-03* | *10:00* |
| 5 | *A014* | *성예연* | *1987-05-03* | *여* | *호흡기내과* | *김지수* | *2023-01-05* | *09:10* |
| 6 | A015 | 유경수 | 2005-11-23 | 남 | 정형외과 | 하석태 | 2023-03-20 | 14:20 |
| 7 | A017 | 임효인 | 1959-09-08 | 여 | 소화기내과 | 남민종 | 2023-01-16 | 17:50 |
| 8 | *A018* | *강말순* | *1985-12-05* | *여* | *흉부외과* | *박종식* | *2023-03-20* | *10:20* |
| 9 | A051 | 전만호 | 1975-05-08 | 남 | 신경외과 | 임지영 | 2023-04-12 | 17:30 |
| 10 | B215 | 소금진 | 1988-04-01 | 남 | 피부과 | 김종남 | 2023-02-08 | 13:00 |
| 11 | *B216* | *김명철* | *2004-05-07* | *남* | *피부과* | *김종남* | *2023-01-12* | *10:20* |
| 12 | *B217* | *이샛별* | *2001-05-09* | *여* | *가정의학과* | *편영표* | *2023-02-23* | *11:20* |
| 13 | B218 | 심수미 | 1986-12-12 | 여 | 산부인과 | 곽수지 | 2023-02-28 | 16:00 |
| 14 | B219 | 김창무 | 1999-08-16 | 남 | 신경외과 | 임지영 | 2023-03-06 | 13:50 |
| 15 | *C101* | *진보람* | *1948-10-05* | *여* | *신경외과* | *임지영* | *2023-05-21* | *09:30* |
| 16 | C106 | 이남석 | 1974-08-25 | 남 | 가정의학과 | 편영표 | 2023-04-16 | 16:20 |
| 17 | *C109* | *전준호* | *1958-04-07* | *남* | *흉부외과* | *박종식* | *2023-03-14* | *11:30* |
| 18 | C228 | 김정근 | 1978-04-09 | 남 | 호흡기내과 | 김지수 | 2022-12-14 | 16:30 |
| 19 | *C229* | *이태백* | *1953-07-01* | *남* | *가정의학과* | *편영표* | *2023-01-10* | *10:00* |
| 20 | *D051* | *양경숙* | *1988-05-04* | *여* | *피부과* | *김종남* | *2023-03-20* | *11:00* |
| 21 | *D052* | *강진희* | *1993-05-08* | *여* | *산부인과* | *곽수지* | *2023-02-08* | *09:30* |
| 22 | *D210* | *용화숙* | *1980-04-02* | *여* | *피부과* | *김종남* | *2023-02-27* | *12:59* |
| 23 | D213 | 이유라 | 1998-09-04 | 여 | 산부인과 | 곽수지 | 2023-03-12 | 16:20 |
| 24 | D217 | 황귀영 | 1943-07-25 | 남 | 흉부외과 | 박종식 | 2023-03-12 | 15:00 |
| 25 | D331 | 장길산 | 1952-02-12 | 남 | 소화기내과 | 남민종 | 2023-02-19 | 14:00 |
| 26 | *D371* | *이종호* | *1995-05-14* | *남* | *정형외과* | *하석태* | *2023-01-15* | *11:20* |
| 27 | *D372* | *김서우* | *2001-03-12* | *여* | *산부인과* | *곽수지* | *2022-12-03* | *14:00* |
| 28 | *F301* | *오현정* | *1994-09-30* | *여* | *호흡기내과* | *김지수* | *2022-12-28* | *11:50* |
| 29 | F302 | 김상호 | 1975-05-06 | 남 | 소화기내과 | 남민종 | 2023-02-22 | 13:50 |
| 30 | *F491* | *박철수* | *1977-08-15* | *남* | *정형외과* | *하석태* | *2023-02-09* | *10:40* |

• '새 서식 규칙' 대화상자

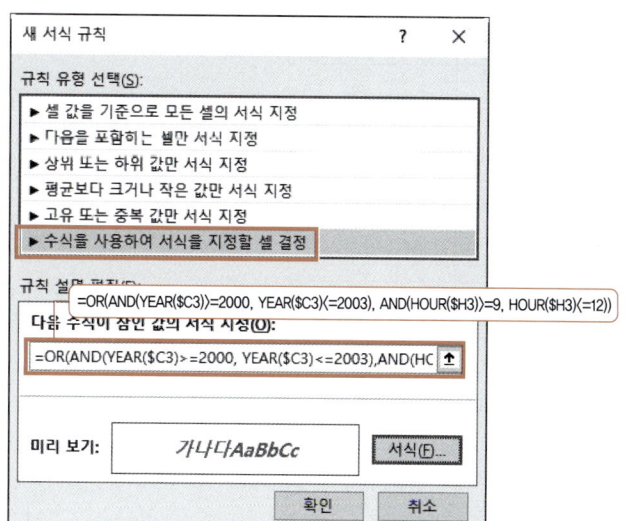

=OR(AND(YEAR($C3)>=2000, YEAR($C3)<=2003), AND(HOUR($H3)>=9, HOUR($H3)<=12))

## 03. 페이지 레이아웃 _ 참고 : 페이지 레이아웃 32쪽

**정답**

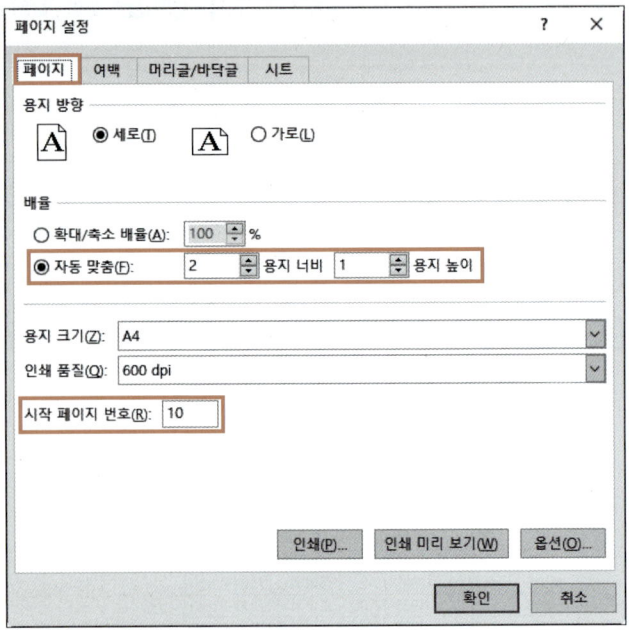

- '페이지 설정' 대화상자의 '페이지' 탭
- '바닥글' 대화상자
- '페이지 설정' 대화상자의 '시트' 탭
- [페이지 레이아웃] → 페이지 설정 → 여백 → **좁게** 선택

## 문제 2    계산작업

| | A | B | C | D | E | F | G | H | I | J | K | L | M | N | O | P | Q | R | S | T |
|---|---|---|---|---|---|---|---|---|---|---|---|---|---|---|---|---|---|---|---|---|
| 1 | [표1] | | | | | | | | | | | | | | | | | | | |
| 2 | 처방번호 | 가입자일련번호 | 성별 | 연령대코드 | 시도 | 요양개시일자 | 성분코드 | 성분정보 | 일회투약량 | 일일투약량 | 총투여일수 | 단가 | 금액 | | 첫 요양개시 월의 여성 처방건수 | 4 | | | | |
| 3 | 453555-1 | 453555 | 여성 | 48 | 경기 | 2024-01-05 | 445202BTB | 주세정제 | 6 | 18 | 5 | 150 | 97,200 | | | | | | | |
| 4 | 792876-1 | 792876 | 여성 | 53 | 경기 | 2024-01-07 | 343464CCH | 외용경질캡슐제 | 2 | 2 | 2 | 170 | 1,632 | | | | | | | |
| 5 | 453555-2 | 453555 | 남성 | 69 | 서울 | 2024-01-09 | 680668ACH | 내복경질캡슐제 | 7 | 7 | 4 | 170 | 36,652 | | [표2] 성분코드별 성분정보 | | | | | |
| 6 | 239850-1 | 239850 | 여성 | 71 | 서울 | 2024-01-09 | 207631CTR | 외용서방형정제 | 2 | 6 | 5 | 160 | 10,560 | | 코드 | TB | TR | CH | SY | OS |
| 7 | 423576-1 | 423576 | 남성 | 78 | 제주 | 2024-01-10 | 947008BTR | 주세서방형정제 | 3 | 3 | 1 | 210 | 2,457 | | A | 내복정제 | 내복서방형정제 | 내복경질캡슐제 | 내복시럽제 | 내복점안제 |
| 8 | 453555-3 | 453555 | 여성 | 82 | 서울 | 2024-01-19 | 155638AOS | 내복점안제 | 2 | 6 | 3 | 190 | 7,524 | | B | 주세정제 | 주세서방형정제 | 주세경질캡슐제 | 주세시럽제 | 주세점안제 |
| 9 | 701855-1 | 701855 | 남성 | 89 | 경기 | 2024-02-03 | 569383ATB | 내복정제 | 9 | 18 | 5 | 160 | 155,520 | | C | 외용정제 | 외용서방형정제 | 외용경질캡슐제 | 외용시럽제 | 외용점안제 |
| 10 | 239850-2 | 239850 | 여성 | 68 | 경기 | 2024-02-05 | 214144ATR | 내복서방형정제 | 7 | 7 | 2 | 140 | 16,464 | | | | | | | |
| 11 | 239850-3 | 239850 | 남성 | 63 | 경기 | 2024-02-23 | 806414CCH | 외용경질캡슐제 | 3 | 6 | 3 | 60 | 3,888 | | | | | | | |
| 12 | 487036-1 | 487036 | 남성 | 48 | 경기 | 2024-03-05 | 631644BOS | 주세점안제 | 5 | 10 | 2 | 120 | 13,200 | | [표3] 연령대별 이용도 | | | | | |
| 13 | 855434-1 | 855434 | 여성 | 30 | 경기 | 2024-03-20 | 548972ASY | 내복시럽제 | 7 | 21 | 4 | 150 | 105,840 | | 연령대 | 이용도 | | | | |
| 14 | 239850-4 | 239850 | 여성 | 68 | 경기 | 2024-03-27 | 543445BCH | 주세경질캡슐제 | 9 | 9 | 5 | 120 | 58,320 | | 30 | ■■ | | | | |
| 15 | 145694-1 | 145694 | 남성 | 97 | 제주 | 2024-04-08 | 481914AOS | 내복점안제 | 2 | 6 | 1 | 130 | 2,028 | | 40 | ■■ | | | | |
| 16 | 453555-4 | 453555 | 남성 | 58 | 서울 | 2024-04-24 | 652155BCH | 주세경질캡슐제 | 2 | 2 | 3 | 80 | 1,056 | | 50 | ■■ | | | | |
| 17 | 284064-1 | 284064 | 남성 | 57 | 서울 | 2024-05-02 | 734029BTB | 주세정제 | 3 | 6 | 2 | 80 | 3,168 | | 60 | ■■■ | | | | |
| 18 | 701855-2 | 701855 | 남성 | 90 | 제주 | 2024-05-06 | 284511ASY | 내복시럽제 | 2 | 2 | 3 | 150 | 2,340 | | 70 | ■■ | | | | |
| 19 | 937768-1 | 937768 | 남성 | 50 | 제주 | 2024-05-11 | 586102CTR | 외용서방형정제 | 8 | 8 | 2 | 80 | 13,312 | | 80 | ■■ | | | | |
| 20 | 745444-1 | 745444 | 여성 | 80 | 서울 | 2024-05-11 | 479834BSY | 주세시럽제 | 3 | 3 | 3 | 100 | 2,970 | | 90 | ■■■ | | | | |
| 21 | 145694-2 | 145694 | 남성 | 53 | 서울 | 2024-05-18 | 402974ATB | 내복정제 | 3 | 3 | 5 | 140 | 6,930 | | | | | | | |
| 22 | 453555-5 | 453555 | 남성 | 97 | 서울 | 2024-05-22 | 649236BOS | 주세점안제 | 9 | 18 | 5 | 160 | 142,560 | | | | | | | |
| 23 | 145694-3 | 145694 | 여성 | 90 | 경기 | 2024-06-02 | 708898CTR | 외용서방형정제 | 4 | 12 | 4 | 120 | 27,648 | | | | | | | |
| 24 | 239850-5 | 239850 | 남성 | 82 | 서울 | 2024-06-27 | 764116BTR | 주세서방형정제 | 7 | 21 | 2 | 160 | 51,744 | | | | | | | |
| 25 | 855434-2 | 855434 | 남성 | 81 | 경기 | 2024-07-08 | 743202ACH | 내복경질캡슐제 | 8 | 16 | 1 | 170 | 23,936 | | | | | | | |
| 26 | 453555-6 | 453555 | 남성 | 38 | 경기 | 2024-08-08 | 825634COS | 외용점안제 | 5 | 15 | 1 | 140 | 12,600 | | | | | | | |
| 27 | 487036-2 | 487036 | 남성 | 77 | 서울 | 2024-08-25 | 925427CTR | 외용서방형정제 | 2 | 2 | 4 | 130 | 2,288 | | | | | | | |
| 28 | 239850-6 | 239850 | 여성 | 49 | 제주 | 2024-09-18 | 523910AOS | 내복점안제 | 3 | 3 | 1 | 130 | 1,521 | | | | | | | |
| 29 | 453555-7 | 453555 | 남성 | 62 | 경기 | 2024-09-20 | 244677COS | 외용점안제 | 8 | 16 | 2 | 140 | 43,008 | | | | | | | |
| 30 | 487036-3 | 487036 | 남성 | 77 | 서울 | 2024-10-04 | 620597BCH | 주세경질캡슐제 | 3 | 6 | 4 | 110 | 8,712 | | | | | | | |
| 31 | 145694-4 | 145694 | 남성 | 50 | 서울 | 2024-10-12 | 582870COS | 외용점안제 | 2 | 4 | 2 | 150 | 2,640 | | | | | | | |
| 32 | 487036-4 | 487036 | 여성 | 37 | 경기 | 2024-10-25 | 246537BOS | 주세점안제 | 2 | 4 | 3 | 160 | 4,608 | | | | | | | |
| 33 | 855434-3 | 855434 | 여성 | 61 | 서울 | 2024-10-26 | 281792BSY | 주세시럽제 | 7 | 14 | 5 | 150 | 80,850 | | | | | | | |
| 34 | 701855-3 | 701855 | 남성 | 72 | 서울 | 2024-11-20 | 512521ASY | 내복시럽제 | 3 | 9 | 2 | 100 | 5,940 | | | | | | | |
| 35 | 239850-7 | 239850 | 남성 | 87 | 서울 | 2024-12-05 | 743874AOS | 내복점안제 | 8 | 24 | 3 | 100 | 63,360 | | | | | | | |

**❶ 처방번호(A3)** _ 참고 : 배열 수식 43쪽

{=B3&"-"&SUM( IF( (B3=$B$3:$B$35)*(F3)$F$3:$F$35), 1 ) )+1}

**❷ 성분정보(H3)** _ 참고 : 찾기/참조 함수 58쪽

=IFERROR( INDEX( $P$7:$T$9, MATCH( MID(G3,7, 1), $O$7:$O$9, 0 ), MATCH( MID(G3,8,2), $P$6:$T$6, 0) ), "기타")

**❸ 첫 요양개시 월의 여성 처방건수(P2)** _ 참고 : 기타 함수 77쪽

=COUNTIFS( F3:F35, "<="&EOMONTH( MIN(F3:F35), 0 ), C3:C35, "여성" )

**❹ 연령대별 이용도(P14)** _ 참고 : 배열 수식 43쪽

{=REPT("■", AVERAGE( IF( ROUNDDOWN($D$3:$D$35,-1) =O14, $K$3:$K$35 ) ) )}

**❺ 금액(M3)** _ 참고 : 사용자 정의 함수 83쪽

=fn금액(E3,I3,J3,K3,L3)

```
Public Function fn금액(시도, 일회투약량, 일일투약량, 총투여일수, 단가)
    Select Case 시도
        Case "서울"
            fn금액 = 일일투약량 * 일일투약량 * 총투여일수 * 단가 * 1.1
        Case "제주"
            fn금액 = 일일투약량 * 일일투약량 * 총투여일수 * 단가 * 1.3
        Case Else
            fn금액 = 일일투약량 * 일일투약량 * 총투여일수 * 단가 * 1.2
    End Select
End Function
```

## 문제 3  분석작업  정답

### 01. 피벗 테이블 _ 참고 : 피벗 테이블 88쪽

• '쿼리 마법사 – 데이터 필터' 대화상자

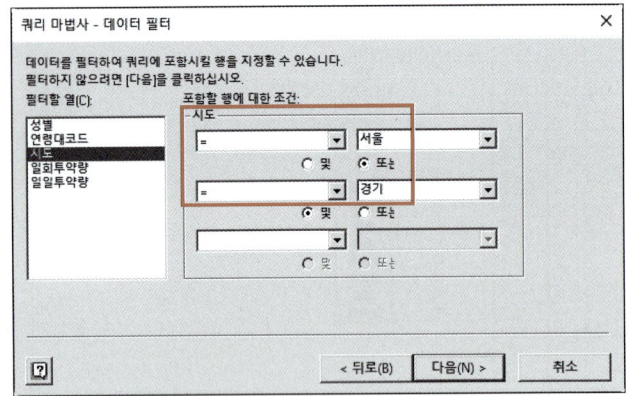

• '피벗 테이블 필드' 창

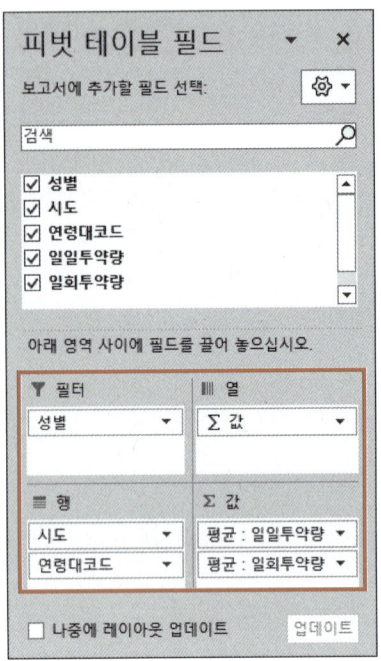

• '그룹화' 대화상자

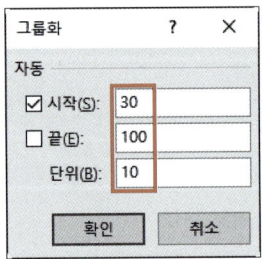

• 최대값, 최소값 부분합 표시
1. [디자인] → 레이아웃 → 부분합 → **그룹 하단에 모든 부분합 표시**를 선택한다.
2. 부분합이 표시된 셀의 바로 가기 메뉴에서 [**필드 설정**]을 선택한다.

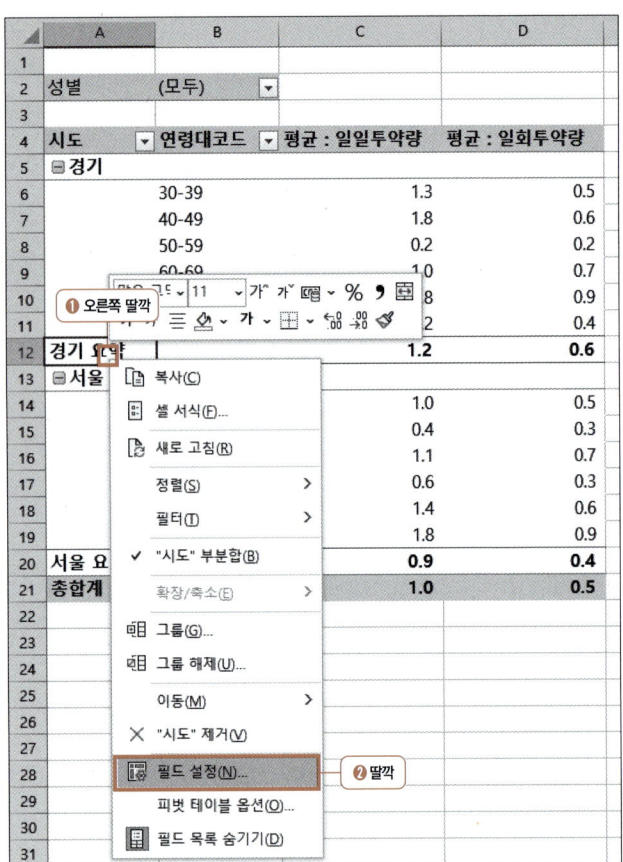

3. '필드 설정' 대화상자에서 다음과 같이 선택한 후 〈확인〉을 클릭한다.

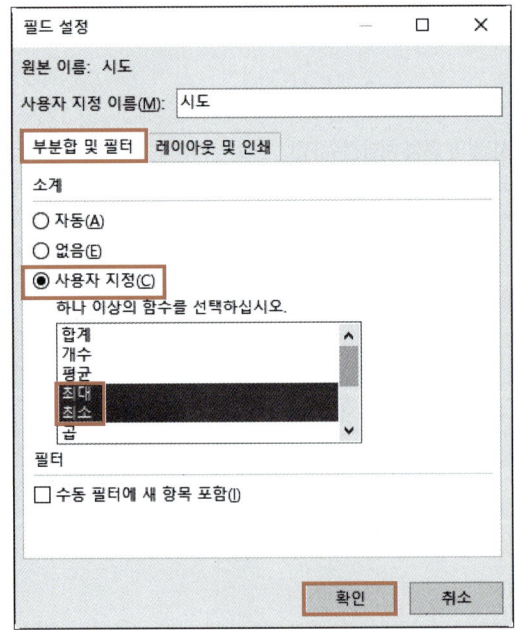

## 02. 데이터 유효성 검사 / 필터 _ 참고 : 데이터 유효성 검사 102쪽 / 자동 필터 123쪽

정답

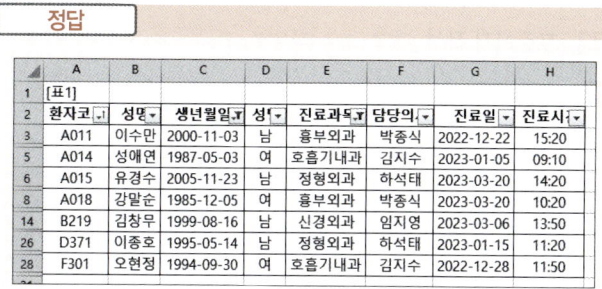

- '데이터 유효성' 대화상자의 '설정' 탭

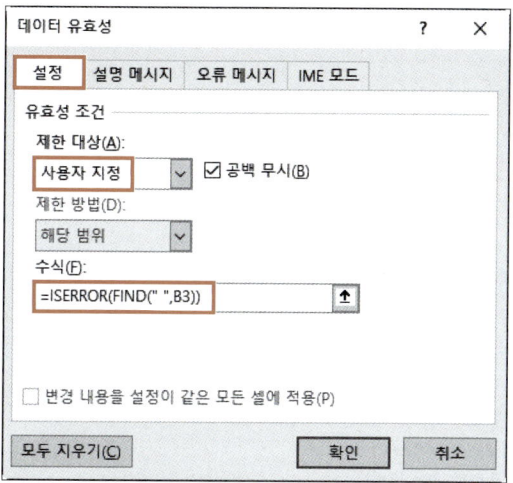

- '데이터 유효성' 대화상자의 '설명 메시지' 탭

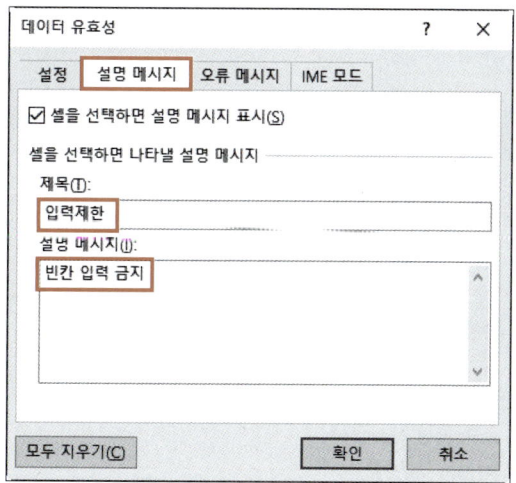

- '데이터 유효성' 대화상자의 '오류 메시지' 탭

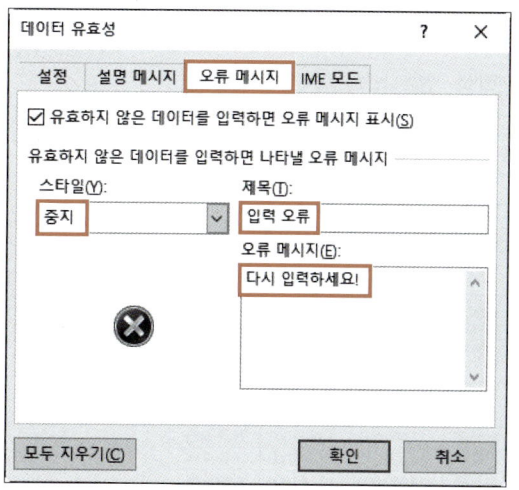

- '생년월일'의 '사용자 지정 자동 필터' 대화상자

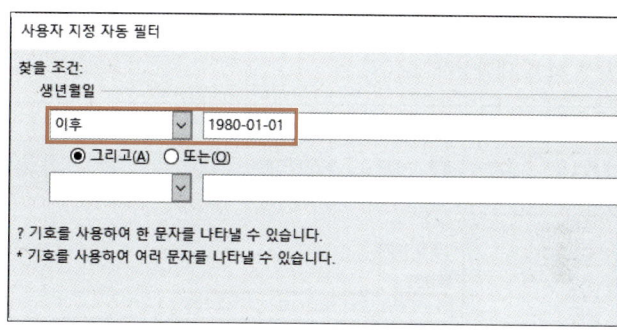

- '진료과목'의 '사용자 지정 자동 필터' 대화상자

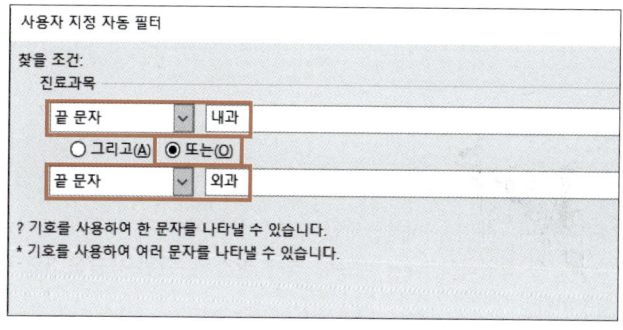

## 문제 4 기타작업

### 01. 매크로 작성 _ 참고: 매크로 135쪽

❶ '서식적용' 매크로 실행

**정답**

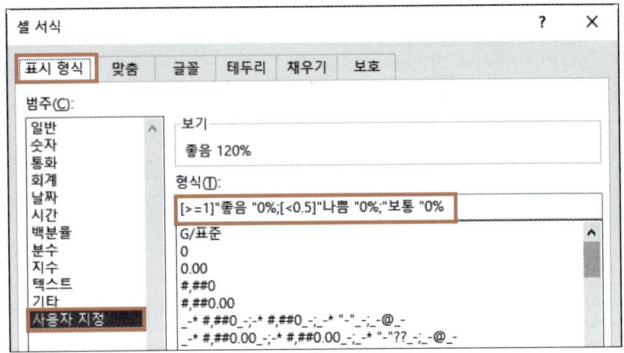

- '셀 서식' 대화상자

형식: [>=1]"좋음 "0%;[<0.5]"나쁨 "0%;"보통 "0%

### 02. 차트 수정 _ 참고 차트 128쪽

❹ '총투여일수' 계열을 '알약.png'로 채우기

'총투여일수' 계열을 더블클릭한 후 '데이터 계열 서식' 창에서 '알약.png'을 삽입하고 '다음 배율에 맞게 쌓기'의 '단위/사진'을 3으로 지정한다.

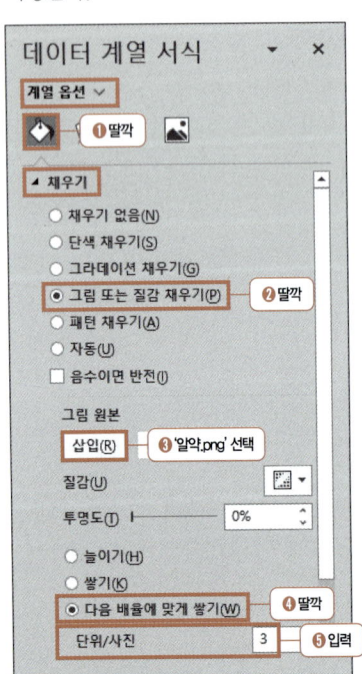

### 03. 프로시저 작성 _ 참고: 프로시저 142쪽

❶ '지점매출' 단추 및 폼 초기화 프로시저

- '지점매출' 단추 클릭 프로시저

**정답**

```
Private Sub cmd지점매출_Click( )
    매출현황.Show
End Sub
```

- 폼 초기화 프로시저

**정답**

```
Private Sub UserForm_Initialize( )
    opt강남.Value = True
    cmb제품명.RowSource = "G4:G8"
End Sub
```

❷ '입력' 단추에 기능 구현하기

**정답**

```
Private Sub cmd입력_Click( )
    입력행 = [A2].Row + [A2].CurrentRegion.Rows.Count
    If opt강남.Value <= True Then
        Cells(입력행, 1) = "강남"
    ElseIf opt용산.Value <= True Then
        Cells(입력행, 1) = "용산"
    Else
        Cells(입력행, 1) = "종로"
    End If
    Cells(입력행, 2) = cmb제품명.Value
    Cells(입력행, 3) = txt판매량.Value
    Cells(입력행, 4) = txt판매가.Value
    Cells(입력행, 5) = Format(Cells(입력행, 3) * Cells(입력행, 4), "#,##0원")
End Sub
```

❸ 워크시트 활성화 기능 구현하기

**정답**

```
Private Sub Worksheet_Activate( )
    [B2].Font.Name = "궁서체"
    [B2].Font.Size = 12
End Sub
```

# 07회 EXAMINATION 2024년 상시03 컴퓨터활용능력 1급

- 준 비 하 세 요 : '길벗컴활1급총정리\기출\07회' 폴더에서 '24년상시03.xlsm' 파일을 열어서 작업하시오.
- 외부 데이터 위치 : 길벗컴활1급총정리\기출\07회

## 문제 1    기본작업(15점) 주어진 시트에서 다음의 과정을 수행하고 저장하시오.

### 1. '기본작업-1' 시트에서 다음과 같이 고급 필터를 수행하시오. (5점)

- [A2:J29] 영역에서 '입차시간'이 10시부터 11시 50분까지인 데이터의 '차량번호', '주차장', '입차시간', '퇴차시간', '이용금액' 필드만 순서대로 표시하시오.
- 조건은 [A31:A32] 영역 내에 알맞게 입력하시오. (AND 함수 사용)
- 결과는 [A34] 셀부터 표시하시오.

### 2. '기본작업-1' 시트에서 다음과 같이 조건부 서식을 설정하시오. (5점)

- [A3:J29] 영역에서 '정산금액'이 '정산금액'의 평균 이하이고 '기타'가 빈 셀인 데이터의 행 전체에 대하여 글꼴 스타일은 '굵은 기울임꼴', 글꼴 색은 '표준 색-파랑'으로 적용하시오.
- 단, 규칙 유형은 '수식을 사용하여 서식을 지정할 셀 결정'을 사용하고, 한 개의 규칙으로만 작성하시오.
- AND, AVERAGE, ISBLANK 함수 사용

### 3. '기본작업-2' 시트에서 다음과 같이 페이지 레이아웃을 설정하시오. (5점)

- 인쇄 용지가 가로로 인쇄되도록 용지 방향을 설정하고, 2행이 매 페이지마다 반복하여 인쇄되도록 인쇄 제목을 설정하시오.
- 모든 페이지 상단의 오른쪽 구역에 현재 날짜를 삽입하고, 첫 페이지 상단의 가운데 구역에 "지역별 강수량"을 삽입한 후 글꼴 크기가 15로 인쇄되도록 머리글을 설정하시오.
- 행/열 머리글이 인쇄되도록 설정하시오.

## 문제 2    계산작업(30점) '계산작업' 시트에서 다음 과정을 수행하고 저장하시오.

### 1. [표1]의 구분, 입차시간과 [표2]의 할인금액 표를 이용하여 [F3:F29] 영역에 구분별 입차시간에 따른 할인금액을 계산하시오. (6점)

- 단, 오류인 경우 0을 표시
- IFERROR, VLOOKUP, MATCH 함수 사용

### 2. [표1]의 입차시간과 퇴차시간을 이용하여 [표3]의 [N10:N14] 영역에 이용시간별 빈도수 만큼 "★"를 반복하여 표시하시오. (6점)

- 이용시간 = 퇴차시간 − 입차시간(분은 계산에 감안하지 않고 시간만 사용)
  [표시 예 : 빈도수가 3인 경우 → ★★★]
- FREQUENCY, REPT, HOUR 함수를 이용한 배열 수식

### 3. [표1]의 결제방법을 이용하여 [M18:N20] 영역에 출차방법과 결제형태에 따른 비율을 계산하시오. (6점)

- 비율 = 출차방법과 결제형태별 개수 / 전체 개수
- 결제방법이 '무인자동출차'나 '수동출차' 단독으로 표시된 경우는 '무료'에 해당함
- IF, COUNTA, COUNTIFS, & 연산자와 만능문자 사용

4. [표1]의 주차장, 입차시간, 퇴차시간을 이용하여 [표5]의 [M25:O30] 영역에 현재시간대를 기준으로 주차장별 시간별 주차가능대수를 계산하시오. (6점)

   ▶ 시간별 주차가능대수 = 주차장별 주차가능대수 − 입차시간이 현재시간보다 이전인 차량대수 + 퇴차시간이 현재시간보다 이전인 차량대수
   ▶ SUM, IF 함수를 이용한 배열 수식

5. 사용자 정의 함수 'fn기타'를 작성하여 [표1]의 [J3:J29] 영역에 기타를 계산하여 표시하시오. (6점)

   ▶ 'fn기타'는 구분과 이용금액을 인수로 받아 기타를 계산하는 함수이다.
   ▶ 구분이 '입퇴원'이고 이용금액이 5000원 이하인 경우 "※무료", 구분이 '예약'이고 이용금액이 5000원 이하인 경우 "요금할인", 그 외는 공백으로 표시하시오.
   ▶ If~End If문 사용

   ```
   Public Function fn기타(구분, 이용금액)

   End Function
   ```

## 문제 3  분석작업(20점)  주어진 시트에서 다음 작업을 수행하고 저장하시오.

1. '분석작업-1' 시트에서 다음의 지시사항에 따라 피벗 테이블 보고서를 작성하시오. (10점)
   ▶ 외부 데이터 원본으로 〈주차현황.xlsx〉의 〈병원주차관리〉 테이블을 이용하시오.
   ▶ 피벗 테이블 보고서의 레이아웃과 위치는 〈그림〉을 참조하여 설정하고, 보고서 레이아웃을 개요 형식으로 표시하시오.
   ▶ '차량번호' 필드는 개수로 계산한 후 사용자 지정 이름을 '차량수'로 변경하시오.
   ▶ '주차장' 필드를 '차량수'를 기준으로 내림차순 정렬하시오.
   ▶ '이용금액' 필드의 표시 형식은 '값 필드 설정'의 셀 서식에서 '회계' 범주를 이용하여 〈그림〉과 같이 지정하시오.
   ▶ 피벗 테이블 스타일은 '연한 주황, 피벗 스타일 밝게 17'로 설정한 후 '줄무늬 행' 옵션을 설정하시오.

| | A | B | C | D |
|---|---|---|---|---|
| 1 | 결제방법 | (모두) | | |
| 2 | | | | |
| 3 | 구분 | 주차장 | 차량수 | 평균 : 이용금액 |
| 4 | ⊟예약 | | 7 | 12,565 |
| 5 | | 지상-2 | 5 | 15,197 |
| 6 | | 지하 | 2 | 5,985 |
| 7 | ⊟입퇴원 | | 10 | 16,398 |
| 8 | | 지상-1 | 4 | 15,575 |
| 9 | | 지상-2 | 4 | 17,763 |
| 10 | | 지하 | 2 | 15,313 |
| 11 | ⊟진료 | | 10 | 15,001 |
| 12 | | 지하 | 7 | 13,335 |
| 13 | | 지상-1 | 3 | 18,888 |
| 14 | 총합계 | | 27 | 14,887 |

2. '분석작업-2' 시트에 대하여 다음의 지시사항을 처리하시오. (10점)
   ▶ [데이터 유효성 검사] 기능을 이용하여 [C3:C24] 영역에는 1~200까지의 정수만 입력되도록 제한 대상을 설정하시오.
   − [C3:C24] 영역을 클릭한 경우 〈그림〉과 같은 설명 메시지를 표시하고, 유효하지 않은 데이터를 입력한 경우 〈그림〉과 같은 오류 메시지가 표시되도록 설정하시오.

▶ [부분합] 기능을 이용하여 [표1]에서 '등급'별 '할부기간(월)'의 평균을 계산한 후 '구매자'의 개수를 계산하시오.
- '등급'을 기준으로 오름차순으로 정렬하시오.
- '할부기간(월)'의 평균은 셀 서식의 '숫자' 범주를 이용하여 소수점 첫째 자리까지만 표시하시오.
- 평균과 개수는 위에 명시된 순서대로 처리하시오.

## 문제 4  기타작업(35점) 주어진 시트에서 다음 작업을 수행하고 저장하시오.

1. '기타작업-1' 시트에서 다음과 같은 기능을 수행하는 매크로를 현재 통합문서에 작성하시오. (각 5점)

   ① [F4:F20] 영역에 사용자 지정 표시 형식을 설정하는 '서식적용' 매크로를 생성하시오.
   ▶ '이용금액'이 10000 이상이면 빨강색으로 "★"를 셀의 너비만큼 반복하여 표시한 뒤에 숫자를, 5000 이상이면 "★"를 셀의 너비만큼 반복하여 표시한 뒤에 숫자를, 그 외는 숫자만 표시하시오.
   [표시 예 : '이용금액'이 17535일 경우 → ★★★17,535원, 9450일 경우 → ★★★ 9,450원, 0일 경우 → 0원]
   ▶ [개발 도구] → [삽입] → [양식 컨트롤]의 '단추'를 동일 시트의 [H3:H4] 영역에 생성한 후 텍스트를 "서식적용"으로 입력하고, 단추를 클릭하면 '서식적용' 매크로가 실행되도록 설정하시오.

   ② [F4:F20] 영역에 표시 형식을 '일반'으로 적용하는 '서식해제' 매크로를 생성하시오.
   ▶ [개발 도구] → [삽입] → [양식 컨트롤]의 '단추'를 동일 시트의 [H6:H7] 영역에 생성한 후 텍스트를 "서식해제"로 입력하고, 단추를 클릭하면 '서식해제' 매크로가 실행되도록 설정하시오.
   ※ 셀 포인터의 위치에 관계없이 매크로가 실행되어야 정답으로 인정됨

2. '기타작업-2' 시트에서 다음의 지시사항에 따라 차트를 수정하시오. (각 2점)
   ※ 차트는 반드시 문제에서 제공한 차트를 사용하여야 하며, 신규로 차트 작성시 0점 처리됨
   ① '기간' 계열의 차트 종류를 '표식이 있는 꺾은선형' 차트로 변경한 후 '보조 축'으로 지정하시오.
   ② 차트 제목을 추가하여 [B1] 셀, 기본 가로 축 제목을 추가하여 [A2] 셀과 연결하여 표시하시오.
   ③ '기간' 계열에 데이터 레이블을 〈그림〉과 같이 표시하시오.
   ④ 기본 주 세로 눈금선을 표시하고, 범례 위치를 오른쪽에 표시하시오.
   ⑤ 차트 영역의 테두리를 '둥근 모서리'로 지정하고, 도형 스타일을 '색 윤곽선 – 파랑, 강조 5'로 지정하시오.

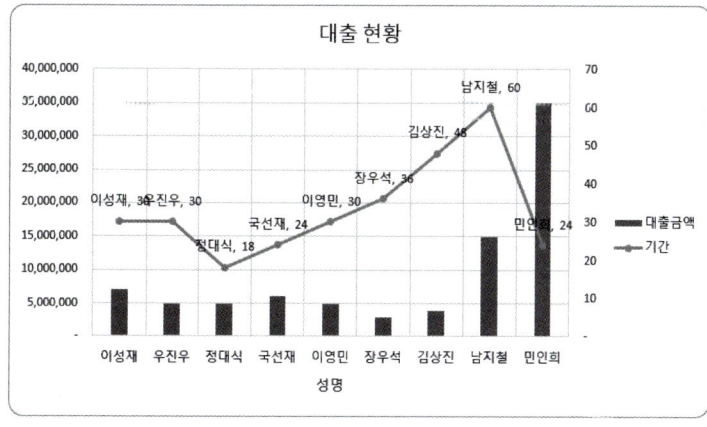

3. '기타작업-3' 시트에서 다음과 같은 작업을 수행하고 저장하시오. (각 5점)

① '정산' 단추를 클릭하면 〈알바정산〉 폼이 나타나고, 폼이 초기화(Initialize)되면 '정산일(txt정산일)' 텍스트 상자에 현재 날짜가 표시되고 날짜를 변경할 수 없도록 잠금이 설정되도록 프로시저를 작성하시오.

② 〈알바정산〉 폼의 '입력(cmd입력)' 단추를 클릭하면 폼에 입력된 데이터가 시트의 표에 입력되어 있는 마지막 행 다음에 연속하여 추가되도록 프로시저를 작성하시오.

▶ 수령액 = 근무일수 × 일당 × 0.98

▶ 입력되는 데이터는 워크시트에 입력된 기존 데이터와 같은 형식의 데이터로 입력하시오.

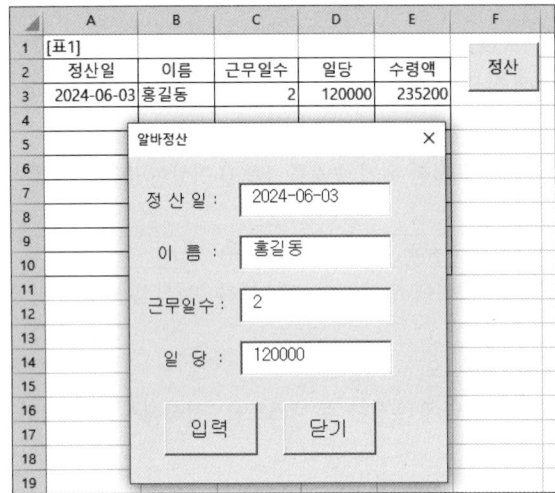

③ 〈알바정산〉 폼의 '닫기(cmd닫기)' 단추를 클릭하면 〈그림〉과 같은 현재 시간이 표시된 메시지를 표시한 후 폼이 종료되도록 프로시저를 작성하시오.

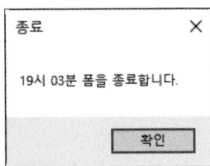

# 07회 EXAMINATION 기출문제 정답 및 해설

---

## 문제 1    기본작업          정답

### 01. 고급 필터 _ 참고 : 고급 필터 18쪽

**정답**

|  | A | B | C | D | E |
|---|---|---|---|---|---|
| 30 |  |  |  |  |  |
| 31 | 조건 |  |  |  |  |
| 32 | FALSE |  |  |  |  |
| 33 |  |  |  |  |  |
| 34 | 차량번호 | 주차장 | 입차시간 | 퇴차시간 | 이용금액 |
| 35 | 60가1659 | 지상-1 | 10:01 | 13:51 | 12,250 |
| 36 | 51나7326 | 지하 | 10:15 | 12:52 | 8,295 |
| 37 | 22가3590 | 지하 | 10:25 | 11:30 | 3,675 |
| 38 | 23허2827 | 지하 | 10:31 | 11:59 | 4,480 |
| 39 | 18가7048 | 지하 | 10:35 | 13:05 | 9,450 |
| 40 | 38나9193 | 지상-1 | 10:40 | 20:50 | 35,350 |
| 41 | 75호9572 | 지상-2 | 11:06 | 17:25 | 21,665 |
| 42 | 37나2896 | 지하 | 11:45 | 20:21 | 30,660 |
| 43 | 86가4414 | 지상-2 | 11:46 | 12:27 | 2,835 |

• '고급 필터' 대화상자

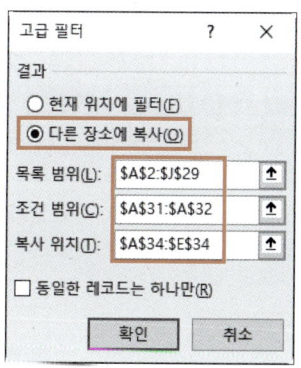

[A32] : =AND(D3>=10/24,D3<=(11/24+50/(24*60)))

### 02. 조건부 서식 _ 참고 : 조건부 서식 25쪽

**정답**

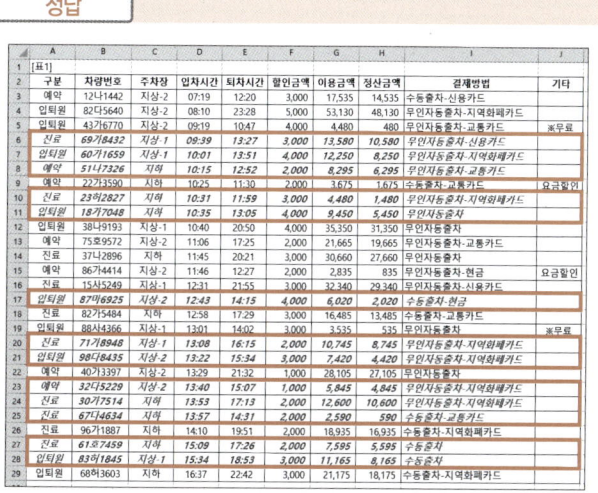

• '새 서식 규칙' 대화상자

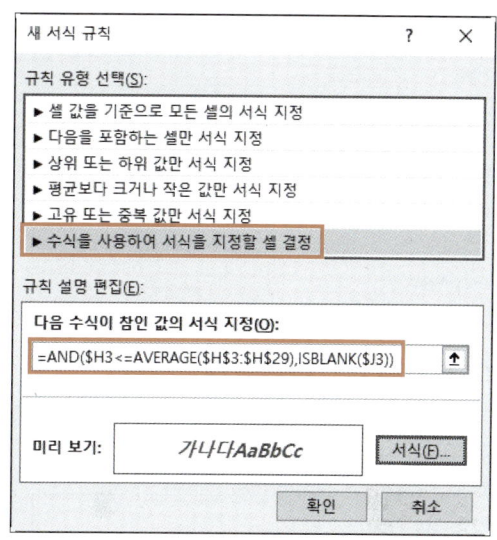

### 03. 페이지 레이아웃 _ 참고 : 페이지 레이아웃 32쪽

**정답**

1페이지

2페이지

- '페이지 설정' 대화상자의 '페이지' 탭

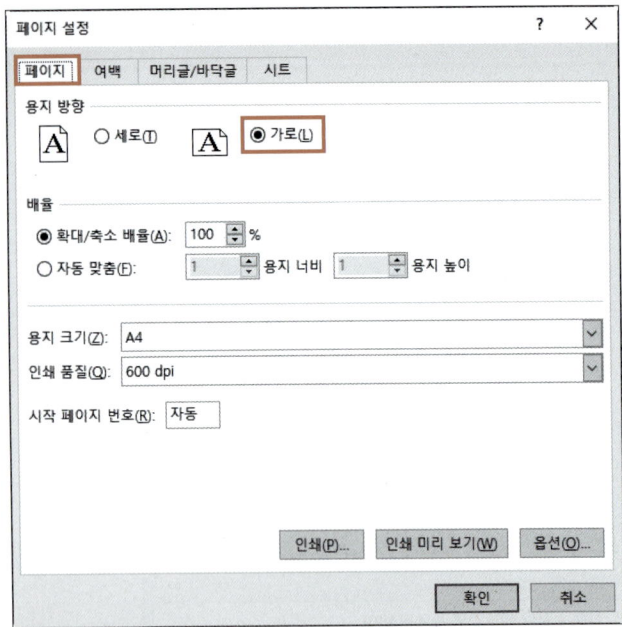

- '페이지 설정' 대화상자의 '머리글/바닥글' 탭

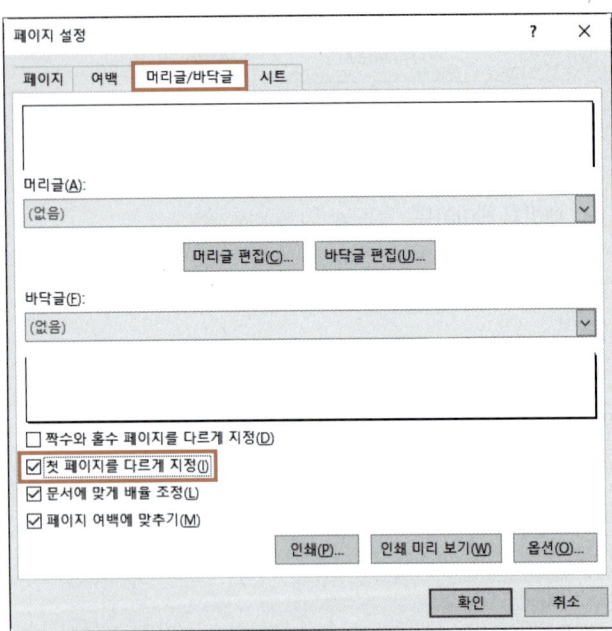

- '머리글' 대화상자의 '머리글' 탭

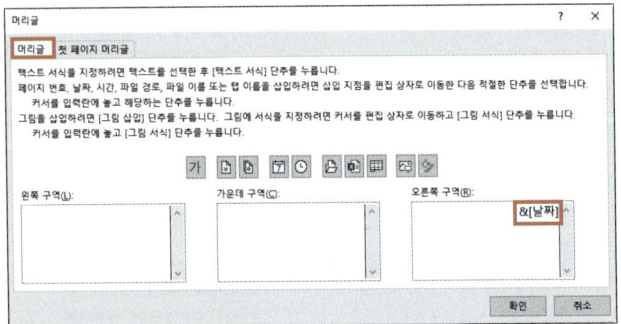

- '머리글' 대화상자의 '첫 페이지 머리글' 탭

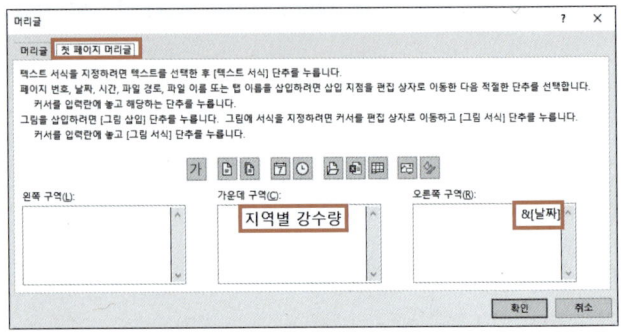

- '페이지 설정' 대화상자의 '시트' 탭

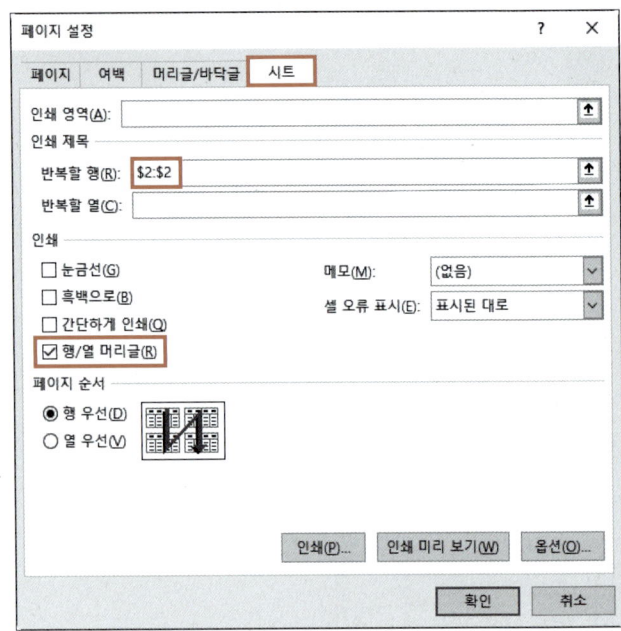

## 문제 2  계산작업

### [표1]

| 구분 | 차량번호 | 주차장 | 입차시간 | 퇴차시간 | 할인금액 | 이용금액 | 정산금액 | 결제방법 | 기타 |
|---|---|---|---|---|---|---|---|---|---|
| 진료 | 69가8432 | 지상-1 | 09:39 | 13:27 | 3,000 | 13,580 | 10,580 | 무인자동출차-신용카드 | |
| 예약 | 51나7326 | 지하 | 10:15 | 12:52 | 2,000 | 8,295 | 6,295 | 무인자동출차-교통카드 | |
| 진료 | 23허2827 | 지하 | 10:31 | 11:59 | 3,000 | 4,480 | 1,480 | 무인자동출차-지역화폐카드 | |
| 입퇴원 | 87마6925 | 지상-2 | 12:43 | 14:15 | 4,000 | 6,020 | 2,020 | 수동출차-현금 | |
| 예약 | 12나1442 | 지하 | 07:19 | 12:20 | 3,000 | 17,535 | 14,535 | 수동출차-신용카드 | |
| 진료 | 67다4634 | 지하 | 13:57 | 14:31 | 2,000 | 2,590 | 590 | 수동출차-교통카드 | |
| 입퇴원 | 88사4366 | 지상-1 | 13:01 | 14:02 | 3,000 | 3,535 | 535 | 무인자동출차 | ※무료 |
| 예약 | 86가4414 | 지상-2 | 11:46 | 12:27 | 2,000 | 2,835 | 835 | 무인자동출차-현금 | 요금할인 |
| 진료 | 82가5484 | 지하 | 12:58 | 17:29 | 3,000 | 16,485 | 13,485 | 수동출차-교통카드 | |
| 입퇴원 | 83허1845 | 지상-1 | 15:34 | 18:53 | 3,000 | 11,165 | 8,165 | 수동출차 | |
| 예약 | 32다5229 | 지상-2 | 13:40 | 15:07 | 1,000 | 5,845 | 4,845 | 무인자동출차-지역화폐카드 | |
| 입퇴원 | 43가6770 | 지상-2 | 09:19 | 10:47 | 4,000 | 4,480 | 480 | 무인자동출차-교통카드 | ※무료 |
| 입퇴원 | 60가1659 | 지상-1 | 10:01 | 13:51 | 4,000 | 12,250 | 8,250 | 무인자동출차-지역화폐카드 | |
| 예약 | 75호9572 | 지상-2 | 11:06 | 17:25 | 2,000 | 21,665 | 19,665 | 무인자동출차-교통카드 | |
| 진료 | 37나2896 | 지하 | 11:45 | 20:21 | 3,000 | 30,660 | 27,660 | 무인자동출차 | |
| 입퇴원 | 18가7048 | 지하 | 10:35 | 13:05 | 4,000 | 9,450 | 5,450 | 무인자동출차 | |
| 예약 | 22가3590 | 지하 | 10:25 | 11:30 | 2,000 | 3,675 | 1,675 | 수동출차-교통카드 | 요금할인 |
| 입퇴원 | 68가3603 | 지하 | 16:37 | 22:42 | 3,000 | 21,175 | 18,175 | 수동출차-지역화폐카드 | |
| 예약 | 40가3397 | 지상-2 | 13:29 | 21:32 | 1,000 | 28,105 | 27,105 | 무인자동출차 | |
| 진료 | 71가8948 | 지상-1 | 13:08 | 16:15 | 2,000 | 10,745 | 8,745 | 무인자동출차-지역화폐카드 | |
| 진료 | 61호7459 | 지하 | 15:09 | 17:26 | 2,000 | 7,595 | 5,595 | 수동출차 | |
| 진료 | 30가7514 | 지하 | 13:53 | 17:13 | 2,000 | 12,600 | 10,600 | 무인자동출차-지역화폐카드 | |
| 입퇴원 | 98다8435 | 지상-2 | 13:22 | 15:34 | 3,000 | 7,420 | 4,420 | 무인자동출차-지역화폐카드 | |
| 진료 | 96가1887 | 지하 | 14:10 | 19:51 | 2,000 | 18,935 | 16,935 | 무인자동출차-지역화폐카드 | |
| 진료 | 15사5249 | 지상-1 | 12:31 | 21:55 | 3,000 | 32,340 | 29,340 | 무인자동출차-신용카드 | |
| 입퇴원 | 82다5640 | 지상-2 | 08:10 | 23:28 | 5,000 | 53,130 | 48,130 | 무인자동출차-지역화폐카드 | |
| 입퇴원 | 38나9193 | 지상-1 | 10:40 | 20:50 | 4,000 | 35,350 | 31,350 | 무인자동출차 | |

### [표2] 할인금액

| 구분 | 0:00 / 8:59 | 9:00 / 12:59 | 13:00 / 14:59 | 15:00 / 17:59 | 18:00 / 23:59 |
|---|---|---|---|---|---|
| 예약 | 3,000 | 2,000 | 1,000 | 1,000 | 3,000 |
| 진료 | 4,000 | 3,000 | 2,000 | 2,000 | 4,000 |
| 입퇴원 | 5,000 | 4,000 | 3,000 | 3,000 | 5,000 |

### [표3]

| 이용시간 | | 빈도수 |
|---|---|---|
| 1시간초과 | 2시간이전 | ★★★★★★★★★★ |
| 2시간초과 | 4시간이전 | ★★★★★★ |
| 4시간초과 | 6시간이전 | ★★★★★ |
| 6시간초과 | 8시간이전 | ★ |
| 8시간초과 | | ★★★★ |

### [표4]

| | 무인자동출차 | 수동출차 |
|---|---|---|
| 카드 | 44% | 22% |
| 현금 | 4% | 4% |
| 무료 | 19% | 7% |

### [표5]

| 주차가능대수 | 10대 | 15대 | 20대 |
|---|---|---|---|
| 현재시간 | 지상-1 | 지상-2 | 지하 |
| 9:00 | 10 | 13 | 20 |
| 10:00 | 9 | 12 | 20 |
| 11:00 | 7 | 13 | 16 |
| 12:00 | 7 | 11 | 17 |
| 13:00 | 6 | 12 | 17 |
| 15:00 | 7 | 10 | 16 |

---

**❶ 구분별 입차시간에 따른 할인금액(F3)** _ 참고 : 찾기/참조 함수 58쪽
=IFERROR( VLOOKUP( A3, $L$4:$Q$6, MATCH(D3,$M$2:$Q$2,1)+1, FALSE ), 0 )

**❷ 이용시간별 빈도수(N10)** _ 참고 : 배열 수식 43쪽
{=REPT("★", FREQUENCY( HOUR(E3:E29)-HOUR(D3:D29), M10:M14 ) )}

**❸ 출차방법과 결제형태에 따른 비율(M18)** _ 참고 : 기타 함수 77쪽
=IF( $L18="무료", COUNTIFS($I$3:$I$29, "〈〉*카드", $I$3:$I$29, "〈〉*현금", $I$3:$I$29, M$17) / COUNTA($I$3:$I$29), COUNTIFS($I$3:$I$29, "*"&$L18, $I$3:$I$29, M$17&"*") / COUNTA($I$3:$I$29) )

**❹ 주차장별 주차가능 대수의 합계(M25)** _ 참고 : 배열 수식 43쪽
{=M$23-SUM( IF( ($D$3:$D$29<=$L25)*($C$3:$C$29=M$24), 1 ) )+SUM( IF( ($E$3:$E$29<=$L25)*($C$3:$C$29=M$24), 1 ) )}

**❺ 기타(J3)** _ 참고 : 사용자 정의 함수 83쪽
=fn기타(A3,G3)

```
Public Function fn기타(구분, 이용금액)
    If 구분 = "입퇴원" And 이용금액 <= 5000 Then
        fn기타 = "※무료"
    ElseIf 구분 = "예약" And 이용금액 <= 5000 Then
        fn기타 = "요금할인"
    Else
        fn기타 = ""
    End If
End Function
```

## 문제 3  분석작업

### 01. 피벗 테이블 _ 참고 : 피벗 테이블 88쪽

• '피벗 테이블 필드' 창

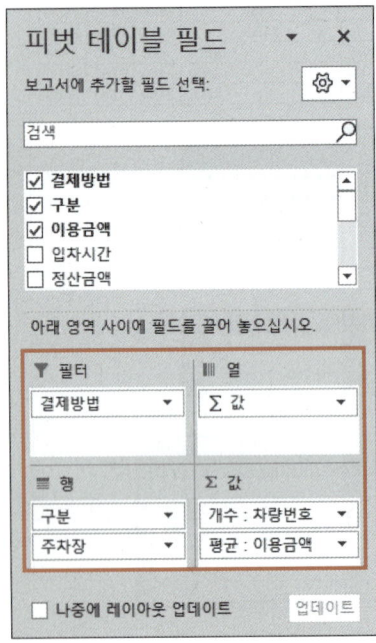

### 02. 데이터 유효성 검사 / 부분합 _ 참고 : 데이터 유효성 검사 102쪽 / 부분합 112쪽

**정답**

| | A | B | C | D | E | F | G |
|---|---|---|---|---|---|---|---|
| 1 | [표1] | | | | | | |
| 2 | 구매자 | 물품코드 | 수량 | 단가 | 판매금액 | 등급 | 할부기간(월) |
| 3 | 강한후 | JJ2222 | 95 | 3,000 | 285,000 | 비회원 | 6 |
| 4 | 김새롬 | SS2222 | 25 | 5,300 | 132,500 | 비회원 | 6 |
| 5 | 김진상 | SS2222 | 90 | 5,300 | 477,000 | 비회원 | 24 |
| 6 | 설진성 | SS3333 | 120 | 2,500 | 300,000 | 비회원 | 9 |
| 7 | 안대훈 | SS2222 | 32 | 5,300 | 169,600 | 비회원 | 6 |
| 8 | 유벼리 | SS2222 | 21 | 5,300 | 111,300 | 비회원 | 2 |
| 9 | 한아름 | SS1111 | 20 | 2,000 | 40,000 | 비회원 | 2 |
| 10 | 7 | | | | | 비회원 개수 | |
| 11 | | | | | | 비회원 평균 | 7.9 |
| 12 | 권충수 | SS3333 | 90 | 2,500 | 225,000 | 정회원 | 9 |
| 13 | 김성완 | JJ1111 | 80 | 1,500 | 120,000 | 정회원 | 6 |
| 14 | 김슬오 | JJ2222 | 50 | 3,000 | 150,000 | 정회원 | 6 |
| 15 | 김은소 | JJ1111 | 55 | 1,500 | 82,500 | 정회원 | 2 |
| 16 | 오덕우 | JJ2222 | 110 | 3,000 | 330,000 | 정회원 | 12 |
| 17 | 임원이 | SS3333 | 55 | 2,500 | 137,500 | 정회원 | 6 |
| 18 | 임유승 | SS3333 | 50 | 2,500 | 125,000 | 정회원 | 3 |
| 19 | 7 | | | | | 정회원 개수 | |
| 20 | | | | | | 정회원 평균 | 6.3 |
| 21 | 고진용 | JJ2222 | 55 | 3,000 | 165,000 | 준회원 | 3 |
| 22 | 김중건 | SS2222 | 25 | 5,300 | 132,500 | 준회원 | 3 |
| 23 | 민병욱 | JJ1111 | 60 | 1,500 | 90,000 | 준회원 | 3 |
| 24 | 박호영 | SS1111 | 20 | 2,000 | 40,000 | 준회원 | 2 |
| 25 | 배사공 | SS1111 | 100 | 2,000 | 200,000 | 준회원 | 6 |
| 26 | 이구름 | SS1111 | 30 | 2,000 | 60,000 | 준회원 | 3 |
| 27 | 임채빈 | JJ2222 | 20 | 3,000 | 60,000 | 준회원 | 2 |
| 28 | 한마식 | JJ1111 | 45 | 1,500 | 67,500 | 준회원 | 2 |
| 29 | 8 | | | | | 준회원 개수 | |
| 30 | | | | | | 준회원 평균 | 3.0 |
| 31 | 22 | | | | | 전체 개수 | |
| 32 | | | | | | 전체 평균 | 5.6 |

• '데이터 유효성' 대화상자의 '설정' 탭

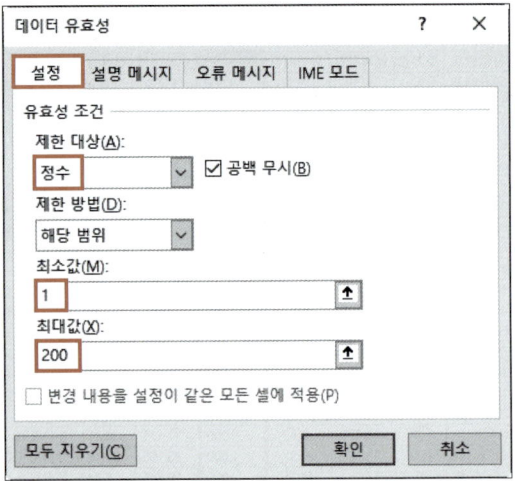

• '데이터 유효성' 대화상자의 '설명 메시지' 탭

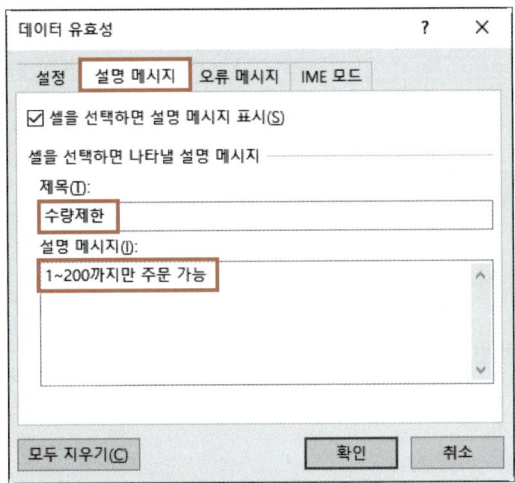

• '데이터 유효성' 대화상자의 '오류 메시지' 탭

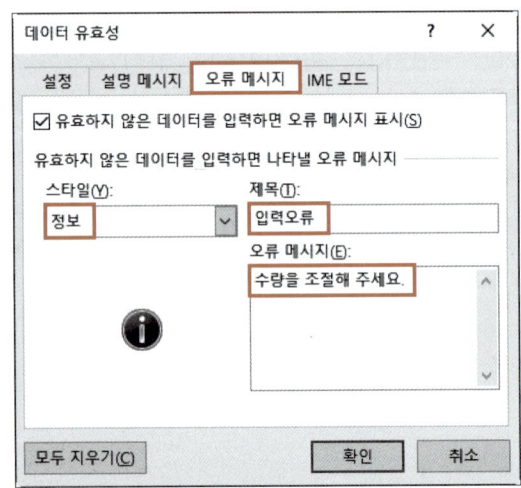

- '정렬' 대화상자

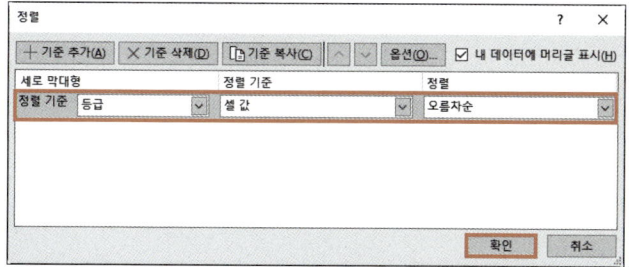

- '할부기간(월)'의 '평균 부분합' 대화상자

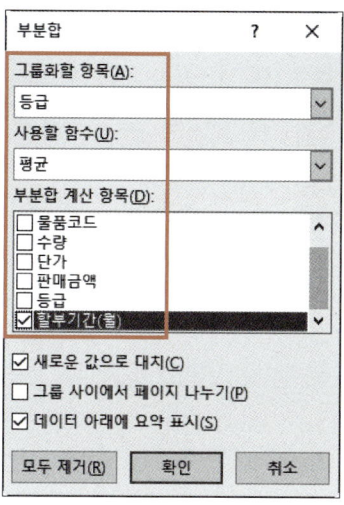

- '구매자'의 '개수 부분합' 대화상자

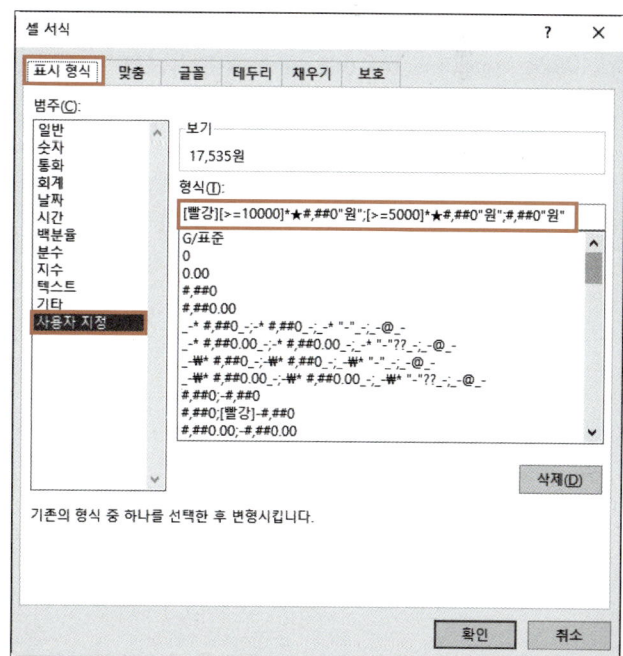

---

| 문제 4 | 기타작업 | 정답 |

## 01. 매크로 작성 _ 참고 : 매크로 135쪽

❶ '서식적용' 매크로 실행

정답

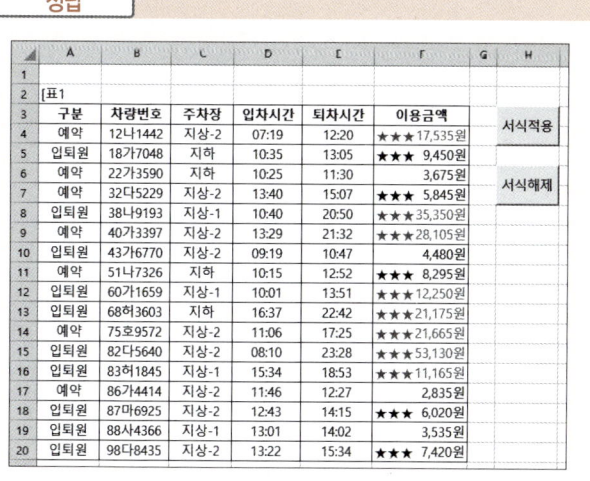

- '셀 서식' 대화상자

형식: `[빨강][>=10000]*★*,##0"원";[>=5000]*★*,##0"원";*,##0"원"`

## 03. 프로시저 작성 _ 참고 : 프로시저 142쪽

### ❶ '정산' 단추 및 폼 초기화 프로시저

• '정산' 단추 클릭 프로시저

> 정답

```
Private Sub cmd정산_Click( )
    알바정산.Show
End Sub
```

• 폼 초기화 프로시저

> 정답

```
Private Sub UserForm_Initialize( )
    txt정산일.Value = Date
    txt정산일.Locked = True
End Sub
```

### ❷ '입력' 단추에 기능 구현하기

> 정답

```
Private Sub cmd입력_Click( )
    입력행 = [A1].Row + [A1].CurrentRegion.Rows.Count
    Cells(입력행, 1) = txt정산일.Value
    Cells(입력행, 2) = txt이름.Value
    Cells(입력행, 3) = txt근무일수.Value
    Cells(입력행, 4) = txt일당.Value
    Cells(입력행, 5) = Cells(입력행, 3) * Cells(입력행, 4) * 0.98
End Sub
```

### ❸ '닫기' 단추에 기능 구현하기

> 정답

```
Private Sub cmd닫기_Click( )
    MsgBox Format(Time, "hh시 nn분 폼을 종료합니다."), , "종료"
    Unload Me
End Sub
```

# 08회 EXAMINATION 2024년 상시04 컴퓨터활용능력 1급

- **준 비 하 세 요 :** '길벗컴활1급총정리\기출\08회' 폴더에서 '24년상시04.xlsm' 파일을 열어서 작업하시오.
- **외부 데이터 위치 :** 길벗컴활1급총정리\기출\08회

## 문제 1   기본작업(15점) 주어진 시트에서 다음의 과정을 수행하고 저장하시오.

**1.** '기본작업-1' 시트에서 다음과 같이 고급 필터를 수행하시오. (5점)
- ▶ [A2:J29] 영역에서 '상품명'이 "소과"로 끝나고 '상품상태'가 3 이상이고 '사진'이 "유"인 데이터의 '리뷰번호', '상품명', '상품상태', '맛', '포장상태', '사진', '포인트' 필드만 순서대로 표시하시오.
- ▶ 조건은 [A31:A32] 영역 내에 알맞게 입력하시오. (AND, RIGHT 함수 사용)
- ▶ 결과는 [A34] 셀부터 표시하시오.

**2.** '기본작업-1' 시트에서 다음과 같이 조건부 서식을 설정하시오. (5점)
- ▶ [A3:J29] 영역에서 '마트'에 "종로"가 포함된 데이터의 행 전체에 대하여 글꼴 스타일은 '기울임꼴', 글꼴 색은 '표준 색-빨강'으로 적용하시오.
- ▶ 단, 규칙 유형은 '수식을 사용하여 서식을 지정할 셀 결정'을 사용하고, 한 개의 규칙으로만 작성하시오.
- ▶ FIND, ISNUMBER 함수 사용

**3.** '기본작업-2' 시트에서 다음과 같이 페이지 레이아웃을 설정하시오. (5점)
- ▶ 인쇄될 내용이 페이지의 정 가운데에 인쇄되도록 페이지 가운데 맞춤을 설정하시오.
- ▶ 매 페이지 하단의 가운데 구역에는 시트 이름과 페이지 번호가 [표시 예]와 같이 표시되도록 바닥글을 설정하시오.
  [표시 예 : 시트 이름이 '기본작업-2'이고, 현재 페이지 번호가 1인 경우 → 기본작업-2 중 1쪽]
- ▶ 워크시트에 삽입된 그림이 인쇄되지 않도록 설정하고, '부서명'별로 서로 다른 페이지에 인쇄되도록 페이지 나누기를 실행하시오.

## 문제 2   계산작업(30점) '계산작업' 시트에서 다음 과정을 수행하고 저장하시오.

**1.** [표1]의 상품코드와 [표2]를 이용하여 [C3:C29] 영역에 과일코드와 크기코드별 상품명을 표시하시오. (6점)
- ▶ 상품코드의 첫 번째 글자는 과일코드, 두 번째 글자는 크기코드임
- ▶ INDEX, MATCH, RIGHT 함수 사용

**2.** [표1]의 상품상태, 맛, 포장상태를 이용하여 [G3:G29] 영역에 평점을 표시하시오. (6점)
- ▶ '평점'은 상품상태, 맛, 포장상태 점수에 항목별 가중치를 곱한 값들의 합을 계산한 후 그 값만큼 "★"를 표시
- ▶ 항목별 가중치는 상품상태는 50%, 맛은 30%, 포장상태 20%로 계산
- ▶ [표시 예 : 각 항목의 점수에 항목별 가중치를 곱한 값이 3.6인 경우 → ★★★☆☆, 1.2인 경우 → ★☆☆☆☆]
- ▶ SUMPRODUCT, REPT, TRUNC 함수 사용

**3.** [표1]의 상품코드와 상품상태를 이용하여 [표3]의 [N9:N12] 영역에 상품코드의 마지막 글자가 "M"이거나 "L"인 상품의 상품상태별 빈도수를 계산하시오. (6점)
- ▶ FREQUENCY, RIGHT, IF 함수를 이용한 배열 수식

4. [표1]의 사진과 마트를 이용하여 [표4]의 [M16:N17] 영역에 사진과 마트별 비율을 표시하시오. (6점)
   ▶ 비율 : 사진별 마트별 개수 / 전체 개수
   ▶ [표시 예 : 6/27]
   ▶ SUM, IF, LEFT, COUNTA, CONCAT 함수를 이용한 배열 수식

5. 사용자 정의 함수 'fn포인트'를 작성하여 [표1]의 [I3:I29] 영역에 포인트를 계산하여 표시하시오. (6점)
   ▶ 'fn포인트'는 맛과 포장상태를 인수로 받아 포인트를 계산하는 함수이다.
   ▶ 포인트는 맛과 포장상태를 더한 값이 10이면 1000, 8~9이면 800, 6~7이면 600, 3~5인 경우 300, 그외는 0으로 계산하시오.
   ▶ SELECT CASE문 사용

   ```
   Public Function fn포인트(맛, 포장상태)

   End Function
   ```

## 문제 3  분석작업(20점) 주어진 시트에서 다음 작업을 수행하고 저장하시오.

1. '분석작업-1' 시트에서 다음의 지시사항에 따라 피벗 테이블 보고서를 작성하시오. (10점)
   ▶ 외부 데이터 가져오기 기능을 이용하여 〈제주농원.accdb〉에서 〈구매후기〉 테이블의 '상품명', '상품상태', '포인트', '마트' 열을 이용하시오.
   ▶ 피벗 테이블 보고서의 레이아웃과 위치는 〈그림〉을 참조하여 설정하고, 보고서 레이아웃을 개요 형식으로 표시하시오.
   ▶ '상품명' 필드는 '합계 : 상품상태'를 기준으로 상위 5개 항목만 표시되도록 필터를 설정하시오.
   ▶ '포인트' 필드의 표시 형식은 '값 필드 설정'의 셀 서식에서 '숫자' 범주를 이용하여 〈그림〉과 같이 지정하시오.
   ▶ 부분합을 그룹 하단에 표시하시오.
   ▶ '마트' 필드가 '명품마트'인 자료만 별도의 시트에 작성하시오(시트명을 '명품마트'로 지정하고, '분석작업-1' 시트 앞에 위치시킴)

| | A | B | C | D |
|---|---|---|---|---|
| 1 | | | | |
| 2 | 마트 | 상품명 | 합계 : 상품상태 | 합계 : 포인트 |
| 3 | ⊟명품마트 | | | |
| 4 | | 감귤중과 | 10 | 1,400 |
| 5 | | 레드향대과 | 6 | 1,200 |
| 6 | | 레드향중과 | 5 | 600 |
| 7 | | 천애향대과 | 12 | 2,000 |
| 8 | | 천애향소과 | 7 | 1,800 |
| 9 | 명품마트 요약 | | 40 | 7,000 |
| 10 | ⊟상공마트 | | | |
| 11 | | 감귤대과 | 4 | 800 |
| 12 | | 감귤소과 | 13 | 2,300 |
| 13 | | 천애향대과 | 5 | 1,300 |
| 14 | | 천애향소과 | 9 | 1,900 |
| 15 | | 천애향중과 | 3 | 800 |
| 16 | 상공마트 요약 | | 34 | 7,100 |
| 17 | 총합계 | | 74 | 14,100 |

2. '분석작업-2' 시트에 대하여 다음의 지시사항을 처리하시오. (10점)
   ▶ [데이터 유효성 검사] 기능을 이용하여 [A3:A29] 영역에는 중복된 '리뷰번호'가 입력되지 않도록 제한 대상을 설정하시오.
     - [A3:A29] 영역을 클릭한 경우 〈그림〉과 같은 설명 메시지를 표시하고, 유효하지 않은 데이터를 입력한 경우 〈그림〉과 같은 오류 메시지가 표시되도록 설정하시오.

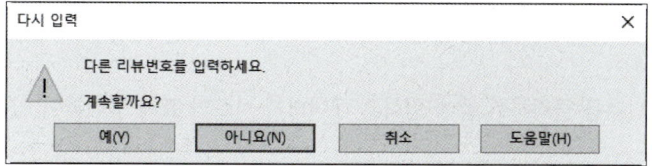

- COUNTIF 함수 사용
▶ [정렬] 기능을 이용하여 '상품명'을 '레드향소과 - 천애향소과 - 감귤소과 - 레드향중과 - 천애향중과 - 감귤중과 - 레드향대과 - 천애향대과 - 감귤대과' 순으로 정렬하고, 동일한 '상품명'인 경우 '포인트'에 적용된 조건부 서식 아이콘 '▲'이 위에 표시되도록 정렬하시오.

### 문제 4  기타작업(35점) 주어진 시트에서 다음 작업을 수행하고 저장하시오.

**1.** '기타작업-1' 시트에서 다음과 같은 기능을 수행하는 매크로를 현재 통합문서에 작성하시오. (각 5점)

① [F3:F12] 영역에 사용자 지정 표시 형식을 설정하는 '서식적용' 매크로를 생성하시오.
   ▶ '사진'이 1이면 "유", 0이면 "무", 텍스트면 빨강색으로 "※"를 표시하시오.
   [표시 예 : '사진'이 1일 경우 → 유, 텍스트일 경우 → ※]
   ▶ [도형] → [설명선]의 '말풍선: 사각형(🗨)'을 동일 시트의 [H2:H3] 영역에 생성한 후 텍스트를 "서식적용"으로 입력하고, 도형을 클릭하면 '서식적용' 매크로가 실행되도록 설정하시오.

② [F3:F12] 영역에 표시 형식을 '일반'으로 적용하는 '서식해제' 매크로를 생성하시오.
   ▶ [도형] → [설명선]의 '말풍선: 사각형(🗨)'을 동일 시트의 [H5:H6] 영역에 생성한 후 텍스트를 "서식해제"로 입력하고, 도형을 클릭하면 '서식해제' 매크로가 실행되도록 설정하시오.

※ 셀 포인터의 위치에 관계없이 매크로가 실행되어야 정답으로 인정됨

**2.** '기타작업-2' 시트에서 다음의 지시사항에 따라 차트를 수정하시오. (각 2점)

※ 차트는 반드시 문제에서 제공한 차트를 사용하여야 하며, 신규로 차트 작성시 0점 처리됨

① '포장상태' 계열을 〈그림〉과 같이 추가하고, 범례를 차트 아래쪽에 표시하시오.
② 차트 제목과 세로(값) 축 제목을 〈그림〉과 같이 표시하시오.
③ 세로(값) 축의 기본 단위와 최대값을 〈그림〉과 같이 지정하고, 축의 주 눈금을 바깥쪽으로 표시하시오.
④ '상품상태' 계열의 '대시 종류'를 '사각 점선', 색을 '검정, 텍스트 1'로 지정하시오.
⑤ 차트 영역의 테두리 스타일은 '둥근 모서리', 그림자는 '오프셋: 오른쪽 아래'로 설정하시오.

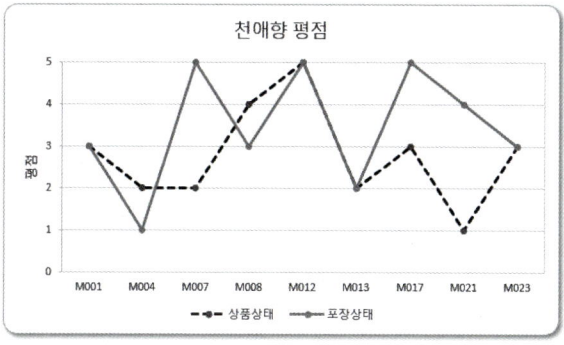

## 3. '기타작업-3' 시트에서 다음과 같은 작업을 수행하고 저장하시오. (각 5점)

① '구매후기' 단추를 클릭하면 〈후기등록〉 폼이 나타나고, 폼이 초기화(Initialize)되면 '상품명(cmb상품명)' 목록에는 [H4:H7] 영역이 표시되도록 프로시저를 작성하시오.

② 〈후기등록〉 폼의 '등록(cmd등록)' 단추를 클릭하면 폼에 입력된 데이터가 시트의 표에 입력되어 있는 마지막 행 다음에 연속하여 추가되도록 프로시저를 작성하시오.

▶ '평점'에는 '상품상태', '맛', '포장상태'의 합계가 25 이상이면 "매우좋음", 20 이상이면 "좋음", 15 이상이면 "보통", 그 외는 "나쁨"으로 입력하시오.

▶ 입력되는 데이터는 워크시트에 입력된 기존 데이터와 같은 형식의 데이터로 입력하시오

③ 〈후기등록〉 폼의 '닫기(cmd닫기)' 단추를 클릭하면 현재 날짜를 표시한 〈그림〉과 같은 메시지 박스를 표시한 후 〈확인〉을 클릭하면 폼을 종료하는 프로시저를 작성하시오.

# 08회 기출문제 정답 및 해설

## 문제 1 기본작업

### 01. 고급 필터 _ 참고 : 고급 필터 18쪽

**정답**

• '고급 필터' 대화상자

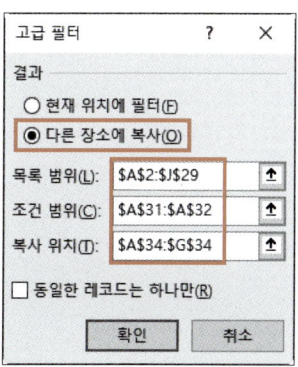

[A32] : =AND(RIGHT(C3,2)="소과",D3>=3,H3="유")

### 02. 조건부 서식 _ 참고 : 조건부 서식 25쪽

**정답**

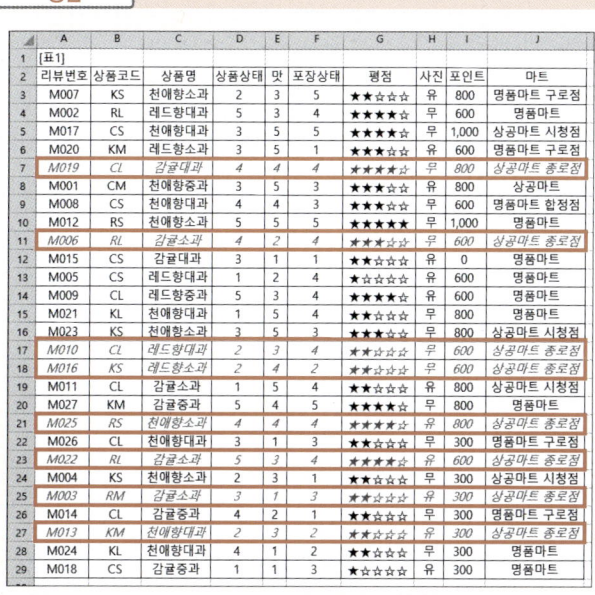

• '새 서식 규칙' 대화상자

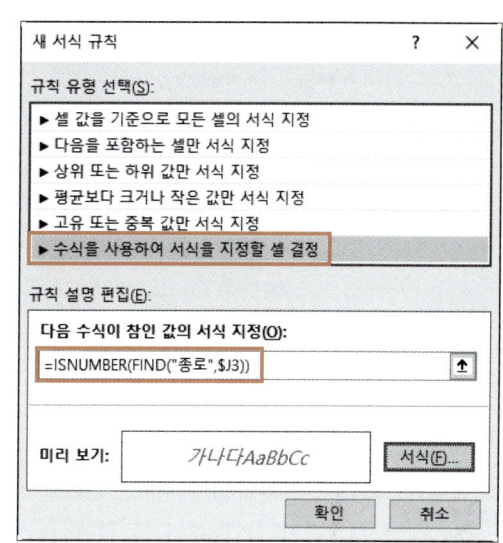

### 03. 페이지 레이아웃 _ 참고 : 페이지 레이아웃 32쪽

**정답**

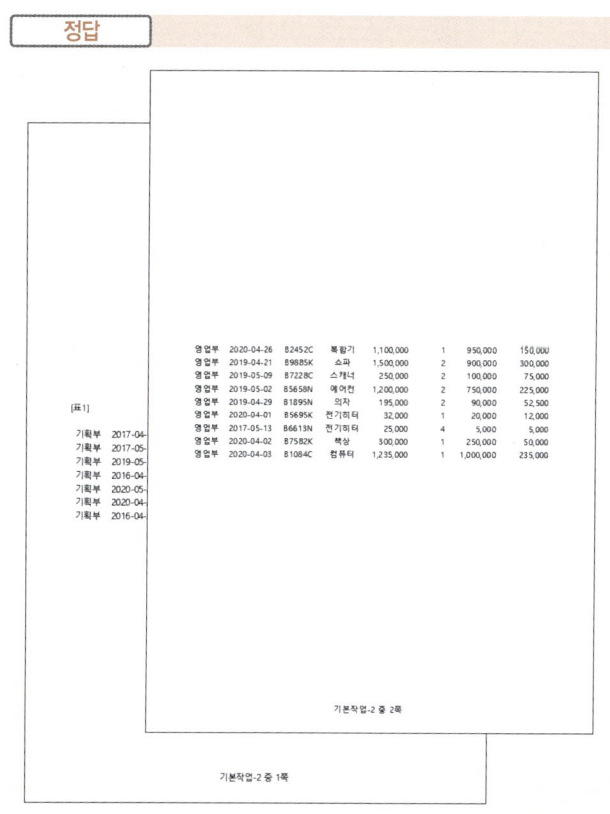

- '페이지 설정' 대화상자의 '여백' 탭

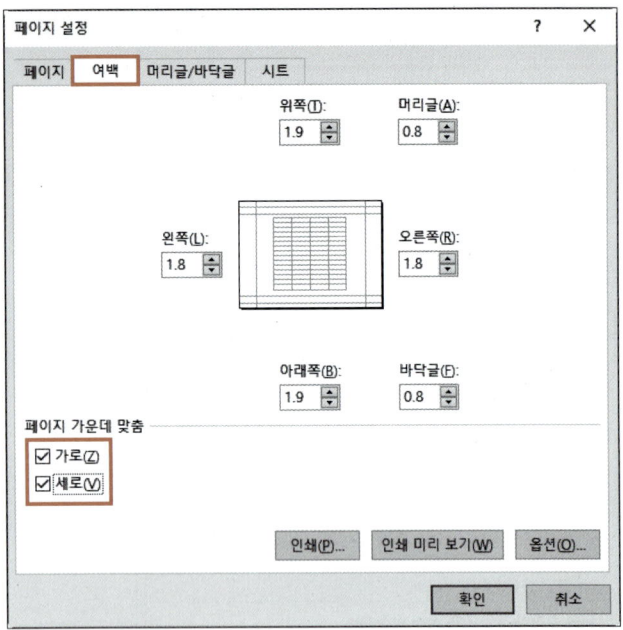

- '바닥글' 대화상자

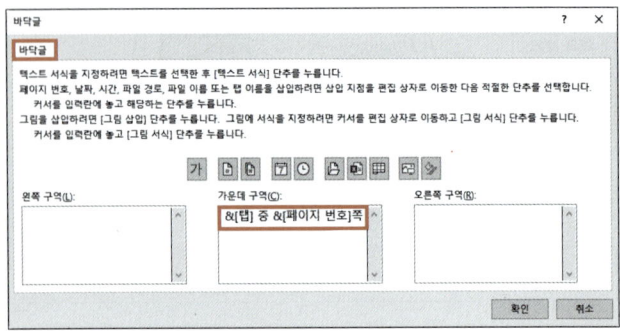

- '페이지 설정' 대화상자의 '시트' 탭

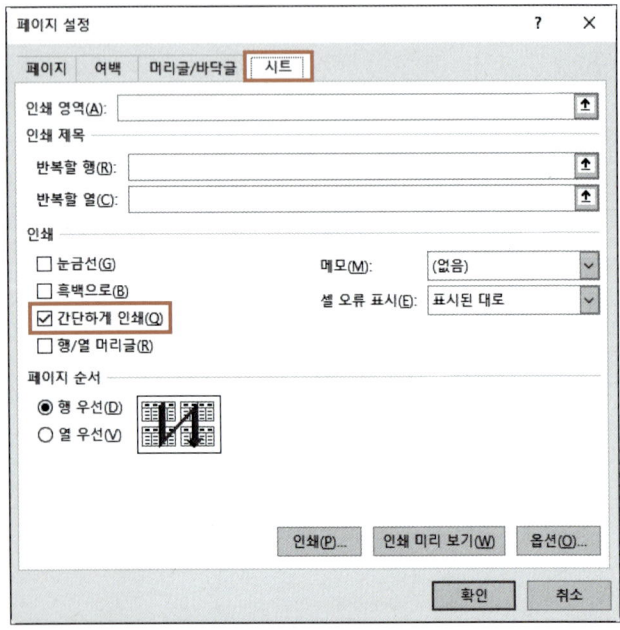

- [A10] 셀을 선택한 후 [페이지 레이아웃] → 페이지 설정 → 나누기 → **페이지 나누기 삽입**을 선택한다. 다른 부서도 같은 방법으로 페이지를 나눈다.

## 문제 2 계산작업

### 정답

| | A | B | C | D | E | F | G | H | I | J | K | L | M | N | O |
|---|---|---|---|---|---|---|---|---|---|---|---|---|---|---|---|
| 1 | [표1] | | | | | | | | | | | [표2] | | | |
| 2 | 리뷰번호 | 상품코드 | 상품명 | 상품상태 | 맛 | 포장상태 | 평점 | 사진 | 포인트 | 마트 | | 과일코드 | S | M | L |
| 3 | M001 | CM | 천애향중과 | 3 | 5 | 3 | ★★★☆☆ | 유 | 800 | 상공마트 | | C | 천애향소과 | 천애향중과 | 천애향대과 |
| 4 | M002 | RL | 레드향대과 | 5 | 3 | 4 | ★★★★☆ | 무 | 600 | 명품마트 | | K | 감귤소과 | 감귤중과 | 감귤대과 |
| 5 | M003 | RM | 레드향중과 | 3 | 1 | 3 | ★★☆☆☆ | 유 | 300 | 상공마트 종로점 | | R | 레드향소과 | 레드향중과 | 레드향대과 |
| 6 | M004 | KS | 감귤소과 | 2 | 3 | 1 | ★★☆☆☆ | 무 | 300 | 상공마트 시청점 | | | | | |
| 7 | M005 | CS | 천애향소과 | 1 | 2 | 4 | ★☆☆☆☆ | 유 | 600 | 명품마트 | | [표3] | | | |
| 8 | M006 | RL | 레드향대과 | 4 | 2 | 4 | ★★★☆☆ | 무 | 600 | 상공마트 종로점 | | | 상품상태 | | 빈도수 |
| 9 | M007 | KS | 감귤소과 | 2 | 3 | 5 | ★★☆☆☆ | 유 | 800 | 명품마트 구로점 | | | 0초과 | 1이하 | 2 |
| 10 | M008 | CS | 천애향소과 | 4 | 4 | 3 | ★★★☆☆ | 무 | 600 | 명품마트 합정점 | | | 1초과 | 2이하 | 2 |
| 11 | M009 | CL | 천애향대과 | 5 | 3 | 4 | ★★★★☆ | 유 | 600 | 명품마트 | | | 2초과 | 3이하 | 4 |
| 12 | M010 | CL | 천애향대과 | 2 | 3 | 4 | ★★☆☆☆ | 무 | 600 | 상공마트 종로점 | | | 3초과 | | 8 |
| 13 | M011 | CL | 천애향대과 | 1 | 5 | 4 | ★★☆☆☆ | 유 | 800 | 상공마트 시청점 | | | | | |
| 14 | M012 | RS | 레드향소과 | 5 | 5 | 5 | ★★★★★ | 무 | 1,000 | 명품마트 | | [표4] | | | |
| 15 | M013 | KM | 감귤중과 | 2 | 3 | 2 | ★★☆☆☆ | 유 | 300 | 상공마트 종로점 | | 사진 | 상공 | 명품 | |
| 16 | M014 | CL | 천애향대과 | 4 | 2 | 1 | ★★☆☆☆ | 무 | 300 | 명품마트 구로점 | | 유 | 6/27 | 6/27 | |
| 17 | M015 | CS | 천애향소과 | 3 | 1 | 1 | ★★☆☆☆ | 유 | 0 | 명품마트 | | 무 | 7/27 | 8/27 | |
| 18 | M016 | KS | 감귤소과 | 2 | 4 | 2 | ★★☆☆☆ | 무 | 600 | 상공마트 종로점 | | | | | |
| 19 | M017 | CS | 천애향소과 | 3 | 5 | 5 | ★★★★☆ | 무 | 1,000 | 상공마트 시청점 | | | | | |
| 20 | M018 | CS | 천애향소과 | 1 | 1 | 3 | ★☆☆☆☆ | 유 | 300 | 명품마트 | | | | | |
| 21 | M019 | CL | 천애향대과 | 4 | 4 | 4 | ★★★★☆ | 무 | 800 | 상공마트 종로점 | | | | | |
| 22 | M020 | KM | 감귤중과 | 3 | 5 | 1 | ★★★☆☆ | 유 | 600 | 명품마트 구로점 | | | | | |
| 23 | M021 | KL | 감귤대과 | 1 | 5 | 4 | ★★☆☆☆ | 무 | 800 | 명품마트 | | | | | |
| 24 | M022 | RL | 레드향대과 | 5 | 3 | 4 | ★★★★☆ | 유 | 600 | 상공마트 종로점 | | | | | |
| 25 | M023 | KS | 감귤소과 | 3 | 5 | 3 | ★★★☆☆ | 무 | 800 | 상공마트 시청점 | | | | | |
| 26 | M024 | KL | 감귤대과 | 4 | 1 | 2 | ★★☆☆☆ | 유 | 300 | 명품마트 | | | | | |
| 27 | M025 | RS | 레드향소과 | 4 | 4 | 4 | ★★★★☆ | 무 | 800 | 상공마트 종로점 | | | | | |
| 28 | M026 | CL | 천애향대과 | 3 | 1 | 3 | ★★☆☆☆ | 유 | 300 | 명품마트 구로점 | | | | | |
| 29 | M027 | KM | 감귤중과 | 5 | 4 | 5 | ★★★★☆ | 무 | 800 | 명품마트 | | | | | |

❶ 과일코드와 크기코드별 상품명(C3) _ 참고 : 찾기/참조 함수 58쪽
=INDEX( $M$3:$O$5, MATCH(B3,$L$3:$L$5,1), MATCH( RIGHT(B3,1), $M$2:$O$2,0 ) )

❷ 평점(G3) _ 참고 : 기타 함수 77쪽
=REPT( "★", TRUNC( SUMPRODUCT(D3:F3,{0.5,0.3,0.2}) ) )&REPT( "☆", 5-TRUNC( SUMPRODUCT(D3:F3,{0.5,0.3,0.2}) ) )

❸ 상품상태별 빈도수(N9) _ 참고 : 논리 함수 71쪽
{=FREQUENCY( IF( (RIGHT(B3:B29,1)="M")+(RIGHT(B3:B29,1)="L"), D3:D29 ), M9:M12 )}

❹ 사진과 마트별 비율(M16) _ 참고 : 배열 수식 43쪽
{=CONCAT( SUM( IF( ($H$3:$H$29=$L16)*(LEFT($J$3:$J$29, 2)=M$15), 1 ) ), "/", COUNTA($H$3:$H$29) )}

❺ 포인트(I3) _ 참고 : 사용자 정의 함수 83쪽
=fn포인트(E3,F3)

```
Public Function fn포인트(맛, 포장상태)
    Select Case 맛 + 포장상태
        Case 10
            fn포인트 = 1000
        Case 8 To 9
            fn포인트 = 800
        Case 6 To 7
            fn포인트 = 600
        Case 3 To 5
            fn포인트 = 300
        Case Else
            fn포인트 = 0
    End Select
End Function
```

## 문제 3 분석작업

### 01. 피벗 테이블 _ 참고 : 피벗 테이블 88쪽

**정답**

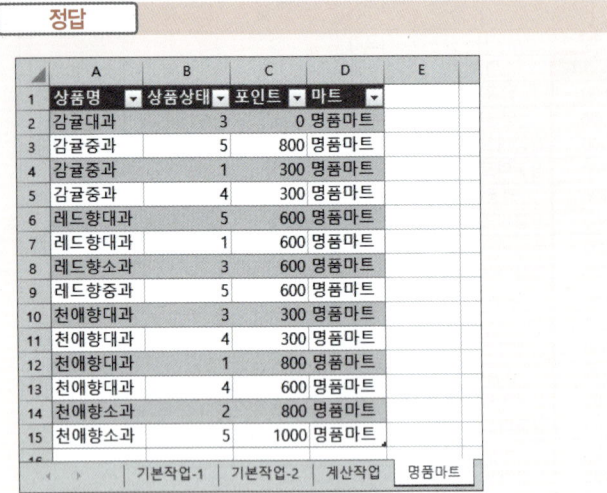

• '피벗 테이블 필드' 창

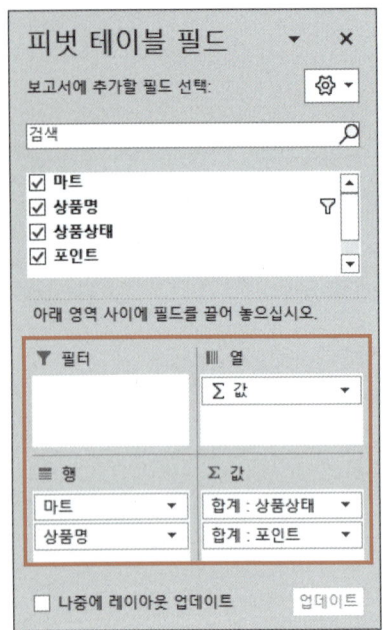

• '상품명' 필드의 '상위 10 필터' 대화상자

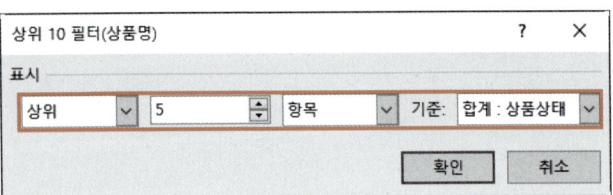

### 02. 데이터 유효성 검사 / 정렬 _ 참고 : 데이터 유효성 검사 102쪽 / 정렬 109쪽

**정답**

• '데이터 유효성' 대화상자의 '설정' 탭

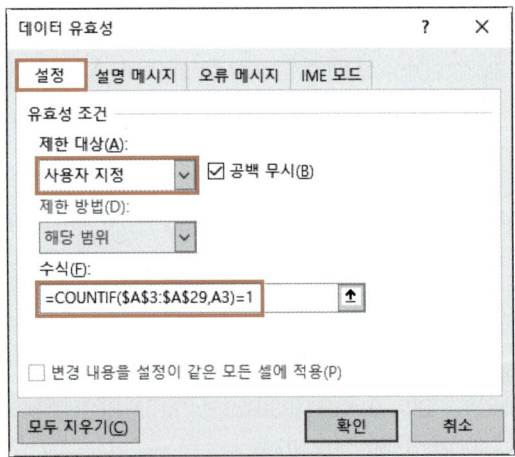

• '데이터 유효성' 대화상자의 '설명 메시지' 탭

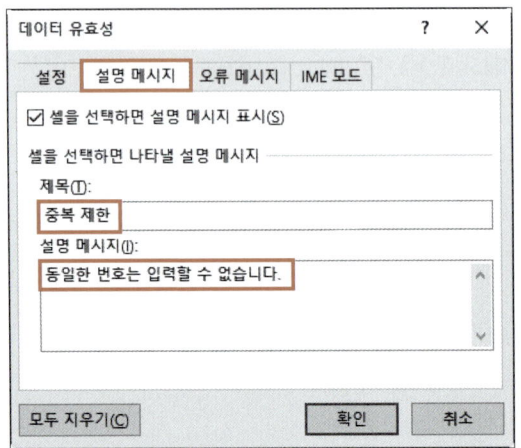

- '데이터 유효성' 대화상자의 '오류 메시지' 탭

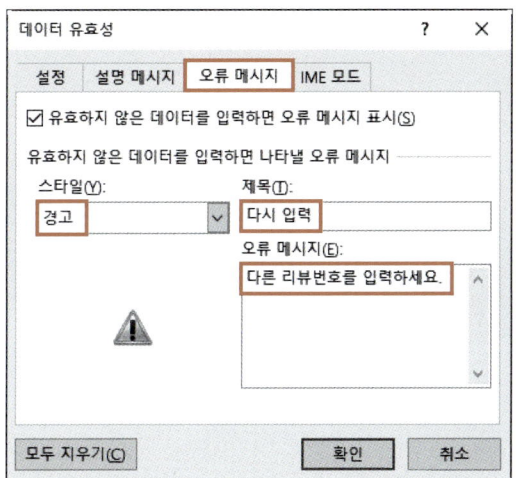

- '정렬' 대화상자

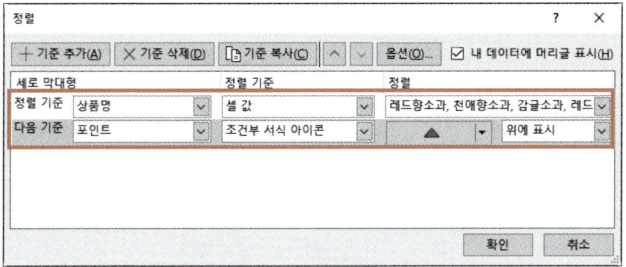

---

## 문제 4  기타작업  정답

### 01. 매크로 작성 _ 참고 : 매크로 135쪽

**1** '서식적용' 매크로 실행

정답

- '셀 서식' 대화상자

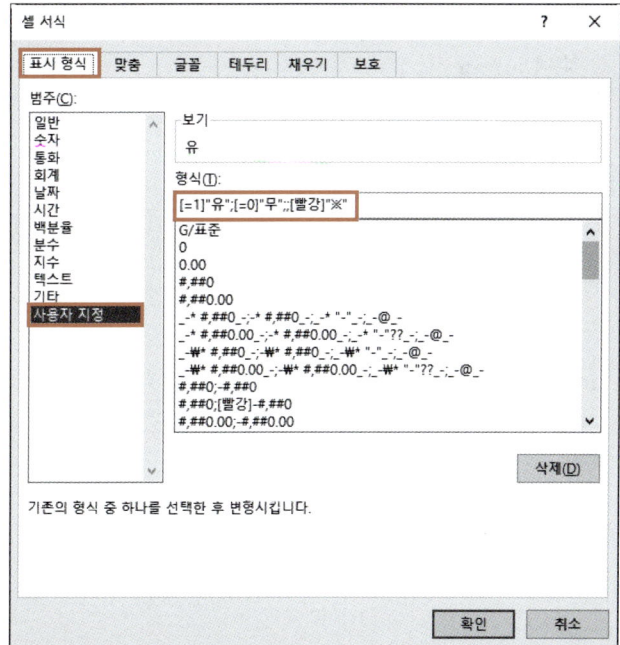

## 03. 프로시저 작성 _ 참고 : 프로시저 142쪽

**❶ '구매후기' 단추 및 폼 초기화 프로시저**

• '구매후기' 단추 클릭 프로시저

**정답**

```
Private Sub cmd구매후기_Click( )
    후기등록.Show
End Sub
```

• 폼 초기화 프로시저

**정답**

```
Private Sub UserForm_Initialize( )
    cmb상품명.RowSource = "H4:H7"
End Sub
```

**❷ '등록' 단추에 기능 구현하기**

**정답**

```
Private Sub cmd등록_Click( )
    입력행 = [A2].Row + [A2].CurrentRegion.Rows.Count
    Cells(입력행, 1) = txt구매자명.Value
    Cells(입력행, 2) = cmb상품명.Value
    Cells(입력행, 3) = txt상품상태.Value
    Cells(입력행, 4) = txt맛.Value
    Cells(입력행, 5) = txt포장상태.Value
    If Cells(입력행, 3) + Cells(입력행, 4) + Cells(입력행, 5) >= 25 Then
        Cells(입력행, 6) = "매우좋음"
    ElseIf Cells(입력행, 3) + Cells(입력행, 4) + Cells(입력행, 5) >=20 Then
        Cells(입력행, 6) = "좋음"
    ElseIf Cells(입력행, 3) + Cells(입력행, 4) + Cells(입력행, 5) >=15 Then
        Cells(입력행, 6) = "보통"
    Else
        Cells(입력행, 6) = "나쁨"
    End If
End Sub
```

**❸ '닫기' 단추에 기능 구현하기**

**정답**

```
Private Sub cmd닫기_Click( )
    MsgBox Date, , "폼 종료"
    Unload Me
End Sub
```

# 2023년 상시01 컴퓨터활용능력 1급

- 준 비 하 세 요 : '길벗컴활1급총정리\기출\09회' 폴더에서 '23년상시01.xlsm' 파일을 열어서 작업하시오.
- 외부 데이터 위치 : 길벗컴활1급총정리\기출\09회

## 문제 1  기본작업(15점) 주어진 시트에서 다음의 과정을 수행하고 저장하시오.

### 1. '기본작업' 시트에서 다음과 같이 고급 필터를 수행하시오. (5점)
- [A2:H32] 영역에서 '월납입액'이 상위 5위 이내이면서 대출일이 2021년 이후인 데이터의 '대출일', '고객명', '대출지점', '월납입액' 필드만 순서대로 표시하시오.
- 조건은 [A34:A35] 영역 내에 알맞게 입력하시오. (AND, LARGE, YEAR 함수 사용)
- 결과는 [A37] 셀부터 표시하시오.

### 2. '기본작업' 시트에서 다음과 같이 조건부 서식을 설정하시오. (5점)
- [A3:H32] 영역에서 '대출지점'이 "서울"이거나 "경기"이면서, '고객명'의 성이 "김"씨인 데이터의 행 전체에 대하여 글꼴 스타일은 '기울임꼴', 글꼴 색은 '표준 색-녹색'으로 적용하시오.
- 단, 규칙 유형은 '수식을 사용하여 서식을 지정할 셀 결정'을 사용하고, 한 개의 규칙으로만 작성하시오.
- AND, OR, LEFT 함수 사용

### 3. '기본작업' 시트에서 다음과 같이 페이지 레이아웃을 설정하시오. (5점)
- 용지 방향을 '가로'로 지정하고 인쇄될 내용이 페이지의 가로·세로 가운데에 인쇄되도록 페이지 가운데 맞춤을 설정하시오.
- [A2:H32] 영역을 인쇄 영역으로 설정하고, 페이지의 내용이 120% 확대되어 인쇄되도록 설정하시오.
- 매 페이지 상단의 오른쪽 구역에는 현재 시스템의 날짜가 표시되도록 머리글을 설정하시오.

## 문제 2  계산작업(30점) '계산작업' 시트에서 다음 과정을 수행하고 저장하시오.

### 1. [표1]의 고객등급, 대출액, 대출기간과 [표2]를 이용하여 [G3:G32] 영역에 대출수수료를 계산하여 표시하시오. (6점)
- 대출수수료 = 기본수수료+고객등급 및 대출액별 수수료
- 기본수수료는 대출기간이 20 미만이면 50, 20 이상 60 미만이면 100, 그 외에는 150임
- IF, MATCH, VLOOKUP 함수 사용

### 2. [표1]의 고객등급, 대출액, 대출기간을 이용하여 [H3:H32] 영역에 월납입액을 양수로 계산하여 표시하시오. (6점)
- 연이율은 고객등급이 '일반'이면 4%, 그 외에는 3.5%임
- IF, PMT 함수 이용

### 3. [표1]의 고객번호와 대출일을 이용하여 [표3]의 [B44:E46] 영역에 대출년도와 지역별 대출 건수를 계산하여 표시하시오. (6점)
- 지역은 고객번호의 첫 글자로 구분함
- COUNT, IF, YEAR, LEFT 함수를 사용한 배열 수식

4. [표1]의 대출종류와 대출액을 이용하여 [표4]의 [H36:J39] 영역에 대출형태별 순위에 해당하는 대출액을 계산하여 표시하시오. (6점)
   ▶ 대출형태는 대출종류의 뒤에 두 글자로 구분함
   ▶ LARGE, RIGHT 함수를 사용한 배열 수식

5. 사용자 정의 함수 'fn비고'를 작성하여 [표1]의 [I3:I32] 영역에 비고를 계산하여 표시하시오. (6점)
   ▶ 'fn비고'는 대출액과 대출기간을 인수로 받아 비고를 계산하는 함수이다.
   ▶ 비고는 대출액이 10,000,000원 이상이면서 대출기간이 20개월 미만이면 "●", 대출액이 10,000,000원 이상이면서 대출기간이 20개월 이상이면 "◎", 그 외는 빈칸으로 표시하시오.
   ▶ IF ~ ELSE문 사용

   ```
   Public Function fn비고(대출액, 대출기간)

   End Function
   ```

## 문제 3    분석작업(20점)   주어진 시트에서 다음 작업을 수행하고 저장하시오.

1. '분석작업-1' 시트에서 다음의 지시사항에 따라 피벗 테이블 보고서를 작성하시오. (10점)
   ▶ 외부 데이터 가져오기 기능을 이용하여 〈대출관리.accdb〉의 〈대출정보〉 테이블에서 '기간', '대출금액', '대출지점' 열을 이용하시오.
   ▶ 피벗 테이블 보고서의 레이아웃과 위치는 〈그림〉을 참조하여 설정하고, 보고서 레이아웃을 테이블 형식으로 표시하시오.
   ▶ '기간' 필드는 〈그림〉과 같이 그룹화를 설정하시오.
   ▶ '대출금액' 필드의 표시 형식은 '값 필드 설정'의 셀 서식에서 '회계' 범주를 이용하여 〈그림〉과 같이 지정하시오.
   ▶ 피벗 테이블 스타일은 '흰색, 피벗 스타일 밝게 8', 피벗 테이블 스타일 옵션은 '행 머리글', '열 머리글', '줄무늬 열'을 설정하시오.

| | A | B | C |
|---|---|---|---|
| 1 | | | |
| 2 | 기간 | 값 | |
| 3 | 1-12 | 개수 : 대출지점 | 1 |
| 4 | | 평균 : 대출금액 | 2,500,000 |
| 5 | 13-24 | 개수 : 대출지점 | 8 |
| 6 | | 평균 : 대출금액 | 8,625,000 |
| 7 | 25-36 | 개수 : 대출지점 | 13 |
| 8 | | 평균 : 대출금액 | 6,230,769 |
| 9 | 37-48 | 개수 : 대출지점 | 3 |
| 10 | | 평균 : 대출금액 | 10,666,667 |
| 11 | 49-60 | 개수 : 대출지점 | 5 |
| 12 | | 평균 : 대출금액 | 11,800,000 |
| 13 | 전체 개수 : 대출지점 | | 30 |
| 14 | 전체 평균 : 대출금액 | | 8,116,667 |

   ※ 작업 완성된 그림이며 부분점수 없음

2. '분석작업-2' 시트에 대하여 다음의 지시사항을 처리하시오. (10점)
   ▶ [데이터 유효성 검사] 기능을 이용하여 [D8:D14] 영역에는 12의 배수만 입력되도록 제한 대상을 설정하시오.
     – [D8:D14] 영역에 유효하지 않은 데이터를 입력한 경우 〈그림〉과 같은 오류 메시지가 표시되도록 설정하시오.

   ▶ [데이터 표] 기능을 이용하여 [E8:K14] 영역에 '납입횟수'와 '이자'의 반영비율에 따른 '미래가치'를 계산하시오.

## 문제 4    기타작업(35점) 주어진 시트에서 다음 작업을 수행하고 저장하시오.

1. '기타작업-1' 시트에서 다음과 같은 기능을 수행하는 매크로를 현재 통합문서에 작성하시오. (각 5점)

    ① [G3:G22] 영역에 사용자 지정 표시 형식을 설정하는 '서식적용' 매크로를 생성하시오.
    - '대여기간'이 30 이상이면 파랑색으로 숫자를, -1이면 자홍색으로 "■ 소장"을, 그 외는 숫자만 표시하시오.
      [표시 예 : '대여기간'이 35일 경우 → 35, -1일 경우 → ■ 소장, 0일 경우 → 0]
    - [도형] → [기본 도형]의 '사각형: 빗면'을 동일 시트의 [I2:I3] 영역에 생성한 후 텍스트를 "서식적용"으로 입력하고, 도형을 클릭하면 '서식적용' 매크로가 실행되도록 설정하시오.

    ② [G3:G22] 영역에 표시 형식을 '일반'으로 적용하는 '서식해제' 매크로를 생성하시오.
    - [도형] → [기본 도형]의 '사각형: 빗면'을 동일 시트의 [I5:I6] 영역에 생성한 후 텍스트를 "서식해제"로 입력하고, 단추를 클릭하면 '서식해제' 매크로가 실행되도록 설정하시오.

    ※ 셀 포인터의 위치에 관계없이 매크로가 실행되어야 정답으로 인정됨

2. '기타작업-2' 시트에서 다음의 지시사항에 따라 차트를 수정하시오. (각 2점)

    ※ 차트는 반드시 문제에서 제공한 차트를 사용하여야 하며, 신규로 차트작성 시 0점 처리됨
    ① '전동칫솔' 요소가 표시되지 않도록 데이터 범위를 수정하시오.
    ② 차트 제목과 가로 축 제목, 세로 축 제목을 〈그림〉과 같이 입력하시오.
    ③ 가로 축의 기본 단위는 〈그림〉과 같이 지정하고, 값이 거꾸로 표시되도록 설정하시오.
    ④ '백화점' 계열에만 데이터 레이블을 〈그림〉과 같이 표시되도록 설정하시오.
    ⑤ 범례는 도형 스타일을 '강한 효과 - 검정, 어둡게 1', 차트 영역의 테두리는 '표준 색 - 파랑'으로 지정하시오.

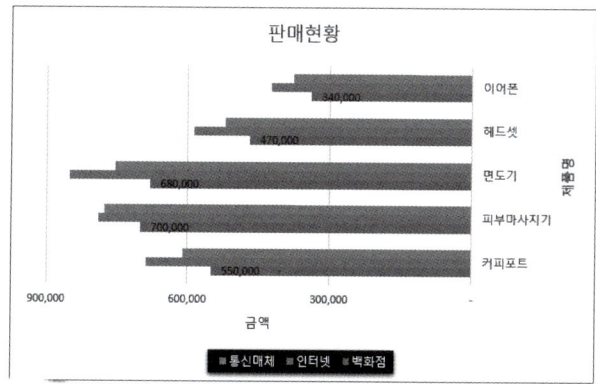

3. '기타작업-3' 시트에서 다음과 같은 작업을 수행하도록 프로시저를 작성하시오. (각 5점)

    ① '매출등록' 단추를 클릭하면 〈매출등록〉 폼이 나타나고, 폼이 초기화(Initialize)되면 '제품명(cmb제품명)' 목록에는 "세탁기", "냉장고", "건조기", "식기세척기", "인덕션"이 표시되도록 프로시저를 작성하시오.
    ② 〈매출등록〉 폼의 '등록(cmd등록)' 단추를 클릭하면 폼에 입력된 데이터가 시트의 표에 입력되어 있는 마지막 행 다음에 연속하여 추가되도록 프로시저를 작성하시오.
    - '판매금액'에는 1000 단위 구분 기호를 표시하시오.
      [표시 예 : '판매금액'이 15000일 경우 → 15,000, 0일 경우 → 0]
    - FORMAT 함수 사용
    ③ 〈매출등록〉 폼의 '종료(cmd종료)' 단추를 클릭하면 폼을 종료한 후 [A1] 셀의 글꼴을 '궁서체'로 설정하시오.

# 09회 EXAMINATION 기출문제 정답 및 해설

## 문제 1    기본작업      정답

### 01. 고급 필터 _ 참고 : 고급 필터 18쪽

**정답**

|  | A | B | C | D |
|---|---|---|---|---|
| 33 |  |  |  |  |
| 34 | 조건 |  |  |  |
| 35 | FALSE |  |  |  |
| 36 |  |  |  |  |
| 37 | 대출일 | 고객명 | 대출지점 | 월납입액 |
| 38 | 2021-12-09 | 우진우 | 충청 | ₩ 526,249 |
| 39 | 2022-06-24 | 민애라 | 부산 | ₩ 350,833 |
| 40 | 2021-09-02 | 김상진 | 부산 | ₩ 303,974 |

• '고급 필터' 대화상자

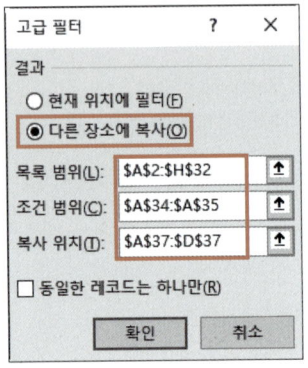

[A35] : =AND(H3>=LARGE($H$3:$H$32,5),YEAR(A3)>=2021)

### 02. 조건부 서식 _ 참고 : 조건부 서식 25쪽

**정답**

|  | A | B | C | D | E | F | G | H |
|---|---|---|---|---|---|---|---|---|
| 1 | [표1] |  |  |  |  |  |  |  |
| 2 | 대출일 | 고객명 | 대출지점 | 대출종류 | 대출액 | 대출기간 | 대출수수료 | 월납입액 |
| 3 | 2020-05-17 | 김진석 | 충청 | 무보증신용 | 5,000,000 | 36개월 | 1,500 | ₩ 147,620 |
| 4 | 2019-06-12 | 구준식 | 서울 | 예부적금담보 | 2,000,000 | 60개월 | 1,550 | ₩ 36,383 |
| 5 | 2021-08-17 | 이진태 | 경기 | 무보증신용 | 8,000,000 | 30개월 | 1,500 | ₩ 280,666 |
| 6 | 2020-08-16 | 이재철 | 경기 | 무보증신용 | 2,000,000 | 36개월 | 1,700 | ₩ 59,048 |
| 7 | *2021-12-18* | *김세희* | *서울* | *주택자금* | *12,000,000* | *60개월* | *950* | *₩ 218,301* |
| 8 | 2019-12-03 | 박순영 | 부산 | 주택자금 | 35,000,000 | 24개월 | 900 | ₩1,512,095 |
| 9 | *2021-03-25* | *김성재* | *경기* | *무보증신용* | *5,000,000* | *30개월* | *1,100* | *₩ 174,307* |
| 10 | 2021-05-18 | 설진구 | 부산 | 예부적금담보 | 3,000,000 | 36개월 | 1,700 | ₩ 88,572 |
| 11 | 2019-08-31 | 이영민 | 경기 | 예부적금담보 | 3,500,000 | 36개월 | 1,700 | ₩ 103,334 |
| 12 | 2019-10-09 | 도희철 | 서울 | 국민주택기금 | 15,000,000 | 60개월 | 950 | ₩ 272,876 |
| 13 | 2021-12-09 | 우진우 | 충청 | 주택자금 | 15,000,000 | 30개월 | 1,300 | ₩ 526,249 |
| 14 | 2022-06-24 | 민애라 | 부산 | 국민주택기금 | 10,000,000 | 30개월 | 1,300 | ₩ 350,833 |
| 15 | 2020-08-21 | 민승렬 | 부산 | 예부적금담보 | 1,000,000 | 48개월 | 1,500 | ₩ 22,356 |
| 16 | 2021-03-22 | 최만용 | 서울 | 주택자금 | 15,000,000 | 60개월 | 1,350 | ₩ 276,248 |
| 17 | 2019-01-20 | 오대영 | 서울 | 주택자금 | 27,000,000 | 48개월 | 900 | ₩ 603,612 |
| 18 | 2020-02-13 | 장우석 | 충청 | 국민주택기금 | 7,000,000 | 30개월 | 1,500 | ₩ 245,583 |
| 19 | *2022-05-26* | *김연주* | *경기* | *예부적금담* | *4,000,000* | *48개월* | *1,700* | *₩ 90,316* |
| 20 | 2022-06-07 | 이민주 | 경기 | 국민주택기금 | 5,000,000 | 30개월 | 1,300 | ₩ 174,307 |
| 21 | 2022-06-12 | 정대식 | 서울 | 무보증신용 | 5,000,000 | 30개월 | 1,100 | ₩ 174,307 |
| 22 | *2022-11-27* | *김춘복* | *경기* | *무보증신용* | *3,000,000* | *24개월* | *1,700* | *₩ 130,275* |
| 23 | 2021-06-24 | 이영진 | 서울 | 예부적금담보 | 3,000,000 | 36개월 | 1,700 | ₩ 88,572 |
| 24 | 2021-07-20 | 진영태 | 충청 | 주택자금 | 15,000,000 | 60개월 | 1,150 | ₩ 272,876 |
| 25 | 2021-08-03 | 엄현석 | 경기 | 국민주택기금 | 6,000,000 | 24개월 | 1,100 | ₩ 259,216 |
| 26 | 2020-05-01 | 남지철 | 충청 | 국민주택기금 | 5,000,000 | 24개월 | 1,100 | ₩ 216,014 |
| 27 | 2022-05-14 | 국선재 | 부산 | 국민주택기금 | 5,000,000 | 18개월 | 1,450 | ₩ 286,657 |
| 28 | 2021-09-02 | 김상진 | 부산 | 국민주택기금 | 7,000,000 | 24개월 | 1,500 | ₩ 303,974 |
| 29 | 2020-09-12 | 민인희 | 충청 | 무보증신용 | 3,000,000 | 24개월 | 1,700 | ₩ 130,275 |
| 30 | 2022-10-24 | 최철식 | 경기 | 예부적금담보 | 2,500,000 | 12개월 | 1,450 | ₩ 212,304 |
| 31 | 2020-12-09 | 박철형 | 충청 | 무보증신용 | 10,000,000 | 36개월 | 1,100 | ₩ 293,021 |
| 32 | 2022-12-15 | 성철수 | 서울 | 무보증신용 | 5,000,000 | 18개월 | 1,450 | ₩ 286,657 |

• '새 서식 규칙' 대화상자

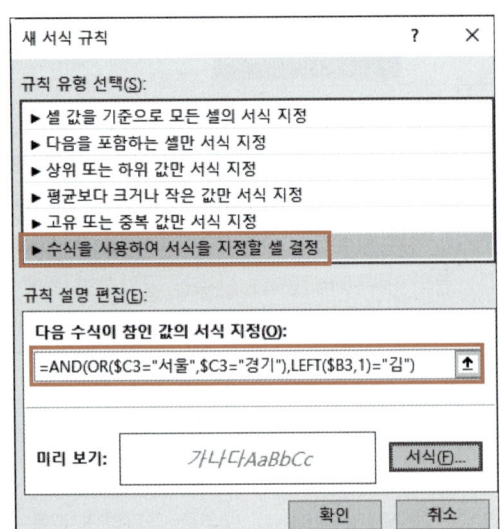

=AND(OR($C3="서울",$C3="경기"),LEFT($B3,1)="김")

## 03. 페이지 레이아웃 _ 참고 : 페이지 레이아웃 32쪽

**정답**

1페이지

2페이지

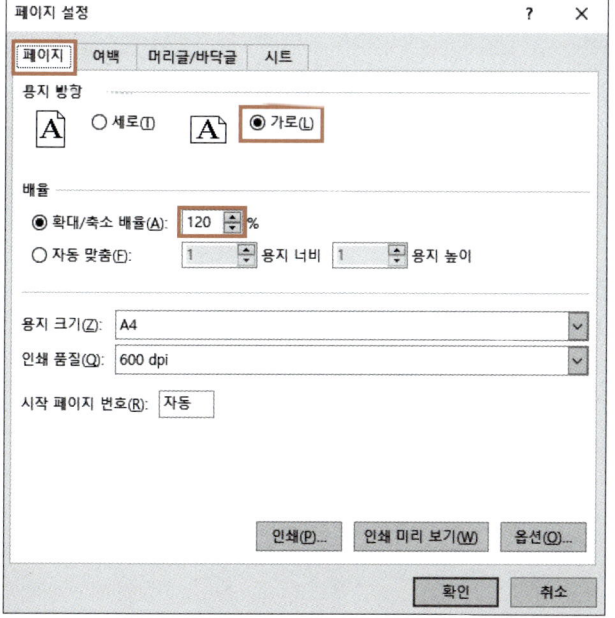

- '페이지 설정' 대화상자의 '페이지' 탭

- '페이지 설정' 대화상자의 '여백' 탭

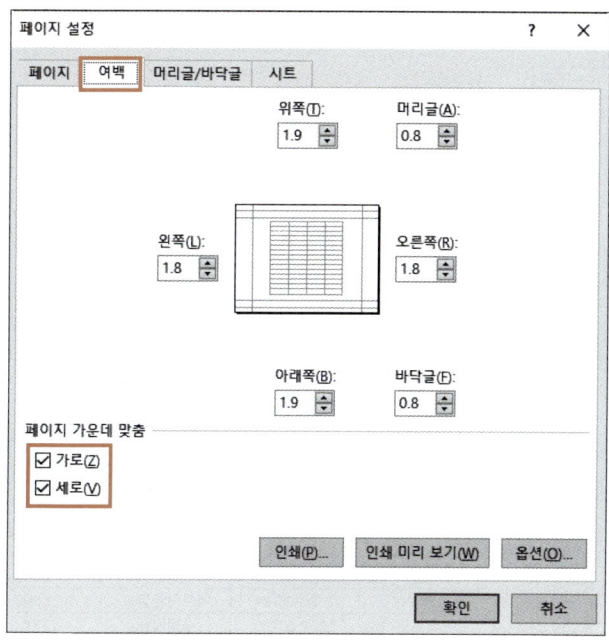

- '바닥글' 대화상자

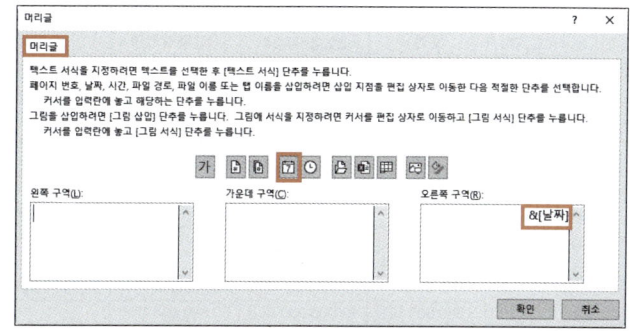

- '페이지 설정' 대화상자의 '시트' 탭

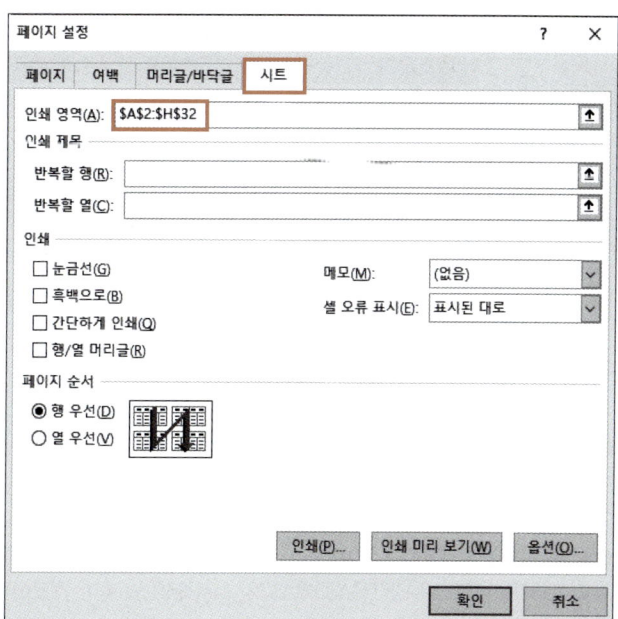

## 문제 2  계산작업

| | A | B | C | D | E | F | G | H | I | J |
|---|---|---|---|---|---|---|---|---|---|---|
| 1 | [표1] | | | | | | | | | |
| 2 | 고객번호 | 고객등급 | 대출일 | 대출종류 | 대출액 | 대출기간 | 대출수수료 | 월납입액 | 비고 | |
| 3 | C04-08 | 일반 | 2022-12-15 | 무보증신용 | 5,000,000 | 18개월 | 1,450 | ₩286,657 | | |
| 4 | P01-23 | 최우수 | 2022-06-12 | 무보증신용 | 5,000,000 | 30개월 | 1,100 | ₩174,307 | | |
| 5 | K02-12 | 일반 | 2022-11-27 | 무보증신용 | 3,000,000 | 24개월 | 1,700 | ₩130,275 | | |
| 6 | K02-26 | 우수 | 2022-10-24 | 예부적금담보 | 2,500,000 | 12개월 | 1,450 | ₩212,304 | | |
| 7 | P01-27 | 일반 | 2021-08-17 | 무보증신용 | 8,000,000 | 30개월 | 1,500 | ₩280,666 | | |
| 8 | S03-37 | 우수 | 2022-12-09 | 무보증신용 | 10,000,000 | 12개월 | 1,050 | ₩849,216 | ● | |
| 9 | K02-59 | 일반 | 2022-02-13 | 국민주택기금 | 7,000,000 | 30개월 | 1,500 | ₩245,583 | | |
| 10 | C03-08 | 우수 | 2021-06-12 | 예부적금담보 | 2,000,000 | 60개월 | 1,550 | ₩36,383 | | |
| 11 | P02-14 | 최우수 | 2021-03-25 | 무보증신용 | 5,000,000 | 30개월 | 1,100 | ₩174,307 | | |
| 12 | K01-07 | 일반 | 2021-06-24 | 예부적금담보 | 3,000,000 | 36개월 | 1,700 | ₩88,572 | | |
| 13 | S04-02 | 우수 | 2022-06-07 | 국민주택기금 | 5,000,000 | 30개월 | 1,300 | ₩174,307 | | |
| 14 | K03-26 | 최우수 | 2021-12-18 | 주택자금 | 12,000,000 | 60개월 | 950 | ₩218,301 | ◎ | |
| 15 | S03-05 | 최우수 | 2021-10-09 | 국민주택기금 | 15,000,000 | 60개월 | 950 | ₩272,876 | ◎ | |
| 16 | P01-37 | 일반 | 2020-05-17 | 무보증신용 | 5,000,000 | 36개월 | 1,500 | ₩147,620 | | |
| 17 | S01-02 | 일반 | 2022-09-02 | 국민주택기금 | 7,000,000 | 24개월 | 1,500 | ₩303,974 | | |
| 18 | P04-48 | 일반 | 2021-08-31 | 예부적금담보 | 3,500,000 | 36개월 | 1,700 | ₩103,334 | | |
| 19 | C02-67 | 우수 | 2020-08-21 | 예부적금담보 | 1,000,000 | 48개월 | 1,500 | ₩22,356 | | |
| 20 | C02-38 | 최우수 | 2022-01-20 | 주택자금 | 27,000,000 | 48개월 | 900 | ₩603,612 | ◎ | |
| 21 | C01-38 | 일반 | 2022-05-14 | 국민주택기금 | 5,000,000 | 18개월 | 1,450 | ₩286,657 | | |
| 22 | C02-01 | 일반 | 2021-03-22 | 주택자금 | 15,000,000 | 60개월 | 1,350 | ₩276,248 | ◎ | |
| 23 | S01-64 | 일반 | 2022-09-12 | 무보증신용 | 3,000,000 | 24개월 | 1,700 | ₩130,275 | | |
| 24 | P04-15 | 일반 | 2021-05-18 | 예부적금담보 | 3,000,000 | 36개월 | 1,700 | ₩88,572 | | |
| 25 | C02-28 | 일반 | 2022-06-24 | 국민주택기금 | 10,000,000 | 16개월 | 1,250 | ₩642,856 | ● | |
| 26 | K04-26 | 우수 | 2021-07-20 | 주택자금 | 15,000,000 | 60개월 | 1,150 | ₩272,876 | ◎ | |
| 27 | K03-52 | 최우수 | 2021-08-03 | 국민주택기금 | 6,000,000 | 24개월 | 1,100 | ₩259,216 | | |
| 28 | C03-88 | 일반 | 2022-05-26 | 예부적금담보 | 4,000,000 | 48개월 | 1,700 | ₩90,316 | | |
| 29 | S04-31 | 최우수 | 2022-12-03 | 주택자금 | 35,000,000 | 24개월 | 900 | ₩1,512,095 | ◎ | |
| 30 | K02-06 | 일반 | 2020-08-16 | 무보증신용 | 2,000,000 | 36개월 | 1,700 | ₩59,048 | | |
| 31 | K04-35 | 최우수 | 2022-05-01 | 국민주택기금 | 5,000,000 | 24개월 | 1,100 | ₩216,014 | | |
| 32 | S01-42 | 일반 | 2021-12-09 | 주택자금 | 15,000,000 | 30개월 | 1,300 | ₩526,249 | ◎ | |
| 33 | | | | | | | | | | |
| 34 | [표2] 고객등급과 대출액별 수수료 | | | | | | [표4] 대출형태와 순위별 매출액 | | | |
| 35 | 고객등급 | 0 이상 | 5,000,000 이상 | 10,000,000 이상 | 50,000,000 이상 | | 대출형태 | 1위 | 2위 | 3위 |
| 36 | | 5,000,000 미만 | 10,000,000 미만 | 50,000,000 미만 | | | 신용 | 10,000,000 | 8,000,000 | 5,000,000 |
| 37 | 일반 | 1,600 | 1,400 | 1,200 | 1,000 | | 담보 | 4,000,000 | 3,500,000 | 3,000,000 |
| 38 | 우수 | 1,400 | 1,200 | 1,000 | 800 | | 기금 | 15,000,000 | 10,000,000 | 7,000,000 |
| 39 | 최우수 | 1,200 | 1,000 | 800 | 600 | | 자금 | 35,000,000 | 27,000,000 | 15,000,000 |
| 40 | | | | | | | | | | |
| 41 | [표3] 대출년와 지역별 대출 건수 | | | | | | | | | |
| 42 | 대출년도 | 서울 | 인천 | 대전 | 부산 | | | | | |
| 43 | | C | P | K | S | | | | | |
| 44 | 2020 | 1 | 1 | 1 | 0 | | | | | |
| 45 | 2021 | 2 | 4 | 4 | 2 | | | | | |
| 46 | 2022 | 5 | 1 | 4 | 5 | | | | | |

❶ 대출수수료(G3) _ 참고 : 찾기/참조 함수 58쪽
=IF( F3<20, 50, IF(F3<60, 100, 150) )+VLOOKUP( B3, $A$37:$E$39, MATCH(E3, $B$35:$E$35, 1)+1, FALSE )

❷ 월납입액(H3) _ 참고 : 논리 함수 71쪽
=PMT( IF(B3="일반", 4%, 3.5%)/12, F3, -E3 )

❸ 대출년도와 지역별 대출 건수(B44) _ 참고 : 배열 수식 43쪽
{=COUNT( IF( (LEFT($A$3:$A$32, 1)=B$43 ) * ( YEAR($C$3:$C$32)=$A44 ), 1 ) )}

❹ 대출형태와 순위별 대출액(H36) _ 참고 : 배열 수식 43쪽
{=LARGE( ( RIGHT($D$3:$D$32, 2)=$G36 ) * $E$3:$E$32, H$35 )}

❺ 비고(I3) _ 참고 : 사용자 정의 함수 83쪽
=fn비고(E3,F3)

```
Public Function fn비고(대출액, 대출기간)
    If 대출액 >= 10000000 And 대출기간 < 20 Then
        fn비고 = "●"
    ElseIf 대출액 >= 10000000 And 대출기간 >= 20 Then
        fn비고 = "◎"
    Else
        fn비고 = ""
    End If
End Function
```

문제 3 분석작업

## 01. 피벗 테이블 _ 참고 : 피벗 테이블 88쪽

• '피벗 테이블 필드' 창

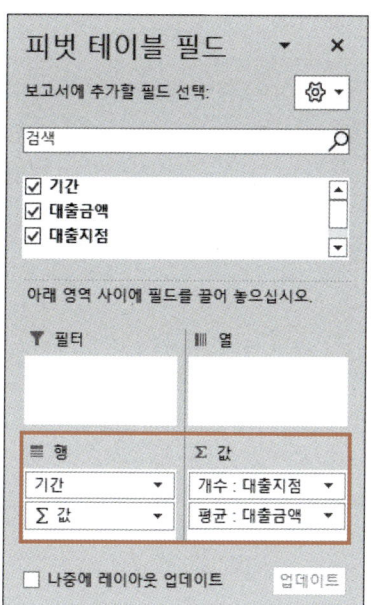

• '그룹화' 대화상자

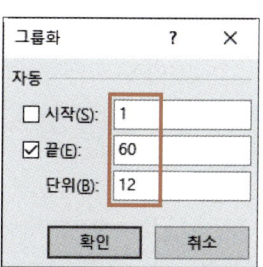

## 02. 데이터 유효성 검사 / 데이터 표 _ 참고 : 데이터 유효성 검사 102쪽 / 데이터 표 116쪽

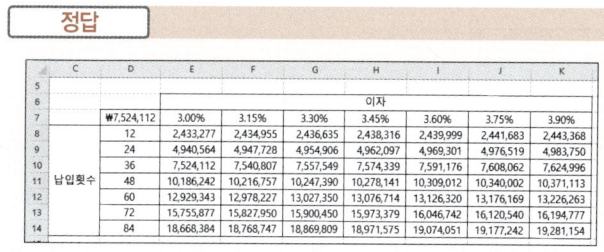

• '데이터 유효성' 대화상자의 '설정' 탭

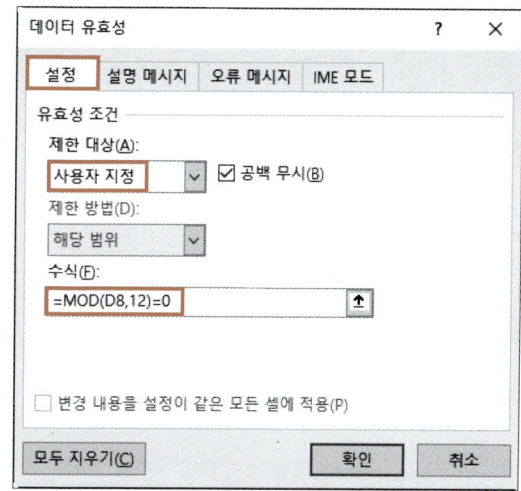

• '데이터 유효성' 대화상자의 '오류 메시지' 탭

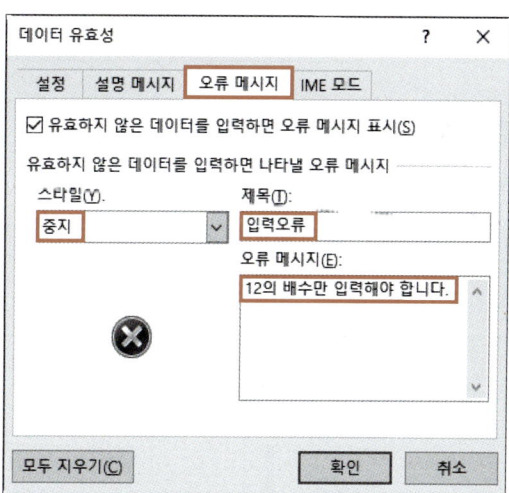

• '데이터 테이블' 대화상자

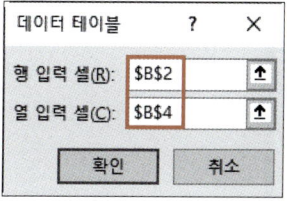

[D7] : =FV(B2/12, B4, −B3)

## 문제 4 기타작업 〈정답〉

### 01. 매크로 작성 _ 참고: 매크로 135쪽

**① '서식적용' 매크로 실행**

〈정답〉

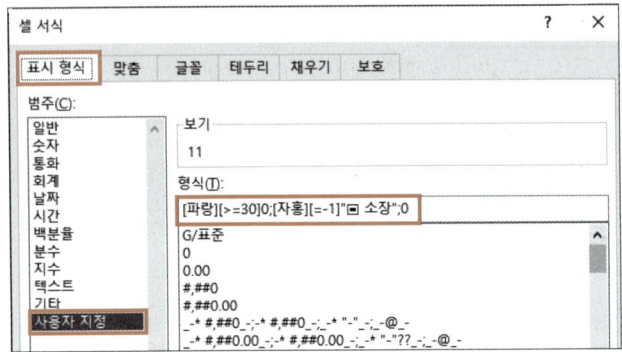

• '셀 서식' 대화상자

형식(T): [파랑][>=30]0;[자홍][=-1]"■ 소장";0

### 02. 차트 수정 _ 참고 차트 128쪽

**③ 값을 거꾸로 표시하기**

기본 가로 축을 더블클릭한 후 다음과 같이 설정한다.

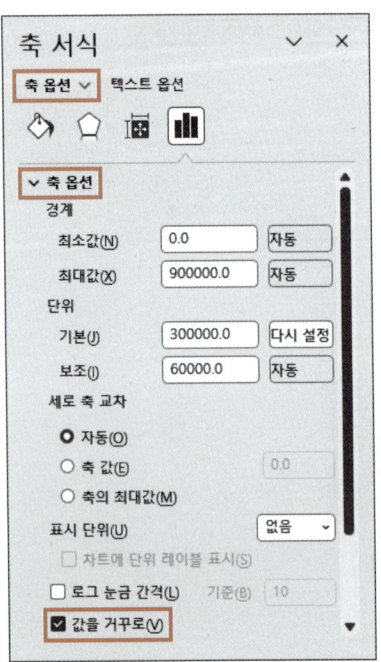

### 03. 프로시저 작성 _ 참고: 프로시저 142쪽

**① '매출등록' 단추 및 폼 초기화 프로시저**

• '매출등록' 단추 클릭 프로시저

〈정답〉

```
Private Sub cmd매출등록_Click( )
    매출등록.Show
End Sub
```

• 폼 초기화 프로시저

〈정답〉

```
Private Sub UserForm_Initialize( )
    cmb제품명.AddItem "세탁기"
    cmb제품명.AddItem "냉장고"
    cmb제품명.AddItem "건조기"
    cmb제품명.AddItem "식기세척기"
    cmb제품명.AddItem "인덕션"
End Sub
```

**② '등록' 단추에 기능 구현하기**

〈정답〉

```
Private Sub cmd등록_Click( )
    입력행 = [A1].Row + [A1].CurrentRegion.Rows.Count
    Cells(입력행, 1) = cmb제품명
    Cells(입력행, 2) = Format(txt판매금액, "#,##0")
    Cells(입력행, 3) = txt담당자
End Sub
```

**③ '종료' 단추에 기능 구현하기**

〈정답〉

```
Private Sub cmd종료_Click( )
    Unload Me
    [A1].Font.Name = "궁서체"
End Sub
```

# 10회 EXAMINATION 2023년 상시02 컴퓨터활용능력 1급

- 준 비 하 세 요 : '길벗컴활1급총정리\기출\10회' 폴더에서 '23년상시02.xlsm' 파일을 열어서 작업하시오.
- 외부 데이터 위치 : 길벗컴활1급총정리\기출\10회

## 문제 1  기본작업(15점) 주어진 시트에서 다음의 과정을 수행하고 저장하시오.

### 1. '기본작업' 시트에서 다음과 같이 고급 필터를 수행하시오. (5점)
- [A3:H33] 영역에서 '이름'이 "오" 자로 끝나고 '접수번호'에 "07"이 포함된 데이터의 '접수번호', '이름', '생년월일', '목적지' 필드만 순서대로 표시하시오.
- 조건은 [J3:J4] 영역 내에 알맞게 입력하시오. (AND, FIND, RIGHT 함수 사용)
- 결과는 [J6] 셀부터 표시하시오.

### 2. '기본작업' 시트에서 다음과 같이 조건부 서식을 설정하시오. (5점)
- [A4:H33] 영역에서 '출발일자'가 2023년 6월 1일 이후이면서 '출발시간'이 오후 12시~오후 6시인 데이터의 행 전체에 대하여 채우기 색은 '표준 색-노랑'으로 적용하시오.
- 단, 규칙 유형은 '수식을 사용하여 서식을 지정할 셀 결정'을 사용하고, 한 개의 규칙으로만 작성하시오.
- AND, DATE 함수 사용

### 3. '기본작업' 시트에서 다음과 같이 페이지 레이아웃을 설정하시오. (5점)
- [A3:H33] 영역을 인쇄 영역으로 설정하고 페이지의 내용이 자동으로 확대/축소되어 인쇄되도록 설정하시오.
- 행 머리글(1, 2, 3 등)과 열 머리글(A, B, C 등)이 인쇄되도록 설정하시오.
- 페이지 하단의 오른쪽 구역에는 오늘의 날짜가 인쇄되도록 바닥글을 설정하시오.

## 문제 2  계산작업(30점) '계산작업' 시트에서 다음 과정을 수행하고 저장하시오.

### 1. [표3]의 전력량과 [표1]을 이용하여 [F12:F35] 영역에 사용량요금을 계산하시오. (6점)
- 사용량요금 = 전력사용요금 × 사용전력량
- '전력사용요금'은 [표1]의 전력량별 요금표를 참조하되, 이때 사용되는 전력량은 십의 자리에서 올림하여 백의 자리까지 산출하여 적용(예 165kwh → 200kwh)
- '사용전력량'은 전력량을 100으로 나눈 나머지만 적용함[예 : 165kwh → 65kwh]
- MOD, VLOOKUP, ROUNDUP 함수 사용

### 2. [표3]의 전력량을 이용하여 [표2]의 [H3:H7] 영역에 전력량별 세대수를 계산하여 표시하시오. (6점)
- 표시 예 : 5세대
- IF, COUNT 함수와 & 연산자를 사용한 배열 수식

### 3. [표3]의 전력량을 이용하여 [표2]의 [H8] 셀에 상위 4위 이내인 전력량의 평균을 계산하여 표시하시오. (6점)
- IF, AVERAGE, LARGE 함수를 사용한 배열 수식

4. 사용자 정의 함수 'fn연체일'을 작성하여 [I12:I35] 영역에 연체일을 계산하여 표시하시오. (6점)

   ▶ 'fn연체일'은 기준일과 납입일을 인수로 받아 값을 되돌려줌
   ▶ 납입일이 기준일보다 작거나 같으면 "정상납부", 납입일이 기준일보다 크면 연체일을 표시하되, 연체일 뒤에 "일 연체"를 함께 표시[표시 예 : 2일 연체]
   ▶ 연체일 = 납입일 − 기준일
   ▶ IF ~ ELSE문 사용

   ```
   Public Function fn연체일(기준일, 납입일)

   End Function
   ```

5. [표3]의 전력량과 전월전력량을 이용하여 [J12:J35] 영역에 전력량과 전월전력량의 차이만큼 그래프를 표시하시오. (6점)

   ▶ '(전력량−전월전력량)/100'의 값만큼 "▶" 또는 "◁" 표시
   ▶ [표시 예] : '(전력량−전월전력량)/100'의 정수 값이 3일 때 "▶▶▶", −3일 때 "◁◁◁"
   ▶ IFERROR, ABS, REPT 함수 사용

## 문제 3   분석작업(20점)   주어진 시트에서 다음 작업을 수행하고 저장하시오.

1. '분석작업-1' 시트에서 다음의 지시사항에 따라 피벗 테이블 보고서를 작성하시오. (10점)

   ▶ 외부 데이터 원본으로 〈여행예약현황.txt〉의 데이터를 사용하시오.
     − 원본 데이터는 탭과 "/"로 분리되어 있으며, 내 데이터에 머리글을 표시하시오.
     − '기본운임', '좌석구분', '출발일자', '목적지' 열만 가져와 데이터 모델에 이 데이터를 추가하시오.
   ▶ 피벗 테이블 보고서의 레이아웃과 위치는 〈그림〉을 참조하여 설정하고, 보고서 레이아웃을 개요 형식으로 표시하시오.
   ▶ 행 필드는 '출발일자'의 월로 표시하고 열의 총합계만 표시하시오.
   ▶ '목적지' 필드는 '싱가포르'와 '홍콩'만 표시하시오.
   ▶ '기본운임' 필드의 표시 형식은 '값 필드 설정'의 셀 서식에서 '회계' 범주를 이용하여 〈그림〉과 같이 지정하시오.

| | A | B | C | D |
|---|---|---|---|---|
| 1 | 목적지 | (다중 항목) ▼ | | |
| 2 | | | | |
| 3 | 평균: 기본운임 | 좌석구분 ▼ | | |
| 4 | 출발일자(월) ▼ | 비즈니스석 | 일반석 | 할인석 |
| 5 | 01월 | 322,000 | | |
| 6 | 02월 | | 446,000 | |
| 7 | 03월 | 53,000 | | |
| 8 | 04월 | | | 174,000 |
| 9 | 07월 | 243,000 | | |
| 10 | 10월 | | 54,000 | 179,000 |
| 11 | 11월 | | | 136,000 |
| 12 | 총합계 | 206,000 | 250,000 | 163,000 |

   ※ 작업 완성된 그림이며 부분점수 없음

2. '분석작업-2' 시트에 대하여 다음의 지시사항을 처리하시오. (10점)

   ▶ [정렬] 기능을 이용하여 '목적지'를 '베이징 − 광저우 − 뉴델리 − 마닐라 − 홍콩 − 싱가포르 − 상하이 − 도쿄' 순으로 정렬하고, 동일한 '목적지'인 경우 '생년월일'의 글꼴 색이 'RGB(0, 112, 192)'인 값이 위에 표시되고, 글꼴 색이 'RGB(255, 0, 0)'인 값이 아래쪽에 표시되도록 정렬하시오.
   ▶ [통합] 기능을 이용하여 [표2]의 [I3:J6] 영역에 [표1]에 대한 '좌석구분'별 '기본운임'의 평균을 계산하시오.

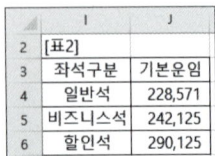

**문제 4** **기타작업(35점)** 주어진 시트에서 다음 작업을 수행하고 저장하시오.

1. '기타작업-1' 시트에서 다음과 같은 기능을 수행하는 매크로를 현재 통합문서에 작성하시오. (각 5점)
   ① [G4:G23] 영역에 사용자 지정 표시 형식을 설정하는 '서식적용' 매크로를 생성하시오.
      ▶ '결제방법'이 1이면 "신용카드", -1이면 "현금", 나머지는 공백으로 표시하시오.
      ▶ [개발 도구] → [삽입] → [양식 컨트롤]의 '단추'를 동일 시트의 [I3:I4] 영역에 생성한 후 텍스트를 "서식적용"으로 입력하고, 단추를 클릭하면 '서식적용' 매크로가 실행되도록 설정하시오.
   ② [G4:G23] 영역에 표시 형식을 '일반'으로 설정하는 '서식해제' 매크로를 생성하시오.
      ▶ [개발 도구] → [삽입] → [양식 컨트롤]의 '단추'를 동일 시트의 [I5:I6] 영역에 생성한 후 텍스트를 "서식해제"로 입력하고, 단추를 클릭하면 '서식해제' 매크로가 실행되도록 설정하시오.
   ※ 셀 포인터의 위치에 관계없이 매크로가 실행되어야 정답으로 인정됨

2. '기타작업-2' 시트에서 다음의 지시사항에 따라 차트를 수정하시오. (각 2점)
   ※ 차트는 반드시 문제에서 제공한 차트를 사용하여야 하며, 신규로 차트작성 시 0점 처리됨
   ① 가로(항목) 축 레이블과 데이터 계열 이름을 〈그림〉과 같이 설정하시오.
   ② 차트 제목을 [A2] 셀과 연동하고 세로(값) 축 제목을 추가하여 [E3] 셀과 연동하고 텍스트 상자의 텍스트 방향을 '세로'로 지정하시오.
   ③ 차트 종류를 '3차원 누적 세로 막대형'으로 변경한 후 '3차원 회전'에서 '직각으로 축 고정'을 지정하시오.
   ④ 데이터 계열의 간격 깊이를 30%, 간격 너비를 50%로 변경한 후 세로 막대 모양을 '원통형'으로 표시하시오.
   ⑤ '보충역입영' 계열에 〈그림〉과 같이 데이터 레이블을 표시하고 차트 영역의 그림자는 '안쪽: 가운데'로 설정하시오.

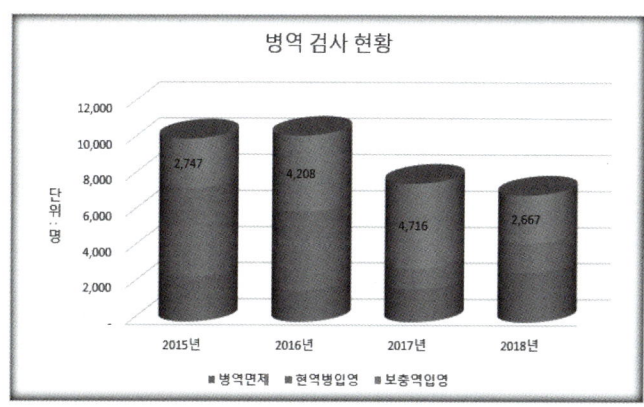

3. '기타작업-3' 시트에서 다음과 같은 작업을 수행하도록 프로시저를 작성하시오. (각 5점)
   ① '구독신청' 단추를 클릭하면 〈잡지구독신청〉 폼이 나타나고, 폼이 초기화(Initialize)되면 현재 날짜만을 표시하는 함수를 이용하여 '신청일(txt신청일)'에는 현재 날짜를 표시하고, '잡지명(cmb잡지명)' 목록에는 [H4:I7] 영역이 표시되도록 프로시저를 작성하시오.
   ② 〈잡지구독신청〉 폼의 '신청(cmd신청)' 단추를 클릭하면 폼에 입력된 데이터가 시트의 표에 입력되어 있는 마지막 행 다음에 연속하여 추가하되, Listindex를 사용하여 프로시저를 작성하시오.
      ▶ '신청구분'은 '신규(opt신규)'를 선택하면 "신규", '재구독(opt재구독)'을 선택하면 "재구독"을 입력하시오.
      ▶ 결제금액 = 구독부수 × (정가×90%)
      ▶ 입력되는 데이터는 워크시트에 입력된 기존 데이터와 같은 형식의 데이터로 입력하시오.
   ③ 〈잡지구독신청〉 폼의 '종료(cmd종료)' 단추를 클릭하면 폼을 종료한 후 [B2] 셀에 "구독신청현황"을 입력하시오.

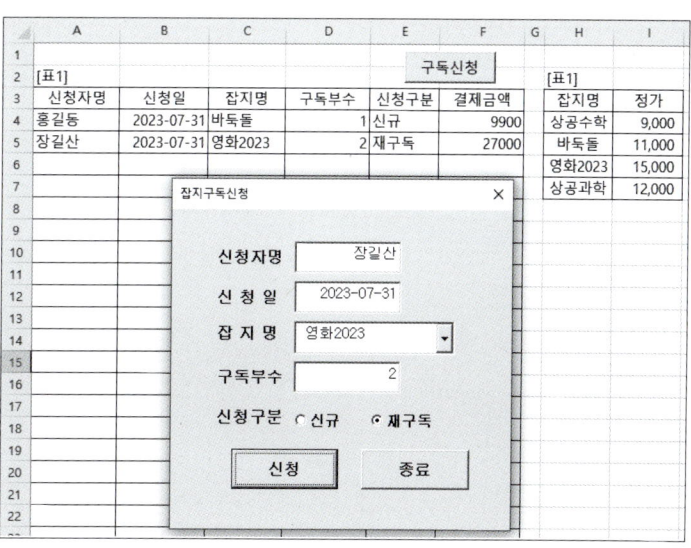

# 10회 EXAMINATION 기출문제 정답 및 해설

## 문제 1    기본작업       정답

### 01. 고급 필터 _ 참고 : 고급 필터 18쪽

**정답**

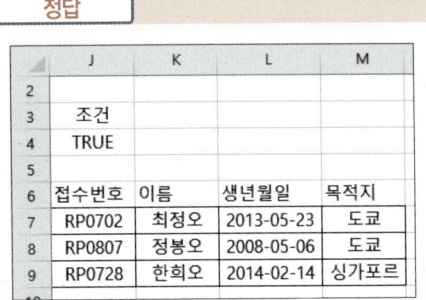

- '고급 필터' 대화상자

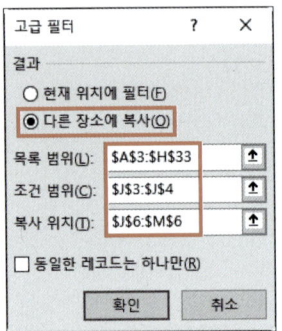

[J4] : =AND(RIGHT(B4,1)="오",FIND("07",A4)>=1)

### 02. 조건부 서식 _ 참고 : 조건부 서식 25쪽

**정답**

| | A | B | C | D | E | F | G | H |
|---|---|---|---|---|---|---|---|---|
| 1 | | | | | | | | |
| 2 | [표1] | | | | | | | |
| 3 | 접수번호 | 이름 | 생년월일 | 기본운임 | 좌석구분 | 출발일자 | 출발시간 | 목적지 |
| 4 | RP0702 | 최정오 | 2013-05-23 | 422,000 | 일반석 | 2023-03-04 | 18:50 | 도쿄 |
| 5 | RP0807 | 정봉오 | 2008-05-06 | 315,000 | 할인석 | 2023-07-22 | 15:20 | 도쿄 |
| 6 | RP0706 | 이미진 | 1995-05-20 | 364,000 | 일반석 | 2023-01-09 | 18:10 | 뉴델리 |
| 7 | RP0523 | 강현오 | 1999-04-07 | 290,000 | 할인석 | 2023-08-20 | 0:00 | 광저우 |
| 8 | RP0811 | 김발솔 | 2003-11-11 | 382,000 | 비즈니스석 | 2023-02-14 | 10:50 | 베이징 |
| 9 | RP0207 | 이수태 | 2000-05-15 | 440,000 | 일반석 | 2023-07-16 | 19:50 | 광저우 |
| 10 | RP0215 | 박승솔 | 2010-02-15 | 152,000 | 일반석 | 2023-03-02 | 23:50 | 광저우 |
| 11 | RP0519 | 이현효 | 2013-11-05 | 329,000 | 비즈니스석 | 2023-07-25 | 4:40 | 베이징 |
| 12 | RP0701 | 강오연 | 2010-02-18 | 287,000 | 비즈니스석 | 2023-11-17 | 2:20 | 상하이 |
| 13 | RP0825 | 최종미 | 1985-07-01 | 251,000 | 일반석 | 2023-01-26 | 20:10 | 상하이 |
| 14 | RP0609 | 이원아 | 2000-03-20 | 159,000 | 비즈니스석 | 2023-02-13 | 6:40 | 상하이 |
| 15 | RP0320 | 박샘해 | 1989-03-13 | 179,000 | 할인석 | 2023-10-13 | 19:30 | 싱가포르 |
| 16 | RP0621 | 정준전 | 2008-10-31 | 174,000 | 할인석 | 2023-04-04 | 14:30 | 홍콩 |
| 17 | RP0204 | 이동숙 | 2014-07-10 | 53,000 | 할인석 | 2023-03-17 | 6:10 | 싱가포르 |
| 18 | RP0830 | 한샘지 | 2010-11-12 | 432,000 | 할인석 | 2023-11-25 | 16:30 | 뉴델리 |
| 19 | RP0308 | 서생진 | 1989-05-02 | 316,000 | 일반석 | 2023-05-23 | 4:50 | 마닐라 |
| 20 | RP0414 | 최미한 | 1997-01-11 | 255,000 | 할인석 | 2023-08-18 | 18:50 | 뉴델리 |
| 21 | RP0822 | 박언진 | 1989-09-09 | 130,000 | 일반석 | 2023-08-01 | 6:50 | 뉴델리 |
| 22 | RP0229 | 정준전 | 2008-03-30 | 136,000 | 할인석 | 2023-11-25 | 16:50 | 홍콩 |
| 23 | RP0803 | 박농리 | 1985-06-07 | 395,000 | 할인석 | 2023-09-04 | 2:50 | 베이징 |
| 24 | RP0326 | 한현전 | 1998-08-18 | 162,000 | 비즈니스석 | 2023-03-16 | 21:10 | 도쿄 |
| 25 | RP0127 | 강종동 | 2009-11-23 | 143,000 | 일반석 | 2023-05-15 | 16:00 | 베이징 |
| 26 | RP0416 | 강장철 | 2000-06-13 | 60,000 | 일반석 | 2023-05-19 | 23:30 | 마닐라 |
| 27 | RP0805 | 강정정 | 1985-05-14 | 243,000 | 비즈니스석 | 2023-05-08 | 4:50 | 홍콩 |
| 28 | RP0817 | 김발을 | 1987-11-30 | 44,000 | 일반석 | 2023-06-05 | 13:30 | 상하이 |
| 29 | RP0918 | 김진준 | 2007-11-04 | 400,000 | 할인석 | 2023-06-01 | 18:40 | 도쿄 |
| 30 | RP0728 | 한희오 | 2014-02-14 | 446,000 | 일반석 | 2023-02-07 | 23:50 | 싱가포르 |
| 31 | RP0912 | 한대용 | 1987-12-04 | 322,000 | 비즈니스석 | 2023-01-10 | 5:10 | 싱가포르 |
| 32 | RP0713 | 박준아 | 1999-05-01 | 54,000 | 일반석 | 2023-10-27 | 23:00 | 홍콩 |
| 33 | RP0824 | 김진준 | 2006-01-26 | 123,000 | 일반석 | 2023-04-10 | 22:50 | 마닐라 |

- '새 서식 규칙' 대화상자

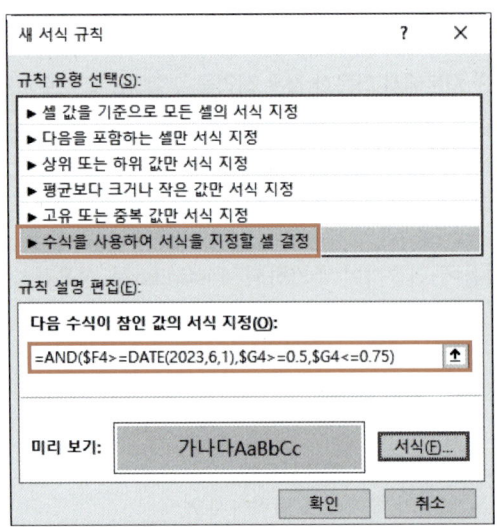

※ 시간 데이터는 밤 12시(자정)를 0.0으로 시작하여 6시는 0.25, 낮 12시(정오)는 0.5, 18시는 0.75로 저장됩니다.

## 03. 페이지 레이아웃 _ 참고 : 페이지 레이아웃 32쪽

**정답**

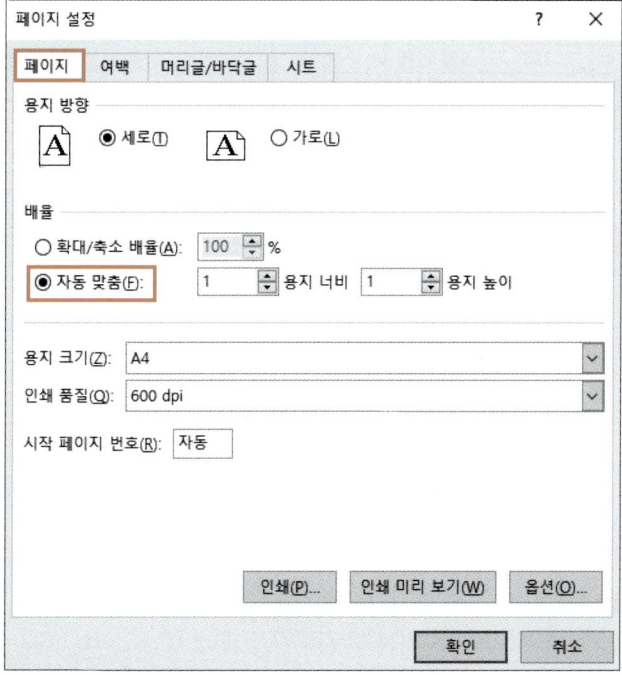

- '페이지 설정' 대화상자의 '페이지' 탭

- '바닥글' 대화상자

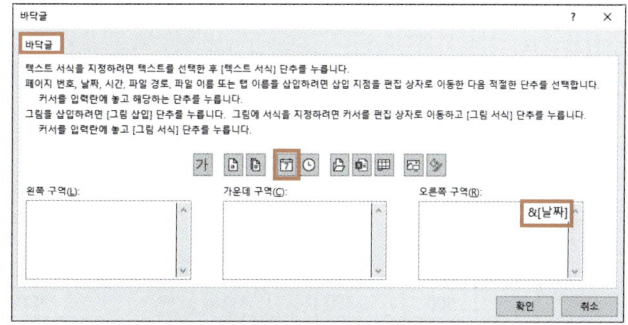

- '페이지 설정' 대화상자의 '시트' 탭

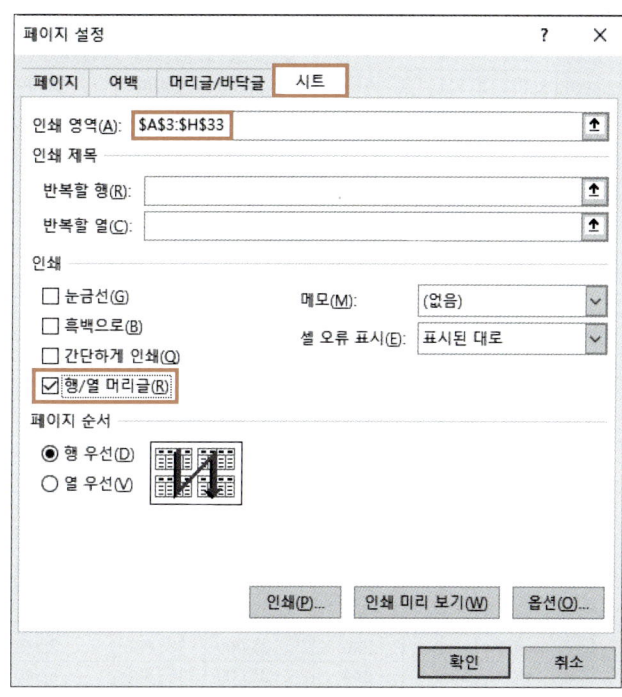

## 문제 2 계산작업

### 정답

| | A | B | C | D | E | F | G | H | I | J |
|---|---|---|---|---|---|---|---|---|---|---|
| 1 | [표1] 전력량별 요금표 | | | | | [표2] | | | | |
| 2 | 구간 | | 기본요금 | 전력량요금 | | 구간 | | 세대수 | | |
| 3 | 0 | 200 | 410 | 60.7 | | 0 | ~ 200 | 4세대 | | |
| 4 | 201 | 300 | 910 | 125.9 | | 201 | ~ 300 | 10세대 | | |
| 5 | 301 | 400 | 1,600 | 187.9 | | 301 | ~ 400 | 5세대 | | |
| 6 | 401 | 500 | 3,850 | 280.6 | | 401 | ~ 500 | 4세대 | | |
| 7 | 501 | 600 | 7,300 | 417.7 | | 501 | ~ 600 | 1세대 | | |
| 8 | | | | | | 전력량 상위4위까지 평균 | | 490.5 | | |
| 9 | | | | | | | | | | |
| 10 | [표3] | | | | | | | | 기준일 : | 2023-05-25 |
| 11 | 호수 | 가족수 | 전력량 | 공동요금 | 전기요금 | 사용량요금 | 납입일 | 전월전력 | 연체일 | 그래프 |
| 12 | 101 | 1 | 423 | 25,000 | 183,987 | 6,454 | 2023-05-19 | 435 | 정상납부 | |
| 13 | 102 | 7 | 324 | 35,000 | 495,797 | 4,510 | 2023-05-06 | 124 | 정상납부 | ▶▶ |
| 14 | 103 | 2 | 222 | 40,000 | 43,314 | 2,770 | 2023-05-10 | 387 | 정상납부 | ◁ |
| 15 | 104 | 2 | 438 | 25,000 | 190,253 | 10,663 | 2023-06-01 | 425 | 7일 연체 | |
| 16 | 105 | 3 | 171 | 35,000 | 3,050 | 4,310 | 2023-05-01 | 194 | 정상납부 | |
| 17 | 106 | 6 | 241 | 25,000 | 507,135 | 5,162 | 2023-05-27 | 292 | 2일 연체 | |
| 18 | 201 | 4 | 348 | 25,000 | 382,306 | 9,019 | 2023-05-12 | 500 | 정상납부 | ◁ |
| 19 | 202 | 6 | 154 | 25,000 | 2,817 | 3,278 | 2023-05-19 | 161 | 정상납부 | |
| 20 | 203 | 6 | 363 | 35,000 | 455,115 | 11,838 | 2023-05-15 | 501 | 정상납부 | ◁ |
| 21 | 204 | 4 | 476 | 35,000 | 196,184 | 21,326 | 2023-06-25 | 252 | 31일 연체 | ▶▶ |
| 22 | 205 | 7 | 365 | 40,000 | 523,141 | 12,214 | 2023-05-21 | 542 | 정상납부 | ◁ |
| 23 | 206 | 3 | 460 | 35,000 | 189,835 | 16,836 | 2023-06-11 | 350 | 17일 연체 | ▶ |
| 24 | 301 | 4 | 157 | 40,000 | 2,875 | 3,460 | 2023-05-23 | 230 | 정상납부 | |
| 25 | 302 | 2 | 203 | 25,000 | 39,744 | 378 | 2023-05-10 | 325 | 정상납부 | ◁ |
| 26 | 303 | 4 | 237 | 35,000 | 44,796 | 4,658 | 2023-05-17 | 239 | 정상납부 | |
| 27 | 304 | 7 | 282 | 40,000 | 467,786 | 10,324 | 2023-05-29 | 421 | 4일 연체 | ◁ |
| 28 | 305 | 3 | 257 | 25,000 | 188,644 | 7,176 | 2023-05-30 | 497 | 5일 연체 | ◁◁ |
| 29 | 306 | 5 | 134 | 35,000 | 2,569 | 2,064 | 2023-05-08 | 210 | 정상납부 | |
| 30 | 401 | 6 | 588 | 40,000 | 405,095 | 36,758 | 2023-05-20 | 481 | 정상납부 | ▶ |
| 31 | 402 | 5 | 292 | 25,000 | 200,478 | 11,583 | 2023-05-25 | 590 | 정상납부 | ◁◁ |
| 32 | 403 | 2 | 220 | 35,000 | 381,880 | 2,518 | 2023-05-03 | 192 | 정상납부 | |
| 33 | 404 | 3 | 244 | 35,000 | 183,486 | 5,540 | 2023-05-30 | 395 | 5일 연체 | ◁ |
| 34 | 405 | 5 | 266 | 25,000 | 523,808 | 8,309 | 2023-05-21 | 275 | 정상납부 | |
| 35 | 406 | 3 | 307 | 35,000 | 168,804 | 1,315 | 2023-05-11 | 154 | 정상납부 | ▶ |

❶ **사용량요금(F12)** _ 참고 : 찾기/참조 함수 58쪽
=VLOOKUP( ROUNDUP(C12, -2), $A$3:$D$7, 4 ) * MOD(C12, 100)

❷ **전력량별 세대수(H3)** _ 참고 : 배열 수식 43쪽
{=COUNT( IF( ($C$12:$C$35>=F3) * ($C$12:$C$35<=G3), 1) ) & "세대"}

❸ **전력량 상위4위까지 평균(H8)** _ 참고 : 배열 수식 43쪽
{=AVERAGE( IF( C12:C35>=LARGE(C12:C35,4), C12:C35 ) )}

❹ **연체일(I12)** _ 참고 : 사용자 정의 함수 83쪽
=fn연체일($J$10,G12)

```
Public Function fn연체일(기준일, 납입일)
    If 납입일 <= 기준일 Then
        fn연체일 = "정상납부"
    Else
        fn연체일 = 납입일 - 기준일 & "일 연체"
    End If
End Function
```

❺ **그래프(J12)** _ 참고 : 논리 함수 71쪽
=IFERROR( REPT("▶",(C12-H12)/100), REPT("◁", ABS ((C12-H12)/100) ) )

## 문제 3  분석작업

### 01. 피벗 테이블 _ 참고 : 피벗 테이블 88쪽

• '피벗 테이블 필드' 창

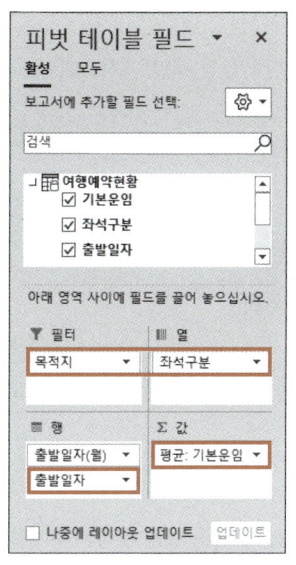 ➡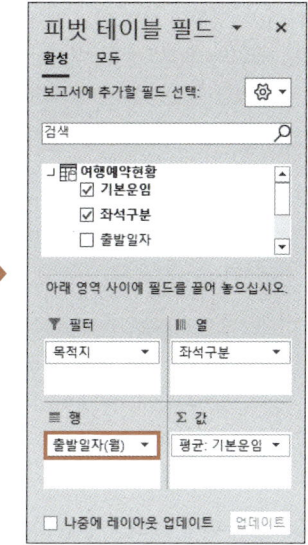

※ 행 영역의 '출발일자(월)' 필드는 '출발일자' 필드를 행 영역으로 이동하면 자동으로 생기는 '출발일자(월)' 필드를 이용합니다.

### 02. 정렬 / 통합 _ 참고 : 정렬 109쪽 / 통합 107쪽

• '사용자 지정 목록' 대화상자

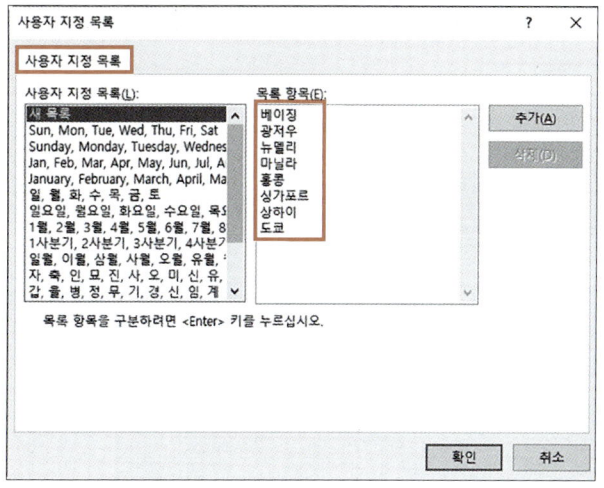

• '정렬' 대화상자

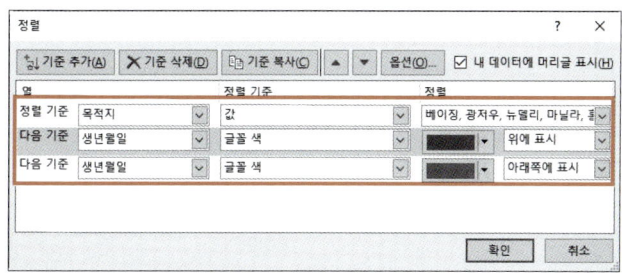

• 데이터 통합
1. 다음과 같이 입력한다.

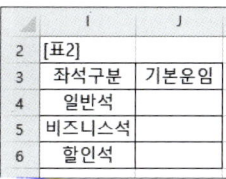

2. '통합' 대화상자

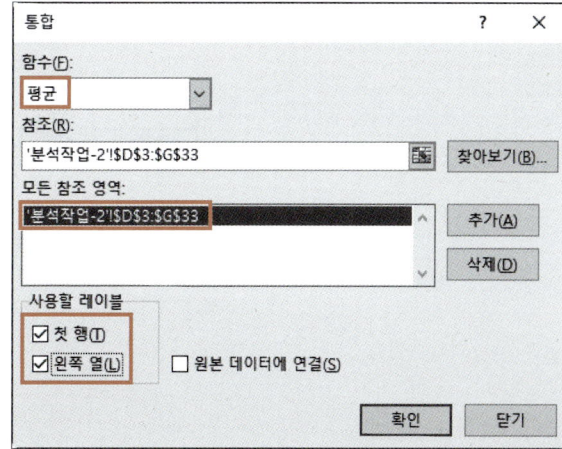

# 문제 4 · 기타작업

## 01. 매크로 작성 _ 참고 : 매크로 135쪽

### ① '서식적용' 매크로 실행

**정답**

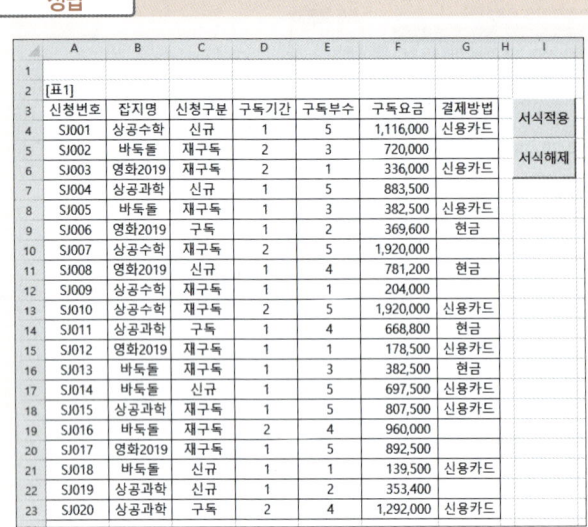

- '셀 서식' 대화상자

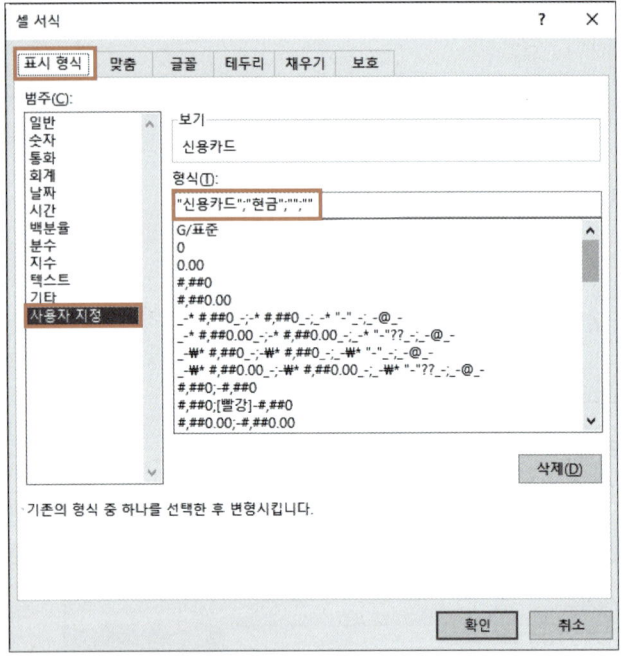

## 02. 차트 수정 _ 참고 : 차트 128쪽

### ① 가로(항목) 축 레이블과 데이터 계열 이름 지정

1. 차트 영역의 바로 가기 메뉴에서 [**데이터 선택**]을 선택한다.
2. '데이터 원본 선택' 대화상자의 '범례 항목(계열)'에서 '계열1'을 선택한 후 〈편집〉을 클릭한다.

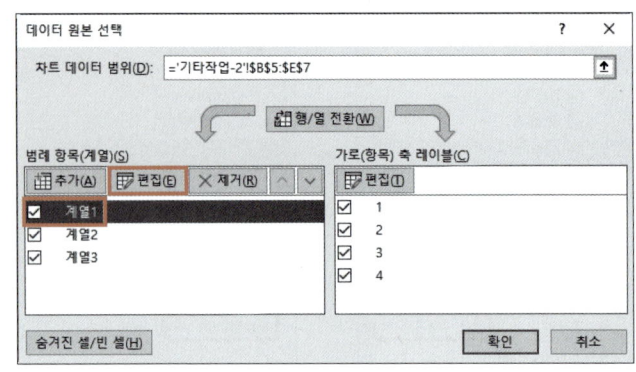

3. '계열 편집' 대화상자에서 '계열 이름'에 [A5] 셀을 지정한 후 〈확인〉을 클릭한다.
4. 같은 방법으로 '계열2'를 [A6], '계열3'을 [A7]로 지정한다.
5. '데이터 원본 선택' 대화상자의 '가로(항목) 축 레이블'에서 〈편집〉을 클릭한다.
6. '축 레이블' 대화상자에서 '축 레이블 범위'를 [B4:E4] 영역을 지정한 후 〈확인〉을 클릭한다.
7. '데이터 원본 선택' 대화상자에서도 〈확인〉을 클릭한다.

### ③ '직각으로 축 고정' 지정

차트 영역의 바로 가기 메뉴에서 [**3차원 회전**]을 선택한 후 '차트 영역 서식' 창에서 다음과 같이 지정한다.

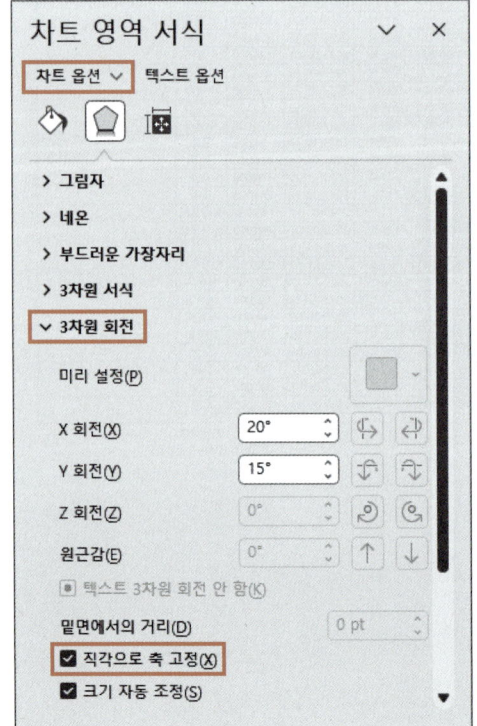

## 03. 프로시저 작성 _ 참고 : 프로시저 142쪽

### ❶ '구독신청' 단추 및 폼 초기화 프로시저

• '구독신청' 단추 클릭 프로시저

> 정답

```
Private Sub cmd구독신청_Click( )
    잡지구독신청.Show
End Sub
```

• 폼 초기화 프로시저

> 정답

```
Private Sub UserForm_Initialize( )
    txt신청일.Value = Date
    cmb잡지명.RowSource = "H4:I7"
End Sub
```

### ❷ '신청' 단추에 기능 구현하기

> 정답

```
Private Sub cmd신청_Click( )
    참조행 = cmb잡지명.ListIndex + 4
    입력행 = [a2].Row + [a2].CurrentRegion.Rows.Count
    Cells(입력행, 1) = txt신청자명.Value
    Cells(입력행, 2) = txt신청일.Value
    Cells(입력행, 3) = cmb잡지명.Value
    Cells(입력행, 4) = txt구독부수.Value
    If opt신규.Value = True Then
        Cells(입력행, 5) = "신규"
    Else
        Cells(입력행, 5) = "재구독"
    End If
    Cells(입력행, 6) = Cells(입력행, 4) * (Cells(참조행, 9) * 0.9)
End Sub
```

### ❸ '종료' 단추에 기능 구현하기

> 정답

```
Private Sub cmd종료_Click( )
    Unload Me
    [b2] = "구독신청현황"
End Sub
```

메모

# 최종모의고사 엑셀

- **01회** 최종모의고사
- **02회** 최종모의고사
- **03회** 최종모의고사
- **04회** 최종모의고사
- **05회** 최종모의고사

# 최종모의고사

시험지는 문제의 표지 및 전체 지시사항 1면, 문제 3면 이렇게 총 4면으로 구성되어 있습니다. 문제 1면에는 작업할 파일의 암호, 외부 데이터 위치, 시험 전반에 관한 지시사항이 들어 있습니다. 각각의 모의고사에서는 시험 전반에 관한 지시사항은 생략하였습니다. 아래는 실제 시험지와 동일한 문제 1면입니다. 시험 전반에 관한 지시사항을 한 번 읽어보세요.

---

## 국 가 기 술 자 격 검 정

## 2026년 컴퓨터활용능력 실기 모의고사

| 프로그램명 | 제한시간 |
|---|---|
| EXCEL 2021 | 45분 |

수험번호 :

성명 :

---

### 1급   01회

〈 유 의 사 항 〉

- 인적 사항 누락 및 잘못 작성으로 인한 불이익은 수험자 책임으로 합니다.
- 화면에 암호 입력창이 나타나면 아래의 암호를 입력하여야 합니다.
  ○ 암호 : 5214$5
- 작성된 답안은 주어진 경로 및 파일명을 변경하지 마시고 그대로 저장해야 합니다. 이를 준수하지 않으면 실격 처리됩니다.
  답안 파일명의 예 : C:\OA\수험번호8자리.xlsm
- 외부 데이터 위치 : C:\OA\파일명
- 별도의 지시사항이 없는 경우, 다음과 같이 처리 시 실격 처리됩니다.
  ○ 제시된 시트 및 개체의 순서나 이름을 임의로 변경한 경우
  ○ 제시된 시트 및 개체를 임의로 추가 또는 삭제한 경우
  ○ 외부 데이터를 시험 시작 전에 열어본 경우
- 답안은 반드시 문제에서 지시 또는 요구한 셀에 입력하여야 하며 다음과 같이 처리 시 채점 대상에서 제외됩니다.
  ○ 제시된 함수가 있을 경우 제시된 함수만을 사용하여야 하며 그 외 함수 사용 시 채점대상에서 제외
  ○ 수험자가 임의로 지시하지 않은 셀의 이동, 수정, 삭제, 변경 등으로 인해 셀의 위치 및 내용이 변경된 경우 해당 작업에 영향을 미치는 관련문제 모두 채점 대상에서 제외
  ○ 도형 및 차트의 개체가 중첩되어 있거나 동일한 계산결과 시트가 복수로 존재할 경우 해당 개체나 시트는 채점 대상에서 제외
- 수식 작성 시 제시된 문제 파일의 데이터는 변경 가능한(가변적) 데이터임을 감안하여 문제 풀이를 하시오.
- 별도의 지시사항이 없는 경우, 주어진 각 시트 및 개체의 설정값 또는 기본 설정값(Default)으로 처리하시오.
- 저장 시간은 별도로 주어지지 않으므로 제한된 시간 내에 저장을 완료해야 하며, 제한 시간 내에 저장이 되지 않은 경우에는 실격 처리됩니다.
- 출제된 문제의 용어는 MS Office LTSC Professional Plus 2021 기준으로 작성되어 있습니다.

대한상공회의소

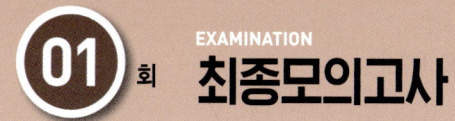

# 01회 EXAMINATION 최종모의고사

- **준비하세요:** '길벗컴활1급총정리\엑셀\모의' 폴더에서 '01회.xlsm' 파일을 열어서 작업하시오.
- **외부 데이터 위치:** 길벗컴활1급총정리\엑셀\모의

## 문제 1     기본작업(15점) 주어진 시트에서 다음의 과정을 수행하고 저장하시오.

**1. '기본작업' 시트에서 다음과 같이 고급 필터를 수행하시오. (5점)**
- [A4:K31] 영역에서 '대여코드'의 마지막 글자가 짝수이고, '대여시간'이 100 이상인 행만을 대상으로 '대여코드', '대여자', '대여장비', '대여시간', '대여비용'만을 표시하시오.
- 조건은 [A33:A34] 영역 내에 알맞게 입력하시오. (AND, RIGHT, ISEVEN 함수 사용)
- 결과는 [A36] 셀부터 표시하시오.

**2. '기본작업' 시트에서 다음과 같이 조건부 서식을 설정하시오. (5점)**
- [A5:K31] 영역에 대해서 '대여비용'이 상위 3위 이내이거나 하위 3위 이내인 행 전체에 대하여 채우기 색을 '표준 색-파랑'으로 적용하시오.
- 단, 규칙 유형은 '수식을 사용하여 서식을 지정할 셀 결정'을 사용하고, 한 개의 규칙으로만 작성하시오.
- RANK.EQ, OR 함수 사용

**3. '기본작업' 시트에서 다음과 같이 페이지 레이아웃을 설정하시오. (5점)**
- [A2:K31] 영역을 인쇄 영역으로 지정하고 열이 추가되어도 너비는 한 페이지에 인쇄되고 최대 두 페이지까지 인쇄되도록 설정하시오.
- 행 머리글(1, 2, 3 등)과 열 머리글(A, B, C 등)이 인쇄되도록 설정하시오.
- 페이지의 내용이 흑백으로 인쇄되고, 시트에 표시된 눈금선이 인쇄되도록 설정하시오.
- 페이지 하단의 가운데에 오늘의 날짜가 인쇄되도록 바닥글을 설정하시오.
  - 오늘 날짜의 글꼴은 HY견고딕으로 지정하시오.

## 문제 2     계산작업(30점) '계산작업' 시트에서 다음 과정을 수행하고 저장하시오.

**1. [표1]의 대여일수를 이용하여 [G4:G30] 영역에 대여기간을 표시하시오. (6점)**
- 대여일수의 앞뒤 공백을 제거한 후 대여일수와 대여일수에 1을 더해 '몇 박/몇 일'로 표시
- [표시 예 : 대여일수가 "2박"인 경우 → 2박/3일]
- CONCAT, TRIM, LEFT 함수 사용

**2. [표1]의 대여장비와 건설사를 이용하여 [표2]의 [O4:R6] 영역에 대여장비와 건설사별 대여건수를 계산하여 표시하시오. (6점)**
- [표시 예 : 5건]
- SUM, IF 함수와 & 연산자를 이용한 배열 수식

**3. [표1]의 결제상태와 건설사를 이용하여 [표3]의 [O10:Q11] 영역에 결제상태와 건설사별 대여율을 계산하여 표시하시오. (6점)**
- 대여율은 '결제상태와 건설사별 대여건수/전체 대여건수'로 계산하여 백분율(%)로 표시
- IF, COUNT, COUNTA, TEXT 함수를 이용한 배열 수식

**4.** 사용자 정의 함수 'fn할인율'을 작성하여 [I4:I30] 영역에 할인율을 계산하여 표시하시오. (6점)

▶ 'fn할인율'은 결제일과 수령일을 인수로 받아 값을 되돌려줌
▶ 결제일이 "–"이면 "결제요망", 수령일과 결제일이 60일 이상 차이나면 20%, 40일 이상 60일 미만 차이나면 15%, 40일 미만 차이나면 10%로 계산
▶ IF ~ ELSE문 사용

```
Public Function fn할인율(결제일, 수령일)

End Function
```

**5.** [표1]의 대여장비, 대여시간과 [표4]를 이용하여 [L4:L30] 영역에 대여비용을 계산하여 표시하시오. (6점)

▶ HLOOKUP, MATCH 함수 사용

## 문제 3  분석작업(20점) 주어진 시트에서 다음 작업을 수행하고 저장하시오.

**1.** '분석작업-1' 시트에서 다음의 지시사항에 따라 피벗 테이블 보고서를 작성하시오. (10점)

▶ [외부 데이터 가져오기] 기능을 사용하여 〈중장비대여현황.accdb〉의 〈대여내역〉 테이블에서 '수령일', '대여장비', '대여시간', '대여비용' 열을 이용하시오.
▶ 피벗 테이블 보고서의 레이아웃과 위치는 〈그림〉을 참조하여 설정하고, 보고서 레이아웃을 개요 형식으로 표시하시오.
▶ '수령일' 필드를 기준으로 〈그림〉과 같이 그룹을 설정하시오.
▶ 피벗 테이블 스타일을 '연한 주황, 피벗 스타일 밝게 17', 피벗 테이블 스타일 옵션을 '행 머리글', '열 머리글', '줄무늬 열'로 설정하시오.
▶ '대여시간'과 '대여비용' 필드의 표시 형식은 값 필드 설정의 셀 서식에서 '숫자' 범주를 이용하여 〈그림〉과 같이 표시하시오.
▶ 빈 셀은 "*"로 표시하고, 레이블이 있는 셀은 병합하고 가운데 맞춤되도록 설정하시오.

| | A | B | C | D | E | F | G | H |
|---|---|---|---|---|---|---|---|---|
| 1 | | | | | | | | |
| 2 | | | | 대여장비 ▼ | | | | |
| 3 | | 수령일 ▼ | 값 | 굴착기 | 불도저 | 지게차 | 크레인 | 총합계 |
| 4 | | 4월 | | | | | | |
| 5 | | | 평균 : 대여시간 | * | 145 | 118 | * | 132 |
| 6 | | | 평균 : 대여비용 | * | 898,000 | 945,000 | * | 921,500 |
| 7 | | 5월 | | | | | | |
| 8 | | | 평균 : 대여시간 | 103 | 50 | 133 | * | 93 |
| 9 | | | 평균 : 대여비용 | 1,071,000 | 231,000 | 1,065,500 | * | 732,800 |
| 10 | | 6월 | | | | | | |
| 11 | | | 평균 : 대여시간 | 151 | 98 | 53 | 173 | 104 |
| 12 | | | 평균 : 대여비용 | 1,147,500 | 555,000 | 335,333 | 908,000 | 664,875 |
| 13 | | 7월 | | | | | | |
| 14 | | | 평균 : 대여시간 | 39 | 127 | * | 86 | 85 |
| 15 | | | 평균 : 대여비용 | 180,000 | 864,000 | * | 495,000 | 508,500 |
| 16 | | 8월 | | | | | | |
| 17 | | | 평균 : 대여시간 | 188 | 158 | * | 152 | 162 |
| 18 | | | 평균 : 대여비용 | 1,485,000 | 990,000 | * | 701,500 | 969,500 |
| 19 | | 전체 평균 : 대여시간 | | 126 | 113 | 98 | 130 | 114 |
| 20 | | 전체 평균 : 대여비용 | | 1,006,200 | 680,000 | 746,500 | 660,200 | 756,444 |

※ 작업 완성된 그림이며 부분점수 없음

**2.** '분석작업-2' 시트에 대하여 다음의 지시사항을 처리하시오. (10점)

▶ [데이터 유효성 검사] 기능을 이용하여 [B3:B7], [G3:G7], [B12:B16] 영역에는 '서울', '대전', '부산', '광주', '제주' 목록이 표시되도록 제한 대상을 설정하시오.
 – [B3:B7], [G3:G7], [B12:B16] 영역의 셀을 클릭한 경우 〈그림〉과 같은 설명 메시지를 표시하고, 유효하지 않은 데이터를 입력해도 오류 메시지가 표시되지 않도록 설정하시오.
▶ 데이터 도구 [통합] 기능을 이용하여 [A2:E7]과 [G2:J7] 영역에 대해 이용객 수의 평균을 [C12:E16] 영역에 계산하시오.

## 문제 4    기타작업(35점) 주어진 시트에서 다음 작업을 수행하고 저장하시오.

1. '기타작업-1' 시트에서 다음의 지시사항에 따라 차트를 수정하시오. (각 2점)

   ※ 차트는 반드시 문제에서 제공한 차트를 사용하여야 하며, 신규로 차트작성 시 0점 처리 됨

   ① [G4:G7] 영역을 '서버비', [C11:C14] 영역을 '인건비' 데이터 계열로 추가하고, [A4:A7] 영역을 가로(항목) 축의 레이블로 표시하시오.
   ② 차트 종류를 '누적 세로 막대형'으로 변경하고 가로 주 눈금선을 삭제하시오.
   ③ 범례를 〈그림〉과 같이 표시하고, 도형 스타일을 '미세 효과 – 파랑, 강조 5'로 지정하시오.
   ④ '라이센스비' 계열의 '클라우드' 요소에만 데이터 설명선으로 표시된 데이터 레이블을 '축에 가깝게'로 〈그림〉과 같이 표시하고, 세로(축)의 기본 단위를 4,000,000으로 지정하시오.
   ⑤ 차트 영역의 테두리 스타일은 '둥근 모서리', 그림자는 '안쪽 가운데'로 설정하시오.

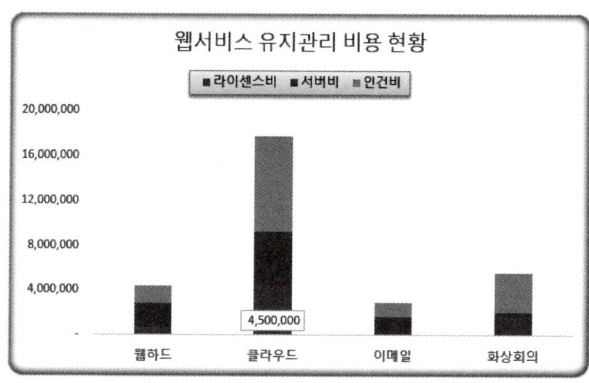

2. '기타작업-2' 시트에서 다음과 같은 기능을 수행하는 매크로를 현재 통합문서에 작성하시오. (각 5점)

   ① [D3:D29] 영역에 사용자 지정 표시 형식을 설정하는 '서식적용' 매크로를 생성하시오.
   ▶ 셀 값이 7 이상이면 빨강색으로 "장기"를, 2 이하이면 파랑색으로 "단기"를 셀의 왼쪽에 표시한 후 셀의 오른쪽에 숫자와 "일"을 표시하고, 그 외는 숫자와 "일"만을 [표시 예]와 같이 표시하시오.

   [표시 예 : 7인 경우 → 장기   7일, 2인 경우 → 단기   2일, 6인 경우 →   6일 ]

   ▶ [개발 도구] → [삽입] → [양식 컨트롤]의 단추(□)를 동일 시트의 [K2:L3] 영역에 생성한 후 텍스트를 "서식적용"으로 입력하고, 단추를 클릭하면 '서식적용' 매크로가 실행되도록 설정하시오.

   ② [I3:I29] 영역에 조건부 서식을 적용하는 '그래프보기' 매크로를 생성하시오.
   ▶ 규칙 유형은 '셀 값을 기준으로 모든 셀의 서식 지정'으로 선택하고, 서식 스타일은 '3가지 색조', 최소값은 '표준 색-파랑', 중간값은 백분율, 50, '흰색, 배경 1', 최대값은 '표준 색-빨강'으로 설정하시오.
   ▶ [개발 도구] → [삽입] → [양식 컨트롤]의 '단추(□)'를 동일 시트의 [K5:L6] 영역에 생성한 후 텍스트를 "그래프보기"로 입력하고, 단추를 클릭하면 '그래프보기' 매크로가 실행되도록 설정하시오.

3. '기타작업-3' 시트에서 다음과 같은 작업을 수행하도록 프로시저를 작성하시오. (각 5점)

   ① '입원' 단추를 클릭하면 〈입원등록〉 폼이 나타나도록 설정하고, 폼이 초기화(Initialize)되면 '진료과(cmb진료과)' 목록에는 [H6:H11] 영역의 값이 표시되고, '유형'을 표시하는 옵션 단추 중 '일반(opt일반)'이 기본적으로 선택되도록 프로시저를 작성하시오.
   ② 〈입원등록〉 폼의 '예약(cmd예약)' 단추를 클릭하면 폼에 입력된 데이터가 [표1]에 입력되어 있는 마지막 행 다음에 연속하여 추가되는 프로시저를 작성하시오.
   ▶ '유형'에는 '일반(opt일반)'을 선택하면 "일반", '응급(opt응급)'을 선택하면 "응급"을 입력하시오.
   ▶ '납부액'에는 '유형'이 '응급'이면 '진료비'의 2배, '일반'일 경우에는 '진료비'를 그대로 입력하되, 1000 단위 구분 기호를 표시하시오.

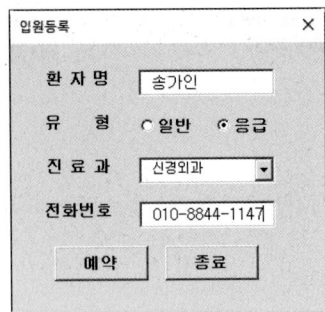

③ 〈입원등록〉 폼의 '종료(cmd종료)' 단추를 클릭하면 현재 날짜를 표시한 〈그림〉과 같은 메시지 박스를 표시한 후 폼을 종료하는 프로시저를 작성하시오.

▶ 현재 날짜만 표시하는 함수 사용

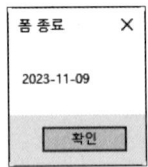

# 01회 EXAMINATION 최종모의고사 정답 및 해설

## 문제 1 기본작업 — 정답

### 01. 고급 필터 _ 참고 : 고급 필터 18쪽

**정답**

|  | A | B | C | D | E |
|---|---|---|---|---|---|
| 32 |  |  |  |  |  |
| 33 | 조건 |  |  |  |  |
| 34 | FALSE |  |  |  |  |
| 35 |  |  |  |  |  |
| 36 | 대여코드 | 대여자 | 대여장비 | 대여시간 | 대여비용 |
| 37 | ZQ-3-304 | 백도연 | 불도저 | 109 | 714,000 |
| 38 | RE-7-204 | 서송희 | 불도저 | 152 | 990,000 |
| 39 | RE-7-202 | 윤윤철 | 지게차 | 133 | 1,080,000 |
| 40 | RE-7-206 | 장종호 | 불도저 | 174 | 990,000 |
| 41 | ED-1-106 | 주명민 | 굴착기 | 188 | 1,485,000 |

• '고급 필터' 대화상자

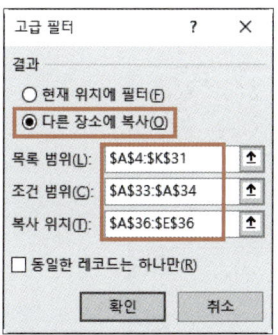

[A34] : =AND(ISEVEN(RIGHT(A5,1)),J5>=100)

### 02. 조건부 서식 _ 참고 : 조건부 서식 25쪽

**정답**

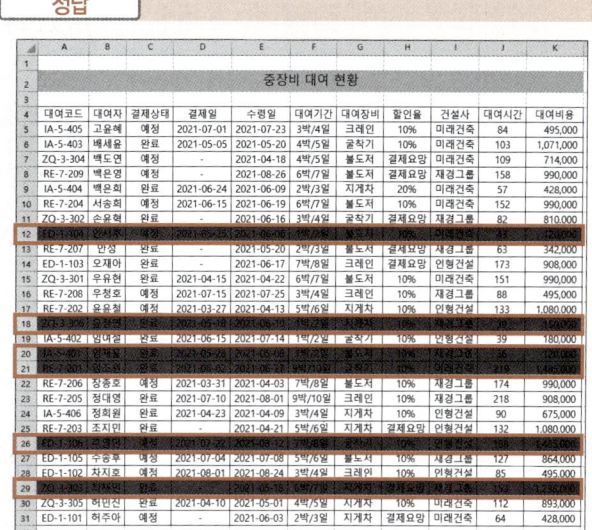

• '새 서식 규칙' 대화상자

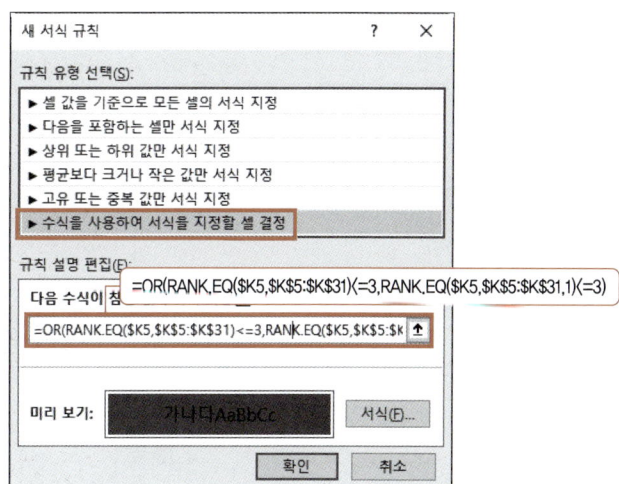

=OR(RANK.EQ($K5,$K$5:$K$31)<=3,RANK.EQ($K5,$K$5:$K$31,1)<=3)

## 03. 페이지 레이아웃 _ 참고 : 페이지 레이아웃 32쪽

**정답**

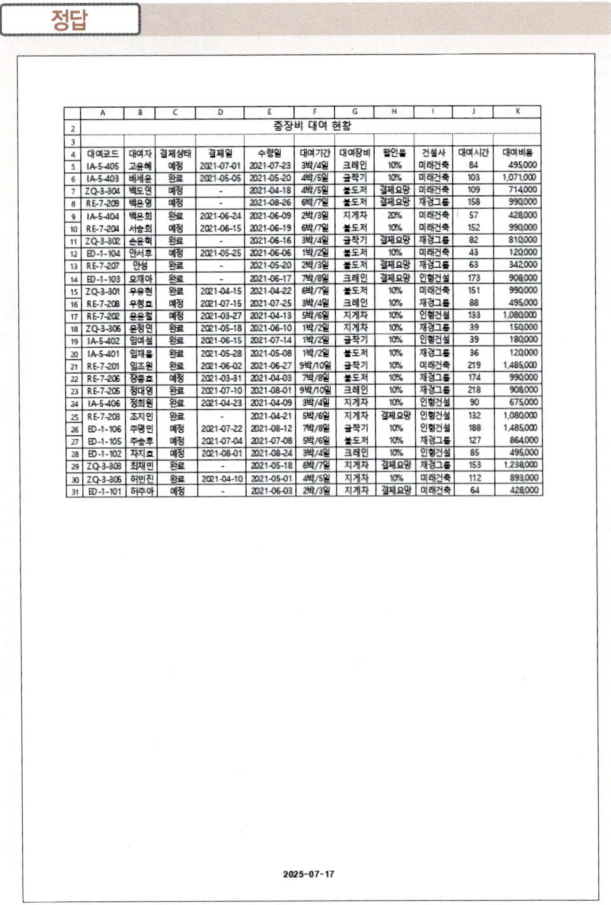

- '페이지 설정' 대화상자의 '페이지' 탭

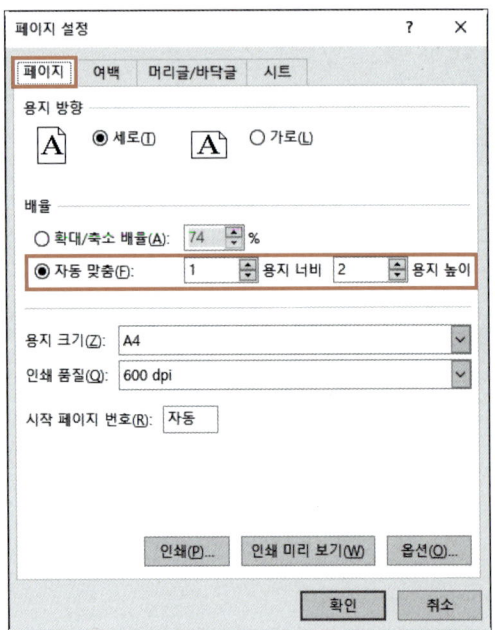

- 날짜 삽입 '바닥글' 대화상자

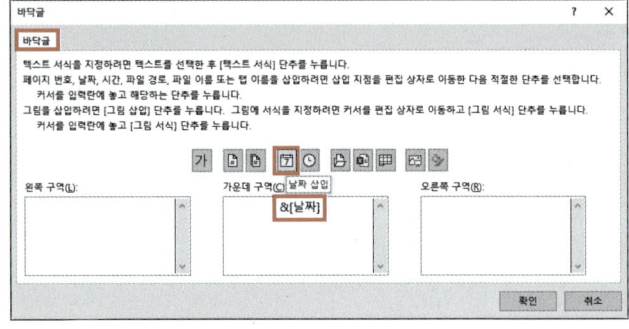

- 서식 지정 '바닥글' 대화상자

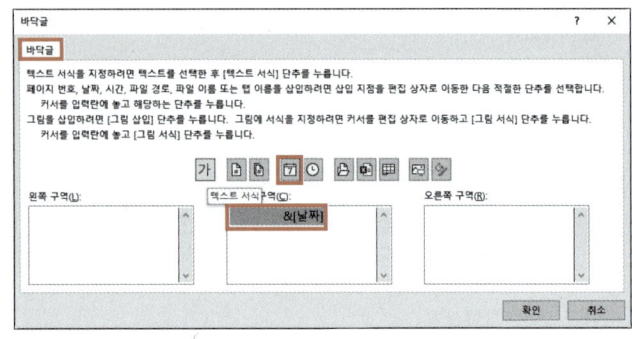

- '페이지 설정' 대화상자의 '시트' 탭

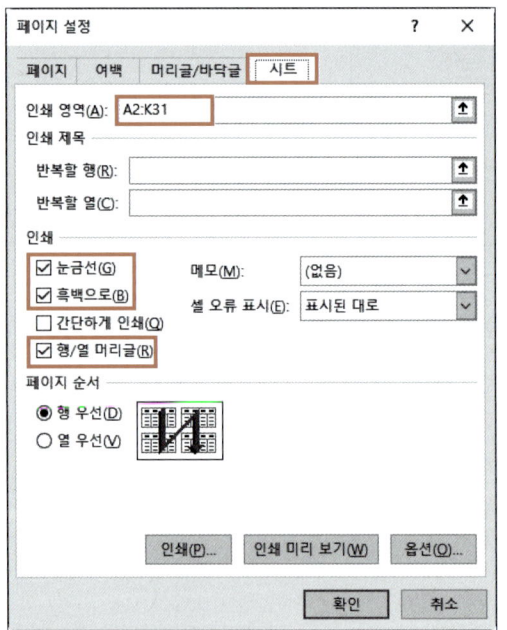

## 문제 2 계산작업

[표1]

| 대여코드 | 대여자 | 결제상태 | 결제일 | 수령일 | 대여일수 | 대여기간 | 대여장비 | 할인율 | 건설사 | 대여시간 | 대여비용 |
|---|---|---|---|---|---|---|---|---|---|---|---|
| IA-5-405 | 고윤혜 | 예정 | 2021-07-01 | 2021-07-23 | 3박 | 3박/4일 | 크레인 | 10% | 미래건축 | 84 | 495,000 |
| IA-5-403 | 배세윤 | 완료 | 2021-05-05 | 2021-05-20 | 4박 | 4박/5일 | 굴착기 | 10% | 미래건축 | 103 | 1,071,000 |
| ZQ-3-304 | 백도연 | 예정 | - | 2021-04-18 | 4박 | 4박/5일 | 불도저 | 결제요망 | 미래건축 | 109 | 714,000 |
| RE-7-209 | 백은영 | 예정 | - | 2021-08-26 | 6박 | 6박/7일 | 지게차 | 결제요망 | 재경그룹 | 158 | 990,000 |
| IA-5-404 | 백은희 | 완료 | 2021-06-24 | 2021-06-09 | 2박 | 2박/3일 | 지게차 | 10% | 미래건축 | 57 | 428,000 |
| RE-7-204 | 서송희 | 예정 | 2021-06-15 | 2021-06-19 | 6박 | 6박/7일 | 불도저 | 10% | 미래건축 | 152 | 990,000 |
| ZQ-3-302 | 손윤혁 | 완료 | - | 2021-06-16 | 3박 | 3박/4일 | 굴착기 | 결제요망 | 재경그룹 | 82 | 810,000 |
| ED-1-104 | 안서후 | 예정 | 2021-05-25 | 2021-06-06 | 1박 | 1박/2일 | 불도저 | 10% | 미래건축 | 43 | 120,000 |
| RE-7-207 | 안성 | 완료 | - | 2021-05-20 | 2박 | 2박/3일 | 불도저 | 결제요망 | 재경그룹 | 63 | 342,000 |
| ED-1-103 | 오재아 | 완료 | - | 2021-06-17 | 7박 | 7박/8일 | 크레인 | 결제요망 | 인형건설 | 173 | 908,000 |
| ZQ-3-301 | 우유현 | 완료 | 2021-04-15 | 2021-04-22 | 6박 | 6박/7일 | 불도저 | 10% | 미래건축 | 151 | 990,000 |
| RE-7-208 | 우청호 | 예정 | 2021-07-15 | 2021-07-25 | 3박 | 3박/4일 | 크레인 | 10% | 재경그룹 | 88 | 495,000 |
| RE-7-202 | 윤윤철 | 예정 | 2021-03-27 | 2021-04-13 | 5박 | 5박/6일 | 지게차 | 10% | 인형건설 | 133 | 1,080,000 |
| ZQ-3-306 | 윤정연 | 완료 | 2021-05-18 | 2021-06-10 | 1박 | 1박/2일 | 지게차 | 10% | 재경그룹 | 39 | 150,000 |
| IA-5-402 | 임여설 | 완료 | 2021-06-15 | 2021-07-14 | 1박 | 1박/2일 | 굴착기 | 10% | 인형건설 | 39 | 180,000 |
| IA-5-401 | 임재율 | 완료 | 2021-05-28 | 2021-05-08 | 1박 | 1박/2일 | 불도저 | 10% | 재경그룹 | 36 | 120,000 |
| RE-7-201 | 임조원 | 완료 | 2021-06-02 | 2021-06-27 | 9박 | 9박/10일 | 굴착기 | 10% | 미래건축 | 219 | 1,485,000 |
| RE-7-206 | 장종호 | 예정 | 2021-03-31 | 2021-04-03 | 7박 | 7박/8일 | 불도저 | 10% | 재경그룹 | 174 | 990,000 |
| RE-7-205 | 정대영 | 완료 | 2021-07-10 | 2021-08-01 | 9박 | 9박/10일 | 크레인 | 10% | 재경그룹 | 218 | 908,000 |
| IA-5-406 | 정희원 | 완료 | 2021-04-23 | 2021-04-09 | 3박 | 3박/4일 | 지게차 | 10% | 인형건설 | 90 | 675,000 |
| RE-7-203 | 조지민 | 완료 | - | 2021-04-21 | 5박 | 5박/6일 | 지게차 | 결제요망 | 인형건설 | 132 | 1,080,000 |
| ED-1-106 | 주명민 | 예정 | 2021-07-22 | 2021-08-12 | 7박 | 7박/8일 | 굴착기 | 10% | 인형건설 | 188 | 1,485,000 |
| ED-1-105 | 주송후 | 예정 | 2021-07-04 | 2021-07-08 | 5박 | 5박/6일 | 불도저 | 10% | 재경그룹 | 127 | 864,000 |
| ED-1-102 | 차지호 | 예정 | 2021-08-01 | 2021-08-24 | 3박 | 3박/4일 | 크레인 | 10% | 인형건설 | 85 | 495,000 |
| ZQ-3-303 | 최채민 | 완료 | 2021-05-18 | 2021-06-09 | 6박 | 6박/7일 | 지게차 | 결제요망 | 재경그룹 | 153 | 1,238,000 |
| ZQ-3-305 | 허민진 | 완료 | 2021-04-10 | 2021-05-06 | 4박 | 4박/5일 | 지게차 | 10% | 미래건축 | 112 | 893,000 |
| ED-1-101 | 허주아 | 예정 | - | 2021-06-03 | 2박 | 2박/3일 | 지게차 | 결제요망 | 미래건축 | 64 | 428,000 |

[표2]

| 대여장비 | 크레인 | 불도저 | 지게차 | 굴착기 |
|---|---|---|---|---|
| 인형건설 | 2건 | 0건 | 3건 | 2건 |
| 미래건축 | 1건 | 4건 | 3건 | 2건 |
| 재경그룹 | 2건 | 5건 | 2건 | 1건 |

[표3]

| 결제상태 | 인형건설 | 미래건축 | 재경그룹 |
|---|---|---|---|
| 완료 | 15% | 19% | 22% |
| 예정 | 11% | 19% | 15% |

[표4]

| 대여장비 | 24 | 48 | 72 | 96 |
|---|---|---|---|---|
|  | 47 | 71 | 95 | 119 |
| 크레인 | 110,000 | 314,000 | 495,000 | 655,000 |
| 불도저 | 120,000 | 342,000 | 540,000 | 714,000 |
| 지게차 | 150,000 | 428,000 | 675,000 | 893,000 |
| 굴착기 | 180,000 | 513,000 | 810,000 | 1,071,000 |

❶ 대여기간(G4) _ 참고 : 찾기/참조 함수 58쪽

=CONCAT( TRIM(F4), "/", LEFT( TRIM(F4), 1 )+1, "일" )

❷ 대여장비와 건설사별 대여건수(O4) _ 참고 : 배열 수식 43쪽

{=SUM( IF( ($H$4:$H$30=O3) * ($J$4:$J$30=$N4), 1 ) )&"건"}

❸ 결제상태와 건설사별 대여율(O10) _ 참고 : 배열 수식 43쪽

{=TEXT( COUNT( IF( ($C$4:$C$30=$N10)*($J$4:$J$30=O$9), 1 ) )/COUNTA($C$4:$C$30), "0%" )}

❹ 할인율(I4) _ 참고 : 사용자 정의 함수 83쪽

=fn할인율(D4, E4)

```
Public Function fn할인율(결제일, 수령일)
    If 결제일 = "-" Then
        fn할인율 = "결제요망"
    ElseIf 수령일 - 결제일 >= 60 Then
        fn할인율 = 0.2
    ElseIf 수령일 - 결제일 >= 40 Then
        fn할인율 = 0.15
    Else
        fn할인율 = 0.1
    End If
End Function
```

❺ 대여비용(L4) _ 참고 : 찾기/참조 함수 58쪽

=HLOOKUP( K4, $O$14:$T$19, MATCH(H4, $N$16:$N$19, 0)+2 )

문제 3 분석작업 정답

## 01. 피벗 테이블 _ 참고 : 피벗 테이블 88쪽

- '피벗 테이블 필드' 창

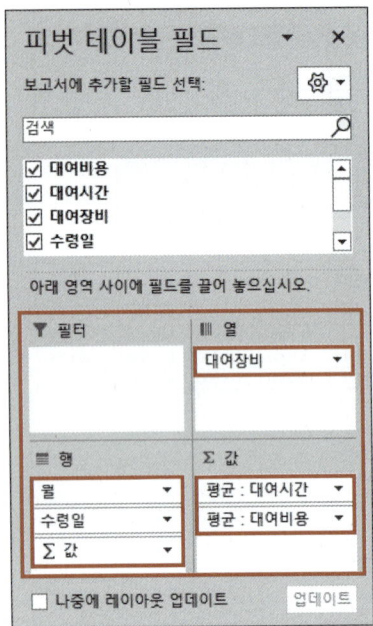

- '그룹화' 대화상자

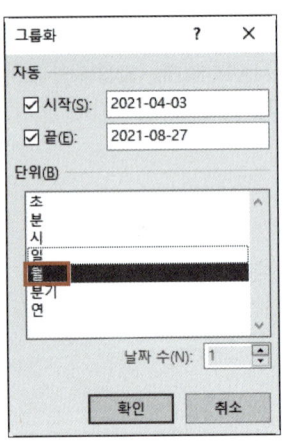

- '피벗 테이블 옵션' 대화상자

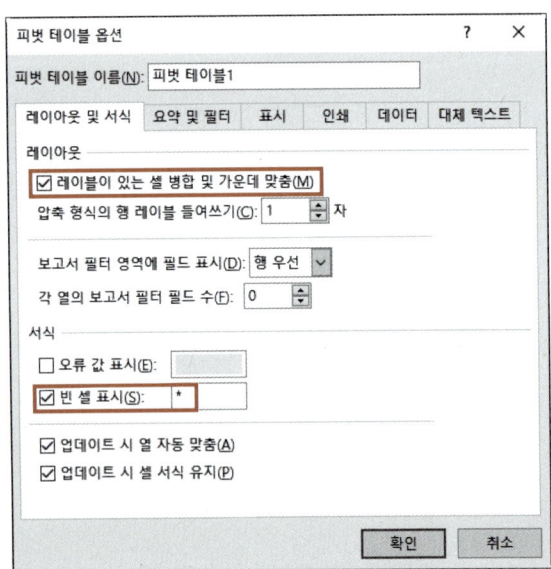

## 02. 데이터 유효성 검사 / 통합 _ 참고 : 데이터 유효성 검사 102쪽 / 통합 107쪽

정답

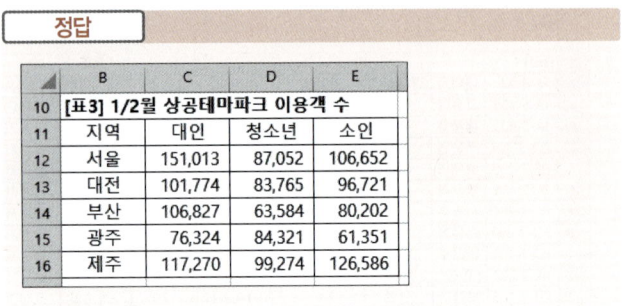

- '데이터 유효성' 대화상자의 '설정' 탭

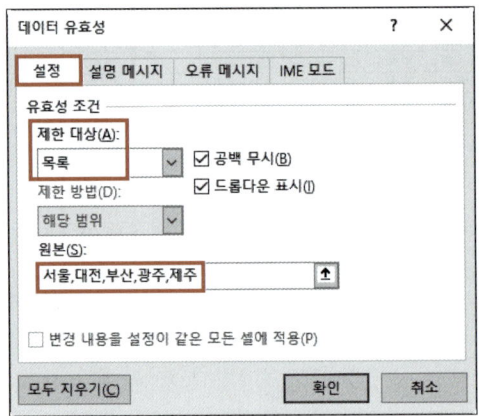

- '데이터 유효성' 대화상자의 '설명 메시지' 탭

- '데이터 유효성' 대화상자의 '오류 메시지' 탭

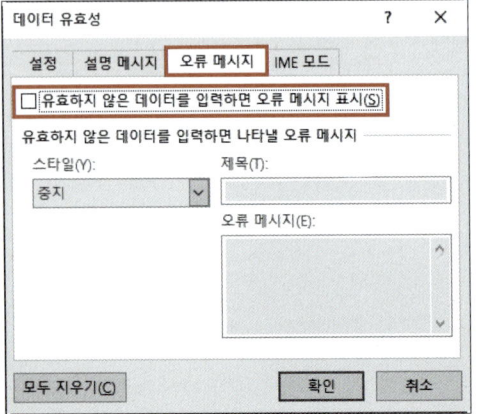

• '통합' 대화상자

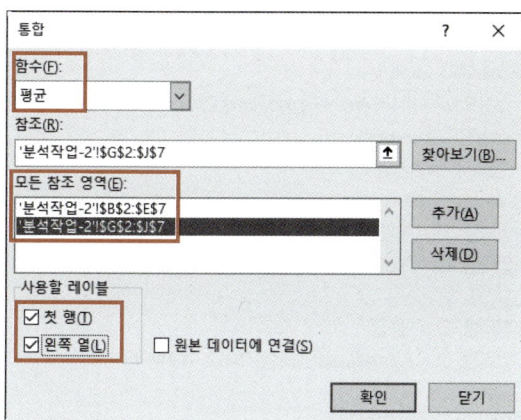

## 문제 4    기타작업

### 01. 차트 수정 _ 참고 : 차트 128쪽

❹ 데이터 레이블 표시

1. '라이센스비' 계열의 '클라우드' 요소만을 선택한 상태에서 [차트 디자인] → 차트 레이아웃 → 차트 요소 추가 → 데이터 레이블 → **데이터 설명선**을 선택한다.
2. 차트에 표시된 '데이터 레이블'을 클릭하여 선택한 후 다시 한 번 클릭한다.

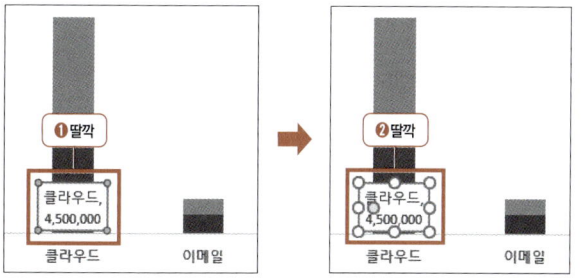

3. 이 상태에서 '데이터 레이블 서식' 창에서 레이블 내용과 위치를 지정한다.

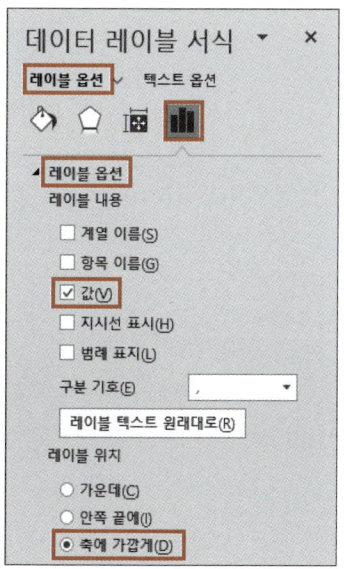

### 02. 매크로 작성 _ 참고 : 매크로 135쪽

❶ '서식적용' / ❷ '그래프보기' 매크로 실행

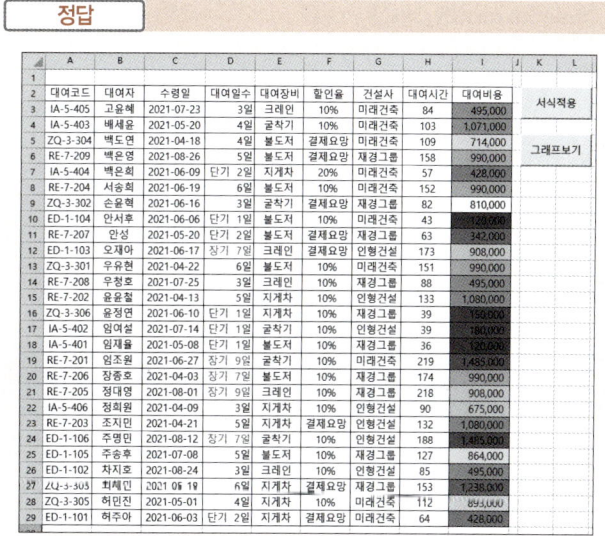

• '셀 서식' 대화상자

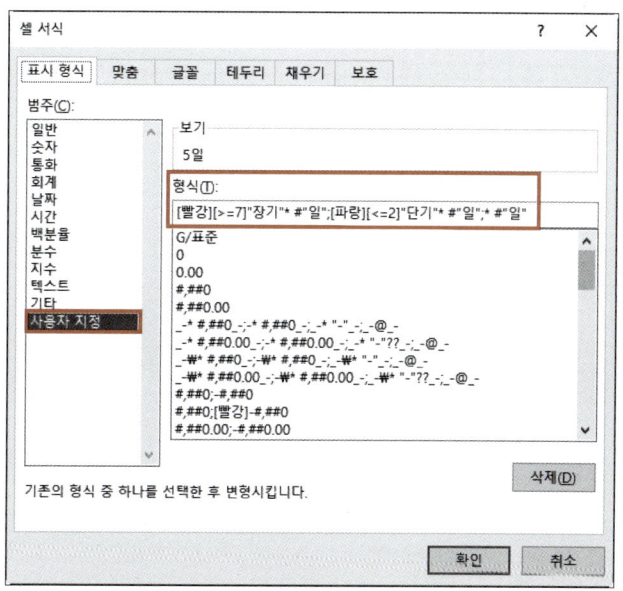

- '새 서식 규칙' 대화상자

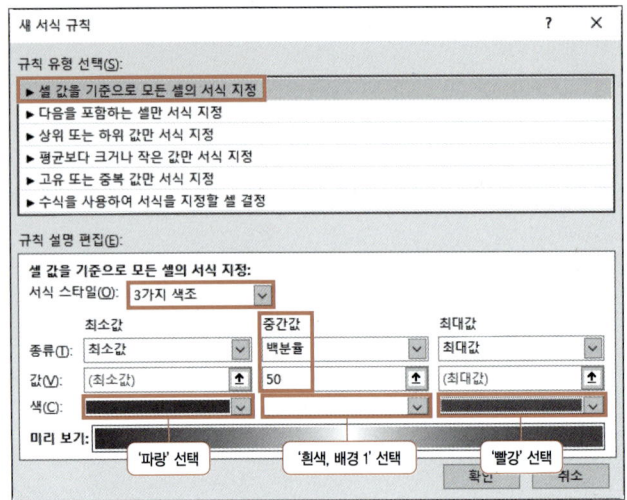

## 03. 프로시저 작성 _ 참고 : 프로시저 142쪽

### ❶ '입원' 단추 및 폼 초기화 프로시저

- '입원' 단추 클릭 프로시저

**정답**

Private Sub cmd입원_Click( )
　　입원등록.Show
End Sub

- 폼 초기화 프로시저

**정답**

Private Sub UserForm_Initialize( )
　　cmb진료과.RowSource = "H6:H11"
　　opt일반.Value = True
End Sub

### ❷ '예약' 단추에 기능 구현하기

**정답**

Private Sub cmd예약_Click( )
　　입력행 = [b4].Row + [b4].CurrentRegion.Rows.Count
　　참조행 = cmb진료과.ListIndex + 6
　　Cells(입력행, 2) = txt환자명.Value
　　If opt일반.Value = True Then
　　　　Cells(입력행, 3) = "일반"
　　　　Cells(입력행, 6) = Format(Cells(참조행, 9), "#,###")
　　Else
　　　　Cells(입력행, 3) = "응급"
　　　　Cells(입력행, 6) = Format(Cells(참조행, 9) * 2, "#,###")
　　End If
　　Cells(입력행, 4) = cmb진료과.Value
　　Cells(입력행, 5) = txt전화번호.Value
End Sub

### ❸ '종료' 단추에 기능 구현하기

**정답**

Private Sub cmd종료_Click( )
　　MsgBox Date, vbOKOnly, "폼 종료"
　　Unload Me
End Sub

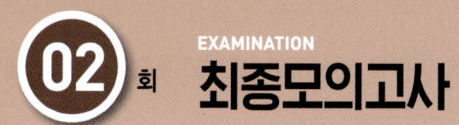

- 준 비 하 세 요 : '길벗컴활1급총정리\엑셀\모의' 폴더에서 '02회.xlsm' 파일을 열어서 작업하시오.
- 외부 데이터 위치 : 길벗컴활1급총정리\엑셀\모의

## 문제 1  기본작업(15점) 주어진 시트에서 다음의 과정을 수행하고 저장하시오.

**1. '기본작업-1' 시트에서 다음과 같이 고급 필터를 수행하시오. (5점)**
- [A2:H30] 영역에서 '주민번호'의 여덟 번째 글자가 '2'이고 '대출일'의 월이 4 또는 5인 행만을 대상으로 '대표자', '주민번호', '대출일'만을 표시하시오.
- 조건은 [J2:J3] 영역 내에 알맞게 입력하시오. (AND, OR, MID, MONTH 함수 사용)
- 결과는 [J5] 셀부터 표시하시오.

**2. '기본작업-1' 시트에서 다음과 같이 조건부 서식을 설정하시오. (5점)**
- [A3:H30] 영역에 대해서 '대출금액'이 상위 3위 이내이거나 하위 3위 이내인 행 전체에 대하여 글꼴 스타일을 '굵은 기울임꼴', 글꼴 색을 '표준 색-파랑'으로 적용하시오.
- 단, 규칙 유형은 '수식을 사용하여 서식을 지정할 셀 결정'을 사용하고, 한 개의 규칙으로만 작성하시오.
- LARGE, SMALL, OR 함수 사용

**3. '기본작업-2' 시트에서 다음과 같이 시트 보호와 통합 문서 보기를 설정하시오. (5점)**
- [G4:H13] 영역에 셀 잠금과 수식 숨기기를 적용하고 차트는 편집할 수 없도록 잠금을 적용한 후 잠긴 셀의 내용과 워크시트를 보호하시오.
- 잠긴 셀의 선택과 잠기지 않은 셀의 선택은 허용하고, 시트 보호 해제 암호는 지정하지 마시오.
- '기본작업-2' 시트를 페이지 나누기 미리 보기로 표시하고, [B1:H28] 영역만 1페이지로 인쇄되도록 페이지 나누기 구분선을 조정하시오.

## 문제 2  계산작업(30점) '계산작업' 시트에서 다음 과정을 수행하고 저장하시오.

**1. [표1]의 출자금액, 상환일, 대출금액과 [K1] 셀의 기준일을 이용하여 [I3:I30] 영역에 추가대출여부를 표시하시오. (6점)**
- 추가대출여부는 '대출금액/출자금액'이 0.5 이하이고 '상환일의 연도-기준일의 연도'가 8 미만이면 "가능", '대출금액/출자금액'이 0.7 이하이고 '상환일의 연도-기준일의 연도'가 8 미만이면 "보류", '대출금액/출자금액'이 0.7 초과이거나 '상환일의 연도-기준일의 연도'가 8 이상이면 "불가능"을 표시
- IFS, YEAR, AND, OR 함수 사용

**2. [표1]의 대출일, 상환일, 대출금액, 연이율을 이용하여 월별대출상환금을 구한 후 [표2]의 기업 건전성 기준표에서 월별대출상환금에 대한 건전성기준을 찾아 [J3:J30] 영역에 표시하시오. (6점)**
- 대출기간 : 상환일의 연도-대출일의 연도
- VLOOKUP, YEAR, PMT 함수 사용

3. [표1]의 관할지부와 대출금액을 이용하여 관할지부별 상위 1~3위의 대출금액 평균을 계산하여 [표3]의 [N9:N12] 영역에 표시하시오. (6점)

   ▶ 평균은 반올림하여 정수로 표시하시오.
   ▶ ROUND, AVERAGE, LARGE 함수와 배열 상수를 이용한 배열 수식

4. [표1]의 출자금액과 관할지부를 이용하여 [표3]의 [O9:O12] 영역에 관할지부별 최고 출자금액의 전체 순위를 계산하여 표시하시오. (6점)

   ▶ IF, MAX, RANK.EQ 함수를 이용한 배열 수식

5. 사용자 정의 함수 'fn대출안정성'을 작성하여 [K3:K30] 영역에 대출안정성을 계산하여 표시하시오. (6점)

   ▶ 'fn대출안정성'은 출자금액과 대출금액을 인수로 받아 값을 되돌려줌
   ▶ '대출금액 / 출자금액'이 0.9 이상이면 "위험", 0.5 미만이면 "안전", 그 외는 공백으로 표시
   ▶ IF ~ ELSE문 사용

   ```
   Public Function fn대출안정성(출자금액, 대출금액)

   End Function
   ```

## 문제 3  분석작업(20점) 주어진 시트에서 다음 작업을 수행하고 저장하시오.

1. '분석작업-1' 시트에서 다음의 지시사항에 따라 피벗 테이블 보고서를 작성하시오. (10점)

   ▶ 외부 데이터 원본으로 〈기업대출현황.csv〉의 데이터를 사용하시오.
     – 원본 데이터는 쉼표(,)로 분리되어 있으며, 첫 행에 머리글이 포함되어 있음
     – '관할지부', '대출금액', '연이율', '추가대출여부' 열만 가져와 데이터 모델에 이 데이터를 추가하시오.
   ▶ 피벗 테이블 보고서의 레이아웃과 위치는 〈그림〉을 참조하여 설정하고, 보고서 레이아웃을 테이블 형식으로 표시하시오.
   ▶ '대출금액' 필드의 표시 형식은 값 필드 설정의 셀 서식에서 '회계' 범주를, '연이율'은 '백분율' 범주를 이용하여 지정하시오.
   ▶ 피벗 테이블 스타일을 '밝은 회색, 피벗 스타일 밝게 15', 행의 총 합계는 표시되지 않도록 설정하시오.

| 관할지부 | 값 | 추가대출여부 가능 | 보류 | 불가능 |
|---|---|---|---|---|
| 강남 | 최대값: 대출금액 | 18,080,000 | 38,913,000 | 42,420,000 |
| | 평균: 연이율 | 2% | 4% | 3% |
| 광진 | 최대값: 대출금액 | 24,804,000 | 43,095,000 | 50,150,000 |
| | 평균: 연이율 | 1% | 3% | 4% |
| 동대문 | 최대값: 대출금액 | 28,204,000 | 32,595,000 | 46,931,000 |
| | 평균: 연이율 | 3% | 3% | 3% |
| 마포 | 최대값: 대출금액 | 37,395,000 | 8,262,000 | 61,440,000 |
| | 평균: 연이율 | 3% | 3% | 3% |
| 전체 최대값: 대출금액 | | 37,395,000 | 43,095,000 | 61,440,000 |
| 전체 평균: 연이율 | | 3% | 3% | 3% |

※ 작업 완성된 그림이며 부분점수 없음

2. '분석작업-2' 시트에 대하여 다음의 지시사항을 처리하시오. (10점)

   ▶ [데이터 도구]를 이용하여 [표1]의 [A2:A12] 영역의 데이터를 각 열로 구분되어 입력되도록 실행하시오
     – 데이터는 슬래시(/)와 세미콜론(;)으로 구분되어 있음
   ▶ [부분합] 기능을 이용하여 [표1]에서 '부서명'별 '수령액'의 평균과 최대값을 계산하시오.
     – '부서명'을 기준으로 오름차순으로 정렬하시오.
     – 평균과 최대값은 위에 명시된 순서대로 처리하시오.

## 문제 4    기타작업(35점) 주어진 시트에서 다음 작업을 수행하고 저장하시오.

1. '기타작업-1' 시트에서 다음과 같은 기능을 수행하는 매크로를 현재 통합문서에 작성하시오. (각 5점)

   ① [G3:G14] 영역에 사용자 지정 표시 형식을 설정하는 '서식적용' 매크로를 생성하시오.
   
   ▶ 셀 값이 5,000,000 이상인 경우 빨강색으로 1000 단위로 절삭하고 1000 단위 구분 기호를 표시한 후 앞에는 "◆"를, 뒤에는 "천원"을 표시하고, 3,000,000 이상인 경우 파랑색으로 1000 단위로 절삭하고 1000 단위 구분 기호를 표시한 후 앞에는 "◇"를, 뒤에는 "천원"을 표시하고, 그 외는 1000 단위로 절삭하고 1000 단위 구분 기호를 표시한 후 뒤에 "천원"을 표시하시오.
   
   [표시 예 : 5250000 → ◆5,250천원, 3230000 → ◇3,230천원, 100 → 0천원]
   
   ▶ [도형] → [기본 도형]의 '사각형: 빗면(□)'을 동일 시트의 [I2:I3] 영역에 생성한 후 텍스트를 "서식적용"으로 입력하고, 단추를 클릭하면 '서식적용' 매크로가 실행되도록 설정하시오.
   
   ② [G3:G14] 영역에 표시 형식을 '일반'으로 적용하는 '서식해제' 매크로를 생성하시오.
   
   ▶ [도형] → [기본 도형]의 '사각형: 빗면(□)'을 동일 시트의 [I5:I6] 영역에 생성한 후 텍스트를 "서식해제"로 입력하고, 단추를 클릭하면 '서식해제' 매크로가 실행되도록 설정하시오.
   
   ※ 셀 포인터의 위치에 관계없이 매크로가 실행되어야 정답으로 인정됨

2. '기타작업-2' 시트에서 다음의 지시사항에 따라 차트를 수정하시오. (각 2점)

   ※ 차트는 반드시 문제에서 제공한 차트를 사용하여야 하며, 신규로 차트작성 시 0점 처리 됨
   
   ① '비중' 계열의 차트 종류를 '표식이 있는 꺾은선형'으로 변경한 후 보조 축으로 지정하시오.
   
   ② 차트 제목을 '차트 위'로 지정한 후 [B2] 셀을 연결하여 표시하고, 세로(값) 축 제목의 텍스트 방향을 '스택형'으로 지정하시오.
   
   ③ 세로(값) 축과 보조 세로(값) 축의 최대값 경계와 기본 단위를 〈그림〉과 같이 지정하고, '5G' 계열의 계열 겹치기를 50%, 간격 너비를 100%로 지정하시오.
   
   ④ '비중' 계열의 '821' 요소에 〈그림〉과 같이 데이터 레이블을 표시한 후 데이터 레이블 도형을 '타원'으로 변경하고, 가로 주 눈금선을 '파선'으로 표시하시오.
   
   ⑤ '5G' 계열은 도형 효과의 미리 설정을 '기본 설정 1'로 지정하고 차트 영역은 도형 효과의 네온을 '네온: 5pt, 파랑, 강조색 1'을 지정하시오.

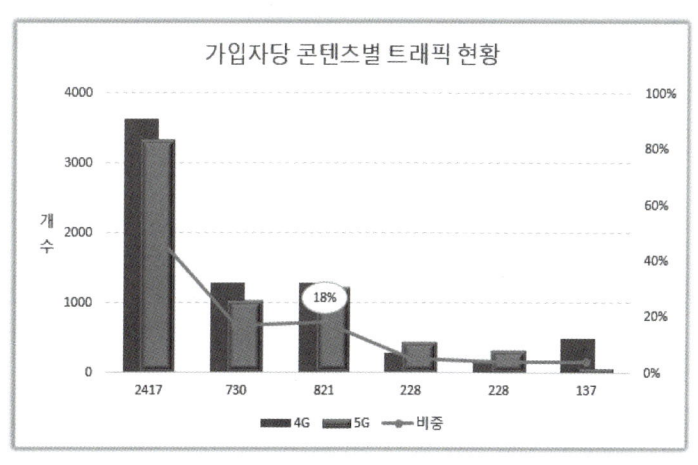

3. '기타작업-2' 시트에서 다음과 같은 작업을 수행하도록 프로시저를 작성하시오. (각 5점)

   ① '매출입력' 단추를 클릭하면 〈매출입력〉 폼이 나타나도록 설정하고, 폼이 초기화(Initialize)되면 '지점(cmb지점)' 목록에는 [G5:G10] 영역의 값이 표시되고, '연차'를 표시하는 옵션 단추 중 '1년(opt1년)'이 기본적으로 선택되도록 프로시저를 작성하시오.
   
   ② 〈매출입력〉 폼의 '입력(cmd입력)' 단추를 클릭하면 폼에 입력된 데이터가 [표1]에 입력되어 있는 마지막 행 다음에 연속하여 추가되는 프로시저를 작성하시오.
   
   ▶ '연차'에는 '1년(opt1년)'을 선택하면 "1년이하", '3년(opt3년)'을 선택하면 "3년이하", '5년(opt5년)'을 선택하면 "5년이하", '5년이상(opt5년이상)'을 선택하면 "5년이상"을 입력하시오. (IF문 사용)
   
   ▶ '평가'는 '월매출'이 50,000,000 이상이면 "우수", 30,000,000 이상이면 "양호", 20,000,000 이상이면 "보통", 그 외는 "미달"로 입력하시오. (Select Case문 사용)
   
   ③ 〈매출입력〉 폼의 '닫기(cmd닫기)' 단추를 클릭하면 폼을 종료하고, [B1] 셀의 글꼴 스타일을 '굵게'와 '기울임꼴'로 지정하는 프로시저를 작성하시오.

# 02회 최종모의고사 정답 및 해설

## 문제 1  기본작업

### 01. 고급 필터 _ 참고 : 고급 필터 18쪽

정답

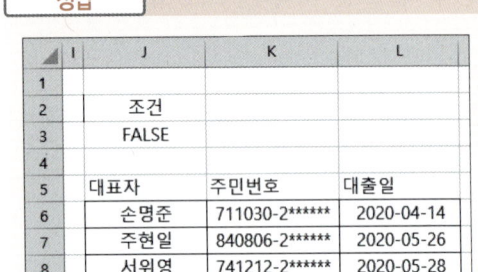

• '고급 필터' 대화상자

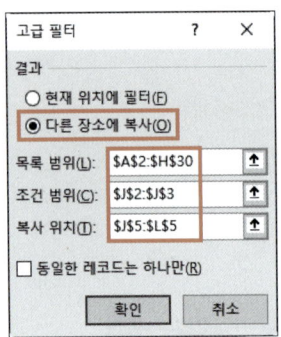

[J3] : =AND(MID(B3,8,1)="2",OR(MONTH(E3)=4,MONTH(E3)=5))

### 02. 조건부 서식 _ 참고 : 조건부 서식 25쪽

정답

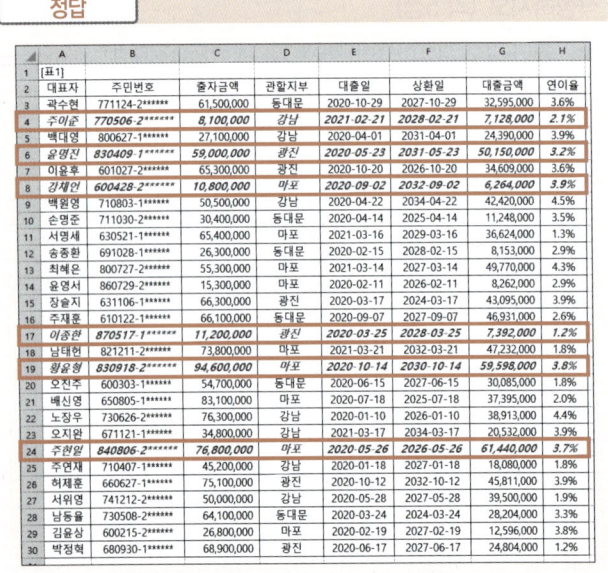

• '새 서식 규칙' 대화상자

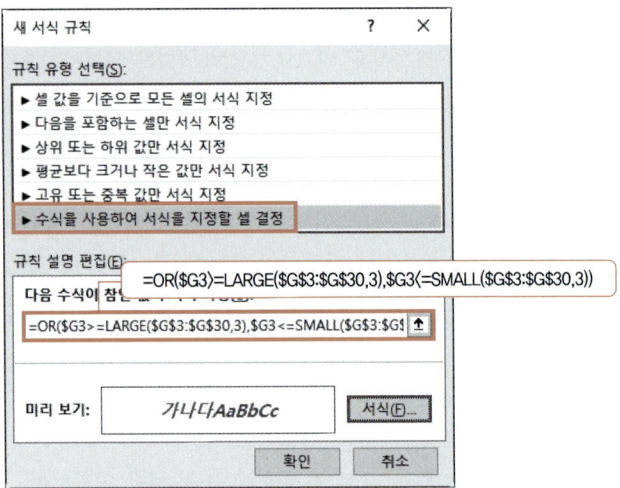

=OR($G3>=LARGE($G$3:$G$30,3),$G3<=SMALL($G$3:$G$30,3))

### 03. 시트 보호 / 통합 문서 보기 _ 참고 : 시트 보호 38쪽

정답

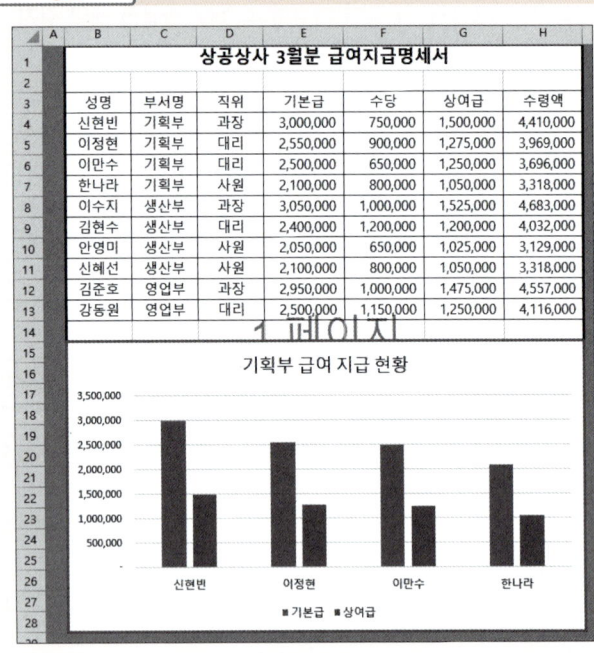

• [G4:H13] 영역의 '셀 서식' 대화상자

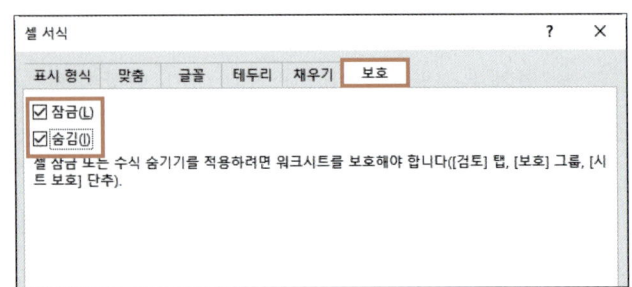

- '차트 영역 서식' 창

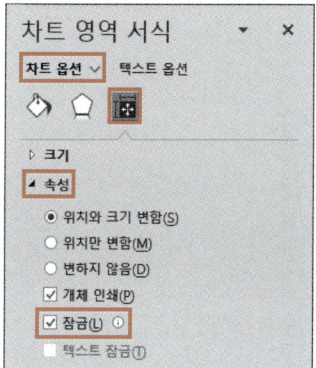

- '시트 보호' 대화상자

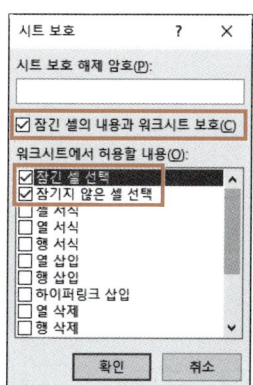

## 문제 2 계산작업 정답

### 정답

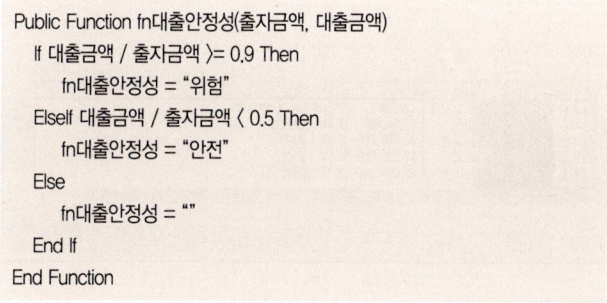

### ❶ 추가대출여부(I3) _ 참고 : 논리 함수 71쪽

=IFS( AND( G3/C3<=0.5, YEAR(F3)-YEAR($K$1)<8 ), "가능", AND( G3/C3<=0.7, YEAR(F3)-YEAR($K$1)<8 ), "보류", OR( G3/C3>0.7, YEAR(F3)-YEAR($K$1)>=8 ), "불가능" )

[함수 설명]
IFS(조건1, 인수1, 조건2, 인수2, … 조건n, 인수n)
조건1이 '참'이면 인수1을, 조건2가 '참'이면 인수2를, … 조건n이 '참'이면 인수n을 반환합니다.

### ❷ 건전성기준(J3) _ 참고 : 찾기/참조 함수 58쪽

=VLOOKUP( PMT( H3/12, (YEAR(F3)-YEAR(E3))*12, -G3), $M$3:$N$5, 2 )

### ❸ 관할지부별 상위 대출금액 평균(N9) _ 참고 : 배열 수식 43쪽

{=ROUND( AVERAGE( LARGE(($D$3:$D$30=M9) * $G$3:$G$30, {1,2,3}) ), 0)}

### ❹ 관할지부별 최고 출자금액 순위(O9) _ 참고 : 배열 수식 43쪽

{=RANK.EQ( MAX( IF($D$3:$D$30=M9, $C$3:$C$30) ), $C$3:$C$30 )}

### ❺ 대출안정성(K3) _ 참고 : 사용자 정의 함수 83쪽

=fn대출안정성(C3, G3)

```
Public Function fn대출안정성(출자금액, 대출금액)
    If 대출금액 / 출자금액 >= 0.9 Then
        fn대출안정성 = "위험"
    ElseIf 대출금액 / 출자금액 < 0.5 Then
        fn대출안정성 = "안전"
    Else
        fn대출안정성 = ""
    End If
End Function
```

## 문제 3  분석작업  정답

### 01. 피벗 테이블 _ 참고 : 피벗 테이블 88쪽

• '텍스트 마법사 – 3단계 중 1단계' 대화상자

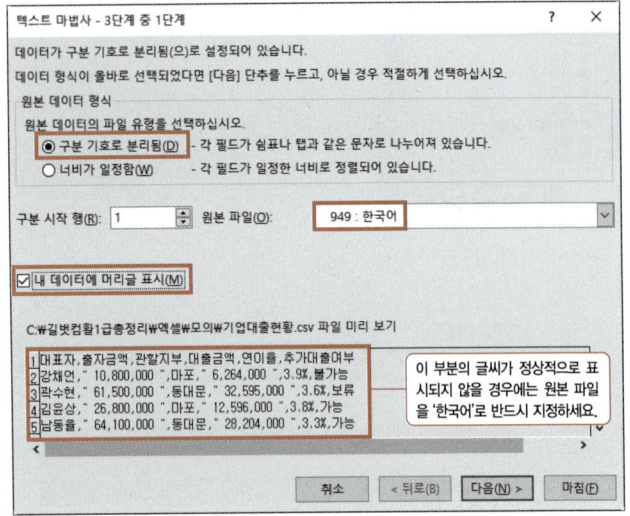

• '텍스트 마법사 – 3단계 중 2단계' 대화상자

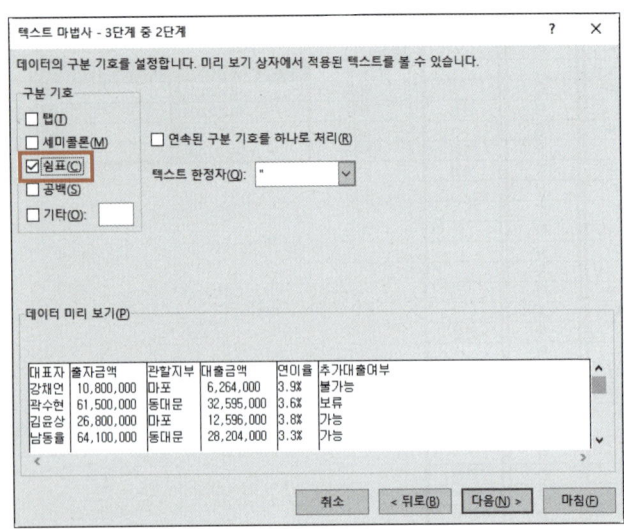

• '텍스트 마법사 – 3단계 중 3단계' 대화상자

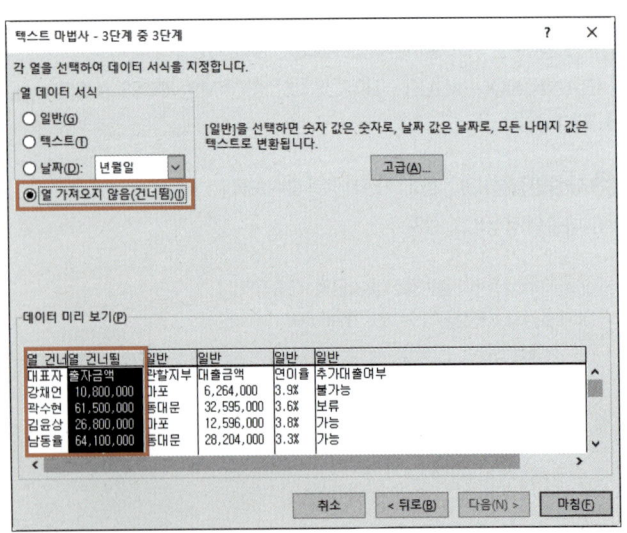

• '피벗 테이블 필드' 창

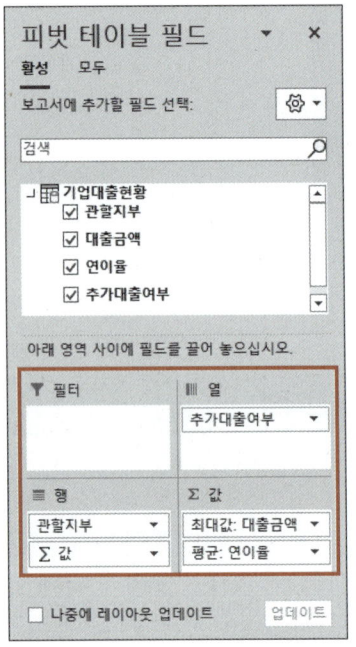

### 02. 텍스트 나누기 / 부분합 _ 참고 : 부분합 112쪽

정답

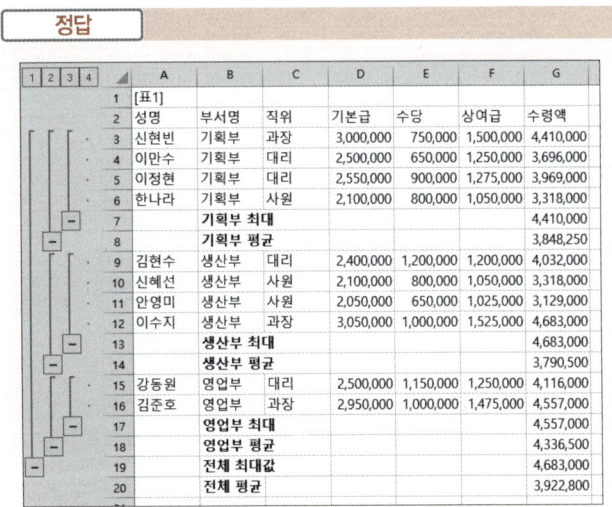

• [A3:A12] 영역을 블록으로 지정한 후 [데이터] → 데이터 도구 → 텍스트 나누기 클릭

- '텍스트 마법사 – 3단계 중 2단계' 대화상자

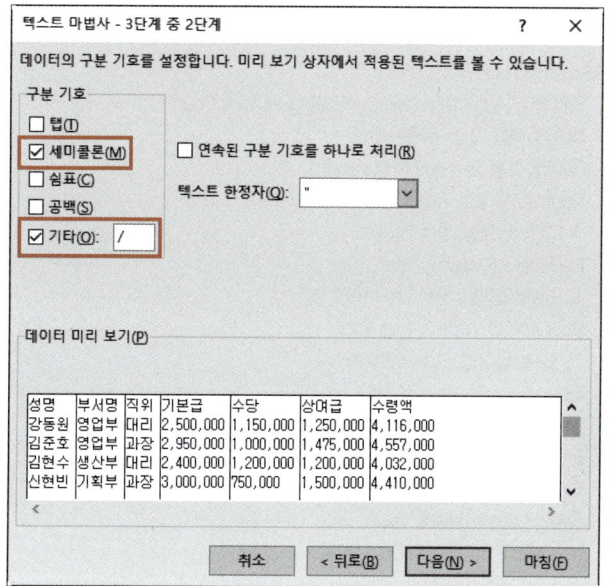

- '정렬' 대화상자

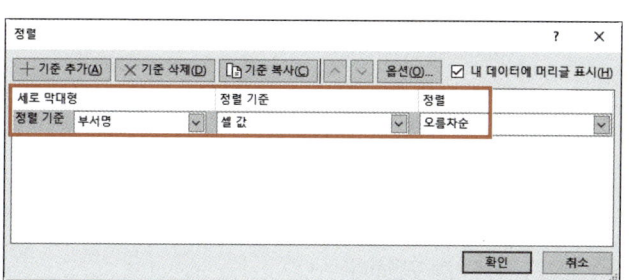

- '수령액 평균 부분합' 대화상자

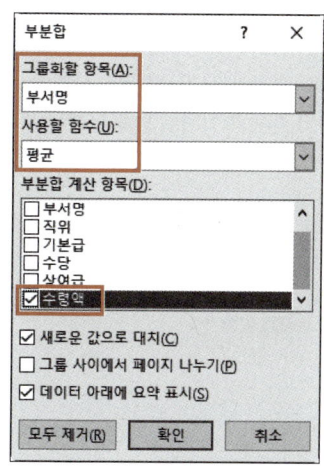

- '수령액 최대값 부분합' 대화상자

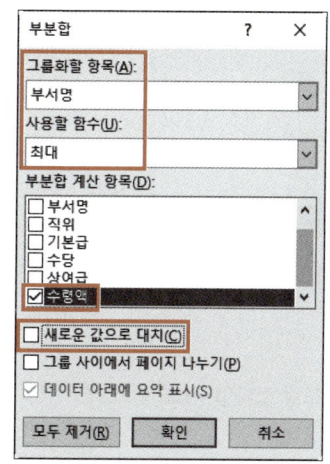

---

## 문제 4  기타작업  정답

### 01. 매크로 작성 _ 참고 : 매크로 135쪽

**1** '서식적용' 매크로 실행

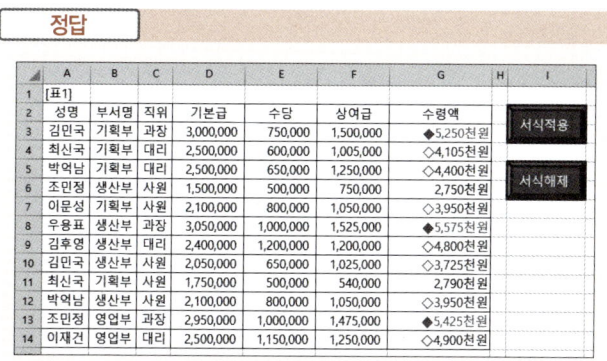

- '셀 서식' 대화상자

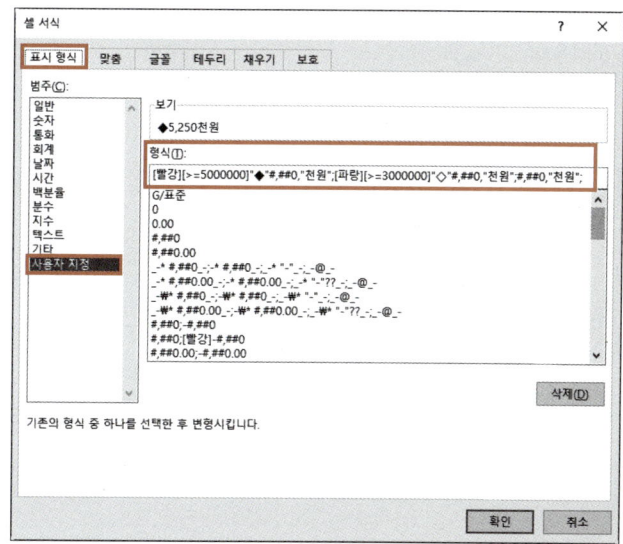

## 02. 차트 수정 _ 참고 : 차트 128쪽

### ④ 데이터 레이블 표시 및 도형 지정

1. '비중' 계열을 클릭한 후 '비중' 계열이 모두 선택된 상태에서 '821' 요소를 다시 한 번 클릭하여 '821'만 선택한 다음 [차트 디자인] → 차트 레이아웃 → 차트 요소 추가 → 데이터 레이블 → **위쪽**을 선택한다.
2. 데이터 레이블을 선택한 후 바로 가기 메뉴에서 [데이터 레이블 도형 변경] → **타원**을 선택한다.

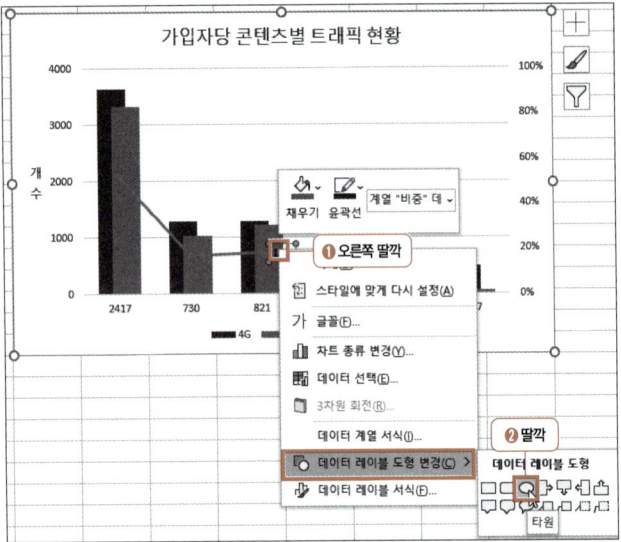

### ⑤ 도형 효과의 미리 설정 지정

'5G' 계열을 선택한 후 [서식] → 도형 스타일 → 도형 효과 → 미리 설정 → **기본 설정 1**을 선택한다.

## 03. 프로시저 작성 _ 참고 : 프로시저 142쪽

### ❶ '매출입력' 단추 및 폼 초기화 프로시저

• '매출입력' 단추 클릭 프로시저

> 정답

```
Private Sub cmd매출입력_Click( )
    매출입력.Show
End Sub
```

• 폼 초기화 프로시저

> 정답

```
Private Sub UserForm_Initialize( )
    cmb지점.RowSource = "G5:G10"
    opt1년.Value = True
End Sub
```

### ❷ '입력' 단추에 기능 구현하기

> 정답

```
Private Sub cmd입력_Click( )
    입력행 = [A3].Row + [A3].CurrentRegion.Rows.Count
    Cells(입력행, 1) = txt이름.Value
    Cells(입력행, 2) = cmb지점.Value
    If opt1년.Value = True Then
        Cells(입력행, 3) = "1년이하"
    ElseIf opt3년.Value = True Then
        Cells(입력행, 3) = "3년이하"
    ElseIf opt5년.Value = True Then
        Cells(입력행, 3) = "5년이하"
    Else
        Cells(입력행, 3) = "5년이상"
    End If
    Cells(입력행, 4) = txt월매출.Value
    Select Case txt월매출.Value
        Case Is >= 50000000
            Cells(입력행, 5) = "우수"
        Case Is >= 30000000
            Cells(입력행, 5) = "양호"
        Case Is >= 20000000
            Cells(입력행, 5) = "보통"
        Case Else
            Cells(입력행, 5) = "미달"
    End Select
End Sub
```

### ❸ '닫기' 단추에 기능 구현하기

> 정답

```
Private Sub cmd닫기_Click( )
    Unload Me
    [b1].Font.Bold = True
    [b1].Font.Italic = True
End Sub
```

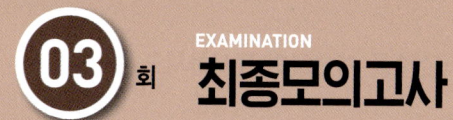 

# 03회 최종모의고사

- **준 비 하 세 요 :** '길벗컴활1급총정리\엑셀\모의' 폴더에서 '03회.xlsm' 파일을 열어서 작업하시오.
- **외부 데이터 위치 :** 길벗컴활1급총정리\엑셀\모의

## 문제 1    기본작업(15점) 주어진 시트에서 다음의 과정을 수행하고 저장하시오.

**1.** '기본작업-1' 시트에서 다음과 같이 고급 필터를 수행하시오. (5점)
- ▶ [A2:H30] 영역에서 '전체거래액'이 하위 10위 이내이면서, '농작물'이 "마늘"이나 "양파"인 행만을 표시하시오.
- ▶ 조건은 [A32:A33] 영역 내에 알맞게 입력하시오. (AND, OR, RANK.EQ 함수 사용)
- ▶ 결과는 [A35] 열부터 표시하시오.

**2.** '기본작업-1' 시트에서 다음과 같이 조건부 서식을 설정하시오. (5점)
- ▶ [A3:H30] 영역에 대해서 '재배면적(m²)'을 1000으로 나눈 값이 홀수이고, '등급'이 "A"인 행 전체에 대하여 글꼴 스타일을 '굵게', 글꼴 색을 '표준 색-빨강'으로 적용하시오.
- ▶ 단, 규칙 유형은 '수식을 사용하여 서식을 지정할 셀 결정'을 사용하고, 한 개의 규칙으로만 작성하시오.
- ▶ AND, ISODD, QUOTIENT 함수 사용

**3.** '기본작업-2' 시트에서 다음과 같이 페이지 레이아웃을 설정하시오. (5점)
- ▶ 인쇄 용지가 가로로 인쇄되도록 용지 방향을 설정하고, 인쇄될 내용이 80%로 축소되어 인쇄되도록 '확대/축소 배율'을 설정하시오.
- ▶ 인쇄될 내용이 페이지의 정 가운데에 인쇄되도록 페이지 가운데 맞춤을 설정하시오.
- ▶ 홀수 페이지 하단의 왼쪽 구역과 짝수 페이지 하단의 오른쪽 구역에 전체 페이지 번호와 현재 페이지 번호가 [표시 예]와 같이 표시되도록 바닥글을 설정하시오.
  [표시 예 : 현재 페이지 번호가 1이고 전체 페이지 번호가 2인 경우 → 1/2페이지]
- ▶ [A33:N51] 영역을 기존 인쇄 영역에 추가하고, [2:2] 행이 매 페이지마다 표시되도록 설정하시오.

## 문제 2    계산작업(30점) '계산작업' 시트에서 다음 과정을 수행하고 저장하시오.

**1.** [표1]의 계약종류, 전체거래액과 [표5]를 이용하여 [I3:I30] 영역에 거래수수료를 계산하여 표시하시오. (6점)
- ▶ 거래수수료는 계약종류에 따른 '전체거래액 × 수수료율'과 최고수수료 중 작은 금액으로 표시
- ▶ 수수료율과 최고수수료는 [표5]를 참조
- ▶ HLOOKUP, MATCH, MIN 함수 사용

**2.** [표1]의 생산지, 계약종류, 전체거래액을 이용하여 [표2]의 [B34:C37] 영역에 생산지별 계약종류별 전체거래액의 평균을 계산하여 표시하시오. (6점)
- ▶ 평균은 백만 단위로 표시 [표시 예 : 100,000,000 → 100]
- ▶ 단, 생산지별 계약종류별 가장 높은 전체거래액은 제외하고 계산
- ▶ IF, AVERAGE, TEXT, MAX 함수를 사용한 배열 수식

3. [표1]의 재배면적(m²)을 이용하여 [표3]의 [G34:G37] 영역에 재배면적별 거래건수를 계산하여 표시하시오. (6점)
   ▶ 계산된 거래건수 뒤에 "건" 표시 [표시 예 : 5건]
   ▶ COUNT, IF 함수와 & 연산자를 이용한 배열 수식

4. [표1]의 농작물, 계약종류, 전체거래액을 이용하여 [J34:J35] 영역에 계약종류별 최고 전체거래액의 농작물명을 표시하시오. (6점)
   ▶ INDEX, MAX, MATCH 함수를 이용한 배열 수식

5. 사용자 정의 함수 'fn규모'를 작성하여 [J3:J30] 영역에 규모를 계산하여 표시하시오. (6점)
   ▶ 'fn규모'는 재배면적(m2)을 인수로 받아 값을 되돌려줌
   ▶ 재배면적(m2)이 1500 이하이면 "소형", 3000 이하이면 "중형", 그 외는 "대형"으로 표시
   ▶ IF ~ ELSE문 사용

   ```
   Public Function fn규모(재배면적)
   End Function
   ```

## 문제 3  분석작업(20점) 주어진 시트에서 다음 작업을 수행하고 저장하시오.

1. '분석작업-1' 시트에서 다음의 지시사항에 따라 피벗 테이블 보고서를 작성하시오. (10점)
   ▶ 외부 데이터 원본으로 〈거래현황.xlsx〉의 〈토지〉 테이블을 이용하시오.
   ▶ 피벗 테이블 보고서의 레이아웃과 위치는 〈그림〉을 참조하여 설정하고, 보고서 레이아웃을 개요 형식으로 표시하시오.
   ▶ 부분합은 그룹 하단에 표시하고, 확장(+)/축소(-) 단추가 표시되지 않도록 설정하시오.
   ▶ '합계 : 전체거래액'을 기준으로 '등급'을 내림차순 정렬하고, 피벗 테이블 스타일은 '연한 파랑, 피벗 스타일 보통 2'로 지정하시오.
   ▶ '전체거래액'과 '거래수수료' 필드의 표시 형식은 값 필드 설정의 셀 서식에서 '숫자' 범주를 이용하여 지정하시오.
   ▶ '계약종류'가 '계약재배'이고 '등급'이 'C'인 데이터만 별도 시트에 작성하시오(시트명을 'C등급계약재배'로 지정하고, '분석작업-1' 시트 앞에 위치시킴).

| | A | B | C | D |
|---|---|---|---|---|
| 1 | 생산지 | (모두) | | |
| 2 | | | | |
| 3 | 계약종류 | 등급 | 합계 : 전체거래액 | 합계 : 거래수수료 |
| 4 | 계약재배 | | | |
| 5 | | C | 225,000,000 | 478,000 |
| 6 | | B | 142,000,000 | 332,000 |
| 7 | | A | 81,000,000 | 237,000 |
| 8 | 계약재배 요약 | | 448,000,000 | 1,047,000 |
| 9 | 포전매매 | | | |
| 10 | | A | 316,000,000 | 923,000 |
| 11 | | B | 236,000,000 | 676,000 |
| 12 | | C | 70,000,000 | 190,000 |
| 13 | 포전매매 요약 | | 622,000,000 | 1,789,000 |
| 14 | 총합계 | | 1,070,000,000 | 2,836,000 |

   ※ 작업 완성된 그림이며 부분점수 없음

2. '분석작업-2' 시트에 대하여 다음의 지시사항을 처리하시오. (10점)
   ▶ [데이터 유효성 검사] 기능을 이용하여 [A4:A11] 영역에는 월이 4월~6월인 데이터만 입력되도록 제한 대상을 설정하시오.
     - [A4:A11] 영역의 셀을 클릭한 경우 〈그림〉과 같은 설명 메시지를 표시하고, 유효하지 않은 데이터를 입력한 경우 〈그림〉과 같은 오류 메시지가 표시되도록 설정하시오.

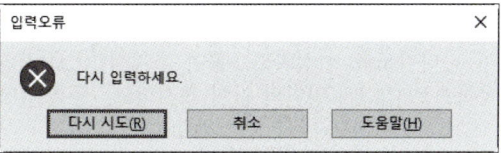

- MONTH, AND 함수 사용
▶ [표1]의 4월 20일은 반품수량(D4)의 값에 따른 매출액(E4)을 계산한 것이다. 데이터 표 기능을 이용하여 [표2]의 [I5:I12] 영역에 반품수량의 변동에 따른 매출액을 계산하시오.

## 문제 4    기타작업(35점) 주어진 시트에서 다음 작업을 수행하고 저장하시오.

### 1. '기타작업-1' 시트에서 다음의 지시사항에 따라 차트를 수정하시오. (각 2점)

※ 차트는 반드시 문제에서 제공한 차트를 사용하여야 하며, 신규로 차트작성 시 0점 처리 됨

① '2021년' 계열을 추가한 후 차트에 '최고/최저값 연결선'을 표시하시오.
② 차트 제목은 '차트 위', 세로(값) 축 제목은 '세로' 방향으로 〈그림〉과 같이 입력하고, 차트 제목의 글꼴을 'HY중고딕'으로 지정하시오.
③ 세로(값) 축의 주 눈금이 교차되도록 지정하고, 기본 주 세로 눈금선을 표시하시오.
④ '2020년' 계열의 '3월' 요소에만 〈그림〉과 같이 데이터 레이블을 표시하고, 범례를 '오른쪽'에 표시하시오.
⑤ 차트 영역의 테두리 스타일을 '둥근 모서리', 그림 영역의 도형 스타일을 '미세 효과 – 황금색, 강조 4'로 지정하시오.

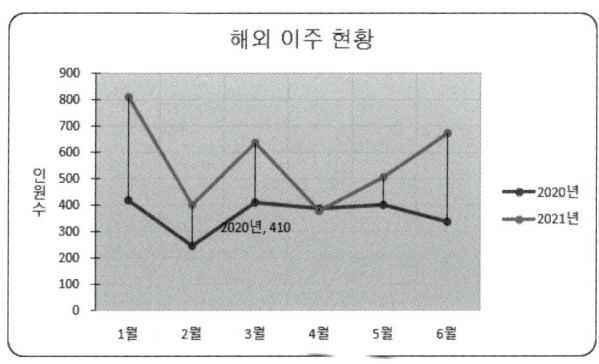

### 2. '기타작업-2' 시트에서 다음과 같은 기능을 수행하는 매크로를 현재 통합문서에 작성하시오. (각 5점)

① [D4:D15] 영역에 사용자 지정 표시 형식을 설정하는 '서식적용' 매크로를 생성하시오.
▶ 셀 값이 0 초과면 빨강색으로 "▲"를, 0 미만이면 파랑색으로 "▼"를 표시한 후 뒤에 숫자를 소수점 첫째 자리까지 표시하고, 0이면 "◇"를 표시하시오.
[표시 예 : 2.9 → ▲2.9, -3.3 → ▼3.3, 0 → ◇]
▶ [개발 도구] → [삽입] → [양식 컨트롤]의 '단추(□)'를 동일 시트의 [G3:G4] 영역에 생성한 후 텍스트를 "서식적용"으로 입력하고, 단추를 클릭하면 '서식적용' 매크로가 실행되도록 설정하시오.

② [E4:E15] 영역에 조건부 서식을 적용하는 '그래프보기' 매크로를 생성하시오.
▶ 규칙 유형은 '셀 값을 기준으로 모든 셀의 서식 지정'으로 선택하고, 서식 스타일은 '데이터 막대', 최소값은 숫자 100,000, 최대값은 숫자 400,000으로 설정하시오.
▶ 막대 모양은 채우기를 '그라데이션 채우기', 색을 '표준 색-파랑'으로 설정하시오.
▶ [개발 도구] → [삽입] → [양식 컨트롤]의 '단추(□)'를 동일 시트의 [G6:G7] 영역에 생성한 후 텍스트를 "그래프보기"로 입력하고, 단추를 클릭하면 '그래프보기' 매크로가 실행되도록 설정하시오.

## 3. '기타작업-3' 시트에서 다음과 같은 작업을 수행하도록 프로시저를 작성하시오. (각 5점)

① '원아등록' 단추를 클릭하면 〈원아등록〉 폼이 나타나도록 설정하고, 폼이 초기화(Initialize)되면 '구분(cmb구분)' 목록으로 [H4:H7] 영역의 값이, '반이름(cmb반이름)' 목록으로 [I4:I7] 영역의 값이 표시되고, '등록일(txt등록일)'에 현재 시스템의 날짜가 표시되도록 프로시저를 작성하시오.

② 〈원아등록〉 폼의 '등록(cmd등록)' 단추를 클릭하면 폼에 입력된 데이터가 [표1]에 입력되어 있는 마지막 행 다음에 연속하여 추가되도록 프로시저를 작성하시오.

▶ '나이'는 [표시 예]와 같이 입력하시오. (FORMAT 함수 사용)

[표시 예 : 5세]

▶ 입력되는 데이터는 워크시트에 입력된 기존 데이터와 같은 형식의 데이터로 입력하시오.

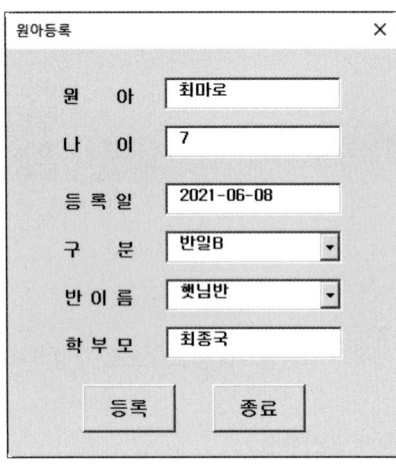

③ 〈원아등록〉 폼의 '종료(cmd종료)' 단추를 클릭하면 입력한 전체 데이터의 개수를 표시한 〈그림〉과 같은 메시지 박스를 표시한 후 폼을 종료하는 프로시저를 작성하시오.

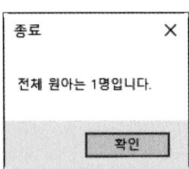

# 03회 최종모의고사 정답 및 해설

## 문제 1    기본작업

### 01. 고급 필터 _ 참고 : 고급 필터 18쪽

**정답**

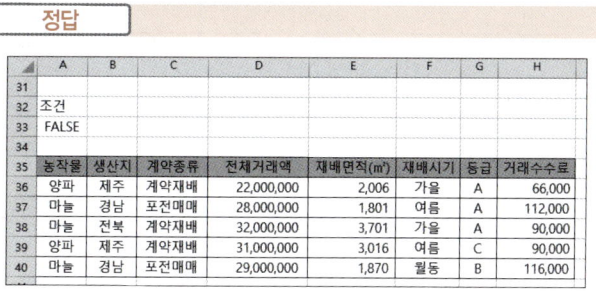

• '고급 필터' 대화상자

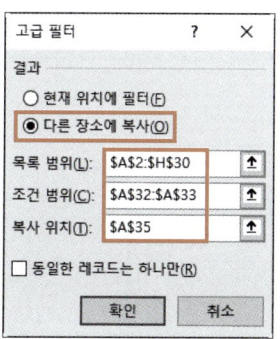

[A33] : =AND(RANK.EQ(D3, $D$3:$D$30, 1)<=10, OR(A3="마늘", A3="양파"))

### 02. 조건부 서식 _ 참고 : 조건부 서식 25쪽

**정답**

| | A | B | C | D | E | F | G | H |
|---|---|---|---|---|---|---|---|---|
| 1 | [표1] | | | | | | | |
| 2 | 농작물 | 생산지 | 계약종류 | 전체거래액 | 재배면적(㎡) | 재배시기 | 등급 | 거래수수료 |
| 3 | 고추 | 전남 | 계약재배 | 53,000,000 | 3,811 | 봄 | C | 100,000 |
| 4 | 참깨 | 제주 | 계약재배 | 32,000,000 | 2,403 | 봄 | B | 90,000 |
| 5 | 양파 | 제주 | 계약재배 | 22,000,000 | 2,006 | 가을 | A | 66,000 |
| 6 | 양파 | 전남 | 포전매매 | 34,000,000 | 1,892 | 가을 | A | 120,000 |
| 7 | 마늘 | 경남 | 포전매매 | 28,000,000 | 1,801 | 여름 | A | 112,000 |
| 8 | 감자 | 전남 | 포전매매 | 46,000,000 | 1,915 | 여름 | B | 92,000 |
| 9 | 감자 | 제주 | 포전매매 | 54,000,000 | 2,800 | 월동 | A | 108,000 |
| 10 | 마늘 | 전북 | 계약재배 | 32,000,000 | 3,701 | 가을 | A | 90,000 |
| 11 | 고추 | 전북 | 포전매매 | 44,000,000 | 4,287 | 월동 | A | 120,000 |
| 12 | 참깨 | 전남 | 계약재배 | 24,000,000 | 4,480 | 월동 | B | 70,000 |
| 13 | 양파 | 전남 | 포전매매 | 45,000,000 | 4,126 | 여름 | C | 90,000 |
| 14 | 마늘 | 제주 | 포전매매 | 38,000,000 | 2,350 | 여름 | B | 114,000 |
| 15 | 마늘 | 전북 | 포전매매 | 57,000,000 | 4,007 | 여름 | B | 114,000 |
| 16 | 양파 | 제주 | 계약재배 | 58,000,000 | 4,204 | 월동 | C | 100,000 |
| 17 | 고추 | 전북 | 포전매매 | 53,000,000 | 2,456 | 가을 | A | 106,000 |
| 18 | 참깨 | 전남 | 포전매매 | 39,000,000 | 3,541 | 여름 | A | 117,000 |
| 19 | 양파 | 전북 | 계약재배 | 34,000,000 | 2,496 | 여름 | C | 90,000 |
| 20 | 마늘 | 경남 | 포전매매 | 32,000,000 | 3,749 | 월동 | B | 120,000 |
| 21 | 양파 | 제주 | 계약재배 | 31,000,000 | 3,016 | 여름 | C | 90,000 |
| 22 | 참깨 | 제주 | 포전매매 | 34,000,000 | 2,864 | 여름 | B | 120,000 |
| 23 | 감자 | 전남 | 포전매매 | 34,000,000 | 3,562 | 여름 | A | 120,000 |
| 24 | 고추 | 전남 | 계약재배 | 27,000,000 | 3,141 | 여름 | A | 81,000 |
| 25 | 감자 | 경남 | 계약재배 | 49,000,000 | 3,869 | 봄 | B | 98,000 |
| 26 | 마늘 | 경남 | 포전매매 | 29,000,000 | 1,870 | 월동 | B | 116,000 |
| 27 | 고추 | 경남 | 계약재배 | 37,000,000 | 3,969 | 가을 | B | 74,000 |
| 28 | 참깨 | 전북 | 포전매매 | 30,000,000 | 3,000 | 봄 | A | 120,000 |
| 29 | 감자 | 경남 | 포전매매 | 25,000,000 | 2,193 | 가을 | C | 100,000 |
| 30 | 참깨 | 전북 | 계약재배 | 49,000,000 | 2,051 | 월동 | C | 98,000 |

• '새 서식 규칙' 대화상자

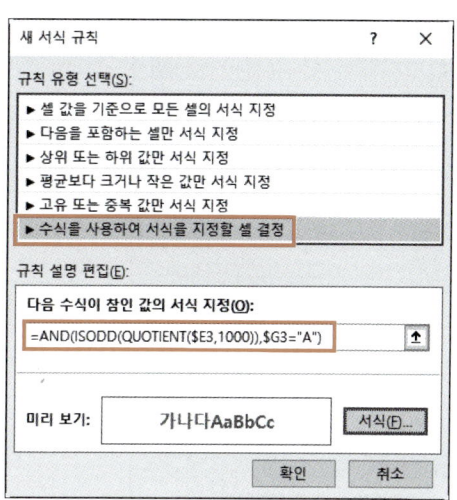

### 03. 페이지 레이아웃 _ 참고 : 페이지 레이아웃 32쪽

**정답**

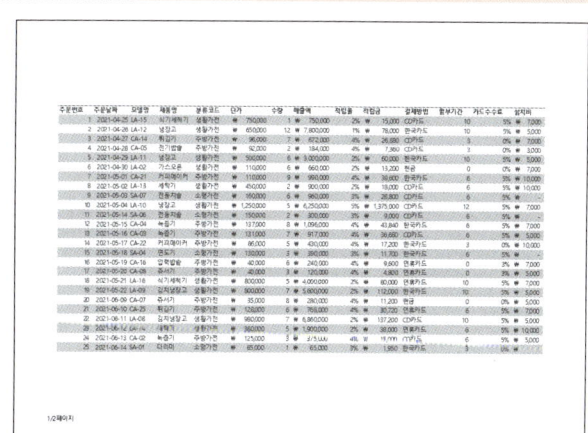

- '페이지 설정' 대화상자의 '페이지' 탭

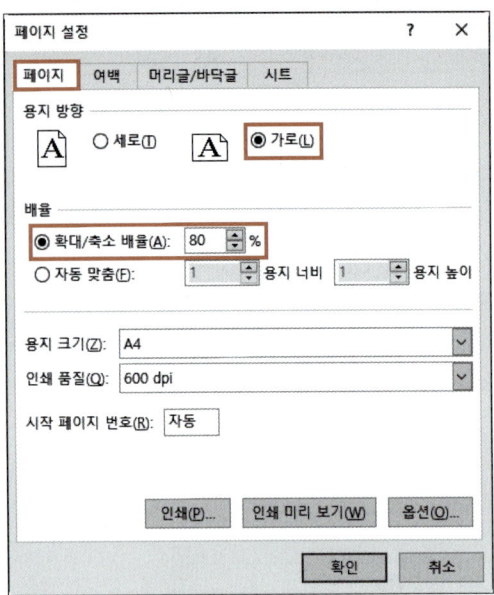

- '페이지 설정' 대화상자의 '여백' 탭

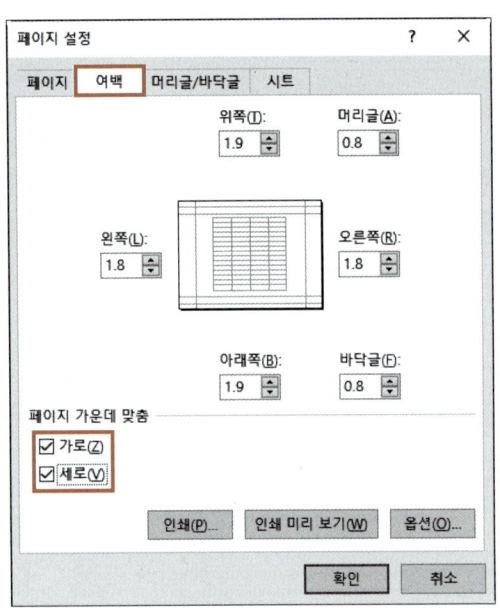

- '페이지 설정' 대화상자의 '머리글/바닥글' 탭

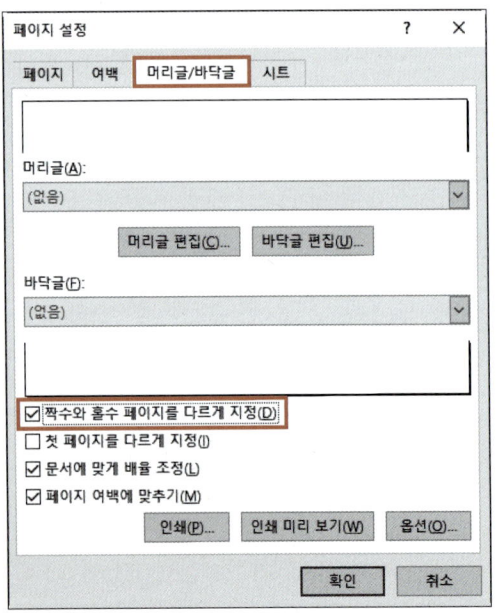

- '바닥글' 대화상자의 '홀수 페이지 바닥글' 탭

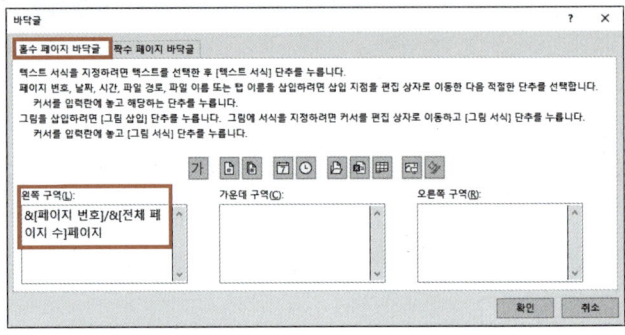

- '바닥글' 대화상자의 '짝수 페이지 바닥글' 탭

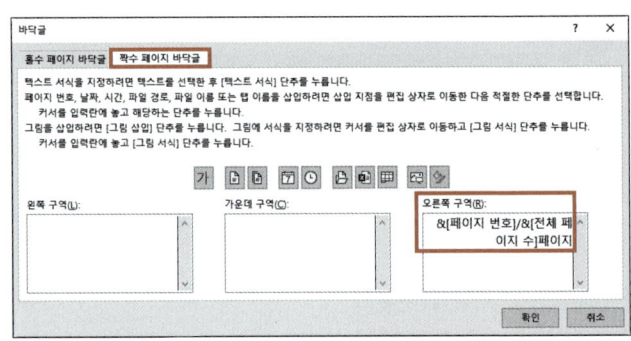

- '페이지 설정' 대화상자의 '시트' 탭

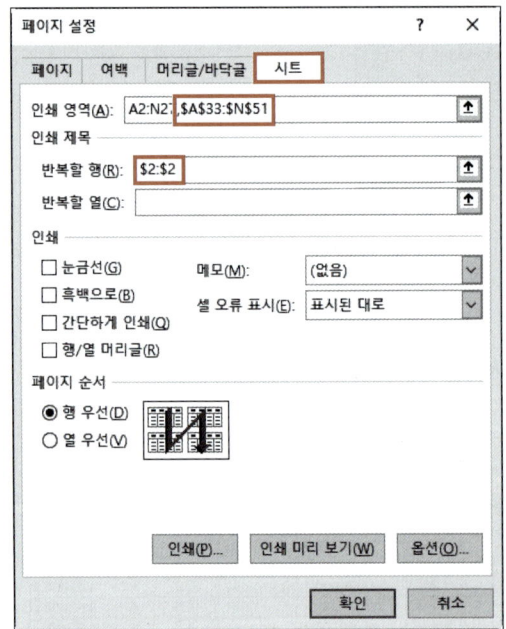

## 문제 2 계산작업 — 정답

| | A | B | C | D | E | F | G | H | I | J |
|---|---|---|---|---|---|---|---|---|---|---|
| 1 | [표1] | | | | | | | | ❶ | ❺ |
| 2 | 농작물 | 생산지 | 계약종류 | 전체거래액 | 재배면적(m²) | 재배시기 | 등급 | 사용비료 | 거래수수료 | 규모 |
| 3 | 고추 | 전남 | 계약재배 | 53,000,000 | 3811 | 봄 | C | 복합 | 100,000 | 대형 |
| 4 | 참깨 | 제주 | 계약재배 | 32,000,000 | 2403 | 봄 | B | 자급 | 90,000 | 중형 |
| 5 | 양파 | 제주 | 계약재배 | 22,000,000 | 2006 | 가을 | A | 자급 | 66,000 | 중형 |
| 6 | 양파 | 전남 | 포전매매 | 34,000,000 | 1892 | 가을 | A | 유기질 | 120,000 | 중형 |
| 7 | 마늘 | 경남 | 포전매매 | 28,000,000 | 1801 | 여름 | A | 유기질 | 112,000 | 중형 |
| 8 | 감자 | 전남 | 포전매매 | 46,000,000 | 1915 | 여름 | B | 자급 | 92,000 | 중형 |
| 9 | 감자 | 제주 | 포전매매 | 54,000,000 | 2800 | 월동 | A | 자급 | 108,000 | 중형 |
| 10 | 마늘 | 전북 | 계약재배 | 32,000,000 | 3701 | 가을 | A | 유기질 | 90,000 | 대형 |
| 11 | 고추 | 전북 | 포전매매 | 44,000,000 | 4287 | 월동 | A | 자급 | 120,000 | 대형 |
| 12 | 참깨 | 전남 | 계약재배 | 24,000,000 | 4480 | 월동 | B | 자급 | 70,000 | 대형 |
| 13 | 양파 | 전남 | 포전매매 | 45,000,000 | 4126 | 여름 | C | 자급 | 90,000 | 대형 |
| 14 | 마늘 | 제주 | 포전매매 | 38,000,000 | 2350 | 여름 | B | 자급 | 114,000 | 중형 |
| 15 | 마늘 | 전북 | 포전매매 | 57,000,000 | 4007 | 여름 | B | 복합 | 114,000 | 대형 |
| 16 | 양파 | 제주 | 계약재배 | 58,000,000 | 4204 | 월동 | C | 복합 | 100,000 | 대형 |
| 17 | 고추 | 전북 | 포전매매 | 53,000,000 | 2456 | 가을 | A | 복합 | 106,000 | 중형 |
| 18 | 참깨 | 전남 | 포전매매 | 39,000,000 | 3541 | 여름 | A | 유기질 | 117,000 | 대형 |
| 19 | 양파 | 전북 | 계약재배 | 34,000,000 | 2496 | 여름 | C | 자급 | 90,000 | 중형 |
| 20 | 고추 | 경남 | 포전매매 | 32,000,000 | 3749 | 월동 | B | 유기질 | 120,000 | 대형 |
| 21 | 양파 | 제주 | 계약재배 | 31,000,000 | 3016 | 여름 | C | 유기질 | 90,000 | 대형 |
| 22 | 참깨 | 제주 | 포전매매 | 34,000,000 | 2864 | 여름 | B | 유기질 | 120,000 | 중형 |
| 23 | 감자 | 전남 | 포전매매 | 34,000,000 | 3562 | 여름 | A | 복합 | 120,000 | 대형 |
| 24 | 고추 | 전남 | 계약재배 | 27,000,000 | 3141 | 여름 | A | 자급 | 81,000 | 대형 |
| 25 | 감자 | 경남 | 계약재배 | 49,000,000 | 3869 | 봄 | B | 유기질 | 98,000 | 대형 |
| 26 | 마늘 | 경남 | 포전매매 | 29,000,000 | 1870 | 월동 | B | 자급 | 116,000 | 중형 |
| 27 | 고추 | 경남 | 계약재배 | 37,000,000 | 3969 | 가을 | B | 자급 | 74,000 | 대형 |
| 28 | 참깨 | 전북 | 포전매매 | 30,000,000 | 3000 | 봄 | A | 자급 | 120,000 | 중형 |
| 29 | 감자 | 경남 | 포전매매 | 25,000,000 | 2193 | 가을 | C | 자급 | 100,000 | 중형 |
| 30 | 참깨 | 전북 | 계약재배 | 49,000,000 | 2051 | 월동 | C | 유기질 | 98,000 | 중형 |

| | A | B | C | D | E | F | G | H | I | J |
|---|---|---|---|---|---|---|---|---|---|---|
| 32 | [표2] | | 단위 : 백만원 | | [표3] | | ❸ | | [표4] | ❹ |
| 33 | 생산지 | 계약재배 | 포전매매 | ❷ | 재배면적 | | 거래건수 | | 계약종류 | 농작물 |
| 34 | 전북 | 33 | 42 | | 1000 | 2000 | 4건 | | 계약재배 | 양파 |
| 35 | 전남 | 26 | 38 | | 2001 | 3000 | 10건 | | 포전매매 | 마늘 |
| 36 | 경남 | 37 | 27 | | 3001 | 4000 | 9건 | | | |
| 37 | 제주 | 28 | 36 | | 4001 | 5000 | 5건 | | | |

| | A | B | C | D | E | F |
|---|---|---|---|---|---|---|
| 39 | [표5] 계약종류별 거래수수료율 | | | | | |
| 40 | | 전체거래액 | 0~ | 25,000,000~ | 35,000,000~ | 45,000,000~ |
| 41 | 계약재배 | | 24,999,999 | 34,999,999 | 44,999,999 | 60000000 |
| 42 | | 수수료율 | 0.3% | 0.3% | 0.2% | 0.2% |
| 43 | | 최고수수료 | 70,000 | 90,000 | 90,000 | 100,000 |
| 44 | | 전체거래액 | 0~ | 25,000,000~ | 35,000,000~ | 45,000,000~ |
| 45 | 포전매매 | | 24,999,999 | 34,999,999 | 44,999,999 | 60000000 |
| 46 | | 수수료율 | 0.5% | 0.4% | 0.3% | 0.2% |
| 47 | | 최고수수료 | 100,000 | 120,000 | 120,000 | 120,000 |

---

❶ 거래수수료(I3) _ 참고 : 찾기/참조 함수 58쪽

=MIN( D3*HLOOKUP( D3, $C$40:$F$47, MATCH(C3, $A$40:$A$47, 0)+2 ),HLOOKUP( D3, $C$40:$F$47, MATCH(C3, $A$40:$A$47, 0)+3 ) )

❷ 생산지별 계약종류별 전체거래액의 평균(B34) _ 참고 : 배열 수식 43쪽

{=TEXT( AVERAGE( IF( ($B$3:$B$30=$A34) * ($C$3:$C$30=B$33) * ($D$3:$D$30<>MAX(($B$3:$B$30=$A34)*($C$3:$C$30=B$33)*$D$3:$D$30)), $D$3:$D$30 ) ), "#,," )}

❸ 재배면적별 거래건수(G34) _ 참고 : 배열 수식 43쪽

{=COUNT( IF( ($E$3:$E$30>=E34)*($E$3:$E$30<=F34), 1 ) )&"건"}

❹ 계약종류별 최고 전체거래액의 농작물명(J34) _ 참고 : 배열 수식 43쪽

{=INDEX( $A$3:$A$30, MATCH( MAX( ($C$3:$C$30=I34)*$D$3:$D$30 ), ($C$3:$C$30=I34)*$D$3:$D$30, 0 ) )}

❺ 규모(J3) _ 참고 : 사용자 정의 함수 83쪽

=fn규모(E3)

```
Public Function fn규모(재배면적)
    If 재배면적 <= 1500 Then
        fn규모 = "소형"
    ElseIf 재배면적 <= 3000 Then
        fn규모 = "중형"
    Else
        fn규모 = "대형"
    End If
End Function
```

## 문제 3  분석작업

### 01. 피벗 테이블 _ 참고 : 피벗 테이블 88쪽

정답

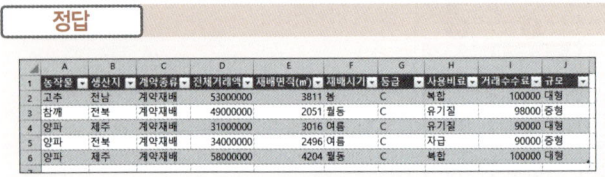

- '피벗 테이블 필드' 창

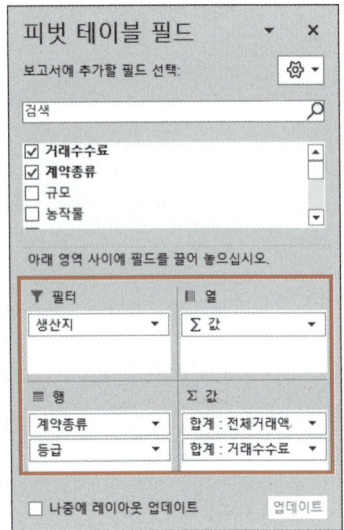

### 02. 데이터 유효성 검사 / 데이터 표 _ 참고 : 데이터 유효성 검사 102쪽 / 데이터 표 116쪽

정답

- '데이터 유효성' 대화상자의 '설정' 탭

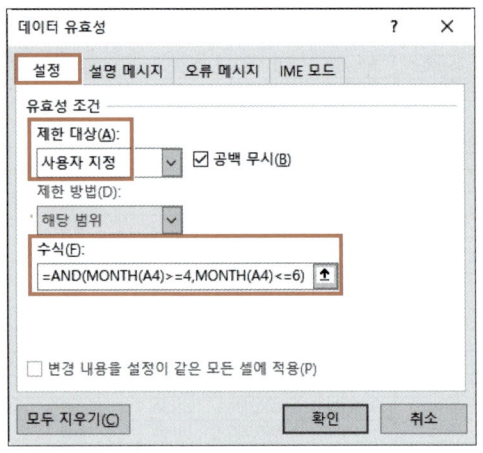

- '데이터 유효성' 대화상자의 '설명 메시지' 탭

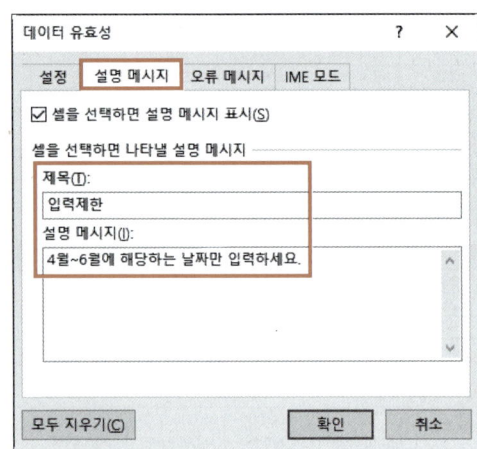

- '데이터 유효성' 대화상자의 '오류 메시지' 탭

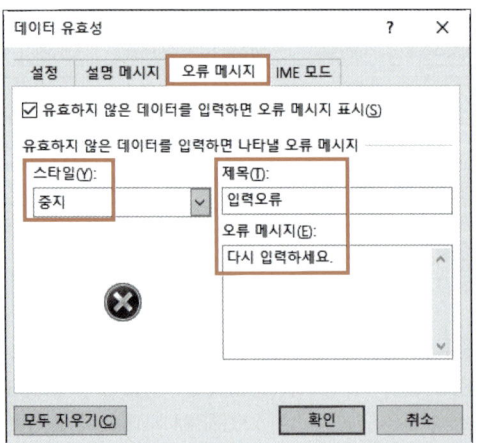

- '데이터 테이블' 대화상자

## 문제 4  기타작업  정답

### 01. 차트 수정 _ 참고 : 차트 128쪽

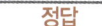 최고/최저값 연결선 표시

차트를 선택한 후 [차트 디자인] → 차트 레이아웃 → 차트 요소 추가 → 선 → **최고/최저값 연결선**을 선택한다

### 02. 매크로 작성 _ 참고 : 매크로 135쪽

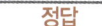 '서식적용' / ❷ '그래프보기' 매크로 실행

> 정답

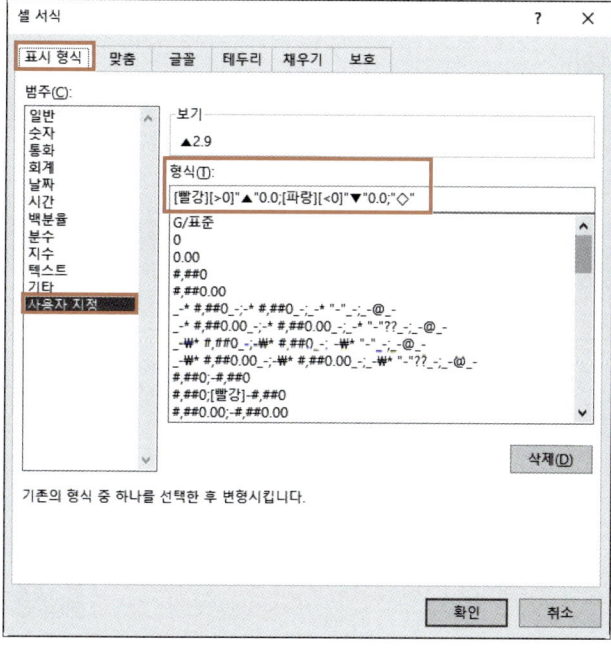

- '셀 서식' 대화상자

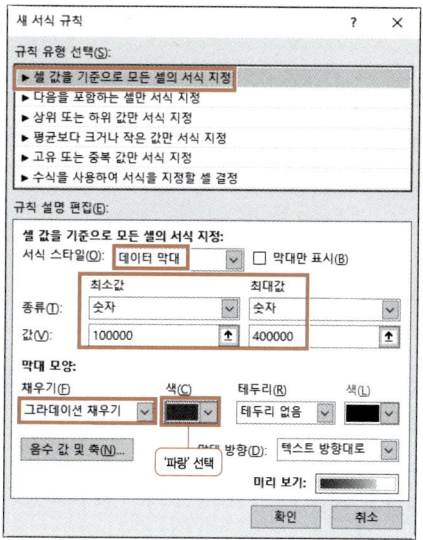

- '새 서식 규칙' 대화상자

### 03. 프로시저 작성 _ 참고 : 프로시저 142쪽

❶ '원아등록' 단추 및 폼 초기화 프로시저

- '원아등록' 단추 클릭 프로시저

> 정답

```
Private Sub cmd원아등록_Click( )
    원아등록.Show
End Sub
```

- 폼 초기화 프로시저

> 정답

```
Private Sub UserForm_Initialize( )
    txt등록일.Value = Date
    cmb구분.RowSource = "H4:H7"
    cmb반이름.RowSource = "I4:I7"
End Sub
```

❷ '등록' 단추에 기능 구현하기

> 정답

```
Private Sub cmd등록_Click( )
    입력행 = [a2].Row + [a2].CurrentRegion.Rows.Count
    Cells(입력행, 1) = txt원아.Value
    Cells(입력행, 2) = Format(txt나이.Value, "#세")
    Cells(입력행, 3) = txt등록일.Value
    Cells(입력행, 4) = cmb구분.Value
    Cells(입력행, 5) = cmb반이름.Value
    Cells(입력행, 6) = txt학부모.Value
End Sub
```

❸ '종료' 단추에 기능 구현하기

> 정답

```
Private Sub cmd종료_Click( )
    MsgBox "전체 원아는 " & [a2].CurrentRegion.Rows.Count - 2 & "명입니다.", vbOKOnly, "종료"
    Unload Me
End Sub
```

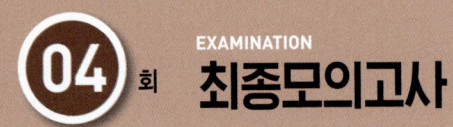

## 04회 최종모의고사

- **준 비 하 세 요 :** '길벗컴활1급총정리\엑셀\모의' 폴더에서 '04회.xlsm' 파일을 열어서 작업하시오.
- **외부 데이터 위치 :** 길벗컴활1급총정리\엑셀\모의

### 문제 1  기본작업(15점) 주어진 시트에서 다음의 과정을 수행하고 저장하시오.

**1.** '기본작업' 시트에서 다음과 같이 고급 필터를 수행하시오. (5점)
- ▶ [A2:H37] 영역에서 '주민번호'의 첫 글자가 7이고 '자격증수'가 4개 이상이며 '직책'이 "팀원"이 아닌 행만을 표시하시오.
- ▶ 조건은 [A39:A40] 영역 내에 알맞게 입력하시오. (AND, LEFT 함수 사용)
- ▶ 결과는 [A42] 셀부터 표시하시오.

**2.** '기본작업' 시트에서 다음과 같이 조건부 서식을 설정하시오. (5점)
- ▶ [A3:H37] 영역에서 '평가점수'가 가장 작은 값과 가장 큰 값의 행 전체에 대하여 글꼴 스타일을 '굵게', 글꼴 색을 '표준 색-파랑'으로 적용하시오.
- ▶ 단, 규칙 유형은 '수식을 사용하여 서식을 지정할 셀 결정'을 사용하고, 한 개의 규칙으로만 작성하시오.
- ▶ OR, MAX, MIN 함수 사용

**3.** '기본작업' 시트에서 다음과 같이 페이지 레이아웃을 설정하시오. (5점)
- ▶ 인쇄 용지가 가로로 인쇄되도록 용지 방향을 설정하고 인쇄될 내용이 페이지의 정 가운데에 인쇄되도록 페이지 가운데 맞춤을 설정하시오.
- ▶ [A2:H37] 영역을 인쇄 영역으로 설정하고 [2:2] 행이 반복하여 표시되도록 설정하시오.
- ▶ 매 페이지 상단의 왼쪽 구역에는 페이지 번호가 [표시 예]와 같이 표시되고 오른쪽 구역에는 회사로고가 표시되도록 머리글을 설정하시오.
  - 파일명 : 길벗.JPG
  - 첫 페이지의 번호가 5가 되도록 설정하시오.
    [표시 예 : 현재 페이지 번호가 1인 경우 → ▶5쪽]
- ▶ [A2:H22] 영역은 1페이지에 [A23:H37] 영역은 2페이지에 표시되도록 페이지 나누기를 수행하시오.

### 문제 2  계산작업(30점) '계산작업' 시트에서 다음 과정을 수행하고 저장하시오.

**1.** [표1]의 사원코드와 [표2]를 이용하여 [B3:B31] 영역에 소속지사를 표시하시오. (6점)
- ▶ 소속지사는 사원코드의 앞 두 글자와 [표2]를 이용하여 표시하되, [표2]에 해당 소속지사가 없을 경우 "해당지사없음"을 표시
- ▶ XLOOKUP, LEFT 함수 사용

**2.** [표1]의 주민번호를 이용하여 [E3:E31] 영역에 정년일을 계산하여 표시하시오. (6점)
- ▶ 주민번호의 앞에 1, 2자리는 생년, 3, 4자리는 생월을 의미함
- ▶ 정년일은 생월이 6월 이전이면 생년에 60을 더한 연도의 8월 31일이고, 그 외는 생년에 61을 더한 연도의 2월 28일로 표시
  [표시 예 : 761018-2***** → 2037-02-28]
- ▶ IF, DATE, MID, LEFT 함수 사용

3. 사용자 정의 함수 'fn자격수당'을 작성하여 [표1]의 [I3:I31] 영역에 자격수당을 계산하여 표시하시오. (6점)

   ▶ 'fn자격수당'은 평가점수와 자격증수를 인수로 받아 자격수당을 계산하는 함수이다.
   ▶ 자격수당은 평가점수가 3.5 미만이면 0, 3.5 이상이면서 자격증수가 5 이상이면 자격증수×75,000, 5 미만이면 자격증수×80,000으로 계산하시오.
   ▶ IF ~ ELSE문 사용

   ```
   Public Function fn자격수당(평가점수, 자격증수)

   End Function
   ```

4. [표1]의 직책, 평가점수, 자격증수를 이용하여 [표3]의 [D36:F40] 영역에 직책별 평가점수별 자격증수의 평균을 계산하여 표시하시오. (6점)

   ▶ 자격증수의 평균은 반올림하여 소수점 이하 첫째 자리까지 표시
   ▶ ROUND, AVERAGE, IF 함수를 이용한 배열 수식

5. [표1]의 이름, 주민번호, 직책을 이용하여 [표4]의 [I35:I39] 영역에 직책별 최고령자의 이름을 표시하시오. (6점)

   ▶ MIN, MATCH, INDEX, IF, LEFT 함수를 이용한 배열 수식

## 문제 3 분석작업(20점) 주어진 시트에서 다음 작업을 수행하고 저장하시오.

1. '분석작업-1' 시트에서 다음의 지시사항에 따라 피벗 테이블 보고서를 작성하시오. (10점)

   ▶ [외부 데이터 가져오기] 기능을 사용하여 〈온라인판매현황.accdb〉의 〈6월1일〉 테이블에서 '상품코드', '주문시간', '구분', '결제방법', '결제금액' 열을 이용하시오.
   ▶ 피벗 테이블 보고서의 레이아웃과 위치는 〈그림〉을 참조하여 설정하고, 보고서 레이아웃을 개요 형식으로 표시하시오.
   ▶ '구분' 필드가 '의류'인 데이터만을 표시하고, '주문시간' 필드를 기준으로 '오전/오후'로 그룹을 지정하시오.
   ▶ '상품코드' 필드는 개수로 계산한 후 사용자 지정 이름을 "결제건수"로 변경하고, 열의 총합계만 표시하시오.
   ▶ 각 그룹 하단에 합계와 평균 부분합을 표시하고 오류 셀에는 "해당없음"을 표시하시오.
   ▶ '결제금액' 필드의 표시 형식은 값 필드 설정의 셀 서식에서 '회계' 범주를 이용하여 지정하시오.

| | A | B | C | D | E | F | G | H | I |
|---|---|---|---|---|---|---|---|---|---|
| 1 | 구분 | 의류 .T | | | | | | | |
| 2 | | | | | | | | | |
| 3 | | | | 결제방법 | 값 | | | | |
| 4 | | | | 카드 | | 포인트 | | 현금 | |
| 5 | 주문시간2 | 주문시간 | 결제건수 | 합계 : 결제금액 | 결제건수 | 합계 : 결제금액 | 결제건수 | 합계 : 결제금액 |
| 6 | ⊟오전 | | | | | | | | |
| 7 | | 9:30:00 AM | | | | | | 1 | 70,000 |
| 8 | | 9:50:00 AM | | | | | | 1 | 480,000 |
| 9 | | 10:20:00 AM | 1 | 840,000 | | | | | |
| 10 | | 10:27:00 AM | 1 | 720,000 | | | | | |
| 11 | 오전 합계 | | | 0 | 1,560,000 | | | 0 | 550,000 |
| 12 | 오전 평균 | | 해당없음 | 780,000 | | | 해당없음 | 275,000 |
| 13 | ⊟오후 | | | | | | | | |
| 14 | | 5:31:00 PM | 1 | 210,000 | | | | | |
| 15 | | 5:38:00 PM | 1 | 60,000 | | | | | |
| 16 | | 5:42:00 PM | | | 1 | 420,000 | | | |
| 17 | | 5:47:00 PM | 1 | 210,000 | | | | | |
| 18 | | 5:56:00 PM | | | 1 | 210,000 | | | |
| 19 | 오후 합계 | | | 0 | 480,000 | 0 | 630,000 | | |
| 20 | 오후 평균 | | 해당없음 | 160,000 | 해당없음 | 315,000 | | | |
| 21 | 총합계 | | | 5 | 2,040,000 | 2 | 630,000 | 2 | 550,000 |

※ 작업이 완성된 그림이며 부분점수 없음

## 2. '분석작업-2' 시트에 대하여 다음의 지시사항을 처리하시오. (10점)

▶ [정렬] 기능을 이용하여 [표1]에서 '학교'를 '중동고 – 현대고 – 세화고 – 휘문고' 순으로 정렬하고, 동일한 '학교'인 경우 '가중평균'이 내림차순으로 표시되도록 정렬하시오.

▶ [시나리오 관리자] 기능을 이용하여 중간비율[J4]과 기말비율[K4]이 다음과 같이 변동하는 경우 윤정희 가중평균[F3]의 변동 시나리오를 작성하시오.
- [F3] 셀의 이름은 "윤정희가중평균", [J4] 셀의 이름은 "중간비율", [K4] 셀의 이름은 "기말비율"로 정의하시오.
- 시나리오1 : 시나리오 이름은 '중간비율증가', 중간비율은 45%, 기말비율은 35%로 설정하시오.
- 시나리오2 : 시나리오 이름은 '기말비율증가', 중간비율은 35%, 기말비율은 45%로 설정하시오.
- 시나리오 요약 시트는 '분석작업-2' 시트의 바로 왼쪽에 위치해야 함

---

# 문제 4    기타작업(35점) 주어진 시트에서 다음 작업을 수행하고 저장하시오.

## 1. '기타작업-1' 시트에서 다음과 같은 기능을 수행하는 매크로를 현재 통합문서에 작성하시오. (각 5점)

① [D4:D19] 영역에 사용자 지정 표시 형식을 설정하는 '서식적용' 매크로를 생성하시오.
▶ '호수'가 10000 이상이면 단지 1자리, 호수 4자리로 표시하고, 그 외는 단지 1자리, 호수 3자리로 표시하시오.
[표시 예 : 1501 → 1단지 501호, 31054 → 3단지 1054호]
▶ [개발 도구] → [삽입] → [양식 컨트롤]의 '단추(□)'를 동일 시트의 [H3:H4] 영역에 생성한 후 텍스트를 "서식적용"으로 입력하고, 단추를 클릭하면 '서식적용' 매크로가 실행되도록 설정하시오.

② [F4:F19] 영역에 조건부 서식을 적용하는 '아이콘보기' 매크로를 생성하시오.
▶ 규칙 유형은 '셀 값을 기준으로 모든 셀의 서식 지정'으로 선택하고, 서식 스타일을 '아이콘 집합', 아이콘 스타일을 '3색 신호등(테두리 없음)'으로 설정하시오.
▶ 숫자 값이 250,000 이상이면 녹색원, 150,000 이상이면 노랑색원, 그 외는 빨강색원으로 표시하시오.
▶ [개발 도구] → [삽입] → [양식 컨트롤]의 '단추(□)'를 동일 시트의 [H6:H7] 영역에 생성한 후 텍스트를 "아이콘보기"로 입력하고, 단추를 클릭하면 '아이콘보기' 매크로가 실행되도록 설정하시오.

## 2. '기타작업-2' 시트에서 다음의 지시사항에 따라 차트를 수정하시오. (각 2점)

※ 차트는 반드시 문제에서 제공한 차트를 사용하여야 하며, 신규로 차트 작성시 0점 처리됨

① 차트 레이아웃을 '레이아웃 3', 차트 스타일을 '스타일 4'로 지정하시오.
② '아시아'와 '유럽' 계열의 차트 종류를 '묶은 세로 막대형'으로 변경하고, '전사매출' 계열을 보조 축으로 지정하시오.
③ 차트 제목과 가로(값) 축 제목을 〈그림〉과 같이 지정하고, '전사매출' 계열에서 가장 큰 값에 '데이터 설명선'으로 표시된 데이터 레이블을 〈그림〉과 같이 표시하시오.
④ '전사매출' 계열에 '선형 추세선'을 추가하고, 너비를 3pt, 화살표 꼬리 유형을 '화살표'로 지정하시오.
⑤ 기본 주 가로 눈금선을 삭제하고, 차트 영역에 도형 스타일을 '미세 효과 – 회색, 강조 3'으로 지정하시오.

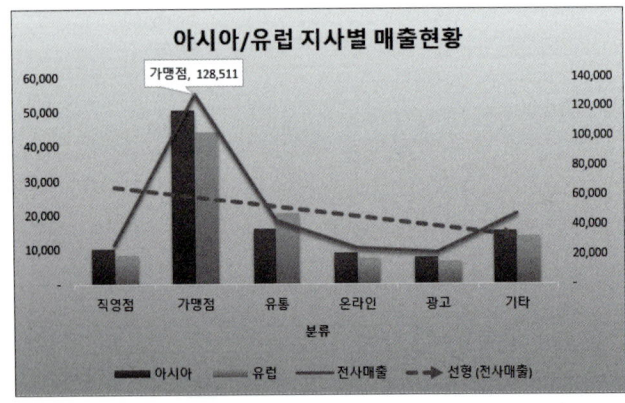

## 3. '기타작업-3' 시트에서 다음과 같은 작업을 수행하고 저장하시오. (각 5점)

① '이민신청' 단추를 클릭하면 〈이민신청〉 폼이 나타나고, 폼이 초기화(Initialize)되면 '직업(cmb직업)' 목록에는 [H4:H10] 영역의 값이 표시되고, '성별'은 '남성(opt남성)', '결혼여부'는 '미혼(opt미혼)'이 초기값으로 선택되도록 프로시저를 작성하시오.

② 〈이민신청〉 폼의 '신청(cmd신청)' 단추를 클릭하면 폼에 입력된 데이터가 [표1]에 입력되어 있는 마지막 행 다음에 연속하여 추가되도록 프로시저를 작성하시오.

▶ '성별'에는 '남성(opt남성)'을 선택하면 "남성", '여성(opt여성)'을 선택하면 "여성"을 입력하시오.

▶ '결혼여부'에는 '미혼(opt미혼)'을 선택하면 "미혼", '기혼(opt기혼)'을 선택하면 "기혼"을 입력하시오.

▶ 입력되는 데이터는 워크시트에 입력된 기존 데이터와 같은 형식의 데이터로 입력하시오.

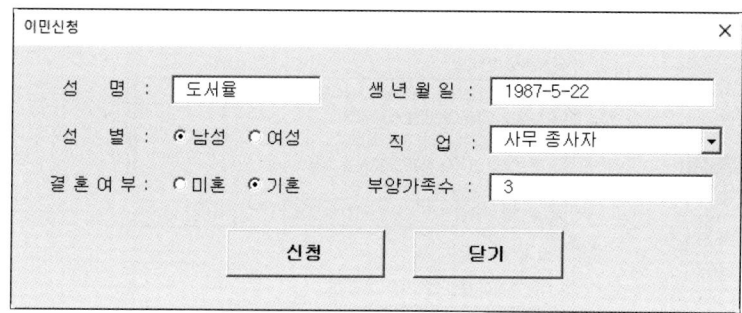

③ 〈이민신청〉 폼의 '닫기(cmd닫기)' 단추를 클릭하면 현재 시간을 표시한 〈그림〉과 같은 메시지 박스를 표시한 후 폼을 종료하는 프로시저를 작성하시오.

▶ 현재 시간만을 표시하는 함수를 사용하시오.

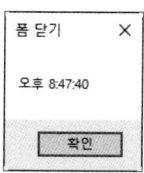

# 04회 EXAMINATION 최종모의고사 정답 및 해설

## 문제 1  기본작업  정답

### 01. 고급 필터 _ 참고: 고급 필터 18쪽

**정답**

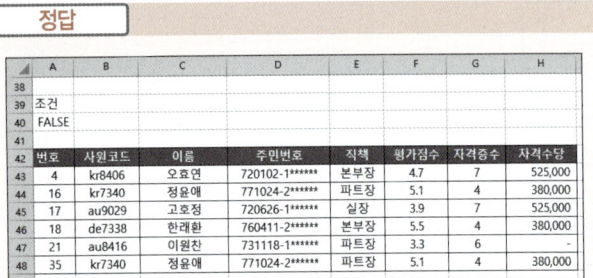

• '고급 필터' 대화상자

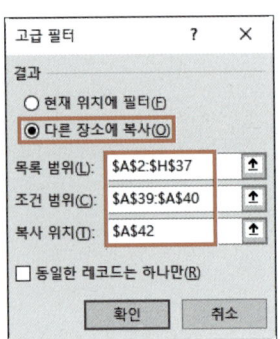

[A40] : =AND(LEFT(D3,1)="7",G3>=4,E3<>"팀원")

### 02. 조건부 서식 _ 참고: 조건부 서식 25쪽

**정답**

• '새 서식 규칙' 대화상자

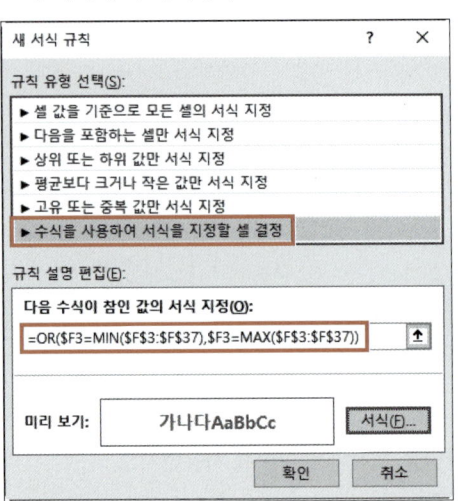

### 03. 페이지 레이아웃 _ 참고: 페이지 레이아웃 32쪽

**정답**

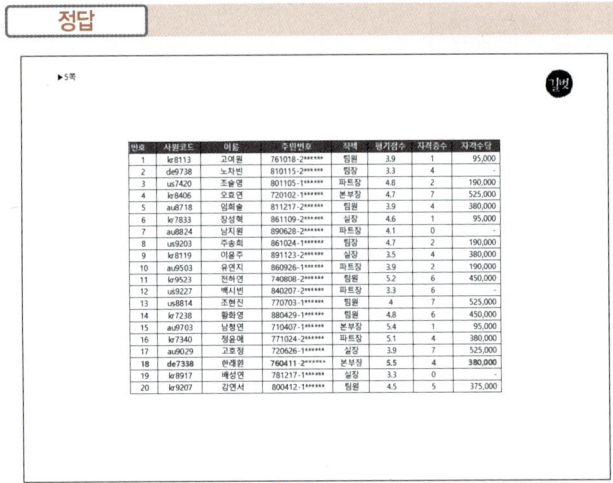

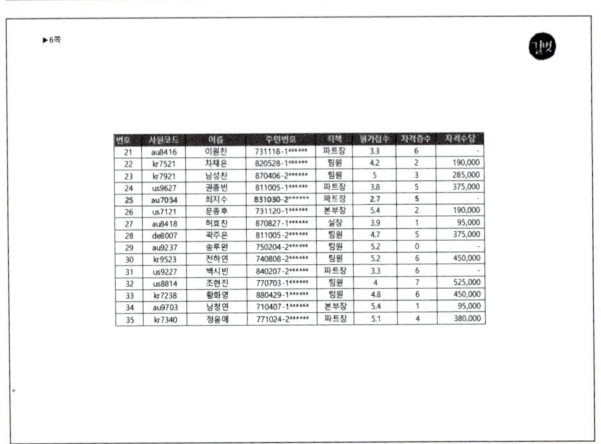

- '페이지 설정' 대화상자의 '페이지' 탭

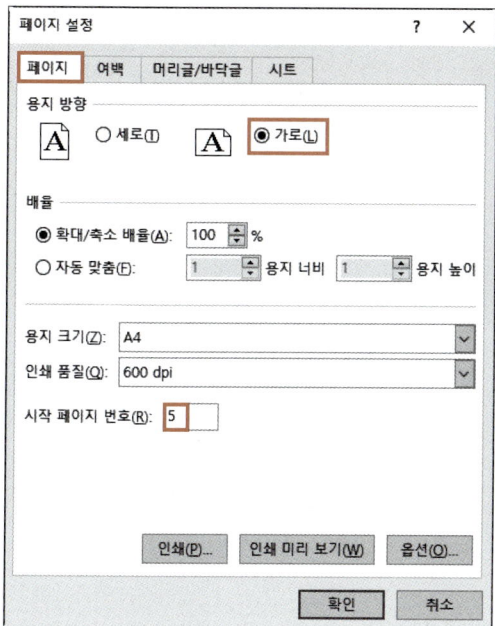

- '페이지 설정' 대화상자의 '여백' 탭

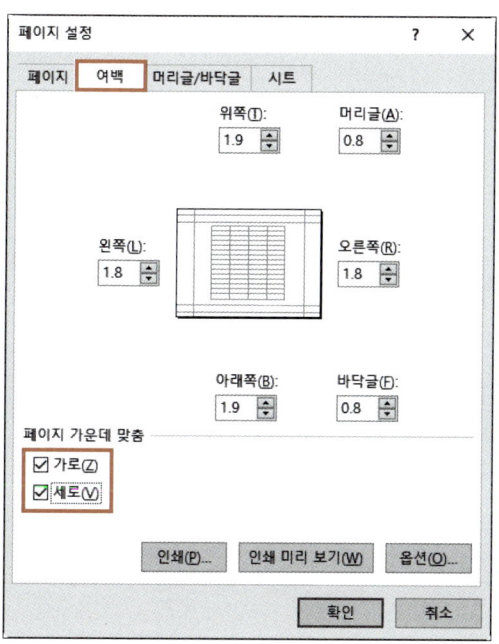

- '머리글' 대화상자

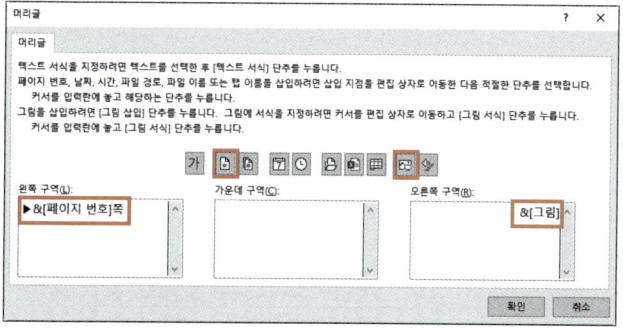

- '페이지 설정' 대화상자의 '시트' 탭

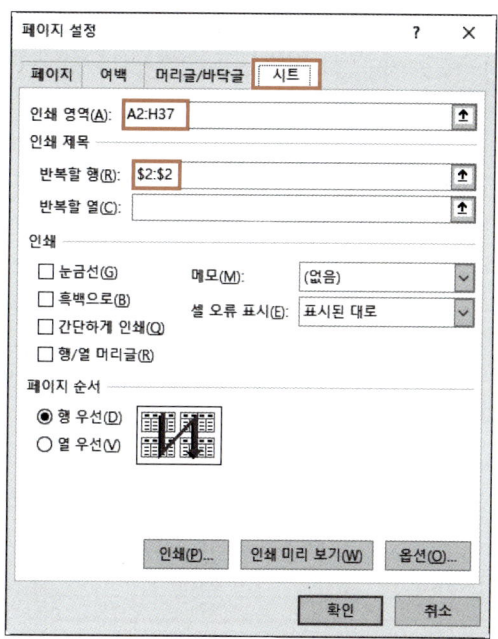

- 페이지 나누기 실행

[A23] 셀을 선택한 후 [페이지 레이아웃] → 페이지 설정 → 나누기 → **페이지 나누기 삽입**을 선택한다.

## 문제 2 계산작업 〈정답〉

| | A | B | C | D | E | F | G | H | I |
|---|---|---|---|---|---|---|---|---|---|
| 1 | [표1] | | | | | | | | |
| 2 | 사원코드 | 소속지사 | 이름 | 주민번호 | 정년일 | 직책 | 평가점수 | 자격증수 | 자격수당 |
| 3 | kr8113 | 한국 | 고여원 | 761018-2***** | 2037-02-28 | 팀원 | 3.9 | 1 | 80,000 |
| 4 | de9738 | 해당지사없음 | 노차빈 | 810115-2***** | 2041-08-31 | 팀장 | 3.3 | 4 | 0 |
| 5 | us7420 | 미국 | 조슬영 | 801105-1***** | 2041-02-28 | 파트장 | 4.8 | 2 | 160,000 |
| 6 | kr8406 | 한국 | 오효연 | 720102-1***** | 2032-08-31 | 본부장 | 4.7 | 7 | 525,000 |
| 7 | au8718 | 호주 | 임희슬 | 811217-2***** | 2042-02-28 | 팀원 | 3.9 | 4 | 320,000 |
| 8 | kr7833 | 한국 | 장성혁 | 861109-2***** | 2047-02-28 | 실장 | 4.6 | 1 | 80,000 |
| 9 | au8824 | 호주 | 남지원 | 890628-2***** | 2049-08-31 | 파트장 | 4.1 | 0 | 0 |
| 10 | us9203 | 미국 | 주송희 | 861024-1***** | 2047-02-28 | 팀장 | 4.7 | 2 | 160,000 |
| 11 | kr8119 | 한국 | 이윤주 | 891123-2***** | 2050-02-28 | 실장 | 3.5 | 4 | 320,000 |
| 12 | au9503 | 호주 | 유연지 | 860926-1***** | 2047-02-28 | 파트장 | 3.9 | 2 | 160,000 |
| 13 | kr9523 | 한국 | 전하연 | 740808-2***** | 2035-02-28 | 팀원 | 5.2 | 6 | 450,000 |
| 14 | us9227 | 미국 | 백시빈 | 840207-2***** | 2044-08-31 | 파트장 | 3.3 | 6 | 0 |
| 15 | us8814 | 미국 | 조현진 | 770703-1***** | 2038-02-28 | 팀원 | 4 | 7 | 525,000 |
| 16 | kr7238 | 한국 | 황화영 | 880429-1***** | 2048-08-31 | 팀원 | 4.8 | 6 | 450,000 |
| 17 | au9703 | 호주 | 남청연 | 710407-1***** | 2031-08-31 | 본부장 | 5.4 | 1 | 80,000 |
| 18 | kr7340 | 한국 | 정윤애 | 771024-2***** | 2038-02-28 | 파트장 | 5.1 | 4 | 320,000 |
| 19 | au9029 | 호주 | 고호정 | 720626-1***** | 2032-08-31 | 실장 | 5.8 | 7 | 525,000 |
| 20 | de7338 | 해당지사없음 | 한래환 | 760411-2***** | 2036-08-31 | 본부장 | 3.9 | 4 | 320,000 |
| 21 | kr8917 | 한국 | 배성연 | 781217-1***** | 2039-02-28 | 실장 | 5.4 | 0 | 0 |
| 22 | kr9207 | 한국 | 강연서 | 800412-1***** | 2040-08-31 | 팀원 | 4.5 | 5 | 375,000 |
| 23 | au8416 | 호주 | 이원찬 | 731118-1***** | 2034-02-28 | 파트장 | 3.3 | 6 | 0 |
| 24 | kr7521 | 한국 | 차채은 | 820528-1***** | 2042-08-31 | 팀원 | 4.2 | 2 | 160,000 |
| 25 | kr7921 | 한국 | 남성찬 | 870406-2***** | 2047-08-31 | 팀원 | 5 | 3 | 240,000 |
| 26 | us9627 | 미국 | 권종빈 | 811005-1***** | 2042-02-28 | 파트장 | 3.8 | 5 | 375,000 |
| 27 | au7034 | 호주 | 최지수 | 831030-2***** | 2044-02-28 | 파트장 | 2.7 | 5 | 0 |
| 28 | us7121 | 미국 | 문종후 | 731120-1***** | 2034-02-28 | 본부장 | 5.4 | 2 | 160,000 |
| 29 | au8418 | 호주 | 허효찬 | 870827-1***** | 2048-02-28 | 실장 | 3.9 | 1 | 80,000 |
| 30 | de8007 | 해당지사없음 | 곽주은 | 811005-2***** | 2042-02-28 | 팀장 | 5.2 | 5 | 375,000 |
| 31 | au9237 | 호주 | 송루완 | 750204-2***** | 2035-08-31 | 팀원 | 5.2 | 0 | 0 |
| 32 | | | | | | | | | |
| 33 | [표2] | | [표3] | | | | [표4] | | |
| 34 | 코드 | 소속지사 | 직책 | 3.0점 | 4.0점 | 5.0점 | 직책 | 최고령자 | |
| 35 | kr | 한국 | | ~ 3.9점 | ~ 4.9점 | ~ 5.9점 | 팀원 | 전하연 | |
| 36 | au | 호주 | 팀원 | 2.5 | 5.0 | 3.0 | 파트장 | 이원찬 | |
| 37 | us | 미국 | 파트장 | 4.8 | 1.0 | 4.0 | 팀장 | 노차빈 | |
| 38 | fr | 프랑스 | 팀장 | 4.0 | 2.0 | 5.0 | 실장 | 고호정 | |
| 39 | eu | 유럽 | 실장 | 2.5 | 1.0 | 3.5 | 본부장 | 남청연 | |
| 40 | cn | 중국 | 본부장 | 4.0 | 7.0 | 1.5 | | | |

**❶ 소속지사(B3)** _ 참고 : 찾기/참조 함수 58쪽

=XLOOKUP( LEFT(A3, 2), $A$35:$A$40, $B$35:$B$40, "해당지사없음", 0, 1 )

[함수 설명]
**XLOOKUP(찾을값, 범위1, 범위2, 찾을값이 없을시 표시할 값, 옵션1, 옵션2)**
범위1에서 찾을값과 같은 데이터를 찾은 후 같은 행/열의 범위2에 있는 데이터를 입력합니다.
**XLOOKUP의 옵션1**
- -1 : 찾을값보다 작거나 같은 값 중에서 가장 큰 값
- 0 또는 생략 : 찾을값과 첫 번째로 정확하게 일치하는 값
- 1 : 찾을값보다 크거나 같은 값 중에서 가장 작은 값
- 2 : 찾을값과 부분적으로 일치하는 값(와일드 카드 사용).

**XLOOKUP의 옵션2**
- 1 또는 생략 : 첫 번째 항목부터 검색함
- -1 : 마지막 항목부터 검색함
- 2 : 오름차순으로 정렬된 범위에서 검색함
- -2 : 내림차순으로 정렬된 범위에서 검색함

**❷ 정년일(E3)** _ 참고 : 논리 함수 71쪽

=IF( MID(D3,3,2)*1<=6, DATE(LEFT(D3, 2)+60, 8, 31), DATE(LEFT(D3, 2)+61,2,28) )

**❸ 자격수당(I3)** _ 참고 : 사용자 정의 함수 83쪽

=fn자격수당(G3, H3)

```
Public Function fn자격수당(평가점수, 자격증수)
    If 평가점수 < 3.5 Then
        fn자격수당 = 0
    Else
        If 자격증수 >= 5 Then
            fn자격수당 = 자격증수 * 75000
        Else
            fn자격수당 = 자격증수 * 80000
        End If
    End If
End Function
```

**❹ 직책별 평가점수별 자격증수 평균(D36)** _ 참고 : 배열 수식 43쪽

{=ROUND( AVERAGE( IF( ($F$3:$F$31=$C36)*($G$3:$G$31>=D$34)*($G$3:$G$31<=D$35), $H$3:$H$31 ) ), 1 )}

**❺ 직급별 최고령자(I35)** _ 참고 : 배열 수식 43쪽

{=INDEX( $C$3:$C$31,MATCH( MIN( IF( $F$3:$F$31=H35, LEFT($D$3: $D$31, 2)*1 ) ), ($F$3:$F$31=H35)*LEFT($D$3:$D$31, 2), 0 ) )}

## 문제 3 분석작업 〈정답〉

### 01. 피벗 테이블 _ 참고 : 피벗 테이블 88쪽

• '피벗 테이블 필드' 창

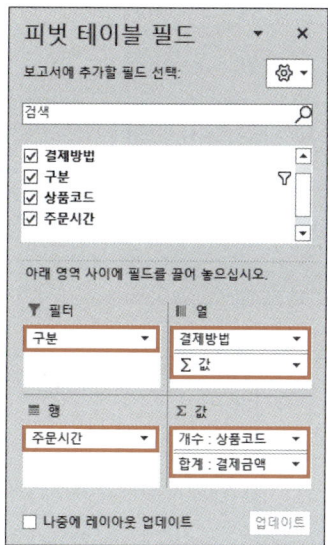

• 그룹 지정

1. '주문시간'이 표시된 임의의 셀을 선택한 후 바로 가기 메뉴에서 [그룹 해제]를 선택한다.
2. [B6:B9] 영역을 블록으로 지정한 후 바로 가기 메뉴에서 [그룹]을 선택한다.

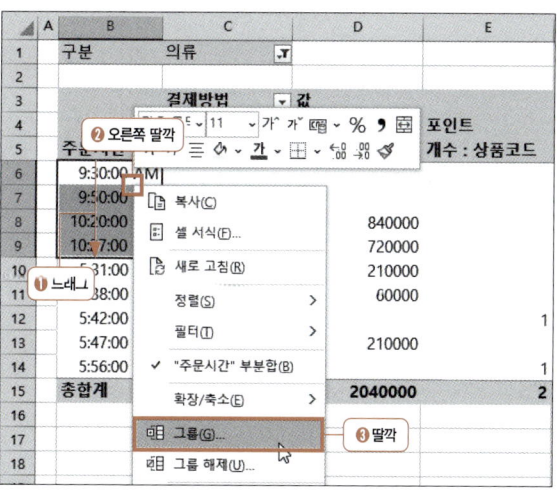

3. 수식 입력줄에서 '그룹1'을 **오전**으로 변경한다.
4. [B11:B19] 영역을 블록으로 지정한 후 바로 가기 메뉴에서 [그룹]을 선택한다.
5. 수식 입력줄에서 '그룹2'를 **오후**로 변경한다.

• 각 그룹 하단에 합계/평균 부분합 표시

1. [디자인] → 레이아웃 → 부분합 → **그룹 하단에 모든 부분합 표시**를 선택한다.
2. 요약이 표시된 셀을 선택한 후 바로 가기 메뉴에서 [필드 설정]을 선택한다.

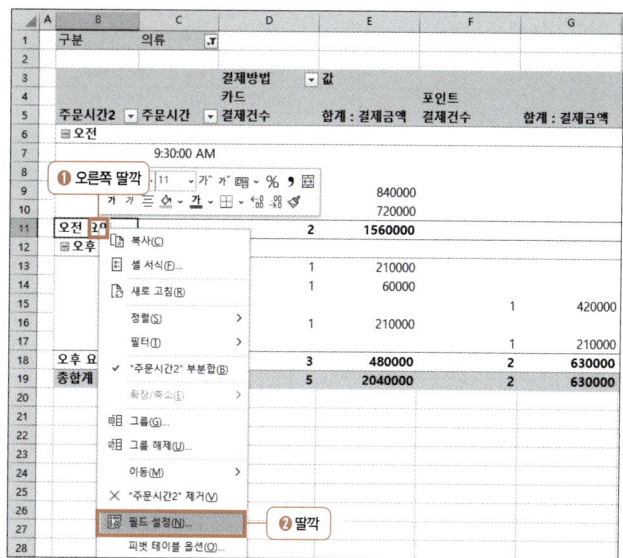

3. '필드 설정' 대화상자에서 그림과 같이 지정한 후 〈확인〉을 클릭한다.

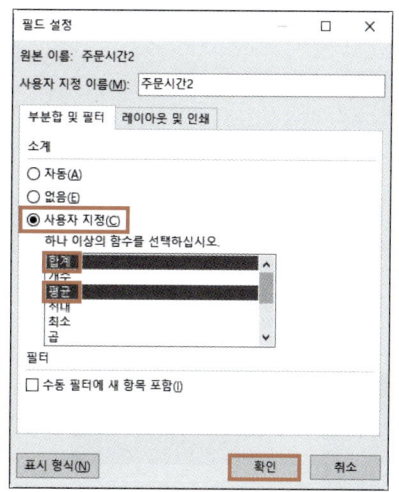

## 02. 정렬 / 시나리오 _ 참고 : 정렬 109쪽 / 시나리오 118쪽

- 정렬

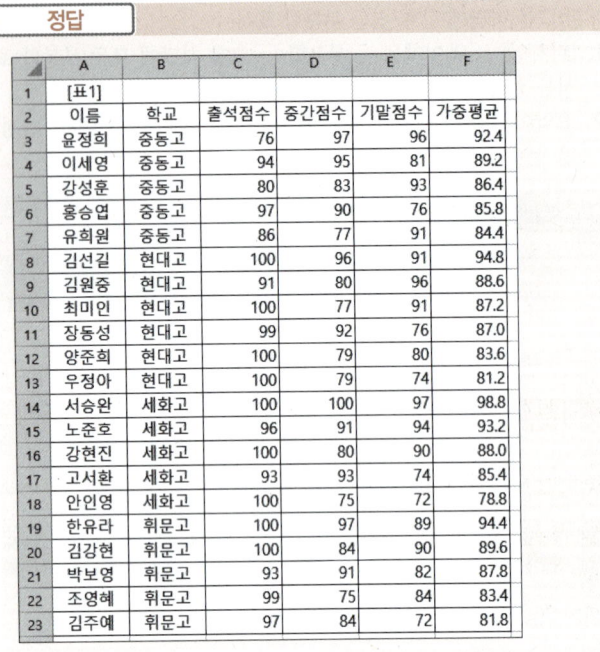

- '정렬' 대화상자

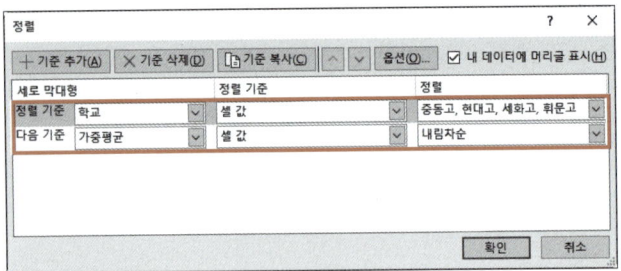

- 시나리오

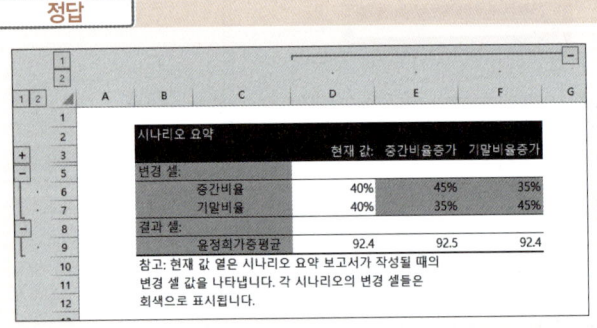

- '시나리오 편집' 대화상자

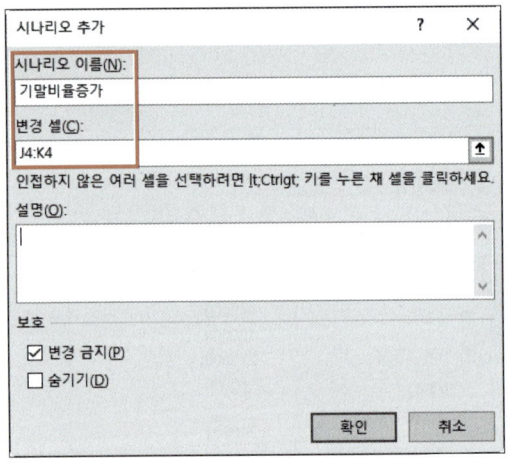

- '시나리오 값' 대화상자

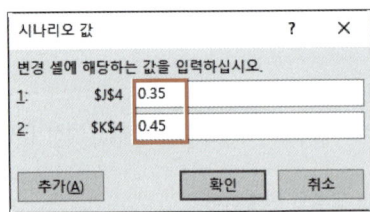

- '시나리오 편집' 대화상자

- '시나리오 값' 대화상자

- '시나리오 요약' 대화상자

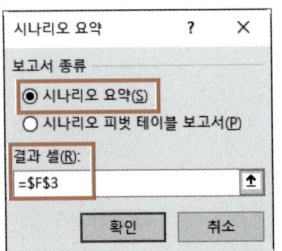

## 문제 4 기타작업 — 정답

### 01. 매크로 작성 _ 참고 : 매크로 135쪽

❶ '서식적용' / ❷ '아이콘보기' 매크로 실행

**정답**

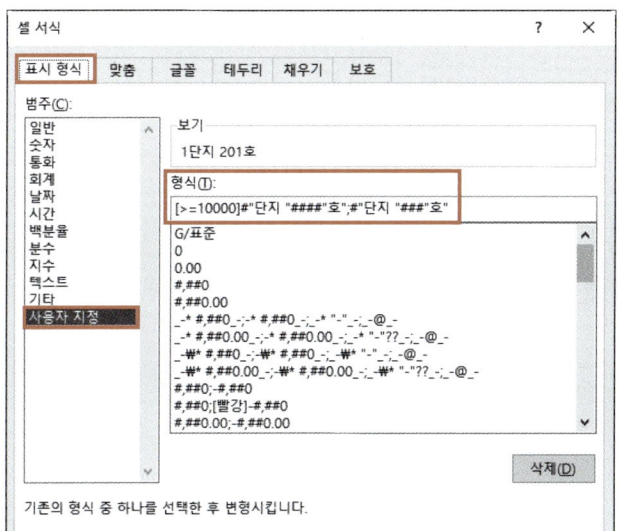

- '셀 서식' 대화상자

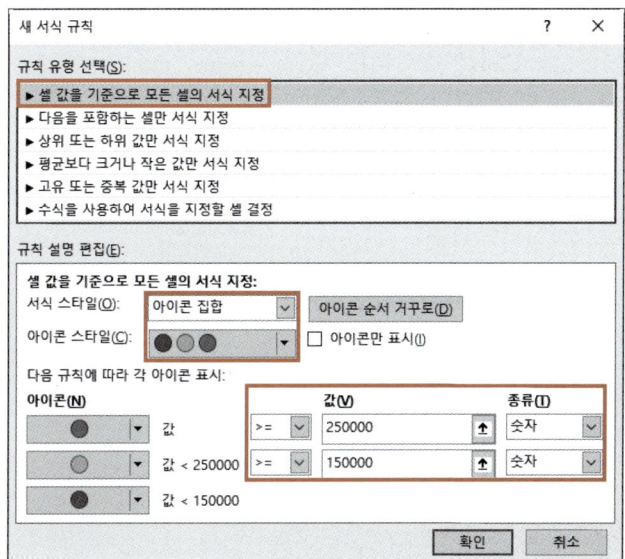

- '새 서식 규칙' 대화상자

### 03. 프로시저 작성 _ 참고 : 프로시저 142쪽

❶ '이민신청' 단추 및 폼 초기화 프로시저

- '이민신청' 단추 클릭 프로시저

**정답**

```
Private Sub cmd신청_Click( )
    이민신청.Show
End Sub
```

- 폼 초기화 프로시저

**정답**

```
Private Sub UserForm_Initialize( )
    cmb직업.RowSource = "H4:H10"
    opt남성.Value = True
    opt미혼.Value = True
End Sub
```

❷ '신청' 단추에 기능 구현하기

**정답**

```
Private Sub cmd신청_Click( )
    입력행 = [A2].Row + [A2].CurrentRegion.Rows.Count
    Cells(입력행, 1) = txt성명.Value
    Cells(입력행, 2) = txt생년월일.Value
    If opt남성.Value = True Then
        Cells(입력행, 3) = "남성"
    Else
        Cells(입력행, 3) = "여성"
    End If
    Cells(입력행, 4) = cmb직업.Value
    If opt미혼.Value = True Then
        Cells(입력행, 5) = "미혼"
    Else
        Cells(입력행, 5) = "기혼"
    End If
    Cells(입력행, 6) = txt가족수.Value
End Sub
```

❸ '닫기' 단추에 기능 구현하기

**정답**

```
Private Sub cmd닫기_Click( )
    MsgBox Time, vbOKOnly, "폼 닫기"
    Unload Me
End Sub
```

# 05회 최종모의고사

- **준 비 하 세 요 :** '길벗컴활1급총정리\엑셀\모의' 폴더에서 '05회.xlsm' 파일을 열어서 작업하시오.
- **외부 데이터 위치 :** 길벗컴활1급총정리\엑셀\모의

## 문제 1    기본작업(15점) 주어진 시트에서 다음의 과정을 수행하고 저장하시오.

### 1. '기본작업-1' 시트에서 다음과 같이 고급 필터를 수행하시오. (5점)
- [A1:J34] 영역에서 'E-Book'이 빈 칸이 아니고, '판매부수'가 30,000 이상인 행만을 대상으로 '도서코드', '출판사', '판매부수'만을 표시하시오.
- 조건은 [L1:L2] 영역 내에 알맞게 입력하시오. (AND, NOT, ISBLANK 함수 사용)
- 결과는 [L4] 열부터 표시하시오.

### 2. '기본작업-1' 시트에서 다음과 같이 조건부 서식을 설정하시오. (5점)
- [A1:J34] 영역에 대해서 열 번호가 3의 배수이고, [A1:J1] 영역의 글자 수가 4인 열 전체에 대하여 글꼴 스타일을 '굵은 기울임꼴', 글꼴 색을 '표준 색-빨강'으로 적용하시오.
- 단, 규칙 유형은 '수식을 사용하여 서식을 지정할 셀 결정'을 사용하고, 한 개의 규칙으로만 작성하시오.
- AND, COLUMN, MOD, LEN 함수 사용

### 3. '기본작업-2' 시트에서 다음과 같이 시트 보호를 설정하시오. (5점)
- [G6:G17] 영역에 셀 잠금과 수식 숨기기를 적용하고 텍스트 상자는 편집할 수 없도록 잠금과 텍스트 잠금을 적용한 후 잠긴 셀의 내용과 워크시트를 보호하시오.
- 잠긴 셀의 선택과 잠기지 않은 셀의 선택, 셀 서식은 허용하시오.
- 시트 보호 해제 암호는 지정하지 마시오.

## 문제 2    계산작업(30점) '계산작업' 시트에서 다음 과정을 수행하고 저장하시오.

### 1. [표1]의 재지, 페이지, 제작비용, 판매부수, 도서가격과 [표2]를 이용하여 [J3:J35] 영역에 예상이익을 계산하여 표시하시오. (6점)
- 예상이익 = 판매부수 × 도서가격 − 제작비용 − 인쇄비용
- 인쇄비용 = 페이지 × 판매부수 × 장당 인쇄비용
- 장당 인쇄비용은 [표2]를 참조
- VLOOKUP, MATCH 함수 사용

### 2. 사용자 정의 함수 'fnMD평가'를 작성하여 [K3:K35] 영역에 MD평가를 계산하여 표시하시오. (6점)
- 'fnMD평가'는 EBook과 판매부수를 인수로 받아 값을 되돌려줌
- EBook이 "ㅇ"이고, 판매부수가 20,000 이상이면 "추천", 그렇지 않으면 공백으로 표시
- IF ~ ELSE문 사용

```
Public Function fnMD평가(EBook, 판매부수)

End Function
```

3. [표1]의 출판사와 판매부수를 이용하여 [표3]의 [N12:N15] 영역에 출판사별 판매부수 그래프를 표시하시오. (6점)
   ▶ 출판사별 판매부수의 합계를 100,000으로 나눈 값만큼 "■"로 표시
   ▶ [표시 예 : 판매부수의 합계가 341,300일 경우 → ■■■]
   ▶ REPT, SUM, IF 함수를 이용한 배열 수식

4. [표1]의 도서코드, 출판사, 판매부수를 이용하여 [표3]의 [O12:O15] 영역에 출판사별 최다판매부수의 도서코드를 표시하시오. (6점)
   ▶ INDEX, MAX, MATCH 함수를 이용한 배열 수식

5. [표1]의 도서코드와 재지를 이용하여 [표4]의 [N19:Q21] 영역에 분류별 재지별 도서수를 계산하여 표시하시오. (6점)
   ▶ 분류는 도서코드의 앞 두 글자임
   ▶ [표시 예 : 0 → 0개, 50 → 50개]
   ▶ TEXT, COUNTIFS 함수 사용

## 문제 3  분석작업(20점)  주어진 시트에서 다음 작업을 수행하고 저장하시오.

1. '분석작업-1' 시트에서 다음의 지시사항에 따라 피벗 테이블 보고서를 작성하시오. (10점)
   ▶ 외부 데이터 원본으로 〈도서판매현황.txt〉의 데이터를 사용하시오.
     - 원본 데이터는 탭으로 분리되어 있으며, 첫 행에 머리글이 포함되어 있음
     - '분류', '출판사', '판매부수', '도서가격' 열만 가져와 데이터 모델에 이 데이터를 추가하시오.
   ▶ 피벗 테이블 보고서의 레이아웃과 위치는 〈그림〉을 참조하여 설정하고, 보고서 레이아웃을 테이블 형식으로 표시하시오.
   ▶ '판매부수' 필드를 '총 합계 비율'로 표시하고, '분류' 필드를 〈그림〉과 같이 정렬하시오.
   ▶ '도서가격' 필드의 표시 형식은 값 필드 설정의 셀 서식에서 '회계' 범주를 이용하여 지정하시오.

| | A | B | C | D | E | F | G | H |
|---|---|---|---|---|---|---|---|---|
| 1 | | | | | | | | |
| 2 | | | | | | | | |
| 3 | | | | 출판사 | | | | |
| 4 | | 분류 | 값 | 구공사 | 길영북스 | 문학사랑 | 북오십일 | 총합계 |
| 5 | | 인문 | 합계: 판매부수 | 15.58% | 0.43% | 6.08% | 1.19% | 23.29% |
| 6 | | | 평균: 도서가격 | 31,250 | 25,000 | 29,333 | 31,000 | 29,889 |
| 7 | | 사회 | 합계: 판매부수 | 6.56% | 9.27% | 8.09% | 0.94% | 24.86% |
| 8 | | | 평균: 도서가격 | 24,000 | 26,000 | 23,000 | 33,000 | 25,429 |
| 9 | | 과학 | 합계: 판매부수 | 6.01% | 8.77% | 4.96% | 17.27% | 37.01% |
| 10 | | | 평균: 도서가격 | 40,000 | 35,333 | 24,000 | 32,500 | 31,636 |
| 11 | | 아동 | 합계: 판매부수 | 2.57% | 0.23% | 8.06% | 3.98% | 14.84% |
| 12 | | | 평균: 도서가격 | 50,000 | 44,000 | 31,500 | 36,500 | 38,333 |
| 13 | | 전체 합계: 판매부수 | | 30.72% | 18.70% | 27.20% | 23.38% | 100.00% |
| 14 | | 전체 평균: 도서가격 | | 34,143 | 32,429 | 26,545 | 33,375 | 31,061 |
| 15 | | | | | | | | |

※ 작업 완성된 그림이며 부분점수 없음

2. '분석작업-2' 시트에 대하여 다음의 지시사항을 처리하시오. (10점)
   ▶ [목표값 찾기] 기능을 이용하여 '강동현'의 평균[G4]이 90이 되려면 국어[D4]가 얼마가 되어야 하는지 계산하시오.
   ▶ [필터] 기능을 이용하여 '반'을 기준으로 오름차순 정렬한 후 '영어'와 '수학'이 90점 이상인 데이터 행만을 표시하시오.

**문제 4**    **기타작업(35점)** 주어진 시트에서 다음 작업을 수행하고 저장하시오.

1. '기타작업-1' 시트에서 다음의 지시사항에 따라 차트를 수정하시오. (각 2점)

   ※ 차트는 반드시 문제에서 제공한 차트를 사용하여야 하며, 신규로 차트작성 시 0점 처리 됨

   ① 행/열 방향을 〈그림〉과 같이 변경한 후 '2021년' 계열의 차트 종류를 '표식이 있는 꺾은선형'으로 변경하시오.

   ② 차트 제목을 〈그림〉과 같이 설정하고, 세로(값) 축 눈금의 표시 단위를 '10000'으로 설정하고 단위 레이블을 표시하시오.

   ③ 그림 영역의 도형 스타일을 '미세 효과 – 파랑, 강조 1'로 지정하고, 기본 주 세로 눈금선을 표시하시오.

   ④ 범례의 위치를 '위쪽'으로 변경하고, '2020년' 계열에 〈그림〉과 같이 데이터 레이블을 표시하시오.

   ⑤ 세로(값) 축의 가로 축 교차를 '축의 최대값'으로 지정하고, 차트 영역의 그림자를 '안쪽 가운데'로 지정하시오.

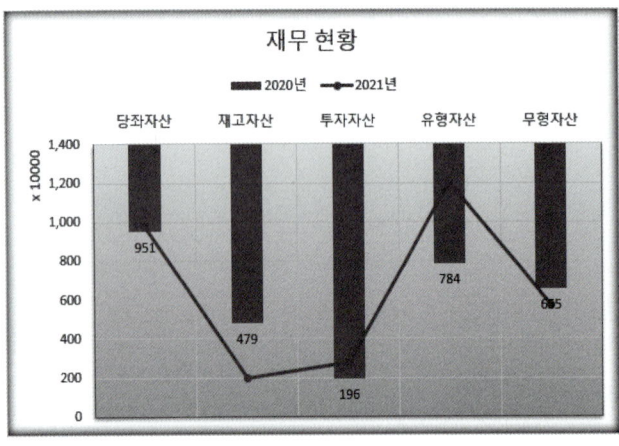

2. '기타작업-2' 시트에서 다음과 같은 기능을 수행하는 매크로를 현재 통합문서에 작성하시오. (각 5점)

   ① [H5:H26] 영역에 사용자 지정 표시 형식을 설정하는 '서식적용' 매크로를 생성하시오.
   ▶ 셀 값이 양수이면 빨강색으로 "흑자", 음수이면 파랑색으로 "적자", 0이면 "※", 텍스트이면 "폐간"을 표시하시오.
   ▶ [개발 도구] → [삽입] → [양식 컨트롤]의 '단추(□)'를 동일 시트의 [G2:G3] 영역에 생성한 후 텍스트를 "서식적용"으로 입력하고, 단추를 클릭하면 '서식적용' 매크로가 실행되도록 설정하시오.

   ② [H5:H26] 영역에 표시 형식을 '일반'으로 적용하는 '서식해제' 매크로를 생성하시오.
   ▶ [개발 도구] → [삽입] → [양식 컨트롤]의 '단추(□)'를 동일 시트의 [H2:H3] 영역에 생성한 후 텍스트를 "서식해제"로 입력하고, 단추를 클릭하면 '서식해제' 매크로가 실행되도록 설정하시오.

3. '기타작업-3' 시트에서 다음과 같은 작업을 수행하도록 프로시저를 작성하시오. (각 5점)

   ① '반출등록' 단추를 클릭하면 〈반출등록〉 폼이 나타나도록 설정하고, 폼이 초기화(Initialize)되면 '대리점(cmb대리점)' 목록으로 "관악점", "마포점", "서초점", "강남점"이 표시되고, '도서목록(lst도서목록)'으로 [I5:K10] 영역이 표시되도록 프로시저를 작성하시오.

   ② 〈반출등록〉 폼의 '등록(cmd등록)' 단추를 클릭하면 폼에 입력된 데이터가 [표1]에 입력되어 있는 마지막 행 다음에 연속하여 추가되도록 프로시저를 작성하시오.
   ▶ '반출창고'는 '용인(opt용인)'을 선택하면 "용인", '강서(opt강서)'를 선택하면 "강서", '김포(opt김포)'를 선택하면 "김포", '하남(opt하남)'을 선택하면 "하남"을 입력하시오.
   ▶ '개수'는 숫자로 입력하시오.
   ▶ '총금액'은 '도서가격×도서수'로 계산하고, 1000 단위 구분 기호를 표시하여 입력하시오.
   ▶ VAL, FORMAT 함수 사용

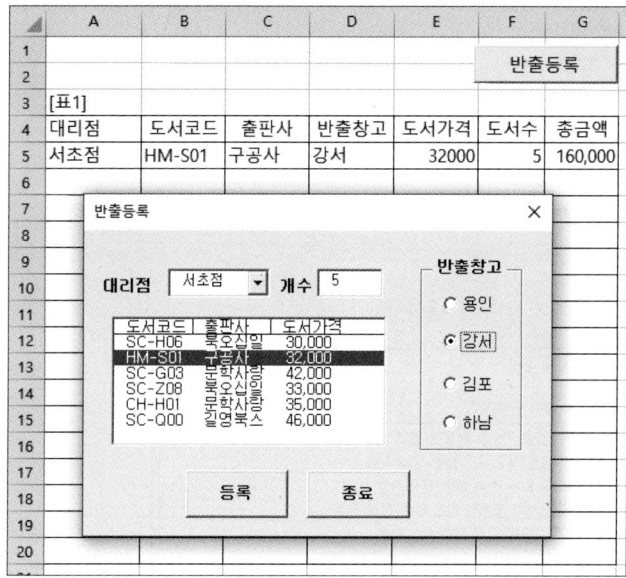

③ 워크시트의 데이터가 변경(Change)되면 해당 셀로 셀 포인터가 이동되고 글꼴이 '굴림체', 글꼴 스타일이 '굵게'로 설정되도록 프로시저를 작성하시오.

# 05회 최종모의고사 정답 및 해설

## 문제 1  기본작업

### 01. 고급 필터 _ 참고 : 고급 필터 18쪽

**정답**

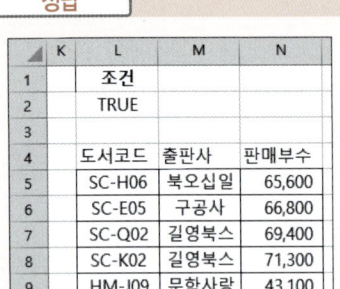

• '고급 필터' 대화상자

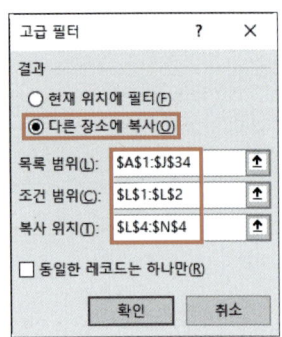

[L2] : =AND(NOT(ISBLANK(G2)),H2>=30000)

### 02. 조건부 서식 _ 참고 : 조건부 서식 25쪽

**정답**

• '새 서식 규칙' 대화상자

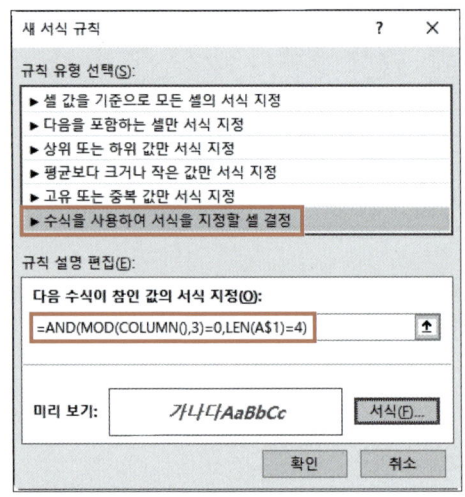

### 03. 시트 보호 _ 참고 : 시트 보호 38쪽

• [G6:G17] 영역의 '셀 서식' 대화상자

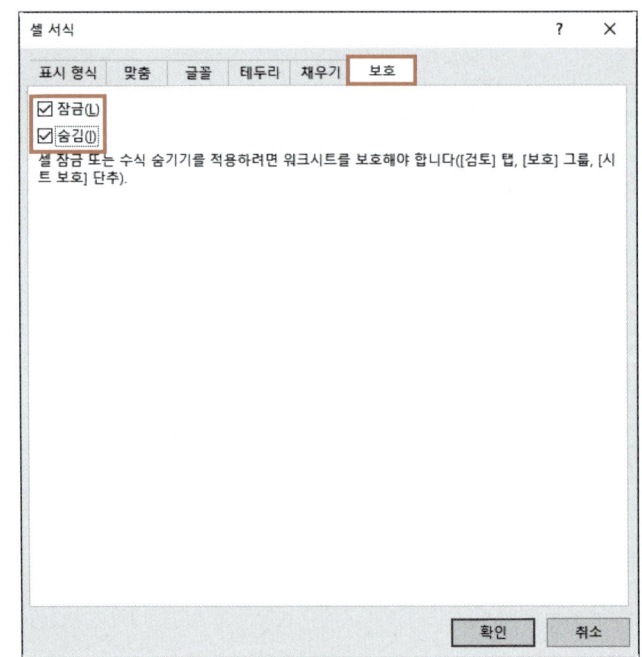

• '도형 서식' 창

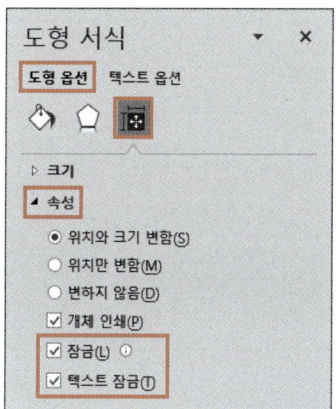

• '시트 보호' 대화상자

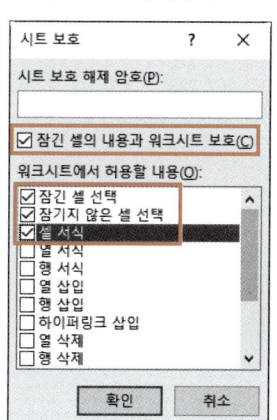

## 문제 2  계산작업

정답

| | A | B | C | D | E | F | G | H | I | J | K | L | M | N | O | P | Q | R |
|---|---|---|---|---|---|---|---|---|---|---|---|---|---|---|---|---|---|---|
| 1 | [표1] | | | | | | | | | ❶ | ❷ | | | | | | | |
| 2 | 도서코드 | 분류 | 출판사 | 재지 | 페이지 | 제작비용 | E-Book | 판매부수 | 도서가격 | 예상이익 | MD평가 | | [표2] 재지와 페이지에 따른 장당 인쇄비용 | | | | | |
| 3 | SC-H06 | 과학 | 북오십일 | 스노우지 | 352 | 26,620,000 | ○ | 65,600 | 30,000 | 1,502,647,200 | 추천 | | 페이지 | 0 | 201 | 301 | 401 | 501 |
| 4 | HM-S01 | 인문 | 구공사 | 모조지 | 544 | 44,860,000 | | 44,900 | 32,000 | 1,172,109,600 | | | 재지 | 200 | 300 | 400 | 500 | |
| 5 | CH-K05 | 아동 | 북오십일 | 모조지 | 496 | 36,490,000 | | 17,700 | 25,000 | 326,997,200 | | | 스노우지 | 22 | 20 | 19 | 18 | 17 |
| 6 | HM-G09 | 인문 | 구공사 | 스노우지 | 512 | 62,220,000 | ○ | 12,500 | 16,000 | 28,980,000 | | | 아트지 | 20 | 19 | 18 | 17 | 17 |
| 7 | SC-T04 | 과학 | 북오십일 | 아트지 | 352 | 43,760,000 | | 29,600 | 47,000 | 1,159,894,400 | | | 모조지 | 12 | 11 | 10 | 9 | 9 |
| 8 | SC-L01 | 사회 | 문학사랑 | 뉴플러스 | 456 | 14,370,000 | | 72,400 | 11,000 | 451,886,000 | | | 뉴플러스 | 15 | 13 | 12 | 10 | 9 |
| 9 | HM-K08 | 인문 | 구공사 | 모조지 | 512 | 56,250,000 | | 44,600 | 37,000 | 1,388,433,200 | | | | | | | | |
| 10 | SC-G03 | 사회 | 문학사랑 | 스노우지 | 288 | 22,450,000 | ○ | 2,300 | 42,000 | 60,902,000 | | | [표3] 출판사별 판매부수 그래프와 최다판매도서의 도서코드 | | | | | |
| 11 | CH-W06 | 아동 | 북오십일 | 아트지 | 352 | 65,830,000 | | 26,500 | 48,000 | 1,038,266,000 | 추천 | | 출판사 ❸ | 판매부수 그래프 | 최다판매량 도서코드 | | | |
| 12 | SC-H04 | 사회 | 구공사 | 모조지 | 296 | 42,180,000 | | 72,900 | 24,000 | 1,470,057,600 | | | 구공사 | ■■■ | SC-H04 | | | |
| 13 | SC-Z08 | 사회 | 북오십일 | 모조지 | 416 | 33,720,000 | | 10,400 | 33,000 | 270,542,400 | | | 문학사랑 | ■■■ | SC-L01 | | ❹ | |
| 14 | SC-S06 | 사회 | 길영북스 | 뉴플러스 | 392 | 31,540,000 | | 33,600 | 26,000 | 684,005,600 | | | 북오십일 | ■■ | SC-W02 | | | |
| 15 | HM-O07 | 인문 | 문학사랑 | 아트지 | 584 | 35,680,000 | | 14,400 | 42,000 | 426,156,800 | | | 길영북스 | ■■ | SC-Q02 | | | |
| 16 | SC-E05 | 과학 | 구공사 | 뉴플러스 | 360 | 66,950,000 | ○ | 66,800 | 40,000 | 2,316,474,000 | 추천 | | | | | | | |
| 17 | CH-H01 | 아동 | 문학사랑 | 아트지 | 256 | 12,500,000 | | 31,700 | 35,000 | 942,811,200 | | | [표4] 분류별 재지별 도서수 | | | | | |
| 18 | SC-Z07 | 사회 | 문학사랑 | 아트지 | 400 | 57,410,000 | | 15,200 | 16,000 | 76,350,000 | | | 분류 ❺ | 스노우지 | 아트지 | 모조지 | 뉴플러스 | |
| 19 | SC-Q02 | 사회 | 길영북스 | 스노우지 | 424 | 14,210,000 | ○ | 69,400 | 26,000 | 1,260,529,200 | 추천 | | SC | 4개 | 5개 | 3개 | 6개 | |
| 20 | SC-K02 | 과학 | 길영북스 | 스노우지 | 576 | 21,570,000 | ○ | 51,300 | 10,000 | 10,899,600 | 추천 | | HM | 2개 | 3개 | 3개 | 1개 | |
| 21 | HM-I02 | 인문 | 북오십일 | 아트지 | 392 | 30,210,000 | | 13,200 | 31,000 | 285,850,800 | | | CH | 0개 | 4개 | 2개 | 0개 | |
| 22 | SC-F05 | 과학 | 문학사랑 | 뉴플러스 | 472 | 15,060,000 | | 36,800 | 22,000 | 620,844,000 | | | | | | | | |
| 23 | SC-J00 | 과학 | 길영북스 | 아트지 | 408 | 16,300,000 | ○ | 12,600 | 50,000 | 526,306,400 | | | | | | | | |
| 24 | SC-Q00 | 과학 | 길영북스 | 뉴플러스 | 264 | 13,690,000 | | 33,500 | 46,000 | 1,412,338,000 | | | | | | | | |
| 25 | CH-R06 | 아동 | 문학사랑 | 모조지 | 256 | 50,730,000 | | 57,900 | 28,000 | 1,407,423,600 | | | | | | | | |
| 26 | HM-L10 | 인문 | 구공사 | 아트지 | 536 | 45,060,000 | | 71,100 | 40,000 | 2,151,076,800 | | | | | | | | |
| 27 | CH-D10 | 아동 | 길영북스 | 아트지 | 296 | 25,880,000 | | 2,600 | 44,000 | 73,897,600 | | | | | | | | |
| 28 | HM-J09 | 인문 | 문학사랑 | 뉴플러스 | 560 | 48,810,000 | ○ | 43,100 | 8,000 | 78,766,000 | 추천 | | | | | | | |
| 29 | SC-W02 | 과학 | 북오십일 | 뉴플러스 | 456 | 30,340,000 | | 71,200 | 41,000 | 2,564,188,000 | | | | | | | | |
| 30 | SC-B01 | 과학 | 문학사랑 | 아트지 | 328 | 27,060,000 | | 1,300 | 35,000 | 10,764,800 | | | | | | | | |
| 31 | SC-K04 | 과학 | 북오십일 | 모조지 | 520 | 38,300,000 | ○ | 25,500 | 12,000 | 148,360,000 | 추천 | | | | | | | |
| 32 | SC-R07 | 과학 | 문학사랑 | 아트지 | 576 | 42,910,000 | | 17,000 | 15,000 | 45,626,000 | | | | | | | | |
| 33 | HM-R07 | 인문 | 길영북스 | 스노우지 | 576 | 22,830,000 | | 4,800 | 25,000 | 50,168,400 | | | | | | | | |
| 34 | HM-T07 | 인문 | 문학사랑 | 모조지 | 256 | 45,250,000 | | 10,100 | 38,000 | 310,108,400 | | | | | | | | |
| 35 | CH-J00 | 아동 | 구공사 | 아트지 | 408 | 51,580,000 | ○ | 28,500 | 50,000 | 1,175,744,000 | 추천 | | | | | | | |

❶ 예상이익(J3) _ 참고 : 찾기/참조 함수 58쪽

=H3*I3-F3-E3*H3*VLOOKUP( D3, $M$5:$R$8, MATCH(E3, $N$3:$R$3, 1)+1, FALSE )

❷ MD평가(K3) _ 참고 : 사용자 정의 함수 83쪽

=fnMD평가(G3, H3)

```
Public Function fnMD평가(EBook, 판매부수)
    If EBook = "○" And 판매부수 >= 20000 Then
        fnMD평가 = "추천"
    Else
        fnMD평가 = ""
    End If
End Function
```

❸ 출판사별 판매부수 그래프(N12) _ 참고 : 배열 수식 43쪽

{=REPT( "■", SUM( IF($C$3:$C$35=M12,$H$3:$H$35) )/100000 )}

❹ 출판사별 최다판매도서의 도서코드(O12) _ 참고 : 배열 수식 43쪽

{=INDEX( $A$3:$A$35, MATCH( MAX(($C$3:$C$35=M12)*$H$3:$H$35), ($C$3:$C$35=M12)*$H$3:$H$35, 0 ) )}

❺ 분류별 재지별 도서수(N19) _ 참고 : 기타 함수 77쪽

=TEXT( COUNTIFS($A$3:$A$35, $M19&"*", $D$3:$D$35, N$18), "0개" )

## 문제 3  분석작업

### 01. 피벗 테이블 _ 참고 : 피벗 테이블 88쪽

• '피벗 테이블 필드' 창

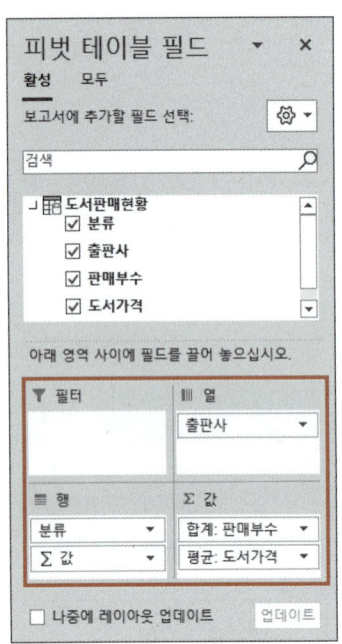

• '영어 사용자 지정 자동 필터' 대화상자

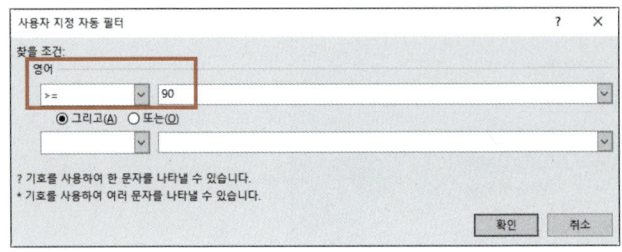

• '수학 사용자 지정 자동 필터' 대화상자

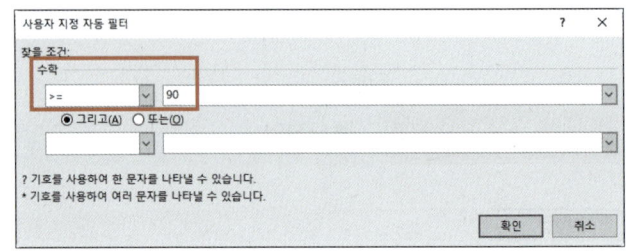

### 02. 목표값 찾기 / 자동 필터 _ 참고 : 목표값 찾기 121쪽 / 자동 필터 123쪽

| | A | B | C | D | E | F | G |
|---|---|---|---|---|---|---|---|
| 1 | | | 1학년 중간고사 성적표 | | | | |
| 2 | | | | | | | |
| 3 | 반 | 성명 | 성별 | 국어 | 영어 | 수학 | 평균 |
| 4 | 1 | 강동현 | 남 | 85 | 92 | 93 | 90.0 |
| 6 | 1 | 윤정희 | 여 | 90 | 93 | 91 | 91.3 |
| 7 | 1 | 이명준 | 남 | 95 | 93 | 92 | 93.3 |
| 9 | 2 | 김지후 | 남 | 93 | 93 | 95 | 93.7 |
| 12 | 2 | 한숙자 | 여 | 91 | 90 | 93 | 91.3 |
| 13 | 3 | 강현준 | 남 | 86 | 90 | 90 | 88.7 |

• '목표값 찾기' 대화상자

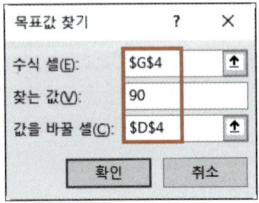

## 문제 4 기타작업

### 02. 매크로 작성 _ 참고 : 매크로 135쪽

❶ '서식적용' 매크로 실행

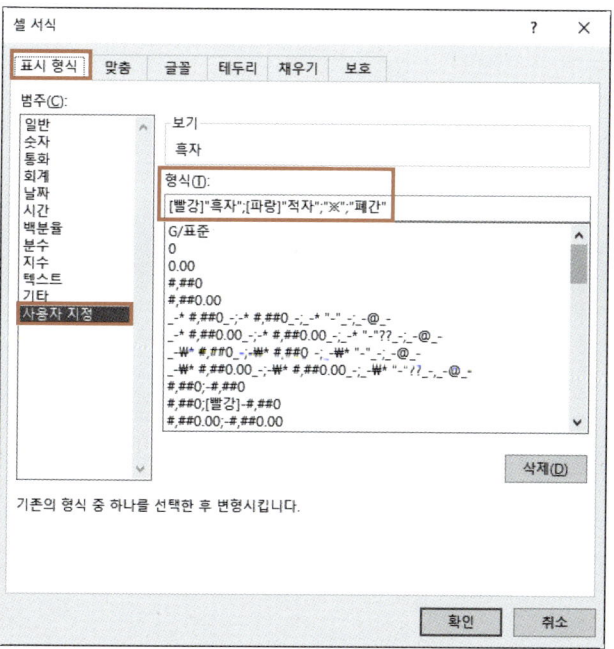

• '셀 서식' 대화상자

### 03. 프로시저 작성 _ 참고 : 프로시저 142쪽

❶ '반출등록' 단추 및 폼 초기화 프로시저

• '반출등록' 단추 클릭 프로시저

**정답**

```
Private Sub cmd반출등록_Click( )
    반출등록.Show
End Sub
```

• 폼 초기화 프로시저

**정답**

```
Private Sub UserForm_Initialize( )
    cmb대리점.AddItem "관악점"
    cmb대리점.AddItem "마포점"
    cmb대리점.AddItem "서초점"
    cmb대리점.AddItem "강남점"
    lst도서목록.RowSource = "i5:k10"
End Sub
```

❷ '등록' 단추에 기능 구현하기

**정답**

```
Private Sub cmd등록_Click( )
    입력행 = [A3].Row + [A3].CurrentRegion.Rows.Count
    참조행 = lst도서목록.ListIndex
    Cells(입력행, 1) = cmb대리점.Value
    Cells(입력행, 2) = lst도서목록.List(참조행, 0)
    Cells(입력행, 3) = lst도서목록.List(참조행, 1)
    If opt용인.Value = True Then
        Cells(입력행, 4) = "용인"
    ElseIf opt강서.Value = True Then
        Cells(입력행, 4) = "강서"
    ElseIf opt김포.Value = True Then
        Cells(입력행, 4) = "김포"
    Else
        Cells(입력행, 4) = "하남"
    End If
    Cells(입력행, 5) = lst도서목록.List(참조행, 2)
    Cells(입력행, 6) = Val(txt개수.Value)
    Cells(입력행, 7) = Format(Cells(입력행, 5) * Cells(입력행, 6), "#,###")
End Sub
```

❸ 워크시트의 Change 이벤트에 기능 설정하기

**정답**

```
Private Sub Worksheet_Change(ByVal Target As Range)
    Target.Activate
    Target.Font.Name = "굴림체"
    Target.Font.Bold = True
End Sub
```

메모

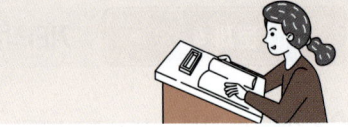

# 데이터베이스 실무 액세스 기능

- 문제 1  DB 구축
- 문제 2  입력 및 수정 기능 구현
- 문제 3  조회 및 출력 기능 구현
- 문제 4  처리 기능 구현

# 문제 1    DB 구축(25점)

DB 구축은 테이블 완성, 관계 설정, 테이블 생성, 필드의 조회 기능 중 3문제가 출제됩니다. '테이블 완성' 문제가 25점으로 고정적으로 출제되고, '테이블 완성'의 기능 중 '필드의 조회 기능'과 '관계 설정', '테이블 생성' 중 2문제가 각 5점으로 출제되고 있습니다.

| No | 출제 기능 | | 배점 | 목표 점수 | 출제 비율 |
|---|---|---|---|---|---|
| 1 | 테이블 완성 | 속성 | 3점짜리 5개 | 15점 | 100% |
| | | 기능 | | | |
| | | 필드의 조회 기능 | 5점짜리 2개 | 10점 | 70% |
| 2 | 관계 설정 | | | | 90% |
| 3 | 테이블 생성 | | | | 60% |
| | 합계 | | 25점 | 25점 | |

## 1   테이블 완성

출제 비율 100% / 배점 20점

테이블 완성 문제는 **제공된 테이블에 지시사항대로 속성을 설정하거나 기능을 수행**하여 완성하는 작업입니다. 3점짜리 5문제와 5점짜리 1문제가 출제됩니다. 그러니까 아래 그림에 색 번호로 표시된 12개의 속성과 4개의 기능 중 6개가 출제된다는 말입니다.

- 다음은 지금까지 출제된 12개의 속성과 4개의 기능을 적용한 테이블입니다.

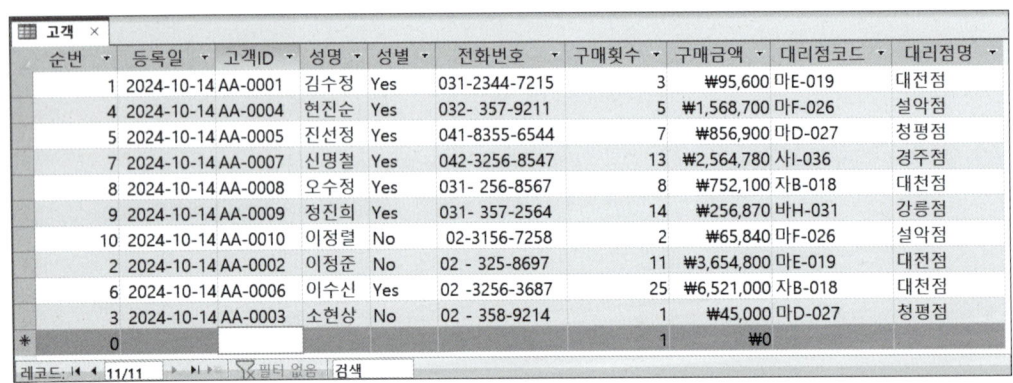

[속성]

❶ **형식** : '등록일' 필드는 '06월 05일' 형식으로 표시되도록 표시 형식을 설정함

❷ **기본값** : 새로운 레코드를 추가하는 경우 '등록일' 필드에는 기본적으로 시스템의 오늘 날짜가 입력되어 표시되도록 설정함

❸ **IME 모드** : '고객ID' 필드는 자동으로 영문 입력 상태가 되도록 IME 모드를 설정함
❹ **입력 마스크** : '고객ID' 필드에는 데이터가 'AA-0000' 형식으로 입력되도록 입력 마스크를 설정함
❺ **인덱스** : '고객ID' 필드에는 중복된 값이 입력될 수 없도록 인덱스를 설정함
❻ **필수** : '성명' 필드에는 반드시 값이 입력되도록 필수 속성을 설정함
❼ **빈 문자열 허용** : '전화번호' 필드에는 데이터를 입력하지 않아도 되게 설정함
❽ **유효성 검사 규칙** : '구매금액' 필드에는 0보다 큰 값만 입력되도록 유효성 검사 규칙을 설정함
❾ **유효성 검사 텍스트** : '구매금액' 필드에 0이하의 값이 입력되면 "0 보다 큰 값을 입력하세요."라는 메시지가 표시되도록 설정함
❿ **캡션** : '대리점명' 필드는 '대리점이름'으로 표시되도록 설정함
⓫ **필드 크기** : '지역' 필드의 크기를 40으로 설정함
⓬ **테이블 속성의 정렬 기준** : '고객' 테이블의 데이터들이 '순번' 필드를 기준으로 오름차순 정렬되어 표시되도록 설정함

[기능]

⓭ **기본 키 설정** : '순번' 필드를 기본키로 설정함
⓮ **데이터 형식 변경** : '성별' 필드에는 True/False 또는 Yes/No 두 가지 형태의 데이터만 입력되도록 데이터 형식을 'Yes/No'로 설정함
⓯ **필드 추가** : '지역' 필드를 '대리점명' 필드 뒤에 추가함
⓰ **조회 기능 설정** : 〈대리점〉 테이블의 '대리점명', '월평균매출액'이 콤보 상자 형태로 나타나도록 설정함

## 작업 순서

답안 작업 순서에 익숙하면 시험장에서 당황하지 않고 조금 더 빠르게 답안을 작성할 수 있습니다. 다음의 순서를 보면서 차례대로 액세스 화면을 떠올려 보세요. 컴퓨터 화면없이 이미지 트레이닝을 반복하다 보면 액세스 화면이 조금 더 친숙하게 느껴질 겁니다.

1. 작업할 테이블을 [디자인 보기]로 연다.
2. 속성을 설정할 필드를 선택한다.
3. 필드 속성 창의 '일반' 탭에서 해당 속성에 설정 값을 입력하다.

## 합격포인트

- 테이블 완성 작업은 대부분 쉽지만 '유효성 검사 규칙'과 '입력 마스크' 속성을 설정하는 것이 조금 까다롭습니다.
- 즉 '유효성 검사 규칙'과 '입력 마스크' 속성을 고민없이 **바로 설정할 수 있도록 반복 연습하는 것이 합격포인트**입니다.

### 전문가의 조언

'입력 마스크' 속성에서는 지시사항에 사용할 입력 마스크 대치 문자를 제대로 판단하는 것이 중요합니다. 자주 출제되는 내용이니 **입력 제한을 위한 대치 문자를 모두 기억해 두세요.**
☞ 직접 실습하려면 '길벗컴활1급총정리\액세스\기능\01테이블완성.accdb' 파일을 열고 〈입력마스크〉 테이블에서 작업하세요.

### 01 입력 마스크 속성
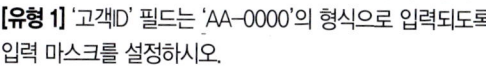
25.상시, 24.상시, 23.상시, 22.상시, 21.상시, 20.상시, 19.상시, 19.2, 19.1, 17.1, …

25.상시, 24.상시, 23.상시, 22.상시, 21.상시, 20.상시, 19.상시, …

**[유형 1]** '고객ID' 필드는 'AA-0000'의 형식으로 입력되도록 입력 마스크를 설정하시오.

▶ 앞의 두 자리는 영문 대문자로 반드시 입력받되, 소문자가 입력되어도 대문자로 변환되도록 설정할 것
▶ 뒤의 네 자리는 1~9999 사이의 숫자로 입력받되, 공백 없이 반드시 입력되도록 설정할 것
▶ '-' 기호도 함께 저장하고, 화면에 표시되는 기호는 '#'으로 설정할 것

〈정답〉

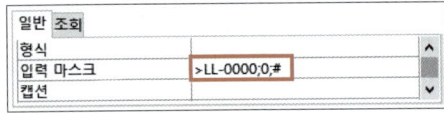

↓

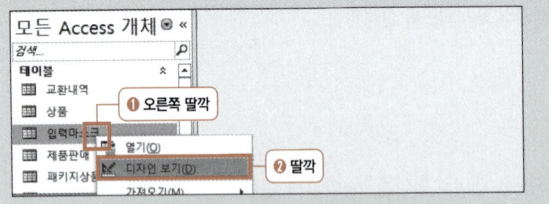

1. 〈입력마스크〉 테이블의 바로 가기 메뉴에서 [디자인 보기]를 선택합니다.

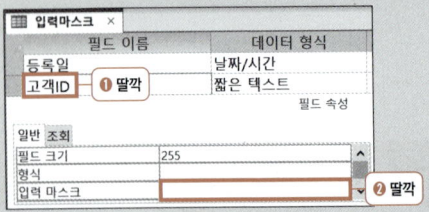

2. '고객ID' 필드를 클릭하여 '고객ID' 필드의 속성을 나오게 한 후 '일반' 탭의 '입력 마스크' 속성난을 클릭하세요.

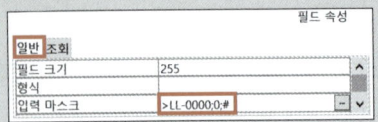

3. '입력 마스크' 속성난에 >LL-0000;0;#을 입력하세요.

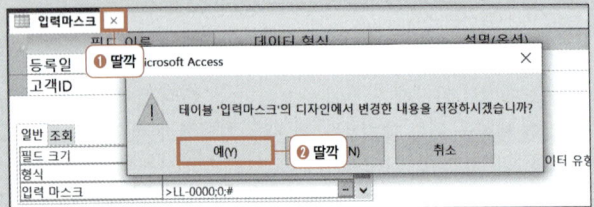

4. 닫기 단추(×)를 클릭한 후 저장 여부를 묻는 대화상자가 표시되면 〈예〉를 클릭하세요.

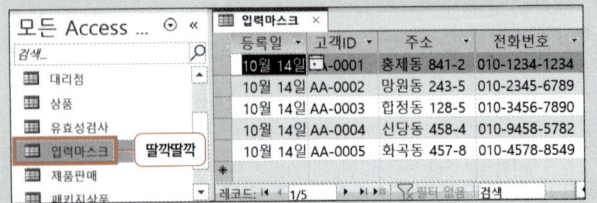

5. '탐색' 창에서 〈입력마스크〉 테이블을 더블클릭하여 〈입력마스크〉 테이블을 엽니다.

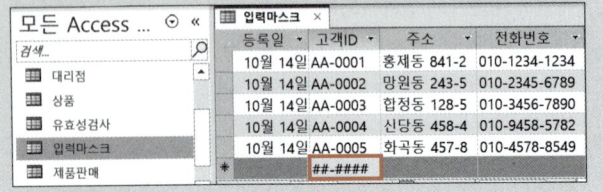

6. '고객ID' 필드에 고객ID를 입력하면서 입력 자리가 '##-####'으로 표시되는지 확인해 보세요.

> 잠깐만요 — 입력 마스크 사용자 지정 형식

>LL-0000 ; 0 ; #
   ❶    ❷  ❸

❶ 앞의 두 자리는 영문 대문자로 반드시 입력받되, 소문자가 입력되어도 대문자로 변환되도록 한다는 조건이 있으므로 입력 제한 문자 L과 〉를 사용해야 하며, 뒤의 네 자리는 0~9까지의 숫자를 공백없이 반드시 입력해야 한다는 조건이 있으므로 입력 제한 문자 0을 사용해야 합니다. 그리고 'AA-0000'과 같은 형식으로 입력되도록 하라는 지시사항이 있으므로 〉LL-0000을 입력합니다.

❷ '-' 기호도 함께 저장이라는 지시사항이 있으므로 0을 입력합니다. 저장하지 않을 때는 1이나 공백으로 지정합니다.

❸ 화면에 표시되는 기호는 '#'이라는 지시사항이 있으므로 #을 입력합니다.

### 입력 마스크 대치 문자의 종류

| 대치 문자 | 기능 |
| --- | --- |
| 0 | 필수 요소로서 0~9까지의 숫자를 입력함 |
| 9 | 선택 요소로서 0~9까지의 숫자나 공백을 입력함 |
| L | 필수 요소로서 A~Z까지의 영문자와 한글을 입력함 |
| ? | 선택 요소로서 A~Z까지의 영문자와 한글을 입력함 |
| 〉 | 모든 문자를 대문자로 변환함 |
| 〈 | 모든 문자를 소문자로 변환함 |

25.상시, 23.상시, 22.상시, 21.상시, 20.상시, 19.상시, 19.1, 17.1, 16.상시, 16.3, …

**[유형 2]** '전화번호' 필드는 '123-1234-1234'와 같은 형식으로 입력되도록 입력 마스크를 설정하시오.

▶ '-' 기호도 함께 저장하고, 자료 입력 시 화면에 표시되는 기호는 '#'으로 설정할 것

▶ 숫자는 0~9까지의 숫자가 반드시 입력될 수 있도록 설정할 것

〈정답〉

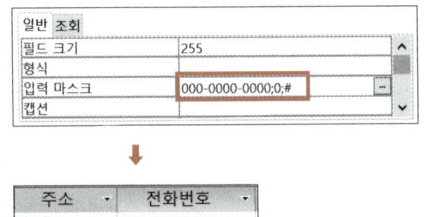

25.상시, 19.상시, 16.상시, 15.상시, 14.3, 14.2

**[유형 3]** '봉사내용' 필드는 다음과 같이 입력 마스크를 설정하시오.

▶ 앞의 두 글자는 한글을 선택적으로 입력받되, 뒤의 세 글자는 "도우미"가 고정적으로 입력되도록 설정할 것

▶ 데이터가 입력될 자리에 '*'이 표시되도록 설정할 것

〈정답〉

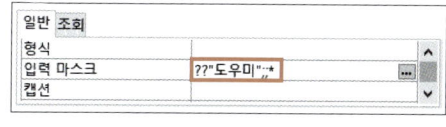

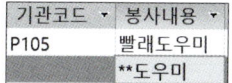

20.상시, 16.상시, 15.상시

[유형 4] '연락처' 필드에 입력된 내용은 모두 '*' 형태로 표시되도록 입력 마스크를 설정하시오.

〈정답〉

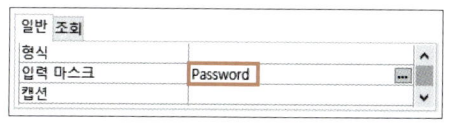

| 담당자명 | 연락처 |
| --- | --- |
| 홍길동 | ********** |
| 정하영 | ********** |
| 이도현 | ********** |
| 정현석 | ********** |
| 이지영 | ********** |

25.상시, 24.상시, 23.상시, 22.상시, 21.상시

[유형 5] '기관코드' 필드는 'P101'과 같은 형식으로 입력되도록 입력 마스크를 설정하시오.

▶ "P"가 문자로 저장되도록 설정할 것
▶ 숫자는 0~9까지의 숫자만 입력될 수 있도록 설정할 것

〈정답〉

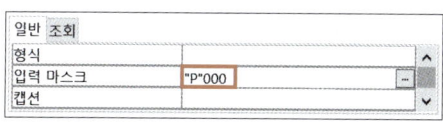

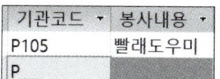

**체크체크**

**지시사항에 해당하는 입력 마스크를 적으시오.**

① 'FF01'과 같은 형식으로 입력되도록 설정　　(　　　　　)
　▶ 영문 2글자는 대문자로 반드시 입력될 수 있도록 설정할 것
　▶ 숫자 2글자는 0~9까지의 숫자가 반드시 입력될 수 있도록 설정할 것

② '1234'와 같은 형식으로 입력되도록 설정　　(　　　　　)
　▶ 숫자는 0~9까지의 숫자나 공백이 입력될 수 있도록 설정할 것
　▶ 데이터가 입력될 자리를 '*'로 표시되도록 설정할 것

③ 'S-00'과 같은 형식으로 입력되도록 설정　　(　　　　　)
　▶ 영문자는 반드시 입력하되, 대문자로 입력할 수 있도록 설정할 것
　▶ 숫자는 0~9까지의 숫자만 반드시 입력할 수 있도록 설정할 것
　▶ '-' 기호도 테이블에 저장되도록 설정할 것

④ 다음과 같은 형식으로 입력되도록 설정　　(　　　　　)
　▶ 앞의 세 글자는 한글을 선택적으로 입력받되, 뒤의 한 글자는 "반"이 고정적으로 입력되도록 설정할 것
　▶ 데이터가 입력될 자리에 "@"가 표시되도록 설정할 것

⑤ '010-****-****'과 같은 형식으로 입력되도록 설정
　　　　　　　　　　　　　　　　　(　　　　　)
　▶ "010" 문자열, 8자리 숫자, '-' 2자리가 반드시 입력되도록 설정할 것
　▶ 숫자 입력 자리에는 0~9까지의 숫자만 입력할 수 있도록 설정할 것
　▶ 자료 입력 시 화면에는 '*'을 표시하고 "010" 고정 문자와 '-' 기호도 테이블에 저장되도록 설정할 것

⑥ 입력된 내용은 모두 "*" 형태로 표시되도록 설정
　　　　　　　　　　　　　　　　　(　　　　　)

⑦ 'TA-01'과 같은 형식으로 입력되도록 설정
　　　　　　　　　　　　　　　　　(　　　　　)
　▶ "TA-" 문자가 저장되도록 설정할 것
　▶ 숫자는 0~9까지의 숫자만 입력될 수 있도록 설정할 것

**정답**

① >LL00　② 9999;;*　③ >L-00;0　④ ???"반";;@
⑤ "010"-0000-0000;0;*　⑥ Password　⑦ "TA-"00

**전문가의 조언**

'유효성 검사 규칙' 속성에서는 입력 제한을 위한 수식을 정확하게 작성하는 것이 중요합니다. 조금 까다롭게 느껴지는 수식이 있으면 지시사항과 입력 제한 수식을 함께 암기해 두세요.
☞ 직접 실습하려면 '길벗컴활1급총정리\액세스\기능\01테이블완성.accdb' 파일을 열고 〈유효성검사〉 테이블에서 작업하세요.

## 02 유효성 검사 규칙 속성

25.상시, 24.상시, 23.상시, 22.상시, 21.상시, 20.상시, 19.상시, 18.상시, 17.상시, …

24.상시, 20.상시, 18.상시, 17.상시, 16.1, 13.1, 12.1, 11.1, …

**[유형 1]** '학번' 필드에는 4글자만 입력되도록 설정하고 4글자가 아닌 경우에는 "4글자만 입력하세요."라는 메시지가 표시되도록 설정하시오.

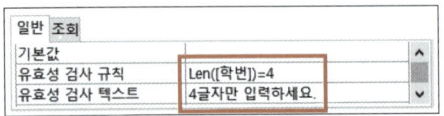

- Len(필드명) : 필드에 입력된 값의 길이를 반환함
- '유효성 검사 텍스트' 속성은 '유효성 검사 규칙' 속성과 함께 출제됩니다.

23.상시, 22.상시, 21.상시, 20.상시, 19.상시, 18.상시, 17.상시, 16.상시, 16.1, …

**[유형 2]** '구매금액' 필드에는 0보다 큰 값만 입력되도록 설정하시오.

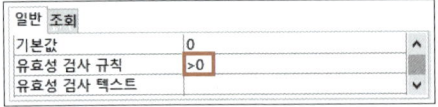

25.상시, 23.상시, 22.상시, 21.상시, 20.상시, 20.1, 19.상시, 19.2, 19.1, 18.상시, …

**[유형 3]** '등급' 필드에는 "A", "B", "C"만 입력되도록 설정하시오.

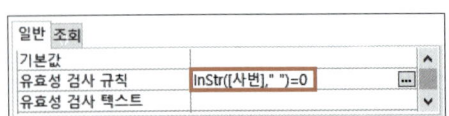

유효성 검사 규칙 속성에 "A" Or "B" Or "C"를 입력해도 결과가 동일합니다.

19.상시, 18.상시, 16.상시, 16.1, 13.1, 12.1, 10.3

**[유형 4]** '사번' 필드에는 공백 문자가 입력되지 않도록 설정하시오.

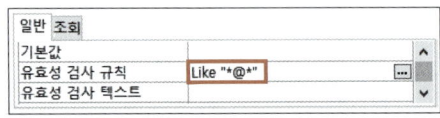

InStr(필드명, 찾는 문자) : 필드에서 찾는 문자가 있는 위치를 반환하며, 반환값이 0인 경우 찾는 문자열이 없는 것임. 즉 " "을 찾을 수 없다는 규칙은 " "이 입력될 수 없게 한다는 의미임

25.상시, 24.상시, 22.상시, 21.상시, 19.상시, 17.상시, 14.1, 12.1, 11.2, 10.2, 10.1

**[유형 5]** '금액' 필드에는 '수량'에 '단가'를 곱한 값과 같은 값만 입력되도록 설정하시오.

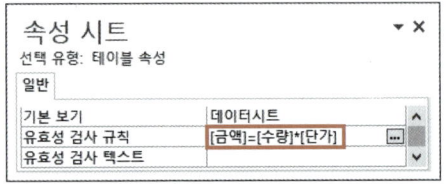

- 두 개 이상의 필드를 사용하여 유효성 검사 규칙을 설정할 때는 필드가 아닌 테이블 속성의 '유효성 검사 규칙' 속성에서 설정합니다.
- 테이블 유효성 검사 규칙은 테이블 디자인 보기 상태에서 [테이블 디자인] → 표시/숨기기 → 속성 시트(🗐)를 클릭한 후 테이블 속성 창의 '유효성 검사 규칙' 속성에 설정합니다.

25.상시, 24.상시, 22.상시, 21.상시, 20.상시, 18.상시

**[유형 6]** '수량' 필드에는 1~500 사이의 값만을 입력할 수 있도록 설정하시오.

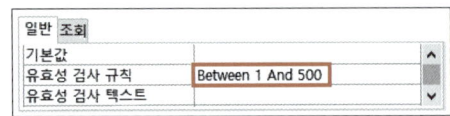

유효성 검사 규칙 속성에 >=1 And <=500을 입력해도 결과가 동일합니다.

20.상시, 19.상시, 17.상시, 16.1, 12.1, 11.2, 10.3, 10.1

**[유형 7]** '가입일' 필드에는 2000년 이후 출생자만 입력되도록 설정하시오.

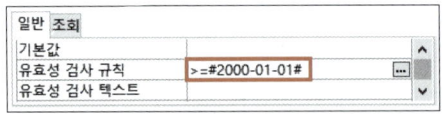

날짜 데이터를 조건에 사용할 때는 #으로 날짜 데이터를 묶어줍니다.

22.상시, 21.상시, 20.상시, 18.상시, 17.상시, 14.1, 12.1, 11.2, 11.1, 10.3, 10.2, 10.1

**[유형 8]** '이메일' 필드에는 '@'이 반드시 포함되도록 설정하시오.

Like : 만능 문자(*, ?)와 함께 사용하며, 문자 패턴을 비교함

**[유형 9]** 'GPS위도'와 'GPS경도' 필드에는 다음의 값만 입력할 수 있도록 설정하시오.

▶ '위도' 필드 : 27.62 이상 37.69 미만

▶ '경도' 필드 : 126.78 이상 127.99 미만

• 'GPS위도' 필드

| 일반 | 조회 |
|---|---|
| 기본값 | 0 |
| 유효성 검사 규칙 | >=27.62 And <37.69 |
| 유효성 검사 텍스트 | |

• 'GPS경도' 필드

| 일반 | 조회 |
|---|---|
| 기본값 | 0 |
| 유효성 검사 규칙 | >=126.78 And <127.99 |
| 유효성 검사 텍스트 | |

---

**체크체크**

**지시사항에 해당하는 유효성 검사 규칙을 적으시오.**

① 1~12까지의 값만 입력되도록 설정 (　　　　　)

② "남자" 또는 "여자"만 입력되도록 설정 (　　　　　)

③ '만료일' 필드에 입력되는 날짜는 '가입일' 필드에 입력된 날짜보다 반드시 크도록 설정 (　　　　　)

④ "@" 문자가 반드시 포함되도록 설정 (　　　　　)

⑤ 2024년 6월 1일 이후 날짜만 입력되도록 설정
(　　　　　)

⑥ 2000을 초과하는 값만 입력되도록 설정

⑦ '비고' 필드에는 3글자만 입력되도록 설정
(　　　　　)

⑧ '학번' 필드에는 공백 문자가 입력되지 않도록 설정
(　　　　　)

⑨ 19.85 이상 7.34 미만의 값만 입력되도록 설정
(　　　　　)

**정답**

① Between 1 And 12　② In("남자","여자")　③ [만료일]>[가입일]
④ Like "*@*"　⑤ >=#2024-6-1#　⑥ >2000　⑦ Len([비고])=3
⑧ InStr([학번]," ")=0　⑨ >=19.85 And <7.34

---

 **전문가의 조언**

기타 나머지 속성들은 문제의 지시사항을 통해 사용해야 할 속성을 쉽게 파악할 수 있습니다. 지시사항 중 사용해야 할 속성을 의미하는 키워드를 표시해 두었으니 키워드와 속성을 연관지어 기억해 두세요.

## 03 기타 속성

25.상시, 24.상시, 23.상시, 22.상시, 21.상시, 20.상시, 20.1, 19.상시, …

| 속성 | 지시사항 |
|---|---|
| 25.상시, 24.상시, 23.상시, 22.상시, …<br>필수 | '담당자명' 필드에는 반드시 값이 입력되도록 설정하시오. |
| 25.상시, 24.상시, 23.상시, 22.상시, …<br>기본값 | 새로운 레코드가 추가되는 경우 '날짜' 필드에는 현재 날짜가 입력되도록 설정하시오. |
| 25.상시, 24.상시, 23.상시, 22.상시, …<br>인덱스 | '학번' 필드에는 중복된 값이 입력될 수 없도록 인덱스를 설정하시오. |
| 20.상시, 19.상시, 18.상시, 17.상시, …<br>형식 | '날짜' 필드의 형식을 "mm월 dd일"로 설정하시오. |
| 25.상시, 24.상시, 23.상시, 22.상시, …<br>필드 크기 | '제품단가' 필드의 크기를 '바이트'로 설정하시오. |
| 25.상시, 23.상시, 22.상시, 21.상시, …<br>IME 모드 | '등급' 필드에 포커스가 이동하면 입력기가 영숫자 반자가 되도록 설정하시오. |
| 25.상시, 24.상시, 23.상시, 22.상시, …<br>빈 문자열 허용 | '학점' 필드는 빈 문자열이 허용되지 않도록 설정하시오. |
| 22.상시, 21.상시, 19.상시, 09.2, 07.4<br>캡션 | '제품명' 필드는 필드 이름을 변경하지 않고, '상품이름'으로 표시되도록 설정하시오. |
| 25.상시, 24.상시, 22.상시, 21.상시, …<br>테이블 정렬 기준 | 테이블을 열면 '학번'을 기준으로 오름차순 정렬되어 표시되도록 설정하시오. |

테이블 정렬 기준은 테이블 디자인 보기 상태에서 [테이블 디자인] → 표시/숨기기 → 속성 시트(圉)를 클릭한 후 테이블 속성 창의 '정렬 기준' 속성에 설정합니다.

**잠깐만요** **'형식' 속성의 사용자 지정 기호**

| 형식 | 기호 | 설명 |
|---|---|---|
| 날짜 | y | • y : 1년 중의 일을 표시(1~366)함<br>• yy : 연도의 마지막 두 자리를 표시함<br>• yyyy : 연도를 네 자리 숫자로 표시함 |
| | m | • m : 필요에 따라 한 자리 또는 두 자리 숫자로 1~12까지의 월을 표시함<br>• mm : 01~12까지 두 자리 숫자로 월을 표시함<br>• mmm : Jan~Dec까지 월의 처음 세 자리를 표시함<br>• mmmm : January에서 December까지 완전한 월 이름을 표시함 |
| | d | • d : 필요에 따라 한 자리 또는 두 자리 숫자로, 1~31까지의 일을 표시함<br>• dd : 01~31까지 두 자리 숫자로 일을 표시함<br>• ddd : sun~sat까지 요일의 처음 세 자리를 표시함<br>• dddd : Sunday~Saturday까지 완전한 요일 이름을 표시함 |
| | a | • aaa : 요일을 '일'~'토'의 형태로 표시함<br>• aaaa : 요일을 '일요일'~'토요일'의 형태로 표시함 |
| 시간 | h | • h : 한 자리 또는 두 자리 숫자로 0~23까지 시간을 표시함<br>• hh : 두 자리 숫자로 00~23까지 시간을 표시함 |

☞ 04~07을 직접 실습하려면 '길벗컴활1급총정리\액세스\기능\01테이블완성.accdb' 파일을 열고 〈고객〉 테이블에서 작업하세요.

## 04 기본 키 설정하기
25.상시, 24.상시, 23.상시, 22.상시, 21.상시, 20.상시, 19.상시, …

〈고객〉 테이블의 '순번' 필드를 기본 키로 설정하시오.

〈정답〉

## 05 데이터 형식 변경하기
25.상시, 24.상시, 23.상시, 22.상시, 21.상시, 21.1, 19.상시, 15.3, …

〈고객〉 테이블의 '성별' 필드에는 True/False 또는 Yes/No 두 가지 형태의 데이터만 입력되도록 데이터 형식을 설정하시오.

〈정답〉

## 06 필드 추가하기
23.상시, 22.상시, 21.상시, 20.상시, 19.상시, 19.2, 18.상시, 18.2, 18.1, …

〈고객〉 테이블의 '지역' 필드를 '대리점명' 필드의 뒤에 추가하시오.

〈정답〉

| 필드 이름 | 데이터 형식 |
|---|---|
| 대리점명 | 짧은 텍스트 |
| 지역 | 짧은 텍스트 |

↓

| 대리점명 | 지역 |
|---|---|
| 안양점 | |
| 순천점 | |
| 목포점 | |
| 속초점 | |

필드를 맨 뒤가 아니라 필드와 필드 사이에 추가할 때는 추가할 위치의 행 선택기를 클릭하고 Insert를 눌러 먼저 행을 추가한 후 추가할 필드명을 입력합니다.

> **전문가의 조언**
> 조회 기능도 문제의 지시사항을 통해 사용해야 할 속성을 쉽게 파악할 수 있습니다. 지시사항에 사용해야 할 속성을 의미하는 키워드가 들어있기 때문이죠. 속성을 의미하는 키워드를 표시해 두었으니 키워드와 속성을 연관지어 기억해 두세요.

## 07 조회 기능 설정하기
25.상시, 24.상시, 23.상시, 22.상시, 21.상시, 20.1, 19.상시, 19.2, 19.1, 18.상시, …

24.상시, 23.상시, 22.상시, 21.상시, 20.1, 19.상시, 19.2, 19.1, …

[유형 1] 〈고객〉 테이블의 '대리점코드' 필드에 다음과 같이 조회 속성을 설정하시오.

▶ 콤보 상자 형태로 〈대리점〉 테이블의 '대리점코드', '대리점명', '월평균매출액' 목록이 나타나도록 설정하시오.

▶ 필드에는 '대리점코드'가 저장되도록 설정하시오.

▶ 열 이름이 표시되도록 설정하고, 화면에 '대리점코드'는 표시되지 않도록 설정하시오.

▶ 행 수를 6으로 설정하시오.

▶ '대리점명'과 '월평균매출액' 필드의 열의 너비를 각각 2cm와 3cm, 목록 너비는 5cm로 설정하시오.

▶ 목록 이외의 값은 입력되지 않도록 하시오.

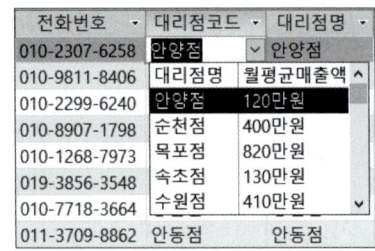

〈정답〉

| | 필드 속성 | |
|---|---|---|
| 일반 조회 | | |
| 컨트롤 표시 | 콤보 상자 | |
| 행 원본 유형 | 테이블/쿼리 | |
| 행 원본 | SELECT 대리점.대리점코드, 대리점.대리점명, 대리점.월평균매출액 FROM 대리점; | |
| 바운드 열 | 1 | |
| 열 개수 | 3 | |
| 열 이름 | 예 | |
| 열 너비 | 0cm;2cm;3cm | |
| 행 수 | 6 | |
| 목록 너비 | 5cm | |
| 목록 값만 허용 | 예 | |

1. 〈고객〉 테이블의 바로 가기 메뉴에서 [디자인 보기]를 선택합니다.
2. '대리점코드' 필드를 클릭하세요.
3. '조회' 탭에서 '컨트롤 표시' 속성을 '콤보 상자'로 변경하세요.

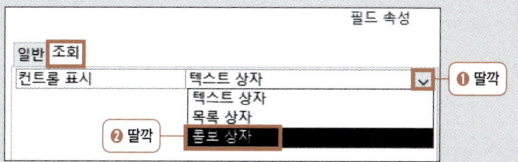

4. '행 원본' 속성의 작성기 단추(…)를 클릭하세요.
5. '테이블 추가' 창에서 〈대리점〉 테이블을 더블클릭한 후 닫기(×) 단추를 클릭하세요.
6. '쿼리 작성기' 창에서 〈대리점〉 테이블의 '대리점코드', '대리점명', '월평균매출액' 필드를 순서대로 드래그하세요.

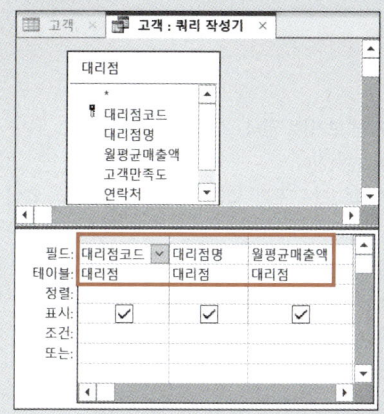

7. '쿼리 작성기' 창의 닫기(×) 단추를 클릭하세요.
8. 업데이트 확인 창에서 〈예〉를 클릭하세요.
9. 연결되는 필드의 개수가 3개이므로 '열 개수'에 3을 입력합니다.
   ※ 바운드 열은 저장될 필드를 지정하는 것으로, '대리점코드'는 '행 원본' 속성에 지정된 필드 중에서 순서상 첫 번째이므로 1을 입력합니다. '대리점명'이 저장되도록 설정해야 한다면 2를 입력하면 됩니다.
   ※ 열 개수는 지시사항에 없으므로 사용하는 필드의 개수를 세서 입력하면 됩니다.
   ※ 열 너비를 입력할 때 각각은 세미콜론(;)으로 구분하며, 0;2;3과 같이 입력하고 Enter를 누르면, cm가 자동으로 붙어 0cm;2cm;3cm와 같이 입력됩니다.
   ※ 열 너비를 0cm로 설정하면, 해당 필드는 화면에 표시되지 않습니다.

25.상시, 24.상시, 22.상시, 21.상시, 19상시, 18.상시, 16.상시, 14.2, 13.3, 12.3, …

[유형 2] 〈고객〉 테이블의 '고객등급' 필드에 대해서 다음과 같이 조회 속성을 설정하시오.
▶ "VIP", "Gold", "Silver", "Bronze"가 콤보 상자의 형태로 나타나도록 설정하시오.

| 성명 | 성별 | 고객등급 | 전화번호 |
|---|---|---|---|
| 김성일 | ✓ | VIP | 010-2307-6258 |
| 양세일 | ✓ | VIP | 10-9811-8406 |
| 차수진 | ☐ | Gold | 10-2299-6240 |
| 노정휴 | ✓ | Silver | 10-8907-1798 |
| 황희지 | ☐ | Bronze | 10-1268-7973 |

〈정답〉

| 일반 | 조회 |
|---|---|
| 컨트롤 표시 | 콤보 상자 |
| 행 원본 유형 | 값 목록 |
| 행 원본 | VIP;Gold;Silver;Bronze |

## 대표기출문제

'길벗컴활1급총정리\액세스\기능\01테이블완성.accdb' 파일을 열어서 작업하세요.

【기출 1】 25.상시, 24.상시, 23.상시, 22.상시, 21.상시, 20.상시, 19.상시, 19.2, …

회원 정보를 관리하기 위해 데이터베이스를 구축하고자 한다. 다음의 지시사항에 따라 〈회원〉 테이블을 완성하시오.

① '회원코드' 필드는 'A-F0001' 형식으로 입력되도록 입력 마스크를 설정하시오.
  ▶ 첫 번째와 세 번째 자리는 한글이나 영문이 반드시 입력되고, 뒤의 4자리는 숫자가 반드시 입력되도록 설정할 것
  ▶ '-'도 저장하고 데이터가 입력될 자리에 '*'이 표시되도록 설정할 것

② '성명' 필드에는 중복된 값이 입력될 수 있도록 인덱스를 설정하시오.

③ 새로운 레코드가 추가되는 경우 '가입일' 필드에는 현재 날짜가 입력되도록 설정하시오.

④ '회원등급' 필드에는 값이 반드시 입력되도록 설정하시오.

⑤ '이메일' 필드에 '@'이 반드시 포함되도록 유효성 검사 규칙을 설정하시오.

【기출 2】 25.상시, 24.상시, 23.상시, 22.상시, 21.상시, 20.상시, 20.1, 19.상시, …

여행 상품을 관리하기 위해 데이터베이스를 구축하고자 한다. 다음의 지시사항에 따라 〈패키지상품〉 테이블을 완성하시오.

① '패키지명' 필드를 기본키로 설정하시오.

② '패키지명' 필드는 'GP1101'과 같은 형식으로 입력되도록 입력 마스크를 설정하시오.
  ▶ 앞의 2자리 문자는 선택적으로 입력받되 소문자를 입력해도 대문자로 표시되도록 설정하고, 뒤의 4자리 숫자는 0 ~ 9까지의 숫자와 공백만 입력할 수 있도록 설정할 것
  ▶ 자료 입력 시 화면에 표시되는 기호는 '#'으로 설정할 것

③ '캐디등급' 필드에는 "아마추어", "프로", "준프로" 외에 다른 값은 입력되지 않도록 유효성 검사 규칙을 설정하시오.

④ '판매가' 필드의 값에 통화 기호가 표시되도록 설정하시오.

⑤ '판매가' 필드 뒤에 '숙소약도' 필드를 추가하고 데이터 형식을 '첨부 파일'로 설정하시오.

## [기출 3] 25.상시, 24.상시, 23.상시, 22.상시, 21.상시, 20.1, 19.상시, 19.2, …

상품 정보를 관리하기 위해 데이터베이스를 구축하고자 한다. 다음의 지시사항에 따라 〈상품〉 테이블을 완성하시오.

① '상품코드' 필드는 IME 모드를 '영숫자 반자'로 설정하시오.

② '상품명' 필드에는 빈 문자열이 허용되지 않도록 설정하시오.

③ '제조사코드' 필드는 'DCM-01'과 같은 형식으로 입력되도록 입력 마스크를 설정하시오.
- ▶ 앞의 3글자는 "DCM"이 고정적으로 입력되고 뒤의 2글자는 0~9까지의 숫자가 반드시 입력되도록 설정하시오.
- ▶ '-'도 저장하고 데이터가 입력될 자리에 '*'이 표시되도록 설정할 것

④ '화소' 필드의 필드 크기를 '바이트'로 설정하시오.

⑤ '판매가'를 기준으로 내림차순으로 정렬되도록 테이블 속성을 설정하시오.

## [기출 4] 25.상시, 24.상시, 23.상시, 22.상시, 21.상시, 20.상시, 19.1, 18.상시, …

제품판매 정보를 관리하기 위해 데이터베이스를 구축하고자 한다. 다음의 지시사항에 따라 〈제품판매〉 테이블을 완성하시오.

① '주문번호' 필드에는 중복된 값이 입력될 수 없도록 인덱스를 설정하시오.

② '주문번호' 필드는 필드 이름을 변경하지 않고, 'No'로 표시되도록 설정하시오.

③ '판매일' 필드에는 2021년 이후 날짜만 입력되도록 설정하고, 다른 값이 입력되면 "2021년 이후 날짜만 입력"이라는 메시지가 표시되도록 설정하시오.

④ '제품단가' 필드에는 값이 반드시 입력되도록 설정하시오.

⑤ '판매량' 필드는 새 레코드 추가 시 기본적으로 1이 입력되도록 설정하시오.

## [기출 5] 25.상시, 24.상시, 23.상시, 22.상시, 21.상시, 20.1, 19.상시, 19.2, 19.1, …

〈교환내역〉 테이블의 '회원코드' 필드에 다음과 같이 조회 속성을 설정하시오.

- ▶ 콤보 상자 형태로 〈회원〉 테이블의 '회원코드', '성명', '회원등급' 목록이 나타나도록 설정하시오.
- ▶ 필드에는 '회원코드'가 저장되도록 설정하시오.
- ▶ 열 이름이 표시되도록 설정하고, 화면에 '회원코드'는 표시되지 않도록 설정하시오.
- ▶ '성명'과 '회원등급' 필드의 열의 너비를 각각 2cm와 3cm, 목록 너비는 5cm로 설정하시오.
- ▶ 목록 이외의 값은 입력되지 않도록 하시오.

### 정답

**[기출 1]**

1. 〈회원〉 테이블을 [디자인 보기]로 연다.
2. 속성을 설정할 필드를 선택한다.
3. 필드 속성 창의 '일반' 탭 또는 '조회' 탭에서 해당 속성에 설정 값을 입력한다.

① '회원코드' 필드의 입력 마스크 → L-L0000;0;*
② '성명' 필드의 인덱스 → 예(중복 가능)
③ '가입일' 필드의 기본값 → Date( )
④ '회원등급' 필드의 필수 → 예
⑤ '이메일' 필드의 유효성 검사 규칙 → Like "*@*"

**[기출 2]**

② '패키지명' 필드의 입력 마스크 → 〉??9999;;#
③ '캐디등급' 필드의 유효성 검사 규칙 → In("아마추어", "프로", "준프로")
④ '판매가' 필드의 형식 → 통화
⑤ '숙소약도' 필드의 데이터 형식 → 첨부 파일

**[기출 3]**

① '상품코드' 필드의 IME 모드 → 영숫자 반자
② '상품명' 필드의 빈 문자열 허용 → 아니요
③ '제조사코드' 필드의 입력 마스크 → "DCM"-00;0;*
④ '화소' 필드의 필드 크기 → 바이트
⑤ 테이블 속성의 정렬 기준 → 판매가 Desc

**[기출 4]**

① '주문번호' 필드의 인덱스 → 예(중복 불가능)
② '주문번호' 필드의 캡션 → No
③ '판매일' 필드의 유효성 검사 규칙 → 〉=#2021-01-01#
'판매일' 필드의 유효성 검사 텍스트 → "2021년 이후 날짜만 입력"
④ '제품단가' 필드의 필수 → 예
⑤ '판매량' 필드의 기본값 → 1

**[기출 5]**

| 일반 | 조회 |
|---|---|
| 컨트롤 표시 | 콤보 상자 |
| 행 원본 유형 | 테이블/쿼리 |
| 행 원본 | SELECT 회원.회원코드, 회원.성명, 회원.회원등급 FROM 회원; |
| 바운드 열 | 1 |
| 열 개수 | 3 |
| 열 이름 | 예 |
| 열 너비 | 0cm;2cm;3cm |
| 행 수 | 16 |
| 목록 너비 | 5cm |
| 목록 값만 허용 | 예 |

# 2  관계 설정

출제 비율 90% / 배점 5점

관계 설정 문제는 2~3개의 테이블을 대상으로 관계를 설정하는 작업입니다. 보통 3개의 옵션을 설정하도록 출제되는데, 3개의 옵션을 모두 설정해야 5점을 얻습니다. 부분 점수는 없습니다.

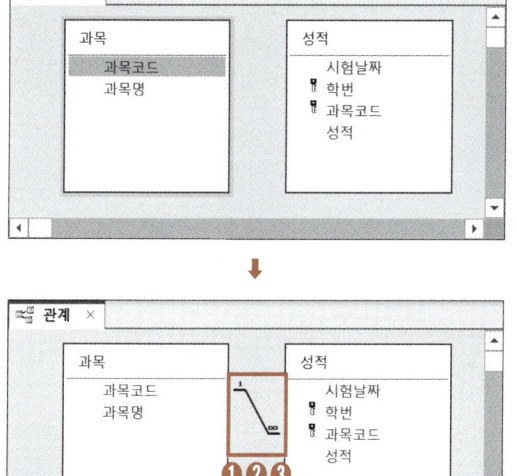

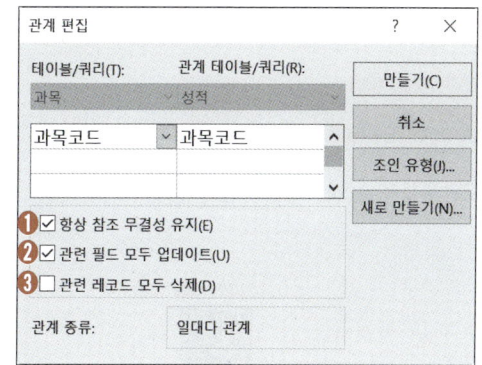

❶ 〈과목〉 테이블과 〈성적〉 테이블 간 항상 참조 무결성이 유지된다.

❷ 〈과목〉 테이블의 '과목코드' 필드가 변경되면 이를 참조하는 〈성적〉 테이블의 '과목코드' 필드도 함께 변경된다.

❸ 〈성적〉 테이블에서 참조하고 있는 〈과목〉 테이블의 레코드는 삭제할 수 없다.

※ 〈과목〉 테이블과 〈성적〉 테이블 간 참조 무결성을 강화하기 위해 관계를 설정하는 화면입니다.

## 작업 순서

답안 작업 순서를 기억해 두세요. 실제 시험장에서 답안 작성 시간을 확 줄일 수 있습니다.

1. [데이터베이스 도구] → 관계 → **관계(** **)**를 클릭한다.
2. '테이블 추가' 창의 '테이블' 탭에서 관계를 설정할 테이블을 차례대로 더블클릭한다.
   ※ '테이블 추가' 창이 표시되지 않으면, '관계' 창의 바로 가기 메뉴에서 [**테이블 표시**]를 선택한다.
3. 테이블 간의 관련 필드를 끌어서 연결한다.
4. '관계 편집' 대화상자에서 필요한 옵션을 선택하고 〈**만들기**〉를 클릭한다.

## 합격포인트

관계 설정은 출제되는 문제가 정해져 있으므로 관계 편집 대화상자를 기억해 두는 것이 합격포인트입니다.

- "유지되도록, 변경되도록, 삭제할 수 있도록" 이라는 지시사항에는 옵션을 체크합니다.
- "변경되지 않도록, 삭제되지 않도록" 이라는 지시사항에는 옵션을 체크 하지 않습니다.

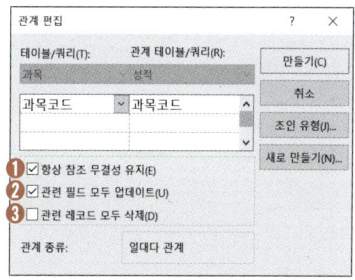

| No | 지시사항 | '관계 편집' 대화상자 옵션 설정 |
|---|---|---|
| ❶ | 두 테이블 간에 항상 참조 무결성을 유지하도록 설정 | ☑ 항상 참조 무결성 유지(E) |
| ❷ | 〈과목〉 테이블의 '과목코드' 필드가 변경되면, 〈성적〉 테이블의 '과목코드' 필드도 변경되도록 설정 | ☑ 관련 필드 모두 업데이트(U) |
| ❸ | 〈성적〉 테이블이 참조하고 있는 〈과목〉 테이블의 레코드를 삭제할 수 있도록 설정 | ☑ 관련 레코드 모두 삭제(D) |
| | 〈성적〉 테이블이 참조하고 있는 〈과목〉 테이블의 레코드를 삭제할 수 없도록 설정 | ☐ 관련 레코드 모두 삭제(D) |

※ '항상 참조 무결성 유지' 옵션이 체크 되어야만 '관련 필드 모두 업데이트'나 '관련 레코드 모두 삭제' 옵션이 활성화되므로, 이제까지 모든 문제가 '항상 참조 무결성 유지' 옵션을 체크하도록 출제되었습니다.

※ '관련 필드 모두 업데이트'나 '관련 레코드 모두 삭제' 옵션에 대한 지시사항이 없을 때는 해당 옵션을 체크하지 않으면 됩니다.

## 대표기출문제

'길벗컴활1급총정리\액세스\기능\02관계설정.accdb' 파일을 열어서 작업하세요.

[기출 1] 25.상시, 24.상시, 23.상시, 22.상시, 21.상시, 20.상시, 20.1, 19.상시, …

〈과외〉 테이블의 '학생ID' 필드는 〈학생〉 테이블의 '학생ID' 필드를 참조하며, 테이블 간의 관계는 M:1이다. 두 테이블에 대해 다음과 같이 관계를 설정하시오.

▶ 두 테이블 간에 항상 참조 무결성을 유지하도록 설정하시오.
▶ 〈학생〉 테이블의 '학생ID' 필드가 변경되면 이를 참조하는 〈과외〉 테이블의 '학생ID' 필드도 변경되도록 설정하시오.
▶ 〈과외〉 테이블에서 참조하고 있는 〈학생〉 테이블의 레코드를 삭제할 수 없도록 설정하시오.

[기출 2] 18.상시, 16.상시, 14.2, 10.3, 08.1, 06.4, 03.2, 03.1

〈제품판매〉 테이블의 '제조사코드' 필드는 〈제조사〉 테이블의 '제조사코드' 필드를, 〈제품판매〉 테이블의 '분류코드' 필드는 〈제품분류〉 테이블의 '분류코드' 필드를 참조하며, 각각 테이블 간의 관계는 M:1이다. 세 테이블에 대해 다음과 같이 관계를 설정하시오.

▶ 두 테이블 간에 항상 참조 무결성을 유지하도록 설정하시오.
▶ 〈제품판매〉 테이블에서 참조하고 있는 〈제조사〉와 〈제품분류〉 테이블의 레코드를 삭제할 수 있도록 설정하시오.

### 정답 및 해설

[기출 1]

〈정답〉

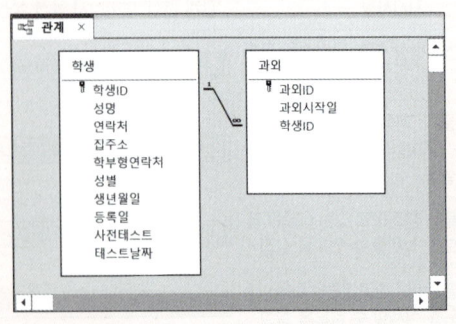

〈해설〉

1. [데이터베이스 도구] → 관계 → 관계()를 클릭한다.
2. '테이블 추가' 창의 '테이블' 탭에서 〈학생〉과 〈과외〉 테이블을 차례대로 더블클릭한 후 닫기() 단추를 클릭한다.
3. 〈학생〉 테이블의 '학생ID' 필드를 〈과외〉 테이블의 '학생ID' 필드로 드래그 앤 드롭한다.
4. '관계 편집' 대화상자에서 다음과 같이 옵션을 선택하고 〈만들기〉를 클릭한다.

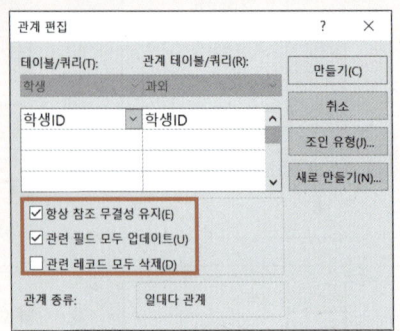

[기출 2]

〈정답〉

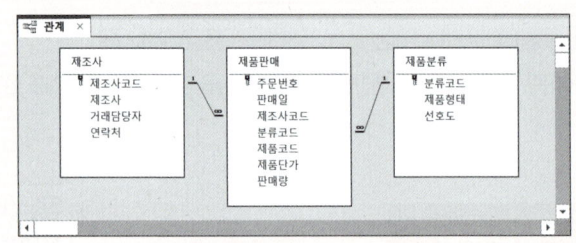

〈해설〉

• 〈제조사〉 테이블과 〈제품판매〉 테이블 간의 '관계 편집' 대화상자

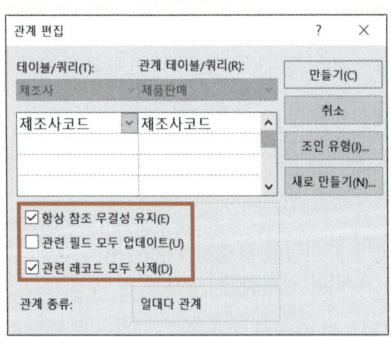

• 〈제품분류〉 테이블과 〈제품판매〉 테이블 간의 '관계 편집' 대화상자

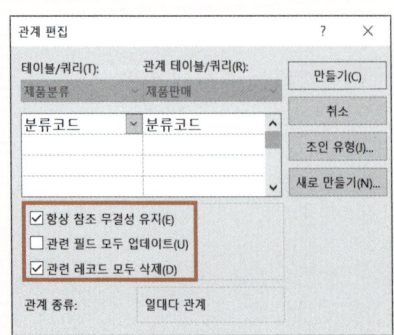

# 3 테이블 생성

출제 비율 70% / 배점 5점

테이블 생성 문제는 **외부 데이터를 액세스의 테이블로 가져오는** 작업입니다. 주어진 **지시사항을 모두 해결해야** 5점을 얻습니다. **부분 점수는 없습니다.**

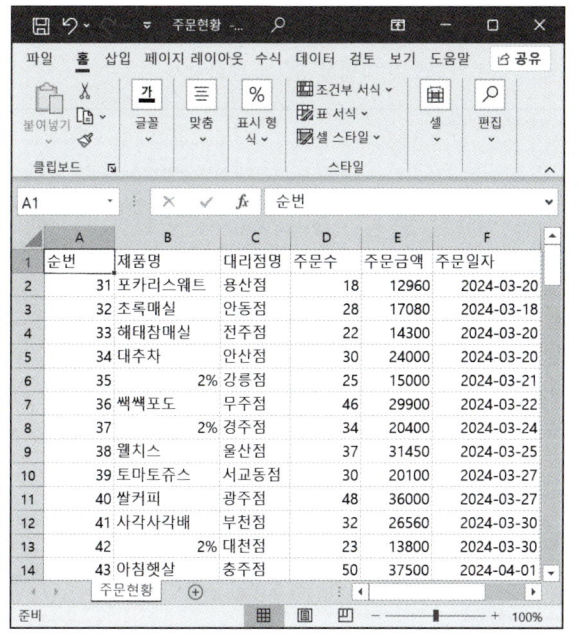
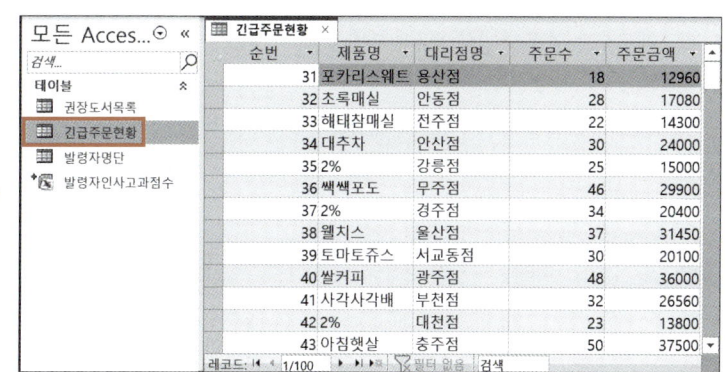

※ 엑셀 파일의 데이터인 '주문현황' 시트를 액세스의 테이블인 '긴급주문현황' 테이블로 가져온 화면입니다.

## 작업 순서

답안 작업 순서에 익숙하면 시험장에서 당황하지 않고 조금 더 빠르게 답안을 작성할 수 있습니다. 다음의 순서를 보면서 차례대로 액세스 화면을 떠올려 보세요.

### 엑셀 파일 가져오기

1. [외부 데이터] → 가져오기 및 연결 → 새 데이터 원본 → 파일에서 → Excel(📊)을 클릭한다.
2. '외부 데이터 가져오기 – Excel 스프레드시트' 창
   - 〈찾아보기〉를 클릭한 후 가져올 엑셀 파일을 선택한다.
   - '현재 데이터베이스의 새 테이블로 원본 데이터 가져오기'를 선택한다.
3. '스프레드시트 가져오기 마법사' 1단계 대화상자 : '워크시트 표시'나 '이름 있는 범위 표시' 선택
4. '스프레드시트 가져오기 마법사' 2단계 대화상자 : '첫 행에 열 머리글이 있음' 여부 지정
5. '스프레드시트 가져오기 마법사' 3단계 대화상자 : 필드의 '데이터 형식'이나 제외할 필드 선택
6. '스프레드시트 가져오기 마법사' 4단계 대화상자 : 기본 키 지정
7. '스프레드시트 가져오기 마법사' 5단계 대화상자 : 테이블 이름 입력

### 텍스트 파일 가져오기

1. [외부 데이터] → 가져오기 및 연결 → 새 데이터 원본 → 파일에서 → **텍스트 파일**(📄)을 클릭한다.
2. '외부 데이터 가져오기 – 텍스트 파일' 창
   - 〈찾아보기〉를 클릭한 후 가져올 텍스트 파일을 선택한다.
   - '현재 데이터베이스의 새 테이블로 원본 데이터 가져오기'를 선택한다.
3. '텍스트 가져오기 마법사' 1단계 대화상자 : 필드 구분 방법 선택
4. '텍스트 가져오기 마법사' 2단계 대화상자 : 필드를 나눌 구분 기호 선택, '첫 행에 필드 이름 포함' 여부 지정
5. '텍스트 가져오기 마법사' 3단계 대화상자 : 제외할 필드 선택
6. '텍스트 가져오기 마법사' 4단계 대화상자 : 기본 키 지정
7. '텍스트 가져오기 마법사' 5단계 대화상자 : 테이블 이름 입력

### 엑셀 파일 연결하기

1. [외부 데이터] → 가져오기 및 연결 → 새 데이터 원본 → 파일에서 → Excel(📊)을 클릭한다.

2. '외부 데이터 가져오기 – Excel 스프레드시트' 창
   - 〈찾아보기〉를 클릭한 후 연결할 엑셀 파일을 선택한다.
   - '연결 테이블을 만들어 데이터 원본에 연결'을 선택한다.
3. '스프레드시트 연결 마법사' 1단계 대화상자 : '워크시트 표시'나 '이름 있는 범위 표시' 선택
4. '스프레드시트 연결 마법사' 2단계 대화상자 : '첫 행에 열 머리글이 있음' 여부 지정
5. '스프레드시트 연결 마법사' 3단계 대화상자 : 테이블 이름 입력

### 합격포인트

- 테이블 생성 문제는 외부 데이터의 종류에 따른 **마법사의 각 단계에서 수행해야 할 작업을 정확히 알고 있는 것이 합격포인트**입니다.
- 단계별로 작업할 내용을 반드시 암기해야 하는 것은 아니지만 낯설지 않을 정도로는 알고 있어야 합니다.

#### 01 엑셀 파일 가져오기 / 엑셀 파일 연결하기

1. '외부 데이터 가져오기 – Excel 스프레드시트' 창

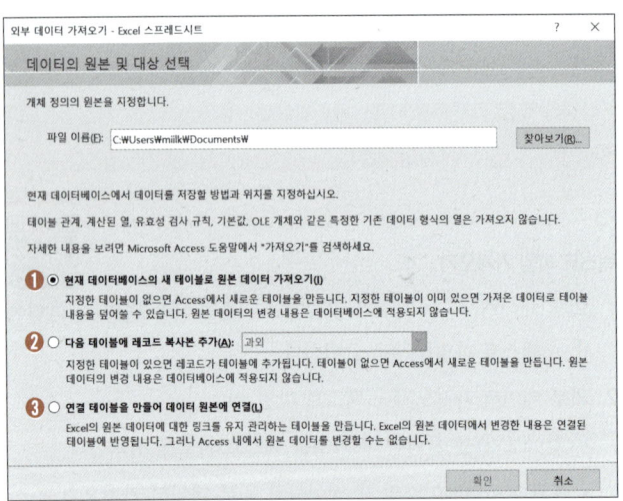

❶ 외부에서 가져온 데이터를 이용하여 새로운 테이블을 작성한다.
❷ 외부에서 가져온 데이터를 기존의 테이블에 추가합니다.
❸ 외부에서 가져온 데이터를 이용하여 새로운 테이블을 작성하되 외부 데이터가 들어 있는 외부 파일과 연결한다.

2. '스프레드시트 가져오기 마법사' 1단계 대화상자

❶ 엑셀 시트를 단위로 하여 가져오거나 연결할 경우 사용한다.
❷ 엑셀에서 이름으로 정의된 범위를 단위로 하여 가져오거나 연결할 경우 사용한다.

3. '스프레드시트 가져오기 마법사' 2단계 대화상자

❶ 문제에 '첫 번째 행이 필드 이름'이라는 지시사항이 있는 경우 체크한다.

4. '스프레드시트 가져오기 마법사' 3단계 대화상자

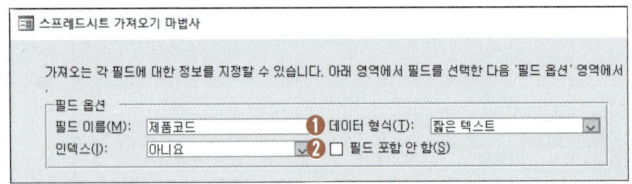

❶ 문제에 필드의 데이터 형식이 제시된 경우 해당 필드를 선택하고 제시된 데이터 형식을 선택한다.
❷ 문제에 제외할 필드가 제시된 경우 해당 필드를 선택하고 '필드 포함 안 함'을 체크한다.

5. '스프레드시트 가져오기 마법사' 4단계 대화상자

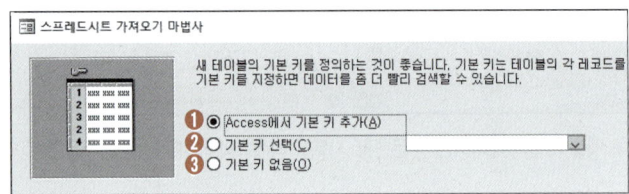

❶ Access에서 기본적으로 제공하는 기본 키를 새로운 필드로 추가한다.
❷ 외부에서 가져오는 데이터 중에서 기본 키로 사용할 필드를 선택한다.
❸ 기본 키를 정의하지 않는다.

#### 02 텍스트 파일 가져오기

1. '텍스트 가져오기 마법사' 1단계 대화상자

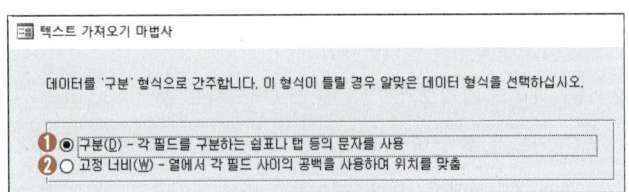

❶ 문제에 구분자(쉼표, 탭, 공백 등)가 제시된 경우 선택한다.
❷ 문제에 구분자가 제시되지 않은 경우 선택한다.

2. '텍스트 가져오기 마법사' 2단계 대화상자

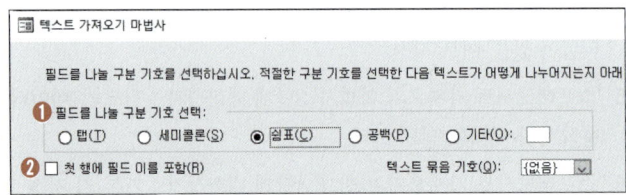

❶ 문제에 제시된 구분자(쉼표, 탭, 공백 등)를 선택한다.
❷ 문제에 '첫 번째 행이 필드 이름'이라는 지시사항이 있는 경우 체크한다.

## 대표기출문제

'길벗컴활1급총정리\액세스\기능\03테이블생성.accdb' 파일을 열어서 작업하세요.

### [기출 1] 25.상시, 24.상시, 23.상시, 22.상시, 21.상시, 20.상시, 17.상시, 16.상시, …

'신규제품.xlsx' 파일을 테이블 형태로 가져오시오.

▶ '입고제품'으로 이름이 지정된 범위를 이용할 것
▶ 첫 번째 행은 필드 이름임
▶ '재고량' 필드의 데이터 형식을 '바이트'로 설정하시오.
▶ '할인금액' 필드는 추가 대상에서 제외하시오.
▶ '제품코드'를 기본 키로 지정하고 테이블 이름을 '신규입고제품'으로 할 것

### [기출 2] 23.상시, 22.상시, 21.상시, 20.상시, 08.4, 06.2, 06.1, 05.3, 05.2, 04.4, …

'채용결과.txt' 파일을 가져와 다음과 같이 '채용결과' 테이블을 작성하시오.

▶ 첫 번째 행은 필드 이름임
▶ 구분자는 쉼표(,)임
▶ Access에서 제공하는 기본 키를 설정할 것

### [기출 3] 13.상시, 11.1, 08.3, 08.2, 06.4, 05.1, 04.1, 03.4, 03.3, 03.2, 03.1, 02.3

다음의 지시사항에 따라 '전학원생.xlsx' 파일을 연결하시오.

▶ 첫 행은 열 머리글임
▶ 연결 테이블의 이름은 '전학원생'으로 할 것

### [기출 4] 25.상시, 24.상시

외부 데이터 가져오기 기능을 이용하여 〈산업단지추가분.xlsx〉에서 '추가자료' 시트의 데이터를 가져와 〈산업단지현황〉 테이블에 추가하시오.

## 정답

### [기출 1]

1. [외부 데이터] → 가져오기 및 연결 → 새 데이터 원본 → 파일에서 → Excel(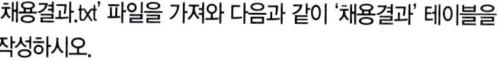)을 클릭한다.
2. '외부 데이터 가져오기 – Excel 스프레드시트' 창
   - 〈찾아보기〉를 클릭한 후 가져올 '신규제품.xlsx' 엑셀 파일을 선택한다.
   - '현재 데이터베이스의 새 테이블로 원본 데이터 가져오기'를 선택한다.
3. '스프레드시트 가져오기 마법사' 1단계 대화상자 : '이름 있는 범위 표시' 선택
4. '스프레드시트 가져오기 마법사' 2단계 대화상자 : '첫 행에 열 머리글이 있음' 선택
5. '스프레드시트 가져오기 마법사' 3단계 대화상자
   - '재고량' 필드를 클릭하고 데이터 형식을 '바이트'로 지정
   - '할인금액' 필드를 클릭하고 '필드 포함 안 함' 체크
6. '스프레드시트 가져오기 마법사' 4단계 대화상자 : '제품코드'를 기본 키로 지정
7. '스프레드시트 가져오기 마법사' 5단계 대화상자 : 테이블 이름을 **신규입고제품**으로 입력

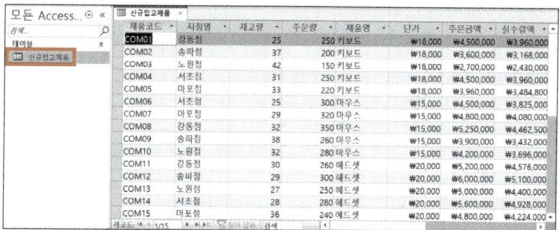

### [기출 2]

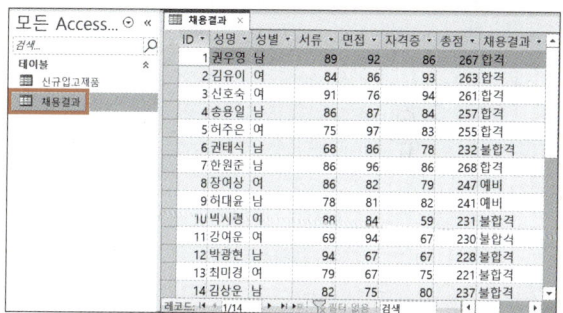

### [기출 3]

### [기출 4]

# 문제 2    입력 및 수정 기능 구현(20점)

입력 및 수정 기능 구현은 **폼 속성 1문제, 폼 기능 1문제, 매크로 작성 1문제**가 출제됩니다. '**폼 속성**' 문제가 3~9점, '**폼 기능**' 문제가 3~6점, '**매크로 작성**' 문제가 5점으로 고정적으로 출제되고 있습니다.

| No | 출제 속성 및 기능 | | 배점 | 목표 점수 | 출제 비율 |
|---|---|---|---|---|---|
| 1 | 폼 완성 | 속성 | 3~9점 | 15점 | 100% |
| | | 기능 | 3~6점 | | 100% |
| 2 | 매크로 작성 | | 5점 | 0점 | 100% |
| | 합계 | | 20점 | 15점 | |

## 1   폼 완성

출제 비율 100% / 배점 15점

폼 완성 문제는 **제공된 미완성 폼에 지시사항을 수행하여 완성된 폼을 만드는 작업**입니다. **3점짜리 3문제와 6점짜리 1문제**가 출제됩니다. 즉 다음 그림에서 색 번호로 표시된 17개의 속성과 4개의 기능 중에서 4문제가 출제됩니다.

• 다음은 지금까지 출제된 17개의 속성을 적용한 폼입니다.

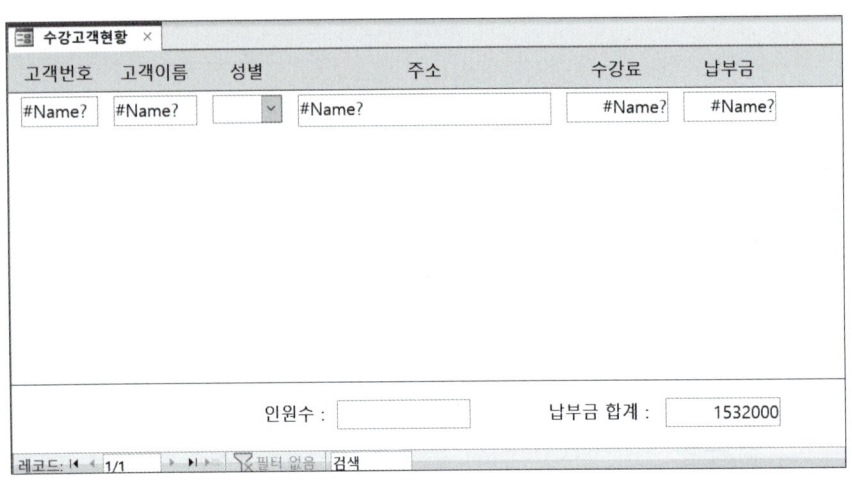

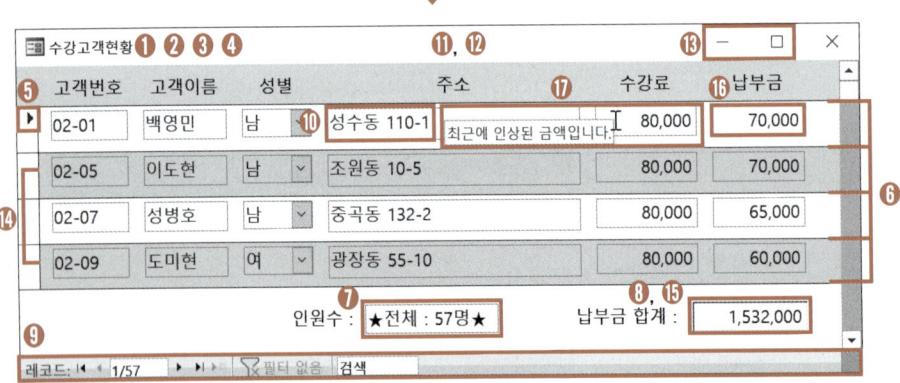

❶ **레코드 원본** : 〈수강고객현황〉 쿼리를 폼의 레코드 원본으로 설정함
❷ **추가 가능** : 폼에 새 레코드를 추가할 수 없도록 설정함
❸ **삭제 가능** : 폼에서 레코드를 삭제할 수 없도록 설정함
❹ **기본 보기** : 폼의 기본 보기를 여러 개의 레코드가 표시되는 '연속 폼'으로 설정함

❺ **레코드 선택기** : 폼에 레코드 선택기가 표시되도록 설정함
❻ **구분 선** : 폼에 구분선이 표시되도록 설정함
❼ **컨트롤 원본** : 'txt인원수' 컨트롤에는 레코드의 수가 표시되도록 설정함
❽ **형식** : 'txt납부금합계' 컨트롤에는 천 단위마다 콤마(,)가 표시되도록 설정함
❾ **탐색 단추** : 폼에 탐색 단추가 표시되도록 설정함
❿ **〈Enter〉 키 기능** : 'txt주소' 컨트롤에서는 Enter를 누르면 다른 곳으로 이동하지 않고 줄 바꿈이 일어나도록 설정함
⓫ **팝업** : 폼이 팝업 폼으로 열리도록 설정함
⓬ **모달** : 폼이 열려 있는 경우 다른 작업을 수행할 수 없도록 설정함
⓭ **최소화/최대화 단추** : 폼에 최소화 단추와 최대화 단추가 표시되도록 설정함
⓮ **다른 배경색** : 폼 본문의 배경색을 'Access 테마 3'으로 다르게 설정함
⓯ **특수 효과** : 'txt납부금합계' 컨트롤의 모양이 오목하게 표시되도록 특수 효과를 설정함
⓰ **탭 정지** : 'txt납부금' 컨트롤은 Tab을 이용하여 포커스를 이동할 수 없도록 설정함
⓱ **컨트롤 팁 텍스트** : 'txt수강료' 컨트롤에 마우스를 놓으면 "최근에 인상된 금액입니다."라는 메지지가 표시되도록 설정함

• 다음은 지금까지 출제된 4개의 기능을 적용한 폼입니다.

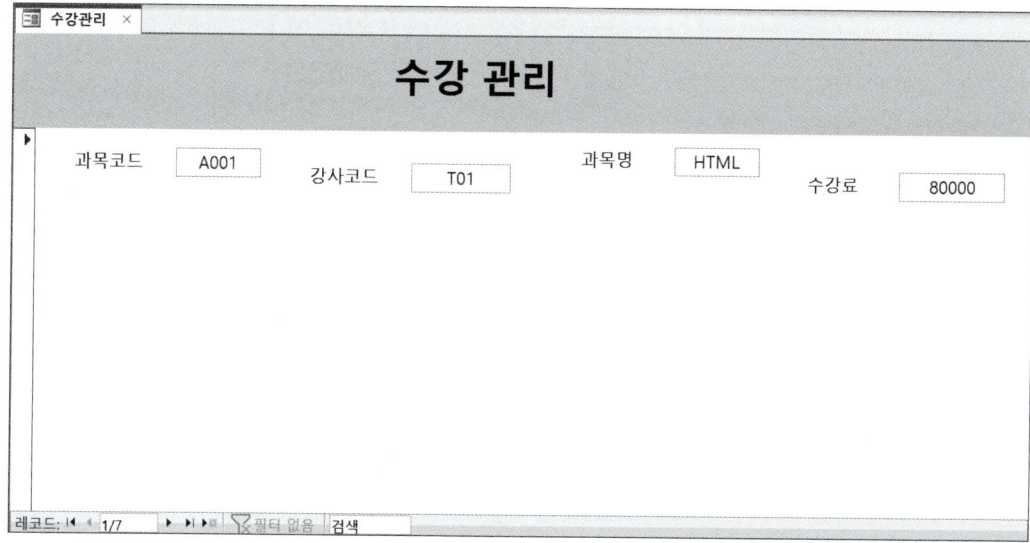

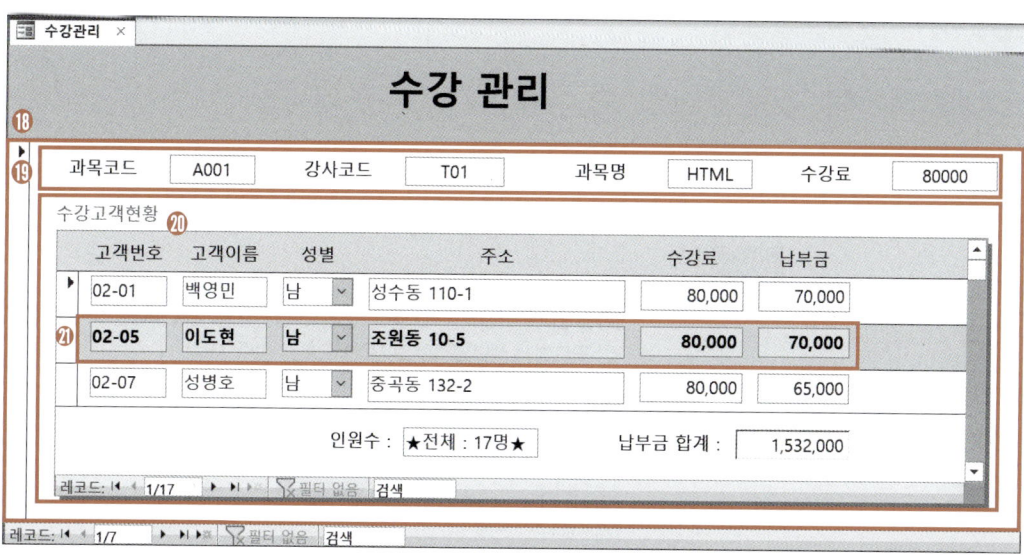

⓲ **탭 순서 변경** : 본문에서 탭을 누를 때 포커스가 'txt과목코드', 'txt강사코드', 'txt과목명', 'txt수강료', '수강고객현황' 순으로 이동되도록 설정함
⓳ **컨트롤 위치 조절** : 본문의 컨트롤들이 위쪽을 기준(위로 맞춤)으로 정렬되어 표시되도록 설정함
⓴ **컨트롤 생성** : 폼 본문에 '수강고객현황' 폼을 하위 폼으로 추가함
㉑ **조건부 서식 설정** : '고객이름' 필드의 첫 글자가 "이"인 레코드에만 글꼴 '굵게', 배경색 '표준 색 - 노랑'으로 표시되도록 조건부 서식을 설정함

## 작업 순서

1. 작업할 폼의 바로 가기 메뉴에서 **[디자인 보기]**를 선택한다.
2. 속성을 설정할 개체를 더블클릭한다.
3. 속성 시트 창에서 해당 속성을 찾아 설정값을 입력한다.

1. '탐색' 창의 〈수강고객현황〉 폼의 바로 가기 메뉴에서 **[디자인 보기]**를 선택합니다.

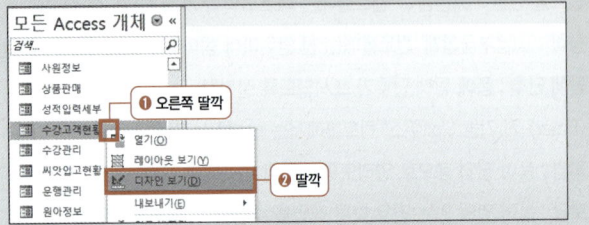

2. 폼 본문의 'txt고객이름' 컨트롤을 더블클릭한 후 'txt고객이름' 속성 시트 창의 '데이터' 탭에서 '컨트롤 원본' 속성을 '고객이름'으로 설정하고 닫기 단추(×)를 클릭하세요.

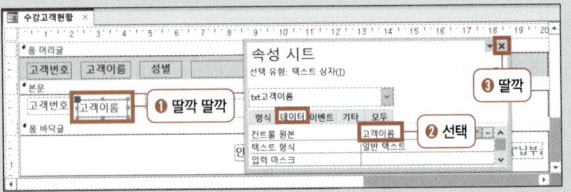

3. [양식 디자인] → 보기 → 폼 보기(▦)를 클릭하여 폼을 실행하세요.

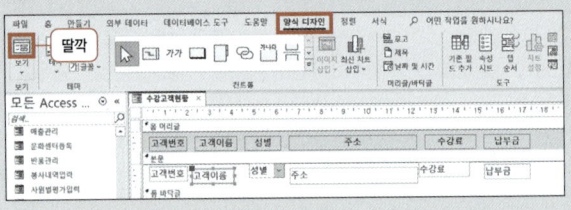

4. 'txt고객이름' 컨트롤에 고객이름이 표시되는지 확인한 다음 닫기 단추(×)를 클릭하세요. 저장 확인 대화상자가 표시되면 〈예〉를 클릭하세요.

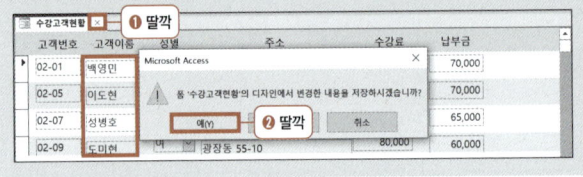

## 합격포인트

- 폼 완성 작업은 대부분 쉽지만 '컨트롤 원본' 속성을 설정하는 것이 조금 어렵습니다.
- 그러니까 '**컨트롤 원본**' 속성을 고민없이 **바로 설정할 수 있도록 반복 연습하는 것**이 합격포인트겠죠.
- ☞ 직접 실습하려면 '길벗컴활1급총정리\액세스\기능\04폼완성-합격포인트.accdb' 파일을 열어 작업하세요.

### 전문가의 조언

'컨트롤 원본' 속성에서는 지시사항에 맞게 수식을 작성하는 것이 어려울 수 있습니다. 문제가 **반복해서 출제**되고 있으니 조금 어렵게 느껴지는 수식은 지시사항과 함께 암기해 두세요.

---

**01 컨트롤 원본 속성**

25.상시, 24.상시, 23.상시, 22.상시, 21.상시, 20.상시, 20.1, 19.상시, 19.2, 19.1, …

**[유형 1]** 〈수강고객현황〉 폼 본문의 'txt고객이름' 컨트롤을 '고객이름' 필드에 바운드 시키시오.

〈정답〉

19.상시, 18.2, 16.상시, 15.상시, 12.3, 11.1, 10.1

**[유형 2]** 〈문화센터등록〉 폼 본문의 'txt생년월일' 컨트롤에는 '주민등록번호' 필드에서 생년월일만 표시하시오(Left 함수 사용).

〈정답〉

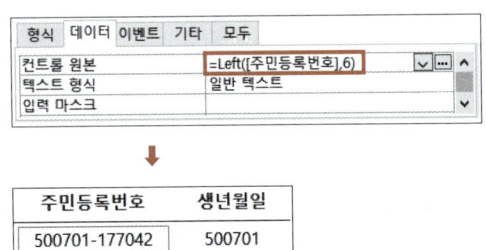

**Left(필드명, 자릿수)** : 필드 값의 왼쪽에서 주어진 자릿수만큼 추출함

19.상시, 17.상시, 15.3, 10.1

**[유형 3]** 〈문화센터등록〉 폼 바닥글의 'txt인원수' 컨트롤에 레코드 개수의 1/10 만큼 "★"을 반복하여 표시한 후 괄호 안에 실제 개수와 "명"을 표시하시오(String, Int, Count 함수와 & 연산자 사용).

〈정답〉

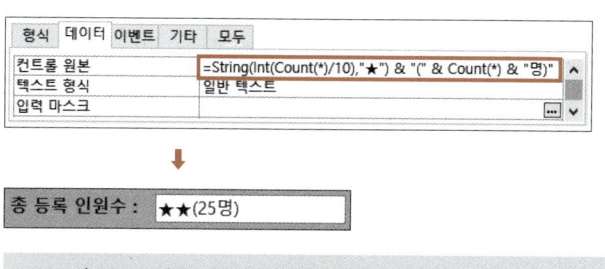

- String(개수, 문자) : 지정한 개수만큼 반복해서 문자를 표시함
- Count(인수) : 인수의 개수를 계산함

25.상시, 20.상시, 19.상시, 18.상시, 17.상시, 17.1, 16.2, 16.1, 15.1, 14.3, 14.1, …

**[유형 6]** 〈사원별평가입력〉 폼 바닥글의 'txt총인원' 컨트롤에는 현재 등록된 전체 고객의 수를 "현재 총 인원 : 58명"과 같이 표시하시오(Format, Count 함수 사용).

〈정답〉

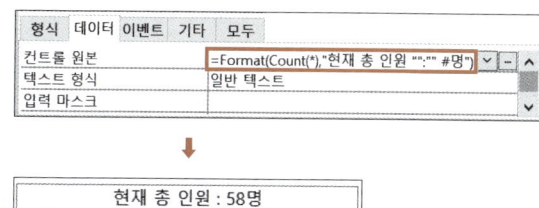

Format(변환할 데이터, "표시 형식") : 숫자나 날짜 등의 변환할 데이터를 "표시 형식"대로 변환함

※ 사용자 지정 기호가 아닌 ":", ";" 등의 기호를 결과로 표시할 때는 해당 기호를 이중 큰따옴표(" ")로 묶어줘야 합니다.
※ =Format(Count(*),"**현재 총 인원 "":"" #명**")을 입력하고 Enter를 누르면 자동으로 =Format(Count(*),"""**현재 총 인원 : ""#₩명**")으로 변경됩니다.

25.상시, 23.상시, 22.상시, 21.상시, 20.상시, 18.상시, 16.상시, 12.3, 11.1, 10.3

**[유형 4]** 〈원아정보〉 폼 바닥글의 'txt총인원' 컨트롤에는 총인원을 "▶ 총인원은 10명입니다 ◀"와 같이 표시하시오(Count 함수와 & 연산자 사용).

〈정답〉

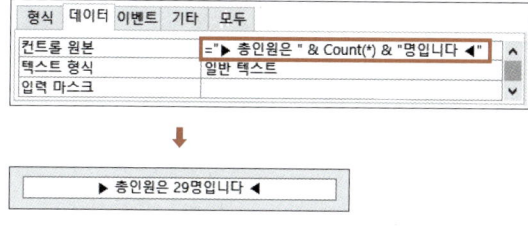

25.상시, 24.상시, 22.상시, 21.상시, 20.상시, 20.1, 19.상시, 19.1, 18.상시, 18.1, …

**[유형 7]** 〈일일소비입력〉 폼 바닥글의 'txt합계' 컨트롤에는 '금액' 필드의 합계를 표시하시오.

〈정답〉

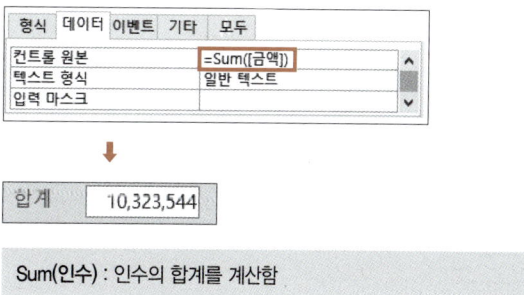

Sum(인수) : 인수의 합계를 계산함

20.상시, 19.상시, 18.상시, 17상시, 15.1, 14.3, 12.3, 11.1

**[유형 5]** 〈일일소비입력〉 폼 본문의 'txt결제형태' 컨트롤에는 '출금항목' 필드가 체크 표시되어 있으면 "이체", 아니면 "카드"로 표시하시오.

〈정답〉

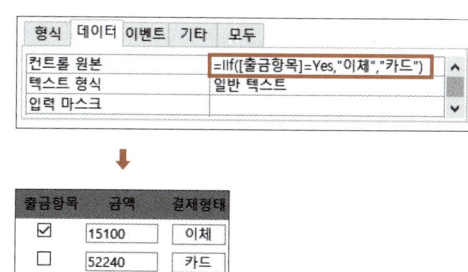

IIf(조건, 인수1, 인수2) : 조건을 비교하여 참이면 인수1, 거짓이면 인수2를 표시함

25.상시, 24.상시, 19.상시, 19.1, 06.2, 05.4, 05.3, 05.2, 05.1, 04.4, 04.3, 04.2, …

**[유형 8]** 〈성적입력세부〉 폼 본문의 'txt이름' 컨트롤에는 '성명'과 '나이' 필드의 값을 "강민용(만 40세)"와 같이 표시하시오.

〈정답〉

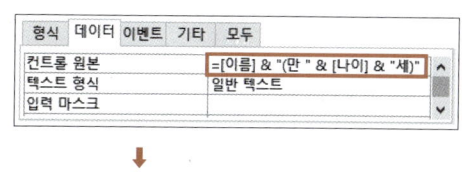

25.상시

**[유형 9]** 〈소매점정보〉 폼 본문의 'txt연락처' 컨트롤에는 '연락처' 필드에서 ")" 이후의 글자를 추출한 후 앞에 "HP 010-"를 덧붙여 [표시 예]와 같이 표시하시오(Right, Len, InStr 함수와 & 연산자 사용).

▶ 표시 예 : 062)432-8346 → HP 010-432-8346

〈정답〉

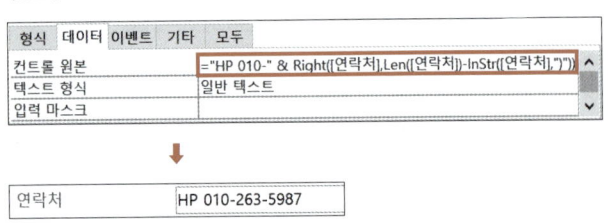

↓

| 연락처 | HP 010-263-5987 |

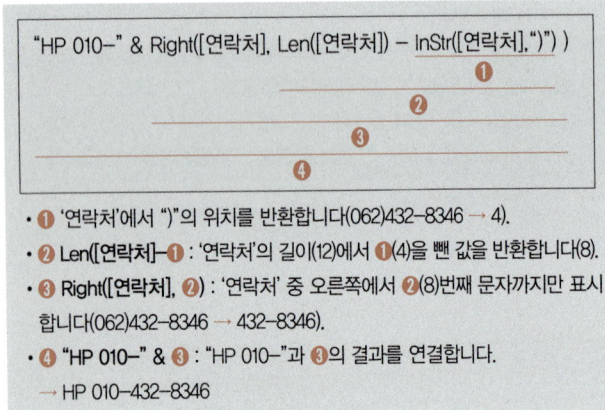

- ❶ '연락처'에서 ")"의 위치를 반환합니다(062)432-8346 → 4).
- ❷ Len([연락처])-❶ : '연락처'의 길이(12)에서 ❶(4)을 뺀 값을 반환합니다(8).
- ❸ Right([연락처], ❷) : '연락처' 중 오른쪽에서 ❷(8)번째 문자까지만 표시합니다(062)432-8346 → 432-8346).
- ❹ "HP 010-" & ❸ : "HP 010-"과 ❸의 결과를 연결합니다.
  → HP 010-432-8346

25.상시, 22.상시, 21.상시, 20.상시, 19.상시, 19.1, 18.상시, 15.상시, 14.2, 10.1, …

**[유형 10]** 〈성적입력세부〉 폼 바닥글의 'txt평균' 컨트롤에는 '점수' 필드의 평균을 표시하시오.

〈정답〉

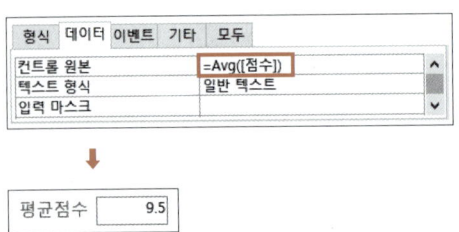

↓

| 평균점수 | 9.5 |

Avg(인수) : 인수의 평균을 계산함

22.상시, 21.상시

**[유형 11]** 〈재무정보조회〉 폼 바닥글의 'Txt최대당기순이익' 컨트롤에는 '당기순이익' 필드의 최대값을 표시하시오.

〈정답〉

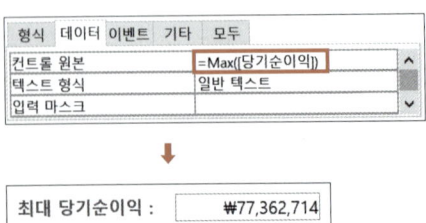

↓

| 최대 당기순이익 : | ₩77,362,714 |

Max(인수) : 인수의 최대값을 계산함

25.상시, 24.상시, 23.상시, 22.상시, 21.상시, 20.상시, 19.상시, 18.상시, 17.상시, …

**[유형 12]** 〈봉사내역입력〉 폼 바닥글의 'txt봉사시수합계' 컨트롤에는 '학과'가 "회계학과"인 학생들의 '시수' 합계가 표시되도록 컨트롤 원본 속성을 설정하시오(〈봉사내역입력〉 쿼리와 DSum 함수 사용).

〈정답〉

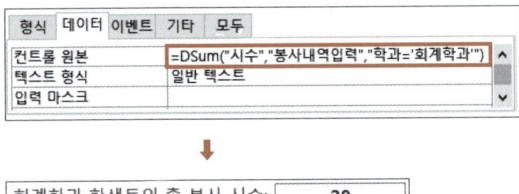

↓

| 회계학과 학생들의 총 봉사 시수: | 20 |

DSum("시수","봉사내역입력","학과='회계학과'")의 의미

- **DSum(인수, 도메인, 조건)** : 도메인에서 조건에 맞는 자료를 대상으로 지정된 인수의 합계를 계산함
- **시수** : 합계를 구할 값이 들어있는 필드 이름
- **봉사내역입력** : 작업 대상 레코드가 들어있는 테이블이나 쿼리의 이름으로, 지시사항에 없을 경우에는 폼 속성 창의 '레코드 원본' 속성에서 확인해야 함
- **학과='회계학과'** : 조건으로서 〈봉사내역입력〉 쿼리에서 '학과' 필드의 값이 "회계학과"인 학생만을 대상으로 계산함

**잠깐만요** 도메인 계산 함수

| 함수 | 설명 |
|---|---|
| DAvg(인수,도메인,조건) | 도메인에서 조건에 맞는 자료를 대상으로 지정된 인수의 **평균**을 계산함 |
| DSum(인수,도메인,조건) | 도메인에서 조건에 맞는 자료를 대상으로 지정된 인수의 **합계**를 계산함 |
| DCount(인수,도메인,조건) | 도메인에서 조건에 맞는 자료를 대상으로 지정된 인수의 **개수**를 계산함 |
| DMin(인수,도메인,조건) | 도메인에서 조건에 맞는 자료를 대상으로 지정된 인수의 **최소값**을 계산함 |
| DMax(인수,도메인,조건) | 도메인에서 조건에 맞는 자료를 대상으로 지정된 인수의 **최대값**을 계산함 |
| DLookup(인수,도메인,조건) | 도메인에서 조건에 맞는 인수를 표시함 |

## 체크체크 ✓☐☐

**지시사항에 해당하는 컨트롤 원본을 적으시오.**

① '주당배당금' 필드의 평균이 표시되도록 설정
(                    )

② 계약건수가 [표시 예]와 같이 표시되도록 설정
(                    )
▶ 표시 예 : ▶ 계약건수는 30건입니다. ◀

③ 'txt성명' 컨트롤에는 '성명' 필드의 내용이 표시되도록 설정
(                    )

④ '제품가' 필드의 합계가 [표시 예]와 같이 표시되도록 설정
▶ 표시 예 : 총제품가는 956,000원입니다.
(                    )
▶ Format, Sum 함수 사용

⑤ '회원코드' 필드의 마지막 글자가 "*"로 표시되도록 설정
▶ Left, Len 함수와 & 연산자 사용  (                    )

⑥ '부서'와 '직위'가 [표시 예]와 같이 표시되도록 설정
▶ 표시 예 : 영업부(부장)  (                    )

⑦ 레코드 개수의 1/100 만큼 "◆"을 반복하여 표시한 후 괄호 안에 실제 개수와 "건"이 표시되도록 설정
(                    )
▶ 표시 예 : ◆◆(210건)
▶ String, Int, Count 함수 사용

⑧ '입금현황' 필드가 "현금"이면 "5%할인"을, 아니면 공백이 표시되도록 설정
(                    )

⑨ '직위' 필드의 값이 "대리"인 직원들의 '매출액' 합계가 표시되도록 설정
▶ 〈매출관리〉 쿼리와 DSum 함수 사용 (                    )

⑩ 'txt서비스코드' 컨트롤에 표시된 '서비스코드'에 해당하는 '서비스명'이 표시되도록 설정
(                    )
▶ 〈서비스〉 테이블과 DLookup 함수 사용

⑪ 'txt최대매출액' 컨트롤에는 '매출액' 필드의 최대값이 표시되도록 설정
(                    )

⑫ '학교명' 필드에서 "," 이후의 글자를 추출한 후 뒤에 "중학교"를 덧붙여 [표시 예]와 같이 표시되도록 설정
(                    )
▶ 표시 예 : '학교명'이 "서울,성산"인 경우 → 성산중학교

### 정답
① =Avg([주당배당금])　② ="▶ 계약건수는 " & Count(*) & "건입니다.◀"
③ 성명　④ =Format(Sum([제품가]), "총제품가는 #,##0원입니다.")
⑤ =Left([회원코드],Len([회원코드])-1) & "*"
⑥ =[부서] & "(" & [직위] & ")"
⑦ =String(Int(Count(*)/100),"◆") & "(" & Count(*) & "건)"
⑧ =IIf([입금현황]="현금","5%할인"," ")
⑨ =DSum("매출액","매출관리","직위='대리'")
⑩ =DLookUp("서비스명","서비스","서비스코드=txt서비스코드")
⑪ =Max([매출액])
⑫ =Right([학교명], Len([학교명]) − InStr([학교명],",")) & "중학교"

---

### 전문가의 조언

기타 나머지 속성들은 문제의 지시사항을 통해 사용해야 할 속성을 쉽게 파악할 수 있습니다. 지시사항 중 사용해야 할 속성을 의미하는 키워드를 표시해 두었으니 키워드와 속성을 연관지어 기억해 두세요.

## 02 기타 속성
25.상시, 24.상시, 23.상시, 22.상시, 21.상시, 20.상시, 20.1, 19.상시, …

| 속성 | 지시사항 |
|---|---|
| 16.상시, 12.1, 10.2, …<br>레코드 원본 | 〈수강고객현황〉 쿼리를 폼의 레코드 원본으로 설정하시오. |
| 24.상시, 23.상시, 22.상시, …<br>추가 가능 | 폼에 레코드를 추가할 수 없도록 설정하시오. |
| 24.상시, 23.상시, 22.상시, …<br>삭제 가능 | 폼에 레코드를 삭제할 수 없도록 설정하시오. |
| 24.상시, 22.상시, 21.상시, …<br>기본 보기 | 폼이 〈그림〉과 같은 형태로 나타나도록 기본 보기 속성을 설정하시오. |
| 23.상시, 22.상시, 21.상시, …<br>레코드 선택기 | 폼에 레코드 선택기가 표시되도록 설정하시오. |
| 25.상시, 22.상시, …<br>구분 선 | 구분 선이 표시되도록 설정하시오. |
| 25.상시, 22.상시, 21.상시, …<br>형식 | 천 단위마다 콤마(,)가 표시되도록 형식 속성을 설정하시오. |
| 25.상시, 24.상시, 22.상시, …<br>탐색 단추 | 폼의 탐색 단추가 표시되지 않도록 설정하시오. |
| 19.상시, 18.상시, 18.2, 17.상시, …<br>〈Enter〉 키 기능 | Enter를 누르면 필드에서 줄 바꿈이 되도록 관련 속성을 설정하시오. |
| 25.상시, 22.상시, 20.상시, 18.1, …<br>팝업 | 폼이 팝업 폼으로 열리도록 설정하시오. |
| 23.상시, 22.상시, 21.상시, …<br>모달 | 폼이 열려 있을 경우 다른 작업을 수행할 수 없도록 설정하시오. |
| 20.상시, 18.상시, 05.1, 04.2<br>최소화/최대화 단추 | 폼에 최소화 단추와 최대화 단추가 둘 다 표시되도록 설정하시오. |
| 24.상시, 23.상시, 22.상시, …<br>배경색 | 폼 본문의 배경색을 'Access 테마 9'로 설정하시오. |
| 25.상시, 22.상시, 21.상시, …<br>특수 효과 | 특수 효과를 '오목'으로 설정하시오. |
| 24.상시, 20.상시, 19.상시, …<br>탭 정지 | 포커스를 이동시킬 수 없도록 설정하시오. |
| 25.상시, 24.상시, 22.상시, 21.상시, …<br>잠금 | • 컨트롤의 잠금 속성을 '예'로 설정하시오.<br>• 컨트롤을 편집할 수 없도록 관련 속성을 설정하시오. (단 포커스는 이동 가능함) |
| 20.상시, 18.상시, 16.1, 12.2<br>컨트롤 팁 텍스트 | 컨트롤에 마우스를 가져가면 〈그림〉과 같이 관련 텍스트가 나타나도록 설정하시오. |
| 23.상시<br>사용 가능 | 컨트롤을 〈그림〉과 같이 선택할 수 없도록 설정하시오. |
| 23.상시<br>탭 인덱스 | 폼을 열었을 때 컨트롤에 포커스가 이동되도록 탭 인덱스를 설정하시오. |
| 23.상시<br>폼의 정렬 기준 | 폼이 열릴 때 ○○ 필드를 기준으로 내림차순 정렬되어 표시되도록 설정하시오. |
| 25.상시, 24.상시<br>스크롤 막대 | 폼에 스크롤 막대가 표시되지 않도록 설정하시오. |

| 25.상시<br>배경 스타일 | 컨트롤의 배경이 투명하게 표시되도록 설정하시오. |
|---|---|
| 25.상시<br>테두리 스타일 | 컨트롤의 테두리가 투명하게 표시되도록 설정하시오. |

- **기본 보기** : 문제지의 폼 그림에 여러 개의 레코드가 표시되어 있으면 '연속 폼', 하나의 레코드만 표시되어 있으면 '단일 폼'을 선택함
- **탭 인덱스** : 탭 인덱스는 폼에서 해당 컨트롤의 탭 순서를 설정하는 것으로, 0부터 시작합니다. 탭 인덱스를 0으로 지정하면 폼을 열었을 때 해당 컨트롤에 포커스가 있게 됩니다.
- **폼의 정렬 기준** : 폼에 표시된 레코드의 정렬 기준을 설정하는 것으로, '폼 속성' 시트의 '데이터' 탭의 '정렬 기준' 속성에서 설정합니다. 오름차순은 Asc, 내림차순은 Desc를 정렬 기준 필드 뒤에 적어줍니다.

### 잠깐만요

설정하려는 속성이 속해있는 탭을 알고 있으면 문제를 좀 더 빠르게 해결할 수 있습니다. **눈으로 확인할 수 있는 속성은 '형식' 탭, 데이터와 관련**된 속성은 '**데이터**' **탭, 나머지는 '기타**' **탭**이라는 것을 염두에 두고 다음 표를 기억해 두세요.

#### '폼'의 주요 속성

| 탭 | 속성 |
|---|---|
| 형식 | 기본 보기, 구분 선, 레코드 선택기, 최소화/최대화 단추, 탐색 단추 |
| 데이터 | 레코드 원본, 추가 가능, 삭제 가능, 정렬 기준 |
| 기타 | 팝업, 모달 |

#### '컨트롤'의 주요 속성

| 탭 | 속성 |
|---|---|
| 형식 | 형식, 배경 스타일, 테두리 스타일, 특수 효과, 글꼴 이름, 글꼴 크기, 텍스트 맞춤, 문자색 |
| 데이터 | 컨트롤 원본, 잠금, 사용 가능 |
| 기타 | 〈Enter〉 키 기능, 컨트롤 팁 텍스트, 탭 정지, 탭 인덱스 |

#### '본문 구역'의 주요 속성

| 탭 | 속성 |
|---|---|
| 형식 | 다른 배경색 |

## 03 탭 순서 변경하기

22.상시, 21.상시, 20.상시, 19.상시, 16.3, 15.1, 13.3, 13.1, 12.3, 12.1, …

〈수강고객현황〉 폼 본문의 컨트롤 탭 순서가 'txt고객번호', 'txt고객이름', 'cmb성별', 'txt주소', 'txt수강료', 'txt납부금'이 되도록 설정하시오.

1. 본문 바의 바로 가기 메뉴에서 [탭 순서] 선택합니다.
2. '탭 순서' 대화상자에서 이동할 컨트롤의 행 선택기를 클릭한 후 이동할 위치로 드래그하세요.

3. 같은 방법으로 나머지 컨트롤도 이동하세요.

## 04 컨트롤 조절하기

25.상시, 23.상시, 22.상시, 21.상시, 20.상시, 19.상시, 15.3, 15.1, 11.2, …

**[유형 1]** 〈수강고객현황〉 폼 본문의 모든 컨트롤에 대해 위쪽을 기준(위로 맞춤)으로 같은 지점에 위치하도록 설정하시오.

1. 본문 영역의 세로 눈금선을 드래그하여 본문의 모든 컨트롤을 선택하세요.

2. 바로 가기 메뉴의 [맞춤] → **위쪽**을 선택하세요.

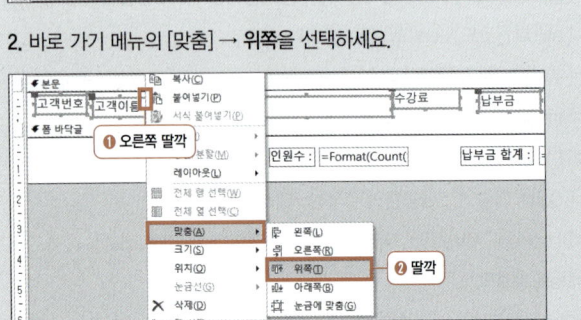

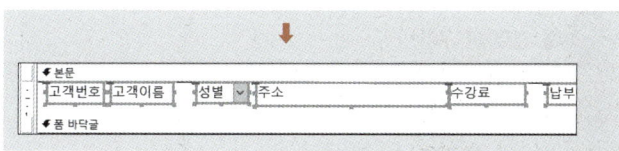

### [유형 2] 〈수강고객현황〉 폼 본문의 모든 컨트롤들 간의 가로 간격이 모두 같도록 설정하시오.
<sup>25.상시, 20.상시, 18.상시, 17.상시, 15.상시</sup>

1. 본문 영역의 세로 눈금선을 드래그하여 본문의 모든 컨트롤을 선택하세요.

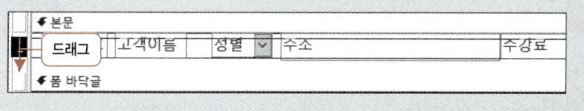

2. [정렬] → 크기 및 순서 조정 → 크기/공간 → 가로 간격 같음을 선택하세요.

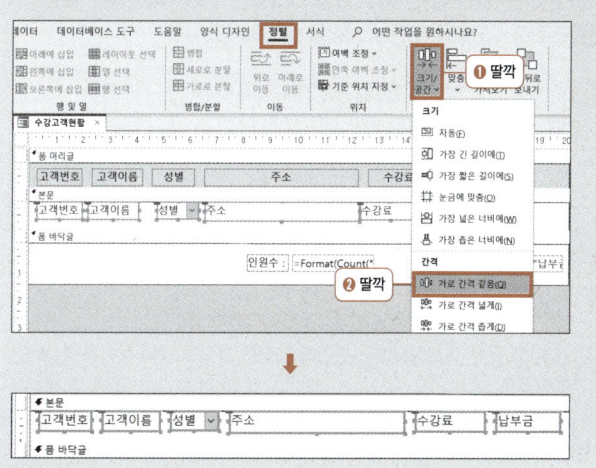

### [유형 3] 〈수강고객현황〉 폼 바닥글의 'txt인원수'와 'txt납부금합계' 컨트롤의 높이를 가장 짧은 컨트롤을 기준으로 동일하게 설정하시오.
<sup>25.상시</sup>

1. 폼 바닥글의 'txt인원수'와 'txt납부금합계' 컨트롤을 선택하세요.

2. 바로 가기 메뉴의 [크기] → 가장 짧은 길이에를 선택하세요.

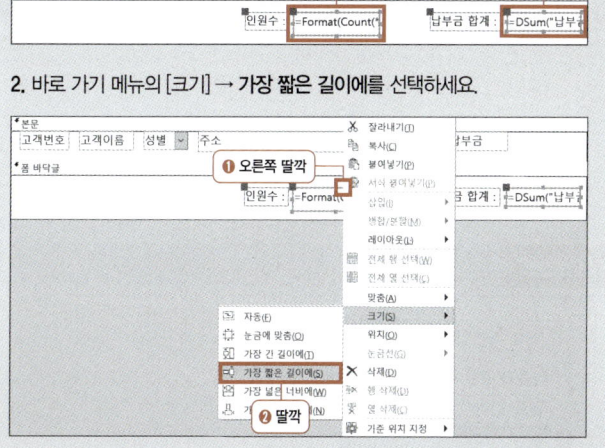

 **기본 폼과 하위 폼 연결하기** <sup>24.상시</sup>

〈수강관리〉 폼의 '과목코드' 필드를 이용하여 하위 폼에 〈수강고객현황〉 폼의 내용이 표시되도록 기본 폼과 하위 폼을 연결하시오.

1. 〈수강관리〉 폼의 바로 가기 메뉴에서 [디자인 보기]를 선택합니다.
2. 본문에 '언바운드'로 표시된 하위 폼을 더블클릭한 후 '속성 시트' 창이 표시되면, '데이터' 탭의 '원본 개체' 속성을 '수강고객현황'으로 설정합니다.

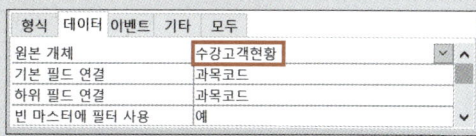

※ '원본 개체' 속성을 설정하면 '기본 필드 연결'과 '하위 필드 연결' 속성에 설정된 값이 자동으로 표시됩니다.

 **컨트롤 생성하기** <sup>25.상시, 24.상시, 23.상시, 22.상시, 21.상시, 20.상시, 19.상시, 18.상시, …</sup>

### [유형 1] 〈수강관리〉 폼 머리글에 다음과 같이 그림을 삽입하시오.
<sup>24.상시</sup>

▶ 그림 파일 이름 : 로고.png
▶ 그림 너비 : 1.6cm
▶ 그림 높이 : 1.3cm
▶ 그림 유형 : 포함
▶ 그림 이름 : IMG그림

1. 〈수강관리〉 폼의 바로 가기 메뉴에서 [디자인 보기]를 선택합니다.
2. [양식 디자인] → 컨트롤 → 이미지 삽입 → 찾아보기를 클릭합니다.
3. '그림 삽입' 대화상자에서 찾는 위치를 '길벗컴활1급총정리\액세스\기능'으로 지정한 후 '로고.png'를 선택한 다음 〈확인〉을 클릭한다.

4. 폼 머리글의 제목 왼쪽에 마우스를 드래그하여 그림을 삽입한다.

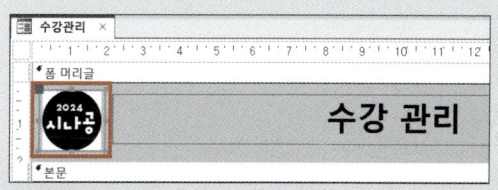

5. 삽입된 그림을 더블클릭한 후 '속성 시트' 창이 표시되면, 다음과 같이 속성을 설정한다.
- '형식' 탭의 그림 유형 → 포함
- '형식' 탭의 너비 → 1.6cm
- '형식' 탭의 높이 → 1.3cm
- '기타' 탭의 이름 → IMG그림

※ 너비나 높이를 입력할 때 1.6이나 1.3과 같이 입력하고 Enter를 누르면, cm가 자동으로 붙어 1.6cm 또는 1.3cm와 같이 입력됩니다.

25.상시, 23.상시, 22.상시, 21.상시, 20.상시, 20.1, 19.상시, 19.2, 19.1, 18.상시, …

**[유형 2]** 〈상품판매〉 폼 머리글에 〈그림〉과 같이 레이블을 생성하시오.

▶ 레이블의 이름은 'lbl제목'로 설정하시오.
▶ 글꼴은 '궁서', 크기는 22로 설정하시오.

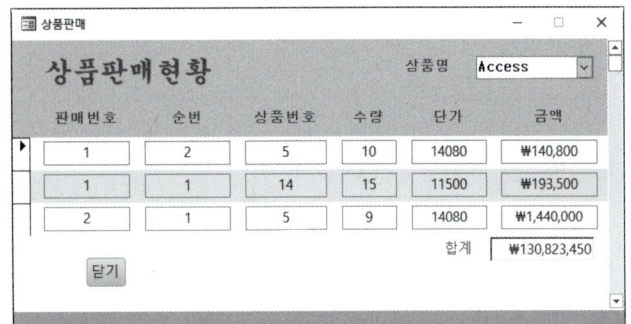

1. [양식 디자인] → 컨트롤 → 레이블()을 클릭한 후 폼 머리글에서 적당한 위치에 드래그하세요.
2. 〈그림〉과 같이 제목을 입력하세요.
3. [서식] → 글꼴에서 글꼴을 '궁서', 크기를 22로 변경하세요.

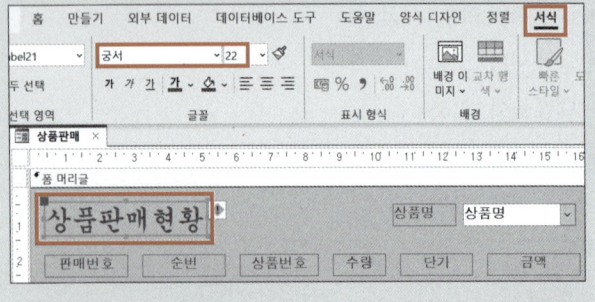

4. 작성된 레이블을 더블클릭하세요.
5. '속성 시트' 창의 '기타' 탭에서 '이름' 속성에 lbl제목을 입력하세요.

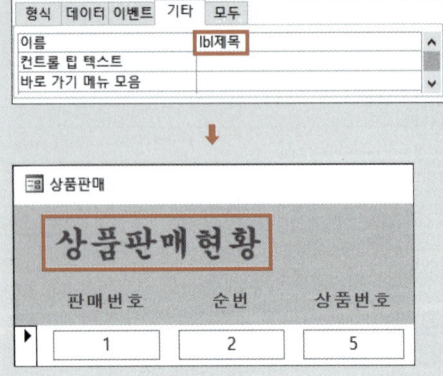

### 잠깐만요   [양식 디자인] → 컨트롤의 주요 컨트롤

① 텍스트 상자   ② 레이블   ③ 단추   ④ 하위 폼/하위 보고서

---

### 전문가의 조언

조건부 서식을 설정할 때는 지시사항에 맞게 수식을 작성하는 것이 어려울 수 있습니다. 문제가 **반복해서 출제**되고 있으니 **조금 어렵게 느껴지는 수식은 지시사항과 함께 암기해 두세요.**

## 07 조건부 서식 설정하기

25.상시, 24.상시, 23.상시, 22.상시, 21.상시, 20.상시, 20.1, 19.상시, …

20.상시, 19.상시, 18.상시, 17.상시, 15.3, 13.3

**[유형 1]** 〈수강고객현황〉 폼의 본문에 있는 모든 컨트롤에 대해 '고객이름' 필드의 첫 글자가 "김"인 경우 글꼴 스타일은 '굵게', 배경색은 '표준색 – 노랑'으로 표시되도록 조건부 서식을 설정하시오.

1. 조건부 서식을 적용할 컨트롤들을 선택한 후 [서식] → 컨트롤 서식 → 조건부 서식()을 클릭하세요.
2. '조건부 서식 규칙 관리자' 대화상자에서 〈새 규칙〉을 클릭하세요.

3. '새 서식 규칙' 대화상자에서 조건과 서식을 그림과 같이 설정하고 〈확인〉을 클릭한 후 '조건부 서식 규칙 관리자' 대화상자에서도 〈확인〉을 클릭하세요.

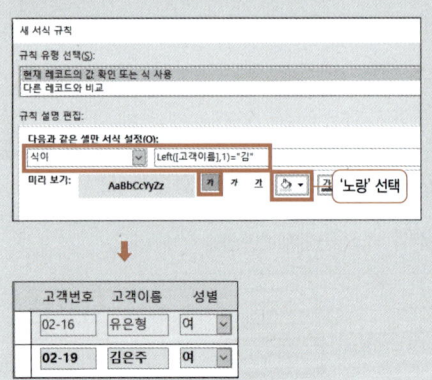

### 잠깐만요   조건 유형

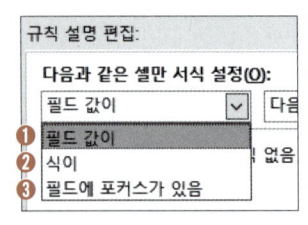

① **필드 값이** : 컨트롤의 값을 이용하여 조건을 지정할 때 사용함
② **식이** : 계산식을 이용해 조건을 지정할 때 사용함
③ **필드에 포커스가 있음** : 컨트롤에 포커스가 있을 때만 서식이 지정되게 할 때 사용함

23.상시, 19.상시, 17.상시, 16.상시

**[유형 2]** 〈구매입력〉 폼의 본문에 있는 모든 컨트롤에 대하여 '구매일자'의 날짜가 짝수날인 경우 글꼴 스타일은 '굵게', 글꼴 색은 '표준색-빨강'으로 표시되도록 조건부 서식을 설정하시오.

〈정답〉

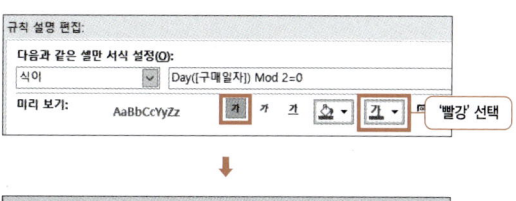

- Day(날짜) : 지정된 날짜에서 일만 표시함
- 인수1 Mod 인수2 : 인수1을 인수2로 나눈 나머지를 구함

20.상시, 18.상시, 16.상시, 16.2, 15.3, 14.2, 14.1, 13.3, 13.1, 09.1

**[유형 3]** 〈매출관리〉 폼 본문의 '상품명' 컨트롤에 대하여 '상품명'의 글자 수가 5 이하인 경우 글꼴 스타일은 '굵게'로 표시되도록 조건부 서식을 설정하시오.

〈정답〉

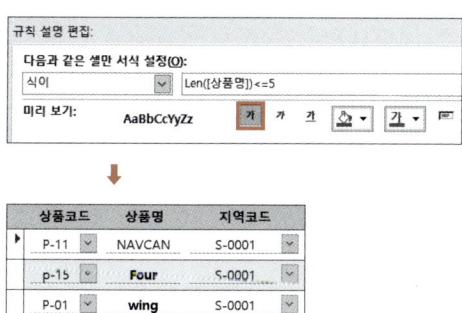

20.상시, 18.상시, 17.상시

**[유형 4]** 〈성적입력세부〉 폼의 본문 영역에서 '학점' 필드가 비어있는 모든 컨트롤에 대해 배경색을 노랑색으로 적용하는 조건부 서식을 설정하시오.

〈정답〉

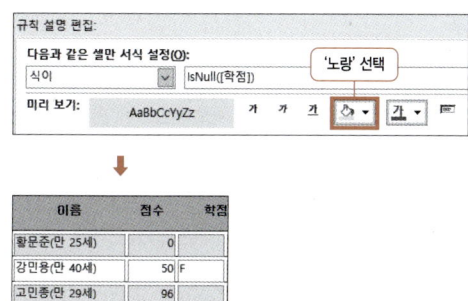

IsNull(인수) : 인수에 값이 없으면 참을 반환하고, 그렇지 않으면 거짓을 반환함

23.상시, 20.상시, 19.상시, 18.상시, 16.상시

**[유형 5]** 〈반품관리〉 폼 본문의 모든 컨트롤에 대하여 '반품수'가 전체 반품수의 평균 이상인 경우 글꼴 스타일은 '굵게', 글꼴색은 빨강색으로 지정하는 조건부 서식을 설정하시오.

〈정답〉

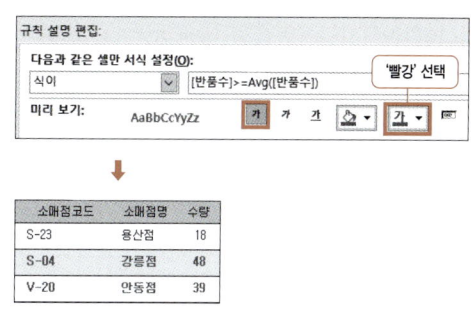

25.상시, 24.상시, 20.상시, 19.상시, 18.상시, 17.상시, 16.상시

**[유형 6]** 〈상품판매〉 폼의 본문 컨트롤에 대하여 본문에 있는 임의의 컨트롤에 커서가 위치하면 해당 컨트롤의 배경색이 노란색으로 채워지도록 조건부 서식을 설정하시오.

〈정답〉

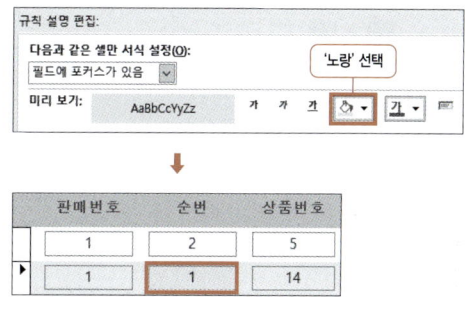

25.상시, 24.상시, 20.상시, 19.상시, 17.상시, 16.3, 15.3, 14.2, 13.3

**[유형 7]** 〈운행관리〉 폼 본문의 'txt상호' 컨트롤에 대하여 '상호'에 "산업"이 포함된 경우 글꼴 스타일을 '굵은 기울임꼴'로 표시하는 조건부 서식을 설정하시오.

〈정답〉

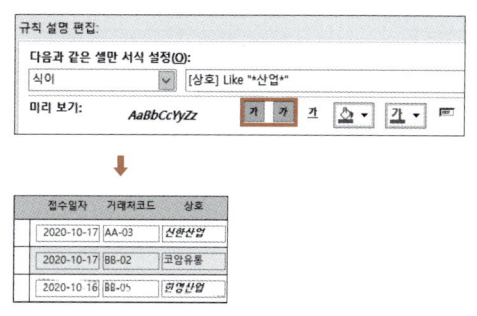

25.상시, 24.상시, 22.상시, 21.상시, 20.상시, 18.상시, 18.2, 17.상시, 16.상시, …

**[유형 8]** 〈일일소비입력〉 폼에 본문의 'ck출금항목'을 제외한 모든 컨트롤에 대해 '분류명' 필드의 값이 "외식비"이고 '금액' 필드의 값이 20,000 이상인 경우 글꼴 스타일은 '굵게', 글꼴색은 '빨강'으로 표시되도록 조건부 서식을 설정하시오.

〈정답〉

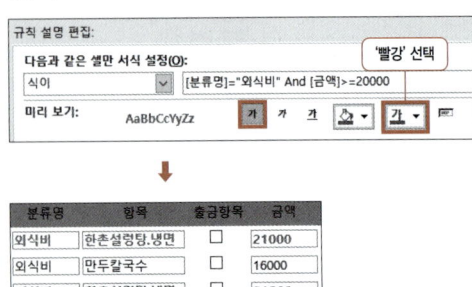

25.상시, 24.상시, 22.상시, 21.상시, 20.상시, 20.1, 19.상시, 19.1, 18.상시, 18.1, …

**[유형 9]** 〈씨앗입고현황〉 폼의 본문 영역의 모든 컨트롤에 대해 '입고수량'이 50 이상인 경우 글꼴 스타일 '굵게', '밑줄'이 표시되도록 조건부 서식을 설정하시오.

〈정답〉

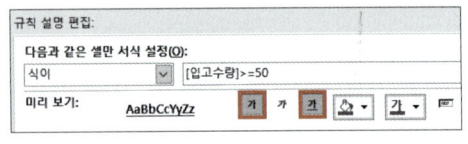

22.상시, 21.상시

**[유형 10]** 〈회사정보조회〉 폼의 'Txt시장구분' 컨트롤에 대해 '시장구분' 필드의 값이 '코스닥'인 경우 글꼴 스타일은 '굵게', 배경색은 '표준 색 - 진한 바다색 2'로 표시되도록 조건부 서식을 설정하시오.

〈정답〉

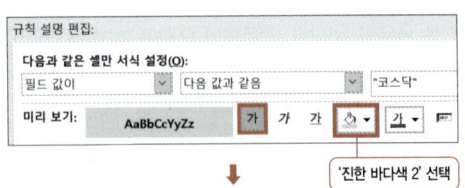

**체크체크**

다음은 조건부 서식의 조건이다. 알맞은 수식을 적으시오.

① '시가배당률' 필드의 값이 1.5 이상인 경우 (              )
② '성별' 필드의 값이 "여자"인 경우 (              )
③ '가입일자' 필드의 년도가 2024년인 경우 (              )
④ '누적학생수' 필드의 값이 '누적학생수' 필드의 전체 평균 이상인 경우 (              )
⑤ '지점' 필드의 앞 글자가 "서울"인 경우 (              )
⑥ '미납금액' 필드의 값이 0이 아니고 '연체횟수' 필드의 값이 0인 경우 (              )
⑦ '장르' 필드에 "액션"이 포함된 경우 (              )
⑧ "상품명" 필드의 글자수가 5 이하이고, '매출수량' 필드의 값이 500 이상인 경우 (              )
⑨ '직위' 필드가 비어 있는 경우 (              )
⑩ '판매일자' 필드의 날짜가 홀수날인 경우 (              )

**정답**

① [시가배당률]>=1.5  ② [성별]="여자"  ③ Year([가입일자])=2024
④ [누적학생수]>=Avg([누적학생수])  ⑤ Left([지점], 2)="서울"
⑥ [미납금액]<>0 And [연체횟수]=0  ⑦ [장르] Like "*액션*"
⑧ Len([상품명])<=5 And [매출수량]>=500  ⑨ IsNull([직위])
⑩ Day([판매일자]) Mod 2 = 1

# 대표기출문제

'길벗컴활1급총정리\액세스\기능\04폼완성-기출.accdb' 파일을 열어서 작업하세요.

### [기출 1]  25.상시, 24.상시, 23.상시, 22.상시, 21.상시, 20.상시, 20.1, 19.상시, …

〈구매현황〉 폼을 다음의 화면과 지시사항에 따라 완성하시오.

① 〈회원권〉 테이블을 레코드 원본으로 설정하시오.
② 폼의 '기본 보기' 속성을 〈그림〉과 같이 설정하시오.
③ 본문의 모든 컨트롤이 〈그림〉과 같이 위쪽을 기준으로 동일한 높이에 위치하도록 맞추시오.
④ 폼에 레코드를 추가하거나 삭제할 수 없도록 설정하시오.
⑤ 폼 바닥글의 'txt회원수' 컨트롤에는 전체 레코드의 수가 〈그림〉과 같이 표시되도록 컨트롤 원본 속성을 설정하시오.
▶ FORMAT, COUNT 함수를 이용할 것

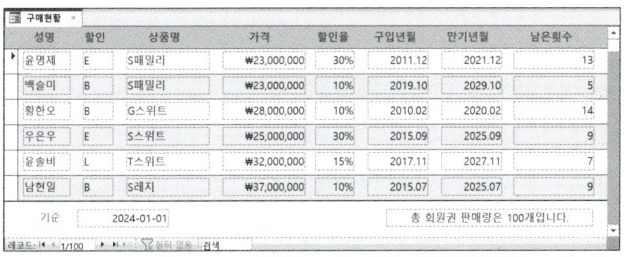

### [기출 2]  25.상시, 24.상시, 23.상시, 22.상시, 21.상시, 20.상시, 20.1, 19.상시, …

〈구매내역열람〉 폼을 다음의 화면과 지시사항에 따라 완성하시오.

① 폼 머리글에 〈그림〉과 같이 레이블을 생성한 후 폼 제목을 입력하고, 이름은 'lab제목', 글꼴은 '궁서', 크기는 25로 설정하시오.
② 폼 본문의 'txt구매일' 컨트롤에 '구매일' 필드를 바운드 시키시오.
③ 폼의 탐색 단추와 구분 선이 표시되도록 설정하시오.
④ 하위 폼에 대해 특수 효과를 '오목'으로 설정하시오.
⑤ 하위 폼에는 포커스가 이동되지 않도록 설정하시오.

### [기출 3]  25.상시, 24.상시, 23.상시, 22.상시, 21.상시, 20.상시, 19.상시, 19.1, …

〈패키지주문현황〉 폼을 다음의 화면과 지시사항에 따라 완성하시오.

① 폼 머리글 영역의 'txt조회' 컨트롤에는 Enter를 누르면 필드에서 줄 바꿈이 되도록 관련 속성을 설정하시오.
② 폼 본문에 있는 컨트롤들의 가로 간격을 모두 같게 설정하시오.
③ 폼 본문 영역의 'txt판매일' 컨트롤에는 '판매일' 필드의 년도 부분만 2자리로 표시되고, 월과 일은 '@' 문자로 표시되도록 형식 속성을 설정하시오.
④ 폼 본문 영역의 'txt판매처기호' 컨트롤에 '패키지명' 필드와 '판매처코드' 필드의 내용이 표시 예와 같이 표시되도록 컨트롤 원본 속성을 설정하시오.
▶ 표시 예 : GP127(TR1480)
⑤ 폼 본문의 탭 순서는 화면의 왼쪽부터 차례대로 이동되도록 설정하시오.

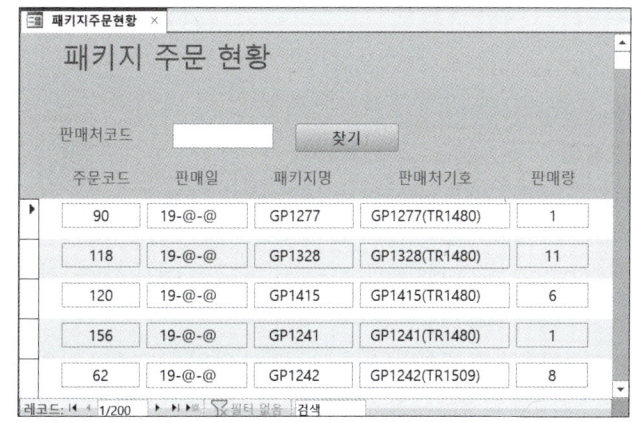

### [기출 4]  25.상시, 24.상시, 23.상시, 22.상시, 21.상시, 20.상시, 20.1, 19.상시, 19.1, …

〈회원목록〉 폼을 다음의 화면과 지시사항에 따라 완성하시오.

① 폼 머리글의 배경색을 '밝은 텍스트'로 설정하시오.
② 폼에 레코드 선택기가 표시되지 않게 설정하시오.
③ 'txt주소' 컨트롤에 마우스를 가져가면 〈그림〉과 같이 관련 텍스트가 나타나도록 설정하시오(도로명 주소로 변경 예정).
④ 폼에 최소화/최대화 단추가 표시되지 않도록 설정하시오.
⑤ 폼이 팝업 폼으로 열리도록 설정하고, 폼이 열려 있을 경우 다른 작업을 수행할 수 없도록 설정하시오.

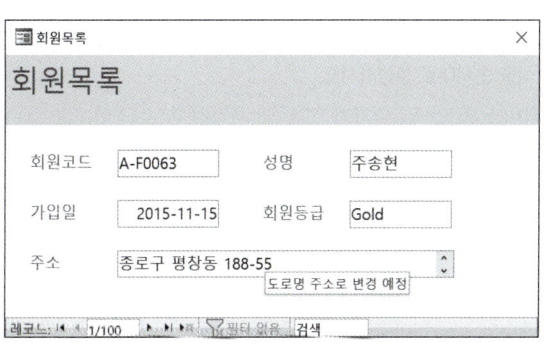

## [기출 5] 25.상시

〈봉사내역입력〉 폼 바닥글의 'txt봉사시수합계' 컨트롤에는 현재 폼 본문의 'txt학과'에 표시된 학과의 총 봉사시수가 다음과 같이 표시되도록 설정하시오.

▶ '학과' 필드에서 "과" 글자 전까지만 추출하여 [표시 예]와 같이 표시되도록 '컨트롤 원본' 속성을 설정하시오.

[표시 예] '학과'가 "금융정보과"이고 총 봉사시수가 19인 경우 → 금융정보 학생들의 총 봉사시수 : 20 시수

▶ 〈봉사현황〉 쿼리와 Left, InStr, Dsum, Format 함수를 사용하시오.

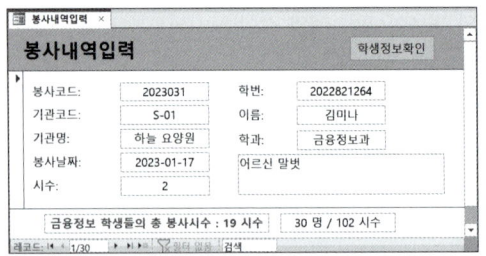

## [기출 6] 25.상시, 24.상시, 20.상시, 19.상시, 16.상시, 13.3, 11.3, 10.2

〈산업단지현황조회〉 폼 바닥글의 'txt가동업체총계' 컨트롤에 가동업체의 총 개수가 표시되도록 컨트롤 원본 속성을 설정하시오.

▶ 〈산업단지현황〉 테이블의 '시도코드' 필드가 'txt시도코드' 컨트롤의 값과 같은 가동업체의 총 개수를 표시하시오.

▶ 가동업체의 총 개수가 0이면 "가동업체 없음"을, 그렇지 않으면 "가동업체 총 개수 : "와 가동업체의 총 개수를 표시하시오.

▶ IIF, DCOUNT 함수를 사용하시오.

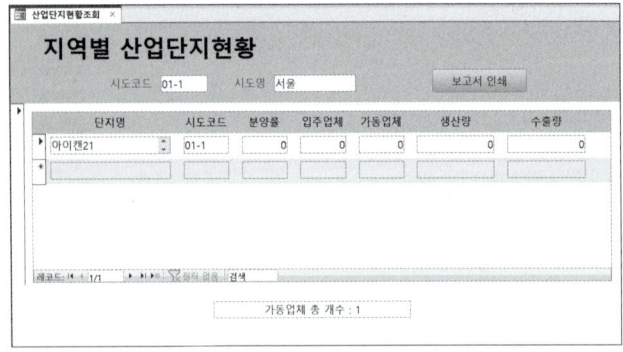

## [기출 7] 25.상시, 24.상시, 22.상시, 21.상시, 20.상시, 20.1, 19.상시, 19.1, …

〈예약현황〉 폼의 본문에 있는 모든 컨트롤에 대하여 다음과 같이 조건부 서식을 순서대로 설정하시오.

▶ '예약서비스'의 앞 두 글자가 "CA"로 시작하고 '요금'이 500,000 미만인 경우 글꼴 스타일을 '굵게', 글자 색을 '표준 색 - 빨강'으로 지정하시오.

▶ '서비스명' 필드의 값에 "Magic"이 포함된 경우 글꼴 스타일을 '굵게', 글꼴 색을 '표준 색 - 파랑'으로 지정하시오.

▶ Left 함수와 And, Like 연산자를 사용하시오.

## [기출 8] 25.상시, 24.상시, 20.상시, 19.상시, 18.상시, 17.상시, 16.상시

〈과목리스트〉 폼의 본문 컨트롤에 대하여 다음과 같이 조건부 서식을 설정하시오.

▶ 본문에 있는 임의의 컨트롤에 커서가 위치하면 해당 컨트롤의 배경색이 노란색으로 채워지도록 지정하시오.

## [기출 9] 25.상시, 24.상시, 22.상시, 20.상시, 19.상시, 17.상시, 16.3, 15.3, …

〈구매자명단〉 폼의 본문에 있는 모든 컨트롤에 대하여 다음과 같이 조건부 서식을 설정하시오.

▶ '배송주소'에 "종로구"가 포함된 레코드에 대해 글꼴 스타일을 '굵게', '밑줄'을 지정하시오.

---

### 정답 및 해설

**[기출 1]**

1. 〈구매현황〉 폼의 바로 가기 메뉴에서 [디자인 보기]를 선택한다.
2. 속성을 설정할 대상을 더블클릭한다.
3. 속성 시트 창의 각 탭에서 해당 속성에 설정값을 입력한다.

〈정답〉

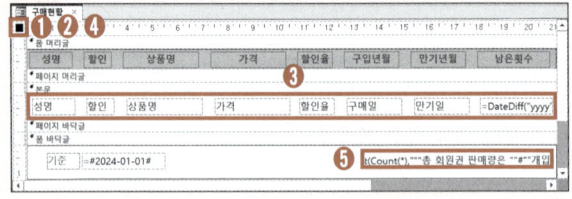

〈해설〉

❶, ❷ 폼의 속성 설정하기
- '데이터' 탭의 레코드 원본 → 회원권
- '형식' 탭의 기본 보기 → 연속 폼

❸ 본문 모든 컨트롤의 위치 조절하기
본문의 컨트롤을 모두 선택한 후 바로 가기 메뉴에서 [맞춤] → 위쪽(🔝)을 선택한다.

❹ 폼의 속성 설정하기
- '데이터' 탭의 추가 가능 → 아니요
- '데이터' 탭의 삭제 가능 → 아니요

❺ 'txt회원수' 컨트롤에 속성 설정하기
'데이터' 탭의 컨트롤 원본 속성 →
=Format(Count(*), "총 회원권 판매량은 #개입니다.")

## [기출 2]

〈정답〉

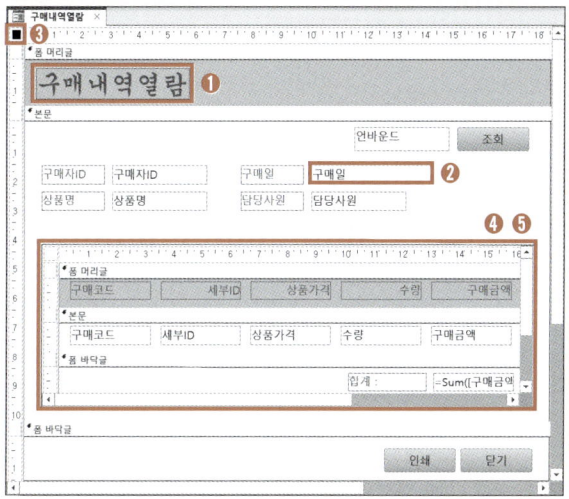

〈해설〉

❶ 제목 삽입하기
  1. [양식 디자인] → 컨트롤 → **레이블**(가가)을 클릭한 후 폼 머리글의 적당한 위치에 드래그한다.
  2. **구매내역열람**을 입력하고 Enter를 누른 후 [서식] → 글꼴에서 글꼴을 '궁서', 크기를 25로 변경한 다음 문제의 그림과 같이 배치한다.
  3. 작성된 레이블을 더블클릭한 후 '속성 시트' 창이 표시되면, '기타' 탭의 '이름' 속성에 **lab제목**을 입력한다.
❷ 'txt구매일' 컨트롤에 속성 설정하기
  '데이터' 탭의 컨트롤 원본 → 구매일
❸ 폼의 속성 설정하기
  • '형식' 탭의 탐색 단추 → 예
  • '형식' 탭의 구분 선 → 예
❹ 하위 폼 컨트롤에 속성 설정하기
  '형식' 탭의 특수 효과 → 오목
❺ 하위 폼 컨트롤에 속성 설정하기
  '기타' 탭의 탭 정지 → 아니요

## [기출 3]

〈정답〉

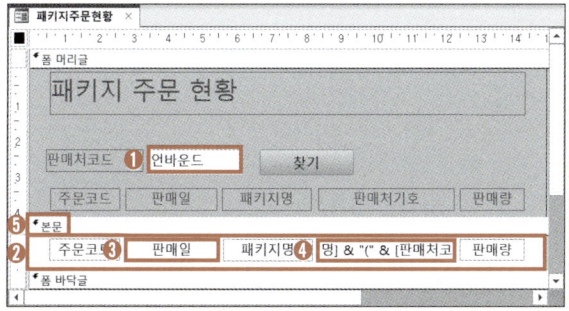

〈해설〉

❶ 'txt조회' 컨트롤의 속성 설정하기
  '기타' 탭의 〈Enter〉 키 기능 → 필드에서 줄 바꿈
❷ 본문 모든 컨트롤의 가로 간격 조절하기
  본문의 모든 컨트롤을 선택한 후 [정렬] → 크기 및 순서 조정 → 크기/공간 → **가로 간격 같음**(|□□|)을 선택한다.
❸ 'txt판매일' 컨트롤의 속성 설정하기
  '형식' 탭의 형식 → yy-@-@

❹ 'txt판매처기호' 컨트롤의 속성 설정하기
  '데이터' 탭의 컨트롤 원본 → =[패키지명] & "(" & [판매처코드] & ")"
❺ 본문 컨트롤의 탭 순서 설정하기

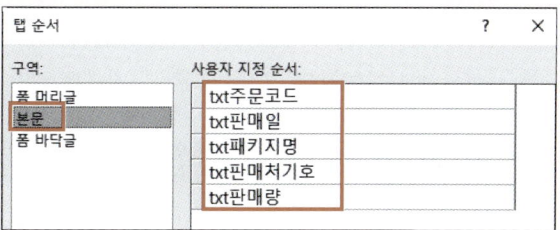

## [기출 4]

〈정답〉

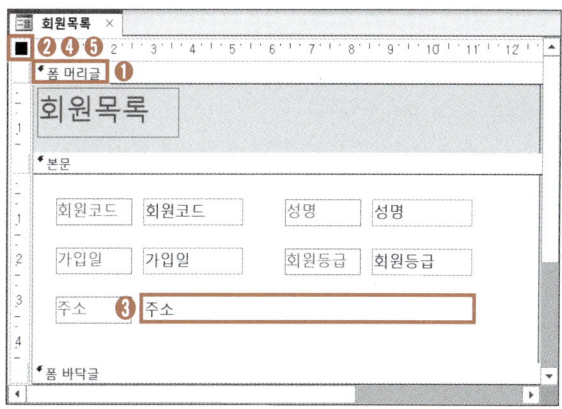

〈해설〉

❶ 폼 머리글의 속성 설정하기
  '형식' 탭의 배경색 → 밝은 텍스트
❷ 폼의 속성 설정하기
  '형식' 탭의 레코드 선택기 → 아니요
❸ 'txt주소' 컨트롤에 속성 설정하기
  '기타' 탭의 컨트롤 팁 텍스트 → 도로명 주소로 변경 예정
❹ 폼의 속성 설정하기
  '형식' 탭의 최소화/최대화 단추 → 표시 안 함
❺ 폼의 속성 설정하기
  • '기타' 탭의 팝업 → 예
  • '기타' 탭의 모달 → 예

## [기출 5]

'txt봉사시수합계' 컨트롤에 속성 설정하기
'데이터' 탭의 컨트롤 원본 →
=Left([학과],InStr([학과],"과")-1) & " 학생들의 총 봉사시수 : " & Format(DSum("시수","봉사현황","학과=txt학과"),"# 시수")

> Left([학과],InStr([학과],"과")-1)의 의미
> • InStr([학과],"과")-1 : '학과'에서 "과"의 위치를 반환합니다("금융정보과" → 5). 여기서 1을 뺍니다(4).
> • Left([학과], 4) : '학과'에서 왼쪽부터 네 번째 문자까지만 표시합니다("금융정보과" → 금융정보).
>
> DSum("시수","봉사현황","학과=txt학과")의 의미
> • 시수 : 결과값을 구할 필드 이름으로, 여기서는 시수의 합계를 구하므로 '시수' 필드를 지정합니다.

- **봉사현황** : 작업 대상 레코드가 들어 있는 테이블이나 쿼리의 이름으로서, 문제에 제시되지 않았다면 폼 속성의 '데이터' 탭에서 '레코드 원본' 속성과 동일하게 지정하면 됩니다.
- **학과=txt학과** : 조건으로서 '학과'가 'txt학과' 컨트롤의 값과 같은 레코드만 대상으로 합니다.

**Format(DSum("시수","봉사현황","학과=txt학과"),"# 시수")의 의미**
Format( )은 숫자를 지정된 형식에 맞게 문자열로 변환해 주는 함수로, DSum( ) 함수의 결과값이 19인 경우 **19 시수**로 표시합니다.

### [기출 6]

**폼 바닥글의 'txt가동업체총계' 컨트롤에 속성 설정하기**
'데이터' 탭의 컨트롤 원본 →
=IIf(DCount("가동업체","산업단지현황","시도코드=txt시도코드")=0,"가동업체 없음","가동업체 총 개수 : " & DCount("가동업체","산업단지현황","시도코드=txt시도코드"))

**IIf(조건, 인수1, 인수2)**
조건을 비교하여 참이면 인수1, 거짓이면 인수2를 표시합니다.
**DCount("가동업체","산업단지현황","시도코드=txt시도코드")의 의미**
- **DCount(인수, 도메인, 조건)** : 도메인에서 조건에 맞는 자료를 대상으로 지정된 인수의 개수를 계산함
- **가동업체** : 찾아올 값이 들어 있는 필드 이름으로, DCount 함수의 인수에는 데이터가 모두 입력된 임의의 필드를 지정하면 됨. 즉, DCount("가동업체", "산업단지현황", "시도코드=txt시도코드")'에서 '가동업체' 대신에 〈산업단지현황〉 테이블에 있는 필드 중 데이터가 모두 입력된 '유형번호', '시도코드' 등을 지정해도 됨
- **산업단지현황** : 작업 대상 레코드가 들어 있는 테이블이나 쿼리의 이름으로, 문제에 제시되지 않은 경우 폼 속성의 '데이터' 탭에서 '레코드 원본' 속성을 통해 확인할 수 있음
- **시도코드=txt시도코드** : 조건으로 〈산업단지현황〉 테이블에서 '시도코드' 필드의 값이 〈산업단지현황조회〉 폼의 'txt시도코드'에 표시된 값과 같은 가동업체의 개수를 '가동업체' 필드를 이용하여 계산함

### [기출 7]

- 첫 번째 조건부 서식

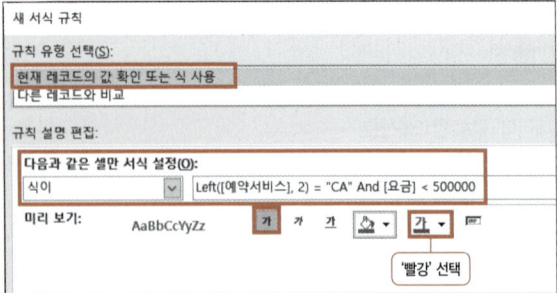

- 두 번째 조건부 서식

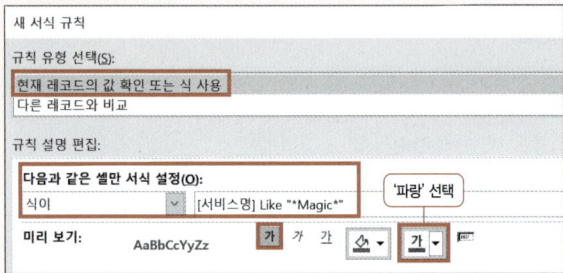

### [기출 8]

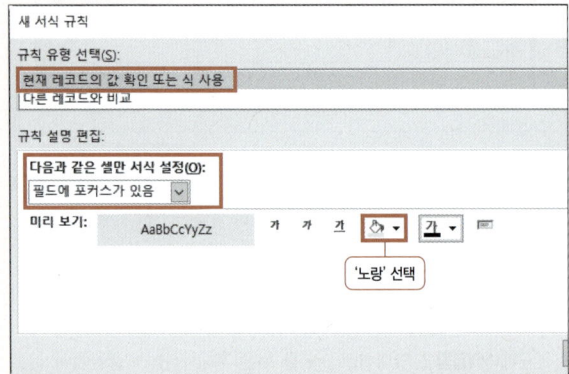

### [기출 9]

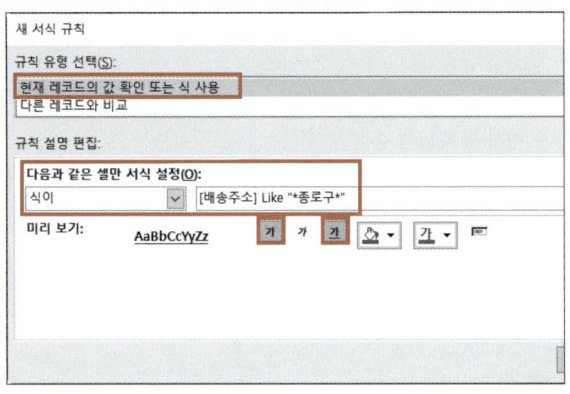

## 2  매크로 작성

출제 비율 100% / 배점 5점

매크로 작성 문제는 폼이나 보고서에 조건에 맞는 자료만 표시하는 매크로를 만들어 폼의 컨트롤에 연결하는 작업입니다. 5점짜리 1문제가 고정적으로 출제되며, 지시사항을 모두 해결해야 5점을 얻습니다. 부분 점수는 없습니다.

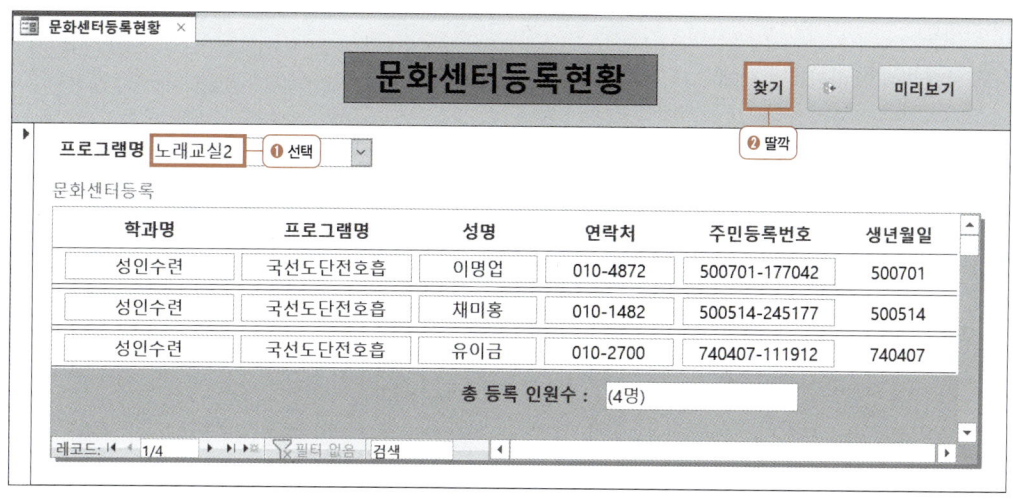

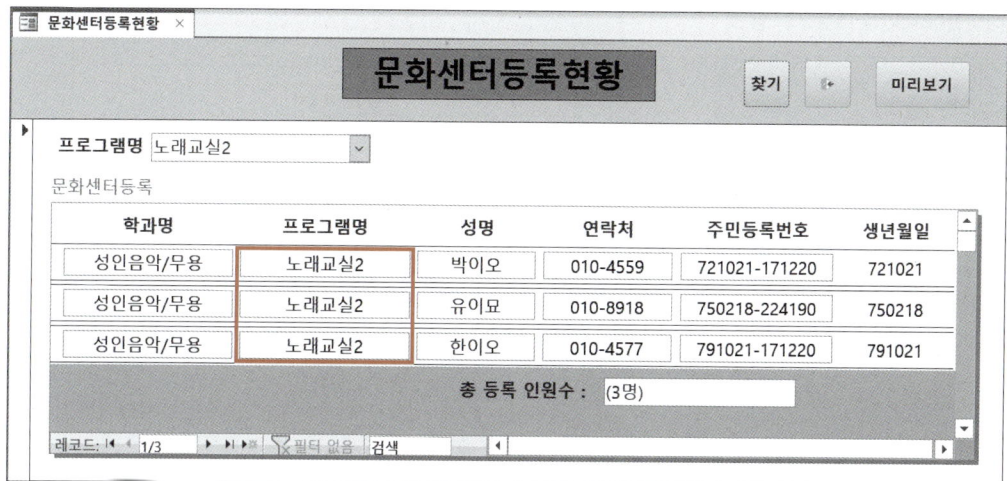

※ 프로그램명이 '노래교실2'인 자료만 폼에 표시한 것입니다.

## 작업 순서

매크로 작업에서는 순서가 매우 중요합니다. 잘 기억해 두세요.

1. [만들기] → 매크로 및 코드 → **매크로**( )를 클릭한다.
2. '매크로' 창에서 매크로 함수를 선택하고 인수를 설정한다.
3. 매크로 이름을 입력한다.
4. 매크로를 지정할 폼을 [디자인 보기]로 연다.
5. 매크로를 지정할 컨트롤을 더블클릭한다.
6. 컨트롤 속성 시트 창의 '이벤트' 탭에서 사용할 이벤트를 클릭한다.
7. 목록 단추( )를 클릭한 후 위에서 작성한 매크로를 선택한다.

## 합격포인트

- 매크로 작성 작업은 조건에 맞는 자료만 추출하기 위해 **정확한 조건식을 만드는 것이** 합격포인트입니다.
- 시험에 나오는 조건식들을 모두 모아놓았으니 반복해서 풀어보세요. 이해가 잘 안되는 조건식은 암기하세요.
- 함수의 기능과 인수의 사용법은 한두 번만 제대로 따라하면 쉽게 익힐 수 있습니다.
- ☞ 직접 실습하려면 '길벗컴활1급총정리\액세스\기능\05매크로-합격포인트.accdb' 파일을 열어 작업하세요.

### 01 OpenReport – 보고서 열기

25.상시, 24.상시, 23.상시, 22.상시, 21.상시, 20.상시, 20.1, 19.상시, …

〈고객별대여현황〉 폼의 '문서 미리 보기(미리 보기)' 아이콘()을 클릭하면 〈고객별대여현황〉 보고서를 '인쇄 미리 보기' 형식의 '대화 상자' 창 모드로 여는 〈보고서확인〉 매크로를 생성한 후 지정하시오.

▶ 매크로 조건 : 'cmb고객코드'에서 선택한 고객만을 대상으로 할 것

〈정답〉

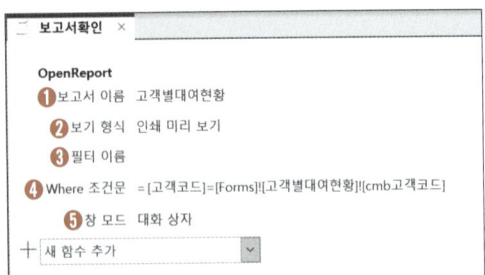

**OpenReport**
- 보고서를 호출하는 매크로 함수입니다.
① **보고서 이름** : 호출할 보고서의 이름을 지정함
② **보기 형식** : 보고서를 열 때의 보기 형식을 지정함. 보기 형식으로는 '인쇄 미리 보기' 형식만 고정적으로 출제되고 있음
③ **필터 이름** : 보고서에 표시할 레코드를 제한하는 필터의 이름을 입력함
④ **Where 조건문** : 조건을 지정하여 보고서에 표시할 레코드를 제한함
⑤ **창 모드** : 보고서가 열릴 때 창의 속성(기본, 숨김, 아이콘, 대화 상자)을 선택함

**Where 조건문**
- 〈고객별대여현황〉 폼의 'cmb고객코드' 컨트롤에 입력된 값과 〈고객별대여현황〉 보고서의 '고객코드' 필드의 값이 같은 자료만을 〈고객별대여현황〉 보고서에 표시합니다.
- 컨트롤에 연결된 필드를 확인하면, 조건에 사용할 필드를 알 수 있습니다. 'cmb고객코드' 컨트롤의 '행 원본' 속성에 연결된 필드가 〈고객〉 테이블의 '고객코드' 필드이므로 조건에 '고객코드' 필드를 사용합니다. 컨트롤이 콤보 상자가 아니라 텍스트 상자인 경우에는 '컨트롤 원본' 속성을 확인합니다.
- Where 조건문에 '고객코드' 필드의 경로가 없는 이유는 매크로가 실행될 때 열리는 〈고객별대여현황〉 보고서에 포함된 필드이기 때문입니다. 하지만 'cmb고객코드' 컨트롤은 〈고객별대여현황〉 보고서가 아니라 〈고객별대여현황〉 폼에 있는 컨트롤이므로 해당 개체의 경로를 지정해야 합니다.

1. 매크로에 이름을 지정하여 사용하는 경우는 먼저 매크로 개체를 생성한 후 이를 연결하여 사용하면 됩니다. [만들기] → 매크로 및 코드 → **매크로**(□)를 클릭하세요.

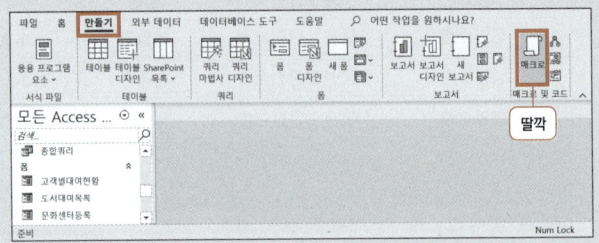

2. 매크로 함수 선택란의 목록 단추(▽)를 누른 다음 'OpenReport' 함수를 선택하세요.

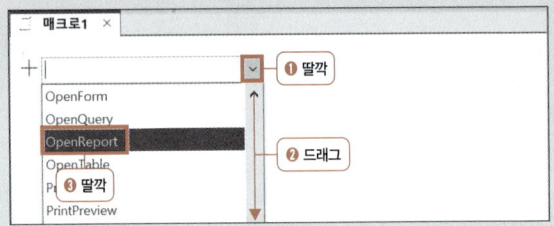

3. OpenReport 매크로 대화상자에서 〈정답〉과 같이 설정한 후 매크로 대화상자의 닫기 단추(×)를 클릭하세요. 저장 여부를 묻는 대화상자가 나타나면 〈예〉를 클릭하세요.

4. '다른 이름으로 저장' 대화상자에서 매크로 이름을 **보고서확인**으로 입력한 다음 〈확인〉을 클릭하세요.

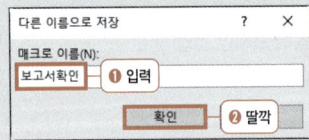

5. 〈고객별대여현황〉 폼을 디자인 보기로 연 다음 'cmd인쇄' 컨트롤을 더블클릭하세요. 'cmd인쇄' 속성 시트 창에서 'On Click' 이벤트의 목록 단추(▽)를 누른 다음 〈보고서확인〉 매크로를 선택합니다.

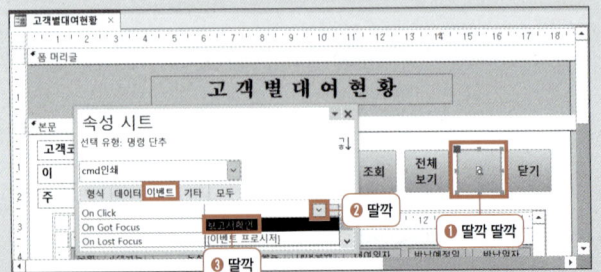

6. 폼을 실행한 후 'cmb고객코드' 컨트롤에 고객코드(떼 : 170623)를 선택하고 '문서 미리 보기' 아이콘(□)을 클릭하세요. 〈고객별대여현황〉 보고서가 열리고 'cmb고객코드' 컨트롤에 표시된 고객코드의 정보가 〈고객별대여현황〉 보고서에 표시되는지 확인해 보세요.

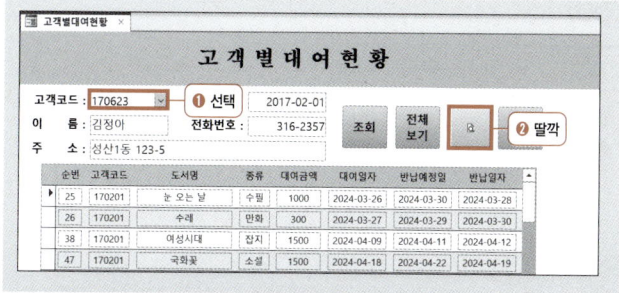

### 02 OpenReport, MessageBox – 보고서를 연 후 메시지 상자 표시

25.상시, 24.상시, 22.상시, 21.상시, 19.상시, 19.1, 18.1, 14.1, 08.2, …

〈회원관리〉 폼의 '보고서보기'(cmd보고서) 단추를 클릭하면 다음과 같은 기능이 구현되도록 〈보고서보기〉 매크로를 생성한 후 지정하시오.

▶ 〈회원목록〉 보고서를 '인쇄 미리 보기' 상태로 표시한 후 다음과 같이 메시지 상자를 표시할 것

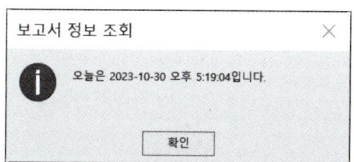

〈정답〉

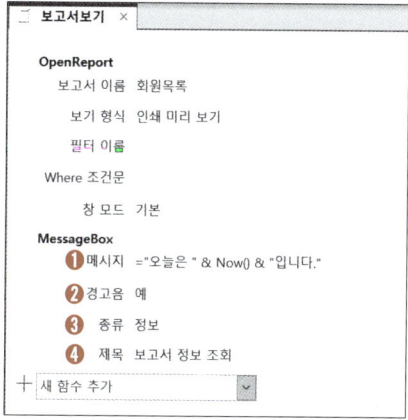

**MessageBox**
- 메시지를 표시하는 함수입니다.
❶ **메시지** : 메시지 상자에 표시할 내용을 입력함
❷ **경고음** : 메시지가 나타날 때 시스템의 경고음 유무를 선택함
❸ **종류** : 메시지 상자에 나타낼 아이콘의 종류를 선택함
  – 위험(✖)    – 경고?(❓)
  – 경고(⚠)    – 정보(ℹ)
❹ **제목** : 메시지 상자의 제목 표시줄에 표시할 내용을 입력함

  =″오늘은 ″ & Now() & ″입니다.″
  • 큰따옴표(″ ″)로 묶인 문자열은 그대로 표시함
  • Now() : 오늘 날짜와 시간을 표시함
  • & : 문자열과 Now() 함수의 결과를 연결함

### 03 OpenForm – 폼 열기

25.상시, 23.상시, 22.상시, 21.상시, 20.상시, 20.1, 19.상시, 19.2, 19.1, …

〈봉사내역입력〉 폼의 '학생정보확인'(cmd보기) 단추를 클릭하면 〈재학생관리〉 폼을 '폼 보기' 형식의 '읽기 전용' 모드로 여는 〈재학생보기〉 매크로를 생성하여 지정하시오.

▶ 매크로 조건 : '학번' 필드의 값이 'txt학번'에 해당하는 재학생의 정보만 표시

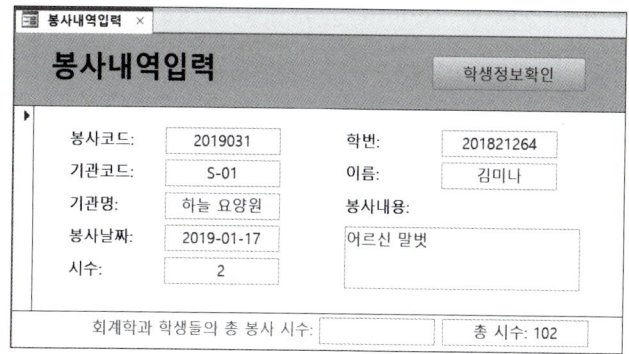

〈정답〉

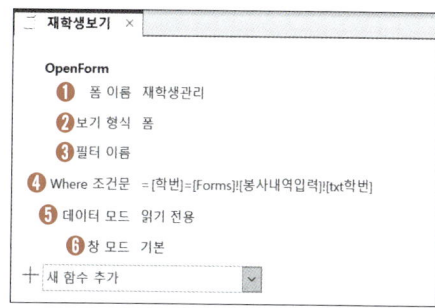

**OpenForm**
- 폼을 호출하는 매크로 함수입니다.
❶ **폼 이름** : 호출할 폼의 이름을 지정함
❷ **보기 형식** : 폼을 열 때의 보기 형식을 설정함. 보기 형식으로는 '폼' 형식만 고정적으로 출제되고 있음
❸ **필터 이름** : 폼에 표시할 레코드를 제한하는 필터의 이름을 입력함
❹ **Where 조건문** : 조건을 지정하여 폼에 표시할 레코드를 제한함
❺ **데이터 모드** : 보기 형식이 데이터시트일 때 폼에서 데이터를 다룰 수 있는 범위(추가, 편집, 읽기 전용)를 선택함
❻ **창 모드** : 폼이 열릴 때 창의 속성(기본, 숨김, 아이콘, 대화 상자)을 선택함

## 04 ApplyFilter, GoToControl - 폼 조회 후 컨트롤 이동

25.상시, 24.상시, 18.상시, 17.상시, 16.상시

〈문화센터등록현황〉 폼 머리글의 '찾기(cmd찾기)' 단추를 클릭하면 'cmb프로그램명' 컨트롤에서 선택한 '프로그램명'으로 필터를 수행하고, 폼 본문의 'txt연락처' 컨트롤로 포커스가 이동하는 〈조회후이동〉 매크로를 생성하여 지정하시오.

▶ ApplyFilter 함수와 GoToControl 메서드를 사용하시오.

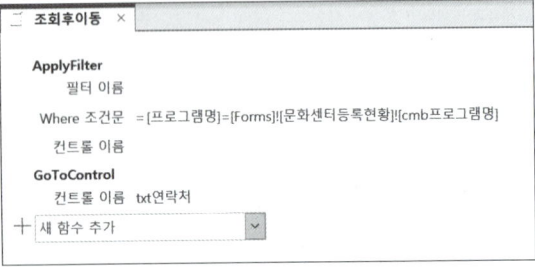

〈정답〉

```
조회후이동
ApplyFilter
    필터 이름
    Where 조건문  =[프로그램명]=[Forms]![문화센터등록현황]![cmb프로그램명]
    컨트롤 이름
GoToControl
    컨트롤 이름  txt연락처
+ 새 함수 추가
```

**ApplyFilter**
테이블이나 쿼리로부터 조건에 맞는 레코드를 검색하는 매크로 함수입니다.

**GoToContorl**
활성화된 폼에서 커서를 특정 컨트롤로 이동시키는 매크로 함수입니다.

## 05 CloseWindow - 폼 종료

25.상시, 20.상시, 19.상시, 19.2, 19.1, 18.1, 14.1, 08.2, 18.1, 05.1, 04.4

〈지도학생〉 폼의 'cmd종료'(폼종료) 단추를 클릭하면 〈지도학생〉 폼을 저장한 후 종료하는 〈폼종료〉 매크로를 생성한 후 지정하시오.

〈정답〉

```
폼종료
⚠ CloseWindow
❶ 개체 유형  폼
❷ 개체 이름  지도학생
❸ 저장  예
+ 새 함수 추가
```

**CloseWindow**
• 개체를 닫는 매크로 함수입니다.
❶ 개체 유형 : 닫을 개체의 유형을 선택함
❷ 개체 이름 : 닫을 개체의 이름을 입력하거나 목록에서 선택함
❸ 저장 : 〈예〉, 〈아니요〉, 〈확인〉 등 저장 여부와 방법을 선택함. 〈확인〉을 선택하면 변경 사항이 있을 경우 저장 여부를 묻는 대화상자가 나타남

### 체크체크

지시사항에 해당하는 'Where 조건문'을 적으시오.

① 〈학과별학생정보〉 폼의 머리글 영역에서 '보고서출력' (cmd출력) 단추를 클릭하면 'cmb조회' 컨트롤에서 선택한 학과이름과 동일한 학과의 정보만 표시되도록 설정할 것
(                    )

② 〈씨앗정보찾기〉 폼의 '보고서'(cmd보고서) 단추를 클릭하면 '씨앗코드' 필드의 값이 'txt씨앗코드' 컨트롤에 해당하는 씨앗 정보만 표시되도록 설정할 것
(                    )

③ 〈구매내역열람〉 폼의 '인쇄'(cmd인쇄) 단추를 클릭하면 '구매일' 필드의 날짜 중 일이 'txt구매일' 컨트롤에 입력된 날짜 중 일과 같은 정보만 표시만 표시되도록 설정할 것
▶ Day 함수 사용 (                    )

④ 〈교환현황〉 폼의 '조회'(cmd조회) 단추를 클릭하면 '교환사유' 필드의 값이 'txt조회' 컨트롤에 입력된 값과 같은 정보만 표시되도록 설정할 것
(                    )

**정답**
① [학과이름]=[Forms]![학과별학생정보]![cmb조회]
② [씨앗코드]=[Forms]![씨앗정보찾기]![txt씨앗코드]
③ day([구매일])=day([Forms]![구매내역열람]![txt구매일])
④ [교환사유]=[Forms]![교환현황]![txt조회]

## 대표기출문제

'길벗컴활1급총정리\액세스\기능\05매크로-기출.accdb' 파일을 열어서 작업하세요.

### [기출 1] 25.상시, 24.상시, 23.상시, 22.상시, 21.상시, 20.상시, 20.1, 19.상시, 19.2, …

〈패키지주문현황〉 폼 머리글의 '보고서보기'(cmd인쇄) 단추를 클릭하면 〈판매처주문현황〉 보고서를 '인쇄 미리 보기'의 형태로 여는 〈보고서보기〉 매크로를 작성한 후 지정하시오.

▶ 매크로 조건 : 'txt출력' 컨트롤에 입력된 판매일 이전의 레코드만 표시할 것

### [기출 2] 25.상시, 24.상시, 18.상시, 17.상시, 16.상시

〈서울상권현황조회〉 폼 머리글의 '조회(cmd조회)' 단추를 클릭하면 'txt조회' 컨트롤에 입력된 '상권구분코드'로 필터를 수행하고, 폼 본문의 'txt교통지출금액' 컨트롤로 포커스가 이동하는 〈조회후이동〉 매크로를 생성하여 지정하시오.

▶ ApplyFilter 함수와 GoToControl 메서드를 사용하시오.

### [기출 3] 25.상시, 23.상시, 22.상시, 21.상시, 20.상시, 20.1, 19.상시, 19.2, 19.1, …

〈패키지주문현황〉 폼 머리글의 '폼보기'(cmd폼보기) 단추를 클릭하면 〈패키지정보〉 폼을 여는 〈폼보기〉 매크로를 작성한 후 지정하시오.

▶ 매크로 조건 : 'txt조회' 컨트롤에 입력된 '패키지명'을 포함하는 레코드만 표시할 것

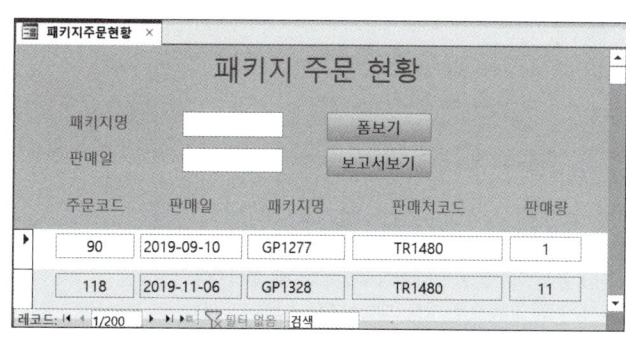

### [기출 4] 25.상시, 24.상시, 22.상시, 21.상시, 19.상시, 19.1, 18.1, 14.1, 08.2, …

〈패키지주문현황〉 폼 본문의 'txt판매저고느' 컨트롤을 더블클릭하면 다음과 같은 메시지를 표시한 후 〈판매처주문현황〉 보고서를 인쇄 미리 보기 형태로 출력하는 〈보고서출력〉 매크로를 생성한 후 지정하시오.

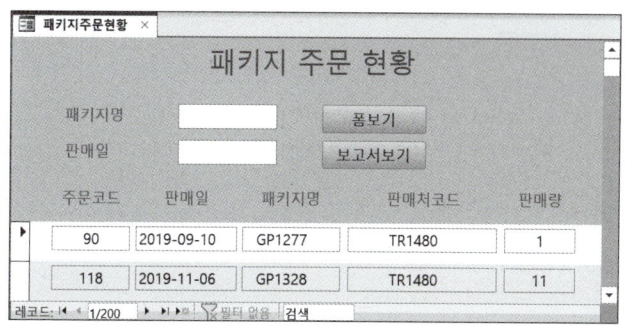

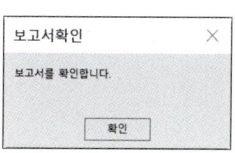

▶ 매크로 조건 : 메시지 상자에서 〈확인〉을 클릭하면 〈패키지주문현황〉 폼의 'txt판매처코드' 컨트롤에 입력된 '판매처코드'에 해당하는 판매처만 표시할 것

## 정답 및 해설

### [기출 1]

1. [만들기] → 매크로 및 코드 → **매크로**()를 클릭한다.
2. '매크로' 창에서 'OpenReport' 함수를 선택한 후 다음과 같이 인수를 지정하고 닫기() 단추를 클릭한다.

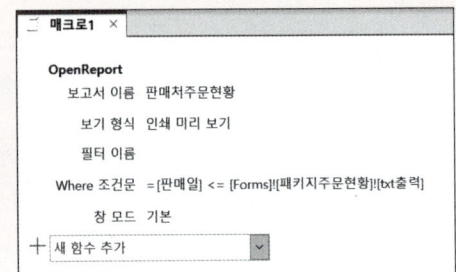

3. 저장 여부를 묻는 대화상자에서 〈예〉를 클릭한다.
4. '다른 이름으로 저장' 대화상자에서 매크로 이름으로 **보고서보기**를 입력한 후 〈확인〉을 클릭한다.
5. 〈패키지주문현황〉 폼을 [디자인 보기]로 연다.
6. 매크로를 지정할 'cmd인쇄' 컨트롤을 더블클릭한다.
7. 'cmd인쇄' 컨트롤 속성 시트 창의 '이벤트' 탭에서 'On Click' 이벤트를 클릭한다.
8. 목록 단추()를 클릭한 후 '보고서보기' 매크로를 선택한다.

### [기출 2]

'조회후이동' 매크로 작성 후 'cmd조회' 컨트롤의 'On Click' 이벤트에 지정하기

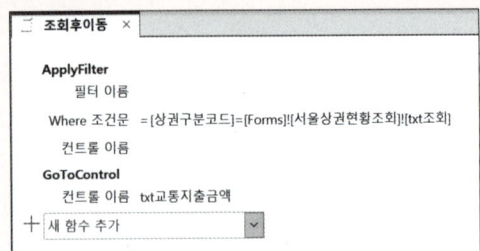

### [기출 3]

'폼보기' 매크로 작성 후 'cmd폼보기' 컨트롤의 'On Click' 이벤트에 지정하기

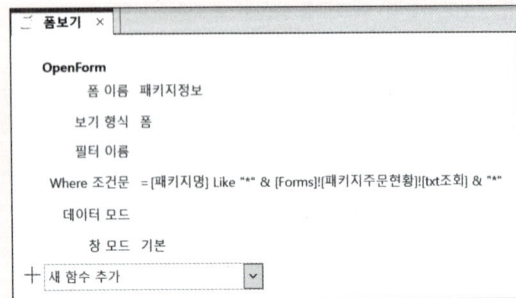

### [기출 4]

'보고서출력' 매크로 작성 후 'txt판매처코드' 컨트롤의 'On Dbl Click' 이벤트에 지정하기

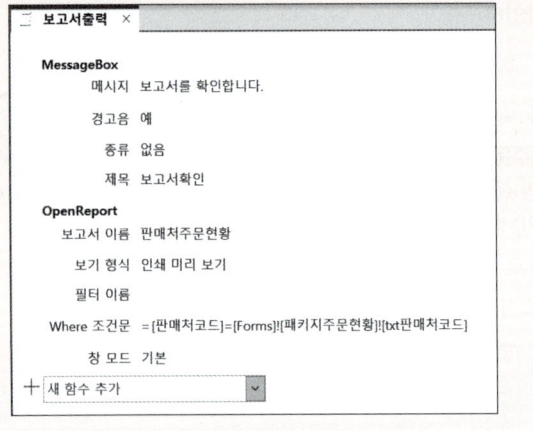

# 문제 3    조회 및 출력 기능 구현(20점)

조회 및 출력 기능 구현은 **15점짜리 '보고서 완성'** 문제와 **5점짜리 '이벤트 프로시저'** 문제가 고정적으로 출제되고 있습니다.

| No | 출제 기능 | 배점 | 목표 점수 | 출제 비율 |
|---|---|---|---|---|
| 1 | 보고서 완성 | 15점 | 15점 | 100% |
| 2 | 이벤트 프로시저 | 5점 | 0점 | 100% |
|  | 합계 | 20점 | 15점 |  |

## 1   보고서 완성

출제 비율 100% / 배점 15점

보고서 완성 문제는 **제공된 미완성 보고서에 지시사항을 수행**하여 완성된 보고서를 만드는 작업입니다. **3점짜리 5문제**가 출제됩니다. 즉 아래 그림에 색 번호로 표시된 8개의 속성과 4개의 기능 중에서 5문제가 출제됩니다.

- 다음은 지금까지 출제된 8개의 속성과 4개의 기능을 적용한 보고서입니다.

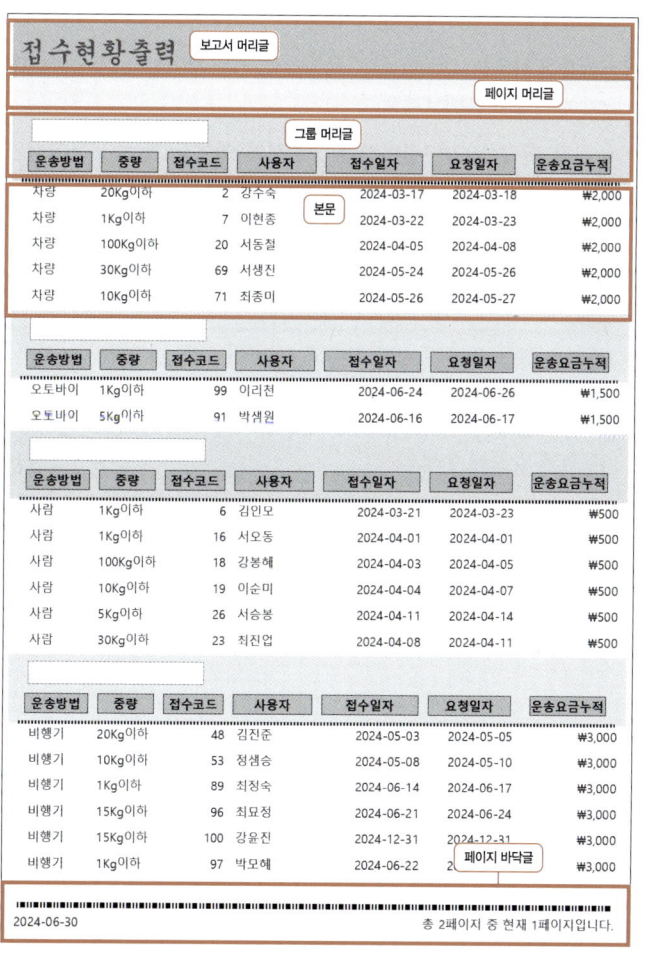

**[속성]**

❶ **레코드 원본** : 〈접수현황〉 쿼리를 레코드 원본으로 설정함

❷ **컨트롤 원본** : 'txt운송방법그룹' 컨트롤에는 '운송방법'이 표시되도록 설정함

❸ **중복 내용 숨기기** : 'txt운송방법' 컨트롤의 값이 이전 레코드와 같은 경우 값이 표시되지 않게 설정함

④ **형식** : 'txt중량' 컨트롤의 빈 공간에 ★이 반복하여 표시되도록 설정함
⑤ **누적 합계** : 'txt운송요금누적' 컨트롤에는 운송요금이 그룹별로 누적되도록 설정함
⑥ **페이지 바꿈** : '운송방법' 그룹 머리글 영역이 시작되기 전에 페이지가 바뀌도록 설정함
⑦ **반복 실행 구역** : 그룹의 데이터 일부가 다음 페이지로 넘어갈 경우 '운송방법' 그룹 머리글의 내용이 다음 페이지에도 표시되도록 설정함
⑧ **배경색** : '운송방법' 그룹 바닥글의 배경색을 '강조'로 설정함

[기능]

⑨ **컨트롤 이동** : '운송방법' 그룹 머리글 영역의 레이블과 선 컨트롤을 '페이지 머리글' 영역으로 이동함
⑩ **정렬 추가** : 동일한 '운송방법' 내에서는 '접수코드'를 기준으로 내림차순 정렬함
⑪ **그룹 머리글/바닥글 생성** : '운송방법' 그룹 바닥글이 화면에 표시되도록 설정함
⑫ **컨트롤 생성** : '운송방법' 그룹 바닥글 영역에 운송방법별 '접수건수'가 표시되도록 컨트롤을 생성함

## 작업 순서

2240602

1. 작업할 보고서의 바로 가기 메뉴에서 [디자인 보기]를 선택한다.
2. 속성을 설정할 개체를 더블클릭한다.
3. 속성 창에서 해당 속성을 찾아 설정값을 입력한다.

## 합격포인트

- 보고서 완성 작업은 대부분 쉽지만 '컨트롤 원본' 속성을 설정하는 것이 조금 어렵습니다.
- 폼과 마찬가지로 **'컨트롤 원본' 속성을 고민없이 바로 설정할 수 있도록 반복 연습하는 것이 합격포인트입니다.**
- 시험에 나오는 컨트롤 원본 문제들을 모두 모아놓았으니 될 때까지 반복해서 풀어보세요.
- ☞ 직접 실습하려면 '길벗컴활1급총정리\액세스\기능\06보고서완성-합격포인트.accdb' 파일을 열어 작업하세요.

**전문가의 조언**

폼의 컨트롤 원본 속성과 같다고 보면 됩니다. 마찬가지로 지시사항에 맞게 수식을 작성하는 것이 어려울 수 있겠죠. 문제가 **반복해서 출제**되고 있으니 조금 어렵게 느껴지는 수식은 지시사항과 함께 암기해 두세요.

## 01 컨트롤 원본 속성

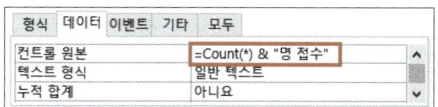

25.상시, 24.상시, 22.상시, 21.상시, 20.상시, 20.1, 19.상시, 19.2, 19.1, 18.상시, …

**[유형 1]** 〈자격별접수현황〉 보고서의 '자격코드' 머리글 영역에 있는 'txt개수' 컨트롤에는 레코드의 개수가 20개인 경우 "20명 접수"와 같이 표시되도록 설정하시오.

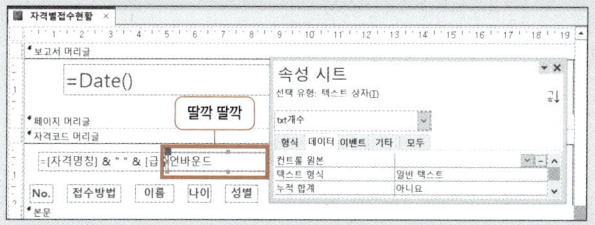

1. '탐색' 창의 〈자격별접수현황〉 보고서의 바로 가기 메뉴에서 [디자인 보기]를 선택하세요.
2. '자격코드' 머리글에 있는 'txt개수' 컨트롤을 더블클릭하여 'txt개수' 속성 시트 창을 호출하세요.

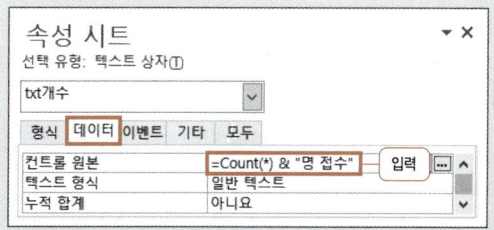

3. 'txt개수' 속성 시트 창의 '데이터' 탭을 클릭한 후 '컨트롤 원본' 속성에 **=Count(*) & "명 접수"**를 입력하세요.

4. [보고서 디자인] → 보기 → 보기 → 인쇄 미리 보기(🔍)를 선택하여 결과를 확인하세요.

---

20.상시, 16.2, 15.상시, 13.3, 12.3, 12.2, 11.3, 11.2, 10.3, 09.4, 08.1, 07.1, 06.4, …

**[유형 2]** 〈부서별평가현황〉 보고서의 페이지 바닥글에 있는 'txt날짜' 컨트롤에는 현재 날짜와 시간이 "2024년 06월 11일 20시"와 같이 표시되도록 설정하시오(Format, Now 함수 사용).

- **Now( )** : 현재 날짜와 시간을 표시함
- **Format(변환할 데이터, "표시 형식")**
  – 숫자나 날짜 등의 변환할 데이터를 "표시 형식"대로 변환하는 함수입니다.
  – :, ; 등은 표시 형식에 예약된 기호이므로, ":", ";" 등의 기호 자체를 화면에 표시할 때는 해당 기호를 이중 큰따옴표("" "")로 묶어줘야 합니다.

  예1 Now( )의 반환값이 2024-03-05 09:16:39일 때
  =Format(Now( ), "yyyy年 m月") → 2024年 3月

  예2 Now( )의 반환값이 2024-03-05 09:16:39일 때
  =Format(Now( ), "yyyy-mm-dd hh:nn:ss ampm")
  → 2024-03-05 09:16:39 오전

  예3 Date( )의 반환값이 2024-03-05일 때
  =Format(Date( ), "yyyy-mmm-dd aaaa")
  → 2024-Mar-05 금요일

  예4 '매출'의 평균이 31281.345일 때
  =Format(Avg([매출]), "부서별 매출 평균 "" : ""#,###.0")
  → 부서별 매출 평균 : 31,281.3

  예5 현재 페이지가 3일 때
  =Format([Page], "현재 페이지 "" : "" 000") → 현재 페이지 : 003

### 잠깐만요 '형식' 속성의 시간 사용자 지정 기호

| 형식 | 기호 | 설명 |
|---|---|---|
| 시간 | h | • h : 한 자리 또는 두 자리 숫자로 0~23까지 시간을 표시함<br>• hh : 두 자리 숫자로 00~23까지 시간을 표시함 |
| | n | • n : 한 자리 또는 두 자리 숫자로 0~59까지 분을 표시함<br>• nn : 두 자리 숫자로 00~59까지 분을 표시함 |
| | s | • s : 한 자리 또는 두 자리 숫자로 0~59까지 초를 표시함<br>• ss : 두 자리 숫자로 00~59까지 초를 표시함 |
| | AM/PM | • AM/PM : 대문자 AM이나 PM을 포함한 12시간제로 표시함<br>• am/pm : 소문자 am이나 pm을 포함한 12시간제로 표시함 |

---

25.상시, 24.상시, 23.상시, 22.상시, 21.상시, 20.1, 19.2, 19.1, 18.2, 18.1, 17.1, …

**[유형 3]** 〈부서별평가현황〉 보고서의 페이지 바닥글에 있는 'txt페이지' 컨트롤에는 페이지 번호가 "1/5페이지"와 같이 표시되도록 설정하시오.

- **[Page]** : 현재 페이지를 나타냄
- **[Pages]** : 전체 페이지를 나타냄

20.상시, 18.상시, 17.1, 16.상시, 16.2, 16.1, 14.2, 14.1, 13.상시, 13.1, 11.1

**[유형 4]** 〈자격별접수현황〉 보고서의 페이지 바닥글에 있는 'txt페이지' 컨트롤에는 페이지 번호를 "1/5"와 같이 표시하되, IIf와 Mod 함수를 사용하여 홀수 쪽에만 표시되도록 설정하시오.

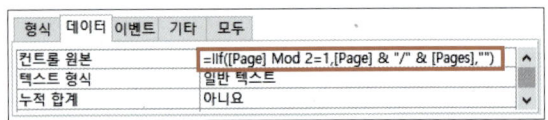

- IIf(조건, 인수1, 인수2) : 조건을 비교하여 조건이 참이면 인수1을 거짓이면 인수2를 실행함
- 인수1 Mod 인수2 : 인수1을 인수2로 나눈 나머지를 구함

19.상시, 17.상시, 16.상시

**[유형 5]** 〈과목별시험성적〉 보고서의 본문에 있는 'txt평가' 컨트롤에는 '성적'이 90점 이상이면 "장학", 80점 이상이면 "우등", 그 밖에는 빈칸으로 표시하시오(Switch 함수 사용).

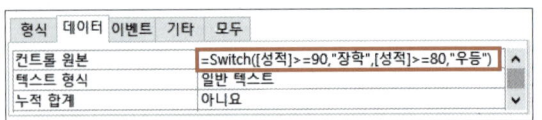

Switch(조건1, 인수1, 조건2, 인수2, …) : 조건1을 비교하여 참이면 인수1을 실행, 거짓이면 조건2를 실행 …

24.상시, 22.상시, 21.상시, 18.1, 11.2, 09.4, 08.3, 08.2, 07.3, 04.4, 04.1

**[유형 6]** 〈과목별시험성적〉 보고서의 본문에 있는 'txt과목명' 컨트롤에는 '과목명'과 '과목코드'가 [표시 예]와 같이 표시되도록 설정하시오.

▶ 표시 예 : '과목명'이 "OA실무", '과목코드'가 "R203"일 경우 → OA실무(R203)

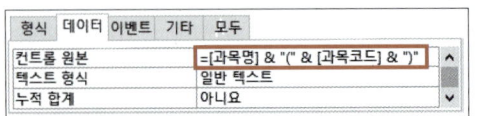

25.상시, 24.상시, 23.상시, 22.상시, 21.상시, 20.상시, 19.2, 18.상시, 18.2, 18.1

**[유형 7]** 〈자격별접수현황〉 보고서의 본문에 있는 'txt순번' 컨트롤에는 그룹별로 일련번호가 표시되도록 관련 속성을 설정하시오.

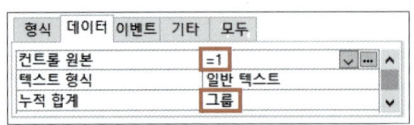

**누적 합계**
- 모두 : 필드의 전체에 대해 처음부터 차례로 값을 누적시켜 표시함
- 그룹 : 필드의 그룹에 대해 차례로 값을 누적시키면서 표시함. 그룹이 바뀌면 새롭게 누적을 시작함

25.상시

**[유형 8]** 〈자격별접수현황〉 보고서의 보고서 머리글에 있는 'txt년도' 컨트롤에 오늘 날짜가 [표시 예]와 같이 표시되도록 '컨트롤 원본'과 '형식' 속성을 설정하시오.

▶ 표시 예 : 오늘 날짜가 2025-06-25인 경우 → 2025년도

▶ 시간을 포함하지 않는 시스템의 오늘 날짜만 입력되는 함수를 사용하시오.

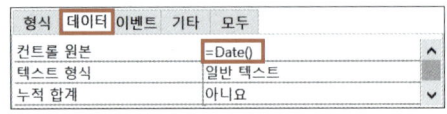

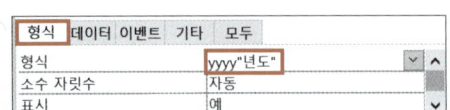

## 체크체크

**지시사항에 해당하는 컨트롤 원본을 적으시오.**

① 페이지 번호를 "2/5페이지"와 같이 표시하되, IIf와 Mod 함수를 사용하여 짝수 쪽에만 표시되도록 설정
(　　　　　　　　　　)

② '등급'이 "A"이면 "20%할인", "B"이면 "10%할인", 그 밖에는 빈 칸으로 표시되도록 설정 (　　　　　　　　　　)
▶ Switch 함수 사용

③ 전체 레코드의 수가 [표시 예]와 같이 표시되도록 설정
▶ [표시 예] 5회 (　　　　　　　　　　)

④ '판매량' 필드의 평균이 "판매량 평균 : 1,258.0"과 같이 표시되도록 설정
▶ Format, Avg 함수 사용 (　　　　　　　　　　)

⑤ '서비스명'과 '서비스코드'가 [표시 예]와 같이 표시되도록 설정
▶ [표시 예] '서비스명'이 "Poem", '서비스코드'가 "CA01"일 경우 → Poem(CA01) (　　　　　　　　　　)

⑥ '누적학생수' 필드의 평균이 표시되도록 설정
▶ Avg 함수 사용 (　　　　　　　　　　)

⑦ '판매가' 필드의 합계가 표시되도록 설정
(　　　　　　　　　　)

⑧ 시스템의 현재 날짜와 시간이 표시되도록 설정
▶ Now 함수 사용 (　　　　　　　　　　)

⑨ '제품명' 필드가 바운드 되도록 설정 (　　　　　　　　　　)

⑩ 페이지 번호가 다음과 같이 표시되도록 설정
▶ [표시 예] 현재 페이지 : 003
▶ Format 함수 사용 (　　　　　　　　　　)

⑪ 오늘 날짜가 표시되도록 설정
▶ 시간을 포함하지 않는 시스템의 오늘 날짜만 입력되는 함수 사용 (　　　　　　　　　　)

**정답**

① =IIf([Page] Mod 2=0, [Page] & "/" [Pages] & "페이지","")
② =Switch([등급]="A","20%할인",[등급]="B","10%할인")
③ =Count(*) & "회"
④ =Format(Avg([판매량]), "판매량 평균 "":"" #,###.0")
⑤ =[서비스명] & "(" & [서비스코드] & ")"　⑥ =Avg([누적학생수])
⑦ =Sum([판매가])　⑧ =Now( )　⑨ 제품명
⑩ =Format([Page],"현재 페이지 "": ""000")
⑪ =Date( )

---

 **전문가의 조언**

기타 나머지 속성들은 문제의 지시사항을 통해 사용해야 할 속성을 쉽게 파악할 수 있습니다. 지시사항 중 사용해야 할 속성을 의미하는 키워드를 표시해 두었으니 키워드와 속성을 연관지어 기억해 두세요.

### 02 기타 속성
25.상시, 24.상시, 23.상시, 22.상시, 21.상시, 20.상시, 20.1, 19.상시, …

| 속성 | 지시사항 |
|---|---|
| 08.2, 06.1, 05.4, 05.3, 04.4, …<br>레코드 원본 | 〈접수현황〉 쿼리를 보고서의 레코드 원본으로 설정하시오. |
| 24.상시, 23.상시, 22.상시, 21.상시, …<br>중복 내용 숨기기 | 컨트롤의 값이 이전 레코드와 동일한 경우에는 표시되지 않도록 설정하시오. |
| 25.상시, 22.상시, 21.상시, 20.상시, …<br>형식 | 컨트롤의 빈 공간에 ★이 반복하여 표시되도록 형식 속성을 설정하시오. |
| 22.상시, 21.상시, 19.2, 18.상시, …<br>누적 합계 | 컨트롤에는 분류별 '금액' 필드의 누계가 표시되도록 설정하시오. |
| 25.상시, 24.상시, 22.상시, 21.상시, …<br>페이지 바꿈 | 머리글 영역이 시작되기 전에 페이지를 바꾸도록 속성을 설정하시오. |
| 25.상시, 24.상시, 23.상시, 22.상시, …<br>반복 실행 구역 | 머리글 영역이 매 페이지마다 반복적으로 인쇄되도록 설정하시오. |
| 25.상시, 22.상시, 21.상시, 20.상시, …<br>배경색 | 페이지 바닥글의 배경색을 'Access 테마 2'로 변경하시오. |
| 23.상시<br>표시 | 페이지 머리글이 표시되도록 설정하시오. |
| 25.상시<br>문자색 | 컨트롤의 문자색이 #FFFFFF로 표시되도록 설정하시오. |

**그룹별로 서로 다른 페이지에 출력되도록 제시된 경우의 '페이지 바꿈' 속성**
- 문제지의 그림에 그룹이 표시되어 있으면 해당 그룹을 표시한 다음 페이지를 바꾸는 것이므로 '구역 후'를 선택합니다.
- 그렇지 않다면 '구역 전'을 선택하면 됩니다.

### 잠깐만요

설정하려는 속성이 속해있는 탭을 알고 있으면 문제를 좀 더 빠르게 해결할 수 있습니다. **눈으로 확인할 수 있는 속성은 '형식' 탭에, 데이터와 관련된 속성은 '데이터' 탭에, 나머지는 '기타' 탭**이라는 것을 염두에 두고 다음 표를 기억해 두세요.

**'보고서'의 주요 속성**

| 탭 | 속성 |
|---|---|
| 데이터 | 레코드 원본 |

**'컨트롤'의 주요 속성**

| 탭 | 속성 |
|---|---|
| 형식 | 형식, 중복 내용 숨기기, 배경색, 문자색 |
| 데이터 | 컨트롤 원본, 누적 합계 |

**그룹 영역의 주요 속성**

| 탭 | 속성 |
|---|---|
| 형식 | 배경색, 페이지 바꿈, 반복 실행 구역, 표시 |

## 03 컨트롤 이동

23.상시, 13.상시, 12.2, 11.3, 11.2, 11.1, 10.3, 10.2, 09.4, 09.2, 09.1, …

다음의 화면을 참조하여 〈접수현황출력〉 보고서의 '운송방법' 머리글 영역에 있는 레이블과 선 컨트롤을 '페이지 머리글' 영역으로 이동한 후 '운송방법' 머리글의 높이를 1cm로 설정하시오.

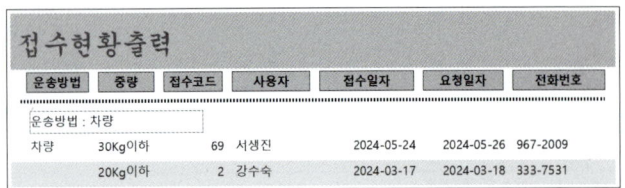

1. '운송방법' 머리글의 세로 눈금자를 드래그하여 이동할 컨트롤들을 모두 선택합니다.

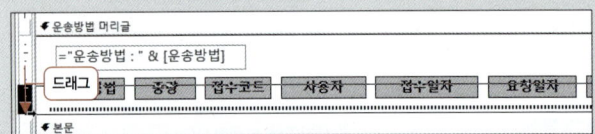

2. 선택된 컨트롤을 페이지 머리글로 드래그하세요.

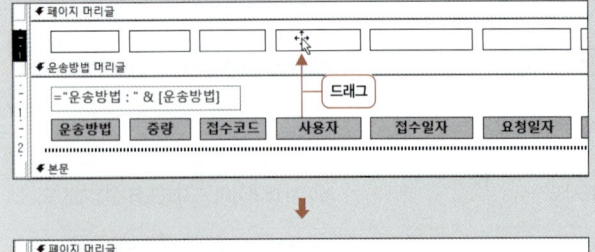

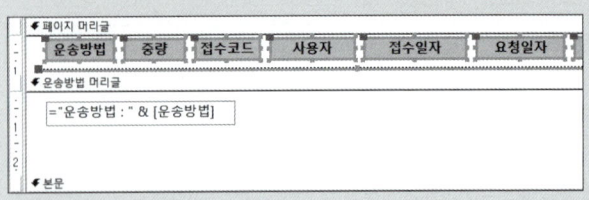

3. '운송방법' 머리글 영역을 더블클릭한 후 '그룹 머리글' 속성 시트 창의 '형식' 탭에서 '높이'를 1cm로 설정합니다.

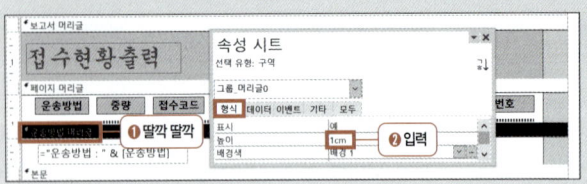

## 04 정렬

25.상시, 24.상시, 23.상시, 22.상시, 21.상시, 20.상시, 20.1, 19.상시, …

〈창고별제품정보〉 보고서를 이미 그룹화된 '창고명' 필드를 기준으로 1차적으로 오름차순으로 정렬하고, 2차적으로 '생산량' 필드를 기준으로 내림차순으로 정렬하도록 설정하시오.

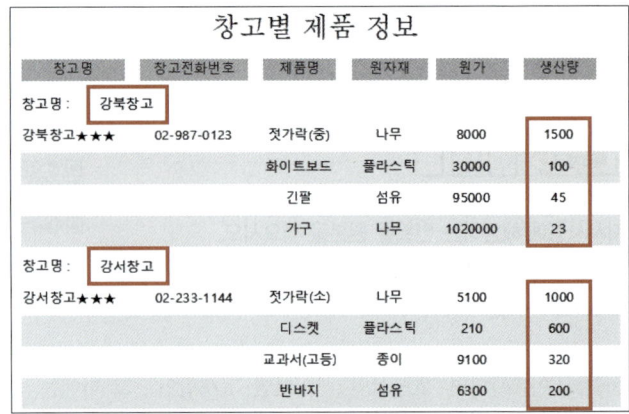

1. [보고서 디자인] → 그룹화 및 요약 → **그룹화 및 정렬**( )을 클릭합니다.
2. '그룹, 정렬 및 요약' 창에서 이미 그룹이 설정된 '창고명' 필드의 정렬 기준을 '오름차순'으로 지정하세요.

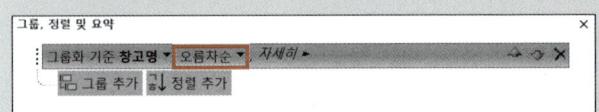

3. '그룹, 정렬 및 요약' 창에서 〈정렬 추가〉를 클릭하세요.
4. 필드 선택 목록에서 '생산량'을 선택한 후 '내림차순'으로 지정하세요.

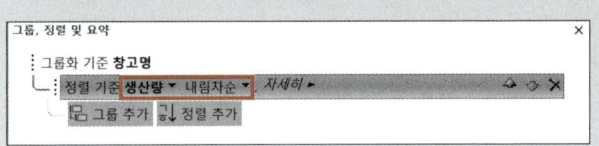

## 05 그룹 머리글/바닥글 생성

25.상시, 24.상시, 22.상시, 20.상시, 19.상시, 18.상시, 16.3, 13.상시, …

〈등록현황〉 보고서의 '학과명'을 그룹 머리글로 설정하고 그룹 바닥글을 표시하시오.

1. '그룹, 정렬 및 요약' 창에서 〈그룹 추가〉를 클릭한 후 필드 선택 목록 상자에서 '학과명'을 선택합니다.
2. '그룹, 정렬 및 요약' 창에서 그룹 기준으로 설정된 '학과명'의 '자세히'를 클릭하세요.
3. '바닥글 구역 표시 안 함'의 ▼를 클릭한 후 [바닥글 구역 표시]를 선택하세요.

## 06 컨트롤 생성하기

25.상시, 23.상시, 20.상시, 19.상시, 18.상시, 17.상시, 16.3, 13.상시, …

〈분류별소비내역〉 보고서의 본문 레코드들 사이에 〈그림〉과 같이 점선이 표시되도록 선 컨트롤을 삽입하시오.

▶ 너비 : 15.4cm
▶ 이름 : Line구분선

| 분류별 소비 내역 |||||||
|---|---|---|---|---|---|---|
| 날짜 | 코드 | 대분류 | 분류명 | 항목 | 금액 | 누계 |
| 2020-06-30 | 12 | 공과금 | 가스요금 | 가스요금 | 40670 | 40670 |
| 2020-08-01 | 12 | 공과금 | 가스요금 | 가스(서초) | 20820 | 61490 |
| 2020-08-03 | 12 | 공과금 | 가스요금 | 도시가스 | 20820 | 82310 |
| 2020-08-09 | 12 | 공과금 | 가스요금 | 가스(난곡) | 9870 | 92180 |
| 2020-08-31 | 12 | 공과금 | 가스요금 | 가스비(난곡?) | 8760 | 100940 |
| 2020-09-03 | 12 | 공과금 | 가스요금 | 가스(난곡) | 9480 | 110420 |
| 2020-09-30 | 12 | 공과금 | 가스요금 | 가스(서초) | 12710 | 123130 |

분류별 소비 평균 : 17,590.0

1. [보고서 디자인] → 컨트롤 → 선(□)을 클릭한 후 본문 영역 컨트롤들 아래 부분에 드래그하여 선을 삽입한다.
2. 다음과 같이 속성을 설정한다.
   - '형식' 탭의 너비 → 15.4cm
   - '형식' 탭의 테두리 스타일 → 점선
   - '기타' 탭의 이름 → Line구분선

### 잠깐만요  [보고서 디자인] → 컨트롤의 주요 컨트롤

❶ 텍스트 상자  ❷ 레이블  ❸ 선

## 대표기출문제

'길벗컴활1급총정리\액세스\기능\06보고서완성-기출.accdb' 파일을 열어서 작업하세요.

**[기출 1]** 25.상시, 24.상시, 23.상시, 22.상시, 21.상시, 20.상시, 20.1, 19.상시, …

다음의 지시사항 및 화면을 참조하여 〈분류별판매현황〉 보고서를 완성하시오.

① 본문 레코드들 사이에 〈그림〉과 같이 파선이 표시되도록 선 컨트롤을 삽입하시오.
   ▶ 너비 : 18.3cm
   ▶ 이름 : Line선

② 동일한 분류코드에서는 '판매일'을 기준으로 내림차순으로 정렬되어 표시되도록 설정하시오.

③ 보고서 머리글의 'txt날짜' 컨트롤에는 시스템의 현재 날짜와 시간이 다음과 같이 표시되도록 설정하고, 문자색이 #FFFFFF로 표시되도록 관련 속성을 설정하시오.
   ▶ 현재 날짜와 시간이 2025년 06월 25일 17:19:26이면 '2025-06-25 05:19:26 오후'와 같이 표시
   ▶ Format() 함수와 현재 날짜와 시간을 나타내는 함수를 사용

④ 'txt제품코드'와 'txt판매량' 컨트롤에는 각각 '제품코드'와 '판매량' 필드를 바운드 시키시오.

⑤ 본문의 'txt판매금액' 컨트롤에는 분류코드별 판매금액의 누계가 표시되도록 설정하시오.

| 분류별 판매 현황 보고서 |||||| |
|---|---|---|---|---|---|
||||| 2025-06-25 05:19:26 오후 ||
| 삼성전자(총판매수량 : 755개) ||||||
| 판매일 | 제조사 | 제품코드 | 제품단가 | 판매량 | 판매금액 |
| 2024-04-29 | 삼성전자 | EPBR1948 | ₩258,700 | 41 | ₩10,606,700 |
| 2024-04-23 | archon | EPDZ2228 | ₩205,000 | 51 | ₩12,656,700 |
| 2024-03-22 | Razer | EPNO2791 | ₩30,800 | 62 | ₩12,995,500 |
| 2024-03-16 | ADATA | EPHB1045 | ₩59,800 | 72 | ₩13,593,500 |
| 2024-02-16 | 오디오테크니카 | EPEW2392 | ₩114,200 | 112 | ₩18,161,500 |
| 2023-12-31 | Britz | EPAC2654 | ₩174,000 | 125 | ₩20,423,500 |
| 2023-12-19 | ADATA | EPSJ2789 | ₩245,500 | 144 | ₩25,088,000 |
| 2023-12-16 | 파나소닉 | EPUR1968 | ₩221,100 | 153 | ₩27,077,900 |
| 2023-12-12 | 파트론 | EPOZ1984 | ₩37,800 | 183 | ₩28,211,900 |
| 2023-11-14 | JBL | EPRK1107 | ₩77,500 | 202 | ₩29,684,400 |
| 2023-10-30 | ABKO | EPXD1781 | ₩60,900 | 224 | ₩31,024,500 |
| 2023-10-30 | ABKO | EPOM1656 | ₩99,000 | 270 | ₩35,578,200 |
| 2023-10-25 | APPLE | EPAT1083 | ₩62,100 | 290 | ₩36,820,200 |
| 2023-09-29 | ABKO | EPKJ1192 | ₩46,000 | 325 | ₩38,430,200 |
| 2023-09-26 | QCY | EPEB1644 | ₩101,600 | 362 | ₩42,189,400 |
| 2023-09-24 | 삼성전자 | EPGQ2644 | ₩164,000 | 400 | ₩48,421,400 |
| 2023-09-04 | 스카이디지털 | EPHI2461 | ₩48,100 | 429 | ₩49,816,300 |
| 2023-08-25 | 오디오테크니카 | EPPH1218 | ₩233,300 | 439 | ₩52,149,300 |
| 2023-08-22 | ABKO | EPAF2511 | ₩187,100 | 447 | ₩53,646,100 |
| 2023-08-16 | 쿨러마스터 | EPSA1521 | ₩249,500 | 487 | ₩63,626,100 |
| 2023-08-15 | 웨이코스 | EPEL2980 | ₩209,500 | 521 | ₩70,749,100 |
| 2023-07-20 | SONY | EPOE2074 | ₩76,300 | 537 | ₩71,969,900 |
| 2023-06-13 | 파나소닉 | EPQB1326 | ₩189,900 | 570 | ₩78,236,600 |

1/5페이지

[기출 2] 25.상시, 24.상시, 23.상시, 22.상시, 21.상시, 20.상시, 20.1, 19.상시, …

다음의 지시사항 및 화면을 참조하여 〈구매현황〉 보고서를 완성하시오.

① 상품명 머리글의 'txt구분' 컨트롤에는 '상품명'이 〈그림〉과 같이 표시되도록 설정하시오.

② 각 필드의 레이블이 그룹마다 그룹 머리글에 한 번씩만 표시되도록 위치를 이동한 후 본문의 높이를 1cm로 설정하시오.

③ '상품명' 머리글 영역이 매 페이지마다 반복하여 출력되도록 설정하시오.

④ 〈그림〉과 같이 그룹별로 주문건수가 표시되도록 설정하시오.
  ▶ 그룹 바닥글에는 텍스트 상자를 추가한 후 이름을 'txt주문건수'로 지정하고 주문건수를 표시할 것

⑤ '상품명' 머리글의 배경색을 'Access 테마 4'로 변경하시오.

[기출 3] 25.상시, 24.상시, 23.상시, 22.상시, 21.상시, 20.상시, 20.1, 19.상시, …

다음의 지시사항 및 화면을 참조하여 〈상품별주문현황〉 보고서를 완성하시오.

① 〈주문현황〉 테이블을 레코드 원본으로 설정하시오.

② '상품코드' 바닥글은 상품코드별로 서로 다른 페이지에 출력되도록 설정하시오.

③ 본문의 'txt상품명' 컨트롤의 값이 이전 레코드와 동일한 경우에는 표시되지 않도록 설정하시오.

④ 본문의 'txt상품명' 컨트롤의 빈 공간에 "▶"이 반복하여 표시되도록 설정하시오.

⑤ 페이지 바닥글의 'txt페이지' 컨트롤에는 홀수 쪽에만 페이지 번호가 "1페이지"와 같이 표시되도록 설정하시오.
  ▶ IIF, MOD 함수 사용

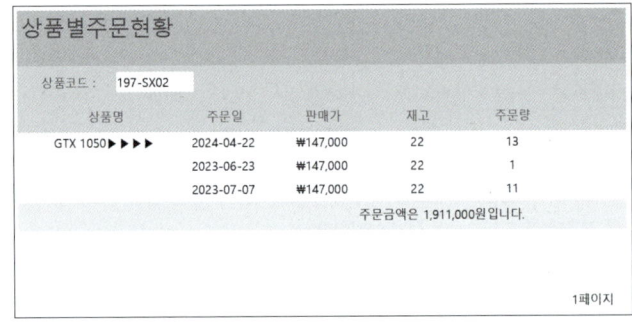

[정답 및 해설]

[기출 1]
1. 〈분류별판매현황〉 보고서의 바로 가기 메뉴에서 [디자인 보기]를 선택한다.
2. 속성을 설정할 대상을 더블클릭한다.
3. 속성 창의 각 탭에서 해당 속성에 설정 값을 입력한다.

〈정답〉

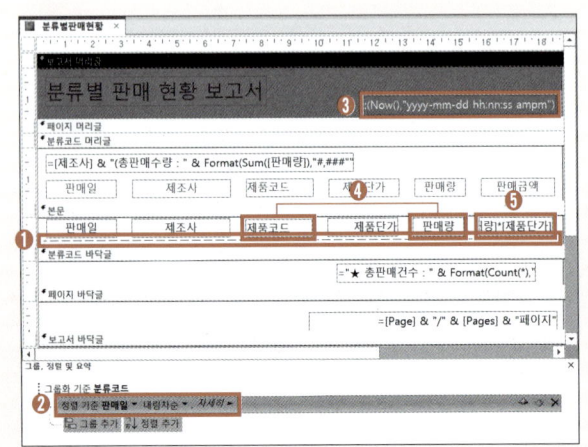

〈해설〉
❶ 선 삽입하기
- [보고서 디자인] → 컨트롤 → **선**(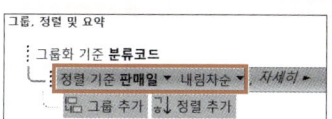)을 클릭한 후 본문 영역 컨트롤들 아래 부분에 드래그하여 선을 삽입한다.
- '형식' 탭의 너비 → 18.3cm
- '형식' 탭의 테두리 스타일 → 파선
- '기타' 탭의 이름 → Line선

❷ '그룹, 정렬 및 요약' 창

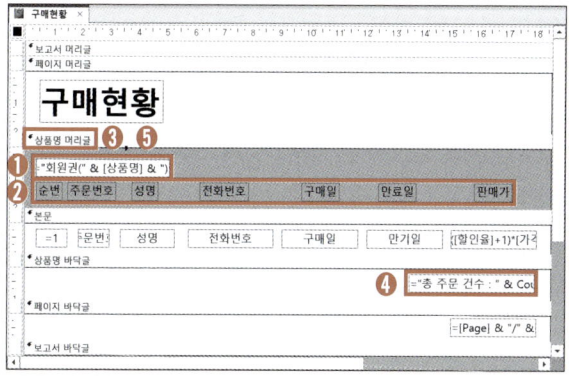

❸ 'txt날짜' 컨트롤에 속성 설정하기
- '데이터' 탭의 컨트롤 원본
  → =Format(Now( ), "yyyy-mm-dd hh:nn:ss ampm")
- '형식' 탭의 문자색 → #FFFFFF

❹ 'txt제품코드'와 'txt판매량' 컨트롤에 속성 설정하기
- 'txt제품코드' 컨트롤 : '데이터' 탭의 컨트롤 원본 → 제품코드
- 'txt판매량' 컨트롤 : '데이터' 탭의 컨트롤 원본 → 판매량

❺ 'txt판매금액' 컨트롤에 속성 설정하기
'데이터' 탭의 누적 합계 → 그룹

## [기출 2]

〈정답〉

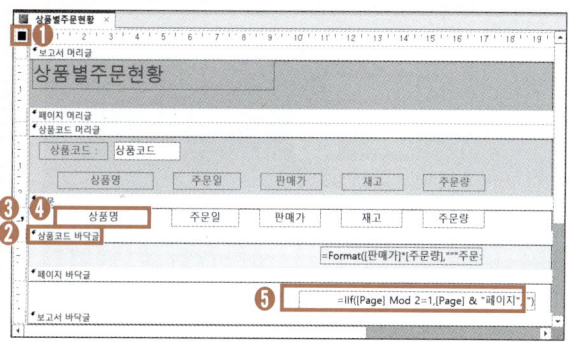

〈해설〉
❶ 'txt구분' 컨트롤에 속성 설정하기
'데이터' 탭의 컨트롤 원본 → ="회원권(" & [상품명] & ")"

❷ 본문 영역의 레이블을 '상품명' 머리글로 이동하기
1. 본문 영역의 모든 레이블을 선택한 후 '상품명' 머리글 영역으로 드래그한다.
2. 본문 영역의 모든 텍스트 상자를 본문 영역의 위쪽으로 드래그한다.
3. 본문 영역에 속성 설정하기
'형식' 탭의 높이 → 1cm

❸ '상품명' 머리글에 속성 설정하기
'형식' 탭의 반복 실행 구역 → 예

❹ 텍스트 상자를 추가한 후 컨트롤 원본 속성 설정하기
- [보고서 디자인] → 컨트롤 → **텍스트 상자**( )를 클릭한 후 '상품명' 바닥글의 적당한 위치에 드래그한다.
- 텍스트 상자와 함께 생성된 레이블을 클릭한 후 Delete 를 눌러 삭제한다.
- '데이터' 탭의 컨트롤 원본 →
  ="총 주문 건수 : " & Count(*)
- '기타' 탭의 이름 → txt주문건수

❺ '상품명' 머리글에 속성 설정하기
'형식' 탭의 배경색 → Access 테마 4

## [기출 3]

〈정답〉

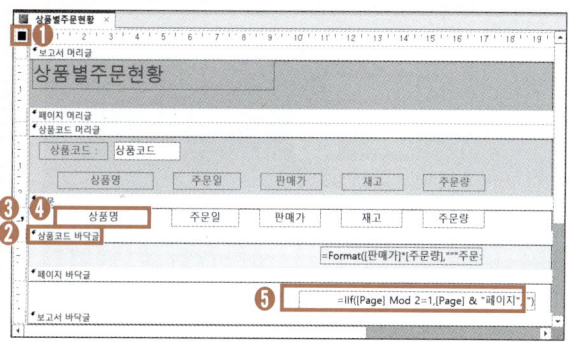

〈해설〉
❶ 보고서 속성 설정하기
'데이터' 탭의 레코드 원본 → 주문현황

❷ '상품코드' 바닥글에 속성 설정하기
'형식' 탭의 페이지 바꿈 → 구역 후

❸ 'txt상품명' 컨트롤에 속성 설정하기
'형식' 탭의 중복 내용 숨기기 → 예

❹ 'txt상품명' 컨트롤에 속성 설정하기
'형식' 탭의 형식 → @*▶

❺ 'txt페이지' 컨트롤에 속성 설정하기
'데이터' 탭의 컨트롤 원본 → =IIf([Page] Mod 2=1, [Page] & "페이지", " ")

## 2 이벤트 프로시저

출제 비율 100% / 배점 5점

이벤트 프로시저 문제는 폼에서 특정 이벤트가 발생할 때 수행하는 프로시저를 만드는 작업으로, **5점짜리 1문제**가 고정적으로 출제됩니다. 문제에 제시된 **지시사항을 모두 해결해야** 5점을 얻으며, **부분 점수는 없습니다.**

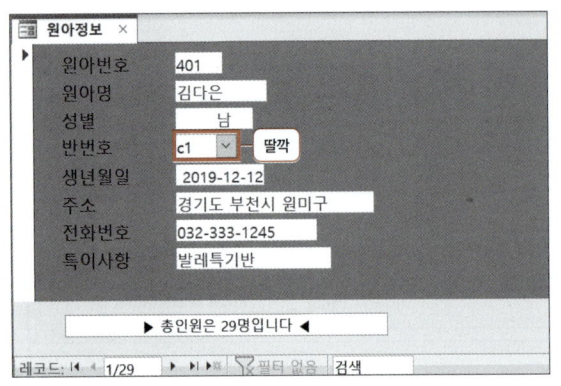 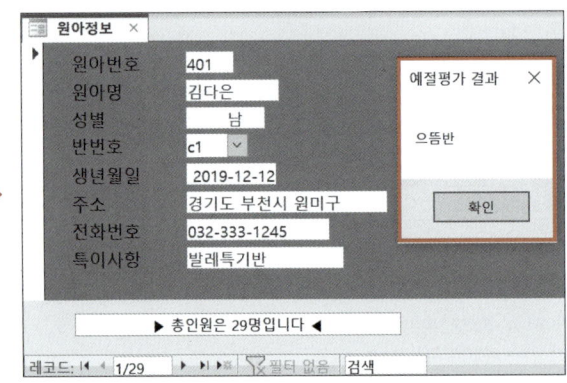

※ '반번호'를 클릭했을 때 '반번호'가 "c1"이면 "으뜸반", "c2"이면 "버금반", 나머지는 "내년을 기대하세요"라는 메시지를 표시하는 화면입니다.

### 작업 순서

1. 이벤트 프로시저를 작성할 컨트롤을 더블클릭한다.
2. 컨트롤 속성 시트 창의 '이벤트' 탭에서 지정할 이벤트를 클릭한다.
3. 작성기 단추()를 클릭한다.
4. '작성기 선택' 대화상자에서 '코드 작성기'를 선택한다.
5. VBA 창에 코드를 입력한다.

### 합격포인트

- 이벤트 프로시저 작업은 **조회식을 정확하게 세우는 것이 합격포인트**입니다. 조회식에서 컨트롤을 연결할 때 문자나 날짜인 경우 연결 방법이 까다롭기 때문에 여차하면 실수할 수 있거든요.
- 처음에는 기본 조회식 몇 개를 암기한 다음에 문제에 맞춰 조금 수정해 사용하는 것이 좋습니다.
- ☞ 직접 실습하려면 '길벗컴활1급총정리\액세스\기능\07프로시저-합격포인트.accdb' 파일을 열어 작업하세요.

#### 01 조회 – Filter 속성

25.상시, 23.상시, 22.상시, 21.상시, 20.상시, 20.1, 19.상시, 19.2, 19.1, 18.2, 16.상시, …

22.상시, 21.상시, 20.1, 19.2, 19.1, 18.상시, 18.2, 18.1, 12.2, 11.3, …

**[유형 1]** 〈일일소비입력〉 폼의 '조회'(cmd조회) 단추를 클릭하면 'txt조회' 컨트롤에 입력된 평가날짜에 해당하는 정보만 조회하도록 이벤트 프로시저를 구현하시오(Filter, FilterOn 속성 사용).

〈정답〉

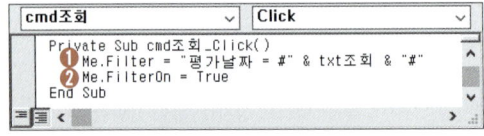

❶ '평가날짜' 필드의 값이 'txt조회' 컨트롤에 입력한 값과 동일한 레코드를 현재 폼의 Filter 속성으로 정의합니다.
❷ 현재 폼 개체의 Filter 속성에 정의된 Filter를 적용합니다.
※ 코드에 Me.Filter = "조건" 없이 Me.FilterOn = False만 입력하면 이전에 설정된 Filter 조건이 해제되어 전체 레코드가 표시됩니다.

1. '탐색' 창의 〈일일소비입력〉 폼의 바로 가기 메뉴에서 [디자인 보기]를 선택하세요.
2. 'cmd조회' 컨트롤을 더블클릭한 후 'cmd조회' 속성 시트 창의 '이벤트' 탭에서 'On Click'을 클릭합니다. 이어서 작성기 단추(...)를 클릭하세요.

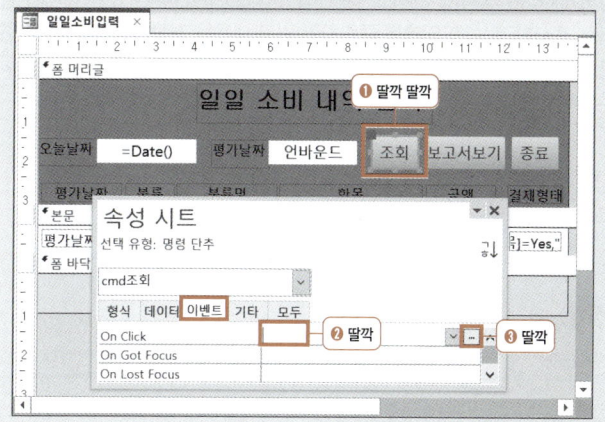

3. '작성기 선택' 대화상자에서 '코드 작성기'를 선택한 후 〈확인〉을 클릭하세요.

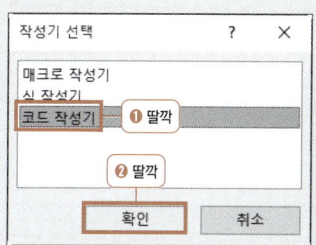

4. VBA에 'cmd조회'의 'cmd조회_Click( )' 프로시저가 나타납니다. 정답과 같이 코드를 입력하세요.
5. '표준' 도구 모음의 '보기 Microsoft Access(📄)' 아이콘을 클릭하세요. VBA에서 'Microsoft Access'로 돌아옵니다.
6. 'cmd조회' 컨트롤의 속성 시트 창을 닫고, [양식 디자인] → 보기 → 폼 보기(📄)를 클릭하여 폼을 실행시킵니다. 'txt조회' 컨트롤에 조회할 날짜를 입력하고 'cmd조회' 단추를 클릭하면 입력한 날짜의 정보만 표시되는 확인하세요.

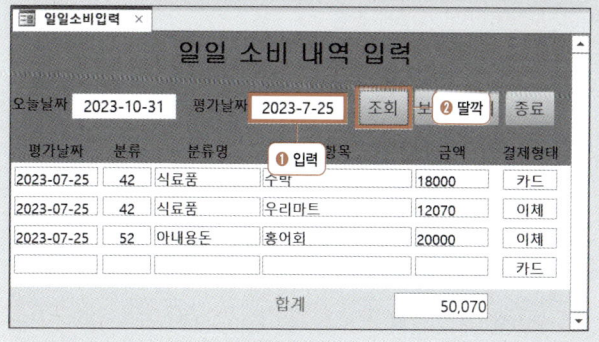

### 잠깐만요    조회식에서 컨트롤 연결하기

조회식에서 컨트롤을 연결할 때는 컨트롤의 값에 따라 작성 방법이 다른데, 조금 까다롭습니다. 잘 이해되지 않으면 세 가지 조회식을 암기한 다음 문제에 따라 필드명과 컨트롤명만 바꿔 사용하면 됩니다.

[입력 데이터]

| No | 형식 | 필드명 | 컨트롤명 | 컨트롤 입력 값 |
|---|---|---|---|---|
| 1 | 숫자 | 판매량 | txt수량 | 200 |
| 2 | 문자 | 제품명 | txt제품명 | 컴퓨터 |
| 3 | 날짜 | 거래일자 | txt거래일자 | 2024-7-25 |

[조회식]

| No | 조회식 |
|---|---|
| 1 | Me.Filter = "판매량 >=" & txt수량 |
| 2 | Me.Filter = "제품명 = '" & txt제품명 & "'" |
| 3 | Me.Filter = "거래일자 = #" & txt거래일자 & "#" |

[컨트롤에 입력된 값이 적용된 조회식]

| No | 조회식 |
|---|---|
| 1 | Me.Filter = "판매량 >= 200" |
| 2 | Me.Filter = "제품명 = '컴퓨터'" |
| 3 | Me.Filter = "거래일자 = #2024-7-25#" |

25.상시, 20.상시, 19.상시, 19.2, 18.2, 16.상시, 16.2, 13.1, 12.1, …

**[유형 2]** 〈접수내역〉 폼의 '조회'(cmd조회) 단추를 클릭하면 'txt조회' 컨트롤에 입력된 이름을 포함하는 정보만 조회하도록 이벤트 프로시저를 구현하시오(Filter, FilterOn 속성 사용).

〈정답〉

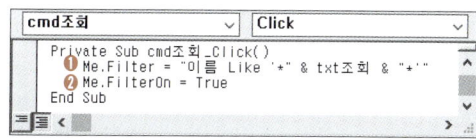

```
Private Sub cmd조회_Click()
❶ Me.Filter = "이름 Like '*" & txt조회 & "*'"
❷ Me.FilterOn = True
End Sub
```

❶ '이름' 필드의 값이 'txt조회' 컨트롤에 입력한 값을 포함하는 레코드를 현재 폼의 Filter 속성으로 정의합니다. '이름'이 'txt조회'와 같은 내용이 아니라 'txt조회'에 포함하는 이름을 찾는 것이므로 'Like'를 사용합니다.
❷ 현재 폼 개체의 Filter 속성에 정의된 Filter를 적용합니다.

25.상시, 23.상시, 22.상시, 21.상시, 20.상시, 19.상시, 16.상시, …

**[유형 3]** 〈근무현황관리〉 폼의 '조회'(cmd조회) 단추를 클릭하면 'txt부서' 컨트롤에 입력된 부서명과 동일한 자료만 표시하도록 이벤트 프로시저를 구현하시오.

▶ RecordSource 속성을 사용할 것

〈정답〉

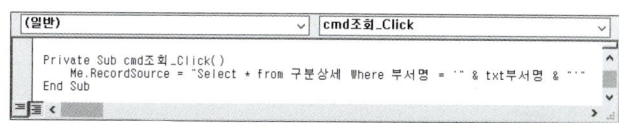

```
Private Sub cmd조회_Click()
    Me.RecordSource = "Select * from 구분상세 Where 부서명 = '" & txt부서명 & "'"
End Sub
```

부서명이 'txt부서명' 컨트롤에 입력된 값과 동일한 레코드를 〈구분상세〉 쿼리에서 찾아 현재 폼의 레코드 원본으로 지정합니다.

※ RecordSource 속성을 사용할 때는 조회할 폼에서 레코드 원본을 확인한 다음 사용된 개체명을 조회식에 적어주면 됩니다. 위 코드에서는 '구분상세'가 여기에 해당합니다.

23.상시

**[유형 4]** 〈판매현황관리〉 폼의 '제품정보찾기'(cmd제품정보찾기) 단추를 클릭하면 '판매번호' 필드의 값이 'txt판매번호' 컨트롤에 입력된 값과 같은 정보만 표시되도록 이벤트 프로시저를 구현하시오.

▶ DoCmd 개체와 ApplyFilter 메소드 사용

〈정답〉

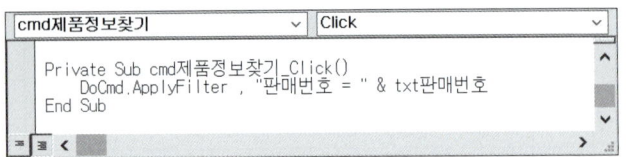

'판매번호' 필드의 값이 'txt판매번호' 컨트롤에 입력된 값과 동일한 레코드만 조회합니다.

※ DoCmd는 메서드를 이용하여 매크로를 실행하는 개체이고, ApplyFilter는 테이블이나 쿼리로부터 조건에 맞는 레코드를 검색하는 매크로 함수입니다. ApplyFilter의 첫 번째 인수에는 '필터 이름'을, 두 번째 인수에는 'Where 조건문'을 입력하는데, 여기서는 'Where 조건문'에 조건을 입력할 것이므로, '필터 이름'을 입력하는 부분을 생략한 후 자리를 확보하기 위해 , 를 입력한 것입니다.

---

**02** 메시지 출력 – MsgBox

25.상시, 24.상시, 23.상시, 22.상시, 21.상시, 20.상시, 20.1, 19.상시, 19.2, 19.1, …

24.상시, 22.상시, 21.상시, 20.상시, 20.1, 19.상시, 18.상시, …

**[유형 1]** 〈지도학생〉 폼의 'txt전화번호'를 클릭하면 해당 '전화번호' 주인의 '성명'과 '보호자연락처'를 표시하도록 이벤트 프로시저를 구현하시오.

〈정답〉

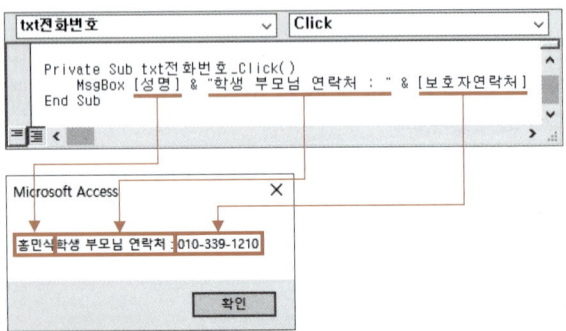

**MsgBox 함수**

• MsgBox 함수는 대화상자에 메시지와 함께 필요한 단추를 표시해 클릭하게 할 수 있습니다.
• 메시지를 보여주고 사용자가 단추를 누를 때까지 기다린 다음 사용자가 누른 단추에 해당하는 값(Integer)을 반환합니다.
• 기본 형식 : MsgBox 메시지 [,버튼종류] [,대화상자 타이틀]

---

24.상시, 22.상시, 21.상시, 20.상시, 19.상시, 19.2, 19.1, 18.상시, …

**[유형 2]** 〈과목〉 폼의 '닫기'(cmd닫기) 단추를 클릭하면 '열려진 폼을 종료할까요?'라는 메시지, 그리고 '예(Y)'와 '아니오(N)' 단추가 있는 메시지 상자를 표시한 후 〈예〉 단추를 클릭하면 변경 내용을 저장하고 바로 폼을 종료하도록 이벤트 프로시저를 구현하시오.

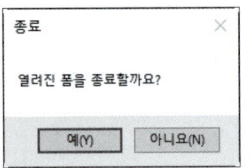

〈정답〉

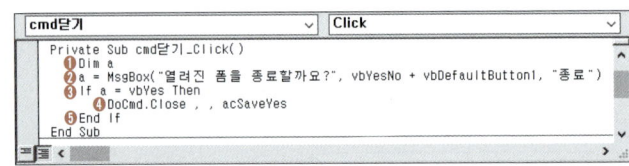

❶ 변수 a를 선언합니다.
❷ MsgBox를 표시한 후 MsgBox에서 선택한 결과를 a에 저장합니다.
❸ a의 값이 vbYes(〈예〉 단추 클릭)이면 ❹를 수행합니다.
❹ 현재 개체(폼)를 닫습니다.
  • DoCmd : Microsoft Access 매크로 함수를 Visual Basic에서 실행하기 위한 개체임
  • Close , , acSaveYes
    – Close : 개체를 닫음
    – , , : Close 다음에는 닫을 개체를 입력해야 하는데, 생략했으므로 현재 개체를 닫음
    – acSaveYes : 저장 여부를 묻지 않고 변경 내용을 저장함
❺ If문을 종료합니다.

MsgBox("열려진 폼을 종료할까요?", vbYesNo + vbDefaultButton1, "종료")

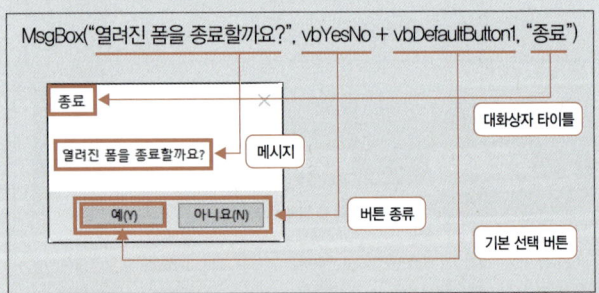

**MsgBox 버튼의 종류와 인수값**

| 상수 | 값 | 설명 |
|---|---|---|
| vbOKOnly | 0 | 〈확인〉 단추만 나타냅니다. |
| vbOKCancel | 1 | 〈확인〉과 〈취소〉 단추를 나타냅니다. |
| vbAbortRetryIgnore | 2 | 〈중단〉, 〈다시 시도〉 및 〈무시〉 단추를 나타냅니다. |
| vbYesNoCancel | 3 | 〈예〉, 〈아니오〉 및 〈취소〉 단추를 나타냅니다. |
| vbYesNo | 4 | 〈예〉와 〈아니오〉 단추를 나타냅니다. |
| vbRetryCancel | 5 | 〈다시 시도〉와 〈취소〉 단추를 나타냅니다. |

25.상시, 23.상시, 22.상시, 21.상시, 20.상시, 19.상시, 18.상시, …

**[유형 3]** 〈사원별평가입력〉 폼의 '조회'(cmd조회) 단추를 클릭하면 다음과 같은 기능을 수행하도록 이벤트 프로시저를 구현하시오.

▶ 'txt조회' 컨트롤에 평가년도가 입력되지 않았다면 아래와 같은 메시지 상자를 표시한 후 'txt조회' 컨트롤에 포커스를 위치시킬 것

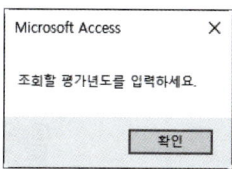

▶ 컨트롤에 평가년도가 입력되었다면, 입력된 평가년도에 해당하는 정보만 조회할 것
▶ If ~ Else 함수 사용
▶ Filter, FilterOn 속성 사용

〈정답〉

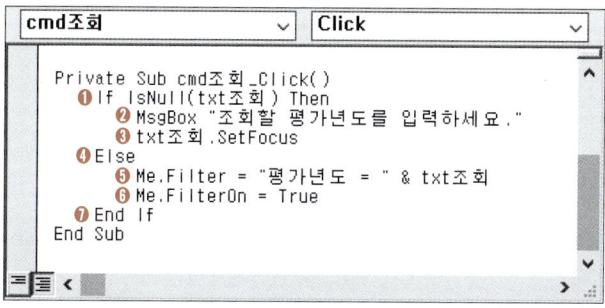

❶ 'txt조회' 컨트롤이 비어 있다면 ❷를 수행합니다.
   ※ IsNull(인수) : 인수로 지정된 값이 NULL(비어 있는지)인지의 여부를 확인함
❷ 메시지 상자를 표시합니다.
❸ 'txt조회' 컨트롤에 포커스를 이동시킵니다.
   ※ 'SetFocus'는 지정된 컨트롤로 포커스를 옮겨주는 메서드입니다.
❹ 'txt조회' 컨트롤이 비어 있지 않다면 ❺를 수행합니다.
❺ '평가년도' 필드의 값이 'txt조회' 컨트롤에 입력한 값과 동일한 레코드를 현재 폼의 Filter 속성으로 정의합니다.
❻ 현재 폼 개체의 Filter 속성에 정의된 Filter를 적용합니다.
❼ If문을 종료합니다.

24.상시, 22.상시, 21.상시

**[유형 4]** 〈분류별주문현황〉 폼 머리글을 더블클릭하면 다음과 같은 기능을 수행하도록 이벤트 프로시저를 구현하시오.

▶ 아래와 같은 메시지 상자를 표시하고 〈예〉를 클릭하면 〈분류별주문현황〉 폼 머리글의 'txt조회' 컨트롤에 포커스가 이동되도록 할 것

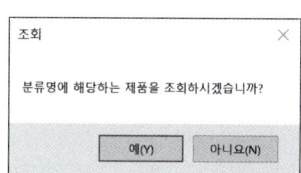

▶ GoToControl 함수 사용

〈정답〉

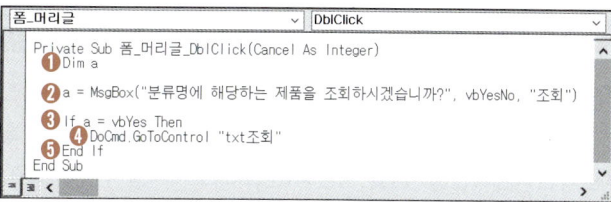

❶ 변수 a를 선언합니다.
❷ MsgBox를 표시한 후 MsgBox에서 선택한 결과를 a에 저장합니다.
❸ a의 값이 vbYes(〈예〉 단추 클릭)이면 ❹를 수행합니다.
❹ 'txt조회' 컨트롤로 포커스를 이동합니다.
   ※ 'GoToControl'은 지정된 컨트롤로 포커스를 옮기는 매크로 함수입니다.
❺ If문을 종료합니다.

24.상시

**[유형 5]** 〈산업단지현황내역〉 폼 본문의 'txt시도코드' 컨트롤을 더블클릭하면 다음과 같은 기능을 수행하도록 이벤트 프로시저를 구현하시오.

▶ '시도코드' 필드의 마지막 1글자가 1이면 '시도명' 필드의 값에 "특별시"를, 2면 '시도명' 필드의 값에 "광역시"를, 3이면 '시도명' 필드의 값에 "특별자치시"를, 4면 '시도명' 필드의 값에 "특별자치도"를, 5면 '시도명' 필드의 값에 "도"를 아래 그림과 같이 표시하시오.

▶ Select Case문과 Right 함수, & 연산자를 사용하시오.

〈정답〉

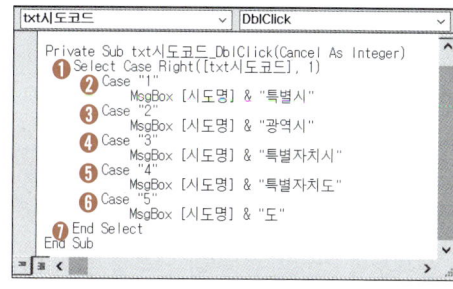

❶ 'txt시도코드' 컨트롤에 입력된 값에서 마지막 한 글자를 추출합니다.
   ※ Select Case문은 수식의 결과에 따라 해당하는 명령문을 수행하는 제어문입니다.
❷ ❶의 결과가 "1"이면 '시도명' 필드의 값에 "특별시"를 덧붙여 메시지 상자에 표시합니다.
❸ ❶의 결과가 "2"면 '시도명' 필드의 값에 "광역시"를 덧붙여 메시지 상자에 표시합니다.
❹ ❶의 결과가 "3"이면 '시도명' 필드의 값에 "특별자치시"를 덧붙여 메시지 상자에 표시합니다.
❺ ❶의 결과가 "4"면 '시도명' 필드의 값에 "특별자치도"를 덧붙여 메시지 상자에 표시합니다.
❻ ❶의 결과가 "5"면 '시도명' 필드의 값에 "도"를 덧붙여 메시지 상자에 표시합니다.
❼ Select Case문을 종료합니다.

### 03 보고서 출력 – OpenReport

25.상시, 20.상시, 19.상시, 19.1, 18.상시, 18.1, 17.상시, 17.1, 16.상시, …

〈문화센터등록현황〉 폼의 '미리보기'(cmd보고서) 단추를 클릭하면, 〈등록현황〉 보고서를 '인쇄 미리 보기' 형식으로 연 후 〈문화센터등록현황〉 폼을 닫는 이벤트 프로시저를 구현하시오.

- ▶ 'txt학과명' 컨트롤에 표시된 '학과명'과 같은 자료만을 대상으로 할 것
- ▶ DoCmd 개체의 메소드를 사용

〈정답〉

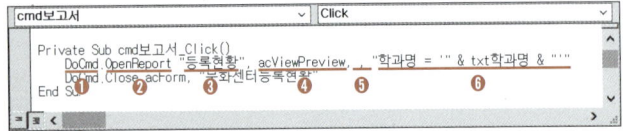

❶ Microsoft Access 매크로 함수를 Visual Basic에서 실행하기 위한 개체입니다.
❷ 보고서를 여는 매크로 함수입니다.
❸ 보고서 이름입니다.
❹ 보고서를 인쇄 미리 보기(acViewPreview) 형태로 엽니다.
❺ acViewPreview 다음에는 보고서에 표시할 내용을 제한하는 필터 이름을 입력해야 하는데, 생략했으므로 자리를 확보하기 위해 ,를 2번 입력하여 , ,와 같이 표시한 것입니다.
❻ 조건으로, 학과명이 'txt학과명' 컨트롤에 입력한 값과 동일한 레코드만을 대상으로 합니다.

❼ 개체를 닫는 매크로 함수입니다.
❽ 닫는 대상이 폼입니다.
❾ 폼 이름입니다.

### 04 폼 출력 – OpenForm

25.상시, 20.상시, 20.1, 19.상시, 19.2, 19.1, 18.상시, 18.1, 17상시, 17.1, …

〈판매현황〉 폼의 '분류등록'(cmd분류등록) 단추를 클릭(On Click)하면 〈분류등록〉 폼을 '폼 보기' 형식으로 열리도록 이벤트 프로시저를 구현하시오.

- ▶ 'txt분류' 컨트롤에 입력된 '분류명'과 같은 데이터만 출력하도록 할 것
- ▶ DoCmd 개체의 메소드를 사용

〈정답〉

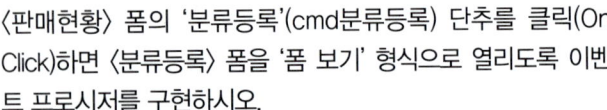

❶ Microsoft Access 매크로 함수를 Visual Basic에서 실행하기 위한 개체입니다.
❷ 폼을 여는 매크로 함수입니다.
❸ 폼 이름입니다.
❹ 폼을 기본 폼 보기(acNormal) 형태로 엽니다.
❺ acNormal 다음에는 폼에 표시할 내용을 제한하는 필터 이름을 입력해야 하는데, 생략했으므로 자리를 확보하기 위해 ,를 2번 입력하여 , ,와 같이 표시한 것입니다.
❻ 조건으로, 분류명이 'txt분류' 컨트롤에 입력한 값과 동일한 레코드만을 대상으로 합니다.

### 05 데이터 정렬

25.상시, 24.상시, 22.상시, 21.상시, 19.상시, 17.상시, 16.상시

〈판매현황관리〉 폼의 '정렬'(cmd정렬) 단추를 클릭하면 '판매량'을 기준으로 내림차순 정렬이 수행되도록 이벤트 프로시저를 구현하시오.

- ▶ 폼의 OrderBy, OrderByOn 속성 사용

〈정답〉

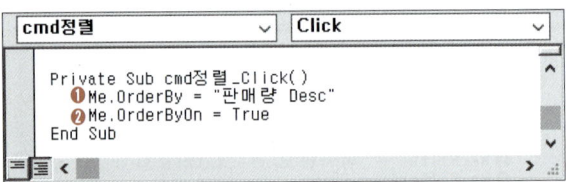

❶ 판매량을 기준으로 내림차순(Desc) 정렬하도록 OrderBy 속성을 정의합니다.
❷ 현재 폼 개체의 OrderBy 속성에 정의된 정렬 기준을 적용합니다.

### 06 컨트롤에 값 표시

22.상시, 21.상시

〈재무정보조회〉 폼이 로드(Load)될 때 〈재무정보〉 테이블의 년도 중 가장 큰 값이 'Txt현재' 컨트롤에 표시되도록 이벤트 프로시저를 구현하시오.

- ▶ DMax 함수 사용

〈정답〉

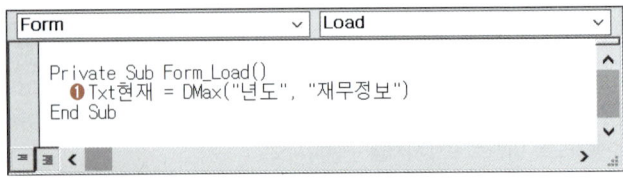

❶ 'Txt현재' 컨트롤에 DMax( ) 함수의 결과 값을 저장합니다.

**DMax("년도", "재무정보")**
- **DMax(인수, 도메인, 조건)** : 도메인에서 조건에 맞는 자료를 대상으로 지정된 인수의 최대값을 계산함
- **년도** : 최대값을 구할 값이 들어 있는 필드 이름
- **재무정보** : 작업 대상 레코드가 들어 있는 테이블이나 쿼리의 이름
- 조건이 생략되었으므로 전체 레코드를 대상으로 '년도' 필드의 최대값을 계산합니다.

## 대표기출문제

'길벗컴활1급총정리\액세스\기능\07프로시저-기출.accdb' 파일을 열어서 작업하세요.

### [기출 1] 25.상시, 24.상시, 23.상시, 22.상시, 21.상시, 20.상시, 19.상시, 18.상시, …

〈사유별교환현황〉 폼 머리글의 'txt조회' 컨트롤에 찾고자 하는 회원코드의 일부를 입력한 후 '조회'(cmd조회) 단추를 클릭하면 다음과 같은 기능을 수행하도록 이벤트 프로시저를 구현하시오.

▶ 〈사유별교환현황〉 폼 머리글의 'txt조회' 컨트롤에 회원코드가 입력되지 않았다면, 아래와 같은 메시지를 표시하고 'txt조회' 컨트롤에 포커스를 이동시킬 것

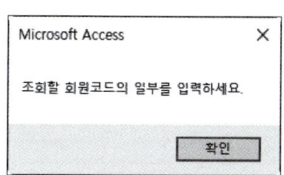

▶ 'txt조회' 컨트롤에 회원코드가 입력되었다면, 입력된 회원코드를 포함하는 정보만 조회할 것
▶ If ~ Else 함수를 이용할 것
▶ Filter와 FilterOn 속성을 이용할 것

### [기출 2] 25.상시, 20.상시, 19.상시, 19.1, 18.상시, 17.상시, 17.1, 16.상시, …

〈사유별교환현황〉 폼 머리글의 '보고서보기'(cmd보고서) 단추를 클릭하면 〈출력별제품현황〉 보고서를 '인쇄 미리 보기' 형식으로 연 후 〈사유별교환현황〉 폼을 닫는 이벤트 프로시저를 구현하시오.

▶ 'txt검색' 컨트롤에 입력된 제품가 이상인 제품들의 자료만을 대상으로 할 것
▶ DoCmd 개체의 메소드를 사용

### [기출 3] 25.상시, 20.상시, 20.1, 19.상시, 19.2, 19.1, 18.상시, 18.1, 17.상시, 17.1, …

〈사유별교환현황〉 폼 본문의 'txt회원코드' 컨트롤을 더블클릭하면 다음과 같은 기능이 수행되도록 이벤트 프로시저를 구현하시오.

▶ 〈회원정보〉 폼을 열 것
▶ 'txt회원코드' 컨트롤에 입력된 '회원코드'에 해당하는 레코드만 표시할 것

### [기출 4] 22.상시, 21.상시, 20.상시, 20.1, 20.1, 19.상시, 19.2, 19.1, 18.상시, 18.1, …

〈패키지주문현황〉 폼 머리글의 '폼보기'(cmd폼보기) 단추를 더블클릭하면 다음과 같이 메시지 상자를 표시한 후 〈패키지정보〉 폼을 여는 기능이 수행되도록 이벤트 프로시저를 구현하시오.

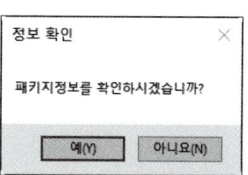

▶ 메시지 상자에서 〈예〉를 클릭하면, 〈패키지주문현황〉 폼의 'txt조회' 컨트롤에 입력된 패키지명에 해당하는 정보만 표시할 것

### [기출 5] 25.상시, 24.상시, 23.상시, 22.상시, 21.상시, 20.상시, 19.상시, 16.상시, …

〈구매내역열람〉 폼 본문의 'cmb상품명' 컨트롤에서 조회할 상품을 선택하면 해당 상품명과 동일한 레코드만 조회되도록 이벤트 프로시저를 구현하시오.

▶ After Update 이벤트로 구현할 것
▶ RecordSource 속성을 사용할 것

### [기출 6] 25.상시, 22.상시, 21.상시, 20.상시, 20.1, 19.상시, 19.1, 18.상시, 18.1, …

〈구매내역열람〉 폼에서 '보고서출력'(cmd보고서) 단추를 클릭하면 다음과 같은 기능이 수행되도록 이벤트 프로시저를 구현하시오.

▶ 다음과 같은 메시지를 표시할 것

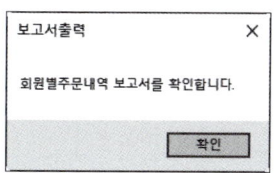

▶ 메시지 상자에서 〈확인〉을 클릭하면 〈회원별주문내역〉 보고서를 '인쇄 미리 보기' 형태로 출력할 것

### [기출 7] 25.상시, 24.상시, 22.상시, 21.상시, 19.상시, 17.상시, 16.상시

〈사유별교환현황〉 폼의 '제품가 정렬'(cmd정렬) 단추를 클릭하면 다음과 같은 기능이 수행되도록 이벤트 프로시저로 구현하시오.

▶ '제품가'를 기준으로 내림차순 정렬할 것
▶ 폼의 OrderBy, OrderByOn 속성을 이용할 것

## [기출 8] 20.상시, 08.4, 08.1, 05.1, 04.4, 04.3, 04.1, 03.2

〈패키지주문현황〉 폼 머리글의 '주문검색'(cmd주문검색) 단추를 클릭하면 'txt검색' 컨트롤에 입력된 주문코드와 동일한 자료를 찾아 표시하도록 이벤트 프로시저로 구현하시오.

▶ 현재 폼의 RecordSetClone 속성과 Bookmark 속성, FindFirst 메서드 등을 이용할 것

## [기출 9] 24.상시, 23.상시

〈수강현황조회〉 폼 머리글의 '조회(cmd조회)' 단추를 클릭하면 '강좌분류' 필드의 값이 'txt분류조회' 컨트롤에 입력된 값과 같은 정보만 표시되도록 이벤트 프로시저를 구현하시오.

▶ DoCmd 개체와 ApplyFilter 메소드 사용

---

### 정답 및 해설

#### [기출 1]

1. 〈사유별교환현황〉 폼의 바로 가기 메뉴에서 [디자인 보기]를 선택한다.
2. 'cmd조회' 컨트롤을 더블클릭한다.
3. 속성 시트 창의 '이벤트' 탭에서 'On Click' 이벤트를 클릭한다.
4. 작성기 단추(…)를 클릭한다.
5. '작성기 선택' 대화상자에서 '코드 작성기'를 선택한 후 〈확인〉을 클릭한다.
6. VBA에 다음과 같이 코드를 입력한다.

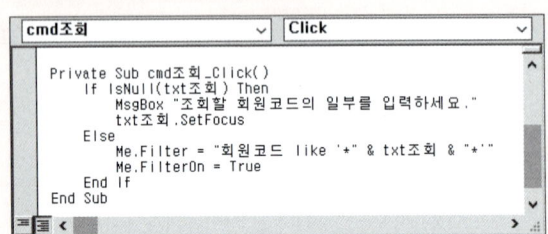

#### [기출 2]

'보고서보기'(cmd보고서) 단추에 기능 구현하기

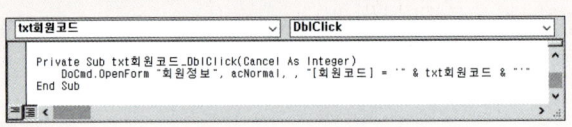

#### [기출 3]

'txt회원코드' 컨트롤에 기능 구현하기

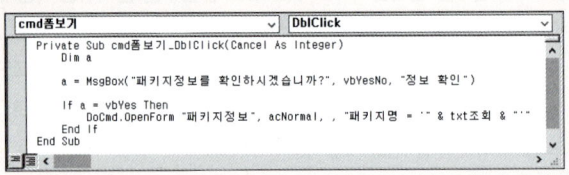

#### [기출 4]

'폼보기'(cmd폼보기) 단추에 기능 구현하기

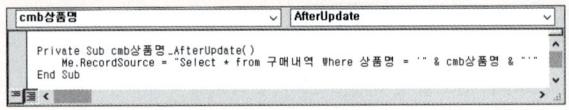

#### [기출 5]

'cmb상품명' 컨트롤에 기능 구현하기

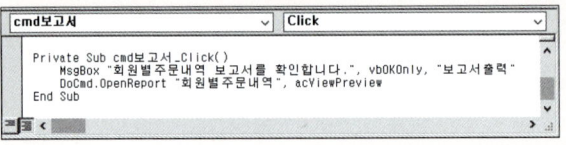

#### [기출 6]

'보고서출력'(cmd보고서) 단추에 기능 구현하기

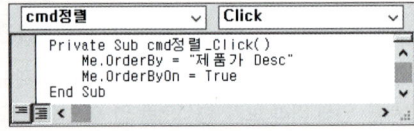

#### [기출 7]

'제품가 정렬'(cmd정렬) 단추에 기능 구현하기

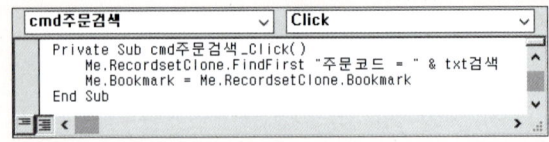

#### [기출 8]

'주문검색'(cmd주문검색) 단추에 기능 구현하기

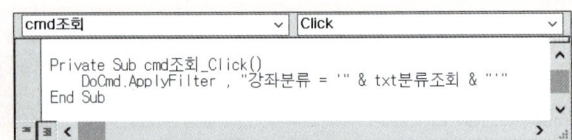

#### [기출 9]

'조회(cmd조회)' 단추에 기능 구현하기

```
cmd조회                              Click
    Private Sub cmd조회_Click()
        DoCmd.ApplyFilter , "강좌분류 = '" & txt분류조회 & "'"
    End Sub
```

# 문제 4    처리 기능 구현(35점)

> **전문가의 조언**
>
> **28점을 목표로 합니다!**
> 2024년 컴퓨터활용능력 1급 실기 합격률이 6.6%였습니다. 보통 16% 언저리를 유지하던 합격률이 급락한 가장 큰 이유는 쿼리가 5문제로 늘어났고, 각 문제에 주어진 조건이 복잡해졌다는 것입니다. 1과목 [계산 작업]에 비해 그렇게 어렵지는 않은데, 쿼리에 반영해야 할 조건이 많다 보니 시간이 매우 부족했다는 것이 시험 본 수험생 대다수의 목소리였습니다. 문제로 출제되었던 크로스탭 쿼리, 테이블 생성 쿼리, 업데이트 쿼리, 그룹 쿼리, 매개 변수 쿼리, 불일치 검색 쿼리, 추가 쿼리, 이 일곱 가지 쿼리의 개념을 이해하는 건 어렵지 않습니다. 그런데 아시다시피 실기 시험은 개념을 이해하는 게 아니라 문제 풀이 기계가 되어 제한된 시간 내에 완벽하게 작업을 끝내는 것입니다. 문제를 보자마자 쿼리 작성기에 설정해야 할 일들이 파노라마처럼 펼쳐지지 않으면, 그 문제는 포기해야 합니다. 2023년 이전에는 쿼리 문제를 포기해도 다른 문제를 다 맞히면 합격할 수 있었지만, 이제는 다른 문제를 다 맞혀도 65점이기 때문에 절대 합격할 수 없습니다. 피해갈 수 없다는 거죠. 교재에 다양한 문제를 수록했으니 숙달될 때까지 반복해서 연습하세요. 만약 시험장에서 정말 시간이 부족하면 그때는 크로스탭 쿼리 문제를 과감히 포기하고 28점만 받으세요.

처리 기능 구현은 **쿼리를 작성하는 문제만 5개**가 출제되는데, **7점짜리 5문제**가 고정적으로 출제되고 있습니다. 한 문제에 3~4개의 지시사항이 제시되며, **지시사항을 모두 해결해야 온전한 점수를** 얻습니다. 그러니까 부분 점수는 1도 없습니다.

| No | 출제 기능 | 배점 | 목표 점수 | 출제 비율 |
|---|---|---|---|---|
| 1 | 쿼리 작성 | 7점짜리 5문제 | 28점 | 100% |
| | 합계 | 35점 | 28점 | |

## 1   쿼리 작성

출제 비율 100% / 배점 35점

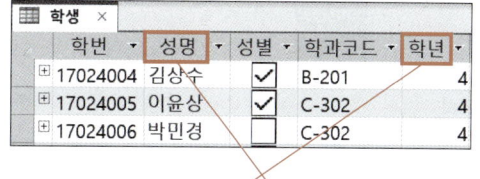

※ '성적'이 60점 이하인 학생들의 정보만 조회하는 쿼리를 만들어 실행한 화면입니다.

### 작업 순서

쿼리 종류에 따라 작업 순서와 사용하는 메뉴가 조금씩 다릅니다. 잘 기억해 두지 않으면 시험장에서 매우 당황할 수 있습니다.

**그룹 쿼리 / 매개 변수 쿼리**

1. [만들기] → 쿼리 → **쿼리 디자인**(🏛)을 클릭한다.
2. '테이블 추가'에서 사용할 테이블이나 쿼리를 선택한다.
3. 결과에 표시할 필드를 하단의 그리드 라인에 추가한다.
4. [쿼리 디자인] → 표시/숨기기 → **요약**(∑)을 클릭한다.
5. 그룹으로 묶을 필드에서 '묶는 방법'을 지정한다.
6. 정렬 기준이나 조건을 지정한다.
   ※ 매개 변수 쿼리는 조건에 매개 변수 대화상자에 표시할 내용을 입력한다.
7. [쿼리 디자인] → 결과 → **실행**(❗)을 클릭한다.
8. 실행 결과와 문제에 제시된 그림을 비교한다.
9. 결과와 다르게 표시된 필드명을 수정하거나 형식을 지정한다.
10. 쿼리를 저장한다.

### 크로스탭 쿼리 – 마법사 사용

1. [만들기] → 쿼리 → **쿼리 마법사(**)를 클릭한다.
2. '새 쿼리' 대화상자에서 '크로스탭 쿼리 마법사'를 선택한다.
3. '크로스탭 쿼리 마법사' 1단계 : 데이터 원본 선택
4. '크로스탭 쿼리 마법사' 2단계 : 행 머리글 필드 선택
5. '크로스탭 쿼리 마법사' 3단계 : 열 머리글 필드 선택
6. '크로스탭 쿼리 마법사' 4단계 : 데이터(값) 필드, 계산 함수, 행 합계 포함 여부 선택
7. '크로스탭 쿼리 마법사' 5단계 : 쿼리 이름 입력

### 크로스탭 쿼리 – 쿼리 작성기 사용

1. [만들기] → 쿼리 → **쿼리 디자인(**)을 클릭한다.
2. '테이블 추가'에서 사용할 테이블이나 쿼리를 선택한다.
3. [쿼리 디자인] → 쿼리 유형 → **크로스탭(**)을 클릭한다.
4. 행 머리글, 열 머리글, 값으로 사용될 필드를 지정한다.
5. 그룹으로 묶을 필드에서 '묶는 방법'을 지정한다.
   ※ 이후 과정은 '그룹 쿼리' 작업 과정의 6번 이후와 동일하다.

### 불일치 검색 쿼리

1. [만들기] → 쿼리 → **쿼리 마법사(**)를 클릭한다.
2. '새 쿼리' 대화상자에서 '불일치 검색 쿼리 마법사'를 선택한다.
3. '불일치 검색 쿼리 마법사' 1단계 : 조회할 자료가 있는 원본 테이블 선택
4. '불일치 검색 쿼리 마법사' 2단계 : 비교할 자료가 있는 테이블 선택
5. '불일치 검색 쿼리 마법사' 3단계 : 두 테이블을 비교할 필드 선택
6. '불일치 검색 쿼리 마법사' 4단계 : 결과로 표시할 필드 선택
7. '불일치 검색 쿼리 마법사' 5단계 : 쿼리 이름 입력

### 수정(Update) 쿼리

1. [만들기] → 쿼리 → **쿼리 디자인(**)을 클릭한다.
2. '테이블 추가'에서 사용할 테이블이나 쿼리를 선택한다.
3. 수정할 필드를 하단의 그리드 라인에 추가한다.
4. [쿼리 디자인] → 쿼리 유형 → **업데이트(**)를 클릭한다.
5. 수정할 필드의 '업데이트' 란에 수정할 값을 입력한다.
6. 필드에 조건을 지정한다.
7. 쿼리를 저장한다.
8. 작성한 쿼리를 실행하라는 지시사항이 있는 경우 쿼리를 실행한다.

### 추가(Insert) 쿼리

1. [만들기] → 쿼리 → **쿼리 디자인(**)을 클릭한다.
2. '테이블 추가'에서 추가 데이터가 있는 테이블이나 쿼리를 선택한다.
3. 추가할 필드를 하단의 그리드 라인에 추가한다.
4. [쿼리 디자인] → 쿼리 유형 → **추가(**)를 클릭한다.
5. '추가' 대화상자에서 추가할 테이블을 선택한다.
6. 추가할 필드의 '추가' 란에서 추가할 필드를 선택한다.
   ※ 추가될 테이블의 필드 이름과 추가할 테이블의 필드 이름이 같을 경우 추가난에 자동으로 필드 이름이 표시되지만, 다를 경우에는 직접 지정해줘야 한다.
7. 필드에 조건을 지정한다.
8. 쿼리를 저장한다.
9. 작성한 쿼리를 실행하라는 지시사항이 있는 경우 쿼리를 실행한다.

### 테이블 생성 쿼리

1. [만들기] → 쿼리 → **쿼리 디자인(**)을 클릭한다.
2. '테이블 추가'에서 사용할 테이블이나 쿼리를 선택한다.
3. 필요한 필드를 하단의 그리드 라인에 추가한다.
4. 필드에 정렬 기준이나 조건을 지정한다.
5. [쿼리 디자인] → 쿼리 유형 → **테이블 만들기(**)를 클릭한다.
6. '테이블 만들기' 대화상자에 생성할 테이블 이름을 입력한다.
7. 쿼리를 저장한다.
8. 작성한 쿼리를 실행하라는 지시사항이 있는 경우 쿼리를 실행한다.

### 합격포인트

- 쿼리 작업에서는 각각의 **지시사항을 쿼리 작성기에 정확하게 표현하는 것이 합격포인트**입니다.
- 시험에 자주 출제되는 문제들을 모두 모아 쉽게 이해할 수 있도록 번호를 붙여 설명했습니다.
- 문제를 읽고 고민없이 바로 답안을 작성할 수 있도록 반복해서 연습하세요.
- ☞ 직접 실습하려면 '길벗컴활1급총정리\액세스\기능\08쿼리-합격포인트.accdb' 파일을 열어 작업하세요.

## 01 그룹 쿼리 1

25.상시, 24.상시, 23.상시, 21.상시, 20.상시, 20.1, 19.상시, 19.1, …

학과별로 봉사활동을 한 학생들의 봉사학생수와 총시수를 조회하는 〈학과별봉사현황〉 쿼리를 작성하시오.

▶ 〈봉사내역〉과 〈재학생〉 테이블을 이용하시오.

▶ 봉사학생수는 '학번' 필드를 이용하여 [표시 예]와 같이 표시되도록 '형식' 속성을 이용하시오. [표시 예 : 0 → 0명, 5 → 5명]

▶ 총시수는 '시수' 필드를 이용하여 [표시 예]와 같이 표시되도록 '형식' 속성을 이용하시오. [표시 예 : 21 → 21시간]

▶ '총시수' 필드를 기준으로 내림차순 정렬하시오.

▶ 학생당봉사시수는 '총시수'를 '봉사학생수'로 나눈 값으로 계산하여, [표시 예]와 같이 표시되도록 '형식' 속성을 설정하시오.
[표시 예] 0 → 0.0, 1.234 → 1.2

▶ '학과' 필드의 값이 "회계학과"가 아닌 것만 조회 대상으로 하시오.

▶ '봉사코드' 필드의 7번째 값이 3~7 사이인 것만 조회 대상으로 하시오. (Mid 함수와 Like 연산자 사용)

▶ 쿼리 실행 결과 표시되는 필드와 필드명은 〈그림〉과 같이 표시되도록 설정하시오.

※ '0 → 0명'과 같이 값이 0일 때의 표시 방법이 제시된 경우에는 형식에 0을 사용하고, 그렇지 않은 경우에는 #을 사용합니다.

❾ '총시수' 필드 속성 설정하기
 • '일반' 탭의 형식 → #시간

⓬ '학생당봉사시수' 필드 속성 설정하기
 • '일반' 탭의 형식 → 0.0

※ ❷, ❸ '봉사학생수'와 '총시수'를 구하라는 지시사항이 있으므로 '요약' 항목을 각각 '개수'와 '합계'로 지정합니다.

※ ❻ '학번' 필드를 이용해 값을 구하되 화면에는 '봉사학생수'로 표시합니다.

※ ⓮ Like "[3-7]" : Mid 함수로 추출한 7번째 자리가 "3"부터 "7"까지 중 하나인 '봉사코드'만 표시함

※ ⓯ Mid 함수로 추출한 '봉사코드' 필드의 7번째 값은 조건에만 사용되고 화면에는 표시되지 않으므로 '표시' 항목을 체크하지 않습니다.

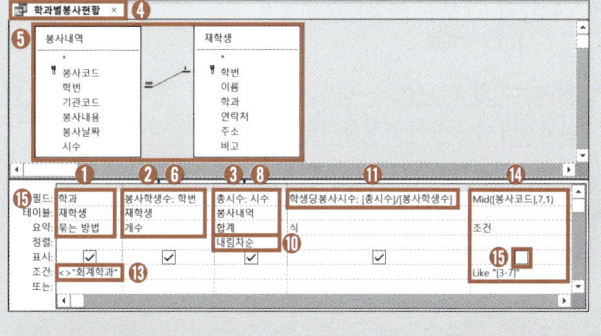

1. [만들기] → 쿼리 → **쿼리 디자인**(▦)을 클릭하세요.
2. 쿼리 작성기 창에서 아래와 같이 설정하고 저장한 후 [쿼리 디자인] → 결과 → **실행**(!)을 클릭하여 결과를 확인하세요.

❼ '봉사학생수' 필드 속성 설정하기
 • '일반' 탭의 형식 → 0명

## 02 그룹 쿼리 2

25.상시, 24.상시, 23.상시, 22.상시, 21.상시

〈씨앗입고〉, 〈씨앗〉, 〈주문〉 테이블을 이용하여 씨앗명별 평균주문량과 재고비율을 조회하는 〈재고현황〉 쿼리를 작성하시오.

▶ '평균주문량'은 '수량' 필드를 이용하여 [표시 예]와 같이 표시되도록 '형식' 속성을 설정하시오.
[표시 예 : 0 → 0.0개, 16.666… → 16.7개]

▶ '재고비율'은 다음과 같이 계산된 결과 값 만큼을 "■"로 표시하시오. (String, Sum 함수 사용)
재고비율 = '수량' 필드의 합계 / '입고수량' 필드의 합계 × 10

▶ '씨앗명' 필드를 기준으로 오름차순 정렬하시오.

▶ 입고일자가 2025년인 것만 조회 대상으로 하시오. (Year 함수 사용)

▶ 씨앗코드가 A부터 B까지의 문자 중 하나로 시작하는 것만 조회 대상으로 하시오. (Like 연산자 사용)

▶ 원산지가 "한국"이나 "미국"인 것만 조회 대상으로 하시오. (In 연산자 사용)

▶ 쿼리 결과 표시되는 필드와 필드명은 〈그림〉과 같이 표시되도록 설정하시오.

쿼리 작성기 창

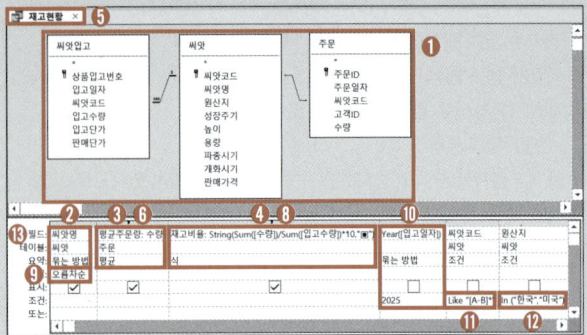

❼ '평균주문량' 필드 속성 설정하기
- '일반' 탭의 형식 → 0.0개

❽ '재고비율' 계산에 사용된 String 함수의 의미
- String 함수는 String(개수, 문자) 형식으로 사용되며, 지정한 개수만큼 반복해서 문자를 표시합니다.
- String( Sum([수량]) / Sum([입고수량]) * 10, "■" )
  　　　　　　　㉠
  ㉡
  ㉢

※ '수량' 필드의 합계가 50이고, '입고수량' 필드의 합계가 165라고 가정합니다.
- ㉠ '수량' 필드의 합계를 '입고수량' 필드의 합계로 나눕니다.
  → 0.3030 …
- ㉡ ㉠의 결과값에 10을 곱합니다. → 3.03 …
- ㉢ ㉡의 정수값 만큼 문자 "■"을 반복 표시합니다. → ■■■

쿼리 작성기 창

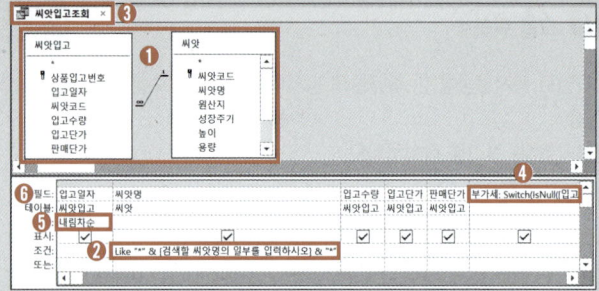

❹ '부가세' 계산에 사용된 Switch, IsNull 함수의 의미
- Switch 함수는 'Switch(조건1, 인수1, 조건2, 인수2, …)' 형식으로 사용됩니다.
- Switch(IsNull([입고단가]), "입고단가 누락", [입고단가]<=10000, "판매단가의 10%", [입고단가]<=50000, "판매단가의 20%", [입고단가]>50000, "판매단가의 30%")
  ㉠　　　　　　　　　　　　　　　　　　　　　　㉡
  ㉢　　　　　　　　　　　　　㉣

  – ㉠ '입고단가' 필드에 값이 없으면, "입고단가 누락"을 표시합니다.
    ※ IsNull(인수) : 인수가 비어 있으면 참(True), 아니면 거짓(False)을 반환함
  – ㉡ '입고단가' 필드의 값이 10000 이하이면, "판매단가의 10%"를 표시합니다.
  – ㉢ '입고단가' 필드의 값이 50000 이하이면, "판매단가의 20%"를 표시합니다.
  – ㉣ '입고단가' 필드의 값이 50000을 초과하면, "판매단가의 30%"를 표시합니다.

❼ '입고단가', '판매단가' 필드 속성 설정하기
- '일반' 탭의 형식 → 통화
※ ❼번은 문제의 지시사항에는 없지만 제시된 〈그림〉을 보고 수험생이 판단하여 설정합니다.

## 03 매개 변수 쿼리

25.상시, 24.상시, 23.상시, 22.상시, 21.상시, 19.상시, 19.2, 18.상시, …

〈씨앗〉과 〈씨앗입고〉 테이블을 이용하여 검색할 씨앗명의 일부를 매개 변수로 입력받아 해당 씨앗의 입고 정보를 조회하는 〈씨앗입고조회〉 매개 변수 쿼리를 작성하시오.

▶ '부가세'는 '입고단가' 필드가 비어 있으면 "입고단가 누락"을, '입고단가' 필드의 값이 10000 이하이면, "판매단가의 10%"를, '입고단가' 필드의 값이 10000 이상 50000 이하이면 "판매단가의 20%"를, '입고단가' 필드의 값이 50000 초과이면 "판매단가의 30%"를 표시하시오. (Switch, IsNull 함수 사용)

▶ '입고일자' 필드를 기준으로 내림차순 정렬하여 표시하시오.

▶ 쿼리 결과 표시되는 필드와 필드명, 필드의 형식은 〈그림〉과 같이 표시되도록 설정하시오.

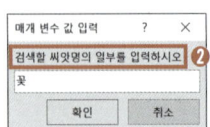

## 04 크로스탭 쿼리

25.상시, 24.상시, 23.상시, 22.상시, 21.상시, 20.상시, 20.1, 19.상시, …

약식코드명별 주문월별 상품들의 1/4분기 주문횟수와 판매가의 평균을 조회하는 〈1분기판매현황〉 크로스탭 쿼리를 작성하시오.

▶ 〈상품〉과 〈주문2〉 테이블을 이용할 것

▶ '약식코드명'은 〈상품〉 테이블의 '상품코드' 필드에서 "–" 글자 전까지만 추출하여 표시하시오. (Left, InStr 함수 사용)

▶ '주문횟수'는 '주문번호' 필드를 이용하여 [표시 예]와 같이 표시되도록 '형식' 속성을 설정하시오. [표시 예 : 0 → 0건, 11 → 11건]

▶ 판매가의 평균은 '판매가' 필드를 이용하여 계산하되, 빈 셀에는 "*"을 표시하시오. (IIf, IsNull, Avg 함수 사용)

▶ '약식코드명' 필드를 기준으로 내림차순 정렬하여 표시하시오.
⑫

▶ 출시년도가 2015 ~ 2019 사이인 레코드만을 조회 대상으로 하시오. (Between 연산자 사용)
⑬

▶ 제조사코드가 5, 6, 7로 끝나는 레코드만을 조회 대상으로 하시오. (Right 함수와 In 연산자 사용)
⑭

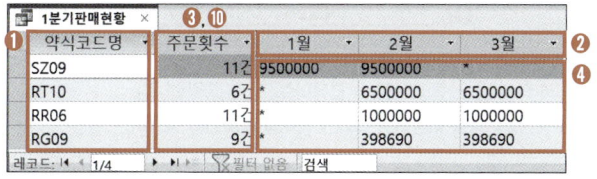

쿼리 작성기 창

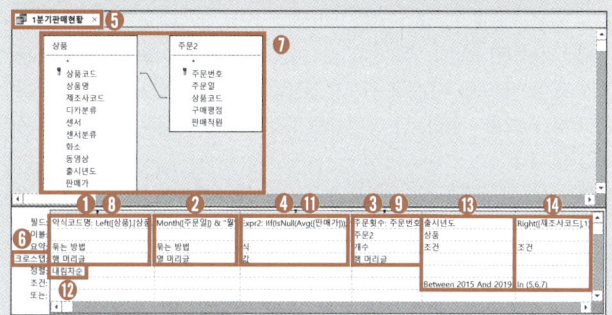

❷ 사용할 함수나 설정할 속성에 대한 세부 지시사항이 없더라도, "주문월별 상품들의 1/4분기"라는 지시사항과 그림을 기준으로 수식 Month([주문일]) & "월"을 만들고, '쿼리' 속성의 '열 머리글'에 "1월", "2월", "3월"을 설정해야 합니다.
  • '쿼리' 속성 설정하기
    – '월'이 표시된 열 머리글을 클릭하고 [쿼리 디자인] → 표시/숨기기 → 속성 시트(▦)를 클릭한 후 다음과 같이 설정합니다.
    – '일반' 탭의 열 머리글 → "1월", "2월", "3월"
❻ [쿼리 디자인] → 쿼리 유형 → 크로스탭(▦)을 클릭합니다.
❽ '약식코드명' 표시에 사용된 함수들의 의미
  • InStr 함수는 'InStr(문자열, 찾는문자)' 형식으로 사용됩니다.
  • Left( [상품].[상품코드], InStr([상품].[상품코드], "-")-1 )
                                    ⓐ
                    ⓑ
    – ⓐ 〈상품〉 테이블의 '상품코드'에서 "-"의 위치를 반환합니다("SZ09-098" → 5) 여기에서 1을 뺍니다(4).
    ※ '상품코드' 필드처럼 두 테이블 모두에 속한 필드는 [상품].[상품코드]와 같이 필드명 앞에 테이블명을 함께 입력해야 합니다.
    – ⓑ Left([상품].[상품코드], ⓐ) → Left([상품].[상품코드], 4) : 〈상품〉 테이블의 '상품코드' 중 왼쪽에서 네 번째 문자까지만 표시합니다("SZ09-098" → SZ09).
❿ '주문횟수' 필드 속성 설정하기
  • '일반' 탭의 형식 → 0"건"
⓫ 판매가의 평균 계산에 사용된 함수들의 의미
  • IIf( IsNull( Avg([판매가]) ), "*", Avg([판매가]) )
              ⓐ
         ⓑ
         ⓒ
    – ⓐ Avg([판매가]) : '판매가' 필드의 평균을 계산함
    – ⓑ IsNull(ⓐ) : 계산된 ⓐ의 결과값이 없으면 참(True), 아니면 거짓(False)을 반환함

– ⓒ IIf(ⓑ, "*", Avg([판매가])) : 조건 ⓑ이 참(True)이면 "*"을 표시하고, 거짓(False)이면 계산된 '판매가' 필드의 평균을 표시함
※ 계산된 '판매가' 필드의 값이 없으면 "*"을 표시하고 그렇지 않으면 계산된 '판매가' 필드의 평균을 표시합니다.

## 05 테이블 생성 쿼리
25.상시, 24.상시, 23.상시, 22.상시, 21.상시, 20.1, 19.상시, 18.1, …

〈거래처〉와 〈거래내역〉 테이블을 이용하여, 상호의 일부를 매개 변수로 입력받아 해당 상호의 거래 내역을 조회하여 새 테이블로 생성하는 〈상호별거래조회〉 쿼리를 작성하고 실행하시오.
  ❶      ❷
  ❸      ❹
  ❺

▶ '거래건수'는 '순번' 필드를 이용하시오.
  ❻

▶ '평균세액'은 '세액' 필드의 평균을 계산하여, [표시 예]와 같이 소수점 이하 둘째 자리에서 반올림하여 첫째 자리까지 표시하시오.
  ❼
  (Round, Avg 함수 사용) [표시 예 : 12666.666… → 12666.7]
  ❽

▶ '최대금액'은 '금액' 필드를 이용하시오.
  ❾

▶ 평균세액이 높은 순으로 상위 50%까지만 표시되도록 설정하시오.
  ❿      ⓫

▶ 행선지코드가 1 또는 3으로 끝나는 것만 조회 대상으로 하시오.
  ⓬
  (Right 함수와 In 연산자 사용)

▶ 쿼리 실행 후 생성되는 테이블의 이름은 〈상호별거래내역〉으로 설정하시오.
  ⓭

▶ 쿼리 실행 결과 생성되는 테이블의 필드는 그림을 참고하여 수험자가 판단하여 설정하시오.
  ⓮

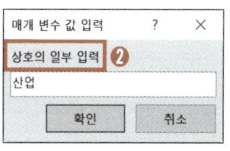

※ 〈상호별거래조회〉 쿼리의 매개 변수 값으로 '산업'을 입력하여 실행한 후의 〈상호별거래내역〉 테이블

- ❹ [쿼리 디자인] → 쿼리 유형 → 테이블 만들기(📋)를 클릭한 후 '테이블 만들기' 대화상자에 **상호별거래내역**을 입력합니다.

- 쿼리 작성기 창

- ⓫ '쿼리' 속성 설정하기
  - '일반' 탭의 상위 값 → 50%

## 06 업데이트 쿼리

25.상시, 24.상시, 23.상시, 22.상시, 21.상시, 19.상시, 16.상시, 12.2, …

〈회원〉, 〈주문〉 테이블을 이용하여 최근 주문이 없는 고객에 대해 〈회원〉 테이블의 '비고' 필드의 값을 '★ 관리대상회원'으로 변경하는 〈관리대상회원처리〉 업데이트 쿼리를 작성한 후 실행하시오.

▶ 최근 주문이 없는 고객이란 주문일자가 2023년 4월 10일부터 2023년 4월 30일까지 중에서 〈회원〉 테이블에는 '고객ID'가 있으나 〈주문〉 테이블에는 '고객ID'가 없는 고객임. (Not In과 하위 쿼리 사용)

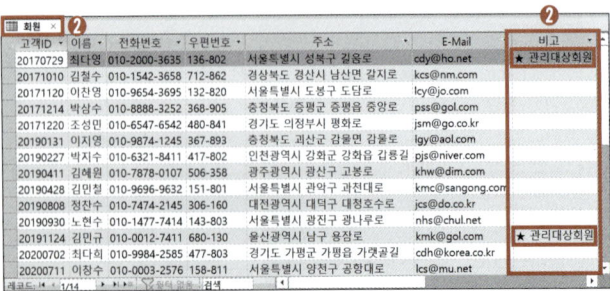

※ 〈관리대상회원처리〉 쿼리를 실행한 후의 〈회원〉 테이블

- 쿼리 작성기 창

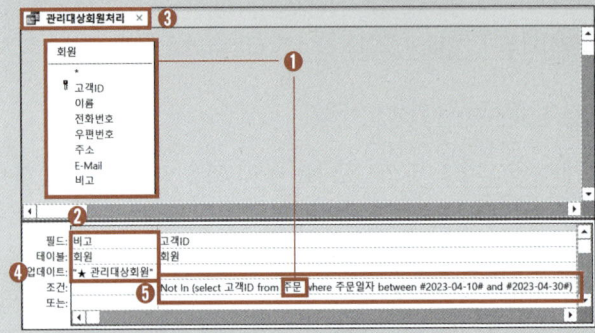

- ❹ [쿼리 디자인] → 쿼리 유형 → **업데이트**(📋)를 클릭합니다.
- ❺ 〈주문〉 테이블을 이용하여 〈회원〉 테이블에 조건을 적용하는 과정

최근 주문이 없는 고객이란 '주문일자'가 2023년 4월 10일부터 2023년 4월 30일까지 중에서 〈회원〉 테이블에는 '고객ID'가 있으나 〈주문〉 테이블에는 '고객ID'가 없는 고객을 의미합니다. 즉 〈주문〉 테이블의 해당 주문일자에 주문이 있는 고객을 제외한 나머지 고객을 의미하는 것으로, 이 고객들을 〈회원〉 테이블에서 검색하면 됩니다. '주문일자' 필드가 있는 〈주문〉 테이블과 〈회원〉 테이블은 '고객ID' 필드를 기준으로 관계가 설정되어 있으므로 조건을 지정할 필드로 '고객ID' 필드를 사용합니다. '조건'에는 조건에 맞는 고객을 검색하는 SQL문을 입력합니다.

❶ 〈주문〉 테이블에서 '주문일자'가 2023년 4월 10일부터 2023년 4월 30일까지인 고객의 고객ID만 추출합니다. 날짜를 조건에 사용할 때는 #으로 묶어줍니다.

> select 고객ID from 주문 where 주문일자 between #2023-04-10# and #2023-04-30#

❷ 〈주문〉 테이블에서 추출한 '고객ID'를 제외한 '고객ID'를 〈회원〉 테이블에서 찾아 '비고' 필드의 값을 "★ 관리대상회원"으로 변경해야 하므로 〈회원〉 테이블의 '고객ID' 필드의 조건을 다음과 같이 작성합니다.

> not in (select 고객ID from 주문 where 주문일자 between #2023-04-10# and #2023-04-30#)

## 07 불일치 검색 쿼리

〈회원권〉 테이블을 이용하여 〈구매자명단〉 테이블에 없는 회원권에 대한 정보를 조회하는 〈구매되지않은회원권〉 쿼리를 작성하시오.

▶ 〈회원권〉 테이블의 '회원권코드' 중 〈구매자명단〉 테이블의 '회원권코드'에 없는 회원권을 구매되지 않은 회원권으로 가정하시오. (Not In 연산자와 하위 쿼리 사용)

▶ '회원권'에 "레지"가 포함된 것은 조회 대상에서 제외하시오. (Not Like 연산자 사용)

▶ 쿼리 실행 결과 표시되는 필드와 필드명은 〈그림〉과 같이 표시되도록 설정하시오.

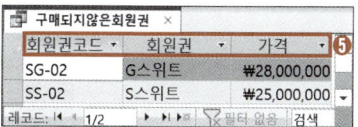

**쿼리 작성기 창**

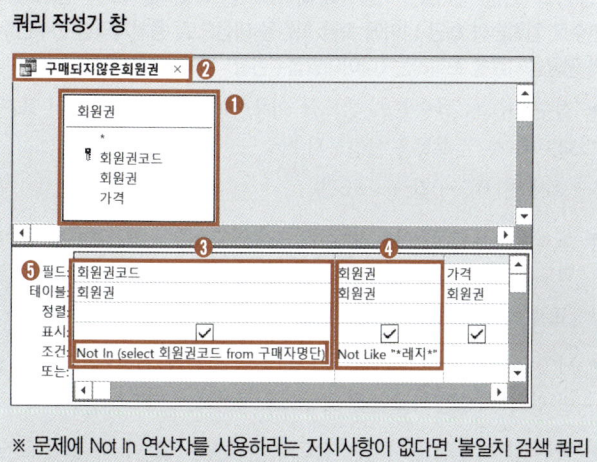

※ 문제에 Not In 연산자를 사용하라는 지시사항이 없다면 '불일치 검색 쿼리 마법사'를 사용하여 작성하면 됩니다.

## 08 추가 쿼리

〈씨앗〉과 〈씨앗입고〉 테이블을 이용하여 2025년에 입고된 씨앗의 정보를 조회한 후 해당 레코드를 〈2025자료〉 테이블에 추가하는 〈2025자료추출〉 쿼리를 작성한 후 실행하시오.

▶ '씨앗원산지'는 '씨앗명'과 '원산지' 필드를 연결하여 [표시 예]와 같이 표시되도록 설정하시오. (& 연산자 사용)

[표시 예] '씨앗명'이 "금계국"이고, '원산지'가 "중국"인 경우 → 금계국(중국)

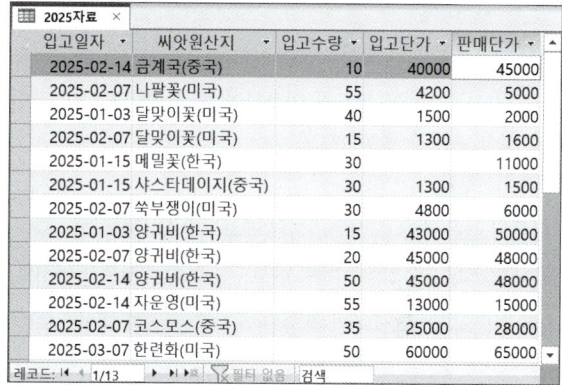

※ 〈2025자료추출〉 쿼리를 실행한 후의 〈2025자료〉 테이블

• ❸ [쿼리 디자인] → 쿼리 유형 → 추가()를 클릭한 후 '추가' 대화상자에서 "2025자료"를 선택합니다.

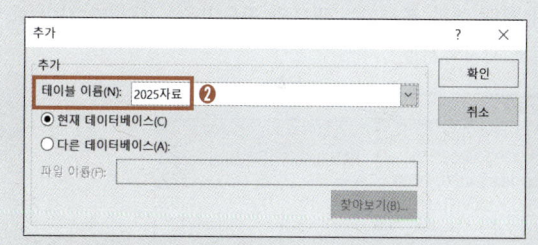

• 쿼리 작성기 창

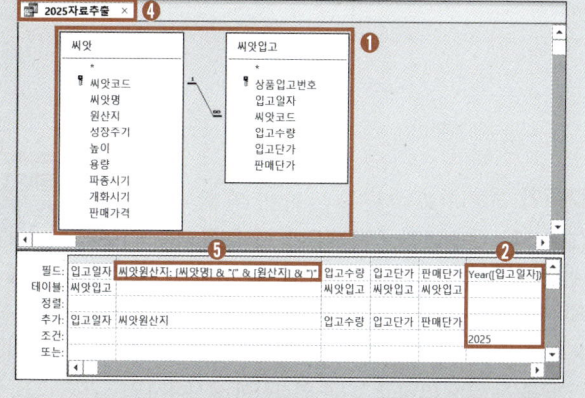

## 대표기출문제

'길벗컴활1급총정리\액세스\기능\08쿼리-기출.accdb' 파일을 열어서 작업하세요.

**[기출 1]** 25.상시, 24.상시, 23.상시, 22.상시, 21.상시, 20.상시, 19.상시, 18.상시

〈주문2〉와 〈상품2〉 테이블을 이용하여 상품이름별 주문건수와 평균평점을 조회하는 〈주문현황〉 쿼리를 작성하시오.

- ▶ '상품이름'은 [표시 예]와 같이 '상품명'과 '상품코드'를 연결하여 표시하되, '상품코드'는 '-' 이전까지만 표시하고, '-'을 포함한 나머지 글자를 "*"로 표시하시오.
  [표시 예] '상품명'이 "쿨픽스 A300"이고 '상품코드'가 "SM03-011"인 경우 → 쿨픽스 A300(SM03****)
- ▶ '주문건수'는 '주문번호' 필드를 이용하시오.
- ▶ '평균평점'은 '구매평점' 필드를 이용하여 [표시 예]와 같이 표시되도록 '형식' 속성을 설정하시오.
  [표시 예] 15.666… → 15.7
- ▶ 평균평점이 높은 순으로 상위 3개의 레코드만 표시하시오.
- ▶ 주문일이 2025년 5월 31일 이전인 레코드만 조회 대상으로 하시오.
- ▶ '동영상' 필드의 값에 "HD"가 포함된 레코드만 조회 대상으로 하시오.
- ▶ '판매직원' 필드가 비어있지 않은 레코드만 조회 대상으로 하시오.
- ▶ Left, InStr, String, Len 함수와 &, Like, Is Not 연산자를 사용하시오.
- ▶ 쿼리 실행 결과 표시되는 필드와 필드명은 〈그림〉과 같이 표시되도록 설정하시오.

| 상품이름 | 주문건수 | 평균평점 |
|---|---|---|
| 쿨픽스 A300(SM03****) | 6 | 15.7 |
| EOS 5D Mark 4(FG01****) | 5 | 15.6 |
| 파인픽스 X100V(FU04****) | 7 | 15.6 |

**[기출 2]** 25.상시, 24.상시, 22.상시, 21.상시, 20.상시, 20.1, 19.상시, 19.1, …

〈교환사유〉, 〈교환내역〉, 〈전원공급기〉 테이블을 이용하여 교환 내용별 보증기간, 교환횟수, 최저제품가를 조회하는 〈교환현황〉 쿼리를 작성하시오.

- ▶ '교환내용'은 [표시 예]와 같이 '내용' 필드의 값과 '사유코드'의 오른쪽 두 글자 그리고 "*"를 연결하여 표시하시오.
  [표시 예] '내용'이 "과열"이고 '사유코드'가 "OHF"인 경우 → 과열(HF*)
- ▶ '보증기간'은 '구매일'과 '무상보증일' 사이의 개월 수를 [표시 예]와 같이 표시하시오.
  [표시 예] 보증기간의 개월 수가 72인 경우 → 72개월
- ▶ '교환횟수'는 '교환번호' 필드를 이용하여 [표시 예]와 같이 표시하시오.
  [표시 예] 0 → 0건, 10 → 10건
- ▶ '최저제품가'는 '제품가'를 이용하시오.
- ▶ 교환횟수가 10건 이상인 레코드만을 조회 대상으로 하시오.
- ▶ Right와 DateDiff 함수를 사용하시오.
- ▶ 쿼리 실행 결과 표시되는 필드와 필드명, 필드의 형식은 〈그림〉과 같이 표시되도록 설정하시오.

| 교환내용 | 보증기간 | 교환횟수 | 최저제품가 |
|---|---|---|---|
| 과열(HF*) | 72개월 | 10건 | ₩45,000 |
| 기타(NF*) | 60개월 | 12건 | ₩35,900 |
| 단선(NF*) | 36개월 | 10건 | ₩21,490 |
| 단선(NF*) | 60개월 | 12건 | ₩45,000 |
| 배송 중 파손(MF*) | 36개월 | 14건 | ₩21,490 |
| 배송 중 파손(MF*) | 60개월 | 12건 | ₩40,500 |
| 정격 불안정(NF*) | 36개월 | 12건 | ₩24,900 |
| 핀 불량(IF*) | 60개월 | 14건 | ₩34,140 |
| 핀 불량(IF*) | 72개월 | 10건 | ₩21,490 |

**[기출 3]** 25.상시, 24.상시, 23.상시, 22.상시, 21.상시, 19.상시, 19.2, 18.상시, …

〈접수〉와 〈회원〉 테이블을 이용하여 '나이'의 최소와 최대를 매개 변수로 입력받아 해당 나이에 속한 회원을 대상으로, 응시지역별 접수건수와 평균응시료를 조회하는 〈나이대별접수현황〉 쿼리를 작성하시오.

- ▶ '접수건수'는 '접수번호' 필드를 이용하여 [표시 예]와 같이 표시되도록 '형식' 속성을 설정하시오.
  [표시 예] 0 → 0건, 6 → 6건
- ▶ '평균응시료'는 '응시료' 필드를 이용하여 [표시 예]와 같이 표시되도록 '형식' 속성을 설정하시오.
  [표시 예] 0 → 0원, 24133.33… → 24,133원
- ▶ 나이가 매개 변수로 입력받은 '최소 나이 입력' 이상이고 '최대 나이 입력' 이하인 자료만을 대상으로 하시오.
- ▶ 쿼리 실행 결과 표시되는 필드와 필드명은 〈그림〉과 같이 표시되도록 설정하시오.

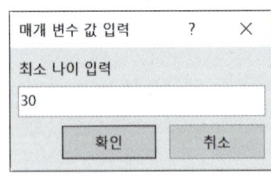 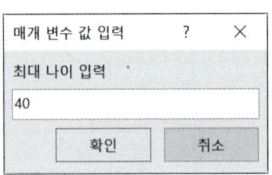

| 응시지역 | 접수건수 | 평균응시료 |
|---|---|---|
| 경남 | 6건 | 24,133원 |
| 경북 | 3건 | 21,600원 |
| 광주 | 4건 | 21,725원 |
| 대구 | 9건 | 18,156원 |
| 대전 | 2건 | 15,450원 |
| 부산 | 4건 | 18,850원 |
| 서울 | 2건 | 21,100원 |
| 세종 | 1건 | 17,800원 |
| 울산 | 2건 | 18,600원 |
| 인천 | 1건 | 21,000원 |
| 전남 | 11건 | 19,473원 |
| 전북 | 7건 | 21,300원 |
| 충북 | 4건 | 19,600원 |

## [기출 4] 25.상시, 24.상시, 23.상시, 22.상시, 21.상시, 20.상시

〈봉사기관〉과 〈봉사내역〉 테이블을 이용하여 봉사한 년도를 매개 변수로 입력받아 해당 년도의 봉사월별 학생수와 봉사시수합계를 조회하는 〈월별봉사내역〉 쿼리를 작성하시오.

- '봉사월'은 '봉사날짜' 필드를 이용하여 [표시 예]와 같이 표시되도록 '형식' 속성을 설정하시오.
  [표시 예] 5 → 5월, 12 → 12월

- '학생수'는 '학번' 필드를 이용하여 [표시 예]와 같이 표시되도록 '형식' 속성을 설정하시오.
  [표시 예] 0 → 0명, 3 → 3명

- '봉사시수합계'는 '시수' 필드를 이용하여 [표시 예]와 같이 표시되도록 '형식' 속성을 설정하시오.
  [표시 예] 0 → 0시간, 9 → 9시간

- 봉사시수합계가 많은 순으로 상위 5개의 레코드만 표시하시오.

- '기관명' 필드의 값 중 "하늘 요양원"인 것은 조회 대상에서 제외하시오.

- Month, Year 함수와 Not 연산자를 사용하시오.

- 쿼리 실행 결과 표시되는 필드와 필드명은 〈그림〉과 같이 표시되도록 설정하시오.

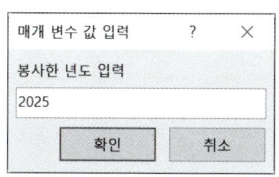

## [기출 5] 25.상시, 24.상시, 23.상시, 22.상시, 21.상시, 20.상시, 20.1, 19.상시, …

주문지역별 제품명별 주문 최대액과 주문금액의 합계를 조회하는 〈지역별광역시주문내역〉 크로스탭 쿼리를 작성하시오.

- 〈주문정보〉 쿼리를 이용하시오.

- '주문지역'은 '상세주소'의 왼쪽 두 글자가 "대구" 또는 "부산"이면 "남부지역", 그 외에는 "중부지역"으로 표시하시오.

- '주문 최대액'은 '주문금액' 필드의 최댓값이 표시되도록 설정하시오.

- '제품명' 필드를 기준으로 오름차순 정렬하여 표시하시오.

- '지역' 필드의 값이 "광역시"로 끝나는 제품만을 대상으로 하되, 조건으로 사용되는 지역은 '지역' 필드의 값에서 좌우 공백을 제거한 후 사용하시오.

- 주문수량이 10개 이상인 레코드만을 조회 대상으로 하시오.

- IIf, Left, Right, Trim 함수와 In 연산자를 사용하시오.

- 쿼리 결과로 표시되는 필드와 필드명, 필드의 형식은 〈그림〉과 같이 표시되도록 설정하시오.

| 주문지역 | 주문 최대액 | 도라지배즙 | 석류즙 | 양배추즙 | 양파즙 | 포도즙 | 호박즙 |
|---|---|---|---|---|---|---|---|
| 남부지역 | ₩810,000 | ₩405,900 | ₩2,430,000 | ₩1,614,600 | ₩2,512,800 | ₩1,471,900 | ₩2,457,000 |
| 중부지역 | ₩738,000 | ₩738,000 | ₩3,118,500 | ₩5,202,600 | ₩3,699,400 | ₩2,692,500 | ₩918,000 |

## [기출 6] 25.상시, 24.상시, 23.상시

목적지명별 고객등급별 좌석금액비율과 총결제금액의 합계를 조회하는 〈목적지-등급별결제금액〉 크로스탭 쿼리를 작성하시오.

- 〈고객현황〉, 〈운항관리〉, 〈보험사현황〉 테이블을 이용하시오.

- '좌석금액비율'은 '좌석금액의 합계 / 총결제금액의 합계'를 계산하여 [표시 예]와 같이 소수점 이하 셋째 자리에서 반올림하여 둘째 자리까지 표시하시오.
  [표시 예] 좌석금액비율이 0.1325… → 1대0.13

- '고객등급'은 '평가등급' 필드의 값이 "AAAA"이면 "최우수"로, '평가등급' 필드의 값이 "AAA" 또는 "AA"이면 "우수"로, '평가등급' 필드의 값이 "A"이면 "일반"으로 표시하시오.

- 총결제금액의 합계는 '총결제금액' 필드를 이용하여 [표시 예]와 같이 표시되도록 '형식' 속성을 설정하시오.
  [표시 예] 0 → 0원, 10150000 → 10,150,000원

- '고객등급'은 "최우수", "우수", "일반" 순으로 표시되도록 설정하시오.

- Round, Sum, Switch 함수와 In, & 연산자를 사용하시오.

- 쿼리 결과로 표시되는 필드와 필드명은 〈그림〉과 같이 표시되도록 설정하시오.

| 목적지명 | 좌석금액비율 | 최우수 | 우수 | 일반 |
|---|---|---|---|---|
| 뉴욕 | 1대0.01 | | 10,150,000원 | |
| 대만 | 1대0.13 | 310,000원 | 3,440,000원 | 400,000원 |
| 러시아 | 1대0.06 | | 3,510,000원 | 1,620,000원 |
| 싱가포르 | 1대0.09 | 1,810,000원 | 3,440,000원 | |
| 아프리카 | 1대0.02 | 7,060,000원 | 8,660,000원 | 1,700,000원 |
| 이탈리아 | 1대0.02 | 2,600,000원 | 5,110,000원 | 10,160,000원 |
| 인도 | 1대0.03 | | 3,720,000원 | |
| 일본 | 1대0.07 | 500,000원 | 1,650,000원 | |
| 중국 | 1대0.03 | 1,310,000원 | 2,410,000원 | |
| 캐나다 | 1대0.01 | 3,810,000원 | 9,570,000원 | 1,880,000원 |
| 핀란드 | 1대0.02 | 3,800,000원 | 7,520,000원 | |
| 필리핀 | 1대0.16 | 840,000원 | 2,500,000원 | 1,210,000원 |
| 호주 | 1대0.05 | 2,150,000원 | 6,310,000원 | |

### [기출 7] 23.상시, 22.상시, 21.상시

업체별, 업체구분별 추천 인원수를 조회하는 〈업체구분별인원수〉 크로스탭 쿼리를 작성하시오.

▶ 〈채용업체〉와 〈취업추천〉 테이블을 이용하시오.

▶ 추천 인원수는 '학번' 필드를 이용하여 계산하되, 빈 셀에는 '*'을 표시하시오.

▶ Iif, IsNull, Count 함수를 사용하시오.

▶ 쿼리 결과로 표시되는 필드와 필드명은 〈그림〉과 같이 표시되도록 설정하시오.

| 업체명 | 계약직 | 정규직 |
|---|---|---|
| 계성제지 | * | 2 |
| 금호산업 | 1 | * |
| 기아특수강 | * | 1 |
| 대명금속 | 1 | * |
| 대한펄프 | 1 | * |
| 모건알루미늄공업 | * | 1 |
| 선경인더스트리 | 2 | * |
| 신한산업 | 1 | * |
| 쌍용제지 | * | 1 |
| 우광산업 | 2 | * |
| 정금강업 | 1 | * |
| 진한금속 | 1 | * |
| 진한통상 | * | 2 |
| 케이스텔레콤 | 1 | * |
| 코암유통 | * | 1 |
| 텔슨통신기술 | * | 1 |
| 하이크리에이션 | 2 | * |
| 한국제지 | 1 | * |
| 한솔제지 | * | 1 |
| 한영산업 | 2 | * |
| 효신 제조업 | * | 2 |
| Y.C 인터내셔날 | * | 2 |

### [기출 8] 25.상시, 24.상시, 23.상시, 22.상시, 21.상시, 20.1, 19.상시, 18.1, …

〈서울상권분석〉 테이블을 이용하여 상권명이 "학교"로 끝나면서, 상권구분코드가 "A"인 지역을 조회하여 새 테이블로 생성하는 〈지역별지출비율〉 쿼리를 작성하고 실행하시오.

▶ '상권변화정도'는 '상권변화코드' 필드의 값이 "HH"이면 "심각"으로, "LH"이면 "위험"으로, "LL"이면 "안심"으로 표시하시오.

▶ '총지출비율'은 '총지출금액' 필드의 값을 4,000,000으로 나눈 몫만큼  기호를 반복하여 표시하시오.

▶ '지역명' 필드를 기준으로 오름차순 정렬하여 표시하시오.

▶ 쿼리 실행 후 생성되는 테이블의 이름은 〈조회된지역별지출비율〉로 설정하시오.

▶ Switch, String 함수와 Like 연산자를 사용하시오.

▶ 쿼리 실행 결과 생성되는 테이블의 필드는 〈그림〉을 참조하여 수험자가 판단하여 설정하시오.

| 지역명 | 상권변화정도 | 총지출비율 |
|---|---|---|
| 금호2가동 | 심각 |  |
| 길음1동 | 안심 | |
| 답십리2동 | 안심 | |
| 보문동 | 안심 | |
| 서빙고동 | 심각 | |
| 신당5동 | 안심 | |
| 신당동 | 위험 | |
| 월곡1동 | 위험 | |
| 자양1동 | 심각 | |
| 정릉1동 | 안심 | |
| 중곡동 | 심각 | |
| 창1동 | 심각 | |
| 청구동 | 심각 | |

### [기출 9] 25.상시, 24.상시, 23.상시, 22.상시, 21.상시, 20.1, 19.상시, 18.1, …

〈상품2〉와 〈주문2〉 테이블을 이용하여 센서의 두 번째 글자가 "C" 또는 "O"이면서, 구매평점이 20 이상인 판매직원의 수당 정보를 조회하여 새 테이블로 생성하는 〈판매직원수당조회〉 쿼리를 작성한 후 실행하시오.

▶ '총주문수'는 '주문번호' 필드를 이용하시오.

▶ '추가수당'은 '총주문수' 필드의 값이 5 미만이면 10,000, 5 이상 20 미만이면 20,000, 20 이상이면 50,000으로 처리하시오.

▶ '판매수당'은 '총주문수 × 10,000 + 추가수당'으로 계산하여 표시하시오.

▶ 쿼리 실행 후 생성되는 테이블의 이름은 〈판매직원수당확인〉으로 설정하시오.

▶ Switch, Mid 함수와 In 연산자를 사용하시오.

▶ 쿼리 실행 결과 생성되는 테이블의 필드는 〈그림〉을 참조하여 수험자가 판단하여 설정하시오.

| 판매직원 | 총주문수 | 추가수당 | 판매수당 |
|---|---|---|---|
| 권세현 | 3 | 10000 | 40000 |
| 임윤선 | 1 | 10000 | 20000 |
| 정효은 | 2 | 10000 | 30000 |

## [기출 10] 24.상시, 23.상시, 22.상시, 21.상시, 19.상시, 16.상시, 12.2, 09.3, …

학생의 참여도와 이름을 매개 변수로 입력받아 해당 학생의 참여도만큼 〈학생〉 테이블의 비고란에 "★"을 표시하는 〈참여도확인〉 업데이트 쿼리를 작성한 후 실행하시오.

▶ 〈학생〉 테이블을 이용하시오.

▶ String 함수를 사용하시오.

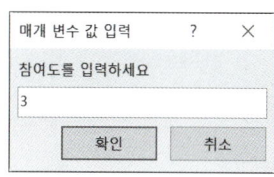 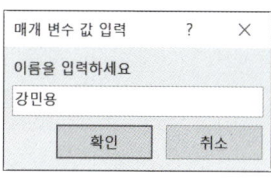

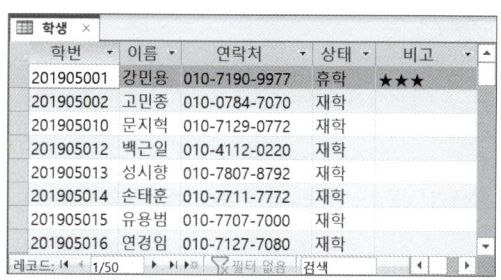

※ 매개 변수 값으로 '참여도'에 '3'을 '이름'에 "강민용"을 입력하여 실행한 후의 〈학생〉 테이블

## [기출 11] 24.상시

〈서울상권분석〉 테이블을 이용하여 '소득구분기타' 필드의 값을 변경하는 〈소득구분평가〉 업데이트 쿼리를 작성한 후 실행하시오.

▶ '소득구분기타'는 정수로 변경한 '소득구간코드' 필드의 값이 1~3이면 "저소득", 4~6이면 "중소득", 7~9이면 "고소득"으로 표시하시오.

[표시 예] 3 → 저소득, 6 → 중소득, 7 → 고소득

▶ Choose와 Int 함수를 사용하시오.

※ 〈소득구분평가〉 쿼리를 실행한 후의 〈서울상권분석〉 테이블

## [기출 12] 25.상시

〈소방본부〉와 〈구급활동〉 테이블을 이용하여 출동건수가 가장 많은 본부의 '비고' 필드의 값을 "우수본부"로 변경하는 〈우수본부체크〉 업데이트 쿼리를 작성한 후 실행하시오.

▶ Max 함수와 하위 쿼리를 사용하시오.

※ 〈우수본부체크〉 쿼리를 실행한 후의 〈소방본부〉 테이블

## [기출 13] 25.상시

'확인한 월'을 매개 변수로 입력받은 후 '지상층수' 필드에 값이 입력되지 않은 레코드를 대상으로 '비고' 필드 값을 변경하는 〈지상층수미입력확인〉 업데이트 쿼리를 작성한 후 실행하시오.

▶ 〈정비사업현황〉 테이블을 이용하시오.

▶ '지상층수' 필드가 Null인 경우 입력 받은 매개 변수의 값을 [표시 예]와 같이 표시하시오.
  [표시 예] 확인한 월이 7인 경우 → 층수 미입력(7월 확인)

▶ Is 연산자를 사용하시오.

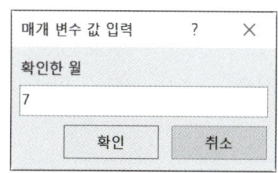

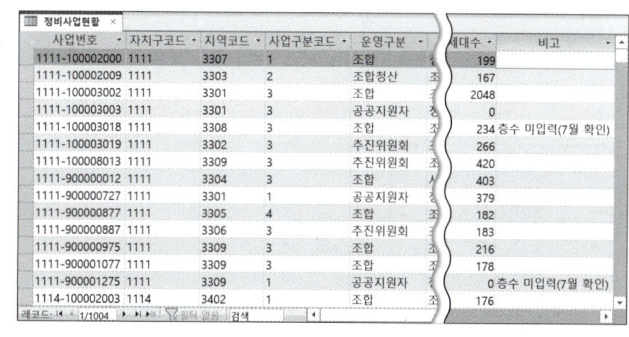

※ 〈지상층수미입력확인〉 쿼리의 매개 변수 값으로 7을 입력하여 실행한 후의 〈정비사업현황〉 테이블

## [기출 14] 25.상시, 24.상시, 22.상시, 21.상시

〈상품〉과 〈주문목록〉 테이블을 이용하여 판매되지 않은 제품을 조회하는 〈미판매제품〉 쿼리를 작성하시오.

▶ 제품이 판매되지 않았다는 것은 〈상품〉 테이블에는 '제품번호'가 있는데, 〈주문목록〉 테이블에는 '제품번호'가 없다는 것을 의미한다.
▶ '미판매제품'은 '제품명' 필드를 이용하시오.
▶ Is Null 연산자를 사용하시오.
▶ 쿼리 결과로 표시되는 필드와 필드명은 〈그림〉과 같이 표시되도록 설정하시오.

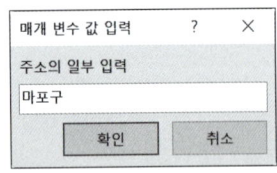

## [기출 15] 25.상시, 17.1, 11.3, 10.3, 10.2, 07.3, 07.2

〈신규원생〉 테이블의 데이터 중 매개 변수로 입력받은 주소를 포함하는 원생의 정보를 〈원아〉 테이블에 추가하는 〈신규원생추가〉 쿼리를 작성한 후 실행하시오.

▶ '출생년도'는 '생년월일' 필드에서 년도만 추출하시오.
▶ '원아번호' 필드가 "7"로 시작하는 원생만 추가 대상으로 하시오.
▶ 〈신규원생〉 테이블의 '이전교육원' 필드는 추가 대상에서 제외하시오.
▶ Year 함수와 Like 연산자를 이용하시오.

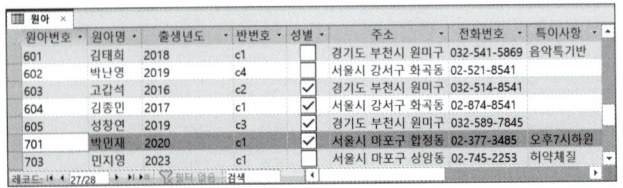

※ 〈신규원생추가〉 쿼리의 매개 변수 값으로 "마포구"를 입력하여 실행한 후 2개의 레코드가 추가된 〈원아〉 테이블

## 정답 및 해설

### [기출 1]

• 쿼리 작성기 창

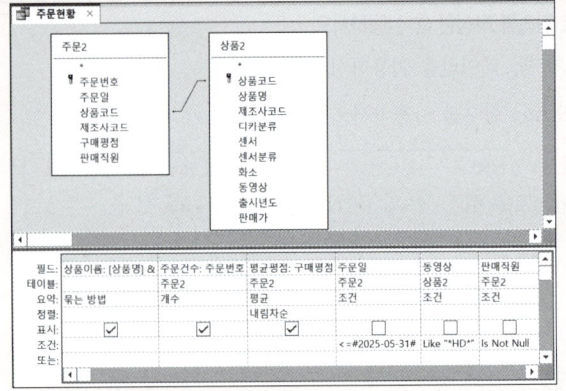

※ 상품이름 : [상품명] & "(" & Left([상품2].[상품코드],InStr([상품2].[상품코드],"-")-1) & String(Len([상품2].[상품코드])-InStr([상품2].[상품코드],"-")+1,"*") & ")"

※ 〈주문2〉와 〈상품2〉 테이블은 '상품코드'를 기준으로 조인된 상태이므로, [상품2].[상품코드]가 아니라 [주문2].[상품코드]와 같이 작성해도 결과는 동일합니다.

• Left( [상품코드], InStr([상품코드], "-")-1 )
      ❶
     ❷

※ '상품명'이 "쿨픽스 A300"이고 '상품코드'가 "SM03-011"이라고 가정합니다.
- ❶ : '상품코드'에서 "-"의 위치를 반환합니다(SM03-011 → 5). 그 값에서 1을 뺍니다(4).
- ❷ : '상품코드' 중 왼쪽에서 ❶(4)번째 문자까지만 표시합니다 (SM03-011 → SM03).

• String( Len([상품코드]) - InStr([상품코드], "-") +1, "*")
    ❸    ❹
      ❺

- ❸ : '상품코드'의 길이를 반환합니다(SM03-011 → 8).
- ❹ : '상품코드'에서 "-"의 위치를 반환합니다(SM03-011 → 5).
- ❺ : ❸-❹+1의 값(4) 만큼 문자 "*"을 반복 표시합니다. → ****

• 쿼리 속성 설정하기
 - '일반' 탭의 상위 값 → 3
※ '평균평점'이 높은 순으로 상위 3개의 레코드만 조회해야 하므로, '평균평점'을 기준으로 내림차순 정렬이 선행되어야 합니다.

• '평균평점' 필드 속성 설정하기
 - '일반' 탭의 형식 → #.0

### [기출 2]

• 쿼리 작성기 창

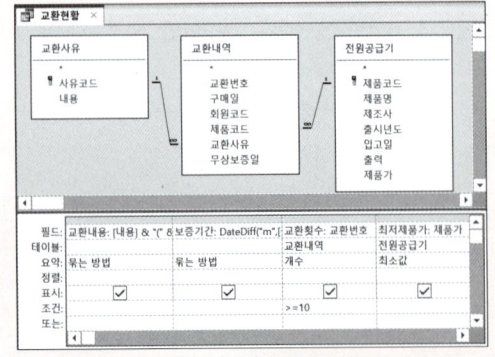

※ 교환내용 : [내용] & "(" & Right([사유코드],2) & "*)"
※ 보증기간 : DateDiff("m",[구매일],[무상보증일]) & "개월"
※ DateDiff(형식, 날짜1, 날짜2) : 두 날짜 사이의 형식(년, 월, 일)의 경과값을 표시함
- '교환횟수' 필드 속성 설정하기
  - '일반' 탭의 형식 → 0"건"
- '최저제품가' 필드 속성 설정하기
  - '일반' 탭의 형식 → 통화
  ※ '최저제품가' 필드의 속성은 문제의 지시사항에 없지만 제시된 〈그림〉을 보고 수험생이 판단하여 설정합니다.

## [기출 3]

- 쿼리 작성기 창

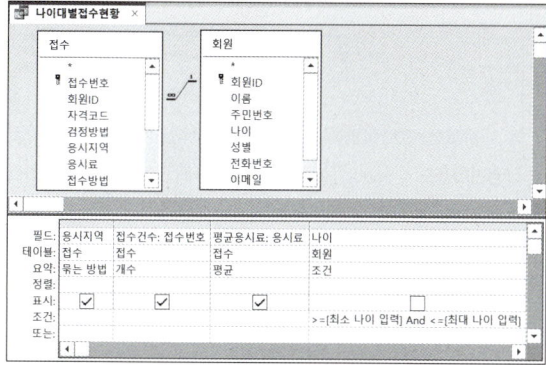

- '접수건수' 필드 속성 설정하기
  - '일반' 탭의 형식 → 0"건"
- '평균응시료' 필드 속성 설정하기
  - '일반' 탭의 형식 → #,##0"원"

## [기출 4]

- 쿼리 작성기 창

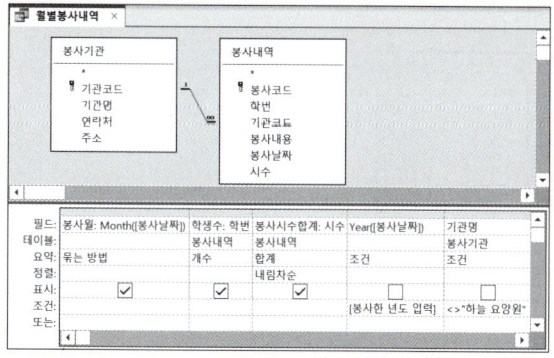

※ '기관명' 필드의 조건으로 Not "하늘 요양원"을 입력하여 저장한 후 디자인 보기로 열면 자동으로 〈〉"하늘 요양원"으로 변경됩니다. 이는 채점과 무관하니 신경쓰지 않아도 됩니다.
- 쿼리 속성 설정하기
  - '일반' 탭의 상위 값 → 5
  ※ '봉사시수합계'가 높은 순으로 상위 5개의 레코드만 조회해야 하므로, '봉사시수합계'를 기준으로 내림차순 정렬이 선행되어야 합니다.
- '봉사월' 필드 속성 설정하기
  - '일반' 탭의 형식 → #"월"
- '학생수' 필드 속성 설정하기
  - '일반' 탭의 형식 → 0"명"
- '봉사시수합계' 필드 속성 설정하기
  - '일반' 탭의 형식 → 0"시간"

## [기출 5]

- 쿼리 작성기 창

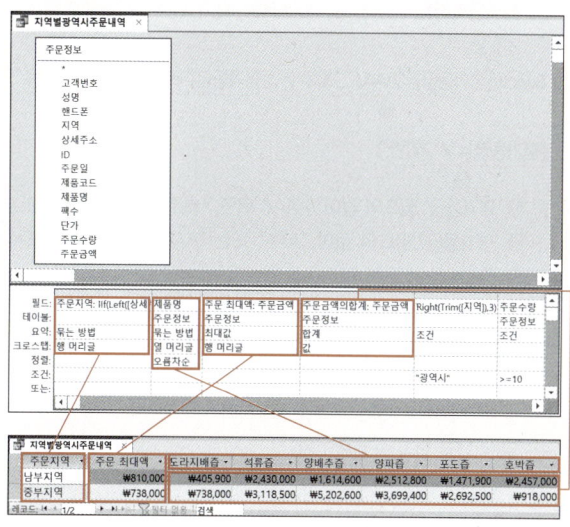

※ 주문지역 : IIf( Left([상세주소],2) In ("대구","부산"), "남부지역", "중부지역" )
- IIf( Left([상세주소],2) In ("대구","부산"), "남부지역", "중부지역" )

  - ❶ Left([상세주소],2) : '상세주소' 필드의 값에서 왼쪽 두 글자를 추출함
  ※ ❶이 "대구" 또는 "부산"이면(❷) "남부지역"을 표시하고(❸), 그렇지 않으면 "중부지역"을 표시합니다(❹).
- Right( Trim([지역]), 3 ) = "광역시"
  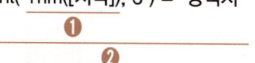
  - ❶ Trim([지역]) : '지역' 필드의 값에서 좌우 공백을 제거함
  - ❷ Right(❶, 3) = "광역시" : ❶에서 오른쪽의 세 글자가 "광역시"와 같은지 확인함
- '주문 최대액'과 '주문금액의합계' 필드의 속성 설정하기
  - '일반' 탭의 형식 → 통화

## [기출 6]

- 쿼리 작성기 창

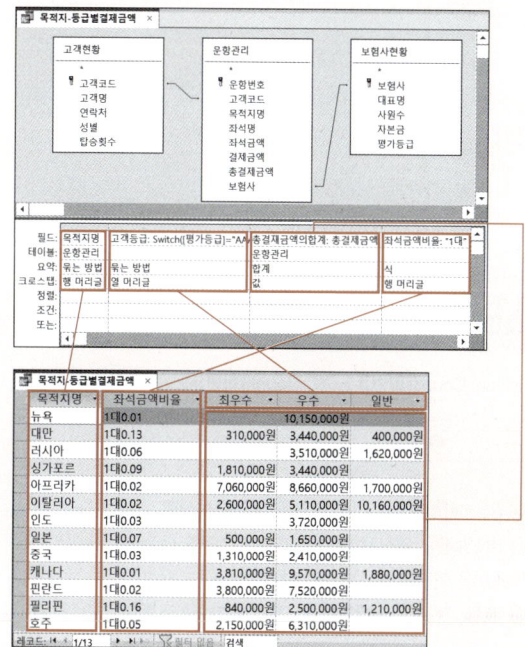

※ 고객등급 : Switch([평가등급]="AAAA","최우수",[평가등급] In ("AAA","AA"),"우수",[평가등급]="A","일반")
※ 좌석금액비율 : "1대" & Round(Sum([좌석금액])/Sum([총결제금액]),2)

- Switch([평가등급]="AAAA","최우수", [평가등급] In ("AAA","AA"),"우수",
  ① ②

  [평가등급]="A","일반")
  ③

  – ① '평가등급' 필드의 값이 "AAAA"이면, "최우수"를 표시합니다.
  – ② '평가등급' 필드의 값이 "AAA" 또는 "AA"이면, "우수"를 표시합니다.
  – ③ '평가등급' 필드의 값이 "A"이면, "일반"을 표시합니다.
- '쿼리' 속성 설정하기
  – '일반' 탭의 열 머리글 → "최우수","우수","일반"
- '총결제금액의합계' 필드의 속성 설정하기
  – '일반' 탭의 형식 → #,##0"원"

## [기출 7]

- 쿼리 작성기 창

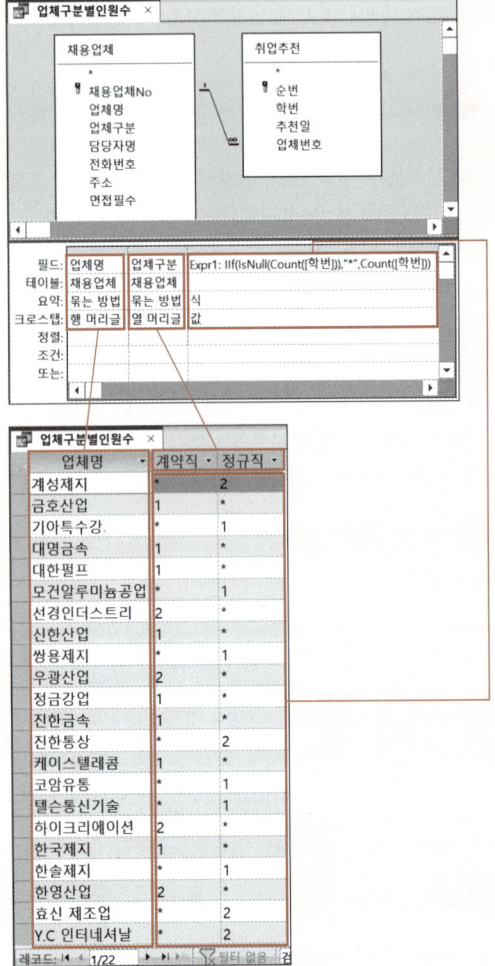

- IIf( IsNull( Count([학번]) ), "*", Count([학번]) )
  ① 　　　　　　　　　
  ②
  ③

  – ① Count([학번]) : '학번' 필드의 개수를 계산함
  – ② IsNull(①) : 계산된 ①의 결과값이 없으면 참(True), 아니면 거짓(False)을 반환함
  – ③ IIf(②, "*", Count([학번]) : 조건 ②가 참(True)이면 "*"을 표시

하고, 거짓(False)이면 계산된 '학번' 필드의 개수를 표시함
※ 계산된 '학번' 필드의 값이 없으면 "*"을 표시하고, 그렇지 않으면 계산된 '학번' 필드의 개수를 표시합니다.

## [기출 8]

- 쿼리 작성기 창

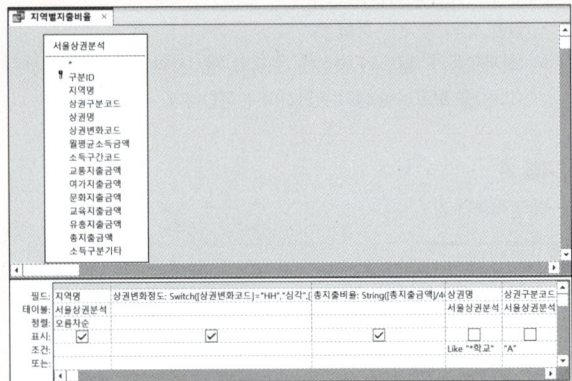

※ 상권변화정도 : Switch([상권변화코드]="HH","심각", [상권변화코드]="LH","위험", [상권변화코드]="LL","안심")
※ 총지출비율 : String([총지출금액]/4000000,"■")

- '테이블 만들기' 대화상자

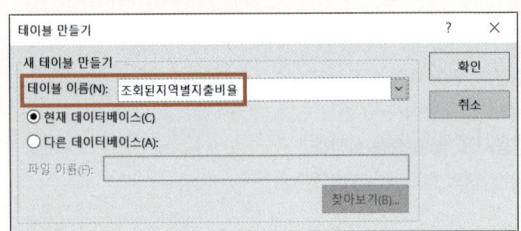

## [기출 9]

- 쿼리 작성기 창

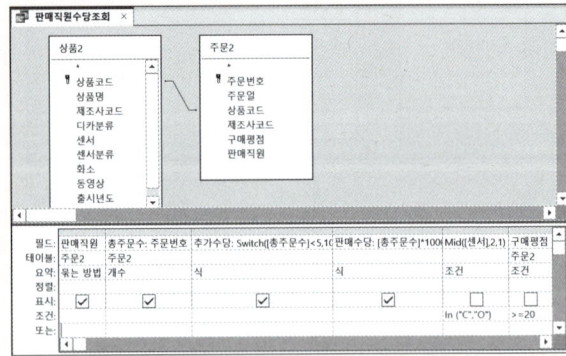

※ 추가수당 : Switch([총주문수]<5,10000, [총주문수]<20,20000, [총주문수]>=20,50000)
※ 판매수당 : [총주문수]*10000+[추가수당]

- '테이블 만들기' 대화상자

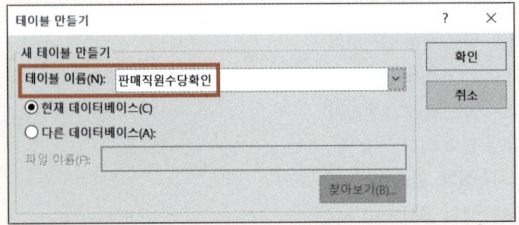

## [기출 10]
쿼리 작성기 창

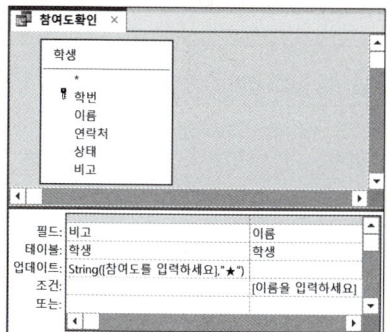

## [기출 11]
쿼리 작성기 창

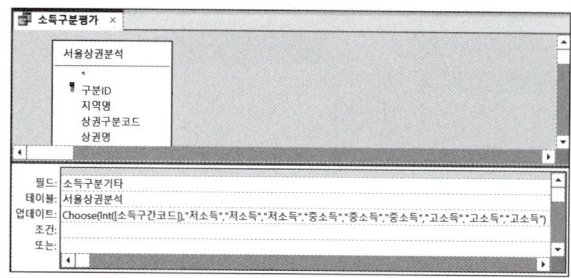

※ INT(인수) : 인수보다 크지 않은 정수를 반환함
※ CHOOSE(인수, 첫 번째, 두 번째, …) : 인수가 1이면 첫 번째를, 인수가 2이면 두 번째를, …, 인수가 n이면 n번째를 입력함

## [기출 12]
쿼리 작성기 창

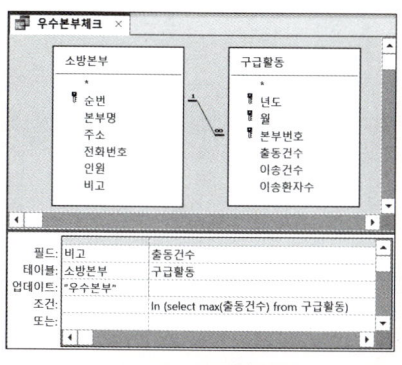

- 〈구급활동〉 테이블에서 '출동건수'가 가장 큰 값을 찾고, 그 값을 가진 레코드와 연결된 〈소방본부〉 테이블의 '비고'에 "우수본부"를 입력합니다.
- 1:N으로 관계가 설정되어 있기 때문에 결과가 반영된 두 테이블을 조인하여 표시하면 아래 그림과 같습니다.
- 조인을 하면 1:N의 관계이기 때문에 '순번'이 9인 레코드의 '비고'에는 모두 "우수본부"가 표시되어 나타납니다.

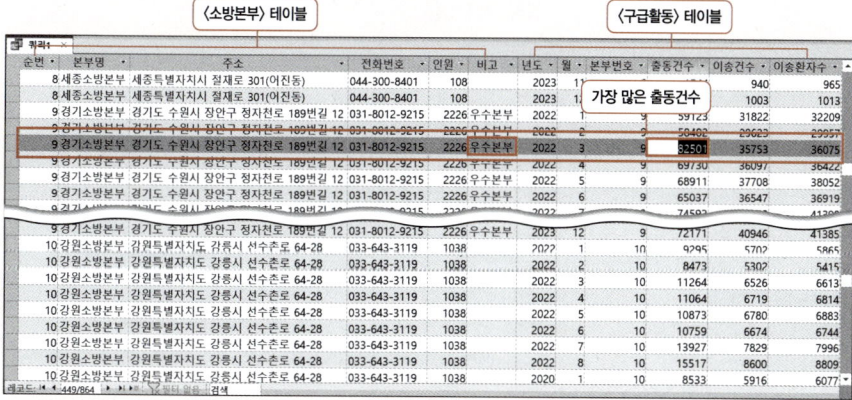

## [기출 13]
쿼리 작성기 창

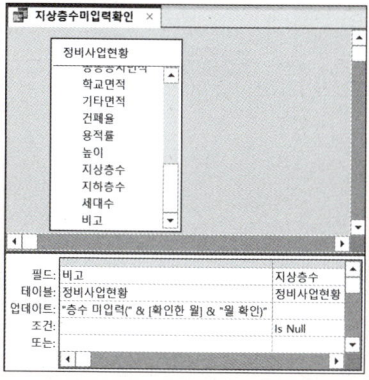

## [기출 14]

※ 문제에 Not In을 사용하라는 지시사항이 없으므로 '불일치 검색 쿼리 마법사'를 사용하면 됩니다.
※ '불일치 검색 쿼리 마법사'를 수행하면 '제품번호' 필드의 조건에 Is Null이 자동으로 적용됩니다.

1. [만들기] → 쿼리 → **쿼리 마법사(📋)**를 클릭하세요.
2. '새 쿼리' 대화상자에서 '불일치 검색 쿼리 마법사'를 선택한 후 〈확인〉을 클릭하세요.

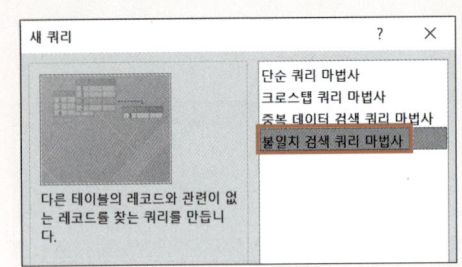

3. '불일치 검색 쿼리 마법사' 1단계 대화상자에서 조회할 자료가 들어 있는 원본 테이블을 선택합니다. 다음과 같이 설정하고 〈다음〉을 클릭하세요.

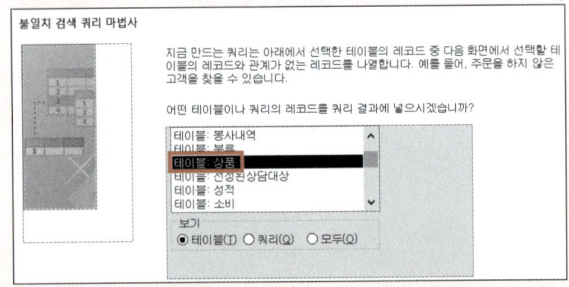

4. '불일치 검색 쿼리 마법사' 2단계 대화상자에서 비교할 자료가 들어 있는 테이블을 선택합니다. 다음과 같이 설정하고 〈다음〉을 클릭하세요.

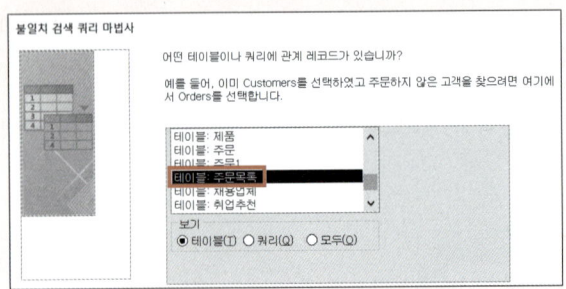

5. '불일치 검색 쿼리 마법사' 3단계 대화상자에서 두 테이블 간 일치하는, 즉 비교할 필드를 선택합니다. 다음과 같이 설정하고 〈다음〉을 클릭하세요.

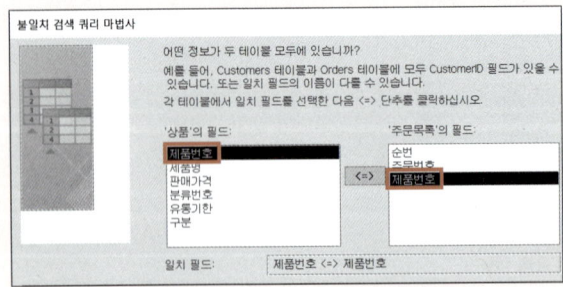

6. '불일치 검색 쿼리 마법사' 4단계 대화상자에서 결과로 표시할 필드를 선택합니다. 다음과 같이 설정하고 〈다음〉을 클릭하세요.

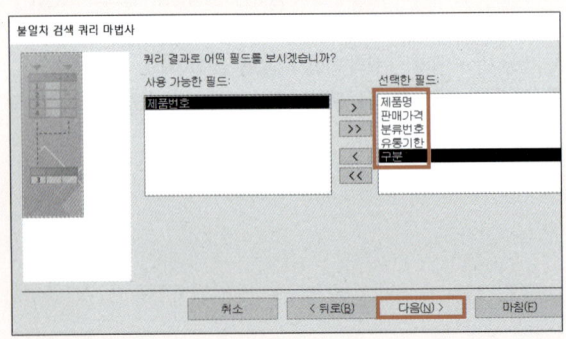

7. '불일치 검색 쿼리 마법사' 5단계 대화상자에서 쿼리 이름을 **미판매제품**으로 입력하고 필드명 변경을 위해 '디자인 수정'을 선택한 후 〈마침〉을 클릭하세요.

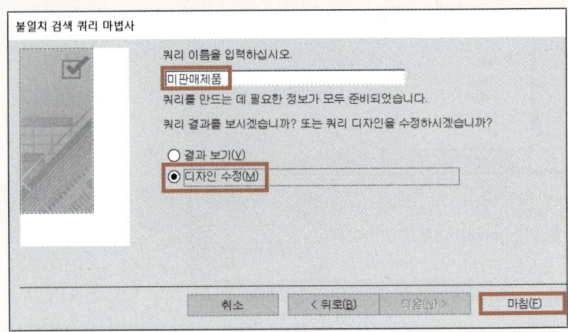

※ 쿼리 작성기 창

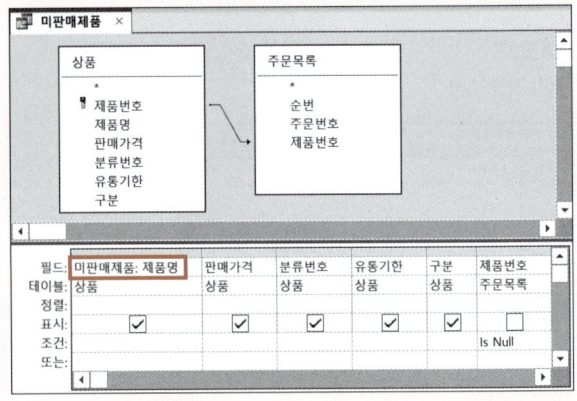

[기출 15]

• 쿼리 작성기 창

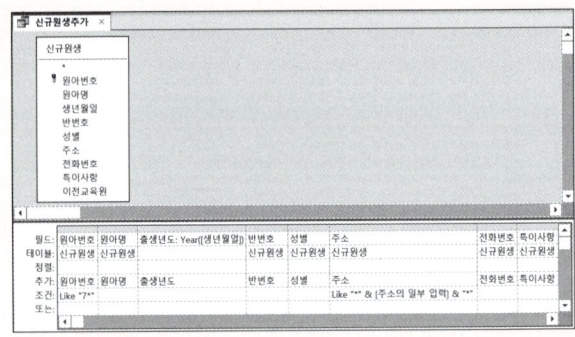

• '추가' 대화상자

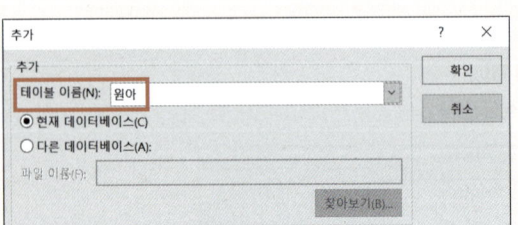

# 최신기출문제  액세스

- **01회** 2025년 상시I01 컴퓨터활용능력 1급 실기
- **02회** 2025년 상시I02 컴퓨터활용능력 1급 실기
- **03회** 2025년 상시I03 컴퓨터활용능력 1급 실기
- **04회** 2025년 상시I04 컴퓨터활용능력 1급 실기
- **05회** 2024년 상시I01 컴퓨터활용능력 1급 실기
- **06회** 2024년 상시I02 컴퓨터활용능력 1급 실기
- **07회** 2024년 상시I03 컴퓨터활용능력 1급 실기
- **08회** 2024년 상시I04 컴퓨터활용능력 1급 실기
- **09회** 2023년 상시I01 컴퓨터활용능력 1급 실기
- **10회** 2023년 상시I02 컴퓨터활용능력 1급 실기

**중요! 2024년부터 액세스 문제의 출제기준이 변경되었습니다.**

2023년 이전의 기출문제는 현재의 출제기준과 조금 달라 2023년 이전에 출제된 기출문제 중 [문제4] 처리 기능 구현은 세부 문제를 추가하여 현재의 출제기준에 부합되게 만들었습니다. 다음은 2023년 이전과 현재 출제기준과의 차이점입니다. 학습에 유의하시기 바랍니다.

| 출제 항목 | 2023년 이전 | | 2024년 이후 | | 비고 |
|---|---|---|---|---|---|
| | 문항 수 | 배점 | 문항 수 | 배점 | |
| [문제1] DB 구축 | | | | | |
| 1. 테이블 완성 | 5 | 4 | 5 | 3 | 세부 문항별 배점 감소 |
| [문제2] 입력 및 수정 기능 구현 | | | | | |
| 1. 폼 완성 | 5 | 3 | 3 | 3 | 세부 문항 수 감소 |
| 2. 컨트롤 원본 / 조건부 서식 설정 | 1 | 5 | 1 | 6 | 배점 증가 |
| [문제4] 처리 기능 구현 | | | | | |
| 1. 쿼리 | 4 | 25 | 5 | 35 | 문항 수와 배점 증가 |

# 최신기출문제

**시험지는** 문제의 **표지 및 전체 지시사항 1면,** 문제 **3면** 이렇게 **총 4면으로** 구성되어 있습니다. 문제 1면에는 작업할 파일의 암호, 외부 데이터 위치, 시험 전반에 관한 지시사항이 들어 있습니다. 각각의 기출문제에서는 시험 전반에 관한 지시사항은 생략하였습니다. 아래는 실제 시험지와 동일한 문제 1면입니다. 시험 전반에 관한 지시사항을 한 번 읽어보세요.

---

국 가 기 술 자 격 검 정

## 2026년 컴퓨터활용능력 실기 기출문제

| 프로그램명 | 제한시간 |
|---|---|
| ACCESS 2021 | 45분 |

수험번호 :

성명 :

---

| 1급 | 01회 |

### 〈 유 의 사 항 〉

- 인적 사항 누락 및 잘못 작성으로 인한 불이익은 수험자 책임으로 합니다.

- 화면에 암호 입력창이 나타나면 아래의 암호를 입력하여야 합니다.
  - 암호 : 6992#0

- 작성된 답안은 주어진 경로 및 파일명을 변경하지 마시고 그대로 저장해야 합니다. 이를 준수하지 않으면 실격처리 됩니다.
  - 답안 파일명의 예 : C:\DB\수험번호 8자리.accdb

- 외부 데이터 위치 : C:\DB\파일명

- 별도의 지시사항이 없는 경우, 다음과 같이 처리하면 실격 처리됩니다.
  - 제시된 개체의 이름을 임의로 변경한 경우
  - 제시된 개체의 속성을 임의로 변경한 경우
  - 외부 데이터를 시험 시작 전에 열어본 경우

- 별도의 지시사항이 없는 경우, 기능의 구현은 모듈이나 매크로 등을 이용하며, 예외적인 상황에 대해서는 고려하지 않아도 됩니다.

- 제시된 함수가 있을 경우 제시된 함수만을 사용하여야 하며, 그 외 함수 사용시 채점 대상에서 제외됩니다.

- 별도의 지시사항이 없는 경우, 주어진 각 개체의 속성은 설정값 또는 기본 설정값(Default)으로 처리하십시오.

- 제시된 화면은 예시이며 나타난 값은 실제와 다를 수 있습니다.

- 저장 시간은 별도로 주어지지 아니하므로 제한된 시간 내에 저장을 완료해야 합니다.

- 출제된 문제의 용어는 MS Office LTSC Professional Plus 2021 기준으로 작성되어 있습니다.

대한상공회의소

# 01회 2025년 상시01 컴퓨터활용능력 1급

- **준 비 하 세 요** : '길벗컴활1급총정리\기출\01회' 폴더에서 '25년상시01.accdb' 파일을 열어서 작업하시오.
- **외부 데이터 위치** : 길벗컴활1급총정리\기출\01회

## 문제 1 　DB구축(25점)

**1. 소방서 활동 현황을 관리하기 위하여 데이터베이스를 구축하고자 한다. 다음의 지시사항에 따라 각 테이블을 완성하시오. (각 3점)**

〈소방본부〉 테이블
① 테이블이 로드되면, '인원' 필드를 기준으로 내림차순 정렬되도록 설정하시오.
② 새로운 레코드가 추가되는 경우 '인원' 필드에는 1이 입력되도록 설정하시오.

〈구급활동〉 테이블
③ '년도', '월', '본부번호' 필드를 기본 키(PK)로 설정하시오.
④ '본부번호' 필드에는 중복된 값이 입력될 수 있도록 인덱스를 설정하시오.
⑤ '출동건수' 필드에 입력되는 값은 '이송건수' 필드의 값보다 크거나 같도록 '유효성 검사 규칙' 속성을 설정하시오.
　▶ 규칙에 어긋나는 경우 "이송건수를 확인하세요"라는 메시지를 표시하시오.

**2. 〈구급활동〉 테이블의 '본부번호' 필드에 대해서 다음과 같이 조회 속성을 설정하시오. (5점)**

▶ 〈소방본부〉 테이블의 '본부명' 필드만 콤보 상자 형태로 표시하시오.
▶ 필드에는 '순번'이 저장되도록 설정하시오.
▶ 목록 너비를 3cm로 설정하시오.

**3. 〈구급활동〉 테이블의 '본부번호' 필드는 〈소방본부〉 테이블의 '순번' 필드를 참조하며, 테이블 간의 관계는 M:1이다. 다음과 같이 테이블 간의 관계를 설정하시오. (5점)**

▶ 각 테이블 간에 항상 참조 무결성이 유지되도록 설정하시오.
▶ 참조 필드의 값이 변경되면 관련 필드의 값도 변경되도록 설정하시오.
▶ 다른 테이블에서 참조하고 있는 레코드는 삭제할 수 없도록 설정하시오.

## 문제 2    입력 및 수정 기능 구현(20점)

1. 〈구급활동현황〉 폼을 다음의 그림과 지시사항에 따라 완성하시오. (각 3점)

   ① 본문의 모든 컨트롤의 높이를 가장 짧은 컨트롤을 기준으로 동일하게 설정하시오.
   ② 'txt이송환자수' 컨트롤은 편집할 수 없도록 관련 속성을 설정하시오. (단, 포커스는 이동 가능함)
   ③ 폼 바닥글의 'txt총이송건수' 컨트롤에는 전체 레코드의 개수가 〈그림〉과 같이 표시되도록 컨트롤 원본 속성을 설정하시오.
   ▶ Count 함수와 & 연산자를 사용

   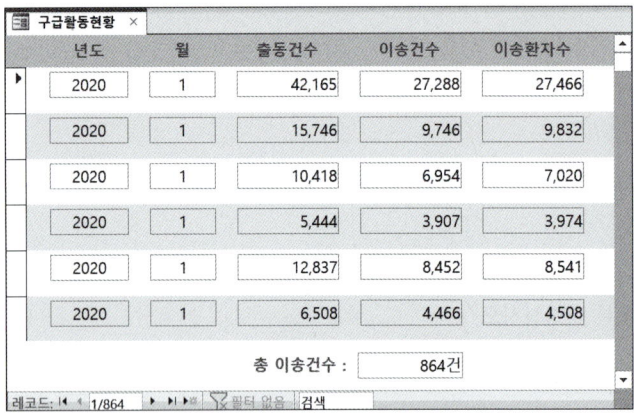

2. 〈소방활동현황〉 폼 머리글의 'txt총출동건수' 컨트롤에는 현재 폼 머리글의 'txt본부명'에 표시된 본부의 총 출동건수가 다음과 같이 표시되도록 컨트롤 원본을 설정하시오. (6점)

   ▶ 'txt총출동건수' 컨트롤에는 '본부명' 필드에서 "소방" 글자 전까지만 추출하여 [표시 예]와 같이 표시하시오.
   [표시 예] '본부명'이 "서울소방본부"이고 총 출동건수가 1000인 경우 → 서울 총 출동건수 : 1,000 건
   ▶ 〈종합쿼리〉 쿼리와 Left, InStr, DSum, Format 함수를 사용하시오.

3. 〈소방활동현황〉 폼 머리글의 'txt본부명' 컨트롤을 더블클릭하면 〈소방본부〉 폼을 '읽기 전용' 형식으로 여는 〈본부정보확인〉 매크로를 생성한 후 지정하시오. (5점)

   ▶ '본부명' 필드의 값이 'txt본부명' 컨트롤에 표시된 값과 같은 자료만을 대상으로 하시오.

| 문제 3 | 조회 및 출력 기능 구현(20점) |

1. 다음의 지시사항 및 그림을 참조하여 〈본부별출동현황〉 보고서를 완성하시오. (각 3점)

   ① 동일한 년도 안에서 '월' 필드를 기준으로 오름차순 정렬되도록 설정하시오.
   ② 본문 영역의 'txt순번' 컨트롤에는 그룹별로 일련 번호가 표시되도록 관련 속성을 설정하시오.
   ③ 본문의 레코드들 사이에 〈그림〉과 같이 점선이 표시되도록 선 컨트롤을 삽입하시오.
   - ▶ 너비 : 15cm
   - ▶ 이름 : Line구분선
   ④ 년도 머리글 영역이 페이지마다 반복하여 출력되도록 설정하고, 구역 전에 페이지가 바뀌도록 관련 속성을 설정하시오.
   ⑤ 년도 바닥글 영역의 'txt평균출동건수', 'txt평균이송건수', 'txt평균이송환자수' 컨트롤에 '출동건수', '이송건수', '이송환자수'의 평균이 [표시 예]와 같이 표시되도록 컨트롤 원본과 형식 속성을 설정하시오.
   - ▶ 'txt평균출동건수' 표시 예 : 0 → 0건, 12805.94 → 12,806건
   - ▶ 'txt평균이송건수' 표시 예 : 0 → 0건, 7381.236 → 7,381건
   - ▶ 'txt평균이송환자수' 표시 예 : 0 → 0명, 7508.019 → 7,508명

   ### 서울소방본부 출동현황

   1/4페이지

   **2020**

   | 순번 | 월 | 출동건수 | 이송건수 | 이송환자수 |
   |---|---|---|---|---|
   | 1 | 1 | 42,165 | 27,288 | 27,466 |
   | 2 | 2 | 35,958 | 21,610 | 21,765 |
   | 3 | 3 | 34,796 | 19,522 | 19,640 |
   | 4 | 4 | 35,450 | 20,337 | 20,464 |
   | 5 | 5 | 40,967 | 23,746 | 23,930 |
   | 6 | 6 | 42,018 | 24,260 | 24,446 |
   | 7 | 7 | 43,473 | 25,345 | 25,542 |
   | 8 | 8 | 44,456 | 23,836 | 24,173 |
   | 9 | 9 | 38,540 | 21,345 | 21,541 |
   | 10 | 10 | 41,397 | 23,256 | 23,427 |
   | 11 | 11 | 38,379 | 22,220 | 22,544 |
   | 12 | 12 | 36,351 | 20,756 | 21,529 |
   |  | 평균 | 39,496건 | 22,793건 | 23,039명 |

2. 〈소방활동현황〉 폼 머리글의 '보고서 확인(cmd보고서)' 단추를 클릭하면 〈본부별출동현황〉 보고서를 '인쇄 미리 보기' 형식으로 여는 이벤트 프로시저를 구현하시오. (5점)

   - ▶ 현재 폼의 'txt본부명' 컨트롤에 표시된 '본부명'과 같은 자료만을 대상으로 하시오.
   - ▶ DoCmd 개체의 메소드를 사용하시오.

### 문제 4    처리 기능 구현(35점)

1. 〈소방본부〉와 〈구급활동〉 테이블을 이용하여 총출동건수가 많은 순으로 상위 3개에 속하는 본부의 정보를 조회하는 〈출동Top3조회〉 쿼리를 작성하시오. (7점)

    ▶ '총출동건수'는 '출동건수' 필드를 이용하고, [표시 예]와 같이 표시되도록 '형식' 속성을 설정하시오.
    [표시 예] 0 → 0 건, 1234 → 1,234 건

    ▶ '평균이송건수'는 '이송건수' 필드를 이용하고, [표시 예]와 같이 소수 첫째 자리까지 표시되도록 '형식' 속성과 '소수 자릿수' 속성을 설정하시오.
    [표시 예] 0 → 0.0 건, 1234.56 → 1,234.6 건

    ▶ 쿼리 실행 결과 표시되는 필드와 필드명은 〈그림〉과 같이 표시되도록 설정하시오.

    | 본부명 | 주소 | 전화번호 | 총출동건수 | 평균이송건수 |
    |---|---|---|---|---|
    | 경기소방본부 | 경기도 수원시 장안구 정자전로 189번길 12 | 031-8012-9215 | 3,076,198 건 | 35,367.4 건 |
    | 서울소방본부 | 서울특별시 강남구 테헤란로 629 (삼성동) | 02-6981-7408 | 2,244,480 건 | 26,268.2 건 |
    | 부산소방본부 | 부산광역시 강서구 녹산산단361로 9(송정동) | 051-760-5001 | 766,045 건 | 8,944.8 건 |

2. 〈소방본부〉와 〈구급활동〉 테이블을 이용하여 본부명의 두 번째 글자가 "남"이나 "북"이면서, 출동건수가 10000 미만인 구급활동을 조회하여 새 테이블로 생성하는 〈적은출동지역조회〉 쿼리를 작성하고 실행하시오. (7점)

    ▶ 쿼리 실행 후 생성되는 테이블의 이름은 〈적은출동지역확인〉으로 설정하시오.
    ▶ '이송환자수' 필드를 기준으로 내림차순 정렬하여 표시하시오.
    ▶ Mid 함수와 In 연산자를 사용하시오.
    ▶ 쿼리 실행 결과 생성되는 테이블의 필드는 〈그림〉을 참고하여 수험자가 판단하여 설정하시오.

    | 본부명 | 년도 | 월 | 이송건수 | 이송환자수 | 출동건수 |
    |---|---|---|---|---|---|
    | 충북소방본부 | 2023 | 6 | 5827 | 5919 | 9777 |
    | 충북소방본부 | 2023 | 12 | 5792 | 5887 | 9699 |
    | 충북소방본부 | 2023 | 4 | 5774 | 5869 | 9661 |
    | 충북소방본부 | 2023 | 1 | 5698 | 5774 | 9639 |
    | 충북소방본부 | 2022 | 6 | 5665 | 5765 | 9853 |
    | 충북소방본부 | 2023 | 11 | 5627 | 5704 | 9507 |
    | 전남소방본부 | 2020 | 3 | 5541 | 5681 | 9961 |
    | 충북소방본부 | 2023 | 3 | 5541 | 5627 | 9778 |
    | 경남소방본부 | 2020 | 2 | 5510 | 5612 | 9497 |

    ※ 〈적은출동지역조회〉 쿼리를 실행한 후의 〈적은출동지역확인〉 테이블

3. 본부별, 반기별로 이송환자수의 합계를 조회하는 〈이송환자조회〉 크로스탭 쿼리를 작성하시오. (7점)

    ▶ 〈소방본부〉와 〈구급활동〉 테이블을 이용하시오.
    ▶ '총출동건수'와 '총이송건수'는 '출동건수' 필드와 '이송건수' 필드를 이용하고, [표시 예]와 같이 표시되도록 '형식' 속성을 설정하시오.
    [표시 예] 0 → 0건, 1234 → 1,234건
    ▶ '반기'는 '월' 필드의 값이 6 이하면 "상반기 이송환자"로, 그렇지 않으면 "하반기 이송환자"로 표시하시오.
    ▶ 이송환자수의 합계는 '이송환자수' 필드 이용하고, [표시 예]와 같이 표시되도록 '형식' 속성을 설정하시오.
    [표시 예] 0 → 0명, 1234 → 1,234명
    ▶ '본부명' 필드를 기준으로 오름차순 정렬하여 표시하시오.
    ▶ IIf 함수를 사용하시오.

▶ 쿼리 실행 결과 표시되는 필드와 필드명은 〈그림〉과 같이 표시되도록 설정하시오.

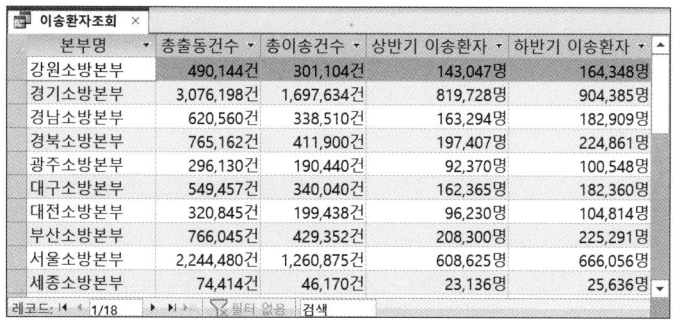

4. 〈소방본부〉와 〈구급활동〉 테이블을 이용하여, 검색할 주소의 일부를 매개 변수로 입력받아 해당 본부의 정보를 조회하는 〈조회된소방본부정보〉 매개 변수 쿼리를 작성하시오. (7점)

▶ '최대이송건수'는 '이송건수' 필드의 최댓값이 [표시 예]와 같이 표시되도록 '형식' 속성을 설정하시오.
[표시 예] 0 → 0건, 1234 → 1,234건

▶ '최소이송환자수'는 '이송환자수' 필드의 최소값이 [표시 예]와 같이 표시되도록 '형식' 속성을 설정하시오.
[표시 예] 0 → 0명, 1234 → 1,234명

▶ Like 연산자를 사용하시오.

▶ 쿼리 실행 결과 표시되는 필드와 필드명은 〈그림〉과 같이 표시되도록 설정하시오.

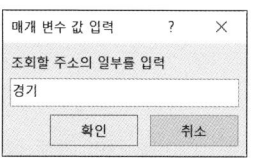 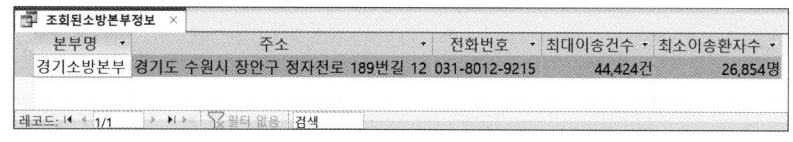

5. 〈소방본부〉와 〈구급활동〉 테이블을 이용하여 출동건수가 가장 많은 본부의 '비고' 필드의 값을 "우수본부"로 변경하는 〈우수본부체크〉 업데이트 쿼리를 작성한 후 실행하시오. (7점)

▶ Max 함수와 하위 쿼리를 사용하시오.

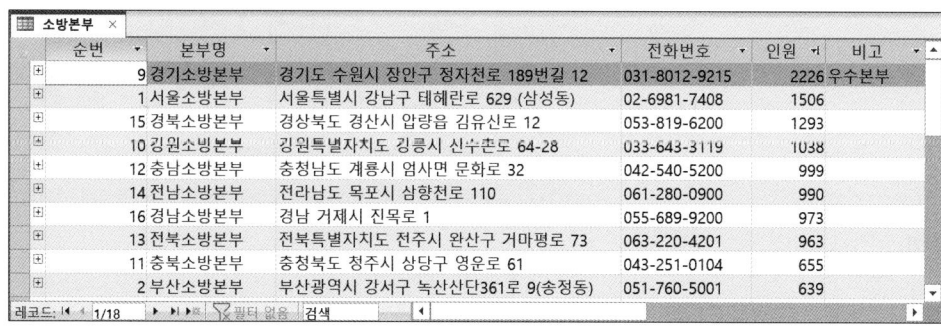

※ 〈우수본부체크〉 쿼리를 실행한 후의 〈소방본부〉 테이블

# 01회 기출문제 정답 및 해설

## 문제 1 | DB 구축 정답

### 01. 테이블 완성하기 _ 참고 : 테이블 완성 300쪽

**〈소방본부〉 테이블**

❶ 테이블의 정렬 기준 속성 설정하기

테이블의 디자인 보기 상태에서 [테이블 디자인] → 표시/숨기기 → 속성 시트(□) 클릭

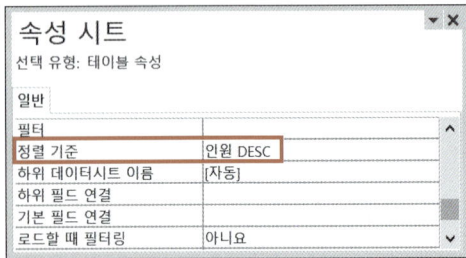

❷ '인원' 필드에 기본값 속성 설정하기

**〈구급활동〉 테이블**

❸ '년도', '월', '본부번호' 필드에 기본 키 설정하기

❹ '본부번호' 필드에 인덱스 속성 설정하기

❺ 테이블의 유효성 검사 규칙과 유효성 검사 텍스트 속성 설정하기

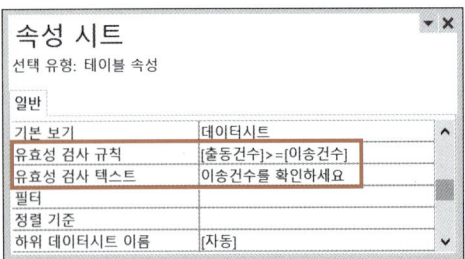

### 02. 〈구급활동〉 테이블의 '본부번호' 필드에 조회 속성 설정하기
_ 참고 : 조회 기능 설정 306쪽

**정답**

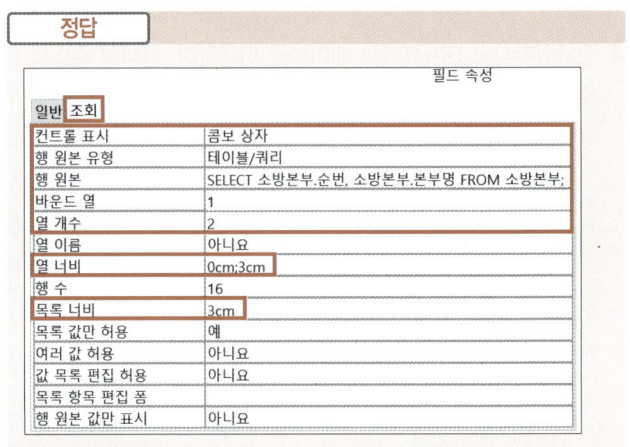

### 03. 〈소방본부〉 테이블과 〈구급활동〉 테이블 간의 관계 설정하기
_ 참고 : 관계 설정 309쪽

**정답**

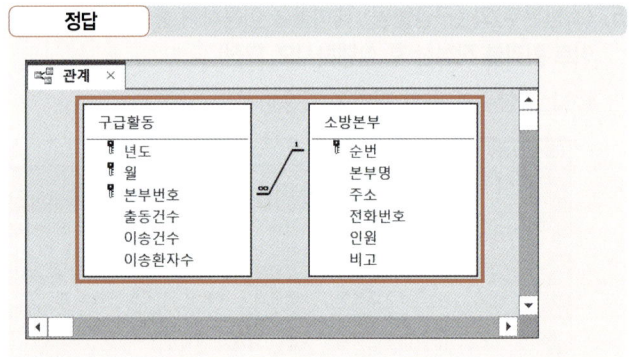

• '관계 편집' 대화상자

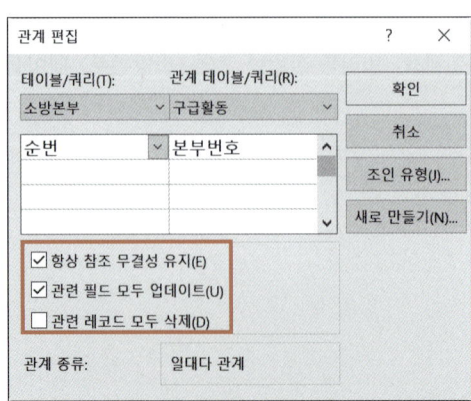

## 문제 2    입력 및 수정 기능 구현    정답

### 01. 〈구급활동현황〉 폼 완성하기 _ 참고 : 폼 완성 314쪽

**정답**

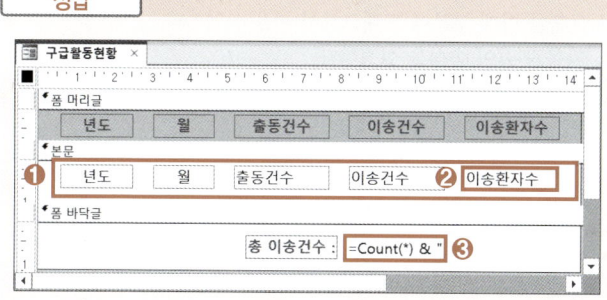

❶ 본문 컨트롤의 크기 조절하기
1. 폼 본문 영역의 모든 컨트롤을 선택한다.
2. 바로 가기 메뉴에서 [크기] → **가장 짧은 길이에**를 선택한다.

❷ 'txt이송환자수' 컨트롤에 속성 설정하기
'데이터' 탭의 잠금 → 예

❸ 'txt총이송건수' 컨트롤에 속성 설정하기
'데이터' 탭의 컨트롤 원본 → =Count(*) & "건"

### 02. 〈소방활동현황〉 폼 머리글의 'txt총출동건수' 컨트롤에 속성 설정하기 _ 참고 : 도메인 계산 함수 318쪽

'데이터' 탭의 컨트롤 원본 → =Left([본부명], InStr([본부명], "소방")-1) & " 총 출동건수 : " & Format(DSum("출동건수", "종합쿼리", "본부명=txt본부명"), "#,### 건")

### 03. 〈본부정보확인〉 매크로 작성하기 _ 참고 : 매크로 작성 329쪽

**정답**

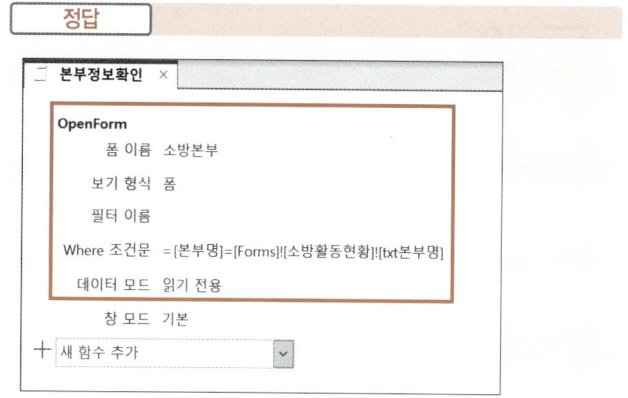

1. 매크로 개체를 생성한 후 이를 연결하여 사용해야 하므로, 먼저 매크로 개체를 생성한다. [만들기] → 매크로 및 코드 → **매크로**(📄)를 클릭한다.
2. 매크로 대화상자에서 정답과 같이 설정한 후 매크로 대화상자의 닫기(✖) 단추를 클릭한 다음 저장 여부를 묻는 대화상자에서 〈예〉를 클릭한다.
3. '다른 이름으로 저장' 대화상자에서 매크로 이름을 **본부정보확인**으로 입력한 다음 〈확인〉을 클릭한다.
4. 〈소방활동현황〉 폼을 디자인 보기로 연 후 폼 머리글의 'txt본부명' 컨트롤을 더블클릭한다.
5. 'txt본부명' 컨트롤 속성 시트 창의 '이벤트' 탭에서 'On Dbl Click' 이벤트의 목록 단추를 눌러 '본부정보확인' 매크로를 선택한다.

## 문제 3  조회 및 출력 기능 구현

**01. 〈본부별출동현황〉 보고서 완성하기** _ 참고 : 보고서 완성 335쪽

정답

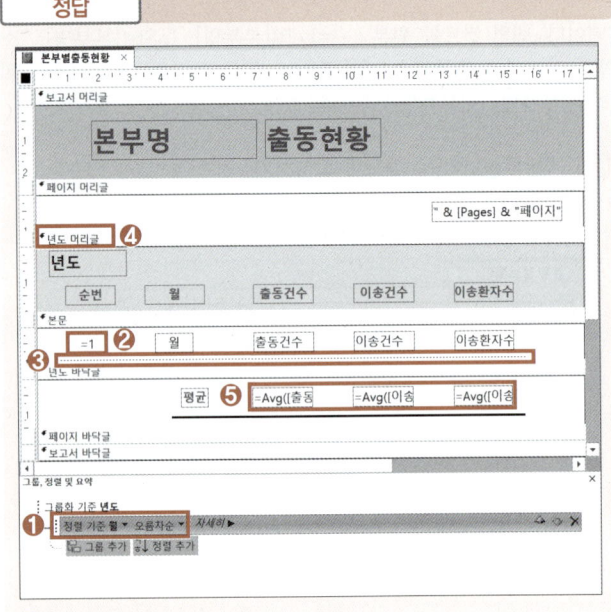

❶ '그룹, 정렬 및 요약' 창

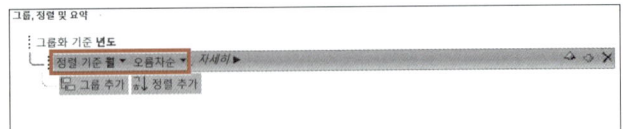

❷ 'txt순번' 컨트롤에 속성 설정하기
- '데이터' 탭의 컨트롤 원본 → =1
- '데이터' 탭의 누적 합계 → 그룹

❸ 점선 삽입하기
1. [보고서 디자인] → 컨트롤 → 선(\)을 클릭한 후 본문 영역 컨트롤들 아래 부분에 드래그하여 선을 삽입한다.
2. 다음과 같이 속성을 설정한다.
   - '형식' 탭의 너비 → 15cm
   - '형식' 탭의 테두리 스타일 → 점선
   - '기타' 탭의 이름 → Line구분선

❹ '년도' 머리글 영역에 속성 설정하기
- '형식' 탭의 반복 실행 구역 → 예
- '형식' 탭의 페이지 바꿈 → 구역 전

❺ 'txt평균출동건수', 'txt평균이송건수', 'txt평균이송환자수' 컨트롤에 속성 설정하기
- 'txt평균출동건수' 컨트롤 '데이터' 탭의 컨트롤 원본 → =Avg([출동건수])
- 'txt평균이송건수' 컨트롤 '데이터' 탭의 컨트롤 원본 → =Avg([이송건수])
- 'txt평균이송환자수' 컨트롤 '데이터' 탭의 컨트롤 원본 → =Avg([이송환자수])
- 'txt평균출동건수', 'txt평균이송건수' 컨트롤의 형식 속성 → #,##0건
- 'txt평균이송환자수' 컨트롤의 형식 속성 → #,##0명

**02. 〈소방활동현황〉 폼 머리글의 'cmd보고서' 컨트롤에 기능 구현하기** _ 참고 : 이벤트 프로시저 344쪽

정답

```
Private Sub cmd보고서_Click( )
    DoCmd.OpenReport "본부별출동현황", acViewPreview, , "본부명 = ' "
    & txt본부명 & " ' "
End Sub
```

## 문제 4  처리 기능 구현

**01. 〈출동Top3조회〉 쿼리** _ 참고 : 그룹 쿼리 작성 353쪽

- 쿼리 작성기 창

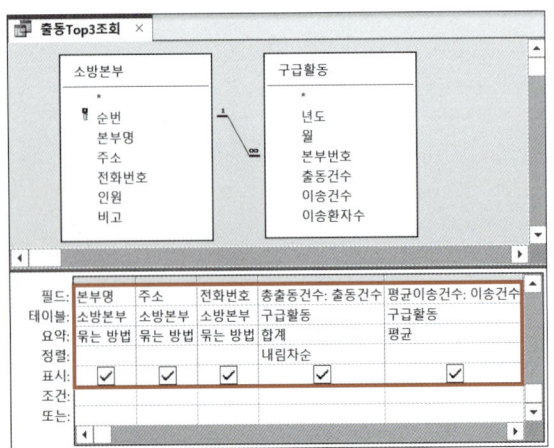

- 쿼리 속성 설정하기
  - '일반' 탭의 상위 값 → 3

※ 총출동건수가 **많은** 순으로 상위 3개의 레코드를 표시해야 하므로, '총출동건수' 필드의 정렬 기준을 **내림차순**으로 설정해야 합니다.

- '총출동건수' 필드에 속성 설정하기
  - '일반' 탭의 형식 → #,##0" 건"
- '평균이송건수' 필드에 속성 설정하기
  - '일반' 탭의 형식 → #,##0" 건"
  - '일반' 탭의 소수 자릿수 → 1

## 02. 〈적은출동지역조회〉 쿼리 _ 참고 : 테이블 생성 쿼리 작성 355쪽

1. 쿼리 작성기 창에서 다음 그림과 같이 설정한다.

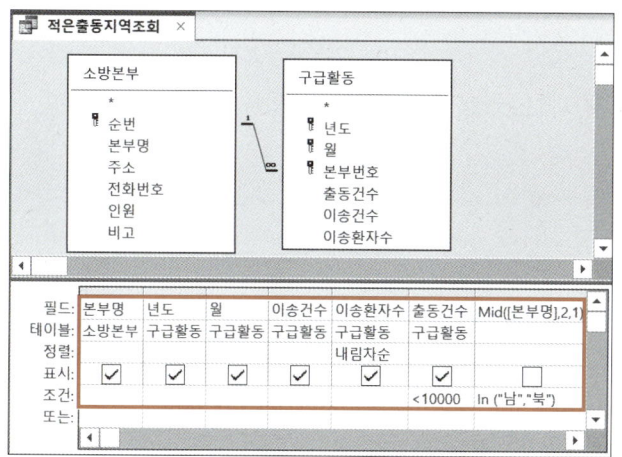

2. [쿼리 디자인] → 쿼리 유형 → **테이블 만들기(▦)** 를 클릭한 후 '테이블 만들기' 대화상자의 '테이블 이름'에 **적은출동지역확인**을 입력한다.

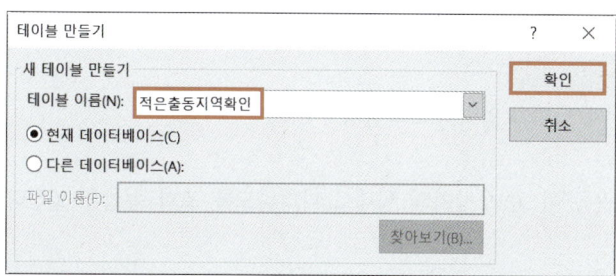

## 03. 〈이송환자조회〉 쿼리 _ 참고 : 매개 변수 쿼리 작성 354쪽

• 쿼리 작성기 창

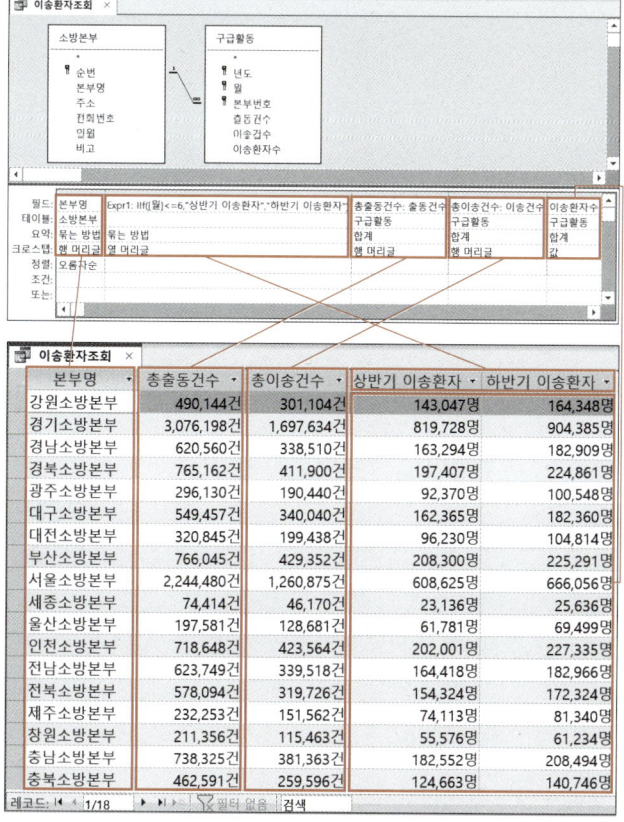

• '총출동건수'와 '총이송건수' 필드에 속성 설정하기
  – '일반' 탭의 형식 → #,##0"건"
• '이송환자수의합계' 필드에 속성 설정하기
  – '일반' 탭의 형식 → #,##0"명"

## 04. 〈조회된소방본부정보〉 쿼리 _ 참고 : 매개 변수 쿼리 작성 354쪽

• 쿼리 작성기 창

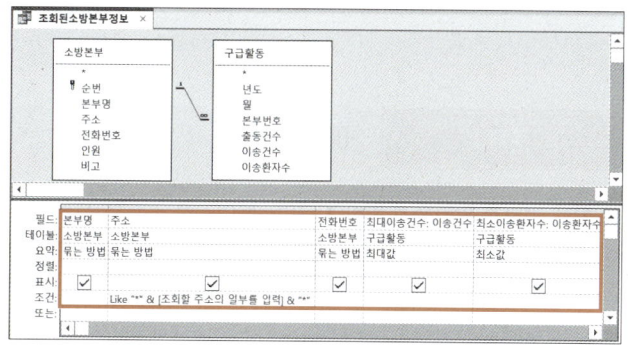

• '최대이송건수' 필드에 속성 설정하기
  – '일반' 탭의 형식 → #,##0"건"
• '최소이송건수' 필드에 속성 설정하기
  – '일반' 탭의 형식 → #,##0"명"

## 05. 〈우수본부체크〉 쿼리 _ 참고 : 업데이트 쿼리 작성 356쪽

• 쿼리 작성기 창

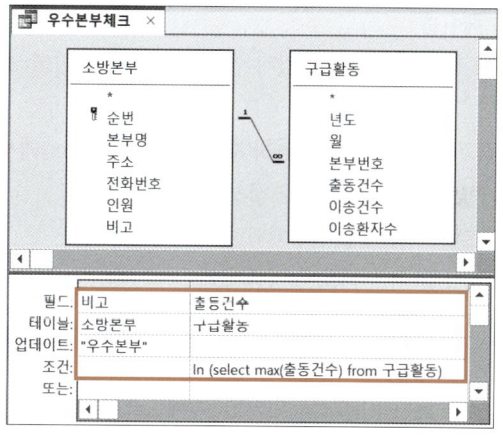

# 02회 2025년 상시02 컴퓨터활용능력 1급

- 준 비 하 세 요 : '길벗컴활1급총정리\기출\02회' 폴더에서 '25년상시02.accdb' 파일을 열어서 작업하시오.
- 외부 데이터 위치 :   길벗컴활1급총정리\기출\02회

## 문제 1    DB구축(25점)

**1.** 카페 현황을 관리하기 위하여 데이터베이스를 구축하고자 한다. 다음의 지시사항에 따라 각 테이블을 완성하시오. (각 3점)

〈카페정보〉 테이블

① '카페코드' 필드는 'AA-000'과 같은 형식으로 입력되도록 다음과 같이 입력 마스크를 설정하시오.
  ▶ 앞의 두 자리는 A~Z까지의 영문 대문자가 반드시 입력되도록 설정하시오.
  ▶ 중간의 '-' 기호도 함께 저장되도록 설정하시오.
  ▶ 뒤의 세 자리는 0~9까지의 숫자가 반드시 입력되도록 설정하시오.
  ▶ 자료 입력 시 화면에 표시되는 기호는 "*"로 설정하시오.
② 새로운 레코드가 추가되는 경우 '인허가일자' 필드에는 기본적으로 현재 날짜가 입력되도록 설정하시오.
③ '카페명' 필드에는 값이 반드시 입력되도록 관련 속성을 설정하시오.
④ '주소(동)' 필드에는 "내발산동", "등촌동", "마곡동", "방화동", "화곡동"이 콤보 상자의 형태로 나타나도록 조회 속성을 설정하시오.

〈면적정보〉 테이블

⑤ '카페코드' 필드에는 중복된 값이 입력될 수 없도록 인덱스를 설정하시오.

**2.** 외부 데이터 가져오기 기능을 이용하여 〈추가카페정보.xlsx〉에서 '가양동' 시트의 데이터를 가져와 테이블로 생성하시오. (5점)
  ▶ 첫 번째 행은 필드의 이름으로 설정하시오.
  ▶ '비고' 필드는 추가 대상에서 제외하시오.
  ▶ '업소명' 필드를 기본 키로 설정하시오.
  ▶ 테이블 이름은 "가양동카페"로 하시오.

**3.** 〈면적정보〉 테이블의 '카페코드' 필드는 〈카페정보〉 테이블의 '카페코드' 필드를 참조하며, 테이블 간의 관계는 1:1이다. 다음과 같이 테이블 간의 관계를 설정하시오. (5점)
  ▶ 각 테이블 간에 항상 참조 무결성이 유지되도록 설정하시오.
  ▶ 참조 필드의 값이 변경되면 관련 필드의 값도 변경되도록 설정하시오.
  ▶ 다른 테이블에서 참조하고 있는 레코드는 삭제할 수 없도록 설정하시오.

## 문제 2    입력 및 수정 기능 구현(20점)

**1.** 〈카페현황〉 폼을 다음의 그림과 지시사항에 따라 완성하시오. (각 3점)

① 폼 머리글에 〈그림〉과 같이 제목 레이블을 삽입하시오
  ▶ 이름 : title  ▶ 글꼴 크기 : 16
  ▶ 이름 : 글꼴 두께 : 아주 굵게  ▶ 문자색 : 시스템 3D 강조
② 폼에 탐색 단추와 구분선이 표시되도록 설정하고, 폼이 팝업 폼으로 열리지 않도록 설정하시오.

③ 하위 폼의 기본 보기 속성을 〈그림〉처럼 설정하고, 폼 바닥글의 'txt카페총수' 컨트롤에는 '규모' 필드의 값이 'txt규모' 컨트롤의 값과 동일한 카페의 수를 구한 뒤 〈그림〉 같이 표시되도록 '컨트롤 원본' 속성을 설정하시오.

▶ 〈종합쿼리〉 쿼리와 '카페코드' 필드, DCount 함수와 & 연산자를 이용하시오.

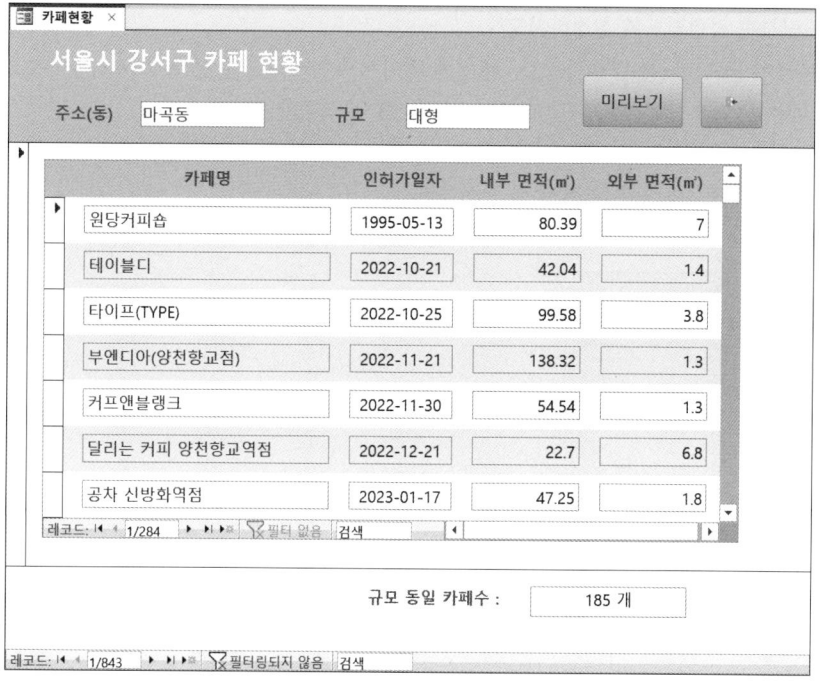

2. 〈카페정보확인〉 폼에 다음과 같이 조건부 서식을 설정하시오. (6점)

▶ '인허가일자' 필드의 값이 2010년 이전이고 '건물내부면적'이 100 이상이면, 본문의 모든 컨트롤의 글꼴 스타일을 '굵게', 글꼴 색을 '표준 색 - 빨강'으로 설정하시오.

▶ '카페명' 필드의 값에 "카페"라는 글자가 포함되면, 본문의 모든 컨트롤의 글꼴 스타일을 '굵게', 글꼴 색을 '표준 색 - 파랑'으로 설정하시오.

▶ Year 함수와 And, Like 연산자를 사용하시오.

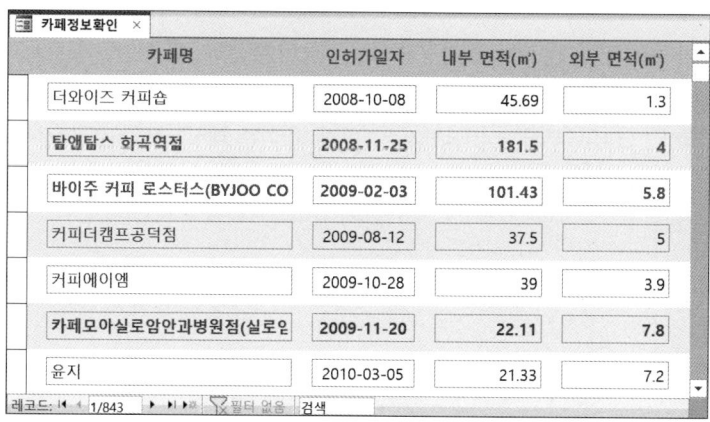

3. 〈카페현황〉 폼 머리글의 '미리보기(cmd보고서)' 단추를 클릭하면, 〈카페허가현황〉 보고서를 '인쇄 미리 보기' 형식으로 여는 〈보고서출력〉 매크로를 생성하여 지정하시오. (5점)

▶ 다음과 같이 시스템의 현재 날짜와 시간이 표시된 메시지 상자에서 〈확인〉을 클릭하면 보고서를 출력하시오.

▶ '주소(동)' 필드의 값이 폼 머리글의 'txt주소' 컨트롤에 표시된 것과 동일한 정보만 표시하시오.

## 문제 3  조회 및 출력 기능 구현(20점)

1. 다음의 지시사항 및 그림을 참조하여 〈카페허가현황〉 보고서를 완성하시오. (각 3점)

   ① 동일한 그룹 내에서 '카페명'을 기준으로 내림차순 정렬되도록 설정하시오.
   ② 인허가일자 머리글 영역이 페이지마다 반복하여 출력되도록 설정하고, 구역 전에 페이지가 바뀌도록 관련 속성을 설정하시오.
   ③ 인허가일자 머리글의 'txt허가년도' 컨트롤에는 년도가 [표시 예]와 같이 표시되도록 '형식' 속성을 설정하시오.
      ▶ 표시 예 : 2009-08-12 → 2009년 허가
   ④ 본문 영역의 'txt순번' 컨트롤에는 그룹별로 순번이 표시되도록 관련 속성을 설정하시오.
   ⑤ 인허가일자 바닥글의 'txt카페수' 컨트롤에는 레코드의 개수가 표시되도록 '컨트롤 원본' 속성을 설정하시오.

   | 카페허가현황 | | | | | |
   |---|---|---|---|---|---|
   | **2023년 허가** | | | | | |
   | 순번 | 카페명 | 주소(동) | 건물내부면적 | 건물외부면적 | 상태 |
   | 1 | 한담(HanDam) | 마곡동 | 20.5 | 1.8 | 중형 |
   | 2 | 커피메이드 마곡역점 | 마곡동 | 61.2 | 1.2 | 대형 |
   | 3 | 이너프커피(ENOUGH COFFEE) | 마곡동 | 40 | 8.6 | 중형 |
   | 4 | 소카크(SOKAK) | 마곡동 | 120.12 | 2.9 | 초대형 |
   | 5 | 베르데비앙(VERDEBIAN) | 마곡동 | 41.82 | 8.1 | 중형 |
   | 6 | 익스프레스 마곡보타닉파크타… | 마곡동 | 32.46 | 3.3 | 중형 |
   | 7 | 닥터박커피 | 마곡동 | 41.6 | 6.6 | 중형 |
   | 8 | 그랜드커피 | 마곡동 | 38.45 | 4 | 중형 |
   | 9 | 공차 신방화역점 | 마곡동 | 47.25 | 1.8 | 중형 |
   | | | | | 총 카페수 : | 9 |

   29/29페이지

2. 〈카페정보확인〉 폼 본문의 'txt인허가일자' 컨트롤에 포커스가 옮겨가면(Got Focus) 다음과 같은 기능이 수행되도록 이벤트 프로시저를 구현하시오. (5점)

   ▶ '허가일자'의 년도가 2020년 이후이면 "변경 후 기준 대상", 2010년부터 2019년까지는 "변경 전 기준 대상", 2009년 이전이면 "기준 재등록 대상"이란 메시지를 〈그림〉과 같이 메시지 상자에 표시하시오.

   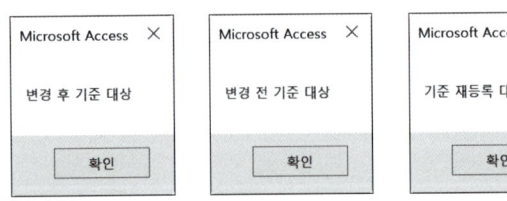

   2020년 이후    2010년 ~ 2019년    2009년 이전

   ▶ If ~ Else ~ End If, Year, MsgBox 함수를 사용하시오.

## 문제 4    처리 기능 구현(35점)

1. 〈카페정보〉와 〈면적정보〉 테이블을 이용하여 주소(동)별 카페수, 건물내부면적의 평균과 최댓값을 조회하여 새 테이블로 생성하는 〈동별카페조회〉 쿼리를 작성하고 실행하시오. (7점)

   ▶ '카페수'는 '카페명' 필드를 이용하시오.
   ▶ '평균면적'은 '건물내부면적' 필드를 이용하여 평균을 구한 후 반올림하여 소수 첫째 자리까지 표시하시오.
   ▶ '최대면적'은 '건물내부면적' 필드를 이용하여 최댓값으로 표시하시오.
   ▶ '최대면적'이 넓은 순으로 정렬하여 표시하시오.
   ▶ 쿼리 실행 후 생성되는 테이블의 이름은 〈동별카페확인〉으로 설정하시오.
   ▶ Avg, Max, Round 함수를 사용하시오.
   ▶ 쿼리 실행 결과 생성되는 테이블의 필드는 〈그림〉을 참고하여 수험자가 판단하여 설정하시오.

   | 주소(동) | 카페수 | 평균면적 | 최대면적 |
   |---|---|---|---|
   | 마곡동 | 284 | 60.7 | 528.93 |
   | 화곡동 | 253 | 58.4 | 461.28 |
   | 방화동 | 99 | 53.6 | 450.87 |
   | 내발산동 | 64 | 65.6 | 390.31 |
   | 등촌동 | 143 | 60 | 283.5 |

   ※ 〈동별카페조회〉 쿼리를 실행한 후의 〈동별카페확인〉 테이블

2. 허가년도별 주소(동)별 카페수를 조회하는 〈카페수조회〉 크로스탭 쿼리를 작성하시오. (7점)

   ▶ 〈카페정보〉 테이블을 이용하시오.
   ▶ '허가년도'는 '인허가일자' 필드를 이용하여, 2015년 이전이면 "2015년 이전"을, 2016부터 2020년까지는 각 년도를, 나머지는 "2021년 이후"를 〈그림〉과 같이 표시하시오.
   ▶ '카페수'는 '카페코드' 필드를 이용하시오.
   ▶ IIf, Year 함수를 사용하시오.
   ▶ 쿼리 실행 결과 표시되는 필드와 필드명은 〈그림〉과 같이 표시되도록 설정하시오.

   | 허가년도 | 내발산동 | 등촌동 | 마곡동 | 방화동 | 화곡동 |
   |---|---|---|---|---|---|
   | 2015년 이전 | 18 | 44 | 8 | 31 | 58 |
   | 2016 | 2 | 8 | 14 | 7 | 12 |
   | 2017 | 6 | 14 | 22 | 6 | 17 |
   | 2018 | 4 | 12 | 24 | 9 | 21 |
   | 2019 | 6 | 17 | 46 | 7 | 22 |
   | 2020 | 14 | 8 | 45 | 9 | 28 |
   | 2021년 이후 | 14 | 40 | 125 | 30 | 95 |

3. 〈카페정보〉와 〈면적정보〉 테이블을 이용하여, 조회할 카페명의 일부를 매개 변수로 입력받아 해당 카페의 주소 정보를 조회하는 〈조회된카페정보〉 매개 변수 쿼리를 작성하시오. (7점)

   ▶ '카페명' 필드를 기준으로 오름차순 정렬하여 표시하시오.
   ▶ '건물외부면적' 필드의 값이 5 이상인 레코드만을 조회하되, '주소(동)' 필드가 "내발산동", "방화동"인 레코드는 조회 대상에서 제외하시오.
   ▶ Like와 Not In 연산자를 사용하시오.
   ▶ 쿼리 실행 결과 표시되는 필드와 필드명은 〈그림〉과 같이 표시되도록 설정하시오.

   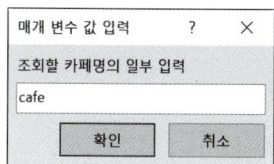

   | 카페명 | 주소(동) | 상세주소 |
   |---|---|---|
   | 카페 커디(CAFE CUDI) | 마곡동 | 797-1 퀸즈파크나인 1층 133호 |
   | 카페 허니 힐(Cafe Honey Hill) | 화곡동 | 1131-15 오성파크빌 101호 |
   | 카페뚜또(CafeTutto) | 마곡동 | 784-13 아르디에 (지상 1층) 112호 |
   | 카페미뇽(cafe mignon) | 마곡동 | 796-3 외 1필지 마곡사이언스타워 (지상 1층) 121호 |
   | 카페아크 CAFE ARK | 화곡동 | 105-456 화곡중앙교회 교육관 1층 |
   | 홀론카페(hoLon cafe) | 등촌동 | 637 서울시니어스가양타워 1층 102호 |
   | cafe 희&희 | 등촌동 | 663-13 1층 |
   | CAFE OZ(카페오즈) | 화곡동 | 1052-9 1층 |

4. 〈카페정보〉와 〈면적정보〉 테이블을 이용하여 건물의 내부면적이 넓은 순으로 상위 5개에 해당하는 카페 정보를 조회하는 〈내부면적Top5〉 쿼리를 작성하시오. (7점)

   ▶ '카페이름'은 [표시 예]와 같이 '카페명' 필드의 마지막 두 글자를 제외한 앞의 나머지 글자를 "*"로 표시하고, '카페명' 필드의 마지막 두 글자에 "coffee"를 붙여 표시하시오.

   [표시 예] (주)보나비 아티제 이대서울병원점 → ***************원점coffee
   　　　　　어나더사이드 → ****이드coffee

   ▶ '주소(동)' 필드는 '형식' 속성을 이용하여 〈그림〉과 같이 표시하시오.
   ▶ Right, String, Len 함수와 & 연산자를 사용하시오.
   ▶ 쿼리 실행 결과 표시되는 필드와 필드명은 〈그림〉과 같이 표시되도록 설정하시오.

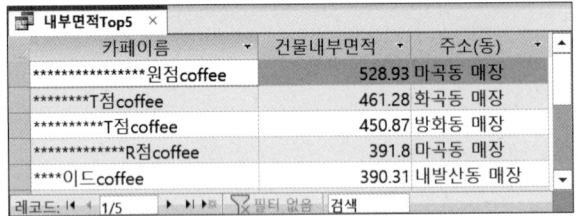

5. 〈카페정보〉와 〈면적정보〉 테이블을 이용하여 건물면적이 100 이상이고 인허가일자가 '2015-12-31' 이전인 레코드만 조회하는 〈대규모카페정보〉 쿼리를 작성하시오. (7점)

   ▶ '주소'는 '주소(동)' 필드와 '상세주소' 필드를 연결하여 표시하시오.
   ▶ '건물면적'은 '건물내부면적'과 '건물외부면적' 필드의 값을 더한 값으로 계산하고, '형식' 속성을 이용하여 [표시 예]와 같이 소수 첫째 자리까지만 표시하시오.

   [표시 예] 0 → 0.0, 324.489… → 324.5

   ▶ '건물면적' 필드를 기준으로 내림차순 정렬하여 표시하시오.
   ▶ & 연산자를 사용하시오.
   ▶ 쿼리 실행 결과 표시되는 필드와 필드명은 〈그림〉과 같이 표시되도록 설정하시오.

| 카페명 | 주소 | 건물면적 |
|---|---|---|
| 스타벅스커피 까치산역점 | 화곡동 343-1 외 1필지 동진빌딩 (지하 1층~지상 1층) | 324.5 |
| 스타벅스커피 화곡동점 | 화곡동 1073-10 외 12필지 메가박스 (지상 1~2층) 112~113, 205호 | 284.7 |
| 투썸플레이스우장산역 | 내발산동 723-2 우장산역엠버리움빌딩 (지상 1~2층) 101호 201~202호 | 267.2 |
| 투썸플레이스 까치산역점 | 화곡동 343-52 도양라비앙타워 1층, 지하1층 | 258.9 |
| 이디야 화곡로점 | 화곡동 1067-20 (지상 2층) | 232.5 |
| 탐앤탐스 목동사거리점 | 화곡동 781-4 (지상 2층) | 228.4 |
| 스타벅스커피 등촌점 | 등촌동 668-9 (지상 1층) | 227.1 |
| 투썸플레이스 등촌역점 | 등촌동 648-4 (지상 1층) | 208.8 |
| 스타벅스커피 발산역점 | 등촌동 678-14 그랜드백화점 (지상 1층) 주차장동 | 208.8 |
| 탐앤탐스 화곡역점 | 화곡동 1076-1 화곡메디칼 (지상 1~ 2층 일부) | 185.5 |

# 02회 EXAMINATION 기출문제 정답 및 해설

## 문제 1    DB 구축    정답

### 01. 테이블 완성하기 _ 참고 : 테이블 완성 300쪽

**〈카페정보〉 테이블**

❶ '카페코드' 필드에 입력 마스크 속성 설정하기

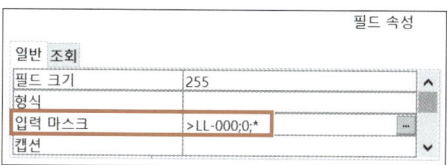

❷ '인허가일자' 필드에 기본값 속성 설정하기

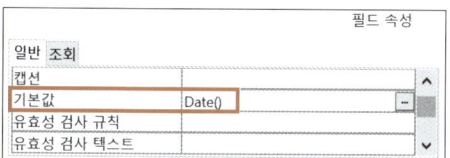

❸ '카페명' 필드에 필수 속성 설정하기

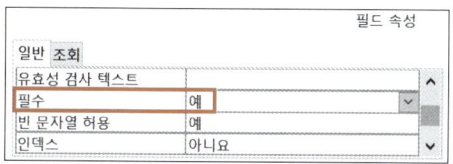

❹ '주소(동)' 필드에 조회 속성 설정하기

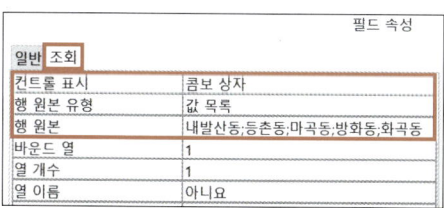

※ 행 원본 유형이 '테이블/쿼리'가 아니라 '값 목록'이므로, 행 원본을 "내발산동";"등촌동", …과 같이 큰따옴표로 묶지 않아도 필드가 아닌 문자열로 인식합니다.

**〈면적정보〉 테이블**

❺ '카페코드' 필드에 인덱스 속성 설정하기

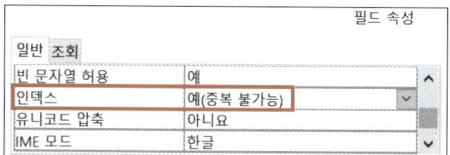

### 02. '추가카페정보.xlsx' 파일 가져오기 _ 참고 : 테이블 생성 311쪽

**정답**

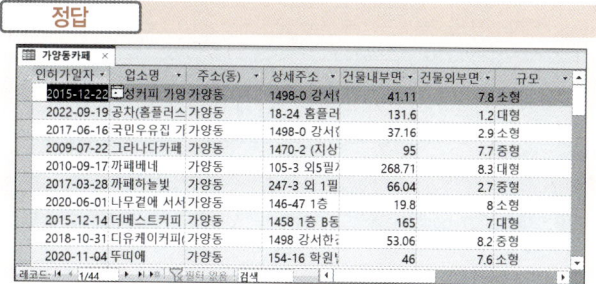

1. '외부 데이터 가져오기 – Excel 스프레드시트' 대화상자

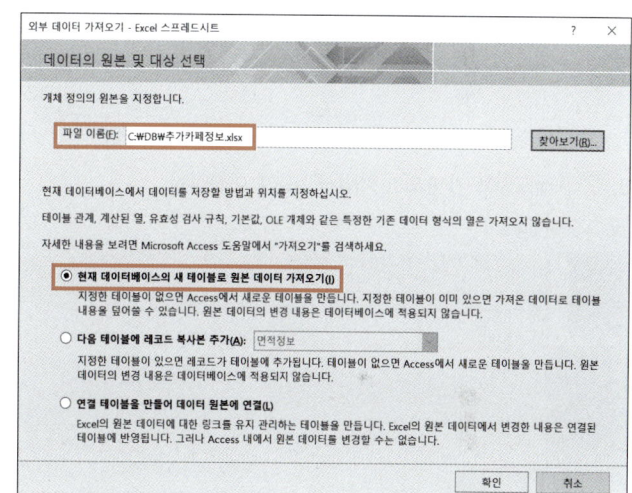

2. '스프레드시트 가져오기 마법사' 1단계 대화상자

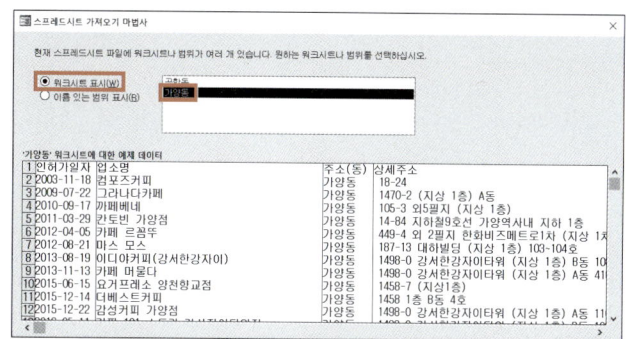

3. '스프레드시트 가져오기 마법사' 2단계 대화상자

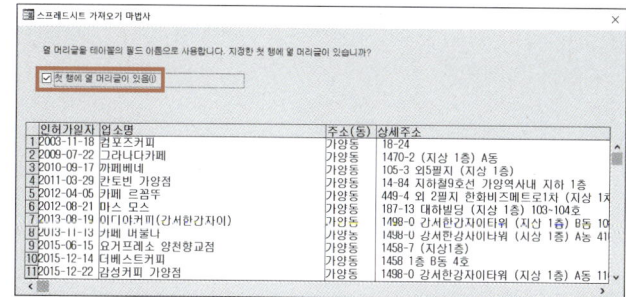

4. '스프레드시트 가져오기 마법사' 3단계 대화상자

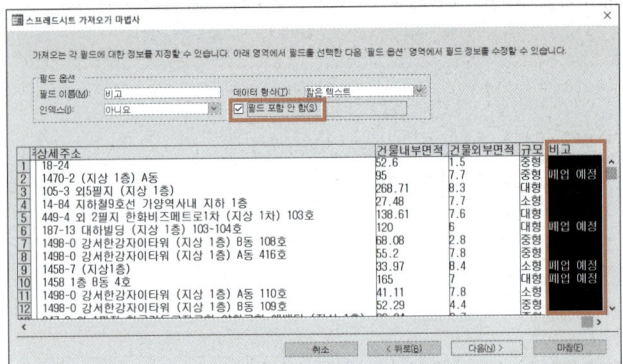

5. '스프레드시트 가져오기 마법사' 4단계 대화상자

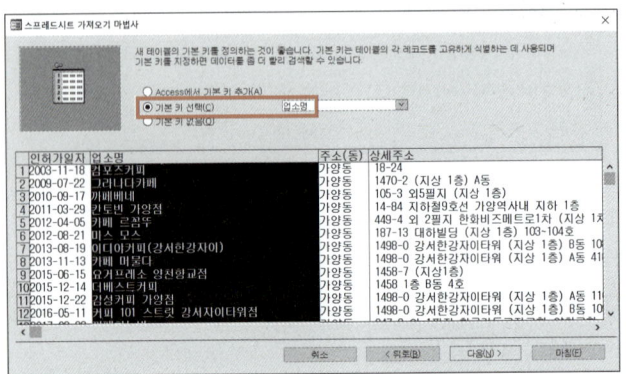

6. '스프레드시트 가져오기 마법사' 5단계 대화상자

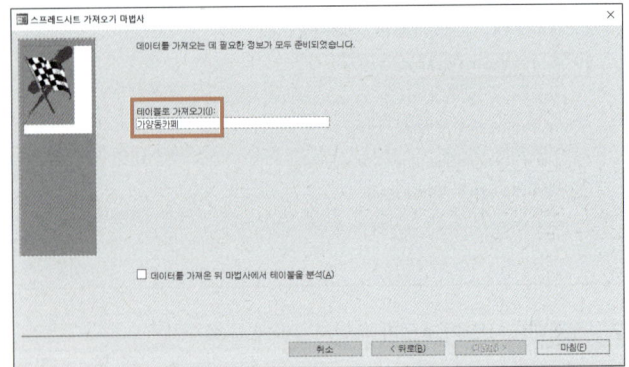

## 03. 〈카페정보〉 테이블과 〈면적정보〉 테이블 간의 관계 설정하기
_ 참고 : 관계 설정 309쪽

**정답**

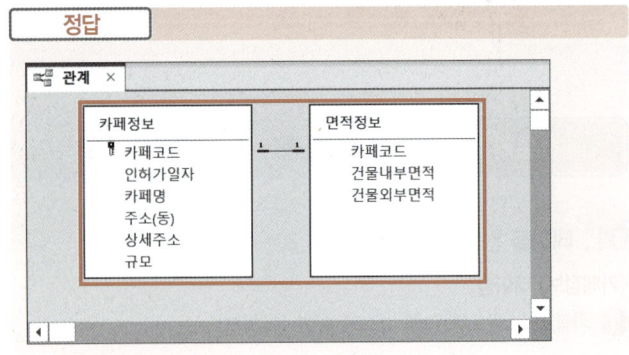

• '관계 편집' 대화상자

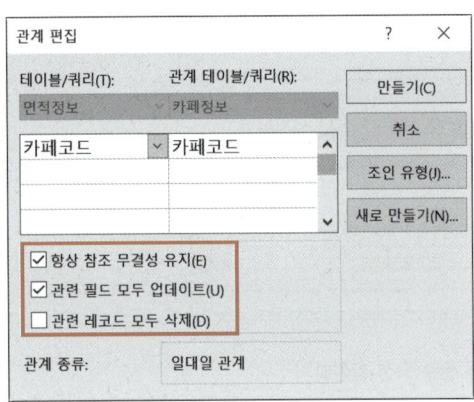

## 문제 2    입력 및 수정 기능 구현    정답

### 01. 〈카페현황〉 폼 완성하기 _ 참고 : 폼 완성 314쪽

정답

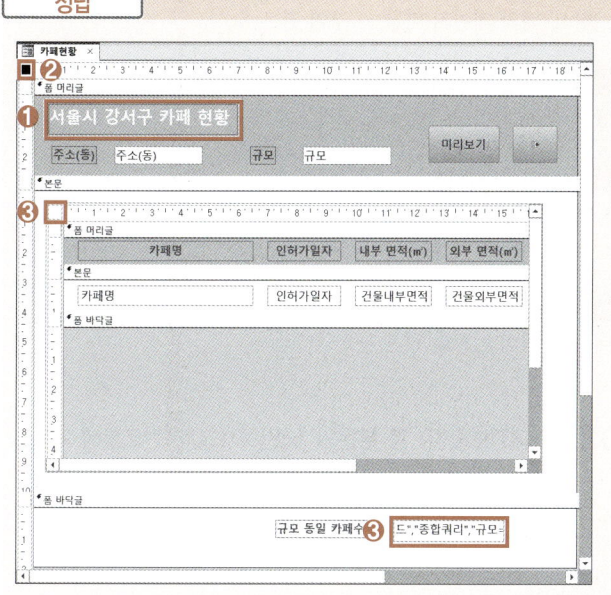

**① 폼 머리글에 제목 삽입하기**

1. [양식 디자인] → 컨트롤 → **레이블**(가가)을 클릭한 후 폼 머리글의 적당한 위치에 드래그한다.
2. **서울시 강서구 카페 현황**을 입력하고 Enter를 누른 후 [서식] → 글꼴에서 글꼴 크기를 16으로 변경한 후 배치한다.
3. 작성된 레이블을 더블클릭한 후 다음과 같이 속성을 설정한다.
   - '형식' 탭의 글꼴 두께 → 아주 굵게
   - '형식' 탭의 문자색 → 시스템 3D 강조
   - '기타' 탭의 이름 → title

**② 폼 속성 설정하기**
- '형식' 탭의 탐색 단추 → 예
- '형식' 탭의 구분 선 → 예
- '기타' 탭의 팝업 → 아니요

**③ 하위 폼과 'txt카페총수' 컨트롤에 속성 설정하기**
- 하위 폼 컨트롤 : '형식' 탭의 기본 보기 → 연속 폼
- 'txt카페총수' 컨트롤 : '데이터' 탭의 컨트롤 원본 →
  =DCount("카페코드", "종합쿼리", "규모=txt규모") & " 개"

### 02. 〈카페정보확인〉 폼 본문 컨트롤에 조건부 서식 설정하기
_ 참고 : 조건부 서식 322쪽

1. 폼 본문에 있는 모든 컨트롤을 선택한다.
2. [서식] → 컨트롤 서식 → **조건부 서식**(▦)을 클릭한 후 '조건부 서식 규칙 관리자' 대화상자에서 〈새 규칙〉을 클릭한다.

3. '새 서식 규칙' 대화상자에서 다음과 같이 설정한다.

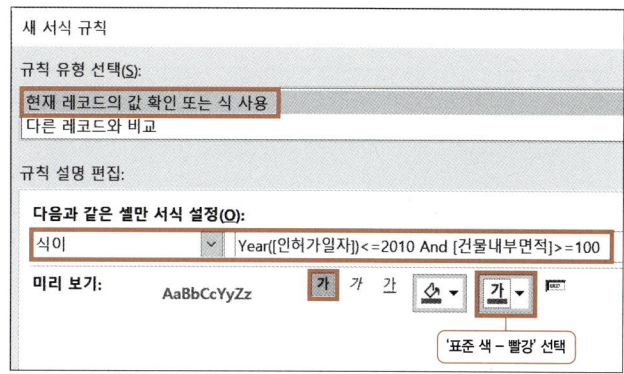

4. 같은 방법으로 두 번째 조건부 서식을 다음과 같이 설정한다.

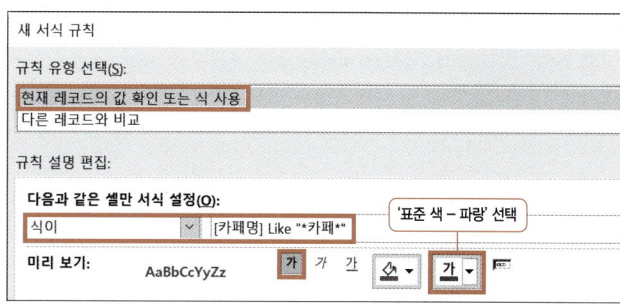

### 03. 〈보고서출력〉 매크로 작성하기 _ 참고 : 매크로 작성 329쪽

정답

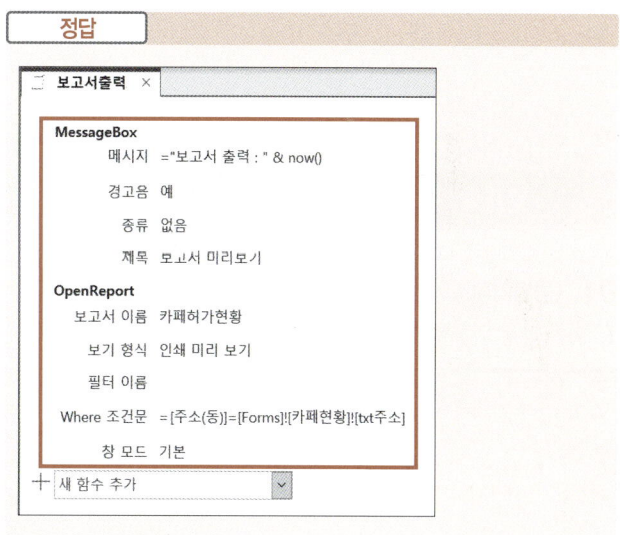

1. 매크로 개체를 생성한 후 이를 연결하여 사용해야 하므로, 먼저 매크로 개체를 생성한다. [만들기] → 매크로 및 코드 → **매크로**(□)를 클릭한다.
2. 매크로 대화상자에서 정답과 같이 설정한 후 매크로 대화상자의 닫기(⊠) 단추를 클릭한다.
3. 저장 여부를 묻는 대화상자에서 〈예〉를 클릭한다.
4. '다른 이름으로 저장' 대화상자에서 매크로 이름을 **보고서출력**으로 입력한 다음 〈확인〉을 클릭한다.
5. 〈카페현황〉 폼을 디자인 보기로 연 후 폼 머리글의 'cmd보고서' 컨트롤을 더블클릭한다.
6. 'cmd보고서' 컨트롤 속성 시트 창의 '이벤트' 탭에서 'On Click' 이벤트의 목록 단추를 눌러 '보고서출력' 매크로를 선택한다.

## 문제 3  조회 및 출력 기능 구현

### 01. 〈카페허가현황〉 보고서 완성하기 _ 참고 : 보고서 완성 335쪽

**정답**

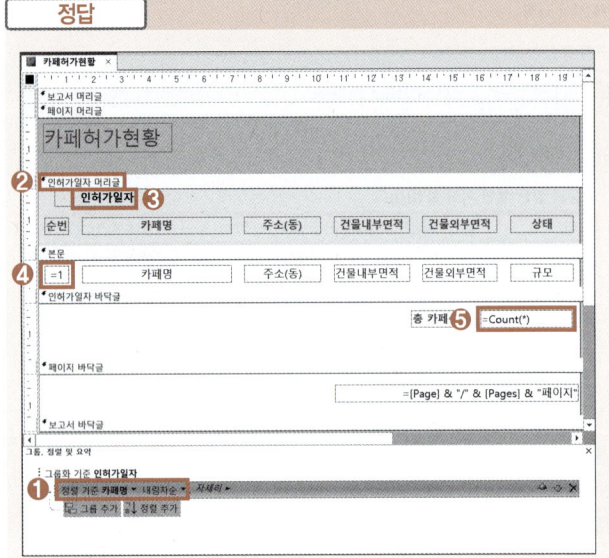

❶ '그룹, 정렬 및 요약' 창

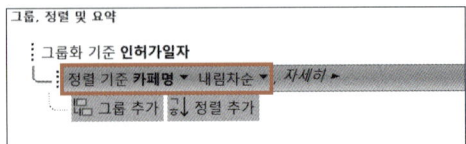

❷ '인허가일자' 머리글 영역에 속성 설정하기
- '형식' 탭의 반복 실행 구역 → 예
- '형식' 탭의 페이지 바꿈 → 구역 전

❸ 'txt허가년도' 컨트롤에 속성 설정하기
'형식' 탭의 형식 → yyyy"년 허가"

❹ 'txt순번' 컨트롤에 속성 설정하기
- '데이터' 탭의 컨트롤 원본 → =1
- '형식' 탭의 누적 합계 → 그룹

❺ 'txt카페수' 컨트롤에 속성 설정하기
'데이터' 탭의 컨트롤 원본 → =Count(*)

### 02. 〈카페정보확인〉 폼 본문의 'txt인허가일자' 컨트롤에 기능 구현하기 _ 참고 : 이벤트 프로시저 344쪽

**정답**

```
Private Sub txt인허가일자_GotFocus( )
    If Year([인허가일자]) >= 2020 Then
        MsgBox "변경 후 기준 대상"
    ElseIf Year([인허가일자]) >= 2010 Then
        MsgBox "변경 전 기준 대상"
    Else
        MsgBox "기준 재등록 대상"
    End If
End Sub
```

## 문제 4  처리 기능 구현

### 01. 〈동별카페조회〉 쿼리 _ 참고 : 테이블 생성 쿼리 작성 355쪽

1. 쿼리 작성기 창에서 다음과 같이 설정한다.

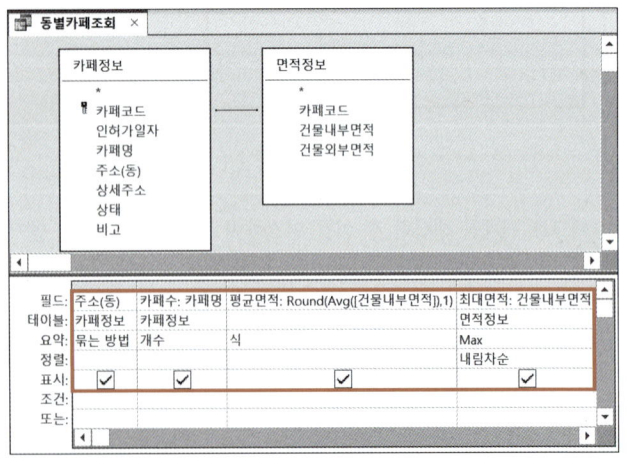

※ 아래 그림과 같이 '평균면적'과 '최대면적'의 묶는 방법을 '평균'과 '최대값'으로 지정한 후 '평균면적'에 대해 '형식' 속성을 0, '소수 자릿수' 속성을 1로 설정해도 결과는 동일하지만, 지시사항으로 Avg, Max, Round 함수가 제시되었으므로 제시된 함수를 직접 사용하여 1번 그림과 같이 작성해야 합니다.

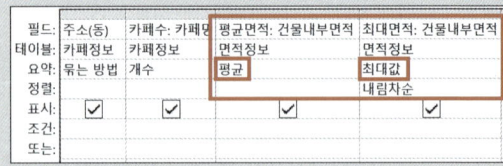

※ 필드에 함수를 적용하여 값을 표시할 때는 묶는 방법을 '식'으로 지정합니다.

※ 묶는 방법을 '식'으로 지정하고 최대면적: Max([건물내부면적])을 입력하면 1번 그림과 같이 필드에 입력한 함수가 제거되고 묶는 방법이 'Max'로 변경되며, 쿼리를 종료한 후 디자인 보기로 다시 열면 '최대값'으로 변경됩니다. 이는 채점과 관계가 없으니 신경 쓰지 않아도 됩니다.

2. [쿼리 디자인] → 쿼리 유형 → **테이블 만들기**(⊞)를 클릭한다.
3. '테이블 만들기' 대화상자의 '테이블 이름'에 **동별카페확인**을 입력한 후 〈확인〉을 클릭한다.

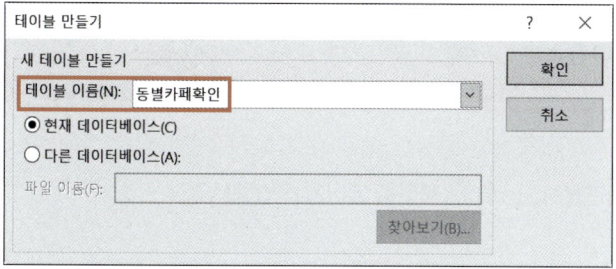

## 02. 〈카페수조회〉 쿼리 _ 참고: 크로스탭 쿼리 작성 354쪽

• 쿼리 작성기 창

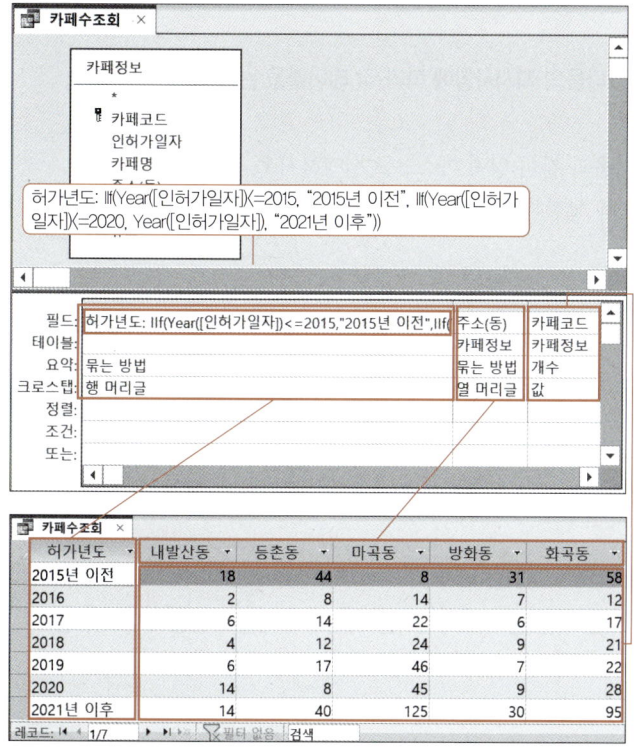

## 03. 〈조회된카페정보〉 쿼리 _ 참고: 매개 변수 쿼리 작성 354쪽

• 쿼리 작성기 창

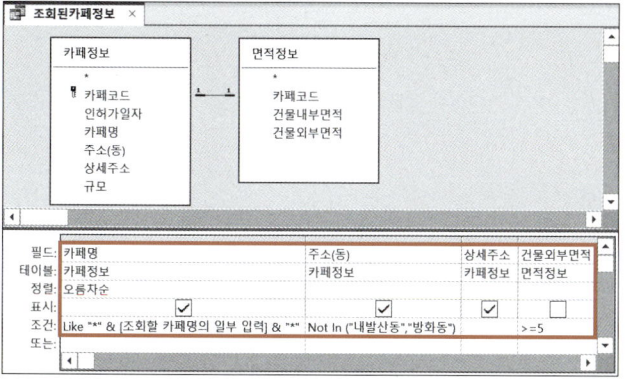

## 04. 〈내부면적Top5〉 쿼리 _ 참고: 그룹 쿼리 작성 353쪽

• 쿼리 작성기 창

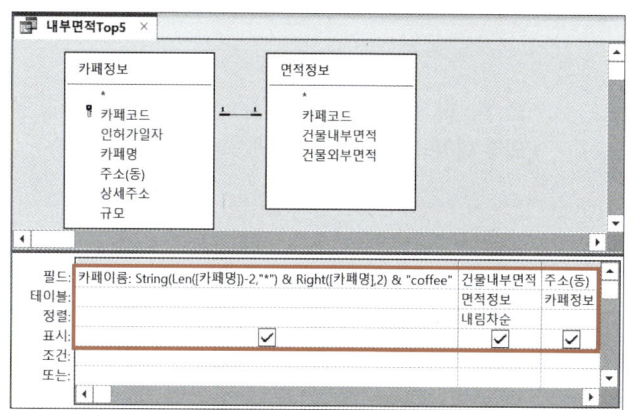

String(Len([카페명])-2,"*") & Right([카페명],2) & "coffee"
　　　❶　　　　　　　❸
　　　　❷
　　　　　　❹

※ '카페명'이 "어나더사이드"라고 가정합니다.
• ❶ Len([카페명])-2 : '카페명' 필드의 길이 6에서 2를 뺍니다(4).
• ❷ String(❶,"*") : ❶의 개수만큼 문자 "*"를 반복 표시합니다. → ****
• ❸ Right([카페명],2) : '카페명' 필드에서 오른쪽부터 2글자를 가져옵니다. → 이드
• ❹ ❷ & ❸ & "coffee" : ❷, ❸의 결과값과 "coffee"를 모두 연결합니다. → ****이드coffee

• 쿼리 속성 설정하기
  - '일반' 탭의 상위 값 → 5
• '주소(동)' 필드 속성 설정하기
  - '일반' 탭의 형식 → @" 매장"

## 05. 〈대규모카페정보〉 쿼리 _ 참고: 그룹 쿼리 작성 353쪽

• 쿼리 작성기 창

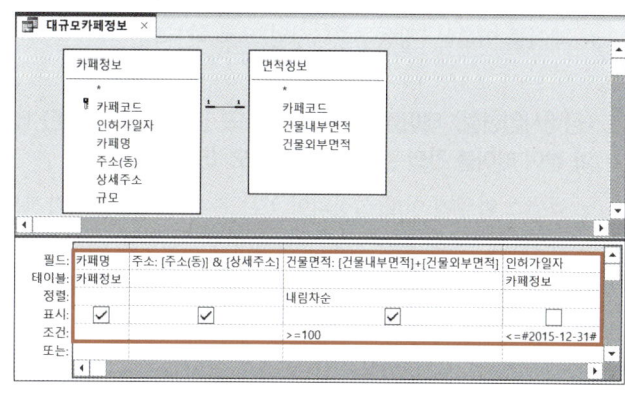

• '건물면적' 필드 속성 설정하기
  - '일반' 탭의 형식 → 0.0

# 03회 2025년 상시03 컴퓨터활용능력 1급

- **준 비 하 세 요** : '길벗컴활1급총정리\기출\03회' 폴더에서 '25년상시03.accdb' 파일을 열어서 작업하시오.
- **외부 데이터 위치** : 길벗컴활1급총정리\기출\03회

## 문제 1 · DB구축(25점)

**1.** 서울시 정비사업현황을 관리하기 위하여 데이터베이스를 구축하고자 한다. 다음의 지시사항에 따라 각 테이블을 완성하시오. (각 3점)

〈정비사업현황〉 테이블

① '사업번호' 필드는 '1111-100000000'과 같은 형식으로 입력받도록 다음과 같이 입력 마스크를 설정하시오.
  ▶ 앞의 4글자와 뒤의 9글자는 0~9 사이의 숫자만 반드시 입력되도록 설정하시오.
  ▶ 중간의 '-' 기호도 함께 저장되도록 설정하시오.
  ▶ 자료 입력 시 화면에 표시되는 기호는 "#"으로 설정하시오.
② '운영구분' 필드에는 "조합", "조합청산", "공공지원자", "추진위원회"가 목록 상자의 형태로 나타나도록 조회 속성을 설정하시오.
③ 새로운 레코드가 추가되는 경우 '상태' 필드에는 기본적으로 "운영"이 입력되도록 설정하시오.
④ '지하층수' 필드에는 '지상층수' 필드의 값보다 작은 값이 입력되도록 유효성 검사 규칙을 설정하고, 규칙에 어긋난 경우 "지하층수에는 지상층수보다 작은 값을 입력하세요"라는 텍스트가 표시되도록 설정하시오.

〈사업구분〉 테이블

⑤ '사업구분코드' 필드를 기본 키로 설정하시오.

**2.** 외부 데이터 가져오기 기능을 이용하여 〈강동구사업.xlsx〉에서 '일시중단'으로 이름 정의된 데이터를 가져와 테이블로 생성하시오. (5점)

▶ 첫 번째 행은 필드의 이름으로 설정하시오.
▶ '지상층수', '지하층수' 필드의 데이터 형식을 '바이트'로 설정하시오.
▶ '사업번호' 필드를 기본 키로 설정하시오.
▶ 테이블 이름은 "강동구중단사업"으로 하시오.

**3.** 〈정비사업현황〉 테이블의 '사업구분코드' 필드는 〈사업구분〉 테이블의 '사업구분코드' 필드를 참조하며, 테이블 간의 관계는 M:1이다. 다음과 같이 테이블 간의 관계를 설정하시오. (5점)

※ 액세스 파일에 이미 설정되어 있는 관계는 수정하지 마시오.
▶ 각 테이블 간에 항상 참조 무결성이 유지되도록 설정하시오.
▶ 참조 필드의 값이 변경되면 관련 필드의 값도 변경되도록 설정하시오.
▶ 다른 테이블에서 참조하고 있는 레코드는 삭제할 수 없도록 설정하시오.

## 문제 2   입력 및 수정 기능 구현(20점)

1. 〈정비사업현황조회〉 폼을 다음의 그림과 지시사항에 따라 완성하시오. (각 3점)

   ① 폼 머리글에 다음과 같이 그림을 삽입하시오.
   - ▶ 그림 파일 이름 : 로고.png
   - ▶ 그림 이름 : img그림
   - ▶ 그림 너비 : 2cm
   - ▶ 그림 높이 : 1.4cm
   - ▶ 그림 유형 : 포함

   ② 폼 본문의 'txt사업번호' 컨트롤은 데이터 원본을 편집할 수 없도록 관련 속성을 설정하시오. (단, 포커스는 이동 가능함)
   ③ 폼 바닥글의 'txt총건수' 컨트롤의 배경과 테두리가 투명하게 표시되도록 관련 속성을 설정하시오.

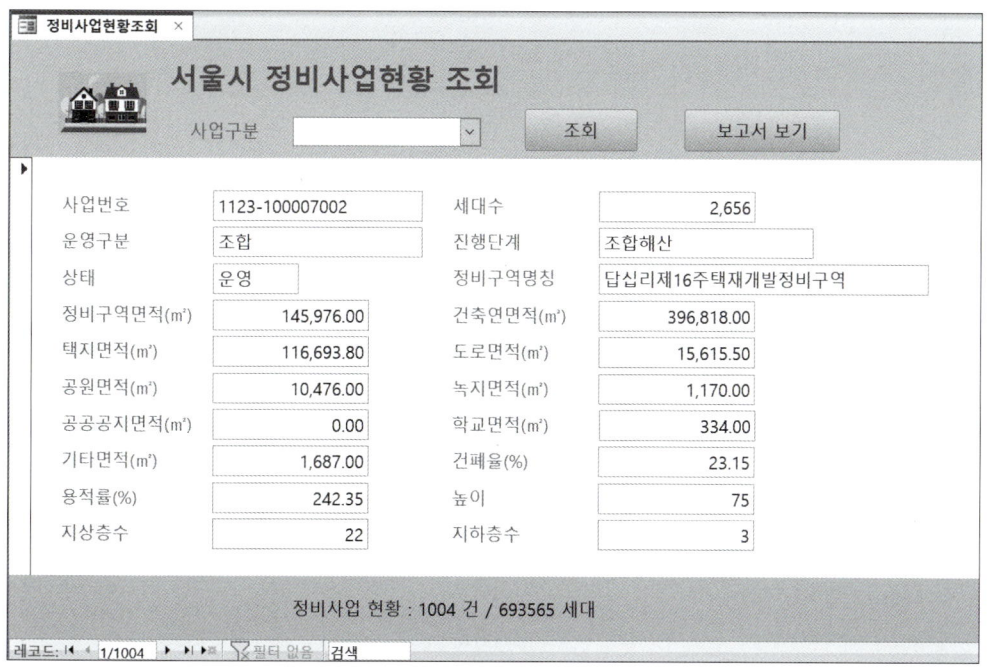

2. 〈정비사업현황조회〉 폼 바닥글의 'txt총건수' 컨트롤에는 전체 레코드의 개수와 '세대수' 필드의 합계가 표시되도록 '컨트롤 원본' 속성을 설정하시오. (6점)
   - ▶ Count, Sum 함수와 & 연산자를 사용하시오.
   - ▶ 1번 그림 참조

3. 〈정비사업현황조회〉 폼 머리글의 '보고서 보기(cmd인쇄)' 단추를 클릭하면, 〈정비사업현황보고서〉를 '인쇄 미리 보기' 형식으로 열고, 〈정비사업현황조회〉 폼을 닫는 〈보고서보기〉 매크로를 생성하여 지정하시오. (5점)
   - ▶ '사업구분' 필드의 값이 폼 머리글의 'cmb사업구분' 컨트롤에 해당하는 정보만 표시하시오.

## 문제 3     조회 및 출력 기능 구현(20점)

**1.** 다음의 지시사항 및 그림을 참조하여 〈정비사업현황보고서〉를 완성하시오. (각 3점)

① '자치구' 기준으로 그룹이 지정된 상태에서, '운영구분'을 기준으로 내림차순 정렬되도록 설정하시오.
② 페이지 머리글의 'txt날짜' 컨트롤에 오늘 날짜가 〈그림〉과 같이 표시되도록 '컨트롤 원본'과 '형식' 속성을 설정하시오.
   ▶ 시간을 포함하지 않는 시스템의 오늘 날짜만 입력되는 함수를 사용하시오.
③ '자치구' 머리글 영역이 페이지마다 반복하여 출력되도록 설정하고, 구역 전에 페이지가 바뀌도록 관련 속성을 설정하시오.
④ 본문 영역의 'txt순번' 컨트롤에는 그룹별로 일련 번호가 표시되도록 관련 속성을 설정하시오.
⑤ 보고서 바닥글의 'txt페이지' 컨트롤에 대해 배경색을 #693C80으로, 문자색을 #FFFFFF로 표시되도록 관련 속성을 설정하시오.

| | 서울시 재건축 정비사업현황 | | | | | 2025년도 |
|---|---|---|---|---|---|---|
| 사업지역 : 강남구 압구정동 | | | | | | |
| 순번 | 운영구분 | 정비구역명칭 | 정비구역면적(㎡) | 지상층수 | 지하층수 | 세대수 |
| 1 | 추진위원회 | 압구정아파트지구 특별계획구역① 재건축사업 | 81,454.0 | 35 | 35 | 1,393 |
| 2 | 추진위원회 | 도곡삼익아파트 재건축정비구역 | 17,655.0 | 30 | 30 | 318 |
| 3 | 추진위원회 | 도곡우성아파트 재건축정비사업 | 20,970.0 | 4 | 4 | 460 |
| 4 | 조합 | 개포주공5단지아파트 주택재건축정비사업 | 56,173.2 | 35 | 35 | 1,133 |
| 5 | 조합 | 압구정한양7차 주택재건축정비사업 | 16,437.1 | 23 | 23 | 268 |
| 6 | 조합 | 도곡삼호아파트 주택재건축정비사업 | 11,042.2 | 18 | 18 | 260 |
| 7 | 조합 | 압구정아파트지구 특별계획구역5 재건축정비사업 | 789.9 | 3 | 3 | 1,537 |
| 8 | 조합 | 대치우성1차아파트 주택재건축정비사업 | 28,793.0 | 35 | 35 | 626 |
| 9 | 조합 | 도곡개포한신아파트 주택재건축정비사업 | 36,473.0 | 35 | 35 | 705 |
| 10 | 조합 | 개나리4차아파트주택재건축 | 24,161.6 | 35 | 35 | 499 |
| 11 | 조합 | 개포주공3단지주택재건축정비사업 | 64,293.8 | 33 | 33 | 1,235 |
| 12 | 조합 | 개포시영(아)주택재건축정비사업 | 115,910.0 | 35 | 35 | 2,176 |
| 13 | 조합 | | | | | 0 |
| 14 | 조합 | 대성연립주택재건축정비사업조합 | 903.0 | | | 0 |
| | | | | | | 1 / 84 |

**2.** 〈정비사업현황조회〉 폼에서 '조회(cmd조회)' 단추를 클릭하면 다음과 같은 기능이 수행되도록 이벤트 프로시저를 구현하시오. (5점)

▶ '사업구분' 필드의 값이 'cmb사업구분' 컨트롤에서 선택한 값과 동일한 데이터만 표시되도록 하시오.
▶ 현재 폼의 RecordSource 속성을 사용하시오.

## 문제 4 · 처리 기능 구현(35점)

1. 〈자치구〉와 〈정비사업현황〉 테이블을 이용하여 자치구별 사업수, 평균지상층수, 총세대수를 조회하는 〈자치구별현황조회〉 쿼리를 작성하시오. (7점)

   ▶ '사업수'는 '사업번호' 필드 이용하시오.
   ▶ '평균지상층수'는 '지상층수' 필드를 이용하여, [표시 예]와 같이 표시되도록 '형식' 속성과 '소수 자릿수' 속성을 설정하시오.
      [표시 예] 0 → 0.0, 26.529… → 26.5
   ▶ '총세대수'는 '세대수' 필드를 이용하여, [표시 예]와 같이 표시되도록 '형식' 속성을 설정하시오.
      [표시 예] 0 → 0 세대, 1234 → 1,234 세대
   ▶ '건폐율' 필드의 값이 5를 초과하고, '용적률' 필드의 값이 200을 초과하는 데이터만 조회 대상으로 하시오.
   ▶ 쿼리 실행 결과 표시되는 필드와 필드명은 〈그림〉과 같이 표시되도록 설정하시오.

   | 자치구 | 사업수 | 평균지상층수 | 총세대수 |
   |---|---|---|---|
   | 강남구 | 30 | 28.8 | 39,330 세대 |
   | 강동구 | 31 | 27.7 | 40,519 세대 |
   | 강북구 | 26 | 22.5 | 10,943 세대 |
   | 강서구 | 18 | 15.1 | 7,645 세대 |
   | 관악구 | 18 | 22.9 | 14,371 세대 |
   | 광진구 | 13 | 23.4 | 4,353 세대 |
   | 구로구 | 22 | 22.1 | 8,610 세대 |
   | 금천구 | 11 | 17.4 | 3,228 세대 |
   | 노원구 | 13 | 26.0 | 10,582 세대 |
   | 도봉구 | 4 | 17.0 | 781 세대 |
   | 동대문구 | 37 | 24.6 | 33,093 세대 |
   | 동작구 | 41 | 26.3 | 28,491 세대 |
   | 마포구 | 22 | 21.0 | 13,740 세대 |
   | 서대문구 | 34 | 23.1 | 24,420 세대 |
   | 서초구 | 51 | 31.4 | 47,540 세대 |

2. 〈정비사업현황〉 테이블을 이용하여, '운영구분'이 "조합"이 아닌 정비사업 중 '건축연면적'이 200,000을 초과하는 정보만 조회하는 〈조합외정비사업조회〉 쿼리를 작성하시오. (7점)

   ▶ '현재상황'은 '진행단계' 필드의 마지막 두 글자를 이용하여, [표시 예]와 같이 "단계" 문자열을 연결하여 표시하시오.
      [표시 예] 청산 → 청산 단계
   ▶ Right 함수와 & 연산자를 사용하시오.
   ▶ 쿼리 실행 결과 표시되는 필드와 필드명은 〈그림〉과 같이 표시되도록 설정하시오.

   | 운영구분 | 정비구역명칭 | 현재상황 | 건축연면적 |
   |---|---|---|---|
   | 조합청산 | 보문제3구역주택재개발정비사업조합' | 청산 단계 | 1666541 |
   | 조합청산 | 고덕2단지아파트 주택재건축정비구역 | 청산 단계 | 839270.2 |
   | 조합청산 | 고덕주공5단지아파트 주택재건축 정비구역 | 청산 단계 | 273768.9 |
   | 조합청산 | 고덕3단지아파트주택재건축정비사업 | 청산 단계 | 631888 |
   | 조합청산 | 상일동 고덕7단지(아) 주택재건축정비사업 | 청산 단계 | 324691.1 |
   | 조합청산 | 영등포구 도림 제16 주택재개발정비구역 | 청산 단계 | 1370053 |
   | 조합청산 | 불광제3구역주택재개발정비사업조합 | 청산 단계 | 201878 |
   | 조합청산 | 녹번제1구역제1지구 | 청산 단계 | 1286033 |
   | 추진위원회 | 압구정아파트지구 특별계획구역① 재건축사업 | 승인 단계 | 359108.3 |
   | 조합청산 | 응암제2구역 주택재개발정비사업 | 청산 단계 | 362515.8 |
   | 공공지원자 | 중화2재정비촉진구역 주택재개발정비사업 | 지정 단계 | 303713 |
   | 추진위원회 | 신월1구역 | 승인 단계 | 236011.8 |
   | 추진위원회 | 상봉6재정비촉진구역 | 승인 단계 | 404142.8 |
   | 조합청산 | 봉천제12-2구역 주택재개발구역 | 청산 단계 | 221254.8 |

3. '지상층수' 필드에 값이 입력되지 않은 레코드를 대상으로 '확인한 월'을 매개 변수로 입력받아 '비고' 필드 값을 변경하는 〈지상층수미입력확인〉 업데이트 쿼리를 작성한 후 실행하시오. (7점)

   ▶ 〈정비사업현황〉 테이블을 이용하시오.
   ▶ '지상층수' 필드가 Null인 경우 '확인한 월'을 매개 변수로 입력받아 [표시 예]와 같이 표시하시오.
   　[표시 예] 확인한 월이 7인 경우 → 층수 미입력(7월 확인)
   ▶ Is 연산자를 사용하시오.

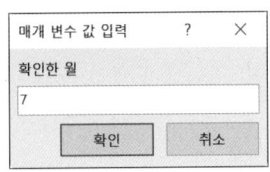
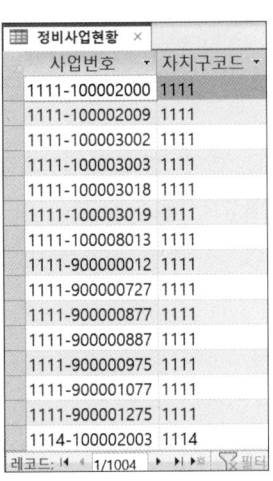
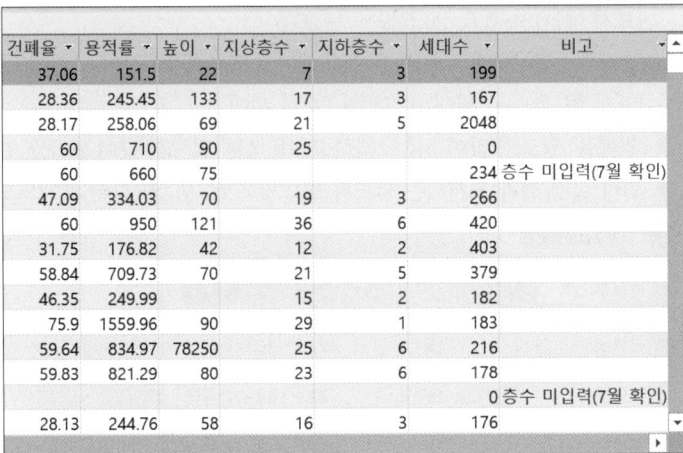

※ 〈지상층수미입력확인〉 쿼리의 매개 변수 값으로 7을 입력하여 실행한 후의 〈정비사업현황〉 테이블

4. 자치구별 운영구분별 공원면적의 합계를 조회하는 〈공원면적조회〉 크로스탭 쿼리를 작성하시오. (7점)

   ▶ 〈자치구〉와 〈정비사업현황〉 테이블을 이용하시오.
   ▶ '총공원면적'과 공원면적의 합계는 '공원면적' 필드를 이용하여, [표시 예]와 같이 표시되도록 '형식' 속성을 설정하시오.
   　[표시 예] 0 → 0m², 1234 → 1,234m²
   ▶ 〈자치구〉 테이블의 '자치구코드' 필드가 "5", "6", "7"로 끝나는 데이터만 조회 대상으로 하시오.
   ▶ Right 함수와 In 연산자를 사용하시오.
   ▶ 쿼리 실행 결과 표시되는 필드와 필드명은 〈그림〉과 같이 표시되도록 설정하시오.

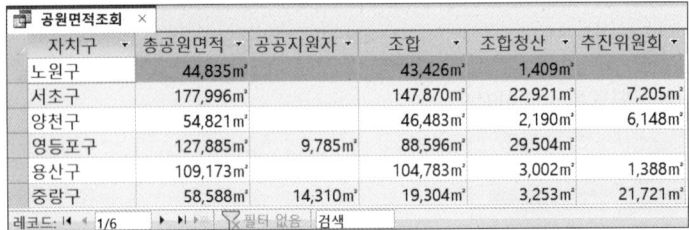

5. 〈지역〉과 〈정비사업현황〉 테이블을 이용하여 '지역'의 일부를 매개 변수로 입력받아 해당 정보를 조회하여 새 테이블로 생성하는 〈지역별규모조회〉 쿼리를 작성한 후 실행하시오. (7점)

   ▶ '규모'는 '정비구역면적' 필드의 값을 20,000으로 나눈 몫만큼 "▓" 기호를 반복하여 표시하시오.
   ▶ '운영구분' 필드의 값이 "조합"인 레코드만 표시하시오.
   ▶ 쿼리 실행 후 생성되는 테이블의 이름은 〈지역별규모확인〉으로 설정하시오.
   ▶ String 함수와 Like 연산자를 사용하시오.
   ▶ 쿼리 실행 결과 생성되는 테이블의 필드는 〈그림〉을 참고하여 수험자가 판단하여 설정하시오.

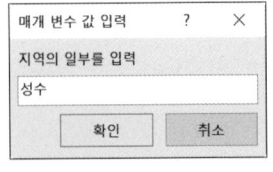
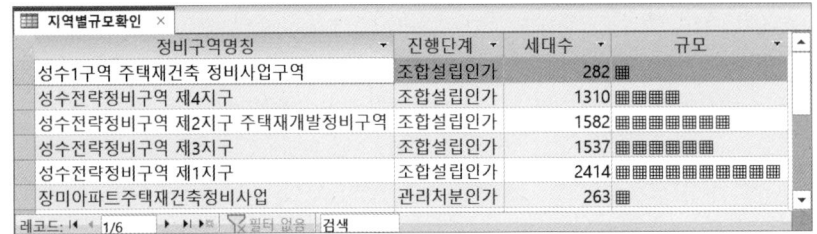

※ 〈지역별규모조회〉 쿼리의 매개 변수 값으로 "성수"를 입력하여 실행한 후의 〈지역별규모확인〉 테이블

# 03회 기출문제 정답 및 해설

## 문제 1    DB 구축

### 01. 테이블 완성하기 _ 참고 : 테이블 완성 300쪽

**〈정비사업현황〉 테이블**

❶ '사업번호' 필드에 입력 마스크 속성 설정하기

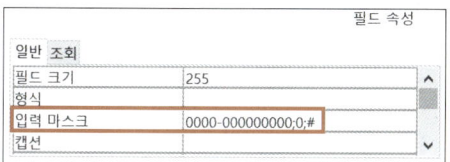

❷ '운영구분' 필드에 조회 속성 설정하기

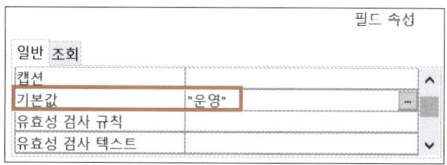

※ 행 원본 유형이 '테이블/쿼리'가 아니라 '값 목록'이므로, 행 원본을 "조합"; "조합청산"; … 과 같이 큰따옴표로 묶지 않아도 필드가 아닌 문자열로 인식합니다.

❸ '상태' 필드에 기본값 속성 설정하기

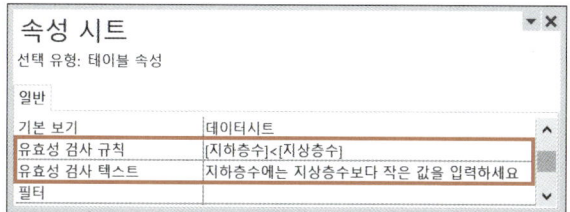

❹ 테이블 속성의 '유효성 검사 규칙' 속성과 '유효성 검사 텍스트' 속성 설정하기

| 속성 시트 | ▼ × |
|---|---|
| 선택 유형: 테이블 속성 | |
| **일반** | |
| 기본 보기 | 데이터시트 |
| 유효성 검사 규칙 | [지하층수]<[지상층수] |
| 유효성 검사 텍스트 | 지하층수에는 지상층수보다 작은 값을 입력하세요 |
| 필터 | |

**〈사업구분〉 테이블**

❺ '사업구분코드' 필드에 기본 키 설정하기

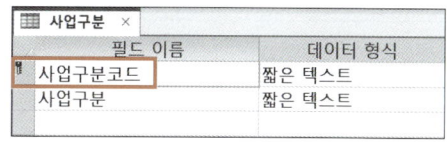

### 02. '강동구사업.xlsx' 파일 가져오기 _ 참고 : 테이블 생성 311쪽

정답

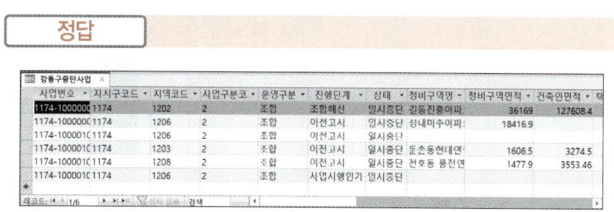

**1.** '외부 데이터 가져오기 – Excel 스프레드시트' 대화상자

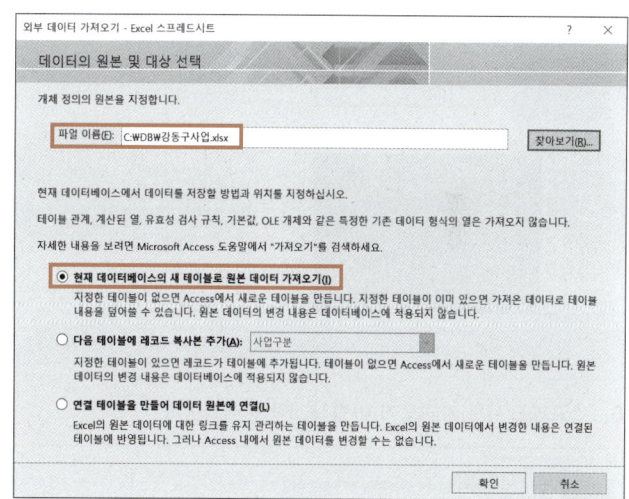

**2.** '스프레드시트 가져오기 마법사' 1단계 대화상자

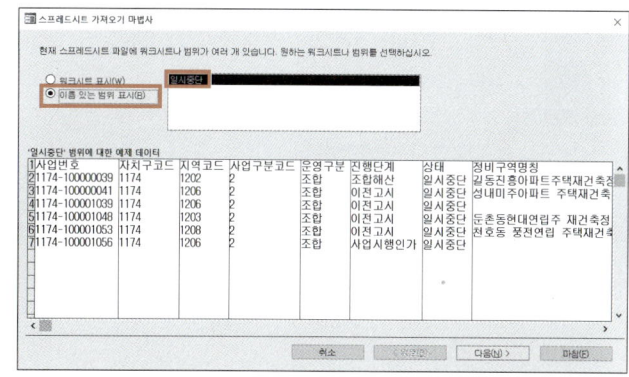

3. '스프레드시트 가져오기 마법사' 2단계 대화상자

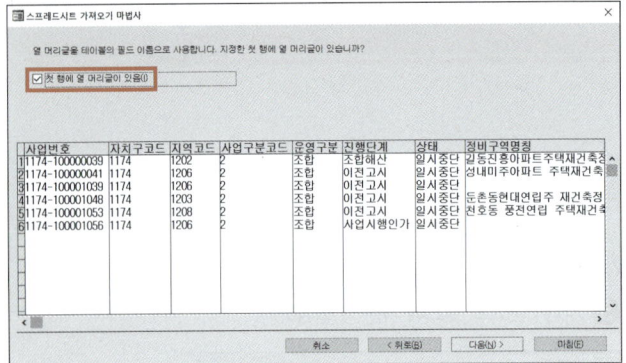

4. '스프레드시트 가져오기 마법사' 3단계 대화상자

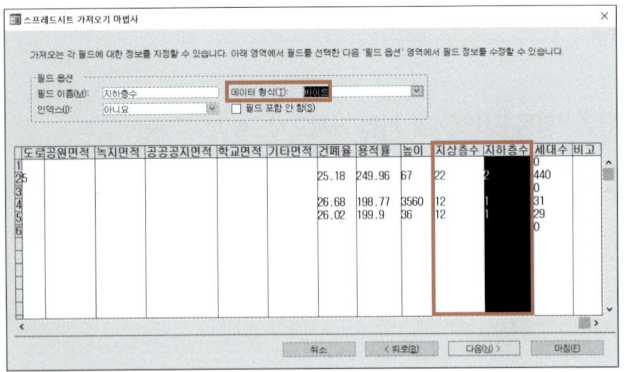

5. '스프레드시트 가져오기 마법사' 4단계 대화상자

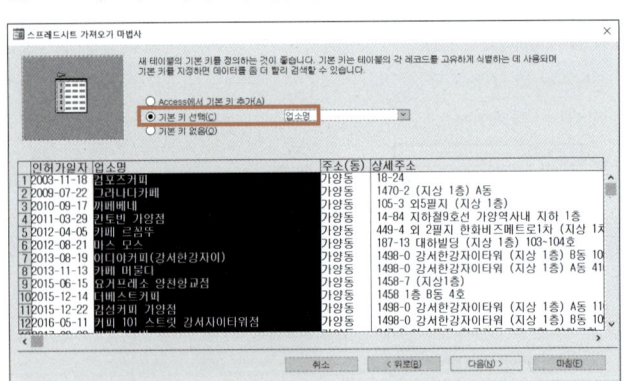

6. '스프레드시트 가져오기 마법사' 5단계 대화상자

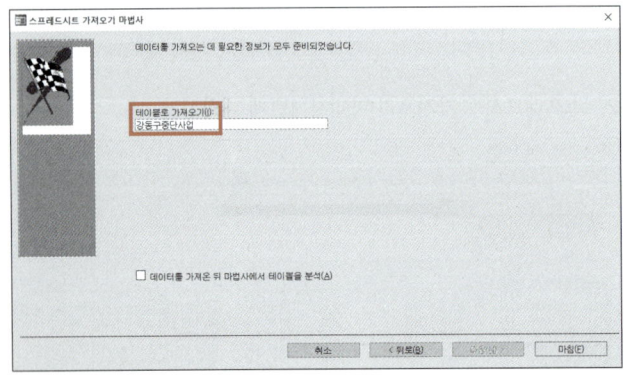

## 03. 〈사업구분〉 테이블과 〈정비사업현황〉 테이블 간의 관계 설정하기
_ 참고 : 관계 설정 309쪽

**정답**

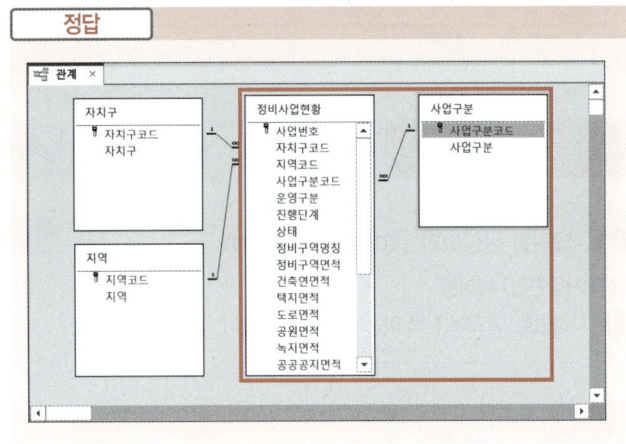

• '관계 편집' 대화상자

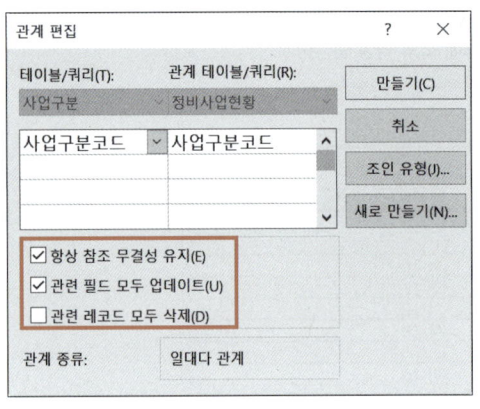

## 문제 2 입력 및 수정 기능 구현

### 01. 〈정비사업현황조회〉 폼 완성하기 _ 참고 : 폼 완성 314쪽

**정답**

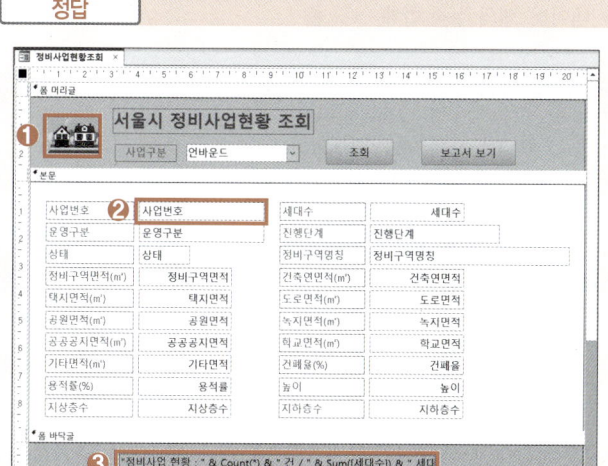

**① 폼 머리글에 그림 삽입하기**

1. [양식 디자인] → 컨트롤 → 이미지 삽입 → **찾아보기**를 클릭한다.
2. '그림 삽입' 대화상자에서 찾는 위치를 'C:\DB'로 지정한 후 '로고.png'를 선택한 다음 〈확인〉을 클릭한다.

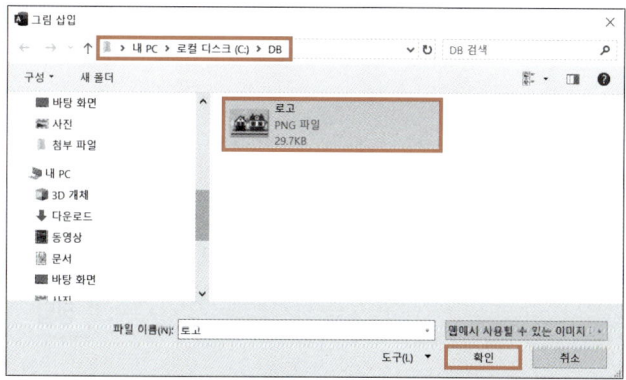

3. 폼 머리글의 제목 왼쪽에 마우스를 드래그하여 그림을 삽입한다.

4. 삽입된 그림을 더블클릭한 후 다음과 같이 속성을 설정한다.
   - '형식' 탭의 그림 유형 → 포함
   - '형식' 탭의 너비 → 2cm
   - '형식' 탭의 높이 → 1.4cm
   - '기타' 탭의 이름 → img그림

**② 'txt사업번호' 컨트롤에 속성 설정하기**
'데이터' 탭의 잠금 → 예

**③ 'txt총건수' 컨트롤에 속성 설정하기**
- '형식' 탭의 배경 스타일 → 투명
- '형식' 탭의 테두리 스타일 → 투명

### 02. 〈정비사업현황조회〉 폼 바닥글의 'txt총건수' 컨트롤에 속성 설정하기 _ 참고 : 도메인 계산 함수 318쪽

'데이터' 탭의 컨트롤 원본 →
="정비사업 현황 : " & Count(*) & " 건 / " & Sum([세대수]) & " 세대"

### 03. 〈보고서보기〉 매크로 작성 _ 참고 : 매크로 작성 329쪽

**정답**

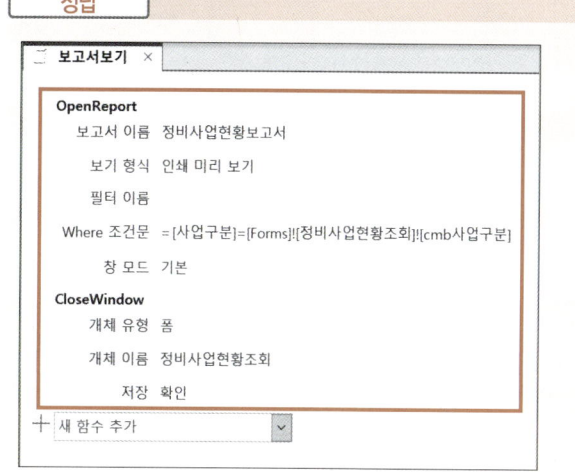

1. 매크로 개체를 생성한 후 이를 연결하여 사용해야 하므로, 먼저 매크로 개체를 생성한다. [만들기] → 매크로 및 코드 → **매크로**(□)를 클릭한다.
2. 매크로 대화상자에서 정답과 같이 설정한 후 매크로 대화상자의 닫기(⊠) 단추를 클릭한다.
3. 저장 여부를 묻는 대화상자에서 〈예〉를 클릭한다.
4. '다른 이름으로 저장' 대화상자에서 매크로 이름을 **보고서보기**로 입력한 다음 〈확인〉을 클릭한다.
5. 〈정비사업현황조회〉 폼을 디자인 보기로 연 후 폼 머리글의 'cmd인쇄' 컨트롤을 더블클릭한다.
6. 'cmd인쇄' 컨트롤 속성 시트 창의 '이벤트' 탭에서 'On Click' 이벤트의 목록 단추를 눌러 '보고서출력' 매크로를 선택한다.

## 문제 3  조회 및 출력 기능 구현

### 01. 〈정비사업현황보고서〉 보고서 완성하기 _ 참고 : 보고서 완성 335쪽

**정답**

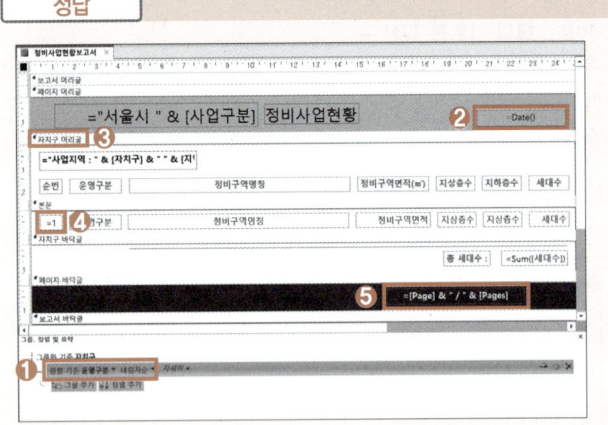

**❶ '그룹, 정렬 및 요약' 창**

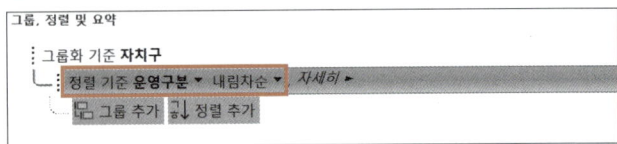

**❷ 'txt날짜' 컨트롤에 속성 설정하기**
- '데이터' 탭의 컨트롤 원본 → =Date()
- '형식' 탭의 형식 → yyyy"년도"

**❸ '자치구' 머리글 영역에 속성 설정하기**
- '형식' 탭의 반복 실행 구역 → 예
- '형식' 탭의 페이지 바꿈 → 구역 전

**❹ 'txt순번' 컨트롤에 속성 설정하기**
- '데이터' 탭의 컨트롤 원본 → =1
- '데이터' 탭의 누적 합계 → 그룹

**❺ 'txt페이지' 컨트롤에 속성 설정하기**
- '형식' 탭의 배경색 → #693C80
- '형식' 탭의 문자색 → #FFFFFF

### 02. 〈정비사업현황조회〉 폼의 'cmd조회' 컨트롤에 기능 구현하기
_ 참고 : 이벤트 프로시저 344쪽

**정답**

```
Private Sub cmd조회_Click( )
    Me.RecordSource = "select * from 종합쿼리 where 사업구분 = ' " &
    cmb사업구분.Column(1) & " ' "
End Sub
```

※ 'cmb사업구분' 컨트롤을 더블클릭하면 나타나는 'cmb사업구분' 속성 시트 창의 '데이터' 탭에서 '행 원본'을 통해 '사업구분코드'가 첫 번째 열, '사업구분'이 두 번째 열에 연결되어 있음을 알 수 있습니다. 두 번째 열에 연결된 '사업구분'과 비교해야 하므로 Column 속성에 Column(1)을 지정한 것입니다. Column 속성은 0부터 시작하므로 '사업구분코드'와 비교하려면 Column(0)을 설정하면 됩니다.

## 문제 4  처리 기능 구현

### 01. 〈자치구별현황조회〉 쿼리 _ 참고 : 그룹 쿼리 작성 353쪽

- 쿼리 작성기 창

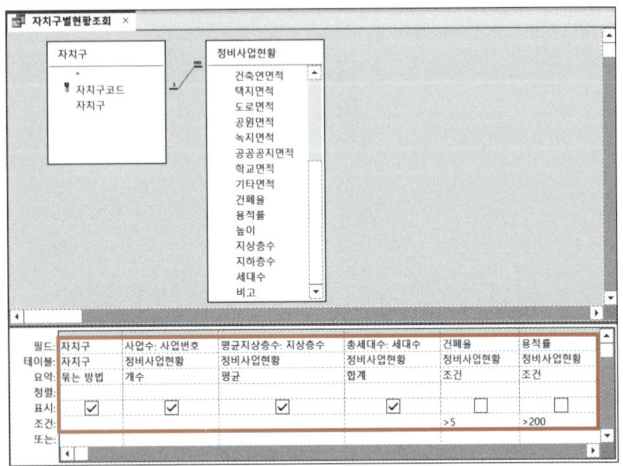

- '평균지상층수' 필드 속성 설정하기
  - '일반' 탭의 형식 → 0
  - '일반' 탭의 소수 자릿수 → 1

- '총세대수' 필드에 속성 설정하기
  - '일반' 탭의 형식 → #,##0" 세대"

### 02. 〈조합외정비사업조회〉 쿼리 _ 참고 : 그룹 쿼리 작성 353쪽

- 쿼리 작성기 창

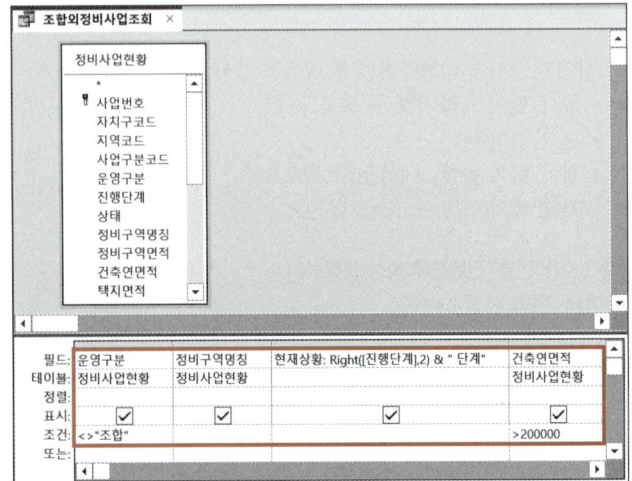

## 03. 〈지상층수미입력확인〉 쿼리 _ 참고 : 업데이트 쿼리 작성 356쪽

• 쿼리 작성기 창

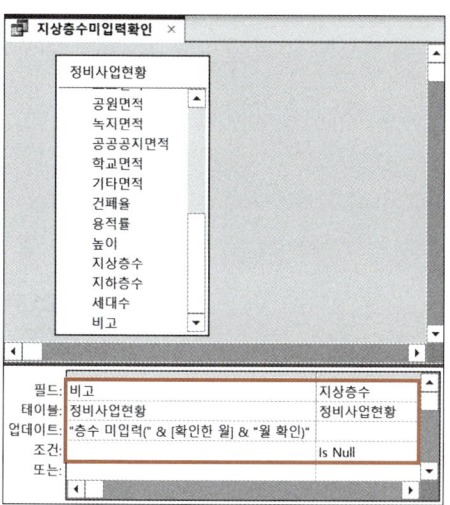

※ 실행하면 279개의 레코드가 수정됩니다.

## 04. 〈공원면적조회〉 쿼리 _ 참고 : 크로스탭 쿼리 작성 354쪽

• 쿼리 작성기 창

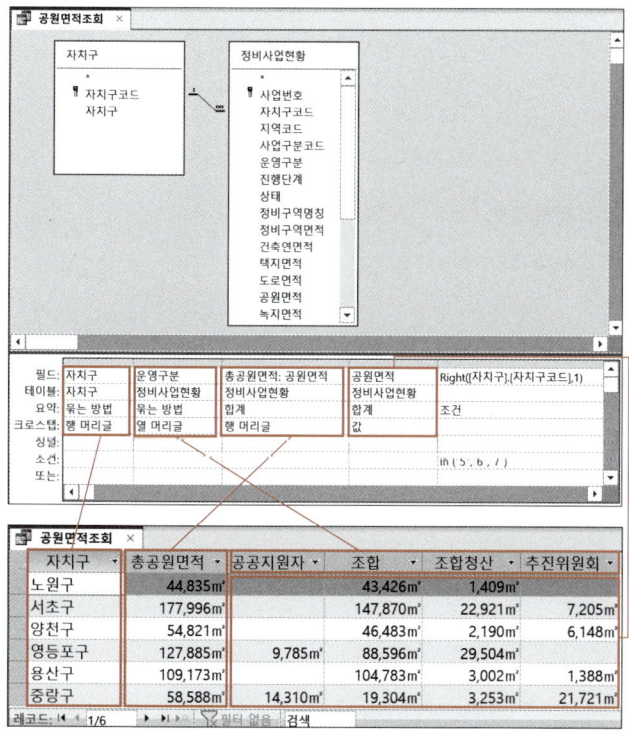

• '총공원면적', '공원면적의합계' 필드에 속성 설정하기
 – '일반' 탭의 형식 → #,##0㎡

※ ㎡ 기호는 한글 자음 'ㄹ'을 입력한 후 [한자]를 눌러 표시되는 특수 문자 목록에 있습니다.

## 05. 〈지역별규모조회〉 쿼리 _ 참고 : 테이블 생성 쿼리 작성 355쪽

1. 쿼리 작성기 창에서 다음 그림과 같이 설정한다.

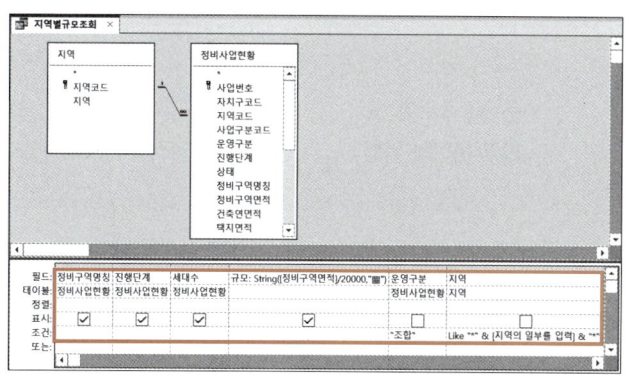

2. [쿼리 디자인] → 쿼리 유형 → **테이블 만들기**(▦)를 클릭한다.
3. '테이블 만들기' 대화상자의 '테이블 이름'에 **지역별규모확인**을 입력한 후 〈확인〉을 클릭한다.

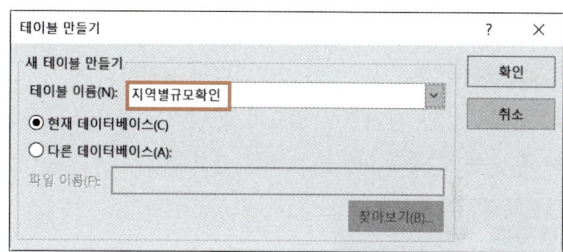

# 04회 2025년 상시04 컴퓨터활용능력 1급

- **준 비 하 세 요:** '길벗컴활1급총정리\기출\04회' 폴더에서 '25년상시04.accdb' 파일을 열어서 작업하시오.
- **외부 데이터 위치:** 길벗컴활1급총정리\기출\04회

## 문제 1    DB구축(25점)

**1.** CCTV 설치 현황을 관리하기 위하여 데이터베이스를 구축하고자 한다. 다음의 지시사항에 따라 각 테이블을 완성하시오. (각 3점)

〈CCTV정보〉 테이블

① 일련 번호가 입력되는 '순번' 필드를 첫 행에 추가한 후 기본 키로 지정하시오.

② '관리처코드' 필드에는 〈관리처〉 테이블의 '관리구청'과 '관리부서'가 콤보 상자의 형태로 표시되도록 조회 속성을 설정하시오.
- ▶ 필드에는 '관리처코드'가 저장되도록 설정하시오.
- ▶ '관리구청'과 '관리부서' 필드의 열 너비는 각각 2cm와 3cm로 설정하시오.
- ▶ 행 수는 5, 목록 너비는 5cm로 설정하시오.

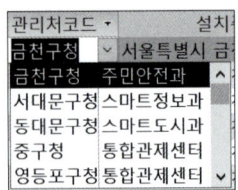

③ 새로운 레코드가 추가되는 경우 '보관일수' 필드에는 15가 입력되도록 설정하시오.

④ '위도'와 '경도' 필드에는 다음의 값만 입력되도록 유효성 검사 규칙 속성을 설정하시오.
- ▶ '위도' 필드 : 27.62 이상 37.69 미만
- ▶ '경도' 필드 : 126.78 이상 127.99 미만

〈관리처〉 테이블

⑤ '관리구청' 필드에는 값이 반드시 입력되고, 기본 키가 아니면서 중복된 값이 입력될 수 없도록 관련 속성을 설정하시오.

**2.** 외부 데이터 가져오기 기능을 이용하여 〈신규설치정보.xlsx〉에서 '2025년' 시트의 데이터를 가져와 테이블로 생성하시오. (5점)
- ▶ 첫 번째 행은 필드의 이름으로 설정하시오.
- ▶ '카메라화소수' 필드는 추가 대상에서 제외하시오.
- ▶ 'No' 필드를 기본 키로 설정하시오.
- ▶ 테이블 이름은 "2025년설치정보"로 하시오.

**3.** 〈CCTV정보〉 테이블의 '관리처코드' 필드는 〈관리처〉 테이블의 '관리처코드' 필드를 참조하며, 테이블 간의 관계는 M:1이다. 다음과 같이 테이블 간의 관계를 설정하시오. (5점)

※ 액세스 파일에 이미 설정되어 있는 관계는 수정하지 마시오.
- ▶ 각 테이블 간에 항상 참조 무결성이 유지되도록 설정하시오.
- ▶ 참조 필드의 값이 변경되면 관련 필드의 값도 변경되도록 설정하시오.
- ▶ 다른 테이블에서 참조하고 있는 레코드는 삭제할 수 없도록 설정하시오.

## 문제 2  입력 및 수정 기능 구현(20점)

1. 〈CCTV설치현황〉 폼을 다음의 그림과 지시사항에 따라 완성하시오. (각 3점)
   ① 본문의 'txt관리처' 컨트롤에는 '관리구청'과 '관리부서' 필드의 값을 "-"으로 연결하여 〈그림〉과 같이 표시되도록 '컨트롤 원본' 속성을 설정하시오.
      ▶ & 연산자를 사용하시오.
   ② 본문의 모든 컨트롤의 배경과 테두리가 투명하게 표시되도록 관련 속성을 설정하시오.
   ③ 본문의 'txt설치연월' 컨트롤에는 '설치일자' 필드를 바운드시킨 후 〈그림〉과 같이 표시되도록 '형식' 속성을 설정하시오.

2. 〈설치목적조회〉 폼 바닥글의 'txtCCTV총대수' 컨트롤에는 현재 폼 머리글의 'txt관리구청'에 표시된 구청의 총 카메라대수가 다음과 같이 표시되도록 컨트롤 원본을 설정하시오. (6점)
   ▶ '관리구청' 필드에서 "청" 글자 전까지만 추출하여, [표시 예]와 같이 표시되도록 설정하시오.
      [표시 예] '관리구청'이 "양천구청"이고 CCTV 대수가 4464인 경우 → 양천구 CCTV 대수: 4464대
   ▶ Left, InStr, DSum 함수를 사용하시오.

3. 〈설치목적조회〉 폼 머리글의 'txt관리구청' 컨트롤을 더블클릭하면 〈관리처정보〉 폼을 '읽기 전용' 형식으로 여는 〈관리처정보조회〉 매크로를 생성한 후 지정하시오. (5점)
   ▶ '관리구청' 필드의 값이 'txt관리구청' 컨트롤에 표시된 값과 같은 자료만을 대상으로 하시오.

## 문제 3  조회 및 출력 기능 구현(20점)

1. 다음의 지시사항 및 그림을 참조하여 〈CCTV관리〉 보고서를 완성하시오. (각 3점)
   ① 관리부서 머리글이 화면에 표시되지 않도록 설정하시오.
   ② 본문의 모든 컨트롤의 가로 간격을 모두 같게 설정하시오.
   ③ 본문의 'txt설치일자' 컨트롤에는 날짜가 [표시 예]와 같이 표시되도록 '형식' 속성을 설정하시오.
      ▶ 표시 예 : 2025-05-05 → 5월 5일 (월)
   ④ 관리구청 바닥글의 'txt합계' 컨트롤에 '카메라대수' 필드의 합계가 [표시 예]와 같이 표시되도록 '컨트롤 원본 속성'을 설정하시오.
      ▶ 표시 예 : 1753 → 1753대

⑤ 페이지 바닥글 영역의 'txt페이지' 컨트롤에는 페이지가 [표시 예]와 같이 표시되도록 '컨트롤 원본' 속성을 설정하시오.
▶ 표시 예 : 현재 페이지가 1페이지이고 전체 페이지가 5페이지인 경우 → - 1/5 -중 1페이지

## 서울시 CCTV 관리 현황

강동구청

| 설치주소 | 설치목적 | 카메라대수 | 설치일자 | 보관일수 |
|---|---|---|---|---|
| 상일1동 산43 | 생활방범 | 4 | 6월 1일 (월) | 30 |
| 상일동 산77-22 | 생활방범 | 5 | 12월 1일 (토) | 15 |
| 상일동 488 | 생활방범 | 2 | 12월 1일 (월) | 15 |
| 상일동 산1-5 | 생활방범 | 2 | 11월 1일 (일) | 30 |
| 상일동 산77-64 | 생활방범 | 1 | 6월 1일 (월) | 30 |
| 상일2동 505 | 생활방범 | 4 | 12월 1일 (토) | 30 |
| 상일동 389 | 생활방범 | 3 | 12월 1일 (월) | 30 |
| 상일2동 389 지하보차도 입구 | 생활방범 | 4 | 11월 1일 (일) | 15 |
| 상일동 산77-1 | 생활방범 | 4 | 6월 1일 (월) | 30 |
| 상일동 506 | 생활방범 | 4 | 12월 1일 (토) | 15 |
| 강일동 718 고덕천 교각#28앞 | 생활방범 | 2 | 12월 1일 (월) | 30 |
| 아리수로64길 29 | 생활방범 | 2 | 12월 1일 (토) | 15 |
| 고덕로61길 34 | 생활방범 | 1 | 11월 1일 (일) | 0 |
| 동남로75길 13-10 (명일동) | 생활방범 | 3 | 6월 1일 (월) | 30 |
| 동남로71길 24 (명일동) | 생활방범 | 3 | 12월 1일 (토) | 30 |
| 동남로79길 46 | 생활방범 | 1 | 6월 1일 (월) | 0 |
| 강일동 700 | 생활방범 | 3 | 12월 1일 (월) | 15 |
| 카메라 합계 : | | 4237대 | | |

- 86/1996 -

2. 〈설치목적조회〉 폼 머리글의 '미리보기(cmd인쇄)' 단추를 클릭하면, 〈CCTV관리〉 보고서를 '인쇄 미리 보기' 형식으로 연 후 〈설치목적조회〉 폼을 닫는 이벤트 프로시저를 구현하시오. (5점)

▶ '관리구청' 필드의 값이 현재 폼 머리글의 'txt관리구청' 컨트롤에 표시된 값과 같고, '보관일수' 필드의 값이 현재 하위 폼의 'txt보관일수' 컨트롤에 표시된 값과 같은 자료만을 대상으로 하시오.
▶ DoCmd 개체의 메소드를 사용하시오.

## 문제 4  처리 기능 구현(35점)

1. 〈관리처〉와 〈CCTV정보〉 테이블을 이용하여 관리구청별로 총카메라수와 평균보관일수를 조회하는 〈최근설치정보〉 쿼리를 작성하시오. (7점)
   - '총카메라수'는 '카메라대수' 필드를 이용하시오.
   - '평균보관일수'는 '보관일수' 필드를 이용하여, [표시 예]와 같이 표시되도록 '형식' 속성을 설정하시오.
     [표시 예] 0 → 0.0일, 23.45 → 23.4일
   - '설치구분' 필드의 값이 1~5까지로 끝나면서, '설치일자' 필드의 연도가 2020 이후인 것만을 조회 대상으로 하시오.
   - Year 함수와 Like 연산자를 사용하시오.
   - 쿼리 실행 결과 표시되는 필드와 필드명은 〈그림〉과 같이 표시되도록 설정하시오.

| 최근설치정보 | | |
|---|---|---|
| 관리구청 | 총카메라수 | 평균보관일수 |
| 강동구청 | 1974 | 17.8일 |
| 강북구청 | 1944 | 18.3일 |
| 노원구청 | 903 | 17.7일 |
| 서초구청 | 2166 | 18.3일 |
| 성북구청 | 149 | 16.6일 |
| 양천구청 | 1385 | 18.1일 |
| 영등포구청 | 2591 | 18.2일 |
| 종로구청 | 696 | 17.8일 |

2. 〈설치목적구분〉 테이블의 '설치구분' 필드의 값 중 〈CCTV정보〉 테이블의 '설치구분' 필드에는 나타나지 않는 값의 정보를 조회하는 〈미포함설치구분〉 쿼리를 작성하시오. (7점)
   - Not In 연산자와 하위 쿼리를 사용하시오.
   - 쿼리 실행 결과 생성되는 테이블의 필드는 〈그림〉을 참고하여 수험자가 판단하여 설정하시오.

| 미포함설치구분 | |
|---|---|
| 설치구분 | 설치목적 |
| C11 | 산불예방 |
| C12 | 선박단속 |

3. 설치목적별 촬영방면별로 설치된 카메라대수의 합계를 조회하는 〈카메라대수조회〉 크로스탭 쿼리를 작성하시오. (7점)
   - 〈설치목적구분〉과 〈CCTV정보〉 테이블을 이용하시오.
   - '설치건수'는 〈설치목적구분〉 테이블의 '설치구분' 필드를 이용하여, [표시 예]와 같이 표시되도록 '형식' 속성을 설정하시오.
     [표시 예] 0 → 0건, 3 → 3건
   - '촬영방면'은 '촬영방면정보' 필드가 비어 있으면 "정보없음"으로, 그 외에는 '촬영방면정보' 필드의 값으로 표시하시오.
   - IIf와 IsNull 함수를 사용하시오.
   - 쿼리 실행 결과 표시되는 필드와 필드명은 〈그림〉과 같이 표시되도록 설정하시오.

| 설치목적 | 설치건수 | 120도 전방 | 180도 전방 | 240도 전방 | 270도 전방 | 360 | 360도 | 360도 전방 | 360도 전방면 | 90도 | 90도 전방 | 고정 | 정보없음 |
|---|---|---|---|---|---|---|---|---|---|---|---|---|---|
| 교통정보수집 | 4건 | | | | | | | | 8 | | | | |
| 기타 | 4244건 | | | | | | | 1362 | | | 1341 | | 3581 |
| 다목적 | 5965건 | | | | | 1379 | | 473 | 3318 | | 53 | | 2866 |
| 생활방범 | 19498건 | 102 | 26 | 336 | 39 | 149 | | 3119 | 10428 | 5 | 2262 | | 25471 |
| 시설물관리 | 843건 | | | | | | | 345 | | | | | 2173 |
| 쓰레기단속 | 396건 | | | | | | | 62 | | | | | 450 |
| 어린이보호 | 1978건 | 4 | | | | | 833 | 804 | | | 143 | | 2217 |
| 재난재해 | 781건 | | | | | | | 206 | | | 90 | | 610 |
| 차량방범 | 102건 | | | | | | | 135 | | | | | 83 |

4. 〈관리처〉와 〈CCTV정보〉 테이블을 이용하여 '설치주소'의 일부를 매개 변수로 입력받아 관리비용 정보를 조회하여 새 테이블로 생성하는 〈CCTV관리비용조회〉 쿼리를 작성한 후 실행하시오. (7점)

   ▶ '총카메라대수'는 '카메라대수' 필드를 이용하시오.
   ▶ '위험수당'은 '총카메라대수' 필드의 값이 5 미만이면 100,000, 5 이상 20 미만이면 200,000, 20 이상이면 500,000으로 처리하시오.
   ▶ '위험관리비용'은 '총카메라대수 × 10,000 + 위험수당'으로 계산하여 표시하시오.
   ▶ 쿼리 실행 후 생성되는 테이블의 이름은 〈CCTV관리비용확인〉으로 설정하시오.
   ▶ Switch 함수와 Like 연산자를 사용하시오.
   ▶ 쿼리 실행 결과 생성되는 테이블의 필드는 〈그림〉을 참고하여 수험자가 판단하여 설정하시오.

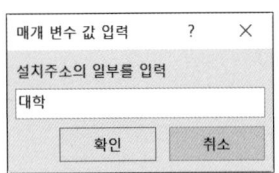
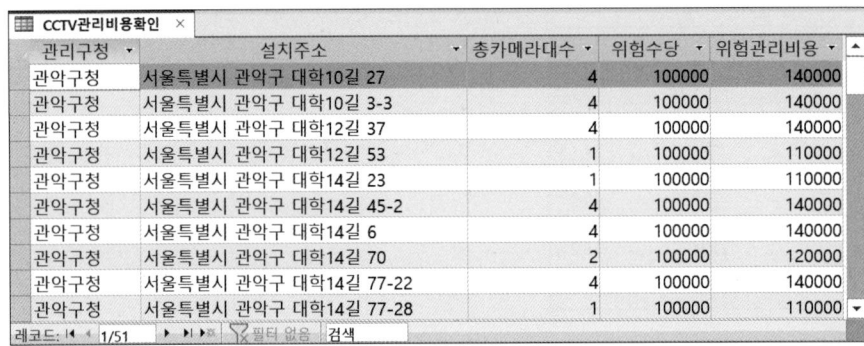

   ※ 〈CCTV관리비용조회〉 쿼리의 매개 변수 값으로 "대학"을 입력하여 실행한 후의 〈CCTV관리비용확인〉 테이블

5. 〈CCTV정보〉와 〈관리처〉 테이블을 이용하여 2010년에 설치된 정보를 조회한 후 해당 레코드를 〈2010년자료〉 테이블에 추가하는 〈2010자료추출〉 쿼리를 작성한 후 실행하시오. (7점)

   ▶ '관리처'는 '관리구청'과 '관리부서' 필드를 연결하여 [표시 예]와 같이 표시되도록 설정하시오.
   [표시 예] '관리구청'이 "서초구청"이고, '관리부서'가 "주민행정과"인 경우 → 서초구청(주민행정과)
   ▶ Year 함수와 & 연산자를 이용하시오.
   ▶ 쿼리 실행 결과 생성되는 테이블의 필드는 〈그림〉을 참고하여 수험자가 판단하여 설정하시오.

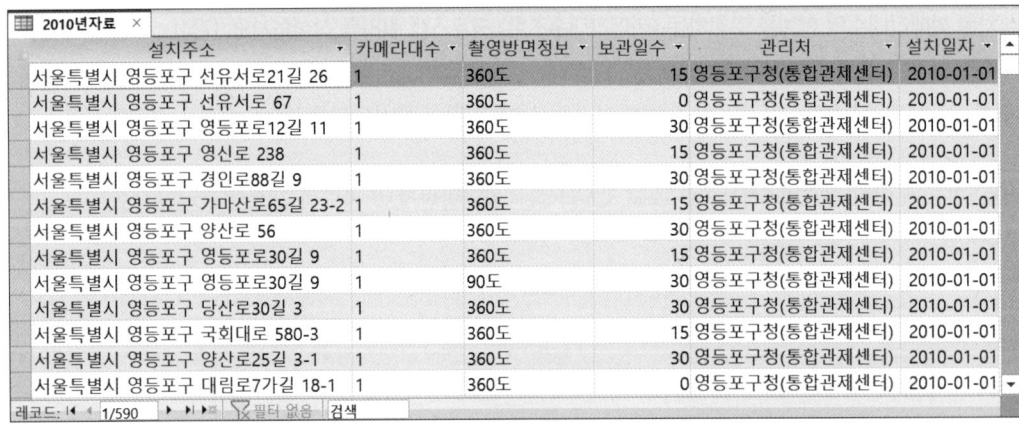

   ※ 〈2010자료추출〉 쿼리를 실행한 후의 〈2010년자료〉 테이블

# 04회 기출문제 정답 및 해설

## 문제 1    DB 구축    정답

### 01. 테이블 완성하기 _ 참고 : 테이블 완성 300쪽

**〈CCTV정보〉 테이블**

❶ '순번' 필드 추가하고 속성 설정하기

| 필드 이름 | 데이터 형식 |
|---|---|
| 순번 | 일련 번호 |
| 관리처코드 | 짧은 텍스트 |
| 설치주소 | 짧은 텍스트 |
| 설치구분 | 짧은 텍스트 |

❷ '관리처코드' 필드에 조회 속성 설정하기

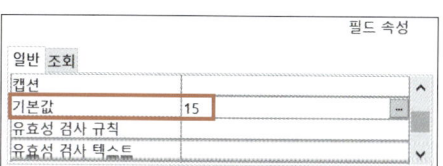

| 일반 | 조회 |
|---|---|
| 컨트롤 표시 | 콤보 상자 |
| 행 원본 유형 | 테이블/쿼리 |
| 행 원본 | SELECT 관리처.관리처코드, 관리처.관리구청, 관리처.관리부서 FROM 관리처; |
| 바운드 열 | 1 |
| 열 개수 | 3 |
| 열 이름 | 아니요 |
| 열 너비 | 0cm;2cm;3cm |
| 행 수 | 5 |
| 목록 너비 | 5cm |
| 목록 값만 허용 | 예 |
| 여러 값 허용 | 아니요 |
| 값 목록 편집 허용 | 아니요 |
| 목록 항목 편집 폼 | |
| 행 원본 값만 표시 | 아니요 |

❸ '보관일수' 필드에 기본값 속성 설정하기

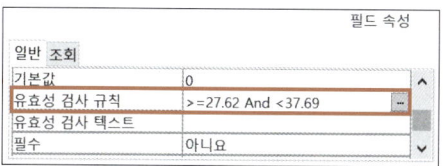

| 일반 | 조회 |
|---|---|
| 캡션 | |
| 기본값 | 15 |
| 유효성 검사 규칙 | |
| 유효성 검사 텍스트 | |

❹ '위도'와 '경도' 필드에 유효성 검사 규칙 속성 설정하기

• '위도' 필드의 유효성 검사 규칙 속성

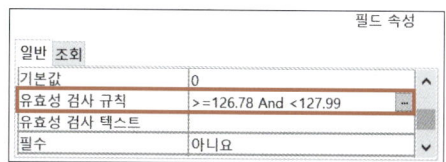

| 일반 | 조회 |
|---|---|
| 기본값 | 0 |
| 유효성 검사 규칙 | >=27.62 And <37.69 |
| 유효성 검사 텍스트 | |
| 필수 | 아니요 |

• '경도' 필드의 유효성 검사 규칙 속성

| 일반 | 조회 |
|---|---|
| 기본값 | 0 |
| 유효성 검사 규칙 | >=126.78 And <127.99 |
| 유효성 검사 텍스트 | |
| 필수 | 아니요 |

**〈관리처〉 테이블**

❺ '관리구청' 필드에 필수와 인덱스 속성 설정하기

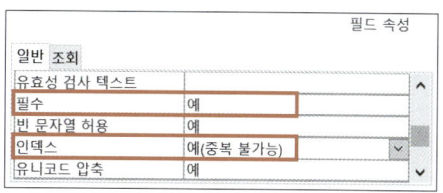

| 일반 | 조회 | |
|---|---|---|
| 유효성 검사 텍스트 | | |
| 필수 | 예 | |
| 빈 문자열 허용 | 예 | |
| 인덱스 | 예(중복 불가능) | |
| 유니코드 압축 | 예 | |

### 02. '신규설치정보.xlsx' 파일 가져오기 _ 참고 : 테이블 생성 311쪽

정답

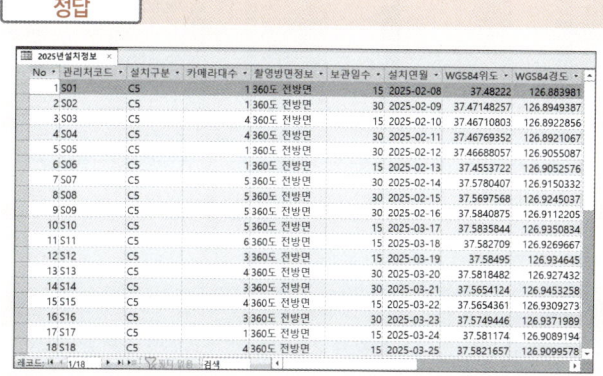

**1.** '외부 데이터 가져오기 – Excel 스프레드시트' 대화상자

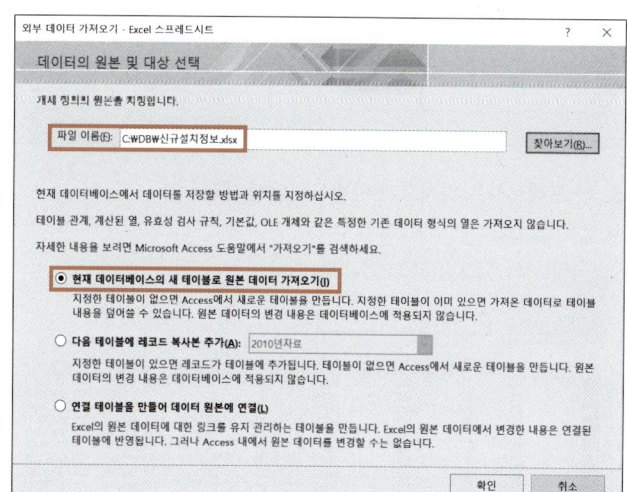

2. '스프레드시트 가져오기 마법사' 1단계 대화상자

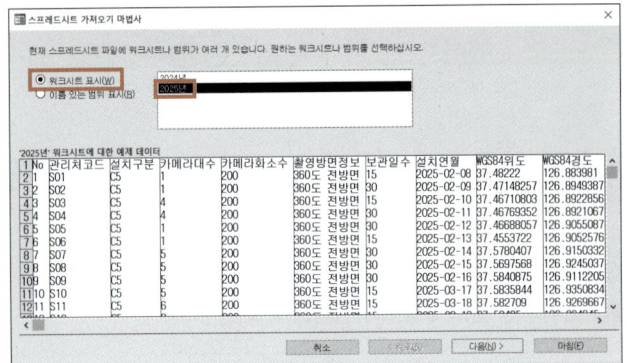

3. '스프레드시트 가져오기 마법사' 2단계 대화상자

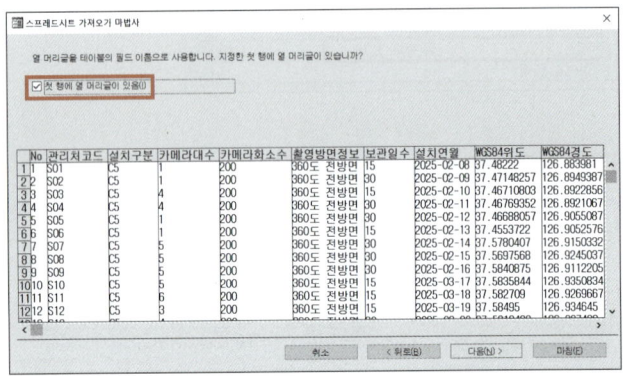

4. '스프레드시트 가져오기 마법사' 3단계 대화상자

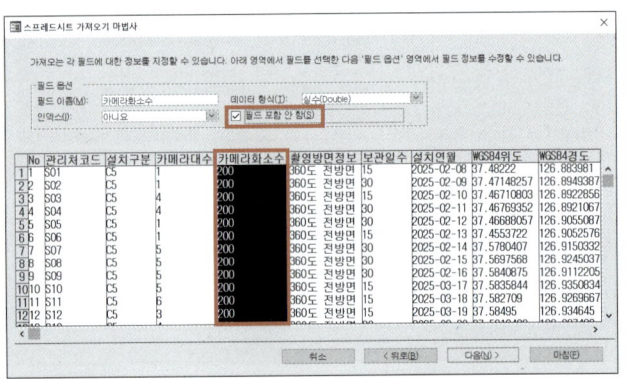

5. '스프레드시트 가져오기 마법사' 4단계 대화상자

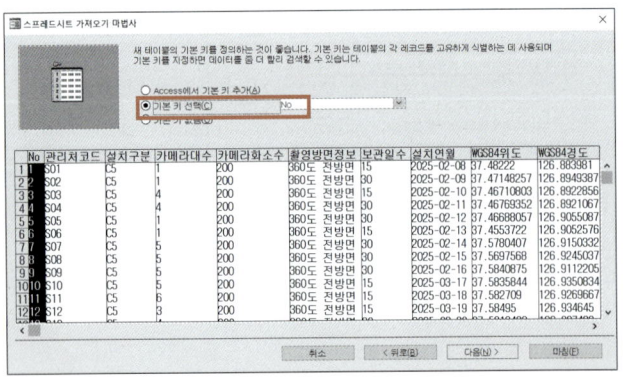

6. '스프레드시트 가져오기 마법사' 5단계 대화상자

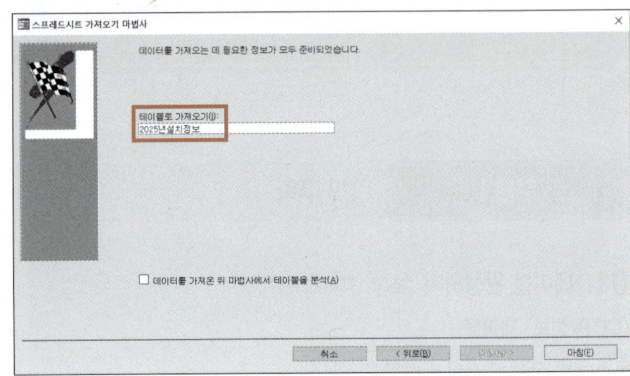

## 03. 〈CCTV정보〉 테이블과 〈관리처〉 테이블 간의 관계 설정하기
_ 참고 : 관계 설정 309쪽

정답

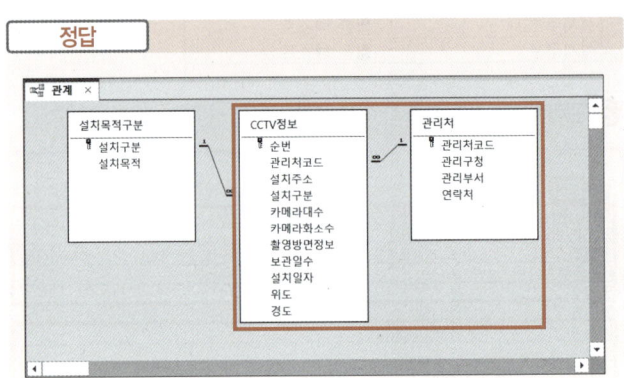

- '관계 편집' 대화상자

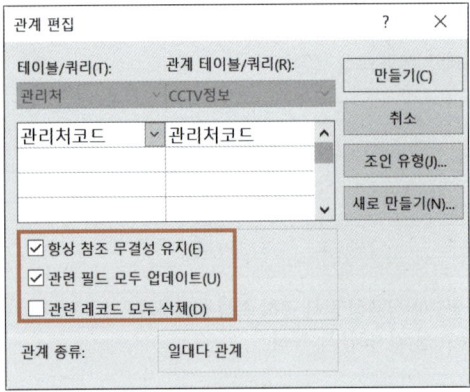

## 문제 2  입력 및 수정 기능 구현

### 01. 〈CCTV설치현황〉 폼 완성하기 _ 참고 : 폼 완성 314쪽

**정답**

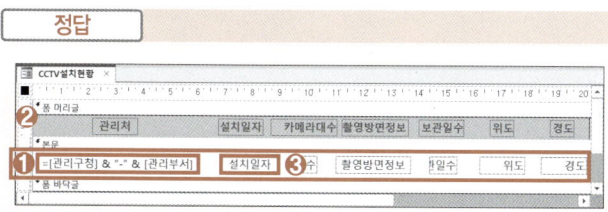

❶ 'txt관리처' 컨트롤에 속성 설정하기
'데이터' 탭의 컨트롤 원본 →
=[관리구청] & "-" & [관리부서]

❷ 본문의 모든 컨트롤에 속성 설정하기
1. 본문의 모든 컨트롤을 선택한다.
2. 다음과 같이 속성을 설정한다.
 • '형식' 탭의 배경 스타일 → 투명
 • '형식' 탭의 테두리 스타일 → 투명

❸ 'txt설치연월' 컨트롤에 속성 설정하기
• '데이터' 탭의 컨트롤 원본 → 설치일자
• '형식' 탭의 형식 → yy년 mm월

### 02. 〈설치목적조회〉 폼 바닥글의 'txtCCTV총대수' 컨트롤에 속성 설정하기 _ 참고 : 도메인 계산 함수 318쪽

'데이터' 탭의 컨트롤 원본 →
=Left([관리구청], InStr([관리구청], "청")-1) & " CCTV 대수: " & DSum("카메라대수", "CCTV설치정보", "관리구청=txt관리구청") & "대"

### 03. 〈관리처정보조회〉 매크로 작성 _ 참고 : 매크로 작성 329쪽

**정답**

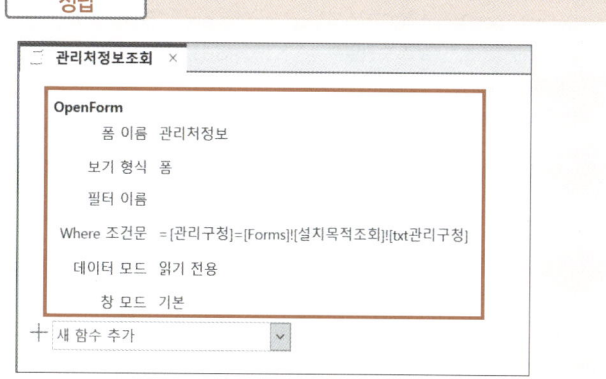

1. 매크로 개체를 생성한 후 이를 연결하여 사용해야 하므로, 먼저 매크로 개체를 생성한다. [만들기] → 매크로 및 코드 → **매크로**(🗔)를 클릭한다.
2. 매크로 대화상자에서 정답과 같이 설정한 후 매크로 대화상자의 닫기(✕) 단추를 클릭한다.
3. 저장 여부를 묻는 대화상자에서 〈예〉를 클릭한다.
4. '다른 이름으로 저장' 대화상자에서 매크로 이름을 **관리처정보조회**로 입력한 다음 〈확인〉을 클릭한다.
5. 〈설치목적조회〉 폼을 디자인 보기로 연 후 폼 머리글의 'txt관리구청' 컨트롤을 더블클릭한다.
6. 'txt관리구청' 컨트롤 속성 시트 창의 '이벤트' 탭에서 'On Dbl Click' 이벤트의 목록 단추를 눌러 '관리처정보조회' 매크로를 선택한다.

## 문제 3  조회 및 출력 기능 구현

### 01. 〈CCTV관리〉 보고서 완성하기 _ 참고 : 보고서 완성 335쪽

**정답**

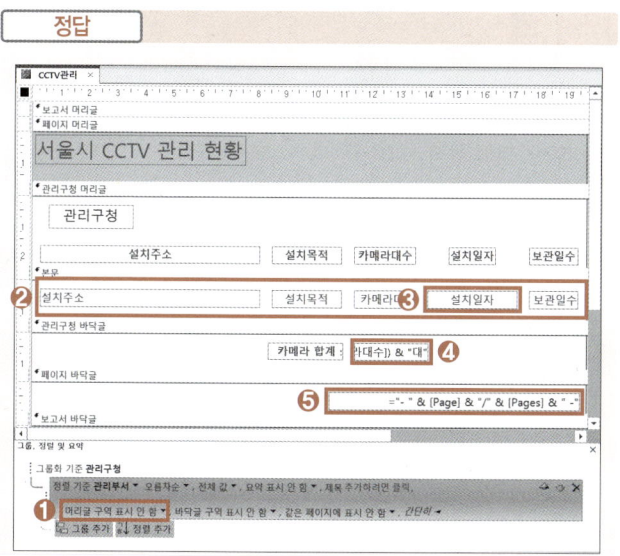

❶ '그룹, 정렬 및 요약' 창

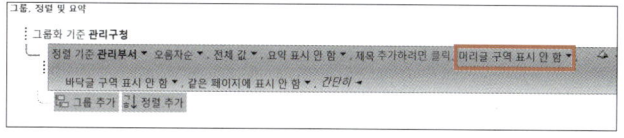

❷ 본문 컨트롤의 간격 조절하기
1. 본문 영역의 모든 컨트롤을 선택한다.
2. [정렬] → 크기 및 순서 조정 → 크기/공간 → **가로 간격 같음**(🞔)을 선택한다.

❸ 'txt설치일자' 컨트롤에 속성 설정하기
'형식' 탭의 형식 → m월 d일 (aaa)

❹ 'txt합계' 컨트롤에 속성 설정하기
'데이터' 탭의 컨트롤 원본 → =Sum([카메라대수]) & "대"

❺ 'txt페이지' 컨트롤에 속성 설정하기
'데이터' 탭의 컨트롤 원본 →
="- " & [Page] & "/" & [Pages] & " -"

## 02. 〈설치목적조회〉 폼의 'cmd인쇄' 컨트롤에 컨트롤 기능 구현하기 _ 참고 : 이벤트 프로시저 344쪽

**정답**

```
Private Sub cmd인쇄_Click( )
    DoCmd.OpenReport "CCTV관리", acViewPreview, , "관리구청 = ' " &
[txt관리구청] & " ' and 보관일수 = " & [Forms]![설치목적조회]![CCTV설
치현황]![txt보관일수]
    DoCmd.Close acForm, "설치목적조회"
End Sub
```

※ 'txt관리구청' 컨트롤은 현재 실행된 〈설치목적조회〉 폼에 있는 컨트롤이므로 컨트롤의 이름만 작성하지만 'txt보관일수' 컨트롤은 현재 실행된 폼의 하위 폼인 〈CCTV설치현황〉 폼에 있는 컨트롤이므로, 컨트롤이 속한 폼의 이름도 함께 작성해야 합니다.

---

## 문제 4    처리 기능 구현    정답

### 01. 〈최근설치정보〉 쿼리 _ 참고 : 그룹 쿼리 작성 353쪽

1. 쿼리 작성기 창

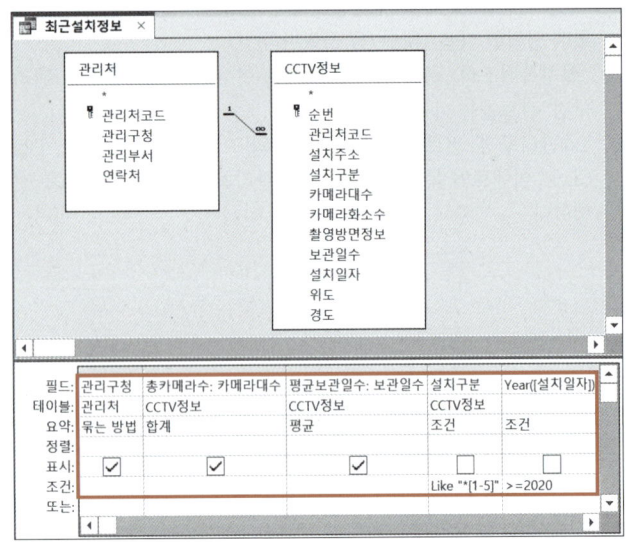

- '평균보관일수' 필드에 속성 지정하기
  - '일반' 탭의 형식 → 0.0"일"

### 02. 〈미포함설치구분〉 쿼리 _ 참고 : 불일치 검색 쿼리 작성 357쪽

- 쿼리 작성기 창

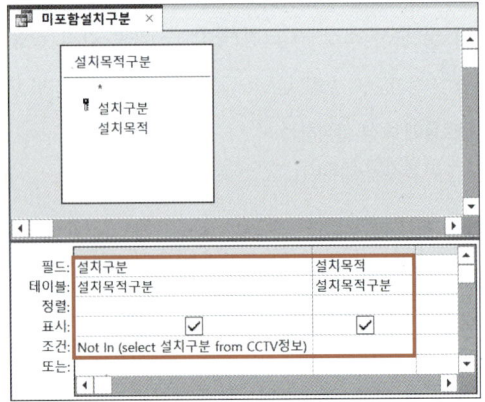

### 03. 〈카메라대수조회〉 쿼리 _ 참고 : 크로스탭 쿼리 작성 354쪽

- 쿼리 작성기 창

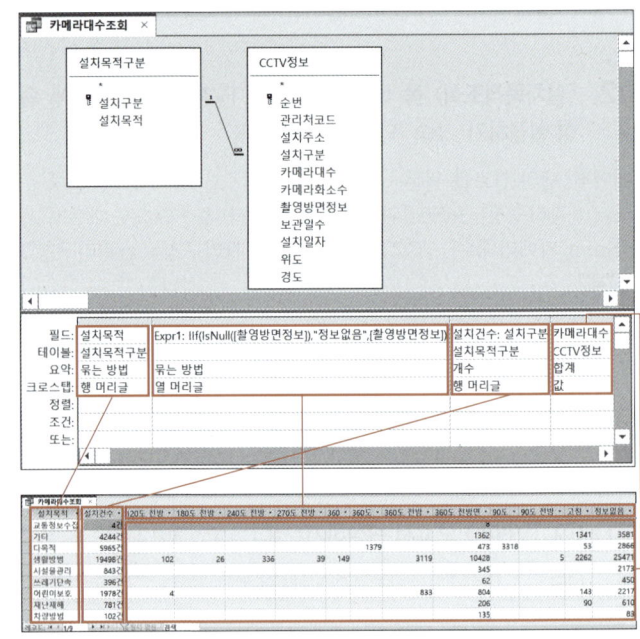

- '설치건수' 필드에 속성 지정하기
  - '일반' 탭의 형식 → 0"건"

## 04. 〈CCTV관리비용조회〉 쿼리 _ 참고 : 테이블 생성 쿼리 작성 355쪽

1. 쿼리 작성기 창에서 다음 그림과 같이 설정한다.

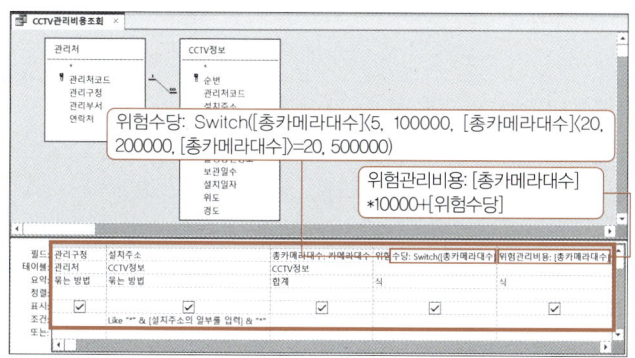

위험수당: Switch([총카메라대수]<5, 100000, [총카메라대수]<20, 200000, [총카메라대수]>=20, 500000)

위험관리비용: [총카메라대수]*10000+[위험수당]

2. [쿼리 디자인] → 쿼리 유형 → **테이블 만들기**(🞖)를 클릭한다.
3. '테이블 만들기' 대화상자의 '테이블 이름'에 **CCTV관리비용확인**을 입력한 후 〈확인〉을 클릭한다.

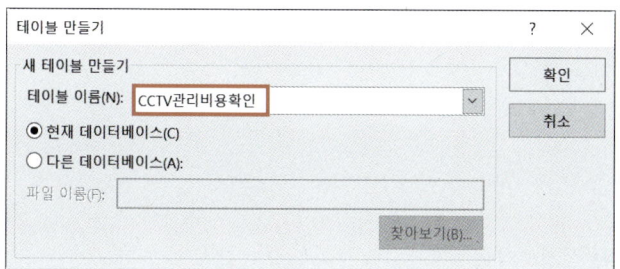

## 05. 〈2010자료추출〉 쿼리 _ 참고 : 추가 쿼리 작성 357쪽

• 쿼리 작성기 창

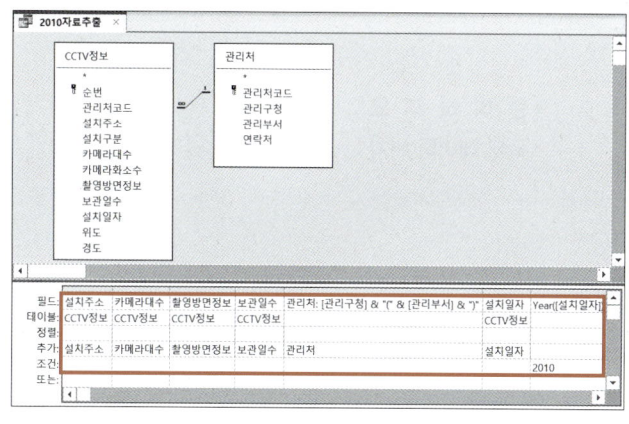

# 05회 2024년 상시01 컴퓨터활용능력 1급

- **준 비 하 세 요 :** '길벗컴활1급총정리\기출\05회' 폴더에서 '24년상시01.accdb' 파일을 열어서 작업하시오.
- **외부 데이터 위치:** 길벗컴활1급총정리\기출\05회

## 문제 1    DB구축(25점)

1. 마포구 법정동에 소재한 건물들의 주차장 정보를 관리하기 위한 데이터베이스를 구축하고자 한다. 다음의 지시사항에 따라 〈건물주차현황〉 테이블을 완성하시오. (각 3점)

   ① '주차관리번호' 필드는 'PL-123' 형식이며, 문자 2자리, "-" 기호, 숫자 3자리가 반드시 입력되도록 다음과 같이 설정하시오.
   - ▶ 문자는 영문자와 한글만 입력되도록 설정할 것
   - ▶ 숫자는 0~9까지의 숫자만 입력되도록 설정할 것
   - ▶ '-' 기호도 테이블에 저장되도록 설정할 것
   - ▶ 입력 시 데이터가 입력될 자리를 "*"로 표시할 것

   ② '주차관리번호' 필드는 빈 문자열이 허용되지 않도록 설정하시오.
   ③ 새로운 레코드가 추가되는 경우 '임대주차수' 필드에는 0이 입력되도록 설정하시오.
   ④ '총주차수' 필드에 입력되는 값은 '임대주차수' 필드의 값보다 크거나 같도록 '유효성 검사 규칙' 속성을 설정하시오.
   - ▶ 규칙에 어긋나는 경우 "총주차수를 확인하세요"라는 메시지를 표시하시오.

   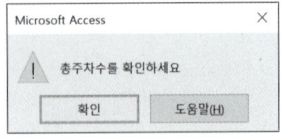

   ⑤ 테이블이 로드되면, '법정동명' 필드를 기준으로 내림차순 정렬되도록 설정하시오.

2. 〈건물주차현황〉 테이블의 '주차유형' 필드에 대해서 다음과 같이 조회 속성을 설정하시오. (5점)
   - ▶ 〈주차유형〉 테이블의 '주차장유형' 필드만 콤보 상자 형태로 표시하시오.
   - ▶ 필드에는 '주차장유형번호'가 저장되도록 설정하시오.
   - ▶ 목록 너비를 3cm로 설정하시오.
   - ▶ 목록 이외의 값은 입력될 수 없도록 설정하시오.

   | 주차관리번호 | 건물번호 | 법정동명 | 본번 | 부번 | 주차유형 | 옥내기계식 | 옥외기계식 |
   |---|---|---|---|---|---|---|---|
   | PL-001 | B-05 | 아현동 | 496 | 0 | 옥내자주식 | 0 | 0 |
   | PL-002 | B-23 | 망원1동 | 660 | 0 | 주차장없음 | 0 | 0 |
   | PL-003 | B-51 | 서강동 | 378 | 0 | 옥내기계식 | 0 | 0 |
   | PL-004 | B-175 | 신수동 | 715 | 0 | 옥외기계식 | 0 | 0 |
   | PL-005 | B-85 | 서강동 | 1516 | 0 | 옥내자주식 | 0 | 0 |
   | PL-006 | B-219 | 도화동 | 620 | 0 | 옥외자주식 | 0 | 0 |
   | PL-007 | B-116 | 아현동 | 1531 | 0 | 옥내자주식 | 0 | 0 |
   | PL-008 | B-169 | 성산1동 | 795 | 0 | 옥내자주식 | 0 | 0 |
   | PL-009 | B-30 | 신수동 | 1513 | 0 | 옥외자주식 | 0 | 0 |
   | PL-010 | B-280 | 아현동 | 317 | 0 | 옥내자주식 | 0 | 0 |
   | PL-011 | B-78 | 대흥동 | 1548 | 0 | 옥내자주식 | 0 | 0 |
   | PL-012 | B-86 | 신수동 | 1382 | 0 | 주차장없음 | 0 | 0 |

3. 〈건물주차현황〉 테이블의 '건물번호' 필드는 〈주택현황〉 테이블의 '건물번호' 필드를 참조하며, 테이블 간의 관계는 M:1이다. 다음과 같이 테이블 간의 관계를 설정하시오. (5점)
   - ※ 액세스 파일에 이미 설정되어 있는 관계는 수정하지 마시오.
   - ▶ 각 테이블 간에 항상 참조 무결성이 유지되도록 설정하시오.

▶ 참조 필드의 값이 변경되면 관련 필드의 값도 변경되도록 설정하시오.
▶ 다른 테이블에서 참조하고 있는 레코드는 삭제할 수 없도록 설정하시오.

## 문제 2    입력 및 수정 기능 구현(20점)

**1. 〈건물주차관리〉 폼을 다음의 화면과 지시사항에 따라 완성하시오. (각 3점)**

① 폼 머리글의 'txt주차장유형' 컨트롤에 '주차장유형' 필드의 내용이 표시되도록 '컨트롤 원본' 속성을 설정하시오.
② 하위 폼의 'txt주차여유' 컨트롤에는 '총주차수 − 임대주차수'의 값이 표시되도록 '컨트롤 원본' 속성을 설정하시오.
③ 폼 바닥글의 'txt주차총수' 컨트롤에는 'txt주차장유형번호' 컨트롤에 입력된 주차유형과 같은 하위 폼의 총주차수 합계가 표시되도록 '컨트롤 원본' 속성을 설정하시오.
    ▶ DSum 함수 사용

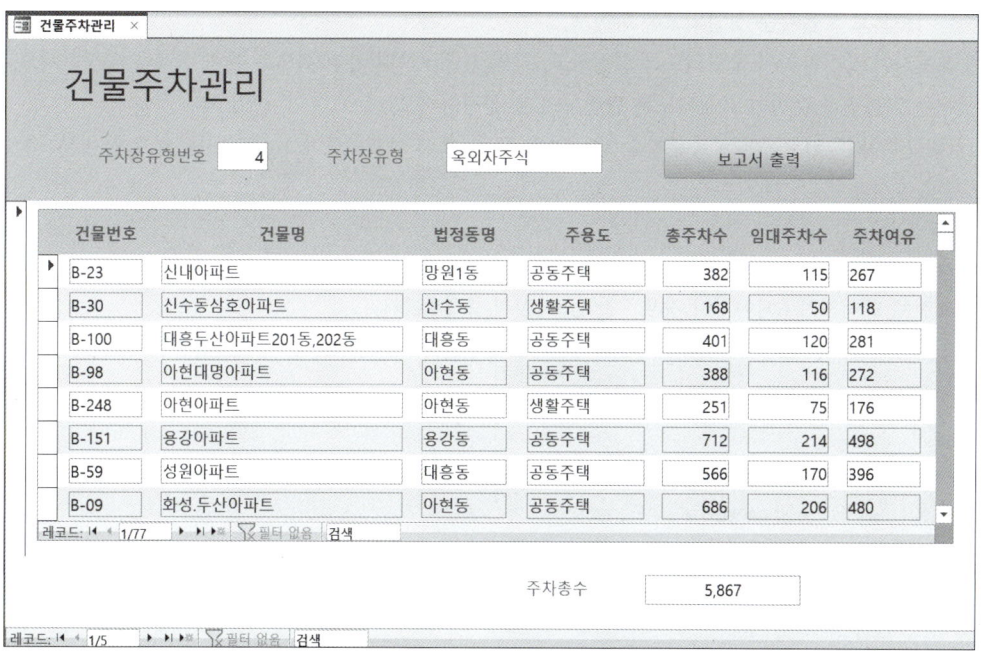

**2. 〈건물주차세부〉 폼의 본문 컨트롤에 대하여 다음과 같이 조건부 서식을 순서대로 설정하시오. (6점)**

▶ '건물명' 필드의 값에 "아파트"가 포함되고, '총주차수' 필드의 값이 500 이상인 경우 본문의 모든 컨트롤들의 글꼴 스타일을 '굵게', 글꼴 색을 '표준 색 − 파랑'으로 지정하시오.
▶ '임대주차수' 필드의 값이 200보다 큰 경우 본문의 모든 컨트롤들의 글꼴 스타일을 '굵게', 글꼴 색을 '표준 색 − 빨강'으로 지정하시오.
▶ Like, And 연산자 사용

3. 〈건물주차관리〉 폼 머리글의 '보고서 출력(cmd출력)' 단추를 클릭하면 〈법정동별주차현황〉 보고서를 '인쇄 미리 보기' 형태로 여는 〈보고서 출력〉 매크로를 생성하여 지정하시오. (5점)

▶ 다음과 같이 시스템의 현재 날짜와 시간이 표시된 메시지 상자에서 〈확인〉을 클릭하면 보고서를 출력할 것

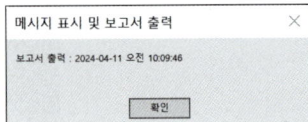

### 문제 3 　 조회 및 출력 기능 구현(20점)

1. 다음의 지시사항 및 화면을 참조하여 〈법정동별주차현황〉 보고서를 완성하시오. (각 3점)

① 동일한 그룹 내에서 '건물명'을 기준으로 오름차순 정렬되도록 하시오.
② '법정동명' 머리글 영역이 매 페이지마다 반복하여 출력되도록 설정하고, 구역 전에 페이지가 바뀌도록 관련 속성을 설정하시오.
③ 본문 영역의 'txt순번' 컨트롤에는 그룹별로 순번이 표시되도록 관련 속성을 설정하시오.
④ '법정동명' 바닥글 영역의 'txt평균주차수' 컨트롤에는 총주차수 필드의 평균이 [표시 예]와 같이 표시되도록 '컨트롤 원본' 속성과 '형식' 속성을 설정하시오.

▶ [표시 예] 0 → 0대, 18 → 18대

⑤ 페이지 바닥글 영역의 'txt페이지' 컨트롤에는 페이지 번호가 다음과 같이 표시되도록 '컨트롤 원본' 속성을 설정하시오.

▶ 현재 페이지가 1페이지이고 전체 페이지가 5페이지인 경우 : 전체 5페이지 중 1페이지

### 법정동별주차현황

공덕동

| 순번 | 건물명 | 본번 | 부번 | 기타용도 | 총주차수 | 임대주차수 |
|---|---|---|---|---|---|---|
| 1 | 강변캐슬 | 198 | 20 | 도시형생활주택 | 15 | 5 |
| 2 | 개나리아파트 | 213 | 3 | 아파트 | 0 | 0 |
| 3 | 경남아너스빌 | 1529 | 0 | 공동주택 | 391 | 117 |
| 4 | 공덕 데시앙포레 | 817 | 0 | 공동주택 | 2202 | 661 |
| 5 | 공덕 지웰 에스테이트 | 538 | 0 | 공동주택 | 58 | 17 |
| 6 | 공덕동 아이파크 | 385 | 0 | 공동주택 | 785 | 236 |
| 7 | 공덕학사 | 210 | 4 | 기숙사 | 24 | 7 |
| 8 | 금강빌라트 | 285 | 1 | 공동주택 | 14 | 4 |
| 9 | 다원슈슈빌 | 175 | 42 | 도시형생활주택 | 18 | 5 |
| 10 | 더베스트빌 | 72 | 8 | 도시형생활주택 | 16 | 5 |
| 11 | 디아이빌 | 1 | 44 | 도시형생활주택 | 24 | 7 |
| 12 | 리더스 | 648 | 4 | 공동주택 | 15 | 5 |
| 13 | 백운빌라 | 332 | 155 | 공동주택 | 14 | 4 |
| 14 | 삼성홈타운 | 106 | 32 | 다세대주택 | 16 | 5 |
| 15 | 성진듀얼팰리스 2차 | 527 | 39 | 도시형생활주택 | 19 | 6 |
| 16 | 스마트빌 | 494 | 2 | 도시형생활주택 | 36 | 11 |
| 17 | 신흥뜨란채 | 143 | 36 | 도시형생활주택 | 32 | 10 |
| 18 | 예지다움 | 128 | 33 | 도시형생활주택 | 42 | 13 |
| 19 | 주함해븐빌 | 456 | 0 | 도시형생활주택 | 56 | 17 |
| 20 | 중앙하이츠아파트 | 479 | 0 | 아파트 | 449 | 135 |

평균 주차대수 :　211대

전체 21페이지 중 1페이지

2. 〈건물주차세부〉 폼 본문의 'txt주용도' 컨트롤을 더블클릭하면 다음과 같은 기능을 수행하도록 이벤트 프로시저를 구현하시오. (5점)
   ▶ 아래와 같은 메시지 상자에 "기타용도 : " 메시지와 '기타용도' 필드의 값을 연결하여 표시할 것
   ▶ & 연산자 사용

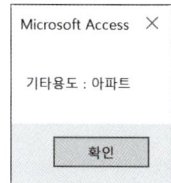

## 문제 4    처리 기능 구현(35점)

1. 〈건물주차현황〉 테이블을 이용하여 법정동별 최대 '총주차수'를 조회한 후 새 테이블로 생성하는 〈동별최대주차수〉 쿼리를 작성하고 실행하시오. (7점)
   ▶ '최대주차수' 필드는 '총주차수' 필드를 이용하시오.
   ▶ '법정동명' 필드의 값이 '가'부터 '아'까지의 문자 중에서 하나로 시작하는 레코드만 표시하시오.
   ▶ '최대주차수' 필드를 기준으로 내림차순 정렬하시오.
   ▶ Like 연산자 사용
   ▶ 쿼리 실행 후 생성되는 테이블의 이름은 〈마포구동별최대주차수〉로 설정하시오.
   ▶ 쿼리 실행 결과 생성되는 필드와 필드명은 〈그림〉을 참고하여 수험자가 판단하여 설정하시오.

| 법정동명 | 최대주차수 |
|---|---|
| 공덕동 | 2202 |
| 망원2동 | 1965 |
| 신수동 | 1571 |
| 아현동 | 1525 |
| 서강동 | 1265 |
| 대흥동 | 917 |
| 도화동 | 915 |
| 서교동 | 907 |
| 망원1동 | 696 |
| 성산1동 | 689 |
| 성산2동 | 191 |

※ 〈동별최대주차수〉 쿼리를 실행한 후의 〈마포구동별최대주차수〉 테이블

2. 법정동명별 주차장유형별 주차수를 조회하는 〈주차수조회〉 크로스탭 쿼리를 작성하시오. (7점)
   ▶ 〈건물주차현황〉과 〈주차유형〉 테이블을 이용하시오.
   ▶ '마포구동' 필드는 '법정동명' 필드를 이용하시오.
   ▶ '주차수' 필드와 주차유형별 주차수는 '주차관리번호' 필드를 이용하시오.
   ▶ '법정동명' 필드의 값이 "1동"이나 "2동"으로 끝나는 레코드는 조회 대상에서 제외하시오.
   ▶ Right 함수, And 연산자 사용
   ▶ 쿼리 결과로 표시되는 필드와 필드명은 〈그림〉과 같이 표시되도록 설정하시오.

| 마포구동 | 주차수 | 옥내기계식 | 옥내자주식 | 옥외기계식 | 옥외자주식 | 주차장없음 |
|---|---|---|---|---|---|---|
| 공덕동 | 20 | 1 | 14 | 1 | 3 | 1 |
| 대흥동 | 28 | 2 | 16 | 2 | 7 | 1 |
| 도화동 | 27 | 1 | 22 | | 4 | |
| 서강동 | 28 | | 23 | 2 | 3 | |
| 서교동 | 21 | 1 | 11 | 2 | 6 | 1 |
| 신수동 | 33 | | 13 | 1 | 16 | 3 |
| 아현동 | 37 | 2 | 18 | 1 | 13 | 3 |
| 염리동 | 28 | | 18 | 1 | 7 | 1 |
| 용강동 | 27 | 2 | 12 | | 7 | 6 |
| 합정동 | 8 | 1 | 3 | | 4 | |

3. '대기자수'와 조회할 '법정동명'을 매개 변수로 입력받아 해당 '법정동명'의 '대기자수' 필드를 수정하는 〈대기자수등록〉 업데이트 쿼리를 작성한 후 실행하시오. (7점)

   ▶ 〈건물주차현황〉 테이블을 이용하시오.
   ▶ '대기자수' 필드에 입력받은 대기자수만큼 "★"을 반복하여 표시하시오.
   ▶ String 함수 사용

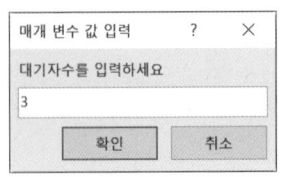
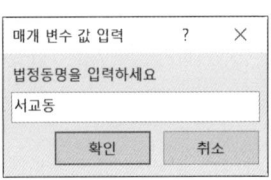

※ 〈대기자수등록〉 쿼리의 매개 변수 값으로 대기자수를 3, 법정동명을 "서교동"으로 입력하여 실행한 후의 〈건물주차현황〉 테이블

4. 법정동별 주차유형별 주차수의 합계를 조회하는 〈법정동별주차조회〉 쿼리를 작성하시오. (7점)

   ▶ 〈건물주차현황〉과 〈주택현황〉 테이블을 이용하시오.
   ▶ '총주차수 합계' 필드의 값이 많은 순으로 상위 3개 레코드만 표시하시오.
   ▶ '기타용도' 필드의 값이 "아파트"이거나 "공동주택"인 레코드는 조회 대상에서 제외하시오.
   ▶ In과 Not 연산자 사용
   ▶ 쿼리 결과로 표시되는 필드와 필드명은 〈그림〉과 같이 표시되도록 설정하시오.

| 법정동명 | 옥내기계식 합계 | 옥외기계식 합계 | 옥내자주식 합계 | 옥외자주식 합계 | 총주차수 합계 |
|---|---|---|---|---|---|
| 아현동 | 24 | 15 | 203 | 230 | 472 |
| 도화동 | 6 | 5 | 238 | 81 | 330 |
| 신수동 | 0 | 16 | 100 | 205 | 321 |

5. 〈주차유형〉과 〈건물주차현황〉 테이블을 이용하여 조회할 법정동의 일부를 매개 변수로 입력받아 해당 동의 주차여유의 합계를 조회하는 〈주차여유분조회〉 쿼리를 작성하시오. (7점)

   ▶ '주차여유' 필드는 '총주차수 - 임대주차수'의 합으로 계산하여, [표시 예]와 같이 표시되도록 '형식' 속성을 설정하시오.
     [표시 예] 1740 → 1,740대
   ▶ '주차여유' 필드의 합계가 0보다 큰 레코드만 표시하시오.
   ▶ '주차여유' 필드를 기준으로 내림차순 정렬하시오.
   ▶ Sum 함수, Like 연산자 사용
   ▶ 쿼리 실행 결과 표시되는 필드와 필드명은 〈그림〉과 같이 표시되도록 설정하시오

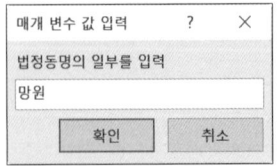

| 법정동명 | 주차장유형 | 주차여유 |
|---|---|---|
| 망원2동 | 옥내자주식 | 1,740대 |
| 망원1동 | 옥내자주식 | 720대 |
| 망원1동 | 옥외자주식 | 293대 |
| 망원2동 | 옥외기계식 | 11대 |

# 05회 EXAMINATION 기출문제 정답 및 해설

## 문제 1    DB 구축      정답

### 01. 테이블 완성하기 _ 참고 : 테이블 완성 300쪽

**〈건물주차현황〉 테이블**

❶ '주차관리번호' 필드에 입력 마스크 속성 설정하기

| 일반 | 조회 | |
|---|---|---|
| 필드 크기 | | 255 |
| 형식 | | |
| 입력 마스크 | | LL-000;0;* |
| 캡션 | | |
| 기본값 | | |

❷ '주차관리번호' 필드에 필수와 빈 문자열 허용 속성 설정하기

| 일반 | 조회 | |
|---|---|---|
| 유효성 검사 텍스트 | | |
| 필수 | | 예 |
| 빈 문자열 허용 | | 아니요 |
| 인덱스 | | 예(중복 불가능) |
| 유니코드 압축 | | 아니요 |

❸ '임대주차수' 필드에 기본값 속성 설정하기

| 일반 | 조회 | |
|---|---|---|
| 입력 마스크 | | |
| 캡션 | | |
| 기본값 | | 0 |
| 유효성 검사 규칙 | | |
| 유효성 검사 텍스트 | | |

❹ 테이블 속성의 '유효성 검사 규칙' 속성과 '유효성 검사 텍스트' 속성 설정하기

**속성 시트**
선택 유형: 테이블 속성

| 일반 | |
|---|---|
| 설명 | |
| 기본 보기 | 데이터시트 |
| 유효성 검사 규칙 | [총주차수]>=[임대주차수] |
| 유효성 검사 텍스트 | 총주차수를 확인하세요 |
| 필터 | |

❺ 테이블 속성의 '정렬 기준' 속성 설정하기

**속성 시트**
선택 유형: 테이블 속성

| 일반 | |
|---|---|
| 필터 | |
| 정렬 기준 | 법정동명 desc |
| 하위 데이터시트 이름 | [자동] |
| 하위 필드 연결 | |
| 기본 필드 연결 | |

### 02. 〈건물주차현황〉 테이블의 '주차유형' 필드에 조회 속성 설정하기 _ 참고 : 조회 기능 설정 306쪽

**정답**

| 일반 | 조회 | |
|---|---|---|
| 컨트롤 표시 | | 콤보 상자 |
| 행 원본 유형 | | 테이블/쿼리 |
| 행 원본 | | SELECT 주차유형.주차장유형번호, 주차유형.주차장유형 FROM 주차유형; |
| 바운드 열 | | 1 |
| 열 개수 | | 2 |
| 열 이름 | | 아니요 |
| 열 너비 | | 0cm;3cm |
| 행 수 | | 16 |
| 목록 너비 | | 3cm |
| 목록 값만 허용 | | 예 |
| 여러 값 허용 | | 아니요 |
| 값 목록 편집 허용 | | 아니요 |
| 목록 항목 편집 폼 | | |
| 행 원본 값만 표시 | | 아니요 |

### 03. 〈건물주차현황〉 테이블과 〈주택현황〉 테이블 간의 관계 설정하기 _ 참고 : 관계 설정 309쪽

**정답**

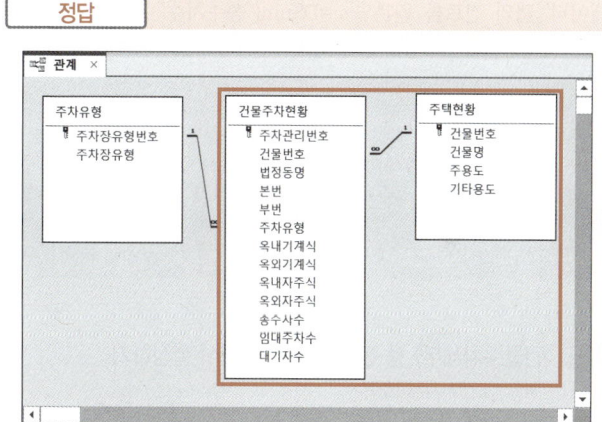

• '관계 편집' 대화상자

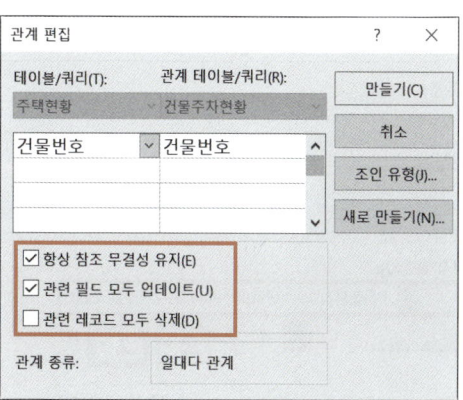

## 문제 2    입력 및 수정 기능 구현    정답

### 01. 〈건물주차관리〉 폼 완성하기 _ 참고 : 폼 완성 314쪽

**정답**

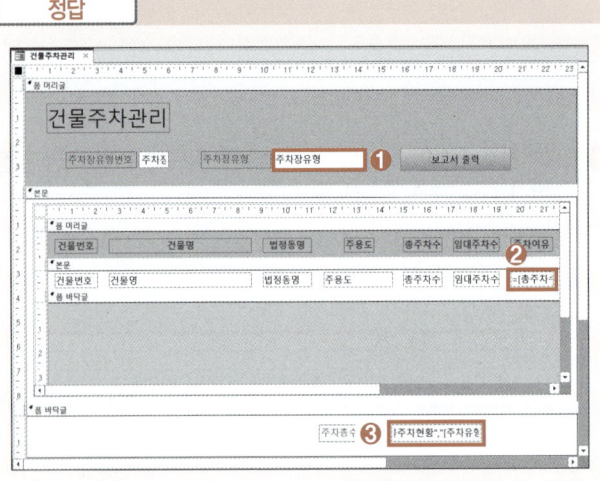

❶ 'txt주차장유형' 컨트롤에 속성 지정하기
'데이터' 탭의 컨트롤 원본 → 주차장유형

❷ 하위 폼 본문의 'txt주차여유' 컨트롤에 속성 지정하기
'데이터' 탭의 컨트롤 원본 → =[총주차수]-[임대주차수]

❸ 폼 바닥글의 'txt주차총수' 컨트롤에 속성 설정하기
'데이터' 탭의 컨트롤 원본 → =DSum("총주차수","건물주차현황","주차유형=[txt주차장유형번호]")

※ 작업 대상 레코드가 들어있는 테이블이나 쿼리의 이름이 제시되지 않은 경우 폼 속성의 '데이터' 탭에서 '레코드 원본' 속성을 참고해야 합니다. 문제에서 하위 폼의 총 주차수 합계를 표시하라고 했으므로, 하위 폼의 '레코드 원본' 속성에 사용된 〈건물주차현황〉과 〈주택현황〉 테이블 중 조건에 사용할 '주차유형' 필드가 있는 〈건물주차현황〉 테이블을 작업 대상 도메인으로 사용한 것입니다.

### 02. 〈건물주차세부〉 폼 본문에 조건부 서식 설정하기
_ 참고 : 조건부 서식 322쪽

1. 폼 본문에 있는 모든 컨트롤을 선택한다.
2. [서식] → 컨트롤 서식 → **조건부 서식**(조건부 서식)을 클릭한 후 '조건부 서식 규칙 관리자' 대화상자에서 〈새 규칙〉을 클릭한다.
3. '새 서식 규칙' 대화상자에서 다음과 같이 설정한다.

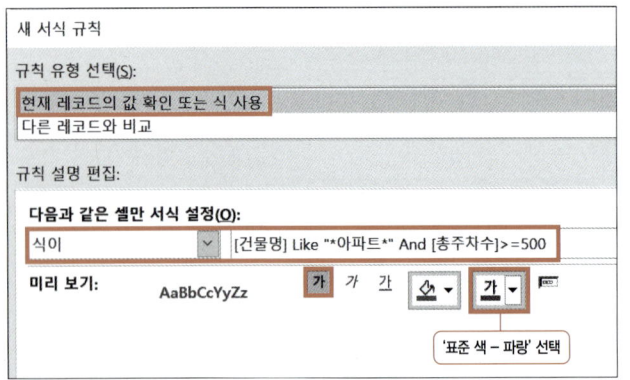

4. 같은 방법으로 두 번째 조건부 서식을 다음과 같이 설정한다.

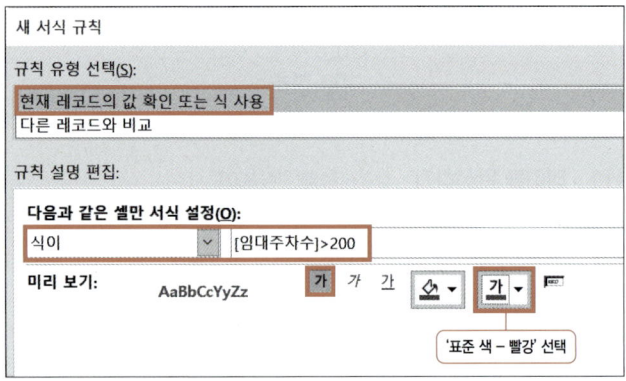

### 03. 〈보고서출력〉 매크로 작성하기 _ 참고 : 매크로 작성 329쪽

**정답**

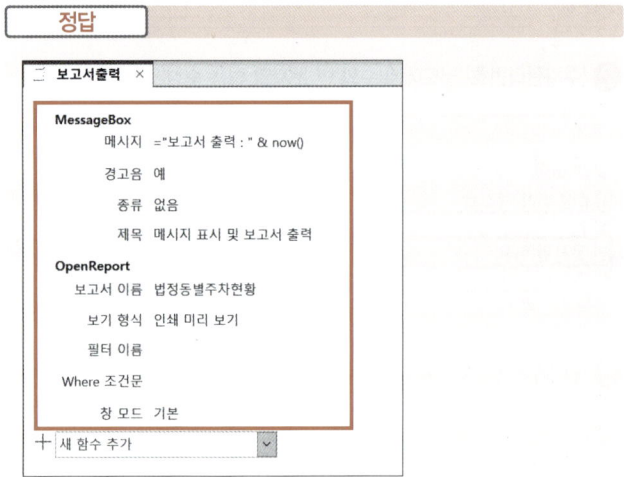

1. 매크로 개체를 생성한 후 이를 연결하여 사용해야 하므로, 먼저 매크로 개체를 생성한다. [만들기] → 매크로 및 코드 → **매크로**(📋)를 클릭한다.
2. 매크로 대화상자에서 정답과 같이 설정한 후 매크로 대화상자의 닫기(✕) 단추를 클릭한다.
3. 저장 여부를 묻는 대화상자에서 〈예〉를 클릭한다.
4. '다른 이름으로 저장' 대화상자에서 매크로 이름을 **보고서출력**으로 입력한 다음 〈확인〉을 클릭한다.
5. 〈건물주차관리〉 폼을 디자인 보기로 연 후 폼 머리글의 'cmd출력' 컨트롤을 더블클릭한다.
6. 'cmd출력' 컨트롤 속성 시트 창의 '이벤트' 탭에서 'On Click' 이벤트의 목록 단추를 눌러 '보고서출력' 매크로를 선택한다.

## 문제 3  조회 및 출력 기능 구현

### 01. 〈법정동별주차현황〉 보고서 완성하기 _ 참고 : 보고서 완성 335쪽

정답

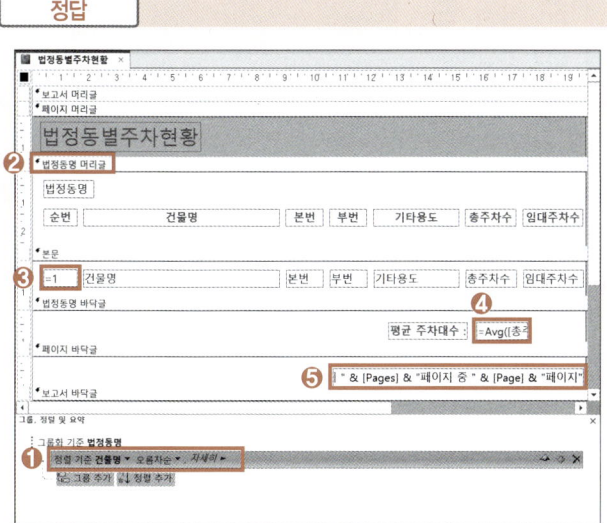

❶ '그룹, 정렬 및 요약' 창

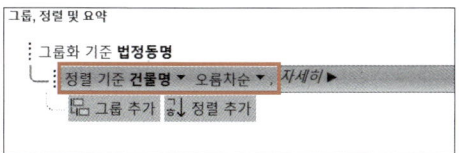

❷ '법정동명' 머리글 영역에 속성 설정하기
- '형식' 탭의 반복 실행 구역 → 예
- '형식' 탭의 페이지 바꿈 → 구역 전

❸ 'txt순번' 컨트롤에 속성 설정하기
- '데이터' 탭의 컨트롤 원본 → =1
- '데이터' 탭의 누적 합계 → 그룹

❹ 'txt평균주차수' 컨트롤에 속성 설정하기
- '데이터' 탭의 컨트롤 원본 → =Avg([총주차수])
- '형식' 탭의 형식 → 0대

❺ 'txt페이지' 컨트롤에 속성 설정하기
'데이터' 탭의 컨트롤 원본 → ="전체 " & [Pages] & "페이지 중 " & [Page] & "페이지"

### 02. 〈건물주차세부〉 폼 본문의 'txt주용도' 컨트롤에 더블클릭 기능 구현하기 _ 참고 : 이벤트 프로시저 344쪽

정답

```
Private Sub txt주용도_DblClick(Cancel As Integer)
    MsgBox "기타용도 : " & [기타용도]
End Sub
```

## 문제 4  처리 기능 구현

### 01. 〈동별최대주차수〉 쿼리 _ 참고 : 테이블 생성 쿼리 작성 355쪽

1. 쿼리 작성기 창

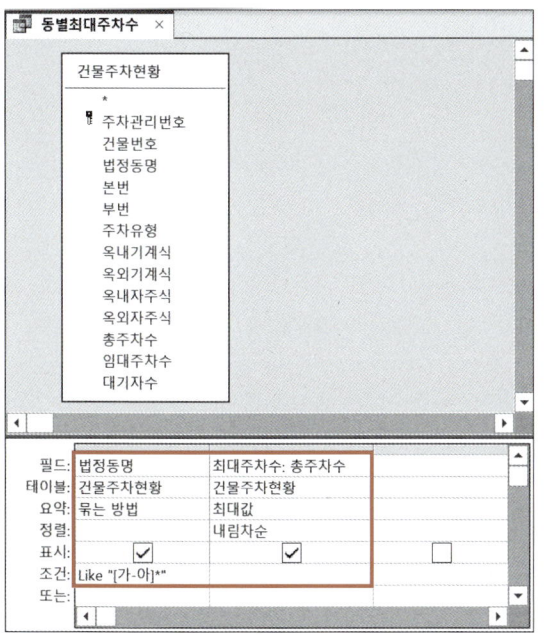

2. [쿼리 디자인] → 쿼리 유형 → 테이블 만들기(▦)를 클릭한 후 '테이블 만들기' 대화상자의 '테이블 이름'에 **마포구동별최대주차수**를 입력한다.

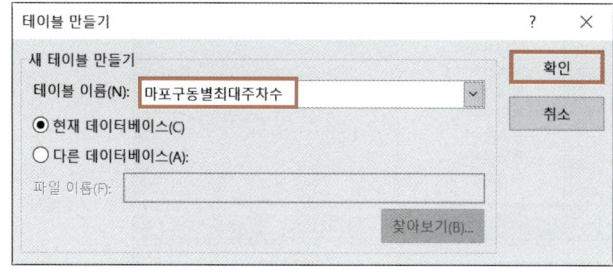

## 02. 〈주차수조회〉 쿼리 _ 참고 : 크로스탭 쿼리 작성 354쪽

• 쿼리 작성기 창

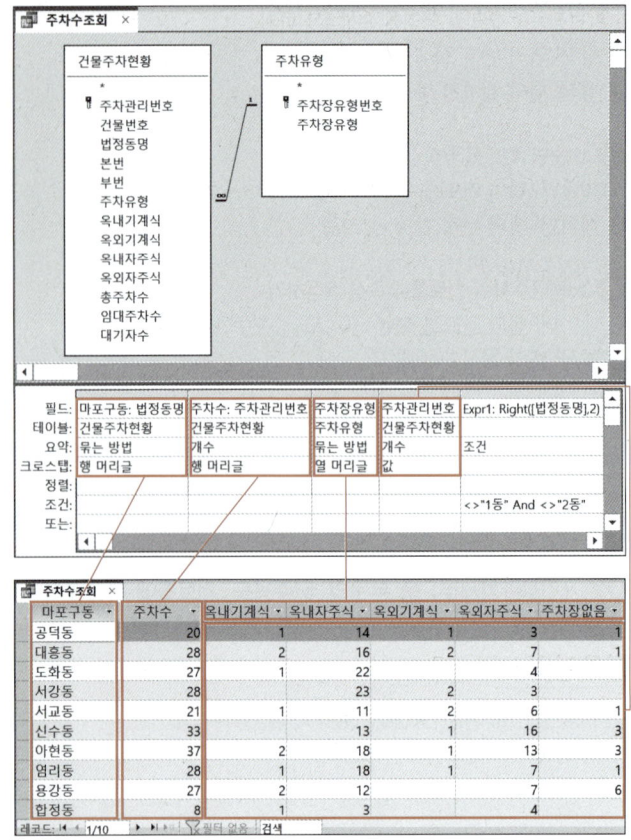

## 03. 〈대기자수등록〉 쿼리 작성하기 _ 참고 : 업데이트 쿼리 작성 356쪽

• 쿼리 작성기 창

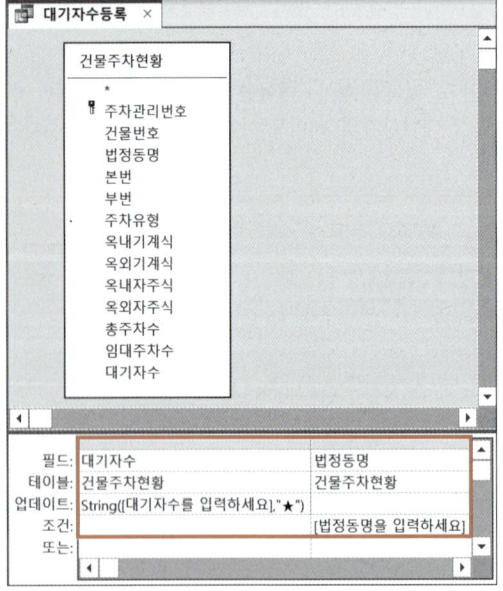

## 04. 〈법정동별주차조회〉 쿼리 _ 참고 : 그룹 쿼리 작성 353쪽

• 쿼리 작성기 창

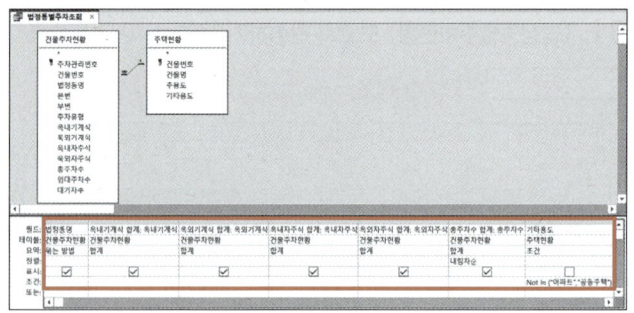

• '쿼리' 속성 시트 창
  – '일반' 탭의 상위 값 : 3

## 05. 〈주차여유분조회〉 쿼리 _ 참고 : 매개 변수 쿼리 작성 354쪽

• 쿼리 작성기 창

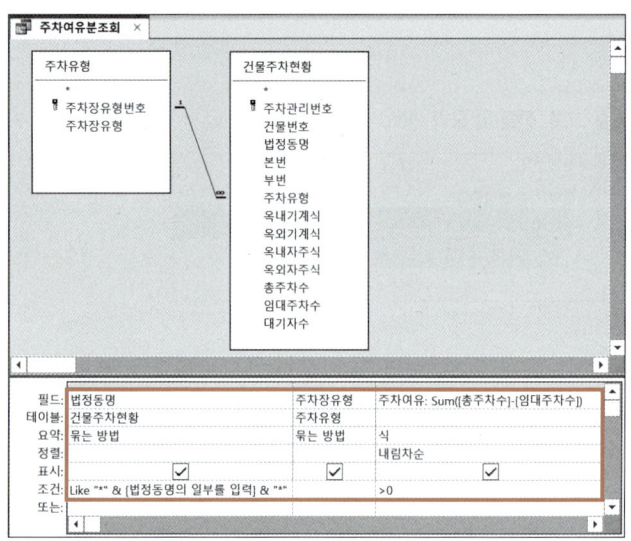

• '주차여유' 필드 속성 설정하기
  – '일반' 탭의 형식 → #,###대

# 06회 2024년 상시02 컴퓨터활용능력 1급

- 준 비 하 세 요 : '길벗컴활1급총정리\기출\06회' 폴더에서 '24년상시02.accdb' 파일을 열어서 작업하시오.
- 외부 데이터 위치 : 길벗컴활1급총정리\기출\06회

## 문제 1    DB구축(25점)

1. 서울의 상권을 분석하기 위한 데이터베이스를 구축하고자 한다. 다음의 지시사항에 따라 테이블을 완성하시오. (각 3점)

   〈서울상권분석〉 테이블

   ① '구분ID' 필드는 'S-123456' 형식으로, "S-" 고정 문자와 숫자 6자리가 반드시 입력되도록 다음과 같이 설정하시오.
   - ▶ 숫자는 0~9까지의 숫자만 입력될 수 있도록 설정할 것
   - ▶ "S-" 고정 문자도 테이블에 저장되도록 설정할 것
   - ▶ 입력 시 데이터가 입력될 자리를 "*"로 표시할 것

   ② '소득구간코드' 필드에는 1~9.9까지만 입력되도록 '유효성 검사 규칙' 속성을 설정하시오.

   ③ '상권구분코드' 필드에는 〈상권구분〉 테이블의 '상권구분코드'와 '상권구분명'이 콤보 상자의 형태로 표시되도록 조회 속성을 설정하시오.
   - ▶ '상권구분코드' 필드가 저장되도록 설정하시오.
   - ▶ 각 필드의 열 너비는 1cm, 3cm로 설정하시오.

   ④ 마지막에 '소득구간기타' 필드를 추가하고 최대 100 글자까지 입력할 수 있는 데이터 형식과 필드 크기를 지정하시오.

   〈상권구분〉 테이블

   ⑤ '상권구분명' 필드에는 값이 반드시 입력되도록 관련 속성을 설정하시오.

2. 외부 데이터 가져오기 기능을 이용하여 〈요일별매출분석자료.xlsx〉에서 내용을 가져와 테이블로 생성하시오. (5점)
   - ▶ 첫 번째 행은 필드의 이름으로 설정하시오.
   - ▶ '구분코드' 필드를 기본키로 설정하시오.
   - ▶ 테이블 이름은 "요일별매출분석"으로 하시오.

3. 〈서울상권분석〉 테이블의 '상권변화코드' 필드는 〈상권지표〉 테이블의 '상권변화코드' 필드를 참조하며, 테이블 간의 관계는 M:1이다. 다음과 같이 테이블 간의 관계를 설정하시오. (5점)
   - ※ 액세스 파일에 이미 설정되어 있는 관계는 수정하지 마시오.
   - ▶ 각 테이블 간에 항상 참조 무결성이 유지되도록 설정하시오.
   - ▶ 참조 필드의 값이 변경되면 관련 필드의 값도 변경되도록 설정하시오.
   - ▶ 다른 테이블에서 참조하고 있는 레코드는 삭제할 수 없도록 설정하시오.

## 문제 2    입력 및 수정 기능 구현(20점)

**1.** 〈서울상권현황조회〉 폼을 다음의 화면과 지시사항에 따라 완성하시오. (각 3점)

① 폼의 기본 보기 속성을 〈그림〉과 같이 표시되도록 설정하시오.

② 폼에 데이터를 추가하거나 삭제할 수 없도록 설정하시오.

③ 폼 머리글에 다음과 같이 그림을 삽입하시오.

    ▶ 그림 파일 이름 : 로고.png     ▶ 그림 너비 : 1.6cm     ▶ 그림 높이 1.3cm

    ▶ 그림 유형 : 포함     ▶ 그림 이름 : IMG그림

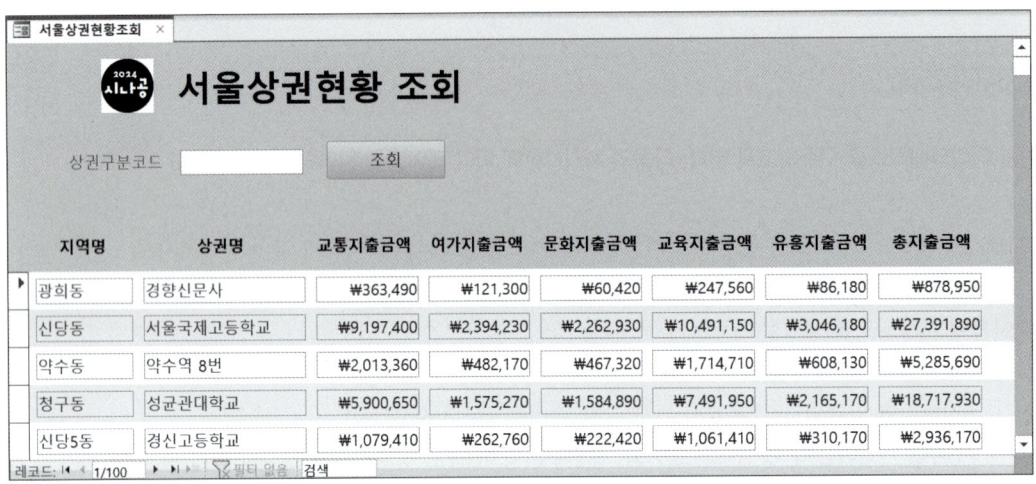

**2.** 〈서울상권분석〉 폼의 본문 컨트롤에 대하여 다음과 같이 조건부 서식을 설정하시오. (6점)

▶ '상권구분코드'가 "A" 또는 "U"이면서, '소득구간코드'가 4~7 사이인 경우 본문의 모든 컨트롤의 배경 색을 '표준 – 진한 바다색 2'로 지정하시오.

▶ 단, 하나의 규칙으로 작성하시오.

**3.** 〈서울상권현황조회〉 폼 머리글의 '조회(cmd조회)' 단추를 클릭하면 'txt조회' 컨트롤에 입력된 '상권구분코드'로 필터를 수행하고, 폼 본문의 'txt교통지출금액' 컨트롤로 포커스가 이동하는 〈조회후이동〉 매크로를 생성하여 지정하시오. (5점)

▶ ApplyFilter 함수와 GoToControl 메서드를 사용하시오.

## 문제 3  조회 및 출력 기능 구현(20점)

**1. 다음의 지시사항 및 화면을 참조하여 〈서울상권현황보고서〉를 완성하시오. (각 3점)**

① 페이지 머리글 영역의 'txt페이지' 컨트롤에는 페이지 번호가 [표시 예]와 같이 표시되도록 컨트롤 원본 속성을 설정하시오.
  [표시 예] 현재 페이지가 1이고, 전체 페이지가 6인 경우 → 1/6페이지

② '상권구분명 머리글' 영역과 '상권변화명 머리글' 영역은 매 페이지마다 반복하여 출력되고, '상권구분명 머리글' 영역은 해당 영역이 시작되기 전에 페이지가 바뀌도록 관련 속성을 설정하시오.

③ '상권구분명 머리글' 영역의 'txt상권구분변화명' 컨트롤에는 '상권구분명'과 '상권변화명'이 [표시 예]와 같이 표시되도록 '컨트롤 원본' 속성을 설정하시오.
  [표시 예] '상권구분명'이 "골목상권"이고 '상권변화명'이 "다이나믹"인 경우 → 골목상권-다이나믹

④ 본문 영역의 'txt순번' 컨트롤에는 그룹별로 순번이 표시되도록 관련 속성을 설정하시오.

⑤ 본문 영역의 'txt소득구간코드' 컨트롤의 값이 이전 레코드와 동일한 경우에는 표시되지 않도록 관련 속성을 설정하시오.

### 서울상권현황보고서

1/7페이지

골목상권-다이나믹

| 순번 | 지역명 | 상권명 | 소득구간코드 | 총지출금액 |
|---|---|---|---|---|
| 1 | 정릉3동 | 정릉3동주민센터 | 8.5 | ₩8,111,510 |
| 2 | 답십리1동 | 남산골공원옆 | 7.2 | ₩9,226,330 |
| 3 | 정릉1동 | 대신고등학교 |  | ₩24,876,870 |
| 4 | 장안1동 | 관성묘 | 6.7 | ₩11,015,650 |
| 5 | 신당5동 | 경신고등학교 | 7.4 | ₩2,936,170 |
| 6 | 광희동 | 경향신문사 | 9.5 | ₩878,950 |
| 7 | 길음1동 | 배화여자대학교 | 8.3 | ₩2,668,690 |
| 8 | 효창동 | 새남터성지 | 7.4 | ₩20,286,070 |
| 9 | 수유2동 | 수유2동주민센터 | 6.5 | ₩2,519,820 |
| 10 | 전농2동 | 남산케이블카 | 8.9 | ₩14,141,950 |
| 11 | 우이동 | 우이역 7번 | 6.9 | ₩4,131,680 |
| 12 | 인수동 | 한양공고앞 교차로 | 5.9 | ₩16,489,520 |
| 13 | 안암동 | 안암역 1번 | 9.4 | ₩14,650,800 |
| 14 | 남영동 | 남영동벼룩시장 | 7.7 | ₩22,263,440 |
| 15 | 보문동 | 세검정초등학교 | 7 | ₩21,603,040 |
| 16 | 장안2동 | 장안역 5번 | 6.7 | ₩9,630,400 |
| 17 | 원효로1동 | 황학코아루아파트 | 8.8 | ₩18,536,430 |
| 18 | 정릉4동 | 사직공원 | 8.1 | ₩2,674,560 |
| 19 | 번2동 | 번2동역 1번 | 7.4 | ₩17,874,940 |

**2. 〈서울상권분석〉 폼 본문의 'txt총지출금액' 컨트롤을 더블클릭하면 다음과 같은 기능을 수행하도록 이벤트 프로시저를 구현하시오. (5점)**

▶ '총지출금액' 필드를 기준으로 내림차순 정렬을 수행하시오.
▶ 폼의 OrderBy, OrderByOn 속성을 사용하시오.

## 문제 4  처리 기능 구현(35점)

**1.** 상권구분명별 상권변화별 총지출금액의 합계를 조회하는 〈상권변화명별_총지출액조회〉 크로스탭 쿼리를 작성하시오. (7점)

- ▶ 〈상세내역〉 쿼리를 이용하시오.
- ▶ 상권변화는 '상권변화코드' 필드의 첫 글자가 "H"이면 "수익지역", 그 외는 "관심지역"으로 처리하시오.
- ▶ '총지출합계' 필드, 상권변화별 총지출금액의 합계는 '총지출금액' 필드를 이용하시오.
- ▶ '상권명' 필드의 마지막 2자리가 "병원", "학교", "공원"으로 끝나는 레코드만을 조회 대상으로 하시오.
- ▶ 실행 결과의 모든 금액은 [표시 예]와 같이 표시되도록 '형식' 속성을 설정하시오.
  [표시 예] 0 → 0원, 2703250 → 2,703,250원
- ▶ IIf, Left, Right 함수와 In 연산자 사용
- ▶ 쿼리 결과로 표시되는 필드와 필드명은 〈그림〉과 같이 표시되도록 설정하시오.

| 상권구분명 | 총지출합계 | 관심지역 | 수익지역 |
|---|---|---|---|
| 골목상권 | 150,579,280원 | 104,312,300원 | 46,266,980원 |
| 발달상권 | 26,275,020원 | 17,590,740원 | 8,684,280원 |
| 전통시장 | 20,871,930원 |  | 20,871,930원 |

**2.** 〈서울상권분석〉 테이블을 이용하여 '소득구분기타' 필드의 값을 변경하는 〈소득구분평가〉 업데이트 쿼리를 작성한 후 실행하시오. (7점)

- ▶ '소득구분기타'는 '소득구간코드'를 정수로 변경하여 1~3이면 "저소득", 4~6이면 "중소득", 7~9이면 "고소득"으로 표시하시오.
  [표시 예] 3 → 저소득, 6 → 중소득, 7 → 고소득
- ▶ Choose, Int 함수 사용으로 변경

| 소득구간코드 | 교통지출금액 | 여가지출금액 | 문화지출금액 | 교육지출금액 | 유흥지출금액 | 총지출금액 | 소득구간기타 |
|---|---|---|---|---|---|---|---|
| 9.5 | 363490 | 121300 | 60420 | 247560 | 86180 | 878950 | 고소득 |
| 6.2 | 6970880 | 1665510 | 1223370 | 6281460 | 1759530 | 17900750 | 중소득 |
| 6.4 | 9197400 | 2394230 | 2262930 | 10491150 | 3046180 | 27391890 | 중소득 |
| 8.8 | 9221200 | 2049950 | 1584580 | 9037310 | 2354150 | 24247190 | 고소득 |
| 6.7 | 2013360 | 482170 | 467320 | 1714710 | 608130 | 5285690 | 중소득 |
| 7 | 5900650 | 1575270 | 1584890 | 7491950 | 2165170 | 18717930 | 고소득 |
| 7.4 | 1079410 | 262760 | 222420 | 1061410 | 310170 | 2936170 | 고소득 |
| 7.6 | 1825390 | 447790 | 451650 | 1538130 | 582230 | 4845190 | 고소득 |

※ 〈소득구분평가〉 쿼리를 실행한 후의 〈서울상권분석〉 테이블

**3.** 조회할 상권명의 일부를 매개 변수로 입력받아 해당 상권의 정보를 조회하여 새 테이블로 생성하는 〈상권별소득조회〉 쿼리를 작성하고 실행하시오. (7점)

- ▶ 〈서울상권분석〉 테이블을 이용하시오.
- ▶ 쿼리 실행 후 생성되는 테이블의 이름은 〈상권별소득평가〉로 설정하시오.
- ▶ '월평균소득평가' 필드는 '월평균소득금액' 필드의 값을 5,000으로 나눈 몫만큼 "◎" 문자를 표시하시오.
- ▶ Like 연산자, String 함수 사용
- ▶ 쿼리 실행 결과 표시되는 필드와 필드명은 〈그림〉과 같이 표시되도록 설정하시오.

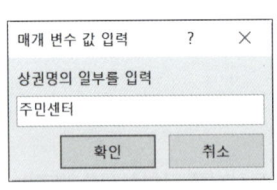

| 상권명 | 월평균소득금액 | 총지출금액 | 월평균소득평가 |
|---|---|---|---|
| 황학동주민센터 | 38280 | 21267260 | ◎◎◎◎◎◎◎ |
| 정릉3동주민센터 | 38730 | 8111510 | ◎◎◎◎◎◎◎ |
| 자양4동주민센터 | 25400 | 18421620 | ◎◎◎◎◎ |
| 수유2동주민센터 | 26540 | 2519820 | ◎◎◎◎◎ |
| 한강로동주민센터 | 39020 | 4518070 | ◎◎◎◎◎◎◎ |
| 옥수동주민센터 | 30340 | 5004840 | ◎◎◎◎◎◎ |
| 중곡동주민센터 | 28890 | 19475050 | ◎◎◎◎◎ |

※ 〈상권별소득조회〉 쿼리를 실행한 후의 〈상권별소득평가〉 테이블

4. 〈상권지표〉와 〈서울상권분석〉 테이블을 이용하여 상권변화명별 총 월평균소득금액, 최대 문화지출금액, 평균 유흥지출금액을 조회하는 〈상권변화명별_지출분석〉 쿼리를 작성하시오. (7점)

   ▶ '총 월평균소득금액' 필드는 '월평균소득금액' 필드, '최대 문화지출금액' 필드는 '문화지출금액' 필드, '평균 유흥지출금액' 필드는 '유흥지출금액' 필드를 이용하시오.
   ▶ '총 월평균소득금액' 필드를 기준으로 내림차순 정렬하시오.
   ▶ '총지출금액' 필드의 값이 5,000,000을 초과하고, '상권구분코드' 필드의 값이 "A"가 아닌 레코드만을 대상으로 하시오.
   ▶ 쿼리 실행 결과 생성되는 필드와 필드명은 〈그림〉을 참고하여 수험자가 판단하여 설정하시오.

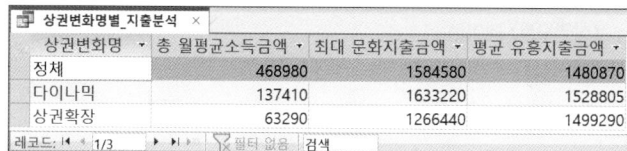

5. 조회할 상권구분명과 상권변화명을 매개 변수로 입력받아 해당 자료의 상권 개수와 최소 총지출금액을 조회하는 〈상권구분_상권변화_자료조회〉 쿼리를 작성하시오. (7점)

   ▶ 〈상권구분〉, 〈서울상권분석〉, 〈상권지표〉 테이블을 이용하시오.
   ▶ '소득구간코드' 필드의 값이 3.5에서 6.8 사이인 레코드만을 대상으로 하시오.
   ▶ '상권 개수' 필드는 '구분ID' 필드를 이용하여 [표시 예]와 같이 표시되도록 '형식' 속성을 설정하시오.
      [표시 예] 0 → 0개, 35 → 35개
   ▶ '최소 총지출금액' 필드는 '총지출금액' 필드를 이용하여 〈그림〉과 같이 표시되도록 '형식' 속성을 설정하시오.
   ▶ Between 연산자 사용
   ▶ 쿼리 결과로 표시되는 필드와 필드명은 〈그림〉과 같이 표시되도록 설정하시오.

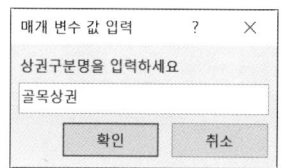 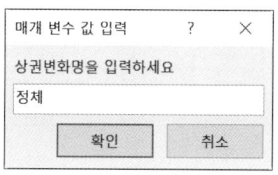 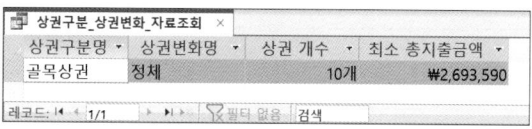

## 06회 EXAMINATION 기출문제 정답 및 해설

### 문제 1    DB 구축

정답

**01. 테이블 완성하기** _ 참고 : 테이블 완성 300쪽

〈서울상권분석〉 테이블

❶ '구분ID' 필드에 '입력 마스크' 속성 설정하기

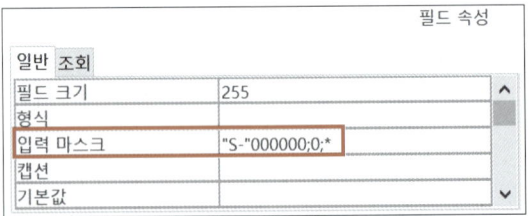

❷ '소득구간코드' 필드에 '유효성 검사 규칙' 속성 설정하기

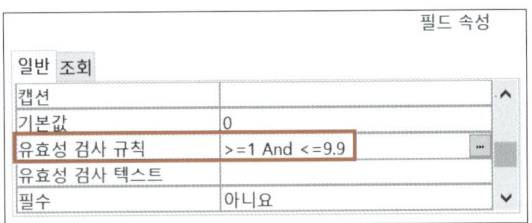

❸ '상권구분코드' 필드에 '조회' 속성 설정하기

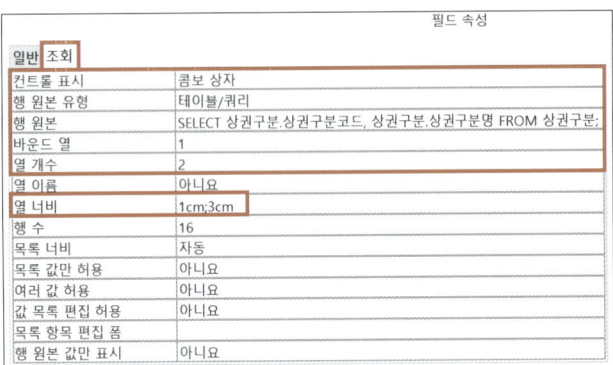

❹ '소득구간기타' 필드를 추가하고 '데이터 형식' 및 '필드 크기' 속성 설정하기

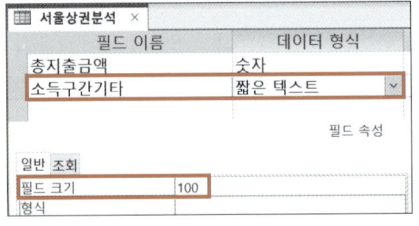

〈상권구분〉 테이블

❺ '상권구분명' 필드에 '필수' 속성 설정하기

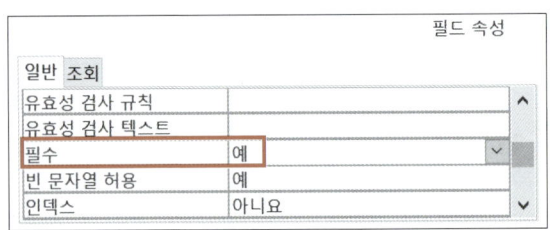

**02. '요일별매출분석자료.xlsx' 파일 가져오기** _ 참고 : 테이블 생성 311쪽

정답

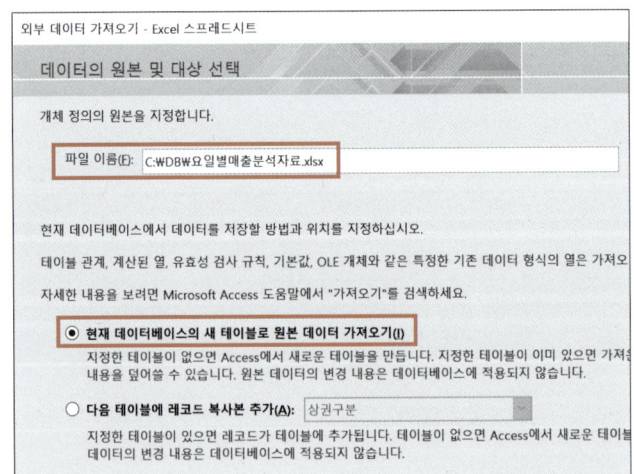

1. '외부 데이터 가져오기 – Excel 스프레드시트' 대화상자

2. '스프레드시트 가져오기 마법사' 1단계 대화상자

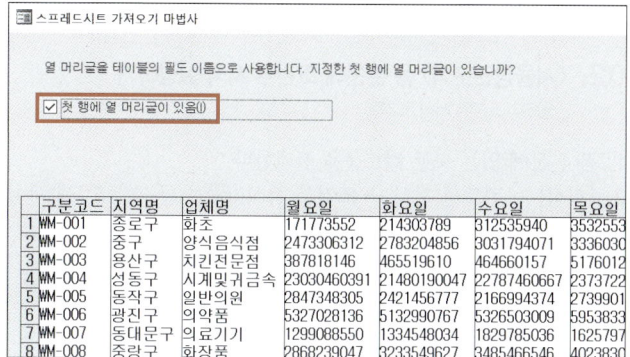

3. '스프레드시트 가져오기 마법사' 3단계 대화상자

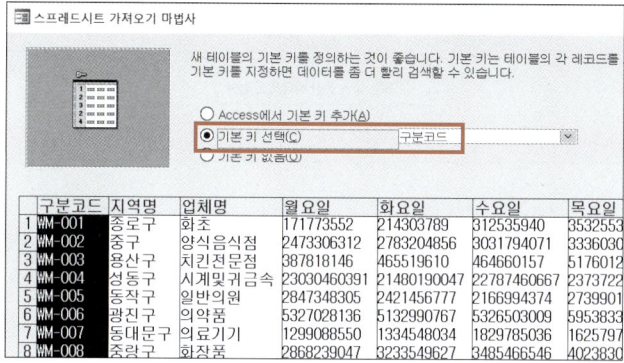

4. '스프레드시트 가져오기 마법사' 4단계 대화상자

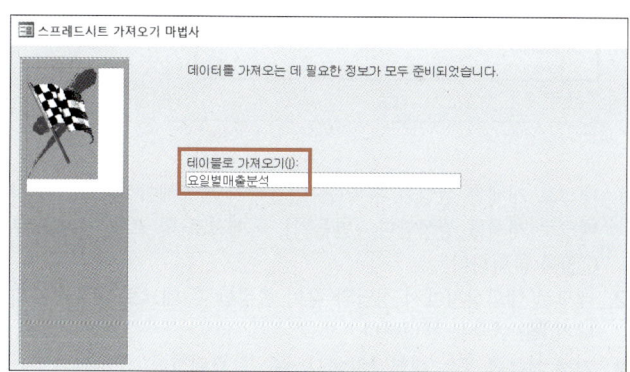

## 03. 〈서울상권분석〉 테이블과 〈상권지표〉 테이블 간의 관계 설정하기
_ 참고 : 관계 설정 309쪽

**정답**

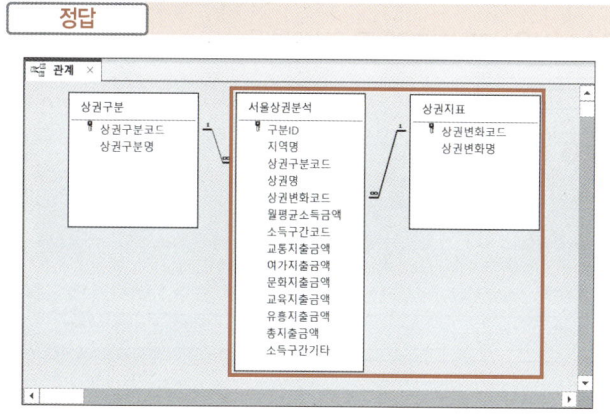

- '관계 편집' 대화상자

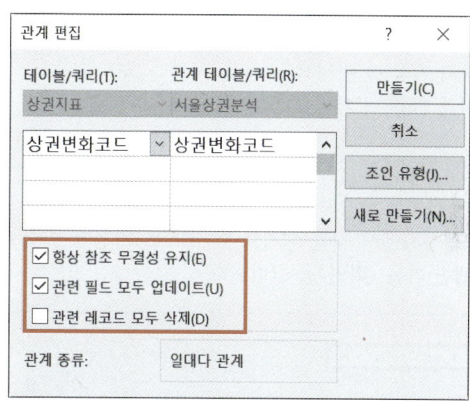

## 문제 2   입력 및 수정 기능 구현   정답

### 01. 〈서울상권현황조회〉 폼 완성하기 _ 참고 : 폼 완성 314쪽

**정답**

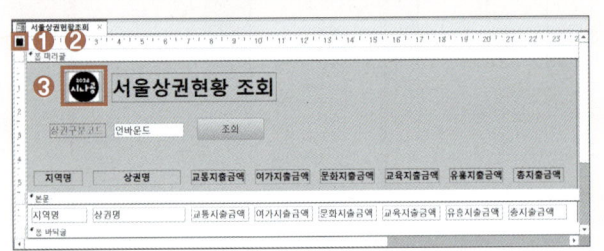

**① 폼의 형식 속성 설정하기**
'형식' 탭의 기본 보기 → 연속 폼

**② 폼의 데이터 속성 설정하기**
- '데이터' 탭의 추가 가능 → 아니요
- '데이터' 탭의 삭제 가능 → 아니요

**③ 폼 머리글에 그림 삽입하기**
1. [양식 디자인] → 컨트롤 → 이미지 삽입 → **찾아보기**를 클릭한다.
2. '그림 삽입' 대화상자에서 찾는 위치를 'C:\DB'로 지정한 후 '로고.png'를 선택한 다음 〈확인〉을 클릭한다.

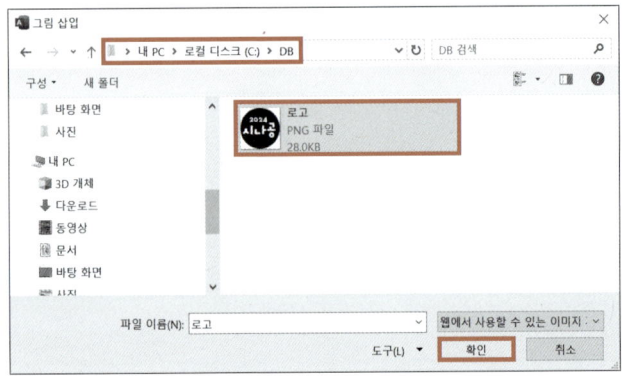

3. 폼 머리글의 제목 왼쪽에 마우스를 드래그하여 그림을 삽입한다.

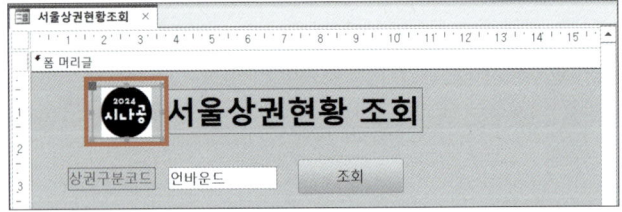

4. 다음과 같이 속성을 설정한다.
- '형식' 탭의 그림 유형 → 포함
- '형식' 탭의 너비 → 1.6cm
- '형식' 탭의 높이 → 1.3cm
- '기타' 탭의 이름 → IMG그림

### 02. 〈서울상권분석〉 폼 본문에 조건부 서식 설정하기
_ 참고 : 조건부 서식 322쪽

1. 폼 본문에 있는 모든 컨트롤을 선택한다.
2. [서식] → 컨트롤 서식 → **조건부 서식**()을 클릭한 후 '새 서식 규칙' 대화상자에서 다음과 같이 설정한다.

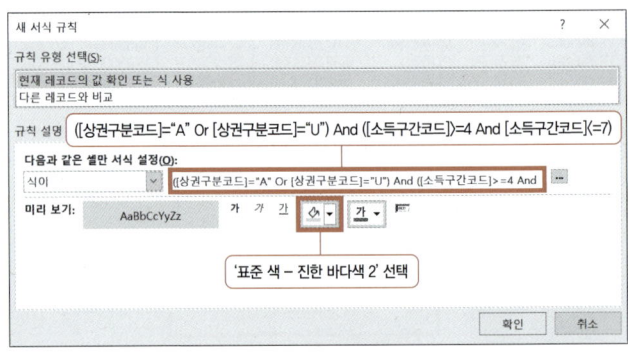

### 03. 〈보고서출력〉 매크로 작성하기 _ 참고 : 매크로 작성 329쪽

**정답**

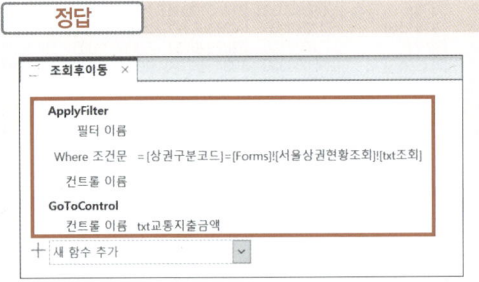

1. 매크로 개체를 생성한 후 이를 연결하여 사용해야 하므로, 먼저 매크로 개체를 생성한다. [만들기] → 매크로 및 코드 → **매크로**()를 클릭한다.
2. 매크로 대화상자에서 정답과 같이 설정한 후 매크로 대화상자의 닫기() 단추를 클릭한다.
3. 저장 여부를 묻는 대화상자에서 〈예〉를 클릭한다.
4. '다른 이름으로 저장' 대화상자에서 매크로 이름을 **조회후이동**으로 입력한 다음 〈확인〉을 클릭한다.
5. 〈서울상권현황조회〉 폼을 디자인 보기로 연 후 폼 본문의 'cmd조회' 컨트롤을 더블클릭한다.
6. 'cmd조회' 컨트롤 속성 시트 창의 '이벤트' 탭에서 'On Click' 이벤트의 목록 단추를 눌러 '조회후이동' 매크로를 선택한다.

## 문제 3  조회 및 출력 기능 구현

### 01. 〈서울상권현황보고서〉 완성하기 _ 참고 : 보고서 완성 335쪽

**정답**

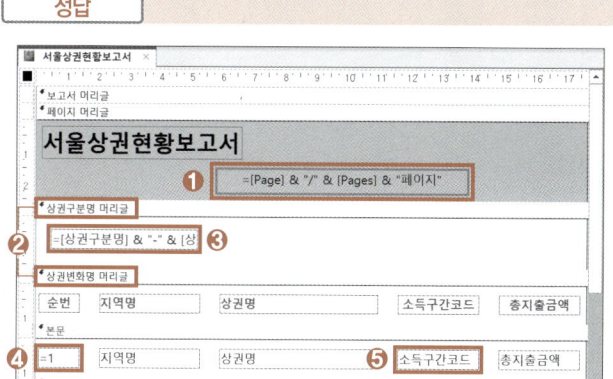

❶ 'txt페이지' 컨트롤에 속성 설정하기
'데이터' 탭의 컨트롤 원본 → =[Page] & "/" & [Pages] & "페이지"

❷ '상권구분명 머리글' 영역과 '상권변화명 머리글' 영역에 속성 설정하기
- '상권구분명 머리글' 영역 : '형식' 탭의 반복 실행 구역 → 예
- '상권구분명 머리글' 영역 : '형식' 탭의 페이지 바꿈 → 구역 전
- '상권변화명 머리글' 영역 : '형식' 탭의 반복 실행 구역 → 예

❸ 'txt상권구분변화명' 컨트롤에 속성 설정하기
'데이터' 탭의 컨트롤 원본 → =[상권구분명] & "-" & [상권변화명]

❹ 'txt순번' 컨트롤에 속성 설정하기
- '데이터' 탭의 컨트롤 원본 → =1
- '데이터' 탭의 누적 합계 → 그룹

❺ 'txt소득구간코드' 컨트롤에 속성 설정하기
'형식' 탭의 중복 내용 숨기기 → 예

### 02. 〈서울상권분석〉 폼 본문의 'txt총지출금액' 컨트롤에 더블클릭 기능 구현하기 _ 참고 : 이벤트 프로시저 344쪽

**정답**

```
Private Sub txt총지출금액_DblClick(Cancel As Integer)
    Me.OrderBy = "총지출금액 desc"
    Me.OrderByOn = True
End Sub
```

## 문제 4  처리 기능 구현

### 01. 〈상권변화명별_총지출액조회〉 쿼리 _ 참고 : 크로스탭 쿼리 작성 354쪽

- 쿼리 작성기 창

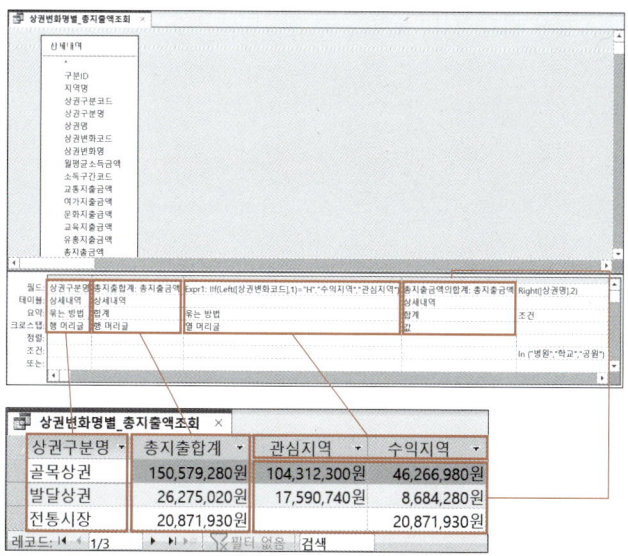

- '총지출합계'와 '총지출금액의합계' 필드 속성 설정하기
  - '형식' 탭의 형식 : #,##0원

### 02. 〈소득구분평가〉 쿼리 _ 참고 : 업데이트 쿼리 작성 356쪽

- 쿼리 작성기 창

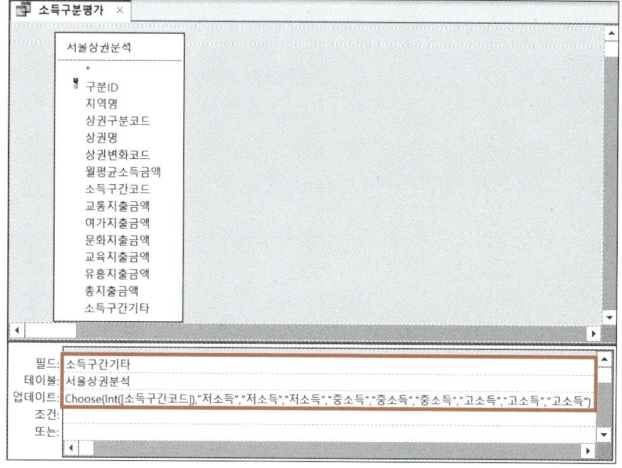

## 03. 〈상권별소득조회〉 쿼리 작성하기 _ 참고 : 테이블 생성 쿼리 작성 355쪽

1. 쿼리 작성기 창

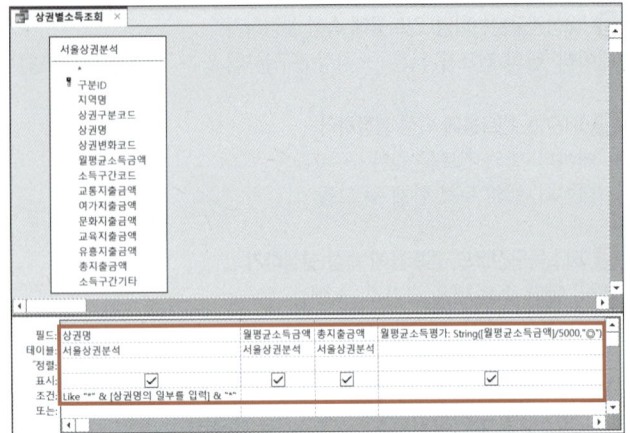

2. [쿼리 디자인] → 쿼리 유형 → **테이블 만들기**(▦)를 클릭한 후 '테이블 만들기' 대화상자의 '테이블 이름'에 상권별소득평가를 입력한다.

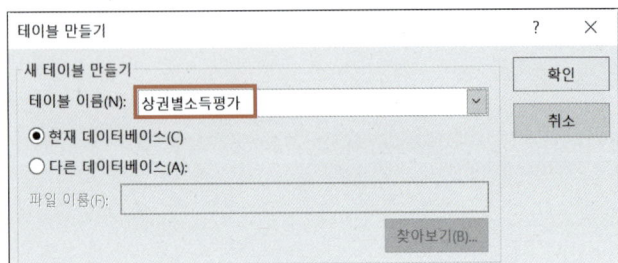

## 04. 〈상권변화명별_지출분석〉 쿼리 _ 참고 : 그룹 쿼리 작성 353쪽

• 쿼리 작성기 창

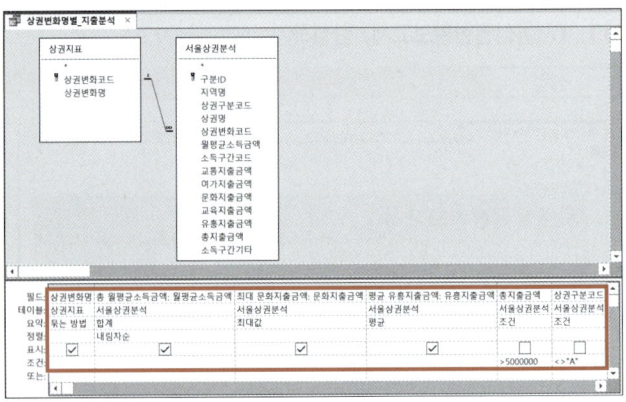

## 05. 〈상권구분_상권변화_자료조회〉 쿼리 _ 참고 : 매개 변수 쿼리 작성 354쪽

• 쿼리 작성기 창

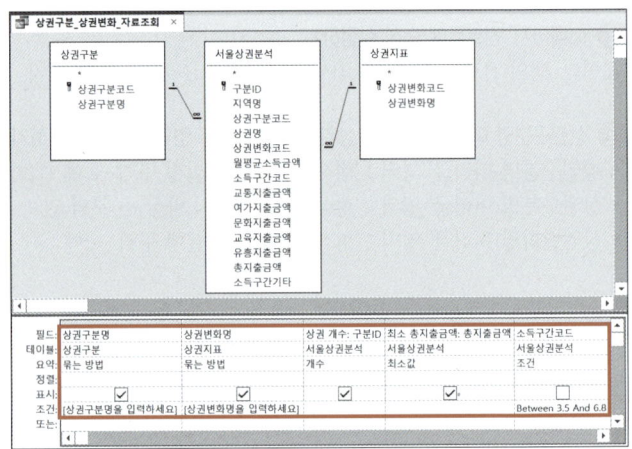

• '상권 개수' 필드 속성 설정하기
 – '형식' 탭의 형식 : 0개
• '최소 총지출금액' 필드 속성 설정하기
 – '형식' 탭의 형식 : 통화

# 07회 2024년 상시03 컴퓨터활용능력 1급

- 준 비 하 세 요 : '길벗컴활1급총정리\기출\07회' 폴더에서 '24년상시03.accdb' 파일을 열어서 작업하시오.
- 외부 데이터 위치 :  길벗컴활1급총정리\기출\07회

## 문제 1    DB구축(25점)

1. 전국의 시도별 산업 단지 현황을 관리하기 위한 데이터베이스를 구축하고자 한다. 다음의 지시사항에 따라 테이블을 완성하시오. (각 3점)

〈산업단지현황〉 테이블

① '시도코드' 필드는 '01-1' 형식으로, 숫자 3자리, "-" 기호가 반드시 입력되도록 다음과 같이 설정하시오.
- ▶ 숫자는 0~9까지의 숫자만 입력될 수 있도록 설정할 것
- ▶ '-' 기호도 테이블에 저장되도록 설정할 것
- ▶ 입력 시 데이터가 입력될 자리를 "#"으로 표시할 것

② '조성상태' 필드에는 다음과 같이 "미개발", "조성중", "완료" 값이 목록 상자 형태로 표시되도록 '조회' 속성을 설정하시오.

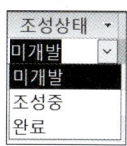

③ '가동업체' 필드의 값이 '입주업체' 필드의 값보다 크지 않도록 '유효성 검사' 규칙 속성을 설정하시오.
- ▶ 규칙에 어긋나는 경우 "입주업체를 확인하세요"라는 메시지를 표시하시오.

④ '단지명' 필드에는 중복된 값이 입력될 수 없도록 인덱스를 설정하시오.

〈유형〉 테이블

⑤ '유형번호' 필드를 기본키(PK)로 설정하시오.

2. 외부 데이터 가져오기 기능을 이용하여 〈산업단지추가분.xlsx〉에서 내용을 가져와 〈산업단지현황〉 테이블에 추가하시오. (5점)
- ▶ '추가자료'로 이름 정의된 데이터를 가져오시오.

3. 〈산업단지현황〉 테이블의 '유형번호' 필드는 〈유형〉 테이블의 '유형번호' 필드를 참조하며, 테이블 간의 관계는 M:1이다. 다음과 같이 테이블 간의 관계를 설정하시오. (5점)

※ 액세스 파일에 이미 설정되어 있는 관계는 수정하지 마시오.
- ▶ 각 테이블 간에 항상 참조 무결성이 유지되도록 설정하시오.
- ▶ 참조 필드의 값이 변경되면 관련 필드의 값도 변경되도록 설정하시오.
- ▶ 다른 테이블에서 참조하고 있는 레코드는 삭제할 수 없도록 설정하시오.

## 문제 2    입력 및 수정 기능 구현(20점)

1. 〈산업단지현황조회〉 폼을 다음의 화면과 지시사항에 따라 완성하시오. (각 3점)
   ① 폼에 탐색 단추가 표시되고 스크롤 막대는 표시되지 않도록 설정하시오.
   ② 폼 머리글의 'txt시도코드'와 'txt시도명' 컨트롤은 편집할 수 없도록 관련 속성을 설정하시오. (단, 포커스는 이동 가능함)
   ③ 기본 폼의 '시도코드' 필드를 이용하여 하위 폼에 내용이 표시되도록 기본 폼과 하위 폼을 연결하시오.

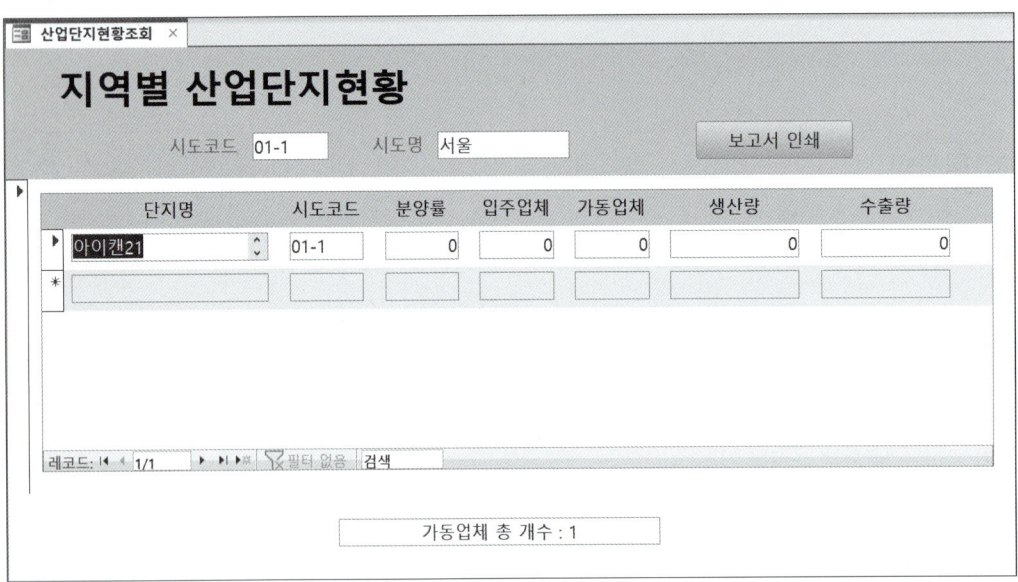

2. 〈산업단지현황조회〉 폼 바닥글의 'txt가동업체총계' 컨트롤에 가동업체의 총 개수가 표시되도록 컨트롤 원본 속성을 설정하시오. (6점)
   ▶ 〈산업단지현황〉 테이블의 '시도코드' 필드가 'txt시도코드' 컨트롤의 값과 같은 가동업체의 총 개수를 표시하시오.
   ▶ 가동업체의 총 개수가 0이면 "가동업체 없음"을, 그렇지 않으면 "가동업체 총 개수 : "와 가동업체의 총 개수를 표시하시오.
   ▶ IIF, DCOUNT 함수를 사용하시오.
   ▶ 1번 그림 참조

3. 〈산업단지현황조회〉 폼 머리글의 '보고서 인쇄(cmd인쇄)' 단추를 클릭하면, 〈산업단지현황보고서〉를 '인쇄 미리 보기' 형태로 여는 〈보고서 출력〉 매크로를 생성하여 지정하시오. (5점)
   ▶ '시도코드' 필드의 값이 폼 머리글의 'txt시도코드' 컨트롤에 해당하는 정보만 표시하시오.

## 문제 3    조회 및 출력 기능 구현(20점)

1. 다음의 지시사항 및 화면을 참조하여 〈산업단지현황보고서〉를 완성하시오. (각 3점)
   ① '유형명'을 기준으로 그룹이 지정된 상태에서, 1차 기준으로 '분양률'의 오름차순, 2차 기준으로 '단지명'의 오름차순 정렬되도록 하시오.
   ② '유형명' 머리글 영역은 매 페이지마다 반복하여 출력되고, 해당 영역이 시작되기 전에 페이지가 바뀌도록 관련 속성을 설정하시오.
   ③ '유형명' 머리글 영역의 'txt유형시도' 컨트롤에는 '유형명'과 '시도명'이 [표시 예]와 같이 표시되도록 '컨트롤 원본' 속성을 설정하시오.
   [표시 예] '유형명'이 "국가"이고 '시도명'이 "전라북"인 경우 → 국가 전라북
   ④ 본문 영역의 'txt순번' 컨트롤에는 그룹별로 순번이 표시되도록 관련 속성을 설정하시오.
   ⑤ '유형명' 바닥글 영역의 'txt총생산량' 컨트롤에는 생산량의 합계가 표시되도록 '컨트롤 원본' 속성을 설정하시오.

## 산업단지현황보고서

국가 전라북

| 순번 | 단지명 | 조성상태 | 분양률 | 입주업체 | 가동업체 | 생산량 |
|---|---|---|---|---|---|---|
| 1 | 블루 | 미개발 | 0 | 0 | 0 | 0 |
| 2 | 한울 | 조성중 | 0 | 3 | 3 | 3 |
| 3 | 현재 | 조성중 | 7 | 0 | 0 | 0 |
| 4 | LG Caltex정유 | 완료 | 86 | 194 | 97 | 337,111 |
| 5 | 개성전자 | 조성중 | 87 | 68 | 28 | 517,134 |
| 6 | 스피드 PC방 | 조성중 | 100 | 2,965 | 2,661 | 60,059,679 |
| 7 | 이너 | 완료 | 100 | 12 | 11 | 2,332,117 |
| 8 | 투맨시스템 | 완료 | 100 | 206 | 206 | 1,474,771 |

총 생산량 : 64,720,815

1/10페이지

2. 〈산업단지현황내역〉 폼 본문의 'txt시도코드' 컨트롤을 더블클릭하면 다음과 같은 기능을 수행하도록 이벤트 프로시저를 구현하시오. (5점)
   ▶ '시도코드' 필드의 마지막 1자리가 1이면 '시도명' 필드의 값에 "특별시"를, 2이면 '시도명' 필드의 값에 "광역시"를, 3이면 '시도명' 필드의 값에 "특별자치시"를, 4이면 '시도명' 필드의 값에 "특별자치도", 5이면 '시도명' 필드의 값에 "도"를 아래 그림과 같이 표시하시오.
   ▶ Select Case문과 Right 함수, & 연산자를 사용하시오.

## 문제 4    처리 기능 구현(35점)

1. 〈산업단지현황〉과 〈유형〉 테이블을 이용하여 유형별 단지 개수, 평균 분양률, 총 생산량, 총 수출량을 조회하는 〈유형별단지현황조회〉 쿼리를 작성하시오. (7점)

   ▶ '단지 개수' 필드는 '단지명' 필드를 이용하여 [표시 예]와 같이 표시되도록 '형식' 속성을 설정하시오.
   [표시 예] 6 → 6개
   ▶ '평균 분양률(%)' 필드는 '분양률' 필드를 이용하여 [표시 예]와 같이 표시되도록 '형식' 속성을 설정하시오.
   [표시 예] 69.803030 → 70
   ▶ '총 생산량' 필드는 '생산량' 필드를, '총 수출량' 필드는 '수출량' 필드를 이용하고, '총 수출량' 필드를 기준으로 내림차순 정렬하시오.
   ▶ '유형명' 필드의 값이 "농공"인 레코드는 조회 대상에서 제외하시오.
   ▶ 쿼리 실행 결과 생성되는 필드와 필드명, 필드의 형식은 〈그림〉을 참고하여 수험자가 판단하여 설정하시오.

   | 유형명 | 단지 개수 | 평균 분양률(%) | 총 생산량 | 총 수출량 |
   |---|---|---|---|---|
   | 국가 | 8개 | 60 | ₩64,720,815 | ₩19,500,845 |
   | 일반 | 66개 | 70 | ₩48,958,675 | ₩17,738,888 |
   | 도시첨단 | 6개 | 29 | ₩401,930 | ₩63,368 |

2. 시도명별, 조성상태별 단지의 개수를 조회하는 〈시도별_단지수조회〉 크로스탭 쿼리를 작성하시오. (7점)

   ▶ 〈상세내역〉 쿼리를 이용하시오.
   ▶ 단지의 개수는 '단지명' 필드를 이용하시오.
   ▶ '지정면적' 필드의 값이 100 이상인 레코드만을 대상으로 하시오.
   ▶ '시도명' 필드를 기준으로 오름차순 정렬하시오.
   ▶ '최대 생산량' 필드는 '생산량' 필드, '최대 수출량' 필드는 '수출량' 필드를 이용하여 〈그림〉과 같이 '형식' 속성을 설정하시오.
   ▶ 쿼리 결과로 표시되는 필드와 필드명은 〈그림〉과 같이 표시되도록 설정하시오.

   | 시도명 | 최대 생산량 | 최대 수출량 | 미개발 | 완료 | 조성중 |
   |---|---|---|---|---|---|
   | 강원 | ₩302,268 | ₩123,763 | | 4 | 2 |
   | 경기 | ₩5,401,500 | ₩1,623,376 | | 5 | 2 |
   | 경상남 | ₩60,059,679 | ₩18,305,207 | 4 | 9 | 9 |
   | 경상북 | ₩720,381 | ₩130,720 | 1 | 13 | 4 |
   | 대구 | ₩630,476 | ₩123,767 | | 1 | |
   | 대전 | ₩234,614 | ₩2,045 | | 1 | |
   | 부산 | ₩0 | ₩0 | 1 | | 1 |
   | 세종 | ₩2,649,821 | ₩478,715 | 1 | | |
   | 인천 | ₩379,536 | ₩63,288 | | | |
   | 전라남 | ₩54,765 | ₩3,322 | | 1 | 1 |
   | 전라북 | ₩1,259,556 | ₩315,659 | 1 | 13 | 1 |
   | 제주 | ₩1,474,771 | ₩59,003 | | 2 | |
   | 충청남 | ₩7,590,979 | ₩3,194,039 | 1 | 6 | 3 |
   | 충청북 | ₩18,359,216 | ₩8,846,158 | | 6 | |

3. 조회할 단지명의 일부를 매개 변수로 입력받아 해당 단지의 정보를 조회하여 새 테이블로 생성하는 〈단지수출액조회〉 쿼리를 작성하고 실행하시오. (7점)

   ▶ 〈산업단지현황〉 테이블을 이용하시오.
   ▶ 쿼리 실행 후 생성되는 테이블의 이름은 〈단지수출액확인〉으로 설정하시오.
   ▶ '수출량' 필드의 값이 상위 1% 이내인 레코드만을 대상으로 하시오.
   ▶ Like 연산자 사용
   ▶ 쿼리 실행 결과 표시되는 필드와 필드명은 〈그림〉과 같이 표시되도록 설정하시오.

   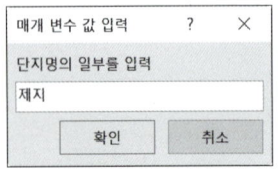

   | 단지명 | 조성상태 | 분양률 | 입주업체 | 가동업체 | 수출량 |
   |---|---|---|---|---|---|
   | 한국제지 | 완료 | 100 | 48 | 43 | 3194039 |

   ※ 〈단지수출액조회〉 쿼리를 실행한 후의 〈단지수출액확인〉 테이블

4. 〈시도〉, 〈산업단지현황〉, 〈유형〉 테이블을 이용하여 시도별 유형별 총 생산량과 총 수출량을 조회하는 〈시도유형별성과〉 쿼리를 작성하시오. (7점)

   ▶ 〈시도〉 테이블의 '시도코드' 필드의 값이 1, 2, 3으로 시작하는 레코드만을 대상으로 하시오.
   ▶ '시도명' 필드를 기준으로 오름차순 정렬하고 동일한 '시도명' 내에서는 '유형명' 필드를 기준으로 오름차순 정렬하시오.
   ▶ '총 생산량' 필드는 '생산량' 필드를 이용하여, [표시 예]와 같이 표시되도록 '형식' 속성을 설정하시오.
   [표시 예] 0 → 0 백만원, 54765 → 54,765 백만원
   ▶ '총 수출량' 필드는 '수출량' 필드를 이용하여, [표시 예]와 같이 표시되도록 '형식' 속성을 설정하시오.
   [표시 예] 0 → 0 천달러, 6302 → 6,302 천달러
   ▶ Left 함수, In 연산자 사용
   ▶ 쿼리 결과로 표시되는 필드와 필드명은 〈그림〉과 같이 표시되도록 설정하시오.

| 시도명 | 유형명 | 총 생산량 | 총 수출량 |
|---|---|---|---|
| 강원 | 농공 | 604,400 백만원 | 130,065 천달러 |
| 강원 | 도시첨단 | 22,394 백만원 | 80 천달러 |
| 강원 | 일반 | 62,069 백만원 | 1,577 천달러 |
| 경상남 | 국가 | 60,059,682 백만원 | 18,305,207 천달러 |
| 경상남 | 농공 | 357,514 백만원 | 64,275 천달러 |
| 경상남 | 일반 | 2,611,436 백만원 | 302,856 천달러 |
| 경상북 | 농공 | 1,212,232 백만원 | 261,842 천달러 |
| 경상북 | 도시첨단 | 0 백만원 | 0 천달러 |
| 경상북 | 일반 | 1,734,049 백만원 | 71,030 천달러 |
| 전라남 | 농공 | 54,765 백만원 | 3,322 천달러 |
| 전라남 | 일반 | 0 백만원 | 0 천달러 |
| 전라북 | 국가 | 854,245 백만원 | 188,757 천달러 |
| 전라북 | 농공 | 531,825 백만원 | 45,400 천달러 |
| 전라북 | 일반 | 3,543,956 백만원 | 873,425 천달러 |
| 제주 | 국가 | 1,474,771 백만원 | 59,003 천달러 |
| 제주 | 농공 | 92,035 백만원 | 274 천달러 |
| 충청남 | 국가 | 2,332,117 백만원 | 947,878 천달러 |
| 충청남 | 농공 | 89,419 백만원 | 73,050 천달러 |
| 충청남 | 일반 | 8,812,474 백만원 | 3,338,044 천달러 |
| 충청북 | 농공 | 106,089 백만원 | 269,646 천달러 |
| 충청북 | 일반 | 19,283,921 백만원 | 9,394,991 천달러 |

5. 〈산업단지현황〉 테이블을 이용하여 '비고' 필드의 값을 변경하는 〈분양률평가〉 업데이트 쿼리를 작성한 후 실행하시오. (7점)

   ▶ '분양률' 필드의 값이 100이면 '비고' 필드의 값을 "분양완료"로, '분양률' 필드의 값이 100 미만 70 이상이면 '비고' 필드의 값을 '분양률' 필드의 값에 "% 분양중"이란 문구를 붙인 것으로, '분양률' 필드의 값이 70 미만 0 초과이면 '비고' 필드의 값을 "분양미달"로, '분양률' 필드의 값이 0이면 "미분양"으로 변경하시오.
   [표시 예] 0 → 미분양, 75 → 75% 분양중, 100 → 분양완료
   ▶ Switch 함수 사용

| 유형번호 | 시도코드 | 단지명 | 조성상태 | 지정면적 | 관리면적 | 분양률 | 입주업체 | 가동업체 | 생산량 | 수출량 | 비고 |
|---|---|---|---|---|---|---|---|---|---|---|---|
| 4 | 16-5 | 가남 | 완료 | 95 | 95 | 97 | 59 | 56 | 33400 | 2000 | 97% 분양중 |
| 2 | 15-5 | 간달프 | 완료 | 104 | 104 | 33 | 0 | 0 | 0 | 0 | 분양미달 |
| 2 | 02-2 | 갑사 | 미개발 | 104 | 104 | 0 | 0 | 0 | 0 | 0 | 미분양 |
| 1 | 13-5 | 개성전자 | 조성중 | 18465 | 18465 | 87 | 68 | 28 | 517134 | 129690 | 87% 분양중 |
| 4 | 12-5 | 건영단 | 완료 | 122 | 122 | 100 | 15 | 15 | 65092 | 73050 | 분양완료 |
| 2 | 12-5 | 계성제지 | 완료 | 651 | 649 | 100 | 14 | 13 | 280016 | 29900 | 분양완료 |
| 2 | 12-5 | 골드아이 | 조성중 | 2095 | 2094 | 100 | 1 | 0 | 0 | 0 | 분양완료 |
| 2 | 02-2 | 국보화학 | 완료 | 64 | 63 | 100 | 18 | 18 | 13792 | 504 | 분양완료 |
| 4 | 16-5 | 금호산업 | 완료 | 166 | 166 | 100 | 20 | 20 | 54000 | 36000 | 분양완료 |
| 2 | 15-5 | 기아특수강 | 조성중 | 1862 | 1863 | 98 | 117 | 116 | 383400 | 38600 | 98% 분양중 |
| 2 | 16-5 | 길전자 | 조성중 | 2807 | 2804 | 77 | 0 | 0 | 0 | 0 | 77% 분양중 |
| 2 | 15-5 | 녹도정보통신 | 조성중 | 728 | 728 | 79 | 10 | 6 | 63000 | 0 | 79% 분양중 |

※ 〈분양률평가〉 쿼리를 실행한 후의 〈산업단지현황〉 테이블

# 07회 기출문제 정답 및 해설

## 문제 1    DB 구축          정답

### 01. 테이블 완성하기 _ 참고 : 테이블 완성 300쪽

**〈산업단지현황〉 테이블**

❶ '시도코드' 필드에 입력 마스크 속성 설정하기

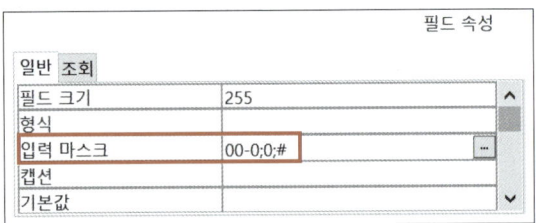

❷ '조성상태' 필드에 조회 속성 설정하기

| 일반 | 조회 | |
|---|---|---|
| 컨트롤 표시 | 목록 상자 | |
| 행 원본 유형 | 값 목록 | |
| 행 원본 | 미개발;조성중;완료 | |
| 바운드 열 | 1 | |
| 열 개수 | 1 | |
| 열 이름 | 아니요 | |
| 열 너비 | | |
| 여러 값 허용 | 아니요 | |
| 값 목록 편집 허용 | 아니요 | |
| 목록 항목 편집 폼 | | |
| 행 원본 값만 표시 | 아니요 | |

❸ 테이블 속성의 '유효성 검사 규칙'과 '유효성 검사 텍스트' 속성 설정하기

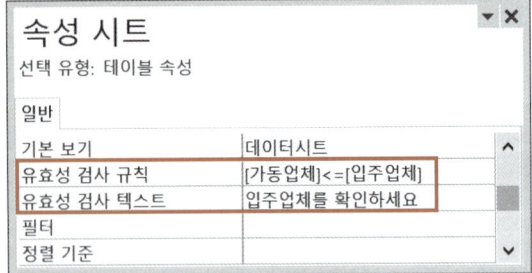

❹ '단지명' 필드에 '인덱스' 속성 설정하기

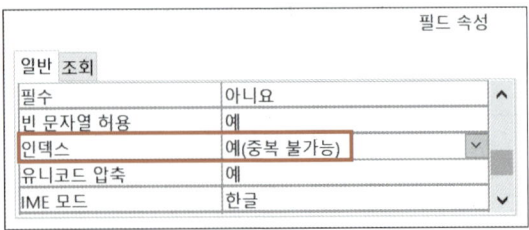

**〈유형〉 테이블**

❺ '유형번호' 필드에 기본 키 설정하기

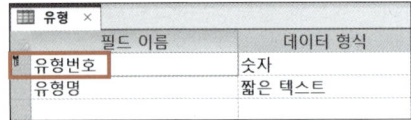

### 02. '산업단지추가분.xlsx' 파일 가져오기 _ 참고 : 테이블 생성 311쪽

**정답**

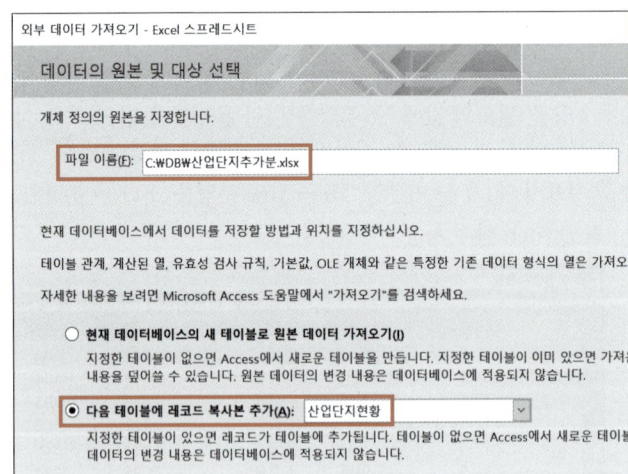

1. '외부 데이터 가져오기 - Excel 스프레드시트' 대화상자

2. '스프레드시트 가져오기 마법사' 1단계 대화상자

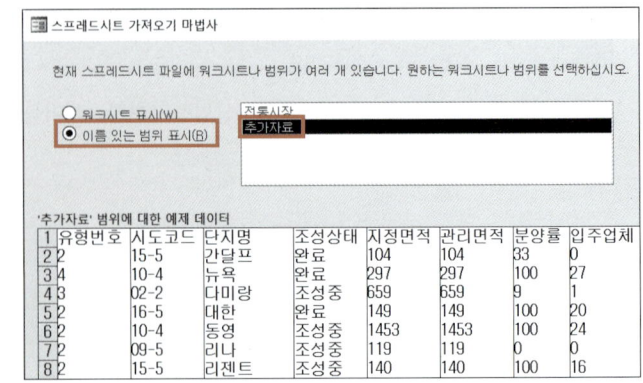

3. '스프레드시트 가져오기 마법사' 2단계 대화상자

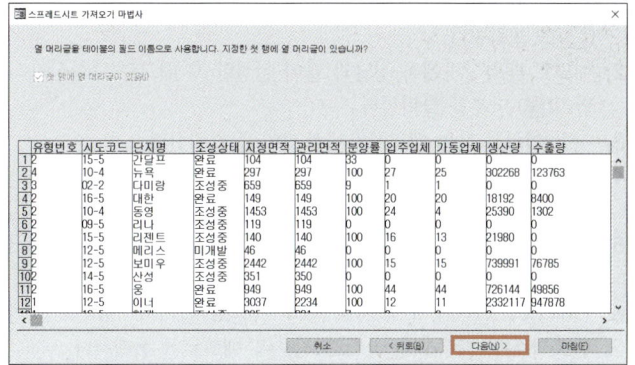

4. '스프레드시트 가져오기 마법사' 3단계 대화상자

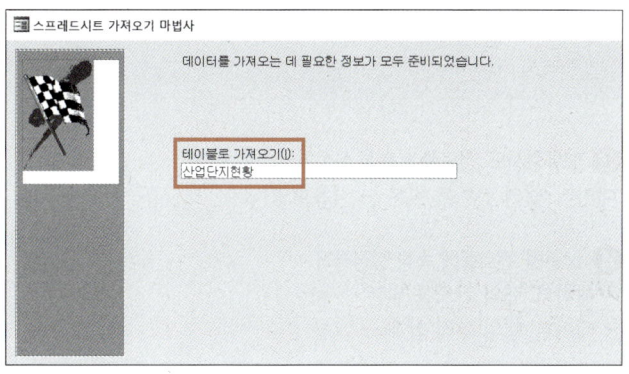

## 03. 〈산업단지현황〉 테이블과 〈유형〉 테이블 간의 관계 설정하기
_ 참고 : 관계 설정 309쪽

정답

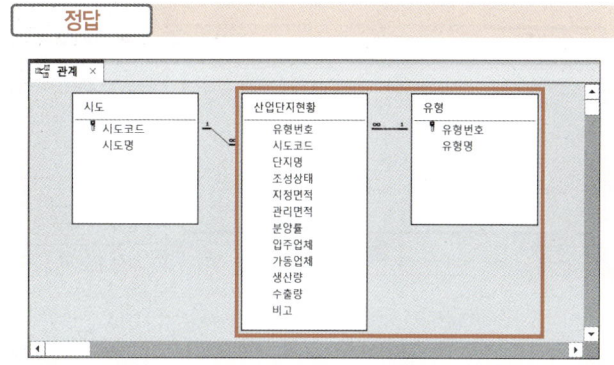

• '관계 편집' 대화상자

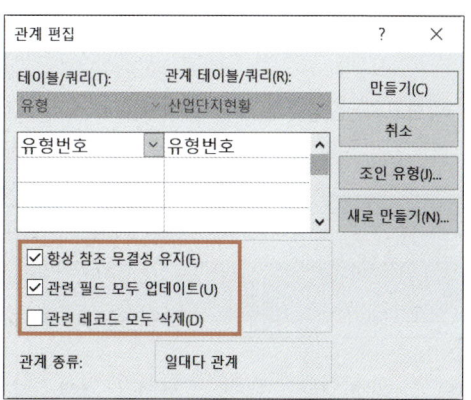

---

### 문제 2  입력 및 수정 기능 구현

정답

### 01. 〈산업단지현황조회〉 폼 완성하기 _ 참고 : 폼 완성 314쪽

정답

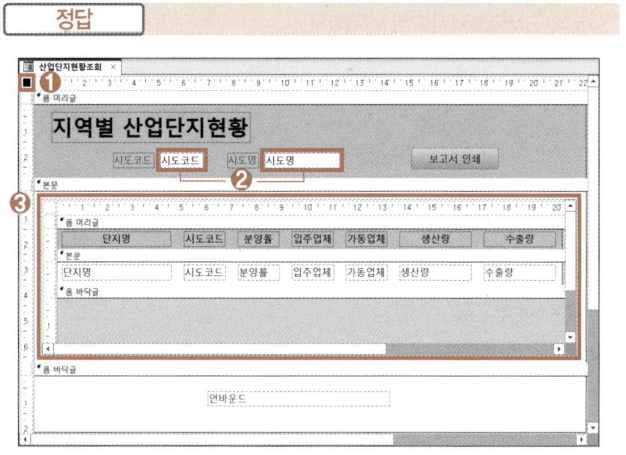

❶ 폼 속성 설정하기
• '형식' 탭의 탐색 단추 → 예
• '형식' 탭의 스크롤 막대 → 표시 안 함

❷ 폼 머리글의 'txt시도코드', 'txt시도명' 컨트롤에 속성 설정하기
'데이터' 탭의 잠금 → 예

❸ 하위 폼 컨트롤에 속성 설정하기

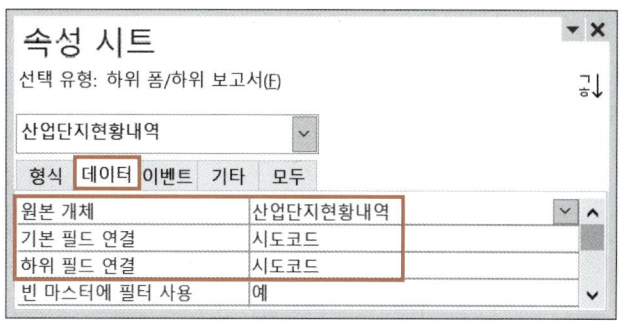

### 02. 〈산업단지현황조회〉 폼 바닥글의 'txt가동업체총계' 컨트롤에 속성 설정하기 _ 참고 : 도메인 계산 함수 318쪽

'데이터' 탭의 컨트롤 원본 →
=IIf(DCount("가동업체","산업단지현황","[시도코드]=[txt시도코드]")=0,"가동업체 없음","가동업체 총 개수 : " & DCount("가동업체","산업단지현황","[시도코드]=[txt시도코드]"))

## 03. 〈보고서출력〉 매크로 작성하기 _ 참고 : 매크로 작성 329쪽

**정답**

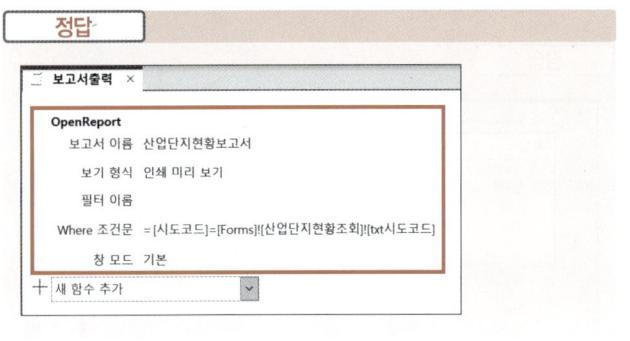

1. 매크로 개체를 생성한 후 이를 연결하여 사용해야 하므로, 먼저 매크로 개체를 생성한다. [만들기] → 매크로 및 코드 → **매크로**(🖳)를 클릭한다.
2. 매크로 대화상자에서 정답과 같이 설정한 후 매크로 대화상자의 닫기(✕) 단추를 클릭한다.
3. 저장 여부를 묻는 대화상자에서 〈예〉를 클릭한다.
4. '다른 이름으로 저장' 대화상자에서 매크로 이름을 **보고서출력**으로 입력한 다음 〈확인〉을 클릭한다.
5. 〈산업단지현황조회〉 폼을 디자인 보기로 연 후 폼 본문의 'cmd 인쇄' 컨트롤을 더블클릭한다.
6. 'cmd인쇄' 컨트롤 속성 시트 창의 '이벤트' 탭에서 'On Click' 이벤트의 목록 단추를 눌러 '보고서출력' 매크로를 선택한다.

---

## 문제 3  조회 및 출력 기능 구현

**정답**

### 01. 〈산업단지현황보고서〉 완성하기 _ 참고 : 보고서 완성 335쪽

**정답**

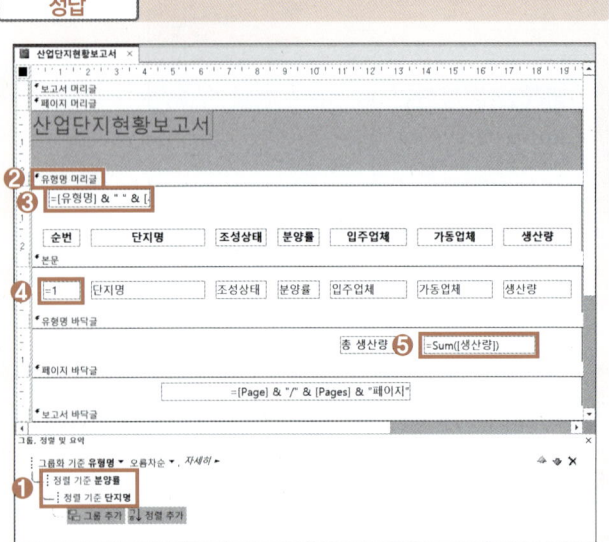

❶ '그룹, 정렬 및 요약' 창 – 정렬 기준

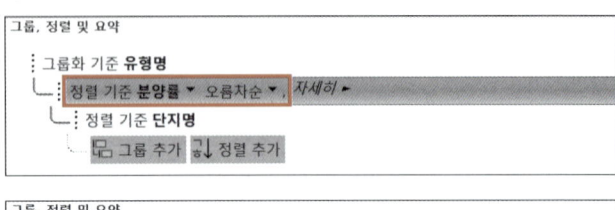

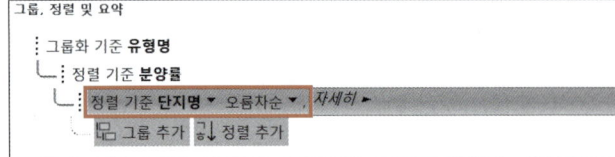

❷ '유형명' 머리글 영역에 속성 설정하기
- '형식' 탭의 반복 실행 구역 → 예
- '형식' 탭의 페이지 바꿈 → 구역 전

❸ 'txt유형시도' 컨트롤에 속성 설정하기
'데이터' 탭의 컨트롤 원본 → =[유형명] & " " & [시도명]

❹ 'txt순번' 컨트롤에 속성 설정하기
- '데이터' 탭의 컨트롤 원본 → =1
- '데이터' 탭의 누적 합계 → 그룹

❺ 'txt총생산량' 컨트롤에 속성 설정하기
'데이터' 탭의 컨트롤 원본 → =Sum([생산량])

### 02. 〈산업단지현황내역〉 폼 본문의 'txt시도코드' 컨트롤에 더블클릭 기능 구현하기 _ 참고 : 이벤트 프로시저 344쪽

**정답**

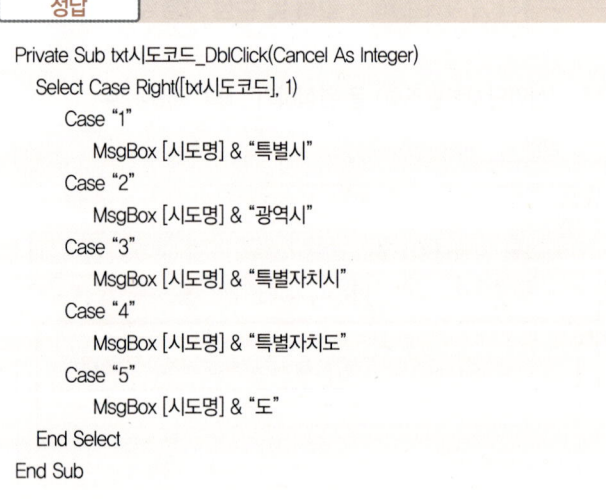

## 문제 4 · 처리 기능 구현 〔정답〕

### 01. 〈유형별단지현황조회〉 쿼리 _ 참고 : 추가 쿼리 작성 357쪽

• 쿼리 작성기 창

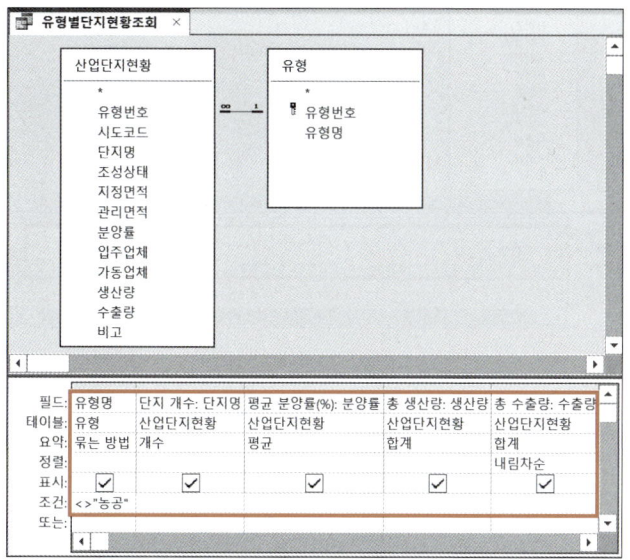

• '단지 개수' 필드 속성 설정하기
  – '일반' 탭의 형식 : #개
• '평균 분양률(%)' 필드 속성 설정하기
  – '일반' 탭의 형식 : #
• '총 생산량', '총 수출량' 필드 속성 설정하기
  – '일반' 탭의 형식 : 통화

### 02. 〈시도별_단지수조회〉 쿼리 _ 참고 : 크로스탭 쿼리 작성 354쪽

• 쿼리 작성기 창

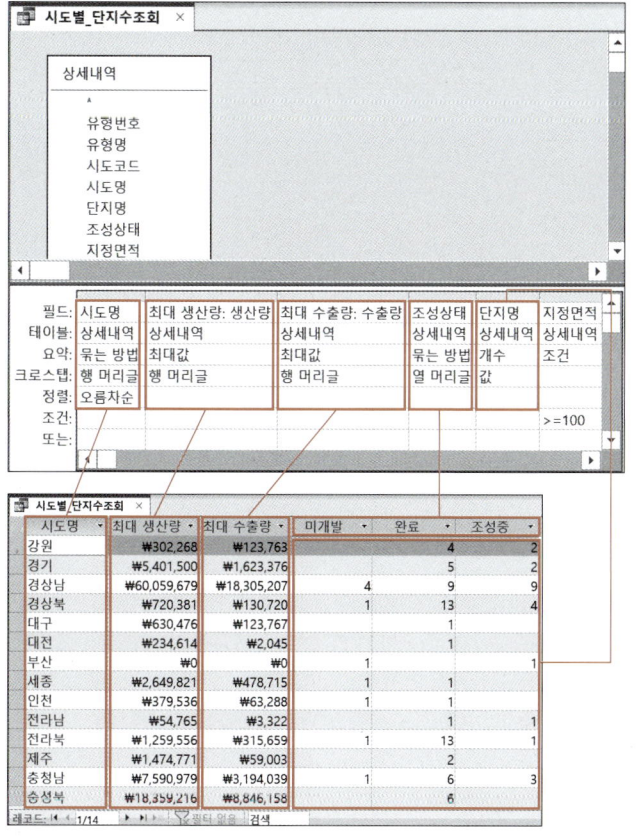

• '최대 생산량', '최대 수출량' 필드 속성 설정하기
  – '일반' 탭의 형식 → 통화

### 03. 〈단지수출액조회〉 쿼리 작성하기 _ 참고 : 테이블 생성 쿼리 작성 355쪽

1. 쿼리 작성기 창

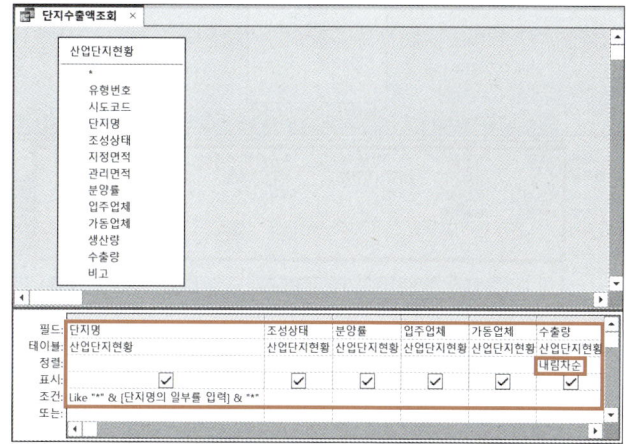

2. [쿼리 디자인] → 쿼리 유형 → **테이블 만들기**(▦)를 클릭한 후 '테이블 만들기' 대화상자의 '테이블 이름'에 **단지수출액확인**을 입력한다.

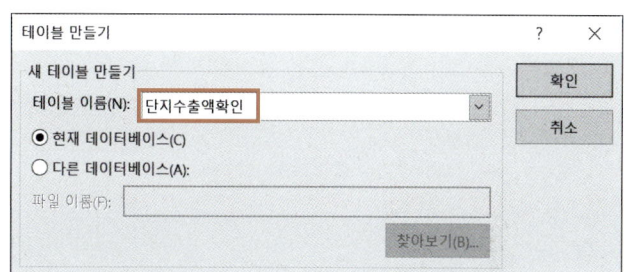

• 쿼리 속성 설정하기
  – '일반' 탭의 상위 값 → 1%

## 04. 〈시도유형별성과〉 쿼리 _ 참고 : 그룹 쿼리 작성 353쪽

• 쿼리 작성기 창

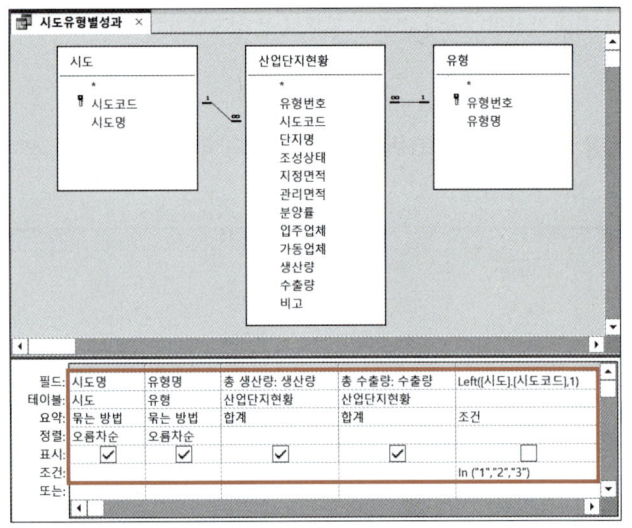

• '총 생산량' 필드 속성 설정하기
  – '형식' 탭의 형식 : #,##0 "백만원"
• '총 수출량' 필드 속성 설정하기
  – '형식' 탭의 형식 : #,##0 "천달러"

## 05. 〈분양률평가〉 쿼리 _ 참고 : 업데이트 쿼리 작성 356쪽

• 쿼리 작성기 창

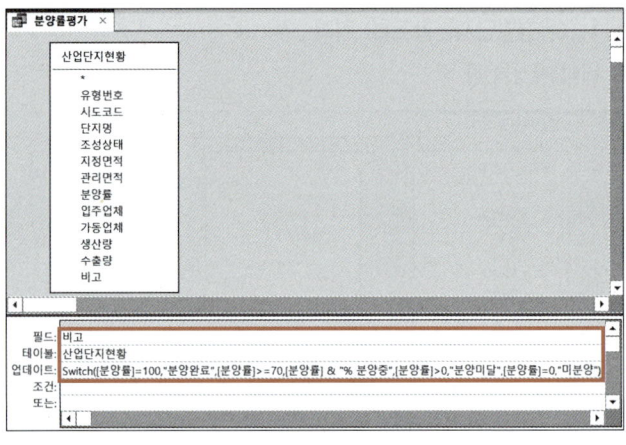

# 08회 2024년 상시04 컴퓨터활용능력 1급

- **준 비 하 세 요** : '길벗컴활1급총정리\기출\04회' 폴더에서 '24년상시04.accdb' 파일을 열어서 작업하시오.
- **외부 데이터 위치** : 길벗컴활1급총정리\기출\04회

## 문제 1  DB구축(25점)

**1. 회원들의 제품 주문 정보를 관리하기 위한 데이터베이스를 구축하고자 한다. 다음의 지시사항에 따라 테이블을 완성하시오. (각 3점)**

〈주문〉 테이블

① 테이블이 로드되면, '주문일' 필드를 기준으로 내림차순 정렬되도록 설정하시오.

② 새로운 레코드가 추가되는 경우 '주문일' 필드에는 시간을 포함하지 않는 시스템의 오늘 날짜가 입력되도록 설정하시오.

〈제품〉 테이블

③ '제품번호' 필드는 'P01-0001' 형식으로, 문자 1자리, "-" 기호, 숫자 6자리가 반드시 입력되도록 다음과 같이 설정하시오.
  ▶ 문자는 영문자와 한글만 입력될 수 있도록 설정할 것
  ▶ 숫자는 0~9까지의 숫자만 입력될 수 있도록 설정할 것
  ▶ '-' 기호도 테이블에 저장되도록 설정할 것
  ▶ 입력 시 데이터가 입력될 자리를 "*"로 표시할 것

④ '제품명' 필드는 값이 반드시 입력되도록 설정하고 빈 문자열은 허용되지 않도록 설정하시오.

⑤ '유통기한(월)' 필드에는 8보다 작은 값이 입력되도록 '유효성 검사 규칙' 속성을 설정하시오.
  ▶ 규칙에 어긋나는 경우 "입력값을 확인하세요"라는 메시지를 표시하시오.

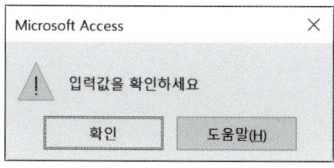

**2. 〈제품〉 테이블의 '분류번호' 필드에 대해서 다음과 같이 조회 속성을 설정하시오. (5점)**

▶ 〈분류〉 테이블의 '분류명' 필드만 콤보 상자 형태로 표시하시오.
▶ 필드에는 '분류번호'가 저장되도록 설정하시오.
▶ 목록 너비를 3cm로 설정하시오.
▶ 목록 이외의 값은 입력될 수 없도록 설정하시오.

3. 〈주문〉 테이블의 '회원번호' 필드는 〈회원〉 테이블의 '회원번호' 필드를 참조하며, 테이블 간의 관계는 M:1이다. 다음과 같이 테이블 간의 관계를 설정하시오. (5점)

   ※ 액세스 파일에 이미 설정되어 있는 관계는 수정하지 마시오.
   ▶ 각 테이블 간에 항상 참조 무결성이 유지되도록 설정하시오.
   ▶ 참조 필드의 값이 변경되면 관련 필드의 값도 변경되도록 설정하시오.
   ▶ 다른 테이블에서 참조하고 있는 레코드는 삭제할 수 없도록 설정하시오.

## 문제 2 입력 및 수정 기능 구현(20점)

1. 〈분류별주문현황〉 폼을 다음의 화면과 지시사항에 따라 완성하시오. (각 3점)
   ① 폼 머리글의 'txt제품조회', 'txt분류번호', 'txt분류명' 컨트롤에는 포커스를 이동시킬 수 없도록 탭 속성을 설정하시오.
   ② 하위 폼 본문의 배경색과 다른 배경색을 '표준 색 – 흰색'으로 설정하시오.
   ③ 하위 폼 바닥글의 'txt총판매금액' 컨트롤에는 '수량 × 판매금액'의 합계가 표시되도록 '컨트롤 원본' 속성을 설정하시오.

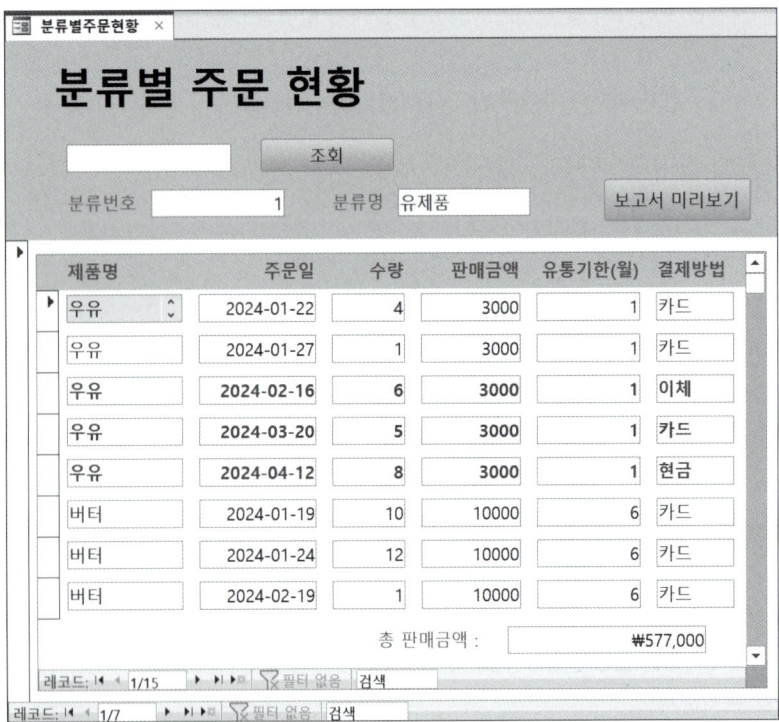

2. 〈주문상세〉 폼의 본문 컨트롤에 대하여 다음과 같이 조건부 서식을 순서대로 설정하시오. (6점)
   ▶ 필드에 포커스가 있는 경우 배경 색을 '표준 색 – 노랑'으로 지정하시오.
   ▶ '제품명' 필드의 값이 "우유"이고 '수량' 필드의 값이 5 이상인 경우 본문의 모든 컨트롤들의 글꼴 스타일을 '굵게', 글꼴 색을 '표준 색 – 파랑'으로 지정하시오.
   ▶ 1번 〈그림〉 참조

3. 〈분류별주문현황〉 폼 머리글의 '보고서 미리보기(cmd출력)' 단추를 클릭하면 〈결제방법별주문현황〉 보고서를 '인쇄 미리 보기' 형태로 여는 〈보고서출력〉 매크로를 생성하여 지정하시오. (5점)
   ▶ 다음과 같이 시스템의 현재 날짜와 시간이 표시된 메시지 상자에서 〈확인〉을 클릭하면 보고서를 출력할 것

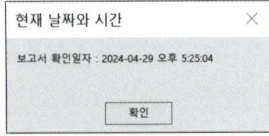

### 문제 3    조회 및 출력 기능 구현(20점)

1. 다음의 지시사항 및 화면을 참조하여 〈결제방법별주문현황〉 보고서를 완성하시오. (각 3점)

   ① '결제방법'을 기준으로 그룹이 지정된 상태에서, 1차 기준으로 '제품명'의 오름차순, 2차 기준으로 '주문일'의 내림차순 정렬되도록 하시오.
   ② 본문 영역의 'txt순번' 컨트롤에는 그룹별로 순번이 표시되도록 관련 속성을 설정하시오.
   ③ 본문 영역의 'txt제품명' 컨트롤의 값이 이전 레코드와 동일한 경우에는 표시되지 않도록 관련 속성을 설정하시오.
   ④ '결제방법'의 그룹 바닥글이 화면에 표시되지 않도록 설정하시오.
   ⑤ 페이지 바닥글 영역의 'txt페이지' 컨트롤에는 페이지가 다음과 같이 표시되도록 '컨트롤 원본' 속성을 설정하시오.
   ▶ 현재 페이지가 1페이지이고 전체 페이지가 5페이지인 경우 : 1/5

   **결제방법별주문현황**

   **이체**

   | 순번 | 주문일 | 제품명 | 수량 | 판매금액 | 유통기한(월) | 보관방법 |
   |---|---|---|---|---|---|---|
   | 1 | 2024-04-06 | 감자 | 9 | 5000 | 1 | 실온 |
   | 2 | 2024-03-17 | 김치 | 6 | 12000 | 6 | 냉장 |
   | 3 | 2024-04-03 | 낙지 | 1 | 25000 | 1 | 냉장 |
   | 4 | 2024-02-09 |  | 9 | 25000 | 1 | 냉장 |
   | 5 | 2024-01-07 |  | 5 | 25000 | 1 | 냉장 |
   | 6 | 2024-01-10 | 바나나 | 1 | 4000 | 1 | 실온 |
   | 7 | 2024-03-25 | 배 | 8 | 9000 | 1 | 실온 |
   | 8 | 2024-02-23 |  | 1 | 9000 | 1 | 실온 |
   | 9 | 2024-03-31 | 아이스크림 | 2 | 3000 | 12 | 냉동 |
   | 10 | 2024-02-05 | 양파 | 8 | 7600 | 1 | 실온 |
   | 11 | 2024-02-16 | 우유 | 6 | 3000 | 1 | 냉장 |
   | 12 | 2024-01-15 | 해삼 | 11 | 12000 | 1 | 냉장 |

   **카드**

   | 순번 | 주문일 | 제품명 | 수량 | 판매금액 | 유통기한(월) | 보관방법 |
   |---|---|---|---|---|---|---|
   | 1 | 2024-03-23 | 감자 | 5 | 5000 | 1 | 실온 |
   | 2 | 2024-02-24 |  | 10 | 5000 | 1 | 실온 |
   | 3 | 2024-02-12 |  | 12 | 5000 | 1 | 실온 |
   | 4 | 2024-01-04 |  | 12 | 5000 | 1 | 실온 |
   | 5 | 2024-03-13 | 건조오징어 | 1 | 50000 | 2 | 실온 |
   | 6 | 2024-02-28 |  | 10 | 50000 | 2 | 실온 |
   | 7 | 2024-01-25 |  | 3 | 50000 | 2 | 실온 |
   | 8 | 2024-01-09 |  | 9 | 50000 | 2 | 실온 |
   | 9 | 2024-04-01 | 김치 | 2 | 12000 | 6 | 냉장 |

   1/5

2. 〈분류별주문현황〉 폼 머리글을 더블클릭하면 다음과 같은 기능을 수행하도록 이벤트 프로시저를 구현하시오. (5점)

   ▶ 아래와 같은 메시지 상자를 표시하고 〈예〉를 클릭하면, 'txt제품조회' 컨트롤의 값을 지운 후 포커스가 'txt제품조회' 컨트롤로 이동되도록 하시오.

   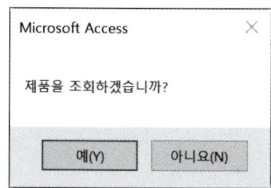

   ▶ DoCmd 개체와 GoToControl 메서드 사용

## 문제 4    처리 기능 구현(35점)

1. 〈주문목록〉과 〈제품〉 테이블을 이용하여 제품별 총 주문량을 조회한 후 새 테이블로 생성하는 〈제품주문조회〉 쿼리를 작성하고 실행하시오. (7점)
   - ▶ '보관방법' 필드의 값이 "실온"이고, '유통기한(월)' 필드의 값이 1 이하인 레코드만을 대상으로 하시오.
   - ▶ '총 주문량' 필드는 '수량' 필드를 이용하며, '총 주문량' 필드를 기준으로 내림차순 정렬하시오.
   - ▶ 쿼리 실행 후 생성되는 테이블의 이름은 〈실온제품주문현황〉으로 설정하시오.
   - ▶ 쿼리 실행 결과 생성되는 필드와 필드명은 〈그림〉을 참고하여 수험자가 판단하여 설정하시오.

   | 제품명 | 총 주문량 |
   |---|---|
   | 감자 | 48 |
   | 배 | 35 |
   | 양파 | 34 |
   | 사과 | 32 |
   | 바나나 | 19 |

   ※ 〈제품주문조회〉 쿼리를 실행한 후의 〈실온제품주문현황〉 테이블

2. 제품별, 일수별 수량의 합계를 조회하는 〈제품별_일수별_수량조회〉 크로스탭 쿼리를 작성하시오. (7점)
   - ▶ 〈주문상세〉 쿼리를 이용하시오.
   - ▶ '제품명' 필드를 기준으로 내림차순 정렬하시오.
   - ▶ '수량 합계'는 '수량' 필드를 이용하여, [표시 예]와 같이 표시되도록 '형식' 속성을 설정하시오.
     [표시 예] 28 → 28개
   - ▶ 일수는 '주문일' 필드를 이용하며, 일수가 10~15 사이인 레코드만을 대상으로 하시오.
   - ▶ 일수별 수량의 합계는 '수량' 필드를 이용하여, 0보다 큰 경우만 일수별 수량의 합계를 표시하고, 그 외에는 "-"을 표시하시오.
   - ▶ Day, Sum, IIf 함수, Between과 & 연산자 사용
   - ▶ 쿼리 결과로 표시되는 필드와 필드명은 〈그림〉과 같이 표시되도록 설정하시오.

   | 제품명 | 수량 합계 | 10일 | 11일 | 12일 | 13일 | 14일 | 15일 |
   |---|---|---|---|---|---|---|---|
   | 해삼 | 28개 | - | 8 | - | - | 9 | 11 |
   | 치즈 | 11개 | - | - | - | 11 | - | - |
   | 우유 | 8개 | - | - | 8 | - | - | - |
   | 오리고기 | 3개 | - | - | 3 | - | - | - |
   | 아이스크림 | 4개 | - | - | - | - | 4 | - |
   | 소시지 | 3개 | - | - | - | - | - | 3 |
   | 소고기 | 20개 | - | - | - | - | 9 | 11 |
   | 사과 | 9개 | 9 | - | - | - | - | - |
   | 배 | 11개 | 11 | - | - | - | - | - |
   | 바나나 | 9개 | 1 | 8 | - | - | - | - |
   | 닭고기 | 10개 | 10 | - | - | - | - | - |
   | 꽁치통조림 | 1개 | 1 | - | - | - | - | - |
   | 김치 | 8개 | - | 7 | 1 | - | - | - |
   | 건조오징어 | 1개 | - | - | - | 1 | - | - |
   | 감자 | 12개 | - | - | 12 | - | - | - |

3. 조회할 제품명의 일부를 매개 변수로 입력받아 해당 제품의 최대주문수량을 조회하는 〈제품별_최대주문수량〉 쿼리를 작성하시오. (7점)
   - ▶ 〈제품〉, 〈주문목록〉, 〈주문〉, 〈회원〉 테이블을 이용하시오.
   - ▶ '최대주문수량' 필드는 '수량' 필드를 이용하여, [표시 예]와 같이 표시되도록 '형식' 속성을 설정하시오.
     [표시 예] 9 → 9개
   - ▶ '최대주문수량' 필드의 값이 5 이상이고, '성별' 필드의 값이 "여자"인 레코드만을 대상으로 하시오.
   - ▶ Like 연산자 사용
   - ▶ 쿼리 실행 결과 표시되는 필드와 필드명은 〈그림〉과 같이 표시되도록 설정하시오.

   매개 변수 값 입력
   제품명의 일부를 입력하세요
   고기

   | 제품명 | 최대주문수량 |
   |---|---|
   | 닭고기 | 12개 |
   | 돼지고기 | 8개 |
   | 소고기 | 9개 |

4. 〈제품〉과 〈주문목록〉 테이블을 이용하여 주문되지 않은 제품을 조회하는 〈비인기제품〉 쿼리를 작성하시오. (7점)
   ▶ 〈주문목록〉 테이블에 없는 〈제품〉 테이블의 '제품번호' 필드를 대상으로 하시오.
   ▶ Is 연산자 사용
   ▶ 쿼리 결과로 표시되는 필드와 필드명은 〈그림〉과 같이 표시되도록 설정하시오.

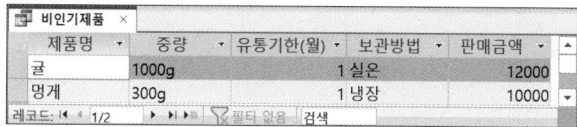

5. 〈회원〉 테이블의 '회원번호' 필드에는 데이터가 있으나 〈주문〉 테이블의 '회원번호' 필드에는 데이터가 없는 회원을 조회하여 〈회원〉 테이블의 '비고' 필드의 값을 "이벤트 정보 발송 대상자"로 변경하는 〈이벤트대상자〉 업데이트 쿼리를 작성한 후 실행하시오. (7점)
   ▶ 〈회원〉과 〈주문〉 테이블을 이용하시오.
   ▶ Not in 연산자와 하위 쿼리 사용

※ 〈이벤트대상자〉 쿼리를 실행한 후의 〈회원〉 테이블

# 08회 기출문제 정답 및 해설

## 문제 1    DB 구축

### 01. 테이블 완성하기 _ 참고 : 테이블 완성 300쪽

**〈주문〉 테이블**

❶ 테이블 속성의 '정렬 기준' 속성 설정하기

| 속성 시트 | |
|---|---|
| 선택 유형: 테이블 속성 | |
| **일반** | |
| 유효성 검사 텍스트 | |
| 필터 | |
| 정렬 기준 | 주문일 desc |
| 하위 데이터시트 이름 | [자동] |
| 하위 필드 연결 | |

❷ '주문일' 필드에 기본값 속성 설정하기

| | 필드 속성 |
|---|---|
| **일반** 조회 | |
| 입력 마스크 | |
| 캡션 | |
| 기본값 | Date() |
| 유효성 검사 규칙 | |
| 유효성 검사 텍스트 | |

**〈제품〉 테이블**

❸ '제품번호' 필드에 입력 마스크 속성 설정하기

| | 필드 속성 |
|---|---|
| **일반** 조회 | |
| 필드 크기 | 255 |
| 형식 | |
| 입력 마스크 | L00-0000;0;* |
| 캡션 | |
| 기본값 | |

❹ '제품명' 필드에 '필수' 속성과 '빈 문자열 허용' 속성 설정하기

| | 필드 속성 |
|---|---|
| **일반** 조회 | |
| 유효성 검사 텍스트 | |
| 필수 | 예 |
| 빈 문자열 허용 | 아니요 |
| 인덱스 | 아니요 |
| 유니코드 압축 | 예 |

❺ '유통기한(월)' 필드에 '유효성 검사 규칙' 속성과 '유효성 검사 텍스트' 속성 설정하기

| | 필드 속성 |
|---|---|
| **일반** 조회 | |
| 기본값 | 0 |
| 유효성 검사 규칙 | <8 |
| 유효성 검사 텍스트 | 입력값을 확인하세요 |
| 필수 | 아니요 |
| 인덱스 | 아니요 |

### 02. 〈제품〉 테이블의 '분류번호' 필드에 조회 기능 설정하기
_ 참고 : 조회 기능 설정 306쪽

**정답**

| | 필드 속성 |
|---|---|
| 일반 **조회** | |
| 컨트롤 표시 | 콤보 상자 |
| 행 원본 유형 | 테이블/쿼리 |
| 행 원본 | SELECT 분류.분류번호, 분류.분류명 FROM 분류; |
| 바운드 열 | 1 |
| 열 개수 | 2 |
| 열 이름 | 아니요 |
| 열 너비 | 0cm;3cm |
| 행 수 | 16 |
| 목록 너비 | 3cm |
| 목록 값만 허용 | 예 |
| 여러 값 허용 | 아니요 |
| 값 목록 편집 허용 | 아니요 |
| 목록 항목 편집 폼 | |
| 행 원본 값만 표시 | 아니요 |

### 03. 〈주문〉 테이블과 〈회원〉 테이블 간의 관계 설정하기
_ 참고 : 관계 설정 309쪽

**정답**

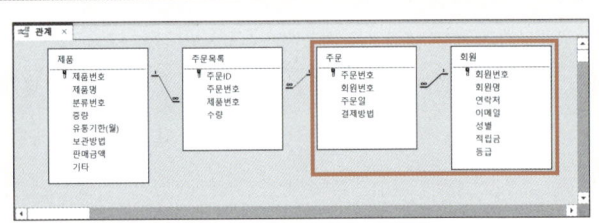

• '관계 편집' 대화상자

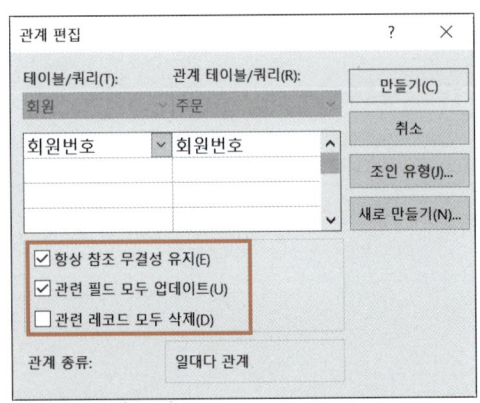

| 문제 2 | 입력 및 수정 기능 구현 | 정답 |

## 01. 〈분류별주문현황〉 폼 완성하기 _ 참고 : 폼 완성 314쪽

**정답**

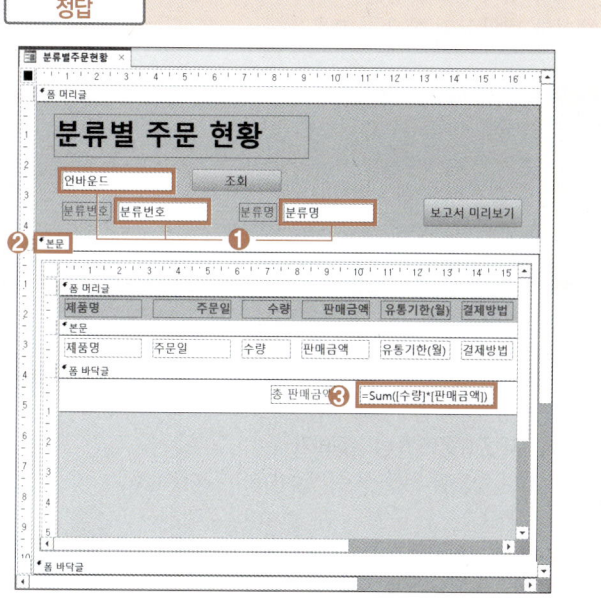

❶ 'txt제품조회', 'txt분류번호', 'txt분류명' 컨트롤에 속성 지정하기
'기타' 탭의 탭 정지 → 아니요

❷ 하위 폼 본문에 속성 지정하기
- '형식' 탭의 배경색 → #FFFFFF
- '형식' 탭의 다른 배경색 → #FFFFFF

※ '표준 색 – 흰색'을 지정하면 #FFFFFF로 표시됩니다.

❸ 하위 폼 바닥글의 'txt총판매금액' 컨트롤에 속성 설정하기
'데이터' 탭의 컨트롤 원본 → =Sum([수량]*[판매금액])

## 02. 〈주문상세〉 폼 본문에 조건부 서식 설정하기
_ 참고 : 조건부 서식 322쪽

1. 폼 본문에 있는 모든 컨트롤을 선택한다.
2. [서식] → 컨트롤 서식 → **조건부 서식**(📋)을 클릭한 후 '조건부 서식 규칙 관리자' 대화상자에서 〈새 규칙〉을 클릭한다.
3. '새 서식 규칙' 대화상자에서 다음과 같이 설정한다.

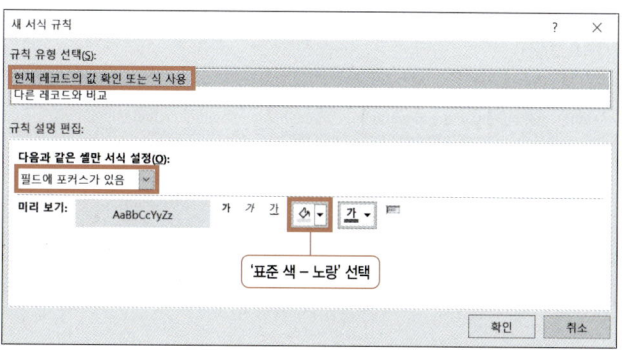

4. 같은 방법으로 두 번째 조건부 서식을 다음과 같이 설정한다.

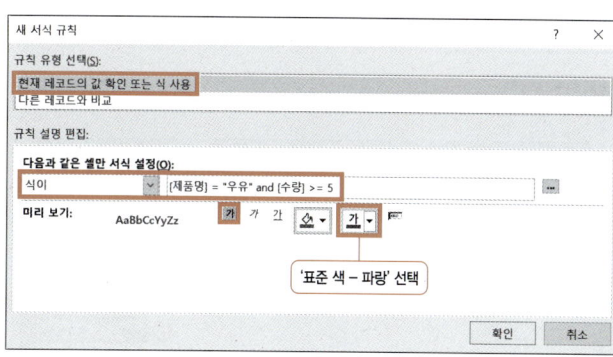

## 03. 〈보고서출력〉 매크로 작성하기 _ 참고 : 매크로 작성 329쪽

**정답**

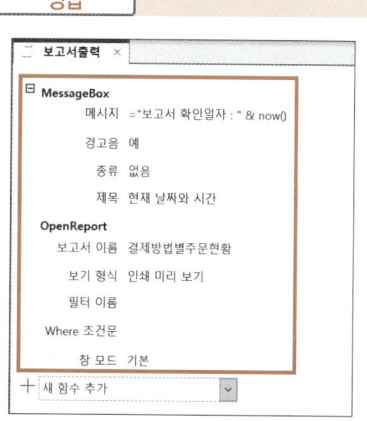

1. 매크로 개체를 생성한 후 이를 연결하여 사용해야 하므로, 먼저 매크로 개체를 생성한다. [만들기] → 매크로 및 코드 → **매크로**(📋)를 클릭한다.
2. 매크로 대화상자에서 정답과 같이 설정한 후 매크로 대화상자의 닫기(✕) 단추를 클릭한다.
3. 저장 여부를 묻는 대화상자에서 〈예〉를 클릭한다.
4. '다른 이름으로 저장' 대화상자에서 매크로 이름을 **보고서출력**으로 입력한 다음 〈확인〉을 클릭한다.
5. 〈분류별주문현황〉 폼을 디자인 보기로 연 후 폼 머리글의 'cmd출력' 컨트롤을 더블클릭한다.
6. 'cmd출력' 컨트롤 속성 시트 창의 '이벤트' 탭에서 'On Click' 이벤트의 목록 단추를 눌러 '보고서출력' 매크로를 선택한다.

## 문제 3 조회 및 출력 기능 구현

### 01. 〈결제방법별주문현황〉 보고서 완성하기 _ 참고 : 보고서 완성 335쪽

**정답**

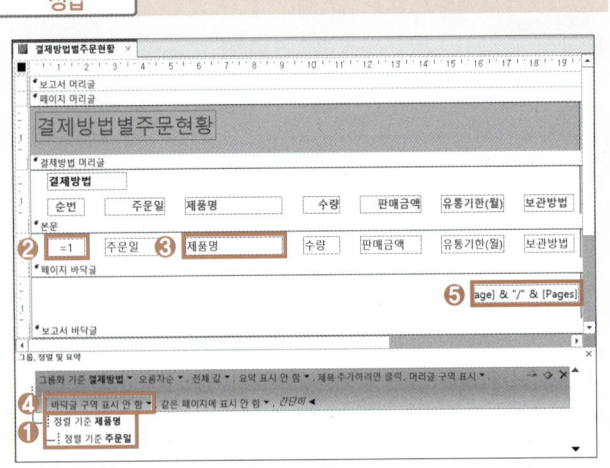

❶ '그룹, 정렬 및 요약' 창 – 정렬 기준

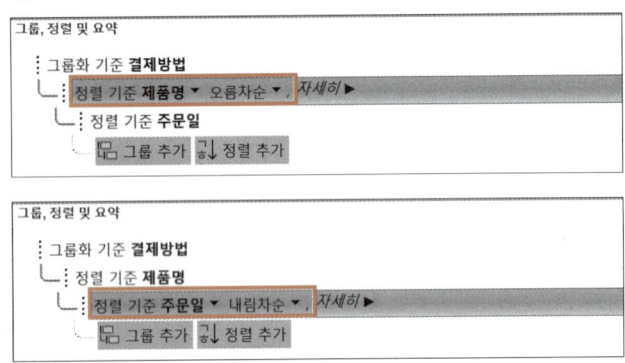

❷ 'txt순번' 컨트롤에 속성 설정하기
- '데이터' 탭의 컨트롤 원본 → =1
- '데이터' 탭의 누적 합계 → 그룹

❸ 'txt제품명' 컨트롤에 속성 설정하기
'형식' 탭의 중복 내용 숨기기 → 예

❹ '그룹, 정렬 및 요약' 창 – 바닥글 구역 표시 안 함

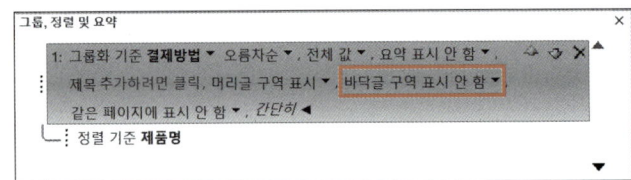

❺ 'txt페이지' 컨트롤에 속성 설정하기
'데이터' 탭의 컨트롤 원본 → =[Page] & "/" & [Pages]

### 02. 〈분류별주문현황〉 폼 머리글에 더블클릭 기능 구현하기
_ 참고 : 이벤트 프로시저 344쪽

**정답**

```
Private Sub 폼_머리글_DblClick(Cancel As Integer)
    Dim a
    a = MsgBox("제품을 조회하겠습니까?", vbYesNo)

    If a = vbYes Then
        txt제품조회 = ""
        DoCmd.GoToControl "txt제품조회"
    End If
End Sub
```

## 문제 4 처리 기능 구현

### 01. 〈제품주문조회〉 쿼리 _ 참고 : 테이블 생성 쿼리 작성 355쪽

1. 쿼리 작성기 창

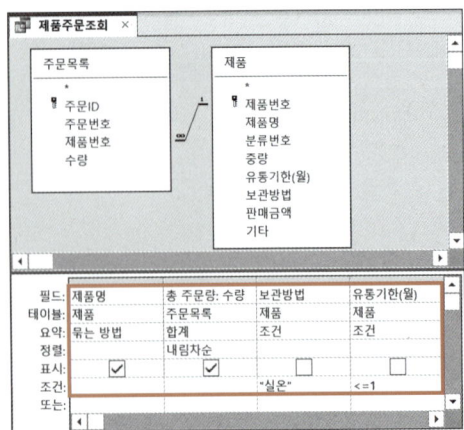

2. [쿼리 디자인] → 쿼리 유형 → 테이블 만들기(🎛)를 클릭한 후 '테이블 만들기' 대화상자의 '테이블 이름'에 **실온제품주문현황**을 입력한다.

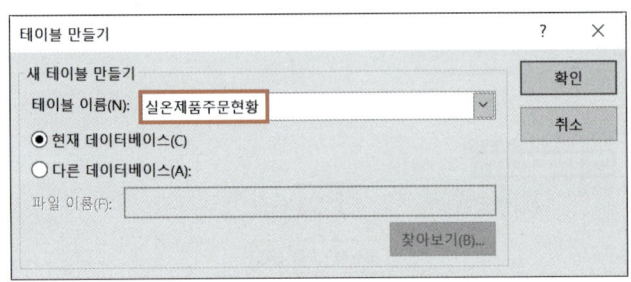

## 02. 〈제품별_일수별_수량조회〉 쿼리 _ 참고 : 크로스탭 쿼리 작성 354쪽

• 쿼리 작성기 창

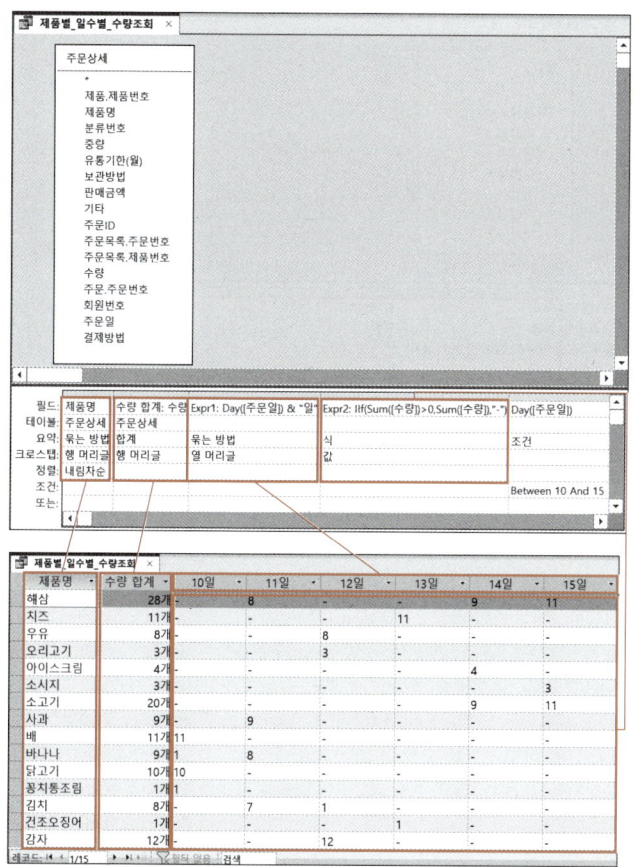

• '수량 합계' 필드 속성 설정하기
  - '일반' 탭의 형식 → #개

## 03. 〈제품별_최대주문수량〉 쿼리 작성하기
_ 참고 : 매개 변수 쿼리 작성 354쪽

• 쿼리 작성기 창

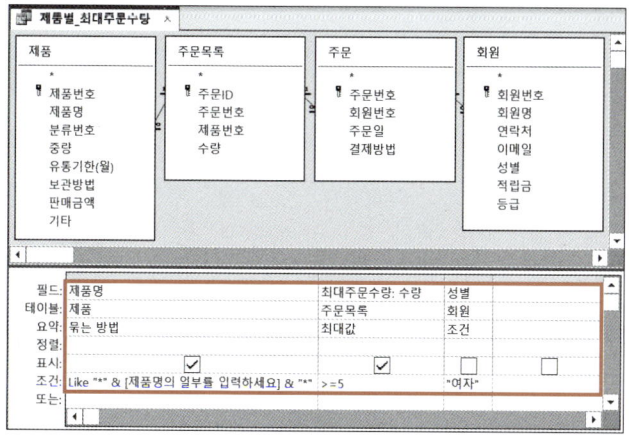

• '최대주문수량' 필드 속성 설정하기
  - '일반' 탭의 형식 → #개

## 04. 〈비인기제품〉 쿼리 _ 참고 : 불일치 검색 쿼리 작성 357쪽

※ 문제에 Not In을 사용하라는 지시사항이 없으므로 '불일치 검색 쿼리 마법사'를 사용하면 됩니다. '불일치 검색 쿼리 마법사'를 수행하면 '제품번호' 필드의 조건에 Is Null이 자동으로 적용됩니다.

1. '새 쿼리' 대화상자

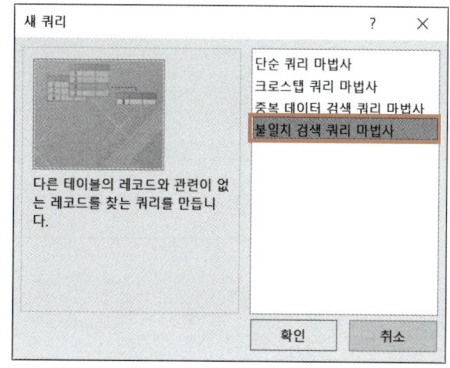

2. '불일치 검색 쿼리 마법사' 1단계 대화상자

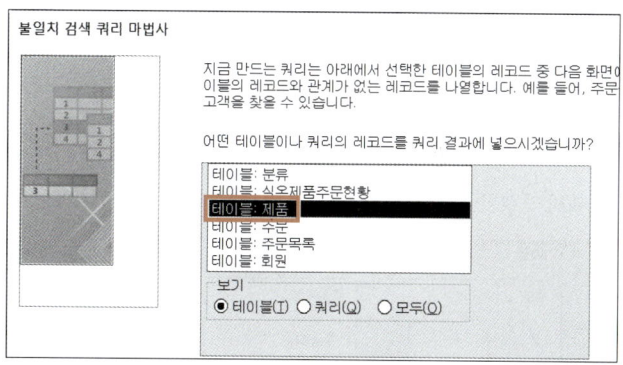

3. '불일치 검색 쿼리 마법사' 2단계 대화상자

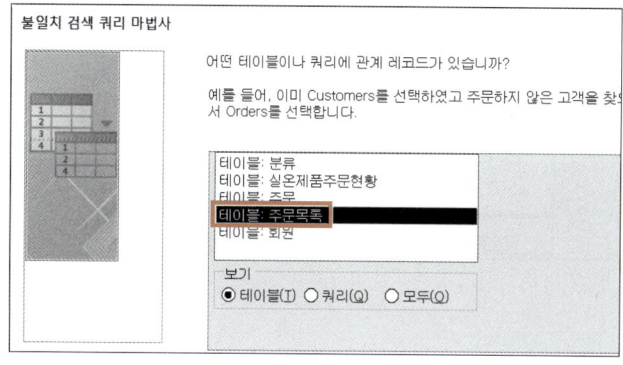

4. '불일치 검색 쿼리 마법사' 3단계 대화상자

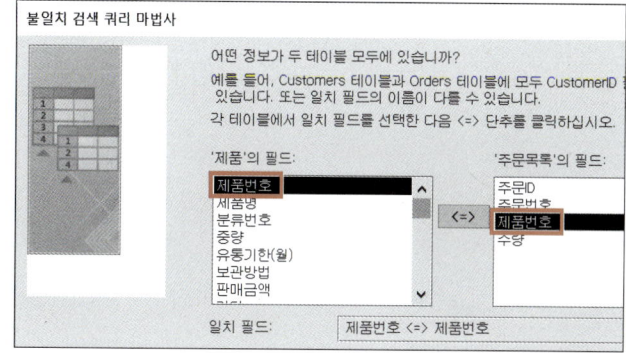

5. '불일치 검색 쿼리 마법사' 4단계 대화상자

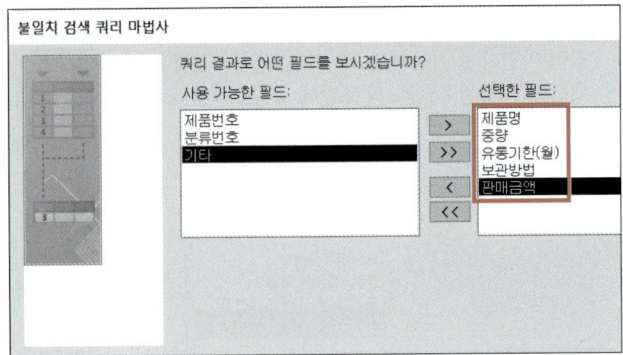

6. '불일치 검색 쿼리 마법사' 5단계 대화상자

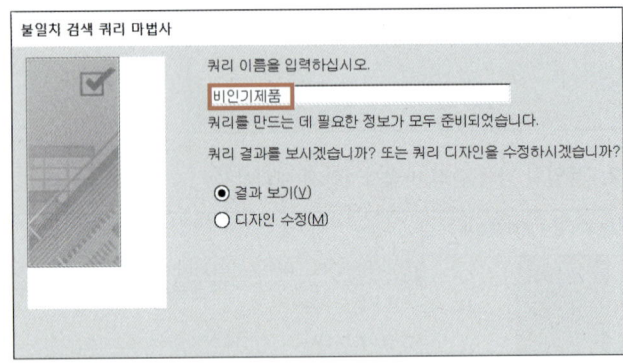

※ 쿼리 작성기 창

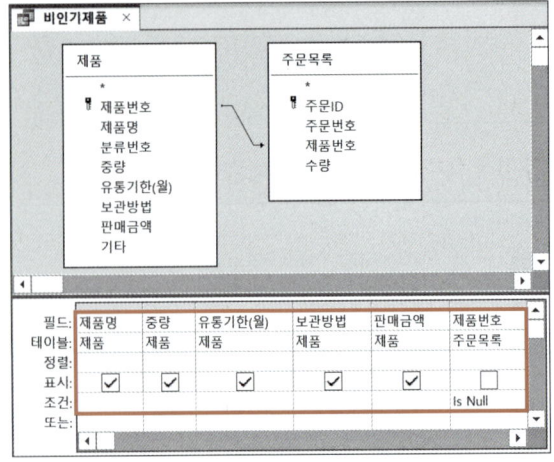

## 05. 〈이벤트대상자〉 쿼리 _ 참고 : 업데이트 쿼리 작성 356쪽

• 쿼리 작성기 창

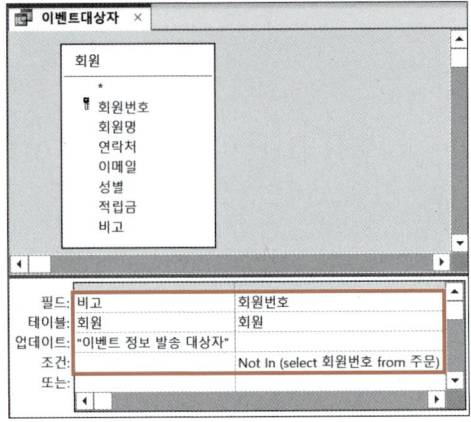

# 09회 2023년 상시01 컴퓨터활용능력 1급

- **준 비 하 세 요 :** '길벗컴활1급총정리\기출\05회' 폴더에서 '23년상시01.accdb' 파일을 열어서 작업하시오.
- **외부 데이터 위치 :** 길벗컴활1급총정리\기출\05회

### 문제 1    DB구축(25점)

1. 고객들의 도서 대여 정보를 관리하기 위한 데이터베이스를 구축하고자 한다. 다음의 지시사항에 따라 〈고객〉 테이블을 완성하시오. (각 4점)
   ① '고객번호' 필드는 'P001' 형식으로 영문 대문자 한 자리와 숫자 세 자리가 반드시 입력되도록 다음과 같이 설정하시오.
      ▶ 문자는 영문이나 한글이 반드시 입력되도록 설정할 것
      ▶ 숫자는 0~9까지의 숫자가 반드시 입력될 수 있도록 설정할 것
   ② '고객명' 필드의 IME 모드를 '한글'로 설정하시오.
   ③ '전화번호' 필드에는 값이 반드시 입력되도록 설정하시오.
   ④ '나이' 필드에는 255자 이하의 숫자가 입력될 수 있도록 데이터 형식과 필드 크기를 설정하시오.
   ⑤ '성별' 필드에는 "남"이나 "여"만 입력되도록 설정하시오.

2. 다음 지시사항에 따라 '신규도서목록.txt' 파일을 가져와 테이블로 생성하시오. (5점)
   ▶ 구분 기호는 탭으로 설정하시오.
   ▶ 첫 번째 행은 필드의 이름으로 설정하시오.
   ▶ 도서코드를 기본키로 설정하시오.
   ▶ 테이블 이름을 '도서목록추가'로 하시오.

3. 〈대여내역〉 테이블의 '도서코드' 필드는 〈도서〉 테이블의 '도서코드' 필드를 참조하며, 테이블 간의 관계는 M:1이다. 다음과 같이 테이블 간의 관계를 설정하시오. (5점)
   ※ 액세스 파일에 이미 설정되어 있는 관계는 수정하지 마시오.
   ▶ 각 테이블 간에 항상 참조 무결성이 유지되도록 설정하시오.
   ▶ 참조 필드의 값이 변경되면 관련 필드의 값도 변경되도록 설정하시오.
   ▶ 다른 테이블에서 참조하고 있는 레코드는 삭제할 수 없도록 설정하시오.

### 문제 2    입력 및 수정 기능 구현(20점)

1. 〈대여내역관리〉 폼을 다음의 화면과 지시사항에 따라 완성하시오. (각 3점)
   ① 폼 머리글에 그림과 같이 제목 레이블을 생성하시오.
      ▶ 이름 : title
      ▶ 크기 : 20
      ▶ 글자 색 : 표준 색 – 검정
   ② 본문의 'txt일련번호'는 그림과 같이 선택할 수 없도록 관련 속성을 설정하시오.
   ③ 본문의 'txt대여일자' 컨트롤에 '대여일자' 필드의 내용이 표시되도록 컨트롤 원본 속성을 설정하시오.
   ④ 본문의 'txt고객명' 컨트롤에는 포커스가 이동되지 않도록 관련 속성을 설정하시오.
   ⑤ 폼에 구분 선과 레코드 선택기가 표시되지 않도록 설정하시오.

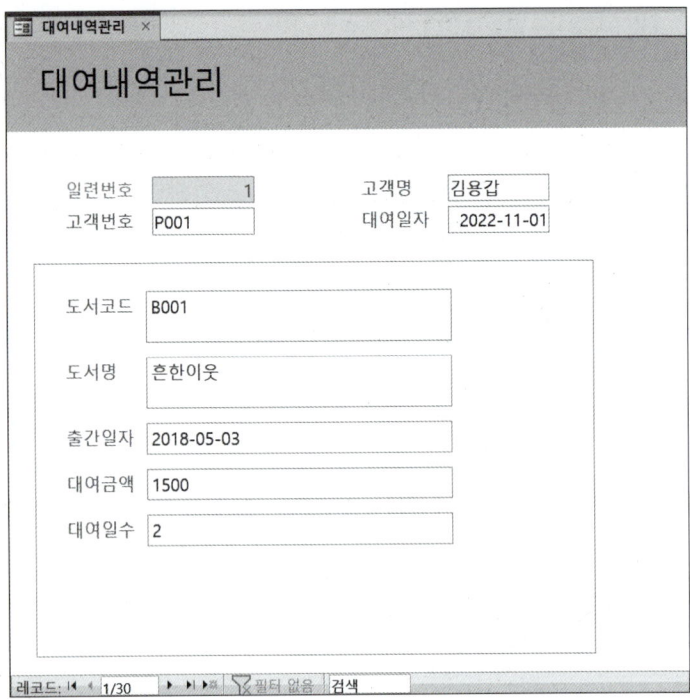

2. 〈대여내역관리〉 폼 본문의 'txt고객명' 컨트롤에는 〈고객〉 테이블의 '고객번호' 필드가 'txt고객번호' 컨트롤의 값과 같은 '고객명'을 표시하시오. (5점)

   ▶ DLookup 함수 사용
   ▶ 1번 〈그림〉 참조

3. 〈도서찾기〉 폼을 읽기 전용 모드 형식으로 열고, 〈도서대여_관리〉 보고서를 인쇄 미리 보기 형식으로 여는 〈보고서출력〉 매크로를 생성하시오. 〈고객정보〉 폼의 '도서대여정보확인'(cmd확인) 단추를 클릭하면 〈보고서출력〉 매크로가 실행되도록 하시오. (5점)

   ▶ 보고서 출력 조건 : 〈고객정보〉 폼의 'txt고객번호' 컨트롤에 입력된 고객번호와 같은 정보만 표시

## 문제 3  조회 및 출력 기능 구현(20점)

1. 다음의 지시사항 및 화면을 참조하여 〈도서대여_관리〉 보고서를 완성하시오. (각 3점)
   ① 동일한 도서코드 내에서 '대여일자'를 기준으로 내림차순 정렬되어 표시되도록 설정하시오.
   ② 페이지 머리글이 표시되도록 설정하시오.
   ③ '도서코드' 머리글 영역이 매 페이지마다 반복하여 출력되도록 설정하시오.
   ④ 본문 영역의 'txt순번' 컨트롤에는 그룹별로 순번이 표시되도록 관련 속성을 설정하시오.
   ⑤ '도서코드' 바닥글 영역의 'txt소계' 컨트롤에는 대여금액의 합계가 표시되도록 컨트롤 원본 속성을 설정하시오.

## 도서대여 관리 보고서

**도서명:** 흔한이웃

| 순번 | 대여일자 | 고객명 | 전화번호 | 나이 | 성별 | 대여금액 |
|---|---|---|---|---|---|---|
| 1 | 2022-11-01 | 김용갑 | 10-2288-733 | 48 | 남 | 1500 |
| | | | | | 대여금액 소계: | 1500 |

**도서명:** 친절한편의점

| 순번 | 대여일자 | 고객명 | 전화번호 | 나이 | 성별 | 대여금액 |
|---|---|---|---|---|---|---|
| 1 | 2022-11-02 | 명호준 | 10-5764-765 | 21 | 남 | 1200 |
| | | | | | 대여금액 소계: | 1200 |

**도서명:** 아버지의 여행일지

| 순번 | 대여일자 | 고객명 | 전화번호 | 나이 | 성별 | 대여금액 |
|---|---|---|---|---|---|---|
| 1 | 2022-11-17 | 백지향 | 10-1800-625 | 37 | 여 | 1800 |
| 2 | 2022-11-16 | 고시혁 | 10-6142-035 | 24 | 남 | 1800 |
| 3 | 2022-11-02 | 한서연 | 10-3065-051 | 18 | 여 | 1800 |
| | | | | | 대여금액 소계: | 5400 |

**도서명:** 역공

| 순번 | 대여일자 | 고객명 | 전화번호 | 나이 | 성별 | 대여금액 |
|---|---|---|---|---|---|---|
| 1 | 2022-11-23 | 유세윤 | 10-1043-946 | 52 | 여 | 2000 |
| 2 | 2022-11-17 | 백채헌 | 10-9128-267 | 35 | 남 | 2000 |
| 3 | 2022-11-09 | 우래훈 | 10-7856-594 | 36 | 남 | 2000 |
| 4 | 2022-11-03 | 김원중 | 10-6232-313 | 20 | 남 | 2000 |
| | | | | | 대여금액 소계: | 8000 |

**도서명:** 천안문

| 순번 | 대여일자 | 고객명 | 전화번호 | 나이 | 성별 | 대여금액 |
|---|---|---|---|---|---|---|
| 1 | 2022-11-19 | 한서연 | 10-3065-051 | 18 | 여 | 1400 |

3 / 1

2. 〈도서찾기〉 폼 머리글의 'txt조회' 컨트롤에 조회할 도서명을 입력하고 '찾기'(cmd찾기) 단추를 클릭하면 다음과 같은 기능을 수행하도록 이벤트 프로시저를 구현하시오. (5점)

▶ 'txt조회' 컨트롤에 입력된 도서명을 포함하는 도서의 정보가 표시되도록 하시오.
▶ 현재 폼의 RecordSource 속성을 이용하시오.

## 문제 4  처리 기능 구현(35점)

1. 회원별로 '대여횟수'와 '대여금액'의 합계, '대여일수'의 평균을 조회하는 〈회원별대여현황〉 쿼리를 작성하시오. (5점)

▶ 〈고객〉, 〈대여내역〉, 〈도서〉 테이블을 이용하시오.
▶ 대여횟수는 '도서코드' 필드를 이용하시오.
▶ 대여횟수가 2 이상인 고객만 조회 대상으로 하시오.
▶ 평균대여일수는 [표시 예]와 같이 표시되도록 '형식' 속성을 설정하시오. [표시 예 : 0 → 0.0, 1.6666 → 1.7]

| 고객명 | 대여횟수 | 대여금총액 | 평균대여일수 |
|---|---|---|---|
| 김원중 | 2 | 3500 | 2.5 |
| 남두영 | 3 | 4400 | 1.7 |
| 노윤일 | 2 | 2500 | 2.5 |
| 명호준 | 2 | 2700 | 2.0 |
| 박나래 | 2 | 2900 | 2.0 |
| 박승혁 | 2 | 2800 | 2.5 |
| 오도윤 | 2 | 2700 | 2.5 |
| 유세윤 | 3 | 4600 | 2.0 |
| 전연영 | 2 | 2900 | 2.5 |
| 현시연 | 4 | 6300 | 2.0 |

2. 〈대여내역관리〉 쿼리를 이용하여 '대여횟수'를 매개 변수로 입력받아 해당 대여횟수만큼 대여한 고객의 정보를 조회하는 〈대여횟수조회〉 매개 변수 쿼리를 작성하시오. (5점)

▶ 대여횟수는 '일련번호' 필드를 이용하시오.
▶ 최근대여일자는 대여일자의 최근 날짜가 표시되도록 설정하시오.
▶ 쿼리 결과로 표시되는 필드와 필드명은 〈그림〉과 같이 표시되도록 설정하시오.

3. 〈도서〉와 〈대여내역〉 테이블을 이용하여 한 번도 대여되지 않은 도서를 조회하는 〈미대여도서〉 쿼리를 작성하시오. (5점)

▶ 〈대여내역〉 테이블의 '도서코드' 필드에 존재하지 않는 〈도서〉 테이블의 '도서코드'를 대상으로 할 것(Is Null 사용)
▶ 쿼리 결과로 표시되는 필드와 필드명은 〈그림〉과 같이 표시되도록 설정하시오.

4. 〈도서〉, 〈대여내역〉, 〈고객〉 테이블을 이용하여 도서코드별 성별별 대여횟수를 조회하는 〈도서대여현황〉 크로스탭 쿼리를 작성하시오. (5점)

▶ 대여횟수는 '일련번호' 필드를 이용하시오.
▶ 평균나이는 '나이' 필드를 이용하며, 형식은 표준, 소수 자릿수는 0으로 설정하시오.
▶ '도서코드' 필드의 마지막이 1~5로 끝나는 자료만을 대상으로 하시오.
▶ 쿼리 결과로 표시되는 필드와 필드명, 필드의 형식은 〈그림〉과 같이 표시되도록 설정하시오.

5. 〈도서〉와 〈대여내역〉 테이블을 이용하여 도서대여 횟수가 4 이상인 도서의 '비고' 필드의 값을 "우수도서"로 변경하는 〈우수도서처리〉 업데이트 쿼리를 작성한 후 실행하시오. (5점)

▶ 도서대여 횟수는 '도서코드' 필드를 이용하여 계산하시오.
▶ In 연산자와 하위 쿼리 사용

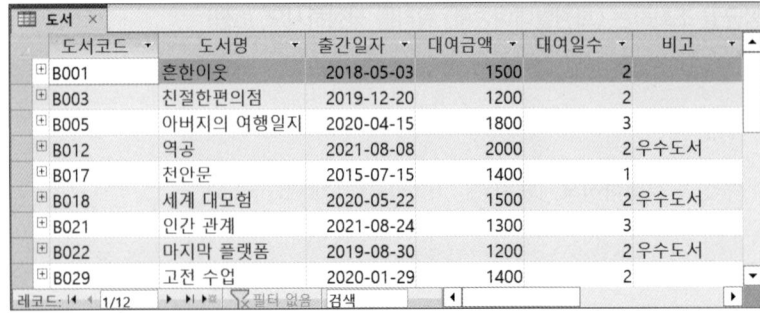

※ 〈우수도서처리〉 쿼리를 실행한 후의 〈도서〉 테이블

# 09회 EXAMINATION 기출문제 정답 및 해설

## 문제 1    DB 구축      정답

### 01. 테이블 완성하기 _ 참고 : 테이블 완성 300쪽

**〈고객〉 테이블**

❶ '고객번호' 필드에 입력 마스크 속성 설정하기

| 필드 속성 | |
|---|---|
| 일반 조회 | |
| 필드 크기 | 255 |
| 형식 | |
| 입력 마스크 | >L000 |
| 캡션 | |
| 기본값 | |
| 유효성 검사 규칙 | |

❷ '고객명' 필드에 IME 모드 속성 설정하기

| 필드 속성 | |
|---|---|
| 일반 조회 | |
| 빈 문자열 허용 | 예 |
| 인덱스 | 아니요 |
| 유니코드 압축 | 예 |
| IME 모드 | 한글 |
| 문장 입력 시스템 모드 | 없음 |
| 텍스트 맞춤 | 일반 |

❸ '전화번호' 필드에 필수 속성 설정하기

| 필드 속성 | |
|---|---|
| 일반 조회 | |
| 기본값 | |
| 유효성 검사 규칙 | |
| 유효성 검사 텍스트 | |
| 필수 | 예 |
| 빈 문자열 허용 | 예 |
| 인덱스 | 아니요 |

❹ '나이' 필드에 데이터 형식과 필드 크기 속성 설정하기

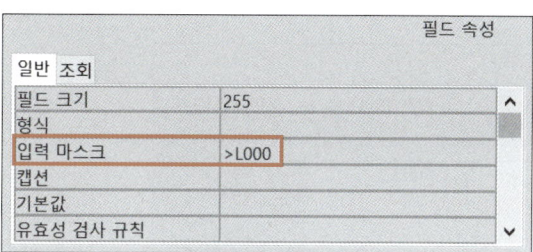

❺ '성별' 필드에 유효성 검사 규칙 속성 설정하기

| 필드 속성 | |
|---|---|
| 일반 조회 | |
| 캡션 | |
| 기본값 | |
| 유효성 검사 규칙 | In ("남","여") |
| 유효성 검사 텍스트 | |
| 필수 | 아니요 |
| 빈 문자열 허용 | 예 |

### 02. '신규도서목록.txt' 파일 가져오기 _ 참고 : 테이블 생성 311쪽

정답

| 도서코드 | 도서명 | 출간일자 | 대여금액 | 대여일수 |
|---|---|---|---|---|
| B101 | 사랑과 그리움 | 2022-01-29 | 1300 | 3 |
| B102 | 시간속으로 | 2022-02-25 | 1500 | 2 |
| B103 | 영화같은 이야기 | 2022-03-12 | 1800 | 2 |
| B104 | 오래된 우정 | 2022-04-03 | 1200 | 2 |
| B105 | 헤어질 시간 | 2022-05-10 | 1300 | 3 |

1. '외부 데이터 가져오기 – 텍스트 파일' 대화상자

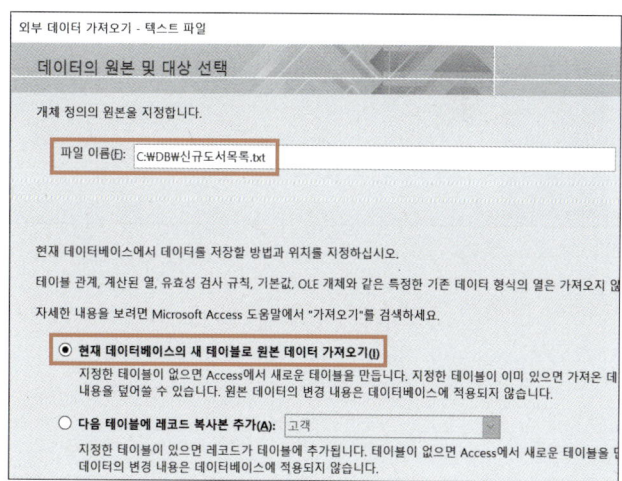

2. '텍스트 가져오기 마법사' 1단계 대화상자

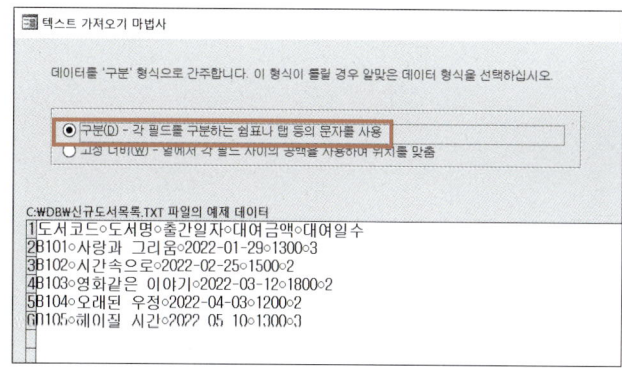

3. '텍스트 가져오기 마법사' 2단계 대화상자

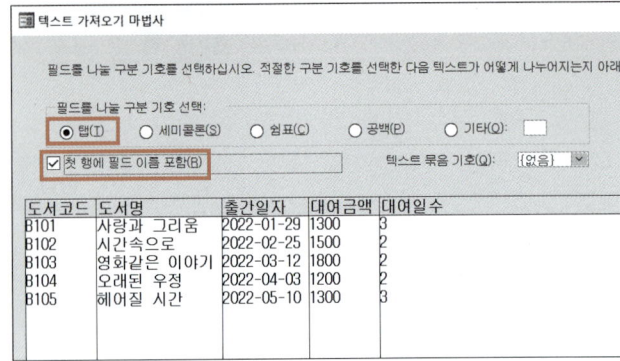

4. '텍스트 가져오기 마법사' 4단계 대화상자

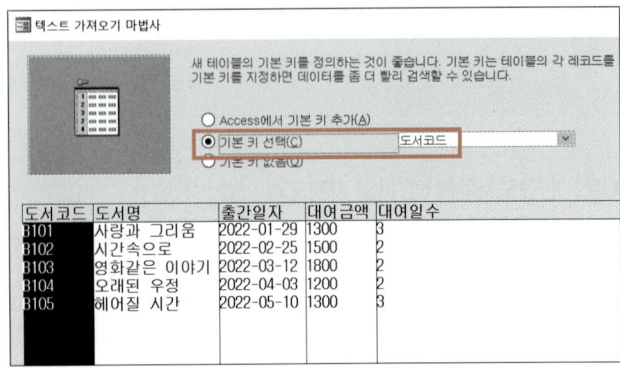

5. '텍스트 가져오기 마법사' 5단계 대화상자

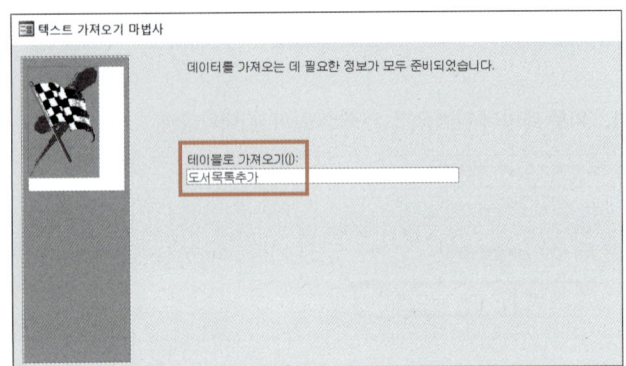

## 03. 〈대여내역〉 테이블과 〈도서〉 테이블 간의 관계 설정하기
_ 참고 : 관계 설정 309쪽

정답

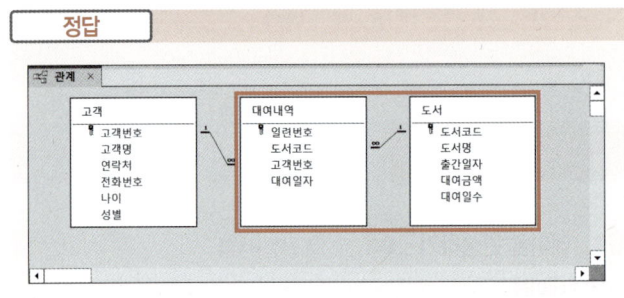

• '관계 편집' 대화상자

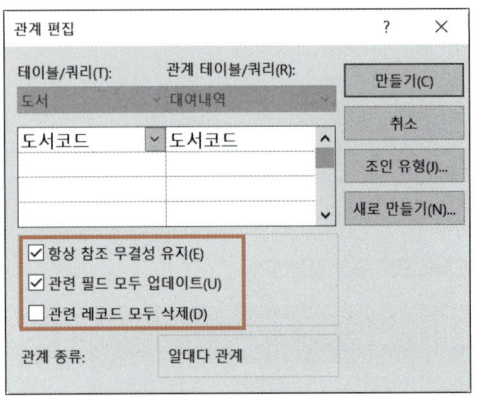

### 문제 2  입력 및 수정 기능 구현

## 01. 〈대여내역관리〉 폼 완성하기 _ 참고 : 폼 완성 335쪽

**정답**

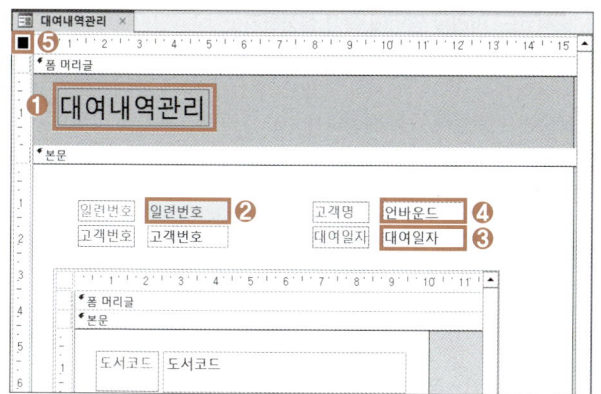

**❶ 제목 삽입하기**
1. [양식 디자인] → 컨트롤 → 레이블(가가)을 클릭한 후 폼 머리글의 적당한 위치에 드래그한다.
2. **대여내역관리**를 입력하고 Enter를 누른다.
3. 레이블이 선택된 상태에서 [서식] → 글꼴에서 글꼴 크기를 20, 글꼴 색을 '표준 색 – 검정'으로 변경한 후 문제의 그림과 같이 배치한다.
4. 레이블을 더블클릭한 후 '속성 시트' 창이 표시되면, '기타' 탭의 '이름' 속성에 title을 입력한다.

**❷ 'txt일련번호' 컨트롤에 속성 설정하기**
'데이터' 탭의 사용 가능 → 아니요

**❸ 'txt대여일자' 컨트롤에 속성 설정하기**
'데이터' 탭의 컨트롤 원본 → 대여일자

**❹ 'txt고객명' 컨트롤에 속성 설정하기**
'기타' 탭의 탭 정지 → 아니요

**❺ 폼 속성 설정하기**
- '형식' 탭의 구분 선 → 아니요
- '형식' 탭의 레코드 선택기 → 아니요

## 02. 〈대여내역관리〉 폼의 'txt고객명' 컨트롤에 속성 설정하기
_ 참고 : 도메인 계산 함수 318쪽

'데이터' 탭의 컨트롤 원본 →
=DLookUp("고객명","고객","고객번호=txt고객번호")

## 03. 〈보고서출력〉 매크로 작성 _ 참고 : 매크로 작성 329쪽

**정답**

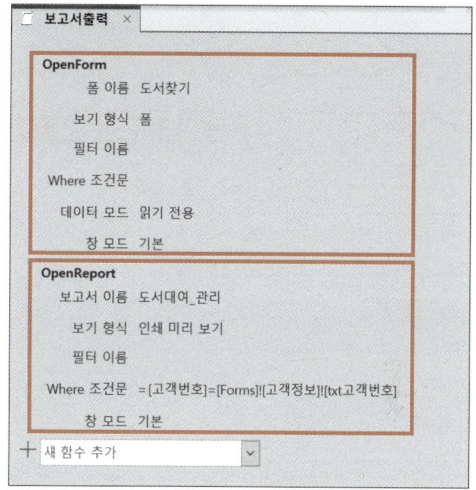

1. 매크로 개체를 생성한 후 이를 연결하여 사용해야 하므로, 먼저 매크로 개체를 생성한다. [만들기] → 매크로 및 코드 → **매크로**(□)를 클릭한다.
2. 매크로 대화상자에서 정답과 같이 설정한 후 매크로 대화상자의 닫기(✕) 단추를 클릭한다.
3. 저장 여부를 묻는 대화상자에서 〈예〉를 클릭한다.
4. '다른 이름으로 저장' 대화상자에서 매크로 이름을 **보고서출력**으로 입력한 다음 〈확인〉을 클릭한다.
5. 〈고객정보〉 폼을 디자인 보기로 연 후 폼 본문의 'cmd확인' 컨트롤을 더블클릭한다.
6. 'cmd확인' 컨트롤 속성 시트 창의 '이벤트' 탭에서 'On Click' 이벤트의 목록 단추를 눌러 '보고서출력' 매크로를 선택한다.

# 문제 3 조회 및 출력 기능 구현

## 01. 〈도서대여_관리〉 보고서 완성하기 _ 참고 : 보고서 완성 335쪽

**정답**

❶ 그룹, 정렬 및 요약

❷ 페이지 머리글 영역에 속성 설정하기
'형식' 탭의 표시 → 예

❸ '도서코드' 머리글 영역에 속성 설정하기
'형식' 탭의 반복 실행 구역 → 예

❹ 'txt순번' 컨트롤에 속성 설정하기
- '데이터' 탭의 컨트롤 원본 → =1
- '데이터' 탭의 누적 합계 → 그룹

❺ 'txt소계' 컨트롤에 속성 설정하기
'데이터' 탭의 컨트롤 원본 → =Sum([대여금액])

## 02. 〈도서찾기〉 폼 머리글의 '찾기'(cmd찾기) 컨트롤에 클릭 기능 구현하기 _ 참고 : 이벤트 프로시저 344쪽

**정답**

```
Private Sub cmd찾기_Click( )
    Me.RecordSource = "select * from 도서 where 도서명 Like '*' & txt조회 & '*'"
End Sub
```

# 문제 4 처리 기능 구현

## 01. 〈회원별대여현황〉 쿼리 _ 참고 : 추가 쿼리 작성 357쪽

쿼리 작성기 창

- '평균대여일수' 필드 속성 설정하기
  - '일반' 탭의 형식 → 0.0

## 02. 〈대여횟수조회〉 쿼리 _ 참고 : 매개 변수 쿼리 작성 354쪽

쿼리 작성기 창

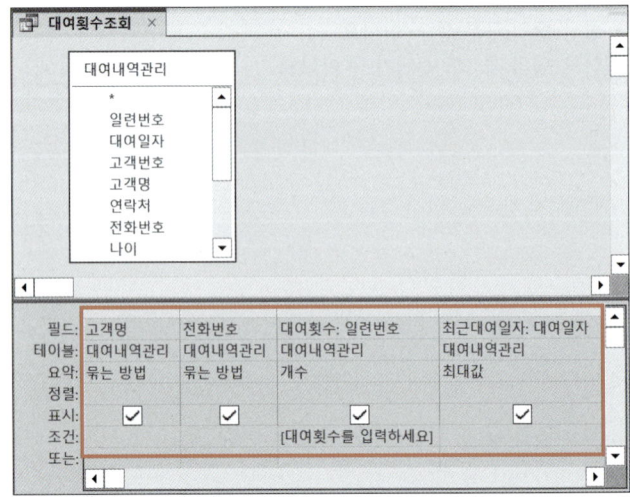

## 03. 〈미대여도서〉 쿼리 _ 참고 : 불일치 검색 쿼리 작성 357쪽

문제에 Not In을 사용하라는 지시사항이 없으므로 '불일치 검색 쿼리 마법사'를 사용해서 작성하면 됩니다.

1. '불일치 검색 쿼리 마법사' 1단계 대화상자

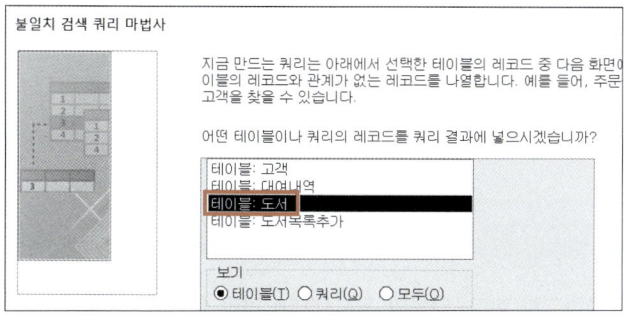

2. '불일치 검색 쿼리 마법사' 2단계 대화상자

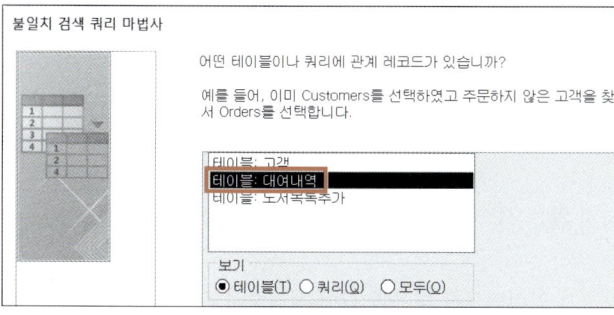

3. '불일치 검색 쿼리 마법사' 3단계 대화상자

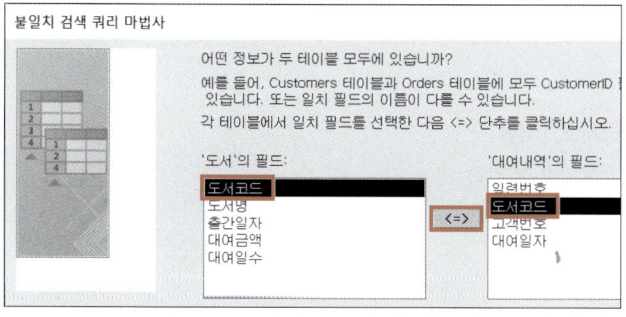

4. '불일치 검색 쿼리 마법사' 4단계 대화상자

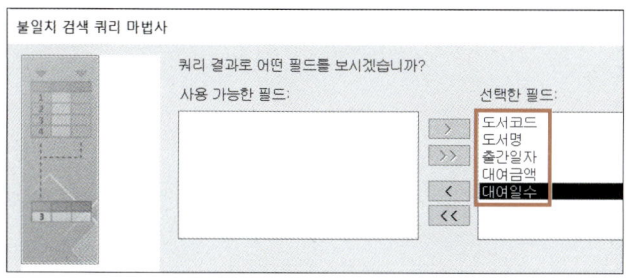

5. '불일치 검색 쿼리 마법사' 5단계 대화상자

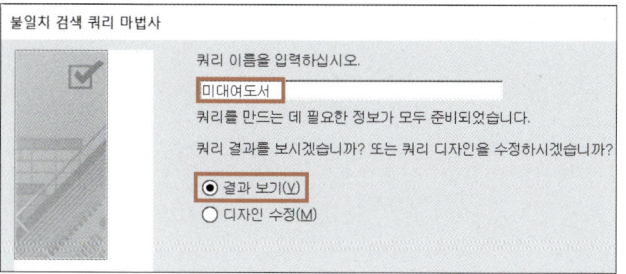

## 04. 〈도서대여현황〉 쿼리 _ 참고 : 크로스탭 쿼리 작성 354쪽

• 쿼리 작성기 창

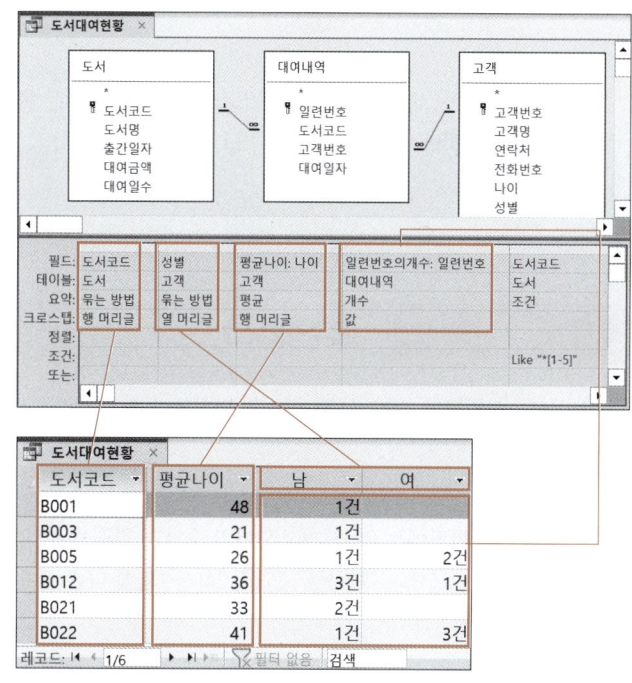

• '평균나이' 필드 속성 설정하기
  − '일반' 탭의 형식 → 표준
  − '일반' 탭의 소수 자릿수 → 0
• '일련번호의개수' 필드 속성 설정하기
  − '일반' 탭의 형식 → #건

## 05. 〈우수도서처리〉 쿼리 _ 참고 : 업데이트 쿼리 작성 356쪽

쿼리 작성기 창

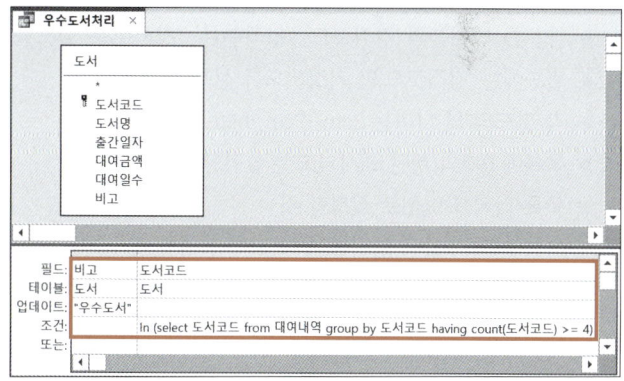

# 10회 2023년 상시02 컴퓨터활용능력 1급

- **준 비 하 세 요** : '길벗컴활1급총정리\기출\06회' 폴더에서 '23년상시02.accdb' 파일을 열어서 작업하시오.
- **외부 데이터 위치** : 길벗컴활1급총정리\기출\06회

## 문제 1    DB구축(25점)

1. 구민센터 회원들의 강좌 신청 정보를 관리하기 위한 데이터베이스를 구축하고자 한다. 다음의 지시사항에 따라 테이블을 완성하시오. (각 4점)

〈강사〉 테이블
① '강의경력' 필드에는 0에서 255사이의 숫자가 입력될 수 있도록 데이터 형식을 변경하고 필드 크기를 설정하시오.
② '최종학력' 필드에는 "박사", "석사", "학사" 외에 다른 값은 입력되지 않도록 유효성 검사 규칙을 설정하시오.

〈수강〉 테이블
③ '수강번호' 필드를 기본키로 지정하시오.
④ 새로운 레코드가 추가되는 경우 '수강신청일' 필드에는 시간을 포함하지 않는 시스템의 오늘 날짜가 입력되도록 설정하시오.

〈회원〉 테이블
⑤ '핸드폰' 필드에는 '010-1234-5678'과 같이 '-' 기호 2개와 숫자 11자리가 입력되도록 다음과 같이 설정하시오.
  ▶ 숫자는 0~9까지 숫자가 반드시 입력될 수 있도록 설정할 것
  ▶ '-' 기호도 테이블에 저장되도록 설정할 것
  ▶ 입력 시 데이터가 입력될 자리를 "_"로 표시할 것

2. 〈수강〉 테이블의 '강좌코드' 필드에 대해서 다음과 같이 조회 속성을 설정하시오. (5점)
  ▶ 〈강좌〉 테이블의 '강좌코드', '강좌분류', '강좌이름' 필드를 콤보 상자 형태로 표시할 것
  ▶ 필드에는 '강좌코드'만 저장되도록 설정할 것
  ▶ 각 필드의 열 너비는 2cm, 2cm, 5cm로 설정할 것
  ▶ 목록에 5개의 행만 표시되도록 설정할 것
  ▶ 목록 너비를 9cm로 설정할 것
  ▶ 목록 이외의 값은 입력될 수 없도록 설정할 것

3. 〈수강〉 테이블의 '회원번호' 필드는 〈회원〉 테이블의 '회원번호' 필드를 참조하며, 테이블 간의 관계는 M:1이다. 다음과 같이 테이블 간의 관계를 설정하시오. (5점)

   ※ 액세스 파일에 이미 설정되어 있는 관계는 수정하지 마시오.
   ▶ 각 테이블 간에 항상 참조 무결성이 유지되도록 설정하시오.
   ▶ 참조 필드의 값이 변경되면 관련 필드의 값도 변경되도록 설정하시오.
   ▶ 〈수강〉 테이블에서 참조하고 있는 레코드는 〈회원〉 테이블에서 삭제할 수 없도록 설정하시오.

## 문제 2    입력 및 수정 기능 구현(20점)

1. 〈수강현황조회〉 폼을 다음의 화면과 지시사항에 따라 완성하시오. (각 3점)
   ① 폼에 레코드를 추가하거나 삭제할 수 없도록 관련 속성을 설정하시오.
   ② 폼을 열었을 때 'txt분류조회' 컨트롤에 포커스가 이동되도록 탭 인덱스를 설정하시오.
   ③ 폼 머리글의 배경색을 '배경 폼'으로 설정하시오.
   ④ 폼 머리글의 'txt강좌이름' 컨트롤에 '강좌이름' 필드의 내용이 표시되도록 컨트롤 원본 속성을 설정하시오.
   ⑤ 폼 머리글의 'txt총강의수' 컨트롤에는 전체 레코드의 개수가 [표시 예]와 같이 표시되도록 컨트롤 원본 속성을 설정하시오.
   [표시 예] 5 → 5개

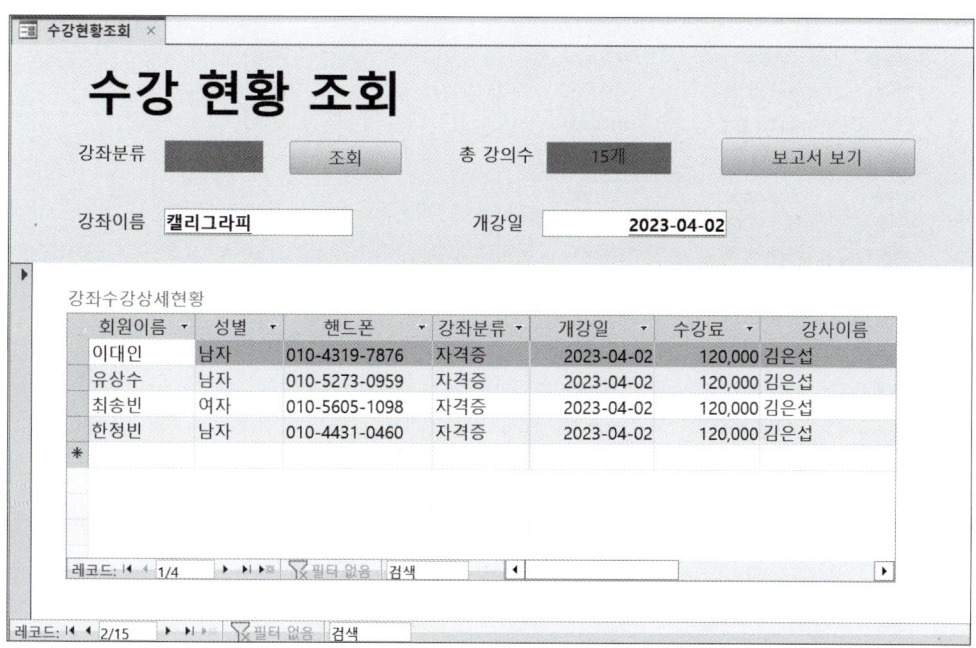

2. 〈수강현황조회〉 폼의 머리글 컨트롤에 대하여 다음과 같이 조건부 서식을 설정하시오. (5점)
   ▶ 개강일이 4월인 경우 폼 머리글의 'txt강좌이름'과 'txt개강일' 컨트롤의 글꼴을 '굵게', '밑줄'로 지정하시오.
   ▶ Month 함수 사용
   ▶ 1번 〈그림〉 참조

3. 〈수강현황조회〉 폼 머리글의 'txt분류조회' 컨트롤에 값을 입력하고 '보고서 보기(cmd보고서보기)' 단추를 클릭하면 〈회원별수강내역〉 보고서를 '인쇄 미리 보기' 형식의 '대화 상자' 창 모드로 여는 〈보고서보기〉 매크로를 생성하여 지정하시오. (5점)
   ▶ 매크로 조건 : '강좌분류' 필드의 값이 'txt분류조회' 컨트롤에 입력된 값과 동일한 레코드만 표시할 것

## 문제 3   조회 및 출력 기능 구현(20점)

**1.** 다음의 지시사항 및 화면을 참조하여 〈회원별수강내역〉 보고서를 완성하시오. (각 3점)

① 보고서 머리글에 있는 제목 레이블을 페이지 머리글로 이동한 후 페이지 머리글의 높이를 2cm로, 보고서 머리글의 높이를 0cm로 설정하시오.
② 동일한 '회원이름' 그룹 내에서 '수강료'를 기준으로 내림차순 정렬되어 표시되도록 설정하시오.
③ 본문 영역의 'txt회원이름'과 'txt핸드폰' 컨트롤의 값이 이전 레코드와 동일한 경우에는 표시되지 않도록 관련 속성을 설정하시오.
④ 회원이름 바닥글 영역의 'txt수강료합계' 컨트롤에는 수강료의 합계가 표시되도록 컨트롤 원본 속성을 설정하시오. (Sum 함수 사용)
⑤ 페이지 바닥글 영역의 'txt페이지' 컨트롤에는 페이지가 다음과 같이 표시되도록 컨트롤 원본 속성을 설정하시오.

▶ 현재 페이지가 1페이지이고 전체 페이지가 5페이지인 경우 : 1/5

### 회원별수강내역

| 회원이름 | 핸드폰 | 강좌분류 | 개강일 | 수강료 |
|---|---|---|---|---|
| 유채율 | 010-9030-5521 | 어학 | 2023-03-02 | 100,000 |
| | | 음악 | 2023-03-07 | 70,000 |
| | | | 수강료 합계 : | ₩170,000 |
| **회원이름** | **핸드폰** | **강좌분류** | **개강일** | **수강료** |
| 윤다환 | 010-4586-9852 | 음악 | 2023-04-06 | 80,000 |
| | | 음악 | 2023-04-02 | 65,000 |
| | | | 수강료 합계 : | ₩145,000 |
| **회원이름** | **핸드폰** | **강좌분류** | **개강일** | **수강료** |
| 이대인 | 010-4319-7876 | 자격증 | 2023-04-02 | 120,000 |
| | | | 수강료 합계 : | ₩120,000 |
| **회원이름** | **핸드폰** | **강좌분류** | **개강일** | **수강료** |
| 정서영 | 010-7395-8237 | 자격증 | 2023-03-06 | 150,000 |
| | | 자격증 | 2023-04-07 | 85,000 |
| | | 음악 | 2023-04-06 | 80,000 |
| | | 음악 | 2023-03-07 | 70,000 |
| | | | 수강료 합계 : | ₩385,000 |
| **회원이름** | **핸드폰** | **강좌분류** | **개강일** | **수강료** |
| 정정준 | 010-9227-8247 | 자격증 | 2023-04-07 | 85,000 |
| | | | 수강료 합계 : | ₩85,000 |
| **회원이름** | **핸드폰** | **강좌분류** | **개강일** | **수강료** |
| 조원찬 | 010-1701-4696 | 요리 | 2023-04-06 | 120,000 |
| | | 어학 | 2023-03-02 | 100,000 |
| | | 어학 | 2023-03-02 | 90,000 |
| | | 자격증 | 2023-04-07 | 85,000 |
| | | | 수강료 합계 : | ₩395,000 |
| **회원이름** | **핸드폰** | **강좌분류** | **개강일** | **수강료** |
| 조은진 | 010-3121-5424 | 요리 | 2023-03-06 | 120,000 |
| | | 요리 | 2023-04-06 | 120,000 |
| | | 음악 | 2023-04-06 | 80,000 |

4/6

**2.** 〈수강현황조회〉 폼 머리글의 '조회(cmd조회)' 컨트롤을 클릭하면 '강좌분류' 필드의 값이 'txt분류조회' 컨트롤에 입력된 값과 같은 정보만 표시되도록 이벤트 프로시저를 구현하시오. (5점)

▶ DoCmd 개체와 ApplyFilter 메소드 사용

## 문제 4    처리 기능 구현(35점)

1. 성별별, 강좌이름별 수강횟수를 조회하는 〈강좌횟수조회〉 크로스탭 쿼리를 작성하시오. (5점)
   - ▶ 〈회원〉, 〈수강〉, 〈강좌〉 테이블을 이용하시오.
   - ▶ 수강횟수는 '수강번호' 필드를 이용하시오.
   - ▶ 강좌코드가 6부터 8까지의 문자 중 하나로 끝나는 것만 조회 대상으로 하시오. (Like 연산자 사용)
   - ▶ 쿼리 실행 결과 표시되는 필드와 필드명은 〈그림〉과 같이 표시되도록 설정하시오.

   | 성별 | 총횟수 | 성인한자교실 | 한식요리 |
   |---|---|---|---|
   | 남자 | 12 | 9 | 3 |
   | 여자 | 11 | 5 | 6 |

2. 〈수강〉과 〈강좌〉 테이블을 이용하여 신청되지 않은 강좌를 조회하는 〈폐강강좌조회〉 쿼리를 작성하시오. (5점)
   - ▶ 〈수강〉 테이블에 없는 〈강좌〉 테이블의 '강좌코드' 필드를 대상으로 할 것(Is Null 사용)
   - ▶ '정원'이 20 이상인 레코드만 대상으로 하시오.
   - ▶ 쿼리 결과로 표시되는 필드와 필드명은 〈그림〉과 같이 표시되도록 설정하시오.

   | 강좌코드 | 강좌이름 | 정원 | 수강료 |
   |---|---|---|---|
   | 강좌-12 | 댄스스포츠 | 20 | 85,000 |

3. 〈강좌수강상세현황〉 쿼리를 이용하여 '강좌분류'를 매개 변수로 입력받아 해당 강좌분류를 포함하는 강좌 정보를 조회하는 〈강좌조회〉 쿼리를 작성하고 실행하시오. (5점)
   - ▶ '인원수'는 '회원이름' 필드를 이용하시오.
   - ▶ '수강료합계'는 '수강료' 필드를 이용하시오.
   - ▶ 쿼리 결과로 표시되는 필드와 필드명, 필드의 형식은 〈그림〉과 같이 표시되도록 설정하시오.

   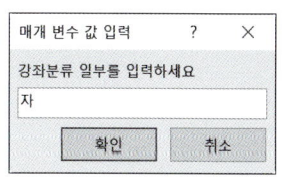

   | 강좌분류 | 강좌이름 | 강사이름 | 인원수 | 수강료합계 |
   |---|---|---|---|---|
   | 자격증 | 꽃꽂이 | 방윤솔 | 4명 | ₩600,000 |
   | 자격증 | 성인한자교실 | 장자은 | 14명 | ₩1,190,000 |
   | 자격증 | 어린이한자교실 | 장자은 | 6명 | ₩360,000 |
   | 자격증 | 캘리그라피 | 김은섭 | 4명 | ₩480,000 |

4. 〈수강〉과 〈강좌〉 테이블을 이용하여 강좌별로 인원수와 충원률을 조회하는 〈강좌별충원률조회〉 쿼리를 작성하시오. (5점)
   - ▶ '인원수'는 '수강번호' 필드를 이용하여 계산하시오.
   - ▶ 충원률 = 인원수 / 정원
   - ▶ 충원률은 [표시 예]와 같이 백분율로 표시하시오.
     [표시 예] 0 → 0%, 82.5 → 83%
   - ▶ 쿼리 결과로 표시되는 필드와 필드명, 필드의 형식은 〈그림〉과 같이 표시되도록 설정하시오.

   | 강좌이름 | 강좌분류 | 정원 | 인원수 | 충원률 |
   |---|---|---|---|---|
   | 경기민요 | 음악 | 15 | 15 | 100% |
   | 꽃꽂이 | 자격증 | 10 | 4 | 40% |
   | 성인원어민영어 | 어학 | 15 | 5 | 33% |
   | 성인한자교실 | 자격증 | 20 | 14 | 70% |
   | 어린이원어민영어회화 | 어학 | 15 | 6 | 40% |
   | 어린이한자교실 | 자격증 | 20 | 6 | 30% |
   | 일식요리 | 요리 | 10 | 8 | 80% |
   | 제과제빵 | 요리 | 10 | 6 | 60% |
   | 주부노래교실 | 음악 | 20 | 12 | 60% |
   | 중식요리 | 요리 | 10 | 5 | 50% |
   | 캘리그라피 | 자격증 | 10 | 4 | 40% |
   | 통기타교실 | 음악 | 20 | 6 | 30% |
   | 한식요리 | 요리 | 10 | 9 | 90% |

5. 〈회원〉, 〈수강〉, 〈강좌〉 테이블을 이용하여 강좌이름을 매개 변수로 입력받고, 해당 강좌에 수강한 회원들의 수강료납부일을 조회하여 새 테이블로 생성하는 〈수강료납부일생성〉 쿼리를 작성한 후 실행하시오. (5점)

▶ 수강료납부일은 수강신청일로부터 1달 후로 계산하시오. (DateAdd 함수 사용)
▶ 쿼리 실행 후 생성되는 테이블의 이름은 〈조회강좌납부일현황〉으로 설정하시오.
▶ 쿼리 실행 결과 생성되는 테이블의 필드는 〈그림〉을 참고하여 수험자가 판단하여 설정하시오.

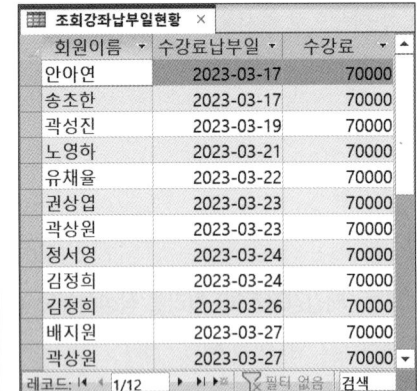
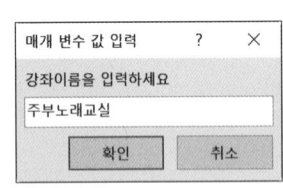

※ 〈수강료납부일생성〉 쿼리를 실행한 후의 〈조회강좌납부일현황〉 테이블

# 10회 기출문제 정답 및 해설

## 문제 1    DB 구축      정답

### 01. 테이블 완성하기 _ 참고 : 테이블 완성 300쪽

**〈강사〉 테이블**

① '강의경력' 필드의 데이터 형식 및 필드 크기 설정하기

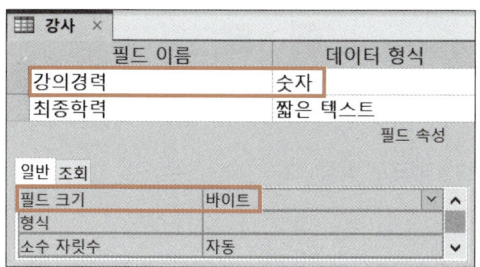

② '최종학력' 필드에 유효성 검사 규칙 속성 설정하기

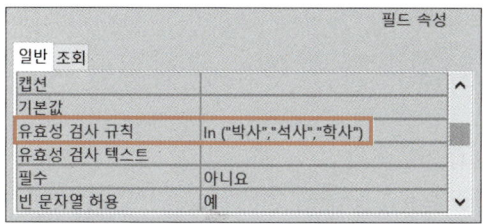

**〈수강〉 테이블**

③ '수강번호' 필드를 기본키로 지정하기

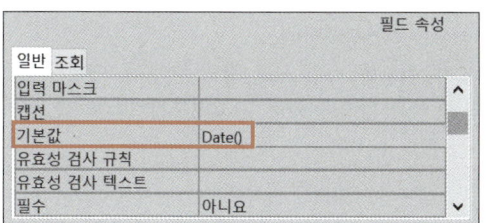

④ '수강신청일' 필드에 기본값 속성 설정하기

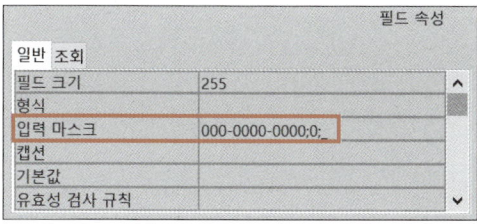

**〈회원〉 테이블**

⑤ '핸드폰' 필드에 입력 마스크 속성 설정하기

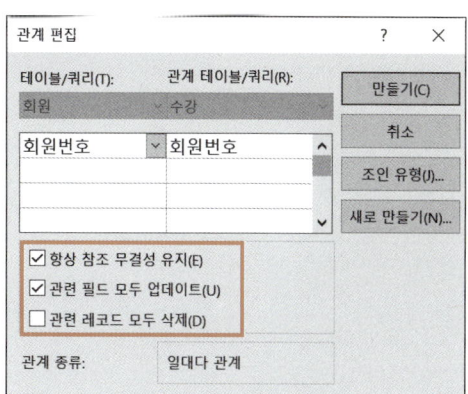

### 02. 〈수강〉 테이블의 '강좌코드' 필드에 조회 기능 설정하기
_ 참고 : 조회 기능 설정 306쪽

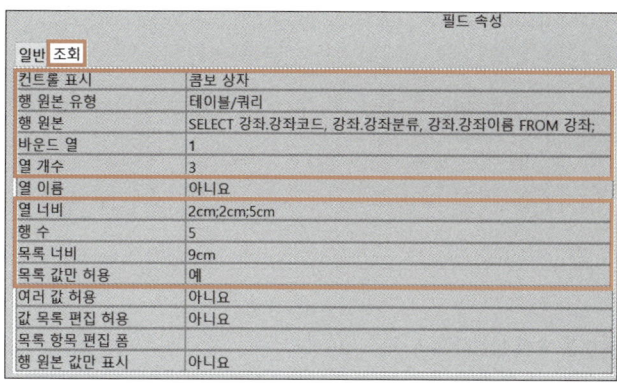

### 03. 〈수강〉 테이블과 〈회원〉 테이블 간의 관계 설정하기
_ 참고 : 관계 설정 309쪽

정답

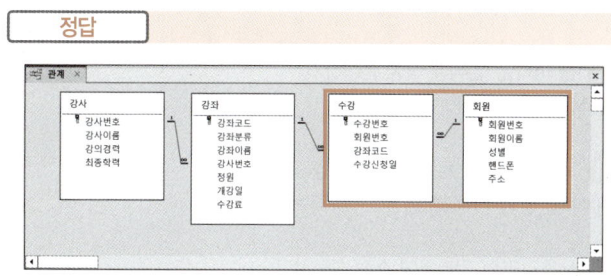

• '관계 편집' 대화상자

## 문제 2   입력 및 수정 기능 구현   정답

### 01. 〈수강현황조회〉 폼 완성하기 _ 참고 : 폼 완성 314쪽

정답

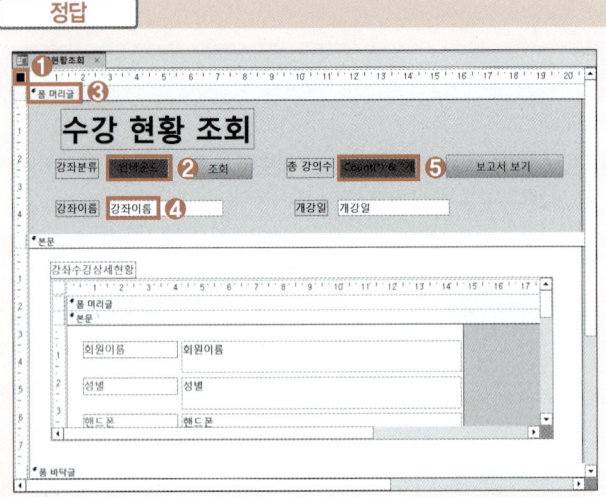

❶ 폼 속성 설정하기
- '데이터' 탭의 추가 가능 → 아니요
- '데이터' 탭의 삭제 가능 → 아니요

❷ 'txt분류조회' 컨트롤에 속성 설정하기
'기타' 탭의 탭 인덱스 → 0

❸ '폼 머리글' 영역에 속성 설정하기
'형식' 탭의 배경색 → 배경 폼

❹ 'txt강좌이름' 컨트롤에 속성 설정하기
'데이터' 탭의 컨트롤 원본 → 강좌이름

❺ 'txt총강의수' 컨트롤에 속성 설정하기
'데이터' 탭의 컨트롤 원본 → =Count(*) & "개"

### 02. 〈수강현황조회〉 폼 머리글 컨트롤에 조건부 서식 설정하기
_ 참고 : 조건부 서식 322쪽

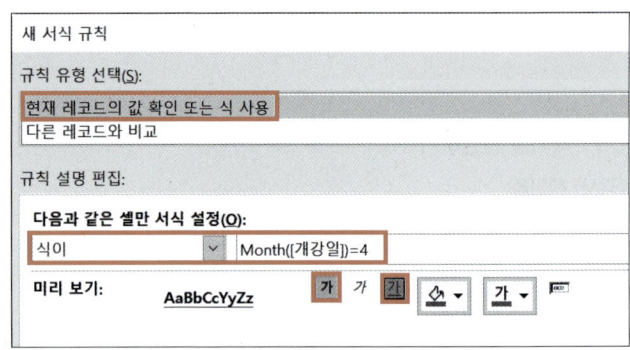

### 03. 〈보고서보기〉 매크로 작성 _ 참고 : 매크로 작성 329쪽

정답

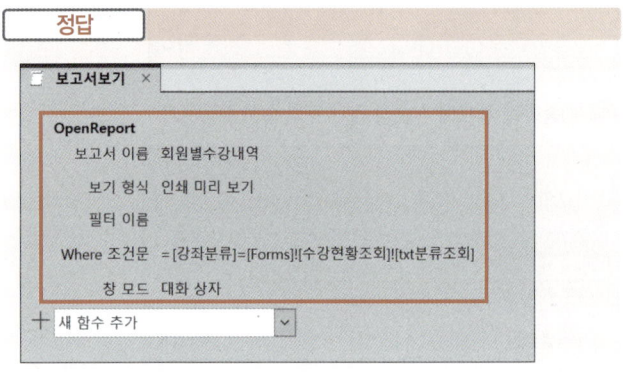

1. 매크로 개체를 생성한 후 이를 연결하여 사용해야 하므로, 먼저 매크로 개체를 생성한다. [만들기] → 매크로 및 코드 → **매크로**(📋)를 클릭한다.
2. 매크로 대화상자에서 정답과 같이 설정한 후 매크로 대화상자의 닫기(✕) 단추를 클릭한 다음 저장 여부를 묻는 대화상자에서 〈예〉를 클릭한다.
3. '다른 이름으로 저장' 대화상자에서 매크로 이름을 **보고서보기**로 입력한 다음 〈확인〉을 클릭한다.
4. 〈수강현황조회〉 폼을 디자인 보기로 연 후 폼 머리글의 'cmd보고서보기' 컨트롤을 더블클릭한다.
5. 'cmd보고서보기' 컨트롤 속성 시트 창의 '이벤트' 탭에서 'On Click' 이벤트의 목록 단추를 눌러 '보고서보기' 매크로를 선택한다.

## 문제 3  조회 및 출력 기능 구현

### 01. 〈회원별수강내역〉 보고서 완성하기 _ 참고 : 보고서 완성 335쪽

**정답**

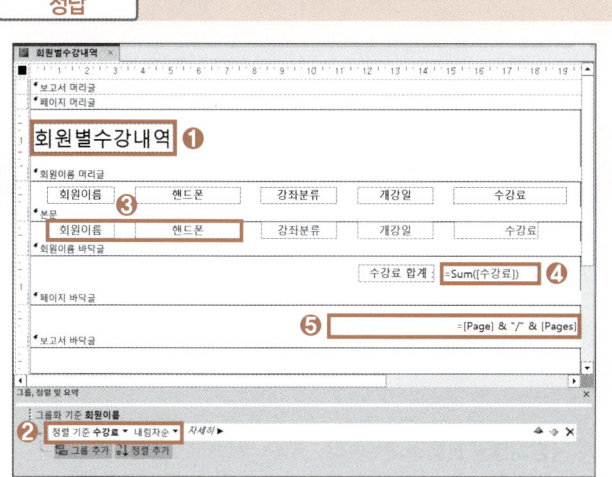

❶ 제목 레이블을 이동한 후 보고서 머리글과 페이지 머리글 영역에 속성 설정하기

1. 페이지 머리글 영역의 높이를 2cm로 설정한다.
    - '형식' 탭의 높이 → 2cm
2. 보고서 머리글 영역에 있는 제목 레이블을 드래그하여 페이지 머리글 영역으로 이동한 후 알맞게 배치한다.
3. 보고서 머리글 영역의 높이를 0cm로 설정한다.
    - '형식' 탭의 높이 → 0cm

❷ 그룹, 정렬 및 요약

❸ 'txt회원이름'과 'txt핸드폰' 컨트롤에 속성 설정하기
'형식' 탭의 중복 내용 숨기기 → 예

❹ 'txt수강료합계' 컨트롤에 속성 설정하기
'데이터' 탭의 컨트롤 원본 → =Sum([수강료])

❺ 'txt페이지' 컨트롤에 속성 설정하기
'데이터' 탭의 컨트롤 원본 → =[Page] & "/" & [Pages]

### 02. 〈수강현황조회〉 폼의 'cmd조회' 컨트롤에 클릭 기능 구현하기
_ 참고 : 이벤트 프로시저 344쪽

**정답**

Private Sub cmd조회_Click()
　　DoCmd.ApplyFilter , "강좌분류 = '" & txt분류조회 & "'"
End Sub

## 문제 4  처리 기능 구현

### 01. 〈강좌횟수조회〉 쿼리 _ 참고 : 크로스탭 쿼리 작성 354쪽

쿼리 작성기 창

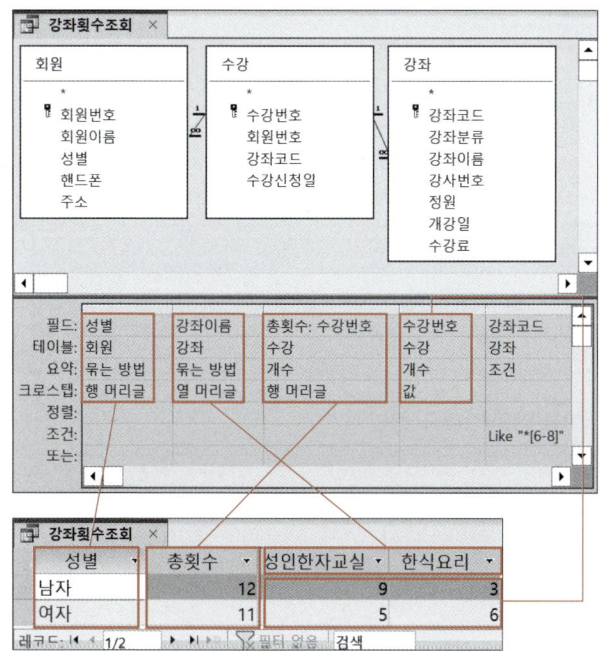

### 02. 〈폐강강좌조회〉 쿼리 _ 참고 : 불일치 검색 쿼리 작성 357쪽

※ 문제에 Not In을 사용하라는 지시사항이 없으므로 '불일치 검색 쿼리 마법사'를 사용하면 됩니다.
※ '불일치 검색 쿼리 마법사'를 수행하면 '제품번호' 필드의 조건에 Is Null이 자동으로 적용됩니다.

1. '불일치 검색 쿼리 마법사' 1단계 대화상자

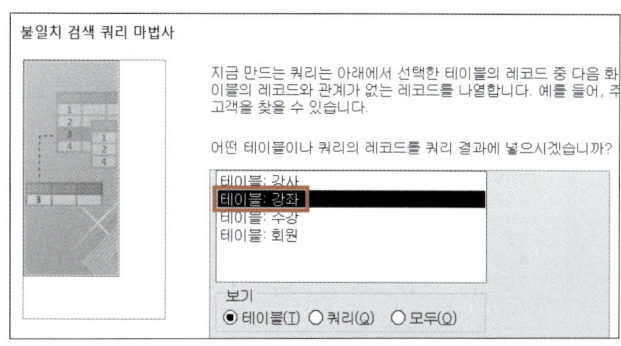

2. '불일치 검색 쿼리 마법사' 2단계 대화상자

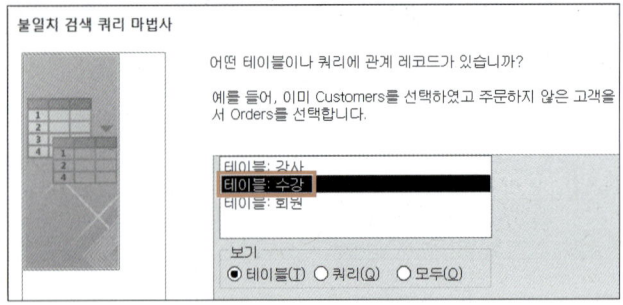

3. '불일치 검색 쿼리 마법사' 3단계 대화상자

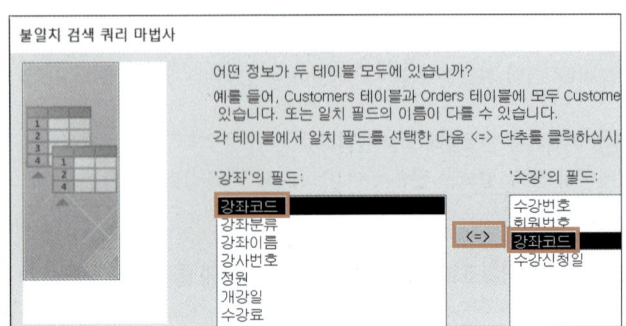

4. '불일치 검색 쿼리 마법사' 4단계 대화상자

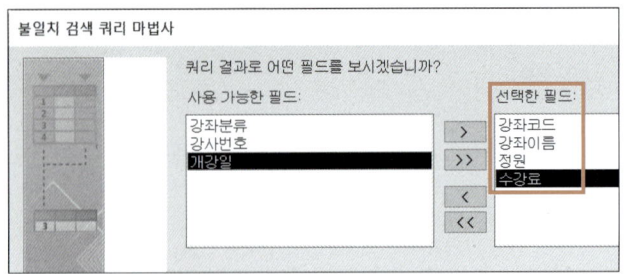

5. '불일치 검색 쿼리 마법사' 5단계 대화상자

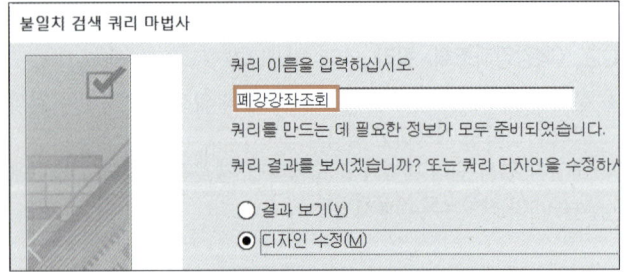

6. 쿼리 작성기 창의 '정원' 필드의 조건난에 >=20을 입력한다.

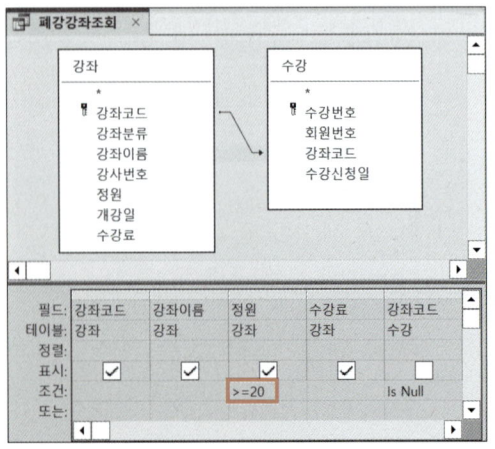

## 03. 〈강좌조회〉 쿼리 _ 참고 : 매개 변수 쿼리 작성 354쪽

• 쿼리 작성기 창

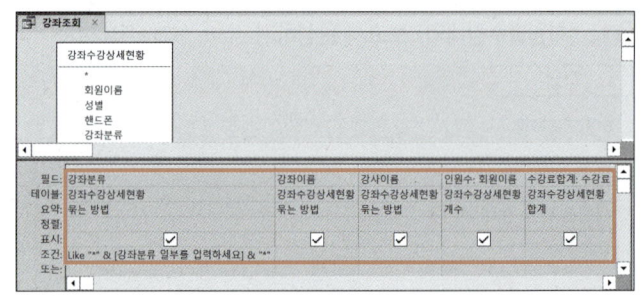

• '인원수' 필드 속성 설정하기
  – '일반' 탭의 형식 → #명
• '수강료합계' 필드 속성 설정하기
  – '일반' 탭의 형식 → 통화

## 04. 〈강좌별충원률조회〉 쿼리 _ 참고 : 그룹 쿼리 작성 353쪽

• 쿼리 작성기 창

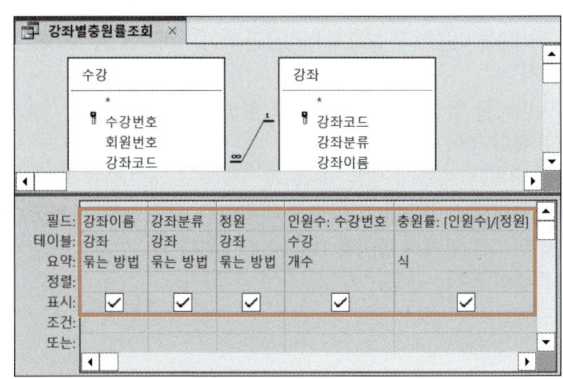

• '충원률' 필드 속성 설정하기
  – '일반' 탭의 형식 → 0%

## 05. 〈수강료납부일생성〉 쿼리 _ 참고 : 테이블 생성 쿼리 작성 355쪽

• 쿼리 작성기 창

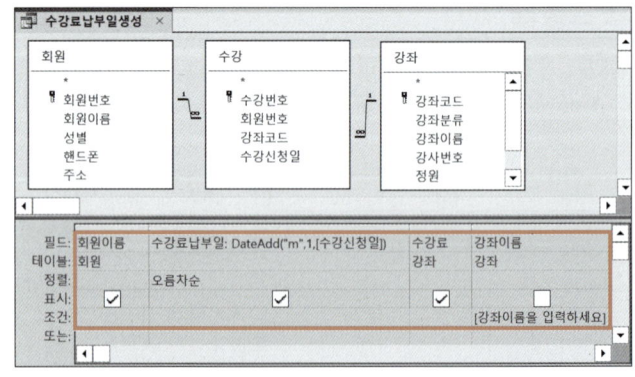

• '테이블 만들기' 대화상자

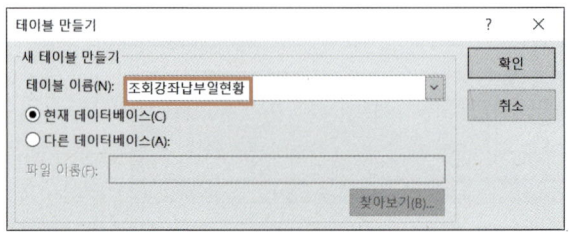

# 최종모의고사

01회 최종모의고사
02회 최종모의고사
03회 최종모의고사
04회 최종모의고사
05회 최종모의고사

# 최종모의고사

시험지는 문제의 **표지 및 전체 지시사항 1면, 문제 3면** 이렇게 총 **4면으로 구성**되어 있습니다. 문제 1면에는 작업할 파일의 암호, 외부 데이터 위치, 시험 전반에 관한 지시사항이 들어 있습니다. 각각의 모의고사에서는 시험 전반에 관한 지시사항은 생략하였습니다. 아래는 실제 시험지와 동일한 문제 1면입니다. 시험 전반에 관한 지시사항을 한 번 읽어보세요.

---

국 가 기 술 자 격 검 정

## 2026년 컴퓨터활용능력 실기 모의고사

| 프로그램명 | 제한시간 |
|---|---|
| ACCESS 2021 | 45분 |

수험번호 :

성명 :

---

| 1급 | 01회 |

〈 유 의 사 항 〉

- 인적 사항 누락 및 잘못 작성으로 인한 불이익은 수험자 책임으로 합니다.
- 화면에 암호 입력창이 나타나면 아래의 암호를 입력하여야 합니다.
  ○ 암호 : 6992#0
- 작성된 답안은 주어진 경로 및 파일명을 변경하지 마시고 그대로 저장해야 합니다. 이를 준수하지 않으면 실격처리 됩니다.
  ○ 답안 파일명의 예 : C:\DB\수험번호 8자리.accdb
- 외부 데이터 위치 : C:\DB\파일명
- 별도의 지시사항이 없는 경우, 다음과 같이 처리하면 실격 처리됩니다.
  ○ 제시된 개체의 이름을 임의로 변경한 경우
  ○ 제시된 개체의 속성을 임의로 변경한 경우
  ○ 외부 데이터를 시험 시작 전에 열어본 경우
- 별도의 지시사항이 없는 경우, 기능의 구현은 모듈이나 매크로 등을 이용하며, 예외적인 상황에 대해서는 고려하지 않아도 됩니다.
- 제시된 함수가 있을 경우 제시된 함수만을 사용하여야 하며, 그 외 함수 사용시 채점 대상에서 제외됩니다.
- 별도의 지시사항이 없는 경우, 주어진 각 개체의 속성은 설정값 또는 기본 설정값(Default)으로 처리하십시오.
- 제시된 화면은 예시이며 나타난 값은 실제와 다를 수 있습니다.
- 저장 시간은 별도로 주어지지 아니하므로 제한된 시간 내에 저장을 완료해야 합니다.
- 출제된 문제의 용어는 MS Office LTSC Professional Plus 2021 기준으로 작성되어 있습니다.

대한상공회의소

# 01회 최종모의고사

- 준 비 하 세 요 : '길벗컴활1급총정리\액세스\모의' 폴더에서 '01회.accdb' 파일을 열어서 작업하시오.
- 외부 데이터 위치 : 길벗컴활1급총정리\액세스\모의

## 문제 1    DB구축(25점)

1. 회원을 관리할 수 있도록 데이터베이스를 구축하였다. 다음의 지시사항에 따라 〈회원〉 테이블을 완성하시오. (각 3점)

   ① '회원코드' 필드는 'A-01' 형식으로 입력되도록 다음과 같이 설정하시오.
   ▶ 앞의 문자 1자리는 대문자로 반드시 입력받되, 소문자를 입력해도 대문자로 입력되도록 설정
   ▶ 뒤의 2자리는 숫자로 입력받되, 공백 없이 반드시 입력되도록 설정
   ▶ '-'도 저장되도록 설정

   ② '이름' 필드에 대하여 중복 가능한 인덱스를 설정하시오.
   ③ '생년월일' 필드의 형식을 "yyyy년 mm월 dd일"로 설정하시오.
   ④ '이메일' 필드에는 '@'이 반드시 포함되도록 유효성 검사 규칙을 설정하시오.
   ⑤ '이메일' 필드는 빈 문자열은 허용하지 않도록 설정하시오.

2. '신규서비스.xlsx' 파일을 가져와 다음과 같이 〈신규서비스〉 테이블을 작성하시오. (5점)
   ▶ '신규서비스.xlsx' 파일의 첫 번째 행은 열 머리글임
   ▶ '서비스코드'를 기본 키로 지정할 것

3. 〈예약명단〉 테이블의 '서비스코드' 필드는 〈서비스〉 테이블의 '서비스코드' 필드를 참조하고 테이블 간의 관계는 M:1이다. 또한 〈예약명단〉 테이블의 '회원코드' 필드는 〈회원〉 테이블의 '회원코드' 필드를 참조하고 테이블 간의 관계는 M:1이다. 각 테이블에 대해 다음과 같이 관계를 설정하시오. (5점)
   ▶ 테이블 간에 항상 참조 무결성이 유지되도록 설정하시오.
   ▶ 〈서비스〉 테이블의 '서비스코드' 필드가 변경되면 이를 참조하는 〈예약명단〉 테이블의 '서비스코드' 필드가 따라 변경되고, 〈회원〉 테이블의 '회원코드' 필드가 변경되면 이를 참조하는 〈예약명단〉 테이블의 '회원코드' 필드도 따라 변경되도록 설정하시오.

## 문제 2    입력 및 수정 기능 구현(20점)

1. 〈예약현황〉 폼을 다음의 화면과 지시사항에 따라 완성하시오. (각 3점)
   ① 폼이 〈그림〉과 같은 형태로 나타나도록 기본 보기 속성을 설정하시오.
   ② 'txt예약일' 컨트롤에는 날짜가 [표시 예]와 같이 표시되도록 형식 속성을 설정하시오.
   ▶ [표시 예] 2021-07-13 → 2021.07
   ③ 폼 바닥글에 텍스트 상자를 생성한 후 '요금' 필드의 합계를 계산하여 표시하시오.
   ▶ 텍스트 상자의 이름은 'txt총매출'로 지정할 것
   ▶ 통화 형식으로 표시되도록 설정할 것

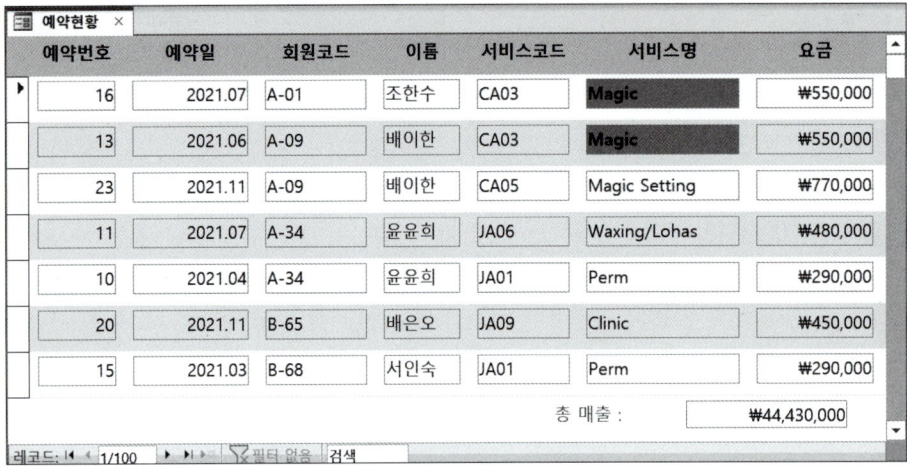

2. 〈예약현황〉 폼에 다음과 같이 조건부 서식을 설정하시오. (6점)
   ▶ 본문의 'txt서비스명' 컨트롤에 대해 해당 필드의 값이 'Magic'인 경우 글꼴 스타일을 '굵게', 배경색을 '표준 색 - 진한 바다색'으로 설정할 것
   ▶ 1번 〈그림〉 참조

3. 〈서비스현황〉 폼의 본문 영역에 다음의 지시사항을 참조하여 '단추' 컨트롤을 생성하시오. (5점)
   ▶ 명령 단추를 클릭하면 아래와 같이 현재 시스템의 날짜와 시간이 표시된 메시지 상자를 표시하고 메시지 상자에서 '확인' 단추를 클릭하면 〈서비스별예약회원현황〉 보고서를 '인쇄 미리 보기' 형식으로 출력하는 〈보고서인쇄〉 매크로를 생성한 후 지정하시오.

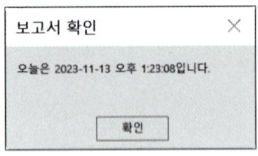

   ▶ 컨트롤의 이름은 "cmd보고서"로 지정하시오.
   ▶ 매크로 조건 : '서비스명' 필드의 값이 'txt서비스명' 컨트롤에 입력된 '서비스명'과 같은 정보만 표시

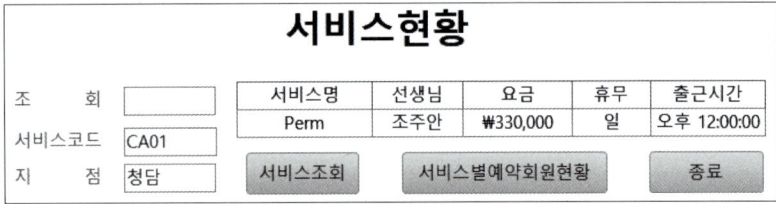

## 문제 3  조회 및 출력 기능 구현(20점)

1. 다음의 지시사항 및 화면을 참조하여 〈서비스별예약회원현황〉 보고서를 완성하시오. (각 3점)
   ① 페이지 머리글에 제목을 생성하시오.
      ▶ 이름 : LBL제목, 글꼴 크기 : 24, 텍스트 맞춤 : 가운데
      ▶ 너비 : 17cm, 높이 : 1.3cm, 위쪽 : 0.4cm, 왼쪽 : 0.4cm
   ② 서비스코드 머리글 영역이 매 페이지마다 반복적으로 인쇄되도록 설정하시오.
   ③ 서비스코드 머리글의 'txt서비스코드' 컨트롤에는 '서비스명(서비스코드)'이 표시되도록 설정하시오.
      ▶ 표시 예 : '서비스명'이 "Perm", 서비스코드가 "CA01"일 경우 → Perm(CA01)
   ④ 본문의 'txt순번' 컨트롤에는 해당 그룹 내에서의 일련번호가 표시되도록 설정하시오.
   ⑤ 'txt회원코드' 컨트롤의 빈 공간에 ★이 반복하여 표시되도록 '형식' 속성을 설정하시오.

2. 〈서비스현황〉 폼에서 '종료'(cmd종료) 단추를 클릭하면 현재 시간과 '열려진 폼을 종료할까요?'라는 메시지, 그리고 '예(Y)'와 '아니오(N)' 단추가 있는 메시지 상자가 〈그림〉과 같이 나타나도록 이벤트 프로시저를 구현하시오. (5점)

▶ 〈예〉 단추를 클릭했을 때는 변경 내용을 저장하고 바로 폼을 종료하시오.
▶ 기본적으로 〈예〉 단추가 선택되어 있도록 설정하시오.
▶ Time 함수를 사용하여 현재 시간을 표시하시오.
▶ MsgBox, If ~ End If 함수, DoCmd 메소드를 사용하시오.

## 문제 4  처리 기능 구현(35점)

1. 〈회원〉과 〈예약명단〉 테이블을 이용하여 회원코드를 기준으로 계산된 예약 횟수가 3 이상인 회원의 '비고' 필드의 값을 "다수 예약 회원"으로 변경하는 〈다수예약회원처리〉 업데이트 쿼리를 작성한 후 실행하시오. (7점)

   ▶ In 연산자와 하위 쿼리 사용

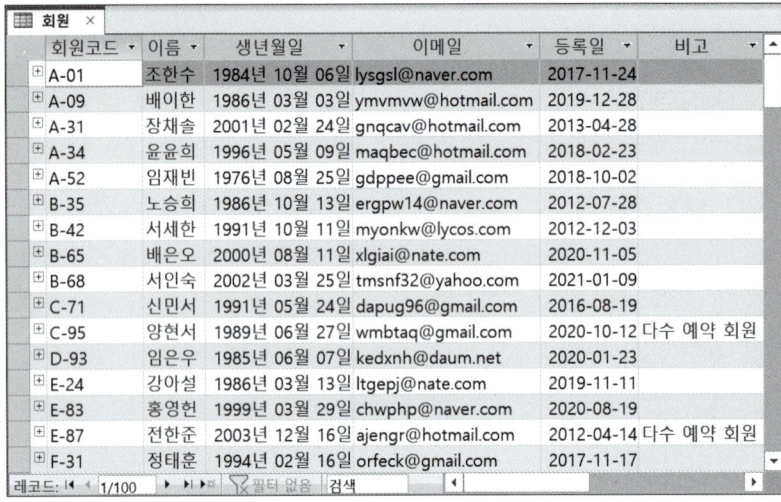

   ※ 〈다수예약회원처리〉 쿼리를 실행한 후의 〈회원〉 테이블

2. 〈서비스〉와 〈예약명단〉 테이블을 이용하여 조회할 지점을 매개 변수로 입력받아 해당 지점의 선생님별 인원수와 총요금액을 조회하는 〈지점별예약현황〉 쿼리를 작성하시오. (7점)

   ▶ '인원수'는 '회원코드' 필드를 이용하시오.
   ▶ 쿼리 결과로 표시되는 필드와 필드명은 〈그림〉과 같이 표시되도록 설정하시오.

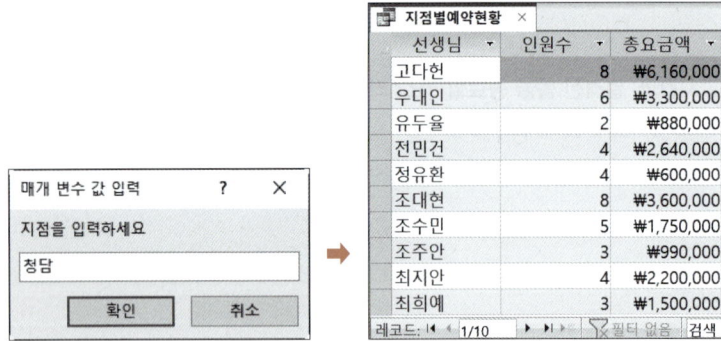

3. 지점별 예약일별 3분기 예약건수를 조회하는 〈지점별3분기예약건수〉 크로스탭 쿼리를 작성하시오. (7점)

   ▶ 〈예약회원현황〉 쿼리를 이용하시오.
   ▶ '총건수'는 '회원코드' 필드를 이용하시오.
   ▶ 열 머리글 중 "7월", "8월", "9월" 열만 표시하시오.
   ▶ 쿼리 결과로 표시되는 필드와 필드명, 필드의 형식은 〈그림〉과 같이 표시되도록 설정하시오.

| 지점 | 총건수 | 7월 | 8월 | 9월 |
|---|---|---|---|---|
| 잠실 | 53건 | 4건 | 2건 | 4건 |
| 청담 | 47건 | 2건 | 2건 | 3건 |

4. 〈예약회원현황〉 쿼리를 이용하여 '서비스코드'를 매개 변수로 입력받아, 입력된 '서비스코드'를 포함하는 회원의 정보를 새 테이블로 생성하는 〈할인쿠폰대상확인〉 쿼리를 작성하고 실행하시오. (7점)

   ▶ 쿼리 실행 후 생성되는 테이블의 이름은 〈할인쿠폰발행대상〉으로 설정하시오.
   ▶ '할인쿠폰개수'는 '회원코드' 필드를 이용하여, 매개 변수로 입력된 '서비스코드'를 이용한 횟수만큼 ★을 표시하시오(String, Count 함수 이용).
   ▶ 쿼리 결과로 표시되는 필드와 필드명은 〈그림〉과 같이 표시되도록 설정하시오.

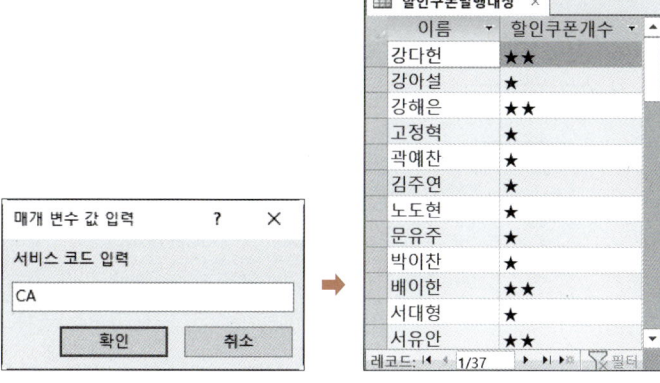

※ 〈할인쿠폰대상확인〉 쿼리의 매개 변수 값으로 "CA"를 입력하여 실행한 후의 〈할인쿠폰발행대상〉 테이블

5. 탄생월별로 예약한 회원들의 회원수와 총요금액을 조회하는 〈탄생월별예약현황〉 쿼리를 작성하시오. (7점)

   ▶ 〈회원〉과 〈예약명단〉 테이블을 이용하시오.
   ▶ 회원수는 〈예약명단〉 테이블의 '회원코드' 필드를 이용하시오.
   ▶ 요금평균 = 총요금액 / 회원수
   ▶ 회원수는 [표시 예]와 같이 표시되도록 '형식' 속성을 설정하시오. [표시 예 : 0 → 0명, 14 → 14명]
   ▶ 쿼리 실행 결과 표시되는 필드와 필드명, 필드의 형식은 〈그림〉과 같이 표시되도록 설정하시오.

# 01 회 EXAMINATION 최종모의고사 정답 및 해설

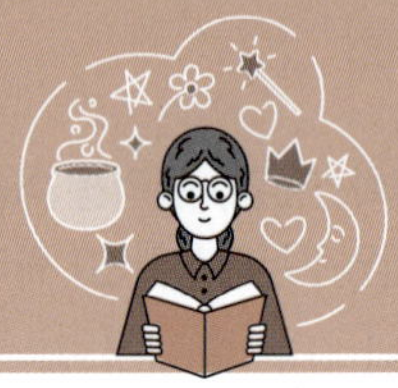

## 문제 1 DB 구축 정답

### 01. 〈회원〉 테이블 완성하기 _ 참고 : 테이블 완성 300쪽

❶ '회원코드' 필드의 입력 마스크 속성

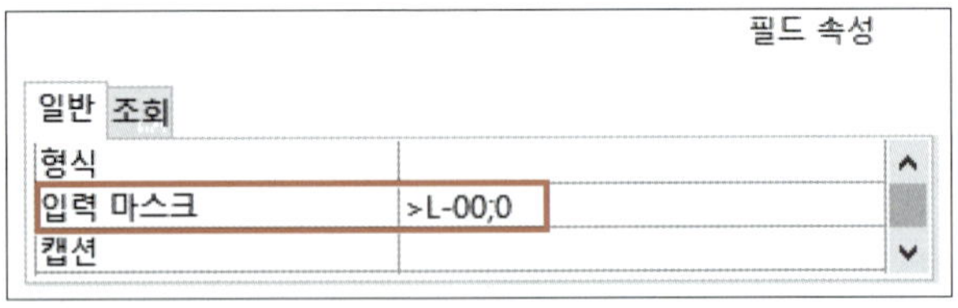


❷ '이름' 필드의 인덱스 속성

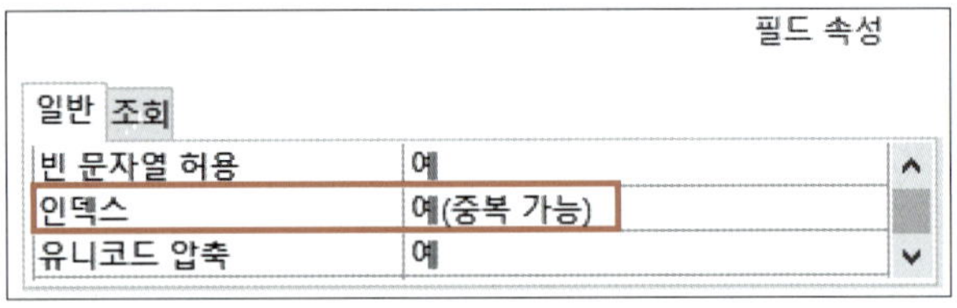


❸ '생년월일' 필드의 형식 속성

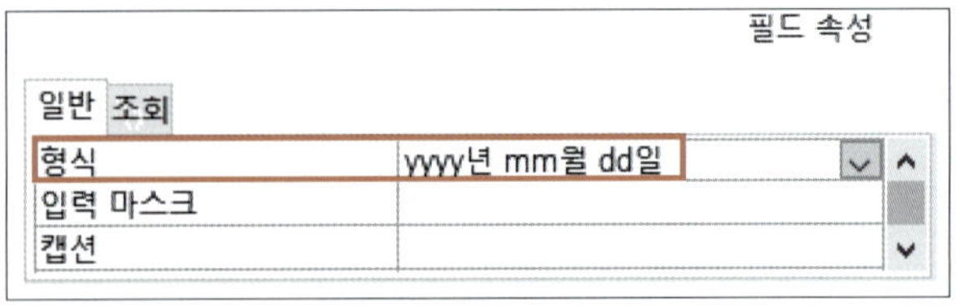


❹ '이메일' 필드의 유효성 검사 규칙 속성

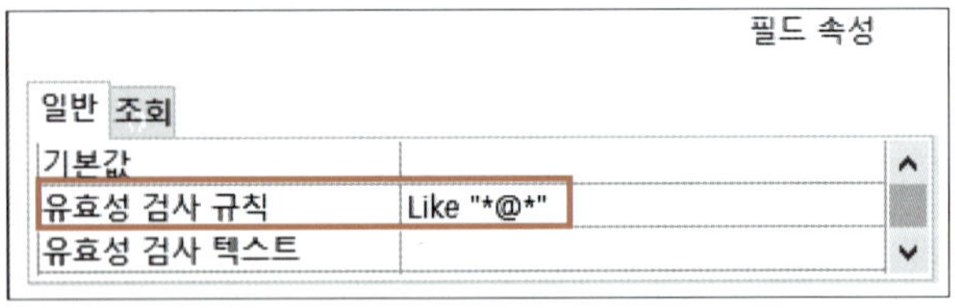


❺ '이메일' 필드의 빈 문자열 허용 속성

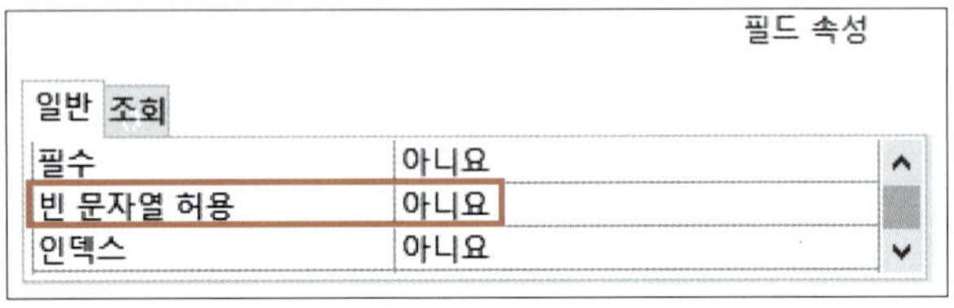


### 02. '신규서비스.xlsx' 파일 가져오기 _ 참고 : 테이블 생성 311쪽

정답

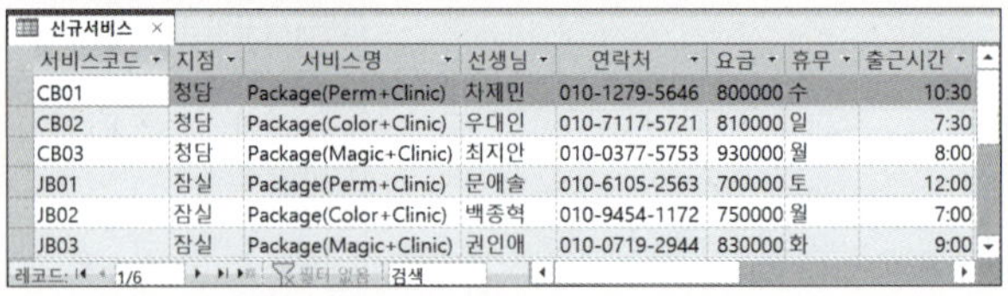


1. [외부 데이터] → 가져오기 및 연결 → 새 데이터 원본 → 파일에서 → Excel(▦)을 클릭한다.
2. '외부 데이터 가져오기 – Excel 스프레드시트' 창이 나타나면, 파일 이름을 선택하고 저장할 방법과 위치로 '현재 데이터베이스의 새 테이블로 원본 데이터 가져오기'를 선택한 후 〈확인〉을 클릭한다.

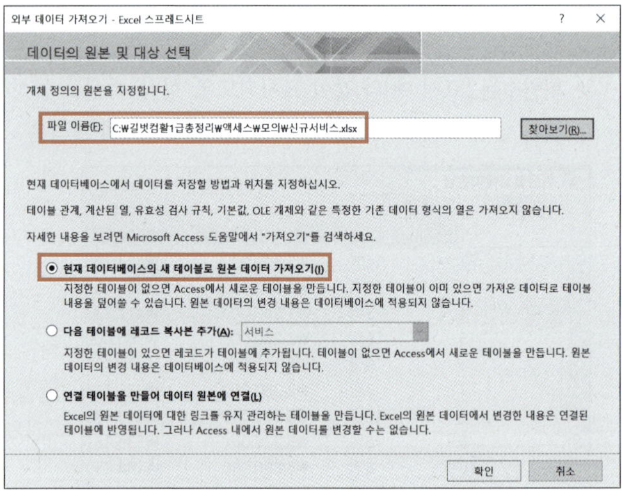


3. '스프레드시트 가져오기 마법사' 1단계 대화상자에서 그림과 같이 설정한 후 〈다음〉을 클릭한다.

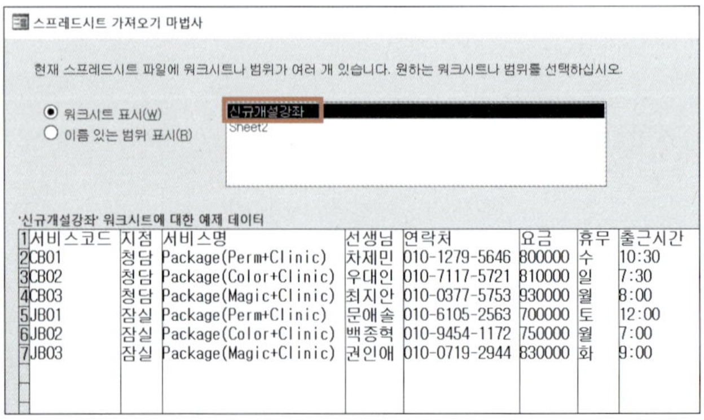

4. '스프레드시트 가져오기 마법사' 2단계 대화상자에서 '첫 행에 열 머리글이 있음'을 선택한 후 〈다음〉을 클릭한다.

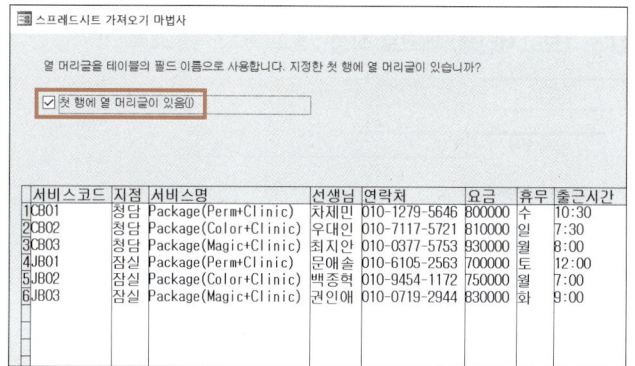

5. '스프레드시트 가져오기 마법사' 3단계 대화상자에서 〈다음〉을 클릭한다.

6. '스프레드시트 가져오기 마법사' 4단계 대화상자에서 그림과 같이 '기본 키'를 '서비스코드'로 선택한 후 〈다음〉을 클릭한다.

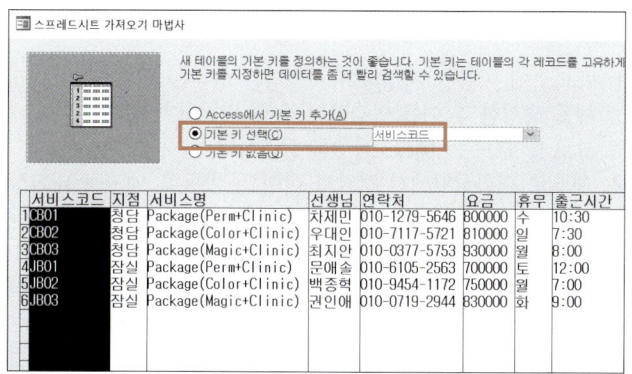

7. '스프레드시트 가져오기 마법사' 5단계 대화상자에서 테이블 이름을 그림과 같이 입력한 후 〈마침〉을 클릭한다.

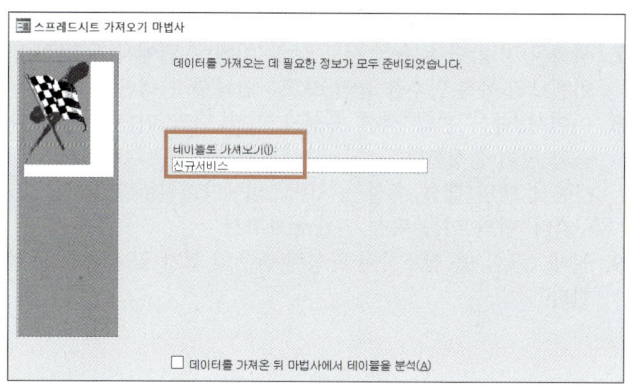

## 03. 〈서비스〉 테이블, 〈예약명단〉 테이블, 〈회원〉 테이블 간의 관계 설정하기 _ 참고 : 관계 설정 309쪽

**정답**

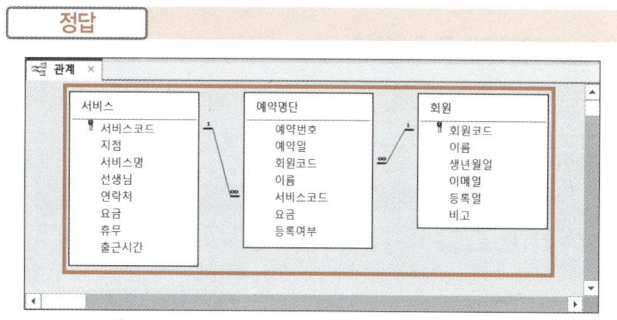

- 〈서비스〉 테이블과 〈예약명단〉 테이블의 '관계 편집' 대화상자

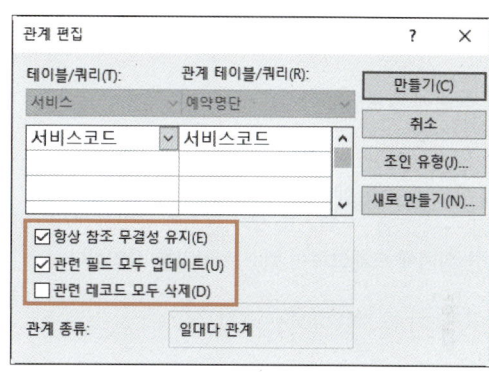

- 〈회원〉 테이블과 〈예약명단〉 테이블의 '관계 편집' 대화상자

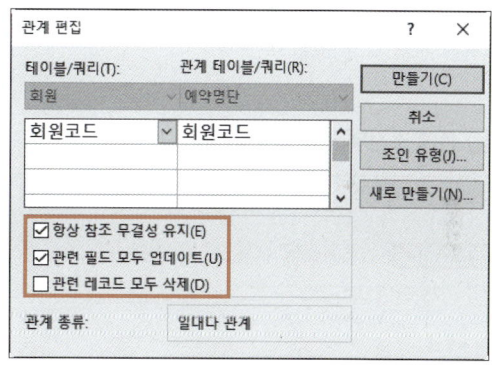

| 문제 2 | 입력 및 수정 기능 구현 | 정답 |

## 01. 〈예약현황〉 폼 완성하기 _ 참고 : 폼 완성 314쪽

> 정답

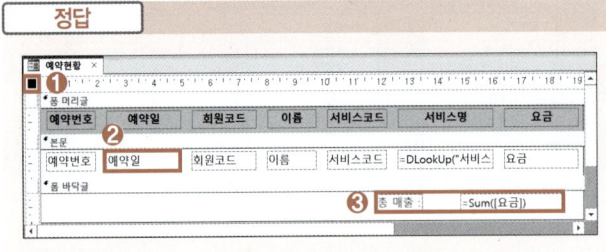

❶ 폼 속성 설정하기
'형식' 탭의 기본 보기 → 연속 폼

❷ 'txt예약일' 컨트롤에 속성 설정하기
'형식' 탭의 형식 → yyyy.mm

❸ 폼 바닥글에 텍스트 상자 삽입하기
1. [양식 디자인] → 컨트롤 → **텍스트 상자**( )를 클릭한 후 폼 바닥글의 적당한 위치에 드래그하여 텍스트 상자를 삽입한다.

'텍스트 상자 마법사'가 나타나면 〈취소〉를 클릭하세요.

2. '기타' 탭의 이름 → txt총매출
3. '데이터' 탭의 컨트롤 원본 → =Sum([요금])
4. '형식' 탭의 형식 → 통화
5. 레이블 컨트롤의 캡션 → 총 매출 :

## 02. 〈예약현황〉 폼에 조건부 서식 설정하기 _ 참고 : 조건부 서식 322쪽

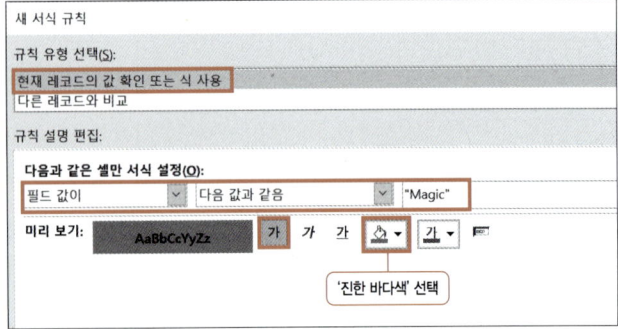

## 03. 〈보고서인쇄〉 매크로 작성 _ 참고 : 매크로 작성 329쪽

> 정답

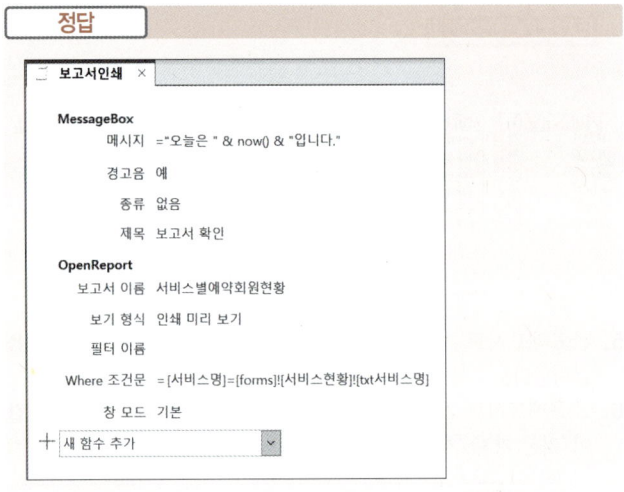

1. 매크로에 이름을 지정하여 사용하는 경우는 먼저 매크로 개체를 생성한 후 이를 연결하여 사용하면 된다. [만들기] → 매크로 및 코드 → **매크로**( )를 클릭한다.
2. 매크로 대화상자에서 정답과 같이 설정한 후 매크로 대화상자의 닫기( ) 단추를 클릭한 다음 저장 여부를 묻는 대화상자에서 〈예〉를 클릭한다.
3. '다른 이름으로 저장' 대화상자에서 매크로 이름을 **보고서인쇄**로 입력한 다음 〈확인〉을 클릭한다.
4. 〈서비스현황〉 폼을 디자인 보기로 연 후 [양식 디자인] → 컨트롤 → **단추**( )를 클릭하고 폼 본문 영역의 적당한 위치에서 드래그한다.
5. '명령 단추 마법사'가 실행되면 〈취소〉를 클릭한다.
6. 생성된 명령 단추를 더블클릭한다.
7. 생성된 명령 단추 속성 시트 창의 '이벤트' 탭에서 'On Click' 이벤트의 목록 단추를 눌러 '보고서인쇄'를 선택한다.
8. 이어서 '형식' 탭의 '캡션' 속성과 '기타' 탭의 '이름' 속성을 다음과 같이 설정한다.
   • '형식' 탭의 '캡션' 속성 → 서비스별예약회원현황
   • '기타' 탭의 '이름' 속성 → cmd보고서
9. 문제 〈그림〉을 참조하여 완성된 단추의 크기 및 위치를 조절한다.

## 문제 3  조회 및 출력 기능 구현

### 01. 〈서비스별예약회원현황〉 보고서 완성하기 _참고 : 보고서 완성 335쪽

**정답**

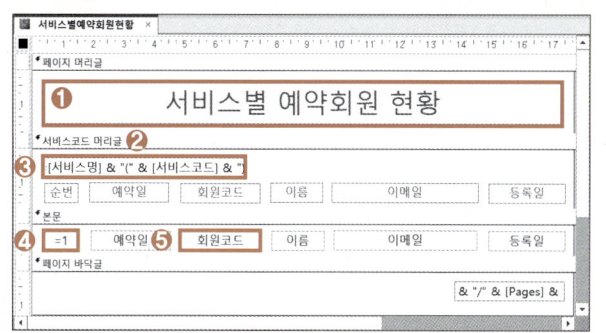

**❶ 제목 생성하기**

1. [보고서 디자인] → 컨트롤 → 레이블(가가)을 클릭한 후 페이지 머리글의 적당한 위치에 드래그한다.
2. **서비스별 예약회원 현황**을 입력하고 Enter를 누른 후 [서식] → 글꼴에서 크기 24, '가운데 맞춤'을 지정한다.
3. 생성된 레이블을 더블클릭한 후 '형식' 탭에서 너비, 높이, 위쪽, 왼쪽 속성을 다음과 같이 지정한다.

4. '기타' 탭의 이름 속성에 **LBL제목**을 입력한다.

**❷ '서비스코드' 머리글에 속성 설정하기**
'형식' 탭의 반복 실행 구역 → 예

**❸ 'txt서비스코드' 컨트롤에 속성 설정하기**
'데이터' 탭의 컨트롤 원본 →
=[서비스명] & "(" & [서비스코드] & ")"

**❹ 'txt순번' 컨트롤에 속성 설정하기**
- '데이터' 탭의 컨트롤 원본 → =1
- '데이터' 탭의 누적 합계 → 그룹

**❺ 'txt회원코드' 컨트롤에 속성 설정하기**
'형식' 탭의 형식 → @*★

'★' 기호는 한글 자음 ㅁ을 입력한 후 한자를 누르면 표시되는 특수 문자 목록에서 선택하면 됩니다.

### 02. 〈서비스현황〉 폼의 'cmd종료' 컨트롤에 기능 구현하기
_참고 : 이벤트 프로시저 344쪽

**정답**

```
Private Sub cmd종료_Click( )
    Dim aa
    aa = MsgBox(Time & " 열려진 폼을 종료할까요?",
            vbYesNo + vbDefaultButton1, "종료")
    If aa = vbYes Then
        DoCmd.Close , , acSaveYes
    End If
End Sub
```

## 문제 4  처리 기능 구현

### 01. 〈다수예약회원처리〉 _참고 : 업데이트 쿼리 작성 356쪽

쿼리 작성기 창

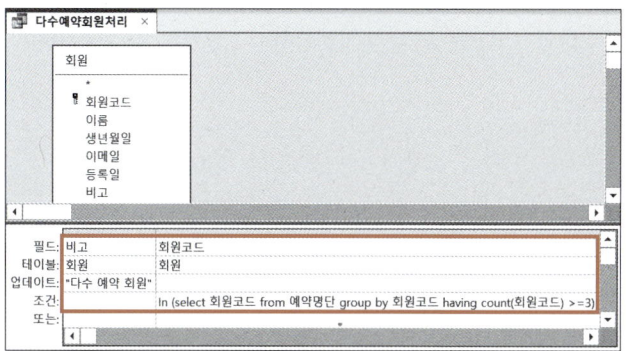

### 02. 〈지점별예약현황〉 쿼리 _참고 : 매개 변수 쿼리 작성 354쪽

쿼리 작성기 창

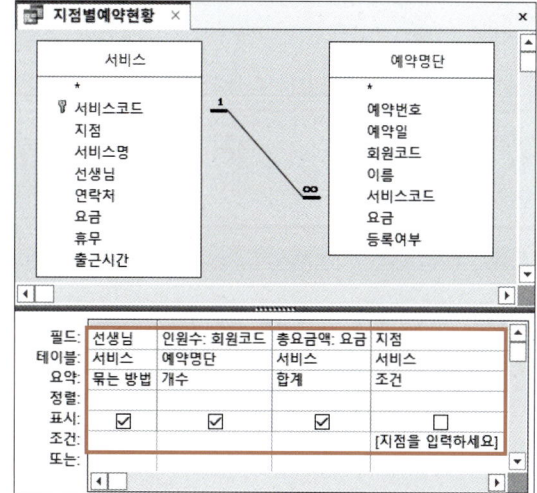

## 03. 〈지점별3분기예약건수〉 쿼리 _ 참고 : 크로스탭 쿼리 작성 354쪽

• 쿼리 작성기 창

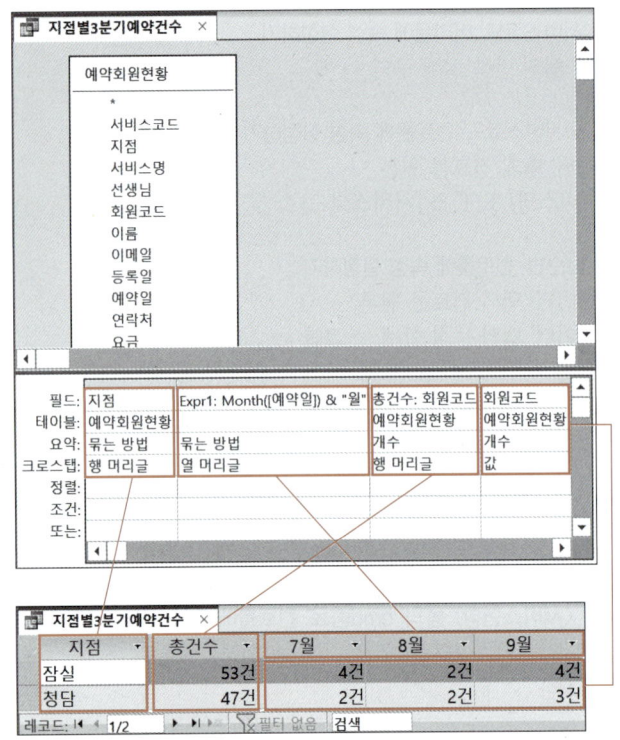

• 쿼리 속성 설정하기
  - '일반' 탭의 열 머리글 → "7월", "8월", "9월"
• '총건수: 회원코드'와 '회원코드' 필드 속성 설정하기
  - '일반' 탭의 형식 → #건

## 04. 〈할인쿠폰대상확인〉 쿼리 _ 참고 : 테이블 생성 쿼리 작성 355쪽

1. 쿼리 작성기 창에서 다음 그림과 같이 지정한다.

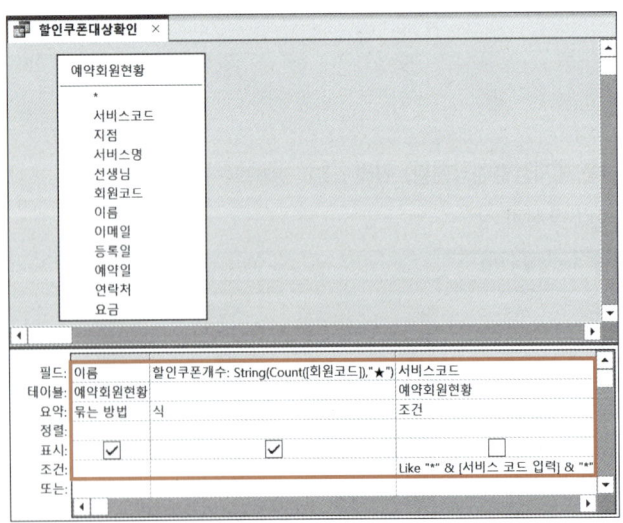

2. [쿼리 디자인] → 쿼리 유형 → **테이블 만들기(▦)**를 클릭한다.

3. '테이블 만들기' 대화상자의 '테이블 이름'에 **할인쿠폰발행대상**을 입력한 후 〈확인〉을 클릭한다.

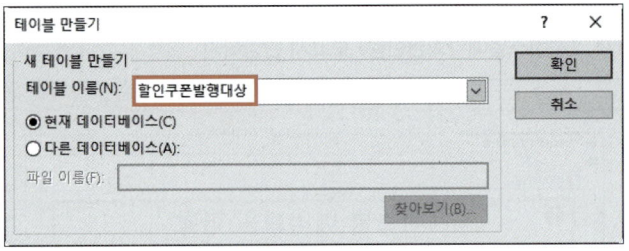

## 05. 〈탄생월별예약현황〉 쿼리 _ 참고 : 그룹 쿼리 작성 353쪽

• 쿼리 작성기 창

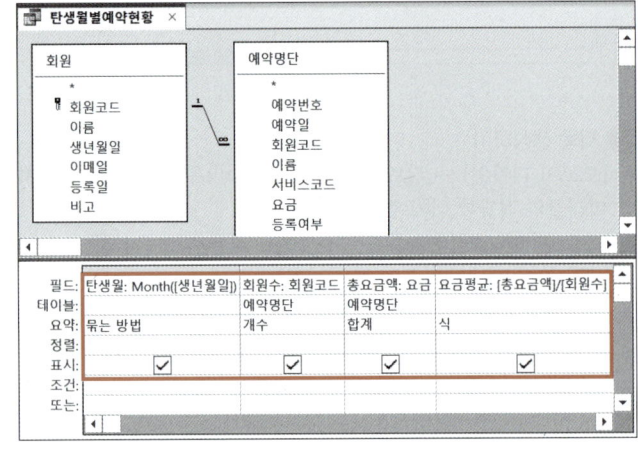

• '회원수' 필드 속성 설정하기
  - '일반' 탭의 형식 → 0명
• '요금평균' 필드 속성 설정하기
  - '일반' 탭의 형식 → 통화

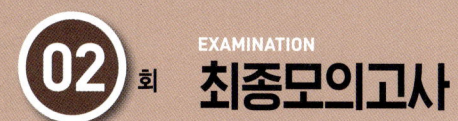 **02회 최종모의고사**

- **준 비 하 세 요 :** '길벗컴활1급총정리\액세스\모의' 폴더에서 '02회.accdb' 파일을 열어서 작업하시오.
- **외부 데이터 위치 :** 길벗컴활1급총정리\액세스\모의

**문제 1**   **DB구축(25점)**

**1.** 학생들의 과외 내역을 관리할 수 있도록 데이터베이스를 구축하였다. 다음의 지시사항에 따라 〈학생〉 테이블을 완성하시오. (각 3점)

① '학생ID' 필드를 기본 키로 설정하시오.
② '연락처' 필드는 필드 이름을 변경하지 않고, '핸드폰'으로 표시되도록 설정하시오.
③ '집주소' 필드의 IME 모드를 '한글'로 설정하시오.
④ '성별' 필드에는 "남자" 또는 "여자"만 입력되도록 설정하고, 다른 값이 입력되면 "남자 또는 여자만 입력"이라고 메시지를 표시하도록 설정하시오.
⑤ 새로운 레코드가 추가되는 경우 '등록일' 필드에는 시간을 포함하지 않는 시스템의 오늘 날짜가 기본으로 입력되도록 설정하시오.

**2.** 〈과외〉 테이블의 '학생ID' 필드에 다음과 같이 조회 속성을 설정하시오. (5점)

▶ 〈학생〉 테이블의 '학생ID', '성명', '연락처'가 콤보 상자 형태로 나타나도록 설정하시오.
▶ 필드에는 '학생ID'가 저장되도록 설정하시오.
▶ '학생ID'는 화면에 표시되지 않도록 지정하고 '성명'과 '연락처'의 열 너비는 각각 1.5cm와 3.5cm로 지정하시오.
▶ 행 수를 5로 지정하시오.
▶ 목록 너비는 5cm로 지정하고 목록 이외의 값은 입력되지 않도록 설정하시오.

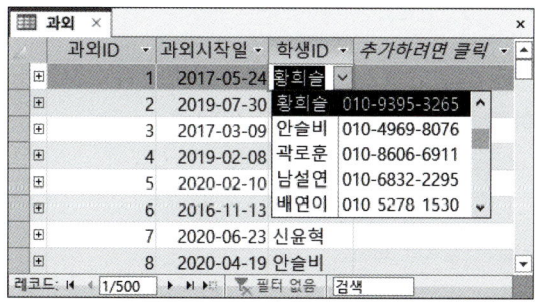

**3.** 〈과외〉 테이블의 '학생ID' 필드는 〈학생〉 테이블의 '학생ID' 필드를 참조하고 테이블 간의 관계는 M:1이다. 두 테이블에 대해 다음과 같이 관계를 설정하시오. (5점)

※ 액세스 파일에 이미 설정되어 있는 관계는 수정하지 마시오.

▶ 테이블 간에 항상 참조 무결성이 유지되도록 설정하시오.
▶ 〈학생〉 테이블의 '학생ID' 필드가 변경되면 이를 참조하는 〈과외〉 테이블의 '학생ID' 필드가 따라 변경되도록 설정하시오.
▶ 〈학생〉 테이블의 '학생ID' 필드가 삭제되면 이를 참조하는 〈과외〉 테이블의 '학생ID' 필드가 삭제되도록 설정하시오.

## 문제 2　입력 및 수정 기능 구현(20점)

**1.** 〈선생님관리〉 폼을 다음의 화면과 지시사항에 따라 완성하시오. (각 3점)

① 폼이 팝업 폼으로 열리도록 설정하고, 폼이 열려 있을 경우 다른 작업을 수행할 수 없도록 설정하시오.
② 본문의 'txt계약코드' 컨트롤의 잠금 속성을 '예'로 설정하시오.
③ 폼 바닥글의 'txt건수' 컨트롤에는 〈그림〉과 같이 계약건수가 표시되도록 컨트롤 원본 속성을 설정하시오.

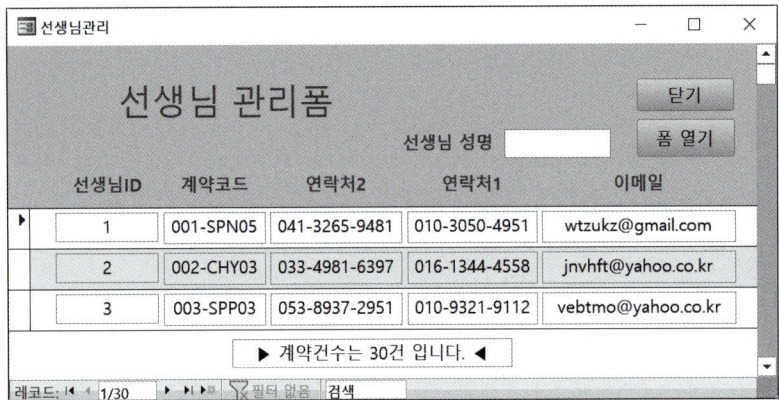

**2.** 〈과목리스트〉 폼에 다음과 같이 조건부 서식을 설정하시오. (6점)

▶ '누적학생수' 필드의 값이 '누적학생수' 필드의 전체 평균 이상이면, 본문의 모든 컨트롤들을 글꼴 스타일 '굵게', 글꼴 색 '표준 색 – 빨강'으로 설정할 것

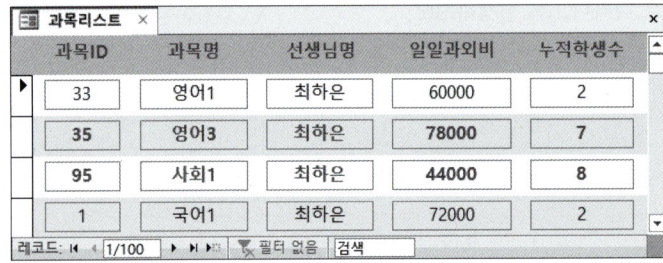

**3.** 〈선생님관리〉 폼의 머리글 영역에 다음의 지시사항과 1번 문제 〈그림〉을 참조하여 '단추' 컨트롤을 생성하시오. (5점)

▶ 명령 단추를 클릭하면 〈선생님〉 폼을 '읽기 전용' 형식으로 여는 〈폼보기〉 매크로를 생성한 후 지정하시오.
▶ 컨트롤의 이름은 "cmd폼보기"로 지정하시오.
▶ 매크로 조건 : '성명' 필드의 값이 'txt조회' 컨트롤에 입력된 선생님 성명과 같은 정보만 표시

## 문제 3 조회 및 출력 기능 구현(20점)

1. 다음의 지시사항 및 화면을 참조하여 〈계약선생님별과외현황〉 보고서를 완성하시오. (각 3점)

   ① 보고서 머리글 영역의 제목 레이블이 페이지마다 상단에 한 번씩만 표시되도록 위치를 변경하고 보고서 머리글 영역의 높이를 0cm로 설정하시오.
   ② 페이지 머리글의 'txt페이지' 컨트롤에는 페이지 번호가 다음과 같이 표시되도록 설정하시오.
   ▶ 표시 예 : 2페이지 중 1페이지
   ③ 'txt성명'과 'txt연락처' 컨트롤의 값이 이전 레코드와 동일한 경우에는 표시되지 않도록 설정하시오.
   ④ 계약코드 바닥글의 배경색을 'Access 테마 3'으로 변경하시오.
   ⑤ 계약코드 바닥글의 'txt평균학생수' 컨트롤에는 '누적학생수' 필드의 평균이 표시되도록 컨트롤 원본과 소수 자릿수 속성을 설정하시오.
   ▶ 표시 예 : 28.3
   ▶ Avg 함수 사용

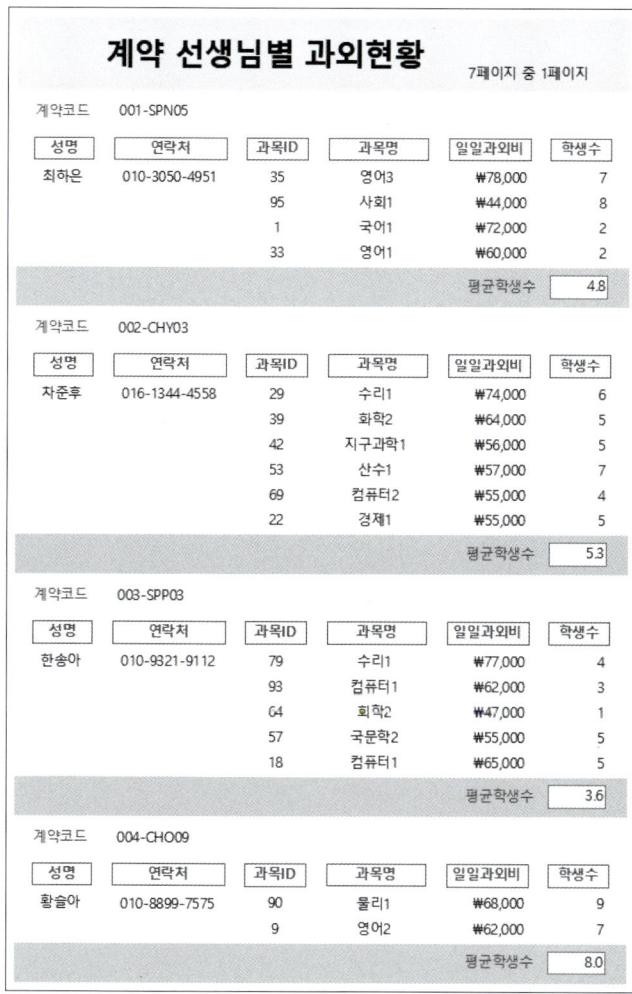

2. 〈선생님관리〉 폼에서 'txt선생님ID' 컨트롤에 포커스가 이동(GotFocus)하면 다음과 같은 기능이 수행되도록 이벤트 프로시저를 구현하시오. (5점)
   ▶ 〈과목〉 테이블과 DCount 함수를 이용하여 'txt선생님ID' 컨트롤의 값과 같은 '선생님ID'의 개수를 구한 후 그 개수가 3 이상이면 "계약 수수료 할인" 메시지를, 그렇지 않으면, "추천 선생님" 메시지를 〈그림〉과 같이 메시지 상자에 표시하시오.
   ▶ MsgBox, If ~ Else 함수를 사용하시오.

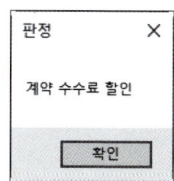

## 문제 4  처리 기능 구현(35점)

1. 〈과목〉과 〈과외내역〉 테이블을 이용하여 계약수업일수의 합계가 700 이상인 과목의 '비고' 필드의 값을 "인기과목"으로 변경하는 〈인기과목처리〉 업데이트 쿼리를 작성한 후 실행하시오. (7점)

   ▶ In 연산자와 하위 쿼리 사용

   ※ 〈인기과목처리〉 쿼리를 실행한 후의 〈과목〉 테이블

2. 성명별 과목명별 누적학생수의 합계를 조회하는 〈성명별과목명별학생수합계〉 크로스탭 쿼리를 작성하시오. (7점)

   ▶ 〈선생님〉과 〈과목〉 테이블을 이용하시오.
   ▶ 과목명은 "물리"나 "화학"으로 시작하는 레코드만을 대상으로 하시오.
   ▶ 누적학생수는 [표시 예]와 같이 표시되도록 '형식' 속성을 설정하시오. [표시 예 : 26 → 26명]
   ▶ 쿼리 결과로 표시되는 필드와 필드명은 〈그림〉과 같이 표시되도록 설정하시오.

3. 〈선생님〉과 〈과목〉 테이블을 이용하여 조회할 과목명의 일부를 매개 변수로 입력받아 해당 과목별 평균 일일과외비와 평균 누적학생수를 조회하는 〈과목별과외현황조회〉 쿼리를 작성하시오. (7점)

   ▶ '계약코드' 필드의 값이 "001"부터 "010"까지로 시작하는 선생님들만을 대상으로 하시오(Like 연산자 이용).
   ▶ 평균 과외비는 [표시 예]와 같이 표시되도록 '형식' 속성을 설정하시오. [표시 예 : 79000 → 79,000원]
   ▶ 평균 수강생은 [표시 예]와 같이 표시되도록 '형식' 속성을 설정하시오. [표시 예 : 7 → 7명]

▶ 쿼리 결과로 표시되는 필드와 필드명은 〈그림〉과 같이 표시되도록 설정하시오.

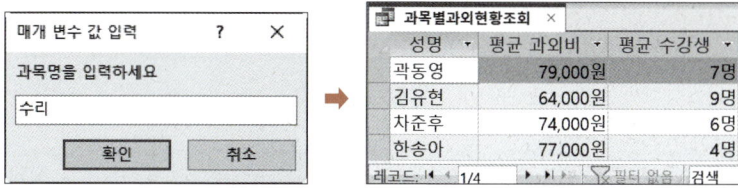

4. 성명별 '과외수'와 '최근과외시작일'을 조회하는 〈다수과외학생조회〉 쿼리를 작성하시오. (7점)
   ▶ 〈학생〉과 〈과외〉 테이블을 이용하시오.
   ▶ '과외수'는 '과외ID' 필드를 이용하고, '최근과외시작일'은 '과외시작일'의 최대값으로 처리하시오.
   ▶ '성명'을 기준으로 오름차순 정렬하여 표시하시오.
   ▶ '과외수'가 8개 이상이고 '성별'이 "남자"인 레코드만을 대상으로 하시오.
   ▶ 쿼리 결과로 표시되는 필드와 필드명은 〈그림〉과 같이 표시되도록 설정하시오.

5. 〈학생〉, 〈과외〉, 〈과외내역〉, 〈과목〉 테이블을 이용하여 성별을 매개 변수로 입력받아 해당 성별의 과외 현황을 조회하여 새 테이블로 생성하는 〈과외현황조회〉 쿼리를 작성한 후 실행하시오. (7점)
   ▶ 쿼리 실행 후 생성되는 테이블의 이름은 〈조회된과외현황〉으로 설정하시오.
   ▶ 쿼리 실행 결과 생성되는 테이블의 필드는 〈그림〉을 참조하여 수험자가 판단하여 설정하시오.

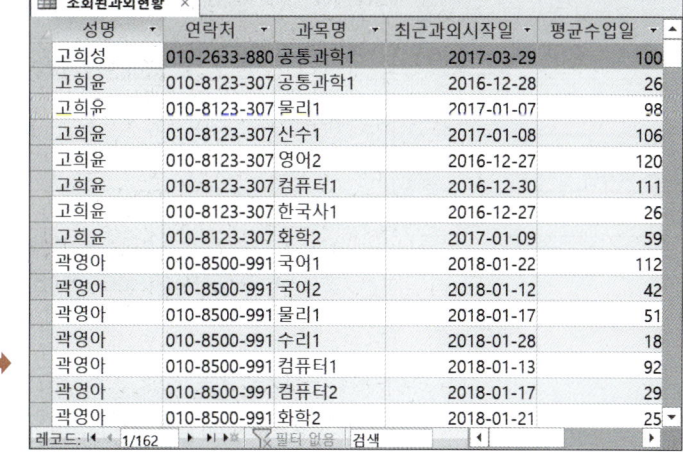

※ 〈과외현황조회〉 쿼리의 매개 변수 값으로 "여자"를 입력하여 실행한 후의 〈조회된과외현황〉 테이블

# 02회 최종모의고사 정답 및 해설

## 문제 1   DB 구축   정답

### 01. 〈학생〉 테이블 완성하기 _ 참고 : 테이블 완성 300쪽

❶ '학생ID' 필드의 기본 키 속성

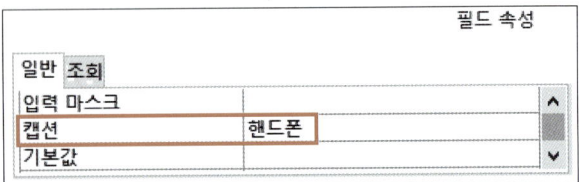

❷ '연락처' 필드의 캡션 속성

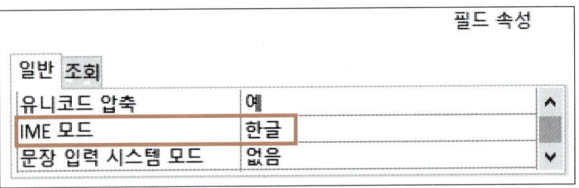

❸ '집주소' 필드의 IME 모드 속성

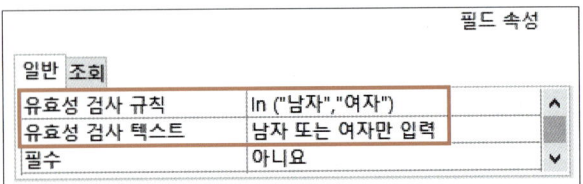

❹ '성별' 필드의 유효성 검사 규칙과 유효성 검사 텍스트 속성

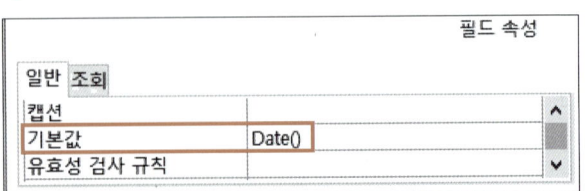

❺ '등록일' 필드의 기본값 속성

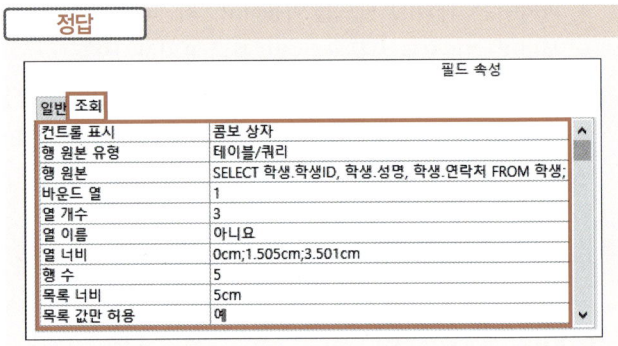

### 02. 〈과외〉 테이블의 '학생ID' 필드에 조회 기능 설정하기 _
참고 : 조회 기능 설정 306쪽

정답

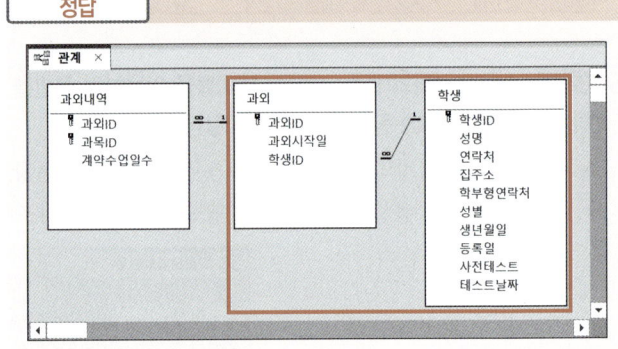

### 03. 〈학생〉 테이블과 〈과외〉 테이블 간의 관계 설정하기 _
참고 : 관계 설정 309쪽

정답

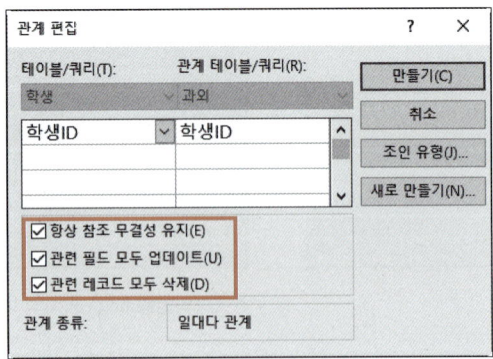

• '관계 편집' 대화상자

## 문제 2    입력 및 수정 기능 구현    정답

### 01. 〈선생님관리〉 폼 완성하기 _ 참고 : 폼 완성 314쪽

**정답**

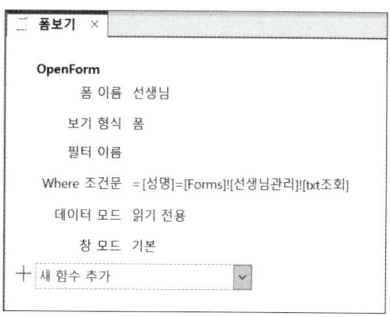

**❶ 폼 속성 설정하기**
- '기타' 탭의 팝업 → 예
- '기타' 탭의 모달 → 예

**❷ 'txt계약코드' 컨트롤에 속성 설정하기**
'데이터' 탭의 잠금 → 예

**❸ 'txt건수' 컨트롤에 속성 설정하기**
'데이터' 탭의 컨트롤 원본 →
="▶ 계약건수는 " & Count(*) & "건 입니다. ◀"

### 02. 〈과목리스트〉 폼에 조건부 서식 설정하기 _
참고 : 조건부 서식 322쪽

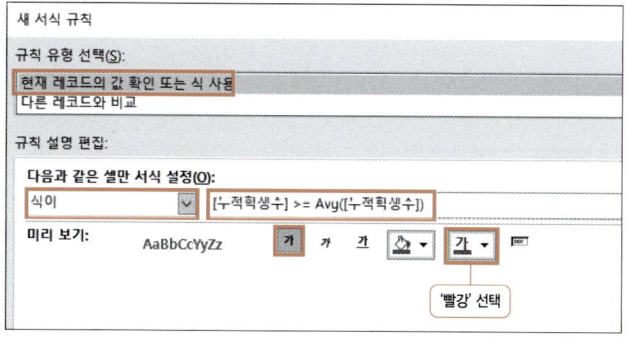

### 03. 〈폼보기〉 매크로 작성 _ 참고 : 매크로 작성 329쪽

**정답**

```
폼보기
OpenForm
    폼 이름       선생님
    보기 형식     폼
    필터 이름
    Where 조건문  =[성명]=[Forms]![선생님관리]![txt조회]
    데이터 모드   읽기 전용
    창 모드       기본
+ 새 함수 추가
```

1. 매크로에 이름을 지정하여 사용하는 경우는 먼저 매크로 개체를 생성한 후 이를 연결하여 사용하면 된다. [만들기] → 매크로 및 코드 → **매크로(□)**를 클릭한다.
2. 매크로 대화상자에서 정답과 같이 설정한 후 매크로 대화상자의 닫기(✕) 단추를 클릭한 다음 저장 여부를 묻는 대화상자에서 〈예〉를 클릭한다.
3. '다른 이름으로 저장' 대화상자에서 매크로 이름을 **폼보기**로 입력한 다음 〈확인〉을 클릭한다.
4. 〈선생님관리〉 폼을 디자인 보기로 연 후 [양식 디자인] → 컨트롤 → **단추(□)**를 클릭하고 폼 머리글 영역의 적당한 위치에서 드래그한다.
5. '명령 단추 마법사'가 실행되면 〈취소〉를 클릭한다.
6. 생성된 명령 단추를 더블클릭한다.
7. 생성된 명령 단추 속성 시트 창의 '이벤트' 탭에서 'On Click' 이벤트의 목록 단추를 눌러 '폼보기'를 선택한다.
8. 이어서 '형식' 탭의 '캡션' 속성과 '기타' 탭의 '이름' 속성을 다음과 같이 설정한다.
   - '형식' 탭의 '캡션' 속성 → 폼 열기
   - '기타' 탭의 '이름' 속성 → cmd폼보기
9. 문제 〈그림〉을 참조하여 완성된 단추의 크기 및 위치를 조절한다.

〈선생님관리〉 폼은 모달폼으로 설정되어 있기 때문에 〈선생님관리〉 폼이 아닌 다른 폼에서는 작업을 수행할 수 없습니다. 그러므로 〈선생님관리〉 폼이 실행된 상태에서 '폼 열기' 단추를 클릭하면 〈선생님〉 폼이 〈선생님관리〉 폼 뒤쪽에 배치됩니다. 〈선생님〉 폼을 확인하려면 〈선생님관리〉 폼을 닫아야 합니다.

## 문제 3   조회 및 출력 기능 구현

### 01. 〈계약선생님별과외현황〉 보고서 완성하기
_참고 : 보고서 완성 335쪽_

**정답**

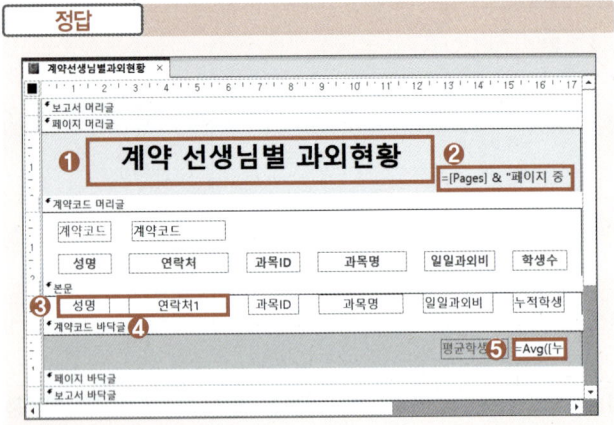

**❶ 컨트롤 이동하기**
1. '보고서 머리글' 영역의 제목 레이블을 선택한 후 페이지 머리글로 드래그하여 이동시킨다.
2. '보고서 머리글' 영역의 속성 시트에서 '형식' 탭의 '높이'를 0cm로 설정한다.

**❷ 'txt페이지' 컨트롤에 속성 설정하기**
'데이터' 탭의 컨트롤 원본 →
=[Pages] & " 페이지 중 " & [Page] & " 페이지"

**❸ 'txt성명'과 'txt연락처' 컨트롤에 속성 설정하기**
- 'txt성명' 컨트롤 : '형식' 탭의 중복 내용 숨기기 → 예
- 'txt연락처' 컨트롤 : '형식' 탭의 중복 내용 숨기기 → 예

**❹ '계약코드 바닥글' 영역에 속성 설정하기**
'형식' 탭의 배경색 → Access 테마 3

**❺ 'txt평균학생수' 컨트롤에 속성 설정하기**
- '데이터' 탭의 컨트롤 원본 → =Avg([누적학생수])
- '형식' 탭의 소수 자릿수 → 1

### 02. 〈선생님관리〉 폼의 'txt선생님ID' 컨트롤에 On Got Focus 기능 구현하기
_참고 : 이벤트 프로시저 344쪽_

**정답**

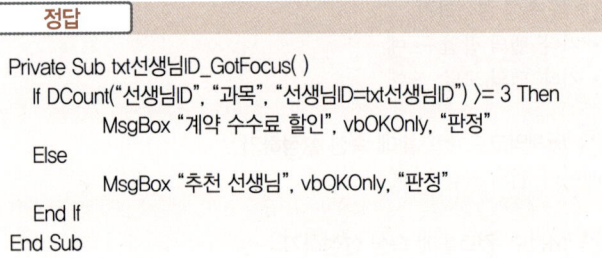

## 문제 4   처리 기능 구현

### 01. 〈인기과목처리〉 쿼리
_참고 : 업데이트 쿼리 작성 356쪽_

쿼리 작성기 창

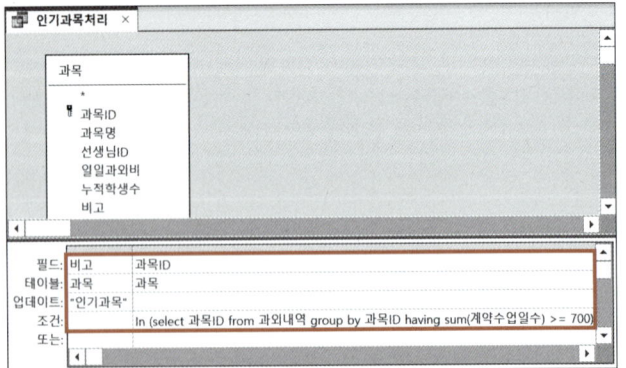

※ '계약수업일수' 필드와 같이 계산에 사용되는 필드가 문제에 제시되지 않은 경우에는 사용할 테이블을 열어 수험자가 직접 관련된 필드를 찾아 문제를 해결해야 하는 문제도 출제됩니다.

### 02. 〈성명별과목명별학생수합계〉 쿼리
_참고 : 크로스탭 쿼리 작성 354쪽_

- 쿼리 작성기 창

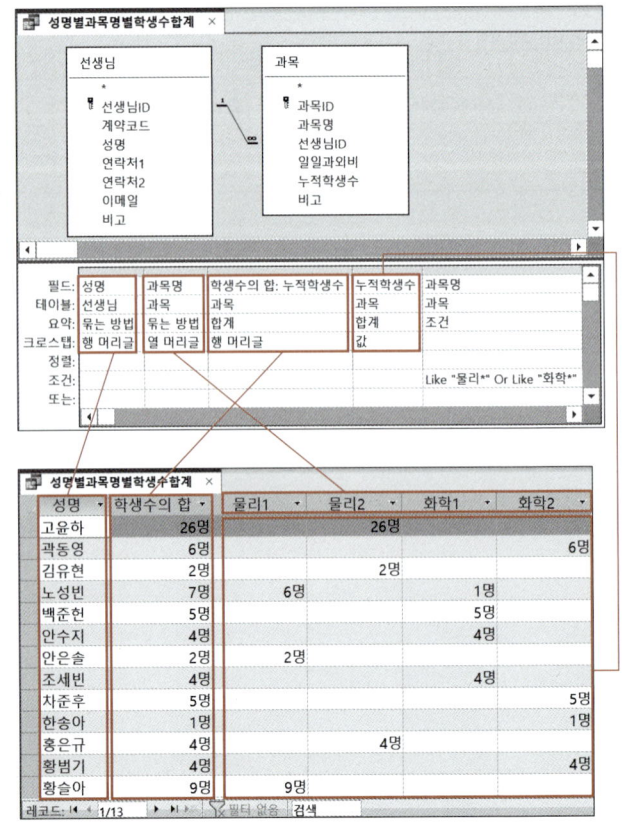

- '학생수의 합'과 '누적학생수' 필드 속성 설정하기
  - '일반' 탭의 형식 → #명

## 03. 〈과목별과외현황조회〉 쿼리 _ 참고 : 매개 변수 쿼리 작성 354쪽

- 쿼리 작성기 창

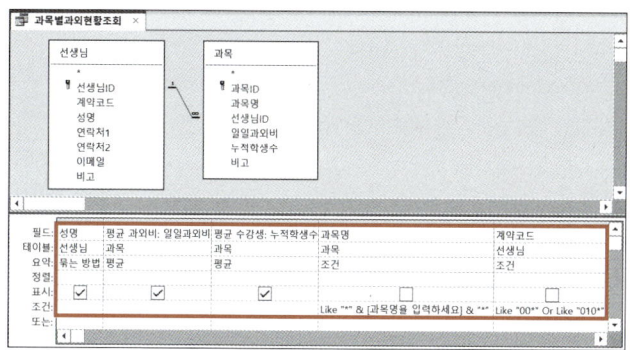

- '평균 과외비' 필드 속성 설정하기
  - '일반' 탭의 형식 → #,###원
- '평균 수강생' 필드 속성 설정하기
  - '일반' 탭의 형식 → #명

## 04. 〈다수과외학생조회〉 쿼리 _ 참고 : 그룹 쿼리 작성 353쪽

쿼리 작성기 창

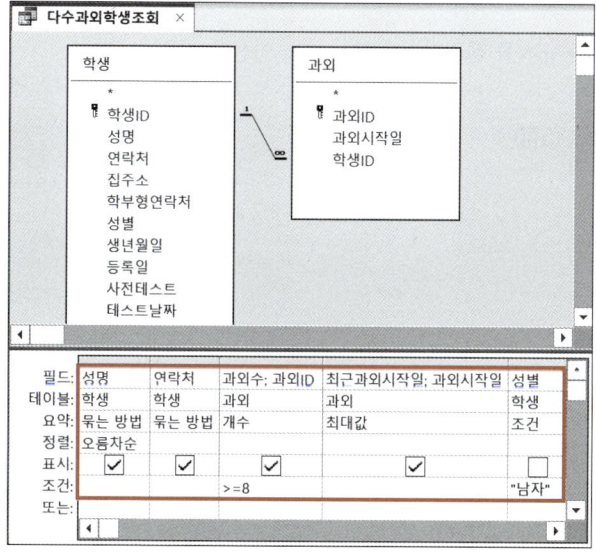

## 05. 〈과외현황조회〉 쿼리 _ 참고 : 테이블 생성 쿼리 작성 355쪽

1. 쿼리 작성기 창에서 다음 그림과 같이 설정한다.

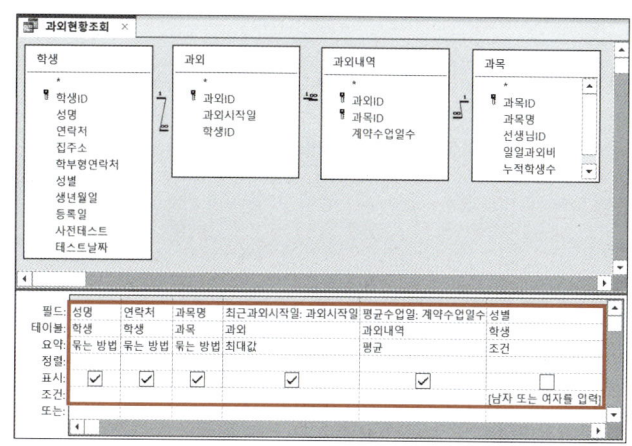

2. [쿼리 디자인] → 쿼리 유형 → **테이블 만들기**(▦)를 클릭한다.
3. '테이블 만들기' 대화상자의 '테이블 이름'에 **조회된과외현황**을 입력한 후 〈확인〉을 클릭한다.

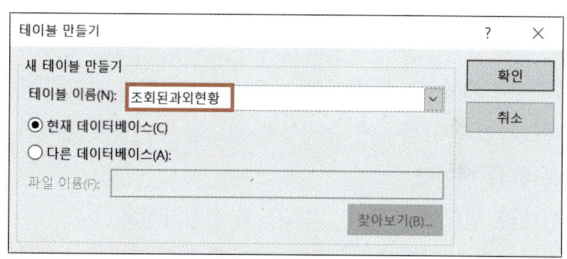

# 03회 최종모의고사

- **준 비 하 세 요** : '길벗컴활1급총정리\액세스\모의' 폴더에서 '03회.accdb' 파일을 열어서 작업하시오.
- **외부 데이터 위치** : 길벗컴활1급총정리\액세스\모의

## 문제 1  DB구축(25점)

1. 골프 패키지 여행 상품을 관리할 수 있도록 데이터베이스를 구축하였다. 다음의 지시사항에 따라 〈판매처〉와 〈주문내역〉 테이블을 완성하시오. (각 3점)

   〈판매처〉 테이블
   ① '주소' 필드의 필드 크기를 10으로 지정하시오.
   ② '대표자연락처' 필드는 '010-1234-1234'와 같은 형태로 11개의 숫자가 반드시 입력되도록 입력 마스크를 설정하시오.
      ▶ 숫자 입력은 0~9까지의 숫자만 입력할 수 있도록 설정할 것
      ▶ '-'도 저장되도록 설정하고 데이터가 입력될 자리에 '#'이 표시되도록 설정할 것
   ③ '대표자연락처' 다음에 '홈페이지' 필드를 추가하고 데이터 형식을 '하이퍼링크'로 설정하시오.

   〈주문내역〉 테이블
   ④ '판매량' 필드는 반드시 입력되도록 설정하시오.
   ⑤ '참가인원수' 필드에는 2에서 4까지의 값이 입력될 수 있도록 유효성 검사 규칙을 설정하시오(Between 연산자 이용).

2. '신규판매처.txt' 파일을 가져와 다음과 같이 〈신규판매처〉 테이블을 작성하시오. (5점)
   ▶ '신규판매처.txt' 파일의 첫 번째 행은 필드의 이름임
   ▶ 구분자는 세미콜론(;)임
   ▶ '대표자명' 필드는 제외하고 가져올 것
   ▶ 기본 키는 없음

3. 〈주문내역〉 테이블의 '패키지명' 필드는 〈패키지상품〉 테이블의 '패키지명' 필드를 참조하고 테이블 간의 관계는 M:1이다. 두 테이블에 대해 다음과 같이 관계를 설정하시오. (5점)
   ※ 액세스 파일에 이미 설정되어 있는 관계는 수정하지 마시오.
   ▶ 테이블 간에 항상 참조 무결성이 유지되도록 설정하시오.
   ▶ 참조 필드의 값이 변경되면 관련 필드의 값도 변경되도록 설정하시오.
   ▶ 〈주문내역〉 테이블이 참조하고 있는 〈패키지상품〉 테이블의 레코드를 삭제할 수 있도록 설정하시오.

| 문제 2 | 입력 및 수정 기능 구현(20점) |

1. ⟨패키지주문현황⟩ 폼을 다음의 화면과 지시사항에 따라 완성하시오. (각 3점)

   ① 폼 머리글에 ⟨그림⟩과 같이 레이블을 생성한 후 폼 제목을 입력하고, 이름은 'lab제목', 글꼴은 '궁서', 크기는 24로 설정하시오.
   ② 본문의 컨트롤이 위쪽을 기준으로 모두 같은 위치에 표시되고 가로 간격도 같도록 정렬하시오.
   ③ 'txt판매처주소' 컨트롤을 '주소' 필드에 바운드 시키시오.

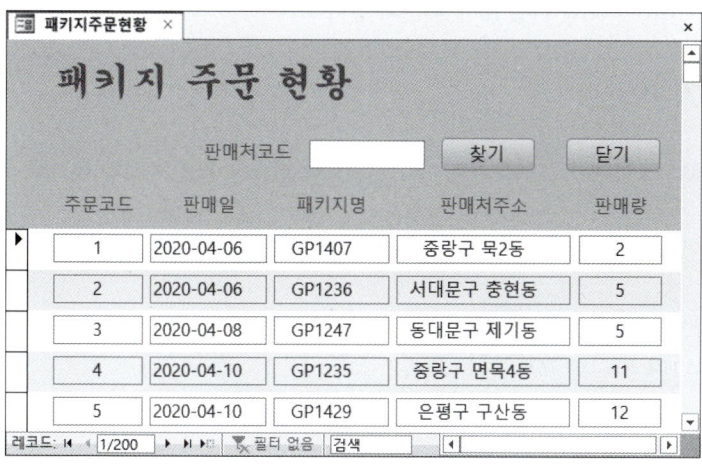

2. ⟨패키지상품주문내역⟩ 폼에 ⟨주문내역⟩ 폼을 다음의 지시사항에 따라 하위 폼으로 추가하시오. (6점)

   ▶ 기본 폼과 하위 폼을 '패키지명' 필드를 기준으로 연결하시오.
   ▶ 하위 폼 이름은 '주문내역'으로 설정하시오.
   ▶ 하위 폼을 추가하면 표시되는 레이블은 삭제하시오.
   ▶ 하위 폼의 테두리를 '그림자'로 설정하시오.

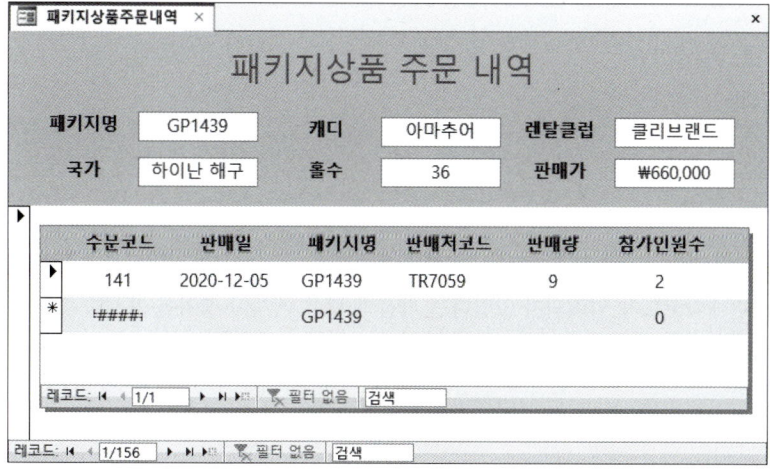

3. ⟨패키지주문현황⟩ 폼의 머리글 영역의 '닫기'(cmd종료) 단추를 클릭하면 ⟨그림⟩과 같은 메시지 상자를 표시한 후 ⟨패키지주문현황⟩ 폼을 닫는 ⟨폼종료⟩ 매크로를 생성하여 지정하시오. (5점)

   ▶ 메시지 상자에서 ⟨확인⟩을 클릭하면 변경 내용을 저장하고 바로 폼을 종료하시오.

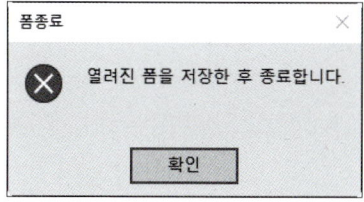

# 문제 3     조회 및 출력 기능 구현(20점)

**1.** 다음의 지시사항 및 화면을 참조하여 〈판매처주문현황〉 보고서를 완성하시오. (각 3점)

① 동일한 '판매처코드' 내에서는 '판매일' 필드를 기준으로 내림차순으로 정렬되어 표시되도록 설정하시오.

② 페이지 머리글의 'txt날짜' 컨트롤에는 시스템의 현재 날짜와 시간이 다음과 같이 표시되도록 컨트롤 원본 속성과 형식 속성을 설정하시오.
- ▶ 현재 날짜와 시간이 2023년 6월 14일 10:50:56초이면 '2023년 06월 14일 10시 50분'과 같이 표시
- ▶ 현재 날짜와 시간을 나타내는 함수 이용

③ 판매처코드 머리글 영역이 매 페이지마다 반복적으로 인쇄되고 판매처코드 머리글 영역이 시작되기 전에 페이지를 바꾸도록 설정하시오.

④ 판매처코드 바닥글의 'txt판매금액합계' 컨트롤에는 '판매가'의 합계가 〈그림〉과 같이 표시되도록 컨트롤 원본 속성과 형식 속성을 설정하시오.

⑤ 판매처코드 머리글의 'txt판매처코드'와 'txt주소' 컨트롤이 〈그림〉과 같이 실선으로 표시되도록 설정하시오.

### 판매처 주문 현황

2023년 11월 20일 11시 27분

| TR1480 | 구로구 구로3동 | | | |
|---|---|---|---|---|
| 주문코드 | 판매일 | 패키지명 | 판매량 | 판매가 |
| 156 | 2020-12-27 | GP1241 | 1 | ₩501,000 |
| 120 | 2020-11-08 | GP1415 | 6 | ₩1,150,000 |
| 118 | 2020-11-06 | GP1328 | 11 | ₩864,000 |
| 90 | 2020-09-10 | GP1277 | 1 | ₩870,000 |
| | | | 판매금액 합계 | ₩3,385,000 |

- 1/40 -

**2.** 〈패키지주문현황〉 폼 머리글의 '찾기'(cmd찾기) 단추를 클릭하면 다음과 같은 기능을 수행하도록 이벤트 프로시저를 구현하시오. (5점)
- ▶ 〈패키지주문현황〉 폼 머리글의 'txt조회' 컨트롤에 판매처코드가 입력되지 않았다면 다음과 같은 메시지 상자를 표시한 후 포커스를 'txt조회' 컨트롤로 이동하고, 판매처코드가 입력되었다면 입력된 판매처코드에 해당하는 정보만 조회할 것
- ▶ If ~ Else, IsNull 함수 사용
- ▶ Filter, FilterOn, SetFocus 속성 사용

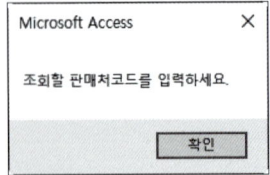

## 문제 4  처리 기능 구현(35점)

1. 〈패키지상품〉과 〈주문내역〉 테이블을 이용하여 구분별 총인원과 판매량의 합계를 조회하는 〈구분별패키지판매현황〉 쿼리를 작성하시오. (7점)
    - ▶ 총인원은 '참가인원수' 필드를 이용하시오.
    - ▶ 구분은 홀수가 18 이상이면 "정규홀", 그 외는 "퍼블릭"으로 설정하시오. (IIf 함수 사용)
    - ▶ 평균판매량 = 총판매량 / 총인원
    - ▶ 패키지명이 7부터 9까지의 문자 중 하나로 끝나는 것만 조회 대상으로 하시오. (Like 연산자 사용)
    - ▶ 총인원은 [표시 예]와 같이 표시되도록 '형식' 속성을 설정하시오. [표시 예 : 0 → 0명, 1500 → 1,500명]
    - ▶ 총판매량과 평균판매량은 [표시 예]와 같이 표시되도록 '형식' 속성을 설정하시오. [표시 예 : 0 → 0건, 1500 → 1,500건]
    - ▶ 쿼리 실행 결과 표시되는 필드와 필드명은 〈그림〉과 같이 표시되도록 설정하시오.

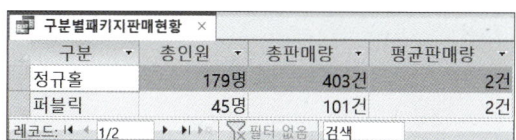

2. 판매처코드별 판매액을 조회하는 〈상위판매처판매액〉 쿼리를 작성하시오. (7점)
    - ▶ 〈주문내역〉, 〈패키지상품〉 테이블을 이용하시오.
    - ▶ 판매액 = '판매량 × 판매가'의 합계
    - ▶ '판매액'이 높은 순으로 상위 25%에 해당하는 값까지만 표시하시오.
    - ▶ 쿼리 결과로 표시되는 필드와 필드명은 〈그림〉과 같이 표시되도록 설정하시오.

| 판매처코드 | 판매액 |
|---|---|
| TR9294 | ₩58,221,000 |
| TR5888 | ₩54,837,000 |
| TR7059 | ₩52,208,000 |
| TR3461 | ₩49,889,000 |
| TR8109 | ₩49,358,000 |
| TR8209 | ₩48,854,000 |
| TR9638 | ₩48,496,000 |
| TR8370 | ₩47,531,000 |
| TR5455 | ₩46,582,000 |
| TR4439 | ₩45,912,000 |

3. 〈주문현황〉 쿼리를 이용하여 판매처 '주소'를 매개 변수로 입력받아, 입력된 '주소'를 포함하는 판매처의 정보를 새 테이블로 생성하는 〈2021년판매패키지〉 쿼리를 작성하고 실행하시오. (7점)
    - ▶ 쿼리 실행 후 생성되는 테이블의 이름은 〈조회된2021패키지〉로 설정하시오.
    - ▶ 판매일이 '2021-01-01' 이후이고 판매량이 5 이상인 패키지만을 대상으로 하시오.
    - ▶ 쿼리 결과로 표시되는 필드와 필드명은 〈그림〉과 같이 표시되도록 설정하시오.

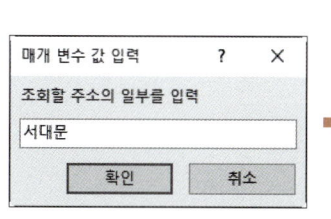 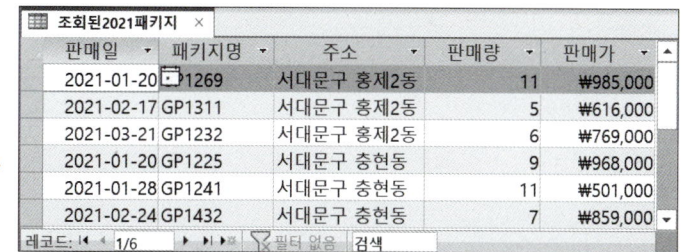

※ 〈2021년판매패키지〉 쿼리의 매개 변수 값으로 "서대문"을 입력하여 실행한 후의 〈조회된2021패키지〉 테이블

4. 패키지상품의 인기도와 지역을 매개 변수로 입력받아 해당 지역의 인기도만큼 〈패키지상품〉 테이블의 평점란에 "★"을 표시하는 〈인기도확인〉 업데이트 쿼리를 작성한 후 실행하시오. (7점)

   ▶ String 함수를 사용하시오.

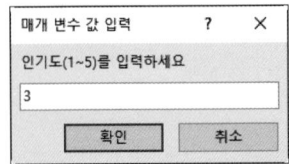 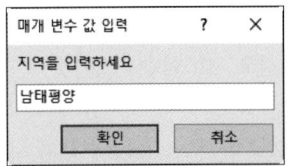

   ※ 매개 변수 값으로 '인기도'에 3을, '지역'에 "남태평양"을 입력하여 실행한 후의 〈패키지상품〉 테이블

5. 국가별, 캐디별로 참가인원을 조회하는 〈국가별캐디별참가현황〉 크로스탭 쿼리를 작성하시오. (7점)

   ▶ 〈패키지상품〉과 〈주문내역〉 테이블을 이용하시오.
   ▶ 총인원은 '참가인원수' 필드를 이용하시오.
   ▶ 국가는 내림차순 정렬하시오.
   ▶ 국가명이 가부터 라까지의 문자 중 하나로 시작하는 것만 조회 대상으로 하시오. (Like 연산자 사용)
   ▶ 인원은 [표시 예]와 같이 표시되도록 '형식' 속성을 설정하시오. [표시 예 : 0 → 0명, 22 → 22명]
   ▶ 쿼리 실행 결과 표시되는 필드와 필드명은 〈그림〉과 같이 표시되도록 설정하시오.

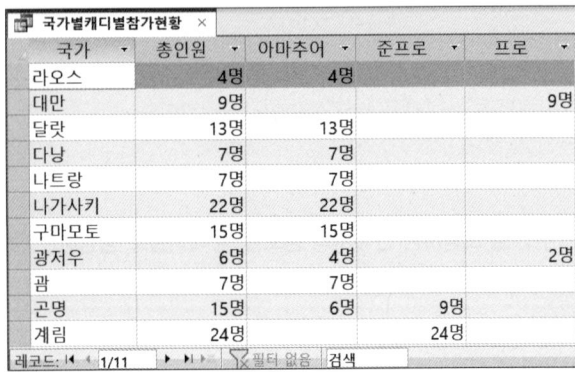

# 03회 최종모의고사 정답 및 해설

## 문제 1 — DB 구축 〈정답〉

### 01. 테이블 완성하기 _ 참고 : 테이블 완성 300쪽

**〈판매처〉 테이블**

❶ '주소' 필드의 필드 크기 속성

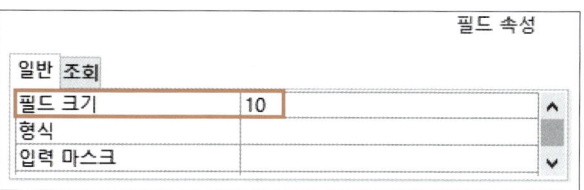

❷ '대표자연락처' 필드의 입력 마스크 속성

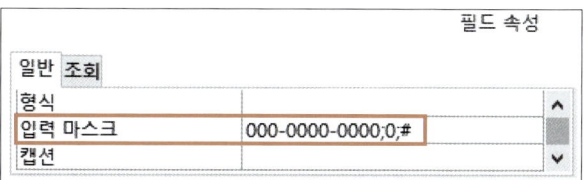

❸ '홈페이지' 필드 추가 및 데이터 형식

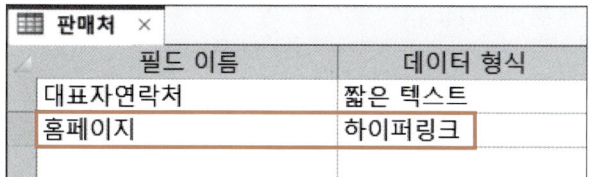

**〈주문내역〉 테이블**

❹ '판매량' 필드의 필수 속성

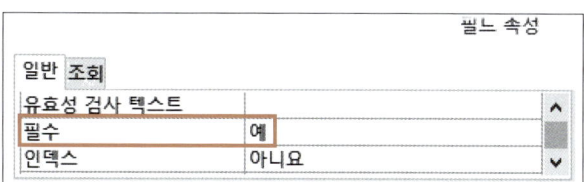

❺ '참가인원수' 필드의 유효성 검사 규칙 속성

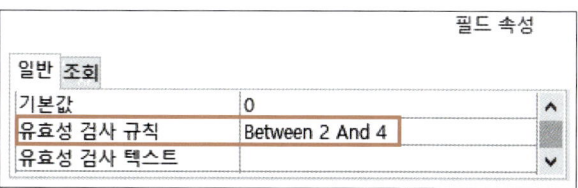

### 02. '신규판매처.txt' 파일 가져오기 _ 참고 : 테이블 생성 311쪽

〈정답〉

1. [외부 데이터] → 가져오기 및 연결 → 새 데이터 원본 → 파일에서 → **텍스트 파일**(📄)을 클릭한다.
2. '외부 데이터 가져오기 – 텍스트 파일' 창이 나타나면, 파일 이름을 선택하고 저장할 방법과 위치로 '현재 데이터베이스의 새 테이블로 원본 데이터 가져오기'를 선택한 후 〈확인〉을 클릭한다.

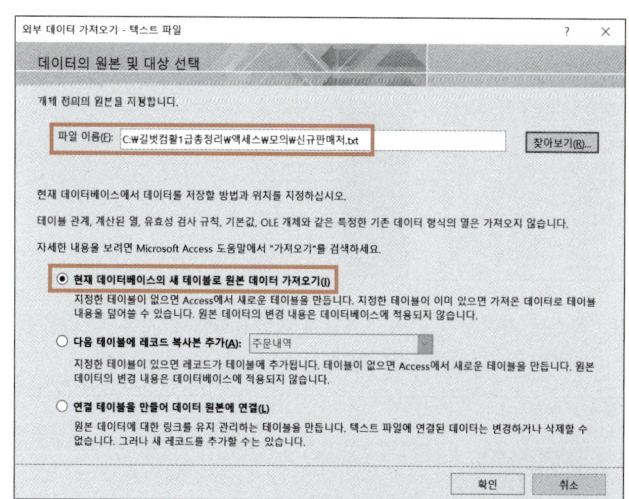

03회  **491**

3. '텍스트 가져오기 마법사' 1단계 대화상자에서 '구분'을 선택한 후 〈다음〉을 클릭한다.

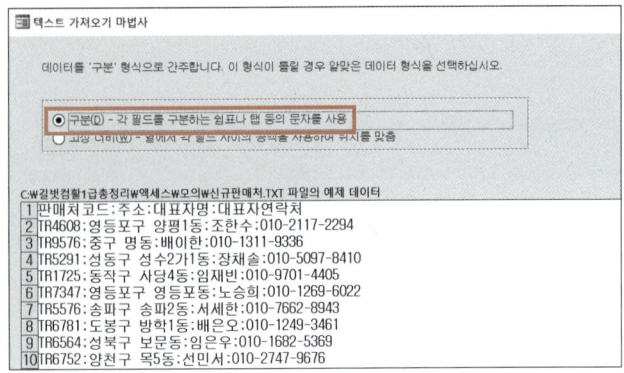

4. '텍스트 가져오기 마법사' 2단계 대화상자에서 그림과 같이 구분 기호를 '세미콜론'으로 설정하고 '첫 행에 필드 이름 포함'을 선택한 후 〈다음〉을 클릭한다.

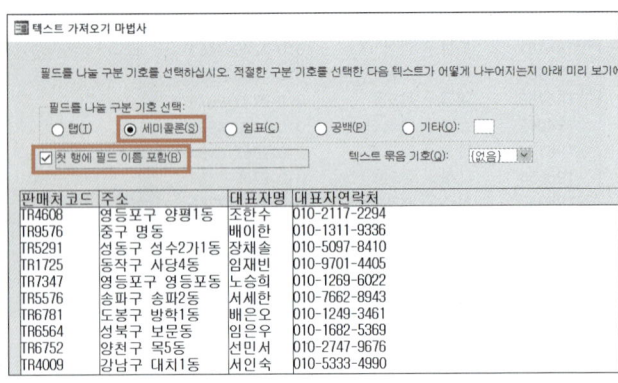

5. '텍스트 가져오기 마법사' 3단계 대화상자에서 '대표자명' 필드를 선택하고 '필드 포함 안 함'을 선택한 후 〈다음〉을 클릭한다.

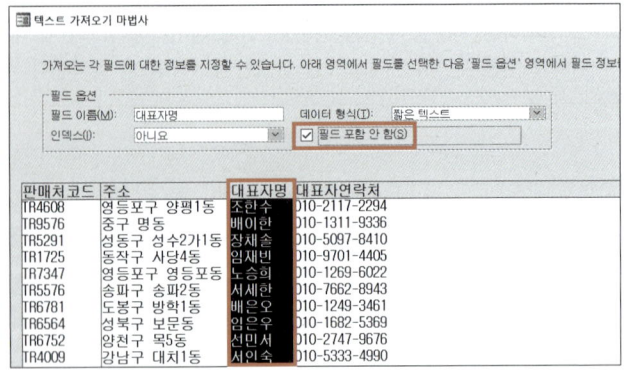

6. '텍스트 가져오기 마법사' 4단계 대화상자에서 '기본 키 없음'을 선택한 후 〈다음〉을 클릭한다.

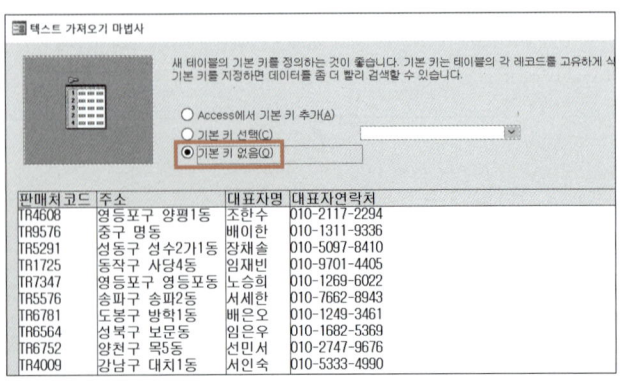

7. '텍스트 가져오기 마법사' 5단계 대화상자에서 테이블 이름을 그림과 같이 입력한 후 〈마침〉을 클릭한다.

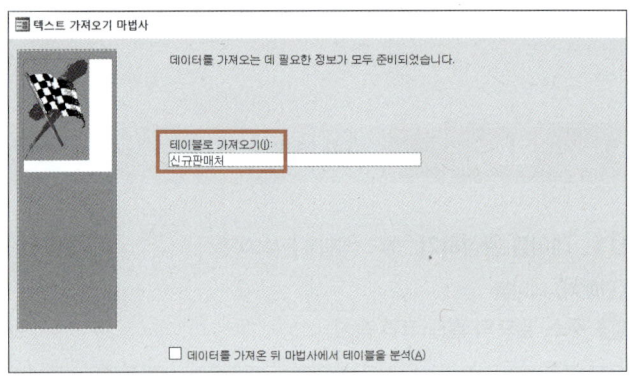

## 03. 〈패키지상품〉 테이블과 〈주문내역〉 테이블 간의 관계 설정하기
_ 참고 : 관계 설정 309쪽

### 정답

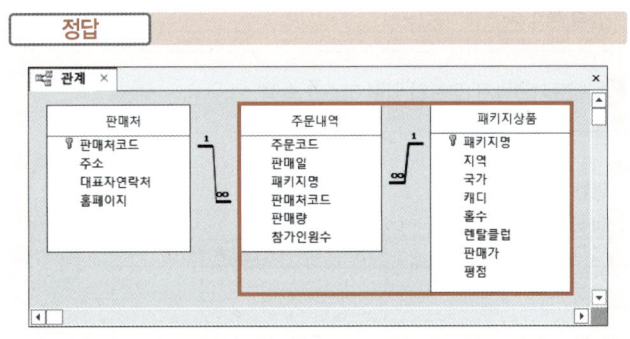

- '관계 편집' 대화상자

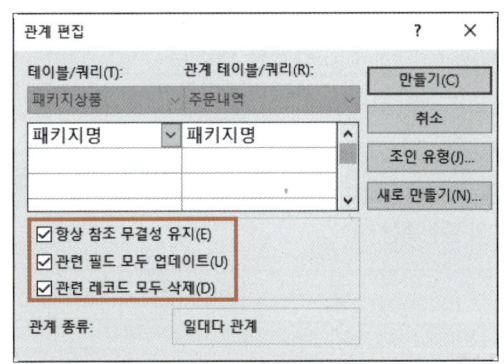

## 문제 2   입력 및 수정 기능 구현   정답

### 01. 〈패키지주문현황〉 폼 완성하기 _ 참고 : 폼 완성 314쪽

**정답**

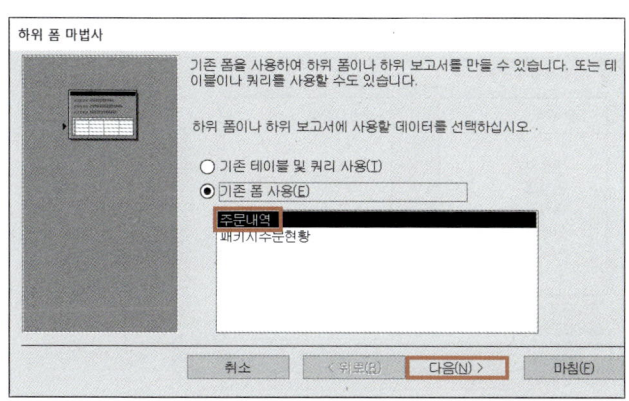

❶ 제목 삽입하기
1. [양식 디자인] → 컨트롤 → 레이블(가가)을 클릭한 후 폼 머리글의 적당한 위치에 드래그한다.
2. **패키지 주문 현황**을 입력하고 Enter를 누른 후 [서식] → 글꼴에서 글꼴을 '궁서', 크기를 24로 변경한 후 〈그림〉에 맞게 위치를 조정한다.
3. 작성된 레이블을 더블클릭한 후 '속성 시트' 창이 표시되면, '기타' 탭의 '이름' 속성에 **lab제목**을 입력한다.

❷ 본문 컨트롤의 맞춤 및 간격 지정하기
1. 폼 본문의 모든 컨트롤을 선택한 후 바로 가기 메뉴의 [맞춤] → [**위쪽**(▭)]을 선택한다.
2. 컨트롤들이 선택된 상태에서 [정렬] → 크기 및 순서 조정 → 크기/공간 → **가로 간격 같음**(▭)을 선택한다.

❸ 'txt판매처주소' 컨트롤에 속성 설정하기
'데이터' 탭의 컨트롤 원본 → 주소

### 02. 〈패키지상품주문내역〉 폼에 하위 폼 추가하기
참고 : 하위 폼 추가 321쪽

1. '하위 폼 마법사' 1단계 대화상자

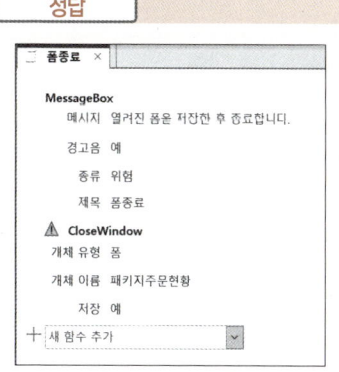

2. '하위 폼 마법사' 2단계 대화상자

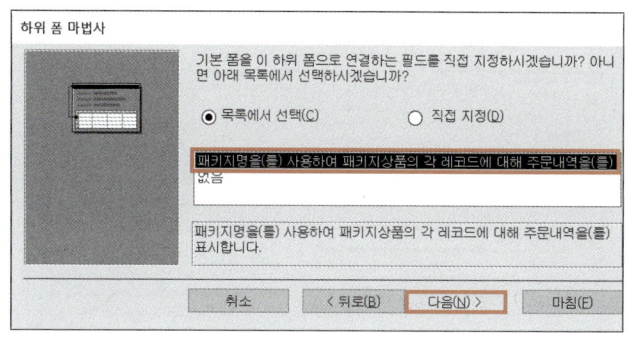

3. '하위 폼 마법사' 3단계 대화상자

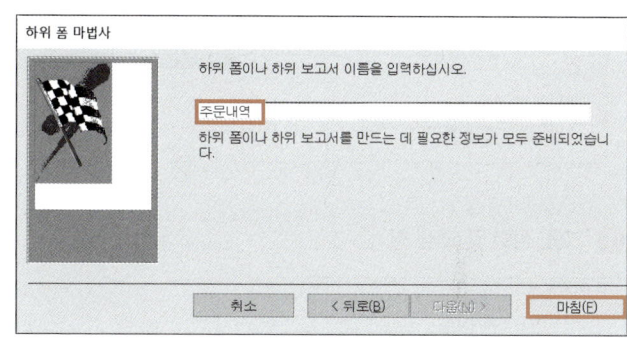

4. 하위 폼 좌측 상단에 삽입된 레이블의 외곽선을 클릭하여 선택한 후 Delete를 눌러 레이블을 삭제한다.
5. 하위 폼/하위 보고서 속성 시트 창에서 '형식' 탭의 '특수 효과'를 '그림자'로 설정한다.

### 03. 〈폼종료〉 매크로 작성 _ 참고 : 매크로 작성 329쪽

**정답**

1. 매크로에 이름을 지정하여 사용하는 경우는 먼저 매크로 개체를 생성한 후 이를 연결하여 사용하면 된다. [만들기] → 매크로 및 코드 → **매크로**(▭)를 클릭한다.
2. 매크로 대화상자에서 정답과 같이 설정한 후 매크로 대화상자의 닫기(×) 단추를 클릭한 다음 저장 여부를 묻는 대화상자에서 〈예〉를 클릭한다.
3. '다른 이름으로 저장' 대화상자에서 매크로 이름을 **폼종료**로 입력한 다음 〈확인〉을 클릭한다.
4. 〈패키지주문현황〉 폼을 디자인 보기로 연 후 'cmd종료' 컨트롤을 더블클릭한다.
5. 'cmd종료' 속성 시트 창의 '이벤트' 탭에서 'On Click' 이벤트의 목록 단추를 눌러 '폼종료' 매크로를 선택한다.

## 문제 3  조회 및 출력 기능 구현

### 01. 〈판매처주문현황〉 보고서 완성하기 _ 참고 : 보고서 완성 335쪽

**정답**

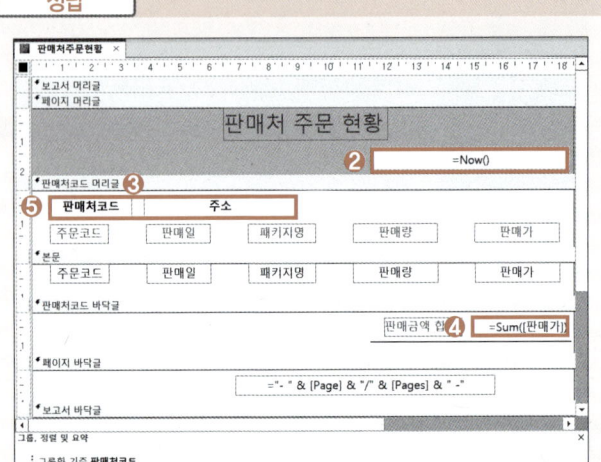

❶ '그룹, 정렬 및 요약' 창

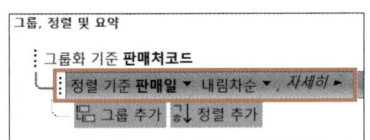

❷ 'txt날짜' 컨트롤에 속성 설정하기
- '데이터' 탭의 컨트롤 원본 → =Now( )
- '형식' 탭의 형식 → yyyy년 mm월 dd일 hh시 nn분

❸ 판매처코드 머리글 영역의 속성 설정하기
- '형식' 탭의 반복 실행 구역 → 예
- '형식' 탭의 페이지 바꿈 → 구역 전

❹ 'txt판매금액합계' 컨트롤에 속성 설정하기
- '데이터' 탭의 컨트롤 원본 → =Sum([판매가])
- '형식' 탭의 형식 → 통화

❺ 'txt판매처코드'와 'txt주소' 컨트롤에 속성 설정하기
- 'txt판매처코드' 컨트롤 : '형식' 탭의 테두리 스타일 → 실선
- 'txt주소' 컨트롤 : '형식' 탭의 테두리 스타일 → 실선

### 02. 〈패키지주문현황〉 폼의 'cmd찾기' 컨트롤에 기능 구현하기
_ 참고 : 이벤트 프로시저 344쪽

**정답**

```
Private Sub cmd찾기_Click( )
    If IsNull(txt조회) Then
        MsgBox "조회할 판매처코드를 입력하세요."
        txt조회.SetFocus
    Else
        Me.Filter = "판매처코드 = '" & txt조회 & "'"
        Me.FilterOn = True
    End If
End Sub
```

## 문제 4  처리 기능 구현

### 01. 〈구분별패키지판매현황〉 쿼리 _ 참고 : 그룹 쿼리 작성 353쪽

- 쿼리 작성기 창

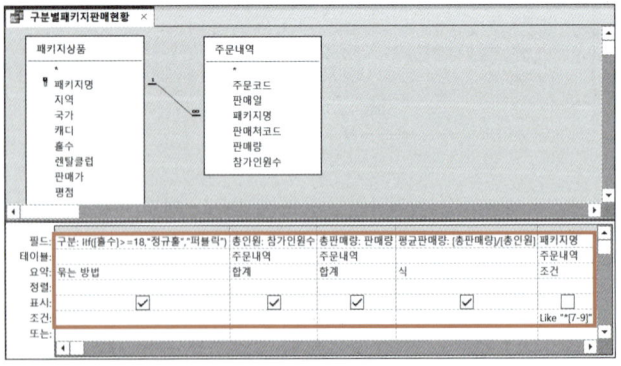

- '총인원' 필드 속성 설정하기
  - '일반' 탭의 형식 → #,##0명
- '총판매량', '평균판매량' 필드 속성 설정하기
  - '일반' 탭의 형식 → #,##0건

### 02. 〈상위판매처판매액〉 쿼리 _ 참고 : 그룹 쿼리 작성 353쪽

- 쿼리 작성기 창

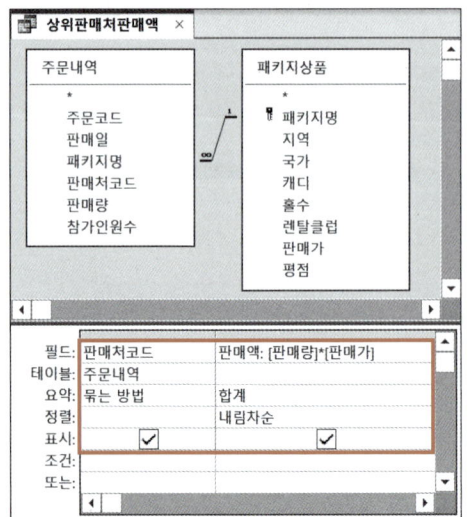

- 쿼리 속성 설정하기
  - '일반' 탭의 상위 값 → 25%

## 03. 〈2021년판매패키지〉 쿼리 _ 참고 : 테이블 생성 쿼리 작성 355쪽

1. 쿼리 작성기 창에서 다음 그림과 같이 설정한다.

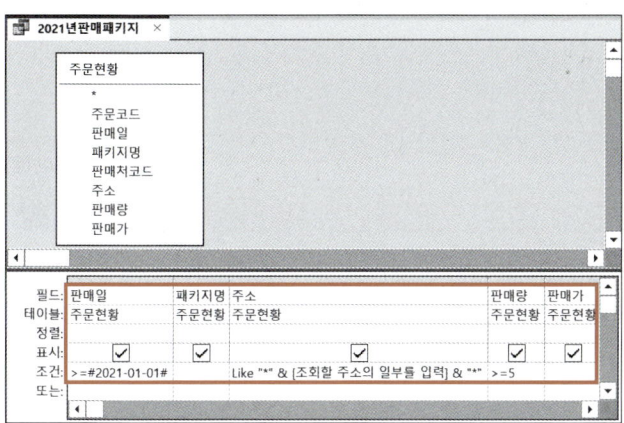

2. [쿼리 디자인] → 쿼리 유형 → 테이블 만들기(📋)를 클릭한다.
3. '테이블 만들기' 대화상자의 '테이블 이름'에 **조회된2021패키지**를 입력한 후 〈확인〉을 클릭한다.

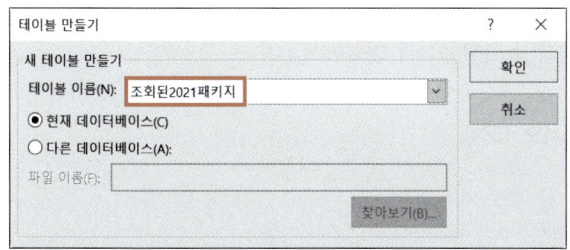

## 04. 〈인기도확인〉 쿼리 _ 참고 : 업데이트 쿼리 작성 356쪽

쿼리 작성기 창

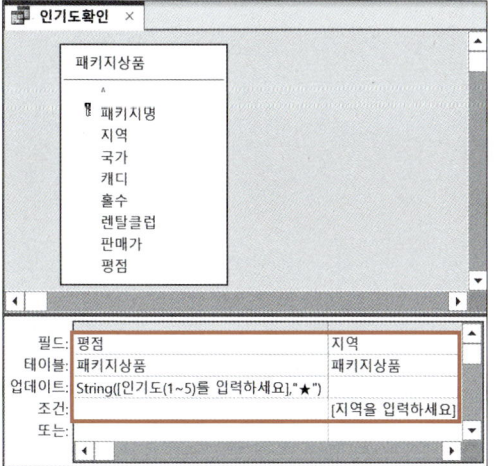

## 05. 〈국가별캐디별참가현황〉 쿼리 _ 참고 : 크로스탭 쿼리 작성 354쪽

- 쿼리 작성기 창

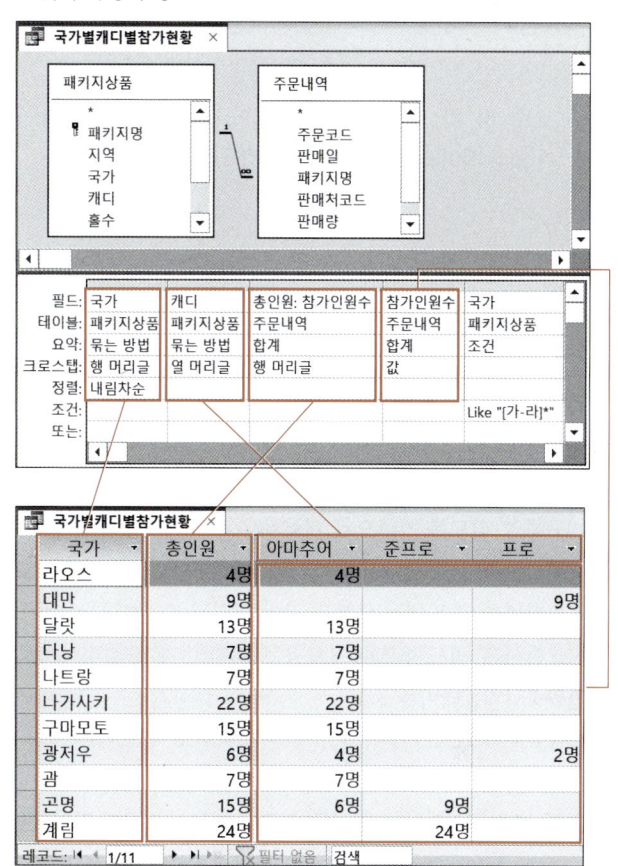

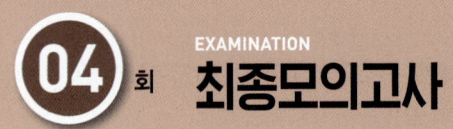

# 04회 최종모의고사

- **준 비 하 세 요 :** '길벗컴활1급총정리\액세스\모의' 폴더에서 '04회.accdb' 파일을 열어서 작업하시오.
- **외부 데이터 위치 :** 길벗컴활1급총정리\액세스\모의

## 문제 1   DB구축(25점)

1. 회원별 교환 사유를 관리할 수 있도록 데이터베이스를 구축하였다. 다음의 지시사항에 따라 〈교환내역〉과 〈전원공급기〉 테이블을 완성하시오. (각 3점)

〈교환내역〉 테이블
① '구매일' 필드를 기준으로 내림차순 정렬되도록 테이블 속성을 설정하시오.
② '무상보증일' 필드의 날짜가 '구매일' 필드의 날짜보다 크도록 유효성 검사 규칙 속성을 설정하시오.
③ '교환번호' 필드에는 중복된 값이 입력될 수 없도록 인덱스를 설정하시오.
④ '교환사유' 필드의 IME 모드를 '영숫자 반자'로 설정하시오.

〈전원공급기〉 테이블
⑤ 새로운 레코드가 추가되는 경우 '출시년도' 필드에는 기본적으로 올해의 년도가 입력되도록 설정하시오.

2. 〈교환내역〉 테이블의 '교환사유' 필드에 대해서 다음과 같이 조회 속성을 설정하시오. (5점)
   ▶ 〈교환사유〉 테이블의 '사유코드'와 '내용'을 콤보 상자 형태로 표시할 것
   ▶ 필드에는 '사유코드'가 저장되도록 설정할 것
   ▶ 열 너비를 '사유코드' 필드는 1.5cm, '내용' 필드는 4cm로 설정할 것
   ▶ 행 수를 5로 설정할 것
   ▶ 목록 너비를 5cm로 설정할 것

3. 〈교환내역〉 테이블의 '회원코드' 필드는 〈회원〉 테이블의 '회원코드' 필드를 참조하고 테이블 간의 관계는 M:1이다. 또한 〈교환내역〉 테이블의 '교환사유' 필드는 〈교환사유〉 테이블의 '사유코드' 필드를 참조하고 테이블 간의 관계는 M:1이다. 각 테이블에 대해 다음과 같이 관계를 설정하시오. (5점)

   ※ 액세스 파일에 이미 설정되어 있는 관계는 수정하지 마시오.
   ▶ 각 테이블 간에 항상 참조 무결성이 유지되도록 설정하시오.
   ▶ 참조 필드의 값이 변경되면 관련 필드의 값도 변경되도록 설정하시오.
   ▶ 다른 테이블에서 참조하고 있는 레코드는 삭제할 수 없도록 설정하시오.

## 문제 2    입력 및 수정 기능 구현(20점)

1. 〈교환현황〉 폼을 다음의 화면과 지시사항에 따라 완성하시오. (각 3점)

   ① 본문의 'txt회원코드' 컨트롤에 표시되는 '회원코드'의 마지막 글자가 "*"로 표시되도록 설정하시오.
   - 표시 예 : L-S001*
   - Left, Len 함수 이용

   ② 본문의 배경색을 'Access 테마 3'으로 변경하시오.

   ③ 폼 바닥글의 'txt합계' 컨트롤에는 '제품가' 필드의 합계가 [표시 예]와 같이 표시되도록 컨트롤 원본 속성을 설정하시오.
   - [표시 예]
     - 합계가 956000인 경우 : 총제품가는 956,000원입니다.
     - 합계가 0인 경우 : 총제품가는 0원입니다.
   - Format 함수를 사용하시오.

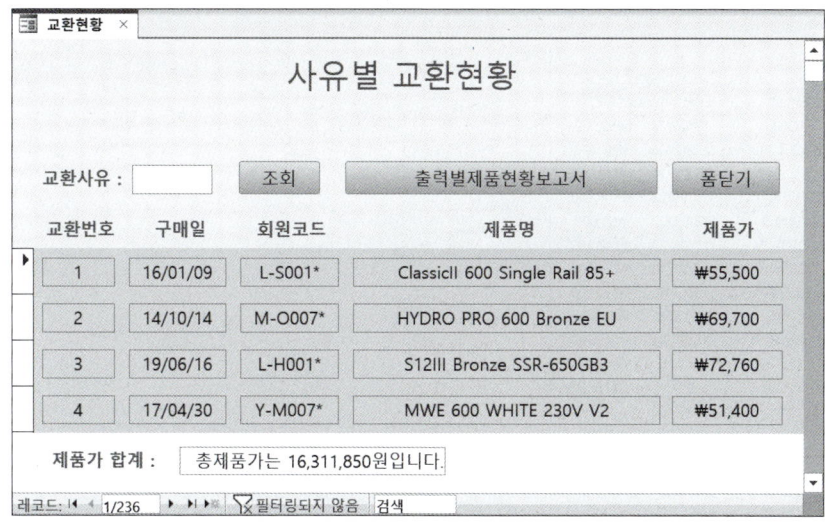

2. 〈교환현황〉 폼 본문의 'txt제품명' 컨트롤에 제품명을 표시하시오. (6점)
   - 〈교환현황〉 폼의 레코드 원본을 참조하여 '제품코드'에 해당하는 '제품명'을 〈전원공급기〉 테이블을 이용하여 표시하시오.
   - 〈교환현황〉 폼에는 '제품코드'가 표시되어 있지 않다.
   - 1번 〈그림〉을 참조하고, DLookup 함수를 사용하시오.

3. 〈교환현황〉 폼의 '조회'(cmd조회) 단추를 클릭하면 조건에 맞는 레코드에 대한 정보를 표시하는 〈필터조회〉 매크로를 생성하여 지정하시오. (5점)
   - 매크로 조건 : '교환사유' 필드의 값이 'txt조회' 컨트롤에 입력된 값과 같은 정보만 표시
   - ApplyFilter 매크로 함수 사용
   - 1번 〈그림〉 참조

## 문제 3    조회 및 출력 기능 구현(20점)

1. 다음의 지시사항 및 화면을 참조하여 〈출력별제품현황〉 보고서를 완성하시오. (각 3점)

   ① '출력' 필드를 기준으로 내림차순으로 정렬하되 동일한 그룹 내에서는 '제품명' 필드를 기준으로 오름차순으로 정렬되어 표시되도록 설정하시오.

   ② 출력 머리글의 'txt출력' 컨트롤 아래쪽으로 〈그림〉과 같이 점선이 표시되도록 선을 삽입하시오.
   - 너비 : 3.5cm, 위쪽 : 1.1cm, 왼쪽 : 0.1cm
   - 이름 : line선

   ③ 'txt제품명' 컨트롤에는 '제품명' 필드를 바운드 시키시오.

   ④ 본문 영역의 다른 배경색을 '교자 행'으로 변경하시오.

⑤ 출력 바닥글을 표시하고 평균 제품가가 〈그림〉과 같이 표시되도록 텍스트 상자를 생성하시오.
  ▶ 컨트롤 이름 : txt평균가
  ▶ Avg 함수 사용

2. 〈교환현황〉 폼에서 'txt구매일' 컨트롤을 더블클릭하면 구매일을 기준으로 내림차순 정렬되어 표시되도록 이벤트 프로시저를 구현하시오. (5점)
  ▶ 폼의 OrderBy, OrderByOn 속성을 사용하시오.

### 문제 4    처리 기능 구현(35점)

1. 회원등급별, 교환사유별로 교환횟수와 제품가의 합계를 조회하는 〈등급별사유별현황〉 크로스탭 쿼리를 작성하시오. (7점)
  ▶ 〈회원〉과 〈교환내역〉 테이블을 이용하시오.
  ▶ 교환횟수는 '교환번호' 필드를 이용하시오.
  ▶ 교환횟수는 [표시 예]와 같이 표시되도록 '형식' 속성을 설정하시오. [표시 예 : 62 → 62회]
  ▶ 쿼리 실행 결과 표시되는 필드와 필드명은 〈그림〉과 같이 표시되도록 설정하시오.

| 회원등급 | 교환횟수 | ENF | LNF | OHF | ONF | PIF | PNF | SMF |
|---|---|---|---|---|---|---|---|---|
| Bronze | 62회 | ₩690,850 | ₩522,700 | ₩787,370 | ₩696,660 | ₩518,290 | ₩459,510 | ₩695,150 |
| Gold | 66회 | ₩391,800 | ₩684,240 | ₩379,900 | ₩662,740 | ₩725,570 | ₩374,160 | ₩1,274,170 |
| Silver | 60회 | ₩670,720 | ₩746,100 | ₩724,600 | ₩359,940 | ₩634,160 | ₩369,380 | ₩618,360 |
| VIP | 48회 | ₩578,010 | ₩491,820 | ₩222,500 | ₩156,400 | ₩508,400 | ₩822,210 | ₩546,140 |

2. 〈전원공급기〉와 〈교환내역〉 테이블을 이용하여 검색할 월을 매개 변수로 입력받아 해당 월의 제조사별 교환횟수를 조회하는 〈제조사별교환횟수〉 쿼리를 작성하시오. (7점)
   ▶ '교환횟수'는 '교환사유' 필드를 이용하시오.
   ▶ '제조사' 필드의 첫 글자가 "A"부터 "F"까지인 데이터만 표시하시오. (Like 함수 사용)
   ▶ 쿼리 결과로 표시되는 필드와 필드명, 필드의 형식은 〈그림〉과 같이 표시되도록 설정하시오.

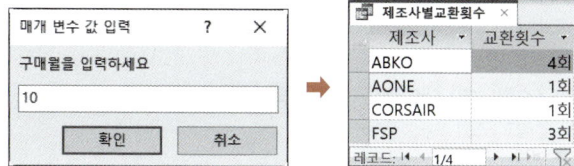

3. 성명별 교환횟수를 조회하는 〈다수교환회원〉 쿼리를 작성하시오. (7점)
   ▶ 〈회원〉, 〈교환내역〉 테이블을 이용하시오.
   ▶ '교환횟수'는 '교환번호' 필드를 이용하시오.
   ▶ '교환횟수'가 5 이상인 회원을 대상으로 하시오.
   ▶ '교환횟수'를 기준으로 내림차순 정렬하여 표시하시오.
   ▶ 쿼리 결과로 표시되는 필드와 필드명, 필드의 형식은 〈그림〉과 같이 표시되도록 설정하시오.

4. 〈교환내역〉 테이블에 존재하지 않는 〈회원〉 테이블의 회원 정보를 조회하는 〈교환내역없는회원〉 쿼리를 작성하시오. (7점)
   ▶ 〈교환내역〉 테이블에 존재하지 않는 '회원코드'는 교환 내역이 없는 것으로 가정하시오.
   ▶ Is Null 명령을 이용하시오.
   ▶ '회원등급'이 "Gold"인 회원만을 표시하시오.
   ▶ 쿼리 실행 결과 표시되는 필드와 필드명은 〈그림〉과 같이 표시되도록 설정하시오.

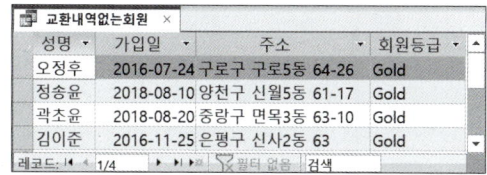

5. 〈회원〉과 〈교환내역〉 테이블을 이용하여 주문이 없는 회원에 대해 〈회원〉 테이블의 '비고' 필드의 값을 "★ 관리대상회원"으로 변경하는 〈관리대상회원처리〉 업데이트 쿼리를 작성한 후 실행하시오. (7점)
   ▶ 주문이 없는 회원이란 구매일이 2015년 1월 1일부터 2020년 4월 1일까지 중에서 〈회원〉 테이블에는 '회원코드'가 있으나 〈교환내역〉 테이블에는 '회원코드'가 없는 회원임
   ▶ Not In과 하위 쿼리 사용

※ 〈관리대상회원처리〉 쿼리를 실행한 후의 〈회원〉 테이블의 일부

# 04회 최종모의고사 정답 및 해설

## 문제 1   DB 구축

### 01. 테이블 완성하기 _ 참고 : 테이블 완성 300쪽

**〈교환내역〉 테이블**

❶ 테이블의 정렬 기준 속성

[테이블 디자인] → 표시/숨기기 → **속성 시트(⊞)** 클릭

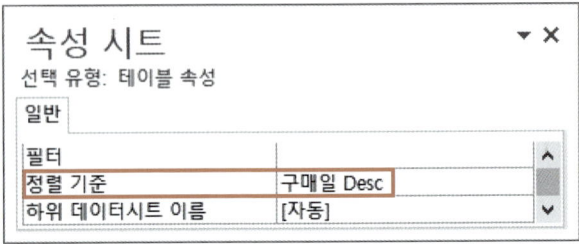

❷ 테이블의 유효성 검사 규칙 속성

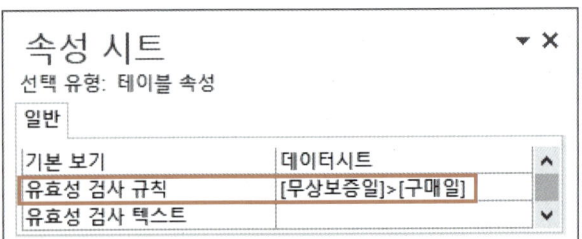

❸ '교환번호' 필드의 인덱스 속성

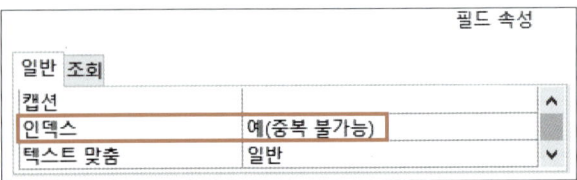

❹ '교환사유' 필드의 IME 모드 속성

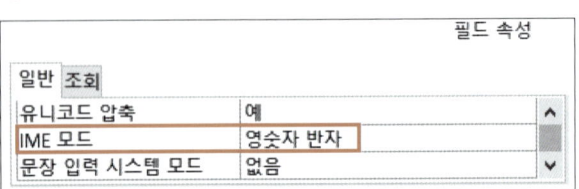

**〈전원공급기〉 테이블**

❺ '출시년도' 필드의 기본값 속성

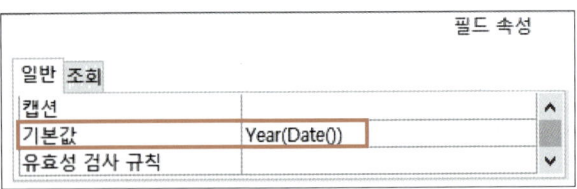

### 02. 〈교환내역〉 테이블의 '교환사유' 필드에 조회 기능 설정하기
_ 참고 : 조회 기능 설정 306쪽

**정답**

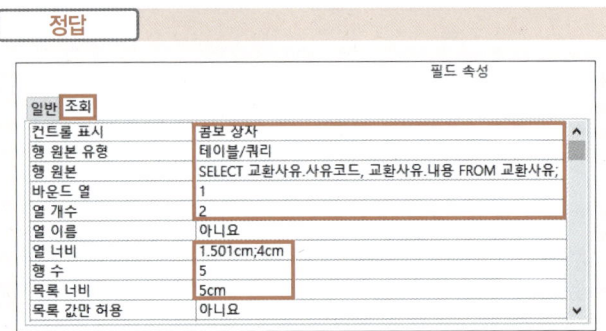

### 03. 〈교환내역〉 테이블, 〈회원〉 테이블, 〈교환사유〉 테이블 간의 관계 설정하기 _ 참고 : 관계 설정 309쪽

**정답**

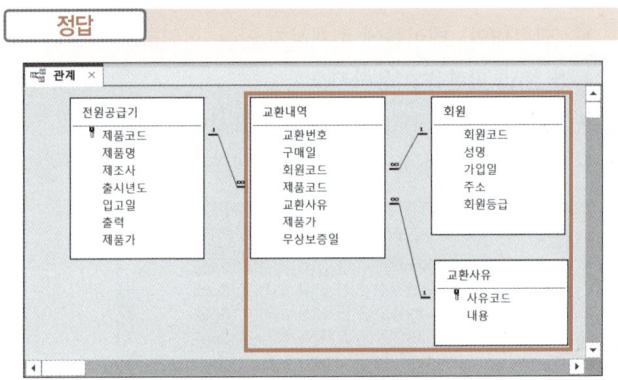

• 〈회원〉 테이블과 〈교환내역〉 테이블의 '관계 편집' 대화상자

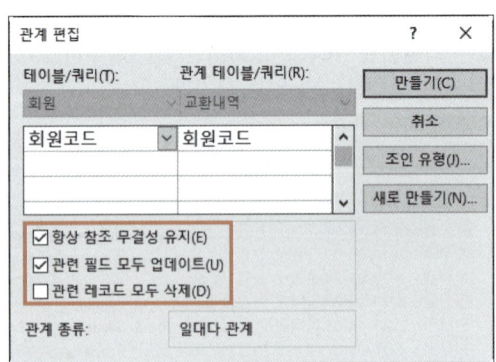

• 〈교환사유〉 테이블과 〈교환내역〉 테이블의 '관계 편집' 대화상자

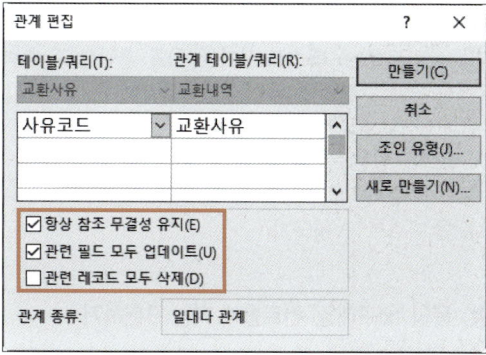

## 문제 2    입력 및 수정 기능 구현

### 01. 〈교환현황〉 폼 완성하기 _ 참고 : 폼 완성 314쪽

**정답**

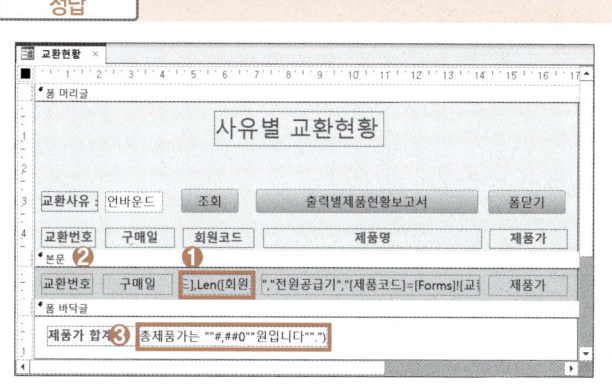

❶ 'txt회원코드' 컨트롤에 속성 설정하기
'데이터' 탭의 컨트롤 원본 →
=Left([회원코드],Len([회원코드])-1) & "*"

❷ 본문 영역에 속성 설정하기
'형식' 탭의 배경색 → Access 테마 3

❸ 폼 바닥글의 'txt합계' 컨트롤에 속성 설정하기
'데이터' 탭의 컨트롤 원본 →
=Format(Sum([제품가]), "총제품가는 #,##0원입니다.")

### 02. 〈교환현황〉 폼 본문의 'txt제품명'의 컨트롤 원본 속성 설정하기 _ 참고 : 도메인 계산 함수 318쪽

'데이터' 탭의 컨트롤 원본 →
=DLookUp("제품명","전원공급기","[제품코드] = [Forms]![교환현황]![제품코드]")

'=DLookUp("제품명","전원공급기","[제품코드] = [Forms]![교환현황]![제품코드]")'의 의미
• 제품명 : 결과 값을 구할 필드 이름으로, 여기서는 '제품명'을 표시하므로 '제품명' 필드를 지정함
• 전원공급기 : 작업 대상 레코드가 들어 있는 테이블이나 쿼리의 이름으로서, '제품명'은 〈전원공급기〉 테이블에 들어 있으므로, 여기서는 〈전원공급기〉 테이블을 지정함
• [제품코드] = [Forms]![교환현황]![제품코드] : 조건으로 '제품코드', 여기서 '제품코드'는 〈전원공급기〉 테이블의 '제품코드'로 이 '제품코드'가 〈교환현황〉 폼의 '제품코드'와 같은 경우를 대상으로 함. 〈교환현황〉 폼에는 '제품코드'가 표시되어 있지 않지만 레코드 원본으로 연결된 〈교환내역〉 테이블에 '제품코드'가 들어있으므로 [Forms]![교환현황]![제품코드]로 지정하면 됨

### 03. 〈필터조회〉 매크로 작성 _ 참고 : 매크로 작성 329쪽

**정답**

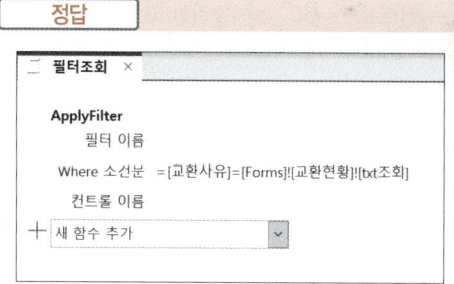

1. 매크로에 이름을 지정하여 사용하는 경우는 먼저 매크로 개체를 생성한 후 이를 연결하여 사용하면 된다. [만들기] → 매크로 및 코드 → **매크로(▨)**를 클릭한다.
2. 매크로 대화상자에서 정답과 같이 설정한 후 매크로 대화상자의 닫기(✕) 단추를 클릭한 다음 저장 여부를 묻는 대화상자에서 〈예〉를 클릭한다.
3. '다른 이름으로 저장' 대화상자에서 매크로 이름을 **필터조회**로 입력한 다음 〈확인〉을 클릭한다.
4. 〈교환현황〉 폼을 디자인 보기 상태로 연 다음 'cmd조회' 컨트롤을 더블클릭한다.
5. 'cmd조회' 속성 시트 창의 '이벤트' 탭에서 'On Click' 이벤트의 목록 단추를 눌러 '필터조회' 매크로를 선택한다.

## 문제 3 조회 및 출력 기능 구현  정답

### 01. 〈출력별제품현황〉 보고서 완성하기 _ 참고 : 보고서 완성 335쪽

**정답**

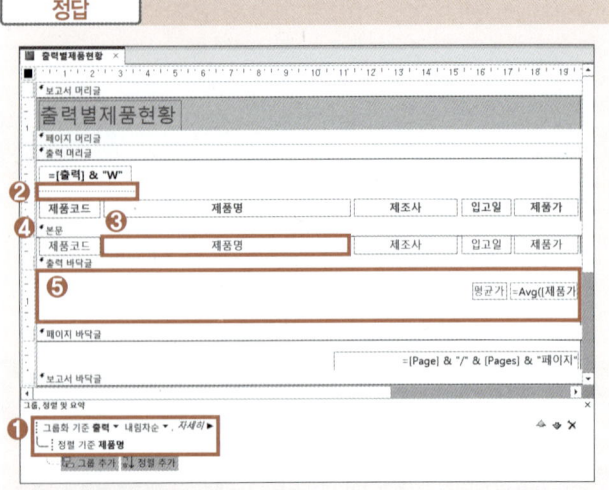

### ❶ '그룹, 정렬 및 요약' 창

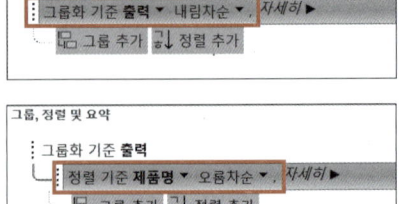

### ❷ 점선 삽입하기

1. [양식 디자인] → 컨트롤 → **선**(◻)을 클릭한 후 출력 머리글 영역의 'txt출력' 컨트롤 아래 부분에 드래그하여 선을 삽입한다.
2. '기타' 탭의 이름 → line선
3. '형식' 탭의 너비, 위쪽, 왼쪽, 테두리 스타일

| 형식 | 데이터 | 이벤트 | 기타 | 모두 |
|---|---|---|---|---|
| 너비 | | 3.501cm | | |
| 높이 | | 0cm | | |
| 위쪽 | | 1.101cm | | |
| 왼쪽 | | 0.101cm | | |
| 테두리 스타일 | | 점선 | | |

### ❸ 'txt제품명' 컨트롤에 속성 설정하기
'데이터' 탭의 컨트롤 원본 → 제품명

### ❹ 본문 영역에 속성 설정하기
'형식' 탭의 다른 배경색 → 교차 행

### ❺ 출력 바닥글을 표시하고 텍스트 상자 삽입하기

1. '그룹, 정렬 및 요약' 창에서 '출력' 그룹의 〈자세히〉를 클릭한 후 '바닥글 구역 표시'를 선택한다.

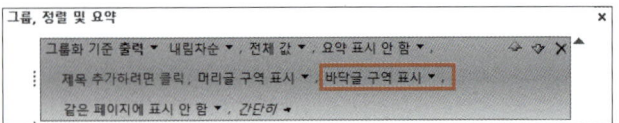

2. [양식 디자인] → 컨트롤 → **텍스트 상자**(◫)를 클릭한 후 출력 바닥글 영역에서 드래그하여 텍스트 상자를 삽입한다.
3. '기타' 탭의 이름 → txt평균가
4. '데이터' 탭의 컨트롤 원본 → =Avg([제품가])
5. '형식' 탭의 형식 → 통화
6. 레이블 컨트롤의 텍스트 → 평균가

### 02. 〈교환현황〉 폼의 'txt구매일' 컨트롤에 기능 구현하기
_ 참고 : 이벤트 프로시저 344쪽

**정답**

```
Private Sub txt구매일_DblClick(Cancel As Integer)
    OrderBy = "구매일 Desc"
    OrderByOn = True
End Sub
```

## 문제 4  처리 기능 구현   정답

### 01. 〈등급별사유별현황〉 쿼리 _ 참고 : 크로스탭 쿼리 작성 354쪽

• 쿼리 작성기 창

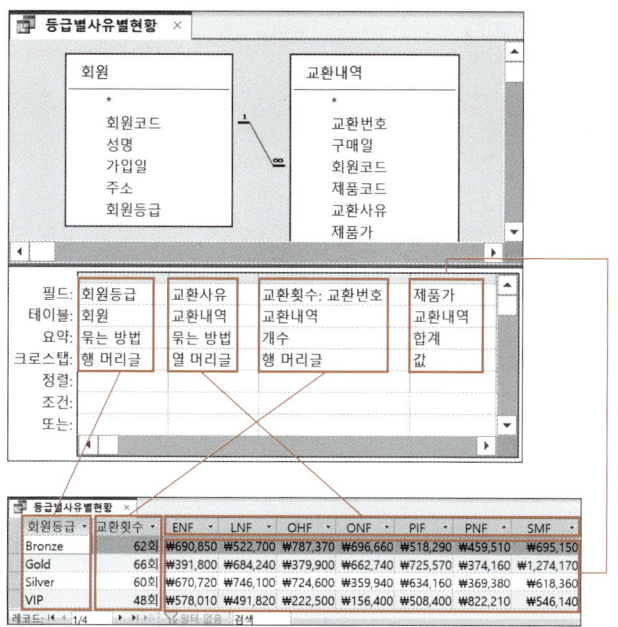

• '교환횟수' 필드 속성 설정하기
  – '일반' 탭의 형식 → #회

### 02. 〈제조사별교환횟수〉 쿼리 _ 참고 : 매개 변수 쿼리 작성 354쪽

• 쿼리 작성기 창

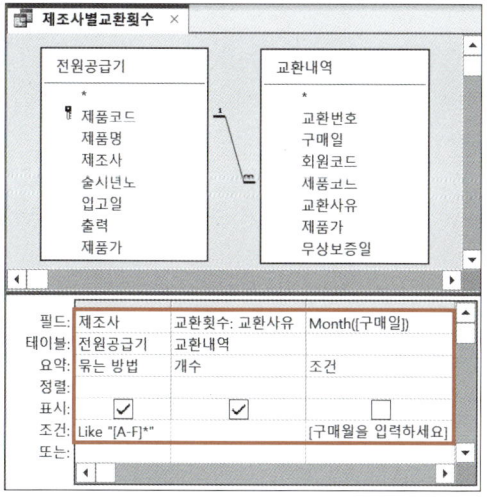

• '교환횟수' 필드의 속성
  – '일반' 탭의 형식 → #회

### 03. 〈다수교환회원〉 쿼리 _ 참고 : 그룹 쿼리 작성 353쪽

• 쿼리 작성기 창

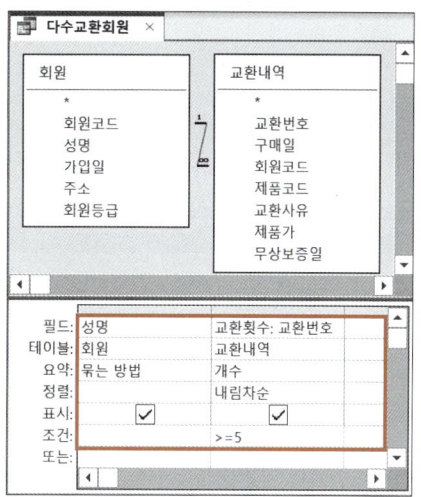

• '교환횟수' 필드의 속성
  – '일반' 탭의 형식 → #회

### 04. 〈교환내역없는회원〉 쿼리 _ 참고 : 그룹 쿼리 작성 353쪽

• 쿼리 작성기 창

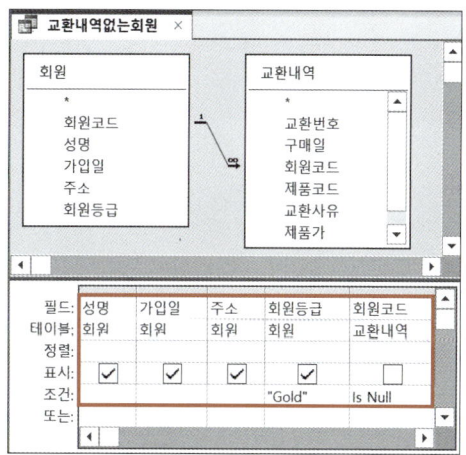

• '조인 속성' 대화상자

  〈회원〉 테이블과 〈교환내역〉 테이블의 '회원코드' 관계 선을 더블클릭한 후 '조인 속성' 대화상자에서 다음과 같이 설정한다.

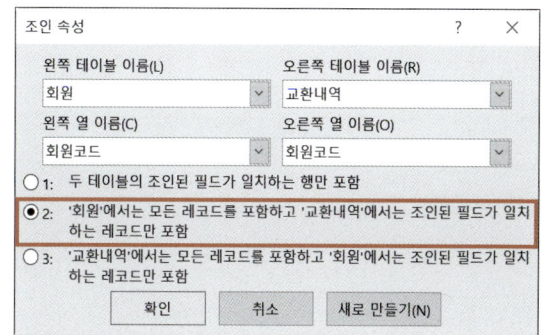

## 05. 〈관리대상회원처리〉 쿼리 _ 참고 : 업데이트 쿼리 작성 356쪽

쿼리 작성기 창

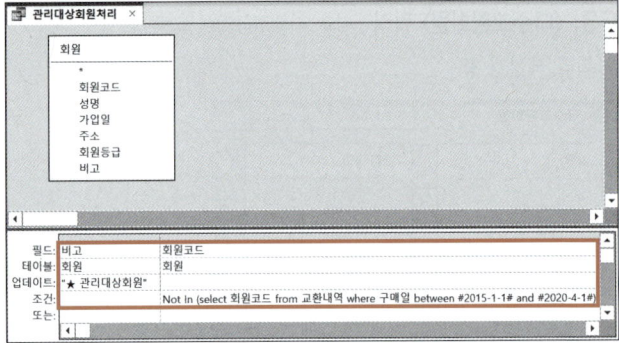

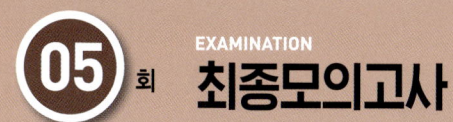 

# 05회 최종모의고사

- 준 비 하 세 요 : '길벗컴활1급총정리\액세스\모의' 폴더에서 '05회.accdb' 파일을 열어서 작업하시오.
- 외부 데이터 위치 : 길벗컴활1급총정리\액세스\모의

## 문제 1  DB구축(25점)

**1.** 상품별 구매 내역을 관리할 수 있도록 데이터베이스를 구축하였다. 다음의 지시사항에 따라 〈상품〉, 〈구매요청〉, 〈상품구매내역〉 테이블을 완성하시오. (각 3점)

〈상품〉 테이블
① '상품사진' 필드를 '상품가격' 필드 다음에 추가하고, 데이터 형식을 첨부 파일로 지정하시오.

〈구매요청〉 테이블
② '구매자ID' 필드에 대해 다음과 같이 입력되도록 설정하시오.
  ▶ 5번째 자리에 입력되는 '-' 이후에 반드시 3자리가 입력되도록 할 것
③ '내선번호' 필드에는 '1234' 형식으로 입력되도록 다음과 같이 입력 마스크를 설정하시오.
  ▶ 4자리 숫자가 반드시 입력되도록 설정
  ▶ 데이터가 입력될 자리에 '#'이 표시되도록 설정하시오.

〈상품구매내역〉 테이블
④ '수량' 필드에는 100 이하의 숫자가 입력될 수 있도록 필드 크기를 설정하시오.
⑤ 새로운 레코드가 추가되는 경우 '수량' 필드에는 기본적으로 1이 입력되도록 설정하시오.

**2.** 다음의 지시사항에 따라 'VIP구매자.xlsx' 파일에 대한 연결 테이블을 작성하시오. (5점)
  ▶ 'VIP구매자.xlsx' 파일의 첫 번째 행은 필드의 이름이다.
  ▶ 연결 테이블의 이름은 'VIP구매자'로 하시오.

**3.** 〈상품구매내역〉 테이블의 '구매코드' 필드는 〈구매요청〉 테이블의 '구매고드' 필드를 참조하고 테이블 간의 관계는 M:1이다. 또한 〈상품구매내역〉 테이블의 '상품코드' 필드는 〈상품〉 테이블의 '상품코드' 필드를 참조하고 테이블 간의 관계는 M:1이다. 각 테이블에 대해 다음과 같이 관계를 설정하시오. (5점)

※ 액세스 파일에 이미 설정되어 있는 관계는 수정하지 마시오.
  ▶ 각 테이블 간에 항상 참조 무결성이 유지되도록 설정하시오.
  ▶ 참조 필드의 값이 변경되면 관련 필드의 값도 변경되도록 설정하시오.
  ▶ 다른 테이블에서 참조하고 있는 레코드는 삭제할 수 없도록 설정하시오.

## 문제 2  입력 및 수정 기능 구현(20점)

**1.** 〈구매내역열람〉 폼을 다음의 화면과 지시사항에 따라 완성하시오. (각 3점)
① 폼 머리글의 'LBL제목' 컨트롤에 대해 특수 효과를 '오목'으로 설정하시오.
② 하위 폼에는 '상품명'과 관련된 하위 데이터가 표시된다. 하위 폼과 기본 폼을 연결하시오.
③ 하위 폼 본문의 'txt성명' 컨트롤에는 '성명'과 '나이'가 표시되도록 설정하시오.
  ▶ 표시 예 : 이부영(만 51세)

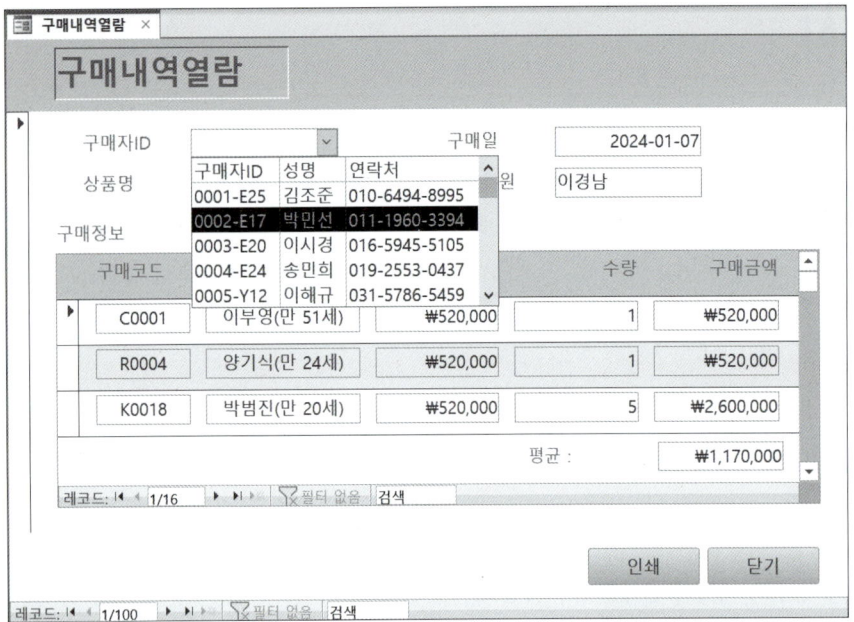

2. 〈구매내역열람〉 폼의 'cmb구매자ID'에는 〈구매자〉 테이블의 '구매자ID', '성명', '연락처'가 다음과 같이 표시되도록 설정하시오. (6점)
    ▶ 컨트롤에는 '구매자ID'가 저장되도록 설정할 것
    ▶ 열 너비를 '구매자ID' 필드는 2cm, '성명' 필드는 1.5cm, '연락처' 필드는 3.5cm로 설정할 것
    ▶ 열 이름을 표시할 것
    ▶ 행 수를 6으로, 목록 너비를 7cm로 설정할 것
    ▶ 1번 〈그림〉을 참조

3. 〈구매내역열람〉 폼의 '인쇄'(cmd인쇄) 단추를 클릭하면 〈회원별주문내역〉 보고서를 '인쇄 미리 보기'의 형태로 여는 〈보고서출력〉 매크로를 생성하여 지정하시오. (5점)
    ▶ 매크로 조건 : '구매일' 필드의 날짜 중 일이 'txt구매일' 컨트롤에 입력된 날짜 중 일과 같은 정보만 표시
    ▶ Day 함수 사용
    ▶ 1번 〈그림〉 참조

## 문제 3    조회 및 출력 기능 구현(20점)

1. 다음의 지시사항 및 화면을 참조하여 〈회원별주문내역〉 보고서를 완성하시오. (각 3점)
    ① 페이지 머리글의 'txt페이지' 컨트롤에는 페이지 번호가 다음과 같이 표시되도록 설정하시오.
        ▶ [표시 예] 현재 페이지 : 003
        ▶ Format 함수 사용
    ② 구매일 머리글의 'txt구매일' 컨트롤에는 날짜가 다음과 같이 표시되도록 형식 속성을 설정하시오.
        ▶ 표시 예 : 2024년 1월 1일 월요일
    ③ 본문 영역의 'txt상품명' 컨트롤의 값이 이전 레코드와 동일한 경우에는 표시되지 않도록 설정하시오.
    ④ 구매일 바닥글은 구매일별로 서로 다른 페이지에 출력되도록 설정하시오.
    ⑤ 구매일 바닥글의 'txt개수' 컨트롤에는 구매일별 구매건수를 〈그림〉과 같이 표시되도록 설정하시오.
        ▶ Count 함수와 & 연산자를 이용할 것

```
회원별주문내역
                                                       현재 페이지 : 001
   2024년 1월 1일 월요일
   성명      상품명    수량    구매금액        발송주소              담당사원
   오세일    가습기      1    ₩330,000    부산광역시 사하구 신평동 16     박일만
   이훈섭    냉장고      5    ₩15,000,000  서울특별시 노원구 공릉동 178    한요진
   손서진              3    ₩9,000,000   충청남도 천안시 동남구 신부동 190-8  강의배
   양기식    정수기      1    ₩520,000    서울특별시 양천구 신월동 427-10   박형대
   김종성    TV         5    ₩6,150,000   대전광역시 동구 마산동 315-11    강의배
                                                    일일구매건수 :   5회
```

2. 〈구매내역열람〉 폼에서 'cmb구매자ID' 컨트롤에서 조회할 구매자ID를 선택(After Update)하면 다음과 같은 기능을 수행하도록 이벤트 프로시저를 구현하시오. (5점)

▶ 'cmb구매자ID' 컨트롤에서 선택한 구매자ID의 구매내역에 대한 정보를 표시하시오.
▶ RecordSource 속성을 이용할 것

## 문제 4  처리 기능 구현(35점)

1. 〈구매자〉와 〈구매요청〉 테이블에서 배송일을 조회하여 새 테이블로 생성하는 〈배송일생성〉 쿼리를 작성한 후 실행하시오. (7점)

▶ 주소가 "서울"로 시작하는 경우만 조회 대상으로 하시오.
▶ 배송일은 구매일로부터 14일후로 계산하시오. (DateAdd 함수 사용)
▶ '배송일' 필드를 기준으로 내림차순 정렬하시오.
▶ 쿼리 실행 후 생성되는 테이블의 이름은 〈배송일관리〉로 설정하시오.
▶ 쿼리 실행 결과 생성되는 테이블의 필드는 〈그림〉을 참고하여 수험자가 판단하여 설정하시오.

| 구매자ID | 성명 | 배송일 | 주소 | 연락처 |
|---|---|---|---|---|
| 0007-O18 | 이은주 | 2024-02-14 | 서울특별시 용산구 갈월동 116-7 | 056-0672-0885 |
| 0015-Y22 | 유재민 | 2024-02-14 | 서울특별시 서대문구 남가좌 17-111 | 000-9352-5355 |
| 0044-Y26 | 박재인 | 2024-02-13 | 서울특별시 강동구 성내동 143 | 000-5216-1364 |
| 0036-O22 | 강원일 | 2024-02-13 | 서울특별시 강남구 대치동 115 | 000-2599-2047 |
| 0001-E25 | 김조준 | 2024-02-11 | 서울특별시 강서구 내발산동 318 | 010-6494-8995 |
| 0015-Y22 | 유재민 | 2024-02-10 | 서울특별시 서대문구 남가좌 17-111 | 000-9352-5355 |
| 0041-E23 | 한광태 | 2024-02-10 | 서울특별시 영등포구 당산동 171-3 | 000-4529-0403 |
| 0027-Y13 | 이훈섭 | 2024-02-10 | 서울특별시 노원구 공릉동 178 | 000-6711-1839 |
| 0046-O28 | 오승실 | 2024-02-09 | 서울특별시 강남구 청담동 143 | 000-5793-5179 |
| 0011-Y21 | 이재영 | 2024-02-09 | 서울특별시 노원구 공릉동 178 | 000-5616-9169 |
| 0024-O24 | 전규달 | 2024-02-09 | 서울특별시 성북구 길음동 611-3 | 000-3684-2812 |
| 0014-E28 | 정원준 | 2024-02-09 | 서울특별시 용산구 갈월동 883-11 | 000-8096-1623 |
| 0018-E18 | 김명수 | 2024-02-08 | 서울특별시 강남구 청담동 115 | 000-0029-0787 |
| 0007-O18 | 이은주 | 2024-02-08 | 서울특별시 용산구 갈월동 116-7 | 056-0672-0885 |
| 0009-E28 | 이상엽 | 2024-02-08 | 서울특별시 강서구 내발산동 110-6 | 033-8424-9354 |

※ 〈배송일생성〉 쿼리를 실행한 후의 〈배송일관리〉 테이블

2. 〈상품〉과 〈상품구매내역〉 테이블을 이용하여 '상품명'을 매개 변수로 입력받고, 해당 상품의 구매횟수와 총구매액을 조회하는 〈상품별구매내역〉 쿼리를 작성하시오. (7점)

▶ '구매횟수'는 '구매코드' 필드, '총구매액'은 '구매금액' 필드를 이용하시오.
▶ '상품가격'이 1,000,000 이상인 상품을 대상으로 하시오.
▶ 쿼리 결과로 표시되는 필드와 필드명은 〈그림〉과 같이 표시되도록 설정하시오.

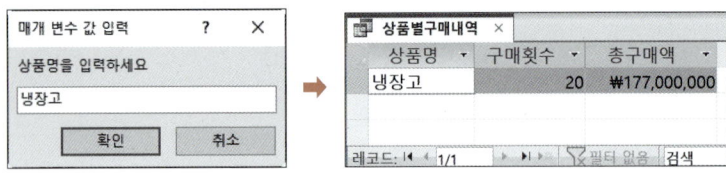

3. 담당사원별 상품명별 판매횟수와 최대값을 조회하는 〈담당사원별상품별내역〉 크로스탭 쿼리를 작성하시오. (7점)
   ▶ 〈구매요청〉, 〈상품구매내역〉, 〈상품〉 테이블을 이용하시오.
   ▶ 판매횟수는 '구매코드' 필드를 이용하시오.
   ▶ 최대값은 '구매금액' 필드를 이용하여 계산하되, 빈 셀에는 '#'을 표시하시오. (IIf, IsNull, Max 함수 이용)
   ▶ 판매횟수는 [표시 예]와 같이 표시되도록 '형식' 속성을 설정하시오. [표시 예 : 10 → 10건]
   ▶ 쿼리 실행 결과 표시되는 필드와 필드명은 〈그림〉과 같이 표시되도록 설정하시오.

| 담당사원 | 판매횟수 | 가습기 | 냉장고 | 세탁기 | 식기세척기 | 전자레인지 | 정수기 | 컴퓨터 | TV |
|---|---|---|---|---|---|---|---|---|---|
| 강의배 | 10건 | 660000 | 9000000 | 3000000 | 1200000 | 1050000 | 1040000 | 5200000 | 6150000 |
| 김권진 | 8건 | 990000 | # | 1500000 | 1200000 | # | 2600000 | 1300000 | # |
| 김한준 | 11건 | # | 15000000 | # | # | 840000 | 1040000 | 5200000 | 6150000 |
| 김협서 | 14건 | 1320000 | 15000000 | 6000000 | 3000000 | 630000 | 2080000 | 2600000 | # |
| 박일만 | 13건 | 1650000 | 6000000 | 7500000 | 1800000 | # | 2600000 | # | 1230000 |
| 박형대 | 7건 | # | 15000000 | 3000000 | # | # | 1040000 | 2600000 | 6150000 |
| 이경남 | 16건 | 1320000 | 15000000 | 7500000 | 1800000 | 630000 | 1560000 | # | # |
| 이국영 | 11건 | 1320000 | 9000000 | 1500000 | 600000 | 1050000 | # | 2600000 | # |
| 한요진 | 10건 | # | 15000000 | 3000000 | # | 420000 | 1560000 | # | 6150000 |

4. 〈신규상품〉 테이블의 데이터를 〈대기상품〉 테이블에 추가하는 〈신규상품추가〉 쿼리를 작성하시오. (7점)
   ▶ '상품코드' 필드가 "P" 또는 "Z"로 시작하는 상품을 추가할 것
   ▶ 〈신규상품〉 테이블의 '출시년도' 필드는 추가 대상에서 제외할 것

5. 〈상품구매내역〉 테이블을 이용하여 구분별 수량의 평균과 구매금액의 평균을 조회하는 〈구분별현황〉 쿼리를 작성하시오. (7점)
   ▶ 구분은 상품코드의 처음 2개의 문자가 "PC"인 경우 "컴퓨터", "TV"인 경우 "TV", 그 외는 "기타"로 설정하시오. (IIf, Left 함수 사용)
   ▶ 평균수량은 [표시 예]와 같이 표시되도록 '형식' 속성을 설정하시오. [표시 예 : 0 → 0.0, 2.375 → 2.4]
   ▶ '구분'을 기준으로 내림차순 정렬하여 표시하시오.
   ▶ 쿼리 실행 결과 표시되는 필드와 필드명은 〈그림〉과 같이 표시되도록 설정하시오.

| 구분 | 평균수량 | 평균구매액 |
|---|---|---|
| TV | 4.0 | ₩4,920,000 |
| 컴퓨터 | 2.4 | ₩3,087,500 |
| 기타 | 2.7 | ₩3,321,176 |

# 05회 최종모의고사 정답 및 해설

## 문제 1    DB 구축

### 01. 테이블 완성하기 _ 참고 : 테이블 완성 300쪽

**〈상품〉 테이블**

❶ '상품사진' 필드 추가 및 데이터 형식 지정

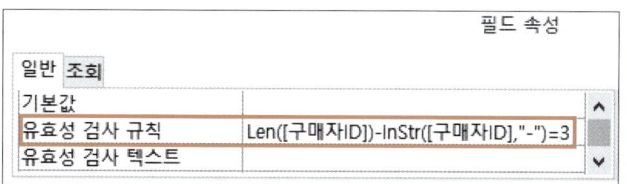

**〈구매요청〉 테이블**

❷ '구매자ID' 필드의 유효성 검사 규칙 속성

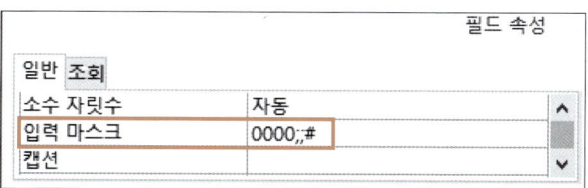

❸ '내선번호' 필드의 입력 마스크 속성

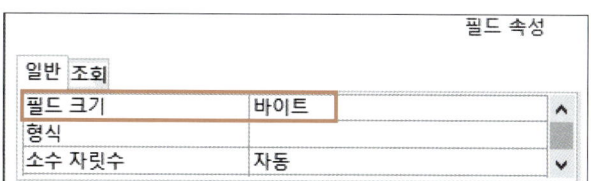

**〈상품구매내역〉 테이블**

❹ '수량' 필드의 필드 크기 속성

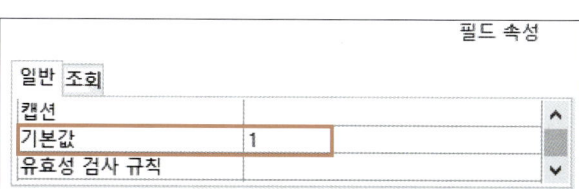

❺ '수량' 필드의 기본값 속성

| 필드 속성 | |
|---|---|
| 일반 조회 | |
| 캡션 | |
| 기본값 | 1 |
| 유효성 검사 규칙 | |

### 02. 'VIP구매자.xlsx' 파일 연결하기 _ 참고 : 테이블 생성 311쪽

**정답**

| VIP구매자 × | | | | |
|---|---|---|---|---|
| 구매자ID | 성명 | 나이 | 주소 | 연락처 |
| 0061-E14 | 강진희 | 33 | 서울특별시 양천구 신월동 827-1 | 063-234-6700 |
| 0062-F52 | 이영덕 | 33 | 대전광역시 동구 마산동 685-11 | 031-506-0096 |
| 0063-A34 | 김정근 | 43 | 서울특별시 마포구 공덕동 330-8 | 063-254-4786 |
| 0064-W73 | 조상윤 | 43 | 인천광역시 중구 도원동 11-1 | 063-231-1235 |
| 0065-F44 | 홍은정 | 35 | 충청남도 공주시 무릉동 104-8 | 063-278-4090 |
| 0066-D54 | 양경숙 | 30 | 서울특별시 강동구 성내동 43-5 | 063-270-2210 |
| 0067-X23 | 임세일 | 48 | 서울특별시 송파구 잠실동 31-8 | 063-291-8800 |
| 0068-F43 | 장하다 | 46 | 경기도 광명시 소하동 2-20 | 063-228-2054 |
| 0069-E87 | 군세다 | 43 | 서울특별시 노원구 공릉동 17-8 | 031-507-2341 |
| 0070-I58 | 추진 | 38 | 서울특별시 강남구 청담동 1-43 | 031-540-9345 |
| 0071-J84 | 최진실 | 49 | 인천광역시 남동구 간석동 121-3 | 042-334-6701 |
| 0072-T79 | 최민수 | 40 | 서울특별시 강남구 대치동 11-5 | 063-241-3400 |
| 0073-N61 | 나명균 | 36 | 경상남도 김해시 구산동 81-5 | 031-540-9945 |
| 0074-I11 | 윤미경 | 34 | 부산광역시 사하구 신평동 16-2 | 031-520-7700 |

1. [외부 데이터] → 가져오기 및 연결 → 새 데이터 원본 → 파일에서 → Excel(　)을 클릭한다.
2. '외부 데이터 가져오기 - Excel 스프레드시트' 창이 나타나면, 파일 이름을 선택하고 저장할 방법과 위치로 '연결 테이블을 만들어 데이터 원본에 연결'을 선택한 후 〈확인〉을 클릭한다.

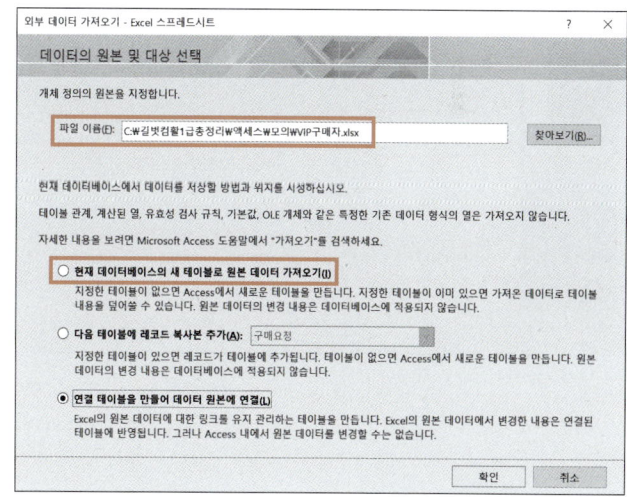

3. '스프레드시트 연결 마법사' 1단계 대화상자에서 '워크시트 표시'를 선택한 후 〈다음〉을 클릭한다.

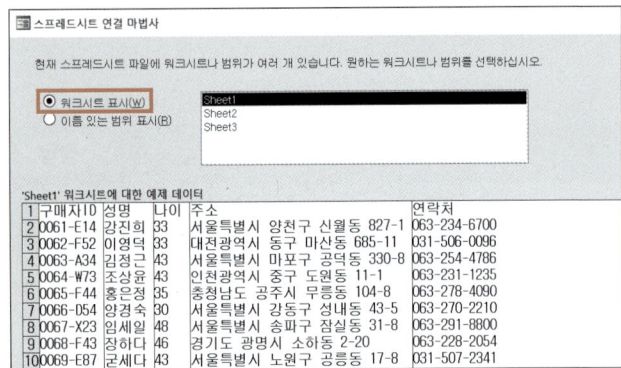

4. '스프레드시트 연결 마법사' 2단계 대화상자에서 '첫 행에 열 머리글이 있음'을 선택한 후 〈다음〉을 클릭한다.

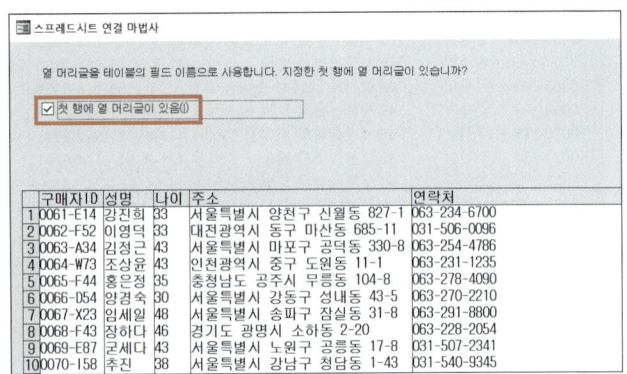

5. '스프레드시트 연결 마법사' 3단계 대화상자에서 연결 테이블 이름을 그림과 같이 입력한 후 〈마침〉을 클릭한다.

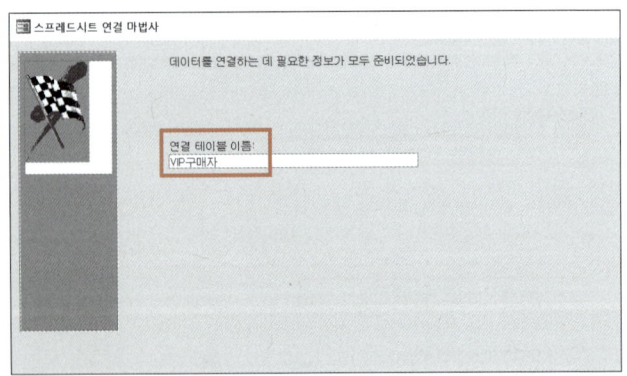

## 03. 〈상품구매내역〉 테이블, 〈구매요청〉 테이블, 〈상품〉 테이블 간의 관계 설정하기 _ 참고 : 관계 설정 309쪽

**정답**

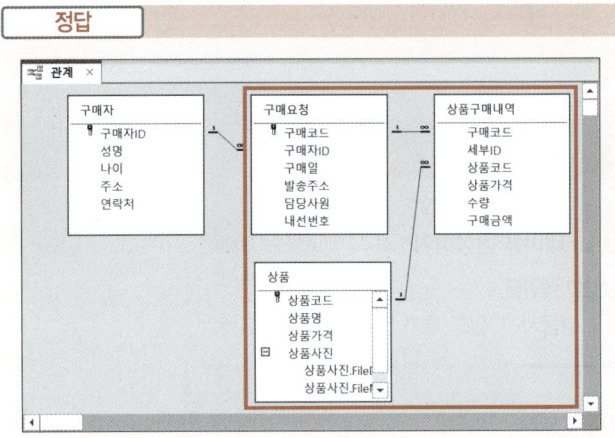

- 〈구매요청〉 테이블과 〈상품구매내역〉 테이블의 '관계 편집' 대화상자

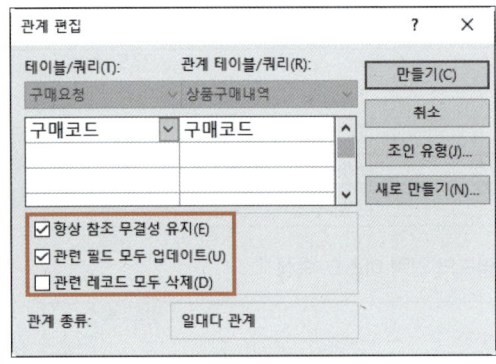

- 〈상품〉 테이블과 〈상품구매내역〉 테이블의 '관계 편집' 대화상자

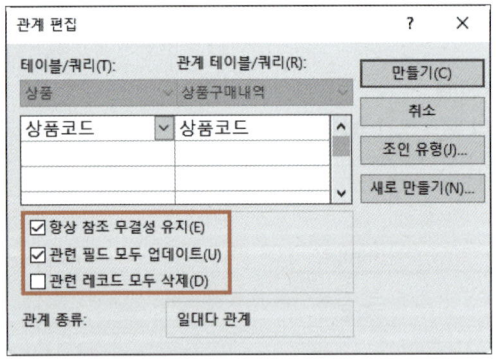

## 문제 2  입력 및 수정 기능 구현  정답

### 01. 〈구매내역열람〉 폼 완성하기 _ 참고 : 폼 완성 314쪽

**정답**

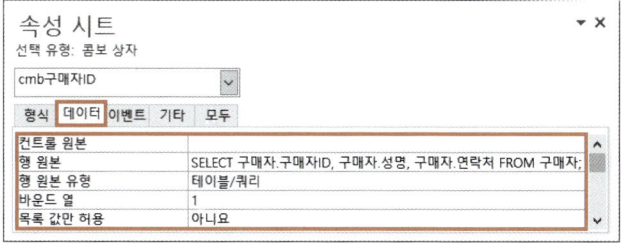

❶ 'LBL제목' 컨트롤에 속성 설정하기
'형식' 탭의 특수 효과 → 오목

❷ '구매정보' 하위 폼 컨트롤에 속성 설정하기
- '데이터' 탭의 기본 필드 연결 → 상품명
- '데이터' 탭의 하위 필드 연결 → 상품명

❸ 하위 폼 본문의 'txt성명' 컨트롤에 속성 설정하기
'데이터' 탭의 컨트롤 원본 → =[성명] & "(만 " & [나이] & "세)"

### 02. 'cmb구매자ID' 컨트롤에 조회 기능 설정하기
_ 참고 : 조회 기능 설정 306쪽

- '데이터' 탭

| 컨트롤 원본 | |
|---|---|
| 행 원본 | SELECT 구매자.구매자ID, 구매자.성명, 구매자.연락처 FROM 구매자; |
| 행 원본 유형 | 테이블/쿼리 |
| 바운드 열 | 1 |
| 목록 값만 허용 | 아니요 |

- '형식' 탭

| 형식 | |
|---|---|
| 소수 자릿수 | 자동 |
| 표시 | 예 |
| 열 개수 | 3 |
| 열 너비 | 2cm;1.501cm;3.501cm |
| 열 이름 | 예 |
| 행 수 | 6 |
| 목록 너비 | 7cm |

### 03. 〈보고서출력〉 매크로 작성 _ 참고 : 매크로 작성 329쪽

**정답**

```
보고서출력
OpenReport
    보고서 이름   회원별주문내역
    보기 형식     인쇄 미리 보기
    필터 이름
    Where 조건문  =day([구매일])=day([Forms]![구매내역열람]![txt구매일])
    창 모드       기본
+ 새 함수 추가
```

1. 매크로에 이름을 지정하여 사용하는 경우는 먼저 매크로 개체를 생성한 후 이를 연결하여 사용하면 된다. [만들기] → 매크로 및 코드 → **매크로**(□)를 클릭한다.
2. 매크로 대화상자에서 정답과 같이 설정한 후 매크로 대화상자의 닫기(×) 단추를 클릭한 다음 저장 여부를 묻는 대화상자에서 〈예〉를 클릭한다.
3. '다른 이름으로 저장' 대화상자에서 매크로 이름을 **보고서출력**으로 입력한 다음 〈확인〉을 클릭한다.
4. 〈구매내역열람〉 폼을 디자인 보기 상태로 연 다음 'cmd인쇄' 컨트롤을 더블클릭한다.
5. 'cmd인쇄' 속성 시트 창의 '이벤트' 탭에서 'On Click' 이벤트의 목록 단추를 눌러 '보고서출력' 매크로를 선택한다.

## 문제 3  조회 및 출력 기능 구현

### 01. 〈회원별주문내역〉 보고서 완성하기 _ 참고 : 보고서 완성 335쪽

**❶ 'txt페이지' 컨트롤에 속성 설정하기**
'데이터' 탭의 컨트롤 원본 →
=Format([Page],"현재 페이지 "": ""000")

**❷ 'txt구매일' 컨트롤에 속성 설정하기**
'형식' 탭의 형식 → 자세한 날짜

**❸ 'txt상품명' 컨트롤에 속성 설정하기**
'형식' 탭의 중복 내용 숨기기 → 예

**❹ 구매일 바닥글 영역에 속성 설정하기**
'형식' 탭의 페이지 바꿈 → 구역 후

> '페이지 바꿈' 속성의 '구역 전'과 '구역 후' 옵션은 문제의 〈그림〉에 속성을 설정할 영역의 표시 여부로 판단할 수 있습니다. '구역 전'은 영역을 표시하기 전에 페이지가 바뀌므로 문제의 〈그림〉에 표시되지 않고, '구역 후'는 영역을 표시한 후 페이지가 바뀌므로 문제의 〈그림〉에 표시됩니다. 이 문제에서는 '페이지 바꿈' 속성을 적용할 '구매일 바닥글' 영역이 문제의 〈그림〉에 표시되어 있으므로, '페이지 바꿈' 속성을 '구역 후'로 설정해야 합니다.

**❺ 'txt개수' 컨트롤에 속성 설정하기**
'데이터' 탭의 컨트롤 원본 → =Count(*) & "회"

### 02. 〈구매내역열람〉 폼의 'cmb구매자ID' 컨트롤에 기능 구현하기
_ 참고 : 이벤트 프로시저 344쪽

```
Private Sub cmb구매자ID_AfterUpdate( )
    Me.RecordSource = "select * from 구매내역 where 구매자ID = '" & cmb구매자ID & "'"
End Sub
```

### 문제 4  처리 기능 구현  〈정답〉

## 01. 〈배송일생성〉 쿼리 _ 참고 : 테이블 생성 쿼리 작성 355쪽

1. 쿼리 작성기 창에서 다음 그림과 같이 설정한다.

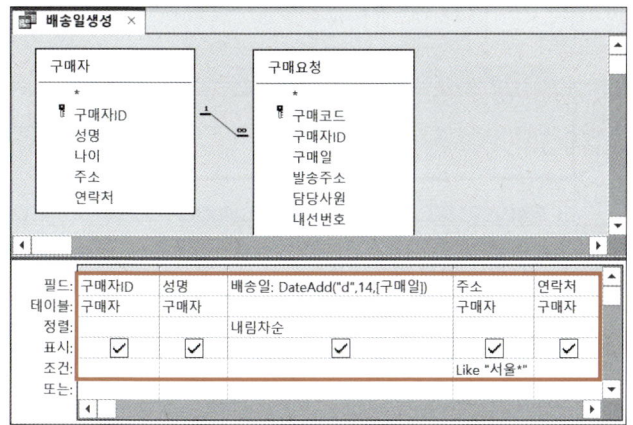

2. [쿼리 디자인] → 쿼리 유형 → **테이블 만들기**(▦)를 클릭한다.
3. '테이블 만들기' 대화상자의 '테이블 이름'에 **배송일관리**를 입력한 후 〈확인〉을 클릭한다.

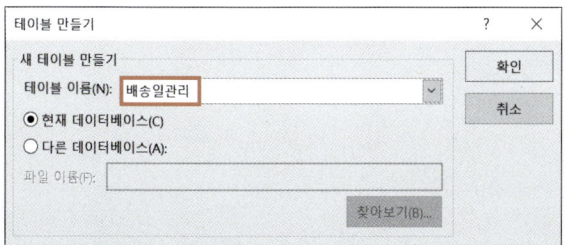

## 02. 〈상품별구매내역〉 쿼리 _ 참고 : 매개 변수 쿼리 작성 354쪽

쿼리 작성기 창

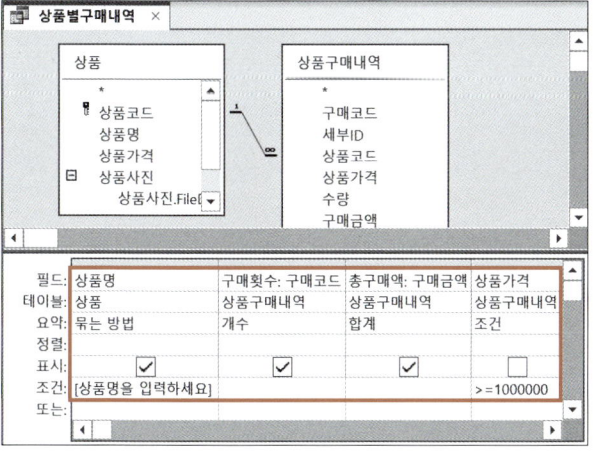

## 03. 〈담당사원별상품별내역〉 쿼리 _ 참고 : 크로스탭 쿼리 작성 354쪽

• 쿼리 작성기 창

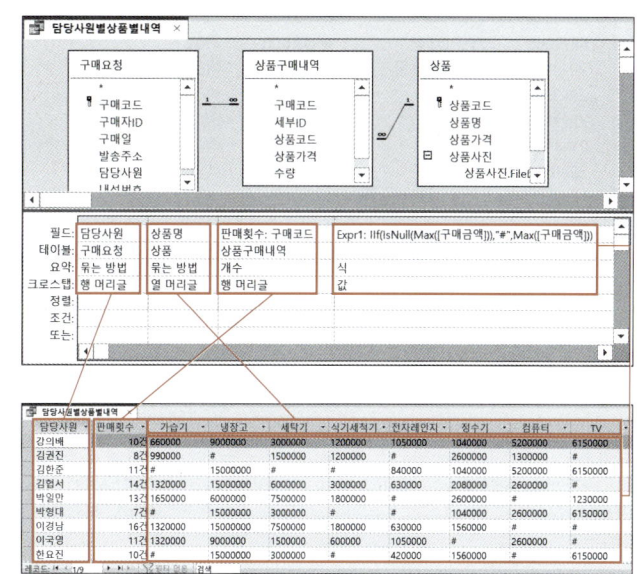

• '판매횟수: 구매코드' 필드 속성 설정하기
  – '일반' 탭의 형식 → #건

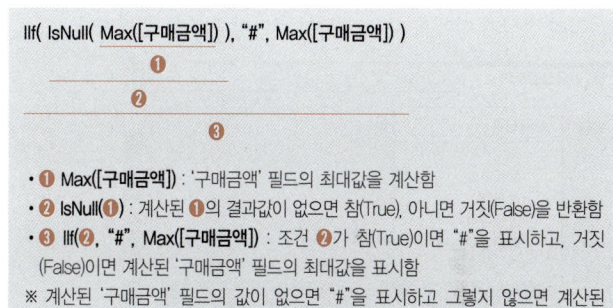

- ❶ Max([구매금액]) : '구매금액' 필드의 최대값을 계산함
- ❷ IsNull(❶) : 계산된 ❶의 결과값이 없으면 참(True), 아니면 거짓(False)을 반환함
- ❸ IIf(❷, "#", Max([구매금액]) : 조건 ❷가 참(True)이면 "#"을 표시하고, 거짓(False)이면 계산된 '구매금액' 필드의 최대값을 표시함

※ 계산된 '구매금액' 필드의 값이 없으면 "#"을 표시하고 그렇지 않으면 계산된 '구매금액' 필드의 최대값을 표시합니다.

## 04. 〈신규상품추가〉 쿼리 _ 참고 : 추가 쿼리 작성 357쪽

정답

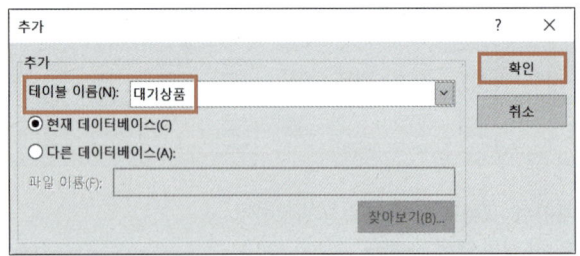

〈신규상품추가〉 쿼리를 실행한 후의 〈대기상품〉 테이블

1. [쿼리 디자인] → 쿼리 유형 → **추가**(📋)를 클릭한 후 '추가' 대화 상자에서 추가할 테이블 이름으로 **대기상품**을 선택한 후 〈확인〉을 클릭한다.

2. 쿼리 작성기 창에서 다음과 같이 추가할 필드를 설정한다.

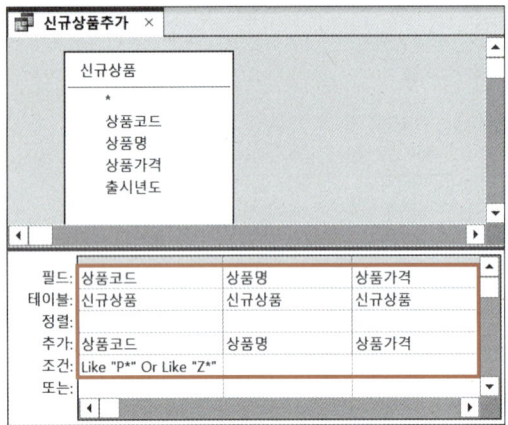

## 05. 〈구분별현황〉 쿼리 _ 참고 : 그룹 쿼리 작성 353쪽

• 쿼리 작성기 창

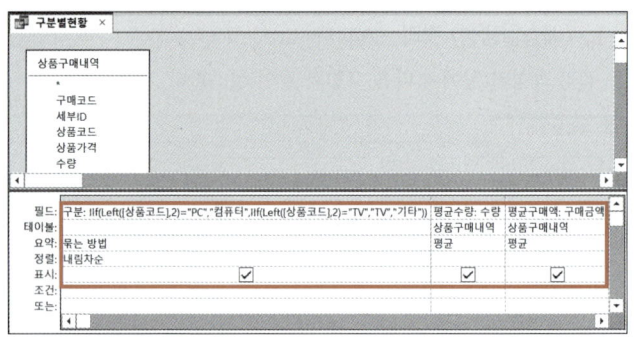

• '평균수량' 필드 속성 설정하기
  – '일반' 탭의 형식 → 0.0

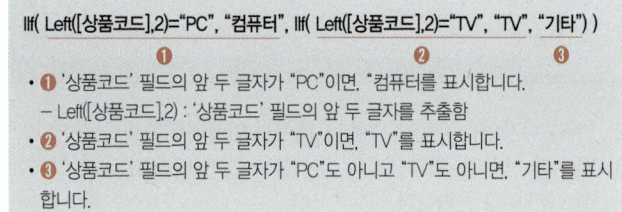

• ❶ '상품코드' 필드의 앞 두 글자가 "PC"이면, "컴퓨터"를 표시합니다.
  – Left([상품코드],2) : '상품코드' 필드의 앞 두 글자를 추출함
• ❷ '상품코드' 필드의 앞 두 글자가 "TV"이면, "TV"를 표시합니다.
• ❸ '상품코드' 필드의 앞 두 글자가 "PC"도 아니고 "TV"도 아니면, "기타"를 표시합니다.

# 나는 시험에 나오는 것만 공부한다!
# 이제 시나공으로 한 번에 합격하세요.

## 기본서 (필기/실기)

기초 이론부터 완벽하게 공부해서 안전하게 합격하고 싶어요!

**특징**
자세하고 친절한 이론으로 기초를 쌓은 후 바로 문제풀이를 통해 정리합니다.

**구성**
본권
기출문제
토막강의

**온라인 채점 서비스**
- 워드프로세서 실기
- 컴퓨터활용능력 실기
- ITQ

**출간종목**
컴퓨터활용능력1급 필기
컴퓨터활용능력1급 실기
컴퓨터활용능력2급 필기
컴퓨터활용능력2급 실기
워드프로세서 필기
워드프로세서 실기
정보처리기사 필기
정보처리기사 실기
정보처리산업기사 필기
정보처리산업기사 실기
사무자동화산업기사 실기
ITQ OA Master
GTQ 1급/2급

## 총정리 (필기/실기)

이론은 공부했지만 어떻게 적용되는지 문제풀이를 통해 감각을 익히고 싶어요!

**특징**
간단하게 이론을 정리한 후 충분한 문제풀이를 통해 실전 감각을 향상시킵니다.

**구성**
핵심요약
기출문제
모의고사
토막강의

**온라인 채점 서비스**
- 컴퓨터활용능력 실기

**출간종목**
컴퓨터활용능력1급 필기
컴퓨터활용능력1급 실기
컴퓨터활용능력2급 필기
컴퓨터활용능력2급 실기
사무자동화산업기사 필기

## 기출문제집 (필기/실기)

이론은 완벽해요! 기출문제로 마무리하고 싶어요!

**특징**
최신 기출문제를 반복풀이 하며 학습을 최종 마무리합니다.

**구성**
기출문제
핵심요약(PDF)
토막강의

**온라인 채점 서비스**
- 컴퓨터활용능력 실기

**출간종목**
컴퓨터활용능력1급 필기
컴퓨터활용능력1급 실기
컴퓨터활용능력2급 필기
컴퓨터활용능력2급 실기
정보처리기사 필기
정보처리기사 실기